性犯罪

精神病理与控制

（增订版·上）

SEXUAL OFFENCES

Psychopathology and Control

Volume I

刘白驹 ◎ 著

社会科学文献出版社
SOCIAL SCIENCES ACADEMIC PRESS (CHINA)

目　录

上　册

下　册

Contents

Volume I

Volume II

第一章

性因素对精神障碍的影响

第一节　精神障碍概述

一　精神障碍的概念

2002 年春,《北京青年报》的一位记者就祁军猥亵残害幼女案采访我。记者问我,祁军是不是"性变态者",我回答说:"根据目前的报道来分析,祁军很可能是一个性变态者,此次犯罪具有性施虐狂的一些特点。性变态也被称为性心理障碍,是一种精神疾病。但是,这种精神疾病一般不会导致人的辨认和控制自己行为能力的丧失或明显减弱,因而性变态者实施的性变态行为如果为刑法所禁止,一般都构成犯罪,行为人应承担完全的刑事责任,直至判处死刑,只有个别的可视具体情况给予从轻处罚。性变态者实施性变态行为毕竟有精神障碍的原因,仅仅给予刑事处罚,远不足以使他们'改邪归正',当然被判处死刑的另当别论。在他们服刑期间,应当对他们的性变态心理和行为加以矫治。"①

---

① 谢沂:《"恶魔"狱中忏悔——我该死》,《北京青年报》2002 年 4 月 5 日。

之后不久，法院对该案进行了审理。在法庭辩论过程中，公诉人指出：祁军的性变态并不等于精神病，他应当负刑事责任。[①]

我和该案的公诉人都认为祁军存在性变态，并且也都认为他应当承担刑事责任。但是我和公诉人的一个具体说法却不同。我说"性变态是一种精神疾病"，并且还说"性变态者实施性变态行为毕竟有精神障碍的原因"；公诉人则说"性变态不等于精神病"。

那么，什么是"精神障碍"，什么是"精神疾病"，什么是"精神病"，它们之间有什么关系？

简单地说，精神障碍（mental disorder）就是精神异常，包括精神活动异常和人格异常。

精神，亦称心理，既是人的大脑的功能，又是人的大脑对客观世界的反映。精神现象包括精神活动和人格两个方面。精神现象属于高级神经活动，其物质基础是人的大脑。精神活动和人格正常的神经生化基础是大脑功能和结构的正常。在某些因素的影响下，人脑的功能可能发生紊乱，结构可能出现缺陷，精神活动的各个过程如认识、情绪、意志就不能发挥应有的作用，其自身协调性就会遭到破坏，人就不能准确、真实地认识世界。这就是精神活动的异常。在同样条件下，人格的稳定性也可能遭到破坏，发生急剧的、过大的改变。另外，在某些因素的影响下，人格在形成的过程中可能发生扭曲，使人不能很好地适应社会。这就是人格异常。精神活动的异常和人格的异常，也是密切联系着的。精神活动异常可能导致人格异常，而人格异常也可能成为精神活动异常的条件。精神活动异常和人格异常的直接后果是导致人类个体的社会功能下降或者使其感到精神痛苦。

精神障碍这个词在心理学和医学上都得到使用。在心理学中，精神障碍又被称为心理障碍（psychological disorder）、变态（异常）心

---

① 马健等：《恶魔祁军被判处死刑》，《辽沈晚报》2002 年 4 月 17 日。

理（abnormal mind）。医学则把它视为一种疾病，称之为精神疾病（mental diseases, mental illness）。从严格的医学角度来看，精神障碍并不等于精神疾病，因为一些精神障碍如人格方面的障碍不完全符合"疾病"定义，不完全具备构成"疾病"的要件。"疾病"的概念尽管一直比较模糊，但有几点大家还是强调的，即"疾病"是一种生物学的状态或过程，是人类个体内起作用的功能紊乱的后果，或者是对功能紊乱的反应，它不利于或者危害个体的生存以及种族的繁衍，患者应该有痛苦感。[1]"目前，精神医学在它的分类和命名系统中已经不大使用疾病这个术语和概念，而普遍采用精神障碍一语，主要理由是，精神障碍不是一个生物学概念，也不具有狭隘的生物学意义。"[2]本书同时使用"精神障碍"和"精神疾病"两个术语。在一般论述时主要使用"精神障碍"，在涉及医学问题时也会使用"精神疾病"。

根据各种精神障碍的性质和对人的影响程度，可以大致把精神障碍分为重性（型）和轻性（型）两大类。重性精神障碍又称"精神病"或"精神病性障碍"，轻性精神障碍又称"非精神病性精神障碍"。在精神医学中，精神病的概念有广、狭两义。广义的精神病就是精神疾病或精神障碍。狭义的精神病（psychosis）就是重性精神障碍。有人在广义上使用精神病的概念，把重性精神障碍即狭义的精神病称为重性精神病，把轻性精神障碍即非精神病性精神障碍称为轻性精神病。但是现在更多的人认为，重性精神障碍与轻性精神障碍，不仅仅有病情轻重的不同，还存在质的差别，不宜都称为精神病。现在，在精神医学或者精神卫生领域，多数人已用"精神疾病"或"精神障碍"取代"精神病"作为各类精神障碍的总称，而用"精神病"

---

① 参见 C. B. Risse《健康和疾病：概念史》；T. Parsons《健康和疾病：社会学观点和动作观点》；H. T. Engelhardt《健康和疾病：哲学观点》，载邱仁宗主编《对医学的本质和价值的探索》，知识出版社，1986。
② 许又新：《精神病理学——精神症状的分析》，湖南科学技术出版社，1993，第 3 页。

专指重性精神障碍。我国《精神卫生法》[①] 第 83 条[②]规定："本法所称精神障碍，是指由各种原因引起的感知、情感和思维等精神活动的紊乱或者异常，导致患者明显的心理痛苦或者社会适应等功能损害。本法所称严重精神障碍，是指疾病症状严重，导致患者社会适应等功能严重损害、对自身健康状况或者客观现实不能完整认识，或者不能处理自身事务的精神障碍。"其中"严重精神障碍"主要是指狭义的精神病。一般认为性变态不属于重性精神障碍或者严重精神障碍，即不属于狭义的精神病。

本书对有精神障碍的人，一般称为"精神障碍者"（mentally disordered persons），而对其中已经确诊需要医疗的，一般称为"精神障碍患者"（patients with mental disorders）；在涉及民法、刑法、刑事诉讼法等法律时，也跟随这些法律使用"精神病人"（实为广义的精神病人，即精神障碍患者）一词。

二 精神障碍的医学分类

精神障碍复杂多样。精神医学从治疗精神障碍这一实际目的出发，根据长期医疗实践的经验，将有规律性地反复发生的一组组精神症状进行鉴别，区分出不同的精神疾病来。目前，使用范围最广的是世界卫生组织（World Health Organization，WHO）制定的《国际疾病分类》（International Classification of Diseases，ICD）中的精神障碍分类。目前施行的是第 10 版《疾病和有关健康问题的国际统计分类》（International Statistical Classification of Diseases and Related Health Problems，ICD - 10）。中国自 1981 年开始推广使用 1975 年发布的

---

① 《中华人民共和国精神卫生法》，2012 年 10 月 26 日第十一届全国人民代表大会常务委员会第二十九次会议通过，自 2013 年 5 月 1 日起施行。
② 本书在引用中国法律、法规和司法解释等文件时，将条文序号更换为阿拉伯数字，但不改动原文的数字表述方式。

ICD - 9[①]，自 2002 年开始推广使用 1990 年发布的 ICD - 10[②]。目前，ICD 正在修订之中，ICD - 11 预计在 2018 年发表。[③] ICD 是指导性的，不妨碍各国根据具体情况制定本国的精神疾病的分类。1952 年，美国精神病学会（American Psychiatric Association，APA，亦译"美国精神医学学会"）制定了《精神障碍诊断和统计手册》（Diagnostic and Statistical Manual of Mental Disorders，DSM），近 40 年陆续发布 1980 年第 3 版（DSM - Ⅲ）[④]、1987 年第 3 版修订版（DSM - Ⅲ - R）[⑤]、1994 年第 4 版（DSM - Ⅳ）[⑥]、2000 年第 4 版文本修订（text revision）版（DSM - Ⅳ - TR）。[⑦] 2013 年 5 月，美国精神病学会发布了《精神障碍诊断和统计手册》第 5 版（DSM - 5）。[⑧] DSM - 5 力图与未来的 ICD - 11 相协调。DSM 系统在世界和中国也有很大影响。

中国在 1958 年制订了精神疾病分类的第一个方案（草案）。这个方案是卫生部等部门主持召开的全国精神病防治工作会议提出的。它列出 14 类精神疾病：传染病性精神病，中毒性精神病，躯体疾病时的精神障碍，脑外伤性精神病，脑肿瘤的精神障碍，脑血管性精神障碍，老年前期、老年期精神病，癫痫性精神障碍，精神分裂症，

---

① 参见北京医学院主编《精神病学》，人民卫生出版社，1980，第 194 ~ 226 页。

② 参见世界卫生组织《ICD - 10 精神与行为障碍分类：临床描述与诊断要点》，范肖冬等译，人民卫生出版社，1993；世界卫生组织《疾病和有关健康问题的国际统计分类·第十次修订本·第一卷类目表》（第二版），董景五主译，人民卫生出版社，2008。

③ http://www.who.int/classifications/icd/en/.

④ 参见沈渔邨主编《精神病学（第二版）》，人民卫生出版社，1992，第 304 ~ 315 页。

⑤ 参见《美国精神病学会：精神障碍〈诊断统计手册第三版修订本〉（DSM - Ⅲ - R），1987》，郑延平、赵靖平译，《国外医学·精神病学分册》1987 年第 4 期。

⑥ 参见中华医学会精神科学会、南京医科大学脑科医院编《CCMD - 2 - R，中国精神疾病分类方案与诊断标准》，东南大学出版社，1995，附录四；孔繁钟、孔繁锦编译《DSM - Ⅳ精神疾病诊断准则手册》，台北合记图书出版社，2003。

⑦ 参见〔美〕Robert E. Hales、Stuart C. Yudofsky、Glen O. Gabbard 主编《精神病学教科书》（第 5 版），张明园、肖泽萍主译，人民卫生出版社，2010，附录。

⑧ 美国精神医学学会编著《精神障碍诊断与统计手册（第五版）》，〔美〕张道龙等译，北京大学出版社、北京大学医学出版社，2015。

躁狂抑郁性精神病，心因性精神病，妄想狂，病态人格，精神发育不全。① 1978 年，中华医学会召开第二届全国神经精神科学术会议，成立专题小组对 1958 年草案进行修订，形成《精神疾病分类（试行草案）》，后经进一步修改在 1979 年公布。"试行草案"在"人格异常"大类下列出了"性欲变态"，但没有再分亚型。制定者认为："过去国内在这方面研究得不多，在精神病院里碰到这类病人也较少，因此可留待资料积累得更多时再分。"② 1981 年，对"试行草案"又进行了修订，形成《中华医学会精神病分类——1981》。它在"心身疾病"大类下列出"性功能障碍"，并将"人格异常"大类下的"性欲变态"改称为"性心理变态"。③ 这个方案被认为是中国精神疾病分类的第一版（也有人认为 1958 年草案是第一版）。1984 年曾对其作了少量修订。1989 年，中华医学会神经精神科学会精神科常委会通过《中国精神疾病分类与诊断标准（第 二 版）》（Chinese Classification and Diagnostic of Mental Disorders, 2nd Edtion, CCMD‑2）。④ CCMD‑2 是中国第一个全面系统的精神障碍分类方案。该版的英文名称虽然使用了 mental disorders，但中文名称叫"精神疾病"。该版将"心身疾病"改称"心理生理障碍"，其下列有"性功能障碍"，并细分为性欲减退或缺失、阳痿、早泄、性乐高潮缺乏、阴道痉挛、性交疼痛、其他性功能障碍。该版还将前一版的"性心理变态"改称"性心理障碍"，并将其与"人格障碍"并列，细分为同性恋、异装癖、易性癖、露阴癖、窥阴癖、恋物癖、其他性心理障碍。1994 年 5 月，第一届中华医学会精神科学会通过《中国精神疾病分类方案与诊断标准（第二版）》的修订版

---

① 参见湖南医学院主编《精神医学基础》（精神医学丛书第一卷），湖南科学技术出版社，1981，第 262 页。
② 《精神疾病分类（试行草案）》，《中华神经精神科杂志》1979 年第 4 期。
③ 《中华医学会精神病分类——1981》，《中华神经精神科杂志》1982 年第 1 期。
④ 参见杨德森主编《中国精神疾病诊断标准与案例》，湖南人民出版社，1989。

（CCMD-2-R）。[①] 该版将以前的"心理生理障碍"改称"与心理因素有关的生理障碍"，其下列出的"性功能障碍"分为性欲减退、阳痿、早泄、性乐高潮缺乏、阴道痉挛、性交疼痛、其他性功能障碍、未特定的性功能障碍。该版另将"性心理障碍"改称"性变态"，并将各种性变态归纳为三类：（1）性指向障碍，包括同性恋、恋物癖、其他性指向障碍、未特定的性指向障碍；（2）性偏好障碍，包括异性装扮癖（异装癖）、露阴癖、窥阴癖、摩擦癖、性施虐与性受虐癖、其他性偏好障碍、未特定的性偏好障碍；（3）性身份障碍，包括性别变换癖（易性癖）、其他性身份障碍、未特定的性身份障碍。2001年，中华医学会精神科分会通过《中国精神障碍分类方案与诊断标准（第三版）》（CCMD-3)。[②] 该版中文名称中的"精神疾病"改为"精神障碍"。与CCMD-2-R 相比，在与性有关的精神障碍的分类及其名称上，CCMD-3 有诸多变化。该版分类沿用至今。可以预计，在 ICD-11正式发布后，CCMD 将会修改，与 ICD-11 以及 DSM-5 尽量一致。

CCMD-3 的两级分类（其中主要的与性有关的精神障碍列出各级）如下：

0-器质性精神障碍

00 阿尔茨海默病

01 脑血管所致精神障碍

02 其他脑部疾病所致精神障碍

03 躯体疾病所致精神障碍

09 其他或待分类的器质性精神障碍

[①] 中华医学会精神科学会、南京医科大学脑科医院编《CCMD-2-R，中国精神疾病分类方案与诊断标准》，东南大学出版社，1995。

[②] 中华医学会精神科分会编《CCMD-3，中国精神障碍分类方案与诊断标准（第三版）》，山东科学技术出版社，2001。

1-精神活性物质与非成瘾物质所致精神障碍

　　10 精神活性物质所致精神障碍

　　11 非成瘾物质所致精神障碍

2-精神分裂症和其他精神病性障碍

　　20 精神分裂症

　　21 偏执性精神障碍

　　22 急性短暂性精神病

　　23 感应性精神病

　　24 分裂情感性精神病

　　29 其他或待分类的精神病性障碍

3-心境障碍（情感性精神障碍）

　　30 躁狂发作

　　31 双相障碍

　　32 抑郁发作

　　33 持续性心境障碍

　　39 其他或待分类的心境障碍

4-癔症、应激相关障碍、神经症

　　40 癔症

　　41 应激相关障碍

　　42 与文化相关的精神障碍

　　43 神经症

5-心理因素相关生理障碍

　　50 进食障碍

　　51 非器质性睡眠障碍

　　52 非器质性性功能障碍

　　　52.1 性欲减退

　　　52.2 阳痿

70 精神发育迟滞

71 言语和语言发育障碍

72 特定学校技能发育障碍

73 特定运动技能发育障碍

74 混合性特定发育障碍

75 广泛发育障碍

8 – 童年和少年期的多动障碍、品行障碍和情绪障碍

80 多动障碍

81 品行障碍

82 品行和情绪混合障碍

83 特发于童年的情绪障碍

84 儿童社会功能障碍

85 抽动障碍

89 其他童年和少年期行为障碍

9 – 其他精神障碍和心理卫生情况

90 待分类的精神病性障碍

91 待分类的非精神病性精神障碍

92 其他心理卫生情况

99 待分类的其他精神障碍

　　如果对上列精神疾病作出重性（严重）精神障碍和轻性精神障碍的划分，基本格局是：重性精神障碍包括器质性精神障碍、精神活性物质与其他成瘾物质所致精神障碍、精神分裂症、偏执性精神障碍、急性短暂性精神病、情感性精神障碍、应激障碍以及精神发育迟滞等；轻性精神障碍包括神经症、人格障碍、性功能障碍、性心理障碍等。但是需要指出，轻重只是相对而言，并且指的是一般情况。事实上，严重时的轻性精神障碍可能比不严重时的重性精神障碍给患者带来更严重的影响。

三　精神障碍的患病率

2001 年 10 月，世界卫生组织在一份题为《精神卫生：新观念，新希望》的报告中宣布：目前全世界共约有 4.5 亿各类精神和脑部疾病患者，每 4 个人中就有 1 人在其一生中的某个时段产生某种精神障碍，精神卫生已经成为一个突出的社会问题。该报告还指出：精神障碍问题往往被低估，2/3 的精神障碍患者从不进行治疗，而社会的歧视以及治疗手段的不足又阻碍这些患者获得有效的治疗。随着社会经济的发展以及竞争压力、失业、生活节奏变化等因素的影响，精神障碍对健康的危害日益突出和严重。抑郁症、神经症、酗酒、药物依赖、自杀发生率均呈上升趋势，老年精神障碍如老年性痴呆、老年期抑郁症的比例也在增高。抑郁症目前已成为世界第四大疾患，而到 2020 年时可能成为仅次于心脏病的第二大疾病。全世界每年有 5.8% 的男子和 9.5% 的妇女，即共约 1.21 亿人会经历一段时间的抑郁。世界每年有 100 万人自杀，而有自杀企图的人数介于 1000 万和 2000 万之间。由酗酒引起意识错乱的有 7000 万人，而有药物依赖癖好的有 500 万人。此外，60 岁以上患老年性痴呆的男子占 5%，妇女占 6%。[①]

自 20 世纪 80 年代以来，美国每十年都会对精神障碍（包括精神疾病和成瘾性疾病）进行一次流行学调查。调查以 DSM 为根据，通过抽样访谈方式进行。第一次调查的结果是，年患病率 28%，终生患病率（包括曾经患病和现在患病）46.4%，有 1/3 的人因患病而寻求帮助。第二次的调查结果是，年患病率 30%，终生患病率 48%，最常见的疾病是重性抑郁症、酒精依赖、社交恐怖和单纯性恐怖。第三

---

① 参见陆大生《世界卫生组织：全世界共有 4.5 亿各类精神障碍患者》，新华网 2001 年 10 月 5 日。

次的调查结果是，年患病率26%，终生患病率有轻度降低。根据这三次流行学调查，美国的年患病率平均为28%，以目前美国人口估算，美国患精神障碍的人数为8200万，其中大约4900万人表现出中度至重度的损害。美国还根据每年的精神科药物治疗费用的支出估算精神障碍患病率。1987年，在总花费137亿美元的前五种疾病中没有精神障碍。2001年，前五种疾病的药物治疗费用支出增加到559亿美元，精神障碍已经攀升到第二位，其费用是143亿美元，超过1987年前五种疾病的费用总和。[①]

在中国，早在1958年，湖南医学院等单位曾对湖南城乡重性精神病的流行情况进行了调查，发现重性精神病的患病率为1.27‰。后来，四川医学院在1973～1975年，南京神经精神病防治院在1973～1979年，北京医学院精神病学教研组等单位在1974～1977年，上海精神病防治院等单位在1978年，分别进行了精神病流行学调查，所得精神病患病率分别为5.9‰、5.42‰、7.12‰、6.72‰（上海的统计包括癔症和强迫症）。[②] 1982年，中国多单位合作在12个地区进行精神疾病流行学调查。这是中国第一次规模较大的精神疾病流行学调查。调查采取随机抽样基础上的挨户筛选的方法，样本总计12000户，人口共计51986人。调查得出各类精神病、药物依赖、酒精依赖和人格障碍的时点患病率（调查统计之时的患病率，也称现患病率）为9.11‰，终生患病率为11.18‰，比50年代和70年代的调查数据有明显上升。这次调查还得出神经症的现患病率为22.21‰。根据这些数据估算，在80年代中国至少有1000万狭义的精神病患者和2000万神经症患者。[③] 1993年，有关单位在上述12个地区中的7个地区，

---

① 参见〔美〕R. Paul Olson 主编《四国精神卫生服务体系比较——英国、挪威、加拿大和美国》，石光、栗克清主译，人民卫生出版社，2008，第235～239页。
② 上述各项调查报告刊载于《中华神经精神科杂志》1980年第1期。
③ 1982年12地区精神病流行学调查的各项报告刊载于《中华神经精神科杂志》1986年第2期。

使用原来的调查方法和程序，进行了第二次精神障碍流行学调查。结果是：各类精神障碍（不含神经症）时点患病率11.18‰，终生患病率13.47‰，与1982年比较均有所上升。① 另据1987年全国残疾人抽样调查资料，精神病残疾和智力残疾两者合计占中国总人口的11.49‰。② 2001年10月，全国第三次精神卫生工作会议指出：目前中国有严重精神疾病患者约1600万人，每年约有25万人死于自杀，估计自杀未遂者不少于200万人。在17岁以下的3.4亿儿童、青少年中，约有3000万人受到情绪障碍和心理行为问题的困扰。当前神经精神疾病在中国疾病总负担中排名第一，占到了20%，即占全部疾病和外伤所致残疾及劳动力丧失的1/5。进入21世纪后各类精神卫生问题将更加突出，到2020年神经精神疾病的负担将上升到疾病总负担的1/4。③ 进入21世纪以来，我国一些省、市也进行了精神障碍患病率调查：浙江省总时点患病率为172.70‰；河北省总时点患病率为162.43‰，总终生患病率185.12‰；广州市总终生患病率为152.70‰；昆明市总终生患病率为151.91‰。④

据统计，截至2014年12月31日，全国在册严重精神障碍患者4297363例，男女比例为1.07:1，年龄18~59岁占76.13%，初中及以下占83.56%，已婚患者占52.63%，职业构成以农民为主占62.72%，在岗患者仅有2.99%，贫困患者占55.26%，诊断以精神分裂症为主（75.99%）。⑤

---

① 参见张维熙、沈渔邨等《中国七个地区精神疾病流行学调查》，《中华精神科杂志》1998年第2期。
② 参见沈渔邨主编《精神病学》（第二版），人民卫生出版社，1992，第230页。
③ 参见殷大奎《齐心协力，脚踏实地，全面推进新世纪精神卫生工作——全国第三次精神卫生工作会议报告》，《中国心理卫生杂志》2002年第1期；杜海岚《我国1600万人患严重精神疾病，精神卫生立法须尽快》，《法制日报》2001年10月31日。
④ 参见苏莉综述《我国精神疾病流行病学调查研究概况》，《内科》2010年第4期。
⑤ 参见王勋、马宁、王立英等《2014年全国严重精神障碍患者管理信息分析》，《中华精神科杂志》2016年第3期。

第二节　性与精神障碍研究简史

"尽管有记录以来医生们都对影响性行为的疾病和缺陷感兴趣，但是那种认为某些形式的性行为本身构成了疾病的观点只是一个现代现象。"① 由于很复杂的原因，在 19 世纪以前，人类对自己的性行为和性心理没有进行过科学的、深入的研究。今天人们所说的性学（Science of Sex，Sexology），作为一个独立的学科，初步的形成是在 20 世纪初的欧洲。性学是从医学主要是精神医学对性变态尤其是手淫、同性恋（均指当时的认识）的研究分化出来的，也可以说，性学最初是精神医学的一部分。而精神医学对性变态的研究——性精神病理学（Sexual Psychopathology），历史也不长，是从 19 世纪中叶开始的。几乎同时，心理学也开始关注性变态，后来形成性心理学（Sexual Psychology）。在此之前，性变态属于司法领域的问题。那时法律惩治非自然性交等犯罪，但刑事法学没有将这些行为视为精神障碍或病态，更没有对这些行为进行病理研究。进入 20 世纪后，随着精神医学、心理学、性学和刑事法学的进一步协作、交融，产生了性犯罪学（Sexual Criminology）、犯罪（刑事）性学（Criminal Sexology，Kriminel Sexual wissenschaft，日本学者称之为"刑事性欲学"②）等交叉学科，扩展着犯罪（刑事）精神病理学（Criminal Psychopathology，亦译"犯罪心理病理学"）的领域。

从历史的角度看，性学最初的基本思想起源于法国的精神医学。但是对性学的建立作出突出贡献的是一些德国人或奥地利人。1844年，德国医生海因里希·卡恩（Heinrich Kaan，1816 ~ 1893）出版了

① 〔美〕肯尼思·E. 基普尔主编《剑桥世界人类疾病史》，张大庆主译，上海科技教育出版社，2007，第 74 页。
② 参见〔日〕泽田顺次郎《性欲犯罪》，近代の結婚社，1923，大场茂马（1869 ~ 1920）序文，正文第 1 ~ 12 页。

用拉丁文撰写的《性精神病态》（*Psychopathia Sexualis*，亦译"性心理病态"）一书，它是最早的性学著作，但影响不大。[①] 在他之后的理查德·冯·克拉夫特－埃宾（Richard von Krafft - Ebing，亦译"艾宾"，1840~1902）被公认为性学和性精神病理学真正奠基者。克拉夫特－埃宾当过大学精神病学教授和精神病院院长，并且是性变态犯罪鉴定权威。他对性、性变态和性变态犯罪进行了全面、系统的研究，是享誉欧洲的犯罪精神病学家。他的著作《性精神病态：临床法医学研究》（*Psychopathia Sexualis：eine Klinisch - Forensische Studie*。1886 年第 1 版，1902 年第 12 版）是划时代之作，具有广泛而深远的影响。该书记载分析了 200 多个他自己和其他人诊治的性变态病例。他希望这部著作对科学、公义和人性有所帮助，并且可以促使法庭对性变态者的性犯罪作出公正合理的判决。他认为："性生活无疑是人类的个人与社会关系中的一个重大的因素，人类借着这个因素彰显自己的各种力量：从事活动、获取财产、建立家庭，以及唤起对异性、后代以及整个人类的利他情操。性的感觉确实是所有伦常的基础，无疑也是审美与宗教的基础。最崇高的美德，甚至自我的牺牲，都可能源于性生活。"另一方面，他指出："性生活由于具有官感的力量，所以很容易堕落而成为最卑低的激情与最低下的恶德。没有节制的爱就像一座火山，会烧毁与蹂躏四周的一切。它是一种深渊，会吞噬一切——荣誉、本质以及健康。"[②]

马格努斯·赫什菲尔德（Magnus Hirschfeld，1868~1935）于1908 年创办了世界上第一份性学杂志，并于 1919 年建立了世界上第一个性学研究所。他的研究所既开展性学研究，又提供临床服务、婚前指导和医学法律帮助，同时还是一个性学培训中心。他对

---

① 此书后来被关注，可能与福柯多次引用有关。参见〔法〕米歇尔·福柯《不正常的人》，钱翰译，上海人民出版社，2003，第 263、315~319 页。
② 〔德〕克拉夫特－艾宾：《性病态：238 个真实档案》，陈苍多译，台北左岸文化出版，2005，第 20 页。

性变态有精深研究，德文中的一些性变态术语是他首先使用的。他还领导了德国的争取同性恋者平等权利的斗争。当他在流亡中去世前夕，尽管纳粹在德国已经销毁了他一生工作的成果，他仍然坚持自己的信念："我信仰科学，我坚信科学，尤其是自然科学，给人类必定不仅带来真理，而且还会和真理一起带来正义、自由与和平。"① 1931 年，赫什菲尔德曾经到中国旅行 10 周，了解中国的性问题，并举办多场性学演讲。他建议中国也建立性咨询诊所。中国给他留下美好印象，他说："日本让人钦佩，而中国却让人心生爱慕。"②

伊万·布洛赫（Iwan Bloch，1872～1922）积极倡导对性进行多学科研究，并首先提出了"性学"的概念——1906 年他用德文拟撰了"性学"（sexualwissenschaft）这个词汇。布洛赫指出，考虑到性爱在个人生活和社会生活中的整个重要性及其与人类文明进化的关系，性学应成为人类科学的一部分。他认为，性学的研究必须与对人的研究并行，要将所有有关的学科研究结合起来，包括生物学、人类学、人种学、哲学、心理学、医学以及整个文学史和文化史。

奥地利医生西格蒙德·弗洛伊德（Sigmund Freud，1856～1939）虽然没有直接参与性学的建立，但是人们认为他的工作和思想对性学的影响很大，对性学的形成起了促进作用。他的理论被视为性学的重要组成部分。弗洛伊德认为人类有两种本能，一种是以食欲为基础的自我保存本能或自卫本能，一种是以性欲为基础的生殖本能或性本能。弗洛伊德对性的解释，与一般人不同，是一种扩大的解释。他这样说："这种扩大具有双重意义：第一，它使性与性器的关系不再那么密切了，它认为性是一种更为广泛的肉体功能，首先以快感为目

---

① 转引自〔英〕J. 韦克斯《性，不只是性爱》，齐人译，光明日报出版社，1989，第 104 页。该译本将作者 J. 韦克斯的国籍注为美国，疑误。
② 参见〔德〕马格努斯·赫希菲尔德《男男女女：一位性学家的环球旅行记》，杨柳、焦晓菊译，内蒙古人民出版社，2005。

标，其次才为生殖服务。第二，它把性冲动看成是包括所有纯粹的感情与友爱的那些冲动，即通常由含意极为模糊的词语'爱'所指的那些冲动。"① 许多人忽视了这一点，因而对弗洛伊德的性本能理论产生了误解。弗洛伊德十分强调性本能的作用，认为人的一切行为都是以性力（libido，音译为"力比多"，系弗洛伊德创造的一个词，表示性本能的能量）为动力的。他发现，性的功能在人的生命之初就已经存在，它最初依附于其他的生命机能，以后才能独立出来；它先要经过一个长期而复杂的发展过程，然后才能成为成人的正常的性生活。弗洛伊德认为，在人的不同年龄阶段，性本能的心理表现是不同的。性心理发展分为五个阶段：（1）婴儿期（出生~2岁）性欲，包括口唇性欲阶段和肛门性欲阶段。在口唇性欲阶段，快感的主要来源是吸吮，吸吮母亲的乳头和自己的手指头都能得到快感。在肛门性欲阶段，快感的来源是排除和控制大小便。（2）儿童期（3~6岁）性欲。这一阶段被称为性器欲阶段。儿童已经能够分辨两性，意识到性器官是快感的来源，有手淫现象，开始注意其他儿童包括异性儿童的性器官，同时产生了对异性父母的爱恋和独占欲以及对同性父母的嫉妒和敌意，即俄狄浦斯情结（Oedipus complex）。②（3）潜伏期（6~12岁）性欲。这是一个过渡阶段，开始确立正常的异性爱模式。（4）青春期性欲。在这一阶段，正常的异性爱模式逐渐成熟。（5）成年期性欲。由于性欲常常受到外界强加的限制因素的阻挠，性心理的发展特别是早期的发展可能不顺利，如停留在某一阶段出现固结或因挫折而从高级阶段倒退到低级阶段，使人的心理出现障碍，可能导致人在成年期的行为异常。弗洛伊德认为这是各种神经症和精神病的根源。在

---

① 〔奥〕弗洛伊德：《弗洛伊德自传》，顾闻译，上海人民出版社，1987，第51页。
② 起初，弗洛伊德将俄狄浦斯情结专用于男孩恋母，而将女孩恋父情结称为厄勒克特拉情结（Electra complex），后来他把恋母、恋父情结统称为俄狄浦斯情结。俄狄浦斯和厄勒克特拉都是古希腊神话中的人物。他们的故事，本书在后面将有说明。

弗洛伊德的学说中，性心理理论遭到的非议和嘲笑最多。确实，弗洛伊德的性心理理论有一些非科学的成分，不能让人信服，但是不能因此对其全盘否定。弗洛伊德论证了性对人的心理的影响，以及性心理在精神障碍形成中的作用。他的错误在于夸大而不是肯定了性的作用。作为一个犹太人，弗洛伊德不能在公立医院、收容院、监狱等机构工作，只能私人执业，接触的病人几乎都是神经症患者，更擅长日常生活的精神病理学（psychopathology of everyday life）①，未曾治疗、鉴定过性罪犯或者有严重性侵害行为的病人，因而无法像克拉夫特－埃宾那样在性犯罪的精神病理学领域提出系统理论。

早期的性学家比较著名的还有瑞士的奥古斯特－亨利·福勒尔（Auguste-Henri Forel，1848～1931）、英国的亨利·赫福洛克·霭理士（Henry Havelock Ellis，1859～1939）和奥地利的威廉·赖希（Wilhelm Reich，亦译"维尔海姆·莱赫"、"威廉·莱克"，1897～1957）等。

福勒尔是神经解剖学家、昆虫学家、精神病学家。早先，他致力于人的大脑和蚂蚁的研究，是神经元理论（neuron theory）的创始人之一，后来他也从事优生学和性学的研究。他在1905年出版的《性问题》（*La question sexuelle*）一书，被认为是历史上第一部从生物学和社会学角度阐释和提供人类性生活问题综合治疗的著作。该书产生了巨大影响，被译成多种文字，也成为激烈攻击尤其是宗教界攻击的目标。福勒尔主张男女平等和对所谓"性变态"的宽容。他直言不讳地指出，成年人之间彼此同意的性行为，包括性变态行为，只要不侵犯其他人的权利，都应当合法化。他认为应当取消刑法中的惩罚兽奸等行为的无聊条款："一个被所有女孩子蔑视的可怜的低能者，在不能满足的性欲的驱使下在黑暗的牛棚中从不停咀嚼的奶牛那里获得满

---

① 参见〔奥〕西格蒙德·弗洛伊德《日常生活的精神病理学》，彭丽新等译，国际文化出版公司，2000。

足，而奶牛对此并不在意，也没有被打扰，不论它感觉怎样……法律有权惩罚这种行为吗？这是宗教神秘主义的遗迹，类似于惩罚违逆圣灵。"福勒尔甚至为男性同性恋之间的婚姻被禁止感到遗憾，因为它对社会无害。他还主张免费提供避孕药，允许女性在遭受强奸、有健康受到损害之虞、罹患精神病或类似的情形下堕胎。①

霭理士一生，性心理学研究著作宏富，有《性心理学研究录》（*Studies in the Psychology of Sex*）七卷②等。他的《性心理学》（*Psychology of Sex：a Manual for Students*，1933）是其晚年为普通的临床医生和医学院学生而写的一部教科书式的著作，被潘光旦介绍到中国，产生了广泛的影响。霭理士曾研究过犯罪和罪犯，早期写有犯罪人类学派倾向的《罪犯》（*The Criminal*，1890）一书。与克拉夫特－埃宾重点研究性变态犯罪不同，霭理士对日常生活中的性变态也作了细致的分析。潘译《性心理学》附有《霭理士传略》，详细介绍了霭理士的生活和治学经历。不过，也许是为尊者讳，该传略没有提到霭理士个人与性变态的另一种密切关系。霭理士有轻度的欣尿症（urophilia，亦译"恋尿症"、"嗜尿症"，潘光旦译为"溲溺恋"），喜欢观看女人小便。他承认，这是因为小时候看过他母亲小便。他说，这种欣尿症"没有发展成一种真正的邪孽，也没有成为一种强烈的兴趣，只是我生活中各种爱好中平常的一种"。另一件事情是，他的夫人伊迪丝（Edith Lees）是一个同性恋者。他们结婚后性生活极不协调，后来便终止了。霭理士对妻子的同性恋关系予以默认和宽容。他认为，妻子对同性恋在本性中有一种根深蒂固的需要。③

---

① 参见 http：//www. sexarchive. info/GESUND/ARCHIV/FOREL. HTM。
② 其中的《性与社会的关系》（*Sex in Relation to Society*），潘光旦曾译出两章出版，其余各章由胡寿文补译，合编为《性与社会》由商务印书馆于 2016 年出版。
③ 参见〔美〕J. 莫尼、H. 穆萨弗《性学总览》，王映桥等译，天津人民出版社，1992，第 35 页；〔美〕本杰明·萨多克等《性科学大观》，李梅彬等译，四川科学技术出版社，1994，第 139～140 页；〔英〕杰佛瑞·威克斯《20 世纪的性理论和性观念》，宋文伟等译，江苏人民出版社，2002，第 25～68 页。

这些事情无疑会影响他对性变态的看法。在早期的性学家中，霭理士对性变态的态度比较开明。克拉夫特－埃宾虽然主张废除刑法对同性恋的惩罚，但他对其他性变态持一种排斥、厌恶的态度，他在书中用拉丁文而不是用德文来写一些性变态案例，因为他觉得那些部分是"特别恶心"的。弗洛伊德则把性变态视为一种需要治疗和可以治疗的疾病，并且创造出治疗性变态的方法。而霭理士主张将性变态作为生活的一个组成部分平静地予以接受。当然，他这里所说的性变态是那些不损害自己健康和不伤害他人的性变态。他说，对于性行为，我们提出的问题不应是"这个行为是不是反常"，而应是"这个行为是不是有害"。性冲动的不正常的满足，无论奇异到什么程度，也无论表面上可以让人憎厌到什么程度，除非是那些在医学上或法律上可以引起问题的例子，是无须责备和干涉的。①

赖希则比较激进。在1918年考入维也纳大学医学系不久，赖希便受到弗洛伊德的赏识。从大学毕业后，他投身于精神分析运动。1927年加入奥地利共产党。同时，他发起"性－政治运动"，创立了社会主义性咨询和性研究学会，开办"性卫生诊所"。他主张将精神分析与革命、马克思主义与弗洛伊德主义、社会革命和性革命结合起来。他认为，"生活幸福的核心是性欲的幸福"；压抑性欲不仅导致身心紊乱，而且也导致社会功能的总失调；没有性解放的社会政治改革是不可能的，自由和性健康是一回事。由于信奉马克思主义，赖希逐渐受到弗洛伊德和精神分析学会的指责、排斥，而共产党也不容许他以共产党员的身份从事"性－政治运动"。在这种情况下，赖希不得不离开德国，先后到丹麦、瑞典和挪威，1939年到美国定居。后来，因为从事一些不被美国

---

① 参见〔英〕霭理士《性心理学》，潘光旦译注，生活·读书·新知三联书店，1987，第254~260页；〔美〕J. 莫尼、H. 穆萨弗《性学总览》，王映桥等译，天津人民出版社，1992，第35页；〔美〕本杰明·萨多克等《性科学大观》，李梅彬等译，四川科学技术出版社，1994，第139~140页；〔英〕杰佛瑞·威克斯《20世纪的性理论和性观念》，宋文伟等译，江苏人民出版社，2002，第25~68页。

食品药品管理局认可的实验、发明，他被起诉判刑，死于狱中。①

　　早期的性学家敢于向传统意识、世俗偏见挑战，不畏讥讽嘲笑、打击迫害，对人们一向回避和被严重歪曲的性问题从精神病学、心理学、生物学、人类学等多种角度——主要是精神病学、心理学的角度，这是早期性学的一个特征——进行了深入的研究。现在来看，早期的性学家们也有局限，偏于研究异常的性行为以及同性恋。他们的理论不完全是正确的，有的观点甚至是可笑的，但是谁也无法否认，他们使人们对性的认识发生了革命性改变。如果没有他们开创性的工作，现在人们在性的认识上一定仍然处于蒙昧之中。对性学的早期历史，英国社会学家杰弗里·韦克斯（Jeffrey Weeks）在其著作《性及其不满：意义、神话与现代的性》（*Sexuality and Its Discontents*：*Meaning*，*Myths and Modern Sexualities*，1985）中评论道：

　　性学从来不是一门统一的学科，它的参与者从未表现出一种单一的思考角度；它的影响也从不是直线发展或未遭到诘难的。只有性的观念，不可能创造出性的世界。然而提出性理论的泰斗们对我们居住在其间的世界作出了贡献：他们为改革性的，或不那么具有改革性的活动提供了观念，提供了实际的帮助。他们促进了性对个人的健康、身份（identity，似应译为"个性"——刘注）和幸福极其重要这一信念；他们出售了大量的手册，其中常常有获得性生活乐趣的一两种技术；他们给予常常是可疑的政治立场以一种科学的信任；他们为性的变革（这种变革在很大程度上已经完成）制定了日程。他们的著作一直在社会的各个领域以

────────

① 参见〔奥〕威廉·赖希《性革命——走向自我调节的性格结构》，陈学明、李国海、乔长森译，东方出版社，2010。另参见〔英〕安东尼·吉登斯《亲密关系的变革——现代社会中的性、爱和爱欲》，陈永国、汪民安译，社会科学文献出版社，2001；〔英〕乔治·弗兰克尔《性革命的失败》，宏梅译，国际文化出版公司，2006。

各种形式被接受，调度，利用，有时也被曲解。他们不该因我们生活在其间的世界而个别地甚至集体地受到指责。毕竟，我们是这个世界里的行动者。而他们的遗产在我们能够写出新的日程之前，需要发掘、需要重新审视，也许还需要抛弃。①

在第二次世界大战后，对性的研究更为深入。研究的重点从性变态和少数人的性行为，转移到一般人的性行为。这时性学研究的中心已经从欧洲转移到美国。1948 年，美国科学家金西（Alfred Charles Kinsey，1894～1956）的《人类男性性行为》（*Sexual Behavior in the Human Male*）一书出版，它在美国继而在世界引起轰动。这本书是根据 12000 人的面谈记录写成的。它提供了人的性行为的实况，使人们对人类的性行为有了进一步的了解；它把性行为方式与人的社会背景联系起来加以考察，揭示了不同阶层、不同文化的人在性意识和性行为上的显著差别。这本书极大地改变了西方人在性问题上的观念，为西方国家特别是美国 20 世纪 60 年代的"性革命"（sexual revolution）——亦称"性解放"（sexual liberation）——奠定了思想的基础。在性学发展史上，这本书也具有非常重要的地位。它是性学史的一个转折点，标志着现代性学的开始。在 1953 年，《人类男性性行为》的姊妹篇《人类女性性行为》（*Sexual Behavior in the Human Female*）又出版了，它也同样产生了巨大的影响。到 60 年代，性学研究发生了新的飞跃。这次飞跃是由美国科学家马斯特斯（William Masters，1915～2000）和他的女助手约翰逊（Virginia E. Johnson，1925～2013）以及他们的科学著作《人类性反应》（*Human Sexual Response*，1966）推动的。② 与金西不同，他们进行的是人类性生理的实

---

① 〔英〕J. 韦克斯：《性，不只是性爱》，齐人译，光明日报出版社，1989，第 8 页。
② 参见〔美〕W. 马斯特斯、V. 约翰逊《人类性反应》，马晓年等译，知识出版社，1989。

验研究，他们的研究成果从生理学的角度描述和揭示了人类的性反应。他们还进行了性功能障碍的治疗和研究，奠定了现代性医学的基础。

如果以克拉夫特－埃宾在 1886 年发表《性精神病态》一书作为性学开始建立的标志的话，性学到今天已经有一百多年的历史，已经趋于成熟。本书正是在这种背景下探讨性在精神障碍形成中的作用这个问题的。

性是人类的最基本的需要和欲望。这种需要和欲望是天生的，因而被称为本能。性是人类繁衍的基础。正是由于具有性的欲望和性的能力，人类才有了性行为，人类才可以繁殖后代，使种族延续进化。性是所有动物的本能。但与其他动物不同，作为社会性的动物，人类的性本能是社会化了的，它受到许多因素诸如社会、文化、心理的影响。因此，不能把人类的性行为与动物的性行为混为一谈。简单地说，（1）人类进行性行为是有意识的；（2）人类的性行为的目的或功能主要的是肉体和精神的享受，而不是繁殖后代；（3）人类的性行为不仅受生理的限制，也受社会的控制和调节。对于性，必须认识到它的生物性，也必须认识到它的社会性，否则就会对性问题做出不正确的结论。弗洛伊德强调性是一种生物本能（从历史上看这有一定积极意义，不能完全否定），忽视了（没有排除）性的社会性，因而不能正确阐释性在人类生活中的地位和作用。另一些人不知道或者不愿意承认性是人的本能，他们认为性问题以及相关的爱情、婚姻问题只是社会问题或思想问题，并用不符合甚至违背自然规律的方法去解决它们；他们以为承认性是人的本能，就是把人降为一般的动物，因而谈性色变。

性与人的心理有着密切的关系。克拉夫特－埃宾在《性精神病态》第 1 版前言中指出：“很少有人充分了解到性欲在个人与社会之中对感情、思想与行为所发挥的强大影响力。”① 性不仅是一种生物现

---

① 〔德〕克拉夫特－艾宾：《性病态：238 个真实档案》，陈苍多译，台北左岸文化出版，2005，“德文第一版前言”。

象，也是一种心理现象。人的心理极大地影响着人的性欲和性行为，反过来，性对人的心理也发生重要的影响。不仅如此，性与精神障碍的关系也是十分密切的，可以成为精神障碍的原因。回顾人类的文明史，可以看到，人类在很久以前就已经意识到性与精神障碍之间存在着某种联系。远在古希腊，被称为西方"医学之父"的医生希波克拉底（Hippocrates，公元前 460～前 377）认为癔症（英文 hysteria，源自希腊文 Ὑστέρα 一词，原词有子宫的含义）是妇女特有的疾病，发病原因与子宫有关，治疗此病的最好方法是结婚。① 中国古人在这方面也有所发现。《诗经》中的"愿言思伯，甘心首疾"说的就是对异性的思念给人的心理造成的消极影响。晋代的道教理论家、医学家葛洪（283～363）在《肘后备急方》中描述了一种与性有关的精神障碍表现："女人与邪物交通，独言独笑，悲思恍惚。"② 清初医学家陈士铎在《石室秘录》中描述过一种他称为"花癫"的精神障碍表现："如人病花癫，妇人忽然癫痫，见男子抱住不放。此乃思慕男子不可得，忽然病如暴风骤雨，罔识羞耻，见男子则为情人也。"③ 对性与精神障碍的关系的科学研究，是 19 世纪末开始的。它是早期性学的主要内容。其中一个原因是早期的性学家中有许多同时也是心理学家或精神病医生。不过他们的注意力主要集中在性变态上，没有更深入地研究性在精神障碍形成中的作用。弗洛伊德的视角比他们远为开阔，他因此发现了性因素在精神障碍中的广泛影响。现在人们对性因素在精神障碍中的作用的认识可能更客观一些，既不把性因素的作用局限在性变态上，也不认为性因素无所不在。并且，现在人们不仅从生理学的角度研究性因素在精神障碍中的作用，而且从心理学、社会学、

① http://academic.mu.edu/meissnerd/hysteria.html； https://en.wikipedia.org/wiki/Hysteria.
② （晋）葛洪：《〈抱朴子内篇〉〈肘后备急方〉今译》，梅全喜等编译，中国中医药出版社，1997，第 254 页。
③ （清）陈士铎：《石室秘录》，张灿玾等点校，中国中医药出版社，1991，第 45 页。

文化学的角度研究性因素在精神障碍中的作用。

性与精神障碍的联系是广泛的，至少有三个方面的性问题可以导致精神障碍，或者对精神障碍的形成发生影响。本书将它们归纳为非自愿绝欲①、性压抑、性心理创伤。非自愿绝欲是生理因素，性压抑和性心理创伤主要是心理、社会因素。

第三节　非自愿绝欲与精神障碍

适度地满足性欲这种本能的需要，是自然规律的要求。对于性成熟的、有性的欲望并希望这种欲望实现的人来说，长期缺乏性释放（sexual release），不断积欲（tumescence）而不能解欲（detumescence）②，是一件痛苦的事情。即或是被去势（阉割）的人，性欲也不能彻底消失，而不得不忍受不能满足性欲的痛苦。在 18 世纪法国思想家孟德斯鸠（Montesquieu，1689～1755）的书信体小说《波斯人信札》中，波斯的一位后房阉奴总管如此道出自己的苦衷：

　　当初，我的第一个主人打定了残酷的计划，要将他的那些妇人交给我看管，并且百般威胁利诱，强迫我从此以后永成残缺不全的人。……当初希望，由于无力满足爱情，正好借此挣

---

① 本书第一版称为"性饥渴"。潘光旦曾有"性的饥饿"之语。霭理士在《性与社会》第四章中亦说，"欲望"（lust）这个词可用来指称性欲，相当于"饥"或者"渴"（it corresponds to hunger or thirst）——参见〔英〕霭理士《性心理学》，潘光旦译注，生活·读书·新知三联书店，1987，第 425 页；〔英〕霭理士《性与社会》，潘光旦、胡寿文译，商务印书馆，2016，第 192 页。本书修订时考虑，"性饥渴"从字面看是一种比喻，且只显示了性欲强烈，而未说明本节所论可能引起精神障碍的性欲不能实现，是受到客观条件的制约，而非自我性压抑或器质因素导致的，因而替换为"非自愿绝欲"，仅在文中保留一处。
② 关于积欲与解欲，参见〔英〕霭理士《性心理学》，潘光旦译注，生活·读书·新知三联书店，1987，第 18～19 页。

脱情网。唉！人家在我身上灭绝了情欲之果，而没有消除情欲之因；于是，远远不曾减轻情欲的负荷，周围的一切，反而不断地刺激我的情欲。一进后房，一切都引起我对于我所丧失的事物的悔恨：我觉得无时无刻不在兴奋中，千娇百媚，好像为了使我懊丧，才故意出现在我眼前。我的不幸真是到了极点，因为在我眼前，永远有一个幸福的男子存在。在那心烦意乱的时期，我每次将妇人领到主人床上，每次替妇人脱掉衣裳，回来的时候，心中必定燃烧着无可奈何的狂怒，灵魂充满可怕的绝望。①

迫不得已的独身（involuntary celibacy，非自愿独身）——包括强制独身（coerced celibac）② ——如果长期持续，就会使人处于非自愿绝欲（involuntary sexual abstinence）——包括强制绝欲（compulsory abstinence）③ ——而身心性饥渴（sexual starvation）的状态。在此状态下，人们的心理必定发生消极的反应，有些人可能出现精神障碍。他们的人格可能发生病态性的改变，变得暴躁、易激惹、刻薄、抑郁、沮丧、多疑，严重者可能出现神经症。他们可能通过不正常的方式满足自己的性欲，导致性变态。这些现象可以从这样一些人身上看到：长期监禁的囚犯，长期服役的士兵，两地分居的夫妇，妻子（丈

---

① 〔法〕孟德斯鸠：《波斯人信札》，罗大冈译，人民文学出版社，1978，第 12 页。古代波斯实行一夫多妻制，一般富裕人家多有成群的妻妾，她们被禁闭在深院后房，由阉奴看管，不能和外界接触。

② 参见〔加拿大〕伊莉莎白·艾宝特（Elizabeth Abbott）：《独身》（*A History of Celibacy*），邱雅珍、薛芸如译，台北商周出版，2001，第 329 ~ 368 页。celibacy 亦译"禁欲"。

③ 对霭理士使用的 sexual abstinence 一词，潘光旦译为"绝欲"，以区别于一般的"禁欲"（asceticism）；胡寿文译为"性的禁欲"。在《性与社会》第六章中，霭理士在介绍他人的观点时，还言及"强制绝欲"（compulsory sexual abstinence）。《性心理学》也谈到强制绝欲（compulsory abstinence）。本书采用含义更宽泛的"非自愿绝欲"的概念。

夫）因某种原因不能过性生活的丈夫（妻子），丧偶多年的寡妇鳏夫，求偶心切但一无所获的大龄男女，等等。他们对于性欲的实现，不存在主观上的障碍。他们的性欲之所以长期不能得到实现，完全是客观因素造成的。他们的精神障碍的严重程度与性欲不能实现的时间的长短有明显的联系，时间越长，精神障碍就可能越严重。对于有过性生活经历的人和性生理机能比较发达的人来说更是如此。早期马克思主义者奥古斯特·倍倍尔（August Bebel，1840~1913）曾经指出："人类所有的一切欲望之中，生存欲和食欲之外，性欲是最强烈的。要繁殖种族的欲望是'生存意志'最强烈的表现。这种冲动在正常发达的人类人人都有，到了成熟之后，满足这种冲动是生理和精神健康的根本条件。""人类的精神活动和他器官的生理状态有密切的关系；一方面有了障碍，他方非受影响不可。"① 鲁迅也曾指出："因为不得已而过着独身生活者，则无论男女，精神上常不免发生变化，有着执拗猜疑阴险的性质者居多。欧洲中世的教士，日本维新前的御殿女中（女内侍），中国历代的宦官，那冷酷险狠，都超出常人许多倍。别的独身者也一样，生活既不合自然，心状也就大变，觉得世事都无味，人物都可憎，看见天真欢乐的人，便生恨恶。"②

在中国古代，就是普通老百姓对性与精神障碍的关系也有所感觉。一个例证就是过去常有人用"冲喜"即让疯癫者结婚生育的方法治疗精神障碍。这种做法反映了人们对性与精神障碍的关系的某种认识。恐怕不能说这种方法完全是愚昧的产物。它之所以长期存在，大概就是因为人们发现它对治疗某些精神障碍有一定的效果——蔼理士反对医生给人出用结婚或性交的方法治疗疯癫的主意，指出这种主意

---

① 〔德〕倍倍尔：《妇女与社会主义》，沈端先译，生活·读书·新知三联书店，1955，第96页。
② 鲁迅：《寡妇主义》，载《鲁迅全集》第1卷，人民文学出版社，1957，第348~349页。

有时候是出对了，但往往出更大的乱子。① 无独有偶，法国作家福楼拜（Gustave Flaubert，1821～1880）在其长篇小说《包法利夫人》中就提到一个渔夫的有心病的女儿嫁人以后病就好了的事情。②法国作家莫泊桑（Guy de Maupassant，1850～1893）的短篇小说《柏斯》讲述：一位白痴少女的父亲，为了给女儿治病而想让女儿结婚，"要是她有了孩子……这对她是个大震动……一个大欢乐……谁知道会不会使她的心灵在母爱中惊醒"。他为此向一位医生请教。医生认为这是正确的，"这样的新鲜事有可能引起一场变革，在这个呆滞的头脑里引起一场天翻地覆而使它呆滞的思维机制运行起来。"③ 在这个故事中，白痴少女结婚后精神状态一度有所好转，但后来由于丈夫对她逐渐厌倦和粗暴而恶化。俄国作家高尔基（1868～1936）写过一篇带有回忆性质的短篇小说——《哲学的害处》，讲述主人公年轻时在自学过程中看了许多哲学著作，脑子里塞满各种混乱的观念和印象，时常处于神志惶乱、极度烦躁的状态，有时还被噩梦般的幻觉所折磨，于是他去看精神病。一个精神病医师盘问了他大约两个小时，然后对他说："朋友，您首先必须让那些书本儿和您一向所热衷的种种谬论统统见鬼去吧！就体质而言，您是健康的。您需要体力劳动。您在女人方面——怎么样？咳！这样也不行的！让别人去节制吧！而您，需要为自己找一个贪恋房事的小媳妇，这将是有益的！"④ 如果说上述三个事例是作家的杜撰而不足以采信的话，那么还有一件完全真实的事情。据英国作家劳伦斯（David Herbert Lawrence，1885～1930）的生平研究者透露，在劳伦斯病逝后，他的继女巴比（劳伦斯的妻子弗里达与其前夫的女儿）出现"精神崩溃"。"面对

① 参见〔英〕霭理士《性心理学》，潘光旦译注，生活·读书·新知三联书店，1987，第3～8页。
② 〔法〕福楼拜：《包法利夫人》，李健吾译，人民文学出版社，1958，第107页。
③ 《莫泊桑短篇小说全集》第3卷，李青崖译，湖南文艺出版社，1991。
④ 《高尔基文集》第7卷，人民文学出版社，1983，第191～205页。

巴比有明显淫荡似的疯狂表现，当地的一位老大夫开出了一个独出心裁的治疗处方——性交，而弗里达欣然同意。因此弗里达雇了一名年轻的意大利工人尼古拉与巴比同床共枕。""在那里她完全恢复了健康。""几十年之后，巴比仍认为那次非正统的治疗对她没有损害。"[1]

最突出的是监狱中的强制绝欲。美国犯罪问题专家 J. F. 菲士曼（Joseph Fulling Fishman）在《监狱中的性》（*Sex in Prison*，1934）一书中揭示：因犯必须经历的最重的惩罚是被剥夺正常的性满足。对因犯来说，没有机会满足生理上的需求是最痛苦的刑罚。监狱中的性问题不可避免地产生种种不道德、堕落、神经质、性变态、纪律的破坏、精神和肉体上的自我摧残。特别是因犯中有许多人都处于壮年，在外面曾经过着放纵的生活。[2] 理查德·霍金斯（Richard Hawkins）等人在 1989 年指出，性行为发生在男犯监狱内，以三种关系出现：（1）具有爱情和释放性欲，经过双方同意的性行为；（2）兼有强有力的控制和性满足的被迫的性行为；（3）付钱的性行为。而遭受性侵害的因犯更可能发生精神危机甚至崩溃。许多因犯被卷入境遇性的同性恋之中。虽然因犯的同性恋倾向一般不会持续到释放之后，但是对青少年因犯的影响可能也不像许多人认为的那样短暂易逝，尤其是年轻女囚。[3]

当然，并不是所有长期处于非自愿绝欲状态的人都会出现精神障碍，而且可以说，仅仅因为绝欲而出现精神障碍的人并不多。有关的

---

[1]　〔美〕布伦达·马多克斯：《劳伦斯——有妇之夫》，邹海仑等译，中央编译出版社，1999，第 696 页。

[2]　Joseph F. Fishman, *Sex in Prison*, New York：National Library Press，1934。我在大学读书时，曾经将此书作为学习英语的资料，试译了其中两章。另参见〔美〕J. F. 菲修曼《美国囚犯的性生活（一）》，西拓译，《性科学》第 4 卷第 1 期，1937 年。

[3]　参见〔美〕理查德·霍金斯、杰弗里·P. 阿尔珀特《美国监狱制度——刑罚与正义》，孙晓雳等译，中国人民公安大学出版社，1991，第 329～382 页。

研究表明，因为这种原因出现精神障碍的人，往往是心理素质有一定缺陷的人。弗洛伊德、霭理士等都曾指出过这一点。① 性生活毕竟不是人的生活的全部，即使在婚姻生活中，性也不是唯一最重要的因素。一个心理健康的人完全可以在一定时间里克服性生活的缺乏所带来的消极影响。一般地说，性只有在和社会、文化、道德等因素交织在一起时，才对人的心理发生明显的影响，才更可能与精神障碍发生联系。

第四节　性压抑与精神障碍

性压抑（sexual repression）是指基于信念或观念，对性欲采取回避、排斥的态度，甚至心怀恐惧和厌恶。

人类的性行为是有意识的，它不仅受本能的驱使，也受理智的支配和控制。性本能使人产生了性欲冲动，但由于性具有社会性，一个人是否准备实现性欲，还取决于他的由社会文化环境决定的对性的态度。如果他对性是采取禁欲主义（asceticism）态度的，他会压抑自己的性欲，即自我禁欲（self-mortification）。这使他陷入趋近－回避式动机冲突（approach-avoidance conflict）：一方面，性本能的躁动使他产生了强烈的性欲，他心中充满对异性、对性行为的渴望；另一方面，他认为性是邪恶的、肮脏的、淫秽的，他对性行为怀有一种厌恶感、恐惧感。《巴黎圣母院》中的副主教克洛德·孚罗洛就是这样的人。克洛德·孚罗洛也有性欲的冲动——"不止一次我的肉体由于一个女人的走过而冲动起来"，但同时对女人的怀有憎恨，把女人视为魔鬼，看上去完全是一个冷酷无情的禁欲主义者。他深陷于对爱斯美

① 参见〔英〕霭理士《性心理学》，潘光旦译注，生活·读书·新知三联书店，1987，第 330~332 页。

拉达的性欲，但知道自己得不到她，于是疯狂地阻止她爱上别人和别人爱上她，劝诫别人不要与她接触，说什么"肉体往往会使灵魂堕入地狱"，甚至杀死爱斯美拉达所爱之人。① 动机心理学的研究已经说明，动机冲突与人的心理健康与否有密切联系。每一个动机冲突都可以使人陷入不同程度的紧张和痛苦状态。敢于正视并成功处理动机冲突，是心理健康的一个标志。而有一些人苦于没有解决办法，深深陷入痛苦之中，可能出现精神崩溃。还有些人虽然体验到冲突所造成的紧张感、痛苦感，但却意识不到冲突，他们对冲突的反应是无意识的，如心理防御机制，而这种反应从根本上说无助于冲突的解决，倒有可能导致精神障碍。由于性是人的一种最基本、最强烈的本能和需要，性压抑所造成的动机冲突比其他动机冲突更有可能导致精神障碍。

性压抑主要是禁欲主义的产物，而禁欲主义是宗教的伴生物。宗教为吸引信徒，激发人们对神灵的信仰，总是把世俗生活说成是充满罪恶的，更是把性欲贬为邪念。古今中外的各种宗教，除了像印度教的性力派、古希腊宗教的狄奥尼索斯崇拜等极少数具有某些纵欲主义特征外，差不多都有禁欲主义倾向，一些极端的宗教和教派甚至在教义规定上奉行极其严厉的苦行主义。② 在西方，基督教禁欲主义横行于中世纪，到 19 世纪仍有很大影响。基督教禁欲主义认为性是邪恶的、肮脏的，性行为是一种罪过。极端的禁欲主义主张完全禁绝性行为。基督教禁欲主义尽管很严格，但它毕竟不能消除人的性本能，不能从根本上制止人产生性欲。霭理士在谈到基督教早期的一些坚定的禁欲主义者时说："他们是感觉困难而排遣不来的一点，始终是性的诱惑，终他们的一生，这种诱惑多少总不断的和他们为难。"他还指出，真正没有任何方式的性的活动的人是很少很少的，

---

① 〔法〕雨果：《巴黎圣母院》，陈敬容译，人民文学出版社，1982，第 372、296 页。
② 参见吕大吉《概说宗教禁欲主义》，《中国社会科学》1989 年第 5 期。

除非不把向异性勾引、搭讪、性变态看作是性满足的方式。他同意一位医学家的看法：少数真正毫无性的表现的人无非是一些性能或性感觉缺乏的人。[①] 英国思想家伯特兰·罗素（Bertrand Russell, 1872～1970）在《婚姻与道德》（*Marriage and Morals*, 1929）一书中认为禁欲其实起到了相反的作用。他指出：

> 性是人类天然的需要，和饮与食并无二致。诚然，人离了性也能生存，而离了饮食就不能够；但是，从心理的立场来看，性的欲望和饮食的欲望是完全类似的。我们要是将性的欲望忍禁着，它就会大大地增高；我们要是满足了它，它就慢慢地平静下去。当性的欲望紧急的时候，它使我们万事不想，专想这件事，我们一切的兴趣都暂时消灭；那时的人可以做出异常的事来，做过后自己也会觉得有些癫痴疯狂。并且，和饮食的情形一样，我们要是将性的欲望禁压着，它反而会昂然激动起来。……基督教义和教会当局布道的结果，反而使人们对性的兴趣激增。[②]

事实上，基督教禁欲主义不但未能消除人的正常的性欲，而且也未能消除淫乱现象，甚至也未能消除教堂、修道院中的淫乱现象。即使在罗马教廷，淫乱活动也很活跃。[③]

最痛苦的是这样一些人，他们的信仰是虔诚的，但又抵御不了性的诱惑。性欲对于他们来说，不仅是肉体上的折磨，更是精神上的折磨。许多人因此发生精神障碍。倍倍尔认为："成熟期的禁欲

---

① 〔英〕霭理士：《性心理学》，潘光旦译注，生活·读书·新知三联书店，1987，第335页。
② 〔英〕罗素：《婚姻与道德》，李惟远译，上海文艺出版社，1989（影印1935年中华书局版），第234～235页。此书还有以"婚姻革命"为题的中译本。
③ 参见〔美〕奈杰尔·考索恩《罗马教皇罗曼史》，莘莘等译，吉林人民出版社，1998。

能使两性的器官或全身组织受重大的障碍与错乱，甚至变成癫狂，或陷于自杀。"① 保加利亚学者瓦西列夫指出："这类疾病在中世纪欧洲的修道院里相当普遍，历史上多有记载。禁止性生活的守则压制了人的愿望，这类守则在道德上和法律上规定得愈是严厉，性的诱惑力所引起的痛苦就愈强烈。"② 许多修女发作癔症，自我鞭身，狂乱舞蹈，③ 或者抽搐痉挛：

　　从罗马帝国瓦解到中古世纪，欧洲大陆盛行一种歇斯底里性的痉挛，出现这种症状的多是女性，忽然全身抽搐，有时候则身躯变得僵硬，平躺着，腹部弓起，私处凸出，如性交的动作。一般人认为这是恶魔附身所致，16 世纪的一位德国医师威尔（Weier）则指出，它源自性的压抑。当时 Cologne 地方的女修道院忽然爆发这种"流行病"，威尔医师观察修女发作时的情形，发现她们紧闭双眼，仰躺着，小腹弓起，不停抽搐。发作过后，她们"张开眼睛，脸上露出羞耻与痛苦的明显表情"。仔细追查这种"流行病"的来源，原来在不久前，修道院附近的一些少年，在夜里潜入修道院，和他们认识的修女幽会，后来事情败露，修道院严禁这种丑行继续下去。不久，住在修道院内的一位少女开始有了"爱人每晚来找她"的幻觉，而暴发了身体抽搐的症状。"保护"她们的修女们看到她的发作都"受惊"了，跟着发作同样的症状。从现代精神医学的观点来看，这种"流行病"是性压抑而产生的"集体歇斯底里症"已

① 〔德〕倍倍尔：《妇女与社会主义》，沈端先译，生活·读书·新知三联书店，1955，第 97 页。
② 〔保〕瓦西列夫：《情爱论》，赵永穆等译，生活·读书·新知三联书店，1984，第 13 页。
③ 参见〔德〕爱德华·傅克斯《欧洲风化史·文艺复兴时代》，侯焕闳译，辽宁教育出版社，2000，第 523 页。

经殆无疑议。①

18 世纪法国思想家狄德罗（Denis Diderot，1713～1784）有一部小说《修女》，其中描述了一位同性恋的修道院院长。院长嬷嬷狂热地爱上了修女苏珊，苏珊却在忏悔时把此事告诉了神父。神父指责院长嬷嬷是不称职的、不信教的人，是坏修女，是危险的、堕落的女人，并说她应当通过暴死而使自己赶快进地狱。神父要求苏珊再也不要单独和院长嬷嬷在一起，不要容忍她的任何形式的抚摸，违背了就要受到上帝的惩罚。于是，苏珊疏远了院长嬷嬷。院长嬷嬷因此而陷入痛苦之中，并产生了激烈的内心冲突。后来她发疯了，赤身裸体在走廊里乱跑，胡言乱语，做下流的动作，说淫秽的话，几个月后死去。②

弗洛伊德对禁欲的危害有全面的分析。他指出，关于禁欲，有两种类型一直未作严格区分：禁止一切性活动，还是禁止与异性的性交。许多夸口成功地禁欲了的人，实际上是借助手淫和其他与婴儿期自体性活动有关的性满足实现的。然而，这些性满足的替代方式是极为有害的，将性生活退化到婴儿时期必将导致各种神经症和精神神经症。此外，文明的性道德绝不允许手淫，于是年轻人便陷入了由教育理想所引发的同样冲突之中。更有甚者，这种放纵从多个方面败坏了人的性格：首先，它使人不经磨难，靠走捷径实现重要目标；其次，伴随着性满足的种种幻想，使他们将性目标幻化到在现实中无法找到的优秀程度。文明要求的苛刻及禁欲的困难，使得异性间的性交成了禁欲的焦点，其他的性活动却受了恩惠。由于正常的性交受到了道德

---

① 〔英〕蕾伊·唐娜希尔：《人类性爱史话》，李意马译，中国文联出版公司，1988，第84～85页。此书中译本未注明原书名、作者原名和国籍。我在网上检索，此书原名 *Sex in History*，作者 Reay Tannahill，出生在苏格兰。http://authorpages.hoddersystems.com/ReayTannahill/author.asp。

② 〔法〕狄德罗：《修女》，段维玉等译，长江文艺出版社，2001。

的严厉摧残，加之出于卫生的考虑害怕传染，异性间倒错的性交，即取代性器的其他部位的性活动，无疑会带来更严重的社会问题。从伦理上讲这是不能接受的，因为它将两个人之间的爱情关系降低为一种随随便便的游戏。既不富冒险性，也没有精神的渗透参与。正常性生活出现困难所导致的另一恶果便是同性恋的增多。同性恋，除了由于生理的原因或童年的影响之外，大部分都是在成年后发生的。力比多主流的受阻导致它寻求旁门歪道的发泄，即同性恋。所有这些无法避免、非人所愿的后果均是由禁欲造成的，它彻底瓦解了婚姻的基础。文明的性道德认为，婚姻是满足性冲动的唯一目的。手淫或其他性倒错，使男人习惯了不正常的性满足，从而降低了婚后性能量的发挥。同样，为保贞操而借助相似方式的女人，必然对婚后的正常性交表示冷淡。双方若以很低的性能力进入婚姻，那么瓦解起来也就比什么都快。男人的性能力低下，令女人无法满足；强烈的性经验本可以使女人由教育形成的性冷淡得到克服，然而她却依然冷淡下去。这样的夫妻比健康的夫妻也更难施行避孕，因为性能低下的丈夫很难适应避孕工具。其结果是，性交由于一次次令夫妻陷于尴尬的境地而不得不放弃，这样婚姻的基础也就不复存在了。[①] 弗洛伊德的这些观点虽然不完全正确，但有力地说明了禁欲可能给精神健康以及婚姻、婚后性生活造成的损害。

禁欲思想在中国也是存在的。在中国古代，儒家学说对人的思想和行为影响最大。儒家思想承认性欲是人的本能，如《孟子》中说"食色，性也"[②]，《礼记》中说"饮食男女，人之大欲存焉"[③]。它认为"不孝有三，无后为大"[④]，因而不主张独身。相反，它对婚姻是

---

① 〔奥〕弗洛伊德：《"文明的"性道德与现代神经症》，宋广文译，载车文博主编《弗洛伊德文集》第 2 卷，长春出版社，1998。

② 《孟子·告子章句上》。杨伯峻：《孟子译注》，中华书局，1960，第 255 页。

③ 《礼记·礼运》。王梦鸥：《礼记今注今译》，台北商务印书馆，1978，第 301 页。

④ 《孟子·离娄章句上》。杨伯峻：《孟子译注》，中华书局，1960，第 182 页。

赞许的，主张实现"内无怨女，外无旷夫"①。但它把繁殖后代作为性行为的唯一目的，只允许婚姻关系中的以生殖为目的的性行为，并认为婚姻关系中的性行为也要节制，如孔子说"少之时，血气未定，戒之在色"②。儒家思想对婚姻关系之外的性关系以及两性接触是严格禁止的，如孟子说"男女授受不亲，礼也"③。实际上，这种禁忌主要是针对女子的。对女子的性欲，特别是寡妇的性欲，儒家思想是完全否定的。儒家思想关于女子的品行，有一整套的教条，如《仪礼·丧服》中说"妇人有三从之义，无专用之道，故未嫁从父，既嫁从夫，夫死从子"。④ 清末程麟（字趾祥）撰《此中人语》有"守节"一则，述守节之难：

> 年轻孀妇，岁月方遥，守节岂易言哉！余曾闻舜年述及，某氏妇年二十而寡，遗孤周岁。家本小康，子七岁延师课读。师为谢墉，浙江嘉善县庠生。馆谷一年余，一日忽不辞而去，人皆不知其故也，遂延同邑某生代馆。忽忽数年，孤子成立。时谢墉已由翰林院侍读学士，简命提督江苏学政。某氏子应童子试，遂得游庠，以母二十年苦节，造具其节行于宗师，求其请旌。以为本系业师，可操左券，岂意再请再驳。子大哭归，述诸母。母曰："余有一物，藏之久矣，尔持此以呈宗师，当无不准。"遂出一小包付之，嘱勿启视。子闻而疑之，试窃启，则坚而色黑者两指也。重复固封呈学政前，遂获旌奖。子莫明其故，因问母，母曰："此余少年事也。当时七夕，尔师纳凉庭中。见其丰姿美秀，余偶心动，遂托书函事至书馆中，嘱师代笔，戏言挑之。不知师立品端

---

① 《孟子·梁惠王章句下》。杨伯峻：《孟子译注》，中华书局，1960，第37页。
② 《论语·季氏篇》。杨伯峻：《论语译注》，中华书局，1980，第176页。
③ 《孟子·离娄章句上》。杨伯峻：《孟子译注》，中华书局，1960，第177页。
④ 《仪礼·丧服》。杨天宇：《仪礼译注》，上海古籍出版社，2004，第308页。

严，毫不假借，推余出门，将门急闭。不意余两指夹门缝中，痛极
大呼。师因启扉出指。余进内羞愤交集，遂断其指，作包纳之石灰
瓮中，师于明日遂行。余从此一念回头，死心守节。今师之见两指
而为请旌者，要亦谅我之苦心也。"子大悟。盖其母左手本缺二指，
特未明其故耳。观此可见守节之难。所以朝廷不设再醮之禁，与其
慕虚名而贻中冓羞，不若径行直遂之为愈也。①

在儒家思想的影响下，未婚女子的性行为、已婚女子的婚外性
行为和寡妇的性行为，即使是被迫的，也被视为大逆不道、罪大恶
极，而在同时，未婚男子的性行为、已婚男子的婚外性行为和鳏夫
的性行为则不构成多大的过错。正如鲁迅所说："社会的公意，向
来以为贞淫与否，全在女性。男子虽然诱惑了女人，却不负责
任。"②

不过，儒家的性欲观还不是极端的禁欲主义。中国也存在极端的
禁欲主义。道教的一些派别、在汉代由印度传入的佛教和后来传入的
基督教都主张极端的禁欲主义，但只在道士、僧侣和神职人员中实
行。实行的情况也不理想，这有许多和尚、尼姑、道士破戒、淫乱的
故事为证。而且，由于在中国真正信教的人并不多，宗教的极端禁欲
主义在一般人中间没有产生很大的作用。影响较大的是宋明理学的极
端禁欲主义。程颢（1032～1085）、程颐（1033～1107）、朱熹
（1130～1200）等理学家在佛教思想的影响下，把儒家的禁欲主义推
向极端，提出"存天理，灭人欲"的主张。理学经典《二程遗书》
中说："视听言动，非理不为，即是礼，礼即是理也。不是天理，便
是私欲。人虽有意于为善，亦是非礼。无人欲即皆天理。"③ 程颐甚至

① （清）程趾祥：《此中人语》卷三，上海进步书局印行，1915。
② 鲁迅：《我之节烈观》，载《鲁迅全集》第1卷，人民文学出版社，1957。
③ （宋）程颢、程颐：《二程集》，王孝鱼点校，中华书局，1981，第144页。

说过"饿死事极小，失节事极大"的话。① 朱熹也说"人之一心，天理存则人欲亡，人欲胜则天理灭，未有天理人欲夹杂者"，"学者须是革尽人欲，复尽天理，方始是学"。② 理学的极端禁欲主义，违背人性太甚，真正实行者寥寥无几，但它对中国人的性观念的影响却极为深远，迄今未除。与西方国家相似，中国也存在因性压抑而造成精神障碍的情况。中国古代文献中不乏关于性压抑造成精神障碍的记载。唐代李肃所撰《纪闻》中有《仪光禅师》一则，对仪光禅师因不胜性欲的压迫而自我去势一事做了描述：

> ……使君有女，年与禅师侔。见禅师悦之，愿致欵曲。师不许。月余，会使君夫人出，女盛服多将使者来逼之。师固拒万端。终不肯。师绐曰："身不洁净，沐浴待命。"女许诺，方令沐汤。师候女出，因之喋门。女还排户，不果入，自牖窥之。师方持削发刀，顾而言曰："以有此根，故为欲逼，今既除此，何逼之为。"女惧，止之不可。遂断其根，弃于地，而师亦气绝。③

古人还从养生角度提倡节欲、禁欲，认为这样可以延年益寿。这固然有一定道理，但不能适用于所有人，更难以适用于青年人。明代陆容《菽园杂记》录有几个节欲、禁欲而长寿的例子，但他们多是从壮年以后节欲、禁欲的：

> 魏将军某，年七十余，披甲上殿，及虽銮舆出入，不减当

---

① 《二程遗书》卷二十二下。（宋）程颢、程颐：《二程集》，王孝鱼点校，中华书局，1981，第301页。

② 《朱子语类》卷十三。（宋）黎清德编《朱子语类》第一册，王星贤点校，中华书局，1986，第224~225页。

③ （宋）李昉等编《太平广记》卷第九十四，中华书局，1961，第627页。

年。人问其平生事，云年四十五时，即已绝男女之欲。周和尚，庐陵人，流落京师，年九十余，远路能步行，须发不白。予尝问其得何修养之术，云无他术，自壮年能节欲耳。且云："人之精液度与女子，能生人，若能保守存留，岂不能资生自身？"太仓画士张羣，年九十余，耳聪目明，犹能作画。尝问其何修所致？云平生惟欲心颇淡，欲事能节，或者赖此耳，无他术也。①

相反的例子也有。清代文学家袁枚（1716～1797，字子才，晚年自号仓山居士、随园主人、随园老人，人称袁太史、随园先生）和纪昀（1724～1805，字晓岚，谥号文达）均享年82岁，亦均好色。清代采蘅子所纂《虫鸣漫录》谓：

> 纪文达公自言乃野怪转身，以肉为饭，无粒米入口。日御数女，五鼓入朝一次，归寓一次，午间一次，薄暮一次，临卧一次，不可缺者。此外乘兴而幸者，亦往往而有。即袁太史自言半生非病不离花，其好色而得大年，亦复相同。每云色有色福，如好游而有济胜之具者同，信不诬也。②

今天，由于人类文明的进步，禁欲主义已经失去往日的淫威，已经不再是一种社会公认的道德规范和行为准则，但是，它的影响还远远没有消除。性放纵和性压抑并存。不论在中国，还是在西方国家，仍然有许多人觉得单纯为了快乐的性活动是丑恶的。性压抑造成的精神障碍仍然存在。国内外的有关研究表明，性压抑可以造成多种精神

---

① （明）陆容：《菽园杂记》，佚之点校，中华书局，1985，第113页。
② （清）采蘅子：《虫鸣漫录》，何铭校阅，新文化书社，1934，第64页。

障碍。它可以造成恐惧症、癔症、焦虑症等神经症，更与性功能障碍、性变态有密切的联系。但令人遗憾的是，性压抑以及性压抑在精神障碍形成中的作用问题，还没有引起人们足够的重视。有些人甚至认为把性压抑作为精神障碍的一种原因尚缺乏足够的根据。从某种角度看，这是可以理解的。性压抑作为一种心理冲突，一般是无意识的。因性压抑而发生精神障碍的人能够体验到性的欲望与压抑的冲突所造成的焦虑，但往往不能意识到焦虑的真正原因。即使有人向他们指出了这一原因，他们也会固执地加以否认。而且，他们的表现也往往与性无直接关系。因此要想确定并且证实他们发生精神障碍的真正原因是或不是性压抑，并不是件简单的事情。

那么，纵欲（sexual excess）是否就有益于人的心理健康呢？霭理士早就说过，在贞节（chastity）"这种不自然的性的藩篱一旦撤除或破败以后，许多人的性的活动便往往走上另一极端，不但把纵欲和乱交看作一个理想，并且真把这种理想见诸行事；他们不了解这样一个极端是一样的不自然，一样的要不得"。① 在 20 世纪 60 年代，西方一些学者也注意到这个问题。他们认为，"性革命"（sexual revolution，亦译"性解放"）所带来的性的放纵，并未使人类的心理变得更"健康"。在"性革命"之后，人们对性仍然充满焦虑，只是焦虑的问题与过去不同而已。现在人们担心的是性感受的缺乏和性无能。美国心理学家罗洛·梅（Rollo May，1909～1994）在《爱与意志》（*Love and Will*，1969）一书中批评了西方的纵欲主义。罗洛·梅指出："维多利亚时代的绅士名媛因自己有性的感受而感到罪过，我们这时代的

---

① 〔英〕霭理士：《性心理学》，潘光旦译注，生活·读书·新知三联书店，1987，第392页。更早以前，霭理士在《性与社会》中指出："性的冲动，和人的其他冲动一样，在自然条件下的发挥都是趋向于中和适度与有益于身心健康的。我们用一只愚蠢和冷酷的手人为地压制它，把它驱赶到两个对立的不自然的极端，一个极端是绝欲，另一个极端是滥淫，两个极端都是极有害的而且有害的程度其致不二。"〔英〕霭理士：《性与社会》，潘光旦、胡寿文译，商务印书馆，2016，第171页。

人却因为自己没有性的感受而感到罪过。"他把现代人对性的焦虑称为"内在的焦虑"，他认为，"就某些方面而言，这些内在的焦虑和罪恶感，往往比外在的焦虑和罪恶更趋于病态，更难以驾驭，更成为个人沉重的负担"。他谈道："在我的临床治疗中，一个女人之所以害怕上床，是因为她担心男人'会发现我并不擅长做爱'。而另一个女人则是因为'我甚至不懂该怎样做这种事情'，她担心她的情人会因此大为不快。另一个女人对第二次结婚怕得要死，因为她怕她会像第一次那样，达不到性欲高潮。女性在这方面的犹豫，通常都可归纳为这样的担心：'我不能令他充分满意，他就不会再回到我的怀里来了。'"他还批评了纵欲主义所导致的过分强调性技术的倾向，说："当然，无论是作爱还是玩高尔夫球，讲究技术本身并没有什么过错。然而对性技术的过分强调，则势必造成一种机械的做爱态度，从而导致异化感、孤独感和人格贬抑感。"①

1985 年，杰弗里·韦克斯概括了对"性革命"的批评和反思：

有一种逐渐展开的说法，认为 60 年代"一切事情都彻底地误入了歧途"。在他们看来，60 年代的性的遗产既表现为更大的性选择，又表现为性病的传播，既表现为更大的用语自由，又表现为反映性泛滥的粗话的风行，既表现为人与人关系的质的变化，又表现为对性的量的崇拜。在一本意味深长地题名为《性的界限》（The Limits of Sex，1982）的书中，英国记者西利亚·哈登（Celia Haddon）承认："在某些方面，性革命使我摆脱了负罪感（guilt）和忧虑感；但在另一些方面，它又用另一些镣铐重新奴役了我。"在这场论战中，真正的"性的俘虏"（prisoners of sex）是这样一些人，他们过分热忱地相信提倡放任

---

① 参见〔美〕罗洛·梅《爱与意志》，冯川译，国际文化出版公司，1987，第 2 章。

的先驱者的主张（在这些先驱者中，"性学家"是最突出的），并且自己对性成功的追求中，发现了一种新形式的苦行。他们在被广泛宣传的痛苦和内疚中，正体验着来自动荡的 60 年代的沉重报复。

奇怪的是，这种批评与另一种批评相呼应，后者的发源地是在别处，即起源于"激进的"（与"自由主义的"或"社会主义的"相对照的）女权主义者对男性统治的抨击。在老的自由主义者追求个人在性方面的实现并发现幻灭（和疾病）的地方，激进的女权主义者通过集体的努力来避开男子权力的束缚，结果发现男子权力是通过占支配地位的对性的定义，尤其是通过"性解放"的花言巧语而暗暗地起作用的。因此，被认为是在 60 年代发生的"性革命"，根据定义，是由男性取向的革命，它使妇女更严格地服从异性爱的规范。从这种信念中，产生了一种强烈的、常常是措词激烈的否定，即对那十年及其一切作品的否定。①

美国法学家劳伦斯·弗里德曼（Lawrence M. Friedman）在《选择的共和国》（*The Republic of Choice*：*Law*，*Authority*，*and Culture*，1990）一书中认为，性压抑的反面并不是淫乱。许多已婚人士（主要是男人们）一度发现"开放式婚姻"或者"群交"很吸引人，但是后来发现，对他们而言，至少这种行为导致了婚姻不幸福和离婚。反对性压抑并不同于淫乱。②

20 世纪 90 年代以后，在西方国家，随着新道德主义（New Moralism）的兴起，人们的性关系有向比较传统、保守的模式转变的

---

① 〔英〕J. 韦克斯：《性，不只是性爱》，齐人译，光明日报出版社，1989，第 22~23 页。
② 参见〔美〕劳伦斯·弗里德曼《选择的共和国：法律、权威与文化》，高鸿钧等译，清华大学出版社，2005，第 183 页。

趋势。当然，完全回到过去是不可能的。1999 年，美国学者温迪·夏丽特（Wendy Shalit）写了一本叫作《回归端庄：发现丢失的美德》（*A Return to Modesty*：*Discovering the Lost Virtue*）的书，提出了一种既不同于禁欲主义，也不同于女权主义，更不同于性解放论者的女性性观念。她认为，现代年轻女性遭遇的种种痛苦和烦恼——性折磨、性骚扰、强奸，都是一个社会失去了对女性端庄应有的尊重的表现，而"性革命"对此要负主要责任。她说，已经到了必须公开打出性端庄的旗帜的时候了，这不仅仅是为了预防艾滋病，也不只是因为性端庄是道德所必需的，更是因为性端庄比性混乱更合乎人的本性的需求。她指出，性端庄不排斥性欲，性欲恰恰是女性呼唤道德回归的出发点，性道德即是性感。①

据说，中国正在经历一场"性革命"，② 而紧随"性革命"发生的某种回归说不定也会在不遥远的未来出现于中国。

第五节　性心理创伤与精神障碍

性心理创伤（psychosexual trauma）是指与性有关的事件、经历对人的心理造成的难以消除的消极影响。国外学界有更流行的"性创伤"（sexual trauma）概念，指可以造成心理创伤（psychological trauma）的与性有关的事件、经历。两个词汇含义相近，而表述方式不同。本节的英文标题采用了 sexual trauma，但中文标题未用，因为中文的"性创伤"可能被理解为性暴力对身体造成的损害。

能对人的心理产生消极影响的与性有关的事件多种多样，其中最

---

① 参见〔美〕温迪·夏丽特《寻找贞操》，杨荣鑫译，南海出版公司，2001。
② 参见《透视当今性态种种，中国性革命"蓝皮书"出台》，中新网 2002 年 10 月 29 日；《外媒：中国正经历性革命　71% 的人有过婚前性行为》，参考消息网 2015 年 4 月 26 日；《英报评优衣库视频网络疯传：性革命没有降温迹象》，参考消息网 2015 年 7 月 21 日。

主要的一类是性侵犯。在本书中，"性侵犯"——接近 sexual abuse （性虐待、性滥用）的意思——是指对他人实施该人不愿意接受的性行为和对儿童实施性行为，包括所有构成刑事犯罪或者民事侵权的性行为，以及法律性质不很明确的性骚扰行为等。本书还把使用暴力或者其他强制手段、后果比较严重的性侵犯，称为"性侵害"——接近 sexual assault（性强暴）或者 sexual aggression（性攻击）、sexual violence（性暴力）的意思。性侵犯特别是性侵害不仅可能造成生理上的伤害，而且可能甚至是必然造成心理上的伤害。

国外一些学者经过对实例的研究发现，遭受强奸（包括未遂）的女性，可能发生"强奸创伤综合征"（rape trauma syndrome，RTS）——这个术语是美国精神病医生 A. W. 伯吉斯（Ann Wolbert Burgess）和社会学家 L. L. 霍姆斯特龙（Lynda Lytle Holmstrom）在 1974 年提出的。[①] 1980 年 DSM-Ⅲ 命名的"创伤后应激障碍"（post-traumatic stress disorder，PTSD）包括了"强奸创伤综合征"的情况。大多数女性在被强奸后表现出恐惧、焦虑、紧张、愤怒的情绪，或者表现为一种掩盖自己感情的高度控制的外在表露，如冷漠、呆滞、行动迟缓。有些女性可能产生自我责备感，如责备自己穿了紧身衣、超短裙或者未做坚决的反抗等。有时，被强奸的女性还可能遭到亲人、社会的责备和污名，如有人认为"被强奸的妇女是不良妇女"、"如果她真的反抗就不会被强奸"，这会使被强奸的女性产生绝望感，导致其自杀或者堕落。有的女性还可能产生强烈的报复意识，采取不理智的行动。即使强奸已经过去相当长的时间，许多被强奸的女性仍然不能正常地生活。她们可能害怕孤独、害怕外出，常常做噩梦。有些被强奸的女性可能对性生活产生厌恶，有的人出现阴道痉挛，有的人丧失了获得

① Burgess, Ann Wolbert and Lynda Lytle Holmstrom (1974). "Rape Trauma Syndrome", *Am J Psychiatry* 131 (9): 981–986.

性快感的能力。① 从一些零散的案例和一些文献中的记载来看，美国学者所描述的情况在中国也是存在的，而且表现得更严重。

　　强奸何以对女性的心理产生这样严重的消极影响？强奸被心理学家们视为仅次于谋杀的，一个人对另一个人能够进行的最具破坏性的攻击。② 它对人的消极影响是多方面的。（1）强奸所侵犯的性自由的权利是女性最重要的权利，在很多女性看来它比生命更重要。剥夺这种权利是对女性人格的最大侮辱，没有一个女性能接受这种侮辱。（2）不能不考虑到传统观念的影响。传统观念要求女性保持贞节，不仅中国如此，即使是"性革命"之后的西方，也多少保持这种道德。社会不是以同情的态度对待被强奸的女性，而是把她们作为责备甚至嘲笑的对象。试想被强奸的女性有几人能承受这样巨大的社会压力？（3）强奸往往是突如其来的，并往往伴随暴力和虐待，而这种突然性和暴力、虐待行为本身就足以使人感到极度的恐惧和痛苦，更何况被强奸的女性往往是弱小的、孤立无援的，而实施强奸的歹徒又往往是凶残的、成帮结伙的。（4）在一些强奸中，歹徒是采取恐吓的手段迫使女性就范的，但这并不能减轻对被强奸女性的心理损害，相反，这可能在被强奸女性心中留下更严重的创伤。面对歹徒的恐吓，性格软弱的女性会陷入双避式心理冲突（avoidance-avoidance conflict），要么任凭歹徒奸淫，要么接受歹徒把恐吓内容实施。这种心理冲突可以对人的心理构成长久的影响。通过恐吓而实现的强奸的最可怕之处在于，这种强奸看起来是被强奸的女性自己选择的，被强奸的女性将为

---

① 参见〔美〕珍妮特·希伯雷·海登、B. G. 罗森伯格《妇女心理学》，范志强等译，云南人民出版社，1986，第265～269页；〔美〕特萨里·S. 弗利、玛里琳·A. 戴维斯《救救受害者》，高琛等译，警官教育出版社，1990，第60～82页；〔美〕Lawrence S. Wrightsman《司法心理学》，吴宗宪等译，中国轻工业出版社，2004，第256～269页。

② 〔美〕V. Mark Durand、David H. Barlow：《异常心理学基础》，张宁等译，陕西师范大学出版社，2005，第380页。

此遗恨终生。而且，屈服于恐吓的被强奸的女性可能要遭受歹徒的第二次、第三次的强奸，甚至长期遭受歹徒的蹂躏，她的独立人格将彻底丧失，成为歹徒发泄兽欲的工具。

强奸以及其他性侵犯甚至可以对不谙世事的儿童的心理造成深远的影响，使他们在多年以后发生精神障碍。弗洛伊德曾经指出童年时期的性侵犯是成年神经症的基础。他在治疗神经症患者的过程中发现，患者所回忆的童年时期的心理创伤，大多与性侵犯有关。他们诉说他们在童年时曾经受到成年人的性的引诱和侵犯。在总结一些病例之后，弗洛伊德断定这种童年时造成的性心理创伤是神经症的真正根源。但是后来，弗洛伊德否定自己的观点，他认为神经症患者所诉说的童年时期遭受的性侵犯实际上是他们的幻想。现在看起来，弗洛伊德的最初观点并不完全错误。国外有学者在总结文献后把童年性侵犯包括接触、抚摸生殖器乃至性交、肛交等对人的心理造成的长期影响归纳为三类：（1）以精神症状表现出来的心理问题，如抑郁症、焦虑状态、进食障碍、酒瘾、药瘾等；（2）性心理障碍，如性机能障碍、性乱交、卖淫等；（3）严重的人际交往困难，如孤独感、疏远感、不信任感、怕与男性接触等。①

徐汉明等在复习国外文献的基础上，将儿童性虐待的远期影响概括为九类：（1）焦虑。例如有调查发现，患惊恐障碍的女性有60%曾在儿童期遭受性虐待。（2）分离障碍。（3）抑郁。抑郁是有儿童性受虐史的成年人最常见的主诉症状。自杀也比较多见。有人报告，51%的有儿童性受虐史的成年人曾有过自杀企图。（4）物质滥用。为忘记遭受性侵害的痛苦记忆和情感体验，受害者往往在青少年期开始滥用药物和酒精。1995年的一个调查显示，在802例住院酒精中毒者

---

① 〔英〕Shldon H：《从妇女心理治疗中发现童年性骚扰》，陶大器摘译，《国外医学·精神病学分册》1988年第4期。

中，儿童虐待发生率女性为49%，男性为12%。其中23%的女性和5%的男性报告他们曾遭受性虐待。乱伦受害与物质滥用的关系更为密切。有人发现80%的参加集体心理治疗的有乱伦受害史的女性滥用药物或酒精。（5）边缘人格障碍。有报告指出，在有童年乱伦受害史的女性住院病人中，36%~41%被诊断为边缘人格障碍。（6）多重人格障碍。许多学者认为，童年性虐待是多重人格障碍的基本病因之一。一项研究发现，97%的多重人格障碍者有童年性受虐经历。（7）性功能障碍。包括乱交、性欲减退、性回避、不能参与性互动、性向改变等。（8）再受害。有童年性受虐史的女性在以后的生活中可能容易再次遭到性侵害。（9）性犯罪。有研究表明，50%~90%的女性性犯罪者在童年曾被性虐待。[①] 出乎想象的是，还有研究发现，童年遭受性虐待给男性造成的影响比女性大，使用过暴力的性虐待后果最严重。[②]

徐汉明等还对精神分裂症患者童年性虐待情况进行了回顾性调查。调查采用自编的"童年生活经历调查问卷"，将儿童性虐待分为三个类型与等级：（1）非接触性的性活动（轻度性虐待），如露阴、窥阴、观看色情影视片、目睹成人性交行为等；（2）接触性性活动（中度性虐待），包括拥抱、抚摸、亲吻、裸体接触、抚弄生殖器等；（3）侵入性性虐待（重度性虐待），指各种暴力的或非暴力的生殖器或肛门性交，以及对生殖器和肛门的口交，而不论是否成功。调查发现：（1）在216例病人中，有72例（33.33%）报告他们在儿童时期曾遭受过不同程度的性虐待，其中男性24例（33.33%），女性48例（66.67%）。（2）在72例病人中，遭遇轻度性虐待的40例（55.55%），当时的平均年龄为9.71岁±3.21，其中男性21例，平均年龄12.11岁±1.60，女性19例，平均年龄7.92岁±2.93；遭遇中度性虐待的

---

① 徐汉明、刘安求：《儿童期性虐待对受害者心理的远期影响》，《国外医学·精神病学分册》2002年第1期。

② 李思特：《儿童期受虐待及其后果》，《国外医学·精神病学分册》1998年第1期。

性犯罪：精神病理与控制（上）

28 例（38.89％），当时的平均年龄为 10.41 岁 ±2.51，其中男性 8 例，平均年龄 10.33 岁 ±1.67，女性 20 例，平均年龄 10.44 岁 ±2.78；重度性虐待的有 4 例，全部为女性（5.55％），当时的平均年龄为 12.27 岁 ±2.77。（3）在有报告的 63 例侵犯者中，父亲 8 例，继父 5 例，母亲 2 例，继母 1 例，亲戚朋友 12 例（年长儿童 5 例），邻居或熟人 26 人（年长儿童 9 例），陌生人 9 例。在这些性侵犯者中，女性有 10 例，其中母亲 3 例，邻居 4 例，年长女孩 3 例，没有同性性虐待的报告。调查报告指出：儿童性虐待可能与受害者在成年后出现精神分裂症的症状有关，临床医生要注意了解病人的童年性受虐史，尤其是女性病人。①

李铭远曾对 9 位在童年时期遭受性伤害而在后来因躯体不适和多种心理障碍求治的青年女性的精神障碍情况进行了分析。9 位女性首次罹害年龄为 3～8 岁。1 例系 5 岁儿童间"性游戏"式性交，6 例系强奸和诱奸，2 例系"指奸"。性行为发生后 5 例未扩散，4 例扩散（含 1 例已判决）。受害者道德压力大者 4 例，一般者 2 例，不大者 3 例。求治时均有不同程度和内容组合的思维、心境、精神运动、躯体和植物神经功能紊乱等方面的症状，如头昏、疼痛、情绪低落、轻生之念、识记障碍、学习差、焦虑（5 例"处女贞操焦虑"）、易激惹、睡眠障碍、性功能障碍、短时的手淫和境遇性同性恋、消化不良、体重下降、便秘、出现幻觉等，病程 2～14 年。李铭远指出，这些受害者的性伤害尽管早已成为过去，躯体创伤早已弥合，但意识深处却长期存在复杂激烈的矛盾冲突。她们长期深受根深蒂固的旧传统习惯、社会偏见和刻板社会印象之害，对性学的无知更助长其内心矛盾冲突。她们大都把耻辱深藏，非常害怕一旦张扬造成身败名

① 徐汉明、李少文：《精神分裂症患者童年性虐待情况的调查》，《医学与社会》2003 年第 3 期。

裂。宁可忍辱负重，或远避他乡，以争取较好前途。李铭远认为，就其所观察到的事实而论，幼女期的性伤害，不论其次数、已否判决、是否遗忘和成年时道德水平，都可能导致迟发性的多种精神障碍。[①]

陈晶琦等曾对儿童期性虐待及其对心理的影响问题进行系列调查。2000 年 12 月，对某高中学校 985 名女生就有关儿童期受性虐待经历进行了不记名的回顾性调查。儿童期性虐待是指受害者小于 16 岁，在不情愿的情况下经历下列性骚扰或性侵犯中的任何一种，包括：性虐待者向儿童暴露生殖器，在儿童面前手淫，对儿童进行性挑逗，触摸或抚弄儿童的身体（包括乳房或外阴部），迫使儿童对其进行性挑逗和性挑逗式地触摸其身体，性虐待者在儿童身上故意摩擦其性器官，用口接触儿童的外阴部，迫使儿童用口接触性虐待者的性器官，性虐待者试图与儿童进行性交，强行与儿童进行性交。上述 10 种情况的前 3 种为非身体接触性虐待，后 7 种为身体接触性虐待。调查结果显示，在被调查的 985 名女生中，有 251 人（25.5%）16 岁前曾经历过非身体接触或身体接触的性虐待；其中 18 人经历过被试图性交，5 人经历过被强行性交。儿童期性虐待首次发生年龄 58% 在 13 岁及以前。性交行为的发生率在有儿童期性虐待经历的女生中（2.6%）高于没有性虐待经历的女生（0.4%），差异有显著性。[②] 2002 年 5 月，对 239 名高中男生儿童期性虐待及其对心理的影响进行调查。调查发现，在 236 名被调查的高中男生中有 55 名（23%）曾在儿童期经历过至少一次身体接触（15%）或非身体接触（7.9%）的性骚扰或性虐待。这种经历对他们的心理健康产生了明显的消极影响，他们更容易出现抑郁情绪，健康状况自我感觉评价低，并且表现

---

① 李铭远：《幼女性伤害后的心理障碍》，《中国神经精神疾病杂志》1987 年第 3 期。
② 陈晶琦等：《某中学高中女生儿童期性虐待发生情况调查》，《中国学校卫生》2002 年第 2 期。

出低的自尊。[①] 2002 年 10 月，对 892 名卫校女生儿童期性虐待经历及其对心理健康的影响进行调查。这次调查的性虐待内容增加了试图与儿童肛交和强行与儿童肛交。在被调查的 892 名女生中，有 25.6%（228/892）报告 16 岁以前经历过或非身体接触或身体接触的性虐待（身体接触的性虐待中包括被试图性交和被强行性交）。其中 129 人经历过身体接触的性虐待，占 14.5%。52.6% 的儿童首次性虐待经历发生在 12 岁及以下。与没有儿童期性虐待经历的女生比较，有儿童期性虐待经历的女生抑郁情绪量表得分高；健康状况自我感觉评价得分低；有性交行为比例高；在调查的近 12 个月里有自杀意念或自杀企图、参与或卷入斗殴，以及在调查近 30 天里曾吸烟饮酒的发生率均明显偏高。[②] 2003 年 9 月，对一所普通高校 565 名大学生就有关儿童期受性虐待经历进行不记名回顾性调查。在被调查的 565 名大学生中，有 20.0%（32/160）的女生和 14.3%（58/405）的男生报告 16 岁以前曾经历过非身体接触或身体接触的性虐待，其中 18 名（11.3%）女生和 31 名（7.7%）男生经历过身体接触的性虐待。儿童期性虐待经历首次发生年龄 59.4% 的女生、51.7% 的男生发生在 11 岁及以下。与没有儿童期性虐待经历的学生比较，有儿童期性虐待经历的学生抑郁情绪量表得分高；健康状况自我感觉评价得分低；症状自评简表中的躯体症状、敌意、强迫症状和焦虑得分高；有过性交行为及在调查的近一年里考虑过自杀、饮酒醉过的比例高。[③]

孙言平等在 2003 年 5 月对某学院 1307 名成年男、女学生进行了儿童期性虐待发生情况调查，并作症状自评量表（SCL - 90）检测。

---

① 陈晶琦、王兴文：《239 名高中男生儿童期性虐待调查》，《中国心理卫生杂志》2003 年第 5 期。
② 陈晶琦、韩萍等：《892 名卫校女生儿童期性虐待经历及其对心理健康的影响》，《中华儿科杂志》2004 年第 1 期。
③ 陈晶琦：《565 名大学生儿童期性虐待经历回顾性调查》，《中华流行病学杂志》2004 年第 10 期。

该调查自编"儿童期性骚扰或性侵犯问题问卷"。男生问卷包括 10 个项目：（1）性骚扰者在你面前玩弄生殖器；（2）性骚扰者让你观看淫秽书刊或影像；（3）性骚扰者迫使你观看他人性交；（4）性侵犯者触摸你的生殖器；（5）性侵犯者迫使你触摸其外阴部；（6）性侵犯者故意在你身上摩擦其生殖器；（7）性侵犯者用口接触你的生殖器；（8）性侵犯者迫使你用口接触其生殖器；（9）性侵犯者试图与你进行性交或肛交；（10）性侵犯者强行与你进行性交或肛交。其中前 3 项为非身体接触性虐待，后 7 项为身体接触性虐待。女生问卷包括 12 个项目：（1）性骚扰者在你面前暴露生殖器；（2）性骚扰者在你面前玩弄生殖器；（3）性骚扰者窥视你的乳房或外阴部；（4）性骚扰者让你观看淫秽书刊或影像；（5）性侵犯者触摸或抚弄你的乳房或性器官；（6）性侵犯者迫使你触摸其外阴部；（7）性侵犯者故意在你身上摩擦其生殖器；（8）性侵犯者用口接触你的生殖器；（9）性侵犯者迫使你用口接触其生殖器；（10）性侵犯者在你的阴道中放置异物；（11）性侵犯者试图与你进行性交；（12）性侵犯者强行与你进行性交。其中前 4 项为非身体接触性虐待，后 8 项为身体接触性虐待。调查结果显示：在被调查的 1307 名学生中有 244 例（18.67%）［女生 22.11%（155/701），男生 14.69%（89/606）］回答 18 岁以前曾经历过非身体接触和（或）身体接触的性虐待；其中 124 人（9.49%）［女生 11.55%（81/701），男生 7.26%（44/606）］经历过身体接触的性虐待。13.70%（178/1299）的学生［女生 15.66%（109/696），男生 11.44%（69/603）］回答 16 岁以前曾经历过性虐待。有性虐待经历的男童 54.7%（47/86）初发在 12～16 岁之间；女童随年龄增长，性虐待发生率有上升趋势，64.0%（96/150）的性虐待发生在 12～18 岁之间。施虐者大多数为男性；只有少数的施虐者采用了暴力手段；近半数的施虐者是与受害儿童生活、学习关系密切的亲戚、邻居和老师。该研究对有性虐待经历与无性虐待经历两组学生 SCL-90

各因子得分进行了比较，结果提示 9 个因子得分差异均有统计学意义，即有性虐待经历的学生其躯体化、强迫症状、人际关系敏感、忧郁、焦虑、敌对、恐怖、偏执和精神病性 9 个因子得分显著高于无性虐待经历的学生。根据儿童期性虐待发生与否与全国青年组 SCL - 90 常模比较，结果有儿童期性虐待经历的学生 9 个因子得分均显著高于全国青年组；无儿童期性虐待经历的学生除躯体化、强迫症状和精神病性 3 个因子外，其他 6 个因子与全国青年组比较均无显著性差异；该结果提示有性虐待经历的学生更易出现人际关系紧张、忧郁、焦虑、敌对、恐怖和偏执等症状，这与国外已有的一些研究结果相符。[①]

下面是两个实例：

[**案例1**] 某女，28 岁，干部，大专文化，已婚。因夫妻感情不和而情绪低落，整天无精打采。因此求治于某医院。医生询问她与丈夫如何感情不和，她表现犹豫不定，欲言又止。医生对其做全面躯体检查，未发现阳性体征，第二性征发育正常，内外生殖器正常。二诊时，她告诉医生，她婚后与丈夫第一次性交时大汗淋漓，疼痛难忍，以后丈夫再要求同床时，一概推诿或拒绝，久则引起丈夫怀疑，导致夫妻不和。她问医生："为什么夫妻生活那样疼痛？都一样吗？"医生对她说，她没有妇科的特殊情况，问题可能是心理原因所致。经过一番慎重沉思后，她告诉医生：她 12 岁时遭人强奸，出于名誉未告诉任何人。但从那时起即对男女关系之事深恶痛绝，因而结婚较晚。结婚完全是应付父母和社会压力。第一次和丈夫同床时，特别紧张，怕丈夫发现自己不是处女，而且脑子里出现遭受强奸时的情景，不觉大汗淋漓，疼痛非常。医生根据这种情况，对她进行了心理治疗。经过

---

① 孙言平等：《1307 名成年学生儿童期性虐待发生情况及其症状自评量表测试结果分析》，《中华儿科杂志》2006 年第 1 期。

五诊，能正常性交并有快感。后怀孕生子。①

[案例2] 某女，24岁，高中文化，工人。初诊于1988年11月。患者19岁时被强奸。24岁结婚后在房事中突然胸闷、大叫、恐惧，致房事中断。此后每当性生活时便如此，患者每到晚上便极力躲避丈夫，后分床而睡。就诊时体检无异常。情绪低落，恐惧，自述：每次性生活时便想起被强奸时的情景，虽然此事已经得到丈夫的理解和体谅，但那可怕的情景像噩梦一样怎也抹不掉。诊断：性行为恐怖症。治疗1.阿米替林25mg/晚。2.心理治疗：与病人说明，首先你被强奸并不是你的过错，且罪犯已得到应有的惩罚，你应当将此事忘掉。并指导患者在房事中开灯，不断叫丈夫的爱称，相互说关心体贴的话，多做些爱抚动作逐渐进行。一周后复诊，患者与丈夫亲近时不再恐惧，可以接受对方的爱抚。半月后性生活正常。②

英国意识流作家弗吉尼亚·伍尔夫（Virginia Woolf，1882~1941）也是一个童年性侵犯的牺牲品。伍尔夫患有严重的精神病，并最终在躁狂抑郁的折磨下沉河自尽。她与丈夫虽然相爱，但性冷淡，对性生活一直持有厌恶、恐惧的态度。而且，她具有同性恋倾向，与一个年轻女子有过几次肉体经验。研究者们认为她在幼年的一些经历有可能对她的精神障碍的形成产生重要的影响。在6岁的时候，她曾经被同母异父的哥哥猥亵。在她成为少女之后，她的另一个同母异父的哥哥也曾骚扰过她。③ 另外，伍尔夫在小时候还曾遇到露阴者骚扰。

---

① 郭金山等：《性交恐怖症的治疗》，《中国心理卫生杂志》1991年第5期。
② 孟国尧等：《性行为恐怖症3例报告》，《山东精神医学》1995年第3期。
③ 参见易晓明《优美与疯癫——弗吉尼亚·伍尔夫传》，中国文联出版社，2002；〔英〕昆汀·贝尔《伍尔夫传》，萧易译，江苏教育出版社，2005；〔美〕罗伯特·迈耶《变态行为案例故事》，张黎黎、高隽译，世界图书出版公司，2007，第137~139页；〔法〕弗洛朗斯·塔玛涅《欧洲同性恋史》，周莽译，商务印书馆，2009，第232~236页。

她后来把这个事情作为一个小女孩罗斯的经历写进长篇小说《岁月》（*The Years*，1937）。①

还有一类性心理创伤，与性无知有很大的关系。这里所说的性无知，不是指不能科学地认识性问题，而是指对两性之间的最基本的问题如性行为缺乏了解，即使了解一些也基本是不准确的。在现代社会，对性无知的人主要是儿童和一些无文化或者文化程度很低的未婚的青少年。在以前，没有性教育（sexual education）的时候，对性无知的人的范围更广一些。那时，人们认为男女之事是"到时候就会知道的事情"，做父母的很少有人主动向孩子讲这些事情。过去和现在的事实都证明，人到一定年龄（至迟不能晚于男孩开始遗精即精通、女孩开始来月经即初潮之时），还对性一无所知是危险的，如果所知是错误的则更加危险。其中一个危险就是可能引起心理上的问题。有一些少年儿童，不知道性的内容，完全按照自己的理解设想男女关系（首先是父母的关系），当他们发现性行为的真相时，可能受到极大的震动，可能认为没有比性行为更为丑恶、肮脏的事情。由此，他们逐渐形成厌恶异性、厌恶婚姻、厌恶性行为的心理，在成年后可能发生性功能障碍和性心理障碍。还有一些少年儿童，对性行为有所了解，但由于受陈腐的、错误的性观念的影响（往往首先来自父母），把性行为视为丑恶、肮脏的事情，当他们发现自己所热爱、所尊敬的人（也首先是父母）也有性行为时，会受到很大的震动，可能认为没有比有过性行为的人（包括自己的父母）更为丑恶、肮脏的。这不仅可能使他们在以后发生性功能障碍和性心理障碍，而且可能使他们出现神经症。弗洛伊德认为，即使是幼儿，第一次目睹父母性交的情形——他称为"原初场景"（德文 urszene，英文 primal scene，亦译"第一次性景"），也可能在这个人的成长过程中，在性生理和性心理

---

① 〔英〕弗吉尼亚·伍尔夫：《岁月》，金光兰译，敦煌文艺出版社，1997。

发展之后，延宕地产生致病作用。①

美国作家艾格尼丝·史沫特莱（Agnes Smedley，1890~1950）在其自传体小说《大地的女儿》（*Daughter of Earth*，1929）中讲了她小时候的一件事："一天晚上，我被一种声音吵醒了，翻来覆去总也睡不着。声音又响了起来。我提心吊胆地躺在床上，感到一种莫名其妙的恐惧，我虽然紧闭着眼睛，仍然害怕得不住地打战。人生最原始的一种本能以最粗暴的姿态呈现在我面前，在我的心灵上刻下了一幅恐怖而恶心的图画，使我的青春年代蒙受了毒害。"这件事对史沫特莱刺激很大，再加上其他事情的影响，使她"对女人、婚姻和生儿育女都表示厌恶"。②

史沫特莱的所处时代已经渐行遥远，但她的心灵遭遇现代人未必不会经历。

[**案例3**]　有位23岁的男性青年，在10岁以前心理状况正常。在10岁那年某夜，他无意窥视到父母的性行为。从那天起，他不愿意与家人一起吃饭，避免见他的母亲。他觉得自己看见了母亲最见不得人的事，她是丑恶的。13岁那年一天夜里，他又知道了母亲被人强奸的事情。那一夜他失眠了。他觉得母亲的身体是肮脏的，女人的身体是肮脏的，而他又是从母亲、女人身上生出来的，因而自己也是肮脏的。他开始怕见人了，怕别人碰上他的身体，怕别人看到、碰到他的肮脏。他在初二时休学。父母开始反感他，他于是惧怕、厌烦父母。父母没有办法，只好把他送进精神病医院。医院按照精神分裂症治疗，但效果不好，后到北京心理健康咨询中心进行心理治疗。医生认为他的心理障碍主要来自耻辱感，其原因是看见了父母性行为和知道

①　参见〔奥〕弗洛伊德《狼人：孩童期精神官能症案例的病史》，陈嘉新译，社会科学文献出版社，2015。
②　〔美〕史沫特莱：《大地的女儿》，陶春杰校译，生活·读书·新知三联书店，1981。

了母亲被强奸的事情。几次心理治疗之后，病情明显好转。①

[**案例4**] 某女，21岁，大专学历，见男性恐惧、回避14年。患者自述生性胆小、任性，依赖性较大，受父母溺爱。幼年时与父母同居一室。7岁时某一夜晚，见其父母做爱，心中惶然。3日后又见其父动作粗犷，与其母发生两性关系，十分恐惧，惧怕其父的性行为，憎恶其父赤身露体的形象。此后，一见其父便十分害怕、紧张、出汗、心悸，常偎随其母左右。饮食起居与其父总保持一定距离。不与其父交谈，如同陌人。尽管以后与其父母分居二室，其对父的态度与情绪依然如故。入学后对男性恐惧与紧张的心理有增无减，从不与男生同桌相邻、并肩同行、对目而视。见男同学便紧张恐惧，心悸，出汗，回避。男教师授课时，能低眉聆听，却从不以目正视，亦不愿接受男老师的个别辅导。但与女性相处自然而活跃。被称为"小封建"。工作后仍只与女性交往，见男同事恐惧，紧张，出汗，心悸，不相往来。科室领导系一男性。鉴于上下级关系，患者多次鼓起勇气与领导进行业务接触，但总是紧张，出汗，心慌，恐惧。自己也知道不该回避，但不能自制。为此影响了正常的工作，十分苦恼。求医后医生给予认知性分析，并作解释性心理治疗，对其指出其病症的心理根源，一是性格有缺陷（胆小、任性等）；二是由于当时年幼，缺乏性心理知识，处在父母性行为的境遇中，产生了恐怖心理，引申出对男性的恐惧、厌恶的歪曲信念。故鼓励患者在学习性心理卫生知识的基础上，在理论上摒弃这种歪曲的"男性可恶"的信念；嘱咐患者面对现实，树立病症能治愈的信心；教其先从改善与其父亲的关系开始，然后有意识地逐渐主动在工作中、生活上接触男性职工，建立正常的上下级关系及同仁关系；并给予氟西汀治疗，每日服20mg。2周后复

---

① 肖涅：《"心病"诊所——来自北京心理健康咨询中心的报告》，《北京日报》1990年11月24日。

诊，她情绪良好，能与父亲和睦相处，谈话自如；能主动向男性领导请示汇报工作，渐无难色。再予以鼓励。治疗 1 月后患者已能与所有男同事进行正常的工作交往，以礼相待。治疗 2 月后已能与异性一起参加文体活动，异性恐怖症已基本消失。[①]

　　这两个案例的主人公是幸运的——他们及时地得到治疗。但是，许多有类似经历的人，将会带着对性、婚姻的厌恶和精神障碍，不幸地度过整个青春时代甚至一生。

---

　　① 解克平：《异性恐怖症 1 例报告》，《临床精神医学杂志》2000 年第 3 期。

第二章

性心理障碍和其他精神障碍的
性异常表现

第一节　性障碍症状

　　精神障碍者都不同程度地存在心理或行为的异常。这些具体的异常表现，如果是病理性的，在精神医学中称为精神症状（mental symptom）或精神病理现象（psychopathological phenomena）。精神症状复杂多样，一般将其概括为感觉知觉障碍、思维障碍、注意记忆障碍、情感障碍、意志行动障碍、意识障碍、智能障碍、欲望障碍、性格障碍、性障碍（sexual disorders）等类。这些精神症状可单独或组合地出现于不同的构成疾病的精神障碍之中。有些精神症状明显异于一般精神状态，是精神障碍的标志。发现这些精神症状，对于确认精神障碍的存在具有决定性作用。但是也有一些精神症状，就其表现而言，与精神正常者偶尔发生的一些不常见的精神状态有相似之处，因而单凭异常表现，而不深入分析其原因，是难以确认精神障碍是否存在的。

　　所谓"性障碍症状"，是对各种性异常表现的概括。性异常可由多种因素导致，并可出现于多种精神障碍。性障碍症状主要包括以下几类：

一　性欲异常

（一）性欲亢进

性欲亢进（excessive sexual drive）是指缺乏相当的性刺激的性欲异常增强，多由器质性因素引起，主要见于躁狂症、精神分裂症、精神发育迟滞、更年期精神病、老年性精神病等。有七八十岁的老年人在器质性因素作用下，在停止性生活多年后出现性欲复苏并亢进。心理因素也可以引起性欲亢进，但比较少见。有的人在受到强烈的性刺激之后，或者性欲长期得不到满足，可能发生性欲亢进。有的人在日常生活的其他方面不如意、自我感觉较差时，可能无意识地将性活动作为生活中心，从而发生性欲亢进。对有固定性伴侣的人来说，性欲亢进可导致频繁性交，造成身体的过度疲劳和性伴侣的厌烦。但如果没有固定性伴侣，或者性伴侣不配合，性欲亢进者可出现过度手淫。性欲亢进者在其性欲不能通过合法方式满足时，如果缺乏道德自律，可能发生强奸、淫乱、猥亵等行为。

性欲极度亢进被称为色情狂（hypersexuality），患者有异常旺盛的性欲，在很少或者没有感情投入的情况下无节制地要求性交。ICD‐10 列出性欲亢进，并细分为女性色情狂（nymphomania，亦译"慕男狂"、"女子淫狂"）和男性色情狂（satyriasis，亦译"求雌狂"、"男子淫狂"[①]）。

另有 erotomania 一词，有人也译为"色情狂"，但它是指钟情妄想等具有性内容的妄想，而不是指性欲亢进，应译为"被爱妄想症"。被爱妄想症亦称"克莱朗博综合征"（De Clerambault syndrome），它以法国精神病学家加埃唐·盖廷·德·克莱朗博（Gaëtan Gatian de Clérambault，亦译"克莱拉鲍特"，1872~1934）命名。[②]

一般认为，女性色情狂多于男性色情狂。克拉夫特‐埃宾将女性

---

① 潘光旦译为"嫐狂"。
② 参见〔荷〕杜威·德拉埃斯马《心灵之扰：精神疾病小史》，张真译，东方出版中心，2012，第 227~232 页。

色情狂分为急性的和慢性两种。急性的见于老年痴呆、更年期精神症、狂躁症，患者可过劳而亡。慢性的源于性知觉过度，性感觉会表现在冲动的行为中。患者性欲强烈，但进行性行为并不能获得满足，故而维持一种持续的渴求。例如：

[**案例5**] V夫人从最早期的年轻时代，就对男人有癖好。她的家世良好，文化修养很高，很文静，容易害羞。但当她单独与异性在一起时，无论随访是孩童、成人或老人，英俊或讨人厌，她都会立刻脱下衣服，狂暴地要求满足性欲，不然就对他施加暴力，她诉诸婚姻，作为一种治疗。她很爱丈夫，但自己却禁不住会要求任何男人与她性交——只要她发现男人单独一人，无论他是性变态者、工人还是学生。没有方法可以治愈这种缺陷。纵使当上了祖母，她仍然是个淫荡的女人。她引诱一个12岁男孩进入她的卧房，想要强暴他。男孩挣脱逃走。她被送到一间修道院，成为行为良好的典范，一点也没有表现出不审慎的言行。但是一回到家，却再度表现乖张的行为。最后，她被送到一家精神病院，一直到1858年她在73岁时发作了脑中风。她在精神病院中的行为受到监视，所表现的行为没有瑕疵，但是如果不去注意她，她就会像以前一样利用每一个机会行事，甚至在死前的几天也是如此。①

中国古代文献也有类似色情狂情形的记载或描述，如中医所谓"花痴"、"花癫"。袁枚《续子不语》有一则"急淫自缢"，也具有女性色情狂特征：

京师香山某兵妻，嫂姑同居。嫂素淫，于后门设溺桶，伺行路

---

① 〔德〕克拉夫特-艾宾：《性病态：238个真实档案》，陈苍多译，台北左岸文化出版，2005，第487页。

之来溺者，其阴可观，即招入与淫，如是者有年矣。一日，嫂姑同伺门隙，有屠羊者，推小车过巷，就桶而溺，其阴数倍于昔之所御者。嫂狂喜迎入，至卧榻，即解屠者下衣，而俯就之。姑旁坐，视其事毕，即欲往就。而屠性耐久，自午至未，甫了事，腹中饿甚，索饭急。饭毕，姑以为将及己矣，亦弛衣摩屠者之具，为之呜咂，屠具复举。嫂曰："屠性猛，汝恐不胜，宜再让我。"姑许之。同入床，嫂颠狂不休。姑情急，水流至踵，怒嫂之诳己也，往别户自缢。于是姑之夫家讼于官，以为被嫂磨折故死，而不知其事之可丑也。嫂之本夫，街卒也，归家见其妻神色不宁，被褥污秽，乃私自严鞫之，始得其情而告于官。此乾隆丙午刑部福建司承审事也。狱成，以口供秽亵，不可上达，比嫂以不应重律，杖八十。①

采蘅子《虫鸣漫录》记一女性患发"花旋风"：②

　　冯仲新言曾寓一客舍，店主妇年将六旬，忽发狂，裸体欲出市觅男，有少年店伙三人，拥之入室。窃窥之，则次第据而迭淫焉。良久淫毕，妇衣服而出，安靖如故。诧甚。后有人语之云，此妪患花旋风，每发，必多人与合乃愈。三少年尽蓄以待之者，如无健男迭御，则入市乱嬲。此症此医，皆奇闻也。③

---

① （清）袁枚：《续子不语》，朱纯点校，岳麓书社，1986，第160页。
② （清）采蘅子：《虫鸣漫录》，何铭校阅，新文化书社，1934，第21页。
③ 此文，潘光旦曾在其所译霭理士《性心理学》译者注释中引用。潘译北京三联版《性心理学》（1987，第415页）说该文出自清独逸窝居士《笑笑缘》，潘译商务版《性心理学》（1997，第434页）说该文出自清独逸窝居士《笑笑录》，均误，似为潘先生记错、笔误，抑或为整理、编校出错。"独逸窝居士"者，应为"独逸窝退士"，清吴下人，约出生于道光年间，光绪五年辑成《笑笑録（录）》而非《笑笑缘》。窃查独逸窝退士《笑笑录》（岳麓书社，1985），其中并无冯仲新所言之事。而潘译上海三联版《性心理学》（2006，第284页）说该文出自清采蘅子《虫鸣漫录》，则是正确的。采蘅子，姓宋，名芬，苏州人，顺天监生，约活动于道光同治年间，曾为江西吉水县令，冯仲新是其朋友。

下面是现代中国的两个性欲亢进病例：

[**案例6**] 杨某，女，49岁，已婚，幼儿园保育员，小学文化。16岁参加工作，住单位宿舍。17岁那年，上班时突然胃出血休克，被送往医院抢救。这时单位工会一位男同志主动关心她，为她买药品、营养品。出院后即住该同志家休养。某夜，两人发生了性关系。她十分害怕。次日躲着哭了一场。不久出现妊娠反应。当医院告知她时，她几乎昏了过去。无奈之下，只得与那个人结婚。婚后，发现两人生活习惯、性格脾气、兴趣爱好等各方面相距甚远，内心十分痛苦。女儿诞生后，心情稍稳定。24岁做结扎手术。婚后夫妻性生活，最初杨多是被动服从，每星期2~3次。直到36岁某次性交时才第一次出现性高潮。以后每次性生活都希望获得快感。但是丈夫不能理解与配合，因此逐渐变得易怒。1979年，46岁时开始出现月经紊乱。月经来潮前性欲增强。但其丈夫自认为有冠心病，并出现早泄，数年来很少有性要求。杨尽力克制，偶尔手淫或两腿夹紧摩擦使大腿发热出汗而达到性高潮。月经过后性欲增强现象消失。自觉生活乏味，曾萌生自杀念头。1980年8月入院，诊断为忧郁症，经治疗症状有所改善。1980年10月出院。1982年下半年开始，每天早晨8时左右出现性冲动，阴蒂发热勃起，自觉阴蒂有轻微跳动。两腿夹紧并用手摩擦阴蒂，很快即达到性高潮，会阴部和大腿上部大汗淋漓。数分钟之后重复出现性冲动现象，因此每天上午2个小时需手淫数十次。过后全身乏力。杨对此种现象，一方面感到惊慌、紧张，另一方面又觉得获得性高潮很舒服，因此主动手淫。1983年2月入院治疗。①

[**案例7**] 某男，34岁，工人，30岁结婚。在恋爱期间，因受精

① 杨德森主编《中国精神疾病诊断标准与案例》，湖南人民出版社，1989，第65~69页。

神刺激而出现精神异常。言语增多，情绪易激惹，常动手打人。晚上不眠，吹口琴，听收音机，唱歌。把手表和工资送给不相识的女青年，纠缠女青年谈恋爱。曾去某精神病院就诊，发现其情感高涨，坐立不安，表情丰富，言语增多且有性色彩内容。诊断为轻躁狂，给服药后不久好转。停药两年后又有发作，但平时与常人一样。结婚后某年，三次在公共场所看见女青年时将生殖器露出裤外摆弄，吓得女青年惊叫逃走。其妻子反映，结婚后发现他性欲强烈，严重时不仅睡前，而且半夜、凌晨连续提出性交要求。有时白天坐在沙发上将生殖器拿出裤外玩弄。但有一段时间表现正常，偶尔有性交要求。[①]

（二）性欲减退

性欲减退是指患者性兴趣缺乏甚至丧失，不仅缺乏进行性活动的欲望，而且也缺乏有关性的思考和幻想。分为原发性和继发性两类。原发性的是指无明显原因地一直缺乏性欲，即使有性行为也无性快感。继发性的是指原来有性欲和性行为，但后来因夫妻关系紧张、患病、服用药物等原因而性欲和性快感减弱、丧失。因衰老而发生的性欲逐渐减退，是正常的。

二　性功能异常

性功能异常是指异性性交过程的一个环节或几个环节发生障碍，以致不能完成性交或不能获得性快感。性功能异常可由器质性疾病、衰老、酒精依赖、药物依赖和心理因素引起，可见于抑郁症、癔症、神经衰弱、精神分裂症、器质性痴呆和老年性精神病等。

三　性行为异常

性行为异常是指性欲对象或满足性欲方式与正常人不同，并在不

---

① 沈政等：《法律精神病学》，中国政法大学出版社，1989，第341～342页。

同程度上干扰正常的性行为方式。过去认为，因为人类性活动的基本目的是生殖，所以人类正常的性行为模式就是男女两性生殖器交接——阴茎插入阴道，即使仅为了满足性欲，也应该主要采取这种模式；凡是偏离这一模式的性行为，就是非自然的性行为，就是病态的性行为。[1] 但在现代精神医学中，有更多的人认为，只有在偏离一般模式的性行为具有固置性和排他性，成为性生活中唯一的或主要的性行为时才是病态的。偶尔发生的性欲对象和满足性欲方式的异常，不视为精神障碍——尽管可能构成其他问题。性行为异常可见于多种器质性精神障碍和功能性精神障碍。

四 其他精神症状与性

有些精神障碍症状本身虽然不属于性障碍，但具有性的内容。例如：

性幻觉（sexual hallucination）。比较多见的是具有性内容的幻听。例如，有一精神分裂症男性患者常听某人对他说："你的妻子是我的小老婆，与我同居几十次了。"一天，他又听另一人对他说翌日将与其妻成婚。他还听他妻子说，为定他的流氓罪，将带她妹妹来与他同宿。虽然这些都是幻觉，但他深信不疑，遂于当晚午夜乘妻子熟睡之际，持刀将妻子砍死。[2] 还有一男，31 岁，持续饮酒 13 年，后有酒精中毒性幻觉症表现。某日，因醉酒出现幻听，听到妻子与某男人在家中谈话，坚信妻子有外遇而将妻子杀死。[3] 有些幻觉以性器官为中心，即性器幻觉（genital hallucination，狭义的性幻觉）。幻触中可能有性接触。有的幻触者可体验到被人抚摸、性器官接触等异常感觉。

---

[1] 详见本书第八章第一节。
[2] 李从培主编《司法精神病学》，人民卫生出版社，1992，第 237 页。
[3] 方明昭等：《酒精中毒性幻觉症的临床与犯罪》，《中国神经精神疾病杂志》1994 年第 2 期。

发生者多为女性。有一女性，某年劳累后卧床休息，突感有东西抚摸全身 5~6 分钟，2~3 次后自行消失。几年之后，她又感到有男人阴茎缓慢插入阴道，性交样感觉，持续时间长短不等，可出现性高潮，每日 2~3 次。① 有的女性性幻触者可能认为自己被强奸而到处告状。有一女性多年不断向有关单位反映她经常有一种与人性交的感觉，不久又说是某男人在奸污她，还说这个男人伙同另几个男人轮流侮辱她。后来她离家出走，用铁器将宫颈拉出，向阴道充填多种器物企图避免臆想中的坏人对她的侵害。② 此外，还存在一种妊娠幻觉。妊娠幻觉多见于未婚女性，她们坚信自己已经怀孕，并且感到胎动或听到胎儿的哭声。

　　嫉妒妄想（delusion of jealousy）。患者无事实根据地认为自己的配偶或者情人等另有所爱，虽经配偶等和其他人的反复解释，仍坚信不疑，经常捕风捉影，怀疑一切。对于他/她来说，配偶等看一眼异性，必是想入非非；配偶等与异性谈话，必是在调情；配偶等外出，必是去幽会；配偶等晚归，必是与人通奸。有的夫妻通过频繁的性生活考察对方。有的妻子要求丈夫所在单位给予他们处分，目的达不到便大吵大闹，扰乱社会秩序。有的丈夫残酷虐待妻子，迫其"坦白交代"和"改邪归正"。

　　[案例 8]　沈某，女，37 岁。因存在嫉妒妄想而确信丈夫与人通奸，并与她的姐妹都有性关系，为此常与丈夫争吵，屡遭丈夫殴打。某日因家务琐事又被丈夫毒打，夜里被拒之门外。她极为气愤，到邻居家窃得小刀一把，冲进家中持刀刺向丈夫左胸，致丈夫当即死亡。在精神鉴定中，她声称："我只是想吓唬他一下，不承想到失手造成严重后果。"并表示其行为是"出于气愤，由于丈夫常打骂，不给饭吃，不让回家，并怨恨丈夫有外遇，所以动手砍了他"。经鉴定，患

---

① 刘雨生：《性幻觉二例报告》，《中国神经精神疾病杂志》1990 年第 3 期。
② 纪术茂：《精神病与法律》，法律出版社，1984，第 61 页。

有精神分裂症，无刑事责任能力。[1]

[**案例9**] 某女，年近50岁。患更年期精神病。患者无端怀疑丈夫与和她同厂的一女同事有奸情，声称每到深夜，其丈夫就用药物或点穴使她和孩子麻醉，然后从楼上放下绳索把该女同事拉进房内淫乱。为此她经常与其丈夫吵架，还跑到厂内当众指控该女同事勾引其丈夫，破坏其家庭，出言污秽不堪。该女同事愤而提出控告。当地公安机关将患者以诽谤罪拘留，后转逮捕。其丈夫向司法机关提出她患有精神病，并提供了证据。但法院办案人员认为"事实清楚，她自己也供认不讳，在拘留期间言语有序，生活正常，并无精神病现象"，拒绝其丈夫提出的对患者进行司法精神医学鉴定的要求，并给予患者刑事处分。后经多方努力，法院才将患者送当地精神病院进行鉴定。鉴定结论为"更年期类偏狂，无辨认与自控能力，评定为无责任能力"。最后撤销原判，将患者无罪释放，送医院治疗。其丈夫向被害人赔礼道歉，向群众说明真相以恢复对方名誉。[2]

被害妄想（delusion of persecution）。有的患者可能会无事实根据地认为受到他人的性侵害。产生这样的被害妄想后，患者多到处告状，揭发别人的罪行，或者"惩罚"所谓的性犯罪人，导致危害结果的发生。

[**案例10**] 丁某，女，42岁，公司会计。丁的丈夫在外地工作，只有一个11岁的女儿和她住在一起。一个月来，丁经常找其邻居一单身汉梁某吵骂，说梁不要脸，糟蹋了她和她的女儿。梁被骂得莫名其妙，也反唇相讥。居民委员会知道后，将此事汇报于派出所。丁在派出所接受讯问时，声称梁每夜撬开她的房门，并带一陌生男人进

---

① 李从培主编《司法精神病学》，人民卫生出版社，1992，第249页。
② 贾谊诚主编《实用司法精神病学》，安徽人民出版社，1988，第96页。

来。梁强奸她女儿，陌生人强奸她，事毕陌生人给梁 10 元钱，然后两人得意扬扬地离去。丁说本月一日以来，每夜如此，从不间断。她要求将梁逮捕法办，保护她和她的女儿。公安局接派出所报告后，一连五个晚上派人伺伏侦查，结果未见丝毫可疑踪迹。但传讯丁时，丁仍诉述如前。于是对丁进行司法精神医学鉴定。问丁每晚入睡前房门是否下锁，丁答称不但下锁，而且用销子插好，但梁仍能开门进来。问丁为什么当时不喊叫、反抗，丁答称梁一进来就使她母女俩喉头间如有物塞住，发不出声来；周身如同被绳索紧紧绑住，不能动弹，只得听任他们两个男人摆布，要等第二天早晨才可恢复过来。丁在诉说时哭泣不已，要求伸张正义。分析意见：丁在精神医学检查中所陈述的事实并无真实依据，并呈现明显的躯体被控制的感知综合障碍，以及幻触所引起的被人奸淫的被害妄想。丁患有偏执型精神分裂症。①

钟情妄想（love delusion）。患者认为某人（异性或者同性）钟情于自己，因而追逐不舍，竭力设法向对方表达自己的爱慕之情，即使对方拒绝甚或对方告诉他已有配偶或者所爱之人，他也不放弃追求。在追求没有达到目的时，有的患者可能怀疑他人从中作梗而进行报复，有的患者可能认为对方变心而冲动伤害对方。

色情妄想（erotic delusion）。患者坚称自己和某人或某些人发生过强制的或自愿的性关系，并可能描述其中的细节。往往与性幻觉、被害妄想或钟情妄想并存。

另外，DSM - 5 在 “睡眠 - 觉醒障碍”（Sleep-Wake Disorders）部分的 “异态睡眠”（parasomnias）中提到与睡眠相关的性行为，即睡眠性交症（sexsomnia，亦译 “梦交症”）。在睡眠性交症中，不同程度的性活动（如手淫、爱抚、抚摸、性交）作为源于睡眠的没有自

---

① 田寿彰主编《司法精神病学》，法律出版社，1990，第 209 页。

觉意识的复杂行为而出现。该疾病更常见于男性，可能导致严重的人际关系问题或医疗法律的后果。[①]

还有一些精神症状不具有性的内容，但可能对性产生消极影响。

第一，精神障碍可以影响人的认识性的能力。智能障碍、感知障碍、思维障碍会破坏人的认识能力，使其难以对性的问题有基本的理解，进而难以正确处理自己的性需求。因此，精神障碍者往往更多地是受本能驱使实施性行为，这就难免不与法律和社会的性准则发生矛盾。

第二，精神障碍可以影响人的控制性行为的能力。控制行为能力的缺失，是多数精神障碍者的特点。在智能、情感、意识、意志、人格等多方面障碍的干扰下，精神障碍者可能无法有效地控制自己的性冲动，随心所欲，不论后果。

第三，精神障碍可以妨碍个体通过适当的方式满足性欲。多数精神障碍者的社会适应能力都有所削弱，他们不能像一般人那样进行社会交往和从事工作，而且还可能受到各种歧视。对他们来说，恋爱、结婚以及维系家庭的难度很大。更不幸的是，法律限制了无民事行为能力的精神障碍者结婚的权利。举例来说，如果一位未婚女士因精神障碍而丧失民事行为能力，即使她想嫁人，她的要求也不会被批准，因为她想结婚的意思表示在法律上是无效的。而且，即使她取得了一个"事实"的婚姻，也不能维持下去，因为和她同居的男人有被视为强奸犯的危险，而好心安排她喜事的人也有可能被视为强奸罪的帮助犯。

第四，精神障碍可以使人的性欲程度、性功能、性行为发生异常的改变，从而阻碍人以符合自然规律或者社会性准则的方式和程度满足性欲。

[①] 美国精神医学学会编著《精神障碍诊断与统计手册（第五版）》，〔美〕张道龙等译，北京大学出版社、北京大学医学出版社，2015，第 391 页。

第二节　性功能障碍

性异常不仅可以作为一类症状表现于多种精神疾病，而且可以不依赖其他精神疾病而存在。在现代精神医学中，将心理因素引起的不是其他精神疾病之症状的一些性异常单列出来，视为独立的精神障碍。独立存在的性障碍多种多样，都有自己的名称，有的障碍曾经有多个名称。为便于临床和研究，各精神障碍诊断与统计系统都对主要的性障碍加以分类、分组和概括，并且提出类别或者组别名称。然而，各精神障碍诊断系统对性障碍的分类、分组及其冠名不尽相同，每个诊断统计系统的前后各版本之间也存在差异。经综合比较，本书选择"性心理障碍"（psychosexual disorders）作为心理因素导致的性障碍的统称，其中包括性功能障碍和性变态。

在精神医学中，"性心理障碍"概念有广狭两义，广义的包括非器质性的性功能障碍和非器质性的性变态，狭义的专指非器质性的性变态。但是，"非器质性的性功能障碍"实际上也是心理障碍，只不过表现于生理，因而在广义上使用"性心理障碍"这个概念更为得当。ICD－9 的最初版本就使用广义的"性心理障碍"概念，指"性变态和障碍"（Sexual deviations and disorders），包括各种性变态和性功能障碍。后来 ICD－9 修订，"性心理障碍"不再作为各类性障碍的统称，"性变态和障碍"也改称"性与性别认同障碍"（Sexual and gender identity disorders）。DSM 也曾发生类似的调整。但是，这不妨碍在学术研究中继续使用"性心理障碍"的概念。

本节先介绍性功能障碍。

性功能障碍（sexual dysfunction，亦译"性功能失调"）即无法获得性满足的性欲异常和性功能异常。性功能障碍极其常见，患病比率随着人口老龄化而增加。总体而言，女性有性功能障碍的比男性更多。据估计，美国43%的女性和31%的男性患有性功能障碍。①

只有由心理因素引起或者主要由心理因素引起的性欲异常、性功能异常，才被列入精神障碍范畴。精神障碍范畴的性功能障碍是心理生理障碍，原因是心理的，表现是生理的，生理发生障碍后又反过来影响心理。ICD－10 将其列在"伴有生理紊乱及躯体因素的行为综合症"（Behavioural syndromes associated with physiological disturbances and physical factors）部门，并注明不是由器质性障碍或疾病引起的（not caused by organic disorder or disease）。CCMD－3 将其列在"心理因素相关生理障碍"部门，明确称为"非器质性性功能障碍"（nonorganic sexual dysfunction）。器质性因素引起的或者在其他精神障碍中出现的以及偶尔或者短暂出现的性欲异常和性功能异常，不诊断为精神障碍范畴的性功能障碍——当然，实际上很难区分性功能障碍究竟是心理因素抑或器质性因素引起的。器质性因素引起的性功能障碍，虽然不属于精神障碍，但可导致一些精神问题，如焦虑、抑郁。衰老导致的性欲和性功能逐渐下降，也不属于精神障碍范畴的性功能障碍。

性功能障碍主要包括性欲减退、阳痿、冷阴、性乐高潮障碍、早泄、阴道痉挛、性交疼痛等。性欲减退（lack or loss of sexual desire）是指成年人持续存在性兴趣和性活动的降低甚至丧失。男性发生性欲减退对心理影响更大，所以 DSM－5 专门列出男性性欲减退障碍（male hypoactive sexual desire disorder）。阳痿（impotence）即男性生殖器反应不良（failure of genital response），又称勃起障碍（erectile disorder），指成年男性虽有性欲但难以产生或维持满意的性交所需要的阴茎勃起，如性交时阴茎不能勃起或勃起不充分或历时短暂，以致不能插入阴道。冷阴即女性生殖器反应不良，又称女性性唤起障碍（female sexual arousal

---

① 〔美〕西奥多·斯坦恩等主编《麻省总医院精神科手册》（第6版），许毅主译，人民卫生出版社，2017，第329页。

disorder），指成年女性虽有性欲但难以产生或维持满意的性交所需要的生殖器的适当反应，如阴道湿润差和阴唇缺乏必要的膨胀，以致阴茎不能舒适地插入阴道。性乐高潮障碍（orgasmic dysfunction）是指持续地发生性交时缺乏性乐高潮的体验，女性较常见，男性往往同时伴有不射精或射精显著延迟（delayed ejaculation）。早泄（premature ejaculation，early ejaculation）是指持续地发生性交射精过早导致性交不满意，或阴茎未插入阴道就射精。阴道痉挛（nonorganic vaginismus）是指性交时阴道肌肉强烈收缩，致使阴茎插入困难或引起疼痛。性交疼痛（nonorganic dyspareunia）是指性交时发生的不是由局部病变、阴道干燥、阴道痉挛引起的男性或女性生殖器疼痛。

至于性欲亢进，虽然也是异常的，但一般不妨碍个体作出性反应和体验性愉悦，不对自身心理造成消极影响，且多继发于其他精神障碍，因而 CCMD - 3 和 DSM - 5 没有像 ICD - 10 那样将其作为一个独立的性功能障碍。ICD - 10 也只是指出，男人和女人在青少年晚期或成年早期偶尔会将过度性冲动作为一个问题来抱怨。

对于青壮年男女来说，心理因素造成的性功能障碍远比器质性因素造成的性功能障碍更为常见。对性的误解、对异性的惧怕或者厌恶、性生活的程序化、性心理创伤甚至对自己性能力的怀疑都可能躯体化（somatization）为性功能障碍。例如，有手淫习惯的男人可能为手淫是否影响性交能力的问题所困扰，长此以往，当他在与女人进行正常性交时可能由于过度紧张而阳痿。致病的心理因素可能是被意识到的，也可能是无意识的。例如，一个已经不爱自己的丈夫进而厌恶与丈夫过性生活的女人，可能把她对性生活的厌恶转化为阴道痉挛，使自己不过性生活有了客观的理由。这时，她并没有意识到自己是不爱丈夫的，她可能正在为不能与丈夫过性生活而深感遗憾和内疚。英国女性心理治疗专家路易丝·爱森堡（Luise Eichenbaum）和苏希·奥巴赫（Susie Orbach）对此进行了分析："心理转化为生理症状的直接例证就是阴道痉挛，阻止插入的非直觉的阴道肌肉紧张。对阴道痉挛理解的一个方面就是将其看作是女人害怕被占有、被侵害以致自我失落的表露。由于心理的界限已发生了动摇，她只能保护她所熟悉的唯一界限，她的肉体。在无意识中她将性交视为这一界限的突破，是对她的侵犯。阴道痉挛是她在保持或建立自我意识时所建立起来的虚幻界限的躯体表现。"[①] 阳痿也有可能是由对性伴侣丧失兴趣所引起。许多有经验的女性也知道这个道理。当男人在她面前阳痿时，她会愤怒地对他说："你根本不爱我！"相反，爱和兴趣也可能是治疗阳痿的良方。莫泊桑的短篇小说《痿症》讲了一个有趣的故事：古特里艾子爵53岁，还没有结婚。最近，他得了风湿病，几乎因为风痛和无聊而要死。他的朋友古维叶夫妇认为他应当结婚，便把寡妇梅似维莱太太介绍给他。古特里艾子爵对梅似维莱太太一见钟情，顿时精神振作。但当古维叶先生建议他们结婚时，古特里艾子爵却没有立即同意。他担心自己缺乏性能力，从而对不起梅似维莱太太。他跑到了巴黎，找妓女检验自己的能力，并且吃了一大堆刺激性的东西，但就是不行。他沮丧地回来，把事情向古维叶先生说了，并表示不能和梅似维莱太太结婚。而后当古维叶先生和妻子独处时，他把古特里艾子爵的事情告诉了她，说的时候笑得呛气。但古维叶太太却一点也不笑。在丈夫说完后，她用认真的态度说："这个子爵是个傻瓜，如此而已。"她认为古特里艾子爵没有问题。古维叶先生困惑不解，她说："当人家爱他的妻子时，您明白，这事儿……就回来了。"[②]

下面这个案例也能说明心理因素对性功能的影响：

[案例11] 贾某，男，22岁，农民。贾与其妻结婚是应父母之

---

① 〔英〕L. 爱森堡、S. 奥巴赫：《了解女性》，光明日报出版社，1990，第146页。
② 《莫泊桑短篇小说全集》第1卷，李青崖译，湖南文艺出版社，1991。

命，其妻对他有嫌恶之心。新婚之夜，贾要求性交，其妻执意不从，并随口说："你有病，办不成这事。"贾强行扯掉其妻内裤后已经气喘吁吁，接着刚一脱下自己的短裤就立刻射精，阴茎软缩。其妻讥笑："我说你有病，你就不要逞能。"此后贾在妻面前一裸露阴茎即射精，无法性交。半年后两人着急起来，四处求医，经过多种治疗均无好转。后经催眠技术治疗，取得显著效果。双方性生活和谐。[①]

各种性功能障碍对人的影响是不同的。性欲减退对患者自身的影响相对较小，主要的危害是破坏夫妻关系的和谐。阳痿、冷阴、性乐高潮障碍、早泄、阴道痉挛、性交疼痛属于性功能低下，患者有性欲但无法进行性交，或者不能舒适地进行性交，或者虽然可以进行性交但不能获得性快感。有性欲而无法满足，对任何一个人来说都是一种煎熬。而性欲不能满足的原因竟在自身，人生之痛苦莫大于此。这种痛苦不仅因为自己的性欲无法实现和自尊心的损毁，而且还可能来自无法满足爱人的歉疚。由于痛苦时刻折磨着他们的身心，他们可能比一般人更多地出现性的意念。曾经体验过性交快感的人尤其如此。有的人因无奈而颓废、抑郁，继发其他精神障碍。有的人发展为性变态，用非自然的方式满足性欲。有的人不甘心失败，执着地尝试各种办法，如在性活动中增加越来越大的刺激，发展为性虐待症。

有些西方学者发现，男性性功能低下者可能发生强奸行为。美国学者尼古拉斯·格罗斯（A. Nicholas Groth）等研究了 170 名强奸犯罪人之后，发现他们中的 34% 存在性功能障碍，最常见的是阳痿和早泄。他们认为性功能低下存在于任何强奸犯罪人的性关系中，是强奸的特征之一。英国学者乔安娜·伯克（Joanna Bourke）指出，实证研究表明绝大多数强奸都是"未遂"而不是"既遂"。根据受害者的报

---

① 丁晓涛：《催眠治疗性机能障碍三例报道》，《中国心理卫生杂志》1991 年第 3 期。

告，最终实现射精的侵犯者不到二分之一。还有学者将性功能低下的强奸犯称为性低能强奸犯，并指出他们很怕被人视为性低能者，可能通过强奸来证明自己的"男子汉气概"。在强奸过程中，他们不容易达到性兴奋，因而可能有虐待行为。[①]

[**案例 12**] 李某，男，38 岁，汉族，高中文化，已婚，民办教师。家族无精神疾病史，既往无脑炎、脑膜炎、脑外伤史，无躯体严重疾病史。1997 年 4 月 3 日下午 2 点左右，李某以写"欠条"为由，诱骗女生周某（13 岁）至李家中，李问过周家情况后说："你家还很穷，我们来做个游戏，如果你做了，那欠费（21 元）可等些时再交"。周不知是什么游戏，便点头首肯了。李便用纱布蒙住周的双眼，用布条反捆周的双手，令周下跪，要她含舔、吮吸他的阴茎，直至射精。后周母带女儿到公安局报案，李被刑事拘留。同时查明李自 1985 年起就有上述行为，1996 年至 1997 年初更甚，受害女生 15 人。李对其中 5 名女生（8～13 岁），有用阴茎在她们的阴道口摩擦、射精的行为。李于 1997 年 4 月 14 日被逮捕。家属以李某"性异常"为由，要求对李进行司法精神病鉴定。

李某 1959 年出生，足月顺产，幼时发育正常，适年上学，高中毕业后（1977 年）在本地小学教书，平素性格温和，老实，话少，同事间的关系好。1981 年结婚，生有一子（15 岁）一女（12 岁），同爱人关系好。1985 年因有"抚摸女生行为"被停职，检讨过。1989 年起任学校总务主任兼会计，对工作认真负责。婚前对女用乳罩产生好感，收（偷）别人的乳罩回家，晚上穿在自己的身上有性快

---

① 参见〔美〕安·沃尔勃特等《强奸案调查》，于春富等译，群众出版社，1992，第 152～154 页；〔美〕特里萨·S. 弗利等《救救受害者》，高琛等译，警官教育出版社，1990，第 32、40～45 页；〔英〕乔安娜·伯克《性暴力史》，马凡等译，江苏人民出版社，2014，第 435 页；刘刚等编译《性学知识荟萃（下）》，中国人民大学出版社，1989，第 250 页。

感。婚后有时要求妻子穿上乳罩，感到这样性兴奋强烈些，常要求妻子吮吸、含舔他的阴茎方能勃起、射精。有时自己做乳罩、内裤，自己穿上，妻子不穿便动手给她绑上，在妻子的身上捏、拧，搞得其妻第二天"浑身酸痛"。正常性行为常失败。1990 年以后常以"辅导作业、背书、迟到谈话、作业做错了谈话"等名义诱骗女生到家中，蒙住女生双眼，反捆女生双手（有的未捆），令女生跪下或蹲下"做游戏"，令女生吸、舔阴茎产生性快感，直至发展到摩擦女生阴道口。"游戏"后对女生说："不要对外说，我是你老师"；或给几个作业本、信纸、几支铅笔；有的给 5 角至 1 元的零花钱。有的学生不愿意做"游戏"，他能立即终止异常的性行为。收审以后，述说"号子"中生活差，异常性欲望消失。精神检查：意识清，定向力完整，感觉、知觉正常，未引出感知综合障碍。接触好，有问必答，语言流畅。未引出妄想，思维内容正常，情绪低落，同现实处境协调。无刻板动作，未见冲动、幼稚行为，意志活动无异常。智能可。自知力完整。诉说夫妻性生活稀少（一周至 10 天一次），要用嘴吸妻子的乳房、阴道，阴茎方能勃起，后在阴道射精。性生活常失败，对妻子很内疚。讲述婚前无缘无故对乳罩产生性快感，收（偷）回家自己穿上（夏天不穿），心中"舒服"。但未收过自己小妹的乳罩。被人含舔、吮吸阴茎后，不管射精不射精，有性满足感。说蒙女生双眼、反捆学生双手来"做游戏"是怕女生难为情，或反抗。在妻子身上捏、拧，绑乳罩在她身上是为诱发性兴奋。对自己的女儿，没有让她舔、吸阴茎的企图，声称"不敢想"。对成年女性无异常性欲望，知道自己的行为是违法，"认为她们年龄小、不懂事、不会到外面说"，故一再进行上述"游戏"。诊断：性变态。鉴定结论：具有完全责任能力。[①]

---

① 摘编自吴凤兰、龙国明《一例性变态鉴定报告》，《法律与医学杂志》1997 年第 3 期。

本案例的诊断有可商榷之处。李某除有不算严重的恋物症外，其性行为方式说不上有多变态。案例鉴定者认为李某还有性施虐症的可能，根据并不充分。李某有一定的恋童症倾向，但他以自己的学生为性行为对象，主要是因为接触较多和容易得手。其实，从精神医学角度，似乎更可以判断李某还是或者主要是一个性功能障碍患者，有器质性或者非器质性的性功能障碍，勃起困难或不能持久。他性欲强烈而性功能低下，需要比较刺激的方式提高性能力。当然还必须说，李某发生奸淫、猥亵幼女犯罪的主要原因，是其性道德感低下，理应受到不可减免的刑罚。

第三节　性变态

一　概述

性心理障碍的另一大类是性变态。性变态（sexual deviation, sexual perversion, paraphilia）又称/译"性偏常"、"性倒错"①、"性歧变"等，是指各种以性异常为特征的精神障碍。作为精神障碍，性变态往往外在地表现为异常的性行为。换个角度说，作为行为，性变态是由心理因素导致的异常性行为。

性变态在精神障碍分类上的归属和地位曾经多次调整。最初归于变态人格（精神病态）。1952 年的 DSM－Ⅰ列出"伴发病理性欲的变态人格"（Psychopathic personality with pathologic sexuality），认为性变态（Sexual deviation）是反社会型人格障碍的一种情况。1968 年的 DSM－Ⅱ将性变态与人格障碍分开，同列于"人格障碍和其他非精神病性的精神障碍"（Personality disorders and certain other nonpsychotic

---

① 霭理士用过一个术语 sexual inversion，有人亦译为"性倒错"，潘光旦则译为"性逆转"，它是指同性恋尤其是先天的同性恋。参见〔英〕霭理士《性心理学》，潘光旦译注，生活·读书·新知三联书店，1987，第282页。

mental disorders）部门之内，在 Sexual deviations 名下列出同性恋、恋物症、恋童症、异装症、露阴症、窥阴症、性施虐症、性受虐症以及其他性变态。1980 年 DSM－Ⅲ设立一个新的独立部门"性心理障碍"（Psychosexual disorders），其中包括性别认同障碍（Gender identity disorders）、性欲倒错（Paraphilia，亦译"性倒错"）、性心理功能障碍（Psychosexual dysfunctions）和其他心理障碍（Other psychosexual disorders）四类。1987 年 DSM－Ⅲ－R 将"性心理障碍"改称"性障碍"（Sexual disorders）。1994 年 DSM－Ⅳ又将"性障碍"改称"性及性别认同障碍"（Sexual and gender identity disorders）。2013 年 DSM－5 则取消"性及性别认同障碍"的概括，将原来的性功能障碍、性欲倒错和性别认同障碍（改称 Gender dysphoria，可译为"性别烦躁"或"性别苦恼"、"性别焦虑"）三类分别升格为独立部门。

尤须注意的是，DSM－5 在"性欲倒错"（从 paraphilias 改为 paraphilic）一词后面加上"障碍"一词，即成为"性欲倒错障碍"（paraphilic disorders）。对此，DSM－5 指出：

"性欲倒错"这一专业术语特指除了与正常、生理成熟、事先征得同意的人类的性伴侣进行生殖器刺激或前戏爱抚之外的其他强烈和持续的性兴趣（sexual interest）。

性欲倒错本身并不是精神障碍。性欲倒错和性欲倒错障碍之间有明显的区别。性欲倒错障碍是那些目前引起个体痛苦或损害的性欲倒错，或者性欲倒错满足会引起个人的伤害或对他人伤害的风险。性欲倒错是诊断性欲倒错障碍所必须的但不是充分的条件，性欲倒错本身并不自动地表明应该或需要临床干预。[1]

---

[1]　美国精神医学学会编著《精神障碍诊断与统计手册（第五版）》，〔美〕张道龙等译，北京大学出版社、北京大学医学出版社，2015，第 675、800 页。

在 DSM - 5 中，各种性欲倒错障碍都有 A、B 两个基本诊断标准：A 标准是，由某种异常因素激发性唤起（sexual arousal），表现为异常的性幻想、性冲动或性行为；B 标准是，将性冲动施加于未征得同意的人（nonconsenting person），或者性冲动、性幻想或性行为引起自身有临床意义的痛苦，或者导致自身社交、职业或其他重要功能方面的损害。对符合 A 标准但不符合 B 标准的个体，不能诊断为患有性欲倒错障碍，而只能说存在性欲倒错。

在 ICD - 9 中，"性心理障碍"即"性变态和障碍"是"神经症性障碍、人格障碍和其他非精神病性的精神障碍"（Neurotic disorders, personality disorders, and other nonpsychotic mental disorders）部门下的一类，包括同性恋、恋兽症、恋童症、异装症、露阴症、易性症、性心理认同障碍（disorders of psychosexual identity）、性冷淡和阳痿（frigidity and impotence）、其他特定的性心理障碍（恋物症、窥阴症、性受虐症、性施虐症以及摩擦症、色情狂等）、未特定的性心理障碍。ICD - 10 在"成人人格与行为障碍"（Disorders of adult personality and behaviour）部门下列出性别认同障碍、性偏好障碍（Disorders of sexual preference）、与性发育和性取向有关的心理及行为障碍（Psychological and behavioural disorders associated with sexual development and orientation）三类。其中的性偏好障碍，相当于 DSM - 5 的性欲倒错障碍。

在 1978 年中国的《精神疾病分类（试行草案）》中，"性欲变态"列于"人格异常"。《中华医学会精神病分类——1981》亦将"性心理变态"列入"人格异常"。CCMD - 2 开始将这种疾病从"人格障碍"中独立出来单列，称为"性心理障碍"。[①] CCMD - 2 - R 将其改称为"性变态"（sexual deviations）。后来的 CCMD - 3 又改了回

---

① 例如夏镇夷等主编《实用精神医学》（上海科学技术出版社，1990）所说"性心理障碍"就包括性功能失调、同性恋、性变异、性别角色障碍。

去，重新使用"性心理障碍"（psychosexual disorders），但同时也没有放弃"性变态"一词，中文版疾病名单上的表述是"性心理障碍（性变态）"——不过，英文版疾病名单没有使用"性变态"。"性变态"本身是一个中性的词汇，仅是说其与通常情况不一样，但在使用中似乎逐渐有了贬义。而以"性心理障碍"代替"性变态"，并不十分恰当。如前所述，非器质性的性功能障碍也是心理因素造成的，也属于性心理障碍。本书使用"性变态"而非"性心理障碍"作为各种性变态的统称，主要是为避免概念上的混乱，而不意味着从道德等方面否定那些心理或行为。

　　性变态者只是在性心理方面存在异常，并导致性行为异常，在其他方面一般与常人无异。正如霭理士所言："每一个常态的人，就性生活一端而论，如果我们观察足够仔细的话，总有一些变态的成分，而所谓变态的人也并不是完全和常态的人不同，而是在常态的人所有的某一方面或某几方面发生了不规则的或畸形的变化罢了。"[①]一个人有异常性行为，不意味着他一定就是性变态者。只有由心理因素导致的异常的性行为才属于性变态的范畴。而且，从精神医学角度看，只有当一个人经常发生异常的性行为，并且这种异常的性行为在一定程度上替代了正常的性行为时，才可以说这个人存在性变态这种精神障碍。有些人因过度纵欲已难以对自然的性刺激作出反应，而偶尔寻求变态的性刺激，不属于精神医学上的性变态者。各种精神障碍诊断标准都强调异常的性心理或者性行为必须已经持续一段时间如6个月才可诊断为精神障碍。然而，这是从严格的诊断意义上而言的，并不意味着第一次实施异常的性行为的人事实上不是性变态者。有些极度变态的行为例如掘坟奸尸，第一次发生，或者只发现一起，就可以认定

---

　　① 〔英〕霭理士：《性心理学》，潘光旦译注，生活·读书·新知三联书店，1987，第254页。

行为人已经发生性变态了。因而，针对变态的性犯罪，不必等到同一行为多次发生，再从精神病理角度进行分析。

与性功能障碍患者不同，性变态者一般不认为自身存在什么"问题"，没有治疗或者矫正的需求。从根本上说，对于一个人的与众不同的性心理和性行为，如果他自己没有感到不适，并且没有侵扰他人，医学以及法律没有干预的必要。而一个人存在与众不同的性心理和性行为，之所以为他人知道，并且被要求或者施以治疗、矫正，往往是因为他的行为侵扰了他人。这也就是 DSM – 5 将"性欲倒错"改称"性欲倒错障碍"的原因。

所谓"异常"，在不同国家、不同时代可能有不同的标准。有些性行为在此时此地是异常的，在彼时彼地就可能是正常的，因而在世界上并不存在完全统一的、一成不变的性变态标准。美国人类学家露丝·本尼迪克特（Ruth Benedict，1887 ~ 1948）在《文化模式》(*Patterns of Culture*，1934) 一书中曾经比较了不同社会对同性恋的态度，她指出："西方文明倾向于把一种甚至是温和的同性恋也视为异常行为。对同性恋的临床描绘侧重于它所产生的神经症和精神病，并且几乎像对待性倒错者一样突出他的行为功能的失调。然而，我们只要看看其他文化就会意识到，绝不是任何社会情境中的同性恋者都普遍一致地出现功能障碍。他们并不总是软弱无能的。某些社会甚至特别地赞赏他们。自然，柏拉图的《理想国》最令人信服地陈述了同性恋者那令人尊敬的地位。同性恋被描述为一种达到美好生活的主要手段，而柏拉图对这种反应的高度评价则反映了当时希腊人风俗中的普遍行为。"① 她还指出，在美国的印第安人中，同性恋者往往被看作是有非凡能力的人。本尼迪克特的这番话是在 20 世纪 20 年代说的，那

---

① 〔美〕露丝·本尼迪克特：《文化模式》，张燕、傅铿译，浙江人民出版社，1987，第 248 页。

时在美国，同性恋被视为一种精神障碍。但是在后来的美国，同性恋已经被视为正常的了。当然，目前在国际精神医学界，对于性变态的看法，在主要问题上还是比较一致的。

对性变态的关注和研究，是在 18 世纪末开始的。二百年来，精神医学家、心理学家和性学家一直努力探讨性变态这种奇异现象的成因。在这个问题上，最有影响的是精神分析学说的解释。弗洛伊德承认性变态有某些遗传的基础，但并不认为有了这些基础就必然发生性变态。他认为成年人的性变态是他们儿童期性经历的再现或延伸。他说："根据精神分析的研究，我们已知道儿童的性生活也有研究的必要，因为分析症候而引起的回忆和联想常可追溯到儿童期的最早岁月。由此所发现的一切，近来已一一为对儿童的直接观察所证实。因此，我们乃知道一切倒错的倾向都起源于儿童期，儿童不仅有倒错的倾向，而且有倒错的行为，和其尚未成年的程度正相符合；总之，倒错的性生活意即婴儿的性生活，不过范围大小和成分繁简稍有不同罢了。"① 中国学者钟友彬对他治疗和接触过的 33 例性变态患者（均为男性）进行了分析，得到与弗洛伊德相似的结论。在这 33 例患者中，除 5 例未详细询问或未注意儿童期间性经历外，其余 28 例在 3～11 岁之间均有种种性经历。具体情况是：有 15 例约在 5～8 岁期间与同龄儿童玩耍，互相观看、触摸外阴部取乐，感到好奇并有快感；有 5 例幼年时与母亲、姐姐等同床睡觉，曾抚摸过她们的身体，或者异性家人嬉戏地玩弄过他们的阴茎，他们也有快感；有 8 例在记事时起即对异性的鞋袜、赤足有特殊的兴趣，或者喜欢偷看妇女如厕、裸浴。这些患者人格特征很相似，大都不善于与他人特别是妇女交往，在妇女面前表现腼腆、胆怯，从不和妇女开玩笑。但是，钟友彬不认为儿童期的性经历和内向的人格必然导致性变态。他发现，在这些患者中，

---

① 〔奥〕弗洛伊德：《精神分析引论》，高觉敷译，商务印书馆，1984，第 245 页。

有 8 例自幼年起未间断变态行为，其余在中、青年期才开始出现变态行为，第一次出现变态行为时都有明显的诱因。诱因包括各种精神刺激如遭受政治上的打击、受到批评、亲人死亡等和各种性的挫折如感情挫折、夫妻性生活不和谐、性功能减退等。钟友彬分析道："所面临的困境和性的挫折超过了他们的应变能力，便不自觉地退行到幼年期，用已被忘却的幼年性取乐方式来暂时缓解成年的心理困难，宣泄成年人的性欲，表现出性变态行为。"[①] 在性变态的形成问题上，社会学习理论也有自己的看法。许多学者认为性变态是后天习得的行为，他们特别强调儿童期家庭和周围环境的影响。还有一种条件反射理论，认为性爱倾向是通过条件反射形成的。有些学者特别强调第一次性体验对形成性爱倾向的作用。他们认为，第一次性体验如果产生非常强烈的效应，那么那时所采取的行为方式就有可能在后来成为一种模式。此外，还有遗传学、生物学的解释。还有学者如英国学者马克·柯克（Mark Cook）认为，对性变态的所有类型作一般的解释是不可能的，因为"不同的偏差可能有不同的原因，甚至同一种行为有可能有不同的原因"。[②]

二 性变态的分类

几乎所有的性变态行为都被人们注意到，而且几乎每一种性变态行为都有自己的名称。对此，福柯曾经嘲讽地指出：对性倒错者，"19 世纪的精神病医生通过给他们取些稀奇古怪的教名来对他们进行昆虫式的研究"。[③]

CCMD－2 和 CCMD－2－R 将各种性变态称作"××癖"——这比更早之前有些著作称作"××淫"进步。对"××癖"，国内是有

---

① 钟友彬：《性变态的病理心理本质和发病机制》，《中国心理卫生杂志》1991 年第 3 期。

② 〔英〕马克·柯克：《人格的层次》，李维译，浙江人民出版社，1988，第 229 页。

③ 参见〔法〕米歇尔·福柯《性经验史》，佘碧平译，上海人民出版社，2000，第 33 页。

不同意见的。有人认为"癖"容易使人产生误解，以为性变态都是
"积久成习"的。精神医学专家许又新指出："我见过的性偏好障碍，
几乎都是一开始出现异常的性行为就是明显异常的，并没有'积久成
习'的逐渐发展过程。这些病例被称为'癖'是不恰当的。"他很推
崇潘光旦先生在翻译霭理士《性心理学》将各种性变态称为"××
恋"（譬如"物恋"、"窃恋"、"裸恋"、"虐恋"等）的做法。他主
张以"恋"字取代"癖"字。他认为"癖"主要是指行为和习惯，
"恋"主要是指内心活动即情感和态度。[①] CCMD - 3 放弃了"癖"的
表述，不过也没有如许又新所愿用"恋"，而是改称"症"。本书也
改拙著《精神障碍与犯罪》的表述，以"症"易"癖"。我不太倾向
于用"恋"易"癖"。"恋"也容易造成误解，让人以为性变态者都
对性变态行为的施加对象有爱恋之情。其实，在潘光旦那里，"恋"
是指性变态者对性变态行为有特别喜好。例如，他把性施虐症称为
"虐恋"，并非是说性施虐者一定爱着对方。当然，"××症"也有缺
点，过于医学化，有否定意味。

DSM - 5 改变以前仅列出"窥阴"、"露阴"、"摩擦"、"恋物"
等主要的性变态传统术语的做法，在这些术语后面都加上"障碍"
（disorder）一词，变成"窥阴障碍"、"露阴障碍"、"摩擦障碍"、
"恋物障碍"等。看起来，这也是十分的医学化，但如前所述，它这
样做恰恰是为了表示"窥阴"、"露阴"、"摩擦"、"恋物"等心理或
行为本身并不一定构成需要治疗的精神障碍。

ICD、DSM 和 CCMD 对性变态（ICD - 10 为性偏好障碍、DSM - 5
为性欲倒错障碍）的分类不完全相同。CCMD - 3 将性变态分为三大
类。下面参考该分类，简单介绍主要的性变态（某些类型，CCMD - 3
没有具体提到）。更详细的分析将在后面性犯罪各章节进行。

---

① 许又新:《名词的翻译与国际交流》,《临床精神医学杂志》1995 年第 3 期。

（一）性身份障碍

性身份障碍即性别认同障碍，是指无生殖器官解剖畸变和内分泌异常的人，在心理上对自身性别的认定与解剖生理上的性别特征恰好相反。严重者持续存在改变本身性别的解剖生理特征以达到转换性别的强烈愿望，这就是易性症（transsexualism）。易性（变性）的愿望和行为是否属于精神障碍，目前在精神医学中存在争议。许多希望易性和已经易性的人呼吁世界卫生组织将"易性症"从 ICD - 10 中剔除。2010 年 2 月 12 日，法国卫生部在官方公报上宣布，"易性症"在法国不再被认定为精神障碍，法国正式将"易性症"从精神障碍的名单上剔除。[①] 法国是第一个作出如此决定的国家。为避免污名化，DSM - 5 也弃用"性别认同障碍"的概念，改称"性别烦躁"，并不再将其与"性欲倒错"合列在一个部门里。DSM - 5 认为，与"性别认同障碍"相比，目前的术语更具有描述性，并且聚焦于"烦躁"这一临床问题而非"认同"本身。[②] 可以预计，CCMD 将来修订时，定会将性身份障碍和易性症从性变态中分离出去，甚至删除自我和谐的易性问题。

在外人看来，易性症者同时也是同性恋者、异装症者。但易性症者认为自己是异性恋者，因为他们是以与天生的性身份相反的性身份进行性活动，男性易性症者实际上是以女性的身份喜爱男性，女性易性症者是以男性的身份喜爱女性。穿着异性服装，对他们来说也是很自然、很合适的事情，并不会从中获得性的满足。而异装症（transvestism，亦译"异性装扮症"、"易装症"[③]）或者恋物性异装症（fetishistic transvestism，

---

① 参见《法国不再将"易性癖"认定为精神疾病》，中国新闻网，2010 年 2 月 15 日，https://fr. wikipedia. org/wiki/Transsexualisme。

② 美国精神医学学会编著《精神障碍诊断与统计手册（第五版）》，〔美〕张道龙等译，北京大学出版社、北京大学医学出版社，2015，第 443 页。

③ CCMD - 3 在 62. 211 项称之为"异装症"，在 62. 26 项又称之为"易装症"，是一个失误。参见中华医学会精神科分会编《CCMD - 3，中国精神障碍分类方案与诊断标准（第三版）》，山东科学技术出版社，2001，第 136、138 页。

亦译"扮异性恋物症"）是一种性偏好障碍，仅对异性衣物特别喜爱，反复穿戴，由此引起性兴奋，但并不希望改变生理性别。男性的异装症者有一种特殊情况，性兴奋并不是和衣物本身联系在一起，而是和把自己当作一名女性的念头或画面联系在一起。这种特殊情况被称为"自我女向症"（autogynephilia）。[①] 另外，有些同性恋者有异装的习惯，男女都有，女性更多见，但并非为了获得性兴奋，故而不诊断为异装症。

易性症者在改变性别之前，会遇到种种矛盾和麻烦。在他们不被他人所了解时，他们的行为可能被视为是伤风败俗的、是下流的。

　　[案例13] 吴某，男，41岁。小时深得祖母和姑母溺爱。小学时好与女同学玩耍。能歌善舞，演戏常饰女角。13岁，入初中，见某男音乐教师貌美，朝夕思慕，但恨自己不是女性。与男同学接近时有性欲冲动。初三时，常与同班一男同学同床共枕。16岁，考入中专后，又钟情一同班男同学。此时雄性特征日益显著，吴引以为苦。1957年（19岁时），到某小学任教，又倾心于同校男教师曾某。但迫于传说他是"阴阳人"的议论，转而与女性亲近。1962年，勉强与一女教师结婚，婚后夫妻感情淡薄，偶尔同房，1963年生一男孩。1963年起，复与曾亲近，渐至形影不离。1965年5月，伪造证明，妄称自己是某剧团旦角，自愿去势，献身艺术。后某医院诊断为"性倒错症"，劝其到精神病院治疗。入院后体检未见特殊，生殖器官正常，但举止做作，模拟女性。住院治疗一个多月后，无变化出院。1970年，行睾丸切除手术。1975年，行"人造女阴"手术。不久与一男性结婚。后因与"丈夫"感情不和睦而"离婚"。随后又与一男性"结婚"。

---

　　① 参见〔美〕David H. Barlow、V. Mark Durand《变态心理学：整合之道》（第七版），黄峥、高隽、张婧华等译，中国轻工业出版社，2017，第435页。

为显示女性特征，经常将月经带四处张挂。后经妇科检查，见其"阴道"是一盲管，因而推断其有月经之说纯属捏造，实则其男性特征基本保留。①

[**案例 14**] 某女，26 岁，未婚。其母怀孕时即认为其为男孩，并与邻居订了"娃娃亲"，生后一直留光头，穿男孩衣装，当男孩抚养。好与男孩玩耍，顽皮捣蛋，喜当"孩子头"。9 岁时，开始想变成男性，像男孩一样站着小便。12 岁，在父母反复劝说下穿了一天裙子。15 岁时，产生通过手术改变性别的想法，曾欲出国做变性手术。17 岁时，对自己的乳房感到讨厌。平素对异性既无好感也不产生性兴奋。22 岁后的四年中，曾与一未婚女青年共眠，抚摸对方阴部且伴有性快感。多年来一直寻找、搜集有关变性手术的报道和资料。因一直未能如愿而烦躁、不安、焦虑和忧愁，曾割脉自杀未遂，决心"不能变性，宁肯去死"。经医院检查，其女性第二性征发育良好，月经周期正常。言谈举止、行为和吸烟动作呈男性特征。家长迫于其决心，对其变性已无异议。②

易性症者可能强烈希望通过激素治疗或者外科手术改变自己的性器官和其他性特征。DSM－5 将正式或者合法的改变性别，称为"性别再造"（gender reassignment，亦译"性别再分配"）。对易性症者实施性别再造手术，可以使其身体外部特征与其心理性别相符合，在一定程度上达到生理与心理的平衡，进而缓解或者消除性别冲突所引起的焦虑。但是，实施性别再造手术应十分慎重。性别再造手术实际上是整形手术，只能改变性特征和体表形态，使之像异性而已，而不能真正改变生理性。而且整形后的生殖器官的形态和功能远不能与希

---

① 杨德森主编《中国精神疾病诊断标准与案例》，湖南大学出版社，1989，第 62 页。
② 刘连沛：《维吾尔族女易性癖一例报告》，《中国心理卫生杂志》1995 年第 2 期。

望达到的性别的生殖器官相比。手术还可引起并发症和造成后遗症。变性后的生活也有可能出现新的问题。有些学者认为，对易性症者的治疗应首选心理治疗，使易性症者逐渐认同生理性别，其次可采取激素治疗。只有具备下列条件，方可考虑作实施性别再造手术：（1）患者强烈、持续地要求变性；（2）心理治疗无效，激素治疗不满意，存在明显焦虑；（3）曾发生生殖器官自残，或者自杀未遂。而且，手术前需得到患者家属的理解，并应向公安机关备案。[①]

　　不应把易性症者与性器官先天性畸形者（intersex，双性人、中性人、雌雄同体者）混为一谈。性器官先天性畸形有两性畸形、男性先天性会阴型尿道下裂、男性阴茎发育不良、女性先天性无阴道等等。两性畸形是指外生殖器发育混乱，兼有两性特征，分假性和真性两种。假性是指体内只有男性或女性一种腺体，前者称男性假两性畸形，患者实际是男性，后者称女性假两性畸形，患者实际是女性。假两性畸形者，可能按真实性别生活，也可能发生性别错认并按错认性别生活。错认性别难以避免。国外有一人，经多次检查才确认其真实性别。此人在检查前被视为女性。第一次检查发现，此人阴毛生长一般，阴茎勃起时长 6 厘米，但无尿道外口，阴囊不作囊状，右半部可触到睾丸和输精管，尿道外口开口于阴茎根部的后方。医师诊断其为男性。第二次检查，经三位医师会诊，还是诊断为男性。后来，发现此人有周期性月经，每四个星期从尿道流出血样物质，乳房发育良好，女人性情，对男性发生爱情。以前所认为的睾丸，实际是通过腹股沟管下降的卵巢。最终被断定为女性假两性畸形。[②] 假两性畸形而按真实性别生活者，一般都希望通过手术对外生殖器进行整形，使生殖器特征与真实性别相符；而按错认性别生活者，虽然一般也希望通

---

①　参见朱晓华、陈小平《易性癖的临床观察》，《临床精神医学杂志》1995 年第 2 期。

②　郭景元主编《实用法医学》，上海科学技术出版社，1980，第 380 页。

过手术对外生殖器进行整形，但有的是要求与真实性别相符，有的是要求与错认性别相符。按错认性别进行整形实际上是变性手术，不能轻易实施。真性两性畸形是指体内同时具有两种性腺，患者为真正的两性人。对真性两性畸形者，应进行整形手术，以使其确立性别，对他们通常按照其社会性别实施整形手术。男性先天性会阴型尿道下裂可伴存阴茎发育不良，一些患者也存在类似两性畸形那样的性别矛盾，应根据具体情况确定如何整形。男性阴茎发育不良、女性先天性无阴道一般无性别矛盾的情况，患者的问题主要是性交、生殖能力的缺陷和由此产生的自卑感，应及早进行手术。

20 世纪 80 年代后形成"第三性别"（third gender，third sex）概念。第三性别由各类生理或者心理因素造就。第三性别者包括双性人、变性人等跨性别者。社会对第三性别应予包容，有些涉及性别的法律规定可能需要适当调整。另外还出现一个词首字母缩略词——LGBT，将女同性恋者（lesbians）、男同性恋者（gays）、双性恋者（bisexuals）和变性者（transgenders）包括其中。

（二）性偏好障碍

性偏好障碍（disorders of sexual preference）也就是满足性欲的活动、方式异常。患者通过常人所不采取，或者不经常采取，或者根本不能满足性欲的方式满足性欲，这些方式可能是他们的唯一方式，也可能是比正常方式更经常或者更喜欢采取的方式。在 CCMD-3 中，性偏好障碍包括恋物症、异装症、露阴症、窥阴症、摩擦症、性施虐症、性受虐症等。DSM-5 在"性欲倒错障碍"的说明中将性欲倒错分为异常活动偏好（anomalous activity preferences）和异常目标偏好（anomalous target preferences）。异常活动偏好又细分为两类：求偶障碍（courtship disorders），包括露阴障碍、窥阴障碍和摩擦障碍；虐待障碍（algolagnic disorders），包括性施虐障碍、性受虐障碍。ICD-10上的"性偏好障碍"是广义的，还包括 CCMD-3 所说"性指向障碍"，列有恋物症、恋物性异装症、露阴症、窥阴症、恋童症、性虐待症等。

各精神障碍分类系统无法将所有性变态全部列出，或者暂时难定分类，故而设有"其他特定（specified，亦译'指定'）的障碍"和"未特定（unspecified）的障碍"分组，或者"待分类的障碍"分组，容纳少见或者不典型的性变态。像下面这个病例就比较少见：

[**案例 15**]　患者，男，60 岁，中专文化，丧偶。近 5 年来几乎每日将手指伸入口腔挖挠口腔及咽部黏膜，每次 4～5 分钟，每日 5～8 次。事前感焦虑不安，难以控制，事后感到舒服。经多次深入询问，答称将手深入口腔抓挠时伴有性幻想，可引起性兴奋，阴茎勃起，射精及咽喉部不适，恶心等。患者 27 岁成婚，29 岁丧偶，未再婚。平素与女儿同床而睡至女儿出嫁止，期间对女儿有亲昵举动，但否认乱伦。鳏居期间，先后与 7 名中青年妇女有性接触，主要表现为用手抚摸异性下体及阴部，并常将手伸至对方的阴道内抓挠至对方出现性高潮，伴随自己阴茎勃起、射精等性冲动，否认双方性器官的直接接触。近 5 年患者不再与异性有性交往，而出现将手深入口腔抓挠现象。承认二者之间有联系，"用手挖嘴感觉就像摸女人的阴部一样，很舒服"，"有时想控制，但控制不住"。诊断为性偏好障碍。①

至于以手－生殖器（包括自慰）以及口－生殖器、阴茎－肛门接触作为满足性欲的方式，现在一般不被视为性变态；如果以卫生的方式在适度的范围里进行，也不被认为是有害的。②

CCMD－3 还列有"混合型性偏好障碍"（mixed disorders of sexual

---

① 林崇光等：《性偏好障碍 1 例》，《临床精神医学杂志》2005 年第 3 期。
② 详见本书第八章第一节。

preference），ICD – 10 称之为"多相性偏好障碍"（multiple disorders of sexual preference），指一个人发生一个以上的性偏好障碍，各障碍中没有明显突出的。最常见的组合是恋物症、异装症和性虐待症。

有一种性偏好障碍也比较多见，但 CCMD – 3 没有列入，即部分体恋症（partialism, sexual partiality，亦译"部分身体性欲症"）——以人体某一非性部位或者器官作为性欲对象。也可以说，部分体恋症是广义的恋物症（fetishism, sexual fetishism）的特殊类型。根据 CCMD – 3，恋物症是指为激发或者满足性欲而收集异性使用的物品。这是狭义的恋物症。DSM 前几个版本和 ICD – 10 的恋物症也是狭义的，仅指向非生命物品（non-living object）。而广义的恋物症不仅可能对非生命物品感兴趣，而且可能对人体某一非性部位或者器官情有独钟。克拉夫特 – 埃宾说的恋物症就包括以人体非性部位为对象的。他记录了多例恋足、恋手、恋头发的"生理的恋物症"。DSM – 5 的恋物障碍（fetishistic disorder）也是广义的，对象包括无生命物品和非生殖器的身体部位（body part）。部分体恋症的特征是把性欲指向性对象身体的某一具体部位或者器官，而不是整体的性对象这个人。有恋足症（podophilia）、恋发症（trichophilia）、恋臀症（pygophilia）、恋胸症（mazophilia）、恋眼症（oculophilia）、恋鼻症（nasophilia）、恋腿症（legophilia）、恋脐症（alvinophilia）、恋手症（hand fetishism）、恋颈症（neck fetishism）、恋耳症（ear fetishism）等。部分体恋症者在性生活中，必须通过观看、抚摸、吻舔性对象这些部位才可获得性兴奋进而性交，严重者仅仅通过观看、抚摸、吻舔这些部位即可获得性满足。生殖器本身就是性交器官，肛门也可能用于性交，给予一定的关注乃为正常现象，因而一般不将生殖器和肛门列为部分体恋症的对象。但是，如果对生殖器和肛门过于迷恋，仅靠观看、抚摸、吻舔即可获得性满足，并且取代正常的性交，或者不观看、抚摸、吻舔这两个地方就不能兴奋进而正常性交，归入部分体恋症也未尝不可。精神分析学派将性欲贯注人体器官的情况，称为器官色情（erotic organ）。另外有一种与部分体恋症接近的性偏好，通过或者依靠嗅闻他人身体的气味激发、满足性欲，称为恋味症（osphresiolagnia, renifleur, 亦译 "嗅恋"）。

还存在与部分体恋症正好相反的情况，厌恶异性的身体部位或者器官，即部分体厌症（antifetishism, partial aversion），它是厌物症（fetish hate）的一种。马格努斯·赫什菲尔德认为，这是隐性同性恋表现。

部分体恋的行为如果发生在双方自愿的性关系中——通常作为 "前戏"，无可厚非，亦不必称 "症" 或 "癖"。但如果未经允许而施加于他人身体的敏感部位，则构成性侵害，应视具体情况按《刑法》相应条款论处，或者给予治安管理处罚。部分体恋症更多的是作为行为模式或特点表现于强奸、猥亵犯罪中。但也有一些部分体恋症行为，施加于他人身体的非敏感部位，如触摸他人头发、脖颈、耳鼻、手足，被骚扰者和周围人难以察觉其中的性意味，可能仅当作一般的冒犯或者不礼貌，甚至未予注意。

下面一例，行为人竟为获得女性的头发而凶残杀人：

[**案例16**] 某男，40 岁，未婚。16 岁时，曾因故意杀人罪被判处 "死缓"。刑满释放后，不知从什么时候起，形成了一种酷爱女人长发的癖好，只要见到女人留有长发，就有一种强烈的占有欲。某年，该男作案 3 起，其中 2 起得手，将被害人的长发剪回家中。在作另一起案时，由于两名女被害人的竭力反抗，不但没有弄到头发，还挨了打。从此，该男下定决心再发现目标时先杀人后取发。一次发现某女留有一头秀丽迷人的长发，便滋生杀人夺发的歹念。后多次尾随跟踪该女，掌握了其上下班规律及行走路线。某日晚，携带斧子、剃须刀、塑料方便袋等作案工具来到事先踩好的点潜伏。待该女和其姐

姐路过时，用斧背将该女砸死、将其姐姐砸昏。后用斧子砍下其头颅，装入方便袋拿回家中。2 日后，将该头颅带到河边，用刀剥掉头皮和面部皮肤后，把颅骨藏在河中，将面部皮肤和带有头皮的长发带回家中。回家后，将该女的面部皮肤和猪皮一起炒辣椒做下酒菜。酒后当晚被公安机关抓获。审查过程中，该男或闭口不言或编造谎言。而谎言很快被从其家中获得的物证戳穿。从其住所内还搜出 10 多缕女性长发、刊载大量长发女性图片的杂志和锅内的皮肤。经法医技术鉴定证实带头皮长发和锅内的皮肤均为人体组织，并与死者的血型相符。在有力的证据面前，该男对所犯罪行供认不讳，并如实供述既往曾两次持剃须刀蒙面闯宅伤害、抢劫钱财和女性头发的事实。①

还有一例，行为人因恋足而掘坟，砍下女尸双足，用以淫乐：

[**案例 17**] 1999 年 7 月 4 日清晨，河南南阳市谢庄乡小王村的刘某就匆匆向村外走去。3 天前，年仅 31 岁的妻子许某不幸遭遇车祸，命归黄泉。按当地风俗，今天他要去上坟。他走到坟前一看，惊呆了：坟墓被掘开，随葬物品乱七八糟地扔了一地。接到报案后，警方进行了现场勘查：坟墓边有一把菜刀和两节碗口粗的杨木棍，周围乱七八糟地扔着棺材盖和死者的衣服；棺材内死者肚皮裸露，下身仅剩下一条秋裤，竟不见死者的双脚。警方调查发现，邻村一个男青年张某有作案嫌疑，决定对其住处进行搜查。在他家附近的一条水沟里，发现一只已经腐烂的人体右脚，接着又在张某的卧室里发现一只用布包裹着的人体左脚，并在其室内搜出沾有污血的裤子和床单。经过法医技术化验和鉴定，这两只脚正是从死者许某的身上刮下来的。在大量的物证面前，张某向警方供述了此案的全部过程。张某，1977 年出

---

① 许青松等：《罕见恋发杀人案法医学鉴定》，《法医学杂志》2005 年第 3 期。

生。自幼性格孤僻、偏执，上小学时就经常逃学、打架。由于家庭贫寒，他一直没有能找到对象，看着同龄人一个个谈上了女朋友，有的甚至已经结婚生子，渐渐地，他的心理发生了变化。每当他看见女人和小孩赤裸的双脚时，就有一种异样的占有欲。他经常趁人不备，去摸女人和小孩子们的脚。他常常幻想能搂着一个女人的双脚睡一夜，为此他整夜在村子里周游，窥看妇女们洗澡，并多次潜入农民家里偷摸女人脚，以此获得快感。在多次遭人暴打之后，他不敢再贸然行事，于是就把主意转向了死去的女人身上。1999 年 7 月 3 日，他听说小王村死了一个年轻女人，而且长得异常漂亮，于是混在人群里，从头到尾看人家把丧事办完。晚饭后，他一个人来到新坟边，见四下无人，便开始动手扒坟。他交代说："看到棺材后，我很兴奋。"他用菜刀和木棍将棺材盖别开，对女尸进行了猥亵，还想把女尸抱出来奸尸，但由于尸体沉重，便拿起菜刀残忍地将女尸的双脚砍下来，用白布包起来拿回家中。凌晨 3 时左右，他跑回家后，把死者的双脚放在被窝里，然后脱光衣服趴在上面，满足了自己的欲望。第二天晚上，他又抱着两只脚喜滋滋地睡了一夜，然后把一只糜烂的臭脚扔在屋后不远的水沟里，将另一只脚用布包好，准备晚上再次淫乐。警方以涉嫌侮辱尸体罪将张某依法逮捕。[①]

部分体恋症者多为男性，女性也有。女性部分体恋症者可能以男性生殖器为偏爱对象。清末李庆辰《醉茶志怪》记有一女，将负心者生殖器割下，如得至宝，加以珍藏：

> 东光某甲，与村女子有私。两情欢悦，订以婚娶。甲父为聘邻村女，亦少好，甲与女绝。一日，遇于隘巷，女曰："得新忘

---

① 摘编自杨帆《他为何犯猥亵女尸罪？》，《健康大视野》2000 年第 3 期。

旧，君何太忍！"捽至秘所，怨詈不休。甲婉言再四，女怒稍解。诱与交合，女酸泪盈盈，搦其阳曰："侬之至宝，他人据之，殊可恼也！"阴以刀藏枕底。事讫，猝握而奋割之。鸡飞卵落，甲负痛而遁。女获禽，如得拱璧，藏诸荷囊，常佩于身。暇时取出玩视，持其柄而摇之，则两旁耳环自击。初，甲狼狈归家，卧床不起。妻问之，不答。血殷床褥，寻毙。翁讼于官，捉凶未获，常比役。役有至戚某，卖饧村巷。至一家，门前有三四女郎游戏，中一少长者艳无比。众呼为姊，向女索钱买饧。女言其无，众云："荷囊充物如许，何得云无耶？"乃掣其肘而强搜之。既探出，则疆疆之鹊，臭味已差池矣。众不识，骇曰："留此败肉，尚堪食耶？"委之于地。女红晕于颊，急拾而藏之。众乃散去。某窥其状，述诸役。役禀于官，拘去一讯，尽得其寔，寘之于法。

醉茶子曰：爱其阳而割之，与爱其花而折之者无异。当操刀一试，未必非深于情也。然花折而树固无伤，阳亡则人即寻毙。女子之痴且妒，殊可怜而可恨也。独是谋杀、戏杀，罪有轻重。我不知为之宰者，以何法处之？[1]

清末民初陈恒庆《谏书稀庵笔记》也记一事：

予在锦州府，见锦县有一奇案。乡农李士宝夫妇年五十余，一子名林儿，年已冠，为之娶妻。数月后，林儿忽僵卧而死。其妻急呼翁姑视之，见林儿下衣血污，视之则阳物被割。疑其妻害之，控之县。县官讯鞫无征，又无凶器，且无割下之物。其妻但言："昨晚从外急归，就床面卧。予以为熟睡也，呼之不醒，乃知其死。"县官审视其妻，温柔安静，不似有他，乃置之狱，久

---

① （清）李庆辰：《醉茶志怪》，金东校点，齐鲁书社，1988，第 132～133 页。

不能决。乃有林儿之族兄，以卖针线零布为生，俗名货郎，摇鼓走卖。至一村，村有一女，年及笄，开门呼货郎买物。买成付钱，有一厚纸包遗于地。货郎视之，乃阳物也，已干矣。急为包之，置原处。女仓皇复出，检其包而入。货郎乃住此村店内，详悉探访，始知此女不贞，丑声四溢。疑害其族弟者，必此女也。控之，一鞫而服。盖两人私交，情极洽，誓为夫妇。林儿又不敢向父母言之。娶妻后，女闻之恨甚。数月后，林儿来，复续旧好。交媾毕，以剪剪其阳具。林儿负痛急归，归即死。县官判此女论抵，毙于狱。予曰："此女之爱林儿，非爱林儿之全体，爱其一体耳。其死也，非死于淫，死于妒也。"①

1936 年发生于日本的并由大岛渚（1932 ~ 2013）执导的电影《感官王国》（1976）所描述的"阿部定事件"也有部分体恋症因素。31 岁的女佣阿部定在性施虐中将 42 岁的情人石田吉藏勒死，之后把他的生殖器割掉，用纸仔细地包起，带在身上，在东京街头游荡数日。②

（三）性指向障碍

性指向障碍（sexual orientation disorders③）也就是性的对象异常。患者对不引起常人性兴奋（或者性兴奋不强烈）的对象产生强烈的性兴奋，而对可以引起常人性兴奋的对象不感兴趣，甚至可能感到厌恶。这类性变态包括恋童症和恋老症、恋尸症、恋兽症等。有些著作还将恋物症、异装症归为性指向障碍。④ DSM - 5 也将恋物障碍和异

① 陈恒庆（出版者误署陈庆湶）：《谏书稀庵笔记》，小说丛报社，1922，第 41 页。
② 参见〔日〕伊能秀明《阿部定の精神鑑定書》，《明治大学博物館研究報告》2003 - 3；《阿部定の訊問調書》，《明治大学博物館研究報告》2004 - 3。
③ sexual orientation 亦译为"性倾向"、"性取向"等。在一些讨论同性恋问题的著作中，sexual orientation 是狭义的，指一个人在情感或者性欲上为同性或者异性持久吸引。为与"性指向障碍"相区别，本书将狭义的 sexual orientation 译/称为"性取向"。
④ 参见〔英〕Michael Gelder、Paul Harrison、Philip Cowen《牛津精神病学教科书》（第五版），刘协和、李涛主译，四川大学出版社，2010，第 553 页。

装障碍归入异常目标偏好。ICD－10 没有列出性指向障碍，而是将恋童症等列入性偏好障碍。CCMD－3 只列出自我不和谐的同性恋和双性恋，以及其他或待分类的性指向障碍，未明列恋童症。

下面的恋老症（gerontophilia）案例罕见，一个具有同性恋倾向的男性恋老症者系列杀人：

[**案例18**] 某年 10 月 3 日某派出所接报案称，卜某（男，81 岁）于 10 月 2 日下午 4 时许失踪，第二天早晨被人发现在一小树林内死亡。尸体上身着灰色棉袄及秋衣，下身赤裸赤足。腹部至耻骨联合之间可见多条平行排列的皮肤挫擦伤，会阴部有浅表擦伤，睾丸肿大，龟头有 3 处擦挫伤痕。综合分析认为卜某因胸部重度损伤心脏破裂而死亡。某年 12 月 4 日，某村田地看护者吴某（男，78 岁）被人发现死于看护房中。尸体全身赤裸，体表多处擦挫伤，四肢及胸背部多处中空样皮下出血，会阴部损伤严重，睾丸肿胀。综合分析认为吴某符合颈部、睾丸损伤致休克死亡。通过技术手段，抓获犯罪嫌疑人程某（男，31 岁），其供述了上述两案作案过程。程某居住在某村，幼时母亲精神异常，家庭条件恶劣，自幼跟随祖母生活，这让他对老年人产生不可分离的依赖感，在 18 岁时曾被一男子长期性侵两年多，性心理从此变得扭曲，人格发生改变。随着年龄的增长，婚后家庭不和睦，导致他主动寻找老年的欲望越来越强，产生了寻找老年男性作为自己的性伙伴的想法，在几次追求老年男性性伴侣受挫后，开始对老年男性产生怨恨，进而衍变成性虐待及杀人的罪行。程某供述与卜某在路上相遇，当时周围无人，程某上前挑逗、触摸卜某外生殖器，遭到卜某训斥反抗，程某用棍打击卜某胸部，致昏迷后剥去卜某裤子，后用木棍打击捅刺卜某下腹，阴茎阴囊部位，称其在施虐过程中能够激起心理满足，并有性兴奋，后将卜某裤子带走。在吴某的案件中，程某也是看到吴某独自一人，心理异常兴奋，在搭讪的时遭到吴某反

抗训斥，乘其不备将吴某打倒致昏，剥去吴某身上衣物，用木棍反复击打死者全身，尤其用木棍打击捅刺吴某会阴部位时更是兴奋。同时程某也交代了数十起猥亵他人的案件，侵害对象均为老年人，由于伤害较轻，当事人认为羞耻，未向公安机关报案。[①]

三　性变态发生情况

由于性变态者一般不会主动暴露其性心理状况，以及由于分类诊断标准各异，性变态发生率没有调查统计资料。但是有一些司法精神医学鉴定资料反映了各类性变态的发生状况，也是有价值的（有些资料将同性恋列为性变态，不代表本书立场）。1984 年任福民等报告性犯罪 338 例，其中露阴 65 例（露阴癖 34 例，31 例兼有摩擦癖），窥阴癖 21 例，同性恋 7 例，恋物癖 2 例。[②] 1987 年邓明昱报告性心理障碍 14 例，其中同性恋 6 例、恋物癖 2 例、窥淫癖 2 例、摩擦癖 2 例、异装癖 1 例、恋兽癖 1 例。[③] 1991 年钟杏圣报告性心理障碍司法鉴定 16 例，其中同性恋鸡奸、同性恋猥亵、同性恋鸡奸伴偏执型人格障碍、露阴癖伴窥阴癖、露阴癖伴摩擦与窥阴癖、性施虐淫各 1 例，露阴癖 3 例，露阴癖伴摩擦癖 2 例，露阴癖伴轻度精神发育迟滞 4 例、摩擦癖伴轻度精神发育迟滞 1 例。[④] 1995 年于庆波等报告性心理障碍鉴定 50 例，其中露阴癖 17 例（其中合并窥阴行为者 3 例，合并摩擦行为者 1 例，合并窥阴及摩擦行为者 1 例）、恋物癖 10 例（其中合并异装行为者 7 例、合并窥阴行为者 2 例）、摩擦癖 7 例、同性恋 5 例、异装癖 5 例（皆合并恋物行为）、窥阴癖 4 例、谎言合并异食 1 例、

---

① 刘延明、李长征：《恋老癖变态杀人 2 例法医学分析》，《刑事技术》2014 年第 6 期。
② 任福民等：《性犯罪 338 例调查分析》，《上海精神医学》1984 年第 11 期。
③ 邓明昱：《性心理障碍临床案例报告》，《中国心理卫生杂志》1987 年第 4 期。
④ 钟杏圣：《性心理障碍司法鉴定 16 例分析》，《中国神经精神疾病杂志》1991 年第 5 期。

猥亵性交往障碍 1 例。[1] 1995 年韩臣柏等报告性心理障碍司法鉴定 23 例，其中露阴癖 6 例、施虐癖 6 例、恋物癖 5 例、窥阴癖 3 例、同性恋 2 例和恋童癖 1 例。[2] 1999 年黄云等报告 1979～1998 年共受理司法精神医学鉴定 2093 例，其中性变态 40 例（1.91%），具体为同性恋 3 例、恋童癖 2 例、施虐癖 5 例、恋物癖 11 例、露阴癖 6 例、窥阴癖 4 例、多种性变态 9 例。[3] 2000 年顾瑞成报告 23 例性变态，其中恋物癖 7 例、露阴癖 6 例、性施虐癖 3 例、窥阴癖 3 例、摩擦癖 2 例、同性恋 1 例、恋兽施虐 1 例。[4] 2008 年刘子龙报告 2000～2006 年受理的性变态鉴定 35 例，其中同性恋 4 例、恋童症 3 例、恋兽症 1 例、恋尸症 1 例、恋物症 12 例、摩擦症 5 例、窥阴症 3 例、露阴症 2 例、性施虐症 1 例、数种性心理障碍并存者 3 例；3 例被鉴定人同时诊断为轻度精神发育迟滞，2 例同时诊断为反社会性人格障碍。[5]

另外，有些学者对正常人群的异常性心理倾向进行了调查。1998 年肖忠民等报告，对江西某校大学生进行性心理及性知识随机抽样问卷调查。关于性心理异常倾向，获得有效答卷 290 份（男 135 人、女 155 人），结果为：（1）同性恋倾向，男 4（3.0%），女 5（3.2%）；（2）异装倾向，男 10（7.4%），女 7（4.5%）；（3）露阴倾向，男 0，女 4（2.6%）；（4）窥阴倾向，男 13（9.6%），女 0；（5）摩擦倾向，男 20（14.8%），女 14（9.0%）；（6）恋物倾向，男 16（11.9%），女 24（15.5%）；（7）无任何倾向，男 72（53.3%），女 101（65.2%）。关于性别接纳或自认问题，获得有效答卷为 287 份（男 132 人，女 155 人）。喜欢自己性别的占 81.5%，不喜欢的占 13.9%，未答或不

---

[1] 于庆波等：《性心理障碍鉴定 50 例分析》，《临床精神医学杂志》1995 年第 2 期。
[2] 韩臣柏等：《性心理障碍司法鉴定 23 例分析》，《临床精神医学杂志》1995 年第 6 期。
[3] 黄云等：《40 例性变态司法鉴定》，《临床精神医学杂志》1999 年第 6 期。
[4] 顾瑞成：《性变态与刑事犯罪 23 例报告》，《中国民政医学杂志》2000 年第 1 期。
[5] 刘子龙等：《35 例性心理障碍的法医学鉴定分析》，《法医学杂志》2008 年第 6 期。

详的占 4.6% 。其中男生不喜欢自己性别的占 7.5% ，而女生不喜欢自己性别的占 19.4% 。在希望改变自己的性别这一项上，愿意为男性的占全部调查对象的 50.2% ，愿意为女性的占 45.3% ，未答或不详的占 4.5% 。其中，有 14.3 % 的男生和 20.6% 女生愿意选择相反的性别。①

还有钟志兵等的两个报告。2004 年钟志兵等报告，采用自编《大学生心理状况问卷》在江西某一所大学进行无记名调查，随机抽取 16 个班，共发放问卷 684 份，收回 684 份，剔除未填性别的 62 份，得到有效问卷 622 份。该问卷包含 7 个异常性心理问题：（1）是否有收藏异性的贴身衣物以获取性快感的欲念或行为；（2）有强烈的穿戴异性服饰、异性打扮的欲望；（3）对同性有性爱倾向；（4）对自身性别厌恶，想要改变为异性；（5）常有强烈的在异性面前露阴以获取性快感的欲念；（6）在拥挤的场所有强烈的挨擦异性身体以获取性快感的欲念和行为；（7）常有难以克制的偷看裸体异性以获取性快感的欲念。学生根据实际情况在每一问后的"是"或"否"上打钩。调查发现（有人对某些问题未作选择）：（1）恋物癖倾向，男 12/280（4.29%），女 1/339（0.29%）；（2）易装癖倾向，男 6/280（2.14%），女 4/339（1.18%）；（3）同性恋倾向，男 17/281（6.05%），女 5/339（1.47%）；（4）易性别倾向，男 3/280（1.07%），女 11/339（3.24%）；（5）露阴癖倾向，男 5/286（1.79%），女 0/338；（6）摩擦癖倾向，男 22/280（7.86%），女 1/225（0.44%）；（7）窥阴癖倾向，男 43/280（15.36%），女 3/234（1.28%）。②

2005 年钟志兵等报告，使用上述问卷对江西省内 7 所大学的在校

---

① 肖忠民、刘明矾：《师范大学生性心理及性知识状况调查》，《中国学校卫生》1998 年第 6 期。
② 钟志兵等：《江西某大学学生的异常性心理倾向的初步调查》，《中国心理卫生杂志》2004 年第 7 期。

大学生进行了更加广泛的调查，共发放问卷 7200 份，收回有效问卷 6502 份。其中男生 4476，女生 2026。这次调查发现：（1）恋物癖倾向，男 408（9.12%），女 89（4.39%）；（2）异装癖（前一调查称为"易装癖"）倾向，男 449（10.03%），女 124（6.12%）；（3）同性恋倾向，男 327（7.31%），女 81（4.00%）；（4）易性别倾向，男 389（8.69%），女 161（7.95%）；（5）露阴癖倾向，男 471（10.52%），女 112（5.53%）；（6）摩擦癖倾向，男 765（17.09%），女 138（6.81%）；（7）窥阴癖倾向，男 850（18.99%），女 108（5.33%）。调查报告提出，此次调查的结果表明，大学生各异常性心理倾向的发生率远远高于既往研究的结果；而且，主要见于男性的窥阴癖倾向、露阴癖倾向和摩擦癖倾向在女生中的发生率高达 5% 以上，是否印证了性变态的动向已普遍化的观点。[1]

比较钟志兵等的两个问卷调查，前一个调查的结果似更为可信，后一个调查涉及多所学校，且样本较大，不易操作，或许有一些误差。

第四节　器质性精神障碍

器质性精神障碍包括脑器质性精神障碍、躯体疾病所致的精神障碍。

各类器质性精神障碍的表现是相像的，主要有以下六种综合征：（1）意识模糊综合征，即谵妄；（2）遗忘综合征，即柯萨科夫综合征（Korsakoff's syndrome），突出表现为严重的近事遗忘；（3）智能减退，或称痴呆综合征；（4）精神病性状态。患者有明显的妄想，或有

---

[1]　钟志兵等：《大学生异常性心理倾向的分布特点研究》，《中国行为医学科学》2005 年第 5 期。

持久、反复出现的幻觉，或有紧张综合征（包括紧张性兴奋与紧张性木僵），或有明显的情感障碍；（5）神经症综合征，如神经衰弱综合征、癔症样症状、疑病症状、强迫症状等；（6）性格改变。其中，最基本、最常见的是意识模糊综合征、遗忘综合征和痴呆综合征。

一　脑器质性精神障碍

（一）脑变性疾病所致精神障碍

脑变性疾病是指中枢神经系统发生的病理改变，其所致精神障碍主要有：（1）阿尔茨海默氏病（Alzheimer's disease），即老年性痴呆。此病可有异常的性行为，发生率约20%。有人报告186例阿尔茨海默氏病中有46例经常出现异常性行为，占24.73%，其中露阴18例，39.1%；淫秽语言15例，32.6%；当众手淫9例，19.6%；追逐异性4例，8.7%。[1]（2）匹克氏病（Pick's disease）。匹克氏病是一种中年发病的进行性痴呆疾病，早期表现为性格改变和社会功能减退，后逐渐出现记忆、智能和语言功能障碍，伴有情感淡漠或欣快，控制能力也逐渐丧失，可出现粗野、猥亵行为。（3）亨廷顿氏病（Huntington's disease）所致精神障碍。亨廷顿氏病是一种迟延发病的遗传病，常于20～40岁间起病。主要表现为舞蹈样运动和进行性痴呆。在舞蹈样运动出现以前的若干年里，患者往往已经发生性格和品行改变，淡漠无情，性行为随便，并可能出现冲动、强暴行为。国外有学者对亨廷顿氏病患者的性行为进行了专门研究。他们对102位患者及其家庭作了16年的随访调查，发现38%的患者发病后家庭破裂；在48位成年患者中，36人有异常性行为，表现为性嫉妒、露阴、同性恋、肛交、窥阴和乱交；还有几人因性欲亢进而入院治疗，他们的性要求如果遭到拒绝，有时会变得非常粗野和凶暴；女性患者的性欲亢进表现为乱

---

[1]　王坤明：《Alzheimer病与性行为异常》，《中国心理卫生杂志》1998年第6期。

交、非法妊娠和露阴。[①]（4）巴金森氏病（Parkinson's disease，亦译"帕金森氏病"）所致精神障碍。巴金森氏病又称震颤麻痹症，有四肢肌张力增强、震颤、面具脸等表现。部分患者伴发精神障碍，主要是痴呆。（5）威尔逊氏病（Wilson's disease）所致精神障碍。威尔逊氏病又称肝豆状核变性，是一种常染色体隐性遗传的铜代谢障碍所致的家族性疾病。大部分患者会伴发精神障碍。早期多表现为情绪不稳、易激动、抑郁、焦虑、淡漠和癔症样表现。有些患者可能有幼稚、任性、轻率的行为，如有的患者说谎、偷窃。还可能发生幻觉、妄想，有的患者可因被害妄想而冲动伤人。

匹克氏病一例：

[**案例 19**] 杨某，男，42 岁，工人．已婚，大专。1998 年 12 月 29 日入住上海市杨浦区精神卫生中心。患者无明显诱因，近一年来出现记忆力减退、反应迟钝 人显得较"木"，有时又显得紧张、担心、害怕的样子。性要求强烈，有时不分白天黑夜，甚至在妻子月经来潮时也不例外。行为异常，如坐到别的单位的接送车上不肯下来，称"别人可以坐，我为什么不可以坐？"曾有一次莫名其妙敲邻居家门，等到邻居开门后直闯房内，端坐不语，后来邻居讲"我要买菜去"，才把他骗走。去年夏天起病情加剧，人显得更"木"，与过去判若两人，且出现猜疑，称"外面有人要弄松我"，显得紧张不安，将家里的门窗关好。每当女儿放学回家晚了，患者显得担心，生怕有人"弄松"女儿，妻子问其为什么？患者讲不清楚。曾有一次无故盯牢女儿，要女儿将裤子脱下，让其看，女儿哭，妻子劝阻均无效，患者硬是拉下女儿裤子看其下身。近二周来时常与其妻子为性生活之事发生

---

① 〔美〕本杰明·萨多克等：《性科学大观》，李梅彬等译，四川科学技术出版社，1994，第 579 页。

口角，甚至动手殴打。有一次见其女儿熟睡之际，跑到女儿床上睡觉（女儿13岁）。入院前两天因妻子不同意其性要求，患者动手导致其妻肋骨被打断两根，家属无法管理而送入院。过去史：平素身体健康，无重大疾病史。初步诊断：脑器质性精神病（病因待查，Pick氏病可能）。后经讨论，多数医生认为属于Pick氏病。[1]

（二）脑血管疾病所致的精神障碍

脑血管病变可以造成脑组织血流供应不正常，进而可以导致精神障碍。脑血管疾病引起的精神障碍，主要有：急性脑血管病所致精神障碍、多发脑梗塞性痴呆、皮层下血管病所致精神障碍。有的患者出现冲动行为。还有患者出现性欲亢进。

（三）颅内感染所致的精神障碍

颅内感染所致的精神障碍，是指由病毒、细菌或其他微生物直接侵犯脑组织而造成的感染所引起的精神障碍。例如，流行性乙型脑炎在初热期可出现精神倦怠或嗜睡，在极热期可出现意识障碍、谵妄、昏睡、昏迷，在恢复期可出现智能障碍、精神萎靡、情感淡漠、遗忘综合征、谵妄、精神病性状态、神经症综合征、紧张综合征、运动障碍、性格改变、性欲亢进。散发性病毒脑炎可导致意识障碍、精神运动性兴奋或抑制、情感障碍、感知障碍，以及疑病综合征、遗忘综合征、思维散漫、被害和夸大妄想、攻击行为、性行为异常等。

[**案例20**]　秦某，男，1964年19岁，无业。1958年12月发现视神经萎缩，经治疗获得好转，其间曾一度发生精神异常。1962年10月因工作发生事故被单位开除而从外地返回上海，返沪途中两次

---

[1]　《记忆减退、行为怪异、性功能亢进——上海医学会行为医学会病例讨论》（袁新芬整理），《上海精神医学》1999年第3期。

谎称钱财丢失而骗取家长寄钱，在途中花掉。返沪后说话不知羞
耻，讲两性关系之事，盯女性，对不相识女性挤挤碰碰，对小女孩
有不轨举动，半夜不穿衣服赤脚跳舞。1963 年 3 月曾有跳窗自杀意
图。1963 年 4 月入院治疗，诊断为精神分裂症。住院期间经常吵
闹，要求为其解决婚姻问题，用语言侮辱女护士。1963 年 8 月出
院。出院后情况仍不好，终日讲要结婚，对女性有不轨举动，搂抱
不相识女性。一次抠摸小女孩外阴，致会阴受伤。有多次自杀行为
（未遂）。1964 年 4 月第二次入院治疗。表现与第一次住院时相同。
1964 年 12 月出现脑器质性疾病症状。院方考虑脑器质性精神病之
可能。后病情加剧，于 1964 年 12 月 24 日因呼吸循环衰竭死亡。
经过分析，认为秦在 1958 年时即已罹患脑膜脑炎，其精神障碍为
脑器质性精神病。[1]

　　有一种性病也可以造成颅内感染并进而导致精神障碍，这就是梅
毒。梅毒螺旋体进入人体后，可能损害脑实质，造成麻痹性痴呆。麻
痹性痴呆往往发生于梅毒感染后 5～20 年，发病年龄多在 30～45 岁
之间，男性多于女性。在早期，患者可出现类似于神经衰弱的情况，
智能、情感、性格也有一些变化，可能有下流猥亵行为。如病情继续
发展，患者性格会发生明显的不良改变，智能减退越来越严重，还会
出现意识障碍、精神运动性兴奋、被迫害妄想、夸大妄想、性欲亢进
或衰退。在临床上可分为躁狂型、痴呆型、偏执型、抑郁型、少年型
等类。就像艾滋病困扰着当代一样，梅毒及其导致的麻痹性痴呆曾经
困扰整个 19 世纪。据考证，作曲家舒曼（Robert Schumann，1810～
1856）、小说家莫泊桑、画家梵高（Vincent Willem van Gogh，1853～

---

[1]　摘编自郑瞻培主编《精神科疑难病例鉴析》，上海医科大学出版社，2000，第 80～
　　85 页。

1890)、哲学家尼采（Friedrich Wilhelm Nietzsche，1844～1900）等不少名人都死于麻痹性痴呆的疯癫之中。[①] 梅毒与麻痹性痴呆的关系是在 1870 年前后被发现的。这一发现使人们第一次认识到，精神症状可以直接追溯到某种感染。在中国，麻痹性痴呆曾经几乎绝迹，但近三十年来又有发生。例如，黄智恒等报告 2004 年收治 3 个麻痹性痴呆病例：均为男性，40～48 岁，6～15 年前有不洁性史；痴呆为主要症状，均有反应迟钝、言语含糊，伴精神症状，欣快，易激惹，人格改变，1 例有无故哭笑，1 例有关系妄想，1 例有性功能减退。[②]

（四）颅脑外伤所致的精神障碍

颅脑外伤，是指颅脑受到直接的或间接的外力作用而形成的损伤，可分为闭合性的和开放性的两类，主要有脑震荡、脑挫伤、脑裂伤、颅内出血等。在遭受颅脑外伤后，许多人可能发生精神障碍。患者可能在意识障碍、情绪障碍、幻觉、妄想、性格改变、性欲亢进的影响下实施冲动、暴力、猥亵行为。

（五）颅内肿瘤所致的精神障碍

颅内肿瘤所致的精神障碍，是指颅内肿瘤侵犯脑实质，压迫邻近脑组织或脑血管，造成脑实质破坏或颅内高压所致的精神障碍。颅内肿瘤所致的精神障碍并无特殊性，可表现在精神活动的各个方面。有时偏重于某一方面，但通常在几个方面均有表现，只是由于肿瘤所造成的脑组织病理损害的部位不同而有所差异。

（六）癫痫性精神障碍

癫痫，俗称"羊癫风"，是一种发作性的短暂的大脑功能失调，

---

① 参见〔法〕洛尔·缪拉《白朗希大夫疯人院》，马振骋译，河南人民出版社，2004；〔美〕德博拉·海登《天才、狂人的梅毒之谜》，李振昌译，世纪出版集团、上海人民出版社，2005。

② 黄智恒等：《麻痹性痴呆 3 例临床分析》，《中国神经精神疾病杂志》2006 年第 1 期。

其病理生理基础是中枢神经元的异常放电。癫痫是一种常见的疾病，患病率在4‰左右。[①] 其典型症状是全身性惊厥发作，患者意识突然丧失，跌倒在地，身体僵硬，抽搐不止，瞳孔散大，呻吟吼叫，口吐白沫，然后昏迷过去。癫痫患者除在癫痫大发作时出现意识丧失和在小发作时出现失神（瞬间意识丧失）外，还可在发作时和发作前后出现其他各种精神障碍。根据统计，约有75%的癫痫患者在整个疾病过程中将会遇到精神障碍和各种心理问题，到精神科门诊就医的病人有10%～20%是癫痫患者。[②] 癫痫性精神障碍可以分为发作性的和持续性的两类。发作性精神障碍有感知障碍、记忆障碍、思维障碍、心境恶劣、朦胧状态、自动症等。在朦胧状态中患者可出现冲动伤人、自残、毁物等狂暴行为。持续性精神障碍为精神分裂症样状态、人格改变、痴呆等。

在西方，很早以前人们就认为癫痫和性活动有密切的关系。癫痫的发作被比作性交，而性交也被比作癫痫发作。古代有许多医生认为，不当的性交是癫痫的一个病因。有的医生还把去势作为癫痫的一种治疗方法。现代医生所作的研究，也发现在癫痫和性活动之间确有异常的关系。有些患者在癫痫发作时性欲增强，并可能出现性侵害行为。例如，魏庆平等报告癫痫患者犯罪36例，其中强奸5例，占13.9%，作案对象为陌生人3例（幼女、少女和妇女各1例），同事和母亲各1例。[③] 而持续性的癫痫性精神障碍可导致性欲减退，这种情况多发生在那些不经常服用抗癫痫药物的患者身上。癫痫还可导致性器官感觉异常。例如：

---

① 李世绰等：《中国六城市居民癫痫的流行病学调查》，《中华神经精神科杂志》1986年第4期。
② 上海第一医院等单位主编《临床精神医学》，湖南科学技术出版社，1984，第184页。
③ 魏庆平等：《癫痫患者违法的司法精神医学鉴定分析》，《中国神经精神疾病杂志》2000年第2期。

[**案例21**]　某女，28 岁，已婚，工人，初中文化。1990 年无任何原因出现发作性阴道内剧痒，似性交感，但无性冲动和性快感。无法自控，约 3～15 分钟自行缓解。后每月或数月发作一次，多在白天。发作时即使进行性交也不能减轻剧痒。间歇期正常。妇科检查无阳性体征。近来发作频率加剧，每日十余次至数十次。因阴道剧痒难忍又羞于求医，持菜刀剖腹自杀未遂。后伤口感染入院治疗。经检查，脑电图显示癫痫性放电，未发现其他异常。诊断：性器官感觉性癫痫。①

二　躯体疾病所致精神障碍

躯体疾病不仅可以危害人的肉体，而且也可以危害人的精神，造成精神障碍。可以导致精神障碍的躯体疾病多种多样，如躯体感染、内脏器官疾病、内分泌疾病、营养代谢障碍、血液病、艾滋病、结缔组织疾病、染色体异常等。躯体疾病所致的精神障碍的发展与原发疾病的病情变化一般是同步的，起病较急，在急性期精神症状波动大、变化快，以意识障碍为主，慢性期往往出现人格改变和痴呆，而由急性期向后期过渡时可有妄想、幻觉。对躯体疾病所致精神障碍一般按原发疾病分类，其种类繁多。这里选择与性和犯罪有关的几种加以介绍。

（一）艾滋病所致精神障碍

艾滋病，即获得性免疫缺陷综合征（Acquired Immune Deficiency Syndrome，AIDS），是法国和美国医学家发现的一种高度传染性、致死性疾病。艾滋病主要通过性接触或血及血制品传染。据统计分析，在世界范围内，艾滋病在同性恋和有性滥交的男性中所占比例最高

---

①　万纯等：《性器官感觉性癫痫一例》，《中华精神科杂志》1996 年第 4 期。

（约 70%），其次是静脉注射毒品者（约 15% ~20%），然后是接受血制品的血友病患者、高危险个人的子女和患病男性的配偶。[①] 在中国，中国疾病预防控制中心性病艾滋病预防控制中心 2015 年 11 月 30 日发布的数据报告显示，截至 2015 年 10 月底，全国报告存活的艾滋病病毒感染者和病人共计 57.5 万例，死亡 17.7 万人。2015 年 1 月至 10 月新报告 9.7 万病例，在性传播、血液传播和母婴传播三种主要的艾滋病病毒传播途径中，异性性接触传播占 66.6%，男性同性性行为传播已经占到了 27.2%，男性同性性行为传播的比例上升明显，而且该人群是目前各类人群中艾滋病感染率最高的人群，2015 年全国男同人群艾滋病感染率平均达 8%。[②] 艾滋病的精神障碍的主要原因是器质性病变，社会心理因素也有很大的作用，有些病例的精神障碍主要是由社会心理因素引起的。艾滋病的精神障碍主要是谵妄、痴呆、抑郁状态、人格改变和类功能性精神病，后者表现有精神运动性兴奋、妄想、幻觉、猜疑、行为异常、情感淡漠等。国内曾报道一女性艾滋病患者发生精神障碍的病例，该患者有言语性幻听、自言自语、无故哭笑、思维破裂、被害妄想、行为紊乱等分裂样症状。[③]

（二）染色体异常所致精神障碍

染色体异常是一种遗传疾病。人类遗传是人类在繁殖时将其结构与机能特性传递给后代的过程。这个过程造成了父母与子女之间的类同或相似现象。父母的遗传性是通过精子和卵子传递给子女的。精子和卵子都是完整的细胞。细胞中的染色体是主要的遗传物质载体。每个细胞有 23 对、46 个染色体。精子和卵子的结合而构成的单细胞的

---

① 褚玉雄：《艾滋病的精神神经障碍和有关人员的应对态度》，《中国神经精神疾病杂志》1989 年第 1 期。

② 胡浩、王大千：《我国报告存活艾滋病病毒感染者及病人 57.5 万例 男性同性性行为传播比例上升明显》，新华网 2015 年 12 月 1 日。

③ 孙梅玲等：《精神科较少见的一些病例·艾滋病所致精神障碍》，《临床精神医学杂志》1999 年第 1 期。

有机体——受精卵，给新生命带来了丰富的遗产。受精卵中的 46 个染色体，一半来自父亲，一半来自母亲。每个染色体带有许多组脱氧核糖核酸（DNA）分子，这些 DNA 分子组被称为基因。正是基因决定着一切遗传特征。在受精卵的 46 个染色体中，22 对被称为常染色体，决定着身体特征，余下的第 23 对染色体，被称为性染色体，决定着个体的性别和其他性特征。男性的性染色体，其中一个是 X 染色体，来自母亲，另一个是 Y 染色体，来自父亲。女性的性染色体也来自双亲，但都是 X 染色体。人类遗传也可能发生障碍，如染色体畸变。染色体畸变可表现为精神障碍症状。常染色体畸变，可导致先天愚型（智力障碍为主）和多数性先天性畸形（如心脏畸形、蹼颈、蹼指、无眼、兔唇、多指，常伴发智力障碍）。性染色体畸变引起的疾病主要有：（1）男性如果多了一个 X 染色体，可造成"先天性睾丸发育不全综合征"（Klinefelter 综合征），患者第二性征不发育，无生育能力，智力一般较低，人格障碍，有异装症、露阴症、恋童症等性变态行为，或有同性恋倾向，还可发生癫痫；（2）男性如果多了一个 Y 染色体，可造成"XYY 综合征"，患者智力较低，精神异常，有暴力倾向；（3）女性如果少了一个 X 染色体，可造成"先天性卵巢发育不全综合征"（Turner 综合征），患者第二性征不发育，无生育能力，体型矮小，智力低下，有类分裂样症状和类躁郁症状；（4）男性和女性的 X 染色体如果多于两个，则构成"XXX 综合征"，患者性发育和智力都有不同程度的障碍。国外有些学者认为，男性性染色体畸变疾病患者，比一般人更容易犯罪。

Klinefelter 综合征伴发易性症一例：

[案例 22] 某男，50 岁，已婚，大学肄业，某公司董事长兼总经理。11 岁开始出现偷穿异性服装的强烈愿望和行为，并把异物插入尿道获取性快感。31 岁结婚，性生活稀少，婚后三年生一女。32 岁考

入某大学读书，因担心穿异性服装和戴女式假发败露自动辍学。35 岁时曾穿着异性服装进入女厕所蹲位小便，伴有性快感。33 ~ 47 岁几次趁到外地出差时留女式头发、着女式婚礼服和戏装拍摄照片，并有同性恋倾向和行为。38 岁时看到有关变性手术的资料后，多次秘密求医，欲通过手术改变自身性别。甚至试图通过向尿道插异物引起炎症的方法，迫使医生为其变性，并曾几次企图自行切除阴茎和睾丸。经检查发现性染色体嵌合畸形，睾丸发育不良，乳房发育并可挤出少量液体。诊断结论：Klinefelter 综合征伴发易性症。①

（三）经前期紧张综合征

经前期紧张综合征是一种由性腺功能异常所导致的综合征，是指女性月经前发生而在月经出现后迅速消失的躯体不适和精神障碍。此综合征的主要精神症状是情绪改变，患者表现焦虑、紧张、易激动、抑郁、悲伤，有些患者可出现性欲亢奋。患者的行为也可能出现异常，如犯罪、自杀等。此外，由于患者注意力难以集中，容易发生意外和事故。

第五节　成瘾性物质所致精神障碍

在人体之外有许多种物质，如果被人吸收，可以使人的精神发生变化，其中一些可以导致精神障碍。物质所致的精神障碍，也被称为中毒性精神障碍，包括成瘾性物质所致精神障碍和非成瘾性物质所致精神障碍两大类。这里只介绍成瘾性物质所致精神障碍。

可以导致精神障碍的成瘾性物质，也被称为精神活性物质和依赖

---

① 高谦、刘连沛：《Klinefelter 综合征伴发易性癖一例报告》，《中华神经精神科杂志》1995 年第 6 期。

性物质。因之，依赖性物质所致精神障碍也被称为精神活性物质所致精神障碍。成瘾性物质主要有两大类，一是所谓的毒品，一是酒精。实际上，烟草、咖啡、茶叶也是成瘾性物质。烟草中所含主要活性成分是尼古丁（nicotine，即烟碱），它是一种兴奋剂，长期吸食可使人产生比较强烈的心理依赖和一定的躯体依赖。咖啡因（caffeine，即咖啡碱）也是一种兴奋剂，可以从咖啡、茶叶中提取，滥用后也可产生副作用，如使人焦虑、烦躁。

一　毒品所致精神障碍

目前所说的毒品，主要包括鸦片、大麻、可卡因等可以镇痛麻醉的物质，苯丙胺类兴奋剂，巴比妥等镇静催眠剂。这些物质，多可以用于医疗，甚至可以用于治疗精神疾病。但是，这些物质极易使人上瘾，表现为持续或周期地强烈要求用药。这种现象被称为药物依赖或药瘾。药物依赖分为心理依赖和躯体依赖。心理依赖是指药瘾者在心理上需求这些药物，明知有害仍继续服用，不用心里就万分痛苦。这实际是一种病态的习惯，其形成与药瘾者的人格缺陷有密切的关系。躯体依赖是指药瘾者在生理上需求这些药物，停用或少用就会产生精神障碍和躯体功能紊乱，如若继续服用可使之减轻或消除。停用或少用药物后出现精神障碍和躯体功能紊乱现象，被称为戒断综合征。其精神障碍有焦虑、失眠、抑郁、烦躁、易激惹，躯体功能紊乱有发汗、发冷、瞳孔扩大、呕吐、震颤、抽搐，男性药瘾者还可能出现自发性的阴茎勃起和射精，有时候甚至会引起死亡。躯体依赖比心理依赖更难以克服，它是戒断药瘾的主要障碍。治疗严重药瘾者不能立即停药，而应该采取递减撤药法，即继续用药，但逐渐减量，最后停药；或者是采取替代法，即以一种药理性能相仿但不会产生依赖性或产生的依赖性较弱的药物代替已有依赖性的药物，逐渐减量直至停用。另外，长期和反复使用这些药物，可使人产生耐药性，对这些药物的反应越来越弱，而要想取得原先的药理效应，必须加大剂量。药瘾者需求越来越大，其精神和躯体所遭受的损害也越来越严重。

正因为有如此大的副作用，成瘾性物质才被称为毒品。其中一些，随着医药事业的进步，作为药物已经被淘汰，但还有一些继续被用于医疗。这些药物，不论是被淘汰的，还是继续使用的，在各国都由国家实行严格管制，违反者构成犯罪。在西方国家，一般把鸦片、大麻、可卡因等称为非法毒品，而把一些仍然作为药物使用的毒品称为合法毒品或合法处方毒品。所谓缉毒，主要是缉查非法毒品。但许多人认为使用合法毒品是一个更重大、更不祥的问题，因为合法毒品容易得到，对其依赖者更多。据估计，目前全世界合法毒品依赖者有几亿之多。

下面分别介绍主要几类毒品所致的精神障碍。

（一）鸦片类物质所致精神障碍

鸦片类物质包括鸦片（opium）、吗啡（morphia）、海洛因（heroin）、美沙酮（methadone）、可待因（codeine）、杜冷丁（dolantin）等。鸦片，亦称阿片、阿芙蓉，是将罂粟的未成熟果实流出的乳状渗出物干燥而成，其内含的主要生物碱是吗啡，而海洛因、美沙酮、可待因和杜冷丁则是从吗啡中合成。鸦片类物质的心理依赖、躯体依赖和耐药性极易产生，其中以海洛因为最。海洛因成瘾极快，仅一次使用就可产生心理依赖。耐药性发展也很快，在数周到数月内使用剂量可增加几十倍。令人感慨的是，海洛因最初竟是用于戒除鸦片和吗啡瘾的药物。吗啡、美沙酮、可待因、杜冷丁现在仍然作为药物使用。吗啡、可待因、杜冷丁主要用于麻醉、镇痛和止咳。美沙酮则因其致依赖性作用最弱，取海洛因而代之，用于治疗鸦片、吗啡、海洛因依赖。但据报道，在一些国家美沙酮依赖正在形成和发展。

人们之所以使用鸦片类物质，主要是因为它们可以使人感受到一种近似于性高潮而强度和持续时间超过性高潮的快感，并使人忘却忧愁和不幸。但殊不知这种快感是以精神和躯体的损害为代价的。鸦片类物质造成的精神障碍，主要有这样一些表现：抑郁焦虑或兴奋躁动、记忆力下降、注意力不集中、性格改变，严重者出现意识障碍。还有一些人使用鸦片类物质，是因为他们以为这种物质可以提高性欲和性功能，而实际上他们往往得到相反的结果。杨良等调查分析了186 例海洛因依赖者的性功能，发现 98.6% 的依赖者性欲减退，性交出现性高潮者仅有 24.6%，男性阳痿率达 32.2%，女性月经异常率达 95.1%。[①] 冯彩凤分析 104 名海洛因依赖者，100% 发生性欲减退。[②] 陈荣伟等所做研究显示，使用海洛因早期（6 个月之内），有些人性欲增强，但在中期（7~24 个月），多数人性欲减弱，而在后期（24 个月之后），所有的男性依赖者和大多数女性依赖者发生明显性障碍，性交频率明显减少，性快感和性高潮减弱甚至消退。[③] 这正如清代梁绍壬在一首题为《鸦片篇》的诗中所说："颇闻此品妙房术，久服亦复成虚无。其气既窒血尽耗，其精随失髓亦枯。"[④]

（二）大麻类物质所致精神障碍

大麻是一种一年生草本植物，生长普遍。其纤维可织麻布，或编绳索、渔网，也可造纸，其种子（麻贲）可榨油食用。从雌株大麻的花蕊和尖梢顶叶上分泌的树脂（有效成分为四氢大麻醇）具有精神药理活性，适量服用可产生令人舒适的醉酒样的感觉。大麻可产生中等强度的心理依赖，而躯体依赖和耐药性则不明显。有节制地少量吸服大麻，一般不出现严重的后果。但是大量、超量或长期吸服大麻是可以导致精神障碍的。大麻所致精神障碍，被称为大麻性精神病。常见

---

① 杨良等：《海洛因依赖者性心理和性机能的改变及临床意义》，《中华精神科杂志》1996 年第 3 期。
② 冯彩凤：《海洛因依赖所致性功能障碍 104 例分析》，《临床精神医学杂志》2000 年第 5 期。
③ 陈荣伟等：《海洛因依赖者的性心理障碍》，《临床精神医学杂志》2002 年第 5 期。
④ （清）张应昌编《清诗铎》下册，中华书局，1980，第 1009 页。

的表现有：情绪改变、轻松愉快、感知敏锐、思维活跃、能言健谈、色情兴奋。如果超量吸服，则可能出现强烈的错觉和幻觉、时间和空间的定向障碍。长期少量吸服大麻，可导致慢性大麻性精神病，表现为性格改变、意志消沉、记忆力减退、思维迟钝、理解判断能力削弱。大麻中毒性精神病可能导致凶杀、虐待等犯罪。

（三）可卡因所致精神障碍

可卡因（cocaine）即古柯碱，是从南美古柯树的叶子里提炼出来的，呈白色粉末状，可用于局部麻醉。它对中枢神经也起兴奋作用，因此也可归入兴奋剂。人们使用可卡因，通常是为了追求兴奋感和欣快感。适量使用也不会造成严重后果。据说，最初生产的可口可乐（Coca-Cola）中也有可卡因，只是在可卡因被禁后才用咖啡因取而代之。但是，如果是长期大量使用可卡因，便会发生慢性中毒，出现类似于偏执性精神病的表现，情绪不稳，焦虑不安，敏感多疑，并可有被害妄想和嫉妒妄想。严重者可出现谵妄和大量的幻觉，甚至突发暴力行为。女性成瘾者还可以出现性欲亢进。可卡因可以引起强烈的心理依赖，而不导致躯体依赖和耐药性，戒断反应主要表现在精神方面。可卡因所致精神障碍在中国尚无报告。

（四）兴奋剂所致精神障碍

常用的兴奋剂是苯丙胺类药物。苯丙胺（即安非他明，amphetamine）是合法药物，最初被用于治疗发作性睡病和巴金森氏病，后来被用于消除疲劳和治疗儿童多动症。苯丙胺的心理依赖很强，耐药性也比较强，躯体依赖则不明显。苯丙胺可以使人产生欣快感和提高性快感，但为时短暂，随之而来的是抑郁、焦虑、失眠、易怒、食欲减退、行为刻板。长期使用大剂量的苯丙胺可以导致精神病性症状，其表现类似于偏执型精神分裂症，患者狂妄偏执、兴奋躁动，还可出现妄想、幻觉和暴力行为。

20世纪90年代以来，苯丙胺类兴奋剂滥用日趋严重。冰毒、摇头丸就属于苯丙胺类兴奋剂。有专家曾经预言，苯丙胺类兴奋剂将成为21世纪滥用最广泛的毒品。① 从21世纪前十几年的情况看，这一预言不幸言中。

[案例23] 男，27岁，公安干警。间断服用"摇头丸"近1年，2005年6月因服用摇头丸致被害幻想由同事急送院治疗。既往体健，无精神病史。2004年7月因好奇、朋友诱劝，在迪厅内服用"摇头丸"，有时伴鼻吸"K粉"，开始服用后有头晕、恶心、兴奋感，每月1～2次，每次1/4～1/2丸，约1个月后用量及次数增加，每周1次，每次1～2丸。开始体验到欣快、"飘"的感觉，表现为精力充沛、感知觉变得敏锐、多语不安、活动增多、不停地摇动头部及身体、无疲倦感等。还会出现性欲增强，表现为性冲动和性兴奋期延长。有时还会在意识清晰的状态下出现幻觉，但能控制自我行为。药效过后会出现困倦、疲乏无力、嗜睡等。停止服用后有戒断症状，表现为注意力不集中、焦虑、抑郁和再次用药的渴求等。入院当天凌晨0:30，患者在迪厅服用"摇头丸"1粒，20分钟后有舒适和"飘"的感觉，且随音乐剧烈摆头部，跳舞，约2小时后出现疲劳、倦怠感，精神不振，自感药力下降，为了再次获得"飘"感，加服"摇头丸"1粒，约20～30分钟后出现心跳加快，出汗、震颤、恶心。同时出现"周围几个杀手拿着刀追杀自己"的幻觉状态，站起身来，十分恐慌似地冲出迪厅，边跑边喊"杀人啦! 他们来杀我啦!"周围人去阻拦时遭到反抗和攻击。行为无法自控，跑到电话亭拨打110电话报警，称自己为某分局干警，有人要谋害自己。到场的公安干警发现患者神志异常，急送院治疗。②

[案例24] J女士，1962年出生，异性恋，初中毕业。1993年结

---

① 参见刘铁桥等《苯丙胺类兴奋剂（ATS）娱乐性使用情况及其人群特征》、《苯丙胺类兴奋剂（ATS）娱乐性使用不良后果调查》，《中国心理卫生杂志》2002年第5期。

② 乔石、胡艺：《服用"摇头丸"致被害妄想精神障碍1例》，《西南国防医药》2006年第6期。

婚，夫妻长期分居，2002 年离婚。曾有多个性伴侣。与母亲及儿子有稳定居所。先后做幼儿园教师、工人，目前从事个体商业。患者首次发病于 2012 年 12 月，无明显诱因突然出现猜疑、恐惧，认为周围人要害自己，感觉被人跟踪、家里装了监视器，说"出门看到一堆白骨"、"隔壁住着狐仙"，夜眠差，不停整理东西或者玩电脑，忙个不停。2013 年 1 月 18 日来上海市精神卫生中心首诊，门诊诊断：兴奋躁动状态，19 日住院。入院后诊断：急性短暂性精神病性障碍。经治疗后于 2 月 19 日自动出院，出院精神检查提示接触检查合作、对答切题，有牵连观念和猜疑，自知力部分。患者短暂服药 3 个月后即自行停药，此后半年内有片段猜疑现象，能参加正常社会交往、与家人相处较好。2013 年 10 月中旬以后又出现猜疑，认为有人跟踪和监视自己，说男朋友找不到了；在家毁坏东西、出门乱跑；容易发脾气、与母亲争吵，说要杀人；夜眠差。2013 年 11 月 1 日第 2 次入院。入院精神检查，意识清，定向完整，打扮怪异；接触一般，兴奋话多、在病房唱歌、爱管闲事；情绪易波动，有焦虑和抑郁，时而哭泣和易激惹，情感不协调，幻觉不明显；思维散漫，承认多次"溜冰"以增加性快感和提高情绪，存在被害妄想，认为自己的朋友出卖自己，与警察联合起来给自己"挖坑"，内容不系统，有被监视感；智能检查不合作，自知力无。诊断更改为：使用中枢神经兴奋剂甲基苯丙胺（methamphetamine，METH）所致的精神和行为障碍。住院治疗 3 周后症状显著缓解。住院 70 天后出院，后自行停药，从事不固定工作，如网上聊天室主持等，月收入在 4000 ~ 10000 元之间，能照顾家人，相处较为融洽，有一个稳定的男朋友。仍间断服用冰毒等物质，情绪有时焦虑激越，对他人有猜疑。2015 年 3 月 2 日再次住院，症状同前。[1]

----

[1] 李清伟、周卉、吴文源：《甲基苯丙胺所致精神障碍》，《中华精神科杂志》2016 年第 1 期。

（五）镇静催眠剂所致精神障碍

各类镇静催眠剂如巴比妥类（barbital）和非巴比妥安眠药和抗焦虑药等，对于克服焦虑、苦闷、失眠有较好的效果，是医疗中常用的合法药物。但是，它们也可产生强烈的躯体依赖、心理依赖，耐药性也比较明显。长期服用镇静催眠剂特别是巴比妥、安眠酮、眠尔通（安宁）的人都可能出现精神障碍。巴比妥可致人格改变、理解迟钝、思维困难、记忆减退、情绪不稳、偏执、易激惹、性欲低下，严重时出现意识障碍、幻视、妄想和狂躁行为。安眠酮、眠尔通可致人格改变、情绪不稳、意志薄弱、性欲低下。镇静催眠剂的戒断反应十分强烈，有人认为超过海洛因。戒断反应在精神方面的表现，轻者如焦虑、抑郁、失眠、厌食，重者如意识模糊、谵妄、幻觉、妄想、行为冲动。

二　酒精所致精神障碍

酒精，即乙醇，是酒类饮料的主要成分。各种日常酒类饮料所含纯酒精比率不同：啤酒3%～5%，糯米甜酒7%左右，葡萄酒10%～15%，黄酒12%～18%，白兰地和威士忌35%～50%，白酒50%～65%。相比之下，酒精的依赖性弱于毒品。但西方有人认为酒精也是毒品，是一种为社会接受、使用最广泛因而也最危险的毒品。

酒精是一种可以抑制大脑中枢神经系统的麻醉剂。如果酒中所含纯酒精达到一定的比例，饮酒后，由于酒精对中枢神经系统的抑制作用，人的自我控制能力发生减退。初时，会出现短暂的兴奋状态，变得轻松欣快、兴致勃发、言行放肆。许多人根据这种兴奋状态，错误地认为酒精是一种兴奋剂。而实际上，饮酒后的兴奋是一种假象，是一种不祥的先兆。如果在此基础上继续饮酒，酒精的真实作用便可显现。酒精中毒的后果可表现于躯体、神经、精神等多个方面。酒精中毒对人的精神所造成的损害被称为酒精中毒所致精神障碍，其表现也是复杂多样的。根据发生的速度，可将酒精中毒所致精神障碍分为急性和慢性两大类。

（一）急性酒精中毒所致精神障碍

急性酒精中毒是指一次饮酒后急剧发生的中毒，可分为三种类型。

1. 生理性醉酒

生理性醉酒又称单纯醉酒或普通醉酒（common drunkenness），是一般人对酒精的一种正常的生理反应，在日常生活中经常发生。它的产生在很大程度上取决于酒的量和质（即所含酒精浓度），以及个体对酒精的耐受性（俗称酒量）。此外，饮酒方式对醉酒的发生也可产生影响。例如，空腹时饮酒比佐有食物时饮酒更容易醉，急速饮酒比缓慢饮酒更容易醉。生理性醉酒虽然可致一定程度的精神异常，但其所致精神异常比较短暂且多可以自然消失，故精神医学并不将其视为一种精神疾病。生理性醉酒者由于兴奋和自控能力减弱，有可能发生性犯罪，但多为猥亵、露阴等行为，而强奸既遂少见。自愿饮酒所致生理性醉酒者如果犯罪，在刑法和刑法学上，一般根据"原因上的自由行为"（actio libera in causa——拉丁文）理论，认定具有完全刑事责任能力。

2. 病理性醉酒

病理性醉酒（pathological drunkenness）属于精神障碍，是酒精耐受性很低的人在少量（对一般人来说不足以引起中毒）饮酒后发生的对酒精的急性过敏反应，而不是饮酒过量所致。患者也不存在脑器质性疾病或躯体疾病。绝大多数的病理性醉酒的患者不是嗜酒者，因为他们在一次醉酒中毒后便会汲取教训拒绝再饮，所以病理性醉酒的复发比较罕见。病理性醉酒的发作是爆发式的，患者突然出现意识障碍，不能正确地感知周围的环境和自己，而且常有内容恐怖的幻觉、妄想和与之相适应的情感冲动。为了实行自卫和逃避、袭击想象的敌人，他们常发生攻击性行为。一般发作持续数小时或一天，常以深睡结束发作。醒后对发作经过不能回忆。病理性醉酒者对醉酒一般没有预见，他们如果犯罪，通常认定为无刑事责任能力或者部分刑事责任能力。

3. 复杂性醉酒

20 世纪 30 年代，瑞士学者宾德（H. Binder）提出，在生理性醉酒和病理性醉酒之外，还存在一种复杂性醉酒（complex drunkenness）。[①]宾德的三分法后来为欧洲大陆一些国家和日本所采用。中国学者也主张三分法，但多认为三分法只是在司法精神医学鉴定中具有意义。CCMD－2－R 为方便司法精神医学鉴定，编入复杂性醉酒，认为复杂性醉酒通常是在脑器质性损害或严重脑功能障碍或影响酒精代谢的躯体疾病的基础上，由于对酒精的耐受性下降而出现的急性酒精中毒反应。对这个定义，国内学者褒贬不一。不过一般认为，就表现而言，复杂性醉酒基本上介于生理性醉酒与病理性醉酒之间。

（二）慢性酒精中毒所致精神障碍

长期无节制地饮酒可以发展成为慢性酒精中毒。酒精不仅可以使人产生比较强烈的心理依赖，而且可以使人产生比较强烈的躯体依赖，如果停饮就会发生令人很痛苦的戒断反应。这种躯体依赖更有力地迫使人越来越多地饮酒。正是因此，慢性酒精中毒有时也被称为酒精依赖。酒精依赖的概念有广、狭两义，广义的酒精依赖即慢性酒精中毒，狭义的酒精依赖特指单纯慢性酒精中毒。

慢性酒精中毒所致精神障碍主要有：

1. 单纯慢性酒精中毒

单纯慢性酒精中毒，即狭义的酒精依赖，表现为对酒的渴求和经

---

① 参见〔日〕中田修等《司法精神医学：精神病鉴定与刑事责任能力》（上册），林秉贤等译，天津科学技术出版社，2008，第 85 页。

常需要饮酒的强迫性体验。单纯慢性酒精中毒可以导致性格改变。道德感、责任感削弱，以自我为中心，自私自利，厚颜无耻，不务正业，不修边幅，孤僻，粗暴，易激惹。为了得到酒喝，往往不择手段，有的变卖衣物首饰，有的进行诈骗、偷窃、抢劫，女性患者可能卖淫。有些人还出现记忆障碍和轻度的智能障碍，他们的记忆力减退，注意力不能集中，思维缓慢，综合判断能力降低。

2. 震颤谵妄

震颤谵妄是一种在慢性酒精中毒基础上急性发作的严重精神障碍。因为它经常发生于突然停饮或显著少饮数日之后，所以也被视为一种戒断反应。发作时，患者意识模糊，定向严重缺损，有大量恐怖性幻视和难以忍受的幻触，而且情绪激越，兴奋躁动，恐惧不安，可发生伤人、自伤的行为。在躯体症状方面，最突出的是全身肌肉发生粗大震颤，还有发热、多汗、瞳孔放大、心搏增快、血压升高等，如不及时处理，可能因心力衰竭而死亡。此症一般持续三至五日，患者对发作中的情况只有部分记忆，有的完全遗忘。

3. 酒精中毒幻觉症

酒精中毒幻觉症也多发生于突然停饮或显著少饮之后。患者意识清晰，定向完好，但有大量幻听，幻视较少。幻听内容多为侮辱性、威胁性的，可使患者惶恐或愤怒。在此基础上，可继发被害妄想，导致攻击行为。如果发生妄想，则易与精神分裂症相混淆。

4. 酒精中毒妄想症

这是一种长期饮酒导致的妄想状态，有人称之为酒精中毒偏执狂。因其妄想多为嫉妒妄想，也被称为酒毒性嫉妒。慢性酒精中毒可以导致性功能低下，进而导致夫妻性生活的不和谐，而性功能低下者往往不自咎其责，反而产生嫉妒妄想，怀疑配偶有外遇。有人还可继发被害妄想。此症多见于中老年男性酒精中毒者，其发生与病前偏执性格有关。

5. 酒精中毒性脑病

酒精中毒性脑病包括威尼克（Wernicke）脑病、柯萨科夫综合征和慢性酒精中毒痴呆。威尼克脑病起病急骤，表现为急性谵妄和痉挛发作，并有定向障碍、记忆障碍，清醒后可出现柯萨科夫综合征或慢性酒精中毒痴呆。柯萨科夫综合征是慢性酒精中毒者出现的主要表现为记忆失常的一组症状群，由俄国精神医学家柯萨科夫（1854～1900）于1887年首先描述。其特征是近事记忆缺失，常伴有错构、虚构和定向障碍、欣快症。慢性酒精中毒痴呆缓慢起病，有严重的性格改变、记忆减退、痴呆。

第六节　精神发育迟滞

精神发育迟滞，在精神医学中亦称精神发育不全或精神发育迟缓、精神发育阻滞，过去也称之为智力发育不全、先天性痴呆，而教育部门和社会福利部门称之为智力障碍或智力残疾。精神发育迟滞不是一种精神的疾病，而是一种精神状态。在精神障碍分类学上，精神发育迟滞既不属于精神病，也不属于非精神病性精神障碍，而是独立于前两者并与前两者并列存在的。精神发育迟滞也不是一种单一的疾病，而是一种发病于发育成熟前的综合征，其主要特征是精神发育停留在较低下的水平上，突出表现为智力低下和社会适应困难，并可能伴有某种精神或躯体疾病。一般地说，它一经发生，就保持在一定水平上，不再发展，也不自行缓解，也没有间歇期。有的病人的智力随年龄的增长可能稍有进步，但直至成年也难以达到正常人水平。

通常认为，只有同时具备以下三个条件方构成精神发育迟滞。

（1）起病于发育成熟以前。发育成熟以后出现的智力低下被称为智能减退或者痴呆（狭义的）。发育成熟与否，一般以18岁为界。

（2）智力明显低下，智商低于70。可以根据智商把精神发育迟滞分为严重程度不同的四类：智商在 55～69 之间为轻度；智商在 40～54 之间为中度；智商在 25～39 之间为重度；智商低于 25 为极重度。智商在 70～85 之间，不能说是正常，但尚不构成精神发育迟滞，因而被称为临界度，这时的智力状况被称为边缘智力。

（3）有不同程度的社会适应困难。智商在 65 以下的人，思维、情感、行为方面都存在一定程度的障碍，绝大多数都不能适应社会生活，而智商在 65～70 之间的人，有的可能不适应社会生活，有的则可能基本适应社会生活。因而，一旦发现一个人智商低于 65，就可以断定他是精神发育迟滞者，而要判断一个智商在 65～70 之间的人是不是精神发育迟滞者，还必须对他的社会适应能力进行全面的考察。

精神发育迟滞在中国比较常见，患病率高于西方发达国家。"12 地区精神疾病流行学调查协作组"于 1982 年同时在 12 个地区用统一的标准和方法对精神发育迟滞等精神疾病的流行情况所进行的调查结果显示，在被调查的 12 个省市，中度和重度精神发育迟滞的患病率为 2.88‰，仅次于神经症和精神分裂症而居第三位。[1] 1993 年，有关机构在 12 个地区中的 7 个地区，采取相同的方法，对精神疾病的流行情况进行了第二次横断面调查，中、重度精神发育迟滞的患病率为 2.7‰。[2]

对于精神发育迟滞的类型，可以从不同角度进行划分。在临床中，通常是按患者智商高低划分精神发育迟滞的类型（实际是等级）。

轻度精神发育迟滞。智商 50～69，心理年龄 9～12 岁。旧称愚鲁或愚笨、迟钝、愚钝、低能。轻度者约占精神发育迟滞病例的 70%～80%。患者一般没有脑器质性损害，也没有躯体畸形或异常，早年智

---

[1] 1982 年 12 地区精神疾病流行学调查的各项报告刊登在《中华神经精神科杂志》1982 年第 2 期。
[2] 1993 年 7 地区精神疾病流行学调查的各项报告刊登在《中华精神科杂志》1998 年第 2 期。

力发育略迟，明显异常在上学后方能显现。他们虽有比较完整的语言表达能力，但词汇贫乏，言语呆板。他们的理解、判断、推理分析能力也比较差，也缺少预见性和灵活性，因而有时做事十分荒唐可笑。在学校学习成绩落后，一再留级。可以从事不复杂的工作，比较踏实，但难以适应工作的变化。意志比较薄弱，富于依赖性和易受诱惑性，容易受他人的影响和支配，甚至在他人指使和教唆下进行违法犯罪。他们缺乏道德观念，爱占便宜，注重食欲、性欲等本能的满足。有些患者的性格属于安定型的，比较温顺，易于接受教育。有些患者的性格属于兴奋型的，控制力差，缺乏自知之明，固执，易怒，常惹是生非，甚至违法犯罪。

中度精神发育迟滞。智商 35 ~ 49，心理年龄 6 ~ 9 岁。旧称痴愚。中度者约占精神发育迟滞病例的 10% ~ 20%。病因比较明显。患者躯体发育比较差，一般可活至成年。虽可以学会说话，但口齿不清，词汇贫乏，不合语法，令人不好理解。也可学会自理生活和简单的劳动，但动作笨拙，粗枝大叶，往往需要他人帮助和指导。患者性格也有安定型与兴奋型之分。部分患者常有性欲亢奋，可出现不正常的性行为，如脱光衣服、说下流话、玩弄生殖器。

重度精神发育迟滞。智商 20 ~ 34，心理年龄 3 ~ 6 岁。旧称白痴。重度者比较少见，约占精神发育迟滞病例的 10% 以内。患者一般都具有躯体畸形和神经疾病如癫痫，在出生不久即能发现。患者只能学会简单的语言，不能进行劳动，生活上依赖照顾。患者常因躯体疾病而夭折。

极重度精神发育迟滞。智商 20 以下，心理年龄 3 岁以下。极为少见，在精神发育迟滞病例中所占比例不到 1%。患者出生时即有明显的躯体畸形和神经疾病。一般不能学会说话、走路，对周围刺激无反应，缺乏情感活动，个人生活完全不能自理。常于早年夭折。

精神发育迟滞者性犯罪比较多见。钟杏圣等报告精神发育迟滞犯罪 154 例，其中性犯罪 58 例，占 37.7%。[1] 靳跃等综合 1986～1995 年国内发表的有关论文 25 篇，统计精神发育迟滞者司法鉴定 1317 例。进而统计有刑事案件 1252 例（被告人 648 例，被害人 604 例），其中性犯罪 320 例，占刑事案例总数的 25.56%，占刑事被告人总数的 49.38%。[2]

第七节　精神分裂症和其他精神病性障碍

根据 CCMD–3，与精神分裂症列在一起的"其他精神病性障碍"主要包括偏执性精神障碍、急性短暂性精神病性障碍、感应性精神病等。

这些精神病性障碍的产生原因迄今未明。既不是器质性因素所致，也找不到明显的心理因素。这是它们与器质性精神障碍、心因性精神障碍以及其他与心理因素有明确关系的精神障碍的最显著差别。患者一般不存在意识障碍和智能障碍，但是他们的社会功能都有比较严重的缺损，对现实问题不能做出与常人一样的处理。

一　精神分裂症

精神分裂症是一组精神病，其主要特征是精神活动的"分裂"，即基本性格改变，思维、情感、行为互不协调，精神活动脱离现实环境，常有感知、思维、情感、行为等障碍。1982 年中国 12 地区精神疾病流行学调查提供了关于精神分裂症的重要信息：总患病率为 5.69‰（包括已愈和现患），时点患病率为 4.75‰，其病例占所有病例（不包括神经症）的 44.8%。1993 年 7 地区精神疾病流行学的调查结果是，精神分裂症的时点患病率为 5.31‰，终生患病率为

---

[1] 钟杏圣等：《234 例精神发育迟滞司法鉴定分析》，《中华神经精神科杂志》1993 年第 3 期。

[2] 靳跃、谢斌：《精神发育迟滞司法鉴定论文分析》，《临床精神医学杂志》1995 年第 5 期。

6.55‰，显示精神分裂症患病率有所提高。

精神分裂症的性表现，是一个已经被人关注的问题。国内有人报告：对能够合作的住院的 528 例精神分裂症患者（男 350 例、女 178 例）进行调查，发现存在与性有关症状者 136 例（25.8%），男 88 例（占男性患者的 25.1%），女 48 例（占女性患者的 27.0%）；男性患者症状主要是钟情妄想、性色彩幻听和性本能亢进等，女性症状主要是嫉妒妄想、性本能亢进、性色彩幻听和性被害妄想。①

精神分裂症的主要类型有如下几种。

单纯型。比较少见，约占精神分裂症患者的 2%。该型起病潜隐，发展缓慢，病程至少两年，以社会性退缩、情感淡漠、意志消沉等"阴性症状"为主要表现，逐渐趋向精神衰退。早期不容易被察觉，并常被误诊为神经衰弱。没有明显妄想和幻觉，偶可暴怒并难以平息，往往在此时方被人注意。

青春型。约占精神分裂症患者的 10%～20%。发生在青年期，起病较急，发展较快。主要表现是思维散漫、破裂，情感倒错，喜怒无常，行为幼稚愚蠢且有时十分冲动，可有食欲、性欲亢进。妄想幻觉比较短暂，内容零乱、片段，往往与色情有关。

紧张型。比较少见，多在青年期发病，以紧张综合征为主要特征。紧张性木僵比紧张性兴奋更为常见，两者或单独发生或交替出现。紧张性兴奋的发生多无征兆，如有的患者可能从持续的木僵状态突然转入兴奋状态，表情紧张，行为冲动。

偏执型。比较多见，约占精神分裂症患者的 50%。在精神医学中，所谓偏执主要是指个体对有关自己与他人之间的关系发生了病态的认识，形成了妄想性的信念。故而，偏执型也被称为妄想型。主要

---

① 王锦霞等：《与性有关的精神症状在精神分裂症患者中的发生率》，《临床精神医学杂志》1997 年第 2 期。

特征是持久存在的妄想或同一内容的经常性幻听。发病多在中年，病程发展比较缓慢。初期敏感多疑，有环境异样的感觉，逐渐严重发展为妄想。妄想的范围也逐渐扩大，有泛化的趋势。妄想常与内容相应的幻听同时出现。妄想和幻觉对患者的情感、行为有严重影响。在妄想、幻觉的支配下，患者可能紧张恐惧、行为冲动。

衰退型。比较多见。临床表现以精神衰退为主，患者情感淡漠、意志缺乏、思维贫乏、行为幼稚，社会功能严重受损，成为精神残疾。患者行为主要靠本能驱动，可能发生露阴、裸体、猥亵。

一些报告反映了精神分裂症患者性犯罪情况。郑瞻培等报告精神分裂症犯罪 282 例，其中性犯罪 26 例，占 9%[1]；李从培等报告精神分裂症犯罪 331 例，其中流氓、强奸 14 例，占 4.2%[2]；林镇祥等报告精神分裂症犯罪 137 例，其中流氓、性犯罪 19 例，占 13.9%[3]。

二　偏执性精神障碍

偏执性精神障碍是一种以妄想为主要表现的精神障碍，也被称为妄想性精神障碍。与其他存在妄想的精神障碍不同，偏执性精神障碍的妄想是独立产生和存在的，患者除妄想以及比较少见的并与妄想相联系的片段幻觉外，没有其他明显的精神异常，在不涉及妄想的情况下基本像精神正常人一样。而且，偏执性精神障碍的妄想主要是系统性的妄想，妄想发展条理清楚、层次井然，甚至具有严密的逻辑。妄想的内容也与现实生活有比较密切的联系，不算离奇荒谬，让人听起来觉得像是真事似的。

根据国内外调查统计，偏执性精神障碍的患病率不高。例如，

---

[1]　郑瞻培等：《精神分裂症的医学鉴定问题》，《神经精神疾病杂志》1981 年第 3 期。

[2]　李从培等：《精神分裂症司法精神病学鉴定案例分析》，《中华神经精神科杂志》1987 年第 3 期。

[3]　林镇祥等：《137 例精神分裂症司法鉴定分析》，《中华神经精神科杂志》1990 年第 5 期。

1982 年中国 12 地区精神疾病流行学调查的结果是 0.29‰。一些学者认为，调查中偏执性精神障碍患病率不高，可能是因为该病患者不易被发现或不被人们视为精神病人。

偏执性精神障碍的各种妄想中，常见的是被害妄想、嫉妒妄想、夸大妄想、疑病妄想和钟情妄想。患者长期陷于妄想而不能自拔，坚持不懈地去证实自己的判断，或者细致缜密地制定自己的行动计划，并且有可能将之实施。有些患者的行为可能造成危害，构成法律问题。

三 急性短暂性精神病

这是一组病因未明的短暂的精神病性障碍，起病急骤，缓解彻底。患者有片段的妄想或者多种妄想、片段的幻觉或多种幻觉，言语行为紊乱。主要有妄想阵发、旅途性精神病等。

四 感应性精神病

感应性精神病的特点是患者受原发病人妄想的影响，也产生了内容相同的妄想，因而也称为二联性精神病。但也有牵连到数人的，如陈复平等曾报告两组五联性精神病。[①] 感应者和被感应者中女性居多，多为同处于一个相对封闭的家庭的亲属，他们长期在一起生活，关系密切，感情深厚。感应者一般在家庭中享有一定的威望，被感应者对前者一向相当服从和尊重，易受前者暗示，但以前不存在精神障碍。当感应者发生妄想后，被感应者可能很快产生共鸣，全盘接受感应者的妄想。有的被感应者在开始时对感应者的妄想疑惑不定，但逐渐也会与感应者一致。妄想情节都很逼真，推理似乎合乎逻辑，比较系统固定。内容多对患者不利，常见的是被害妄想，被感应者可能和感应

---

① 陈复平等：《二组五联性精神病及其随访报告》，《中国神经精神疾病杂志》1984 年第 2 期。

者一起对付可能发生的危险、攻击妄想对象。下面这个案例比较奇特，被感应者居然接受了感应者的嫉妒妄想。

[**案例 25**]（美国的案例）某女，43 岁，家庭主妇。1968 年住院，主诉担心自己的"性问题"。她结婚已经二十年。在夫妻关系中，丈夫处于支配地位。她对丈夫经常因嫉妒而发怒感到害怕。她丈夫说她结婚后到现在和许多男子有婚外性关系。丈夫坚信她在两周内和其他男子有上百次性关系。她同意这种估计，但认为自己有遗忘症而不记得这些事情。当医生对这种奇异的性经历的真实性表示怀疑时，她丈夫十分愤怒，谴责医生与另一名工作人员和她有性关系。经过麻醉分析和心理治疗，未能澄清她对性活动的记忆。她只记得有两次婚外性关系，分别在 20 年前和一年前。她说后一次事实上由丈夫策划，当时丈夫住在同一屋子里。她仍然相信自己有无数次婚外性关系，但只能记忆其中两次。诊断分析：丈夫有嫉妒妄想，认为妻子屡次对他不忠实，而妻子存在感应性精神病性障碍，在丈夫的影响下接受了这一妄想观念，相信自己有遗忘症以致不能记起这些事件。①

第八节　情感性精神障碍

情感性精神障碍又称心境障碍（mood disorders），是一类以心境显著而持久的改变——高扬即躁狂或者低落即抑郁——为基本表现的精神障碍。发作时可伴有与情感相应的思维和行为方面的改变。具有反复发作的倾向，间歇期完全缓解。

---

① 〔美〕罗伯特·斯彼德等：《美国精神障碍案例集》，庞天鉴译，中国社会科学出版社，2000，第 252 页。

由于具体诊断标准的不同，中国与外国、中国不同时期情感性精神障碍患病率有比较大的差异。根据一些统计来看，西方国家本病的患病率比中国高出许多。20 世纪八九十年代中国本病的患病率也比 70 年代要高许多，70 年代时中国学者认为本病患病率是 0.03‰～0.09‰，而 1982 年 12 地区和 1993 年 7 地区精神疾病流行学调查的结果分别是 0.76‰、0.83‰。一些统计报告还表明，情感性精神障碍多发生于青壮年，患者中女性多于男性。

一　躁狂症

只有病史中没有抑郁发作证据的单相躁狂发作方可称为躁狂症。躁狂状态主要特征是情感高涨、思维奔逸和意志增强。严重者可出现幻觉、妄想等精神病性症状。患者心境愉快，乐观喜悦，风趣戏谑，自我感觉很好，自我评价过高。但有时情绪不稳定，极易激惹，可因一点小事勃然大怒，暴跳如雷而不可遏制，可能伤人毁物，但往往在片刻之间化怒为笑，显得若无其事、悠然自得。患者思维联想迅速，意念飘忽不定，注意力难以集中，言语增多，口若悬河，但几乎都是东拉西扯，缺乏固定主题并且自我溢美。患者精力旺盛，活动增多，喜欢热闹，好管闲事，热衷于可以出头露面的文娱体育活动。但做事往往有头无尾，不能善始善终，并常常惹是生非，与他人发生矛盾。多数患者性欲明显亢进。有些女性患者装扮妖冶，举止轻浮，好与异性接触，甚至主动勾引异性轻易以身相许。有些男性患者谈吐粗俗，行为下流，不顾后果，可能发生猥亵或性倒错行为，而强奸并不多见。

二　抑郁症

只有病史中没有躁狂发作的单相抑郁发作方可称为抑郁症。抑郁状态与躁狂状态完全相反，是另一个极端。它的主要特征是情感低落、思维迟缓和意志减退。严重者可出现幻觉、妄想等精神病性症状。患者心境低沉，忧郁沮丧，愁绪满怀，对生活中任何可喜的事情无动于衷，对以往的工作和业余爱好兴趣索然，对亲人、朋友失去了往日的眷恋。有时为掩饰自己的心情也强颜欢笑。患者生活态度消极，缺乏自信，悲观失望，万念俱灭，甚至产生强烈的厌世感，还往往因自己过去的一些并不重要的失误自罪自责。有些患者焦虑不安，神情紧张，手足无措，难以自制，而且容易激动，在此基础上可发生暴力攻击行为。患者思维活动显著迟缓，联想困难，思路阻塞，言语简短甚至缄默不语。患者自感体虚无力，浑身不适，同时行动减少，终日无所事事，失眠或早醒，食欲、性欲也明显减退。病情严重的患者还可能出现妄想、幻觉和抑郁性木僵。患者抑郁表现一般是朝重夕轻。处于抑郁状态中的患者，还可能有自杀观念和自杀行为。国内外许多资料显示，在各种精神障碍中，以抑郁症发生自杀最为常见。

三 双相情感性精神障碍

凡有躁狂和抑郁交替发作的情感性精神障碍称为双相情感障碍，以往所说的躁狂抑郁症即指这种情况，最为多见。根据双相情感障碍每次发作的主要表现，又可将其进一步分为：（1）双相情感障碍·躁狂相。本次发作以躁狂状态为主要表现。以往有抑郁发作。（2）双相情感障碍·抑郁相。本次发作以抑郁状态为主要表现。以往有躁狂发作。（3）双相情感障碍·混合相。本次发作中，躁狂状态和抑郁状态混合存在或交替发生。

[案例26] 女，58岁。因情绪低落30年，性欲亢进20年，于2013年5月17日门诊治疗。在治疗过程中出现兴奋2个月余。患者于1983年因婆媳关系不好经常吵架、打架，曾想撞车、喝农药自杀。3年后与婆婆分开住，但为家庭房产仍吵架、打架。丈夫帮着家人，患者更伤心。至1993年上半年某日早晨醒来突然感到阴部不适，有

性要求。一般每天出现 2~3 次，最多 6~7 次，偶有 1 个月不出现。曾在泌尿科、妇产科检查无阳性发现。个人史无特殊，性格外向。丈夫 2009 年 10 月患肝癌去世。家族中无精神疾病。精神检查：意识清晰，定向力、智能正常。夜眠差，感到不开心，兴趣下降，偶有厌世情绪。有时心慌气促、紧张、烦躁、易怒。无幻觉、妄想，情感反应适切，自知力存。根据 CCMD－3 诊断为抑郁症。予以帕罗西汀、氯硝西泮等药物治疗。2013 年 6 月 14 日复诊，性欲异常 2~3 天 1 次，情绪有好转。2013 年 8 月 8 日复诊性欲亢进 3~4 天 1 次。2013 年 12 月 6 日复诊时诉 9 月 13 日始感到治疗效果不好擅自停用帕罗西汀，氯硝西泮剂量不变。停用帕罗西汀后，性症状消失。2013 年 10 月 2 日出现心情转好，活动增多，喜花钱，喜欢唱歌。2013 年 10 月 18 日性症状反复，1~2 天 1 次，症状轻微能控制。2013 年 12 月 6 日更正诊断为双相障碍，调整药物。2014 年 4 月 22 日复诊诉每天出现 1 次轻微的性异常感觉。5 月 21 日复诊诉性症状 2~3 天 1 次，并能克制。继续治疗中。[①]

关于情感性精神障碍者性犯罪情况，黄问一等报告该症患者犯罪 22 例，其中强奸 4 例（躁狂症），流氓 2 例（躁狂症、躁郁症各 1 例）[②]；王克威等报告该症患者犯罪 43 例，其中强奸 3 例（躁狂相 1 例、间歇期 2 例），流氓 3 例（躁狂相 2 例、间歇期 1 例）[③]。

第九节　心因性精神障碍

心因性精神障碍是 CCMD－2－R 的分类名称，其下包括心理创伤

① 刘雨生、王伟、王军：《双相障碍女性患者性欲亢进一例》，《中华精神科杂志》2015 年第 1 期。
② 黄问一等：《情感性精神障碍司法鉴定 34 例分析》，《临床精神医学杂志》1992 年第 3 期。
③ 王克威等：《情感性障碍鉴定 50 例分析》，《临床精神医学杂志》1993 年第 3 期。

后应激障碍、适应障碍、与文化相关的精神障碍、其他与心理因素相关的精神障碍等。CCMD - 3 不再用"心因性精神障碍"术语，取而代之的是"应激相关障碍"，其下包括急性应激障碍、创伤后应激障碍、适应障碍三类；"与文化相关的精神障碍"则与"应激相关障碍"并列。

一　应激相关障碍

应激相关障碍（stress-related disorder）又称反应性精神障碍，是一类因明显的精神刺激或精神创伤引起的精神障碍。导致应激障碍的精神刺激和精神创伤，主要是指患者在现实生活中遭遇的突然发生的事件和长久持续的境遇如遭受虐待。精神刺激或精神创伤与多种精神障碍都有不同程度的关系，不仅对于功能性精神障碍的形成有重要的影响，而且在某些器质性精神障碍的发病过程中也起一定的激发作用。但是，与其他精神障碍不同的是，在应激障碍中，精神刺激或精神创伤一般来说是剧烈或者是长期的，对于患者的影响是超强度的，是最主要的致病因素。精神刺激或精神创伤与患者精神障碍的具体表现有极为密切的关系。而且，精神刺激或精神创伤的消除与患者精神状态的恢复也有极为密切的关系。

（一）急性应激障碍

急性应激障碍（acute stress disorder）发生在十分严重的精神冲击后的数分钟或数小时之内，主要表现有两种形式：一是伴有强烈情感体验的精神运动性兴奋，行为带有一定的盲目性；另一种是伴有情感迟钝的精神运动性抑制，可有轻度意识模糊。病程持续短暂，短者数小时、长者一周，一个月内即可完全恢复正常。急性应激障碍有一个亚型，是以精神病性症状如妄想、严重情绪障碍为主要表现的应激障碍，称为急性应激性精神病或急性反应性精神病。

（二）创伤后应激障碍

创伤后应激障碍出现在十分严重的心理冲击发生的数日甚至数月之后，病程可达数年，主要表现为持续性的抑郁。有些患者反复出现创伤性体验，被痛苦的回忆、出现创伤性内容的噩梦和错觉、幻觉所扰，还可能产生心悸、出汗、面色苍白等生理反应，终日痛苦而不能自拔。难入睡，易惊醒。有的患者可出现选择性遗忘。患者情感淡漠，易激惹，生活态度悲观，社会功能明显降低。女性遭受强奸后可能会出现这种反应。

（三）适应障碍

适应障碍（adjustment disorder）是指有些存在一定人格缺陷的人，在遭遇其他人可以稳妥应付的生活事件如生活环境或社会地位的变迁时，适应上存在困难，产生持续的精神障碍。有些患者表现为抑郁、焦虑、胆小，变得退缩、回避，工作、学习能力减退；有些患者变得烦躁、粗暴、好斗，无视法纪和道德。患者往往有生理功能障碍，如睡眠不好、食欲不振。只有随着时过境迁，刺激的消除或者经过调整形成新的适应，精神障碍才可缓解。

二　与文化相关的精神障碍

精神障碍具有跨文化差异性。有些精神障碍是某一个社会或某几个文化相近的社会特有的。CCMD - 3 列出几类中国以及受中国文化影响的国家特有的精神障碍。

（一）气功所致精神障碍

操练气功如果发生偏差，也可导致精神障碍和躯体障碍，自己无法终止，即所谓"走火入魔"。暗示和自我暗示在发病过程中起重要作用。以思维、情感和行为障碍为主要表现。气功偏差所致精神障碍可以促使患者做出一些社会、法律所不容的事情来。例如，黄柏元等报告气功偏差所致精神障碍 10 例，呈急性精神疾病发作、急性癔症样发作、急性抑郁状态发作、类精神分裂症样发作，其中 2 例持刀杀人，1 例出现性错乱行为（吸吮多名小学生的阴茎）。①

（二）巫术所致精神障碍

巫术不是精神障碍，但是巫术可以引起精神障碍。有些巫师可以有意识地通过自我暗示进入鬼神附体状态，并可以自我终止这种状态，此即所谓神媒行为。过去，巫师通过神媒行为给人治疗疾病尤其是精神疾病。而现在，巫师的这种行为主要是为了迷惑病人以骗取财物或达到其他目的。因而不能把巫师的鬼神附体视为精神障碍。而一般人，如果迷信过深，通过独自"修行"或在巫师的影响和暗示下可能突然出现鬼神附体，并有幻觉、错觉、妄想、行为紊乱和其他精神病性表现，他们不能有意识地诱发和结束这种情况。这种情况应视为精神障碍。

（三）恐缩症

在中国，很早以前就有"缩阳"（亦称"缩阴"）的说法，如《黄帝内经灵枢》说"伤于寒则阴缩入"。② 传统中医有"缩阳症"之病症。但现代医学认为，阴茎是不可能缩入体腔的。以精神医学角度看，"缩阳症"实际上是"恐缩症"。恐缩症（国际上称为柯罗病，koro）是一种妄想综合症。患者感觉性器官（男性为阴茎，女性为乳房）缩小或缩入，认为可以致命，因而极度焦虑和恐惧，有人还会发生意识障碍。有学者认为此症是一种对阳痿的焦虑状态，有些患者耽溺于性行为或过度手淫，但又以为这会导致阳痿。③ "缩阳症"曾几度流行于东南亚国家和中国南部沿海地区。例如，1984 年 3 月至 1985 年 6 月，在中国海南岛和雷州半岛曾发生"缩阳症"流行，患者超过 3000 人。研究者发现，"缩阳症"流行地区迷信较盛，在汉族

---

① 黄柏元等：《气功偏差伴发精神障碍》，《中国神经精神疾病杂志》1990 年第 4 期。
② 郭霭春编著《黄帝内经灵枢校注语译》，天津科学技术出版社，1989，第 154 页。
③ 参见林宪《文化与精神病理》，台北水牛出版社，1980，第 58～69 页。

居民中有"缩阳"致命的传说。患者都是比较迷信、有"缩阳"概念的汉族人，而同居一地但无"缩阳"概念的黎族则无人患病。这说明当地汉族文化是"缩阳症"流行的一个重要因素。①

精神分裂症伴发缩阳症一例报告：

[**案例27**] 患者，男，53岁，文盲，供销社职员。14年前，无明显诱因出现自言自语，并常无故打骂家人和同事，砸毁公物和家具，于1976年6月第一次住院。此后，因上述症状复发，曾多次住院，均诊断为精神分裂症，经氯丙嗪等抗精神病药物治疗均"显进"出院。本次入院前2月，病情复发并伴恐惧，诉阴茎内缩，称"有人暗害我"。时有阵发性惊恐发作，用手抓住阴茎，大声呼救。每次发作均要其妻用口吸吮其阴茎，持续均10～30分钟后才缓解。入院后，内科及神经系统检查无异常发现，外生殖器无异常，常规辅助检查无异常。精神检查：意识清晰，无自知力。有言语性幻听，诉："都说我的阴茎缩到肚子里去了……要死了……"面部表情平淡，有被害妄想，坚信有人用道法使自己的阴茎内缩，要害死自己，对其阴茎完好的检查结果不能接受。无明显联想障碍，智能正常。情绪易激动，稍不如意便动手伤人、毁物，态度凶狠，常独处。诊断为精神分裂症，经氯氮平治疗2月余，缩阳症状群随精神症状的缓解而消失，治愈出院。②

第十节　神经症

神经症（neurosis）过去也称神经官能症、精神神经症、心理症，

---

① 莫淦明等：《海南岛雷州半岛"缩阳症"流行情况报告》，《中华神经精神科杂志》1987年第4期。
② 彭勇：《精神分裂症伴发缩阳症状群1例报告》，《四川精神医学》1991年第4期。

是一组精神障碍。

神经症患病率相当高。国外调查，在一般居民中神经症的终身患病率为23‰~131‰；女性比男性高，女性为27‰~169‰，男性为18‰~79‰。[①] 中国1982年12地区精神疾病流行学调查所得到的患病率为22.21‰，女性为39.93‰，男性为4.71‰。1993年7地区精神疾病流行学调查所得到的患病率为15.11‰，女性27.03‰，男性3.91‰。[②]

在中国，直至20世纪70年代中期，只将神经症分成神经衰弱、癔症和强迫症三种。[③] 1984年的CCMD进一步把神经症分成焦虑症、癔症、恐怖症、抑郁性神经症、神经衰弱、疑病症、强迫症和其他神经症。CCMD-2则把神经症分为：癔症性神经症（包括癔症性精神障碍、癔症性躯体障碍）、各种焦虑症（包括焦虑性神经症、强迫性神经症、恐怖性神经症）、其他类别的神经症（包括抑郁性神经症、疑病性神经症、神经衰弱等）。CCMD-2-R又发生变化，把神经症分为恐怖性神经症、焦虑性神经症、强迫性神经症、抑郁性神经症、癔症、疑病性神经症、神经衰弱、其他神经症等。CCMD-3的改动更大，它把癔症从神经症分离出去单列，对神经症也作了新的划分，包括恐惧症、焦虑症、强迫症、躯体形式障碍、神经衰弱等。

DSM-5没有列出神经症这个部门，而是将焦虑障碍、强迫障碍、躯体障碍、分离障碍等列为独立部门。

一　癔症

按《康熙字典》的解释，癔为"心意病也"。[④] 现代医学概念的

---

① 转引自夏镇夷主编《实用精神医学》，上海科学技术出版社，1990，第182页。

② 陈复平：《神经症的流行学调查》，《中华神经精神科杂志》1986年第5期。

③ 参见北京医学院精神病学教研组编印《精神病学讲义》，1976，第16章。

④ （清）张玉书等编纂《康熙字典》（标点整理本），汉语大词典出版社，2002，第736页。

癔症是对 hysteria 一词的意译。[1] 曾经也有人采取意译、音译结合的方法，将其译为"协识脱离"。1935 年 12 月国民政府教育部发布《精神病理学名词》，将 hysteria 定为"癔病"和"协识脱离"两个译法，并为精神医学界采用。[2] 到 1978 年，《精神疾病分类（试行草案）》正式将这一精神障碍定名为"癔症"。更多见的是将 hysteria 音译为"歇斯底里"。"歇斯底里"一词虽然在医学界不被正式使用，但却被非医学界的人们所接受，并且被作为一个贬义词收入汉语词典，用于形容情绪异常激动，举止失常。[3]

（一）癔症性精神障碍

这是一类以精神障碍为主要表现的癔症，因患者的精神活动多出现分离，故也称为分离型癔症或分离性障碍。患者意识范围狭窄，精神活动分离，可出现遗忘症、自我身份识别障碍、漫游症、鬼神附体状态。

自我身份识别障碍可导致交替人格。交替人格（alternating personality），或称人格转换、交替意识，包括双重人格和多重人格（mulitiple personality），是一种自我同一性障碍，指同一人在不同时间表现为两个或两个以上完全不同的人格，不同的人格交替出现，人格间的过渡是突然的。具有交替人格的人受不同的人格支配时，就像是若干个完全不同的人。"他们"有不同的记忆、不同的心态、不同的观念、不同的经历、不同的身份，甚至有不同的嗓音、不同的词汇、不同的年龄。交替出现的人格中有一个是原来具有的，当人受这个人格支配时，被称为"清醒的自我"。其余人格是后来产生的，这些人格往往体现出与最初的人格相反的特性。当人受新产生的人格支配

---

[1]　参见倪文宙《变态心理之基本观：癔症》，《教育科学》第 15 卷第 5 期，1923 年。

[2]　参见国立编译馆编定《精神病理学名词》，商务印书馆，1936，第 71 页；Alexander Wheeler、William Robert Jack、John Henderson《惠嘉二氏内科要览》（*Wheeler and Jack's Handbook of Medicine*），孟合理等译，中华医学会编译部，1936，第 618 页。

[3]　中国社会科学院语言研究所词典编辑室编《现代汉语词典》（修订本），商务印书馆，1996，第 1391 页。

时，是"清醒的自我"的"化身"，在"清醒的自我"那里被压抑和克制的激情可以在"他们"身上表现出来，"他们"可以做出"清醒的自我"不可能做的事情。"清醒的自我"不知道自己有化身，也不能记起自己在受其他人格支配时的言行，但是他可以意识到"时间的空白"或"时间的丢失"。在许多情况下，遗忘是不对称的，人格 A 可能意识到人格 B，而人格 B 却不一定意识到人格 A。尽管存在争议，但有研究表明，每一个交替出现的人格都可以放射出一种独特的脑电波模型。① 最早对交替人格进行描述的，是英国 19 世纪著名作家史蒂文森（Rober Louis Stevenson，1850 ~ 1894）。他的中篇小说《化身博士》叙述了这样一个故事：医生吉基尔博士（Dr. Jekyll）为了探索人性的善恶，服用自己发明的一种药，创造出一个名为海德先生（Mr. Hyde）的化身。他把自己所有的恶念都分给了海德。后来海德失去控制，杀人害命，吉基尔博士无法摆脱海德，自杀而死。《化身博士》引起许多心理学家的兴趣，以至于"化身博士"成为双重人格的代名词。②

交替人格患者是否应当对其在从属人格状态下的犯罪负责？这个问题存在争议。1977 年，美国一位名叫威廉·斯坦利·密里根（William Stanley Milligan，亦名 Billy Milligan，1955 ~ 2014）的男子因为在俄亥俄州的哥伦布强奸三位妇女而被捕。心理学家和精神病学家对密里根进行了检查，他们认为密里根身上共存在 10 种不同的人格。以精神错乱为由，密里根最终被判无罪。但是有许多人怀疑密里根的病是伪装的。确实有罪犯伪装交替人格。"山坡扼杀者"肯尼斯·比

---

① 〔美〕罗伯特·G. 迈耶、保罗·萨门：《变态心理学》，丁煌等译，辽宁人民出版社，1988，第 215 页。

② 本书第一版此处提到多重人格的"西碧尔"案例。2009 年，我看到一些材料，说"西碧尔"案例在很大的程度上是虚构的。为此，我曾经写了两篇综述分析文章《西碧尔的故事（上）：一个人格裂变的姑娘》、《西碧尔的故事（下）：一个真实的谎言》发表在互联网。

安奇（Kenneth Bianchi）在洛杉矶残忍地强奸和杀害了10名年轻女子，尽管强有力的证据表明他就是凶手，但他坚称清白。一些专家认为他可能有交替人格。他的律师请了一个临床心理学家，对他实施催眠，问他是否有另外的身份，他以一个叫作"史蒂夫"的身份承认屠杀是他所为。根据这一证据，律师辩护说由于当事人有精神病，因而无罪。后来比安奇被移交给精神病学家马丁·奥恩（Martin Orne）进行鉴定。马丁·奥恩在和比安奇谈话时指出，交替人格至少会有三种人格，随后比安奇就表现出第三种人格。马丁·奥恩访问比安奇的亲友，没有发现有事实证明他在被捕前存在不同的人格。心理测试也没有发现各人格之间存在明显的差别。专家还发现比安奇以前看过心理病理学方面的教科书。马丁·奥恩的结论是，比安奇被催眠和交替人格是伪装的。根据专家的结论，比安奇被判处终身监禁。目前在美国，对于交替人格患者犯罪，法庭的一般态度是，如果交替人格患者犯罪的那个人格在犯罪时知道对与错，那他就要为罪行负责。事实上，用交替人格来为犯罪辩护，很少有成功的。①

鬼神附体状态危险性很大。在鬼神附体状态中，患者出现身份障碍，认为自己是鬼神或某个已死去的人，并以附体者的口吻、声调说话，同时有严重的情绪障碍，极端兴奋、惊恐，手舞足蹈，行为冲动紊乱，可发生凶杀、淫乱，事后全部或者部分遗忘。

部分患者可能发生癔症性精神病。患者出现片段的幻觉、妄想，意识朦胧，行为幼稚紊乱，可能有危害后果。发作时，患者表情、动作夸张，富有戏剧性，在他人看来似乎是在表演，是做给别人看的。

① 参见〔美〕劳伦·B. 阿洛伊等《变态心理学》，汤震宇等译，上海社会科学院出版社，2005，第264~265页；〔美〕霍华德·弗里德曼主编《心理健康百科全书·心理病理卷》，李维、张诗忠主译，上海教育出版社，2004，第61页；〔美〕V. Mark Durand、David H. Barlow《异常心理学基础》，张宁等译，陕西师范大学出版社，2005，第199页；〔美〕James Morrison《精神科临床诊断》，李欢欢、石川译，中国轻工业出版社，2009，第37页。

发作后，患者情绪可能发生迅速转变。患者的发作，往往有利于患者摆脱某种困境或获得某种好处。

下面一例，患者在癔症发作时的晕厥之中脱光衣服，苏醒之后认为自己被强奸：

[**案例28**] 董某，女，1961 年 28 岁，已婚，小学教师。出生于一个旧式大家庭，自幼任性，好幻想，爱听恭维话，情绪变化丰富多彩。1948 年参军，在文工团工作。由于能歌善舞，常受表扬，因而沾沾自喜。1949 年 10 月，因同时入伍的战友中有三人加入共青团，自己却榜上无名，心中甚是不快，当即晕厥。当时，口吐白沫，牙关紧闭，但无大小便失禁，且能感知周围事物。此后每遇不快之事，即有类似情况发生。1952 年结婚，婚后不久，发现丈夫早泄，心中甚感痛苦，意欲离婚，又羞于启齿。以后每遇不快之事发生晕厥时就有脱光衣裤现象。1958 年，转业到地方，出任小学校长之职。繁忙的工作，紧张的情绪，常使她夜不安寝。某晚，在郊区开会，在回归途中，突然晕倒，苏醒后，见到自己一丝不挂，认定自己被强奸。自此以后，常诉周围人有人注意她、跟踪她，怀疑别人在其食物内放毒，咒她"不要脸"、"下流坏"，有时闻到"臭味"，眼前呈现一个赤裸的人，乃至发展到后来，常诉自己的"五脏六腑已经没有了"，经常感到有人压在她身上同她发生性交。每晚入睡前，需反复检查家中门窗是否关好，为自卫而将刀、剪藏于枕头底下。后入院求治。临床诊断，癔症。经心理治疗痊愈出院。[①]

（二）癔症性躯体障碍

这是一类以躯体障碍为主要表现的癔症，也称为转换型癔症或转

---

① 郑瞻培主编《精神科疑难病例鉴析》，上海医科大学出版社，2000，第 274 页。

换性障碍。患者有感觉过敏或减弱、不自主运动（如痉挛、震颤、抽搐）、失明、耳聋、失音、瘫痪等躯体障碍。这些障碍的出现，完全不存在器质性原因，但也不是患者装出来的，而是患者在精神因素的影响下，无意识地模仿他人所患躯体疾病的表现，或无意识地再现自己以往所患躯体疾病的表现。患者重视自己的"躯体疾病"，但往往缺乏治疗的愿望和行动。对患者的"躯体疾病"无须进行真正的药物治疗，催眠和暗示即可使其完全消失。

癔症（包括鬼神附体状态）有一个特点，它可能在一组人群中集体发作。这种情况被称为流行性癔症或集团癔症。多见于青少年女性。通常情况是，在一个生活于同一环境、具有共同心理状态的人群中，首先有一人癔症发作，目睹此情景的周围人由于对疾病不理解或受迷信的影响，产生紧张恐惧心理，在暗示和自我暗示下，可能相继（一般先从关系密切者开始）发生表现相同的癔症发作。有迷信思想、精神紧张、过度疲劳、睡眠不足和处于月经期间者更容易出现这种情况。

二　其他神经症

恐惧症，亦称恐怖症。患者对某些特殊处境、物体或在与人交往时产生异乎寻常的、强烈的恐惧或紧张不安的内心体验，从而出现回避反应。患者明知其反应不合理、不必要，但难以控制，致使其反应反复出现。常见的有场所恐惧症、社交恐惧症等。有一些恐惧症的对象与性有关，例如男性恐惧症（androphobia）、性交恐惧症（coitophobia）、性病恐惧症（cypridophobia）、爱情恐惧症（erotophobia）、女阴恐惧症（eurotophobia）、裸体恐惧症（gymnophobia）、女性恐惧症（gynaecophobia）等。这些与性有关的恐惧症实际上也是性心理障碍，并且可能躯体化为性功能障碍。将这些与性有关的恐惧症与各种性变态对照比较，可见人类性心理之复杂。

焦虑症。这是一种以广泛性焦虑和惊恐障碍（又称发作性惊恐状态）为主要表现的神经症，并非由实际威胁引起或患者紧张惊恐程度与现实情况很不相称，常伴有头晕、胸闷、心悸、呼吸困难、口干、尿频、尿急、出汗、震颤和运动性不安等。广泛性焦虑的患者经常或持续出现无明确对象或无固定内容的恐惧，或提心吊胆，或精神紧张。惊恐障碍的患者是在无明显原因的情况下突然发生强烈惊恐，伴有人格解体、现实解体、濒死恐怖、失控感等痛苦体验，发作时意识清晰，发作时间不超过一小时。

强迫症。以强迫观念、强迫情绪、强迫意向、强迫动作、强迫行为为主要表现。患者同时存在强烈的自我强迫意识和自我反强迫意识，两者的冲突可使患者紧张不安，十分痛苦。还存在与性有关的强迫症。

强迫性手淫一例：

[案例29] 患者，女，39岁，已婚。三年前，她曾先后目睹两人自杀的可怕场面，之后常感紧张，失眠，多噩梦，伴严重的会阴部不适和不能克制的手淫行为。开始时症状突出，夜不能寐，每夜手淫可达数十次，最频繁时每分钟2~3次，且每次手淫都可达性乐高潮。有时白天也手淫频繁，严重影响工作。烦躁不安，食欲极差，日渐消瘦。其后三年间症状持续，虽严重程度时有起伏，但至少每日有手淫6~9次。病后一直厌恶性交，性感阙如。近一个月来手淫频繁，且不易达到性乐高潮，心慌难耐，坐卧不安。有时情绪不高，甚至有轻生之念。诊断为强迫性手淫。治疗方案：在一般支持性心理治疗的基础上采用厌恶疗法。方法是以富于弹性的橡皮圈套于患者左手腕部，每当出现手淫的意念时，患者自行拉起橡皮圈猛弹其腕部皮肤，以产生疼痛感作为厌恶刺激，直至手淫意念消失或拉弹200~300次乃止。随着手淫减少，为帮助其恢复正常的性功能，要求患者夫妇每周至少

性交一次。经过四个月的治疗，患者恢复了正常的性欲和性感，手淫不复出现。[①]

疑病症。以疑病观念为主要表现。患者对自身的健康或身体的某一部分功能如性功能过分关心，或无中生有地或根据一点点异常感觉就怀疑罹患某种躯体疾病如性病或精神疾病，但其疑虑的严重程度与实际健康情况不符，医生的解释或检查不足以消除患者的成见。

神经衰弱。神经衰弱是指精神容易兴奋和脑力容易疲乏，并常伴有情绪烦恼和一些躯体症状的精神障碍。患者感到精力不足、大脑迟钝、注意力不集中、记忆力差，学习、工作效率明显降低；情绪容易激动，常因小事而生气、伤感、烦恼；精神容易兴奋，回忆和联想增多且控制不住；还常常出现头痛、肢体肌肉酸痛和睡眠障碍。神经衰弱在国际上存在争议，许多国家如美国早已放弃神经衰弱的诊断名称。

第十一节　人格障碍

一　概述

人格障碍（personality disorders）是一个歧见较多的概念。本书采用的是 CCMD－2－R 给人格障碍下的定义。该定义为："人格障碍是人格特征显著偏离正常，使得患者形成了特有的行为模式，对环境适应不良，明显影响其社会和职业功能，或者患者自己感到精神痛苦。人格障碍通常开始于童年或青少年，并一直持续到成年或终生。"

[①]　刘协和等：《行为疗法治愈性变态 1 例报告》，《中国神经精神疾病杂志》1982 年第 5 期。

在中国，过去将人格障碍称为病态人格、变态人格、异常人格或者精神病态、精神病质。病态人格、变态人格、异常人格是 psychopathic personality 一词的意译。精神病态、精神病质是对 psychopathy 一词的意译。psychopathy 的含义有广义和狭义两种，广义的等同于 personality disorders，狭义的专指人格障碍中的一个类型——反社会型人格障碍。目前国际上倾向于使用 personality disorders 作为人格障碍的总称。

国内外多数学者认为人格障碍不是真正的精神疾病，因为它不具有中枢神经系统的功能障碍，缺少起病、发展过程和转归等为疾病所具有的特征，不符合医学所规定的疾病的定义，处理方法也不属于医学的范畴。这是有道理的，至少说在目前是有道理的。但是，绝不能认为具有人格障碍的人是精神正常的，更不能认为是精神健康的。一般人的人格在一定条件下可能发生一定程度的变异，然而人格障碍偏离正常的强度远远超过一般人人格变异的范围。而且，人格障碍与精神疾病也有密切的联系，可能为精神疾病提供病前人格基础。此外，人格障碍和精神疾病一样，都可以导致个体社会功能下降或可以使个体感到精神痛苦。正因为如此，精神医学还是把人格障碍作为自己的研究对象，在精神疾病的分类系统中仍然给予人格障碍一席之地。

ICD－10、DSM－5 和 CCMD－3 对人格障碍的分类不尽相同。下面介绍人格障碍的主要类型。

二　反社会型人格障碍

DSM－5 和 CCMD－3 都列有反社会型人格障碍（antisocial personality disorder）。ICD－10 称之为社交紊乱型人格障碍（dissocial personality disorder）。以前，反社会型人格障碍也被称为精神病态（psychopathy）或者社会病态（sociopathy）。国内还有悖德型人格障碍、无情型人格障碍、违纪型人格障碍等译名。这是一种以行为不符合社会规范为主要特点的人格障碍。通俗地说，这是一种病态的品行不端、道德败坏。反社会型人格障碍者多具有这些表现：病态的利己主义，以自我为中心，对人缺乏感情，无责任感，不承担义务；易激惹，难以与他人建立持久、牢固的亲密关系，严重者冷酷无情，常有攻击性行为，甚至对亲人也是如此；行为无计划，带有冲动性，往往受偶然的动机、情绪冲动和本能欲望所驱使，不能维持持久的学习或工作，经常旷课、旷工；不愿受到管束和制约，对权威和各种社会规范充满敌意，常有违约、违纪、违法行为；缺乏羞愧感和悔恨感，对自己的错误以及给他人造成的损害很少自责，屡教不改，不能从失败中吸取教训；不尊重事实，经常说谎、欺骗他人，并以此为乐；生活作风轻浮、放荡，两性关系混乱，可能出现变态的性行为。对反社会型人格障碍有深入研究的美国学者赫维·克莱克利（Hervey Cleckley，1903 ~ 1984）曾经提到一个反社会型人格障碍案例，颇为典型：

[案例30] 汤姆是一个21岁的年轻人。他看起来一点也不像一个罪犯或一个狡猾的违法者。他看起来很健康，外貌和举止令人悦目。但是这个年轻人的问题是相当严重的。早在童年，汤姆就有突出的适应不良。他经常逃学，不时从家中偷东西以低价卖给别人。上高中逃学时，汤姆常常没有目的地闲逛，有时打鸡，有时放火烧厕所，还干小偷或小骗子的勾当。他常用父亲的名义订购东西，在商店里偷香烟、糖果之类的东西。他说起谎来头头是道，镇定自若。他参加过一些小帮伙、小组织，但从不长期置身于其中。十四五岁时，汤姆在学会开车时便开始偷汽车。有一次他驾驶他父亲为他买的汽车外出时，将自己的车随意停下，偷了一辆劣质车。在学校里，他继续偷东西，偶尔也假借物主的名义盗卖村社的狗和牛。后来，他被送进一个矫正机构。在那里，他的态度、检讨错误的方式以及对自新计划的设计，很快就给管教者留下良好的印象。出来后，他找到一份工作。一

开始他也给人留下良好的印象，但不久就有不好的表现。他经常盗窃，煽动争吵，挑起打斗。在一次狂欢节上，他曾用铁棍打一个人的头部。可靠的资料表明他已被逮捕并关进监狱五六十次。在性行为方面，汤姆在多种不同环境下杂乱地和他人交往。一两年前，他与一名在当地人人皆知的收费较低的妓女结婚，这之前他曾和他的朋友共同接受这名妓女的有偿服务。不久他离开了新娘。对自己与妓女结婚，他不表示丝毫的羞愧或遗憾，也没有对这名妇女表示任何责任感。[1]

对反社会型人格障碍与犯罪的关系，人们一直给予高度的注意。有关研究至少可以追溯到意大利精神医学家、犯罪学家龙勃罗梭（Cesare Lombroso，1836~1909）。龙勃罗梭所说的"天生犯罪人"即天生具有某种犯罪倾向的人与反社会型人格障碍者就十分相似。龙勃罗梭的学生和同事、意大利犯罪学家恩里科·菲利（Enrico Ferri，1856~1929）在《实证派犯罪学》一书中指出："天生犯罪人即我所称之为犯罪型精神病（科学尚未解决这一问题）的牺牲品。"[2] 龙勃罗梭和菲利的观点被许多人视为无稽之谈。但现在有许多资料表明，反社会型人格障碍在犯罪人这一特殊人群中颇为常见，远高于在正常人群中的发生率。国外学者报告，约有30%~60%的犯罪人具有反社会型人格障碍。贾谊诚对上海市看守所、市监狱和青浦劳改农场的刑事犯人做粗略观察，估计反社会型人格障碍者不低于20%。他还发现在那些屡犯、惯犯、流氓团伙头头与监狱的狱霸中，反社会型人格障碍的比率更高。[3] 中国有一些学者用明尼苏达多相人格调查表（MMPI）对罪犯进行测试，发现罪犯有明显的人格偏离正常的倾向，

---

① 摘编自杨德森主编《中国精神疾病诊断标准与案例》，湖南大学出版社，1989，第492~494页。

② 〔意〕恩里科·菲利：《实证派犯罪学》，郭建安译，中国政法大学出版社，1987，第40页。

③ 贾谊诚主编《实用司法精神病学》，安徽人民出版社，1988，第465页。

其中不少人具有人格障碍。① 不过也有国外学者发现，因为反社会型人格障碍者一般在未成年时就已经发生反社会行为，比较早地得到法律处理，所以发生暴力犯罪的可能性低于重性精神障碍患者。②

由于 18 岁以下未成年人的人格尚未定型，反社会型人格障碍的诊断只适用于 18 岁以上者。有些 18 岁以下未成年人可能在先天、家庭教育和社会环境等因素影响下，反复、经常出现反社会性行为、攻击性行为或对立违抗性行为。对这一状况，一般称为品行障碍（conduct disorder）。反社会型人格障碍者在 15 岁以前多已出现品行障碍。在美国，一项研究发现，有 4% ~ 6% 的 18 岁以下儿童有品行障碍，其中大约有 25% 的人在成年时被诊断为反社会型人格障碍。另一项对 6446 名男性和 6268 名女性在儿童时期品行障碍问题的研究发现，当他们 30 岁时，76% 的男性和 30% 的女性有犯罪记录或心理障碍。③

对于近年来社会关注的校园欺凌问题，也可以从反社会型人格障碍和品行障碍的角度给予分析。校园欺凌也称"霸凌"（bully、bullying），一般是指在中小学校内外，学生（通常是多个或群体）长期或者多次对同学实施恐吓、胁迫、骚扰、侮辱、勒索、虐待、殴打以及歧视、贬低、孤立、起外号等行为。欺凌行为人可能没有意识到自身行为属于欺凌。构成欺凌的各种行为就单次表现而言，其性质可能不十分恶劣，但如果是持续性或者集体实施，将会对受害人的心理、人格造成巨大伤害，甚至导致精神障碍或者自杀。发生于女生中的欺凌，可能有扒光同学衣服，拍照视频在手机、互联网发布的情

---

① 参见王春芳等《MMPI 测试 100 例罪犯的分析》，《中华神经精神科杂志》1987 年第 3 期；刘建伟等《144 例男性犯罪青少年 MMPI 测试的对照分析》，《中国神经精神疾病杂志》1989 年第 5 期。

② Sheilagh：《重性精神病与反社会人格障碍》，《国外医学・精神病学分册》1994 年第 3 期。

③ 参见〔美〕伊莱恩・卡塞尔、道格拉斯・A. 伯恩斯坦《犯罪行为与心理（第二版）》，马皑、卢雅琦主译，中国政法大学出版社，2015，第 134 ~ 135 页。

况，虽一般不具有性欲目的，但也是极为恶劣的。欺凌行为人尤其是挑头者大多缺乏良好的家庭环境，或父母离异，或父母教育方式不当，或父母远在他乡、无暇顾及，容易受到社会不良风气和不法之徒影响，而学校疏于品德培养、心灵关怀，致使其人格未能健康成长，出现品行障碍，开始具有反社会型人格障碍的一些特征，正处于向反社会型人格障碍者发展的过程中。欺凌行为人在其他场合、事件中也可能是欺凌受害人。

在我国，由于单次的欺凌行为可能不构成违法犯罪，或者行为人可能未达到承担法律责任的年龄，许多行为人不会受到法律制裁，因而校园欺凌未得到有效控制，已经成为严重社会问题。不论是为了保护受害人的身心健康与合法权益，还是为了挽救、教育欺凌行为人，学校和社会各方面都应高度重视校园欺凌问题，采取有力措施予以防范和治理。2016 年 4 月 28 日，国务院教育督导委员会办公室发布《关于开展校园欺凌专项治理的通知》，指出：近年来，发生在学生之间蓄意或恶意通过肢体、语言及网络等手段，实施欺负、侮辱造成伤害的校园欺凌事件，损害了学生身心健康，引起了社会高度关注。为加强对此类事件的预防和处理，决定开展校园欺凌专项治理。2016 年11 月 1 日，教育部、中央综治办、最高人民法院、最高人民检察院、公安部、民政部、司法部、共青团中央、全国妇联等九部门出台《关于防治中小学生欺凌和暴力的指导意见》。该意见提出一系列防治学生欺凌和暴力事件的举措，具有重要意义。但是，该意见是在现有法律制度上形成的，而现有法律尚无防治校园欺凌行为的专门规定，需要加以弥补。在美国，1999 年以来，从佐治亚州开始，各州都通过了反欺凌（霸凌）法（bullying laws, anti-bullying laws, 泛指各州禁止欺凌的法律规定。最初是法案，通过后编入州法典）。有些州的反欺凌法所禁止的，不仅有在校园发生的面对面的欺凌，还包括网络欺凌（cyber bullying），即利用互联网对他人实施谩骂、侮辱、骚扰、暴露隐私等伤害。我国也有必要制定防治校园欺凌行为的法律或者法规，或者在已有的《未成年人保护法》[①]、《预防未成年人犯罪法》[②] 和《治安管理处罚法》[③] 中明确加入防治校园欺凌行为（包括网络欺凌）的内容。欺凌行为构成犯罪的或者违反治安管理的，应对行为人依法惩处。对未达到刑事责任年龄或者治安管理处罚责任年龄的欺凌行为人，应依法给予行为矫正和心理矫正。同时强化学校、家庭、公安机关等方面的管理责任。对欺凌行为受害人也要及时提供适当的精神卫生和心理咨询服务。

三 其他类型人格障碍

（一）偏执型人格障碍

偏执型人格障碍（paranoid personality disorder）是一种以猜疑和偏执为主要特点的人格障碍。患者极为敏感、多疑，有一种将周围发生的事解释为"阴谋"的不符合现实的先占观念，常将他人无敌意或友好的意思表示或行为误解为充满敌意或轻蔑的，怀疑会被人利用、伤害，过分警惕与防卫，常处于情绪紧张状态下。对他人的拒绝、侮辱和伤害更是不能容忍，久久耿耿于怀。心胸十分狭隘，容易产生病理性嫉妒。过分自负自信，总认为自己正确而将挫折、失败的原因归

---

① 《中华人民共和国未成年人保护法》，1991 年 9 月 4 日第七届全国人民代表大会常务委员会第 21 次会议通过，自 1992 年 1 月 1 日起施行；2006 年 12 月 29 日第十届全国人民代表大会常务委员会第二十五次会议修订；根据 2012 年 10 月 26 日第十一届全国人民代表大会常务委员会第二十九次会议《全国人民代表大会常务委员会关于修改〈中华人民共和国未成年人保护法〉的决定》修正。

② 《中华人民共和国预防未成年人犯罪法》，1999 年 6 月 28 日第九届全国人民代表大会常务委员会第十次会议通过，自 1999 年 11 月 1 日起施行；根据 2012 年 10 月 26 日第十一届全国人民代表大会常务委员会第二十九次会议通过的《全国人民代表大会常务委员会关于修改〈中华人民共和国预防未成年人犯罪法〉的决定》修正。

③ 《中华人民共和国治安管理处罚法》，2005 年 8 月 28 日第十届全国人民代表大会常务委员会第十七次会议通过；根据 2012 年 10 月 26 日第十一届全国人民代表大会常务委员会第二十九次会议通过的《关于修改〈中华人民共和国治安管理处罚法〉的决定》修正。

咎于他人，拒绝批评，好脱离实际地与人争辩。由于患者非常固执，忽视甚至不相信反面证据，很难用说理或事实改变他们的想法或观念。偏执型人格障碍使患者与他人关系紧张，在强烈的激情状态下可能有危害行为发生。偏执型人格障碍与偏执性精神病的区别主要是，它缺乏固定的妄想；与偏执型精神分裂症的区别主要是，它不存在幻觉和思维障碍。

（二）癔症型人格障碍

癔症型人格障碍（histrionic personality disorder）又称/译为表演型人格障碍，其主要特点是感情用事或以夸张言行吸引注意。（1）情感活跃、丰富、生动，但显得肤浅、幼稚；情感反应强烈、鲜明，易受环境的影响，常从一个极端转向另一个极端；待人接物好感情用事，觉得人好便好得不得了，觉得人坏便坏得无以复加，一切都从是否有好感出发。（2）具有高度暗示性，可以很轻易、很自然地在不知不觉中接受周围人言行、态度的影响。暗示性在很大程度上取决于情感倾向。（3）具有自我中心倾向，处理问题先考虑自身的利害好恶，自我感觉很好，喜欢显示自己，好出风头，爱听逢迎之辞，得病后常夸大病情甚至无病呻吟，以博得别人的同情。（4）富于幻想，并沉醉于其中，有时自己也难辨虚实。（5）在性问题上欲望强烈而又冷漠无情，因而他们的性关系往往是紊乱的、缺乏感情基础的，并且难以从性生活中获得快感。

（三）自恋型人格障碍

自恋型人格障碍（narcissistic personality disorder）的主要特征是自恋的增强。自恋者在心理社会功能方面具有对立的"外显"和"内隐"两种表现。他们妄自尊大，常表现出自我满足，但内心是脆弱的，充满自我怀疑和自卑感，对他人的批评很敏感，遇到挫折不从自身找原因。他们的人际关系比较广泛，但却是为了利用他人，有操纵他人的欲望，要求别人很多而很少回报，无法真正地融入群体。他们工作努力，具有高水平的社会适应性，但他们努力工作主要是为了获取别人的关注和赞美。他们表面上循规蹈矩，但却易于撒谎。他们做事果断、固执和反应敏捷，但学识常拘泥于琐事，不愿意承认自己的不足。一般地说，自恋者是有魅力的，但他们无法建立感情深厚和长久的性爱关系，可能搞婚外恋，甚至进行男女乱交，还可能发生乱伦。自恋型人格障碍和反社会型人格障碍有相似之处，都是悖德的，但前者对道德的违背是隐蔽的、谨慎的，后者是公开的，具有攻击性。

（四）边缘型人格障碍

DSM－5 所列边缘型人格障碍（borderline personality disorder）在 ICD－10 中被称为情绪不稳定型人格障碍（emotionally unstable personality disorder）。CCMD－3 没有列出这种人格障碍。其主要特征是自我认同紊乱，人际关系紧张而不稳定，竭力避免被抛弃，长期感到空虚，有反复的自残自杀企图和行为，易被激怒和使用暴力，情绪缺乏控制，好争吵，难以坚持行动。

众多美国精神医学专家认为，1981 年刺杀美国总统罗纳德·里根（Ronald Wilson Reagan，1911～2004）的约翰·欣克利（John Warnock Hinckley, Jr.）就是一个边缘型人格障碍患者。[①] 富家子弟欣克利是个孤僻的人，无法与女性交往，只是生活在幻想的世界中。他对电影明星朱迪·福斯特（Jodie Foster）情有独钟。他在一张未寄出的写给福斯特的有里根夫妇照片的明信片上留言："你看他们不是神仙眷属吗？再看看南希是多么性感。有一天你和我也会居住在白宫里，乡下土包子将会羡慕地流口水。到那时，请尽一切力量保持处女之身！你是处女吗？"为博得福斯特的注意和好感，欣克利竟想暗杀里根。他在写给福斯特的一封未寄出的信上说，他即将要刺杀里根，

---

① 参见〔美〕罗伯特·迈耶《变态行为案例故事》，张黎黎、高隽译，世界图书出版公司，2007，第362～370页。

自己或许一去不复返，他要她知道他这么做完全是为了她。1981 年 3 月 30 日，他伪装成记者，蒙混过层层守卫，在离里根很近的地方开枪，致里根重伤。[①] 1982 年，欣克利被以精神错乱（insanity）为由宣告无罪，收容于圣伊丽莎白医院。这在美国公众中引起很大反应，对精神错乱无罪辩护的批评空前激烈，并且要求加强对精神病患者犯罪的预防。据报道，在强制住院治疗 35 年之后，欣克利在 2016 年 9 月 10 日从精神病院获释。他被允许回到弗吉尼亚州威廉斯堡市和年过九旬的母亲共同生活。2016 年 7 月，美国一家联邦法院作出裁决，认为经过多年治疗，现年已经 61 岁的欣克利不再对外界或其自身安全构成威胁，同意将他从精神病院转出。欣克利回家引起当地居民的骚动和担忧。[②]

（五）冲动型人格障碍

冲动型人格障碍（impulsive personality disorder）是一种以行为和情绪具有明显冲动性为主要特点的人格障碍，又称为爆发型人格障碍、攻击型人格障碍、癫痫样人格、发作性控制不良综合征。患者情绪感情变化无常，常因小事突然爆发非常强烈的愤怒和冲动，行为不能控制，并且不考虑后果，严重者可能发生暴力行为或侵害性性行为，也有可能发生自伤行为。事后患者常感到悔恨，但不能防止再发。在间歇期，患者基本正常，无泛化的攻击性或冲动性表现。例如：某男，24 岁，工人，未婚。自幼性情急躁，易激惹。在学校学习成绩极差，屡遭父亲训斥打骂仍无进步。入厂工作后多次打人，事后能承认错误，表示愿意悔改。一次因小事殴打女朋友致伤，事后非常后悔，说"对不起人家，无地自容"，遂服毒自杀（未遂）。一次向母亲要钱，母亲不给就纵火将家里的大衣柜烧坏。曾多次盗窃，还曾

---

① 参见〔美〕罗伯特·K. 雷斯勒、汤姆·沙其曼《疑嫌画像——FBI 心理分析官对异常杀人者调查手记之一》，李璞良译，法律出版社，1998，第 161 页。

② 《刺杀美国前总统里根凶手从精神病院获释 民众哗然一片》，央广网 2016 年 9 月 12 日。

参加流氓集团，结伙强奸女青年。[①]

ICD - 10 将冲动型人格障碍作为情绪不稳定型人格障碍的一个亚型。DSM - 5 的"人格障碍"一节没有列出冲动型人格障碍，但是在"破坏性、冲动控制及品行障碍"（Disruptive, Impulse-Control, and Conduct Disorders）一节列出"间歇性暴怒障碍"（intermittent explosive disorder）。在"破坏性、冲动控制及品行障碍"中，除间歇性暴怒障碍、品行障碍外，还包括对立违抗障碍和纵火狂、偷窃狂等。CCMD - 3 既列出了冲动型人格障碍，又与人格障碍并立地列出了习惯与冲动控制障碍，其中包括病理性赌博、病理性纵火、病理性偷窃、拔毛症等。

（六）施虐型人格障碍

DSM - Ⅲ - R 曾经提到施虐型人格障碍（sadistic personality disorder），将其作为需要进一步研究的问题，而没有将其正式列入障碍名单，以后各版未再提及。ICD - 10 和 CCMD - 3 也没有列入施虐型人格障碍，可能是认为难以将其与性施虐症分清。但是，一些学者认为存在施虐型人格障碍，介乎反社会型和自恋型人格障碍之间。其主要特征是从成年早期开始，表现为残忍、讥讽和攻击行为，包括用暴力或者恐吓手段建立对别人的统治关系，当面贬低或羞辱他人，严厉对待被其管辖者（如孩子、学生、犯人、病人），从他人或者动物的身体或者心理痛苦中取乐，抱着施加痛苦和伤害的目的说谎，强迫别人按照他的意志行事，限制亲近者的自由，进行性别支配，喜好残酷或暴力的事情。施虐型人格障碍与性施虐症有所不同。性施虐症的虐待行为只发生在性活动中，针对性对象。性施虐症者在平时可能是"谦谦君子，温润如玉"。而施虐型人格障碍是一种行为模式和待人态度，不仅表现于性关系。施虐型人格障碍者在性活动中，也可能有虐待行为，但并不取代性行为。

---

① 沈政等：《法律精神病学》，中国政法大学出版社，1989，第357页。

第三章

精神障碍者性犯罪概述

第一节　性犯罪的概念

在中国，"性犯罪"不是刑法上的概念。虽然它也被使用于刑法学中，但从根本上说它是一个犯罪学上的概念。而从犯罪学角度研究犯罪包括性犯罪，则不必以刑法规定为限——这与"罪刑法定"原则无关；也不必拘泥于刑法学的犯罪构成理论——在各国刑法和刑法学上，无刑事责任能力人发生刑法禁止的行为，一般不构成也不称为"犯罪"①，视野可以更宽阔一些。② 本书所说性犯罪是指侵犯他人性权利、性尊严或妨害与性有关的社会秩序和社会风化而被刑事法律或者治安法律、法规所禁止的行为。被涵括于性犯罪这一概念中的各种行为有两个基本的共同点：其一，所侵犯的客体都与性有直接的关

---

① 瑞典、格陵兰和美国一些州的刑法除外。参见谢焱《瑞典犯罪概念之解读——从瑞典是世界上刑事犯罪率最高的国家说起》，载赵秉志主编《刑法论丛》2013 年第 2 期，法律出版社。

② 参见刘白驹《精神障碍与犯罪》，社会科学文献出版社，2000，第 250～262 页。

系；其二，都被我国《刑法》① 以及单行刑事法律或者《治安管理处罚法》以及其他治安法律、法规所禁止。《治安管理处罚法》类似于"轻犯罪法"，其第 2 条规定："扰乱公共秩序，妨害公共安全，侵犯人身权利、财产权利，妨害社会管理，具有社会危害性，依照《中华人民共和国刑法》的规定构成犯罪的，依法追究刑事责任；尚不够刑事处罚的，由公安机关依照本法给予治安管理处罚。"与刑法规定的犯罪和其他国家的轻犯罪法不同的是，在我国，对违反治安管理行为的处罚是行政处罚，不属于刑罚，不适用刑事诉讼程序。本书只在从严格的刑法角度讨论性犯罪问题时，才使用刑法的犯罪定义。至于一些不为刑事法律和治安法律、法规禁止但有违其他法律、法规和道德、风俗习惯的性行为，以及其他与性有关的可能被社会学视为性越轨的行为（sex deviance，亦译"性偏常行为"），如易性、异装、未婚同居、堕胎、性贿赂、一般的通奸、一般的同性性行为等，不在本书定义的性犯罪之内。

　　本书第一版书名中的"性犯罪"的英译，我使用的是 sexual crimes。现在审视，感觉它没有很准确地反映上述广义性犯罪概念的内涵，因为它是指严格刑法意义上的"犯罪"，即构成刑事犯罪的行为。而上述广义的"性犯罪"译为 sexual offences，可能更为恰当。

---

① 《中华人民共和国刑法》，1979 年 7 月 1 日第五届全国人民代表大会第二次会议通过，1997 年 3 月 14 日第八届全国人民代表大会第五次会议修订。1999 年以来，根据1999 年 12 月 25 日第九届全国人民代表大会常务委员会第十三次会议通过的《刑法修正案》、2001 年 8 月 31 日第九届全国人民代表大会常务委员会第二十三次会议通过的《刑法修正案（二）》、2001 年 12 月 29 日第九届全国人民代表大会常务委员会第二十五次会议通过的《刑法修正案（三）》、2002 年 12 月 28 日第九届全国人民代表大会常务委员会第三十一次会议通过的《刑法修正案（四）》、2005 年 2 月 28 日第十届全国人民代表大会常务委员会第十四次会议通过的《刑法修正案（五）》、2006 年 6 月 29 日第十届全国人民代表大会常务委员会第二十二次会议通过的《刑法修正案（六）》、2009 年 8 月 27 日第十一届全国人民代表大会常务委员会第十次会议《关于修改部分法律的决定》、2011 年 2 月 25 日第十一届全国人民代表大会常务委员会第十九次会议通过的《刑法修正案（八）》、2015 年 8 月 29 日第十二届全国人民代表大会常务委员会第十六次会议通过的《刑法修正案（九）》修正。

因而这一版作了替换。

本书频繁使用的"犯罪人"（offenders）的概念，也不是刑法或者刑法学范畴的。在本书中，"精神障碍犯罪人"（mentally disordered offenders）是指在精神障碍影响下实施了广义犯罪行为的人，包括无刑事责任能力的人和有刑事责任能力的人。在涉及我国刑事法律有关刑罚执行的问题时，本书还使用"精神障碍罪犯"（mentally disordered criminals）的概念，它是指在精神障碍影响下实施了刑法禁止的行为、有刑事责任能力并被依法判处刑罚的人。

1979 年《刑法》对性犯罪的规定，除强奸罪和强迫妇女卖淫罪以及引诱、容留妇女卖淫罪外，比较模糊。许多性行为或者性活动，是根据司法解释被归纳于"流氓罪"之中的。"流氓罪"是妨害社会管理秩序的犯罪，具体是指 1979 年《刑法》第 160 条所规定的"聚众斗殴，寻衅滋事，侮辱妇女或者进行其他流氓活动，破坏公共秩序，情节恶劣的"行为。其中"侮辱妇女"、"进行其他流氓活动"大体属于性犯罪。对于什么是"侮辱妇女"、"进行其他流氓活动"，最高人民法院、最高人民检察院在《关于当前办理流氓案件中具体应用法律的若干问题的解答》（1984 年 11 月 2 日）曾经举例说明。"侮辱妇女"情节恶劣构成流氓罪的，例如：（1）追逐、堵截妇女造成恶劣影响，或者结伙、持械追逐、堵截妇女的；（2）在公共场所多次偷剪妇女的发辫、衣服，向妇女身上泼洒腐蚀物，涂抹污物，或者在侮辱妇女时造成轻伤的；（3）在公共场所故意向妇女显露生殖器或者用生殖器顶擦妇女身体，屡教不改的；（4）用淫秽行为或暴力、胁迫的手段，侮辱、猥亵妇女多人，或人数虽少，后果严重的，以及在公共场所公开猥亵妇女引起公愤的。"其他流氓活动"情节恶劣构成流氓罪的，例如：（1）利用淫秽物品教唆、引诱青少年进行流氓犯罪活动的，或者在社会上经常传播淫秽物品，危害严重的；（2）聚众进行淫乱活动（包括聚众奸宿）危害严重的主犯、教唆犯和其他流氓成性、屡教不改者；（3）不以营利为目的，引诱、容留妇女卖淫，情节严重的；（4）以玩弄女性为目的，采取诱骗等手段奸淫妇女多人的；或者虽奸淫妇女人数较少，但造成严重后果的；（5）勾引男性青少年多人，或者勾引外国人，与之搞两性关系，在社会上影响很坏或造成严重后果的；（6）鸡奸幼童的；强行鸡奸少年的；或者以暴力、胁迫等手段，多次鸡奸，情节严重。《关于当前办理流氓案件中具体应用法律的若干问题的解答》还指出，对不构成流氓罪但有一般流氓违法行为的，或者犯流氓罪情节轻微，不需要追究刑事责任的，可分别情况，由主管部门予以治安管理处罚、劳动教养或者作其他处理。应当说，《关于当前办理流氓案件中具体应用法律的若干问题的解答》还是比较详细的，但它对构成流氓罪的行为只是进行了列举式说明，遗漏是难免的，如淫秽表演、奸尸就没有提及。这导致在司法实践中，不同地区、不同时间以及公安机关、检察院、法院对哪些行为构成流氓罪，有宽严不一的理解和认定，造成有同样行为的公民在法律待遇上的不平等，有损于社会主义法制的统一。

1997 年《刑法》改变了这种状况，它将原来属于流氓罪的一些性犯罪如猥亵侮辱妇女、猥亵儿童、聚众淫乱加以专门规定。重要的是，它还确立了罪刑法定原则，不再适用类推，法律没有明文规定为犯罪行为的，不得定罪量刑，这使得性犯罪的内容比以前稳定、明确。2015 年 8 月 29 日第十二届全国人民代表大会常务委员会第十六次会议通过的《刑法修正案（九）》（自 2015 年 11 月 1 日起施行）对 1997 年《刑法》若干有关性犯罪的条款作了修订，使之更为完善。下面以 1997 年《刑法》为基础，并根据《刑法修正案（九）》，梳理我国《刑法》上的与性有关的犯罪：（1）强奸，根据《刑法》第 236 条第 1 款构成"强奸罪"；（2）奸淫不满 14 周岁幼女，根据《刑法》第 236 条第 2 款，以"强奸"论，从重处罚；（3）强制猥亵、侮辱妇女，根据 1997 年《刑法》第 237 条第 1 款构成"强制猥亵、侮辱妇女罪"——《刑法修正案（九）》取消强制猥亵犯罪被害人的性别限制；最高人民法院、最高人民检察院《关于执行〈中华人民共和国刑法〉确定罪名的补充规定（六）》①，将原"强制猥亵、侮辱妇女罪"罪名修改为"强制猥亵、侮辱罪"；（4）猥亵不满 14 周岁儿童，根据《刑法》第 237 条第 3 款构成"猥亵儿童罪"；②（5）奸淫被拐卖妇女，诱骗强迫拐卖的妇女卖淫或者将被拐卖的妇女卖给他人迫使其卖淫，根据《刑法》第 240 条构成"拐卖妇女罪"；（6）强行与收买的被拐卖妇女发生性关系，根据《刑法》第 241 条有关规定，按强奸定罪处罚；（7）侮辱收买的被拐卖的妇女，根据《刑法》第 241 条有关规定构成"收买被拐卖的妇女罪"；（8）重婚，根据《刑法》第 258 条构成"重婚罪"；（9）破坏军婚，根据《刑法》第 259 条构成"破坏军婚罪"；（10）利用迷信奸淫妇女，根据《刑法》第 300 条第 3 款构成"强奸罪"；（11）组织或者多次参加聚众淫乱，根据《刑法》第 301 条第 1 款构成"聚众淫乱罪"；（12）引诱未成年人参加聚众淫乱活动的，根据《刑法》第 301 条第 2 款构成"引诱未成年人聚众淫乱罪"；（13）组织、强迫、容留、介绍他人卖淫，根据《刑法》第 358 条和第 359 条，分别构成"组织卖淫罪"、"强迫卖淫

---

① 2015 年 10 月 19 日由最高人民法院审判委员会第 1664 次会议、2015 年 10 月 21 日由最高人民检察院第十二届检察委员会第 42 次会议通过，自 2015 年 11 月 1 日起施行。

② 关于"猥亵儿童罪"被害人即"儿童"的年龄界限，《刑法》没有明确规定，也无直接的立法解释和司法解释。只有最高人民法院和最高人民检察院曾在 1992 年 12 月 11 日《关于执行〈全国人民代表大会常务委员会关于严惩拐卖、绑架妇女、儿童的犯罪分子的决定〉的若干问题的解答》（已于 2013 年废止）第 8 条中规定："《决定》和本解答中所说的'儿童'，是指不满十四岁的人。其中，不满一岁的为婴儿，一岁以上不满六岁的为幼儿。"2016 年最高人民法院《关于审理拐卖妇女儿童犯罪案件具体应用法律若干问题的解释》（2016 年 11 月 14 日最高人民法院审判委员会第 1699 次会议通过，自 2017 年 1 月 1 日起施行）重申这一定义，其第 9 条规定："刑法第二百四十条、第二百四十一条规定的儿童，是指不满十四周岁的人。其中，不满一周岁的为婴儿，一周岁以上不满六周岁的为幼儿。"

罪"、"协助组织卖淫罪"和"引诱、容留、介绍卖淫罪";(14)引诱不满14周岁的幼女卖淫,根据《刑法》第359条第2款构成"引诱幼女卖淫罪";(15)明知自己患有严重性病卖淫、嫖娼的,根据《刑法》第360条第1款构成"传播性病罪";(16)嫖宿不满14周岁的幼女,根据1997年《刑法》第360条第2款构成"嫖宿幼女罪"——《刑法修正案(九)》删去第360条第2款,对这类行为适用刑法第236条关于奸淫幼女的以强奸论、从重处罚的规定。最高人民法院、最高人民检察院《关于执行〈中华人民共和国刑法〉确定罪名的补充规定(六)》取消"嫖宿幼女罪"罪名;(17)制作、贩卖、传播淫秽物品,根据《刑法》第363条、第364条,分别构成"制作、复制、出版、贩卖、传播淫秽物品牟利罪"、"为他人提供书号出版淫秽书刊罪"、"传播淫秽物品罪"、"组织播放淫秽音像制品罪";(18)组织进行淫秽表演的,根据《刑法》第365条构成"组织淫秽表演罪"。

以上犯罪都是明文直接规定的,除重婚罪、破坏军婚罪外,基本属于本书研究的"性犯罪"范畴。进一步分析现行《刑法》,可知以下性行为也构成犯罪:(1)家庭中的性虐待,情节恶劣的,根据《刑法》第260条构成"虐待罪";(2)奸淫、猥亵人的尸体,根据《刑法》第302条构成"侮辱尸体罪"。① 以上各种犯罪都属于本书所说的"性犯罪"。此外,在刑法上构成故意杀人罪、故意伤害罪的行为,如果是出于性欲而实施并且有一定性侵犯表现的,也可视为"性犯罪"。至于因性关系纠纷而起的仇恨型、报复型杀人、伤害,不在本书的"性犯罪"范围内。

---

① 《刑法》第302条所规定犯罪的完整罪名原为"盗窃、侮辱尸体罪",最高人民法院、最高人民检察院《关于执行〈中华人民共和国刑法〉确定罪名的补充规定(六)》根据《刑法修正案(九)》,将该罪名修改为"盗窃、侮辱、故意毁坏尸体、尸骨、骨灰罪"。

《治安管理处罚法》的前身《治安管理处罚条例》①也禁止了一些与性有关的行为，但有关规定过于笼统。除明确规定对卖淫嫖娼进行处罚外，对其他的涉及性的违法行为，只用"侮辱妇女或者进行其他流氓活动"一语概括。2003年，我曾提出修改《治安管理处罚条例》的意见，其中建议把"其他流氓活动"具体化。我列举了一些应给予治安管理处罚的"流氓"行为：强制实施同性性行为，偷窥、偷拍他人隐私，利用计算机、移动通讯设备、电话等工具或者以写信等方法对他人进行性骚扰，在非私人场合暴露下体。②《治安管理处罚法》对性违法行为的规定则比较全面具体：包括：（1）多次发送淫秽、侮辱信息，干扰他人正常生活；（2）偷窥、偷拍、窃听、散布他人隐私；（3）猥亵他人③；（4）在公共场所故意裸露身体；（5）卖淫、嫖娼；（6）在公共场所拉客招嫖；（7）引诱、容留、介绍他人卖淫；（8）制作、运输、复制、出售、出租淫秽的书刊、图片、影片、音像制品等淫秽物品；（9）利用计算机信息网络、电话以及其他通讯工具传播淫秽信息；（10）组织播放淫秽音像；（11）组织或者进行淫秽表演；（12）参与聚众淫乱活动。其中，有些行为也为《刑法》所禁止，实施这些行为如果构成犯罪，追究刑事责任，尚不够刑事处罚的，由公安机关给予治安管理处罚。也有一些行为，1997年《刑法》没有明文禁止，只适用治

---

① 《中华人民共和国治安管理处罚条例》，1957年10月22日全国人民代表大会常务委员会第八十一次会议通过，1986年9月5日第六届全国人民代表大会常务委员会第八十一次会议重新制定通过，根据1994年5月12日第八届全国人民代表大会常务委员会第七次会议《关于修改〈中华人民共和国治安管理处罚条例〉的决定》修正，2005年8月28日废止。

② 参见万学忠《偷拍他人隐私应受治安处罚，刘白驹委员建议修改治安管理处罚条例》，《法制日报》2003年3月10日；陈洁《治安管理处罚条例亟待修改》（访谈），《北京法制报》2003年3月18日。

③ 有关条文没有限定行为人和被猥亵人的性别，可知"猥亵他人"既包括异性猥亵，也包括同性猥亵；既包括男性猥亵女性，也包括女性猥亵男性。

安管理处罚，包括：（1）发送淫秽、侮辱信息，干扰他人正常生活；（2）偷窥、偷拍、窃听、散布他人隐私；（3）在公共场所故意裸露身体；（4）卖淫、嫖娼；（5）在公共场所拉客招嫖；（6）进行淫秽表演；（7）参与聚众淫乱活动。本书也将这些行为纳入"性犯罪"之中。

　　一般的性犯罪分类，对于精神障碍者性犯罪的研究来说，似乎过于繁琐。根据精神障碍者性犯罪的实际情况，本书对精神障碍者的各种性犯罪合并归纳为如下基本类型：（1）强奸；（2）性暴虐；（3）猥亵；（4）淫乱；（5）反自然性交；（6）同性性侵犯。

　　还可以根据侵犯的客体，将本书所研究的"性犯罪"分为"有被害人的性犯罪"和"无被害人的性犯罪"两大类。"有被害人的性犯罪"即性侵犯或者性侵害，是指侵犯他人人身权利（如生命权、健康权、人身自由、人格权、名誉权和性权利等）的性行为，例如构成刑法上犯罪的强奸、强制猥亵等和一般不构成刑法上犯罪的性骚扰等，都有具体的非自愿的被害人。"无被害人的性犯罪"是"无被害人的犯罪"（victimless crimes）中的与性有关的犯罪，主要侵犯的是与性有关的社会管理秩序，例如淫秽表演，没有具体的被害人；或者参与者都是自愿的，例如不涉及未成年人的聚众淫乱，此为"合意犯罪"（consensual crimes）①。某些行为究竟属于"有被害人的性犯罪"或是"无被害人的性犯罪"，还要看该行为是否针对具体对象以及具体对象对这一行为的态度。譬如传播淫秽信息，一般属于"无被害人的性犯罪"，但如果传播针对不愿意接受这种信息的特定人或者特定的未成年人，或者传播的是他人性隐私，并且达到其他法定条件，则属于"有被害人的性犯罪"。

---

　　① 参见〔美〕斯蒂芬·E. 巴坎《犯罪学：社会学的理解》（第四版），秦晨等译，上海人民出版社，2011，第501~537页。

　　法律之所以禁止那些可以被列入"无被害人的性犯罪"的性行为和性关系，主要出于维护婚姻家庭关系的稳定，或者防止这些行为和关系引发其他严重危害后果的目的。这种禁止的基础主要是一个社会的主流性道德。性道德可以因为物质生活条件的不同、变化和人们性观念的不同、变化而有所不同和发生变化。因而，有些性行为、性关系，在某一时期为法律禁止，而在之前或者之后的另一时期可能不为法律禁止；或者，在某一国家为法律禁止，而在另一国家可能不为法律禁止。"无被害人的性犯罪"的范围，在不同时期、不同国家是不一样的，甚至差异很大。

　　刑法对"无被害人的性犯罪"的规制，以及相关的执法、司法，应当严谨、谦抑，避免滥用以致过度干预公民的私生活和侵犯人权。美国学者哈伯特·L. 帕克（Herbert L. Packer）针对刑法的干涉主义及其导致的警民关系紧张问题指出：

　　　　这种普遍敌意的主要原因看来是警察（也就是法律，警察是法律最直接的代表）被认为更具有侵扰性而非保护性。我们刑法的很多条款带有侵略性的干涉主义特征，这就强行地把警察推到一个刺探者与烦人精的地位上。特别是针对卖淫、性变态、赌博、吸食大麻以及类似问题的法律，警察根本无法在不普遍、明显地侵害被人们视为自己私生活领域的情况下而作出执法假象。……当然，侵略性、扰民性以及重复性的警察接触在无受害人的犯罪领域是最明显的。这是一个有趣的悖论：当警察做他们最重要的工作时，很少人看到他们；当他们做他们最不重要的工作时，大多数人都能看到。①

---

① 〔美〕哈伯特·L. 帕克：《刑事制裁的界限》，梁根林等译，法律出版社，2008，第280~281页。

本书对精神障碍者"无被害人的性犯罪"问题的讨论，以中国现行法律规定为根据，但这不等于从法理上完全赞同这些规定。

第二节　精神障碍与性犯罪的一般关系

一　精神障碍者性犯罪的基本情况

有关司法精神医学鉴定资料显示，在精神障碍者犯罪类型中，性犯罪的比例比较大。钟杏圣等 1987 年报告，在 1981 年 1 月～1984 年 6 月进行的 210 例鉴定案例中，有犯罪案例 181 例（已减去受害案 28 例、民事案 1 例），其中性犯罪 47 例，占 25.97%。[①] 沈慕慈等 1988 年报告，在 1973 年 1 月～1986 年 7 月进行的 654 例鉴定案例中，有犯罪案例 566 例（已减去强奸污辱虐待受害案 77 例、民事案 11 例），其中流氓 66 例，11.66%；强奸 46 例，8.13%。[②] 徐声汉 1988 年报告 708 例鉴定案例中有犯罪违法案例 638 例（已减去被奸案 70 例），其中强奸 80 例，12.54%；奸淫幼女 8 例，1.25%；卖淫 2 例，0.31%。[③] 藏德馨等 1988 年报告，在 1982～1986 年进行的 185 例犯罪违法鉴定案例的各类犯罪行为中，性犯罪 48 例次。[④] 刘光裕等 1994 年报告，在 1979～1990 年进行的 931 例鉴定案例中，有犯罪违法案例 667 例（已减去被奸案 113 例、民事案 154 例），其中强奸 73 例，10.94%；流氓 26 例，3.90%；卖淫 7 例，1.05%。[⑤] 高诚忠等 1999

[①] 钟杏圣、施雅琴：《司法精神医学鉴定 210 例的初步分析》，《中华神经精神科杂志》1987 年第 3 期。

[②] 沈慕慈等：《司法精神医学鉴定 654 例分析》，《中华神经精神科杂志》1988 年第 3 期。

[③] 徐声汉：《精神病理现象与违法行为》，《中国神经精神疾病杂志》1988 年第 3 期。

[④] 藏德馨等：《158 例精神病人违法案例责任能力判定的初步分析》，《中国神经精神疾病杂志》1988 年第 5 期。

[⑤] 刘光裕等：《司法精神鉴定 931 例分析报告》，《中国神经精神疾病杂志》1994 年第 1 期。

年报告，在 1982 年 8 月～1993 年 12 月进行的 1009 例刑事鉴定案例中，有犯罪案例 905 例（已减去被奸案 104 例），其中强奸、流氓 114 例，12.60%。① 赵健聪等 1999 年对中国 10 种神经精神科杂志在 1976～1995 年刊出的 231 篇司法精神病学文章所涉及的案例类型进行了统计，在 8347 个案例（已减去性受害案 1551 例）中，发现性犯罪案例 1077 例，12.90%。② 毛瑞河等 2000 年报告，在 1997～1999 年进行的 112 例司法精神医学鉴定案例中，有犯罪案例 75 例（已减去被奸案 28 例、离婚案 4 例、交通案 3 例、经济案 2 例），其中性犯罪 7 例，9.33%。③ 蒋勤芳 2001 年报告，在 1996～1999 年进行的 536 例司法精神医学鉴定案例中，刑事被告组为 330 例，其中强奸 61 例，18.48%；流氓 26 例，7.88%；介绍卖淫 1 例，0.30%。④ 于海亭等，2007 年报告，在 2003～2005 年进行的 216 例司法精神病鉴定案例中，有犯罪违法案例 159 例（已减去性受害案 32 例、民事经济案 25 例），其中强奸猥亵 7 例，4.40%。⑤ 李吉祝等 2008 年报告，在 2002～2006 年进行的 622 例司法精神医学鉴定案例中有犯罪违法案例 493 例（已减去被强奸、被伤害案 67 例，民事案 62 例），强奸、流氓 35 例，7.10%；猥亵妇女儿童 6 例，1.22%；卖淫、嫖娼、介绍卖淫 12 例，2.43%。⑥ 潘志武 2008 年报告，在 2005 年进行的 445 例司法精神病学刑事鉴定案例中，有犯罪违法案例 407 例（已减去被强奸案 42 例），其中强奸 28 例，6.88%；猥

① 高诚忠、高至胜：《刑事案例 1009 例精神医学司法鉴定分析》，《临床精神医学杂志》1999 年第 6 期。
② 赵健聪、徐声汉：《我国司法精神病学现状的研究》，《中华精神科杂志》1999 年第 1 期。
③ 毛瑞河等：《司法精神医学鉴定 122 例分析》，《福建医药杂志》2000 年第 4 期。
④ 蒋勤芳：《司法精神医学鉴定 536 例分析》，《临床军医杂志》2001 年第 4 期。
⑤ 于海亭等：《司法精神病学鉴定 216 例分析》，《上海精神医学》2007 年第 6 期。
⑥ 李吉祝等：《2002 年～2006 年司法精神医学鉴定 622 例分析》，《精神医学杂志》2008 年第 1 期。

亵 3 例，0.74%。①陈伟华等 2012 年报告，对 2005～2009 年经司法精神病学鉴定为无/限定刑事责任能力的 1808 例犯罪精神病人进行分析，其中强奸 73 例，4.04%。② 魏晓云等 2012 年报告，在 2010 年进行的 560 例司法精神医学鉴定案例中，有 440 例犯罪违法案例（已减去性被害案 120 例、其他与精神异常活动有关案 20 例），其中性伤害、性犯罪案例 49 例（男 47 例，女 2 例），11.14%。③ 陆强 2014 年报告，对 2008 年 1 月至 2012 年 12 月司法精神医学鉴定 1205 例刑事案件鉴定（已减去强奸被害 189 例）资料进行回顾性分析，其中强奸 39 例，3.24%；猥亵妇女儿童 8 例，0.66%。④

　　需要对上述数据作几点说明。（1）我国的司法精神医学鉴定分析报告往往包括刑事鉴定和民事鉴定，而刑事鉴定中性犯罪违法案件的鉴定又往往包括犯罪人鉴定和被害人鉴定。因此，对于上述各报告中的性犯罪违法案例比例，需要根据报告提供的基本数据重新计算。一般是先从报告给出的司法精神医学鉴定案例总数量中减去民事案例和被害人案例的数量，得出被鉴定人作为犯罪嫌疑人或被告人的犯罪违法案例即犯罪人鉴定案例数量，然后再统计性犯罪违法案例的数量及其在犯罪人鉴定案例数量中的比例。（2）由于不同时期有关法律的变化以及各报告对性犯罪违法行为的界定不尽一致，各报告对案例的统计标准也不尽一致。（3）上述各报告的精神障碍者性犯罪违法案例数量，一般是鉴定案例数量，其中有些案例被鉴定为无精神病，还有一些案例被鉴定为完全刑事责任能力。（4）性施虐凶杀、性施虐伤害、性欲盗窃等案例也可能没有统计在性犯罪违法案例类型中。

① 潘志武：《司法精神医学鉴定 445 例分析》，《四川精神卫生》2008 年第 3 期。
② 陈伟华等：《湖南省 1808 例犯罪精神病人司法精神病学鉴定资料分析》，《中国临床心理学杂志》2012 年第 1 期。
③ 魏晓云等：《560 例司法精神医学鉴定的回顾性分析》，《中国健康心理学杂志》2012 年第 12 期。
④ 陆强：《刑事案件司法精神医学鉴定 1394 例分析》，《广西医学》2014 年第 10 期。

那么，哪些精神障碍者可能发生性犯罪呢？下面的资料说明了一些问题。1988 年贾谊诚根据司法精神医学鉴定的实际经验指出：在强奸案件的司法精神医学鉴定中，除无精神障碍与反社会型人格障碍外，以轻至中度精神发育迟滞居多，其次是精神分裂症、癫痫以及器质性精神障碍；在猥亵、淫乱等案件的司法精神医学鉴定中，以性变态居多，其次是轻度精神发育迟滞、人格障碍和精神分裂症、躁狂症以及器质性精神障碍。[1] 1989 年马鸿春等报告 26 例性犯罪案例，其中轻至中度精神发育迟滞 9 例，精神分裂症 4 例，人格障碍 3 例，反应性精神障碍 2 例，性变态（露阴）2 例，癫痫性人格障碍、癔症各 1 例，无精神病 4 例。[2] 1999 年高诚忠等报告 114 例性犯罪案例，其中精神发育迟滞 43 例，精神分裂症患 19 例，其他精神疾病患者 22 例，还有 30 例系无精神疾病者所为。[3] 2008 年马俊国等报告 56 例强奸、猥亵鉴定案例，其中精神发育迟滞 16 例，精神分裂症 14 例，其他精神疾病 11 例，无精神病 15 例。[4] 2014 年吕盼等报告，在 1997 年 1 月～2011 年 12 月鉴定的 3720 例刑事案件中有强奸、猥亵 303 例，8.1%；其中，精神分裂症 71 例，酒精所致精神障碍 17 例，精神发育迟滞 115 例，器质性精神障碍 22 例，心境障碍 6 例，人格、品行、性心理障碍 3 例，待分类及其他精神障碍 27 例，无精神病 42 例。[5] 2015 年刘均富等报告，2009 年 1 月～2012 年 8 月，接受司法精神疾病鉴定案件共 803 例，其中性犯罪 40 例（占同期刑事案件的 5.5%）；

---

[1] 贾谊诚主编《实用司法精神病学》，安徽人民出版社，1988，第 193、203 页。

[2] 马鸿春等：《26 例性犯罪案例司法鉴定分析及其责任能力探讨》，《中国神经精神疾病杂志》1989 年第 6 期。

[3] 高诚忠、高至胜：《刑事案例 1009 例精神医学司法鉴定分析》，《临床精神医学杂志》1999 年第 6 期。

[4] 马俊国等：《465 例刑事案例司法精神病学鉴定分析》，《四川精神卫生》2008 年第 2 期。

[5] 吕盼、刘建梅、胡峻梅：《3720 例刑事责任能力鉴定案例分析》，《华西医学》2014 年第 8 期。

在这 40 例中，作案时患精神发育迟滞 18 例（轻度 9 例、中度 7 例、边缘智力 2 例）、精神分裂症 10 例（精神分裂症发病期 6 例、缓解期 4 例）、酒精所致精神障碍 1 例、无精神疾病 11 例。[①]

《日本犯罪白皮书·1984 年版》提供了日本 1981～1983 年的情况，有 2622 例精神障碍者犯罪，其中强奸与强制猥亵犯罪共 64 例，2.4%。在 64 例中，精神分裂症 36 例，酒精中毒 8 例，精神发育迟滞 5 例，癫痫 2 例，躁狂抑郁症、兴奋剂中毒、人格障碍各 1 例，其他精神障碍 10 例。[②]《日本犯罪白皮书·2000 年版》统计，1995～1999 年共有 3629 例精神障碍犯罪，其中强奸与强制猥亵犯罪共 87 例。在 87 例中，精神分裂症 59 例，智力障碍（知的障害）11 例，躁狂抑郁症 4 例，酒精中毒 3 例，癫痫、兴奋剂中毒、人格障碍各 1 例，其他精神障碍 7 例。[③]

分析《中华神经精神科杂志》、《中国神经精神疾病杂志》、《中国心理卫生杂志》和《临床精神医学杂志》这几种主要的精神医学杂志之后，可以发现：它们刊载的有关性犯罪的文章，在数量上大致与研究和报道暴力犯罪的文章相当，远远多于研究和报告其他犯罪的文章；这些文章所涉及的性犯罪，主要是性变态者或精神发育迟滞者实施的，专门研究其他精神障碍者性犯罪的文章很少。似可认为这在一定程度上反映了中国的精神障碍者性犯罪的实际情况。为什么在中国，精神发育迟滞会在精神障碍者性犯罪案件中占有比较高的比例，而日本却以精神分裂症居多？是否可以简单地归结为在中国精神发育迟滞者较多并且缺乏有效的看护和管制的缘故？这需要进一步研究。

与一般人群相同，在精神障碍性犯罪者中，也是男性明显多于女

---

① 刘均富等：《40 例性犯罪司法精神医学鉴定的特点分析》，《四川精神卫生》2015 年第 1 期。

② 日本法务省综合研究所编《日本犯罪白皮书·1984 年版》，李虔译，中国政法大学出版社，1987，第 79 页。

③ 《平成 12 年版 犯罪白書》，http://hakusyo1.moj.go.jp/jp/41/nfm/mokuji.html。

性。涉及性犯罪的精神医学报告，女性精神障碍者主要是作为性犯罪被害人而被关注的。这首先是由两性的不同特点所决定，同时也与社会和文化因素有关。虽然传统社会规范在性的问题上对女性限制更为严厉，但在一些方面对女性的某些性行为比较宽容。同样的性行为发生于男性，被视为犯罪、越轨，会受到惩罚，而发生于女性，则不构成大的问题。女性爱抚不是自己孩子的儿童，人们认为她只是一个喜欢儿童的人，不会怀疑她是否有恋童症；同样在自家的窗口暴露身体，男性有可能被视为露阴狂或者进行性骚扰，女性则可能被视为开放和浪漫，而恰好从她窗前经过的男性，却有被视为窥阴狂的危险。甚至司法也有这样的倾斜。例如，躁狂发作的女性主动勾引男性乱交，最后受到处罚的是那些男性，而她只是强奸罪的被害人。

与精神正常者相比较，精神障碍者的性犯罪在类型方面有一个突出特点，即精神障碍者所进行的性犯罪，一般都是可以满足自身性欲的，或者说，精神障碍者进行性犯罪，一般都是为了满足自身的性欲。以牟利为目的或者以满足其他需要为目的的性犯罪，如强迫妇女卖淫、组织妇女卖淫、贩卖淫秽物品等，基本不见于精神障碍者。即使有精神障碍者进行了这样的性犯罪，一般也与他们所罹患的精神障碍无直接关系。

说起精神障碍者的性犯罪，人们可能首先想到性变态者和性变态行为。实际上，性变态者的性变态犯罪只构成精神障碍者性犯罪的一个部分。性变态行为并非性变态者所独有，其他精神障碍者也有可能实施性变态行为。性变态行为也不是都构成犯罪，有些性变态行为只是违反性道德或者性习惯、性常规，不会受到法律的追究。而精神障碍者的性犯罪也不都是变态的，性指向、性方式"正常"的性犯罪也可见于精神障碍者。另一方面，非精神障碍者也有可能发生性指向、性方式异常的性犯罪。对于一个欲火中烧、脾气暴躁的罪犯而言，对被害人进行残酷的性虐待，不一定是其精神障碍的表现。例如：

[案例31] 2007年9月13日凌晨，越秀区民警接到群众报案，称广州市麓景路黄田小区的一栋家属楼附近的草地上有些异常，好像有人厮打。一位民警、一位治安员立即赶到现场。来到楼下，他们隐约看见，有一个人趴在草地上，身体在动来动去，不知道在做什么。"你在干什么？"他们厉声问。"我在和老婆做爱。"那人回答。就在这一刹那间，那人猛地站起身拉上裤子，甚至还不忘拎起放在地上的两只鞋，然后飞快往小区铁栏围墙方向跑去。民警、治安员连忙飞步向前，将其抓住。120救护车随后赶到现场，证实被害者已经死亡。死者蔡某，年仅20岁。犯罪嫌疑人朱焕强今年32岁，小学文化，无业，家住广东清远市，案发前暂住广州。朱焕强供认：案发前他与妻子有过争吵，之后他非常气愤，晚上7时许，跟人一起去喝酒，到第二日凌晨1时才分开。"凌晨2、3时左右，我来到一个小区门口，当时没人值班，我走进小区后，走了约一二百米远，见到一名女子站在楼梯铁门前准备按门铃。我当时有些酒意，上前与她亲热，亲她、摸她，她大叫。""我用左手箍住她的脖子，拉到树林里，她也在反抗，我的手都被抓伤了，她还踢了我几脚，后来我就掐她的脖子，她就死了。我脱了她的衣服，咬掉她的舌头、乳头……""开始我没想强奸她，她死之后才想的。"朱焕强还说："我的精神正常，没有精神病。我因为与妻子吵架后很气愤，而且喝了酒，所以就这样做了。"在庭审中，朱焕强反复强调，既往无不良行为，案发前无预谋，因为喝酒了才出事。他说，平时一般喝两瓶啤酒，案发当天喝了七八瓶啤酒，自己神志不清。其辩护律师表示，朱焕强作案时意识不清醒，精神上有些不正常，希望法庭从轻处理。朱焕强咬掉蔡的舌头、乳头是在掐死她之后，公诉人指控的强奸行为也是在蔡死后发生的。"尸体不能成为强奸的对象，其行为不构成强奸，只是猥亵妇女"。公诉人出示了广州市精神病医院出具的鉴定意见书，该意见书称"被鉴定人朱焕强作案时无精神异常，作案时意识清醒。"公诉人指出，朱焕强是在

对蔡某进行奸淫过程中，咬断其舌头、乳头，手段极其残忍，构成强奸罪；朱焕强紧掐蔡的脖子前后长达 20 分钟，作为一个成年人，应当清楚这种行为可能会带来的后果，他这么做就是为了杀人灭口，构成故意杀人罪，而且属于情节恶劣，无可宽恕。①

二　精神障碍对性犯罪的影响

先说中国近代法律史上已经被人遗忘的一段插曲。1934 年 12 月，与南京国民政府处于分立割据状态的广州"国民政府西南政务委员会"颁布了一个《惩治疯人妨害风化暂行条例》。这个"暂行条例"对于实施性侵害犯罪的精神病人规定了极为严厉的处罚，根本不考虑行为人的刑事责任能力。它有一个特异之处，即规定对女子强奸男子应与男子强奸女子同等处罚，这在中国法律史上是第一次。

惩治疯人妨害风化暂行条例②

（二十三年十二月二十二日公布）

第一条　本条例于疯人对于非疯人犯本条例所列各罪者适用之，虽非疯人而与疯人共犯者，亦适用本条例。

第二条　疯人对于疯人犯妨害风化罪者，不适用本条例。

第三条　疯人除犯本条例各罪外，有犯其他法律者，仍适用其他法律。

第四条　称疯人者谓经政府认许之专门医生检定为患疯疾之男女。

第五条　疯人有左列行为之一者，处死刑：

---

① 参见鲁钇山等《断舌咬胸残害少女》，《羊城晚报》2008 年 6 月 28 日；余亚莲等《醉汉奸杀女子 手段残忍变态》，《新快报》2008 年 6 月 29 日。

② 《惩治疯人妨害风化暂行条例》，《国民政府西南政务委员会公报》第 72 号，1934年。

一、对于男女以强暴胁迫药剂催眠术或他法致使不能抗拒而奸淫之者；

二、奸淫未满十六岁之男女者；

三、二人以上共同轮奸而犯前二款之罪者；

四、对于男女乘其心神丧失或其他相类之情形不能抗拒而奸淫者。

本条之未遂罪罚之。

（说明）刑法无处罚女子强奸男子之条文，本条例特设女奸男与男奸女同科之规定，盖所以符合保护民众健康之本旨耳。①

第六条　疯人有左列行为之一者处死刑，无期徒刑，或十年以上有期徒刑：

一、对于男女以强暴胁迫药剂催眠术或他法致使不能抗拒而为猥亵之行为者；

二、对于未满十六岁男女为猥亵之行为者；

三、对于男女乘其心神丧失或其他相类之情形不能抗拒而为猥亵之行为者。

第七条　犯前二条之罪，因而致被害人于死或重伤者，处死刑；

犯前二条之罪，因而致被害人羞忿自杀或意图自杀，而致重伤者，处死刑；

犯前二条之罪，而故意杀被害人者，处死刑。

第八条　犯前三条之罪，而有左列情形之一者，加重本刑二分之一：

一、直系或旁系尊亲属对于卑幼犯之者；

二、监护人保佐人对于其所监护或保佐之人犯之者；

三、师傅对于未满二十岁之学徒犯之者；

四、官立公立私立病院济贫院或救济院对于收容之人犯之者。

第九条　疯人对于男女以诈术使误信其无疯疾，而听从其奸淫

---

① 此"说明"为原文所有。

者，处无期徒刑或十年以上有期徒刑。

疯人以诈术使妇女误信有夫妻关系，而听从其奸淫者，依前项之规定处断。

第十条　犯本条例之罪者，须告诉乃论。

第十一条　犯本条例之罪者，仍由普通法院审判。

第十二条　本条例之施行期间暂定为六个月。

第十三条　本条例自公布尔日施行。

实际上，这个"暂行条例"规定的一些犯罪行为几乎不可能由真正的精神病人实施。"疯人对于男女以诈术使误信其无疯疾"、"疯人以诈术使妇女误信有夫妻关系"等说法近乎荒诞，"疯人"焉能有此本事？可以看出，它的用意在于打击性侵害犯罪，只不过给行为人戴上"疯人"的帽子，同时也反映出制定者认为实施性侵害犯罪的人基本都是"疯人"的思想立场。这样做，虽然被惩罚的行为人中不会有多少真正的精神病人，但造成对精神病人的污名化。

在犯罪学中，性犯罪问题一直是个重点，人们分别从生物学、社会学、精神医学、心理学等角度对性犯罪进行了研究。犯罪生物学试图从生物学的角度解释性犯罪。公正地说，从生物学角度研究性犯罪，分析性犯罪的生物学原因，是有意义的，因为性犯罪与凶杀、盗窃等犯罪有所不同，它毕竟与性这种生物本能有着直接的关系。只是我们在接受犯罪生物学研究成果的时候，不要犯以偏概全、一叶障目的错误。犯罪社会学把性犯罪作为一个社会问题来看待，强调性犯罪的社会原因，注重对数据的统计分析。但是犯罪社会学不重视研究性犯罪人个体，它解释不清为什么在相同的社会环境中有人成为性罪犯而有人却能保持纯洁。犯罪精神病理学（犯罪精神病学）和犯罪心理学尽管存在先天的局限性，但它们在性犯罪人个体及其内心世界的研究方面还是有所作为的。

性犯罪不是一种精神障碍或者精神病理现象。试图证明性犯罪人都是精神障碍者的努力，从严格的精神医学角度看，迄今是失败的。但是，迄今的努力已经揭示，精神障碍可以导致性犯罪。性犯罪的精神病理原因，大体表现为三个层次：（1）首要原因。犯罪人因罹患某种精神障碍，对自己的性行为丧失辨认或者控制能力，在性欲冲动下实施性犯罪。这种情况比较少见。丧失辨认或者控制能力的精神障碍者，生存防卫本能突出，凶杀犯罪常见。而且，性犯罪虽然基于本能，但实施起来行为比较复杂。丧失辨认或者控制能力的精神障碍者一般不能完整地实施过程比较复杂的性犯罪如强奸。首要原因不是唯一原因。说精神障碍可以成为性犯罪的首要原因，并不否认精神障碍者在罹患精神障碍之前或者在发作间歇期间可以受到社会环境的影响，以及这些影响可以对其犯罪产生一定的作用，也不否认社会环境因素可以促使精神障碍的发作。（2）主要原因之一。犯罪人因罹患某种精神障碍如精神发育迟滞、躁狂症，性欲异常，且辨认或者控制自己性行为的能力薄弱，进而实施性犯罪。这种情况比较多见，尤其是控制能力薄弱者多见。这些人实施性犯罪，都有社会环境、道德品质方面的原因。例如，受到不良的性环境的影响而形成不健康的性观念，或者通过海淫文化学习到违法的性行为方式。另外，他们实施性犯罪也往往与成长经历、文化水平、生活水平等因素有关。（3）次要原因。犯罪人虽然罹患某种精神障碍，但有能力辨认或者控制自己的性行为，精神障碍只是扭曲了他们的性欲，促使他们以异常的往往也是违法的方式满足性欲。没有精神障碍，他们可能不会进行性犯罪。但即使存在精神障碍，如果他们有良好的道德品质和法律意识，也不会进行性犯罪。例如，性施虐症者并非都会强制实施性虐待，如果他们良心犹在，完全可以在得到对方同意的情况下，以适度的方式满足自己的欲望。这是私生活，不必干涉。那些穷凶极恶的性施虐杀人狂，最基本的特征不是性施虐症，而是对人的生命的蔑视和仇视。虽然应当承认他们杀人与性施虐症有关，但不能因此减轻对他们的处罚。

从总体上说，研究性犯罪的精神病理原因——这是性犯罪精神病理学的主要内容，既不是为性犯罪人开脱责任，也不是将性犯罪人或者精神障碍者"妖魔化"、"污名化"。其主要目的是：其一，针对犯罪原因制定预防措施，避免和阻止精神障碍者的性犯罪；其二，根据犯罪是否与精神障碍有关，确定犯罪人的刑事责任能力和刑事责任；其三，根据犯罪与精神障碍的关系，制定和采用更有针对性的矫正方案，防止性罪犯在服刑期满后再次犯罪。

精神障碍与性犯罪的关系，还表现在对性犯罪行为方式的影响上。当然不能仅仅根据行为方式来确定性犯罪人哪个是精神障碍者，哪个不是精神障碍者，但是精神障碍者所实施的性犯罪确实往往表现出不同于一般犯罪人的特点，这些特点能够提示，犯罪人可能是一个精神障碍者。根据犯罪证据，分析犯罪人在对犯罪地点和时间的选择、是否选择被害人、接近和控制被害人的方法、是否使用暴力以及使用暴力的手段和程度、对被害人反抗的态度、性行为的特征和顺序、犯罪后的自我保护、是否单独作案、是否连续作案等方面所显示的特点，有助于揭示犯罪人的人格特征、犯罪动机和在犯罪时的精神状态，进而缩小犯罪嫌疑人的范围，以致最终将犯罪人在茫茫人海中找寻出来。这种工作被称为"犯罪心理画像"（criminal profiling, offender profiling，亦译"犯罪人特征描述"、"罪犯塑形"、"罪犯侧写"等）。[1] 它对于确认犯罪人是否为精神障碍者、具有怎样的刑事

---

[1] 参见〔美〕罗伯特·K. 雷斯勒、安·W. 伯吉丝、约翰·E. 道格拉斯《变异画像——FBI 心理分析官对异常杀人者调查手记之二》，李璞良译，法律出版社，1998；〔美〕约翰·道格拉斯、马克·奥尔沙克《变态杀手——恶性犯罪深层心理探究》，岳盼盼、白爱莲译，海南出版社，2001；〔美〕布伦特·E. 特维《犯罪心理画像——行为证据分析入门》，李玫瑾等译，中国人民公安大学出版社，2005；〔英〕Jennifer M. Brown、Elizabeth A. Campbell 主编《剑桥司法心理学手册》，马皑、刘建波等译，中国政法大学出版社，2013，第 177 ~ 180 页。

责任能力也是至关重要的。当然，过分依赖犯罪心理画像可能导致侦查方向的错误，而且经常有许多嫌疑人符合画像结果，令人难以确定真凶。[1] 关于精神障碍者性犯罪的特点，本书将在各类型犯罪分论中予以分析。

精神障碍不仅可能成为性犯罪的原因，支配或者影响性犯罪的行为方式，而且在很大程度上决定性犯罪的法律后果。从刑事司法角度而言，确认性犯罪有无精神障碍的原因，对于判定行为人的刑事责任，制定和采取适当的处遇对策，也是至关重要的。因而，刑事法学也应有性犯罪精神病理学的一席之地。

如果从更宽的视野考察，还应指出精神障碍与性犯罪的另一种关系：某些精神障碍患者特别是女性精神障碍患者由于性理解能力和防卫能力的丧失或薄弱，更易遭到性犯罪的侵害。这是被害人学（victimology）的一个重要题目。对这个问题，本书也有所讨论。

第三节　与性有关的其他犯罪

有些精神障碍者可能出于性欲而实施并不侵犯他人性权利和社会性秩序的犯罪。他们行为的动机是满足性欲，但行为方式、行为对象和侵犯的客体都与性没有直接关系。事实上，行为人也未必能意识到自己的行为与自己的性欲之间的联系。这是精神障碍者特有的一种情况。这样的犯罪不是前文定义的"性犯罪"，但可以说是"性欲型犯罪"。因此在展开讨论精神障碍者性犯罪之前，先将这种情况略加叙述。

典型者为性欲盗窃和性欲纵火。

---

[1] 参见〔美〕伊莱恩·卡塞尔、道格拉斯·A. 伯恩斯坦《犯罪行为与心理（第二版）》，马皑、卢雅琦主译，中国政法大学出版社，2015，第193～194页。

一　性欲盗窃

性欲盗窃亦称"色情盗"①，主要是指恋物症者的盗窃。

前面说过，恋物症或称恋物障碍表现为以通过占有或者接触某种物品或身体部位来激发和强化性欲，获得性满足。恋物症看似为性指向障碍，但除了具有同性恋倾向的恋物症者，多数恋物症者并不是无视异性的存在。恋物症者一般可以和异性建立正常的性关系，但在性活动中往往是依靠这些物体激发、强化性兴奋。恋物症者所恋之物，都是与异性有某种联系的、可以使他们联想到异性的物品。可以说，恋物症的性心理基础是比较正常的，只不过恋物症者是以所恋之物替代了异性本身，或者是以所恋之物为主而以异性本身为次。举例来说，穿着内衣的女性引起男性的性兴奋是很自然的事，而有恋物倾向的男性只有看到女性内衣才可以产生性兴奋，或者只要看到女性内衣就可以产生性兴奋。究其原因，总的说并不复杂。有些人性心理不成熟，不敢或者不愿与异性发生性交往，于是在潜意识中将性欲目标转移到异性用品上去，收集可以象征异性的某些物品，在观看、抚摸、闻嗅其所恋物品时联想到异性，从而产生性兴奋，久而久之形成对物品的依赖。还有一些人在"原初场景"接受的性刺激，偶然与某些物品有关，于是在潜意识中将这些物品与异性和性行为联系起来，并在条件反射机制的作用下形成一种稳固的性行为模式。例如，有的人最初受到的性刺激是穿戴某种物品的异性，以后他在与其他异性发生性关系时，总是要求对方也穿戴那一种物品。克拉夫特－埃宾指出："在每一位恋物狂者的生活之中，可能都有某一事件，决定色欲感觉与这种单一印象的结合。这个事件必须在青年早期之中寻找，并且一

---

① 日本学者森本益之等采取更广义的性犯罪定义，认为色情盗也属于性犯罪。参见〔日〕森本益之等《刑事政策学》，戴波等译，中国人民公安大学出版社，2004，第240页。

般而言，这个事件的出现也关系到性生命的第一次觉醒。这第一次觉醒会结合以某种偏颇的性征象（因为这种事件总是与女人有某种关系），并且会终身留下印象，称为性趣的主要目标。"①

恋物症者的所恋对象，大多是异性（同性恋者则为同性）用过的贴身之物，ICD - 10 称之为"人体的延伸"（extensions of the human body）。有些是与性器官接触之物，如内裤、乳罩、卫生巾；有些则与性器官无关，如鞋袜（恋鞋症，retifism）。CCMD - 3 认为，对刺激性器官的性器具的爱好不属于恋物症。而 DSM - 5 将"为达到生殖器接触而专门设计的器具（例如，振动器）"列为恋物障碍对象。

下面两例颇有意思，一个恋假发，一个恋鞋子，均引自克拉夫特 - 埃宾的著作：

[案例32] 一位女人告诉杰米医生，在她新婚之夜以及接下去的一夜中，她的丈夫 X 只吻她，指头穿过她浓密的头发。然后他就睡着了。第三夜 X 先生拿出一顶很大的假发，头发很长，要求妻子戴上去。一旦她戴了上去，他就大大补偿了自己在婚姻责任方面的疏忽。到了早晨，他又一面抚摸假发一面表现出极端温柔的模样。一旦 X 夫人取下假发，对丈夫而言，她就立刻失去了所有的魅力。X 夫人看出这是一种嗜好，很快就屈服于丈夫的愿望。她很爱丈夫，而丈夫的性欲取决于一顶假发。然而，很不寻常的是，每一顶假发每一次都只能发挥所欲求的效果两星期或三星期之久。假发必须是由又浓密又长的头发制成，不管什么颜色。这次婚姻的结果是：5 年之后，他们生了两个孩子，收集了 72 顶假发。

[案例33] X，24 岁，出身有严重缺陷的家庭（母亲的哥哥与祖

父发疯，一个姊姊患癫痫症，另一个姊姊患偏头痛，父母情绪容易激动）。长牙期间，他出现痉挛症。7 岁时，一个女仆教他手淫。当这位女仆偶然以穿鞋子的脚触碰到 X 的性器官时，他第一次在这种情况中经验到快感。如此，在这个容易染病的男孩身上，一种联想建立了起来，从此以后，只要看到女人的鞋子，最后，只要想到女人的鞋子，就足够导致性的兴奋之情以及勃起。此时，他会一面看着女人的鞋子或一面想象着女人的鞋子，一面手淫。学校女老师的鞋子会让他感到非常兴奋。一般而言，他很喜欢那些被女性衣服部分遮住的鞋子。有一天，他禁不住抓住女老师的鞋子——这种行为让他感到强烈的兴奋。尽管受到处罚，他还是禁不住经常做这种事情。最后，家人认为，想必有一种异常的动机在发挥作用，所以把他送到一位男老师那儿。然后，他沉迷于回忆中，回忆与女老师之间的鞋子情景，如此导致勃起、性高潮，并且在 14 岁之后，导致射精。同时，一面想着女人的鞋子一面手淫。有一天，他想到要使用一只鞋子来手淫，以增加快感。从此以后，他时常偷取鞋子，用来达到这个目的。女人的其他东西都无法让他感到兴奋；一想到性交，他就感到害怕。18 岁时，他开了一间店，除了卖其他东西外，也卖女人的鞋子。在为女性顾客试穿鞋子，或者在处理送来修的鞋子时，他都会感到性兴奋。有一天，在这样做时，他发作癫痫。不久之后，在以平常的方式手淫时又发作一次。然后，他第一次了解到，这种性习惯会对健康造成伤害。他试图要戒除手淫的习惯，不再卖鞋子，努力要避免女人的鞋子与性功能之间的异常联系。然后，梦遗的情况时常出现，梦到有关鞋子的色情之梦，并且癫痫继续发作。虽然他对女性一点也没有感觉，但他却决定结婚，他认为，这是唯一的治疗。他娶了一个漂亮的年轻女人。尽管他想到妻子的鞋子时会出现生动的勃起，但在试图性交时，却显得完全性无能。他去求诊于一位医生，医生用溴化物治疗他的癫痫，并建议他在床上方挂一只鞋子，在性交时紧盯着鞋子,同时想象妻子是一只鞋子。他不再发作癫痫,并且变得有性能力了,所以他能够大约一星期性交一次。女人的鞋子激发的性兴奋也越来越减少。①

对于现代中国的恋物症情况,南京医科大学附属脑科医院林万贵、鲁龙光提出一份92例恋物症(包括部分体恋症)综合分析报告,很有价值。② 摘要如下:

(1)一般资料:92例均为男性;初次发病年龄:11~28岁;平均年龄:25.2±4.46岁;文化程度:初中28人,高中47人,大专以上17人;职业:工人30人,学生38人,公安人员6人,军人6人,教师5人,其他7人。

(2)个性特征:92例均属内向性格,其中怕与异性交往者占85.8%。

(3)早期性教育:92例均缺乏性教育,儿童期对异性物品有神秘感者94.3%,青春期好性幻想者98.4%,有手淫习惯者100%。

(4)心理实验观察:对异性乳房、生殖器(以图片或录像为刺激物)无性兴奋反应或反应轻微者96%,对所恋物品性兴奋强烈者100%。

(5)恋物类型:单一型12人,其中恋脚者3人、恋鞋者5人、恋袜者4人;复合型80人,常见所恋物品依次为乳罩、三角裤、月经带、内衣裤、袜子、围巾等。

(6)对所恋物品的处理:收藏者72人,78%;不收藏者16

---

① 〔德〕克拉夫特 - 艾宾:《性病态:238个真实案例》,陈苍多译,台北左岸文化出版,2005,第242、263页。
② 林万贵、鲁龙光:《92例恋物癖的临床分析》,《中国心理卫生杂志》1995年第6期。

人，17%。

（7）性满足方式：抚摸为主者19人，闻嗅为主者18人，以看为主、反复看者15人，三种混合者40人；均以刺激物诱发性兴奋时手淫或性交（已婚者）。

（8）首次恋物行为的诱发因素：工作、人际关系受挫者50人，54%；恋爱受挫者12人，13%；黄色书刊、录像影响者8人，8.7%；超强生活事件影响者11人，12%；长期病休在家者3人，3.3%；无明显诱因者7人，8%。

（9）发作前、中、后的心理状态：发作前情绪低沉、焦虑不安者95.7%，发作中有难以控制的冲动伴紧张性兴奋者100%，发作后后悔、自责、担心者100%。

（10）婚姻及性生活适应状况：已婚者28人，其中自我感到性生活正常者6人，对正常性生活无兴趣者18人，有性功能障碍者4人。

恋物症者对待所恋物品的态度是不一样的。有的是专一于某个特定的物品，有的是对某类物品情有独钟，有的则兴趣广泛。除专一者外，大多数恋物症者都有收集所恋之物的嗜好，重者成瘾。由于所恋之物都是异性使用过的或者正在使用的，进行收集主要靠盗窃。珍爱异性赠送的物品，只要没有用以激发、满足性欲，属于正常现象。被发现的恋物症者，多数都有盗窃行为。实际上，恰恰是盗窃行为，使许多恋物症者得以暴露。那些没有盗窃行为的恋物症者，大多不为外人所知。恋物症盗窃者经常处于盗窃所恋之物的冲动之中。盗窃冲动的出现及其强度显然与性欲躁动有关。正因为这样，恋物症盗窃者往往是屈服于这种冲动，反复进行盗窃。而盗窃的违法性刺激也增加了性欲的唤起。恋物症者对盗窃来的物品，都细心收藏起来，在进行手淫或其他性活动时加以利用。这与基于其他兴趣的收集症（collectomania）

或者DSM-5所列属于强迫症的过度收集（excessive acquisition）以及混乱堆积物品的囤积障碍（hoarding disorde）明显不同。

[**案例34**]　唐某，男，26岁，未婚，初中文化。出身于干部家庭，经济条件优越。从小发育正常，平时性格内向，不喜交往。初中毕业后参军，在部队入党。复员后在某单位工作，表现好，肯吃苦。1983年6月某夜手淫时产生偷看女人裸体洗澡的强烈意念。后曾先后四次由厨房窗户爬入邻居家，向卫生间浴池窥视，但未能如愿。在某次窥视中偶然发现卫生间放有女人的乳罩、裤衩、卫生带等物品，抚摸时感觉心情舒畅并伴有性快感。常常在夜间由于回忆此事引起强烈的性兴奋而致手淫。此后常在夜间外出收集女性贴身物品。1984年8月某晚潜入某家偷窃时被当场抓获。后送医院进行精神鉴定。①

[**案例35**]　陈某，男，37岁，高中文化，某大学图书馆工人。平时工作认真负责，但个性孤僻、固执、多疑、自卑。自1985年7月与妻子离婚后，开始盗窃该大学女教职员和女学生的衣物，计三角裤313条、文胸162条以及月经带、内衣、外衣裤、裙子、鞋、袜、牙刷、毛巾、口杯等物品1100多件，价值人民币5600多元。1989年4月5日中午1时许作案时被女学生当场抓获。自述："我原先就是性格内向，离婚后，心情很复杂，心中十分空虚，憎恨女人。想找女人，又怕再离婚，内心很痛苦，心中受压抑，想找些东西来填补空虚，就拿楼下女人的文胸和内裤。第一次偷，心里很惊恐。拿女人的内裤用鼻子闻，戴上文胸，心里很舒服，觉得有女人味道，有女人的肉感，这时阴茎就勃起，好似同女人在一起睡觉，过性生活，并有性满足感。以后凡是女人用过的东西都偷，偷回来就试用5~10分钟，

---

① 傅文英、李从培：《四例恋物癖临床分析及责任能力判定探讨》，《中国心理卫生杂志》1994年第2期。

有破烂穿孔的还要缝补好，叠放在衣柜处，再去偷，隔一两天就偷一次，为了满足自己，也不考虑后果，一想到就去偷，无法控制自己，只希望有满足感。从不去商店买新的，因为新的没意思，无性感。也从不拿出去卖。偷回来闻过就满足，就睡得好，否则就不能入睡。"①

也有人为获得所恋之物而进行抢劫。据中国台湾地区媒体报道，台北市一名私立高中的杨姓高三学生，失恋后心情欠佳，对与女友同年龄的女生体味异常渴望，竟持刀强押落单女高中生至暗处，强取女学生身上之"原味内裤"，借以"抚慰"心灵。自 2005 年 10 月 6 日起，杨便骑着机车于学校附近一带绕行，四处寻找女高中生下手。锁定对象后，杨便会一路尾随被害人，待四下无人之时，戴上套头毛线帽蒙住全脸，将被害人推入大门未锁的公寓楼梯间，以美工刀抵住被害人的脖子或脸，以毁容威胁被害人，要求交付身上所穿之内裤。杨四次犯案，仅一次得手一名苏姓女高中生之内裤。另三次犯案，皆因被害人伺机逃跑或突有住户下楼而未能得逞。2006 年 3 月 6 日，当地法院依连续强制及恐吓罪，分别判处杨 10 个月和 4 个月徒刑，合并执行徒刑 1 年。②

据报道，还有人为了牟利，利用恋物症者以及其他人的需要，在网上出售所谓女性"原味内裤"。此事始发于日本，后传入中国台湾和大陆。③ 我认为，仅从卫生角度看，就应禁止销售"原味内裤"，满足恋物症者的需求甚或避免恋物症者盗窃不能成为其存在的理由。目前可由工商管理部门根据有关法律法规查处。至于"原味内裤"是否属于《刑法》所说"淫秽物品"，出售"原味内裤"是否构成"制作、贩卖、传播淫秽物品罪"，目前尚无权威解释，需要进一步分析。

---

① 骆世勋、宋书功主编《性法医学》，世界图书出版公司，1996，第 456～457 页。
② 蒋永佑：《抢内裤赏味，高中生判一年》，《中国时报》2006 年 3 月 7 日。
③ 参见袁原《网上公开叫卖"二手内裤"》，《上海法治报》2006 年 2 月 10 日；陈俊杰《淘宝网叫停"原味内衣"销售》，《新京报》2006 年 2 月 17 日。

2005 年，中国台湾地区警方查获一名上网卖自己穿过的内衣裤的 17 岁高中女生，警方虽然认为卖二手内衣裤无罪，但认为该女生在留言版写下"面交"、"电爱"等语属于性暗示，所以仍依妨害风化罪嫌将她送交法办。此事引起争论。有人评论说，"原味内裤"不属于"猥亵物"，该女生的留言也只是"新新人类"的网络用语，没有性交易的意思。该女生卖"原味内裤"透露的是这一代青少年追求物质享受的错误观念，值得相关单位重视，但绝非靠警察拼命取缔就可以遏止，尤其警察办案应强调依法行政，不能等抓了人后再来找法条办人。与其法办，倒不如交由社工人员或学校来导正偏差行为。①

　　偷窃症（kleptomania，亦译"窃狂"）也能形成性欲盗窃。偷窃症属于冲动控制障碍，是一种强迫性偷窃，亦被称/译为"偷窃癖"、"偷窃狂"、"病理性偷窃"。偷窃症一旦形成就是长期性的、顽固性的，很难矫正，只是有可能随年龄增长而逐渐缓和。偷窃症与一般惯偷相比，其最重要的特点是不以实际需要、获得经济利益或者满足占有欲为目的，不以物品的经济价值和使用价值为主要取向。偷窃症者经常出现不可言表的、难以抵抗的偷窃欲望，这种欲望如果不能实现，会使他们焦虑不安，于是他们会接二连三地进行偷窃。他们在偷窃前会感到紧张，在偷窃后又会感到轻松，而这种从紧张到轻松的情绪变化，会形成一种强大的刺激，使他们获得一种愉悦。在平时，他们也知道偷窃是不对的，并可能有苦恼、悔恨的情绪。偷窃症者的行为方式也有自己的特点。大多是单独作案；一般对所盗物品没有明显的选择性，偷什么方便就偷什么；通常不利用工具，入室盗窃很少见；作案时自我保护差，至多是寻找他人不注意之机；对所偷物品没有占有欲望，往往是随便处理；被抓获后，大多能认识问题，但一般

---

① 参见蔡依蒨《高中女生卖原味内裤法办》，萧承训《警察自以为是扫黄过当》，均载于《中国时报》2005 年 6 月 19 日。

的教育、惩罚难以使他们改正。

　　根据性心理学的研究，部分偷窃症可能有性方面的原因。有人在偷窃的同时伴随性情绪，甚至出现性兴奋，此谓偷窃色情狂（kleptolagnia，erotic kleptomania，亦译"窃恋"）。霭理士认为"窃恋"与"虐恋"在性质上有连带关系："窃恋可以说是建立在更广泛的虐恋基础之上的，虐恋中的性情绪的联系物是痛楚，窃恋中的性情绪的联系物是一种提心吊胆的心理，而提心吊胆的心理未始不是痛楚的一种。"他还说："窃恋的心理过程实际上是积欲与解欲的性的过程，不过经过一度象征性的变换之后，就成一个偏执性的冲动，而此种冲动，在活跃之际，也必有一番抵拒挣扎，活跃的结果，则为一件很无价值的东西的窃取，往往是一块绸缎的零头或其他类似的物料，除了藉以取得可能的性兴奋而外，可以说全无用处。"①

　　一般认为女性偷窃症较为多见。克莱朗博曾经记录他从1902年到1906年先后见过的四名偷窃丝绸用于自慰的女性患者。四个人都是惯犯，有的已经被宣判了几十次。她们对丝绸有强烈的欲望，以至于无法抗拒。她们走进一家服装店，抓起一件丝质商品，然后冲进试衣间或者电梯，在那里她们将丝绸在阴部摩擦。有一个女人是缝纫工，可以方便地得到丝绸，但她只能在先有偷窃的兴奋时，才能用丝绸自慰。她们只有沉浸在偷窃带来的亢奋时，才能进行自慰。有一个女人就在店铺当中自慰。达到高潮后，这些女人就对丝绸丧失了兴趣，扔掉或者掷于门后。她们都曾经结过婚，但当时没有和男性一起生活。她们都没有从婚姻的性生活中得到任何乐趣。从开始起，她们就对丈夫的咕噜声和面部怪相感到作呕，会等到早晨他们出门去上班后再自慰。即使她们不自慰时，也喜欢握着丝绸，让它从指间滑过。

---

　　① 〔英〕霭理士：《性心理学》，潘光旦译注，生活·读书·新知三联书店，1987，第221～223页。

据她们说，在触摸丝绸时有某种引起性欲的东西，其间发出的声音特别如此。她们把绷紧的丝绸所发出的窸窣声和沙沙作响声体验为性刺激。克莱朗博认为这四个女人都有癔症、性冷淡、性变态和退化。[①]

还有文献指出女性偷窃症者在月经期或月经前容易出现偷窃冲动。例如：

[案例36]（日本的案例）F，女，29岁。家境中等。由于厌倦学习，F在小学二年级就退学了。从12岁时母亲去世开始，F就以拿到现金为目的，侵入无人留守的住宅盗窃，把偷来的钱信手花在零食上。但是家里的钱她不拿，专门溜门撬锁。16岁时开始初潮，虽说是规则地顺利来潮，但在来潮的二三天前，总是焦躁不安，而每次行窃都发生在这一期间。由于多次盗窃，终于在27岁时受到惩役刑。但出狱后恶习不改，又盗窃十几次之多，几乎都是在月经将来前二三天至来月经期间作案的。一旦忧郁焦躁，便冲动性地离家外出。即使手头有钱，也要盗窃。行窃之后，那种焦躁不安的情绪便平静了。盗窃得来的钱物使她感到恐惧，但马上又被行窃的冲动所驱使。29岁时因侵入他人住宅盗窃，被判刑1年6个月。[②]

二　性欲纵火

性欲纵火是一种病理性纵火（pathological fire），属于纵火症的一个亚型，比较少见。纵火症（pyromania）属于冲动控制障碍，指的是这样一种情况：行为人不存在其他精神障碍，但反复出现强烈的纵火欲望；纵火没有任何明显的现实动机，不是为了获得经济利益、报复、

---

① 参见〔荷〕杜威·德拉埃斯马《心灵之扰：精神疾病小史》，张真译，东方出版中心，2012，第223～227页。

② 〔日〕广濑胜世：《女性与犯罪》，姜伟、姜波译，国际文化出版公司，1988，第91页。

掩盖罪证，也不是为了政治上的目的；行为人在纵火前有紧张感，在纵火后有轻松感。一些学者认为可以把这样的纵火行为理解为取得性满足的一种替代。也有学者认为纵火症与性施虐症有关。① 与性有关的纵火，被称为"色情纵火症"（pyrolagnia，亦译"火场色情"）。

自称为"山姆之子"（Son of Sam）的美国系列杀人狂大卫·伯克维茨（David Richard Berkowitz）在演变为系列杀人狂之前在纽约放了两千多次火。每次防火后，当消防队到来时，他就在旁边观看。他在日记里记录了他每次放火和消防队灭火的过程，他甚至记下了灭火的设备和天气情况。而在观看火情时，他会手淫。美国犯罪问题专家约翰·道格拉斯（John Douglas）认为，这个案例表明纵火可能有性的基础。他建议侦探们在纵火案发生时，让犯罪现场摄影师拍下围观人群的照片，然后进行研究。"如果你发现一个脸上有呆愣表情的家伙正在手淫的话，极有可能他就是你要找的纵火犯。"②

[**案例37**] 某男，22岁，农民，小学文化，未婚。性格一般，人际关系融洽，上学时成绩差，留级1次。其父脾气古怪，四爷爷有精神病史。1995年1月7日夜，在村内多处点火时被抓获，疑有精神病取保候审。又于1995年2月夜间在村内点火数处，造成经济损失5000余元。精神检查：意识清，接触主动，检查合作，无幻觉、妄想。自述："自十几岁起愿看做饭时的火焰，曾点火玩数次。"又述："瞬间出现点火的欲望，点火前紧张恐惧，点火后有难以形容的兴奋，看到花花绿绿的火苗心里特别舒畅，火势旺时有性快感并射精。"③

[**案例38**] 某男，21岁。自进入青春期至作案之前，从未有过性

---

① 参见〔美〕Curt R. Bartol、Anne M. Bartol《犯罪心理学（第七版）》，杨波、李林等译，中国轻工业出版社，2009，第366页。
② 〔德〕约翰·道格拉斯、马克·奥尔沙克：《动机剖析——美国联邦调查局侦破大案秘诀》，张向珍等译，海南出版社，2001，第34页。
③ 张彩鸾、张卫红：《纵火癖（附三例报告）》，《四川精神医学》1998年第3期。

冲动及遗精。1996年大专毕业后数次应聘均受挫，认为社会对自己太不公平。1997年6月21日晚10时许突然有强烈的放火念头与冲动，伴紧张和焦虑，随即用打火机点燃电表盒，面对电表发出"噼噼啪啪"的燃烧声和救火场面，顿感刺激及轻松愉快，产生从未有过的性快感和遗精。后又纵火19次，1997年10月1日被抓获。每次纵火均伴有性冲动及性快感，事后多有手淫及遗精。纵火后多不离开现场，有时还参与救火。精神科检查未发现幻觉、妄想等精神病性症状。明知纵火是犯罪行为，但为消除紧张不安和获取性快感而依然纵火，称"一旦冲动起来就无法控制"。诊断为冲动控制障碍，色情纵火症。[1]

下面一例，行为人除有色情纵火外，还曾实施其他性侵害行为，并不是单纯的色情纵火症。

[案例39] 某男，25岁，汽车驾驶员，已婚。因纵火17次于1994年7月被捕。系8个月早产，初中文化，多次转学，成绩差，留级两次，参军两年。个性内向、胆小，人际关系一般，夫妻关系尚可，性生活和谐。幼年患"肺炎"，曾抽风、昏迷。父与伯父有"休克"史。自1993年1月多次夜间外出愉听、偷看他人夫妻做爱，偷看女孩睡觉，曾两次越窗爬入室内强奸睡觉的女孩，点燃窗帘17次，造成火灾1次。精神检查：意识清，衣着一般，接触可，检查尚合作，情绪稍低落，无幻觉、妄想，能讲述作案经过及自十二三岁开始常偷看父母做爱、姊妹裸浴，并且想方设法窥视女性阴部并伴手淫，有时露阴被罚款。称："纵火前有难以控制的点火欲望，看到窗帘着火之后感到特别兴奋、舒畅和满足。"知道已犯法愿接受处罚。[2]

① 陈益民等：《色情纵火癖一例》，《中华精神科杂志》1998年第4期。
② 张彩鸾、张卫红：《纵火癖（附三例报告）》，《四川精神医学》1998年第3期。

第四章

强　奸

第一节　强奸犯罪的构成

一　强奸罪

在中国刑法理论上，"强奸罪"概念有广狭两义。广义的强奸罪包括强奸妇女和奸淫幼女两种情况。根据《刑法》第 236 条第 1 款"以暴力、胁迫或者其他手段强奸妇女的，处三年以上十年以下有期徒刑"之规定和最高人民法院、最高人民检察院、公安部《关于当前办理强奸案件中具体应用法律的若干问题解答》（1984 年 4 月 26 日），狭义的强奸罪是指以暴力、胁迫或者其他手段，违背妇女即已满 14 周岁女性的意志，强行与其发生性交的行为。为与奸淫幼女相区别，也有人将这种强奸罪称为"强奸妇女罪"或"普通（一般、单纯）强奸罪"。

（一）强奸罪的基本特征

1. 对象与行为

在中国古代刑法上，强奸就其本意而言，是男性对女性的犯罪。

《大清律》关于强奸的律文，沿用《大明律》："强奸者，绞。未成者，杖一百，流三千里。奸幼女十二岁以下者，虽和，同强论。"① 顺治三年（1646），在这一条文中加入小注。一是在"绞"字后加"监候"二字，二是对强奸构成的客观要件和侵害对象作出说明，主要是："凡问强奸，须有强暴之状，妇人不能挣脱之情，亦须有人知闻及损伤肤体，毁裂衣服之属，方坐绞罪。若以强合以和成，犹非强也。"② 此注虽未解释何为"奸"，但指出强奸是暴力的，被害人是"妇人"即成年女性。

《大清律》自顺治三年基本确定律文，雍正三年（1725）经增减后形成三十门、436 条律文的定本。因律文比较原则，在康熙、雍正两朝，陆续制定了许多条例，对律文的适用加以解释，与律文并行。乾隆五年（1740），颁行律、例合编的《钦定大清律例》。之后条例又不断增删，同治时期已近两千条。条例中有不少是关于强奸的。《大清律例》关于强奸的条例，一般附于"刑律犯奸"门下律文，而强奸杀人、伤害，抗拒强奸杀人、伤害，强奸致被害人及其亲属自尽，或者有其他犯罪的，按照"二罪俱发以重论"（凡二罪以上俱发，以重者论。罪各等者，从一科断）③ 的原则，则多附于"人命"、"斗殴"门下律文。

《大清律例》曾有若干关于同性强行鸡奸的条例（康熙年间定例，后有增修，清末删除），附于"犯奸"等律文之后，但处罚不同于一般强奸，更为严厉。④ 然而，《大清律例》只是将同性强行鸡奸类比为强奸，而不是列入强奸或者完全视同强奸，并与针对妇女的强奸并论。否则就可以说，中国比西方国家早三百年将同性强行鸡奸列入强奸罪。

---

① 《大明律》，怀效锋点校，法律出版社，1999，第 197 页。
② 《顺治三年奏定律》，王宏治、李建渝点校，为杨一凡、田涛主编《中国珍稀法律典籍续编》第五册，黑龙江人民出版社，2002，第 382 页。
③ 《大清律例》（乾隆五年本），田涛、郑秦点校，法律出版社，1999，第 115 页。
④ 详见本书第九章第三节。

　　清末刑法改革，制定新型刑法典。光绪三十三年（1907）完成
《大清刑律草案》。强奸等性犯罪列于第二十三章"奸非及重婚之
罪"。第274条第1项（当时"条"下的段落称"项"，不称"款"）
规定了强奸妇女："凡用暴行、胁迫，或用药及催眠术并其余方法，
致使不能抗拒，而奸淫妇女者，为强奸罪，处二等以上有期徒刑。"
第2项规定了奸淫幼女："奸未满十二岁之幼女者，以强奸论。"此
外，第275条规定：凡乘人精神丧失或不能抗拒，而为奸淫者，照前
条之例处断。第287条规定对犯强奸罪致人死伤、或致被害人羞忿自
杀或意图自杀而伤害的加重处罚。另在第282第1项规定，第274条
和第275条之罪，"待被害者或其亲族之告诉，始论其罪"。经各部省
签注，刑律草案进一步修改，宣统元年（1910）形成《修正刑律草
案》。《修正刑律草案》规定强奸罪的第285条系对草案第274条略加
修正："凡用暴行、胁迫，药剂、催眠术及其余方法，致使不能抗拒
而奸淫妇女者，为强奸罪，处一等或二等以上有期徒刑。奸未满十二
岁之幼女者，以强奸论。"修正草案按语指出："各部省签注，学部、
两湖、两广、浙江、湖南均以所定之刑过轻，兹斟酌现行律及各签注
更加重一等。至两江谓第二项之罪宜专科死刑，窃惟奸淫之徒固宜重
惩，第究系无关人命，如遽科死刑，非惟与东西各国难期合辙，即征
诸唐律亦并无斯例也。"宣统二年（1911）完成并颁布《钦定大清刑
律》（通称《大清新刑律》）。其第285条关于强奸罪的规定较《修正
刑律草案》又有改动："对妇女以强暴、胁迫，药剂、催眠术或他法，
至使不能抗拒而奸淫之者，为强奸罪，处一等或二等以上有期徒刑。
奸未满十二岁之幼女者，以强奸论。"①《大清新刑律》拟于宣统四年
施行，因清朝覆亡而未施行。中华民国建立后，北洋政府发布《删修

① 参见高汉成主编《〈大清新刑律〉立法资料汇编》，社会科学文献出版社，2013。

新刑律与国体抵触各章条》①，将《大清新刑律》删修后暂时施行，一般称《暂行新刑律》或《中华民国暂行新刑律》。② 民初学者邵义（1874～1918）诠释新刑律强奸罪之奸淫："奸淫者谓仅指异性间之交接，即男女生殖间不法交合之行为，故以异性间为限。"③

1928年，南京国民政府颁布《中华民国刑法》。在该法中，强奸等性犯罪列于第十六章"妨害风化罪"。第240条规定了强奸罪的主要情形，前两项为："对于妇女以强暴、胁迫、药剂、催眠术或他法，至使不能抗拒而奸淫之者，为强奸罪，处七年以上有期徒刑。""奸淫未满十六岁之女子，以强奸论。""以强奸论"的情形从《暂行新刑律》的"奸未满十二岁之幼女"改为"奸淫未满十六岁之女子"，扩大了适用范围。第240条其余各项规定了对轮奸、强奸至被害人死亡或重伤、被害人羞忿自杀或意图自杀而致重伤的加重处罚。第242条第1项规定："对于妇女乘其心神丧失或其他相类之情形不能抗拒，而奸淫之者，处三年以上十年以下有期徒刑。"第3项规定对实施第1项之罪至被害人死亡或重伤、被害人羞忿自杀或意图自杀而致重伤的加重处罚。第243条的内容是《暂行新刑律》所没有的，规定了特殊人员对特殊对象犯强奸、强制猥亵等罪的加重处罚："（一）直系或旁系尊亲属对于卑幼犯之者；（二）监护人、保佐人对于其所监护或保佐之人犯之者；（三）师傅对于未满二十岁之学徒犯之者；（四）官立公立病院、济贫院或救济院之职员对于收容之人犯之者。"第244条第1项规定："以诈术使妇女误信有夫妻关系而听从其奸淫者，处三年以上十年以下有期徒刑。"这也是《暂行新刑律》所没有的。此外，第250条规定：犯强奸等罪，"须告诉乃论"。④

---

① 《临时公报》1912年4月3日。
② 参见《法部修正中华民国暂行新刑律》，《司法汇报》第2期，1912年。
③ 邵义：《刑律释义》，中华书局，1917，第233页。
④ 《中华民国刑法（十七年三月十日公布）》，《最高法院公报》创刊号，1928年。

1935 年，《中华民国刑法》又经修正。[①] 新法强奸罪条款（第 221 条）的主要变化是：第 1 项的刑罚调整为"五年以上有期徒刑"，第 2 项"以强奸论"的"奸淫未满十六岁之女子"改为"奸淫未满十四岁之女子"。同时，新增一条规定（第 227 条第 1 项）："奸淫十四岁以上未满十六岁之女子，处一年以上七年以下有期徒刑。"即是说，"奸淫十四岁以上未满十六岁之女子"不以强奸论，但也构成犯罪，然刑罚较轻。对于此罪（而非第 221 条第 2 项），当时学者和后来台湾学者称为"奸淫幼女罪"。[②] 另外，新法第 228 条对旧法第 243 条的内容重新梳理规定："对于因亲属、监护、教养、救济、公务或业务关系服从自己监督之人，利用权势而奸淫或为猥亵之行为者，处五年以下有期徒刑。"

当代中国《刑法》上的强奸罪，基本遵循传统定义。其特征首先是，犯罪被害人只能为妇女，此为明文规定。强奸罪的客体即侵犯的法益是妇女的性权利、性自由。其次，强奸指强行性交。当代中国法律没有对"性交"的含义作出规定。在司法实践和刑法理论中，一般认为，强奸罪中的性交是指两性生殖器接合或称交合，即阴茎－阴道性交。进而说，强奸是指强制阴茎－阴道性交。再次，阴茎－阴道性交虽为两性双方行为，但一般认为，能够强行实施阴茎－阴道性交的，限于男性。因而强奸的具体实施者只能是男性。只有男性可以成为强奸罪的直接正犯（unmittelbarer täter）。女性只可能作为组织犯、帮助犯、教唆犯成为强奸罪主体。简而言之，在中国现行《刑法》上，强奸是指男性对妇女实施强制阴茎－阴道性交。而普通强奸罪，则是指男性对 14 岁以上妇女实施强制阴茎－阴道性交行为。

强制阴茎－阴道性交行为之外的强制性行为，如肛交、口交、抠摸生殖器等，被归入猥亵。猥亵也见于强奸犯罪中。对强奸过程中发

---

① 《中华民国刑法（二十四年一月一日公布）》，《立法院公报》第 66 期，1935 年。
② 参见陈朴生编著《刑法各论》，台北正中书局，1978，第 176 页。

生的猥亵行为一般不单独治罪，但量刑时考虑这一情节。有强奸故意，但因客观原因仅仅实施了猥亵而没有实施阴茎－阴道性交的，属于强奸未遂；有强奸故意并实施了猥亵，但主动不进行阴茎－阴道性交的，属于强奸中止。另一方面，有猥亵故意和行为而没有强奸故意和行为，不构成强奸罪而构成强制猥亵罪——《刑法修正案（九）》之前为强制猥亵妇女罪。

根据《刑法》，实施强奸，导致被害人性器官严重损伤或者造成其他严重伤害，甚至当场死亡或者经治疗无效死亡的，属于强奸罪的严重后果，加重处罚。如果行为人出于报复、灭口等动机，或为性施虐杀人狂，在强奸后伤害或者杀死妇女，应分别定强奸罪和故意杀人罪或者故意伤害罪，数罪并罚。

在20世纪中叶之前，各国刑法所列强奸罪也基本限定于男性实施的强制阴茎－阴道性交。但是在20世纪下半叶，尤其是在80年代后，随着人们性观念的改变和同性恋问题的明朗化，这种情况发生了改变。

最大的改变是许多国家的刑法不再把强奸罪限定为男性针对女性的犯罪。男性或者女性对同性实施性侵害，甚至女性对男性实施性侵害，也都可能构成强奸罪。与此相适应，强奸罪不再被限定为强行发生传统意义上的性交即阴茎－阴道性交的行为。异性或者同性的口交、异性或者同性的肛交、手指插入阴道或者肛门，也可以成为强奸的方式。在条文表述上，各国不尽相同。有些国家是用"性行为"、"性进入行为"替代"性交"。1994年《法国刑法典》第222－23条规定："以暴力、强制、威胁或趁人无备，施以任何性进入行为（pénétration sexuelle），无论其为何种性质，均为强奸罪。"[1]《意大利

---

[1] 《法国刑法典》，罗结珍译，中国人民公安大学出版社，1995；《法国新刑法典》，罗结珍译，中国法制出版社，2003。

刑法典》在 1996 年甚至取消传统的"强奸"（della violenza carnale）罪名，而以"性暴力"（violenza sessuale）取而代之。第 609 - 2 条规定："采用暴力或威胁手段或者通过滥用权力，强迫他人实施或者接受性行为（atti sessuali）的，处以 5 年至 10 年有期徒刑。"[1] 1975 年《德国刑法典》对强奸罪的定义是"以暴力或者胁迫手段，强迫妇女与自己或他人实施婚姻外性交行为"，而到 1997 年修订时，将强奸与强制猥亵规定在一条（§177 Sexuelle Nötigung；Vergewaltigung），取消"妇女"（Frau）和"婚姻外"（außerehelich）的限定，并且将"性交"（Beischlaf）更改为"性行为"（sexuelle Handlungen）。[2]《瑞典刑法典》规定的强奸，是指"强迫他人性交或者从事类似的性行为"。[3]

有些国家是把性交、肛交、口交、其他物品插入等并列，都作为强奸的方式，有的还列出阴道、肛门、口腔等强奸进入的部位。《西班牙刑法典》第 179 条规定："如果性侵犯是通过阴道、肛门或者口腔等肉体途径，或者以阴道和肛门的接触进行的，构成强奸罪的，处 6 年以上 12 年以下徒刑。"[4]《奥地利刑法典》第 201 条规定："以对其实施严重的暴力或以立即严重伤害其身体或生命相威胁，强迫他人实施或容忍性交或与性交相似的性行为的，处 1 年以上 10 年以下自由刑。"[5]《挪威刑法典》在规定强奸罪等性犯罪的"妨害风化的重罪"一章中规定（第 213 条）："性交一词在本章中包括阴道性交和

[1] 《意大利刑法典》，黄风译，中国政法大学出版社，1998；《最新意大利刑法典》，黄风译注，法律出版社，2007。

[2] 《德意志联邦共和国刑法典》，徐久生译，中国政法大学出版社，1991；《德国刑法典》，徐久生、庄敬华译，中国方正出版社，2004。并参见 Strafgesetzbuch für das Deutsche Reich vom 15. Mai 1871. Historisch-synoptische Edition. 1871 - 2009，http://lexetius.com/leges/StGB/Inhalt? 2。

[3] 《瑞典刑法典》，陈琴译，北京大学出版社，2005。

[4] 《西班牙刑法典》，潘灯译，中国政法大学出版社，2004。

[5] 《奥地利联邦共和国刑法典（2002 年修订）》，徐久生译，中国方正出版社，2004。

肛门性交。阴茎插入口部以及物品插入阴道或者直肠的，等同于性交。"①《葡萄牙刑法典》第 164 条规定："行为人使用暴力、严重威胁手段或者出于实施本罪的目的使人丧失意识或者陷入不能抗拒状态，强迫他人：a）忍受行为人或者第三人对其实施、性交、肛交、口交，或者强迫他人对行为人或者第三人实施性交、肛交、口交；或者 b）忍受身体的某一部分或者物品进入其阴道或者肛门的，处 3 至 10 年监禁。"②

在另一法系，美英两国的强奸罪虽然还是将阴茎的插入作为主要标志，但插入的部位不限于阴道。美国法学会（American Law Institute，ALI）起草并于 1962 年完成的《模范刑法典》（Model Penal Code），虽仍然限定"强奸"是男性以性交（sexual intercourse）侵犯不是其配偶的女性的犯罪，但把强制口交、肛交——即经口腔、肛门进行的性交（intercourse per os or per anum）纳入"强奸"的范畴。在英国，《1956 年性犯罪法》（Sexual Offences Act 1956）③ 所规定的强奸罪也是指男人强行与女人发生性交。《1994 年刑事审判和公共秩序法》（Criminal Justice and Public Order Act 1994）则把男男之间和男女之间的强制肛交也纳入强奸罪。《2003 年性犯罪法》（Sexual Offences Act 2003）则进一步修正性交的定义，强行将阴茎插入他人阴道、肛门和口腔都构成强奸罪。④

联合国设立（2002 年正式成立）的国际刑事法院（International Criminal Court，ICC）采用了广义的强奸定义。其《犯罪要件》（Elements of Crimes）规定，强奸是指"行为人侵入（invaded）某人身体，其行为导致不论如何轻微地以性器官进入被害人或行为人身体

---

① 《挪威一般公民刑法典》，马松建译，北京大学出版社，2005。
② 《葡萄牙刑法典》，陈志军译，中国人民公安大学出版社，2010。
③ http：//www. legislation. gov. uk/ukpga/1956/69/pdfs/ukpga_ 19560069_ en. pdf.
④ http：//www. legislation. gov. uk/ukpga/2003/42/contents.

任一部位，或以任何物体或身体其他任何部位进入被害人的肛门或生殖器官。"①

中国台湾地区的"刑法"（沿用 1935 年《中华民国刑法》）紧随潮流。它在 1999 年修正时，以新的标准对"性交"的概念作了界定。该法第 10 条第 5 项规定，所谓"性交"，是指"性侵入"行为，不仅包括"以性器进入他人之性器、肛门或口腔之行为"，还包括"以性器以外之其他身体部位或器物进入他人之性器、肛门之行为"。在分则的修正中，除将强奸、猥亵等犯罪从"妨害风化罪"一章中分离出来单立"妨害性自主罪"一章，还以"强制性交罪"罪名取代传统的"强奸罪"罪名。强制性交罪是指"对于男女以强暴、胁迫、恐吓、催眠术或其他违反其意愿之方法而为性交"。另外，还取消了强制性交罪（原强奸罪）等罪"告诉乃论"的限制。

2005 年 2 月，台湾地区"刑法"又有修正，其中包括"性交"的定义。修正后的第 10 条第 5 项规定："称性交者，谓非基于正当目的所为之下列性侵入行为：一、以性器进入他人之性器、肛门或口腔，或使之接合之行为。二、以性器以外之其他身体部位或器物进入他人之性器、肛门，或使之接合之行为。"增加"非基于正当目的"和"使之接合"之文字，是为了将妇产科医生等基于业务需要接触他人敏感器官的情况从"性侵入"中排除。②

最新的刑法强奸罪规定的改造发生在日本。2017 年 6 月，日本国会通过《刑法一部分改正的法律》（平成二十九年法律第七十二号）。③

① 参见〔加拿大〕威廉·A. 夏巴斯《国际刑事法院导论》，黄芳译，中国人民公安大学出版社，2006，第 334 页。
② 参见许玉秀主编《新学林分科六法·刑法》，台北新学林出版股份有限公司，2006。
③ 《刑法の一部を改正する法律》，http：//www. shugiin. go. jp/internet/itdb_ housei. nsf/html/housei/19320170623072. htm；《法务省：刑法の一部を改正する法律案》，http：//www. moj. go. jp/keiji1/keiji12_ 00140. html。另参见姚培培《2017 年日本刑法立法动向：性犯罪大幅度修改、"共谋罪"7 月 11 日起实施》，北大法学信息网法学在线。

其中，《日本刑法典》关于强奸罪的第177条规定有重大修正，犯罪主体、被害人、性侵害方式的范围得到扩张："强奸罪"改为"强制性交等罪"，"奸淫"改为"性交、肛门性交、口腔性交"，"女子"改为"者"，并提高法定刑上限。条文从"使用暴行或者胁迫奸淫十三岁以上女子的，为强奸罪，处三年以上有期惩役。对未满十三岁的女子实施奸淫，同样"变为"对十三岁以上者，使用暴行、胁迫而实施性交、肛门性交或者口腔性交（以下称为'性交等'）的，处五年以上有期惩役。对未满十三岁者实施性交等的，同样"。① 所谓性交、肛门性交、口腔性交，都是指阴茎进入人体器官孔道（阴道、肛门、口腔）的行为，即阴茎进入式性交，不包括身体其他部位或器物进入人体器官孔道。强制对他人进行阴茎进入式性交，或者强制他人与自己进行阴茎进入式性交，都构成强制性交等罪。② 此次修正，强制猥亵罪的条文也有相应变化，还废除了有关强制猥亵、强制性交等犯罪为亲告罪的规定。

从发展趋势判断，中国大陆《刑法》的强奸罪规定终将作出扩大性修正——取消行为人、被害人性别限定，更新"强奸"和"奸淫"的定义。强奸罪外延的扩大将导致对强奸罪与强制猥亵罪边界的重新划定。有些以前属于强制猥亵罪的行为将被纳入强奸罪（或新罪名）。强奸罪的既遂标准也将发生变化。而刑法学关于强奸罪的学说的"革命"，也是可以预见的。

2. 违背妇女意志

与《大清律》"凡问强奸，须有强暴之状，妇人不能挣脱之情"的标准不同，根据当代中国《刑法》规定和有关司法解释，强奸罪构

---

① 2017年改正第177条：十三歳以上の者に对し、暴行又は脅迫を用いて性交、肛門性交又は口腔性交（以下「性交等」という。）をした者は、强制性交等の罪とし、五年以上の有期懲役に処する。十三歳未満の者に对し、性交等をした者も、同様とする。

② 参见〔日〕前泽贵子《性犯罪规定に係る刑法改正法案の概要》，日本国立国会图书馆《調査と情報》第962号，2017年5月22日。

成的关键在于与妇女发生性交是否违背妇女的意志，使用何种手段是次要的，至于妇女是否反抗则不影响该罪的成立与否。因此，刑法学界的流行观点认为"违背妇女意志"（以后将被"违背他人意志"取代）是强奸罪的本质特征。而有些国家的刑法在规定强奸罪时更强调使用暴力和以暴力相威胁以及暴力威胁应当是有可能立即实施的。例如，《德国刑法典》第 177 条对强奸罪的规定很严格，只有以下列三种方式之一强迫他人忍受行为人或第三人的性行为，或让其与行为人或第三人为性行为的，方构成强奸罪：其一，行为人使用暴力；其二，以对他人的身体或生命立即予以加害相威胁；其三，利用被害人由行为人任意摆布的无助处境。也就是说，在《德国刑法典》中，威胁手段必须是告知对身体和生命的加害，而且这个加害必须是可能立即实施的。由此可以推断出，《德国刑法典》的强奸罪，行为人表示威胁意思与实施性行为，在时间上是衔接的，在这个时间段里，被害人始终处于被强迫、被控制之中。日本刑法学家牧野英一（1878～1970）在阐释《日本刑法典》第 177 条强奸罪的规定时指出："所谓暴行胁迫之语，可解为最狭义者，即其暴行为拘束身体抑压有形之反抗之谓也。胁迫者，通知害恶而使生畏怖心，至于丧失自由意志者也。只属于恐吓程度之行为，不得称为强奸。"① 而中国《刑法》强奸罪的"胁迫手段"则宽泛得多。根据 1984 年最高人民法院、最高人民检察院和公安部《关于当前办理强奸案件中具体应用法律的若干问题解答》，强奸罪的胁迫不限于以危害身体或生命相威胁，只要是对被害人不利的行为都可构成；而且，强奸罪的胁迫也不限于以可能立即实施的损害相威胁，甚至也不要求必须是可能实施的损害。由于对胁迫内容的实施没有时间上的限制，只要被害人相信胁迫的内容，

---

① 〔日〕牧野英一：《日本刑法通义》，陈承泽译，李克非点校，中国政法大学出版社，2003，第 172 页。

双方无论是在行为人进行胁迫的当时以及随后发生性关系，还是在以后某天发生性关系，行为人都构成强奸罪。这种强奸，精神病人通常做不出来，但是精神病人特别是精神发育迟滞者有可能成为其牺牲品。拙劣的吓唬难以使一般人屈服，但对智力欠发达的精神发育迟滞者或许可以产生很大的作用。

　　然而，什么是"违背妇女的意志"，最高人民法院、最高人民检察院和公安部《关于当前办理强奸案件中具体应用法律的若干问题解答》没有给出进一步的说明。意志是一种心理状态或者心理过程，须以语言或行动等方式表示出来，外人才可认知。"违背妇女的意志"是指妇女没有表示同意，① 还是指妇女已经通过语言或者肢体动作表示拒绝？两者有明显差异。比较"没有表示同意"标准与"已经表示拒绝"标准，前者将使强奸罪的外延更宽，更有利于保护被害人。"没有表示同意"标准不需要被害人做什么，而"已经表示拒绝"标准则要求被害人必须通过语言或者肢体动作表明反对态度，是一种苛责。另一方面，以妇女"没有表示同意"作为"违背妇女的意志"的标准，对男方的要求似乎也过于严格。按此标准，强奸犯可能增加不少。这一标准基本不能适用于有着性关系的男女。在已有性关系的情侣之间、熟人之间发生性交，因有基于以往性关系的默契、习惯，通常不会刻意征求对方同意。即使是未曾发生过性关系的男女，在热恋之中或者一见钟情之下，因性欲冲动，发生第一次性交，男方也未必征求女方明确表示同意。尤其是，如果以后"婚内强奸"入刑，也以妻子"没有表示同意"作为"违背妇女的意志"的标准，那将使婚姻难以为继或者"名存实亡"。丈夫与熟睡或者半睡半醒的妻子进行性交，是否应按强奸罪追究刑责？或者全凭妻子在事后追认同意才

---

① 有学者认为"未经被害人同意"是强奸罪的本质特征。参见魏汉涛《强奸罪的本质特征与立法模式之反思》，《环球法律评论》2012 年第 4 期。

能免除刑责？如果性交定义发生改变，妻子对熟睡或者半睡半醒的丈夫实施口交，是否也构成强奸罪？显然，仅以"没有表示同意"为标准不足以公正、公平地认定"违背妇女的意志"。

在刑法和刑法学上，"强奸"不是一个内涵外延很清晰的概念。"强奸"的字面意思是强制性交（compulsory intercourse）。按字面意思来定义，只有对他人实施了足以压制其反抗意志及其外在表现的暴力行为之后发生的性交，才构成"强奸"。然而，刑法上的强奸罪包括暴力的"强奸"和非暴力的"强奸"。如果不区分这两类基本情况，概念定义不统一，各说各话，在讨论刑法上的强奸罪本质特征及其判断标准之时，可能陷入混沌之中。德国近代刑法学的奠基人冯·费尔巴哈（Paul Johann Anselm von Feuerbach，1775~1833。哲学家路德维希·费尔巴哈的父亲）将我们所说的"强奸"称为"非自愿的奸淫"（stuprum non voluntarium——拉丁文），即非自愿性交，显然更明白准确。冯·费尔巴哈认为，非自愿奸淫是指另一方不情愿的性交，分为：Ⅰ．暴力奸淫（stuprum violentum），即暴力的非自愿奸淫，指行为人以非法暴力手段强迫不愿受侮辱的女性与之性交。Ⅱ．非暴力的非自愿奸淫（stuprum nee voluntarium nee violentum），指行为人未经女性自愿同意，但未使用暴力而与之性交。此类奸淫以性交时不知反抗或者不了解行为性质之人为对象，包括：a. 睡觉者；b. 酒醉者；c. 精神错乱者和疯狂者；d. 纯洁的姑娘。冯·费尔巴哈的门生和其著作的出版者米特迈尔（C. J. A. Mittermaier）补充认为，在认定暴力和非暴力的非自愿的奸淫时，应当注意区分下列情况：（1）使用暴力与不满12岁幼女发生性交，是真正的暴力奸淫，属于Ⅰ类。（2）未使用暴力与未嫁人的姑娘发生性交的，是一种不同于暴力奸淫的独立犯罪。（3）使得妇女处于无意识状态而实施性交的，处罚应当重于严重的侮辱。（4）利用他人意识糊涂的状况，例如沉睡、醉酒，来实施性交行为，其处罚同样应当重于严重的侮辱。（5）用诡计，比如假结婚，为性交行为。①

至少可以在学理讨论中引入或者使用"非自愿性交"（involuntary intercourse）这个概念，以替代含义模糊的"强奸"。这样更便于考察"违背妇女的意志"的性交的具体情形，并制定相应的刑事对策。全面审视我国《刑法》第236条第1款和第2款，可以将归入广义强奸罪的行为划分为以下部类。

第一，强制的非自愿性交。这是典型或狭义的"强制性交"。包括：

（1）暴力的非自愿性交，即以暴力手段强行与女性（包括妇女和幼女，下同）发生性交。这是真正的或者说是最狭义的"强奸"和"强奸罪"。

（2）胁迫的非自愿性交，即对女性进行精神强制，迫使女性顺从，而发生性交。精神强制之方法有扬言行凶报复、揭发隐私、加害亲属等相威胁，利用迷信进行恐吓，利用教养关系、从属关系、职权进行挟制、迫害等。

第二，非强制的非自愿性交，即未经女性同意，但亦未使用暴力或胁迫手段，而与她们发生性交。此为刑法学所谓"准强奸罪"。②包括：

（1）乘机的非自愿性交，即"乘机奸淫"③。此类性交，被害人都处于不能抗拒的状态，而行为人加以利用。可细分多种情况。A.不知的非自愿性交，即行为人在女性处于不是他制造的熟睡、醉酒、麻醉、昏迷、短暂心神丧失等无意识状态之时，与之进行性交。B.

---

① 参见〔德〕安塞尔姆·里特尔·冯·费尔巴哈《德国刑法教科书》（第十四版），徐久生译，中国方正出版社，2010，第236～238页。在该译本中，stuprum violentum译为"强奸"，stuprum nee voluntarium nee violentum译为"狭义的非自愿奸淫"。
② 参见〔日〕木村龟二主编《刑法学词典》，顾肖荣、郑树周等译校，上海翻译出版公司，1991，第611页。
③ 参见郭卫《刑法学各论》，上海法学编译社，1946，第93～95页。

制造不知的非自愿性交，即行为人以催眠等非暴力方法，或以酒精、药物、毒品等物质，使女性处于熟睡、醉酒、麻醉、昏迷、短暂心神丧失等无意识状态，继而与之进行性交。C. 无力抗拒的非自愿性交，即在女性罹患躯体重病或发生重伤、经历外科手术，虽然意识清楚但无行动能力，不能抗拒之时，与之进行性交。D. 错认的非自愿性交，即行为人以诈术等方法，或利用环境昏暗、浅睡女性意识模糊，使女性误信行为人是其丈夫或性伴侣，不拒绝与行为人发生性交。

（2）与精神障碍患者的非强制的非自愿性交，即与精神病女性、智障女性发生无暴力或胁迫的性交。有些重度智障女性、严重精神障碍的女性患者不拒绝他人与之性交，甚至可能表示同意，抑或主动，看似自愿，但如果无性行为理解能力，此种自愿不被法律承认。过去亦将这种情况归入乘机性交，但精神病和智障的存在不是短暂的状态，而是延续的状态，另列为宜。使用暴力、胁迫手段与精神病女性、智障女性发生性交的，属于前述的"强制性交"。《关于当前办理强奸案件中具体应用法律的若干问题的解答》规定："明知妇女是精神病患者或者痴呆者（程度严重的）而与其发生性行为的，不管犯罪分子采取什么手段，都应以强奸罪论处。与间歇性精神病患者在未发病期间发生性行为，妇女本人同意的，不构成强奸罪。"在一些强奸案件中，需要对被害妇女的精神状况和智力水平作出鉴定，以明确其是否患有精神病，是否是精神发育迟滞患者，是否不能理解性交的性质。由此在司法精神医学鉴定中产生了一种被称为"妇女性自卫能力鉴定"的专门鉴定。

（3）与幼女的非强制性的非自愿交，即与幼女发生无暴力或胁迫的性交。有些幼女对性交没有抗拒，还可能表示同意，甚至主动，看似自愿，但因其未达到法定性行为同意年龄，此种自愿视为非自愿。使用暴力、胁迫手段与幼女发生性交的，构成前述的"强制性交"。对与幼女发生性交，即"奸淫幼女"，稍后将进一步讨论。

（二）婚内强奸问题

婚内强奸——主要指丈夫强行与妻子性交（不能排除妻子强行与丈夫性交）——是否构成强奸罪的问题，曾经长期困扰西方国家刑法学界。传统理论认为丈夫强行与妻子性交不构成强奸罪，丈夫享有"婚内强奸豁免权"（marital rape exemption）。冯·费尔巴哈认为："享有性交权的人，如丈夫，强迫妻子为性交行为的，不构成强奸罪。"[1] 霭理士描述："一个男人可能强奸一名妓女，但他不可能强奸他的妻子。她嫁给一个男人，一旦同意圆房时与他性交，之后就是永远同意了。今后无论发生什么新的情况，他都可以和她性交而无须征得她的同意，即使他明知自己正在罹患花柳病也无须顾问。"[2] 有些国家的刑法还明确规定强奸罪是男子强行与妻子之外的女性性交。1962年美国《模范刑法典》和1975年《德国刑法典》就是这样。在《模范刑法典》影响下，美国伊利诺伊州《刑法》规定："14岁以上男子同不是其妻子的妇女以暴力方式在违背她意志的情况下发生性交，构成强奸罪。"但在20世纪后期，随着女权运动的发展和对妇女人权保护的加强，在理论上，认为丈夫可以成为强奸罪主体，逐渐成为主流观点。[3] 进而，立法也发生变化。在美国，内布拉斯加州在1976年成为第一个彻底废除婚内强奸豁免权的州，其他州随后纷纷效仿。到

---

[1] 〔德〕安塞尔姆·里特尔·冯·费尔巴哈：《德国刑法教科书》（第十四版），徐久生译，中国方正出版社，2010，第241页。

[2] 〔英〕霭理士《性与社会》，潘光旦、胡寿文译，商务印书馆，2016，第640页。

[3] 国外有关讨论情况，可参见〔澳〕乔斯林·A. 斯卡特《爱、尊重和免受惩罚的强奸：妻子作为强奸罪的被害人与刑法》，陈志宵译，载〔德〕汉斯·约阿西姆·施奈德主编《国际范围内的被害人》，许章润等译，中国人民公安大学出版社，1992；〔美〕亚当·朱思《扭曲的心灵》，吴庶任译，内蒙古人民出版社，1997；〔英〕乔安娜·伯克《性暴力史》，马凡等译，江苏人民出版社，2014，第317～342页。

1993 年，所有的州都废除了婚内强奸豁免权。1992 年全英国废除婚内强奸豁免权。有些国家明文规定丈夫强行与妻子性交构成强奸罪。《法国刑法典》第 222 - 22 条第 2 款规定："无论侵害人和受害人之间存在何种类型的关系，即便是婚姻关系，在本节规定的情形下向受害人施以性侵害，都构成强奸罪或其他性侵犯罪。"（根据 2010 年 7 月 9 日第 201—769 号关于针对妇女的暴力行为，夫妻间的暴力及其对子女的影响的法律增加）。[1] 瑞士规定共同生活的丈夫强奸妻子，构成强奸罪，但告诉乃论。[2] 奥地利规定，对配偶或非婚姻共同生活之人实施强奸或性的强制，造成身体严重伤害的，经被害人要求，可以对行为人进行追诉。[3] 德国、意大利的新刑法关于强奸罪的新规定虽然没有说明丈夫强奸妻子可以构成强奸罪，但被公认为是实际上排除了丈夫豁免。

对此问题，中国刑法学界亦早有讨论。一百年前，民初学者陈承泽（1885～1922）在诠释《暂行新刑律》强奸罪条文时指出："奸淫者，男女间不正之性交之谓也。故夫妇间之性交，不为奸淫。夫妇间有强行性交之情事时，虽有时可构成单纯之胁迫罪，而不得为强奸罪。"他还提及："以夫妇间有同衾义务，此种行为，在夫妇间不生侵害洁清关系之问题，但有反对说。"[4] 夏勤认为："强奸罪之客体，要系有效婚姻以外之妇女，夫妇之间，强奸不能成立。即使夫反妻意实施强奸之行为，苟夫妇间身分关系存在，法律上不能以强奸论罪。惟夫对妻无强暴胁迫之权，故强暴胁迫之罪（指强迫罪——刘注），决不因夫妻关系而消灭。"[5] 1930 年代，在讨论刑法修正时，学界又起争议。1931 年和 1935 年《法律评论》杂志即刊有持正反两种意见的

[1] 《最新法国刑法典》，朱琳译，法律出版社，2016。
[2] 《瑞士联邦刑法典（2003 年修订）》，徐久生、庄敬华译，中国方正出版社，2004。
[3] 《奥地利联邦共和国刑法典》，徐久生译，中国方正出版社，2004。
[4] 陈承泽：《中华民国暂行刑律释义（分则）》，商务印书馆，1913，第 125 页。
[5] 《朝阳大学法律科讲义：刑法分则》，夏勤述，胡长清疏，朝阳大学印行，1927，第 49 页。

文章。① 在当今，人们对于现行《刑法》是否排除丈夫强奸罪豁免的意见分歧依然如故。一方认为，《刑法》关于强奸罪的表述"以暴力、胁迫或者其他手段强奸妇女"没有限定行为人的身份，因而丈夫强行与妻子性交也构成强奸罪。另一方有学者认为，"强奸"之"奸"具有明显贬义，是指婚外的不正当性关系，而合法夫妻的性关系不属于"奸"。② 其实，从文字上推断立法的原意是不可行的，文字虽然没有排除丈夫强奸罪豁免，但立法者毫无疑问根本就没有考虑到婚内强奸问题。不能用现在的意识来判断当初立法的原意。从唐律到清律都没有说丈夫强奸妻子不构成强奸罪，但不能因此断言在中国古代丈夫强行与妻子性交就构成强奸罪。在当代中国司法实践中，也没有把丈夫强行与妻子性交作为强奸罪处理。曾有王卫明强奸案③，被一些人视为中国的丈夫强行与妻子发生性关系按强奸罪处理的第一案。但王卫明强奸案有其特殊性。王卫明与被害人已分居达 16 个月之久，且他先后两次提出离婚诉讼请求，法院一审已判决他们离婚，虽然该判决尚未发生法律效力，但两人已不具备正常的夫妻关系，因而法院判定王卫明此时强行与妻子性交构成强奸罪是合理的。④ 说起来，前夫强奸前妻被判定构成犯罪，在中国不是新鲜事，秦代就有案例。近年整理的"岳麓秦简"记

---

① 参见李宣《论夫妻间强奸罪之成立问题》，《法律评论》1931 年第 8 卷第 27 期（总第 391 期）；陈雪卿《夫妻间强奸罪之我见》，《法律评论》1931 年第 8 卷第 36 期（总第 400 期）；葛佛民《夫对于妻，以强暴胁迫强求性交，是否构成强奸罪》，《法律评论》1935 年第 12 卷第 25 期（总第 597 期），1935 年；承谷香《评夫对于妻以强暴协迫强求性交是否构成强奸》，《法律评论》1935 年第 12 卷第 29 期（总第 601 期）。
② 国内当代有关讨论情况，可参见冀祥德《婚内强奸问题研究》，人民法院出版社，2005。
③ 参见最高人民法院刑事审判一至五庭主编《中国刑事审判指导案例·3，侵犯公民人身权利、民主权利罪》，法律出版社，2012，第 458～459 页。
④ 此案不同于被认为是取消"婚内强奸豁免权"的 1991 年英国皇室诉 R（R. v. R.）一案。英国上议院在审理该案时认为，妻子不须通过法律程序，而只要表达离开丈夫的企图（如搬离家庭），便已经撤销"婚姻同意/权利"，有权控告丈夫强奸。参见周华山、赵文宗《整合女性主义与后殖民论述——重新阅读中国婚内强奸法》，《法学前沿》第三辑，法律出版社，1999。

有一强奸未遂案"得之强与弃妻奸"：这个叫"得之"的男人已将其妻子遗弃，但在某日傍晚路遇弃妻，将她揪住按倒在地，掀起下裳，欲与她发生性交。弃妻不从，使劲反抗，得之便实施殴打。弃妻害怕，就假装跟他说，去里门内的住宿处。到里门内，碰到两位邻居，她向他们求救，得之未能得逞。后得之被判刑，并贬为"隶臣"（奴仆）。[①]

在目前情况下，由于《刑法》有关规定的限制，以及公众对婚内强奸的性质还没有形成新的共识，对在婚姻关系正常存续期间，丈夫强行与妻子性交的，不应定强奸罪。仅当婚姻关系发生实质性破裂，夫妻一方提出离婚诉讼并经法院受理后，如果丈夫强行与妻子性交才可以强奸定罪。[②] 对丈夫经常性地强行与妻子性交，现行《刑法》也不是无能为力，被害人如果告诉，可以按虐待罪处理，发生严重伤害后果的，不告诉也可处罚。当然，婚内强奸问题最终应得到彻底解决。在各方面条件成熟时，《刑法》应修正强奸罪条款，以适当的表述明确排除丈夫（以及妻子）豁免。

这个问题与本书的主题有密切的关系。精神障碍者有可能发生婚内强奸，而婚内强奸的被害人也有可能是精神障碍者。如果以后确定丈夫强行与妻子性交构成强奸罪，如何处理丈夫与婚后罹患精神病且丧失性理解能力的妻子发生性关系这种情况，是一个更为棘手的问题。从行为性质上说，那是地地道道的强奸，但应当将那样的丈夫都绳之以法吗？另外，如果强奸罪排除丈夫（以及妻子）豁免，强制猥亵罪也应相应排除丈夫（以及妻子）豁免。[③] 甚至，《治安管理处罚法》也应作出修

[①] 参见《岳麓书院藏秦简（叁）》，朱汉民、陈松长主编，上海辞书出版社，2013，第196～201页。

[②] 中国法学会提出的《中华人民共和国家庭暴力防治法》建议稿，在第66条设立了婚内强奸罪："夫妻双方因感情不和异地分居或人民法院正在审理双方离婚案件期间，一方以暴力手段强行与另一方发生性关系的，处五年以下有期徒刑或者拘役。"参见陈明侠等主编《家庭暴力防治法基础性建构研究》，中国社会科学出版社，2005，第162页。

[③] 1932年南京国民政府司法院曾作出解释，丈夫强行鸡奸妻子构成强制猥亵罪。详见本书第六章第一节。

改，禁止并且惩罚未经配偶同意的露阴、窥阴等行为。这荒唐吗？《法国刑法典》已经在2010年将婚内强制猥亵列入性侵犯罪（前述第222－22条第2款）。后面还将提到，英国已经有处罚丈夫偷窥妻子的案例。

在目前，虽然丈夫不能成为强奸罪的单独直接正犯，但是丈夫如果伙同第三人轮奸自己的妻子，或者教唆、帮助他人强奸自己的妻子，则构成强奸罪，以共犯论处。这样的丈夫，如果不是利欲熏心，就是变态疯狂。例如：

[案例40] 颜某，男，32岁，工人。1973年因帮助他人强奸胞妹被判刑7年，服刑期间又与同监犯人鸡奸，被加刑2年。1982年12月，颜与易某结婚后，以"我爱人性欲强，我无法满足她，请朋友帮忙"为由，迫使易先后与十多名男子发生性关系。行奸时，颜站在一边观看。行奸后，颜便与男子鸡奸。颜先后与雷某、何某、袁某、朱某鸡奸、吸精。颜为达到与朱长期鬼混的目的，于1986年3月初与朱签订为期5年的"典妻合同"，要易与朱通奸5年，遭易拒绝。颜对此大为不满。当月25日，颜到任家，对任说："我爱人性欲强，我吃她不消，需要几个男人对付，你帮我喊几个人去。"晚上10时许，颜带领任、袁到自己家。易正在给婴儿喂奶。几人一拥而上，将易按倒在床上。易喊救命，极力挣扎反抗，并恳求颜说："我没有做对不起你的事，你不要害我。"颜不顾易的哀求，用绳子把易的四肢分别拴在四个床腿上，使易仰卧不能动弹。然后，袁、任、颜三人依次对易进行了轮奸。易备受蹂躏，精疲力竭，佯装昏死。颜等见状仓皇逃跑。易即跑到市公安局报案，市公安局派人将颜等抓获。检察院对颜、任、袁以强奸罪起诉，法院以同罪作了判决，其中颜被判死刑。[①]

---

① 路安仁等主编《刑事犯罪案例丛书·强奸罪、奸淫幼女罪》，中国检察出版社，1991，第34页。

这起案件，值得从精神医学角度作进一步分析。首先，颜某是一个淫乱型的同性恋者或双性恋者。他为了换取与男人发生性关系，竟鼓动那些男人奸淫自己的妻子，同时迫使妻子接受那些男人的奸淫。他还曾经帮助别人强奸自己的胞妹，估计也是为了换取与男人发生性关系。其次，颜某还是一个观淫症者。在别人奸淫自己妻子时，他不是避开或消极等待，而是在一旁观看，然后再与那些男人肛交。再次，颜某为了满足自己的欲望，不惜牺牲亲人的利益，说明他对亲情和家庭伦理极为淡漠，具有反社会型人格障碍的特征。

（三）女性强奸男性和同性强奸

关于女性强行与男性发生性交的问题，有许多人甚至对是否存在这种情况也持怀疑态度。实际上，女性强行与男性发生性交的情况是可能发生的。英国人类学家马林诺夫斯基（Bronislaw Malinowski，1884 ~ 1942）曾经在《野蛮人的性生活》（*The Sexual Life of Savages in North - Western Melanesia*，1929）一书中描述，特罗布里恩德群岛的一些村社有一种叫做"约萨"的习俗，妇女在集体除草时，常常袭击陌生男子。

> 这个男子是她们对其施加性暴力、色情虐待、下流猥亵和野蛮行为的好目标。于是，她们先将他的阴茎遮羞草揪下扯碎……然后通过手淫和裸露，她们企图使她们的受害者的阳具勃起，当她们的举动达到预期效果后，其中一位蹲在他身上，使阴茎插入自己的阴道。在第一次射精之后，另一个女子也以同样的方式对待他。接着是更糟糕的事情，一些女子将在他身上又拉又撒，尤其不放过他的脸面，尽其污秽之能事。……有时这些泼妇用生殖器摩擦他的鼻子和嘴，利用他的手指和脚趾，事实上借用任何身体突出部分，来发泄性欲。[1]

---

[1] 〔英〕马林诺夫斯基：《野蛮人的性生活——关于（不列颠新几内亚）特罗布里恩德群岛土著的求爱、结婚和家庭生活的民族学报告》，刘文远等译，团结出版社，1989，第 197 ~ 198 页。

美国性学家贺兰特·凯查杜瑞安（Herant A. katchadourian）也指出："近来有证据表明妇女可以强奸男人，并且此类强奸案的确存在。这种情况一般是一个或几个携带武器的妇女强迫男人用嘴来刺激她的生殖器并与她性交。这类情况下的男性受害者也可能还受到便溺的污辱和其他伤害。记录在档的这类异性强奸并不多，可能是因为这种犯罪本来就少见，也有可能是受到这种强奸的男子自己不愿意报案。男人被强奸的后果是出现一种被奸污后综合症，表现为抑郁、性厌恶和性功能障碍——和妇女被男子强奸后的反应极相似。"① 1978 年，美国加利福尼亚州最高法院在审理一起上诉案时指出，加利福尼亚州的强奸法把男性列为唯一的责任人，违反了宪法平等保护条款，构成性别歧视。1984 年，美国纽约州上诉法院在一个裁决中反对强奸罪的女性豁免，并驳斥了"女性在生理上不可能进行强奸"的理论。该理论认为男性如果没有受到性刺激就不可能进行性交，而刺激一定是在他愿意的情况下才会发生。纽约州上诉法院指出：事实是，男性在任何刺激之下都会产生性交，哪怕是很轻微的刺激；而轻微的程度可以在违背意愿的情况下达到。纽约州上诉法院认为强奸罪的女性豁免与丈夫豁免一样，都违反了宪法。②

女性"强奸"男性的危害性固然不能与男性强奸妇女相提并论——男性没有处女膜、不会怀孕、社会压力相对较小，但他们可能感觉丧失男性尊严，或者可能发生性功能失调，如阳痿、早泄或性冷淡，③ 刑法视而不见也不是正确的态度。况且，男性不仅也有性权利，而且与女性平等。如前所述，当代西方许多国家以及中国台湾地区的

---

① 〔美〕贺兰特·凯查杜瑞安：《人类性学基础》，李洪宽等译，农村读物出版社，1989，第 475 页。
② 参见邓冰、苏益群编译《大法官的智慧·美国联邦法院经典案例选》，法律出版社，2004，第 65～71、91～94 页。
③ 参见〔美〕亚历克斯·梯尔《越轨社会学》，王海霞、范文明、马翠兰、嵇雷译，中国人民大学出版社，2011，第 65～66 页。

刑法都已经纳入女性对男性的强奸。在欧洲甚至已经出现有女性对男性实施性侵犯被定强奸罪的案例。2005 年 11 月 9 日，挪威一家地方法院以强奸罪判处一名与熟睡男子发生未经同意的口－阴茎性交的妇女 8 个月监禁和 3 万挪威克朗罚款。[①] 这个案例也说明，当性交的定义发生变化、不限于强制阴茎－阴道性交之后，女性强奸男性更不是不可想象。

中国古代刑法没有规定女性"强奸"男性问题。《大清新刑律》实际上将女性"强奸"男性行为归入强制猥亵罪。1928 年和 1935 年《中华民国刑法》也是如此。但当时即有人认为妇女也可能成为强奸罪直接主体，主张将 1928 年《中华民国刑法》第 240 条第 1 款"对于妇女……而奸淫之者，为强奸罪"修改为"对于男女……而奸淫之者，为强奸罪"。[②] 1934 年 10 月，国民政府立法院审议新刑法修正案时，也有委员提出类似建议，但遭否决。有报道称：

> 立院二十四日会审议妨害风化罪章第二一八条时，各委争辩之烈，为前所未有。程中行谓，男子非法奸淫妇女为强奸，妇女非法奸淫男子亦为强奸，应将该条第一项之对于妇女改为对于男女，以示男女平等，免有重女轻男之嫌。罗运炎谓，法律系保护弱者，女子固非弱者，惟数千年来传统观念，男较女终胜一筹。男被女强奸并无多大损失，女被男强奸，将为社会所共弃，故本案第一项对于妇女，不应改为"男女"。谷正纲对于第一项附程议，因沪曾有谢姓女子强奸一未成年之意国少年，证女奸男事尚多。杨公达驳谷议，谓女奸男，男可抗拒，无庸修改妇女为男

[①] Female rapist sentenced，http：//www.aftenposten.no/english/local/article1152684.ece；《挪威判处一与熟睡男子发生性关系妇女强奸罪》，新华网 2005 年 11 月 11 日。

[②] 郑其铨：《妇女应否为强奸罪直接主体之商榷》，《并州学院月刊》1933 年第 1 卷第 1 期。

女。程中行继又驳杨，谓杨对男女经验太浅，故不知女奸男之法。简又文谓，女奸男事，社会不能绝无。法律贵平等，应将第一项修改，或将妇女二字改为异性。主席综合各委意见分为四点：（1）强奸对像应否将妇女改为男女……并逐项付表决。在场委员六十九人，第一点赞成将妇女改男女者二十人，否决。①

与立法院的空谈和消极不同，1934 年 12 月国民政府西南政务委员会制定《惩治疯人妨害风化暂行条例》，列入了女性"强奸"男性的犯罪，开历史先河。但该条例仅在西南一隅短暂实施，没有产生更大影响，也没有为后世重视和继承。

1979 年《刑法》规定的强奸罪，被害人只能是妇女，对女性"强奸"男性的，可按流氓罪处理。1997 年《刑法》保留强奸罪，增设强制猥亵妇女罪，两罪的被害人都只能是妇女；而由于取消了流氓罪，如何处理女性"强奸"男性问题在《刑法》上出现了空白。到 2015 年，《刑法修正案（九）》将"强制猥亵妇女罪"修改为"强制猥亵罪"，对于女性"强奸"男性，可以按强制猥亵罪追究刑事责任。这实际上是回归到《大清新刑律》。

至于同性强奸的问题，以前学术界讨论不多。现实情况是，在中国，男性之间发生强制性的肛交、女性之间发生强制的插入（使用手或工具）的性行为等不构成强奸罪。本书对男性之间发生的强制性肛交以及其他同性性侵犯，将在"同性性侵犯"一章予以专门讨论。

二　被害人为幼女的强奸罪

1979 年《刑法》第 139 条第 2 款和 1997 年《刑法》第 236 条第 2 款规定："奸淫不满十四岁的幼女的，以强奸论，从重处罚。"从

---

① 摘编自《立法院续议刑法"妨害风化罪"章》，《申报》1934 年 10 月 25 日。

《刑法》有关规定的表述方式来看，奸淫幼女不是一个独立的犯罪，而是强奸罪的一个应当从重处罚的情况。但 1997 年 12 月 16 日最高人民法院《关于执行〈中华人民共和国刑法〉确定罪名的规定》、1997 年 12 月 25 日最高人民检察院《关于适用刑法分则规定的犯罪的罪名的意见》将奸淫幼女视为一个独立的犯罪，名为"奸淫幼女罪"。出乎意料的是，2002 年 3 月 15 日最高人民法院、最高人民检察院《关于执行〈中华人民共和国刑法〉确定罪名的补充规定》，在没有作出解释的情况下，取消了奸淫幼女罪的罪名。为与针对妇女的强奸罪相区别，有些学者将被害人为幼女的强奸罪称为"奸淫幼女强奸罪"。本书有时也是如此。

《刑法》把强制与妇女性交称为"强奸"，把与幼女性交称为"奸淫"，不很恰当。通常理解，"强奸"也是一种"奸淫"，是"奸淫"的一种特殊形态。"奸淫"之词，一方面没有排除"以暴力、胁迫或者其他手段强奸"，另一方面，隐含着对关系双方品行的否定。所以，"奸淫"一词使用欠妥，用于描述幼女"同意"或者"自愿"的性关系更为不当。从根本上说，"奸淫"、"强奸"这类对性关系作出否定评价且含意不清的词语，或许可以作为罪名使用，但不宜用于描述性关系情形。各国刑法强奸罪条款，在描述犯罪情形时直接使用"奸淫"、"强奸"词语的不多。在现阶段（即把同性强奸列入"强奸罪"之前），第 236 条第 1 款的"以暴力、胁迫或者其他手段强奸妇女"应表述为"以暴力、胁迫或者其他强制手段与已满十四周岁女子发生性交"，第 236 条第 2 款的"奸淫不满十四周岁的幼女"应表述为"未使用暴力、胁迫或者其他强制手段而与不满十四周岁女子发生性交"。

（一）奸淫幼女强奸罪的构成

1. "虽和同强论"与"以强奸论"

根据《刑法》有关规定，并从奸淫幼女犯罪行为人的目的、手段和被害人的态度、反应的角度考察，奸淫幼女强奸罪分为两种基本情况。

第一，以暴力、胁迫或者其他手段强行与不满 14 岁的幼女发生性交（包括双方生殖器接触）。这种情况，除年龄因素外，本身就符合"普通强奸罪"的构成，无须绕圈子"以强奸论"。本身就是强奸，再以强奸论，不符合逻辑。也就是说，不论行为人是否明知被害人为不满 14 岁的幼女，只要以暴力、胁迫或者其他手段强行与其发生性交，即构成强奸罪，并应从重处罚。没有必要仅仅因为被害人的年龄，就将这种强奸从"普通强奸罪"中摘出。但在司法实践和刑法学中，流行的观点认为这种情形只能"以强奸论"，而不能直接定为强奸罪。

一般认为《刑法》第 236 条第 1 款所说的"妇女"是指成年女性。《现代汉语词典》确实将"妇女"定义为"成年女子的通称"。①成年者，已满 18 岁也。不满 18 岁的属于未成年人。可是《刑法》却又把已满 14 岁不满 18 岁的女性未成年人也算作"妇女"。而且，《妇女权益保障法》②也并没有把幼女甚至女婴排除在"妇女"之外。应当对《刑法》第 236 条第 1 款所说的"妇女"作广义的理解，即人类两性之一的与"男性"、"男子"相对的"女性"、"女子"。

或许还有人认为，强奸罪是应当违背女性意志的，而幼女认识能力薄弱，视为不具有"意志"，所以即使以暴力、胁迫手段奸淫幼女也不构成强奸罪？应当不会有这样荒谬的认识吧。不错，在法律上，

---

① 中国社会科学院语言研究所词典编辑室编《现代汉语词典》（修订本），商务印书馆，1996，第 393 页。

② 《中华人民共和国妇女权益保障法》，1992 年 4 月 3 日第七届全国人民代表大会第五次会议通过，自 1992 年 10 月 1 日起施行；根据 2005 年 8 月 28 日第十届全国人民代表大会常务委员会第十七次会议《关于修改〈中华人民共和国妇女权益保障法〉的决定》修正。

幼女被推定无认识能力或者认识能力薄弱。但如此推定，是为保护其利益，而非限制其对利益的保护。在幼女让渡自己的权利时，一般应视为无效。但幼女在行使自己的天赋人权保护自己的利益时，其自由意志——尽管有限——应得到尊重。在她们遭遇性侵害而进行殊死反抗时，怎么能说性侵害不违背她们的意志？尤其是，八九岁以上不满14岁的幼女，已经具有相当的认识能力。

民国时期的司法机关在审理强行奸淫未成年人案件时，也曾遇到是否应当"以强奸论"的问题。1929 年，国民政府最高法院在一项裁决（十八年上字第一三三〇号）中指出："刑法第二百四十条第二项奸淫未满十六岁女子以强奸论之规定，系指犯人所用手段非强奸者而言。被害人年龄虽未满十六岁，但既以强暴胁迫手段而奸淫之者，即属强奸行为，自应适用该条第一项处断。原审援用该条第二项论处，适用法律显属不当。"1931 年，最高法院又作出一项裁决（二十年上字第八六二号）："刑法第二百四十条第二项，系就奸淫未满十六岁女子，虽未具备同条第一项所列举情形，仍以强奸论罪之规定。若既已实施强暴而为奸淫，即已合于第一项所列举之要件，则构成该项之罪，自无疑义。无论被害人是否已满十六岁，均无再引同条第二项之余地。"① 应当说，这种处理是正确的。

另看外国立法例，《法国刑法典》的强奸罪就包括强奸 15 岁以下未成年人的情况。②

第二，明知对方为不满 14 岁的幼女，在对方表示"同意"，或者至少没有通过语言或者肢体动作表示拒绝的情况下，而与之发生性交（包括双方生殖器接触），也构成"强奸罪"。《刑法》第 236 条第 2款所说的奸淫幼女"以强奸论"，实际上就是指这种情况。奸淫幼女

---

① 《最高法院裁判要旨》，张罍编辑，会文堂新记书局，1936，第 603 ~ 604 页。
② 《法国新刑法典》，罗结珍译，中国法制出版社，2003。

"以强奸论",意即该"奸淫"实质上不是"强奸",因而才有"以强奸论"的问题。奸淫幼女,即使没有使用暴力、胁迫或者其他强制手段,但基于对幼女的特殊保护,在处理上应按强奸罪掌握。这种"论"出来的强奸,也属于"准强奸"(广义),在英美刑法学上则称"法定强奸"(statutory rape)。

"以强奸论"源于然而也不同于元明清律的"虽和同强论"。元律"强奸幼女者,谓十岁以下,虽和,亦同强奸",① 明律、清律"奸幼女十二岁以下者,虽和,同强论",都强调"虽和"前提,"奸"若非"和",径直定判强奸即可,无须再曲折地"同强论"。对符合强奸罪构成的强奸幼女,再"同强论",是多此一举。后来的《大清新刑律》规定"奸未满十二岁之幼女者,以强奸论",但未设置"虽和"前提,实为疏忽。《大清新刑律》此举恐非自创。始作俑者,应是1907年日本刑法。而日本刑法的有关规定也有一个变化的过程。1870年,日本颁布"模仿明律清律之体裁编纂"② 的《新律纲领》(明治三年第九百四十四号),其中的"犯奸律"更以明律清律"犯奸"条款为蓝本,亦有"奸幼女十二岁以下者,虽和,同强论"之规定,其文体为间杂片假名的汉文体(十二歳以下ノ幼女ヲ姦スル者ハ。和卜雖モ。強卜同ク論ス)。1873又颁布《改定律例》(明治六年太政官第二百六号),与《新律纲领》并行适用,其第260条"犯奸"保留了虽和同强论的内容。③ 1880年,日本仿效法国刑法制定了一部新型刑法(明治十三年太政官布告第三十六号,通称"旧刑法"),④ 该法关于奸淫、强奸幼女的第349条,没有虽和同强论的内

---

① 《元典章》,陈高华等点校,天津古籍出版社、中华书局,2011,第1519、1521页。
② 〔日〕穗积陈重:《法律进化论》,黄尊三等译,王健校勘,中国政法大学出版社,1997,第234页。
③ 《新律綱領 改定律例》,日本司法省,明治六年(1873)刻,第200页。
④ 《新舊刑法對照》,〔日〕山野金臧编辑,有斐阁书房,明治四十一年(1908),第113~114页。

容，而是将奸淫幼女与强奸幼女分别规定，前者量刑轻于后者："奸淫未满十二岁幼女者，处轻惩役；若强奸者，处重惩役。"（十二歳ニ満サル幼女ヲ姦淫シタル者ハ軽懲役ニ処ス若シ強姦シタル者ハ重懲役ニ処ス）① 然而，到了 1907 年，日本又以德国刑法为样板制定了一部刑法（明治四十年法律第四十五号，通称"新刑法"或"改正刑法"，即所谓《日本刑法典》，整体施行至今）。该法第 177 条规定："以暴行或胁迫，奸淫十三岁以上之妇女者，为强奸罪，处二年（后改为三年——刘注）以上之有期惩役。奸淫未满十三岁之妇女者，亦同。"（暴行又ハ脅迫ヲ以テ十三歳以上ノ婦女ヲ姦淫シタル者ハ強姦ノ罪ト為シ二年以上ノ有期懲役ニ処ス十三歳ニ満タサル婦女ヲ姦淫シタル者亦同シ）② 这一规定恢复了"同强"（即"亦同"，1995 年改为"同样"③），强调同等处罚，但忽略或遗漏了"虽和"。虽然这不足以说明当时日本在中华法系以及《新律纲领》、《改定律例》和西洋法系之间如何取舍的矛盾心理，但至少可以断定，他们没有真正理解"奸幼女十二岁以下者，虽和，同强论"。殊不知，没有"虽和"，就难以厘清"亦同"。而《大清新刑律》制定时，起草者参考了 1907 年日本刑法，将没有"虽和"前提的"亦同"学习回来，不过换个"以强奸论"的说法而已。后来中国各时期刑法都予以沿用。中国当代刑法的"以强奸论"与清末、民国几个刑法有一显著不同，对奸淫幼女不仅以强奸论，而且从重处罚。

明律、清律"虽和同强论"律文也有一个明显漏洞，即没有考虑

① 参见〔日〕牧野英一：《日本刑法通义》，陈承泽译，李克非点校，中国政法大学出版社，2003，第 296 页。

② 《日本改正新刑法（续）》，徐家驹译，《北洋法政学报》第 34 期，1907 年。

③ 日本刑法 1995 年改正第 177 条：暴行又は脅迫を用いて十三歳以上の女子を姦淫した者は、強姦の罪とし、三年以上の有期懲役に処する。十三歳未満の女子を姦淫した者も、同様とする。《刑法の一部を改正する法律》（平成七年法律第九十一号）。

对非强制奸淫年龄更小的幼女可否视为"和"的问题。对此，清代以制定条例的方式加以弥补。《大清律例》最初版本的"刑律犯奸·犯奸"律文后有过一个条例："凡强奸幼女，除十二岁以下十岁以上，仍照例分别斩候、绞候定拟。其奸未至十岁之幼女，应照例斩决，不得牵引虽和同强律拟将该犯发遣黑龙江。"[1] 其意是说，与 10 岁以上未满 12 岁幼女发生性交，如果她们没有反对，可以视为"和"，但应"虽和同强"，处斩候、绞候；而与 10 岁以下幼女发生性交，即使她们没有反对，也不应视为"和"，给予轻罚，而应直接按强奸妇女定罪从重量刑，处斩决。此条例后来被删除，取而代之是一个新条例："强奸十二岁以下幼女因而致死，及将未至十岁之幼女诱去，强行奸污者，照光棍例，斩决。其强奸十二岁以下十岁以上幼女者，拟斩监候。和奸者，仍照虽和同强论律，拟绞监候。"[2] 它把"将未至十岁之幼女诱去，强行奸污"与"强奸十二岁以下幼女因而致死"并列，规定同等处罚即斩决。这是值得肯定的，稍有不足是"强行奸污"意思不够明确。"光棍"即流氓无赖之类。"光棍例"即"刑律贼盗·恐吓取财"律文后附条例"恶棍设法索诈"。[3] 该条例规定："凡恶棍设法索诈官民，或张帖揭帖，或捏告各衙门，或勒写借约，吓诈取财，或因斗殴，纠众系颈，谎言欠债，逼写文券，或因诈财不遂，竟行殴毙。此等情罪重大实在光棍事发者，不分曾否得财，为首者，斩立决，为从者，俱绞监候。其犯人家主、父兄各笞五十，系官交该部议处。如家主、父兄首者，免罪，犯人仍照例治罪。"[4]《大清律例》

---

[1] 《大清律续纂条例（乾隆十五年）》，载刘海年、杨一凡总主编，郑秦、田涛点校《中国珍稀法律典籍集成》（丙编第一册·大清律例），科学出版社，1994。

[2] 《大清律例》（乾隆五年本），田涛、郑秦点校，法律出版社，1999，第 523 页。

[3] 参见苏亦工《清律"光棍例"之由来及其立法瑕疵》，《法制史研究：中国法制史学会会刊》第 16 期，2009。

[4] 《大清律例》（以道光六年本为底本），张荣铮、刘勇强、金懋初点校，天津古籍出版社，1995，第 410 页。

有十余条关于比照光棍例处罚的规定。光棍例的内容远超出恐吓取财（相当于当今刑法规定的敲诈勒索），而与 1979 年《刑法》所列"流氓罪"（聚众斗殴、寻衅滋事、侮辱妇女或者进行其他流氓活动，破坏公共秩序）有些相似，但量刑不可同日而语。与《大清律例》的着力弥补不同，《大清新刑律》以及之后不同时期《刑法》"以强奸论"的规定，没有根据年龄对 12 岁以下或 16 岁以下或 14 岁以下的幼女再作进一步划分，是一种退步。

现行《刑法》将强奸妇女与奸淫幼女放在一条规定，但没有规定得很清楚，造成概念混乱，增加定性、量刑难度。"奸淫幼女罪"罪名一时有一时无，就是这种混乱的反映。建议重新梳理、归纳与幼女发生性交犯罪的各种情况，分别加以规定。一种方案：将非强制与不满 14 岁幼女发生性交单独立为"与幼女性交罪"，在此"与幼女性交罪"条款中，应为与不满 12 岁（或者 10 岁）幼女发生性交设置更重处罚；同时把强制与不满 14 岁幼女发生性交归入强奸罪，从重处罚。另一种方案：将所有与不满 14 岁幼女发生性交的犯罪，包括强制或非强制的，单独立为"与幼女性交罪"；具体划分为强制与幼女发生性交、非强制与不满 12 岁（或者 10 岁）幼女发生性交、非强制与已满 12 岁（或者 10 岁）不满 14 岁幼女发生性交三种情况，对前两者给予重罚。

2. 幼女年龄界线与性行为同意年龄

明清以降，刑法所谓"幼女"系指未满一定年龄的女性，年龄界线曾有 12 岁、16 岁、14 岁的变化。刑法上的幼女界线年龄，也称性行为同意年龄（age of sexual consent），是为保护未成年女性而特别设置的。在法理上，幼女对性行为的"同意"表示，不具有法律上的效力。与这样的幼女发生性交，在刑法上视为强奸，即"虽和同强论"或者"以强奸论"。性行为同意年龄的划定以一般未成年女性的性发育状况和性理解能力为根据，是一种法律上的推定，未必符合每一个未成年女性。正如意大利刑法学家杜里奥·帕多瓦尼（Tullio

Padovani）在评论刑事责任能力年龄时所言："这种推定并不符合人格发展形成的渐进性（对特定事实的认识能力和控制能力，绝不是在刚满 14 岁的第二天就一下子形成的）；但是，这样的推定却为维护法律的确定性和法律面前人人平等所必需，在刑事责任能力这个特别容易引起争论的问题上，更需如此。"[1] 个别年龄稍大的幼女由于主客观的原因，也有可能发生生理、心理的性早熟，对性的问题有一定的理解，甚至主动追求异性。但是不能依据个别事例制定普适的标准。清代俞蛟《梦厂杂著》记有一事：

> 程江蛋船中，有一雏女才十一岁。一夕，窥见其母与所欢横陈榻上，不觉欲心顿炽。比晓，告母欲人梳栊。母笑其稚年无识，谕止之。女曰："不如我愿，即服毒死，母无悔也。"越日，窃取鸦片和酒欲吞，母夺弃之。不得已为之倩人梳栊。见者咸捧腹胡庐而去。或有许之者曰："汝知奸幼之律乎？是诱我以蹈法网也。"女则昼夜号泣欲死。母因招无赖子与以金，若佣值者。至今女长犹不满三尺，而为云为雨，已不止高唐一梦矣。[2]

1928 年 2 月，在讨论由国民政府司法部长王宠惠（1881～1958）在北京修订法律馆所拟《刑法第二次修正案》基础上提出的新刑法草案时，立法委员兼法制局局长王世杰（1891～1981）强烈主张将性行为同意年龄（他称为"和奸年龄"）从《暂行新刑律》的 12 岁提高到 14 岁。在呈中国国民党中央执行委员会的《修正刑法草案意见书》中，他指出：

> 查草案第二百四十条第二项所定"十二岁"，即为学理上

---

① 〔意〕杜里奥·帕多瓦尼：《意大利刑法学原理》，陈忠林译，法律出版社，1998，第 194 页。

② （清）俞蛟：《梦厂杂著》，骆宝善校点，上海古籍出版社，1988，第 204 页。

"和奸年龄"。被奸者未满此项年龄，法律上不认其有和奸之可能；纵令实际上彼曾表示同意，法律亦不认其有表示同意之能力，因之加害者之行为不能以和奸论罪。美英学者所谓"同意年龄"亦属此意。近今各国法律对于和奸年龄大抵主张提高。美国诸邦因女子参政党人之努力，竟有提高和奸年龄至二十一岁者。其他诸国所定大抵亦在十五六岁以上。法国最低为十三岁，识者讥之。诚以女子当此年龄，身体发育尚未充分，意志亦甚薄弱。为养成其健全人格，保护其未来福利起见，应加特别之保护。和奸年龄愈提高，即所以保护女子者愈厚。我国暂行刑律定为十二岁，沿用明清旧律，为并世文明诸国法律之所无，可谓立法之大耻。草案沿袭旧律不为改定，殊属失当。况和奸无夫妇女，该草案不设处罚之明文，凡属和奸无夫妇女之行为绝对不成犯罪，然则上述和奸年龄之宜酌量提高，更有充足之理由。兹故将该草案所定十二岁改为十四岁，凡奸淫未满十四岁之女子皆以强奸论。庶视文明诸国刑律，较免落后之讥。[1] 将来社会思想与社会习惯逐渐改善，此项年龄自当斟酌情形再行提高，期与现代一般国家刑律趋于一致。再女子和奸年龄既有提高之必要，则对幼年男女为猥亵行为，或引诱幼年男女使与他人为猥亵或奸淫者，其年龄自亦须提高。详查文明诸国法例，关于此项被害男女年龄之规定，多与和奸年龄一致，我国宜亦从同。[2]

---

① "庶视文明诸国刑律，较免落后之讥"一句，《最高法院公报》原文如此。"庶视"为多看之意，"较免"是明显避免之意。赵秉志、陈志军编《中国近代刑法立法文献汇编》（法律出版社，2016，第606页）此句为"无视文明诸国刑律，难免落后之讥"，不知其所本，疑误。查多种民国时期文献，均为"庶视文明诸国刑律，较免落后之讥"。

② 王世杰：《为修正刑法草案意见书呈中央文附修正刑法草案意见书》，《最高法院公报》创刊号，1928年。

1928 年 3 月 3 日举行的中国国民党中央执行委员会常务会议审议新刑法草案，会上讨论了王世杰的修正意见。或许是受"和奸年龄愈提高，即所以保护女子者愈厚"一句鼓动，会议的决定比王世杰主张的 14 岁更进一步："草案第二百四十条第二项、第二百四十一条第二项，暨第二百四十九条，原文所定年龄十二岁，均改为十六岁。"① 当时有报道称："中央常会决定修正刑法草案中之女子法定成年年龄为十六岁，故至本年七月一日新刑法实行以后，凡对十六岁以下女子行奸者虽为和奸，如经告发亦将以强奸论罪。查草案本照暂行新刑律原文以十二岁为成年，王世杰提修正案，提高为十四岁，今常会决议更提高为十六岁，用意在保护身体未全发育、凡未相当坚定之女子，不致被男子诱惑成奸。"报道还介绍："讨论时蔡元培主仿照美国以二十一岁为成年，惟多数以现时人民程度幼稚、教育极不普及、社会锢蔽、家长顽旧，法定成年过高，亦滋流弊，故卒暂定为十六岁。"②

然而，几年之后修正《刑法》，却又把性行为同意年龄降为 14 岁，即"奸淫未满十六岁之女子，以强奸论"改成"奸淫未满十四岁之女子，以强奸论"。当刑法修正案初稿在 1933 年公布后，③ 这一拟议的变动（修正案初稿第 212 条第 2 项）得到一些刑法学者的赞成，④ 但也遭到一些学者和妇女界人士的反对或质疑。有人指出，立法要普遍施行于全国，都市女子或有 14 岁而情窦初开的，但内地乡村绝无仅有。"立法诸公过惯都市生活，目光只限于都市，而忘却内地的情形了。"有人则认为具体年龄标准不易确定，而抽象规定较为适宜，

---

① 《中央第一百二十次常务会议通过刑法草案之决议案》，载《中华民国刑法》（王宠惠属稿，1928 年初版），郭不觉校勘，李秀清点校，中国方正出版社，2006。
② 《刑法草案之修正点 提高女子法定成年年龄》，《申报》1928 年 3 月 4 日。
③ 《中华民国刑法修正案初稿》，《法律评论》第 11 卷第 9~10 期，1933 年。
④ 参见郭卫《中华民国刑法修正案初稿（附按语）》（续），《法令周刊》第 182 期，1933 年；王觐《我对于刑法修正案初稿几点意见（续）》，《法律评论》第 11 卷第 18 期，1934 年；葛之覃《对于立法院刑法修正案初稿所订奸淫罪之意见》，《法学丛刊》第 2 卷第 6 期，1934 年。

如以身体发育状况为标准。[①] 在众多意见中，梅汝璈（1904～1973）
的意见独树一帜。他对降为 14 岁表示相对的赞同，因为原法定为 16
岁未免过苛。但同时，他认为："我国刑法仅规定奸淫十四岁以下者
以强奸论，而于奸淫十四岁以上之青年女子则完全不罚，实欠缜密，
殊非保护青年女子之道。"他建议："于第二一二条中另增一项，曰：
'奸淫十四岁以上未满十七岁之女子，处两年以下有期徒刑，但相奸
者为未成年人，得减轻或免除其刑。'"[②] 考虑到异议，立法院刑法委
员会在重新审定修正案时，对有关问题加以弥补，即于"奸淫未满十
四岁之女子，以强奸论"条文（修正案再稿第218条第2项，最终为
第221条第2项）之外，增加不以强奸论的"奸淫十四岁以上未满十
六岁之女子，处一年以上七年以下有期徒刑"的条文（修正案再稿第
222条第1项，最终为第227条第1项）作为补充。刑法委员会说明：
"现行法规定奸淫未满十六岁之女子以强奸论，按照通常女子发育程
度及表示同意之能力而言似觉太严，故本案改为奸淫未满十四岁之女
子者以强奸论。至奸淫十四岁以上未满十六岁之女子则处以较轻之
刑，其与十四岁以上未满十六岁之男女为猥亵之行为者，亦准用此规
定。"[③]

　　1935 年上半年，在新刑法施行之前，国民政府司法院对旧刑法第
240 条第 2 项规定作出两个解释：其一："刑法第二百四十条第二项之
被害人，以未结婚之未满十六岁女子为限。某甲与已嫁未满十六岁之
乙妇通奸，经本夫告诉者，应依同法第二百五十六条（关于通奸罪的

① 参见金光楣《奸非罪问题之法律观：关于刑法第二百二十一条第二项奸淫未满十四岁女子以强奸论的感想》，《绸缪月刊》第 1 卷第 4 期，1934 年；李寿宣《刑法修正案初稿之批判》，《政治会刊》第 3 卷第 1 期，1934 年。
② 梅汝璈：《对于刑法修正案初稿之意见》，《中华法学杂志》第 4 卷第 9～10 期，1933 年。
③ 《中华民国刑法草案案审查报告：中华民国刑法修正案要旨》，《立法院公报》第 63 期，1934 年。

规定——刘注）处断。"① 其二："（一）不达法定结婚年龄而结婚者，在未依法撤销以前，应认为有行为能力。（二）未满十六岁人与人结婚，虽属违法，然既系结婚，以无犯罪故意，故不成立犯罪。（三）刑法第二百四十条第二项，系奸淫未满十六岁之女子，若为已婚之妇，则不成立该条之罪。"② 这两个解释，也适用于新刑法第227条第1项规定的"未满十六岁之女子"。③

总之，1935年《中华民国刑法》的性行为同意年龄以14岁为标准，但对于已满14岁未满16岁者也给予特别保护。未满14岁相当于无性行为同意能力，与未满14岁女子性交，虽非强制，亦以强奸论。14岁以上未满16岁相当于限制（部分）性行为同意能力，非强制与14岁以上未满16岁之女子性交，不以强奸论，但也构成犯罪，处罚轻于以强奸论。未满16岁之已婚女子视为具有完全性行为同意能力，她们自愿与人性交，属于和奸，经本夫告诉，以通奸罪规定处断。

确定以何种年龄作为性行为同意年龄还与一个社会对性行为的宽容度有关。脱离时代背景，很难说当代以14岁作为性行为同意年龄就比以前以12岁或者16岁作为性行为同意年龄更为科学，更符合幼女的利益。许多国家刑法的性行为同意年龄都发生过向上或者向下的调整，向上调整的一般是异性性行为同意年龄，向下调整的一般是同性性行为同意年龄。近几年在中国，未成年人特别是不满14周岁未成年人发生触犯刑法的严重危害行为如杀人、伤害、强奸、抢劫，但因未达刑事责任年龄而不负刑事责任的问题成为舆论热点。许多人主

① 《院字第一二四六号（二十四年三月十九日）：解释通奸罪疑义》，《司法公报》第32期，1935年；《司法院解释汇编》（第六册），司法院参事处编纂、发行，1936，第39页。

② 《院字第一二八二号（二十四年五月二十八日）：解释行为能力及强奸罪各疑义》，《司法公报》第44期，1935年；《司法院解释汇编》（第六册），司法院参事处编纂、发行，1936，第75页。

③ 参见俞承修《刑法分则释义》（下册），上海法学编译社，1946，第552~554页；陈朴生编著《刑法各论》，台北正中书局，1978，第176页。

张《刑法》适当降低刑事责任起始年龄（如12岁），扩大犯罪主体范围，主要理由是未成年人的生理、心理发育比以前早熟。他们可能没有意识到，他们关于未成年人的生理、心理发育比以前早熟的论证，也有可能成为降低性行为同意年龄的根据。

3. 对幼女的"明知"

明清时期的"虽和同强论"、民国时期的"以强奸论"不以是否知道幼女在12岁、16岁或者14岁以下为前提。与之不同，在现代中国刑法上，非强制奸淫幼女构成强奸罪（奸淫幼女强奸罪）的一个关键，是认定行为人"明知"幼女不满14岁。也就是说，对与幼女发生非强制性交的追究不实行严格责任（strict liability），而是以"明知"该幼女不满14岁为责任前提。确实误以为对方已满14岁，在经其"同意"的情况下发生性关系的，应视为事实错误阻却故意，不构成强奸罪。强制奸淫（即以暴力、胁迫或者其他手段强奸）幼女的，无须"明知"即构成强奸罪。

最高人民法院《关于行为人不明知是不满十四周岁的幼女，双方自愿发生性关系是否构成强奸罪问题的批复》（2003年1月23日）规定："行为人明知是不满十四周岁的幼女而与其发生性关系（指阴茎－阴道性交和双方生殖器接触——刘注），不论幼女是否自愿，均应依照第二百三十六条第二款的规定，以强奸罪定罪处罚；行为人确实不知对方是不满十四周岁的幼女，双方自愿发生性关系，未造成严重后果，情节显著轻微的，不认为是犯罪。"但是，这一批复过于原则，且在表述上不够严谨，受到批评和质疑。在2003年8月，最高人民法院下发了《关于暂缓执行〈最高人民法院关于行为人不明知是不满十四周岁的幼女，双方自愿发生性行为是否构成强奸罪问题的批复〉的通知》。该通知称："近期以来，一些高级人民法院就如何正确理解和使用《批复》问题向我院请示。为正确适用法律，依法惩治侵犯幼女人身健康权利的犯罪活动，坚决保护幼女人身权利，针对司法实践中的法律适用疑难问题，我院正在调查研究的基础上制定新的司法解释。在此期间，《批复》暂缓适用。"但在一些地方，司法部门继续适用上述"批复"。

不仅"明知"难以认定，如何认定幼女的"自愿"，也是一个关键问题。在法律上，幼女属于无行为能力人，推定其无性理解能力。她们的"同意"，不等同于成年人的同意。而且，幼女第一次与人发生性关系，很少明示"同意"的，多是默示"同意"即没有表示拒绝。但是，非强行与幼女发生性关系，在主观恶性上毕竟与强行与幼女发生性关系有所不同，在处理上应有所区别，即对幼女明示或者默示的"同意"应有所考虑。这里所说的"同意"，对于幼女来说，是指与其年龄相适应的、在对性有一定了解基础上的对性行为的"同意"。借用有关的术语，可以把这种"同意"称为"准同意"。这种"准同意"的年龄界线大体在 12 岁左右。性生理学和性心理学研究揭示，12 岁左右的幼女以及幼男处于青春前期，性生理已有相当发育，性意识已萌芽甚至觉醒，异性之间的吸引已被双方明显地感觉到。据美国的有关调查，60% 的成年女性回忆她们在 12 岁之前就了解到有关性的事情；40% 的女大学生回忆在 12 岁之前有过手淫经历。美国另有一项对 9～15 岁未成年人的调查，结果表明 63% 的男孩和 14% 的女孩在 12 岁之前发生过性关系。① 中国的女孩或者男孩也许不会如此早熟，但也不会晚许多。如前所述，明律、清律都把已满 12 岁作为幼女同意性行为的年龄。比起年龄更小的幼女，已满 12 岁幼女"自愿"与人发生性关系，其"自愿"可能更接近其真实意愿，而不是受成年人欺骗、引诱或胁迫的结果。

2013 年 10 月 23 日，最高人民法院、最高人民检察院、公安部、

---

① 参见〔美〕珍尼特·S. 海德、约翰·D. 德拉马特《人类的性存在》，贺岭峰等译，上海社会科学院出版社，2005，第 11 章"性和生命周期：童年期和青春期"。

司法部印发《关于依法惩治性侵害未成年人犯罪的意见》。其中对"明知"及其相关问题作了迄今为止最为合理的解释，严格限制了"明知"作为奸淫幼女强奸罪之构成条件的适用。该意见第19条第1款规定："知道或者应当知道对方是不满十四周岁的幼女，而实施奸淫等性侵害行为的，应当认定行为人'明知'对方是幼女。"第19条第2款规定："对于不满十二周岁的被害人实施奸淫等性侵害行为的，应当认定行为人'明知'对方是幼女。"第19条第3款规定："对于已满十二周岁不满十四周岁的被害人，从其身体发育状况、言谈举止、衣着特征、生活作息规律等观察可能是幼女，而实施奸淫等性侵害行为的，应当认定行为人'明知'对方是幼女。"根据这个意见，第一，"明知"就是"知道或者应当知道"。第二，对于不满12岁的幼女，如果行为人与之发生性行为，即可认定行为人"明知"对方为幼女，应以强奸罪论处。这近乎严格责任。与《大清律例》曾有的"不得牵引虽和同强律"规定异曲同工。第三，已满12岁不满14岁的被害人，如果根据一般人观察，"可能"是幼女，即应当认定行为人"明知"其为幼女，而不是根据行为人的说法来认定"明知"。这个意见的主要缺点，是将强制与非强制与幼女发生性交混在一起，未加区分。如前所述，与幼女发生强制性交，即使行为人不"明知"对方为幼女，也构成强奸罪，"明知"只是可以作为从重处罚的考虑因素。

《关于依法惩治性侵害未成年人犯罪的意见》还对几种具体情形的性侵害未成年人犯罪的法律适用问题作出规定。第一，第20条规定："以金钱财物等方式引诱幼女与自己发生性关系的；知道或者应当知道幼女被他人强迫卖淫而仍与其发生性关系的，均以强奸罪论处。"这条解释讲的两种情况，表面上看具有性交易的一些形式，但被害幼女对发生性关系的同意，不是真实意思表示——前者是被引诱的结果，后者是被强迫的结果，不具有法律效力，故而对行为人应以强奸罪论处。第二，第21条第1款规定："对幼女负有特殊职责的人员与幼女发生性关系的，以强奸罪论处。"因行为人有特殊职责，"知道或者应当知道"被害人的年龄，无须再另行认定"明知"。而且，"对幼女负有特殊职责的人员"对幼女承担特殊保护义务，更不应当与幼女发生性关系。第三，第21条第2款规定："对已满十四周岁的未成年女性负有特殊职责的人员，利用其优势地位或者被害人孤立无援的境地，迫使未成年被害人就范，而与其发生性关系的，以强奸罪定罪处罚。"这一规定不是针对幼女设置的，旨在加强对已满14岁不满18岁的未成年女性的保护。"对已满十四周岁的未成年女性负有特殊职责的人员"对已满14周岁的未成年女性承担特殊保护义务，而利用优势地位或者乘人之危，迫使其就范，与其发生性关系，罪不可恕。第四，第24条规定："介绍、帮助他人奸淫幼女、猥亵儿童的，以强奸罪、猥亵儿童罪的共犯论处。"这一规定也是必要的。但是适用这一规定，也存在如何认定介绍、帮助者"明知"幼女的问题，似应按前述原则处理。该意见有一重要遗漏，即没有提及对"男童"实施性行为构成犯罪是否需要行为人"明知"对方不满14岁。

4. 既遂与"负痛中止"

在中国历代刑法的强奸罪范畴中，奸淫幼女之"奸淫"也是指性交。清末和民国时期，因为刑法规定了猥亵，对幼女"奸淫"之外的性侵害行为，被归入猥亵罪。民国时期最高法院曾有判例（九年上字第二号）："强行鸡奸幼女，为强行猥亵。"[①] 当今也是如此。如果以后刑法强奸罪之性交定义发生变化，不仅包括以生殖器插入他人生殖器之行为，还包括以生殖器插入他人肛门、口腔之行为和以其他身体部位或器物插入他人之生殖器、肛门之行为，则更有利于对幼女的保护——精神障碍者性侵害幼女的案件，很多都表现为非生殖的插入或者接触。如

[①] 《中华民国六法理由判解汇编·第3册：刑法》，郭卫编，上海法学编译社、会文堂新记书局，1934，第257页。

此，以往按猥亵儿童罪论处的案件将会大量改按奸淫幼女强奸罪论处。

[案例41] 2007年11月14日消息：6岁女童芸芸被骗至一废弃民房内受辱，公安机关对施害人作出行政拘留10天但不执行的处罚。此后，芸芸提起行政诉讼状告东西湖区公安分局。昨日，此案在东西湖区法院开庭。芸芸诉称，今年8月9日清晨7时许，同村少年小军（案发时离16周岁还差两个月）将她骗到一废弃民房内施暴。当天下午，东西湖区公安分局李家墩派出所将小军控制。民警将芸芸带至医院检查，结果为处女膜已破。7天后，芸芸的父亲陈华到派出所询问案件进展，被告知：因小军不满16周岁，不能追究刑事责任，已送工读学校。8月31日，派出所给了陈华一份8月23日作出的行政处罚决定书：决定对小军处行政拘留10日但不执行。9月3日，芸芸向武汉市公安局提起行政复议。10月10日，该局决定维持该行政处罚。芸芸遂将东西湖区公安分局告上法庭，要求撤销该行政处罚决定。庭审中，原被告双方争辩激烈。芸芸的代理人杨××、张×两名律师认为，李家墩派出所没有全面收集证据，询问不细致，对受害人病历中表述不明之处未调查。这不足以证明小军没有实施强奸，而《刑法》规定，年满14周岁者可追究其强奸罪。东西湖区公安分局的代理人强调该分局提取了有关物证，对案件双方当事人进行了调查，且有医疗部门的检查证明，证实小军仅实施了猥亵行为。按《刑法》规定，未满16周岁的未成年人，不追究其猥亵罪的刑事责任。法官未当庭宣判。庭审后，陈华说，女儿受辱后不敢出门，晚上常做噩梦说有坏人。"我现在已到肝腹水晚期，每天靠药物治疗，一定要为女儿讨回个公道。"（文中当事人均为化名）①

①　楚田、莫妙：《施害人为何未被追究刑事责任？6岁女童状告公安分局》，《楚天都市报》2007年11月14日。

在这起因性侵害行为的处理而发生的行政诉讼案中，原被告双方争论的焦点是被害人处女膜的破裂是怎么造成的。被害人家属认为是强奸（生殖器）造成的，公安局认为是猥亵（其他身体部位或器物）造成的。但根本的问题是，生殖器造成的处女膜破裂与其他身体部位或器物造成的处女膜破裂，在定性上为什么要有那么大的差别？如果认定行为人构成强奸罪，他可能得到有期徒刑的刑罚（根据《刑法》第 17 条规定，行为人已满 14 周岁不满 16 周岁，如果实施强奸行为，应当负刑事责任，同时应当从轻或者减轻处罚），但由于认定的是《治安管理处罚法》上的猥亵（根据《刑法》第 17 条规定，行为人如果不满 16 周岁，实施猥亵行为，不负刑事责任，即不构成《刑法》上的猥亵儿童罪），他仅得到象征性的治安管理处罚（行政拘留 10 日但不执行）。其实，对被害幼女而言，生殖器造成的处女膜破裂与其他身体部位或器物造成的处女膜破裂没有本质不同。孟子曰："杀人以梃与刃，有以异乎？"（用木棒打死人和用刀子杀死人，有什么不同吗？）[1] 这个案例说明，把强奸罪尤其是奸淫幼女强奸罪的客观构成要件限定于男女双方生殖器接合或者接触，而排斥其他严重的性侵害行为，是没有太多道理的，反而是作茧自缚。

在民国时期，普通强奸罪的既遂标准与"以强奸论"的奸淫幼女是一样的。1933 年，当时的最高法院有刑事判例（上字第二九八六号）指出："奸淫罪（指以强暴等法奸淫妇女和以强奸论的奸淫未满 16 岁之女子——刘注）之成立，以男女生殖器官接触为既遂，至阴茎已否深入膣内，及处女膜已否破裂，皆非所问。"[2] 这个判例以"接触"为既遂标准，不论被害人年龄。1934 年，广西高等法院首席检察官陈锡瑚呈最高法院检察署，为苍梧地方法院检察官转请解释强

---

① 《孟子·梁惠王章句下》。杨伯峻：《孟子译注》，中华书局，1960，第 8 页。
② 《最高法院刑事判例：二十三年二月二十日上字第二九八六号》，《法律评论》第 11 卷第 50 期，1934 年。查其他文献，最高法院上字第二九八六号判例是在民国二十二年（1933）作出的。

奸未遂疑义。最高法院检察署致司法院函称："窃查刑法第二百四十条第七项之规定未遂罪罚之。但未遂罪之标准如何，素来学说不一。例如甲说，谓奸者系男女间满足其性欲之行为也，故其已遂与否，即视其有无已达射精与否而为断。乙说，谓奸者虽为男女间满足其性欲之行为也，但已遂与否在此不必俟其确经满足性欲与否而为限。例如彼此之生殖器官业经接合（即以阴茎已插入女阴），即虽未射精，亦应认其已遂。丙说，谓本案规定，其处罚之本质既在行为，则不但不须已达射精，抑且无须以至接合，只须视其彼此之生殖器官已否接触，即可认其是否已遂。以上三说，究以何说为当，既无判例可援，又无解释可据。理合具文呈请钧座鉴核，转请解释。"根据最高法院检察署的意见，司法院作出解释（院字第一零四二号）："强奸罪之既遂、未遂，应以生殖器官已否接合为准，不以满足性欲为既遂条件。"① 这个解释以"接合"即"插入"为既遂标准，亦不论被害人年龄。由于当时最高法院是司法院的组成机构，在司法院发出级别和效力更高的院字第一零四二号解释后，最高法院上字第二九八六号刑事判例遂不再适用。②

而当代，奸淫幼女强奸罪的既遂标准与普通强奸罪有所不同。司法实践和刑法学通说，以"插入"或"接合"作为普通强奸罪的既遂标准。关于奸淫幼女强奸罪的既遂，1984 年最高人民法院、最高人民检察院和公安部《关于当前办理强奸案件中具体应用法律的若干问题的解答》对如何认定"奸淫幼女罪"加以解释：只要双方生殖器接触，即应视为奸淫既遂。③ 这样规定，是对幼女的特别保护。幼女的

---

① 《司法院训令：院字第一○四二号（二十三年二月十三日）：解释刑法第二百四十条第七项未遂罪疑义由（附最高法院检察署函）》，《司法院公报》第 112 期，1934 年；《司法院解释汇编》（第五册），司法院参事处编纂，司法院秘书处发行，1935，第 36~37 页。此件亦见《法律评论》第 11 卷第 20 期，1934 年。该刊将解释作出时间误注为"二十三年二月十二日"。
② 段绍禔编《最新六法判解汇编》，台北三民书局，1983，第 1267 页。
③ 该《解答》的这一规定，间接肯定普通强奸罪中的"性交"是指生殖器接合。

生殖器未发育成熟，阴道很狭小，成人阴茎难以插入。如果犯罪人强行将阴茎插入幼女阴道，会造成幼女阴道、会阴、肛门、直肠撕裂。在最高人民法院、最高人民检察院取消奸淫幼女罪的罪名后，有学者认为取消奸淫幼女罪的罪名意味着奸淫幼女强奸罪与普通强奸罪的既遂标准的统一化，即都以插入为标准。其理由还有：（1）性交就是两性生殖器的接合，如果尚未插入，不能说发生性交。仅有生殖器的接触，不能说被害人已满 14 岁就是未遂，不满 14 岁就是既遂。（2）如果采用接触作为奸淫幼女强奸罪的既遂标准，可能造成奸淫幼女强奸罪与猥亵幼女罪的混淆。（3）对幼女给予特殊保护是应该的，但这种"特殊"只应体现在不将幼女对性交的"同意"视为有效的这一方面。从处罚上说，《刑法》对未遂犯采用的处罚原则是得减主义而不是必减主义，将仅与幼女发生生殖器接触的情况视为强奸未遂，并不必然导致比既遂轻的处罚。（4）接触说过于严厉，有时不利于对行为人尤其是未成年人进行教育改造。（5）外国刑法和刑法理论对普通强奸罪和奸淫幼女强奸罪都统一采用插入说作为既遂标准。① 这个意见不无道理，但尚未成为通说。如果它为新的司法解释所采纳，法院认定的奸淫幼女强奸罪既遂案件的数量将会大大减少。

在奸淫幼女犯罪的性交过程中，由于疼痛难忍，被害幼女往往哭叫挣扎，行为人为制止反抗或者怕被人发现，可能对幼女实施暴力，致使被害人重伤、死亡。对这些情况，《刑法》规定为结果加重犯，最重可判死刑。有人在将阴茎插入幼女阴道后，因幼女疼痛哭叫而中止性交动作，对此不能视为强奸中止给予从轻处罚。清代祝庆祺、鲍书芸抄录刑部档案所编《刑案汇览》卷五十二载有一例发生于乾隆十年（1745）的"十六岁诱奸八岁女负痛中止"案：

---

① 参见黎宏主编《刑事案例诉辩审评——强奸罪、拐卖妇女儿童罪》，中国检察出版社，2005，第 204～210 页。

直督题段四强奸王三八岁幼女王金姐一案。缘段四上房摘枣，因王金姐索食，辄萌淫念，即哄王金姐入室，抱放炕沿，甫经行奸，因王金姐负痛哭泣，心生畏惧，即行中止，当将王金姐放起，抱出院内而逸。比王金姐之弟王常在外听闻伊姐哭喊，疑被段四殴打，奔告伊母陈氏，陈氏急行趋视，因见王金姐裤有血污，询明情由，将段四获送到案。审将段四依律拟斩立决，并声明段四强奸八岁幼女故属不法，但该犯当日甫经行奸，因闻王金姐哭泣，当即中止，与前督题蔚州民苏旺诱奸八岁幼女舍儿一案事同一辙，援案未减，听候部议。经刑部等衙门以幼女已被奸污，该犯实难曲宥，若使援案从宽，人知诡避，本条例几成虚设，将该督所请段四改为斩监候之处毋庸议，并请嗣后凡遇强奸幼女案件，不得仍引苏旺之案曲为开释等因具题。奉旨：九卿议奏。钦此。查强奸十岁以下幼女，忍心害理，此等淫恶之徒，自非立正典刑，不足以整风化而肃人心。若凭该犯畏惧中止一言援案从宽，诚如刑部等衙门所议，将来人知诡避，皆将狡饰供情辗转比附，使本条例几成虚设，殊非辟以止辟之义。但查此案段四犯事之时年止十六，尚属年幼无知，身罹法纲，若竟一例斩决，又似与行凶无异，行同光棍者无所区别，可否如该督所题，改为拟斩监候之处，恭候谕旨遵行。至乾隆四年间前督题苏旺强奸八岁幼女舍儿一案，经九卿两议，题请奉旨改拟斩候者，乃皇上法外之仁，并非着为成例，嗣后凡遇强奸幼女案件，不得概引苏旺之案曲为开释等因。乾隆十年十二月十五日奉旨：段四依拟应斩，着监候秋后处决。余依议。钦此。①

---

① （清）祝庆祺、鲍书芸、潘文舫、何维楷编《刑案汇览三编》（三），北京古籍出版社，2004，第 1936 ~ 1937 页。

根据《大清律例》"将未至十岁之幼女诱去强行奸污者，斩决"的条例，对诱奸八岁幼女的段四应当斩立决。但是，直督提出，如果援引乾隆四年苏旺诱奸八岁幼女舍儿一案，可对段四从轻处以斩监候。《刑案汇览》未收苏旺诱奸八岁幼女案，详情不知。但可以推断，这个案件也有"负痛中止"的情节，先判斩立决，后经九卿两议，题请乾隆皇帝改为斩监候。刑部等衙门对直督的建议没有采纳。他们认为，"幼女已被奸污，该犯实难曲宥，若使援案从宽，人知诡避，本条例几成虚设。"他们还提出，"嗣后凡遇强奸幼女案件，不得仍引苏旺之案曲为开释。"刑部等衙门勇气可嘉，明知乾隆皇帝轻判过"负痛中止"的案件，但还是否定了直督的建议，并且指出以后不能再援引乾隆皇帝钦定的案例。乾隆皇帝倒也开明，下令九卿议奏。九卿同意刑部等衙门的意见，认为对负痛中止的强奸案不能从轻处罚。他们认为，苏旺强奸八岁幼女舍儿一案改为斩监候，乃是皇上法外之仁，不能成为惯例。同时，他们发现，对段四另有从轻处罚的理由，即"段四犯事之时年止十六，尚属年幼无知"。最后，乾隆皇帝批准了九卿的议奏。此案的处理结果特别是刑部等衙门的意见，即使从现代眼光来看，也是正确的。强奸罪的中止，在时间上，只能发生在"插入"（强奸妇女或幼女）或者"接触"（奸淫幼女）之前。在"插入"或者"接触"之后，性交行为的中止，无论基于何种原因，都不能认定为强奸罪的中止。强奸犯罪中，也确实有人中途停止性交行为，负痛中止也是有的。对被害人而言，中止毕竟比不中止好。但是行为人中止性交行为，可能出于不同原因，人们无法从中止这一事实判断行为人主观的善恶，更何况这一事实本身实难认定。如果将性交行为中止作为从轻处罚的理由，正如前述刑部等衙门和九卿议奏所说，"将来人知诡避，皆将狡饰供情辗转比附"。病情严重的精神病犯罪人或许不知如此，但恋童症者很有可能利用这种手段减轻自己的罪责。因而不能把性交行为中止作为从轻处罚的理由。当然，应当鼓励负痛中止，但是鼓励的方法不是对负痛中止从轻处罚，而应当是对负痛不中止从重处罚。

2004 年，福建省周宁县发生了一起因有类似"负痛中止"情节而对强奸罪被告人予以轻判的案件。

[**案例42**] 2001 年 5 月 14 日，刚满 14 岁的少女陈某（1987 年 3 月 27 日出生）遭他人强奸。报案后，经周宁县公安局副局长兼刑警大队大队长陈长春审批立案侦查，两天后犯罪嫌疑人即被抓获。同年 5 月 31 日下午，陈长春以了解案情为由，将该案被害人少女陈某骗至某宾馆，不顾陈某的反抗，将其奸淫。陈长春作案后发现床单上有精液，便将该部分床单撕下丢弃。罪行败露后，陈长春畏罪潜逃，直至 2003 年 11 月 4 日被警方抓捕归案。2004 年 3 月初，周宁县法院对陈长春强奸案进行一审判决，法院认为，"被告人陈长春违背妇女意志以暴力手段，强行奸淫妇女，其行为已构成强奸罪；被告人陈长春还指使他人作伪证以及以贿买的方法阻止证人作证，其行为又构成妨害作证罪。""但被告人陈长春在实施强奸过程中，当被害人喊疼痛时，未继续实施奸淫，可酌情从轻处罚"。最后判决："被告人陈长春犯强奸罪，判处有期徒刑三年，犯妨害作证罪，判处有期徒刑一年，决定执行有期徒刑三年"。一审宣判后，检察机关提出抗诉。此案经媒体报道后，引起广泛关注。3 月 23 日，宁德市中级人民法院对该案作了改判，以陈长春犯强奸罪、犯妨害作证罪数罪并罚，终审判处其有期徒刑十二年。随后，周宁县法院院长被免职，分管副院长受处分，一审主审法官阮某被刑拘并被公诉。阮某在周宁县法院当了十多年的刑庭庭长，而被告人陈长春的妻子则是该法院的财会人员。7 月初，阮某因徇私枉法罪被福建省霞浦县法院一审判处有期徒刑两年。霞浦县法院审理查明：2004 年 1 ~ 2 月，被告人阮某在担任周宁县公安局原副局长陈长春强奸、妨害作证一案审判长时，在认定陈长春强奸、妨

害作证的罪名成立的前提下，因徇私情，在量刑时，明知陈长春强奸案具酌定从重情节，但为达到对陈长春轻判的目的，将"本案实施暴力不明显，在被害人叫喊疼痛时未继续实施奸淫"作为酌定从轻理由。在向法院审判委员会汇报该案时，阮某极力、反复强调可以轻判，可以判起点刑，以误导审判委员会委员。由于该院审判委员会在讨论该案时，未正确履行职责，作出了同意合议庭定罪量刑意见的结论。霞浦县法院认定，被告人阮某身为司法工作人员，接受同在周宁县法院工作的陈长春之妻的宴请和礼品，在审理陈长春强奸、妨害作证案时，故意违背法律，对陈重罪轻判，其行为已构成徇私枉法罪。①

　　陈长春强奸案第一审的审判长阮某可能不知道也不必知道当年乾隆皇帝的圣旨，但是作为一名担任刑庭庭长十年之久的"资深"法官，他理应知道强奸中的"插入"已经构成既遂，此时中止不能成为从轻处罚的理由，然而他竟以"被告人在实施强奸过程中，当被害人喊疼痛时，未继续实施奸淫，可酌情从轻处罚"为由，对被告人从轻处罚。他因徇私枉法罪而被判刑，是咎由自取。不过，有一个事情没有搞清楚，在陈长春强奸案中，究竟有没有"当被害人喊疼痛时，未继续实施奸淫"的情节？宁德市中级法院对陈长春的二审判决和霞浦县法院对阮某的判决，似乎都回避了这个问题。也许这个问题被认为是不重要的了。但我认为，还是有搞清的必要，因为这与认定陈长春和阮某犯罪的性质有一定的关系。如果事实上没有这一情节，那么不是陈长春编造，就是阮某编造，这一情况在对他们量刑时应予考虑。

---

① 综述自陈强《强暴一强奸案受害少女　县公安局副局长竟获轻判》，《中国青年报》2004 年 3 月 15 日；陈强《强暴受害少女的县公安局副局长终受严惩》，《中国青年报》2004 年 3 月 24 日；陈强《公安局副局长强暴被害少女案一审审判长被刑拘》，《中国青年报》2004 年 4 月 5 日；陈强《两审法院的判决结果为何反差这么大》，《中国青年报》2004 年 3 月 29 日；陈强《公安局副局长强暴被害少女案追踪　审判长被判刑》，《中国青年报》2004 年 7 月 8 日。

"未继续实施奸淫"的意思比较模糊，最初的报道让人以为陈长春没有射精。但后来的一篇报道透露：陈长春作案后发现床单上有精液，便将该部分床单撕下丢弃。"未继续实施奸淫"怎么还会有精液？可以判断，所谓"未继续实施奸淫"其实是奸淫基本完成，只是未在被害人体内射精而已。如果是这样，本案把"未继续实施奸淫"作为从轻处罚的理由岂不更荒唐？为什么陈长春会采取体外射精？显然他是不想在被害人身上留下自己犯罪的证据。不要忘了，陈长春是公安局副局长兼刑警大队大队长，具有丰富的侦查和抗侦查经验。而这一细节，更暴露了陈长春的主观恶性。

（二）特殊情况的刑责减免

与幼女发生性行为在各国一般都构成犯罪，但罪名并非都是"强奸罪"。德国、奥地利、丹麦、挪威、芬兰、意大利等国的刑法在强奸罪之外另设"对儿童的性滥用罪"或者"与未成年人实施性行为罪"等条款，用以处罚与包括幼女在内的儿童发生性行为（不限于性交）。此外，各国刑法对幼女或者儿童年龄的规定不尽一致。

有一种例外，在有些国家，具有刑事责任能力的未成年人非强行与幼女发生性行为，如果双方年龄差距不大，有可能不被视为犯罪，或者可以减轻、从轻处罚。例如，《奥地利刑法典》第 206 条和第 207 条规定，与儿童发生性交或与性交相似的行为，如果行为人的年龄大于儿童的年龄不超过 3 岁的，性行为不存在借助物品的情况，且行为既未造成严重身体伤害，也未造成儿童死亡的，不予处罚，但儿童不满 13 岁者除外；对儿童实施其他性行为，如果行为人的年龄大于儿童的年龄不足 4 岁，且未造成儿童重伤害，也未造成儿童死亡的，不予处罚，但儿童不满 12 岁者除外。① 《瑞士刑法典》第 187 条第（2）

---

① 《奥地利联邦共和国刑法典（2002 年修订）》，徐久生译，中国方正出版社，2004。

项规定，与儿童发生性行为，如果双方的年龄相差不足 3 岁的，不处罚。① 之所以限定年龄差距，主要是为了把利用智力和经验的优势诱骗幼女的情况排除于宽宥之外。《芬兰刑法典》没有限定年龄差距，也没有限定儿童年龄底线，但规定（第 20 章第 6 条）：与儿童发生性行为，如果双方的年龄、精神或者身体成熟状况没有巨大的差距，不构成犯罪。②

中国也存在这种宽宥制度。1984 年最高人民法院、最高人民检察院、公安部《关于当前办理强奸案件中具体应用法律的若干问题的解答》规定："十四岁以上不满十六岁的男少年，同不满十四岁的幼女发生性行为，情节轻微，尚未造成严重后果的，不认为是奸淫幼女罪，责成学校和家长严加管教。"2000 年最高人民法院《关于审理强奸案件有关问题的解释》规定："对于已满十四周岁不满十六周岁的人，与幼女发生性关系构成犯罪的，依照刑法第十七条、第二百三十六条第二款的规定，以强奸罪定罪处罚；对于与幼女发生性关系，情节轻微、尚未造成严重后果的，不认为是犯罪。"这一解释与前一解释比较，改"不认为是奸淫幼女罪"为"不认为是犯罪"，既不认为是强奸罪（奸淫幼女），也不认为是猥亵儿童罪。2006 年最高人民法院《关于审理未成年人刑事案件具体应用法律若干问题的解释》第 6 条规定："已满十四周岁不满十六周岁的人偶尔与幼女发生性行为，情节轻微、未造成严重后果的，不认为是犯罪。"这一解释，改"性关系"为"性行为"，并且增加了一个"偶尔"条件。2013 年最高人民法院、最高人民检察院、公安部、司法部《关于依法惩治性侵害未成年人犯罪的意见》第 27 项重申了最高人民法院 2006 年解释。也就是说，已满 14 岁不满 16 岁的未成年人与幼女发生性行为不被认为是

---

① 《瑞士联邦刑法典（2003 年修订）》，徐久生、庄敬华译，中国方正出版社，2004。
② 《芬兰刑法典》，于志刚译，中国方正出版社，2005。

犯罪，需有三个条件：偶尔，情节轻微，未造成严重后果。这一原则基本正确、可行，但也有漏洞和不清晰之处。"偶尔"如何衡量？"情节轻微"是指什么情况？"造成严重后果"是否指处女膜破裂、怀孕、自杀？特别不妥的是没有限定幼女的最低年龄。

如果更全面设置已满14岁不满16岁的未成年人与幼女发生性行为的免责条件，似可提出五点：（1）未使用暴力、胁迫或者其他强制手段；（2）幼女已满12岁；（3）仅与一个幼女发生性行为。曾与多名幼女发生性行为，即非"偶尔"；（4）没有造成自杀等严重后果。处女膜破裂、怀孕，一般可以不问；（5）幼女不存在精神发育迟滞等精神障碍。除此之外，已满14岁不满16岁的未成年人强行与幼女发生性行为，或者与多名幼女发生性行为，或者与不满12岁的幼女（应无须"明知"）发生性行为，或者与精神障碍幼女发生性行为（如果精神障碍幼女已满12岁，需要"明知"或"知道或者应当知道"其为精神病人），不论造成什么后果，都应以强奸罪（奸淫幼女）处断；没有发生阴茎-阴道性交的，以猥亵儿童罪处断。

不必对未成年人有性的冲动大惊小怪。这样的性冲动是难以压制的。对性冲动的粗暴压制只能推波助澜。但是，为他们着想，对他们的性冲动以及由此发生的性行为也不能听之任之。在父母的干预之外，法律也应当进行适当干涉。但是法律禁止和处罚的，主要应当是未成年人以暴力、胁迫或者其他强制手段而实施的强奸。已满14岁不满16岁的未成年人与年龄接近的单一幼女发生双方"自愿"的性关系，不论偶尔或者经常，也不论处女膜是否破裂，是否造成幼女怀孕，都无刑事处罚之必要。他们的性关系，大多属于早恋中的偷食禁果，虽然不智，但还有一些纯真。对行为人进行批评训诫足矣，当作强奸犯处罚则太苛严。更要担心，他们会因为受到这样不能让他们信服的惩罚而敌视法律、敌视社会、敌视女性，进而发展成为真正的强奸犯。而且，对行为人的处罚还会对"被害"幼女的心理造成伤害。

说她早恋性交与说她被强奸，对她的心理和名誉的影响有很大不同。遭此打击，她以后性观念、性心理的发展可能会发生扭曲。

对已满 14 岁不满 16 岁的未成年人与幼女发生性行为，不一律作为犯罪对待，与《刑法》关于未成年人刑事责任能力和刑事责任年龄的规定并不冲突。《刑法》第 17 条规定："已满十六周岁的人犯罪，应当负刑事责任。""已满十四周岁不满十六周岁的人，犯故意杀人、故意伤害致人重伤或者死亡、强奸、抢劫、贩卖毒品、放火、爆炸、投毒罪的，应当负刑事责任。""已满十四周岁不满十八周岁的人犯罪，应当从轻或者减轻处罚。因不满十六周岁不予刑事处罚的，责令他的家长或者监护人加以管教；在必要的时候，也可以由政府收容教养。"也就是说，已满 14 岁不满 16 岁的未成年人只有犯故意杀人、故意伤害致人重伤或者死亡、强奸、抢劫、贩卖毒品、放火、爆炸、投毒罪等危害严重的犯罪时，才承担刑事责任，而且应当从轻或者减轻处罚。其中虽然也有"强奸"，但是根据《全国人大常委会法工委关于已满十四周岁不满十六周岁的人承担刑事责任范围问题的答复》（2002 年 7 月 24 日）关于"刑法第十七条第二款规定的八种犯罪，是指具体犯罪行为而不是具体罪名"的解释，这里所说的"强奸"是指未成年人以暴力、胁迫或者其他强制手段而实施的阴茎 – 阴道性交，而不包括两个未成年之间发生非强制的阴茎 – 阴道性交及生殖器接触。

中国台湾地区的类似制度建立稍迟，且与中国大陆有关规定有所差异。该地区"刑法"1999 年修正时，在关于与幼年男女性交及猥亵罪的第 227 条（对于未满十四岁之男女为性交者，处三年以上十年以下有期徒刑。对于未满十四岁之男女为猥亵之行为者，处六个月以上五年以下有期徒刑。对于十四岁以上未满十六岁之男女为性交者，处七年以下有期徒刑。对于十四岁以上未满十六岁之男女为猥亵之行为者，处三年以下有期徒刑。第一项、第三项之未遂犯罚之）之后，新增第 227 条之一，规定："十八岁以下之人犯前条之罪者，减轻或者免除其刑。"增订的理由是：对年龄相若之年轻男女，因相恋自愿发生性行为之情形，若一律以第 227 条之刑罚论处，未免过苛，故一律减轻或免除其刑。①

第二节　强奸犯罪人的主要类型

强奸不仅仅是一种性行为，它的发生固然有性欲的基础，但不取决于性欲的大小。多数强奸都有明显的暴力成分，多数强奸犯罪人都有暴力倾向。美国学者曾经做了一个测试，他们制作了两盘录音带，描述彼此同意的性交和对女性的暴力性交，向被选的听众播放。普通人在听到彼此同意的性交的录音时会发生性唤起，但对有暴力的内容却不会发生性唤起。然而强奸犯对两种录音内容都会发生性唤起。②当然，不能因此把强奸仅仅归为暴力犯罪。法国思想家米歇尔·福柯（Michel Foucault，1926 ~ 1984）基于性都是好的这种理念和主张废除一切管制性行为的刑罚的立场，认为强奸只是一种暴力犯罪，与性无关，"在任何情况下，性都不应该成为惩罚的对象。如果我们惩罚强奸，我们只是在惩罚身体的暴力，而不是其他。这只不过是身体侵犯的一种：用拳头击打某人的脸和把阴茎插入到他人的……这两者之间没有什么原则性的差别。"③某些女权主义者也持类似的观点。英国学

---

① 参见许玉秀主编《新学林分科六法：刑法》，台北新学林出版股份有限公司，2006，第 A - 459 页。

② 参见〔美〕V. Mark Durand、David H. Barlow《异常心理学基础》，张宁等译，陕西师范大学出版社，2005，第 380 页。

③ 〔法〕米歇尔·福柯：《监禁 精神病学 监狱》，载《权力的眼睛——福柯访谈录》，严锋译，上海人民出版社，1997。福柯是在一次反精神病学人士参加的研讨会发表这一言论的。在研讨会上，有两位女士对福柯的主张极为反感。福柯的这段话还有几种译本，略有差异，参见〔法〕米歇尔·福柯《囚禁，精神病学，监狱》，万美君译，载杜小真选编《福柯集》，上海远东出版社，1998；〔美〕詹姆斯·米勒《福柯的生死爱欲》，高毅译，上海人民出版社，2003，第 353、386 页；〔英〕乔安娜·伯克《性暴力史》，马凡等译，江苏人民出版社，2014，第 421 页。

者、精神科医师罗丝·瑟法特（Ruth Seifert）声称，所有强奸研究
"得出的一致观点就是强奸与性无关，而与侵略行为有关"。美国最强
硬的强奸罪检察官爱丽丝·瓦切思（Alice Vachss）批评那些认为强
奸与性有关的人"错把武器当成动机"。与这些人的观点比较接近的
立法是《加拿大刑事法典》。《加拿大刑事法典》没有"强奸罪"，类
似于强奸罪的犯罪称为"性攻击罪"（sexual assault），它不是被规定
于第五章中"性犯罪"（Sexual Offences）一节，而是被规定于第八章
中"殴击"（Assaults）一节。[①] 但是，这种观点是片面的。强奸犯罪
人如果只想发泄暴力冲动，完全可以进行凶杀。而对强奸的被害人来
说，她们所遭受的痛苦也不完全或者不主要来自暴力和身体的损伤。
也是女权主义者的美国法学家凯瑟琳·A. 麦金农（Catharine Alice
MacKinnon）正确地指出："如果强奸是暴力不是性，为什么他不是仅
仅殴打她？这个进路使我们有可能认识到一点：当暴力以性的方式实
施时，暴力就是性。"[②]

　　曾经有一些精神病学家认为，强奸是精神病所致，强奸犯罪人都
是精神病人。这种观点已经被证明是错误的。精神病人的确可能进行
强奸犯罪，但在全部强奸犯罪人中精神病人只是极少数。心理学家更
倾向于把强奸与人格障碍联系在一起。他们认为强奸犯罪人都存在严
重的人格障碍或失调。这一观点是值得重视的。但是应当指出，如果
不把人格障碍的外延无限扩大，并且更全面地考察各种各样的强奸犯
罪人，就可以发现，也不是所有的强奸犯罪人都具有人格障碍。还有
一些学者认为强奸属于男性的性偏好障碍。与此不同，有些学者认为
多数的强奸是性别不平等和色情文化的产物。美国的一项研究指出，

---

① 《加拿大刑事法典》，卞建林等译，中国政法大学出版社，1999。并参见 http://
　　laws-lois. justice. gc. ca/eng/acts/C‐46/index. html。
② 〔美〕凯瑟琳·A. 麦金农：《迈向女性主义的国家理论》，曲广娣译，中国政法大学
　　出版社，2007，第 189 页。

许多强奸行为不是精神障碍引起的，而是社会文化对性和暴力的宣扬引起的。在某种程度上，男性在文化中被"社会化"为性掠夺者。[①]

但毫无疑问，在强奸犯罪人这个群体中，是包括着一般强奸犯罪人与精神障碍强奸犯罪人的。不论是对一般强奸犯罪人，还是对精神障碍强奸犯罪人，都可以并且需要进一步划分。他们犯罪的原因、犯罪的动机以及犯罪的行为方式都很不相同。

本书主要研究精神障碍者的强奸犯罪，但是为更清楚地认识精神障碍者强奸犯罪的特点，有必要先对一般强奸犯罪人犯罪的基本特点作简单的分析。一般强奸犯罪人不存在精神病（狭义），也没有明显的人格障碍。他们具有完全的辨认和控制自己行为的能力。他们进行强奸多是单纯发泄性欲。也有人把强奸作为实现某种利益的手段。可以把一般强奸犯罪人分为六种类型。

第一，冲动型。他们进行强奸主要是受一时冲动的性欲所驱使。他们作案缺乏预谋，往往在单独与孤立无援的女性相处时，受性欲驱使，突生歹意进行强奸。冲动型强奸犯罪人中有许多人是在实施其他犯罪如抢劫、盗窃、绑架时突生歹意进行强奸的，故而有人将这类强奸犯罪人称为"抢劫强奸犯"。

第二，权势型。这种类型的强奸犯罪人对于被害者来说，居于某种优势地位。他们可以利用职权、从属关系或者其他某种优势地位如掌握被害者的隐私，对被害者进行精神上的强制，迫使被害者就范。这种情况，在一些国家不被视为强奸，而在中国则可构成强奸。这种类型的强奸犯罪人淫乱思想严重，多有较高的智能，善于掌握被害人的心理，并常常设置圈套。他们在犯罪中不使用暴力，也不以暴力相威胁，达到目的后还可能给予被害人一些物质上的好处。他们可能利

---

① 参见〔美〕珍尼特·S. 海德、约翰·D. 德拉马特《人类的性存在》，贺岭峰等译，上海社会科学院出版社，2005，第494页；〔美〕劳伦·B. 阿洛伊等《变态心理学》，汤震宇等译，上海社会科学院出版社，2005，第565页。

用自己的优势地位，长期控制被害人以供其发泄淫欲，久而久之，强奸也有可能演化为通奸。

第三，投机型。有些人为发泄性欲，选择处于病重、熟睡、醉酒、神志不清状态之中的女性或者痴呆女性，乘她们不能抗拒或者不知抗拒之机，进行奸污。这种行为较少使用暴力，但实际上也违背了妇女的意志，应当按强奸罪论处。属于此种类型的强奸犯罪人，有些采取各种手段使妇女处于不能抗拒的状态，如采取欺骗手段将妇女灌醉；有些则因体弱、年迈、胆小等原因，不敢侵犯身心强健的妇女，而只能将不能抗拒或不知抗拒的妇女作为猎物。

[**案例43**] 陆某，男，49 岁，盐场工人。1978～1980 年，陆以针灸和给人治病为幌子，调戏、猥亵未婚女青年二人。1978 年夏，陆在医院住院期间，以替患有精神病的未婚女青年杨某治病为名，在杨发病神志不清的情况下，在其身上扎针多处，并用细尼龙绳捆绑其两腿，实施奸污。一个月后，陆又以欺骗等手段，在杨家中再次奸污了杨。1980 年 3 月，陆又以治病为名，多次猥亵另一女精神病患者成某。同年 3 月 10 日上午，陆乘成亲属外出之机，用麻袋绞口绳三根和细尼龙绳一根，将成双手和双腿分别捆绑。在成呼救时，陆又用旧棉花和布条堵住成的嘴，对成进行强奸。①

第四，惩罚型。有些人把强奸作为一种惩罚、报复手段，施加于侵犯他们的或者不按他们意愿行事的女性，以及侵犯他们的或者不按他们意愿行事的男性的女性亲属。特别是，受原始的同态复仇习俗和观念的影响，有些人在自己的女性亲属遭受他人的性侵害之后，会对

---

① 中国人民大学法律系刑法教研室、资料室编印《中华人民共和国刑法案例选编（二）》，1983，第 279 页。

侵犯者的女性亲属施以同样的性侵害。不能说惩罚型强奸犯罪人的行为与性欲无关，但毋庸置疑的是，满足性欲对他们来说是次要的。

[案例44] 吴某，男，35岁，农民。1987年2月19日下午，吴妻与施某在甘蔗地通奸，被吴当场抓获。在吴的威逼下，施答应让吴奸淫自己的妻子。过了十几天，施妻未到吴家，吴非常恼火，即对妻子说要奸淫施的母亲农某（67岁）以示报复。1987年3月3日上午，吴妻到农家，对农说自己与施通奸被吴发现，吴要奸农进行报复，否则吴就把事情闹大。农听后十分害怕，迫于为儿子解脱，只得到指定的甘蔗地让吴奸淫。[①]

[案例45] 龙某，男，66岁。解放前当过伪兵、伪甲长。解放初以枪弹资助土匪，并在土匪中任侦探。1951年被戴上反革命分子帽子，管制三年。1973年又被戴上反革命分子帽子，受到监管和批判。1974年后，龙以少量钱粮、糖果、花生米为诱饵，先后奸淫了7名监管干部、贫下中农社员的11名幼女（2.5~14岁）。在审讯中，龙宣称："我这么大年纪，并不想搞女人，是为了让别人晓得，他们当干部的那么整，女儿拿给反革命分子搞过的，下一辈子名声也不好。"[②]

第五，关系型。这类犯罪人没有性道德观念，风流好色。强奸是他们的一种生活方式，一种他们喜欢的性行为方式。他们自我感觉良好，认为自己对于妇女是有吸引力的。他们甚至认为，一旦与被害人发生性关系，就会在他们之间建立私人关系。他们不认真看待被害人的拒绝和反抗，在使用暴力手段之后往往解释那是不得已的。他们可

---

① 路安仁等主编《刑事犯罪案例丛书·强奸罪、奸淫幼女罪》，中国检察出版社，1991，第66页。
② 中国人民大学法律系刑法教研室、资料室编印《中华人民共和国刑法案例选编（一）》，1980，第141~142页。

能会在犯罪后一本正经地告诉被害人以后一定注意安全，防止别人的伤害。更可笑的是，他们难以理解被害人的反应，会异想天开地要求进行下一次约会，而不会想到被害人会报警。

第六，占有型。有些人在他们的求婚遭到拒绝时，可能对求婚对象进行强奸，使性关系成为事实，迫使求婚对象与之结婚。在一些经济、文化落后的农村地区，有一些人法制观念极为淡薄，从人贩子手中买来妇女，强行与之同居，这种行为也构成强奸罪。

对于精神障碍强奸犯罪人，可以划分为人格障碍强奸犯罪人、恋童症强奸犯罪人和精神病强奸犯罪人三类。后面的分析将会揭示，这些精神障碍强奸犯罪人与一般强奸犯罪人究竟有何不同。有强奸行为的性施虐者，也属于精神障碍强奸犯罪人，但对他们本书另有分析。

外国对强奸犯罪人类型的研究已经颇有收获。例如，美国科恩（Murry C. Cohen）等人把强奸犯罪人分为替代攻击型、补偿型、性与攻击结合型、冲动型四类；尼古拉斯·格罗斯等人把强奸犯罪人分为震怒型、权力型、虐待型三类。[1] 约翰·道格拉斯等人把强奸犯罪人分为重获权力型、剥削型、愤怒型和虐待型四类。[2] 需要注意的是，他们的划分对象虽然一般不包括精神病（狭义）强奸犯罪人，但往往包括人格障碍强奸犯罪人和性变态强奸犯罪人。

第三节　人格障碍者的强奸犯罪

人格障碍者进行强奸犯罪有不同于一般人的心理原因。首先，人格障碍强奸犯罪人控制冲动的能力较弱，具有爆发性愤怒以及不能延期满足欲望、不能忍受挫折的心理障碍。其次，人格障碍强奸犯罪人

---

① 参见吴宗宪《西方犯罪学史》，警官教育出版社，1997，第838～841页。
② 参见〔美〕约翰·道格拉斯、马克·奥尔沙克《变态杀手——恶性犯罪深层心理探究》，岳盼盼、白爱莲译，海南出版社，2001，第87页。

缺乏固定的性同一性和足够的男性感觉。他们在自己的生活中，无论在性领域，还是在非性领域，不能获得成功。因而，他们对自己极不满意。他们力图摆脱根深蒂固的自卑感，追求男性化和显示自我的社会价值。这成为他们争取自我实现的动力。再次，人格障碍强奸犯罪人人际交往能力较低，使他们的实现自我的努力经常遭到阻碍。于是，他们选择了通常来说是弱者的女性作为满足的目标，通过暴力的性征服来体会成功的快感。有些学者认为人格障碍者的强奸实际上是一种"拟性"行为，趋向于表达力量与攻击，而不是性的满足。

根据犯罪的动机，可以把人格障碍强奸犯罪人分为五类。

第一，愤怒型。这种类型的强奸犯罪人多在爱情、家庭生活中遭受过打击或挫折，不能与女性建立融洽的关系，因而对女性怀有刻骨的憎恨。他们实施强奸的主要动机是通过凌辱、摧残女性以发泄心中的愤怒，性欲的满足本身是无关紧要的。实际上性交只是他们报复、羞辱女性的一种武器。他们的愤怒情绪是周期性地产生的。当愤怒情绪积蓄到一定程度时，他们就通过强奸行为去释放。在强奸过程中，他们常常毫无必要地施用暴力，不住咒骂。一个强奸犯罪人如此描述自己的犯罪心理："一开始我就怒不可遏，我无法控制自己。完事之后，我觉得很轻松，很满足，但这不是性的满足。事实上，我觉得我很厌恶此事，只是想通过此事释放出愤怒的能量。可不久这种能量又积蓄起来，我无法甩掉这个包袱，只得再一次去释放。"①

第二，补偿型。一般认为这种类型比较多见。这种类型的强奸犯罪人性格内向，受明显的自卑情绪支配，不能形成成熟的人际关系，在现实生活特别是在性生活中有不适应的感觉。他们性欲强烈，但性功能障碍或其他心理因素妨碍他们实现自己的欲望，并终日为此苦

---

① 引自〔美〕特里萨·S. 弗利等《救救受害者》，高琛等译，警官教育出版社，1990，第26页。

恼。他们还可能有窥阴、露阴等性变态行为。他们实施强奸的主要动机是证明自己的男子汉气概，克服内心的恐惧。他们在强奸中把暴力作为征服对象的手段，或者作为自己强大的象征，遇到激烈反抗可能会放弃初衷而逃之夭夭。他们甚至幻想他们的行为会给被害人带来快乐，因而他们很注意观察被害人的性反应。有时他们会把被害人的内衣或头发、阴毛等物拿走，收藏起来，作为纪念。有人还会把犯罪过程用文字记录下来。这类强奸犯罪人连续作案的可能性很大。连续作案者还可能记有流水账。一个强奸犯罪人自述："我的整个生活都是在别人控制之下度过的。特别是来自我双亲的控制。人们从不考虑我的情感而任意支配我。我强奸的主要目的并不是为了发泄性欲，而是要将某人置于我的完全控制之下，让她孤立无援。我随心所欲，让被害者做她们不想做的事情。而这一点正是我生活中感受最深的东西。以前我不能独自做我想做的事情，常常感到孤立无援。因此，我决心要自己做到能证明我是一个强者。当然，我已经做了我想做而她们不能做的事情。她们不能拒绝我，也不可能拒绝我。她们在整个过程中一句话都不敢说，我感到非常满足。"①

[**案例46**]（美国的案例）H，男，35岁，学者，因多次强奸妇女被判终身监禁。H成长于关系混乱的家庭。父亲对妇女包括妻子态度粗暴。父母性生活不检点，有时当着H的面发生性关系。H在儿童期不止一次被父亲鸡奸。H在成年以后常常感到孤独和没有人爱他，开始幻想能与一位理想的、"能用感情打动"的妇女建立"完美的关系"。但随着时间的推移，这种幻想和冲动发展到具有色情的强迫性质。他想象自己胁迫一位妇女与他发生性关系，开始她不愿意，随后

---

① 引自〔美〕特里萨·S. 弗利等《救救受害者》，高琛等译，警官教育出版社，1990，第26页。

她感到了快乐。他幻想与她保持着亲切的关系，幻想时常常手淫。虽然他知道幻想中的情节未必实现，但他开始专注于性兴奋冲动，行动也受到幻想的支配。H 从 16 岁有强奸行为，每次强奸后他都决心"不再犯"，但是对性兴奋的专注和冲动总是不可克制地复燃，如此周而复始。虽然他常常用小刀威胁妇女使她们顺从，但从未伤害她们的身体，并尽量少用暴力。对方明显的痛苦表现会减低而不是增强他的性兴奋。每次强奸过程中，他总是扔掉凶器并向妇女保证不打算伤害她们。每当在杂志或电影中看到描绘妇女被制服或被束缚的情景，他便会出现性兴奋，但是如果其中的妇女有痛苦表情或处于苦恼之中，他便不会出现性兴奋。在监狱中作了阴茎体积检测，给他看描绘妇女在被制服或被束缚的图片时，阴茎勃起；在看到妇女受苦的图片时，性兴奋减低。[①]

第三，虐待型。这些强奸犯罪人多有施虐型人格障碍，并可能也存在心因性的性功能障碍，不能进行性交，或不能通过正常性交达到性高潮。对他们来说，实施暴力给被害人带来恐惧和痛苦，是唤起性功能，实现性高潮的主要条件。他们把被害人的反抗视为一种性刺激，被害人反抗越是激烈，他们的情绪越是亢奋。在犯罪过程中，他们的行为极为残暴，会在被害人的肉体和精神上造成极为严重的伤害。身体伤害主要施加于与性有关的部位，如生殖器、臀部、乳房。一旦他们实现性交并达到性高潮，一般不会继续施虐，而如果性交失败，就会以通过进一步的施虐，使被害人痛苦万分，作为心理上的补偿。他们与性施虐症不完全一样，性施虐症以虐待行为作为满足性欲的唯一或主要的途径，而他们则是把虐待行为作为唤起性功能、提高

---

① 〔美〕罗伯特·斯彼德等：《美国精神障碍案例集》，庞天鉴译，中国社会科学出版社，2000，第 156 页。

性兴奋程度的一种手段。

[**案例47**] 李某，男，49岁，农民。1986年6月11日晚6时许，李窜到两个村庄之间的一条东西路上，伺机拦路强奸妇女。此时，村妇郭某（37岁）路过此地。李乘郭不备，将郭拦腰抱住摔倒在地，抓住郭的后衣领把郭拖到路边的麦茬地里。郭奋力反抗呼救，李便用拳头殴打郭的头部和面部，并威胁说："你吆喝，我就卡死你。"然后解开郭的腰带，反绑其双手，抓住郭的头发和腿继续向麦茬地里拖。郭在反抗中挣脱了绳扣，与李搏斗。李骑在郭的身上，撕破郭的上衣，将郭的胸部、乳房、腹部、阴部多处抓伤。郭又呼喊救命，李即用双手卡住郭的颈部，抓土塞进郭的嘴中，把郭的双手别在背后，坐在郭的身上压住郭，然后撕碎郭的裤头，欲行奸淫，因阳痿无法奸入。这时，郭已经被折磨得无力反抗。李继续抓郭的乳房，蹂躏郭近两个小时。后因有人路过，李逃跑。据查，1985年9月11日至1986年2月12日，李于同一地点以同样手段，先后拦截四名女青年欲行奸淫，均因被害人反抗和有人路过而未遂。①

[**案例48**] 朱某，男，31岁，香港人。1987年5月31日晚上，朱从香港到深圳，在深圳某酒店搭乘女司机张某驾驶的出租汽车，回家探亲。次日凌晨2时许，当汽车行驶至某路段斜坡路时，朱从后排座位上用双手卡住张的颈部，爬到司机右侧座位上，欲对张实施强奸，遭到张的反抗，朱即挥拳猛击张的头部和胸部，并将张强行抱出车外，至公路排水沟处，将张按倒在地。张极力反抗呼救，朱再次对张进行殴打，还威胁说："不准叫，否则我就打死你。"当朱准备实施强奸时，见汽车大灯未关闭，发动机未熄灭，便拖着张返回车旁将灯熄

①　路安仁等主编《刑事犯罪案例丛书·强奸罪、奸淫幼女罪》，中国检察出版社，1992，第23页。

灭，然后挟持张到离汽车约 28 米远的山坡处，连续三次对张实施奸淫。朱还用牙齿咬张的嘴和乳头，用手指抠张的阴道和肛门，还要张口吮其生殖器，蹂躏、玩弄张长达 2 小时之久。此后，朱拾起一块石头猛击张的头部，致张昏迷，然后毁坏汽车的方向盘等设备，逃离现场。[①]

第四，悖德型。这些强奸犯罪人多系反社会型人格障碍者，性情冷酷，以自我为中心，没有道德感，具有攻击性。他们淫乐思想严重，并且藐视妇女，把妇女当成发泄性欲的工具。他们对自己的性能力颇为自信，随时都在寻找可以发泄性欲的妇女，并主要以年轻、漂亮、性感的妇女作为犯罪对象。他们经常使用欺骗的方式接近被害人，在被害人放松警惕时，露出真实面目，以暴力或暴力威胁迫使被害人顺从。他们往往把被害人的衣服撕光、扯碎，使被害人赤身裸体。他们会连续对被害人施以各种方式的性侵害，除性交外，还可能进行抠摸、肛交或迫使被害人口交。他们实施这些虐待行为，主要是为了取乐和羞辱被害人。在性侵害之后，他们还有可能杀死被害人。这类强奸犯罪人最有可能结成团伙，轮奸妇女，或同时强奸多名妇女。他们中的大多数，往往还有其他罪行。

[案例 49]（美国的案例）A，男，被控告杀害 10 名妇女。A 出生时，A 的 19 岁的父亲因犯罪被判入狱，以后又多次被判入狱和逃跑，最后因杀死一名监狱警察被判死刑，他将硫酸泼到那个警察面部致使其失明然后打死他。A 的父亲在死刑执行前不久写道："我杀死警察时内心感到痛快，它给我良好的感受久久不能平复，这种感觉使我的情绪高扬到快乐的程度。"A 在小时候经常受到继父和母亲的虐

---

① 路安仁等主编《刑事犯罪案例丛书·强奸罪、奸淫幼女罪》，中国检察出版社，1992，第 22 页。

待。A 从 7 岁开始和哥哥一起偷窃，12 岁被判缓刑。一年后因猥亵一名 6 岁女孩而被送入青少年管教所。后又持枪抢劫和偷汽车。16 岁时知道由于母亲的告密才使父亲被捕和在毒气室处死，更为憎恨母亲，想杀死母亲。A 后来透露，母亲是他的性幻想最强烈的对象。他说："我要捆起她的脚，剥去她的衣服，将她倒吊起来，用刀片一点点割她，看着血从她的头滴下来。" A 在 17 岁时因学习成绩不及格和"公民身份"标准不及格被中学勒令停学。同年，他第一次结婚。A 共结婚七次，每一名妻子都被他殴打过。A 在 23 岁时继续大量作案，偷汽车和执照牌，抢掠酒吧和小商店，作案地点遍及五个州。后因持枪抢劫汽车旅馆被判入狱五年。在一次配偶探访时，他调戏自己 6 岁的女儿。后来在女儿读四年级时，他强奸了她。在以后的 6 年里，他每周至少强奸女儿一次，并曾使她怀孕、流产。A 在 30 岁时与一个女人 J 同居。当时，A 已经被逮捕过 23 次。在 A 过生日时，A 鸡奸了 14 岁的女儿作为庆祝。女儿向有关当局告发。A 因乱伦、非法的性行为、鸡奸和口淫而被控重罪。A 改名换姓与 J 潜逃至另一个城市，并开始了更为残暴的罪行。A 和 J 到购物中心等处诱骗年轻女子上他们的运货车，强奸后杀害。大多数受害人都像 A 的女儿那样娇小、金发碧眼和皮肤白皙，只有两名受害人是成人。A 评论每一位受害人的性感，总是让 J 确信她自己从来不是第一流的。J 遵从 A 的每一个要求以弥补 A 对她的看法。他们曾经分开几个月，后在 A 的要求下，他们又重聚了。就在重聚的当天他们残害了第九和第十名受害人。最终，A 和 J 被捕。A 不只在一个州被判处死刑。有关专家认为，A 不仅具有 DSM-IV 所列反社会型人格障碍和性施虐症，而且具有 DSM－Ⅲ－R 所列虐待型人格障碍。[①]

---

① 〔美〕罗伯特·斯彼德等：《美国精神障碍案例集》，庞天鉴译，中国社会科学出版社，2000，第 99~103 页。

[案例50]（美国的案例）克劳福德·威尔逊的少年犯罪记录包括偷车、小偷小摸和打架。他的成年犯罪记录包括盗窃汽车、重大盗窃、两次未经许可使用武器、两次入室盗窃、持械抢劫等。作为一个性犯罪人，威尔逊的部分历史包括：当他17岁或者18岁时即对8岁的异父妹妹进行性骚扰。在1981年以前，威尔逊住在伊利诺伊州。他承认在伊利诺伊州他犯有5次或6次强奸罪。1981年10月从伊利诺伊州监狱被保释出来。当仍在缓刑期间，他又于1982年2月在明尼苏达州开始强奸妇女。在1982年的半年间，他强奸了11名妇女。他侵犯不同年龄的他不认识的女性。在每次事件中，他都用一把小刀征服和胁迫被害人。在强奸这些被害人之前，他先把她们的眼睛蒙上、嘴塞上和绑起来。攻击方式包括多种样式的性奸入。他通常在强奸后留在被害人的公寓里一段时间，搜查被害人的所有财物，而后掠走现金和私人物品。1982年第一阶段审理中，威尔逊对于5起性犯罪案服罪，被判25年监禁。在监禁期间，威尔逊又收到4份关于他的性行为的惩罚报告。惩罚报告记录了威尔逊的不法性行为：1983年12月，他把阴茎暴露给一位女性来访者；1986年10月被发现与监狱的同室者有鸡奸行为；1991年8月，试图拥抱和亲吻一位女教官，并告诉她，他一直幻想和她发生性关系；1997年6月，他裸体站在窗户前，让一位女教官看见他手淫。1999年8月，威尔逊作为一名有性心理变态人格的性欲危险人物被视为明尼苏达州的性犯罪头号要犯。他在刑满释放后，将被送入州精神病院接受治疗。①

第五，奴役型。有些人格障碍者的占有欲、控制欲十分强烈，用欺骗或者强制的方法将被害人挟持，长期拘禁于地下室、地窖、阁楼

---

① 〔美〕布伦特·E. 特维：《犯罪心理画像——行为证据分析入门》，李玫瑾等译，中国人民公安大学出版社，2005，第430~432页。

等密室，实施性奴役（sexually enslave，sexual bondage），使被害人成为性奴隶（sexual slavery）。

[**案例51**] 40岁的曾强保，原为武汉精鼎工业炉公司一名工人。2008年9月16日晚10时许，曾强保驾电动车窜至青山白玉山地段，用事先备好的绳子勒住路经此地的丽丽（化名），欲行不轨遭反抗，遂又采取持刀威胁、捆绑手段，将丽丽挟持至自家地窖内施暴，后用铁链将其长期锁于地窖中。2009年7月2日晚10时许，曾强保如法炮制，将18岁女孩红红（化名）锁进地窖中施暴。2010年5月8日，曾强保被警方抓获，警方从曾强保的地窖中救出两名被囚少女。至此，两名少女在地窖内被囚禁分别长达590天和317天。此外，法院还查明，从2007年7月至2010年5月，曾强保为追求性刺激，采取持刀威胁、喷辣椒水等多种手段，强奸其他妇女9名，并犯下拦路抢劫、抢夺案各1起。2010年11月16日，武汉市中院对曾强保进行不公开庭审。一审法院认为，曾强保在地窖内囚禁两少女，供其长期发泄性欲，严重摧残了两名被害少女的身心健康，其社会影响极为恶劣，同时其在青山地区另外强奸作案9起，应依法严惩。2011年1月，武汉市中院作出一审判决，曾强保犯强奸罪、非法拘禁罪、抢劫罪、抢夺罪罪名成立，数罪并罚决定执行死刑。一审宣判后，曾强保当即提出口头上诉，称自己"社会危害有限"，"罪不至死"。其上诉的三大理由为：一是自己有精神病，将进一步提出精神病鉴定申请；二是未致受害人怀孕；三是未致受害人死亡或重伤。湖北省高院受理曾强保的上诉后，进行了开庭审理。曾强保提出，对公安机关鉴定结论有异议。法院查明，公安机关的鉴定结论从检材的提取到鉴定程序均合法有效。曾强保还提出，其挖地窖的目的是做灰砖出售。经查，曾强保挖第一个地窖的目的不排除是做灰砖出售，但并不影响其后来用于强奸、拘禁被害人红红、丽丽的事实的成立，亦不能作为从轻处

罚的理由。曾强保提出，其患有严重精神障碍，是限制行为能力人。经查，曾强保一审、二审均未提供其有精神异常史或有精神病家族史的相关证据。其作案动机和目的明确，作案前策划周密，作案时及作案后自我保护意识强。开庭审理时，曾强保回答问题切题。省高院认为，曾强保为长期发泄其性欲，将被害人红红、丽丽非法拘禁于阴暗潮湿、污秽不堪的地窖内，长期、多次奸淫红红、丽丽，严重摧残两被害人的身心健康，造成了极其恶劣的社会影响；此外还强奸作案 9 起，主观恶性极大，罪行极其严重，社会危害性极大，四罪并罚应当判处死刑，故裁定驳回上诉，维持原判，并依法报请最高人民法院核准死刑。①

曾强保自称患有严重精神障碍，是限制行为能力人，这是一种无效的狡辩。但是可以说，他的人格障碍程度是相当严重的。他的性欲和控制欲都很强烈。吊诡的是，他拘禁妇女是基于性欲和控制欲，然而，可以肆意奸淫被锁锢的处于无力反抗状态的妇女却又不能满足其性欲和控制欲，他更倾向于对方不愿意的性行为，所以他还多次外出强奸，通过压制妇女的反抗获得更强烈的快感。据报道，他是因一起强奸案落网的，当时他拘禁妇女的罪行尚未被发现。②

[**案例 52**] 被告人李浩，男，汉族，1977 年 2 月 15 日出生于河南省新野县，大学文化，原系河南省偃师市质量技术监督检验测试中心工人。2009 年 8 月，被告人李浩在互联网上看到淫秽视频表演能赚钱，即产生拘禁卖淫女从事淫秽视频表演以获取非法利益之念。随后

---

① 谭经田等：《青山"地窖色魔"四罪并罚终审判处死》，《长江商报》2011 年 7 月 19 日。

② 楚田：《地窖囚禁两名花季少女 武汉变态色魔被起诉》，《楚天都市报》2010 年 11 月 7 日。

李浩在其购买的河南省洛阳市西工区某小区 2 单元地下室 5 号的室内挖掘地道和地洞，并在地道内设置 7 重铁门，用于拘禁卖淫女。同年10 月、12 月，李浩以嫖娼包夜为名，先后将从事卖淫的被害人"张宣宣"（系化名，身份情况不明）、段某某（女，时年 18 岁，又系本案故意杀人犯罪共同被告人）骗至地下室，并采取暴力、威胁等方法将二人拘禁于地洞内。2010 年 12 月，李浩以同样方法将从事卖淫的被害人姜某某（女，时年 19 岁，又系本案故意杀人犯罪共同被告人）骗来拘禁。2011 年 3 月、5 月、7 月，李浩又先后将从事卖淫的被害人张某某（女，时年 20 岁，又系本案故意杀人犯罪共同被告人）、蔡某某（女，殁年 16 岁）及自称经营计生保健用品的马某某（女，时年 23 岁）骗来拘禁于地洞内。其间，李浩多次强行与上述 6 名妇女发生性关系，并致张某某怀孕。2011 年 9 月 3 日，马某某利用被李浩组织外出卖淫之机逃出报警后，公安机关解救了段某某、姜某某、张某某。

被告人李浩将被害人"张宣宣"、段某某骗至上述地洞内拘禁后，二人均试图逃跑。2010 年 7、8 月间，"张宣宣"乘李浩挖掘地道不备之机从背后袭击李浩，李浩恼怒之下将其铐在床上。由于"张宣宣"不肯屈服，李浩产生将其杀死之念。段某某因与"张宣宣"相处中产生矛盾，在李浩的威逼下亦同意参与杀人以换取自由。后二人合力将"张宣宣"掐死，并将尸体掩埋于地洞床板下土坑内。经鉴定，"张宣宣"不排除机械性窒息死亡。2011 年 5 月，被告人李浩将被害人蔡某某骗至上述地洞内拘禁后，因蔡某某有妇科病，不能进行淫秽视频表演，李浩也认为其没有利用价值，即产生让其死掉的想法，并向段某某、姜某某、张某某、马某某（检察机关不起诉）流露了该想法。之后，李浩利用段某某等人与蔡某某之间的矛盾，放任、纵容或伙同段某某等人对蔡某某进行殴打，并采取禁食、禁水、逼迫吃屎喝尿等方式进行虐待。同年 7 月底的一天，段某某等人再次对蔡某某进行殴打，当晚蔡某某死亡。后李浩与段某某等人将蔡某某的尸体砌在地洞的水泥池内。经鉴定，蔡某某的死因不排除机械性窒息以及因损伤、营养不良、体质下降等因素造成机体功能衰竭。

2011年3、4月间，被告人李浩购买了电脑、视频头，并在上述地下室开通了宽带，强迫被其控制的段某某、姜某某、张某某、马某某等人在地下室进行淫秽视频表演，并以"50元30分钟"、"100元50分钟"的价格在互联网上通过QQ联系观看者。至案发时，李浩共制作淫秽视频文件50余个，通过支付宝、网银等形式共收取观看费数千元。

2011年8月30日至9月2日，被告人李浩先后组织被其控制的段某某、张某某多次到河南省洛阳市西工区九都路XX宾馆及该宾馆马路对面的"福利彩票"店里卖淫，并收取二人上交的卖淫款共计700余元。同年9月2日晚，李浩又组织段某某、张某某和被其控制的马某某到上述地点卖淫。次日凌晨，马某某趁机逃跑并报警，随后公安人员在马某某的配合下，将被拘禁于地洞内的姜某某解救，又分别到XX宾馆和"福利彩票"店将段某某、张某某解救。

2013年10月30日，最高人民法院核准河南省高级人民法院（2013）豫法刑二终字第00073号维持第一审对被告人李浩以故意杀人罪判处死刑，剥夺政治权利终身；以强奸罪判处无期徒刑，剥夺政治权利终身；以组织卖淫罪判处有期徒刑十二年，剥夺政治权利一年，并处罚金人民币五千元；以制作、传播淫秽物品牟利罪判处有期徒刑三年，并处罚金人民币五千元；以非法拘禁罪判处有期徒刑三年，决定执行死刑，剥夺政治权利终身，并处罚金人民币一万元的刑事裁定。①

---

① 摘编自《李浩故意杀人、强奸、组织卖淫、制作、传播淫秽物品牟利、非法拘禁死刑复核刑事裁定书》，中国裁判文书网。

曾有报道说，考虑到李浩作案手法异于常人，警方将对其进行精神病鉴定，但后来未有报道提及此事。根据有关报道和判决文书分析，李浩不存在精神病性精神障碍，具有完全辨认和控制能力；但是，他显然存在人格障碍，冷酷无情，蔑视社会秩序和他人生命、权利，为实现个人利益不择手段。与前案曾强保比较，李浩作案的性欲因素低一些。他拘禁妇女，主要是为了牟利而利用她们进行淫秽视频表演和卖淫。他不仅有控制欲望，而且有控制手段。他与被拘禁女发生性关系，最初是强迫的，但后来他通过杀害、虐待和"洗脑"（brainwashing），使得多数被拘禁女失去反抗之意。据报道，她们叫李浩为"大哥"或者"老公"。她们相互妒忌，常常以"晚上谁能陪大哥睡觉"而发生争执。① 她们甚至参与虐杀本应是同命相怜的被李浩认为不听话或者无利用价值的其他被拘禁女。

有些人认为此案被拘禁女存在所谓的"斯德哥尔摩综合征"（Stockholm syndrome），② 这一分析并不准确，似有生搬硬套和污名化之嫌。斯德哥尔摩综合征不是一种公认的精神障碍类型，而是对一种心理现象的描述。有人定义，斯德哥尔摩综合征是指犯罪的被害者对于犯罪者产生情感，甚至反过来帮助犯罪者的一种情结。③ 这是对斯德哥尔摩综合征的扩大化、演绎性解读，不完全符合其原意。

"斯德哥尔摩综合征"一语来源于瑞典的一个抢劫案（Norrmalmstorg robbery）。在 1973 年 8 月 23 日，一名有犯罪前科者简·奥尔森（Jan Erik Olsson）在瑞典斯德哥尔摩的 Norrmalmstorg 广场闯入一家银行企图抢劫，警方接到报警后立即采取行动，在两名警察进入银行时，奥尔森开枪击伤其中一人。随后，奥尔森劫持三女一男四名银行职员作

---

① 纪许光：《洛阳一男子挖地窖 囚禁性侵六名歌厅女子》，《南方都市报》2011 年 9 月 22 日。
② 王南：《河南性奴案 定性为重大刑事案》，《法制晚报》2011 年 9 月 23 日。
③ 参见国家卫生计生委权威医学科普传播网络平台/百科名医网"斯德哥尔摩综合征"词条，http：//www.baikemy.com/disease/detail/107185295571329/1。

为人质。他要求警方允许他的朋友、亦有前科的克拉克·奥尔夫森（Clark Olofsson）到来，并要求得到 300 万瑞典克朗、手枪、防弹衣、头盔和跑车。警方同意奥尔夫森进入银行。警方还与奥尔森建立通讯联系进行谈判。绑架者和人质还被允许与当时的瑞典首相奥洛夫·帕尔梅（Olof Palme，1927～1986）通电话。一名女人质 Kristin Ehnemark 对帕尔梅说："我完全相信奥尔夫森和奥尔森。我不是绝望。他们没有对我们做过一件事。相反，他们是非常好的。我害怕的是，警察会攻击并导致我们死亡。"8 月 26 日，警方在银行天花板凿开一个洞试图进入银行，但一名警察被击伤。奥尔森威胁说，如果警方进行攻击，他们将杀死人质。8 月 28 日，警方施放瓦斯，半个小时后两名罪犯投降。事后，被绑架的银行职员拒绝指控两名罪犯，并且筹措资金用于为他们辩护。奥尔森被判处 10 年监禁。另一被告奥尔夫森辩解说，他没有帮助奥尔森，只是试图保持局势平静以拯救人质。对他的判决在上诉后被撤销。有报道说，奥尔森和奥尔夫森都与该事件的女人质结婚。这是不真实的。但是，女人质 Kristin Ehnemark 确实到监狱看望过奥尔森，成为朋友，她的家人与奥尔森的关系也很亲密。与奥尔森结婚的，是奥尔森在监狱期间认识的仰慕他的女人们中的一个。瑞典犯罪精神病学家尼尔斯·贝耶洛特（Nils Bejerot，1921～1988）在这起事件中担任警方的精神病学顾问。他分析这起事件中的人质更害怕警察而不是更害怕绑架者，甚至同情绑架者的心理，杜撰了 Norrmalmstorgssyndromet（瑞典文）短语，后来被其他国家学者改称为 Stockholm syndrome。

斯德哥尔摩综合征实际上是"人质综合征"，指人质对绑架者产生积极的情绪并且理解他们作案的原因和目标，而对警方或者政府持消极情绪的一种心理状态（psychological condition）或心理反应（psychological response），是一种在面临死亡危险的拘禁中产生的无意识的生存策略（survival strategy）。它典型地存在于人质、绑架者、绑架者要挟对象或者解救者等多方角力的情境中。绑架人质不是绑架者的终极目的。人质作为绑架者与要挟对象或者解救者谈判的砝码，绑架者一般不会伤害他们。反而，强制解救人质的行动倒有可能误伤到人质，或者迫使绑架者因绝望而"撕票"，将人质杀害。人质为自我保护，往往希望要挟对象满足绑架者的要求，并将警方镇压绑架者的行动视为对他们的威胁，因而，他们确有可能与绑架者结成同盟，一致对外，共同走出困境，甚至在相处过程中对绑架者产生同情等情感。斯德哥尔摩综合征并不像有些人说的那样常见。对美国联邦调查局人质数据库相关材料的分析证明，在20世纪90年代美国各地发生的1200多起案件中，仅8%的人质有斯德哥尔摩综合征的症状。[①]

在李浩案中，被拘禁女不是人质，而是李浩虐待和利用的"性奴隶"。6个被拘禁女中有2个被虐杀（其中1个伺机袭击李浩），1个怀孕，还有1个逃脱报警。在与李浩相处时，她们之所以顺从并在一些时候表现出一定的主动，或者说具有一定的"奴性"，是基于生存本能所做出的趋利避害的无奈之举，是一种避险行为——不属于法定的"紧急避险"。难以说被拘禁女对李浩有真实的积极情感。她们的心理状态与斯德哥尔摩综合征相去甚远。斯德哥尔摩综合征的分析可适用于人质案件，并且有助于警方制定得当的解救人质、处置绑架者的行动方案，但不能滥用。

第四节　恋童症者的强奸犯罪

儿童性侵犯（child sexual abuse，亦译"儿童性虐待"；child molestaion，亦译"儿童性骚扰"、"儿童猥亵"）问题是相当普遍和严

---

① 〔美〕安德鲁·卡曼：《犯罪被害人学导论（第六版）》，李伟等译，北京大学出版社，2010，第231页。

重的。美国学者丽贝卡·T. 利布（Rebecca T. Leeb）等将 sexual abuse 定义为：任何完成或者企图进行（未遂的）的性行为（sexual act）、性接触（sexual contact），或者性利用（sexual exploitation）。[①] 据估计，美国每年发生的儿童性侵犯案超过 30 万，77% 的被害人是小女孩，平均 9.2 岁。[②] 在法国，1989 年的一项调查显示，7.8% 的年轻女性和 4.6% 的年轻男性曾经遭到性侵犯，他们的这种经历一般发生在 10 ~ 12 岁。法国的法院平均每年审判的对儿童的性侵犯案多达 2300 起。[③] 在英国，著名电视节目主持人吉米·萨维尔（Jimmy Savile，1926 ~ 2011）去世后，关于他实施儿童性侵害的丑闻被报道。萨维尔被控在长达半个世纪的时间里性侵犯 300 多人，其中大部分被害人在事发时未成年。丑闻曝光后，曾经遭受性侵犯的人纷纷站出来，越来越多名人和政客被发现有过儿童性侵害行为。因此，英国警方对学校、宗教机构和医疗机构发起一项名为"灭火行动"的大规模调查。行动负责人在 2015 年 5 月 20 日说，警方共锁定 1433 名性侵犯儿童的嫌疑人。这些嫌疑人均为男性，其中 216 人已经去世。警方介绍，有 261 名公众人物在嫌疑人名单之列，其中 135 人来自电视、电影和广播界，76 人来自国家和地方政界，43 人来自音乐界，另有 7 人来自体育界。接受调查的嫌疑人中，有 666 人曾在学校、受害人住宅和宗教机构对儿童实施过性侵犯。过去 3 年，警方接到的儿童性侵犯案报案数量激增了 71%，其中不乏陈年旧案。另据报道，一位工党议员声称，他耗费数月，从民间收集证据，指认 22 名现任或前议员性侵犯儿童。他说，至少存在 5 个议员恋童症圈子，他们彼此熟悉，

① Leeb, Rebecca T, et al. "Child maltreatment surveillance: uniform definitions for public health and recommended data elements." Child Abuse (2008).

② 参见〔美〕劳伦·B. 阿洛伊等《变态心理学》，汤震宇等译，上海社会科学院出版社，2005，第 561 页。

③ 参见〔法〕让·贝拉依什、安娜·德·凯尔瓦杜埃《男人问题》，李鸿飞等译，中国社会科学出版社，2001，第 796 页。

有时甚至共同作案。①

在一些国家，有些犯罪集团专门为嫖客提供"童妓"。据联合国儿童基金会（United Nations Children's Fund, UNICEF）估计，每年至少有 100 万儿童，主要是发展中国家的儿童沦为童妓，或者被用于色情行业。正是在此情况下，1996 年 8 月首届反对对儿童进行性侵犯国际大会在瑞典召开，会议强烈呼吁各国加强对那些专门对儿童进行性侵害的嫖客的打击力度。②

就全球范围而言，对儿童的保护，使儿童免遭性侵犯的最重要的法律基础，是 1989 年 11 月 20 日第四十四届联合国大会第 44/25 号决议通过的《儿童权利公约》（Convention on the Rights of the Child）。《儿童权利公约》所说的儿童，系指"18 岁以下的任何人"。该公约第 34 条明确规定：缔约国承担保护儿童免遭一切形式的色情剥削（sexual exploitation）和性侵犯（sexual abuse）之害，为此目的，缔约国尤应采取一切适当的国家，双边和多边措施，以防止：（a）引诱或强迫儿童从事任何非法的性活动（The inducement or coercion of a child to engage in any unlawful sexual activity）；（b）利用儿童卖淫或从事其他非法的性行为（The exploitative use of children in prostitution or other unlawful sexual practices）；（c）利用儿童进行淫秽表演和充当淫秽题材（The exploitative use of children in pornographic performances and materials）。③

2000 年 5 月 25 日联合国大会通过《儿童权利公约关于买卖儿童、儿童卖淫和儿童色情制品问题的任择议定书》（Optional Protocol to the Convention on the Rights of the Child on the sale of children, child

---

① 参见张旌《英 261 位名人涉嫌性侵儿童 另有 1000 多人涉案》，新华网 2015 年 5 月 22 日。
② 杨永泉：《严惩嫖客，保护儿童——写在首届反对对儿童进行性侵害国际大会召开之际》，《法制日报》1996 年 8 月 27 日。
③ 联合国官方中文本和英文本。

prostitution and child pornography），进一步要求各国加强合作，惩处有关犯罪，确保儿童免遭买卖、儿童卖淫和儿童色情制品之害。其中所说"儿童卖淫"，系指在性活动中利用儿童以换取报酬或其他补偿。该任择议定书还指出，包括女童在内的一些特别脆弱的群体较易遭受性剥削，性剥削的受害人以女童居多。①

2010 年 3 月 29 日，欧洲议会和欧盟理事会通过《关于打击儿童性侵犯、儿童性剥削和儿童色情物品的指令的议案》（Proposal for a Directive of the European Parliament and of the Council on combating the sexual abuse, sexual exploitation of children and child pornography, repealing Framework Decision 2004/68/JHA）。② 该文件所说"儿童"为未满 18 岁的任何人。欧盟曾经在 2004 年制定一个打击儿童性侵害的框架决议，它建议各成员国制定必要的关于最严重的儿童性侵犯、儿童性剥削的法律，扩大国内司法权，向受害人提供必要的帮助。但是 2004 年框架决议也有缺点。它规定的犯罪种类有限，没有涉及利用信息技术进行性侵犯和性剥削的新形式，没有消除追究成员国公民在成员国境外从事儿童性侵犯活动的刑事责任的障碍，不能满足受害儿童的所有特殊需求，没有包括足够的预防犯罪的措施。因此，欧盟决定废止 2004 年框架决议，并制定新指令。《关于打击儿童性侵犯、儿童性剥削和儿童色情物品的指令》的说明指出，儿童性侵犯和儿童性剥削构成特别严重的针对儿童的犯罪，而儿童有权获得特殊的保护和照顾。这些犯罪对受害者造成长期的身体的、心理的和社会的伤害，并且持久地破坏关于对儿童给予特殊保护和对国家机构给予信任的现代社会的核心价值观。尽管缺乏准确可靠的统计数据，但研究表明，在欧洲，有些未成年人在幼年时期就遭受过性侵犯；研究还表

---

① 联合国官方中文本。

② http://eur-lex.europa.eu/legal-content/EN/TXT/HTML/? uri = CELEX：52010PC0094&rid =9.

明，这种现象并未随着时间减少，性暴力的发生反而在上升。应当采取措施，防止和打击包括儿童性侵犯、儿童性剥削在内的犯罪，确保高水平安全。

关于对性侵犯罪行的处罚，该指令规定：（1）出于性欲目的，造成未达到国家法律规定的性行为同意年龄的儿童，目睹性侵害或者性活动，即使儿童没有参与，应处以至少2年的监禁。（2）与未达到国家法律规定的性行为同意年龄的儿童发生性活动，应处以至少5年的监禁；（3）与儿童发生性活动，如果（a）滥用信任、权威和对儿童的影响，应处以至少8年的监禁；（b）滥用儿童由于精神和身体残疾造成的易受伤害或依赖的特别弱势地位，应处以至少8年的监禁；（c）使用胁迫、暴力或威胁手段，应处以至少10年的监禁。（4）使儿童陷于与第三方的性活动，应处以至少10年的监禁。

关于对性剥削罪行的处罚，该指令规定：（1）造成儿童从事色情表演，应处以至少2年的监禁；（2）通过儿童从事色情表演获利，或者剥削从事色情表演的儿童，应处以至少2年的监禁；（3）故意出席明知涉及儿童的色情表演，应处以至少5年的监禁；（4）招募儿童从事色情表演，应处以至少5年的监禁；（5）造成儿童从事卖淫，应处以至少5年的监禁；（6）通过儿童从事卖淫获利，或者剥削从事卖淫的儿童，应处以至少5年的监禁；（7）与卖淫儿童发生性活动，应处以至少5年的监禁；（8）强迫儿童从事色情表演，应处以至少8年的监禁；（9）招募儿童从事卖淫，应处以至少8年的监禁；（10）迫使儿童从事卖淫，应处以至少10年的监禁。根据该指令的解释，所谓"儿童卖淫"，是指在这样情况下利用儿童进行性活动，即为换取与儿童发生性活动，而给予或者承诺给予儿童金钱或者其他形式的报偿、照顾，不论报酬、报偿、照顾是给予该儿童，还是第三人。所谓"色情表演"（pornographic performance），是指有以下内容的现场表演（live exhibition），包括利用信息和通讯技术的现场表演：（1）儿童从事真实的或者模拟的露骨性行为（sexually explicit conduct）；（2）出于性欲目的，展示儿童的性器官。

毫无疑问，儿童性侵犯者（child molester）有一部分是恋童症者（pedophile）。恋童症（pedophilia，pedophilic disorder）是一种性指向障碍，有此症者（DSM 规定为 16 岁以上）在正常生活条件下对单个或多个性发育未成熟的儿童（DSM 规定为 13 岁以下）持续表现性爱倾向，包括思想、感情和性爱行为，而对成年人则没有或缺乏性爱倾向。在各方面条件相同的情况下，如果让恋童症者在儿童与成人之间选择性对象，他们显然会选择前者。恋童症的成因比较复杂，但值得注意的是，他们中的多数人在童年时也曾遭受过性侵犯。总的说，他们虽然已经成年，但人格发展仍不成熟。一般而言，他们侵犯的儿童年龄越小，他们的人格发展就越不成熟。一个突出的表现是，他们不能与成年异性建立或保持正常性爱关系。其中不少有性功能障碍，在成年女性面前有自卑感。但有些恋童症者为掩饰自己的偏好，或为进一步接近儿童，也可能与成年人建立性关系。例如，他们可能与离了婚的成年女性结婚或者同居，以此保证自己有机会和她的孩子接触。

恋童是内心异常的倾向，恋童症者时常有对儿童的性幻想（sexual fantasy），但平时的外在表现与一般人无异，看不出他们有龌龊、暴虐的一面。有些还是声名显赫人士。恋童症者为他人所知，都是因为他们对儿童实施了性侵犯行为，暴露出来。恋童症者往往采取诱惑的手段，使儿童相信他们，甚至依赖他们、喜欢他们；在儿童反抗的情况下，有些恋童症者会采取威胁的手段，防止儿童将实情告诉他人。有些被害儿童不理解恋童症性行为的性质，不知道自己遭到侵害。有些儿童因为恐惧或者羞辱感、自责感，不愿意说出实情。有些儿童将实情说给父母等人，他们也可能不相信。恋童症者对儿童心理比较了解，善于操控儿童，往往选择缺乏关爱、缺乏自信的儿童下手。他们的性欲冲动模式难以改变，即使入狱服刑。"监狱虽可拦阻他们采取行动去猥亵儿童，但却无法打消他们的性幻想与犯案企图。他们不断幻想与儿童做爱，以此自慰，越是这样，他们越是入迷。这些罪犯的异常情况，在出狱前后并没有多少改变。"①

同时，不能说儿童性侵犯者都是恋童症者。许多儿童性侵犯者，他们的性冲动是针对成年人的，把儿童作为猎物是情境性的或机会性的，而不是出于偏好。他们可能有其他精神障碍，如精神分裂症和精神发育迟滞，更有可能没有精神障碍。在美国，有人指出，儿童性侵犯者中大约有 10% 可能具有真正的儿童性偏好。②

统计资料显示，恋童症者多为男性。同时，在恋童症者犯罪问题研究中，历来关注的重点也是男性恋童症者。实际上女性恋童症者并非罕见，只是其表现可能被视为对儿童的爱抚，而不被人们注意。在美国，大多数儿童保护工作者认为，对儿童进行性侵犯的女性的人数要比统计数字所显示的"多得多"。③

多数恋童症者对于性对象的类型，在性别、年龄等方面，都有固定的选择。对男性的恋童症者，根据他们控制儿童的方式，可以分为引诱型、胁迫型和暴力型三类。引诱型恋童症者善于与儿童交流，表现得和蔼可亲，并且惯于施予小恩小惠。他们往往选择缺乏家庭温暖的儿童。胁迫型恋童症者多居于令儿童敬畏的地位，他们利用这种地位对从属、依附于他们的儿童如自己的学生、女儿进行精神上的强制，以达到罪恶目的。有的引诱型和胁迫型恋童症者还可能会选择方便接触儿童的职业，如教师、儿科医生。有些儿童由于幼稚可能会与

① 〔美〕安娜·莎特：《猎食者：恋童癖、强暴犯及其他性犯罪者》，郑雅方译，台北张老师文化事业股份有限公司，2005，第 119 页。
② 参见〔美〕Lawrence S. Wrightsman《司法心理学》，吴宗宪等译，中国轻工业出版社，2004，第 92 页。
③ 参见〔美〕约翰·道格拉斯、马克·奥尔沙克尔《闯入黑社会》，李龙泉等译，昆仑出版社，1998，第 145 页。该书是一部犯罪学著作，原名为 *Journey Into Darkness*（黑暗之旅）。

引诱型和胁迫型恋童症者建立一种有一定感情因素在内的关系，但这丝毫不能减轻后者的罪恶。暴力型恋童症者多对不认识他的儿童下手。他们常常在儿童活动场所徘徊，进行观察，物色对象，伺机劫持、绑架儿童，而后进行奸淫或猥亵。在发泄兽欲之后，为了灭口，他们可能将儿童杀害。有的还是性施虐狂，会对儿童进行性虐待，甚至杀人取乐。在这三种类型之外，还有一些恋童症者以嫖娼的方式实现自己的欲望，会选择"嫖宿"被强迫、诱骗卖淫的儿童。

对儿童实施性行为，可以给儿童的身心健康造成严重和深远的伤害。因此必须将这种行为视为对儿童权益的侵犯，并列为犯罪，给予严厉的制裁。而且因为儿童心理和认识能力的不成熟，儿童的同意或者不反对不能作为向其实施性行为免责的理由。由于具体情况的不同，对儿童实施性行为可能构成不同的犯罪。在中国，对儿童实施性侵犯的案件时有发生，强迫儿童卖淫、"嫖宿"幼女的案件也不少见。根据1997年《刑法》和《刑法修正案（九）》，男性对不满14岁幼女，如果以强制手段进行奸淫，或者明知对方不满14岁而在对方表示同意或者没有表示拒绝的情况下，与之发生性交，包括"嫖宿"幼女，构成强奸罪（奸淫幼女）；男性或者女性猥亵不满14岁幼女或者男童，构成猥亵儿童罪；组织、强迫未成年人卖淫的，构成组织强迫卖淫罪，从重处罚；引诱不满14周岁幼女卖淫的，构成引诱幼女卖淫罪。

恋童症者都有完整的辨认和控制自己行为的能力，作案时表现与常人无异。因而，通常不会对其刑事责任能力进行司法精神医学鉴定。也就是说，在儿童性侵犯案件的定罪量刑时，无须区分行为人是否为恋童症者。这样，在对儿童进行性侵犯的罪犯中究竟有多少是恋童症者就无从知道了。以下三案中的罪犯，虽然具有恋童症者的一些特点，但还不能就此肯定是恋童症者，不过这不影响给予他们严厉的处罚直至判处死刑。

[案例53] 钟某，30岁，小学教师。钟1981～1983年夏担任小

学班·主任期间，以升学要体检为名，并以不体检就不让升学考试相要挟，诱骗女学生到自己的宿舍，采取摸脉、量身高、测心跳等手段，抠摸女学生的乳房和阴部，然后迫使女学生躺倒在床上，脱掉裤子，用手帕和枕巾盖住脸，实施奸淫。钟先后奸淫幼女 10 名，猥亵幼女 19 名，猥亵少女 1 名。其中有的女学生被奸淫、猥亵多次。检察院以奸淫幼女罪、流氓罪起诉，法院以同罪作了有罪判决。①

[**案例 54**] 谢某，男，26 岁，农民。谢从 1975 年开始至 1977 年 4 月 2 日止，利用给少量钱物等引诱手段，先后在自己家、被害人家和菜园、树林里，奸淫 4～13 岁幼女 14 名，其中有的幼女被奸淫多次。特别严重的是，1976 年，谢有一次看守生产队晚稻时，采取一个女孩给一分硬币的诱骗手段，同时对 4 名幼女逐个地进行奸淫。在被奸淫的 14 名幼女中有三姐妹的一户、两姐妹的三户。被奸淫幼女的身心健康受到不同程度的摧残，如一幼女被奸淫数次后，阴部受伤出血，长期精神不振，饭量减少，面黄肌瘦。谢某奸淫幼女手段卑鄙，情节恶劣，屡教不改，影响极坏，被依法从严惩处。②

[**案例 55**] 李新功，男，汉族，1969 年 12 月 15 日出生于河南省永城市，大学文化，中共河南省永城市委办公室副主任。2011 年 4 月至 2012 年 4 月间，李新功通过金钱利诱等手段，唆使张某某、张某（甲）（均为未成年人，另案处理）等人物色未成年女性供其奸淫。张某某、张某（甲）等人采取欺骗、胁迫等手段，将在校学生被害人张某（乙）（时年 9 岁）、李某某、刘某、朱某某、王某某、张某（丙）、杜某某（均时年 13 岁）、孙某某（时年 15 岁）以及被害人万某某（时年 13 岁）、刘某某（时年 15 岁）等人带上李新功驾驶的未悬挂车牌的黑色雪

① 路安仁等主编《刑事犯罪案例丛书·强奸罪、奸淫幼女罪》，中国检察出版社，1992，第 238 页。
② 中国人民大学法律系刑法教研组、资料室编印《中华人民共和国刑法案例选编（一）》，1980，第 245～246 页。

佛兰牌轿车，李新功驾车搭载上述被害人至河南省永城市日月湖路东北侧、永城市产业集聚区南侧南环路中段、永城市实验高中北侧东环路的偏僻处以及永城市"某某大酒店"等地，在轿车后排座或酒店房间内，采用暴力、胁迫手段强行与上述被害人发生了性关系，并拍摄了张某（乙）、李某某、万某某、杜某某等人的裸照或视频观看。后李某某、刘某、王某某等人辍学，李某某患心因性精神障碍，王某某患癔病。综上，李新功强奸未成年女性 10 人 14 次，其中强奸不满 14 周岁的幼女 8 人 12 次，还猥亵不满 14 周岁的幼女 1 人。2012 年 5 月 30 日李新功被逮捕。

2012 年 8 月 10 日，河南省商丘市中级人民法院对李新功犯强奸罪、猥亵儿童罪一案作出刑事判决，认定李新功犯强奸罪，判处死刑，剥夺政治权利终身；犯猥亵儿童罪，判处有期徒刑二年，决定执行死刑，剥夺政治权利终身。宣判后，李新功提出上诉。河南省高级人民法院经依法开庭审理，于 2012 年 10 月 14 日驳回上诉，维持原判，并依法报请最高人民法院核准。最高人民法院依法组成合议庭，对本案进行了复核，依法讯问了被告人。最高人民法院认为，李新功奸淫不满 14 周岁的幼女，以及违背妇女意志，采用暴力手段强行与妇女发生性关系的行为均已构成强奸罪；猥亵不满 14 周岁的幼女的行为又构成猥亵儿童罪，应依法予以并罚。李新功指使未成年人为其寻找犯罪对象，强奸、奸淫幼女多人，情节恶劣并造成了其他严重后果，还猥亵幼女，社会影响恶劣，危害极大，均应依法惩处。第一审判决、第二审裁定除原判认定的第二起事实外，其余认定的事实清楚、证据确实、充分，定罪准确，量刑适当。审判程序合法。2013 年 4 月 12 日，最高人民法院核准河南省高级人民法院维持第一审对被告人李新功以强奸罪判处死刑，剥夺政治权利终身；以猥亵儿童罪判处有期徒刑二年，决定执行死刑，剥夺政治权利终身的刑事裁定。①

---

① 摘编自《李新功强奸、猥亵儿童死刑复核刑事判决书》，中国裁判文书网。

　　乱伦者的侵犯对象也多为儿童，但他们不一定是恋童症者。乱伦的被害人往往是身体开始发育、渐趋成熟的儿童，而恋童症者的魔爪常常伸向更小的儿童。而且，乱伦的性关系如果没有被揭露，可能维持到被害人长大成人，恋童症者一般不这样。

　　有些恋童症者具有同性恋倾向。杰弗里·韦克斯曾经指出，虽然"同性恋者大体上并不对年幼者有兴趣，而即令在今天关于强奸儿童的道德惊恐中，同性恋者仍是首当其冲的考察对象"。[①] 不过，本书对同性恋童、奸童（pederasty，专指对男童的肛交）问题，将在后面的有关章节论析。

　　防治儿童性侵犯，严厉惩罚罪犯固然是非常重要的，而预防更为重要。国家、社会、学校等都应切实建立和实施预防儿童性侵犯的制度，儿童的父母等亲人也应尽到监护职责，保护自己的孩子免遭性侵犯。同时，应当使儿童具有防范性侵犯的意识。性教育何时开始，应当讲些什么，如何去讲，争论不休，莫衷一是。但是，防范性侵犯的教育应当可以早于普通性教育，不依赖儿童对性行为的认识，不需要儿童了解自己是从哪儿来的，更不需要了解两性生殖器官的结构和功能——这有可能增强儿童对性的好奇心，未必有利于预防性侵犯。最基本的是，在儿童有可能脱离父母等亲人贴身照顾之前，就要开始反复告诫儿童不让任何其他大人（包括同性的，也包括年龄大一些的未成年人）触碰其身体某些部位，如果有其他大人触碰其身体某些部位，要尽快告诉父母等亲人。在儿童成长过程中，防范性侵犯的教育可以结合普通性教育，与儿童年龄和发育程度相适应，逐步深化。中小学每学年应开设与学生生理、心理状况相适应的性侵害犯罪预防辅导课程，并建立性侵害预防咨询制度。对幼儿园、中小学校工作人员进行性侵害犯罪预防对策培训，以使他们能够及时发现未成年人遭受性侵害的情况。幼儿园、中小学、

---

　　① 〔英〕J. 韦克斯：《性，不只是性爱》，齐人译，光明日报出版社，1989，第 342 页。

医院等机构的工作人员和村民委员会、居民委员会的人员或者其他人发现性侵害未成年人犯罪或疑似性侵害未成年人情况的，应当及时向公安机关报告。公安机关应当及时采取处置措施。

第五节　精神病人的强奸犯罪

一　概述

首先应当探讨的是精神病人即重性精神障碍者强奸犯罪的一般原因。比起精神正常者以及人格障碍者、性变态者，精神病人的强奸行为更具生物性，主要受性本能驱动。他们进行强奸，没有复杂的心理活动，不去考虑满足心理上的需要，只是为了发泄性欲。强调这一点，并不等于说，精神病人都有异常亢进的性欲。虽然精神病人也有出现性欲亢进的，但这样的精神病人并不多，相反精神障碍者中倒有不少性欲减退者。例如，有些文献认为精神分裂症患者常有性欲减退、性行为减少、早泄等情况。[①] 还有文献报告精神分裂症患者因性功能障碍而自杀。[②] 事实上，出现性欲亢进的精神病人也并不一定通过强奸来满足自己的性欲。贾谊诚等就曾经指出，有些躁狂症患者虽然情绪高涨，举止轻佻，性欲亢进，可以对妇女有调戏、猥亵等行为，但极少有进一步的强奸行为。[③] 精神病人进行强奸有多方面的原因，而且这些原因往往是综合地发生作用。其一，性欲方面的原因。多数精神病人也有性欲，其中有一部分性欲亢进。而作为精神病人，他们中的一些人难以像正常人一样恋爱结婚，不能通过正常、合法的

---

①　王唯平等：《精神分裂症患者的婚姻质量的研究》，《国际精神病学杂志》2005 年第3 期。

②　陈荣民：《精神分裂症患者性功能障碍导致自杀》，《临床精神医学杂志》1994 年第1 期。

③　贾谊诚主编《实用司法精神病学》，安徽人民出版社，1988，第194 页。

渠道满足性欲。其二，精神病人进行强奸，除性欲这一基础原因外，重要的是因为他们控制能力薄弱。多数进行强奸的精神病人，不是不知道自己在做什么，只是在性欲的驱使下控制不住自己。在这时，满足性欲是第一位的，至于行为的后果则不加以考虑。其三，有些精神病人特别是精神发育迟滞者，由于存在智能障碍，不能对强奸行为作出是与非、合法与非法的判断。他们也比较容易受不良文化的影响。不良文化可能诱发和加强他们的性欲，他们也可能从不良文化中学习到不良的性行为方式。

从整体看，精神病人的强奸犯罪与精神正常者的强奸犯罪在行为表现上也有明显区别。1996 年广州精神病医院黄杏梅等人的报告，提供了一些数据分析，很有参考价值。广州精神病医院 1979 ~ 1994 年接受广州司法部门委托作司法精神医学鉴定的案例共 1347 宗，其中强奸有 82 例，占 6.09%。经过鉴定，发现 82 例中有 22 例无精神障碍，另外 60 例中有精神障碍。无精神障碍的 22 例正好可以作为有精神障碍的 60 例的对照。无精神障碍的 22 例主要以成年女性为袭击对象，被害人共 26 名，其中成年人 21 名，占 80.8%；而有精神障碍的 60 例的被害人中未成年人占相当大的比例，被害人共 70 名，其中未成年人 35 名（幼女 27 名，少女 8 名），占 50%。无精神障碍的 22 例作案"成功率"是 84.62%，而有精神障碍的 60 例作案"成功率"是 57.14%。无精神障碍的 22 例在作案后知错的占 72.73%，有精神障碍的 60 例作案后知错的占 53.33%。① 该文没有说明强奸"成功"的标志，估计是以生殖器插入为标志，但这个标志并不适用于奸淫幼女强奸罪。司法精神医学著作在谈及精神障碍者强奸犯罪的既遂未遂问题时，多没有注意到这一区别。上述数据揭示出精神病人强奸犯罪

---

① 黄杏梅等：《82 例性暴力的司法精神病学鉴定分析》，《中国神经精神疾病杂志》1996 年第 3 期。

的一些特点：（1）精神病人的强奸犯罪更多以未成年女性尤其是幼女为袭击对象；（2）精神病人强奸犯罪的未遂率比较高；（3）精神病人作案后的认罪率比较低。

除上述三点外，综合分析精神病人的强奸案例，还可发现一些共同特点。主要有：（1）作案缺乏预谋，对作案时间、地点多不加以选择。（2）多系单独作案。个别精神病人可能在他人教唆和胁迫下参与团伙强奸。（3）以暴力和暴力威胁为主要手段。至于其他胁迫手段，精神病人一般没有能力使用。精神病人实施暴力，一般仅仅是把暴力作为制服被害人的手段，没有其他目的。（4）作案时间比较短暂。精神病人在达到性交目的后，一般会结束作案。他们一般也不会像精神正常者、人格障碍者和性变态者那样，长时间对被害人进行百般蹂躏。语言上的侮辱和调戏也很少见。（5）作案后缺乏自我保护，或者自我保护方法拙劣。这些特点也说明，实施强奸犯罪的精神病人的辨认和控制自己行为的能力可能是不完整的。

当然，不同类型精神病人强奸犯罪的具体原因和具体表现是不会完全相同的。因而需要对不同类型精神病人的强奸犯罪进行更深入的分析。由于不好判断精神病人在进行犯罪时是否具有性交目的，所以有时难以准确地把精神病人的强奸犯罪尤其是未遂的强奸犯罪与猥亵犯罪区分开。为避免混乱，在下面分析精神病人的强奸犯罪时，将只使用被明确认定为强奸犯罪的案例，而不使用既可能是未遂的强奸犯罪又可能是猥亵犯罪的案例。

二　精神发育迟滞者的强奸犯罪

不少统计资料显示，在中国，发生强奸犯罪的精神病人以中、轻度精神发育迟滞者为最多。上述黄杏梅等报告的 60 例精神障碍强奸犯罪人中有 25 例精神发育迟滞者（中度 6 例，轻度 19 例），占 41.67%。马鸿春等报告在 17 例精神障碍强奸犯罪人中有 7 例精神发育迟滞者（中度 4 例，轻度 3 例），占 41.18%。[1] 罗雪莲报告在 36 例精神障碍奸淫幼女者中有 30 例精神发育迟滞者（重度 2 例，中度 21 例，轻度 7 例），占 83.33%。[2] 贾谊诚等也认为精神障碍强奸犯罪人中以轻至中度精神发育迟滞者居多。[3]

中、轻度精神发育迟滞者与普通人一样，当他们步入性成熟期之后，也会不时受到性欲冲动的影响，并且对异性产生强烈的向往。由于社会需求淡漠，他们更把注意力集中在性欲的感觉上。他们文化程度很低且行为能力很差，不能胜任一般的工作劳动，难以适应社会，多不能结婚成家，冲动的性欲不能在婚姻关系中得到排遣。而且，他们一般也不能理解性欲冲动的性质，不清楚社会、法律对性行为有什么限制。一旦性欲冲动，他们只能采取他们可以采取的方式解决，有的进行手淫，有的进行兽奸，有的则进行强奸。许多材料都说明，精神发育迟滞者发生强奸等性犯罪的，绝大多数是未婚者。例如，罗雪莲报告的 36 例精神发育迟滞强奸幼女者中有 32 例未婚，朱国钦等报告的 12 例精神发育迟滞强奸犯罪人中有 11 例未婚，[4] 应福兴等报告的 39 例精神发育迟滞性犯罪者（强奸 37 例）中有 32 例未婚，[5] 钟杏圣等报告的 58 例精神发育迟滞性犯罪者（男性 51 例，其中强奸 42 例）中有 53 例未婚。[6] 此外，精神发育迟滞者因为智能低下、辨别是非能力差、人格不成熟、具有高度轻信性和受诱惑性，容易受到社会

---

① 马鸿春等：《26 例性犯罪案例司法鉴定分析及其责任能力探讨》，《中国神经精神疾病杂志》1989 年第 6 期。

② 罗雪莲：《36 例强奸幼女案例司法精神鉴定分析》，《临床精神医学杂志》1996 年第 1 期。

③ 贾谊诚主编《实用司法精神病学》，安徽人民出版社，1988，第 193 页。

④ 朱国钦等：《精神发育迟滞性犯罪司法精神病学鉴定》，《中华神经精神科杂志》1988 年第 3 期。

⑤ 应福兴等：《精神发育迟滞者性被害与性犯罪的鉴定分析》，《临床精神医学杂志》1994 年第 3 期。

⑥ 钟杏圣等：《精神发育迟滞的性犯罪和性受害分析》，《中国神经精神疾病杂志》1995 年第 2 期。

上不良的性文化信息的影响和刺激，容易接受坏人的诱骗、教唆，进而产生性犯罪意向，或者使已有的性犯罪意向得到强化。另一方面，中、轻度精神发育迟滞者的智能虽然低下，但足以使他们把自己幼稚的意愿付诸实施，具备进行强奸犯罪的主观能力。

精神发育迟滞者的强奸犯罪具有明显的冲动性特点，突出表现是作案时缺乏自我保护意识，不能根据自我保护的需要恰当选择作案时间、场所。对精神发育迟滞者着手强奸时的那种冲动，用"急不可耐"这句话可以形容。当性的能量积蓄到他们不能忍受之时，或者当环境的刺激鼓动起他们的性欲之时，袭击异性的冲动就会在他们的体内形成，并且极易付诸行动。他们发起袭击的时间、地点，往往就是他们发现袭击目标的时间、地点。作案场所虽然多种多样，但大多不便于作案，难以为一般强奸犯罪人所选择。肮脏的猪圈、牛棚，易暴露的路边、田头、厕所，都可能成为他们的作案场所。还有人在被害人家里或自己家里作案。有人甚至当众作案。

据统计，精神发育迟滞者强奸犯罪的被害人多为幼女、少女。对这一现象，人们有不同的解释。有人认为，精神发育迟滞者发生强奸的，主要是轻度、中度患者，他们具有一定的认识能力，知道幼女、少女比较容易制服。也有人认为，精神发育迟滞者由于智能低下，对成熟女性有自卑感，故多以幼女、少女为强奸对象。我认为还应当考虑精神发育迟滞患者平日与成年女性接触较少，而与幼女、少女接触较多这一因素。在现实生活中，精神发育迟滞者由于智能低下，被排斥在成年人世界之外，容易和智能与他们相仿而且不像成年人那样经常管教、训斥甚至欺辱他们的幼女、少女接触，而有些幼女、少女对他们缺乏足够的警惕性。一旦他们性欲冲动不能控制，经常和他们在一起或者没有避而远之的幼女、少女必然会首先成为他们袭击的目标。他们以幼女、少女作为袭击目标，与其说是因为他们作出了选择，不如说是因为那些幼女、少女就在附近。分析精神发育迟滞强奸犯罪人与被害人的关系，可以发现精神发育迟滞者强奸犯罪的被害人主要有两类：一类是引起他们性欲冲动的人，一类是他们性欲冲动时活动于他们身边的人。前一类被害人由于在某方面引起他们的注意，导致他们性欲冲动，往往成为他们袭击的既定目标；后一类被害人之所以成为袭击目标，只是因为她们在他们性欲冲动时活动于他们附近。精神发育迟滞者在性欲冲动失去控制时，往往会不加选择地侵犯活动于他们身边的人，如邻居、亲戚甚至母亲、姐妹，而不在意她究竟是谁、是否年幼。当然，有些轻度精神发育迟滞者也可能会出于简单的考虑，选择具体的被害人。不过，这种选择远不能与一般强奸犯罪人对被害人的选择相提并论。

精神发育迟滞者强奸犯罪中常见暴力。当他们以成年女性、少女作为袭击对象时，除使用暴力和进行暴力威胁外，也想不出其他强制被害人的办法。对于幼女以及女性精神发育迟滞者，他们可能利用平时与她们接触的经验，以幼稚的方法进行诱骗。但如果她们不顺从，他们仍然会使用暴力和进行暴力威胁，而且暴力往往过度，不计后果。为避免麻烦，有些精神发育迟滞者干脆以毫无反抗能力的婴儿作为侵犯对象。

精神发育迟滞者强奸犯罪，常发生未遂。原因是多方面的：其一，精神发育迟滞者的强制手段笨拙，有可能制服不了被害人；其二，精神发育迟滞者作案大多缺乏隐蔽性，容易在犯罪中途被他人制止；其三，精神发育迟滞者普遍缺乏性知识，很多人根本不知道如何性交。有些精神发育迟滞者目睹过成人性交和牲畜交配，可能加以模仿，但往往只模仿了大致动作，不能真正实现性交。还需要指出，精神医学文献中的一些数据之所以显示精神发育迟滞者强奸犯罪未遂率比较高，可能是在进行统计时对行为性质的认定存在错误：一是把猥亵作为强奸未遂，二是把奸淫幼女没有发生性交但双方生殖器有接触的情况作为强奸未遂。

精神发育迟滞者强奸犯罪的性侵害方式主要是生殖器性交，但反自然性行为也经常发生。他们实施反自然性行为，通常不是出于特殊的淫乐目的，而主要是性欲异常冲动行为失去控制所致。有些精神发育迟滞者虽然有强奸目的，但不知道如何性交，则可能在客观上以反自然性行为作为替代。还有一些精神发育迟滞者虽然知道如何性交，但由于被害人反抗、被害人性器官不成熟、自己阳痿等原因，没有进行性交，只好采取反自然性方式发泄性欲。

精神发育迟滞者的强奸犯罪的危害性比较大，即使是强奸未遂，也往往造成比较严重的后果。疯狂的暴力行为和性变态行为，会伤害被害人的躯体和生殖器官，将被害人杀害的情况也时有发生。

精神发育迟滞强奸犯罪人在归案后，一般都能供述犯罪经过，但可能交代不清行为动机和强奸细节，并且可能发生出尔反尔和顺着办案人员的提示胡编乱造的情况。因而，讯问精神发育迟滞强奸犯罪人，一定要掌握他们的特点，做到耐心细致，用语通俗易懂，切不可轻信、武断，更不能诱供。精神发育迟滞强奸犯罪人也能认识到自己的行为是不对的，但认识程度非常肤浅。如果进一步追问他们的行为为什么不对、属于什么性质，几乎没有人能正确回答。他们总以为在受到一番训斥之后，就可以回家，什么事都没有了。对于因没有刑事责任能力而不能给予刑罚的精神发育迟滞强奸犯罪人，决不能一放了之，而必须交有关部门或其家人严加管束，否则会反复作案。

下面的四个案例比较典型。

[案例56] 张某，男，19 岁，未婚，文盲，农民。张出生时未见异常，1 岁以后家人发现其反应较同龄儿迟钝，3 岁才会走路，6 ~ 7 岁才会说话。因智能低而无法入学就读，在家仅与低龄儿玩耍，长大后仅能在督促下干些简单农活和简单家务。不懂礼貌，易受人怂恿干坏事，如偷别人的蔬菜。近两年有时外出不归，有过奸兽（羊）行

为。曾数次对家人说要找个老婆。1988 年 5 月 26 日上午，张路过邻村黄家麦地时，见黄家女儿（17 岁）在种花生，即起歹意，将其强奸。逃走时被抓获。知道强奸不是好事，是违法行为，但对其性质和后果认识不清。鉴定结论：中度精神发育迟滞，部分刑事责任能力。[1]

[案例 57] 某甲，男，27 岁，离婚，轻度精神发育迟滞。某日上午未上班，将邻居 15 岁少女乙骗至家中，然后将门插上，企图强奸。在遭到乙反抗后，甲即用拳头和酒瓶击打乙头部，并用皮带勒乙颈部，致使乙头部出血，发生昏厥。在甲脱掉乙的裤子进行奸淫时，乙清醒过来进行挣扎，并要求洗掉脸上的血迹。这时甲取来洗脸水，但当乙准备洗脸时，甲又用刀砍去。由于乙的反抗，甲没有得逞。后乙要求回家，甲表示陪同其到医院治疗。甲乙两人到乙家时，乙家人当即将甲抓获。[2]

[案例 58] 高某，男，28 岁，未婚，文盲，农民。自幼发育迟缓，5 岁后才开始说话，走路不稳。10 岁入学，几年均读一年级，一直不会写自己的名字，也不识手指数和货币。劳动时需人带领，只能做些粗笨活。在家常自言自语，时而无故放声大笑。有时在夜间睡眠中突然怪声喊叫，或起床独自外出游荡。十年前因盗窃罪被判刑五年。刑满释放后又多次入室盗窃，屡教不改。某日深夜，高爬墙潜入邻居家，先在院子里脱光衣服，然后闯入一女青年的卧室行奸。当被害人受惊呼叫时，高赤身裸体地拔腿就跑，还主动告知被害人自己是谁。讯问时，高说自己犯的是"强奸衣服罪"。他说不清行窃的次数和情节，说"偷的东西都给国家了"，"看国家咋办呀"。他说自己有过两次强奸行为，经追问才知他指的是两次看见家人行房事。他一会哀求说："把我放了，我给你干活。"一会又说："我不敢回去，国家

---

① 吕先荣主编《司法精神医学案例集》，武汉市公安局安康医院印，1992，第 102 页。
② 李从培主编《司法精神病学》，人民卫生出版社，1992，第 227 页。

打哩。"鉴定结论：中度精神发育迟滞，无刑事责任能力。①

[**案例59**] 男，23 岁，农民，未婚，文盲。1989 年 2 月 19 日晚6 时许，案犯在村口遇到几名 7 岁左右的女孩在玩，就上前抱住其中一个，因挣扎喊叫，其外婆闻声赶来才放手，后追上逃跑的另一个女孩，抱住后到 30 米外的厕所边，不顾小孩哭叫挣扎，脱去其裤子实施暴力强奸行为，后用携带的小刀刺入阴道卷动，又在外阴、两大腿内侧乱刺数刀，拾起一根竹棒插入阴道抽动，又捡来小石子塞进阴道，挖出塞进反复几次，后又拾起一块拳头大的石头敲击阴部，然后狠狠打了一巴掌若无其事地离去。被过路行人发现，小孩已奄奄一息，一片血糊，幸及时送医院抢救脱险。收审后对犯罪过程能清楚回忆叙述。公安机关怀疑有精神病而要求鉴定。调查材料：父母健在，非近亲结婚，其外祖父较呆，只能做点简单的农活，已去世。系第五胎，幼时发育正常，9 岁时患过"乙脑"，在县人民医院治愈，此后发现不太聪明，接受教育、理解能力差，反复读了 4 次一年级，仍不会写自己的名字，计算力差，20 以内加减不能。成年后在家人带领下做点简单的农活，不与人交往。无犯罪前科。鉴定时检查：体格检查、脑电图及其他辅助检查均无阳性发现，智商 52。意识清，接触检查尚合作，仪表欠整，能叙述犯罪行为过程，无犯罪概念，未发现其他精神病性症状。②

三 器质性精神障碍患者的强奸犯罪

与精神发育迟滞者相比，器质性精神障碍患者发生强奸的比较少见。这是因为器质性精神障碍的多数症状不但与性没有关系，而且可

---

① 纪术茂：《精神疾病与法律》，法律出版社，1984，第 168 页。
② 顾瑞成：《精神发育迟滞伴性施虐癖（附三例报告）》，《四川精神卫生杂志》1996年第 4 期。

以妨碍性行为的实施。有些器质性精神障碍者可能在意识障碍之中发生凶杀犯罪，但存在意识障碍的器质性精神障碍患者却极少发生强奸犯罪。或许在意识障碍状态下，患者的性欲望和性功能受到了抑制？或许在意识障碍状态下，患者只保留了自我保护的本能？我从国内的大量精神医学文献中，仅仅找到三个描述了犯罪过程的在意识障碍状态下发生强奸的案例。① 这三个案例都与醉酒有关，两个属于复杂性醉酒，一个属于病理性醉酒。下面介绍其中两例：②

[**案例60**] 某大学生，男，19岁，平时性格温顺。某日晚，他与同学一起在饭馆吃饭，空腹喝了四瓶啤酒。返校后，他找女同学聊天，走进一女生宿舍，见一女脱衣睡觉，即拉开被子强行接吻、猥亵，女生反抗，将他推下床。他随即躺在地上入睡。鉴定结论：复杂性醉酒，部分刑事责任能力。③

[**案例61**] 崔甲，30岁，农民。1985年8月27日上午，崔甲到同村王某家玩扑克牌，中午几个人在王家喝酒，崔甲喝白酒5~6两。酒后崔甲离开王家到亲戚崔乙家，将崔乙妻子强奸，然后将崔乙妻子和女儿杀死。当天下午四点，人们发现崔甲赤身裸体地躺在被害人的炕上酣睡，直到戴上手铐拍照完毕仍未苏醒。崔乙妻子和女儿倒卧在地业已死亡。审讯时，崔甲被动地承认杀了二人，但表示对离开王家后发生的事情不能回忆，表示相信公安机关调查的是事实，愿意接受惩罚。据调查，崔甲性情急躁，但一向品行尚端正。平时一般不饮

---

① 另有报告，武汉市公安局安康医院在10余年里共接受1670个鉴定案例，在意识障碍下作案的有59例，其中强奸有3例，都是未遂。参见易军《59例意识障碍下作案的司法精神医学鉴定分析》，《临床精神医学杂志》2005年第1期。
② 另有一个复杂性醉酒涉嫌强奸重度精神发育迟滞少女未遂的案例，行为人66岁，被评定为无责任能力。此案例为纪术茂、王新瑞报告，载纪术茂、高北陵、张小宁主编《中国精神障碍者刑事责任能力评定案例集》，法律出版社，2011。
③ 方明昭等：《司法精神病学鉴定中异常醉酒的临床及诊断》，《中国心理卫生杂志》1992年第2期。

酒，但如饮酒则7、8两不醉。作案前半年从拖拉机上翻下来，昏迷5~6小时，并住院两天，出院后常有失眠、头痛、记忆力减退、烦躁等表现，不能正常劳动，偶尔少量饮酒即产生头晕。本案一审，以强奸、杀人罪判崔甲死刑。判决后，崔甲以自己是在酒后神经不能控制的情况下杀人，不是故意杀人为理由，提出上诉。二审法院考虑到案件中的异常情况，为慎重起见，将崔甲送往某市司法精神病学鉴定委员会进行鉴定。鉴定结论为："病理性醉酒——急性酒精中毒导致短暂性精神障碍。其凶杀行为与精神病理状态（意识障碍）有直接关系，无责任能力。"二审法院对此鉴定结论有怀疑，又委托某医科大学精神卫生研究所作第二次司法精神病学鉴定。该所的鉴定结论为"病理性醉酒，属于无责任能力状态"。二审法院经多次讨论研究后认为，两次鉴定都是在事后作出的，主要以精神检查时崔甲不能回忆强奸、杀人过程为依据，作出"病理性醉酒，无责任能力"的鉴定结论，其根据不足，不予采用。崔甲在大量饮酒致醉后强奸杀人，证据确凿，他在被捕后虽不能回忆作案细节，但所供述的强奸杀人主要过程与有关证据核对，可以认定。本案案情严重，对崔甲应依法严惩，但考虑到他醉酒后意识障碍的程度和性质，尚有不同意见，本案应慎重处理，以留有余地为妥。因此，根据本案的具体情节，二审改判崔甲死刑缓期两年执行。①

在复杂性醉酒的案例中，行为人刚刚着手强奸就昏睡过去。在病理性醉酒的案例中，行为人在实施强奸之后昏睡过去。这两个案例说明，少量饮酒后在短时间内，酒精可以刺激性欲，但随后不久，酒精

---

① 林准主编《精神疾病患者刑事责任能力和医疗监护措施》，人民法院出版社，1996，第231~239页。此案例还见李从培所著《司法精神病学》，但该书没有提到鉴定结论未被采用的情况。参见李从培《司法精神病学》，中国人民大学出版社，1989，第148页。

的麻醉剂作用就会表现出来。另外，病理性醉酒的案例，虽然司法精神病学鉴定的结论是"病理性醉酒，无责任能力"，但法院并没有完全采用，被鉴定人最终被判死刑缓期两年执行。

部分器质性精神障碍患者如麻痹性痴呆、老年性痴呆患者，可有性欲亢进或性欲复燃的表现，在此基础上，由于智能衰退、道德意识下降，可能出现强奸行为。这些患者多为老迈之人，行动能力差，所以很少袭击成年女性，而多以幼女为侵犯对象。他们作案有一定的计划性，主要通过诱骗手段达到奸淫目的，暴力不常见。如果不被当场抓获，他们会在事后采取简单的保护措施，并且有继续作案的可能。

[**案例62**]　蔡某，男，70岁，文盲，临时工。1989年7月1日上午，蔡来到一亲属方某家中，利用哄骗手段对方某7岁的女儿进行奸淫，当场被抓获。据调查，此前蔡曾经有两次类似的奸淫行为。精神检查时，发现蔡有远、近记忆障碍，情感幼稚，理解、判断能力较差，计算力减退，CT检查大脑皮质呈散在萎缩区和脑室轻度扩大。对犯罪事实供认不讳，涉及奸淫一事时常痴笑不已。在收审期间有不知羞耻、当众裸体的表现。鉴定结论：老年性痴呆，部分刑事责任能力。①

[**案例63**]　某男，65岁。三年来，记忆明显减退，经常丢失东西，并喜收无用杂物垃圾藏如珍宝。两年前妻子病死后，子女对其照顾不周，为此甚感苦恼，在家经常发脾气，与子女吵闹，有时外出乱跑，还有手淫行为。某日，趁邻居夫妻二人上班之际，将邻居家12岁幼女用糖果诱骗来进行强奸。案发后诡辩掩饰。精神检查时，发现他有轻~中度智能障碍，近事记忆缺损较明显，眼底有轻度动脉硬

---

① 吕先荣主编《司法精神医学案例集》，武汉市公安局安康医院印，1992，第100页。

化。鉴定结论：老年性痴呆（轻～中度），部分刑事责任能力。①

脑疾病和躯体疾病所导致的人格改变、智能障碍、情绪障碍，可能使患者的行为表现出明显的攻击性和反社会性。这些患者可能会在环境的影响和刺激下，因性欲冲动而发生强奸。他们作案的特点，与一般人格障碍者相似，在犯罪过程中保持完整的辨认能力，但控制能力较差，行为具有冲动性，并不注意自我保护。

[**案例64**] 张某，男，24岁，未婚。经人介绍，张与周某"谈朋友"。后周因发现张有"羊癫疯"，且性情古怪，脾气粗暴，而与张断绝关系。但张不死心，经常尾随纠缠，因此常被周的同事斥责。1985年10月7日晚10时，张闯入周的集体宿舍，企图用暴力强奸周，周拼命反抗呼救。群众闻声赶来，将张抓获。据调查，张自幼发育较差，小学经常留级，勉强上完小学后无法继续读书。5岁发生脑外伤，6岁开始有癫痫症。平时敏感多疑，易激动，性格粗暴。有时殴打家人或自伤、自残。还有梦游症。22岁时顶替父职，当修理工，三年还不能单独胜任工作。1982年，发生偷女性乳罩，躲在家里亲吻乳罩和把乳罩戴在胸上的行为。多次猥亵未成年的胞妹。近几年断续服用抗癫痫药，但发作未能控制，性格更加粗暴。有时很小的事也可以引起他极度自卑，曾数次触电自杀未遂。精神检查时，表情悲观沮丧，说"我不是害她，只是想和她结婚"。承认收藏女性乳罩达30余件。智商50。对作案过程记忆尚佳，要求放他回去好好劳动，如果不放，要求枪毙。鉴定结论：癫痫症与癫痫性人格障碍，并伴有中度智能缺陷，部分刑事责任能力。②

---

① 贾谊诚主编《实用司法精神病学》，安徽人民出版社，1988，第203页。
② 贾谊诚主编《实用司法精神病学》，安徽人民出版社，1988，第352页。

四　其他精神病人的强奸犯罪

先来看一个案例：

[**案例 65**] 裴某，男，35 岁，已婚，农民。1988 年 9 月 17 日傍晚，裴拦腰抱住女邻居邓某（42 岁），企图强奸，遭反抗后未遂。据查，裴因父亲早年去世，随婶长大，适龄入学，读两年小学后务农。1980 年 11 月结婚，次年开始精神失常。经常自言自语，到处乱跑。有时半夜起床对兄嫂说听到火车、摩托车声响，"公安局来逮我了"。曾认为妻子在饭中下毒，因而痛打妻子和兄嫂。其父、姑妈、哥哥和侄女均患精神病。在精神检查时，裴意识清楚，能完整回忆作案经过，有幻听、思维散漫等表现。裴说，他总是听到邓叫他去"弄弄"（指性交），并说"相遇时她总是用眼瞟着我，是看中我了"，"她打我是考验我会不会弄"。他认为此次作案是邓引诱的。鉴定结论：精神分裂症，无刑事责任能力。①

像这样的精神分裂症患者在妄想和幻觉的影响、支配下进行强奸的案例是少见的。从各方面的统计来看，精神分裂症患者发生凶杀犯罪较多，而发生强奸犯罪较少。李建勋等报告的 84 例精神分裂症患者刑事犯罪，其中流氓强奸只有 6 例，占 7.1%。②黄杏梅等报告的 60 例精神障碍者的强奸犯罪，其中精神分裂症 18 例，占 30%，而这 18 例中有 10 例处于缓解期。③ 马鸿春等报告的 17 例精神障碍者的强奸犯罪，其中精神分裂症只有 2 例，占 11.7%，这 2 例均

---

① 吕先荣主编《司法精神医学案例集》，武汉市公安局安康医院印，1992，第 99 页。
② 李建勋等：《84 例精神分裂症刑事犯罪案例分析》，《中国神经精神疾病杂志》1991 年第 5 期。
③ 黄杏梅等：《82 例性暴力的司法精神病学鉴定分析》，《中国神经精神疾病杂志》1996 年第 3 期。

为残留型。^① 精神分裂症患者较少发生强奸，可能有两个原因。第一，精神分裂症的典型症状如幻觉、妄想和逻辑倒错性思维一般不会直接导致攻击性的性侵犯。例如，钟情妄想可以使患者追逐异性，但不会导致其向钟情对象提出直接的性要求。当他们的感情不被接受时，他们有可能实施凶杀行为以表示对钟情对象的不满，而不大可能强奸钟情对象。第二，多数精神分裂症患者性欲出现减退。有些患者虽然出现性欲亢进，但多以非性交方式发泄。例如，青春型精神分裂症患者可发生性欲亢进，幻觉和妄想的内容多与色情有关，但男性患者表现出来的主要是低级、下流的举动，如手淫、露阴、纠缠调戏妇女，个别的可能奸淫幼女。^②

[案例 66] 喻某，男，19 岁，农民。四年前出现头痛、失眠，后因不能坚持学习而退学。在家不能参加劳动，常不顾个人安全登高缘低，无故跳井。有时挤眉弄眼，怪声呐喊。时常身带小刀，夜不归宿。先后行窃 20 多次，多当场被抓获，虽屡经教育，但不思悔改。近年来，常不知羞耻地追逐异性，说下流话，并先后猥亵诱奸幼女 5人。鉴定时，对猥亵奸污幼女供认不讳，也承认是犯罪行为。不承认自己有精神病。诊断为青春型精神分裂症。^③

精神分裂症患者如果发生强奸犯罪，大多是在缓解期或残留期，或者与精神障碍无关。在缓解期或残留期，幻觉、妄想、逻辑倒错性思维等症状已不存在，仅残留一些不会使患者的辨认和控制能力受到明显损害的症状。在此时发生强奸犯罪，主要是不良思想品质和不良

---

① 马鸿春等：《26 例性犯罪案例司法鉴定分析及其责任能力探讨》，《中国神经精神疾病杂志》1989 年第 6 期。
② 参见杨德森主编《基础精神医学》，湖南科学技术出版社，1994，第 310 页。
③ 纪术茂：《精神疾病与法律》，法律出版社，1984，第 138 页。

环境影响所致。

[**案例67**] 某男，32 岁，农民，未婚，小学文化。从 18 岁起精神不正常。有早年性行为异常史。曾送精神病院诊治，诊断为精神分裂症。于某日潜入曾与他谈过恋爱的某妇女居室，将其强奸并打成重伤。报公安机关收审，精神仍有异常表现。送司法精神病鉴定，结论为作案时正处发病期，无责任能力。①

诊断该男患有精神分裂症应无问题，但鉴定为无责任能力值得商榷。鉴定者没有分析精神分裂症与强奸之间的关系，即精神分裂症是如何影响该男辨认或者控制自己的强奸行为的。从作案过程来看，该男作案时虽然正处发病期，但能够辨认或者控制自己的行为，应判定为有刑事责任能力。

以系统妄想为主要症状的偏执性精神病患者发生强奸的，而且其强奸与系统妄想有直接关系的，更是少见。所见案例，是黄杏梅等在《82 例性暴力的司法精神病学鉴定分析》一文中提到的一个偏执状态患者强奸自己女儿的案例。②

关于躁狂症患者，前面已经指出，即使是出现性欲亢进的躁狂症患者也很少有强奸行为。

至于反应性精神病患者以及神经症患者，则一般不会在精神障碍支配下进行强奸犯罪。

---

① 骆世勋、宋书功主编《性法医学》，世界图书出版公司，1996，第 434 页。
② 黄杏梅等：《82 例性暴力的司法精神病学鉴定分析》，《中国神经精神疾病杂志》1996 年第 3 期。

第五章

性暴虐

第一节　性虐待症

性虐待症（algolagnia，sadomasochism，亦译"虐恋"、"虐淫"、"痛淫"）是一种以虐待行为作为满足性欲主要途径的性偏好。algolagnia 一词由德国精神病学家施沦克·诺津（Albert von Schrenck-Notzing，1862～1929）在 19 世纪 90 年代拟定，现代精神医学已经不经常使用。sadomasochism 一词则为 ICD－10 使用。这两个词都是指广义的性虐待，包括主动（active）和被动（passive）的性虐待。

对于性虐待症者来说，性欲是与虐待联系在一起的，他们不仅可以通过虐待唤起性欲，而且可以通过虐待满足性欲。有些性虐待症者完全放弃了正常的性行为，只能通过虐待满足性欲。有些性虐待症者虽然也有正常的性行为，但是更偏爱通过虐待满足性欲，或者必须把虐待作为正常的性行为的前奏或辅助。一般认为性虐待症者与其他性变态者一样，只是在性心理方面存在异常，其他方面的精神活动不存在障碍。

性虐待症主要包括性施虐症、性受虐症、性施虐 - 受虐症。CCMD - 3 和 DSM - 5 没有使用性虐待症的概念，而是直接规定了性施虐症和性受虐症。

一　性施虐症与性受虐症

性施虐症（sadism，sexual sadism）也称/译为性施虐狂、施虐淫、施虐恋、主动性虐待症。其特征是以向他人施加虐待令其痛苦作为激发、满足自己性欲的主要途径。DSM 以前称之为 sadism，DSM - 5 改称为 sexual sadism disorder（性施虐障碍），并将其限定于实施在未征得同意的人身上的性虐待，或性施虐的冲动引起有临床意义上的痛苦，或导致社交、职业等重要功能方面的损害。sadism 一词来自一位 18 世纪的法国侯爵马库斯·德·萨德（Marquis de Sade，1740 ~ 1814），他曾经描写了自己通过 600 多种不同手段造成别人痛苦来满足自己性欲的经历。[①]

与窥阴、露阴、摩擦等倾向于向陌生人实施的性变态不同，性虐待既可能对陌生人实施，也可能对熟人实施。有些男人或者女人，在性关系中，根据另一方的请求而实施性虐待行为，而自己并无这样的需求，不属于性施虐症。

性施虐症的外在表现是虐待。虐待方式无所不有，如掌掴、殴打、捆绑、吊挂、针扎、刀割、鞭笞、火灼、勒颈、拔毛、灌肠、撕咬、毁容、电击等。虐待可能是象征性的、戏剧性的，是一种模拟，但也可能是实实在在的，有实际的痛楚或损伤。性施虐症有一种极端形式，施虐者通过杀人来满足性欲。

性施虐症者（sadist）男性居多，女性少见。克拉夫特 - 埃宾仅

---

① 参见〔法〕莫里斯·勒韦尔《萨德大传》，郑达华等译，中国社会科学出版社，2002。

记录两例女性施虐症。一例在性生活中要求丈夫自己割伤他的手臂，然后她吮吸丈夫的伤口，获得性兴奋。另一例嫌恶性交，无法想象生殖器官怎么会跟爱有关，而她在咬丈夫时能获得强烈的性感，但当引起丈夫痛苦时，她会很后悔。[①] 国内有一案例似乎更为典型。报告者讲的是一个男性的性受虐症患者寻求治疗的案例，不过，对其施以性虐待的那位女性的性施虐症者，更有研究价值——如果不是这位男患者幻想或者虚构出来的话（医生似未见过女方，仅凭男患者单方面叙述）：

［**案例68**］某男，27岁，未婚，大学文化。他在某合资企业工作，与公司女老板接触很多。随着频繁交往，彼此逐渐有了好感。女老板是一个45岁的中年人，已婚但夫妻感情不好。她是一个性施虐症者。该男最初不知内情，当两人单独在一起时，女老板没有正常女性的性要求，而是将他手脚捆在床上，用板尺打其大腿，将袜子塞进他的嘴里，甚至用腰带、衣服等勒他的颈部，达到窒息程度，以此得到性快乐。两人从未发生过正常的性行为。开始，患者不能忍受，更不能理解，甚至有逃跑的想法。但由于他性格内向、胆小，慑于老板的威严，不敢违抗；况且，每次事后，老板都会给予丰厚的报酬，甚至在有了这种关系后，他在公司里得到加薪和重用的机会。在金钱和地位的诱惑下，他由最初的痛苦到逐渐适应，持续几个月后，已经很难摆脱这种受虐时给他带来性满足的欲望，反而由被动变为主动，如果没有她的施虐就体验不到性快乐的满足。随着时间的延续，他一方面有更强烈的受虐欲望，另一方面，又要承受来自家庭和社会的压力。父母经常托人给他介绍女朋友。他知道自身存在的问题，总是回

---

① 参见〔德〕克拉夫特 - 艾宾《性病态：238个真实档案》，陈苍多译，台北左岸文化出版，2005，第145页。

避，但内心也向往有一个小家，但他无法回避和改变现状，没有能力控制自己受虐的性渴求，内心很痛苦，前来咨询，希望医生给予帮助和指导。①

还有一女，出于报复男性的目的，以挑逗男性产生性欲而又不同意与其性交为手段"虐待"（同时打对方耳光）男性，被诊断为性施虐症。

[**案例69**] 某女，25岁，农民，已婚，初中文化。系头胎早产儿，出生时体重不足2000克。自幼父母溺爱，任性不听管教。七八岁时即性格粗野，虐待小动物，打骂他人，无理要求甚多。学龄读书，初一辍学。13岁时父母带其辗转求医，未获效果。17岁时与同村一青年初恋，关系融洽，常有亲昵行为，并初试云雨。患者渴望尽早完婚，因男方父母反对，初恋失败。患者曾伤心落泪，意志消沉，继而产生仇恨男性心理，并耿耿于怀。20岁时经家人介绍与现夫结婚，夫妻感情不协调，常虐待丈夫。已育一子4岁，但从不爱抚。常与一些不三不四的男青年鬼混、调情，但从不与他人发生性关系。入院体检和实验室检查均无异常，心脑电图正常。精神活动表现为情绪不稳，喜接近异性，例如不愿进食，嗲声嗲气地要求男护士喂饭，并故作媚态，谈话浮浅下流，毫无羞耻地炫耀自己怎样玩弄男人。主动谈论在家时与一男青年调情的情景：先故意在其面前穿花衣服，以引起其注意，继而频送秋波，动手抚摸，经多次挑逗并与对方拥抱接吻后，使对方被弄得心急火燎，阴茎勃起，试图与患者发生性交时，患者却突然沉下脸来，打对方耳光，使其十分难堪，而自己在心理上得到满足，并认为达到报复目的。接触中未

---

① 王泽荣、高士元：《性受虐癖1例报告》，《健康心理学》1997年第4期。

发现明显的精神病性症状。诊断考虑为与报复心理有关的性心理障碍——性虐待。①

性施虐也有针对动物的，通过虐待动物取得性兴奋或者获得性满足。此为性虐待动物症（zoosadism）。对这一性变态，将在后面"兽奸"一节再提。

性受虐症（masochism，sexual masochism）也称/译为性受虐狂、受虐淫、受虐恋、被动性虐待症。所谓"被动"只是说有此偏好者是虐待的承受方，而不是说他/她对来自他人的虐待抱着消极的态度。其特征是以自愿接受或者主动追求他人的虐待作为激发、满足自己性欲的主要途径。DSM 以前称之为 masochism，DSM - 5 改称为 sexual masochism disorder（性受虐障碍），并要求性受虐的冲动引起有临床意义上的痛苦，或导致社交、职业等重要功能方面的损害。如果性受虐者没有导致痛苦，例如焦虑、强迫观念、内疚或羞耻感，并且没有阻碍他们追求其他个人目标，他们应当被确认为有性受虐的兴趣但不应诊断为性受虐障碍。

性受虐症的西文 masochism 一词来自于奥地利的一位叫作雷帕德·萨赫·马琐克（Leopold von Sacher Masoch，1836~1895）的小说家。他是个性受虐症者（masochist），他的癖好是喜欢他的妻子在床第之间用鞭子抽打他的臀部，而他在自己的作品中也屡屡描述性受虐。首先提出 masochism 一词的，是克拉夫特 - 埃宾。克拉夫特 - 埃宾解释说，他的这一命名遵行的是"道尔登症"（daltonism）一词的科学性结构——"道尔登症"源自色盲的发现者道尔登（Dalton）。他不认为用马琐克的名字称呼性受虐症，构成对马琐克的不敬。②

---

① 万承龙：《性心理障碍的心理治疗（附二例报告）》，《性学》1994 年第 1 期。
② 〔德〕克拉夫特 - 艾宾：《性病态：238 个真实档案》，陈苍多译，台北左岸文化出版，2005，第 147 页。

有的人倾向于接受熟人的性虐待，有的人倾向于接受陌生人的性虐待，或者不在乎是否相识。有些男人或者女人，在性关系中，根据另一方的请求，接受了性虐待行为，而自己并无这样的需求，不属于性受虐症。

性受虐症实例：

[案例70]（美国的案例）某女，25岁，研究生。已经结婚五年。在这五年里，夫妻两人都在大学学习。三年来她的学习成绩一直比丈夫好，她认为这使双方经常发生激烈争吵。她发现在丈夫向她喊叫或生气打她时，她有性兴奋的感觉。有时她辱骂丈夫直到他用强奸那样的野蛮方式和她性交为止。她将这种野蛮和受惩罚的感受体验为性兴奋。她发现"惩罚"能引起性兴奋，后来在手淫时幻想被打而达到性兴奋。一年以前，她往往冲出家门来结束争吵。有一次这样出来后，在去一间"单身汉酒吧"的路上，她让一名男子上了车，并让对方打一巴掌作为性活动的一部分。她又发现来自陌生男子的躯体惩罚比其他的性刺激更有乐趣。在她能够被别人鞭打的场合，性活动的各方面包括性乐高潮的质量远远超过以往体验过的任何事情。她认识到她的性行为对自己是危险的，并感到有些羞愧。她不知道出现这种性行为的可能原因，也不能确定是否想治疗这种性行为，因为这种性行为给自己带来了这样多的愉快。①

[案例71]某女，35岁，职工。28岁结婚，婚后夫妻感情好，性生活尚协调。三年前生孩子后逐渐对性生活兴趣降低，在性交时没有太大的快感，对丈夫的要求只是应付而已。某次性交时，丈夫感到她不热情，因而半开玩笑地扭着她的脸说："为什么这样？"并加重力

---

① 〔美〕罗伯特·斯彼德等：《美国精神障碍案例集》，庞天鉴译，中国社会科学出版社，2000，第139页。

量，扭得她痛得大叫，但逐渐感到性兴趣增强，要求丈夫大力抽送，自己也拼命加大动作，结果双方达到性高潮。以后，她常常要求丈夫在性生活时，用力扭她的大腿、乳房和胸腹部，当她感到剧烈疼痛时，性高潮即到来，因而弄得全身到处有青紫瘀斑。①

[**案例72**] 王某，男，32岁，工人，中专文化。自幼性格明显内向孤僻，胆怯怕羞，见女人就脸红。王27岁时，由家庭包办结婚，妻子对他体贴爱护，但他对妻子却缺少感情。王有轻度阳痿。在13岁时受人教唆手淫频繁，虽极想克服，但不成功。14岁时在一次性兴奋时非常烦躁，曾想以刀切割皮肤或腕部血管，未获成功。一次偶用缝衣用针刺入臀部后，产生明显的性兴奋，并伴有明显的轻快感。从此以后，每隔1~2月在性冲动紧张感强烈时，即用缝衣针刺入自己臀部，以此取得快感。在婚后由于性功能障碍，性生活不融洽。后来王在性生活时，要求妻子打他耳光，或用缝衣针刺他的性敏感皮肤区。这样能明显提高王的性兴奋，导致较前明显满足的效果。由于频繁用针刺激臀部，以后臀部感到明显疼痛，活动受限。后经医院X光检查，照片显示左右侧臀部软组织残留有金属异物（针）共计20余枚，经外科手术取出。诊断：性受虐症。②

性施虐症和性受虐症虽然情形相反，但有的人兼有性施虐症和性受虐症，既是虐待他人的性施虐症者，也是接受他人虐待的性受虐症者。此即性施虐-受虐症（S&M）。

二 性自虐症

还有一种更特别的性虐待症——性自虐症（self masochism），患

---

① 黄铎香等：《心理咨询中几种少见性变态类型探讨》，《中国神经精神疾病杂志》1997年第3期。

② 李从培：《司法精神病学鉴定的实践与理论》，北京医科大学出版社，2000，第234页。

者的施虐和受虐均作用于自身，以获得性满足。它是自体色情症（autoerotism，auto-eroticism，该术语由霭理士创制①，亦译"自动恋"、"自体性欲"、"自淫色情"）的一种。自体色情症通常表现为生殖器或肛门自慰，或者抠挖身体其他孔道如尿道、口腔、鼻孔、耳朵。西方历史上曾经视为性变态。② 现在则视为正常或者不很异常，但如果过度或具有强迫性，以致影响生活和健康，个体感到痛苦，也需要矫治。有的自体色情症表现为具有高度危险性的性自虐。国内曾报告一例具有性自虐症表现的女性精神分裂症患者：

[案例73] 1981 年 12 月 30 日上午约 9 时，一个女人被发现在公共厕所内死亡，全身是血，下身赤裸，一大堆肚肠拖在体外。该女是一位 44 岁的流浪乞讨者，曾多次因精神举止异常到精神病院治疗。此事最初是作为犯罪案件侦查的，以为是性施虐症者所为。经勘验调查，警方得出结论：该女患有慢性精神分裂症多年，现今接近更年期，由于分泌系统发生紊乱，性激素分泌亢进，表现为较强的性欲。而且她曾有生育史，两个月前有过性生活的刺激。在性欲高涨下，她不断地按摩、挫擦甚至用异物顶撞颈部、阴阜、阴道，向阴道内抠挖并附以其他动作，竟将肠管掏出 3 米长，终因肠系膜撕裂导致持续性失血休克死亡。③

性自虐症最危险的自虐方式是性窒息（sexual asphyxia）。一般认为，在低氧或缺氧致脑贫血状态下可以刺激性欲并增强性快感。DSM - 5 提到性窒息（asphyxiophilia），并定义为：个体从事与限制呼吸相关的

① 参见〔英〕霭理士《性心理学》，潘光旦译注，生活·读书·新知三联书店，1987，第 124 页。
② 参见〔美〕侯克穆《自淫色情的精神卫生》，C. P. 译，《性科学》第 2 卷第 2 期，1936 年。
③ 陈希生：《一起离奇的案件》，《刑侦研究》1983 年第 5 期。

获得性兴奋的活动。① 性窒息成瘾称为性窒息症（erotic asphyxiation），包括对他人实施和对自己实施。对自己实施，称为自体性窒息症（autoerotic asphyxiation，hypoxyphilia，亦译"自恋性窒息"）。进一步说，自体性窒息是指一个人采取某种可以自我控制的窒息方式（例如模拟自缢、塑料袋套住头部、利用一氧化碳气体）造成暂时缺氧，同时进行手淫或者模拟性交以致射精，获得强烈的性满足。自体性窒息基本见于男性，女性罕见。自体性窒息看起来像是自杀，但行为人并没有自杀的想法。除初次和年少者外，自体性窒息者通常有反复进行性窒息的历史。他们对窒息自淫的方式都有精心设计，并具有仪式化特点。因为经常进行，他们对制造窒息和终止窒息的程序操作都很熟练，所以他们能够在获得性高潮之后容易地自我解救。可是，千虑一失，由于自救措施失灵、窒息过度而意识丧失、他人打扰而惊慌失措、窒息诱发其他疾病等原因，有些人未能成功解脱，发生意外的死亡。此谓"自淫性死亡"（autoerotic fatality，autoerotic death）。模拟自缢的性窒息死亡，被称为"性缢死"（sexual hanging）。事实上，隐秘的性窒息行为之所以被人发现，大多因为行为人发生意外死亡。粗略统计，1980 年至今，国内精神医学、法医学、刑事技术等类期刊报告的自体性窒息死亡已有一百余例。以青年、中年人多见，但也有 74 岁老人②、10 岁男童③自体性窒息死亡的报告。多数人都有异装症或有女性化表现，有的还有易性症或同性恋。窒息死亡现场，多有女性用品、女性图片、色情书刊、色情音像制品存在，显示他们穿着、观看这些物品以激发性兴奋的情况。另外，还需指出，近十几年发生的自体性窒息死亡案例，自我捆绑的方式比以前的案例复杂，似乎不完全是自

---

① 美国精神医学学会编著《精神障碍诊断与统计手册（第五版）》，〔美〕张道龙等译，北京大学出版社、北京大学医学出版社，2015，第 684 页。

② 参见王政、李锦森《老年性窒息诱发心源性猝死 1 例》，《法医学杂志》2003 年第 1 期。

③ 参见刘军明《10 岁幼童性窒息尸检 1 例》，《法医学杂志》2002 年第 1 期；张立岩《罕见儿童性窒息死亡 1 例》，《中国法医学杂志》2006 年第 4 期。

己摸索而来，提示有通过互联网或其他途径得他人传授的学习过程。

少年自体性窒息死亡一例：

[**案例74**] 徐某，男，12 岁，某晚 20：00 左右被发现死于父母卧室床上，上身穿其母的粉红色女式套头上衣和粉红色胸罩，胸罩两罩杯内各有一纸团，下身着白色女式长裤，裤腰退至双小腿，脚穿棕色女式皮鞋。床头横撑上悬挂一绿色尼龙绳，该绳距床面 1.5m 处打一死结。据调查：死者生前性格内向，不喜欢外出与人交往，迷恋母亲，喜欢与父母同睡一床，平时喜欢上网。经尸体检查，徐某颈部有明显生活反应①的缢沟，机械性窒息死亡征象显著，未发现有致死性的暴力性损伤和疾病，可以认定徐某系缢死。缢死现场平静而隐蔽，死者着女性服饰，做假乳房置于胸部，下身半裸，符合性窒息死亡的典型表现。②

青年人利用塑料袋套头性窒息死亡一例：

[**案例75**] 杨某，男，27 岁，某日中午被其妻发现死在家中卧室内。现场为二室一厅的普通居民住宅。室内物品摆放整齐，无打斗痕迹，门窗及门锁均完好。电视机下方的柜子敞开，电视机和柜内的 VCD 机呈关闭状态，电视机旁有 4 张色情光盘。床南侧的窗框上系有一根长约 4m 的电线。死者呈头西脚东仰卧于西卧室床旁的地板上（地板上铺有棉被），身着白色纱质连衣裙，下身着黑底白花纱裙，未穿内裤。裙子下方有一乳白色避孕套，套内有少许精液（后经 DNA

---

① 生活反应（vital reaction）是活体对各种致病因子和外伤的反应，包括形态改变和功能变化。生活反应须与超生反应（supravitalreaction）加以区别。人死后一定时间内，组织细胞尚可存活一定时间，对外界刺激尚能产生一定反应，这种反应称超生反应。两者在法医学中的意义截然不同。——引自百度百科。
② 徐霞等：《12 岁少年性窒息死亡 1 例》，《法医学杂志》2010 年第 4 期。

检验确定是死者所留）。头部左上方地上有一撕破的白色塑料袋。右腕部缠绕白色铁丝，两小腿间地上见长约 3 m 对折状的绿色电线，与窗框上电线材质相同。根据现场装有 VCD 机的柜子呈敞开状，电视机旁有色情光盘以及身着女式纱裙等分析，其死亡原因可能为性窒息。通过对现场第一目击者杨妻的询问证实：杨妻发现杨某已死亡，为遮丑而关闭电视及 VCD 机，撕破杨某头部的塑料袋，拉开手上的铁丝环并剪断两腿上的电线后才报案。综合以上情况认定杨某的死亡过程如下：杨某头部套上白色塑料袋，并于下颌部打成结；双手腕部缠绕白色铁丝，双下肢于踝关节上方缠绕绿色电线，穿越双手铁环后系在卧室南侧的窗框上，开启电视及 VCD 机后进行性窒息活动。由于杨某头部完全罩于塑料袋内，阻隔了其与外界进行气体交换，随着杨某由性兴奋到性满足的过程中心跳加快、呼吸加深、机体的耗氧量加大，使塑料袋内有限的氧气耗尽，从而导致其在低氧状态下求得性满足的同时窒息死亡。[①]

老年人自体性窒息死亡一例：

[**案例76**] 宁某，男，62 岁。20 年前丧妻，某日晨被其女发现死在家中。宁某仰卧在床上，裸体，颈部、腰部及会阴部用红色绸带反复缠绕。据其女介绍，发现时死者俯卧，头及双上肢在床沿下。……结合现场情况及尸体检验所见，应属于年老者自淫自虐性窒息死亡，其依据如下：（1）事发时宁某独自居住，门窗紧闭，符合性窒息的隐蔽性场所要求。（2）死者的捆绑方式虽然非常复杂，但经仔细勘察，绸带的缠绕方法、走行及打结、悬吊，死者自己均可以完成，属于自虐性缢吊。（3）现场床上及地上均有擦拭过的卫生纸，经化验证实卫生纸

---

① 李振强等：《性窒息死亡 1 例》，《法医学杂志》2010 年第 3 期。

上淡黄色粘液为精液。（4）现场两个木槌形似子弹头，包扎的塑料袋表面均有油性物质，应是润滑过的假阴茎，为死者自淫所用，其中一个木槌尖部表面附有散在粪便更能说明此点。尸检中发现死者肛门括约肌明显松弛，据此可以推断死者生前有多次自淫。（5）根据尸检，宁某双眼睑结膜点状出血明显，唇及双手指甲紫绀，颈部有较深索沟，生活反应明显，符合生前缢颈窒息死亡。[①]

女性自体性窒息死亡一例：

[**案例77**] 2013 年 8 月 26 日上午 10 时许，某刑侦大队接到报警：樊某死于家中，要求派人勘查现场。案发后，家属见死者身上有捆绑，尸身上有异常，认为樊某被害，要求公安机关快速破案，严惩凶手。现场勘察发现，死者为女性，未着胸罩及内裤，赤足，呈仰卧位。颈部缠绕黑色弹性带，带子绕颈部 6 圈，其按扣在颈前扣住，该带子长 110cm、宽 1.2cm。翻开睡裙，见两侧乳头分别被塑料夹夹住。胸部系一条棕色布线编织的腰带，腰带扣位于胸前。死者樊某，女，25 岁，性格内向，平时生活简单，酷爱网络游戏，很少出门。其男友反映二人一直分隔两地，在两人的性爱过程中，樊某会有一些异常的要求和行为。樊某上网记录中有"性窒息"的搜索项，电脑中储存有国外性爱视频及图片等。根据现场勘查、法医检验、调查走访、检验鉴定，综合分析：死者精神正常，酷爱上网，观看性爱视频等。当日，死者酒后回来，独自在家上网，出于模仿视频中某种动作以达到自己性爱高潮的要求，在房间内找出腰带、塑料夹子等物，先用夹子夹住双乳乳头，然后用布腰带勒紧胸部，最后再用黑色弹性带缠绕颈部，通过短暂瞬时的窒息感觉以满足自己的快感。但因在操作过程中

---

① 潘聚锋、于云辉：《年老者性窒息死亡 1 例》，《中国法医学杂志》2006 年第 2 期。

出现意外，最终造成自缢窒息死亡。①

下面一例较为特殊，某女有强迫性的性冲动并伴有屏气式的自体性窒息，而没有自缢和手淫情况，也没有发生死亡：

[案例78] 患者李某，女，29岁，初中毕业，农民，已婚。排行老大，性格内向，害羞，胆怯，拘谨，做事聪明能干，不善与人交往。童年时代家庭经济状况比较困难，18岁时，父母包办嫁给邻村一家比较宽裕的男青年刘某为妻。刘某皮肤黝黑，文盲，憨厚，不善言语。患者一开始就对此婚姻不大满意，但慑于父母意愿，勉强出嫁。开始数年，由于丈夫及其家庭的体贴照顾，夫妻尚相安无事，生育一男一女。看看孩子操持家务，心情尚属稳定。但三年前的一个夏日中午，当患者从田间回家时，途中见一男青年，赤膊睡于路旁，患者不由自主地看了一眼男青年下身，随即产生一种类似性交的强烈的性冲动。此后，见了男人每每出现不由自主地要看其下身，接着出现控制不住的性冲动，自觉当时面红耳赤，非常难堪。为了不暴露这种难堪的感受，患者后来终日躲在家里，不愿出门，不敢见男人。开始时不见男人没有类似的冲动发生，后来不见男人也会出现类似的想法和冲动。患者虽竭力加以控制，但无效果，而且愈控制次数愈多。并因此而出现失眠、焦虑，不能从事正常的生产劳动，自觉难以忍受，曾几次想到自杀，但想到孩子还小，欲行又止。数月后就诊于某精神病院，诊为强迫性神经症，开始时在门诊给予抗抑郁药阿米替林治疗数月未见好转，后住院加用电休克治疗十余次，症状减轻，但出院回家后病症又复出现，在家曾服用多种抗精神病药物以及巫医治疗，均不

---

① 王巍、黑婕：《福建省女性性窒息死亡现场勘验1例》，《海峡科学》2014年第11期。

能控制复发。半年前一次偶然的机会，患者用屏气的方法企图消除难以忍受的焦虑症状和性冲动时，却导致窒息昏倒，约半分钟后，当患者醒来时，自觉全身轻松愉快，不仅性冲动缓解，一直存在的焦虑症状也全消失了。患者获此经验后，每于强烈的性冲动意念出现时即自行"屏气"，直到面发绀昏倒为止，醒来后即感轻松愉快。近三个月来，几乎每天都要"屏气"1~2次，有人或无人在场都行，都有昏倒和醒转过程。自觉如此做后，其间歇期焦虑症状明显减轻，但强烈的性冲动并没有因此减少和消失。精神检查：情绪焦虑，稍现低落，交谈切题，能自诉病史，思维连贯，无精神病性症状，智能良好，求治心切，自诉夫妻双方缺乏性感交流，平时对性生活冷淡，不协调，有时很反感，从未有过性高潮的体验。临床诊断：强迫性性冲动伴性窒息。治疗经过：采用氢丙咪嗪（最大剂量300mg／日）合并心理治疗（心理治疗主要采用钟氏认识领悟心理治疗和厌恶疗法）一个月症状控制，巩固治疗随访半年再未复发。①

自体性窒息绝大多数都是独自进行于隐秘场所，如果发生死亡，虽然最初可能怀疑遭性变态凶徒虐杀，但是最终均作为意外事件定性处理。然而，也有个别人当他人之面进行或者在他人帮助之下进行自体性窒息，可能被他人利用来达到非法目的。周友平案即是一个利用他人自体性窒息行为进行谋杀的典型案例。

[案例79] 2009年11月27日凌晨，在一招待所客房内发现一年轻男子赤身上吊死亡。经调查发现死者入住房间时有另外一名男性陪同，该男子不知去向。门锁完好，窗户完好并有窗帘遮蔽，室内摆设较整齐，无明显搏斗痕迹。现场遗留的箱包内发现"同志牌"避孕套

① 孟凡美、王天祥：《女性强迫性性冲动伴性窒息一例报告》，《性学》1994年第4期。

及人体润滑剂等物品，未见死者的手机、钱物及相关身份证明。在房间内一次性杯子上提取到非死者的指纹。死者全身赤裸，呈跪姿悬吊于屋顶吊扇的吊钩上，双膝及足背着地，双手下垂……在尸体臀部下地面有一堆大便，阴茎呈勃起状态。同日同区另一招待所又发现一年轻男子上吊身亡。经调查发现死者入住房间时有另外一名男性陪同，该男子不知去向。门锁完好，窗户完好并有窗帘遮蔽，室内摆设较整齐，无明显搏斗痕迹。在房内茶杯上提取到非死者的指纹。室内一箱包内有鞭绳、性具等，床头柜上摆放死者衣服，未见死者的手机、身份证及钱物。死者上身赤裸，下身穿黑色平脚内裤，呈跪姿于地板上，双膝、足背着地，双手下垂；颈部有一根化纤类绳，上端以死结系于屋顶消防水管上，下端为活套……上述两起案件单纯从法医尸检分析看，极易下结论为性窒息意外死亡。但仔细研究发现，死者一些部位的损伤自己难以形成，如前一个死者颈部损伤和后一个死者双乳损伤，结合死者的随身物品分析，应为另外一名"同性恋者"在现场与其发生性行为时所致。两案缢绳为同类绳索且打结方式相同；从现场调查访问看，均反映事前有另一名身穿运动服的男子陪同死者进入房间，而此人现不知去向；从现场遗留物来看，两例现场的水杯上均发现另一人指纹，经比对认定为同一人；两案现场死者均为招待所住宿人员，应随身携带有身份证、钱或手机等物品，但现场均未发现此类物品，提示有财物损失。综合分析认为这两起案件系同一人所为，其动机极有可能利用性窒息抢劫杀人。经技术鉴定检出嫌疑人周友平，案发后第二天警方抓获此人。[①]

周友平，男，37岁，湖南湘乡人，中专文化。他在湖南某艺术学校读书期间开始喜欢男性，1998年开始与男性发生性关系。2006年，

---

① 戴朝晖、陈滨滨：《利用"性窒息"手段系列杀人案的法医学鉴定》，《法医学杂志》2011年第4期。

因对一名男同性恋者实施麻醉抢劫，被判刑3年。2008年提前释放后在长沙歌舞厅做歌手。2009年，经人介绍进入某社交网站的同性恋论坛聊天交友，学会了性虐待。经查，周友平通过同性恋交友网站认识并引诱多名同性恋者来长沙，承诺到长沙后有丰厚报酬，在招待所内诱惑对方玩上吊性窒息并不予以施救，致对方死亡后拿走其随身财物逃离现场。周友平先后在长沙市芙蓉区、开福区，实施8起类似案件，致6人死亡。①

周友平交代，自己知道性窒息的危险性，所以自己从来不玩上吊，却喜欢看着别人玩。他之所以会置6条人命于不顾，和他自己数次被骗的经历密切相关。2009年9月28日，周友平约来甘肃男子冯宇（化名），这是他第一次玩窒息性虐游戏。冯宇说很喜欢他。10月4日，周友平在冯宇的挎包里发现了一张单子，是艾滋病检验呈阳性的检验单。周友平很愤怒，随后将冯宇赶走了。10月9日，冯宇又来到长沙。第二天，两人玩窒息游戏。周友平提出玩上吊，随后用一根在垃圾堆里捡的红色绳子，解决了这个"麻烦"。2009年10月22日，周友平又约来了一个姓方的男子。"他见面就问我要5000块。我很气愤，当时就想用上吊窒息的方法搞死他。"周友平说，姓方的男子玩上吊时，自己就坐在床上什么都没干，就是一直看着，看见对方双眼闭上、双脚离地，看了十多秒，见对方不会掉下来，便转身离开了。幸免遇害的2人，其中1人套上去才2秒钟自己跌了下来，另1人吊了1秒钟就不肯玩了。

2010年10月28日，长沙市中级人民法院审理了周友平案。周友平称，死者都是自己带绳子来的，而且，绳子绑得不是很高，他们可以自己下来的，他的8个玩伴中，还有2个活着的。他说："我并不

---

① 龙文进、周璐：《侦破两起同性恋抢劫杀人案件带来的思考》，《商品与质量》2011年第2期。

是像别人想象的那样十恶不赦的，我也不想他们死的，只是一个游戏而已嘛。""不能把责任都推给我，不是我骗他们上吊的，他们又不是傻子。"他还说："口供也是瞎编的。"周友平的辩护人则表示，6 名死者对他们的死亡负有一定责任甚至全责。作为成年人，也许他们是为了获取性快感，愿意选择这样的死亡方式。辩护人说，6 名死者都是不正常的，按照精神障碍的诊断标准，他们属于性指向障碍患者。一旦患有这个症状，就跟吸毒者一样，明知吸毒会导致死亡，但还是控制不住。公诉人发表的量刑意见建议，对周友平判处死刑，立即执行。长沙市中级人民法院一审认为，周友平明知绳索上吊会发生死亡的后果，仍利用被害人愿意玩性窒息游戏的心理，蒙骗被害人上吊，后不施救，放任其死亡或达到其杀死被害人的目的，先后杀死 6 人，其行为已构成故意杀人罪。且周友平曾因抢劫被判刑，系累犯，应当从重处罚。2011 年 3 月 29 日，长沙市中级人民法院一审宣判，以故意杀人罪判处周友平死刑，剥夺政治权利终身。一审判决后，周友平提出上诉，认为被害人自愿上吊，自己不是故意杀人。湖南省高级人民法院二审对于 6 起命案，认定了其中 2 起，其余 4 起因证据不足，没有认定。湖南高级人民法院维持一审刑事判决，并依法报请最高人民法院核准。最高人民法院依法裁定核准了周友平判处死刑、剥夺政治权利终身的判决，并向长沙市中级人民法院下达了执行死刑的命令。2014 年 8 月 29 日，长沙市中级人民法院对周友平执行死刑。①

　　此案的处理结果是正确的。一些媒体报道此案，为吸引眼球，说周友平是玩"性虐恋游戏"致被害人死亡，这未准确反映案情。周友

---

① 参见杨艳、夏雄《长沙连环性虐恋致死案：性虐歌手"吊杀"6 人》，《三湘都市报》2010 年 4 月 20 日；杨艳等《性虐歌手连续"吊杀"6 人 庭审前高唱"车站"》，《三湘都市报》2010 年 10 月 29 日；刘志杰《连环性虐致死 6 人 长沙歌手周友平被执行死刑》，《潇湘晨报》2014 年 9 月 16 日。

平不是对被害人进行对方同意的性虐待并通过自己的性虐待行为杀死对方的,而是诱骗被害人进行自体性窒息,具体为自缢式性窒息,在被害人窒息且不能自我解救时不施救,导致被害人死亡。假若被害人是由周友平实施的性虐待行为致死,本案的定性和量刑就简单多了。周友平自己并没有进行自缢式性窒息,他是"旁观者",在"游戏"之外。也没有证据表明周友平直接帮助被害人进行自缢式性窒息。但是,不施救是其预谋之中的。根据周友平邀请对方来长沙和承诺向对方支付报酬的情况分析,周友平应当曾经保证自缢式性窒息安全,并且约定如果出现意外将给予解救——法庭对此情节似乎没有明确认定,是一个缺憾。几个被害人玩自缢式性窒息,虽然是自愿的,但以周友平将予以施救为前提条件,并不是想自杀。辩护人说被害人是为了获取性快感,愿意选择自缢式性窒息这样的死亡方式。这不符合一般自缢式性窒息者的特点,也不符合本案被害人的心理状况。被害人如果想通过自缢式性窒息的方式自杀,完全用不着专门从外地跑到长沙在周友平面前实施。可以推断,他们之所以来长沙当周友平之面自缢式性窒息,一是因为周友平保证自缢式性窒息安全,二是因为周友平承诺给他们报酬。甚至,周友平还可能表示过,在被害人安全地进行自缢式性窒息之后,他也会当着他们的面进行自缢式性窒息,让他们观看。被害人的问题在于,为追求刺激和金钱,冒着极大危险进行自缢式性窒息,而又轻信周友平可以及时救助,结果被周友平算计、利用。正如警方和法院所言,周友平是利用诱骗他人自愿进行性窒息的手段杀人。分析周友平连续杀人的根本动机和目的,应不是为了劫财(拿走被害人财物,主要是为了消除现场中的被害人信息,并且制造抢劫假象,以增加警方破案难度),甚至也不是为了获取性满足,而是为了发泄从针对特定人(艾滋病患者冯某)发展为指向已经泛化(所有自体性窒息者、同性恋者)的仇恨和已经不把他们当人看待的蔑视、贬辱。他从被害人自缢式性窒息死亡的过程中获得的是解恨之后的欣悦，以及些许的性的快感。

三 性虐待症的成因

性虐待症的形成原因众说纷纭。

当然应当先看克拉夫特－埃宾对性施虐症的分析。克拉夫特－埃宾通过性欲与愤怒、性行为与残酷行为的相似性和病态的结合，来解释性施虐症的形成。他指出，爱与愤怒不仅是最强烈的情绪，也是唯一的两种费体力（亢进性）的情绪。这两种情绪都会寻求自身的对象，努力要拥有对象，自然会在一种生理的努力中消耗殆尽；两者都把心理运动的领域投进最强烈的兴奋状态中，借着这种兴奋状态获致正常的表达。色欲会驱迫人们去表现出那些本来是要表达怒气的行为。色欲就像怒气一样是一种亢奋状态，是整个心理运动领域的强烈兴奋状态。如此会出现一种冲动，想要以各种可能方式，以最大的强度对刺激他的对象有所反应。就像狂热的亢奋情绪很容易导致一种冲动，性感情的亢奋也时常会导致一种冲动，想要在无意义与显然有害的行为中自我消耗。就某一种程度而言，这些是伴随性的心理情况，但这并不是肌肉神经的一种无意识的兴奋；这是一种真正的夸张状态，一种欲望，想要在刺激他的那个人身上施加最大的效应。然而，最强烈的方法却是强加痛苦。人们会在色欲最强烈的时候强加痛苦于对方，甚至会在受害者身上强加真正的伤害或死亡。在这种情况中，表现残酷行为的冲动可能伴随以色欲的情绪，会在一个心理病态的人身上变得漫无止境，同时，由于道德感觉有缺陷，所以所有正常的抑制性想法都不会存在，或者变得很微弱。这种怪异的虐待症行为在男人之中比在女人之中较为常见，因为在男人身上有另外一种来源——生理的症状。在两性的性交之中，男人扮演主动或攻击性的角色，女人则是被动的、防御性的。男人这种攻击性的性格在病态的情况下可能过分发展，并且表达在一种冲动之中，即想要完全征服所欲求的对象，甚至想要毁灭或杀害对方。如果这两种构成的因素一起出现——即异常强化的冲动，想要对刺激他的对象表现出强烈的反应，加上异常强化的欲望，想要征服女人——那就会出现最暴烈的施虐症。施虐症个人不一定会意识到自己的本能。一般而言，施虐症个人只感觉到一种冲动，想要以残酷与暴烈的方式对待异性，以及想要以色欲的感觉彰显自己对于这种行为的想法。如此就会出现一种强有力的冲动，想要做出自己所想象的事。一旦色欲与残酷行为结合在一起，则不仅色欲会唤醒那种想要表现残酷行为的冲动，反之亦然。残酷的想法和残酷的行为会引起性的兴奋，如此会被乖张的个人加以利用。

克拉夫特－埃宾认为几乎不可能区分先天与后天的性施虐症。很多人先天有缺陷，有很长的时间尽力要克服乖张的本能。如果他们有性能力，就能够有一段时间过着正常的性生活，时常借助于乖张性质的幻想。以后，一旦道德与审美性质的对立动机逐渐被克服，一旦那种时常重复的经验证明是很自然的行动，只能提供很不完整的满足，那么，异常的本能就会突然出现。由于后者这种情况在行动中表达一种原本乖张的天性，所以外表上呈现后天的倒错。一般而言，我们可以确实认为，这种心理病态的状态是原本存在的。

他还指出，性施虐症行为在怪异的程度上有所不同，这取决于乖张的本能施加在当事人身上的力量，也取决于可能出现的对立想法所具有的力量，而对立想法几乎总是会因为原本的道德缺失、遗传性的退化或道德的错乱而多少变得很微弱。如此会出现一连串不同形态的行为，上至重大罪行，下至微不足道的行为，只为性施虐症者的乖张欲望提供象征性的满足。对性施虐症行为可以根据其性质进一步区分：有的是在圆房后由于强烈的欲望没有满足所以就出现了，有的是男性气概减少，施虐症行为只是为了刺激所减少的力量；最后，有的是男性气概完全阙如，施虐症行为只是促成射精。在后两者中，尽管性无能，仍然会有强烈的性欲，或者，当施虐症行为变成一种习惯时，至少个人具有强烈的性欲。[①]

关于性施虐症的成因，在克拉夫特－埃宾之后，也有不少学者发表意见。有人认为，性施虐症是一种内心充满仇恨和颇具攻击性的变态人格。性施虐者是这样一些人，他们不断在家庭生活和社会生活中受到挫折和打击，对他人充满仇恨，他们把攻击力量直接指向他人，并与性的力量结合在一起。虐待行为是一种象征，代表了反抗和对障碍的摧毁。还有人认为，性施虐症的主要形成原因是内心对性行为的憎恶感，即认为性交是肮脏的、邪恶的、可耻的行为，性施虐症者通过折磨那些参加性行为的人来完成惩罚性行为的使命。也有人认为，性施虐症者的人格中并不具有主动进攻的特征，而是多具有羞怯和缺乏自信的特点，他们可能在正常的性行为中体验过阳痿，并发现其阳痿伴随着别人的痛苦而消失。还有人认为，性施虐症根植于幼年时对性的体验。性施虐症者往往在幼年时就已经把性满足与给别人产生痛苦的行为联系在一起，快乐与痛苦的这种连接成为其性机能和性情感的基石。有案例显示，性高潮的初体验如果具有暴虐性也会促成性施虐症。日本学者中田修曾经引述一名罪犯的自白："16 岁那年，在某个狂欢的节日，我尾随几个恶少，轮流强暴一个女孩子。在那种狂乱的气氛下，以极不自然的姿态初领云雨之情，竟让我感受到莫名的快感。此后，每次做爱，都以各种方式来折磨对方：有时以笔尖或其他锐器突然插入女性股间，有时用小剃刀割她的腰腹。当我看到对方因痛苦抽搐，扭动身体时，遂达到兴奋的最高潮。有时，我会纵火焚烧废物，面对熊熊烈火，在烟雾迷漫中苟合，亦足以泄欲。有一个晚上我潜入一位寡妇的家中，竟受到她热烈的欢迎。床第之间，我突然拔

---

① 参见〔德〕克拉夫特－艾宾《性病态：238 个真实档案》，陈苍多译，台北左岸文化出版，2005，第 100～107 页。

下壁端一百烛光的热灯泡，猛力插入她的下部。眼看她受灼热而痛苦哀嚎，我在狂笑声中尽兴而去。有时候，在公共澡堂沐浴，乍见女子的下腹，就忍不住跃起，抱住对方，然后将她的头按浸入水，见其挣扎泅泳，引为人生之至乐。"①

更不被理解的是性受虐症，特别是男性的性受虐症。克拉夫特－埃宾也没有给出很好的解释。他认为性受虐症是心理性生命的一种特殊倒错，而在这种性生命中，当事人的性感觉与思想被一种想法所控制，即他完全且无条件受制于一位异性的意志，他被这位异性所对待，好像这位异性是主人，对他/她表现侮辱与虐待的行为。受虐者生活在幻想中，在幻想中创造这种情境，时常试图表现这种情境。由于这种性倒错，他的性本能时常对于异性的正常魅力多少显得没有感觉，并表现出心理的性无能。但是，这种性无能无论如何并不是取决对异性的恐惧，而是因为乖张的本能发现到一种充分的满足，它不同于正常的满足，不是在性交之中。但也有一些情况，纵使有着乖张的冲动，但对于正常的刺激仍然会有一种感受性，并且在正常的情况下也会进行性交。在其他情况中，性无能并非纯粹是心理的，而是生理的。这种人会沉迷于过度的性行为，特别是手淫，由于很难达到他们所幻想的境地，所以他们就不得不一再手淫。所有性受虐症的案例的基本与共同因素在于一个事实：性本能导向一种想法，想要被异性所征服与虐待。在受虐症之中，行为有层次的不同，从最令人厌恶、最怪异到最愚蠢不等，都受制于乖张本能的强烈程度以及剩余的道德与审美对立动机所具有的力量。然而，受虐症的极端结果会受到自保本能的抑制，因此，那种可能在施虐症的兴奋中犯下的谋杀与严重的伤害，在受虐症之中其实没有被动的对应表现。但是，受虐症的乖张欲望却可能在想象中造成这些极端后果。受虐症者所诉诸的行为，在一

---

① 〔日〕中田修：《犯罪心理学》，台北水牛出版社，1996，第116页。

些情况中是与性交结合在一起的，即作为准备性的措施。在另外一些情况中，受虐取代性交。①

有人认为性受虐症的形成是对所受压制、挫折和失败的反应，是失望与内疚情感的表现，性受虐症者可以通过身体上的痛苦减轻内心的有罪感。还有人认为性受虐症只不过是转向自身的性施虐症。还有人认为，女性性受虐症者可能从小受到性交是痛苦的这种说法的影响，而关于月经的亲身体验使她们相信了这种说法。在此基础上，她们形成了一种性感反应模式，只有在痛苦中才能产生性欲并获得满足。许多事例说明童年体验对性受虐症的形成具有重要作用。法国思想家卢梭（Jean Jacques Rousseau，1712～1778）就认为自己的性受虐症在童年时代就形成了。小时候有一个时期，卢梭寄宿在朗拜尔西埃牧师家里。牧师的妹妹朗拜尔西埃小姐 30 多岁，她对卢梭的管教既有母亲般的慈爱，又有母亲般的权威，她有时对卢梭施以体罚。而体罚使卢梭对朗拜尔西埃小姐更加热爱。他发现在受处罚的痛楚乃至耻辱之中还掺杂着另一种快感，使得他不但不怎么害怕，反倒希望再尝几回她那纤手的责打。朗拜尔西埃小姐的责打无意中让卢梭认识到肉感上的快慰。卢梭后来回忆道："谁能想到这种由一个 30 岁的年轻女人的手给予一个 8 岁儿童身上的体罚，竟能恰恰违反自然常态而决定了我以后一生的趣味、欲望、癖好乃至我这整个人呢？"② 对此，弗洛伊德评论说："自从 J. J. 卢梭发表了《忏悔录》以后，所有的教育家都意识到，对臀部皮肤痛苦的刺激是形成被动的残忍冲动（受虐狂）的根源之一。他们得出一个正确的结论，即通常对儿童身体的这一部分的体罚应当禁绝，因为儿童的原欲很容易由于后来文明教育的要求

① 参见〔德〕克拉夫特－艾宾《性病态：238 个真实档案》，陈苍多译，台北左岸文化出版，2005，第 146～149 页。
② 参见〔法〕卢梭《忏悔录》第一部，黎星译，商务印书馆，1986。

被迫进入支流。"①

在某些学者看来，性虐待症并不像一般人所认为的那么异常。霭理士就认为，无论性施虐症还是性受虐症，都是建筑在正常的人类冲动之上的。他指出，痛苦与快乐并不是截然对立的，许多人都有以痛苦为快乐的经验。不过引起快乐的不是痛苦的经验本身，而是这种经验所唤起的情绪。霭理士指出，求爱过程中种种附带的情绪如愤怒与恐惧，本身原足以为性活动添加兴奋，因而假如性冲动的能量不够，一个人未尝不可故意地激发此类情绪。最方便的方法之一就是利用痛苦的感觉。有性虐待倾向的人，在性能上是比较薄弱的，一旦需要刺激来激发性的活动，他的刺激一定要比寻常的来得强烈，才有效力。明知这些刺激本身是痛苦的，但凭借它们，他却可以取得性的快感。如果痛苦是加诸别人的，就是性施虐症，如果反施自身，就是性受虐症。对于性施虐症来说，无论事实上他是如何残暴，对象所受的痛苦如何深刻，他并不是根本想虐待对象。性施虐症所渴望的无非是把他摇摇欲坠的情绪扶植起来。同样的，性受虐症的本心也不在挨痛或受罪。性受虐症者在接受对方种种折磨的时候感觉到愉快，甚至是极度的愉快。霭理士还认为性受虐症者男性多于女性，其原因是：其一，性受虐症的初步表现与所谓性的屈服没有清楚的界线，可以说是女性的正常的一部分，不能算作异常；其二，女性根本无此需要，因为女性的性活动本来就是比较被动和顺从的。②

也有人从脑神经解剖学的角度分析性受虐症，认为司职"痛苦"与"快乐"两种不同情感体验的神经核，在大脑皮层的边缘系统（limbic system）中靠得很近，"痛苦中枢"的放电可能会波及"快乐中枢"，使它跟着兴奋。而且，就鞭打臀部来说，臀部和生殖器、前

① 〔奥〕弗洛伊德：《性欲三论》，赵蕾译，国际文化出版公司，2000，第55页。
② 参见〔英〕霭理士《性心理学》，潘光旦译注，生活·读书·新知三联书店，1987，第238~251页。

列腺、贮精囊等靠得很近，"一种收缩"也有可能引起"另一种收缩"。①

有一些学者在儿童期虐待研究中，发现一个让人迷惑的问题，即一个受虐待儿童将来不但不大可能善待他们的孩子反而更有可能去虐待，也就是说虐待孩子的父母更可能由受虐待的孩子转变而来。我国学者孟宪璋根据精神分析学说的心理防御机制理论认为，与攻击者认同（identification with the aggressor）这个心理防御机制可以在某种程度上解释这个问题。父母是儿童心理建构的最基本的源泉，如果父母是虐待性的或攻击性的，同样会被儿童认同，成为儿童心理结构中的基本成分，这就是与攻击者认同。生长在暴力或虐待性家庭中的儿童，他们无力对抗强大的虐待性或攻击性的父母，依然会继续理想化他们并与他们认同。这样，被内化的父母就成了一个涂满了理想色彩的施虐客体，而他自己则变成了一个充满恶劣品质的受虐者，一种施虐和受虐的关系就形成了。这种关系将作为一个支配性力量左右着儿童现在及以后一生的与其他客体的关系，其典型特征是对暴力或虐待的崇尚和迷恋。当他将这具有理想色彩的施虐客体投射于外部客体时，对其的崇尚和迷恋就表现为对暴力和虐待的依附即受虐的倾向；当他将自己受虐的特征投射于外时，则表现为施虐。现实中的那些具有力量、权威的人物常常被理想化为童年时的虐待性父母，从而接受他们的虐待；而受虐特征多投射于现实中的弱小者，从而虐待他们，如此原来的受虐者就变成了虐待者。②

四　性施虐受虐与法律的一般关系

性施虐症者与性受虐症者有可能恰好凑到一起，性施虐症者应性

---

① 参见王溢嘉编著《变态心理揭秘》，国际文化出版公司，2005，第182页。
② 孟宪璋：《儿童虐待的精神动力学机制》，《上海精神医学》2002年第2期。

受虐症者的要求施加虐待，"一个愿打一个愿挨"。这种双方自愿的性施虐－受虐关系，简称为 S/M，可能发生在异性之间，也可能发生在同性之间。他们的虐待一般都是有限度的。只要施虐者的虐待程度没有超出受虐者的要求或者同意的范围，法律就没有干涉的必要。而如果施虐者的虐待程度超出了受虐者的要求或者同意的范围，受虐者追究施虐者的法律责任的权利也不因其要求或者同意受虐而被剥夺。性受虐症者指控性施虐症者的事情很少发生，因为虐待毕竟是在性受虐症者要求或者同意下发生，而且性施虐者和性受虐者往往有密切或者特殊的关系，如夫妻关系、性伴侣关系、性交易关系。在西方一些国家，甚至有提供施虐或者受虐服务的职业，美国还有"性施虐症与性受虐症协会"。

另一方面，在双方自愿的性施虐－受虐关系中，如果虐待造成严重伤害后果，施虐者有可能被追究刑事责任。被害人的真实同意或承诺能否成为危害性行为合法化（违法性阻却）的根据？各国（地区）处理不一。中国现行《刑法》没有规定被害人的同意对犯罪构成的影响，在实践中，对于伤害案中的被害人同意，通常在量刑时给予一定考虑。中国台湾地区"刑法"第282条（加工自伤罪）规定："教唆或帮助他人使之自伤，或受其嘱托或得其承诺而伤害之，成重伤者，处三年以下有期徒刑。因而致死者，处六月以上五年以下有期徒刑。"而在有些国家，被害人同意的危害行为是否违法，须看其是否违反善良风俗。①《德国刑法典》第228条规定："在被害人同意的情况下所为之伤害行为，仅在该行为尽管被害人同意也违背良好风俗时，才是违法行为。"②《奥地利刑法典》第90条规定："被害人同意，且侵害

---

① 参见〔德〕汉斯·海因里希·耶赛克、托马斯·魏根特《德国刑法教科书（总论）》，徐久生译，中国法制出版社，2001，第458页。
② 《德国刑法典》，徐久生、庄敬华译，中国方正出版社，2004。

或危害不违反良俗的，身体伤害或对身体安全的危害，不违法。"[①] 对于自愿的性施虐 - 受虐伤害是否违背善良风俗，各国在各时期可能有不同评价。德国学者冈特·施特拉腾韦特（Giinter Stratenwerth）等认为："如果严格依据法律字义，那么就必须以特别存在于不正常或者违反规则的性行为中的'反道德'为根据，由此而产生的一个令人费解的结论则是，在涉及同意的案件中，首先惩罚的就会是性虐狂的伤害行为。然而，这里最关键的是受害人的自由在何种程度之内被视为不可放弃的。具体而言，征得同意而造成的轻微、暂时的伤害没有违反'善良习俗'，动机和目的也很重要；受害人自知的基础在这儿不会受到持久的侵害。"[②] 克劳斯·罗克辛（Claus Roxin）认为："在施虐受虐型（sodomsochistischen）伤害中，同意是有效的。第一，在这种私人性实践中，缺乏社会性损害的关系；第二，立法者并没有清楚地否定这种举止行为方式。"[③] 英美对自愿施虐受虐造成伤害的刑事责任的态度似更严厉。在美国，曾有一位男子因为在性虐待活动中鞭打对方而被判严重伤害罪。这位男子在上诉中争辩说，他参与的是一项自愿的性活动，没有人受到伤害。法庭驳回了他的上诉。法庭认为，一个人不可能自愿接受伤害或殴打，"除非在下列情形中，即包括一般身体接触或打击的运动，如足球、拳击或摔跤运动"。法庭进一步指出："对于没有法律能力作出自愿决定的人，例如儿童或疯子，其自愿无效"；"常识告诉我们，一个神经健全的正常人不会自愿同意把有可能造成巨大身体伤害的暴力用于自身"。显然，审理此案的法官不理解性受虐症，他可能以为不存在真正的性受虐症者。1990 年，英国的 15 名男子由于自愿的同性性虐待活动获罪，其中一些人被判处

---

① 《奥地利联邦刑法典（2002 年修订）》，徐久生译，中国方正出版社，2004。

② 〔德〕冈特·施特拉腾韦特、洛塔尔·库伦《刑法总论 I——犯罪论》，杨萌译，法律出版社，2006，第 150 页。

③ 〔德〕克劳斯·罗克辛：《德国刑法学总论·第 1 卷·犯罪原理的基础构造》，王世洲译，法律出版社，2005，第 336 页。

四年半徒刑。在被告上诉之后，上诉法庭维持原判，认为"自愿的问题并不重要"，因为性虐待活动在英国是非法的。①

如果性施虐症者施加的虐待导致性受虐症者死亡，虐待就更不是两个人之间的私事了，性施虐症者必须受到法律追究。即使受虐者对死亡有所要求或者期待，也是如此。除了安乐死和尊严死（尚需法律认可）②，被害人对被杀死的同意不能排除杀人行为（过失或故意）的违法性。例如，《意大利刑法典》第 579 条规定："经他人同意，造成该人死亡的，处以 6~15 年有期徒刑。如果行为实施于下列情形之一，适用于有关杀人罪的规定：1）针对不满 18 岁的未成年人的；2）针对精神病患者、因其他疾病或者因滥用酒精制品或麻醉品而处于心智不全状态的人的；3）被害人的同意是由犯罪人采用暴力、威胁或者劝说的方式强取的，或者是以欺骗的手段获得的。"③《德国刑法典》第 216 条规定："受被害人明示且真诚之要求而将其杀死的，处 6 个月以上 5 年以下自由刑。"④《丹麦刑法典》第 239 条规定："根据被害人之明确请求将其杀害的，应当处以不超过 3 年之监禁。"⑤《荷兰刑法典》第 293 条规定："应他人明确、郑重的请求而夺取该人生命的，处 12 年以下监禁，或处五级罚金。"⑥《日本刑法典》第 202条规定："教唆或帮助他人使之自杀，或受其嘱托或得其承诺而杀之的，处 6 个月以上 7 年以下惩役或者监禁。"⑦ 中国台湾地区"刑法"第 275 条（加工自杀罪）规定："教唆或帮助他人使之自杀，或受其

① 参见〔美〕葛尔·罗宾《关于性的思考：性政治学激进理论的笔记》，载于李银河编译《酷儿理论——西方 90 年代性思潮》，时事出版社，2000。
② 参见〔日〕大塚仁：《刑法概说》，冯军译，中国人民大学出版社，2003，第 362~366 页。
③ 《最新意大利刑法典》，黄风译注，法律出版社，2007。
④ 《德国刑法典》，徐久生、庄敬华译，中国方正出版社，2004。
⑤ 《丹麦刑法典与丹麦刑事执行法》，谢望原译，北京大学出版社，2005。
⑥ 《荷兰刑法典》，颜九红、戈玉和译，北京大学出版社，2008。
⑦ 《日本刑法典》，张明楷译，法律出版社，2006。

嘱托或得其承诺而杀之者，处一年以上七年以下有期徒刑。"

在美国肯塔基州曾经发生这样一个奇异的案件：

[案例80] 有一天晚上，一个男人下班回家发现他妻子已经死了。她的尸体一丝不挂，脸部有严重的钝器伤，身上有被强奸的迹象。开始，警方怀疑此案系死者丈夫所为，便将其逮捕。他对妻子的死亡悲痛万分，声称他们结婚尚不足一年，婚后生活非常幸福。他断然否认自己与此案有关。侦查人员在进一步的调查中发现该女子的私人物品中有一本色情杂志。杂志上有一份以该女子名义刊登的广告，说她是一名年轻的家庭主妇，对轻微的性虐待行为颇感兴趣，愿意与有意者联系。后来，侦查人员又在该女子的卧室中找到一封来信，来信者自称是一名性施虐狂。警方根据信上的人名和地址，很快就找到那位性施虐狂。这位性施虐狂很快就承认是他打死了该女子。原来，这位性施虐狂在看到杂志上的广告后便与该女子取得了联系。那天上午，在该女子的丈夫上班之后，这位性施虐狂就来到该女子家。见面后，该女子要求他打她，他就打了。然后他们进行了阴道性交和肛门性交。在几次相对轻微的性虐待之后，该女子要求他用手掌打她的脸，然后又要求他用拳头打。当时她表情异样，但仍然一再要求他用力打，再用力打。他在这种刺激下便疯狂地打她，结果把她打死了。最后，这位性施虐狂被送进监狱接受矫治。①

德国还发生过一起性受虐症者自愿被人杀死和吃掉的离奇案件：

[案例81] 2002 年 12 月德国媒体曝光一起食人狂凶杀案，一名

---

① 转引自刘刚等编译《性科学知识荟萃（下）》，中国人民大学出版社，1989，第 259 页。

男子杀死另一男子后将尸体肢解吃掉。杀人男子名叫阿明·梅韦斯，受害者是伯恩德·朱尔根。阿明·梅韦斯2002年41岁，住在德国中部城市卡塞尔郊区的罗滕堡，在一家软件公司担任电脑技师。在邻居眼中，梅韦斯是一个完美的邻居：他帮他们剪草坪、修汽车，甚至还邀请他们共进午餐。邻居们都说，相处这么多年，他们没有发现梅韦斯有任何怪异之举，唯一特别之处只是他对母亲有些过分依恋而已。但梅韦斯告诉卡塞尔市法庭说，"自打8岁起，我就产生了将某人碎尸然后再煮食的念头，整天幻想着吃人的情形。当时在我的脑海中，被吃的对象都是我的同班同学。"1999年梅韦斯的母亲去世后，他这种欲望越来越强烈。2001年3月，他化名"Franky"在一个因特网论坛上多次发布广告："你是年龄在18岁到30岁之间、体型健硕的男性公民吗？如有意被我宰杀并烹食，请速与我联系。应征者请说明年龄、身高、体重，最好附上照片。"广告发出不久，竟真有应征者与其联络。首名应征"被吃者"的是42岁的柏林男子伯恩德·朱尔根。朱尔根是知名企业西门子公司的一位芯片设计师，事业有成的他在看到广告之后，变卖了三菱越野车及其他名贵物品并立下遗嘱，然后对同居多年的男友莱恩抛下一句"我有些个人事务要处理"，从此一去不归。2001年3月9日晚，朱尔根来到梅韦斯家中，表达了自己渴望被梅韦斯吃掉的迫切愿望。梅韦斯拿出20多粒安眠药请他吞下，又给他灌下大半瓶杜松子酒。接着梅韦斯带着昏昏欲睡的朱尔根来到厨房，将其命根子切下，梅韦斯和朱尔根一合计，决定在厨房里烹煮一番吃下肚去。由于朱尔根流了很多血，所以吃完之后朱尔根还去洗了个澡，而梅韦斯则悠闲地躺在沙发上拿起一本《星际迷航》的小说津津有味地读了起来。等到朱尔根完全失去知觉后，他用刀将朱尔根捅死，随即将其肢解，尸块及内脏部分被放入冰箱冷藏室，部分难吃的肉块及骨头则被埋入屋后花园内。此后相当长一段时间里，朱尔根那些多达20公斤的尸块就成了梅韦斯的盘中餐。据梅韦斯在法庭上交

代，每次吃人肉大餐时，他都要摆出家中最精致的餐具并在餐桌上点
燃多根蜡烛，然后一边喝着南非红葡萄酒，一边将肉蘸着橄榄油和姜
汁吃下去，据梅韦斯称："每多吃一口，我对朱尔根的记忆也就更加
深刻一层。"令人不可思议的是，他们还决定用摄像机把整个杀人场
面录下来。录像中，梅韦斯用刀割断了朱尔根的喉咙，并把他肢解成
碎块，一部分煮熟吃掉，其余的则放在冰箱里。杀掉朱尔根之后，梅
韦斯继续在网上发布广告，并先后引来 5 位"应聘者"，他们都希望
能被梅韦斯吃掉，其中甚至还有一人来自伦敦。不过，梅韦斯并没有
来得及杀死这些人。

　　2001 年 7 月，一名学生在聊天室里认识了梅韦斯并得知他吃人的
行为之后，立刻打电话报警。2002 年 12 月，警方终于将梅韦斯逮捕。
警方在对其住所进行搜查时，除了找到录有血腥犯罪场面的录像带
外，还发现了一些冷冻的碎肉和人骨。负责此案的检察官汉斯·曼弗
雷德·云格说："嫌疑人和受害者似乎都有同性恋和食人肉症倾向。"
波恩大学犯罪心理学家托马斯·布施认为，梅韦斯希望从冷冻尸体和
观看杀人录像中得到最大的性满足。一位名叫鲁道夫·埃根的心理专
家则认为，受害者本人可能也是个性虐待狂，只是最终他将自己作为
虐待的对象。法律专家指出，由于被害人的确自愿被人吃掉，因此从
法学角度而言，很难判定梅韦斯犯有谋杀罪。"这是由杀人犯和被害
人共同进行的杀戮，不能被认定是性质最恶劣的预谋杀人。但我也不
认为这是应被害人要求杀人，因为它并非只有纯粹的利他性，而是具
有利己性的行为。"吉森大学犯罪学学院教授阿图尔·克罗伊策说。
据报道，此案控方检察官承认，梅韦斯导演的杀人碎尸案在德国刑事
犯罪史上绝无仅有。由于在德国吃人肉恶行一直都是法律盲区，因此
他们将面临不少司法难题。为此，控方唯有以"为满足性欲杀人"和
"损毁尸体罪"两项罪名对其提出起诉。但是这两项罪名同样也可能
被驳倒，因为所有应征受害者都确实签署了所谓"自愿受死书"。不

过控方强调，梅韦斯体内一直萌动着肢解某人并将其分食的变态欲望，即使受害者是自愿应征，但这无法改变食人魔为满足变态性冲动而杀人的犯罪事实。司法专家分析，如果梅韦斯罪名成立他将被处终身监禁。但是梅韦斯的辩护律师却乐观地认为，他的罪行最坏也就是"协助杀人罪"。而按照德国法律，对"协助杀人罪"的量刑要轻得多，被告只会被判入监5年。2004年1月30日，卡塞尔市的一家法庭宣布阿明·梅韦斯杀人罪名成立，并判处其入狱8年半。在判决宣读时，梅韦斯面部毫无表情。他承认在与朱尔根进行性和性虐待活动后杀死并吃掉了朱尔根，但他坚持说，这是双方都同意的。主审法官穆特兹告诉法庭内的旁听者说，梅韦斯并没有犯下法律意义上的谋杀罪，但是他的行为"是我们社会所谴责的，这种行为就是杀人和吃人行为。他们两个人是心理上存在严重缺陷的人，他们都想从对方那里获得一些东西。"法庭否决了辩护律师所提出的梅韦斯应被控"应对方请求杀人"的辩护意见。①

有些双方自愿的性施虐-受虐关系，看似双方目的一致，实则一方居心险恶。尤其是，在陌生人面前发生的捆绑式性受虐方式具有很高的危险性，不能掉以轻心。由于自身失去反抗能力，性受虐症者可能遭受另有企图的性施虐症者（或许并非真正的性施虐症者）的抢劫、杀害。下面一例，一女性受虐症者与一男子进行S/M活动，发生性关系后，男子见财起意，将她蒙头杀害：

[案例82]　徐某，女，31岁，某年6月19日被发现死于某小区

---

① 摘编自宗和《"食人狂魔"震惊德国》，《新快报》2002年12月14日；麦吉尔《"欧洲头号食人魔"披露吃人全过程》，《北京晚报》2003年12月5日；麦吉尔《吃"自愿者"算不算谋杀》，《北京晚报》2003年12月5日；伟江《称吃人是为获性快感 德食人狂被判刑八年半》，《生活报》2004年1月31日。

出租房卫生间的地板上。死者颈部缠绕黑色皮带 1 条，躯干部缠绕深蓝色绳索 1 根，交叉打结呈菱形网格状，胸前绳索处缠裹有白毛巾 1 条。双上肢捆绑于背后，双腕部缠绕深棕色绳索多匝，于双腕间打结并延伸于背部上方与缠绕躯干的绳索连接。双腿可见黄绿色绳索多匝缠绕，于双腿前侧多处打结并向上延伸于腹部与缠绕躯干部的绳索连接。双踝部缠绕多匝米黄色绳索，于前侧打结绕至背侧与双腕部的绳索连接。现场无明显搏斗、翻动痕迹，死者裸体及颈部捆绑的绳索，与性窒息死亡的现场都非常相似。但是再经仔细研究推敲后，发现一些疑点：（1）首先，性窒息死者多为单身男性，而本例死者是一位 31 岁的妇女；（2）死者身上覆盖物以及躯干部背侧、双腕、双踝的绳结是死者不能单独形成的，需要借助外力，说明当时还有第二个人在现场；（3）尸体右额颞部、顶枕部及右颧部散在分布的皮下出血，死者在性窒息的过程中不容易由自己所形成；（4）现场周围未发现与性窒息相关的诸如假阴茎、色情画报、淫秽小说书刊等刺激性欲的物品；（5）卫生间热水器供水开关呈开启的状态，与死者生前行为不符，且可能多系犯罪嫌疑人为破坏现场所为，也与性窒息的现场不相符合。因此初步推断徐某死于性窒息只是一种假象。后经尸体检验，见死者右额颞部、顶枕部及右颧部散在分布皮下出血，符合钝性外力作用所致，系他人所致机械性窒息死亡。事后经侦查员走访调查，使得案件侦破。当日在案发地，徐某主动提出与犯罪嫌疑人牛某（男，27 岁）玩"S/M"，自己将蓝色绳索系扣绑在身上，牛某用棕色绳索绑住其手脚后与其发生性关系，最后由于牛某临时见财起意，用被子蒙住徐某头颈部，致其窒息死亡。①

毕竟，性施虐症者与性受虐症者恰好凑在一起的情况不是经常发

---

① 陈静等：《性虐待过程中杀人 1 例》，《法医学杂志》2011 年第 5 期。

生。许多性施虐症者是以非性受虐症者作为虐待的对象。这时情况就不同了。没有一个非性受虐症者会心甘情愿地接受他人的虐待。任何一个非性受虐症者都会将来自他人的虐待视为对自己人身权利的侵犯。也许有的性施虐症者，对被虐待者怀有一种爱，把自己的虐待作为一种爱的表示，但是被虐待者如果不是性受虐症者，从中体验到的只有伤害，只有痛苦。性施虐者向非性受虐症者施虐的行为，决不仅仅是一种病态表现，而还是一种具有社会危害性的行为，如果后果严重，肯定构成犯罪。当然，构成犯罪的不是性施虐症这种精神障碍本身，而是性施虐症者的危害行为。

[**案例 83**] 2015 年 3 月 26 日，李某因涉嫌非法拘禁罪、强奸罪被金华市婺城区人民检察院提起公诉，检察院指控他非法拘禁一年轻女子，并采用殴打、威胁等方式多次强迫对方与他进行性虐待游戏并发生性关系。记者在看守所见到犯罪嫌疑人李某时，很难将他与"性虐"联系在一起：1.75 米的个子，身材匀称，清秀的脸上架着一副眼镜，显得很斯文。案卷上显示：李某，1984 年出生，安徽人。案发前，担任一家汽车养护公司的经理。李某说，大学毕业后他顺利找到了工作，从事汽车配件的销售，经过努力，有了一定的经济基础。四五年前公司要发展业务，他到了杭州创业，成了浙江分公司的总经理，并持有公司 5% 的股份。后来他又成立一家自己的公司，年收入有 80 多万元，在杭州买了车子和房子。他还给自己设定了目标，希望将来能有自己的上市公司。李某上大学时，深深地被淫秽视频吸引，工作后更是沉迷其中，几天不看就觉得浑身不舒服。他很享受这种刺激，还想模仿视频里的做法。2014 年 11 月 26 日晚上 8 点多，在义乌谈完生意的李某开车到了金华，走进了一家休闲店。他一眼相中了其中一名漂亮女孩，她看上去个子小小的，皮肤很白。李某给了她 300 元钱，带她出门，上了车。开到僻静处，李某拿出了手铐和脚镣，

将她双手铐起来，脚镣也绑上了。女孩很慌张，没敢反抗。接着李某又拿出黑色胶带，将她的眼睛嘴巴都给裹上了，把她装在箱子里，带到了杭州自己租来的住处。在之后的四十多个小时里，李某将其非法拘禁，并用不同的方法胁迫女孩与他发生性关系。直到 11 月 28 日傍晚 6 点多，警方敲开李某在杭州住所的门，才将女孩解救出来。40 多个小时里，李某只给她吃了两根香蕉和一点酸奶，她差点饿晕过去。原来，女孩店里的小姐妹们看她迟迟未归，就打电话报了警。警方在李某的住处发现了大量淫秽物品，李某的床像个大箱子，床垫掀起来后，床板可以打开然后再锁上。除了用来锁住女孩的那一格，还有另外一层，放满了手铐、脚链、皮鞭、制服……此外，在李某的房间里，警方找到 3 个储存大量性爱视频的硬盘。他的手机里，存着很多不堪入目的照片和视频，有些视频和照片，记录的正是这名女孩。李某承认，他以外出卖淫的名义，将女孩从店里带出，模仿色情影片里的情节，把女孩放在行李箱里带到杭州自己租来的住处。两天里，他采用殴打、威胁等方式，多次强迫女孩与他进行性虐待游戏并发生性关系。如今锒铛入狱，李某很后悔："那天如果有人给我打个电话提醒一下我，我也不会犯错。我的事业前途毁了，我的人生也毁了。"李某说，他之前也谈过几个女朋友，前女友是个音乐老师，很有气质，钢琴也弹得很好。"对她们，我都是很尊重的，只要她们不愿意，我肯定不会勉强她们发生关系。"①

对性施虐症者的危害行为，有必要从犯罪学的角度加以研究。但是，如果从犯罪学的角度研究性施虐症者的危害行为，就需要用简洁的语言对这种行为加以概括。斟酌再三，我将性施虐症者的危害行为

---

① 梅笑、吕艺真：《总经理模仿〈五十度灰〉玩虐待游戏，不过，女孩不是自愿的》，《钱江晚报》2015 年 4 月 1 日。

称为"性暴虐犯罪"。反过来,如果定义"性暴虐犯罪"这个概念,可以这样表述:为满足性欲,以暴力虐待他人的犯罪行为。窃以为"性暴虐"这个词反映了性施虐症者危害行为的三个紧密联系着的基本特征:性欲,暴力,虐待。原本想使用人们比较熟悉的"性虐待"一词,但考虑到"性虐待"(sadomasochism)是精神医学术语,并且包含了施虐与受虐两个意思,用于描述一种犯罪不是很准确,并且与另一种"性虐待"(sexual abuse,译为"性滥用"似更恰当)相混淆,就只好放弃了。也曾想使用"性施虐"一词,但又觉得这个词没有反映出虐待的危害程度,因而也只得作罢。

性暴虐犯罪中的虐待方式虽然多种多样,但归结起来不外乎就是伤害和杀人。因此,可以进一步把性暴虐犯罪划分为性施虐伤害和性施虐杀人两类。需要指出的是,性施虐伤害和性施虐杀人是精神障碍者特有的性犯罪类型,不存在于精神正常者的性犯罪分类。在刑法上,也没有区分性施虐伤害和一般伤害、性施虐杀人和一般杀人。

考虑到同性性侵犯另有专章研究,下面将只分析针对异性的性暴虐。

第二节 性施虐伤害

性施虐伤害(sadistic injury)或称性欲伤害(sexual injury)是指为满足性欲而伤害他人。性施虐伤害既是伤害犯罪,又是性犯罪。

作为伤害犯罪,性施虐伤害与一般伤害的区别,主要在于犯罪动机不同。在性施虐伤害犯罪中,行为人以满足性欲为基本动机,暴力虐待只是满足性欲的一种手段。而一般的伤害,动机多种多样,并且都是现实的,行为人没有想也不可能从伤害行为中获得性兴奋。

作为性犯罪,性施虐伤害与暴力强奸犯罪相比,同异互见:相同之处主要在于都以满足性欲为犯罪动机,都使用了暴力;相左之处主要在于满足性欲的途径不同，使用暴力的目的不同。在性施虐伤害犯罪中，行为人获得性兴奋的主要途径是虐待，暴力是虐待的手段，暴力虐待可以直接把行为人带入性高潮。在一些性施虐伤害犯罪中，虽然也可能出现性交，并且获得成功，但行为人不会因此就感到满足，他们还要通过虐待被害人以获得更理想的性高潮。而在暴力强奸犯罪中，行为人获得性兴奋的主要途径是性交，使用暴力一般是为了制服被害人或者为了恐吓被害人不要报案。在一些暴力强奸犯罪如虐待型强奸犯罪中，暴力虽然也具有虐待的性质，并且行为人也可能从中获得一定程度的快感，但行为人仍然把性交作为满足性欲的主要途径，暴力只起到唤起和提高性欲的辅助作用。

性施虐伤害一般具有明显的冲动性，但行为人能够对行为进行有效的控制，因而他们必须对自己的犯罪承担完全责任。

可以把性施虐伤害犯罪分为三个类型。

一　家庭型

家庭型的性施虐伤害，是以配偶为虐待对象的性施虐伤害。对非婚性伴侣进行性欲伤害，也应归入此类。在一般的家庭中，有些夫妻在性生活中可能也进行一些游戏性的虐待，作为性交的前奏，以增加性兴奋的程度。这不能算是性变态。而且只要注意分寸，一般也不会产生伤害后果。性施虐症者则不同，他们把性虐待作为满足性欲的主要途径。有些虐待者以性虐待完全替代了正常的性行为，只能通过性虐待满足性欲。有些性施虐症者虽然也可进行正常的性行为，但更偏爱性虐待，性虐待成为性生活中主要的、不可或缺的内容。而且，性施虐症者的性虐待，有的手段比较残酷，后果比较严重，可能造成肌肤和器官损伤，常人难以承受。在家庭生活的其他方面，性施虐症者大多表现正常，甚至也能发自内心地体贴、爱护配偶，而一旦进入性生活就像换了个人一样。所以有人说他们"在白天是君子，在晚上是魔鬼"。

家庭型性施虐伤害具有隐秘性特点，暴露出来的并不多。如果不是忍无可忍，被虐待的配偶很少有对虐待者提出刑事控告的。倒是有不少配偶将受到性虐待作为离婚的理由。家庭型性施虐伤害构成犯罪的，主要是丈夫虐待妻子。妻子虐待丈夫的情况虽然也存在，但大多情节轻微，不会构成犯罪。根据中国《刑法》，家庭型性施虐伤害情节恶劣的，构成虐待罪。虐待罪一般是告诉的才处理，但虐待致使被害人重伤或者死亡的，不告诉的也可处理。而手段凶残的虐待，造成重伤或者死亡后果的，以故意伤害罪或者故意杀人罪处置更为适当。以后如果强奸罪和强制猥亵罪排除了配偶豁免，以强奸、猥亵的手段虐待配偶的，将会得到新的定性。

[**案例84**] 某对夫妻，都是高中文化程度，经恋爱成熟而结婚。婚后不久，妻子即经常受到丈夫残酷虐待。妻子开始以为丈夫是"夫权思想严重"，向组织反映，组织也对其丈夫进行了批评教育。但该丈夫的虐待反而变本加厉。例如，将妻子的全身衣服脱光后进行鞭打；下雪天把衣不遮体的妻子捆绑起来，推到阳台上勒令下跪；用电线在妻子身上通电（直流低压电）；用小刀在妻子胸脯上刻上自己的名字：用煤油灯芯烧灼妻子的下身。该丈夫每次虐待妻子之后也十分后悔，并向妻子赔罪，耐心伺候妻子养伤治疗，购置补品给妻子补充营养，但时过不久就又会把妻子折磨一顿。妻子不堪忍受，向法院提出刑事自诉，同时要求离婚。该丈夫被拘留审查。法院怀疑他精神不正常而送有关部门进行司法精神医学鉴定。在鉴定中，该丈夫承认在虐待过程中，看到妻子痛苦的表情与呻吟，可产生高度的性快感，内心获得极大满足。他说他对妻子感情很深，对妻子提出离婚感到十分痛苦，表示愿意接受"虐待罪"刑事处罚，但坚决不肯离婚。要求妻子顾念过去感情而撤回自诉，并保证今后不再虐待。如再发生这种情况，组织和家属可以把他送精神病院"上电疗"。鉴定结论是：性施虐症，具有完全的

刑事责任能力。该妻子在了解情况后撤销自诉。该丈夫也得到释放。后来其妻伴随他到医院进行心理矫正治疗。从心理分析中了解到他童年时曾遭遇到精神创伤：原来他性发育较早熟，在 10 岁时就对邻居家一女孩有过性幻想，并因有亲昵举动被女孩父母痛打一顿。以后虽然迁居不再见面，但仍然对女孩"又爱又恨"。后来在谈恋爱时有时还会突然冒出想把女人痛打一顿的念头。结婚后第一次毒打妻子是因妻子在月经期不能同房，一时烦躁而动手。在看到妻子身上的外伤和听到妻子的呻吟后，心里有说不出的愉快感，以后就越来越虐待妻子了。经过心理治疗，该丈夫未再发生虐待行为，夫妻关系恢复和睦良好。[①]

[**案例 85**] 某男，32 岁，离婚，工人。第一个妻子因不堪精神上和肉体上的性虐待而离婚。再婚后每当夫妻相聚，他就用正在燃烧的烟头烧烫妻子的面部、乳房及全身各处，烫伤后再用水喷。有时拳打脚踢，或用水泡过的皮带抽打，或割破妻子的手腕皮肤。有时用手拔妻子的阴毛，拔不下来就用打火机烧。鉴定结论：性施虐症，具有刑事责任能力。[②]

二　强制型

强制型性施虐伤害，是指以暴力、胁迫或者其他方法使被害人处于不敢、不能或者来不及反抗或者反抗困难的状态，进而实施的性施虐伤害。在这种性施虐伤害犯罪中，被害人的人身自由都受到不同程度的限制，或被拘禁，或被捆绑，或失去反抗能力。被害人的这种孤立无援、任人宰割的形象，可以给虐待者极大的刺激。他们认为自己成为被害人的主宰，可以随心所欲了。事实上他们也是把被害人当作

---

① 贾谊诚报告，转引自马晶森主编《青少年性心理与性犯罪》，工人出版社，1988，第285～286 页。
② 孙家华等：《性施虐受虐癖的分型与鉴定》，《临床精神医学杂志》1995 年第 2 期。

奴隶，长时间进行折磨。他们的行为具有明显的淫秽性。他们往往将被害人衣服扒光，迫使被害人做出种种屈辱的姿势、动作，并用下流语言进行调戏、侮辱，还可能进行包括鸡奸或强迫被害人为其口淫在内的奸淫。在虐待过程中，他们对被害人的情绪反映表现出强烈的关注。被害人越痛苦，他们就越兴奋。他们的虐待行为会给被害人的身体造成种种伤害，特别是乳房、臀部和阴部等性敏感部位更有可能成为他们摧残的目标，有的被害人可能被折磨致死。

[案例86]（美国的案例）保罗，单身，19岁，白人男性。他被指控犯了四起强奸，但最后他承认有20多起案件。他有选择地物色看起来无知的女孩，年龄在12岁左右，用刀将她胁迫至树林里。他供述说：我给她一个选择，要么强奸她，要么剪掉她的头发。我用皮带将她的双手捆到背后，把刀尖放在她两个眼睛之间，并且威胁杀了她。然后我脱掉衣服让她舔我的身体并且抽打我，因为我知道她不会愿意做这些。我兴奋得颤抖，我要让她害怕——她的惊吓和痛苦给我快乐。为了让女孩不断地痛叫，我就用香烟烫她的肩膀和臀部，并且放在她嘴里，有时我痛打她并且用我的穿着工作靴的脚踩她的手……甚至直到现在，当我想到女孩被痛打或在电视上看到这样的场面我就性勃起。①

[案例87]（美国的案例）1985年11月某天早上，一个19岁的女孩要去朋友家，于是向经过的车招手，想图个方便。驾车的男人说可以载她到目的地，不过得先在他家停下来拿些东西。到他家后，他邀请女孩入内，遭到女孩拒绝。他便把女孩捆绑起来。女孩被勒得失去意识。待她苏醒后，发现自己被绑在一个厨房里，无法动弹。这时那个男人强暴了她，整个过程被录像机拍了下来。稍后，他用

---

① 〔美〕布伦特·E. 特维：《犯罪心理画像——行为证据分析入门》，李玫瑾等译，中国人民公安大学出版社，2005，第452页。

根针插入她的手臂和手腕处，抽出血来一饮而尽，一面喝一面说自己是个吸血鬼。喝完血后，他铐起女孩扔到浴缸里。到第二天清晨时，女孩已经遭到三轮折磨。第三次折磨之后，她趁他离开屋子之际，赤身裸体地翻过浴室窗户，爬到附近的路上求救。当时她因失血过多而几呈休克状态。有人救了她，并且报警。到了医院，她已经损失了全身 40% ~ 45% 的血。①

[**案例 88**] 南某，男，25 岁，无业。曾因强奸罪被判刑。保外就医期间结识了 19 岁的女服务员都某。后都辞去工作，两人同居。入不敷出时，两人就进行盗窃、抢劫，南还进行强奸、流氓活动。先后作案 30 多起。作案时，两人骑自行车悄悄尾随佩金饰银的妇女，到理想场所后，都放哨，南上前抢劫。南在抢劫后，还残害被害人。一次，他把一个妇女拖进一个煤棚里，抢劫后强奸数次，临走又对该妇女的下身进行残害。1994 年 9 月 12 日晚 9 时，两人抢劫一个妇女，南扒光了被害人的衣服，刺伤身体多处，割走一个乳头，致被害人流血过多死亡。得手后，南对都说："我给你看样东西。"说罢从兜里掏出乳头，都感到很恶心。看此情景，南格外开心。同年 10 月 2 日晚，南都两人又抢劫一个妇女。南蹿上去用尖刀在该妇女身上乱戳。他抢走该妇女的手表后，扒光了她的衣服，对其进行猥亵。然后又跨在该妇女身上，割她的乳房。割下一个乳房，又去割另一个。该妇女质问："你为什么这么干？"南答："我拿去做药。"该妇女拼命反抗，将南掀倒。南爬起拉着放哨的都逃跑。10 月 16 日，南与都被逮捕。审讯时公安人员讯问南割妇女乳房的动机，得到的只是南简单轻松的一个字："玩。"②

---

① 〔美〕罗伯特·K. 雷斯勒、汤姆·沙其曼：《疑嫌画像——FBI 心理分析官对异常杀人者调查手记之一》，李璞良译，法律出版社，1998，第 165 ~ 166 页。
② 韩保臣：《猎"魔"行动——延吉市公安局侦破残害妇女案纪实》，《北京青年报》1994 年 11 月 18 日。

[**案例 89**] 1993 年初，北京几家报纸披露了孟某残害小保姆余某（16 岁）一案。余在孟家做工的 40 多天里，孟经常无故或找借口殴打余。余稍有不慎，就被罚站、罚半蹲、罚跪。孟有时把余打倒在地，用手狠掐、抠、抓，用脚踹、踩余的脖子、下体和全身；有时还使用擀面杖、折叠椅打余。孟还把余捆在床上，不让上厕所，任意折磨。孟还多次对余进行流氓猥亵。余曾经提出解除合同，孟恫吓她说："解除合同可以，但必须拿 300 元钱来。"并且进行威胁，使余不敢离开。孟还逼着余录音、写保证书，迫使余承认她勾引了他，破坏了他的家庭。当余被折磨至重伤后，孟找到余的姐姐，让她带余回家。余氏姐妹离开孟家后，向区妇联投诉。余被送进医院。据检查，余伤势严重：胸部挫伤，多发性肋骨骨折；腰部挫伤、左肾挫伤、血尿；鼻骨骨折，牙齿缺损；会阴部高度血肿；头发头皮被揪脱……1993 年 7 月 16 日，北京市朝阳区人民法院对孟某残害余某一案进行了公开宣判，以故意伤害罪、流氓罪判处孟有期徒刑 10 年，剥夺政治权利 2 年。①

有关报道都没有讲孟为什么虐待余，同时也为此感到不解。根据孟的虐待行为的方式，并且结合他有流氓猥亵行为的情况，可以判断他是一个性施虐狂，他的虐待行为与猥亵行为一样，都出于性的动机。

强制型性施虐伤害的犯罪形态比较复杂，应区别不同情况定罪处罚。

如果行为人只实施了在客观上不带猥亵性的伤害行为并且造成了伤害后果，而没有另外实施猥亵行为，应定故意伤害罪。

如果伤害行为是为进行猥亵而实施的强制手段，并且行为人继而

---

① 此案情况参见钟鞍钢等《恶雇主虐待成性　小保姆受尽欺凌》，《法制日报》1993 年 1 月 31 日；崔嵘等《一个保姆的遭遇》，《北京法制报》1993 年 2 月 5 日；钟鞍钢等《恶人孟××被判 10 年徒刑》，《法制日报》1993 年 7 月 17 日。

有猥亵行为的，对其定性应看伤害行为是否造成伤害后果。如果没有造成伤害后果，根据《刑法》第 237 条"以暴力、胁迫或者其他方法强制猥亵他人或者侮辱妇女的，处五年以下有期徒刑或者拘役。聚众或者在公共场所当众犯前款罪的，或者有其他恶劣情节的，处五年以上有期徒刑。猥亵儿童的，依照前两款的规定从重处罚"，应定强制猥亵罪或猥亵儿童罪。但是如果作为强制手段的伤害行为造成伤害后果，应当如何定罪量刑？此时伤害行为和猥亵行为分别构成故意伤害和强制猥亵（强制猥亵或猥亵儿童罪）两罪。从法理上看，这两罪属于牵连关系。对牵连犯如何处罚，刑法学界有不同意见，有"从一重处断"和"数罪并罚"等说。我认为，牵连犯是实质上的数罪，如果各罪侵犯的是不同法益，应当并罚。因此，上述情况应定故意伤害和强制猥亵（强制猥亵罪或猥亵儿童罪）两罪并罚。实行并罚方能实现罪刑相适应。这是因为，《刑法》第 237 条没有像强奸罪那样，规定对强制手段造成严重伤害后果应当加重处罚。如果出现强制手段造成严重伤害后果的情况，以强制猥亵（强制猥亵罪或猥亵儿童罪）一罪量刑处罚，罪刑明显不相适应。而以故意伤害一罪量刑处罚，也是如此。

如果伤害行为同时也是猥亵行为，并且造成伤害后果，是一个行为同时触犯故意伤害罪和强制猥亵罪或猥亵儿童罪，属于想象竞合犯，应按"从一重处断"原则处理。究竟是定故意伤害罪，还是定强制猥亵罪或猥亵儿童罪，需要根据案件实际情况，比较《刑法》关于故意伤害罪和强制猥亵罪或猥亵儿童罪的量刑来确定。《刑法》第 234 条规定："故意伤害他人身体的，处三年以下有期徒刑、拘役或者管制。犯前款罪，致人重伤的，处三年以上十年以下有期徒刑；致人死亡或者以特别残忍手段致人重伤造成严重残疾的，处十年以上有期徒刑、无期徒刑或者死刑。本法另有规定的，依照规定。"比较之后可知，如果猥亵伤害行为没有造成重伤，应定强制猥亵罪或猥亵儿童罪处罚；如果猥亵伤害行为致人重伤，则应定故意伤害罪（本书第一版这里笔误为"故意杀人罪"）处罚。下面分析一个案例：

[**案例90**] 从 2002 年夏天到 2005 年的中秋节，成都市青龙场接连发生多起变态摧残少女案，多名 6 到 12 岁的小女孩被变态男子用手撕裂阴道和直肠下端，摧残手段令人发指。2002 年 8 月 3 日晚，中江县来蓉的 10 岁小女孩小红被一男子以"你爸爸在吃火锅，叫我来喊你"骗至青龙场立交桥附近，男子用手将其阴道和直肠下端撕裂。2004 年 8 月 22 日晚，因父母闹别扭，6 岁女孩小莲独自穿过青龙场立交桥下的马路。母亲赶紧去追，来往的车辆将她挡了 4 分钟。就是这 4 分钟，在马路旁边的灌木丛中，一名陌生男子将小莲的阴道、直肠撕裂达 5 厘米长。2005 年 9 月 18 日是个星期天，这天傍晚，10 岁的小凤和小梅在青龙场一个叫"桃花岛"的废弃空地玩耍，被一名陌生男子残忍地撕裂了下身，两个女孩下身大量流血，幸被过路人发现马上报了警。10 月 11 日，犯罪嫌疑人李建伟被警方抓获。成华公安分局法医对 4 名受害幼女进行了伤情鉴定，小红和小莲为重伤，小梅和小凤为轻伤。随后，成华区人民检察院经过慎重考虑，决定以涉嫌猥亵儿童罪将李建伟批准逮捕。4 名受害幼女都是轻伤以上，为何不以故意伤害罪或其他罪名批捕？对此，成华区人民检察院有关人员解释说："本案中李建伟的行为主观上并非为了伤害对方，而是猥亵，想以此获得主观上的心理满足感，以猥亵儿童罪批捕比较符合本案案情。"①

　　成华区人民检察院决定以涉嫌"猥亵儿童罪"将李建伟批准逮捕，是可商榷的。李建伟撕裂幼女下身，是性施虐狂的典型表现，

---

① 李利亚等：《就是他！青龙场三次变态摧花》，《华西都市报》2005 年 11 月 18 日。

他的行为既出于猥亵故意，也出于伤害故意，同时触犯猥亵儿童罪和故意伤害罪，是想象竞合犯，应从一重处断。如果定猥亵儿童罪处罚，给予李建伟的处罚最重是 5 年有期徒刑，这与其犯罪的严重性不相适应。而如果定故意伤害罪处罚，由于李建伟的猥亵伤害行为致幼女重伤，对其可处以 3 年以上 10 年以下有期徒刑；如果李建伟的猥亵伤害行为致被害幼女重伤造成严重残疾，对其可处 10 年以上有期徒刑、无期徒刑或者死刑。显然，对李建伟应当定故意伤害罪从重处罚。①

对于实施猥亵伤害或者死亡后果的情形如何定罪的问题，2013 年最高人民法院、最高人民检察院、公安部、司法部《关于依法惩治性侵害未成年人犯罪的意见》从加强保护未成年人权益的角度，作出专门规定。该意见第 22 条第 1 款规定："实施猥亵儿童犯罪，造成儿童轻伤以上后果，同时符合刑法第二百三十四条或者第二百三十二条的规定，构成故意伤害罪、故意杀人罪的，依照处罚较重的规定定罪处罚。"这一规定采纳了想象竞合犯从一重处断的法理学说。也就是说，猥亵儿童造成伤害或者死亡后果，同时构成猥亵儿童罪和故意伤害罪或者故意杀人罪的，应从一重处断。这与拙见"不谋而合"。

另外，该意见第 22 条第 2 款规定："对已满十四周岁的未成年男性实施猥亵，造成被害人轻伤以上后果，符合刑法第二百三十四条或者第二百三十二条规定的，以故意伤害罪或者故意杀人罪定罪处罚。"这一规定没有明确说明猥亵是强制的还是非强制的。它不能弥补《刑法》未将强制猥亵已满 14 岁男性规定为犯罪的缺陷——指《刑法修正案（九）》之前。对于强制猥亵已满 14 岁男性

---

① 后有报道，成都市成华区人民法院以故意伤害罪一审判决李建伟有期徒刑 9 年。参见周滔、李杨《色魔 3 年猥亵 4 名幼女 残忍撕裂女孩下体获刑 9 年》，《华商报》2006 年 7 月 24 日。判决作出时，本书第一版已经交付出版，故未提及审判结果。

（不限于未成年人）造成伤害或者死亡后果的，以故意伤害罪或者故意杀人罪定罪处罚，是《刑法》已有之意。如果对第 22 条第 2 款可以理解为，对已满 14 岁的未成年男性实施猥亵，虽然猥亵不是强制的，但只要造成伤害或者死亡后果，就应以故意伤害罪或者故意杀人罪定罪处罚，则可以说第 22 条第 2 款有一定新意。但如此理解恐怕根据不足。

在性施虐伤害犯罪中，如果虐待者进行了强奸，也要区分不同情况处理。如果伤害行为是在被害人停止反抗后的一种性虐待，不能只定强奸罪，而还应当定故意伤害罪，两罪并罚。

性施虐伤害犯罪如果有非法拘禁行为，也会形成数罪的局面，应视不同情况给予不同处理。根据《刑法》第 238 条第 2 款规定，使用暴力非法拘禁致人重伤、死亡的，应以故意伤害罪或者故意杀人罪论处，而不实行非法拘禁罪和故意伤害罪或者故意杀人罪并罚。我认为该款所说的暴力，指的是进行拘禁的方法。如果在拘禁之后，行为人为了发泄性欲而又使用暴力，致人重伤、死亡，应当定非法拘禁罪和故意伤害罪或者故意杀人罪，实行并罚。

三　袭击型

有些性施虐症者采取突然袭击、干了就跑的方式，用尖利的器具或腐蚀性液体伤害妇女的身体，从被害人苦痛、恐惧、愤怒之状中获得性快感。他们往往骑着自行车、摩托车在马路上活动，在行人稀少的时候，趁过路的单身妇女不备，用尖利器具如刀片、钢针、锥子等猛刺妇女的臀部、胸部等部位，然后迅速逃跑，并同时回头观看被害人的反应。也有人伺机隐藏于公共女厕的粪池中，用棍子、铁钩等物捅扎解手妇女的阴部。有些人做危害动作时，可能会射精。对他们而言，伤害女人就等于是性交。这些人作案一般有精心的预谋，能很快逃离犯罪现场。他们犯罪意念强烈，往往连续作案，有的甚至连续作案几十起。他们的作案手段很少变化，作案时间也基本相同，并且往往在同一区域活动。他们的犯罪活动可以在居民中引起极大恐慌，使人们不能正常生活和工作。

[**案例91**] 张某，男，1951年出生。1978年3月31日至12月14日，张连续在夜间或凌晨，乘上下班的女青工和女学生不防备的时候，突然从她们身后窜出，用三角棱形尖刀猛刺她们的下身。例如，5月5日晚上，适逢大雨，张连续作案，戳伤6名女青年的下身。张共作案36起，36人被害。有12名被害人被刺后急送医院抢救和治疗。12月15日早上5点多，张又带上凶器出门，企图再次作案。当他发现两名女青年迎面走来时，四面张望了一下，手持尖刀冲上去，对准其中一名女青年的下身猛刺，然后转身逃窜。逃窜不远，被伏击守候的公安人员抓获。①

[**案例92**] 张某，男，19岁，农民。1984年3月20日晚，张携带木工槽刨刀到电影院看电影。电影开演不久，张偷偷来到电影院女厕所，蹲于粪坑内。当妇女李某进厕所刚蹲下，张便用绑有刨刀的杨木棍朝着李下身的裸露部分往上捅，将李的左臀部刺伤，伤口长2cm，深0.2cm，伤口流血不止。作案后，张即逃离电影院。半小时后，张再次溜进女厕所，用同样方法将女青年赵某左大腿根部刺伤，伤口长2cm，深2cm，造成赵住院治疗一个月。张的流氓行为造成群众恐慌，妇女不敢在该电影院上厕所。经查，张还多次在本乡电影院偷看解手妇女阴部。②

[**案例93**] 从1995年2月至1996年4月，北京海淀区东北旺、温泉、永丰乡一带有数十名年轻妇女被一驾驶红色"木兰"摩托车的

---

① 周建华：《对性变态犯罪案件的侦破》，《刑侦研究》1984年第2期。
② 王运声主编《刑事犯罪案例丛书·流氓罪》，中国检察出版社，1990，第137页。

色狼用钢锥、铁钉、毛衣针、自制钢针、皂角树硬刺等扎伤臀部。1996 年 4 月 5 日,该色狼鲁某(32 岁,已婚,农场职工)落网。鲁交代:"本来,我有个幸福美满的家庭,爱人贤惠,孩子也乖,工作单位活儿不累,工资挣得也不算少,平心而论,我应该知足了。可是,一天天就那么平平淡淡地过,我总觉得生活中太没有情趣了,为了寻找刺激,寻找生活的乐趣,我曾进行过多种尝试,可最终无一如愿,就在我十分苦闷的时候,一天傍晚我下班回家,发现在一僻静路段上有位穿红色风衣的女人正骑着自行车,我涌起一阵冲动立刻加速追赶上去,可在即将接近那女人的时候,我竟不知道自己想干什么,慌乱之中,我随手从衣兜里掏出当天下午才从商店买到的钢锥,使劲朝那个女人的臀部扎去。在那女人惊恐的一声惨叫里,我却获得了一种异样的满足。过了五天,我又在上班的路上用钢钉扎了另一个女人。渐渐地,我好像上了瘾,到了几天不扎人就不安的程度,一直没停地干到了今天。"1996 年 7 月 24 日,北京市第一中级人民法院依法判决鲁死刑。①

对袭击型性施虐伤害,在 1979 年《刑法》施行期间,一般定流氓罪处罚。而根据 1997 年《刑法》,袭击型性施虐伤害造成严重后果的,可定故意伤害罪。

还有一些性施虐症者把妇女的衣服作为一种象征,如果加以污毁,他们也可以获得性快感。连续作案的可能性也很大。他们常在人多的公共场所,将墨汁、硫酸等液体喷洒在妇女的衣服上,或者偷偷用刀剪划破、剪割妇女的衣服。克拉夫特-埃宾等人认为这种情况属于"施虐-恋物狂"(sadi-fetishism)。②

---

① 陈彦杰:《走上末路的"寻乐人"》,《北京青年报》1996 年 8 月 23 日。
② 参见〔德〕克拉夫特-艾宾《性病态:238 个真实档案》,陈苍多译,台北左岸文化出版,2005,第 132~133 页。

[**案例 94**] 李某，男。1987 年春，李曾连续向一些女青年的衣裤上喷洒浓硫酸，部位多在腰、臀、腿部，作案 20 多起。李在交代作案心态时说："我那几天就像疯了一样，一有时间就往市场里跑，看见穿着花哨的女人就洒，当时控制不住自己，非得洒了，心里才舒服。"①

[**案例 95**] 郝某，男，26 岁，工人。1985 年 12 月 17 日至 1996 年 2 月 23 日，郝先后在公共汽车上，趁上下车人多拥挤之机，用单面剃须刀片将青年女乘客张某等 13 人的衣服划破。他共划破 13 人身着的内外衣 36 件。其中有呢子大衣、裘皮大衣 4 件，羽绒服 2 件，其他高级毛料衣裤 24 件，女式高筒皮靴 5 双。同时，他还将女乘客张某等 6 人的背部、臀部、大腿和小腿部划伤。伤口长达 6～20cm。其中一人伤口深达筋膜，肌腱暴露。②

对"施虐-恋物狂"行为，造成严重身体伤害后果的，可定故意伤害罪；没有造成伤害的，可定强制侮辱妇女罪；不构成犯罪的，应给予治安管理处罚。

还有在公共场所偷剪女性发辫的，这种嗜好称为剪发辫症（braid-cutting），多兼有恋发症，其中也有性施虐的成分。这种行为当然不构成故意伤害罪，但也不属于盗窃罪。多次进行的，可按强制侮辱妇女罪处罚。

第三节　性施虐杀人

有些性施虐症者把性暴虐推向极顶，为了满足性欲，他们不惜践踏他人的生命。他们以自己的行为，制造了一种最龌龊、最令人恐怖

---

① 庞兴华：《论性虐待狂的异常心理与暴力犯罪行为》，《犯罪与改造研究》1991 年第 5 期。

② 王运声主编《刑事犯罪案例丛书·流氓罪》，中国检察出版社，1990，第 146 页。

的犯罪——性施虐杀人（sadistic murder）或者性欲杀人（sexual homicide，lust murder，erotophonophilia）。而且，如果不被捕获，他们会多次作案。将他们称为"性施虐杀人狂"（sadistic killer）或"性欲杀人狂"（sex killer），是再恰当不过的了。

性施虐杀人犯罪不同于一般强奸犯罪中的杀人。在一般强奸犯罪中，罪犯杀害被害人，可能是因遭到被害人反抗而恼羞成怒，也可能为了杀人灭口。而性施虐杀人狂是从杀人行为中获得性欲刺激或者满足。有的罪犯甚至仅仅通过杀人就可获得性快感，例如一个涉嫌谋杀多名女性的罪犯维热尼（龙勃罗梭记录，克拉夫特–埃宾引用）。在犯罪过程中，维热尼没有与被害人发生性交，而在他掐住她们的脖颈时，他伴以勃起和射精，直至她们断气。他说："我在勒住女人时会感觉到一种无法言喻的快乐，在做这种事时会经验到勃起以及真正的性快感。仅仅嗅着女人的衣服甚至就已经是一种快感了。勒住她们时，我所感觉到的那种快感，比我在手淫时所经验到的快感远更强烈。""我并不疯狂，但我在勒住受害者的那个时刻都看不到其他的一切。在犯了罪行后，我感到满足，感到很舒服。我不曾想要触碰或看着生殖器官。抓住女人的颈子，吸她们的血，让我感到满足。"①

性施虐杀人狂也有先奸后杀的，但他们仍然把杀人作为满足性欲的主要途径，性交只是他满足性欲的次要途径，或者只是他一系列虐待行为的组成部分。性施虐杀人狂不仅杀人不眨眼，而且还像欣赏一部艺术品一样，细细品味着被害人死亡过程中的每一下抽动、每一声呻吟。有的性施虐杀人狂特别爱看被害人流血的过程，称为嗜血狂（hemothymia）。事实上，他们所追求的并不是被害人的死亡，而是被害人在死亡过程中的精神上和身体上的种种反应以及所有这一切给他

---

① 〔德〕克拉夫特–艾宾：《性病态：238 个真实档案》，陈苍多译，台北左岸文化出版，2005，第 114～117 页。

的性快感。所以，性施虐杀人狂所热衷的杀人方式，是那些折磨人的、延长痛苦的方式，而不是干脆的、可以很快致人死亡的方式。性施虐杀人狂的犯罪虽然冲动而残暴，但做起来有条不紊，这不一定是经验积累所致，而主要是因为他们曾经在反复的性幻想中演绎过犯罪的每一个细节。

有些性施虐杀人狂并不满足于杀人，在杀人之后，他们还要对尸体进行百般摧残，并从中获得性快感。此为虐尸症（necrosadism）。虐尸症与性施虐症有相似之处，都是从虐待之中获得性快感，但性施虐症者所获得的性快感还来自被虐待者的痛苦反应，而虐尸症不是。不过，如果虐尸是发生在性施虐杀人之后，可看作是性施虐症的延续。有的性施虐杀人狂还具有食人肉症（anthropophagy，cannibalism）或者食尸症（necrophagia），在杀人之前或者之后喝人血、吃人肉。克拉夫特－埃宾曾经记录了一个具有有食人肉欲望的性欲杀人狂的令人毛骨悚然的自白："我用刀剖开她的胸膛，又将整具尸体的有肉部分剔掉，就像屠夫剔排骨那样将尸体收拾好，然后用斧头剁成小块，以便让我能将它们放在山上挖好的洞里烧烤。我或许可以这样说，当我打开她的胸膛时我高兴得发抖，我又能够将它们剁成碎块后品尝。"[①] 还有一人，引诱在森林中遇见的一个年老女人，要求与她性交，在狂乱的情绪中勒死这个女人。他用一把小刀割下她的乳房与生殖器官，带回家烹煮。在接下来的几天中，他合着洋葱把乳房和生殖器吃掉。[②]

1981 年 6 月，法国发生一个日本留学生杀人、碎尸、吃人肉的事情：

---

① 参见〔德〕克拉夫特－艾宾《性病态：238 个真实档案》，陈苍多译，台北左岸文化出版，2005，第 107 页。译文转引自〔美〕本杰明·萨多克等编《性科学大观》，李梅彬等译，四川科学技术出版社，1994，第 127 页。两书的此段译文，似后者更好一些。

② 参见〔德〕克拉夫特－艾宾《性病态：238 个真实档案》，陈苍多译，台北左岸文化出版，2005，第 113 页。

[**案例96**] 佐川一政，1946年出生，在巴黎大学攻读比较文学。他"早就有尝一尝年轻姑娘的肉的欲望，尤其希望在发生了性关系后吃对方的肉。"1981年5月，佐川结识了荷兰籍女学生路奈·赫尔蓓尔特。6月11日，在佐川的住处，佐川向路奈求爱，遭到拒绝。继而佐川使用暴力，又遭到路奈的反抗。佐川怒不可遏，用防身用的卡宾枪将路奈打死。之后，佐川将尸体上的衣服剥光，拖到浴室放在浴缸里，用菜刀将尸体肢解。他先将嘴唇、鼻子、乳房以及大腿等柔软部位的肉切下，放在冰箱中。然后将腹腔打开，取出内脏，装入塑料口袋里。整个尸体被割成10段，分装在两个箱子内。存放在冰箱中的肉片，佐川吃过两次，一次是炒熟了吃的，另一次是生吃的。6月13日傍晚，佐川丢弃放碎尸的箱子时，被人发现。6月15日，佐川被捕。佐川因精神障碍未受刑事处罚，回日本后还出版了一本"描写从阴蒂、肛门、乳房的切断，用嘴撕碎、调理方法到味觉"的书。①

在性施虐杀人狂的魔爪之下，被害人多难逃厄运。被害人如果委曲求全，罪犯或许以为这是她"主动"参与其"游戏"，更加激发他们的变态行为，使他们变得更加危险。被害人如果做出一般性的反抗、挣扎，依然会使罪犯以为她"主动"给予"配合"，也会激发他们的欲望。至于规劝、哀求，也不会产生作用。也就是说，对付一般色狼的办法，在性施虐杀人狂身上都是无效的。但是，绝不能坐以待毙。如果不能寻机脱逃，就只能拼死一搏。应当将恐惧转化为愤怒，趁罪犯不备之机，用尽一切力量，攻击其要害之处，使其丧失攻击力，甚至致其毙命。此种情况，刑法学称为"无限防卫权"（right of

---

① 参见华东政法学院刑事侦查教研室编印《外国刑事案例选》，1983，第153~156页；〔日〕加藤久雄《针对精神障碍犯罪者的刑事法上诸问题》，载于〔日〕西原春夫主编《日本刑事法的形成与特色——日本法学家论日本刑事法》，李海东等译，中国·法律出版社、日本·成文堂，1997。

boundless defense），被害人可以采取任何手段抵御正在发生的杀人、强奸等严重侵害，属于正当防卫，不承担刑事责任。

性施虐杀人狂在犯罪之后的表现也具有自己的特点。有些罪犯会回到犯罪现场，回味犯罪情形，以加深印象，或者了解警方破案的进度，或者与被害人尸体再度发生性行为。德国有一个性施虐杀人狂作案后第二天回到犯罪现场，混在人群中，听他们惊惶的议论而兴奋得射精。① 还有许多罪犯会把被害人的物品、被害人身体的某一部分、在犯罪时拍摄的照片、报道案情的报纸保存起来，并反复拿出来把玩、重温。匪夷所思的是，有些罪犯竟会以不同形式"参与"警方的调查行动。有的"热心"提供线索，有的主动让警方盘问或侦讯。有关专家推测，罪犯实施这些行为，主要是想使自己获得激情和体验到掌控一切的感觉。②

典型的性施虐杀人狂无疑都有性施虐症，但在犯罪行为及其残暴程度上，从一般的性施虐症成为性施虐杀人狂往往有一个过程。开始，他们可能只是在强奸犯罪中对被害人施以伤害性的性虐待。如果他们没有受到惩处，会继续作案；而在继续的作案过程中，他们必定要加大性虐待的程度以获得更大的刺激，直至进行杀人。下面这个案例，很清楚地揭示了一个人怎样成为性施虐症者，怎样从一个具有性施虐症的强奸犯罪人成为性施虐杀人狂的过程：

[**案例 97**] 盖某，男，已婚。盖婚前曾与一女性恋爱，发生性关系致女方怀孕，后女方因盖行为不端，在做了人工流产后另嫁他人。盖对此怀恨并扬言要报复女方。1987 年 12 月盖结婚。婚后，盖在夫

① 参见王溢嘉编著《变态心理揭秘》，国际文化出版公司，2005，第 196 页。
② 参见〔美〕罗伯特·K. 雷斯勒、安·W. 伯吉丝、约翰·E. 道格拉斯《变异画像——FBI 心理分析官对异常杀人者调查手记之二》，李璞良译，法律出版社，1998，第 83～90 页。

妻生活中，常有捆绑其妻双手后性交的举动，有一次曾用双手卡其妻颈部，致其妻难受反抗才松手。平时盖喜欢喝酒、玩有裸女图像的扑克、看淫秽录像。从 1988 年 4 月到 1990 年 10 月，盖先后强奸、猥亵女青年 4 名。在强奸、猥亵过程中，盖都实施了性虐待。例如，1988 年秋后一个傍晚，盖和另一人尾随跟踪一女青年至城郊，将该女青年按倒在路边，后胁迫女青年到野地一草堆旁，强行剥衣。盖抓咬被害人乳房和乳头，并威胁说："不老实就将乳头咬下来。"盖还用手指抠被害人阴道，抠完后又把手指放入被害人嘴里。由于阴茎未勃起，盖就唆使同伙进行奸污，同伙因害怕逃离现场。盖继续施虐，到天明才将被害人放走。又如，1990 年 8 月一天晚上 9 时许，盖在田间小路上将一骑车女青年撞倒，强行拖入玉米地中。盖强迫被害人脱光衣服，当被害人反抗时，盖就用被害人腰带套在其颈部，以勒死相威胁，同时用被害人的连裤弹力袜将被害人的双手交叉捆绑于背后，令其仰卧。盖抠摸被害人阴道，抓摸乳房，吮咬乳头。盖企图奸污被害人，但有两次因阴茎不勃起而未奸成。第三次，盖强迫被害人握住阴茎摇晃，但被害人不从，盖就拉紧腰带勒颈部直至被害人昏迷。在被害人醒来后，盖又迫使被害人摇晃其阴茎，在勃起后插入被害人阴道，后在被害人口中射精。上述罪行已属穷凶极恶，但盖并不满足。从 1990 年 11 月起，盖开始进行性欲杀人。在几个月里，盖连续作案三起，杀害三人。例如，1990 年 11 月 8 日晚 9 时许，盖骑车尾随骑车的女青年陈某，至僻静处追上陈并将陈拖下车，胁迫至近千米外的空电机房中。盖先摸陈乳房，后剥光其衣服，令其仰卧。盖趴于陈身上，抓摸乳房并吮吸乳头，继之用手抠阴道。因陈反抗，盖用腰带捆绑陈的双手于背后。盖还划着火柴窥视陈的阴道，并烧阴毛。盖欲实施奸污，但阴茎未勃起，只插到阴道口处，盖就在陈腹部撒尿，然后继续施虐。但盖自觉不满足，用双手卡陈颈部约五分钟，并用陈的裤子缠绕陈头颈部，至陈窒息死亡。盖在知陈已死亡后，吸了一支烟，又趴到陈身体上抓摸乳房，并咬掉两个乳头，之后还趴在陈身上睡觉约一小时，醒来后逃离现场。整个作案过程达五个小时之久。其他两次作案，也基本具有同样的行为特征。三个被害人体态特征相似，身体尤其是胸部都发育丰满，盖说他"最恨这样的妇女"。而据了解，盖婚前女友的体态特征与被害人相似。当讯问盖的杀人动机时，盖回答说："以前不管怎么摆弄都不过瘾，直到卡死后心里才舒服。"①

英国学者戴维·坎特（David Canter）把性暴力犯罪人分为三类，并描绘了各类的基本特征，其中有两类属于性欲杀人狂。（1）把被害人作为物体的犯罪人。这类犯罪人对被害人缺乏任何情感，除了施加痛苦和制造恐惧的欲望外，是否存在其他欲望并不是很明显。他们不以特定的人为侵害对象，任何可以得到并符合其广泛的兴趣范围内的妇女，都有可能成为他们的被害人。他们对被害人的反应或者情感毫不关心，对被害人实行极端性的控制，把被害人的尸体当作物品使用。他们的背景和成长大多数是紊乱和不幸福的。他们大多智能欠缺，对自己的行动无组织能力，能够逃脱追捕更多的是因为运气好和警察无能，一旦被抓获往往很容易承认自己的罪行，但叙述起来毫无兴趣。对他们是否有精神病，人们的意见存在分歧。有些人认为他们具有精神分裂或者偏执狂的症状。但在多数情况下，他们会被认定有罪。（2）把被害人视为工具的犯罪人。他们企图在犯罪行为中体验力量和自由的意义。命运使他们的生活过得艰辛，因此想在犯罪中发挥自己的主动性。被害人在他们眼中是实现某种欲望或者宣泄某种情绪的手段和工具。在犯罪中，他们要极度地利用被害人。由于他们的被害人对他们来说具有一些象征意义，他们会选择那些具有特殊相貌的

① 摘编自初紫丰等《色情杀人的机制探讨》，载王成祥主编《齐鲁法医实践》，警官教育出版社，1997，第206~210页。

妇女。他们的犯罪行为可能采取一种更有自我控制力的方式。他们具有比较好的表达自己观点的能力和与妇女进行交往的能力，在与被害人的接触过程中，最初使用的方式可能是容易被别人所接受的，但在后来一定会对被害人进行约束，迫使被害人服从自己的意志。他们对犯罪地点的选择往往是经过考虑的，并不是利用碰巧遇到的有利时机进行犯罪。犯罪地点具有对他们来说很重要的意义。他们在被抓后很愿意讲述自己的事情，并且想把自己与其他暴力犯罪人区别开来。但他们的内心极为冷酷，没有对别人的同情心，不可能对自己的行为产生自责感和罪恶感。在他们的个人发展过程中，经历了许多次的人际关系破裂，人际关系往往是幼稚的。他们可能会被称为"精神病态者"或者"社会病态者"。[1]

性施虐杀人狂都有再次犯罪的欲望。如果不被捕获，变态的性欲杀人冲动必将促使他们继续作案，而不会自觉地洗手不干，除非逐渐变得年老体衰。其中一些，在第一次作案后就被及时捕获，不能继续作案，但他们如果没有得到有效矫治，出狱后还会寻机作案。还有一些，具有较高的智商和稳定的心态，犯罪计划周密，作案沉着狡猾，善于反侦查。由于这个原因以及由于被害人多已被杀死、警方无从了解凶手具体情况等原因，他们不容易被捕获，会多次作案，成为"系列杀人狂"（serial killer，有人译为"连环杀手"）——这个术语是美国犯罪问题专家罗伯特·K. 雷斯勒（Robert K. Ressler）在1974年首创的，[2] 具体为"系列性欲杀人狂"（serial sex killer）。早先，能够破获系列杀人案，往往是因为凶手最后一次作案杀人未遂，让被害人将其指认出来。现在，破获系列杀人案，可以借助DNA检测等现代技

---

[1]　〔英〕David Center：《犯罪的影子：系列杀人犯的心理特征剖析》，吴宗宪等译，中国轻工业出版社，2002，第306~319页。

[2]　参见〔美〕罗伯特·K. 雷斯勒、汤姆·沙其曼《疑嫌画像——FBI心理分析官对异常杀人者调查手记之一》，李璞良译，法律出版社，1998，第2、33页。

术手段。性施虐杀人狂如果连续作案，将各次作案联系起来看，明显具有共同之处，如作案方式基本相同，被害人也往往有相似之处。这个特点在客观上为警方彻底破案提供了重要的线索。另一方面，性施虐杀人狂虽然善于从以往的犯罪经历中汲取经验教训，但他们的犯罪惯技（modus operandi）在犯罪生涯中并不一定永远进化。不断恶化的精神状态、吸食毒品和侥幸心理的增强都会使他们的犯罪惯技随着时间的推移而发生退化，变得技不如前、易被发觉和疏忽大意。此时他们的行为似乎更多的是受到绝望和厌倦的驱使。①

虽然是丧心病狂，但性施虐杀人狂并不一定具有阴险、冷酷的外在，或者在平时易激惹，待人粗暴。相反，有些性欲杀人狂，在日常生活中表现得温文尔雅，处事圆通，甚至是受到邻居、同事好评的人物。即使有充分的证据表明他们是杀人恶魔时，还会有人不相信，还会有人为他们鸣冤叫屈。这是性施虐杀人狂长期、屡次作案而不被捕获的一个重要原因。刑侦中如果刻板地将系列性施虐杀人的罪犯描画为童年遭受虐待、成长过程坎坷、猥琐、乖戾、孤僻、单身、独居、无业的形象，然后按图索骥，很可能以失败告终。

有些系列性施虐杀人狂颇具女人缘，例如后面将要说到的美国杀手泰德·邦迪。竟然有不少女性深受已经被捕并且案情公开的性施虐杀人狂的吸引，甚至崇拜、钟情。或许她们不相信或者不愿意相信仪表堂堂的他们会强奸、杀人，但仅凭这一点不足以解释她们的痴迷。曾有外国学者描述分析一些资产阶级妇女对凶残罪犯的追捧："对于过分多情的太太们的色情想象来说，凶残的罪犯变成了称心如意的美食。对这些阶层的女士特别具有色情作用的是色情狂杀人犯。许多凶手收到大量情书，给他们往监狱寄来美食和金钱，

---

① 参见〔美〕布伦特·E. 特维《犯罪心理画像——行为证据分析入门》，李玫瑾等译，中国人民公安大学出版社，2005，第 230～238 页。

而在审判时，在希望进入大厅并占据一个好位置的高雅女士们之间往往发生激战。"①

　　西方历史上记录的第一个系列性施虐杀人狂是吉尔斯·德·莱斯（Gilles de Rais，1405～1440）。此人是法国的一个贵族，曾参加英法战争，与贞德并肩作战，被任命为法国元帅，1435年退役后隐居，痴迷于巫术和炼金术。几年后，他居住的地方经常出现儿童的尸骨。1440年9月，吉尔斯被逮捕，他被指控鸡奸和杀害了上百个儿童。他承认诱拐和谋杀了许多儿童，具体数目他自己也无法确定。1440年10月26日，吉尔斯被执行绞刑。② 而英国的"开膛手杰克"（Jack the Ripper，亦译"撕裂者杰克"、"肢解者杰克"），可能是西方近代最著名的系列性施虐杀人狂。1888年4月至11月之间，在伦敦先后有7名妓女被人残忍地杀害。每个死者的喉管均被割开，尸体遭到损毁。例如，被害人玛丽·简·凯利的脸完全被划开，头颅几乎被切下来；下腹部洞开，内脏扔的满屋都是；尸体的大部分地方，包括乳房、阴部、右大腿和右臀的肌肉都被切下来；现场没有发现心脏。从各案的肢解手法看，凶手有一定解剖知识。警方认为各案是一人所为。报社曾收到一个自称"开膛手杰克"的人的便信，这个人说自己是杀死妓女的凶手。他在信中说："我不断听说警方已经抓到我了，但是他们到现在都还没有抓到我。当他们自作聪明，并且自以为侦查方向正确时，我哈哈大笑。我要不断攻击妓女，并撕碎她们，直到我真的被抓住为止。上次的行动真是让我爽极。我没有给那位女士发出任何声音的时间……我的匕首是如此的精致而锋利，只要一有机会，我就会立即一试身手的。"但是警方并没有找到这个"开膛手杰克"，

---

① 〔德〕爱德华·傅克斯：《欧洲风化史·资产阶级时代》，赵永穆、许宏治译，辽宁教育出版社，2000，第362页。
② 参见〔英〕萨达卡特·卡德里《审判的历史：从苏格拉底到辛普森》，杨雄译，当代中国出版社，2009，第42～46页。

也没有找到其他的可以被认定为凶手的人。① 一个多世纪以来，"开膛手杰克"的身份始终是个谜。有不少犯罪专家提出自己的分析。例如，美国犯罪小说家、曾经当过记者和法医的派翠西亚·康薇尔（Patricia Cornwell）借助各种现代科学手段，经过缜密的推理，声称发现杰克究竟是谁。不过，她在非小说作品《开膛手杰克结案报告》（*Portrait of A Killer：Jack the Ripper Case Closed*，2002）一书中发表的结论并未得到公认。②

1994 年，又有一桩"凶宅"系列杀人案在英国引起震惊。"凶宅"位于英国西南部小城格罗切斯特的克伦威尔大街，它是弗雷德里克·韦斯特（Frederick Walter Stephen West）、罗丝玛丽·韦斯特（Rosemary West）夫妇的住所。1994 年 2 月，当地警方根据各种线索逮捕了涉嫌谋杀的韦斯特夫妇，并认为他们家的后花园有可能埋有失踪少女的尸体，从而决定进行挖掘。警察先在花园里挖到 3 具女尸，接着又在室内挖到 6 具女尸。经辨认，其中一个是韦斯特夫妇的 7 年前失踪时只有 16 岁的女儿希瑟。其他 8 名被害人都曾经是"凶宅"的短期房客或是韦斯特夫妇在街头绑架的想搭车的少女。在调查取得重大进展之后，警方又搜查弗雷德里克原来的几处住所，在那些地方又发现了弗雷德里克的前妻卡特琳娜、弗雷德里克与卡特琳娜所生的女儿卡尔玛因和他们家保姆安娜的尸骨。

[**案例98**] 弗雷德里克出生于 1941 年。1962 年他与 18 岁的女招待卡特琳娜结婚。他们有两个女儿。大女儿卡尔玛因生于 1963 年，二女儿玛丽于一年后出生。弗雷德里克第一次杀人是在 1967 年，他

① 参见〔英〕马丁·费多《西方犯罪 200 年》，王守林等译，群众出版社，1998，第262~268 页；〔美〕约翰·道格拉斯、马克·奥尔沙克《顶级悬案——犯罪史上八宗惊世疑案新探》，邓海平译，海南出版社，2001，第 1 章。
② 参见〔美〕派翠西亚·康薇尔《开膛手杰克结案报告》，王瑞晖译，作家出版社，2005。

把已怀孕8个月的保姆安娜杀死。在1969年1月，他又杀死了自己的妻子卡特琳娜。当时他告诉别人，卡特琳娜离开他和一个工程师一起跑到苏格兰去了。同年，弗雷德里克和15岁的罗丝玛丽来往密切。1970年，他们的女儿希瑟出生。1972年他们结婚。他们后来又有7个孩子，但其中有3个是罗丝玛丽和别人的孩子。1971年，弗雷德里克与卡特琳娜生的女儿年仅8岁的卡尔玛因失踪，有证据表明，是罗丝玛丽打死了她。1987年希瑟失踪。对此，弗雷德里克向别人解释说她跟一个朋友走了。但事实是弗雷德里克将她杀害了，并有可能进行了强奸。弗雷德里克还强奸了他与前妻所生的二女儿玛丽，而从8岁起玛丽便受到继母的性虐待。在弗雷德里克奸淫女儿的时候，罗丝玛丽监督性交过程。弗雷德里克曾将数十名男子带回家，让罗丝玛丽与他们性交，他在隔壁偷看和偷听，并且自制色情录像。罗丝玛丽让那些男子戴上避孕套，以便收集精液。她和弗雷德里克把这些精液注射到女儿们体内，希望她们怀孕。1972年12月6日晚，韦斯特夫妇绑架了曾在他们家当过保姆的少女卡罗琳。他们在路上把卡罗琳骗上车。在汽车行驶过程中，弗雷德里克问她是否和男友发生了性交。然后，罗丝玛丽就开始伸手到卡罗琳的衣服里摸她的乳房，并想把手放在她的两腿间。卡罗琳喊叫、反抗，弗雷德里克就停车打她，直到她晕过去。他们把她绑起来带回家。在他们的家中，他们脱下卡罗琳的衣服，把她放倒在床上，强行分开她的腿。当时她的嘴被堵住，眼睛上面缠着黑布。这对夫妇开始研究她的阴道，讨论她阴唇的大小和厚度。弗雷德里克说他知道如何通过外科手术改善性交效果。接着他用皮带抽打卡罗琳的阴部。之后，罗丝玛丽与卡罗琳口交，弗雷德里克则从后面与罗丝玛丽性交。而当时罗丝玛丽已经怀有身孕。第二天早晨，当罗丝玛丽上楼看孩子时，弗雷德里克强奸了卡罗琳。在罗丝玛丽回来后，他们迫使卡罗琳保证，如果他们放她走，她必须回来跟他们一起生活，否则他们会杀死她。卡罗琳同意了。但她离开后报案了。韦斯特夫妇被逮捕。他们否认一切罪行。最终他们同意，如果卡罗琳取消强奸起诉，他们就承认犯有强制猥亵罪。1973 年 1 月 12 日，这个案子了结，韦斯特夫妇只被罚款。但卡罗琳还是幸运的。1973 年以来，韦斯特夫妇至少杀害了 8 名住在他们家或者被他们绑架来的少女。有证据表明，这些少女在生前遭受到韦斯特夫妇残酷的性虐待。在死后，她们的尸体被肢解，头颅被砍下。韦斯特夫妇还可能吃过她们的肉。弗雷德里克·韦斯特被指控在 25 年中先后谋杀了 12 名妇女，罗丝玛丽·韦斯特被指控参与了 9 起谋杀（开始时还没有搞清是谁杀害了卡尔玛因）。1995 年 1 月 1 日，弗雷德里克被发现在囚室里悬梁自尽。1995 年 10 月 6 日，罗丝玛丽作为从犯开始受审。1995 年 11 月 22 日，在陪审团结束了 13 个小时的讨论并确认罗丝玛丽犯下被指控的所有罪行后，大法官曼特尔转身对罗丝玛丽说："陪审团一致裁定你犯下所有 10 项谋杀罪。现判你终身监禁，而且你将终身不得释放。"①

在美国，系列性施虐杀人狂似乎更多。美国联邦调查局（Federal Bureau of Investigation，FBI）在 1994 年指出，在过去 20 年里，美国警方逮捕的或虽未逮捕归案但已确认的系列杀人狂多达 120 人，占全世界同类案犯的 75%。② 其中有许多性施虐杀人狂。例如，古拉尔德·斯塔诺先后杀死了 32 名年轻妇女，他对法庭说，在强奸一名妇女之后再将其杀死时的感觉就好像是"踩死了一只蟑螂"。被称为"夜间

---

① 摘编自〔英〕保罗·布里顿《辨读凶手》，李斯译，海南出版社，2001，第 273 ~ 386 页。另外参见 https：//en. wikipedia. org/wiki/Fred_ West，https：//en. wikipedia. org/wiki/Rosemary_ West. 对此案，中国媒体当时也及时进行了报道。例如，秦力文《震惊英国的"恐怖房屋"案》，《法制日报》1994 年 3 月 14 日；徐秀荣《英系列杀人狂狱中自尽》，《法制日报》1995 年 1 月 4 日；姜德山《凶宅女主人出庭受审》，《法制日报》1995 年 10 月 6 日。

② 舒中胜：《美国的特有现象：系列杀人案不断增多》，《法制日报》1994 年 5 月 2 日。

猎人"的拉米莱在洛杉矶市郊杀人 13 次,并奸污多名妇女,有一次他甚至挖走了被害人的眼球。每次作案后,他都在现场留下一个魔鬼象征。具有迷人笑容的电台音乐节目主持人亨利·刘易斯·华莱士,利用妇女听众对他的崇拜,在两年的时间里先后杀死了 10 名妇女。戴维·伦纳德·伍德在 1987 年这一年里先后把 6 名年轻女子绑架到荒野上,强奸之后杀害。被捕后他在监狱里曾对同监犯人说,看到被害人临死前的蠕动,他变得很兴奋。他还谈到怎样把这些女子绑在树上,用汽车拉着分尸,以及把一名女子活埋,看着她在土填进她的嘴巴和鼻子里时仍然挣扎的样子。[①] 泰德·邦迪在美国更为著名:

[案例 99] 狄奥多尔·罗伯特·邦迪(Theodore Robert Bundy,自称泰德·邦迪,Ted Bundy),男,1946 年生,是个私生子。曾在西雅图华盛顿大学获得过心理学学士学位,后又在盐湖城犹他大学攻读法学博士学位。他曾经抓过小偷,并救过溺水的儿童。1974 年 1 月,邦迪闯入华盛顿州西雅图市的一个 18 岁女孩苏珊·克拉克的住所,用金属棒打她,然后把金属棒塞到她的阴道里。她活了下来,但伤势可怕。那个月末,邦迪又闯进一个地下公寓。在那儿他发现琳达·安·希丽正在床上睡觉。他把这个 21 岁的心理学系女生打得昏迷不醒,剥光了她的衣服,然后把她放到汽车里,扔到西雅图市附近的树林里。1974 年 7 月 14 日,他杀死简妮丝·奥特和其他几位女性。在 1974 年 10 月,他的杀戮行为频繁发生。被害人大多是大学年龄有吸引力的白人女性,并且有着中分的头发。1974 年 11 月,邦迪在试图杀死一个年轻女性未遂之后,同一天诱拐并杀害另一个受害人。1975 年 1 月,邦迪在科罗拉多州进行杀戮行动,多名女子被害。1978 年 1 月 15 日深夜,邦迪竟然对 5 名年轻女性施暴。他带着棍棒闯入佛罗

---

① 以上案件是 1980~1990 年代《法制日报》根据国外报道陆续介绍的。

里达州一个大学女生宿舍里，对 4 名女生进行殴打，两人当场死亡。验尸表明，死者之一莉萨·莱薇曾遭到奸污。她的右乳头被咬掉，左臀部留有鲜明的牙印。她的阴道和肛门均有损伤。邦迪离开这里之后，在附近又将一名女生奸污，并进行殴打。从 1974 年 1 月到 1978 年 2 月，邦迪至少奸污杀害了 30 多名美貌出众的年轻妇女。实际上，邦迪罪行的开始时间以及究竟杀害了多少人，最终也没有搞清。邦迪自己说至少杀害了 100 人。由于相貌英俊和能言善道，不少女性轻易被邦迪诱骗到他认为可以下手的地方。他作案手段非常残忍。有些妇女的尸体被他肢解。他还曾在作案几天之后返回肢解尸体的现场，对着尸块发泄性欲。邦迪的犯罪具有流动性，华盛顿州、科罗拉多州、佛罗里达州、俄勒冈州、犹他州等地都留下他的罪恶。他认为流动有利于掩盖犯罪。他还善于易容，可以使自己的容貌千变万化。邦迪在 1975 年曾两次被捕，但他都逃脱了。1978 年 2 月 15 日，邦迪被捉拿归案。1979 年和 1980 年，在分开进行的两次审判中，邦迪被判处三个死刑。邦迪利用法律技巧，通过上诉的方式让自己又活了 10 年。他在监狱中收到众多女性求婚的请求，还与一个女人结婚并于 1982 年 10 月生了一个女儿。1989 年 1 月 24 日，邦迪在电椅上被执行死刑。①

　　30 年前，系列的性施虐杀人犯罪在中国罕见，曾有龙治民案，但在后来有所增加，其中已经破获的大案有罗树标案、杨新海案、高承

---

① 摘编自华东政法学院刑事侦查教研室编印《外国刑事案例选》，1983，第 57~72 页；〔美〕罗伯特·K. 雷斯勒、汤姆·沙其曼《疑嫌画像——FBI 心理分析官对异常杀人者调查手记之一》，李璞良译，法律出版社，1998，第 71~74 页；〔英〕保罗·贝格、马丁·费多《二十世纪西方大案纪实》，李亦坚译，群众出版社，1998，第 371~382 页；〔美〕约翰·道格拉斯、马克·奥尔沙克《变态杀手——恶性犯罪深层心理探究》，岳盼盼、白爱莲译，海南出版社，2001，第 280~291 页；〔美〕罗伯特·迈耶《变态行为案例故事》，张黎黎、高隽译，世界图书出版公司，2007，第 238~241 页。上述文献对案件的叙述在细节上不完全一致。

勇案等。这里面的原因很复杂。性施虐症者是否有所增加，还没有直接的统计材料可以说明。但可以肯定的是，大量从境外涌入或者通过互联网传播的内容淫秽暴力的影视、小说和图片，至少会对部分性施虐症者以及潜在的性施虐症者产生诱导和示范作用。另一方面，随着商品经济和城市化的发展，人口流动迅猛，职业、工作变动频繁，亲缘、宗族管理瓦解，熟人间监督和自律减弱，邻里关系日渐疏远，社区陌生人增多，大幅度加剧治安管理和案件侦破的难度，在客观上使性施虐杀人狂有了更多的作案机会。

[**案例100**] 龙某（即龙治民），男，44岁，农民，高中二年级文化程度。陕西省商洛人。1985年5月因杀人罪被逮捕，同年9月27日被处决。龙从小被娇生惯养，在家中逞强称霸，动辄打骂亲人。在学校品行不良，极为吝啬，喜争吵、说谎，经常逃学，学业甚差。不到12岁，龙就经常用下流话辱骂、凌辱其妹妹。后又粗暴干涉妹妹婚姻。1977年，龙父病重不起，已出嫁的妹妹前来看护，龙趁机将其强奸。同年，龙与两下肢畸形的残疾人阎某结婚。刚结婚时，龙还能体贴妻子，不久就对妻子百般虐待。龙不但在生活上刁难她，在性交时显得十分粗暴，经常无缘无故地辱骂、毒打她，而且竟然唆使50多名男子奸污她。别人奸污阎时，龙在暗处窥视。如果阎极力反对，龙就出来"说服"她或用强力压服她。1979年阎生了一个女儿。在女儿1岁多时，龙多次窥视女儿的阴部，显示出极大的兴趣。夜间，他又故意用赤脚蹬女儿的阴部。1983年以来，龙经常采取欺骗手段，将陌生男性引到家中，强迫这些人为他干活，并肆意欺侮或毒打。晚上，龙唆使这些人与阎奸宿，趁他们熟睡时予以杀害，然后将尸体埋在地里或放在楼上。龙还多次将女性骗至家中同宿，或者趁她们熟睡时进行强奸，然后加以杀害。龙杀人后，还陪着尸体直到天亮，而在白天呼呼大睡。杀人方法是趁被害人熟睡之际，用镢头猛击头部或以

利刀刺颈部，所有被害人的尸体均受到不同程度的损坏。对女性，则在杀害后将发辫剪下收藏。两年之内，龙共杀害 48 人。另外，在 1977 年，龙曾将一痴呆女青年骗到家中，脱光衣服后禁锢在楼上达 3 天之久，肆意凌辱。村民发现后将龙扭送到派出所，龙百般抵赖。此后又发生一起类似事件，仍未引起公安机关警惕。精神检查时，龙为自己杀人进行辩解，但承认平时为性方面问题所困扰，喜欢以残忍方式折磨性对象。鉴定结论：性施虐症，具有完全刑事责任能力。①

[案例 101] 罗树标，男，40 岁，广州市人，已婚，从事个体装修和个体运输。曾因盗窃被劳教两次、判刑四年半。自 1987 年起，罗开始嫖娼，至被捕前已嫖娼上百名。在这期间，罗还经常观看淫秽、暴力录像，并要求妻子与他一起尝试淫秽录像中的动作。一部讲述香港一"的士"司机奸杀、肢解女乘客的录像和一部讲述英国伦敦一货车司机杀害十多名妓女的录像给他以很大的刺激。从 1990 年 2 月至 1994 年 3 月，罗在广州市先后将 12 名女青年诱骗上自己驾驶的小货车，拉至家中、野外，或强奸后杀害，或杀害后奸尸，然后将尸体抛弃于僻静之处。有时罗在外面杀人后，将尸体用小货车载回家，放在阁楼里连续奸尸。有时罗还将被害人的乳房和阴部割下来烘干，以供日后玩弄。每次作案后，罗都将被害人的体貌特征、衣服特征、杀害奸淫过程等情况详细记录在笔记本上。1994 年 9 月 19 日，罗又将一外地女青年诱骗上车，企图施暴，但该女青年寻机逃脱，并及时报案。次日上午，罗被逮捕归案。经过两天的审讯，罗供认全部犯罪事实。罗还供述，他于 1977 年 8 月 3 日在盗窃、强奸时杀死一名妇女。1995 年 1 月 20 日，罗被枪决。②

① 杨德森主编《中国精神疾病诊断标准与案例》，湖南大学出版社，1989，第 141 ~ 143 页。

② 此案情况参见盛一平等《"女尸系列案"水落石出，凶犯罗树标在广州伏法》，《光明日报》1995 年 1 月 21 日；纪瑞民《狂魔罗树标》，《南方周末》1995 年 2 月 3 日；李玫瑾等《罗树标系列奸杀案犯罪心理的分析》，《社会心理科学》1996 年第 1、2 期。

　　近十年，中国的社会治安管理得到进一步加强，公共安全视频监控形成天罗地网，DNA 检测等科技手段的发展推动案件侦破能力的提升，使得系列犯罪的空间越来越小，一些陈年旧案如高承勇案也真相大白。然而，性施虐症以及性施虐杀人犯罪不会消失，犯罪分子的反侦查能力也不会停滞不前。

　　性施虐杀人的定罪处罚问题也比较复杂。单纯杀人的应定故意杀人罪。在强奸、猥亵后将被害人杀害的，应当定故意杀人罪和强奸罪或强制猥亵罪或猥亵儿童罪并罚。杀人后，明知被害人已经死亡而猥亵、肢解尸体的，应当定故意杀人罪和侮辱尸体罪并罚；但如果不知道被害人已经死亡而进行奸淫、猥亵的，应定故意杀人罪和强奸罪（未遂）或强制猥亵罪（未遂）或猥亵儿童罪（未遂）并罚。在上述情况中，如果还发生非法拘禁，非法拘禁罪也在并罚之内。甚至有可能出现故意杀人罪、强奸罪、强制猥亵罪或猥亵儿童罪、非法拘禁罪、侮辱尸体罪并存并罚的情况。对性施虐杀人罪犯，应当给予法律所规定的最严厉的惩罚。因为，虽然他们的心灵极度扭曲，但是他们都具有完整的辨认能力和控制能力。正如在判处泰德·邦迪死刑时，爱德华·D. 科瓦特法官所说："对本庭来说，看到所有这些仁慈浪费在你身上是个悲剧。"①

---

　　① 〔英〕马丁·费多：《西方犯罪 200 年》，王守林等译，群众出版社，1998，第 881 页。

第六章

猥亵和性骚扰

广义的猥亵,是指所有以不道德的、有伤社会风化的方式刺激、满足自身或者他人性欲的淫秽、下流行为和语言。日本刑法判例认为,猥亵是指"使其行为人或者其他人的性欲受到刺激、兴奋或者满足的动作,侵害普通人的正常的性羞耻心,违反善良的性道义观念"。① 而狭义的猥亵,一般是指强制性交(不同时期对强制性交有不同的界定,长期定义为男性实施的强制阴茎 – 阴道性交)之外的以不道德的、有伤社会风化的方式激发、满足自身性欲或者激发、满足他人性欲的淫秽、下流行为和语言。综观各国刑法,多在规定强奸罪的同时禁止猥亵行为,但罪名、内容不尽相同,大致可分为侵犯他人性权利的猥亵和有伤社会风化的猥亵两大类。而从犯罪学的角度,根据猥亵的行为方式和侵犯的客体,可以将猥亵分为强制型、骚扰型和公然型三类。强制型猥亵,指以暴力、胁迫或者其他方法使被害人处于不能、不敢或者来不及反抗或者反抗困难的状态,

---

① 〔日〕大塚仁:《刑法概说(各论)》,冯军译,中国人民大学出版社,2003,第485页。

进而实施猥亵。对不满 14 岁的未成年人、精神病患者、醉酒者等不知反抗或不能反抗的人进行猥亵，即使未使用暴力或进行胁迫，也属于强制型猥亵。骚扰型猥亵与强制型猥亵的主要区别是没有对被害人进行强制。由于没有进行强制，骚扰型猥亵的方法比较简单，主要是一些令人感到难堪、厌恶或者令人不得安宁的下流行为，通常不会对被害人的身体造成损伤。这些行为有的是公开进行的，有的是半公开的，有的则具有隐蔽性，但被害人都是具体的。公然型猥亵是指在公共场所实施的不针对特定人的猥亵行为。强制型猥亵和骚扰型猥亵所侵犯的主要是公民的性权利和性尊严，而公然型猥亵所侵犯的主要是社会风化和管理秩序。对强制型猥亵，本书用一节篇幅集中加以分析。对骚扰型猥亵，则进一步分为摩擦猥亵（含瞬间猥亵）、秽语猥亵（含网络猥亵）、露阴猥亵（含淫秽表演）、窥阴猥亵（含视频偷拍）四类，逐一加以分析。对公然型猥亵，将在分析露阴猥亵时加以讨论。

本章还将讨论性骚扰和跟踪骚扰问题。

本章仅涉及异性猥亵骚扰，同性猥亵骚扰是后面第九章的内容。

第一节　强制型猥亵和猥亵儿童

一　强制型猥亵的范围

强制型猥亵在各国都是被禁止的。但应当注意到欧洲国家的立法变化，即随着强奸罪外延的扩大，一些曾经被列入强制猥亵罪的强制性行为如强制肛交、口交已经转入强奸罪（或其他罪名）。另一个显著变化是，与女性被纳入强奸罪主体范围一样，女性也被纳入强制猥亵罪的主体范围。

在中国，刑法关于强制型猥亵的对策曾有曲折的变化发展。在古代汉语中，猥亵为"琐碎、下流"之意，① 有"言词猥亵"、"猥亵之事"等语，并非指一种施加于他人的行为或动作。清末之前的历代刑法没有规定猥亵罪名和强制猥亵罪。《大清律例》有"调戏"而无"猥亵"。调戏包括"言语调戏"和"手足勾引"，其本身没有单独立罪。为与妇女和奸（即通奸，无夫者杖八十、有夫者杖九十）和刁奸（即诱奸，杖一百）而进行调戏，称为"调奸"、"图奸"。《大清律例》"刑律犯奸·犯奸"律文后附条例："凡调奸图奸未成者，经本妇告知亲族、乡保禀明该地方官审讯，如果有据，即酌其情罪之轻重，分别枷号、杖责，报明上司存案。如本家已经投明乡保，该乡保不即禀官，及禀官不即审理，致本妇怀忿自尽者，将乡保照甲长不行转报窃盗例杖八十，地方官照例议处。"② 《大清律例》"刑律犯奸·亲属相奸"律文后亦附条例："凡亲属和奸，律应死罪者，若强奸未成，发边远充军；调奸未成，杖一百，流三千里。其和奸罪不致死者，若强奸未成，发近边充军；调奸未成，杖一百，徒三年。"③

调戏未达和奸、刁奸之目的，行为人可能转而实施强奸，这时调戏就成为强奸罪的一个情节。《大清律例》"刑律人命·威逼人致死"律文后附条例："强奸内外缌麻以上亲，及缌麻以上亲之妻、若妻前夫之女、同母异父姐妹未成，或但经调戏，其夫与父母亲属及本妇羞忿自尽者，俱拟斩监候。如强奸已成，其夫与父母亲属及本妇羞忿自尽者，俱拟斩立决。"另一条例："强奸已成，将本妇杀

---

① 《辞源》（修订本），商务印书馆，1982，第 2008 页。
② 《大清律续纂条例（乾隆十一年）》，载刘海年、杨一凡总主编，郑秦、田涛点校《中国珍稀法律典籍集成》（丙编第一册·大清律例），科学出版社，1994；《大清律例》（以道光六年本为底本），张荣铮、刘勇强、金懋初点校，天津古籍出版社，1995，第 553 页。
③ 《大清律例》（以道光六年本为底本），张荣铮、刘勇强、金懋初点校，天津古籍出版社，1995，第 556 页。

死者，斩决枭示。强奸未成，将本妇立时杀死者，拟斩立决。……
如强奸未成，或但经调戏，其夫与父母亲属及本妇羞忿自尽者，俱
拟绞监候。"①

以污秽言语调戏、侮辱妇女，致妇女羞忿自尽，即使没有奸淫
意图和行为，也构成犯罪，但不处绞监候。《大清律例》"刑律人
命·威逼人致死"律文后附条例："凡村野愚民本无图奸之心，又
无手足勾引挟制窘辱情状，不过出语亵狎，本妇一闻秽语，即便轻
生，照强奸未成本妇羞忿自尽例，减一等，杖一百，流三千里。"
另一条例："凡妇女因人亵语戏谑羞忿自尽之案，如系并无他故，
辄以戏言觌面相狎者，即照但经调戏本妇羞忿自尽例，拟绞监候。
其因他事与妇女角口，彼此詈骂，妇女一闻秽语，气忿轻生，以及
并未与妇女觌面相谑，止与其夫及亲属互相戏谑，妇女听闻秽语，
羞忿自尽者，仍照例杖一百、流三千里。"② 此条例系乾隆五十年
（1785）奉旨拟定。当时山东有案："张季同妻梁氏赴地披取高粱，梁
氏见刘烺捆绑不坚，令其另换。刘烺复拔秫秸一颗，向梁氏声言：这
根粗壮，你可喜欢？梁氏疑为有心调戏，含忍不解，旋即投缳殒
命。"③ 嘉庆二十年又增一条例，针对更严重后果的案件："因事与妇
人角口秽语村辱，以致本妇气忿轻生，又致其夫痛妻自尽者，拟绞监
候，入于秋审缓决。"④

在清代，对属于后来所说强制猥亵的性侵害行为一般是作为"强
奸未成"处罚的。清代许梿等辑《刑部比照加减成案》，卷二十八记

---

① （清）薛允升：《读例存疑》，见胡星桥、邓又天主编《读例存疑点注》，中国人民公
安大学出版社，1994，第 608、611 页。
② （清）薛允升：《读例存疑》，见胡星桥、邓又天主编《读例存疑点注》，中国人民公
安大学出版社，1994，第 611、614 页。
③ （清）祝庆祺、鲍书芸、潘文舫、何维楷编《刑案汇览三编》（二），北京古籍出版
社，2004，第 1293 页。
④ 《大清律例》（以道光六年本为底本），张荣铮、刘勇强、金懋初点校，天津古籍出
版社，1995，第 470 页。

有嘉庆二十一年（1816）江苏一案："丁全郎屡次生事行凶，今复率众扰害尼庵，胆敢将庵内之岳女阴户抠伤，肆行凌虐。核与轮奸良人妇女未成，为首发回城为奴。"该卷另载嘉庆二十一年陕西一案："冯茂因辛映晨强奸伊妻未成，并不鸣官究治，辄将辛映晨之女韩辛氏按炕报复羞辱，例无治罪明文，但将冯茂照强奸未成满流上，减一等，拟徒。"① 亦有无强奸目的和行为而以下流手段侮辱妇女，致妇女自尽，不按强奸罪处罚而以他罪论处的案例。《刑案汇览》卷三十五载道光四年（1824）直隶一案："刘琢因崔张氏屡次登门辱骂，复将伊女污蔑，辄敢不顾男女之嫌，起意将崔张氏推倒撕破中衣，并采落其阴毛，抓伤小腹，致氏被辱难堪，气忿自缢。惟讯系崔张氏污蔑其女忿激所致，尚非无故逞凶，刘琢应比照因事用强殴打威逼人致死果有致命重伤例，发近边充军。"② 《续增刑案汇览》卷九载道光五年（1825）安徽一案："任连魁因养媳任曾氏见桃子被窃嚷骂，刘伯伶听闻疑其詈己，亦将任曾氏辱骂。任连魁往寻刘伯伶不依，途遇其堂妹刘让姐，任连魁以刘伯伶辱骂伊媳，起意还辱其妹，遂将刘让姐推跌，剥脱下衣跑走，刘让姐羞忿莫释，投缳殒命。讯明任连魁实止因媳被骂希图还辱，并无图奸之心，惟剥脱下衣，较之出言亵狎致本妇自尽拟流之案情节为重，将任连魁比照棍徒无故生事扰害例，发极边足四千里充军。"③

① （清）许梿、熊莪纂辑《刑部比照加减成案》，何勤华、沈天水等点校，法律出版社，2009，第305页。两案亦见佚名者所辑《比照案件》，齐钧整理，载杨一凡、徐立志主编《历代判例判牍》第八册，中国社会科学出版社，2005，第624～625页。在后书中，丁全郎案的文字是："丁全郎屡次生事行凶，今复率众扰害尼庵，胆敢将庵内之岳女阴户抠伤，肆行凌虐。核与轮奸良人妇女同一凶恶。丁全郎应比照轮奸良人妇女未成，为首发回城为奴。"
② （清）祝庆祺、鲍书芸、潘文舫、何维楷编《刑案汇览三编》（二），北京古籍出版社，2004，第1309页。
③ （清）祝庆祺、鲍书芸、潘文舫、何维楷编《刑案汇览三编》（四），北京古籍出版社，2004，第285页。

清末，受日本刑法影响，《大清新刑律》始设猥亵罪。日本明治初年的《新律纲领》和《改定律例》亦无"猥亵"概念。后在引介1810年《法国刑法典》时，日本人用汉文"猥亵"一词对应翻译了该法第330条（公然猥亵）和第331条（猥亵他人）中的pudeur一词。① 继而，将汉文"猥亵"引入仿效1810年《法国刑法典》制定的1880年日本刑法②，并在仿效1871年《德国刑法典》制定的1907年日本刑法中加以沿用③——在1995年以平假名わいせつ替换刑法有关条文中的汉文"猥亵"一词。④ 《大清新刑律》起草者对"猥亵"之意，有一解释："猥亵行为，指违背风纪未成奸以前之行为而言。"⑤ 后又有补笺："猥亵者，除奸淫以外，凡有关人类生殖、情欲之行为违背善良风俗者皆是。原案谓未成奸以前之行为，尚失之隘。此种猥亵行为，在异性间（男女）固能成立本罪，即同性间（男与

---

① 《佛蘭西法律書·刑法》，〔日〕箕作麟祥译，日本文部省，明治八年（1875），第34页；《日本刑法草案》，日本司法省，明治十年（1877），写本；《皇國佛國刑法對比合卷》，〔日〕小山景止编纂，冈岛真七出版，明治十三年（1880），第三编第24页。

② 日本1880年刑法第346条：十二歳ニ滿サル男女ニ對シ猥褻ノ所行ヲ爲シ又ハ十二歳以上ノ男女ニ對シ暴行脅迫ヲ以テ猥褻ノ所行ヲ爲シタル者ハ一月以上一年以下ノ重禁錮ニ處シ二圓以上二十圓以下ノ罰金ヲ附加ス；第347条：十二歳ニ滿サル男女ニ對シ暴行脅迫ヲ以テ猥褻ノ所行ヲ爲シタル者ハ二月以上二年以下ノ重禁錮ニ處シ四圓以上四十圓以下ノ罰金ヲ附加ス。《刑事法規集》（第一卷），〔日〕小野清一郎编，日本评论社，昭和十九年（1944），第147页。

③ 1907年日本刑法第176条：十三歳以上ノ男女ニ対シ暴行又ハ脅迫ヲ以テ猥褻ノ行為ヲ為シタル者ハ六月以上七年以下ノ懲役ニ処ス十三歳ニ滿タサル男女ニ対シ猥褻ノ行為ヲ為シタル者亦同シ。《刑事法規集》（第一卷），〔日〕小野清一郎编，日本评论社，昭和十九年（1944），第181页。

④ 日本刑法1995年改正第176条：十三歳以上の男女に対し、暴行又は脅迫を用いてわいせつな行為をした者は、六月以上十年以下の懲役に処する。十三歳未満の男女に対し、わいせつな行為をした者も、同様とする。《刑法の一部を改正する法律》（平成七年法律第九十一号）。2017年改正第176条：十三歳以上の者に対し、暴行又は脅迫を用いてわいせつな行為をした者は、六月以上十年以下の懲役に処する。十三歳未満の者に対し、わいせつな行為をした者も、同様とする。《刑法の一部を改正する法律》（平成二十九年法律第七十二号）。

⑤ 高汉成主编《〈大清新刑律〉立法资料汇编》，社会科学文献出版社，2013，第135页。

男、女与女）之行为及单独行为（手淫）亦在本条猥亵范围之内，惟本律不采处罚单独行为之规定而已。"①

《大清新刑律》所列猥亵罪，分为三条，有四种基本情形：（1）第283条第1项规定："对未满十二岁之男女为猥亵之行为者，处三等至五等有期徒刑或三百圆以下、三十圆以上罚金"；（2）第283条第2项规定，对未满十二岁之男女"以强暴、胁迫、药剂、催眠术或他法，至使不能抵抗而为猥亵之行为者，处二等或三等有期徒刑或五百圆以上罚金"；（3）第284条规定："对于十二岁以上男女以强暴、胁迫、催眠术或他法，致使不能抗拒，而为猥亵之行为者，处三等至五等有期徒刑或三百圆以下、三十圆以上罚金"；（4）第286条规定，"乘人精神丧失或不能抵抗而为猥亵之行为"，依第283条第2项、第284条之例处断。另外，根据第294条第1项规定，上述各条之罪"须被害人或其亲属告诉乃论"。② 以刑法学理论而言，在四种情形中，第三种属于普通强制猥亵，第二种也可归入普通强制猥亵，或称特别强制猥亵，第一种和第四种属于准强制猥亵。③ 如此分析定性之后，可见《大清新刑律》强制猥亵条款的排列顺序似有不妥。

1928年《中华民国刑法》第241条规定了普通强制猥亵："对于男女以强暴、胁迫、药剂、催眠术或他法致使不能抗拒，而为猥亵之行为者，处五年以下有期徒刑。""对于未满十六周岁之男女为猥亵之行为者，亦同。"其后，第242条第2项规定了准强制猥亵："对于妇女乘其心神丧失或其他相类之情形不能抗拒，而为猥亵之行为者，处三年以下有期徒刑。"另外还有条文规定对特别情形的强制猥亵加重

---

① 《大理院判例解释新刑律集解》，周东白编辑，世界书局，1928，第517页。
② 高汉成主编《〈大清新刑律〉立法资料汇编》，社会科学文献出版社，2013，第553页。
③ 参见陈承泽《中华民国暂行刑律释义（分则）》，商务印书馆，1913，第123～124页。

处罚。① 1935 年《中华民国刑法》第 224 条规定："对于男女以强暴、胁迫、药剂、催眠术或他法致使不能反抗而为猥亵之行为者，处七年以下有期徒刑。""对于未满十四周岁之男女为猥亵之行为者，亦同。"第 225 条第 2 项规定："对于妇女乘其心神丧失或其他相类之情形不能抗拒，而为猥亵之行为者，处五年以下有期徒刑。"② 与旧法相应条文相比，新法上述条文的表述基本未变，但提高了刑罚上限，降低了"亦同"的适用年龄。同时，新法增加一项规定（第 227 条第 2 项）："对于十四岁以上未满十六岁之男女，为猥亵之行为者，处五年以下有期徒刑。"

　　清末和民国时期的强制猥亵实际是指男性强奸（强制阴茎 – 阴道性交）以外的强制的性行为，包括异性（男 – 女、女 – 男）猥亵和同性（男 – 男、女 – 女）猥亵。关于强奸与猥亵的区别，有论曰："奸淫指男女交合而言，与猥亵之异点，不在程度，而在性质。盖本罪（指强奸——刘注）之特质在于异性之交接。猥亵罪则不以异性为限。或谓猥亵为奸淫之未遂，奸淫为猥亵之既遂，实谬也。"③

　　法国学者安克强（Christian Henriot）在其著作《上海妓女——19～20 世纪中国的卖淫与性》中提到，1921 年上海有一个提交法院审理的案子，据说有个男人曾迫使其妻子肛交。安克强说："我感到很难将它作为施虐受虐狂或任何性变态的最小实例加以引证。不过，我这时觉得自己好像是站在颤抖得很厉害的地面上，因为没有办法证明有关资料在这方面的只字不提并非是那些控制文字的人进行自我审查的一种意味深长的形式。不过，令人惊讶的是，在文学作品或报刊里也完全没有提到这方面的情况。"④ 其实，性变态事例在那时并不

---

① 《中华民国刑法（十七年三月十日公布）》，《最高法院公报》创刊号，1928 年。
② 《中华民国刑法（二十四年一月一日公布）》，《立法院公报》第 66 期，1935 年。
③ 《大理院判例解释新刑律集解》，周东白编辑，世界书局，1928，第 519 页。
④ 〔法〕安克强：《上海妓女——19～20 世纪中国的卖淫与性》，袁燮铭、夏俊霞译，上海古籍出版社，2004，第 157 页。

特别少见，报纸、期刊上也没有禁区，有关讨论时有所见。当时已经有人认为强制鸡奸即强制肛交应列入强奸罪而非处罚较轻的强制猥亵罪。将这个意见对照后来欧洲国家刑法对强奸罪的改造，颇显先见之明：

> 各国刑典及我刑法，关于鸡奸解释上列入强制猥亵罪内，殊觉不无可议。盖鸡奸者，以人之臀部代女阴，而为交接行为者也，实为变态之性交行为，社会上亦常见此种事实。其目的程度，有发泄性欲之能力，就犯者言之，与奸淫妇女之行为，毫无二致。而其恶性，实较奸淫为重，刑法上似应同认为奸淫行为之一种，而不当认为猥亵者也。
>
> 按诸原理，鸡奸与奸淫妇女之行为，仅客体性质之不同，非目的及程度之差异也，归之奸淫罪中，似无不当。然我刑法规定，一则构成强奸罪，一则构成强制猥亵行为，罪同而处罚异，殊觉有乖事理。兹从人情与法理两方言之，而其理益明。考法律强奸罪之规定，直接为保护性交之自由，间接为整饬风化。彼鸡奸者因性欲之冲动，径行鸡奸对方，以发泄兽欲，是不但对被害者之名誉自由摧残无余，其身体之健康，与社会之风化，亦受莫大之影响。此种犯人恶性之大，手段之酷，实较奸淫妇女之行为，有过之而无不及。若仅处于强制猥亵之刑，是不啻无形中奖励犯人避重就轻。准之人情与立法本旨，岂得谓当。①

还有人认为，丈夫强行鸡奸妻子也构成强制猥亵罪。1931 年，有一个叫任振南的律师被其妻蒋氏以《刑法》第 241 条之罪控于上海地

---

① 郑其铨：《论多数刑典将鸡奸在解释上列入强制猥亵罪内之失策》，《并州学院月刊》1933 年第 1 卷第 1 期。

方法院检察处。经检察官讯明，予以不起诉处分。当时《申报》全文刊登了不起诉处分书：①

　　被告任振南，男性，年二十三岁，籍贯广东，职业律师，现寓上海贝勒路十六号。

　　事实：缘有蒋杏娟即任蒋氏，以被告倒行逆施、惨无人道，肛门受伤甚重，请求验明协拘惩办等情，具状来院告诉。讯据告诉人供：现年二十一岁，在十三岁时，与被告定婚为童养媳。今年五月十日正式完婚。讵被告在娼寮游玩受毒，小便流血，结婚第三天又要鸡奸我粪门，共奸过十余次，常常奸勿进，我受痛不堪。他奸不进，又常常打我，故前阴尚痛。至两星期前粪门奸进两次，被他弄伤，常常有血云云。当经验明，头面胸腹阴阳各部均无伤，只左腿有脚踢一处，微青红色。

　　理由：按法理学上，所谓罪刑法定主义，凡行为受法律科罚者为罪，不许比附援引。故我国刑法第一条规定：法无正条，不能为罪。本案被害人与被告间既于五月十日为正式之结婚，依民法第一千零一条，互负有同居之义务。则刑法上第二百四十一条所谓猥亵行为，同法第三百十八条所谓强人行事（指强制罪即"以强暴、胁迫使人行无义务之事或妨害人行使权利"——刘注），及同法第二百四十条所谓强奸等罪，根本自不发生。虽民法第四编第二章关于如何履行同居义务，无若何具体规定，惟夫妇之间因交合致有重大之破坏，当不能以犯罪论。同理，后阴之应否交进亦无取缔明文。亵渎女性，应依教育道德以制裁之，非刑罚所能矫正。至关于左腿部分，查刑法上所谓伤害当以毁损人身生理上的机能为成立要件，换言之，即须使人身主体的机能受

_____

① 《任振南猥亵不起诉》，《申报》1931 年 7 月 16 日。

损害也。夫妻反目，加以暴行，事所惯见，虽脚踢处微现青红色，然未达上述程度。所诉纵使属实，是不过违警行为，即不能依刑法第二百九十三条第一项处断。况家庭之间以和为贵，纵有纠纷，依民法求解决，较有实益。对于轻微损害，未便绳以刑事。合依刑事诉讼法第二百四十四条第二款及第三款，处分不起诉。上海地方法院首席检察官刘懋初。中华民国二十年七月十四日。

结果甫出，舆论哗然，社会上许多人士对蒋氏颇表同情。对这种社会反响，有一学者不以为然，指出："此种态度实为我人言法治者不应有亦不必有。（一）蒋氏谓被其夫鸡奸受伤，但经医生检验，并无伤痕。可见此事尚未经充分证明，我人安可凭一造片面之陈述而遽人入罪。（二）纵该处分不当，蒋氏尚可声请再议，民法上亦尚多补救方法，正不必为蒋氏代鸣不平也。"不过，该学者并不认为丈夫强行鸡奸妻子不构成强制猥亵罪："惟本案之法律点，即已婚夫妇间能否犯二百四十一条之罪，则为一大可研究之问题。"他进而论证：

鸡奸之行为为刑法第二百四十一条之猥亵行为，要为一般习律者所不争。该不起诉处分书之理由，要谓两造既系夫妇，依民法互有同居之义务，则猥亵行为、强人行为、强奸等罪根本自不发生。度其意，盖谓同居之主要任务，即为生殖行为。生殖行为既在法律允许之列，照强理论法，猥亵行为自更所不禁。不知猥亵行为之性质，与生殖行为根本不同，非仅程度之差异而已。猥亵行为之范围广，生殖行为之范围狭，二者不能相提并论。猥亵行为可以施诸同性，生殖行为仅可施于异性也。故夫妇有同居之义务，即为有生殖行为之义务，非必有实行猥亵行为之义务也。法律既无此义务，则本案被告已构成刑法二四一条猥亵罪及三一八条强人行为之罪矣。

　　所可据为被告罪行免除之理由者，厥为原告之同意。盖本条为告诉乃论，若原告事先同意此种行为，即不容其起诉于后。本案既无证据证明原告明示同意，则惟视结婚行为是否含蓄默示之同意以为断。结婚之初，双方所同意者，即在同居。如何履行同居义务，民法虽无规定，就常情论，当系包括交合而言。盖一则可以满足双方性欲，二则所以经营生殖以达结婚之目的。双方既同意于此举，则因此有所破坏，固不能以犯罪论。反观后阴之交进，既与生殖无关，复非满足双方性欲之合理之方法，其非履行同居义务之必要行为可断言也。夫婚姻者，原非为男子一方满足性欲而设，同时亦兼以满足女子之性欲。而鸡奸乃纯为男子满足其变态性欲之举，女子方面绝无快感可言。结婚后，男子对于其妻有此种行为，而法律不之禁，则不啻视已婚女子为其夫玩物可以任意处置，而婚约亦将沦为女子之卖身契矣，实大悖于男女平等之原则也。男子强迫其妻为性交行为应否处罚，尚为近今学者间所争议。主其论者，谓性交果为妻对夫应尽之义务，无故不得拒绝，然妻对其身体仍有自主之权，夫不得以强力胁其交合。其意不过欲使女子平等享受婚姻之利益耳。正当之生殖行为尚如此，遑论其他。鸡奸之举，不因婚姻关系存在而免罪，可无疑矣。

　　或谓果尔则该条之适用，实非立法者意料所及。盖立法者之本意，不过欲适用之于非夫妇间之鸡奸而已。诚然，但立法者无论思虑得如何周密，总不免挂一漏万，胥赖司法者之运用以辅之。司法官于相当限度内有绝对自由解释之权。刑法第二百四十一条文义既未暗示不应适用于夫妇之间，则司法官应本公义正道、国家政策之需要而援用之，于法实无不当也。质之海内刑法学者以为然否。[1]

---

① 　维新：《刑法第二百四十一条猥亵罪之适用问题》，《法令周刊》第 57 期，1931 年。

虽然"女子方面绝无快感可言"之说可能绝对，但不能否认，这个论证颇具道理且很精彩，因而引用时不忍多作删减。正如其所期望，不久之后的 1932 年 1 月 25 日，国民政府司法院就江苏高等法院首席检察官王思默呈最高法院检察署转请解释猥亵罪疑义一案发出训令（院字第六五零号）："经本院统一解释法令会议议决：夫对于妻之鸡奸行为，如果具备强制条件，自可构成刑法第二百四十一条之猥亵罪。"训令附有最高法院检察署致司法院函：

> 案据江苏高等法院首席检察官王思默呈称呈为刑法第二百四十一条之猥亵罪发生疑义，仰祈鉴赐转院解释示遵事。窃查刑法第二百四十一条之猥亵罪，关于鸡奸行为除双方同意不合法定条件外，其以强暴胁迫致使不能抗拒而为鸡奸行为者，夫妇之间能否构成本罪兹分二说。（甲）说。既有夫妇关系，即使夫鸡奸其妻，亦难谓为猥亵，不能构成本罪。（乙）说。本章为维持风化而设，若于风化有关，虽夫妻之间亦应构成本罪。如甲说，夫鸡奸其妻是男女居室，显然违背伦理，实有下列种种弊害：（一）含有侮辱女性人格之故意；（二）有乖男女生理；（三）荒淫之结果影响种族之繁殖。故即有夫妻关系，亦在禁止之列。二说究以何种为是，事关法律疑义，理合具文呈请仰祈钧署鉴赐转院解释示遵等情，据此相应转请贵院查照解释为荷。[①]

1934 年，上海还发生一起为妾之妇女指控丈夫鸡奸，要求解除同居关系，但经法庭检验不实，予以驳回的民事案件。据《申报》1934 年 10 月 1 日报道：

[①] 《司法院训令：院字第六五零号（二十一年一月二十五日）：解释刑法第二四一条之猥亵罪疑义训令（附最高法院检察署函）》，《司法院公报》1932 年第 3 号；《司法院解释汇编》（第三册），司法院参事处编纂、发行，1932，第 52～53 页。

住居汇山路安庆里二十号门牌之本地人陆芹池，又名荣生，于去年九月娶住居塘山路老元吉里二十九号门牌忻礼仲之次女瑞弟（十九岁）为妾，身价洋六百元。讵现忻瑞弟忽偕其父具状第一特区法院，控诉陆芹池违背人道，将瑞弟鸡奸，要求解除同居关系，并给付抚慰金五千元等情，各情已详志本月七日本报。前日午后，由特一院乔万选推事开民七庭续讯，原告忻瑞弟及其律师范铭、被告陆芹池及其辩护律师陈霆锐律师均到庭候质。陆芹池对于所控，完全否认，谓原告出走已四五月，此次诉讼，实系放白鸽式希图诈财。庭上为欲明了事实起见，嘱瑞弟至法医处检验，但瑞弟诿以适逢经期。而陈律师亦称被告与原告已不同居有四五月，在此期间，不免可以作伪，若检验结果，并无鸡奸情形，则显系诬诉；若验得有鸡奸痕迹，则是否即能证明为被告之行为？庭上以非检验不能明事实，故将瑞弟送交法医室检验。经法医验察结果发觉瑞弟肛门祇有痔疮痕迹，并无曾受鸡奸情形，案情始告大白。庭上遂令知两造开始辩论，陈律师对原告之诉讼大肆攻击。辩论终结后，乔推事即当庭宣告判决主文，原告之诉驳回。①

当代中国的 1979 年《刑法》没有猥亵罪名。在该法施行期间，对男性强奸（强制阴茎－阴道性交）以外的强制性行为一般以流氓罪处罚。对流氓罪的内容，最高人民法院、最高人民检察院《关于当前办理流氓案件中具体应用法律的若干问题的解答》（1984 年 11 月 2 日）有比较详细的说明，它列举了一系列危害比较严重的淫秽、下流行为。1997 年《刑法》在保留强奸罪、取消流氓罪的同时，专门设立了强制猥亵妇女罪和猥亵儿童罪。该法第 237 条规定："以暴力、

---

① 《少妇诉夫鸡奸案：法医检验并无其事　当庭判决告诉驳回》，《申报》1934 年 10 月 1 日。

胁迫或者其他方法强制猥亵妇女或者侮辱妇女的，处五年以下有期徒刑或者拘役。聚众或者在公共场所当众犯前款罪的，处五年以上有期徒刑。猥亵儿童的，依照前两款的规定从重处罚。"这一条款没有限定行为人性别。也就是说，妇女也可以成为强制猥亵妇女罪和猥亵儿童罪的主体。对猥亵儿童罪，则既未限定行为人性别，也未限定被害儿童性别，包括异性猥亵儿童和同性猥亵儿童。但在司法实践中，以前几乎没有妇女被认定为强制猥亵妇女罪或者猥亵儿童罪的主体。

2015年，根据《刑法修正案（九）》，《刑法》第237条修改为："以暴力、胁迫或者其他方法强制猥亵他人或者侮辱妇女的，处五年以下有期徒刑或者拘役。聚众或者在公共场所当众犯前款罪的，或者有其他恶劣情节的，处五年以上有期徒刑。猥亵儿童的，依照前两款的规定从重处罚。"首先，"强制猥亵妇女罪"调整为"强制猥亵罪"，取消了被害人的性别限定，包括男女和第三性别者。异性强制猥亵和同性强制猥亵，均构成此罪。其次，增加"有其他恶劣情节的"（如以手造成被害人处女膜破裂）作为强制猥亵罪、强制侮辱妇女罪和猥亵儿童罪的从重处罚要件。

至于婚内强制猥亵是否构成强制猥亵罪，是一个超前也是一个滞后的问题。婚内强制猥亵入刑，在中国早有讨论，在世界上已有一些国家实行，《法国刑法典》在2010年将婚内强制猥亵列入性侵犯罪。从我国现行刑法的条文看，不能说强制猥亵罪不包括婚内强制猥亵，亦即丈夫以及妻子不享有强制猥亵罪豁免权；从立法本意看，应当没有考虑到婚内强制猥亵，学术界也鲜有讨论。这个问题，恐怕需要与"婚内强奸"问题一并解决，尚须时日。而且，婚内强制猥亵入刑，应当区别不同的行为，首先是强制肛交、口交等与强奸接近的行为。而将来如果全面修正刑法强奸罪规定，对婚内强制肛交、口交或类似行为应视同婚内强制性交。目前，对于丈夫经常强制与妻子进行肛交、口交，如果妻子告诉，可按虐待罪论处；造成严重身体伤害后果的，可按故意伤害罪论处。

本书所说"强制型猥亵"主要是指构成强制猥亵罪的性侵害行为。对于猥亵儿童的犯罪，包括未使用暴力、胁迫等强制手段的，参照对强制和非强制的奸淫幼女按强奸罪论处的法理，本书也将其作为"准强制猥亵"归入"强制型猥亵"之中。

另外，作为犯罪学概念，"强制型猥亵"还包括不构成刑事犯罪但违反治安管理的强制猥亵。以前的《治安管理处罚条例》没有猥亵概念。不过可以说，猥亵属于《治安管理处罚条例》所说的"侮辱妇女或者进行其他流氓活动"。2005年《治安管理处罚法》明确规定了猥亵。该法第44条规定：猥亵他人的，处5日以上10日以下拘留；猥亵智力残疾人、精神病人、不满14岁的人或者有其他严重情节的，处10日以上15日以下拘留。此条规定未将"猥亵"限定为"强制"的，外延比《刑法》宽广。

二　不同主体和对象的强制型猥亵

本节主要讨论异性实施的或者针对异性的强制猥亵犯罪和猥亵儿童犯罪。进一步说，包括以下三类犯罪。

（一）强制猥亵妇女

首先需要探讨一个问题，构成刑法上强制猥亵罪的"猥亵"是否需要身体接触？可以用两个具体问题分解这个大问题。其一，强制猥亵罪的成立是否要求行为人与被害人有身体接触（包括借助器具接触身体）？举例来说，歹徒持刀威逼妇女脱衣裸体是否构成强制猥亵罪？其二，强制时有身体接触，猥亵时没有身体接触是否构成强制猥亵罪？举例来说，歹徒将妇女捆绑后进行语言调戏是否构成强制猥亵罪？中国台湾地区对强制猥亵罪采取"直接接触说"，强制猥亵行为须"加诸被害人身上"或者"对被害人加以猥亵之积极行为"方构成强制猥亵罪。[1] 有一男子持美工刀胁迫女子不许动之后，露出生殖器自慰，使女子目睹，直至射精才令女子离去，当地法院认为不构成强制猥亵罪，而以强制罪处罚。[2] 而日本则不采用"直接接触说"，有判例认定以猥亵的意图或者倾向，强制拍摄裸体的行为也属于猥亵。[3]

"直接接触说"是不可取的。猥亵包括行为（狭义）和语言。猥亵既可以是与被害人身体发生接触的行为，如强吻、玩弄乳房、抠摸生殖器、鸡奸，也可以是不与被害人身体发生接触的行为，如给被限制自由的被害人拍裸照、在被限制自由的被害人面前手淫。而且，构成猥亵的身体接触，也不限于与被害人身体的性敏感部位发生接触。构成猥亵的语言也是多种多样的，既可以是调戏的话语，也可以是将使被害人蒙受羞辱的命令，如让被害人脱衣、喝尿、强迫一被害人与另一被害人发生猥亵行为。当然，猥亵行为是否构成刑法上的强制猥亵罪，还要看是否存在强制情节和猥亵情节是否严重，以及案件是否具备构成犯罪的其他条件。

其次，从刑法角度而言，处理强制猥亵案，应当注意强制猥亵罪（此处仅指猥亵妇女）与类似犯罪的差异。

第一，对成年妇女实施性侵害，如果行为人具有奸淫故意，仅将猥亵作为奸淫的铺垫，在猥亵之后因客观原因未能实施奸淫，应定强奸罪（未遂）而非强制猥亵罪。此种情况属于吸收犯。猥亵实际上是强奸辅助行为，是强奸罪的一个过程。吸收犯依照吸收行为所构成的犯罪论处，不适用数罪并罚原则。

第二，对成年妇女实施性侵害，如果行为人具有奸淫故意，但因

---

[1] 参见许玉秀主编《新学林分科六法：刑法》，台北新学林出版股份有限公司，2006，第 A - 454 页。

[2] 法源编辑室：《男子脱光光要求小学女童拍照不算猥亵》，法源法律网。

[3] 参见〔日〕大谷实《刑法各论》，黎宏译，法律出版社，2003，第 84 页；〔日〕西田典之《日本刑法各论》，刘明祥、王昭武译，武汉大学出版社，2005，第 63 页。

客观原因未能实施奸淫而后进行猥亵，构成强奸罪（未遂）和强制猥亵罪，从一重处断。对这一牵连犯，为何不实行数罪并罚？这是因为，作为强奸罪结果的强制猥亵所侵犯的法益与强奸罪是相同的，即他人的性权利。究竟是按强奸罪（未遂）还是按强制猥亵罪量刑处罚，需看具体情况。

[**案例 102**] 张某，男，乡镇企业工人。某日张下班回家，正碰到一妇女陆某在地里摘棉花，顿起邪念，意图奸淫。张遂上前搭话，夸赞陆长得漂亮。并提出要与陆玩玩。陆见张不怀好意，遂提篮回家。张上前阻拦，并动手动脚，摸陆的乳房。陆臭骂张。张强行将陆仰面按倒在地，脱去陆的裤子，欲行奸淫。陆竭力反抗，猛然一跃，变成爬卧姿势。张翻不过陆的身体，无奈对陆的肛门进行性交，并射精。①

第三，还应当注意区别强制猥亵（妇女）罪与强制侮辱妇女罪以及侮辱罪。

在 1997 年《刑法》开始施行至《刑法修正案（九）》生效这一时期，对于《刑法》第 237 条第 1 款规定的"以暴力、胁迫或者其他方法强制猥亵妇女或者侮辱妇女"的犯罪，最高人民法院确定的罪名是"强制猥亵、侮辱妇女罪"。在刑法学界，对于这一罪名及其所概括的犯罪有不同的解读。②

我同意其中一种意见，即认为"强制"一词同时修饰"猥亵"和"侮辱"两词，"强制猥亵、侮辱妇女罪"包括"以暴力、胁迫或

---

① 欧阳涛主编《性犯罪》，河南人民出版社，1989，第 154 页。
② 参见陈兴良《新刑法之罪名分析》，《中央政法管理干部学院学报》1997 年第 4 期；孙陶《强制猥亵、侮辱妇女罪罪名性质探究》，《法制博览》2015 年第 1 期（下）；王焕婷《应被取消的强制侮辱妇女罪》，《广西政法管理干部学院学报》2015 年第 5 期；陈家林《〈刑法修正案（九）〉修正后的强制猥亵、侮辱罪解析》，《苏州大学学报》（哲学社会科学版），2016 年第 3 期。

者其他方法强制猥亵妇女"和"以暴力、胁迫或者其他方法强制侮辱妇女"两种情况；"强制猥亵、侮辱妇女罪"是选择性罪名，根据不同案情分别为"强制猥亵妇女罪"或者"强制侮辱妇女罪"。也有意见认为，侮辱妇女构成犯罪并不必须具有强制条件，故其罪名应为"侮辱妇女罪"。此说欠妥。对侮辱妇女的行为虽应惩罚，但如果没有强制情节，该行为的危害性、严重性不足以使立法者将其与强制猥亵妇女相提并论，设置相同的量刑幅度。

强制猥亵妇女罪和强制侮辱妇女罪系从 1979 年《刑法》第 160 条关于"流氓罪"的规定——"聚众斗殴，寻衅滋事，侮辱妇女或者进行其他流氓活动，破坏公共秩序，情节恶劣的"——分解、细化而来。对于"侮辱妇女"，1984 年最高人民法院、最高人民检察院《关于当前办理流氓案件中具体应用法律的若干问题的解答》曾作解释，列举了四类行为：（1）追逐、堵截妇女造成恶劣影响，或者结伙、持械追逐、堵截妇女的；（2）在公共场所多次偷剪妇女的发辫、衣服，向妇女身上泼洒腐蚀物，涂抹污物，或者在侮辱妇女时造成轻伤的；（3）在公共场所故意向妇女显露生殖器或者用生殖器顶擦妇女身体，屡教不改的；（4）用淫秽行为或暴力、胁迫的手段，侮辱、猥亵妇女多人，或人数虽少，后果严重的，以及在公共场所公开猥亵妇女引起公愤的。据参与《刑法》修正工作的高铭暄教授介绍，1996 年 8 月，在研究修改《刑法》时，立法工作机关先是将上述行为中的强制猥亵妇女的行为归纳为"强制猥亵妇女罪"，并草拟了"以暴力、胁迫或者其他方法强制猥亵妇女的，处五年以下有期徒刑或者拘役。聚众或者在公共聚集场所犯前款罪，社会影响恶劣的或者造成严重后果的，处五年以上十年以下有期徒刑"的条文。其中没有具体提到"侮辱妇女"。在 1996 年 12 月，考虑到侮辱妇女的行为也是流氓行为的重要表现之一，对于危害严重的侮辱妇女行为，亦应追究刑事责任，立法工作机关在前述条文中增加了"侮辱妇女"的内容。又经其他调整和补充，最终形成 1997 年《刑法》第 237 条的规定。①

从这一立法过程来看，强制侮辱妇女罪基本是指《关于当前办理流氓案件中具体应用法律的若干问题的解答》所列举的"侮辱妇女"行为中可以归纳为"强制猥亵妇女"行为之外的侮辱妇女的行为。在 1997 年《刑法》颁布后，全国人大常委会法制工作委员会刑法室的人士指出，第 237 条所说"侮辱妇女"是指违背妇女的意愿，以多次偷剪妇女的发辫、衣服，向妇女身上泼洒腐蚀物，多次故意向妇女显露生殖器，追逐、堵截妇女等手段侮辱妇女。② 在 2015 年《刑法修正案（九）》通过后，全国人大常委会法制工作委员会刑法室的人士又指出："侮辱妇女"主要是指对妇女实施猥亵行为以外的、损害妇女人格尊严的淫秽下流的、伤风败俗的行为。例如，以多次偷剪妇女的发辫、衣服、向妇女身上泼洒腐蚀物、涂抹污物，故意向妇女显露生殖器，追逐、堵截妇女等手段侮辱妇女的行为。行为人"侮辱妇女"的，既是出于减损妇女的人格和名誉等目的，也是出于寻欢作乐的淫秽下流心理。③ 上述意见对"强制侮辱妇女"的"强制"作了比较宽松的解释，几乎将"强制"等同于"违背意愿"。但从其举例来看，"强制侮辱妇女"的"强制"在程度上无法与"强制猥亵妇女罪"的"强制"等量齐观。偷剪妇女的发辫、衣服，故意向妇女显露生殖器，更接近本书所言的"骚扰型猥亵"。另外，偷剪妇女的发辫、衣服，向妇女身上泼洒腐蚀物、涂抹污物，追逐、堵截妇女，未必是出于寻欢作乐的淫秽下流心理。

如果将强制猥亵妇女罪（强制猥亵罪）与强制侮辱妇女罪加以比

---

① 参见高铭暄《中华人民共和国刑法的孕育诞生和发展完善》，北京大学出版社，2012，第 454～456 页。

② 全国人大常委会法工委刑法室徐霞、王倩、王宁编著《中华人民共和国刑法学习纲要》，人民出版社，1997，第 202 页。

③ 全国人大常委会法工委刑法室臧铁伟、李寿伟主编《〈中华人民共和国刑法修正案（九）〉条文说明、立法理由及相关规定》，北京大学出版社，2016，第 96～97 页。

较，两者的区别主要在于前者行为的实施系出于满足性欲的目的，行为具有性的含意，主要侵犯的是他人的性权利和性尊严，强制性明显；而后者行为的实施系出于贬毁他人人格、破坏他人名誉的目的，且行为不一定具有性的含意，主要侵犯的是他人的人格权、名誉权，也不具有前者那种程度的强制性。

基于上述考虑，本书未将"强制侮辱妇女"犯罪整体，而只是将其中构成性侵犯或者具有明显性含意的行为即性侮辱行为归入"性犯罪"，并且将其中不具有明显强制性的性侵犯行为归入"骚扰型猥亵"。

在《刑法修正案（九）》制定过程中以及生效之后，鉴于"强制猥亵妇女罪"改为"强制猥亵罪"，有些学者进而主张将第 237 条中的"侮辱妇女"改为"侮辱他人"，使其行为对象也扩展至男性。[①]从理论上说，这个意见是正确的。只不过，像前述全国人大常委会法制工作委员会刑法室人士所列举的那些性侮辱行为，较少施诸男性身上。

至于侮辱罪，《刑法》第 246 条第 1 款规定："以暴力或者其他方法公然侮辱他人，情节严重的，处三年以下有期徒刑、拘役、管制或者剥夺政治权利。"第 2 款规定："前款罪，告诉的才处理，但是严重危害社会秩序和国家利益的除外。"[②] 侮辱罪也是以贬毁他人人格、破坏他人名誉为目的，但侮辱行为必须是当着第三者甚至众人的面，或者利用可以使不特定人或多数人听到、看到的方式实施的，且不具有性的含意，也不要求必须有强制情节。

（二）成年女性猥亵成年男性

在《刑法修正案（九）》之前，1997 年《刑法》忽略了成年女性强制猥亵成年男性的情况。这种事情是存在的，虽然远少于成年女

---

① 参见赵秉志主编《〈中华人民共和国刑法修正案（九）〉理解与适用》，中国法制出版社，2016，第 182 ~ 184 页。

② 根据《刑法修正案（九）》，在《刑法》第 462 条中增加一款作为第 3 款："通过信息网络实施第一款规定的行为，被害人向人民法院告诉，但提供证据确有困难的，人民法院可以要求公安机关提供协助。"

性猥亵男童。主要依靠人多势众优势或者利用药物、酒精使被害人丧失反抗能力而实施，且多针对年轻男性。网络媒体上记载一些成年男性被成年女性强制猥亵的事情，多难以查实，疑似杜撰、意淫，不足为凭。这里仅引一个司法文献记录的案例。

[**案例103**] 马某，女，19岁。一日，马某约钟某（女，16岁）、贺某（女，14岁）、李某（男，15岁）到万某宿舍玩，路遇陈某（男，18岁），然后五人同到万某宿舍。当时万不在，五人便煮起鹅蛋。陈对钟说："鹅蛋像你的奶奶（指乳房）一样。"钟便与陈在床上打闹。马帮钟的忙，并招呼李、贺都来，一块扒陈的裤子。几人将陈成"大"字捆绑在床上，将陈的裤子扒到脚脖子处。马、李、钟轮流玩弄陈的阴茎，直至射精。马还硬拉贺的手摸陈的阴茎。几人还用手扯、用火烧陈的阴毛，并用鞋油涂在陈的生殖器周围。前后时间长达两个多小时。在陈求饶后，马等人才将陈放走。陈走后，钟说"没玩够"，马、钟、贺又用同样方法玩弄李的阴茎。此后，马等人还同样猥亵过三名男青年。①

此案发生在1979年《刑法》施行期间，检察院对案犯中的马某以流氓罪起诉，法院以同罪作了有罪判决。此案如果发生在1997年以后、《刑法修正案（九）》之前，由于仅有强制猥亵妇女罪，马某等人强制猥亵青年男性不构成犯罪。而且，马某等人行为似乎是年轻男女之间玩笑过火，也不需要追究刑事责任。对马某可给予治安管理处罚。与1997年《刑法》不同，《治安管理处罚条例》关于流氓活动的规定和《治安管理处罚法》关于猥亵的规定没有限定行为人和被猥亵人的性别，也就是说，成年女性猥亵成年男性也在其处罚之列。

---

① 王运声主编《刑事犯罪案例丛书·流氓罪》，中国检察出版社，1990，第248页。

在《刑法修正案（九）》生效之后，第 237 条规定的"强制猥亵妇女罪"变成"强制猥亵罪"，成年女性以暴力、胁迫或者其他方法强制猥亵成年男性，也构成强制猥亵罪。

（三）猥亵儿童

在中国，性侵害未成年人的犯罪包括奸淫幼女、猥亵儿童，长期处于高发势态。最高人民法院通报，2013 ~ 2016 年，全国法院共审结猥亵儿童犯罪案 10782 件。从人民法院审理的性侵未成年人犯罪案件看，熟人作案比例相对较高，多利用特殊身份或特殊关系实施犯罪，有性犯罪前科者再次实施性犯罪的比率较高，受害人往往被侵害的次数多，持续时间长。①

中国现行《刑法》上的"猥亵儿童罪"，是指猥亵（不论是否强制）不满 14 岁男女未成年人。这个保护范围，窄于民国时期刑法的"未满十六岁"。在现行《刑法》上，猥亵已满 14 岁不满 18 岁男女未成年人，不构成猥亵儿童罪；强制猥亵的，构成强制猥亵罪。

根据行为人和被害人的性别来划分，猥亵儿童罪包括四种情况：成年男性猥亵女童（幼女），成年男性猥亵男童，成年女性猥亵男童，成年女性猥亵女童。

猥亵儿童罪之"猥亵"，因行为人的性别而含义不同。成年男性对儿童的猥亵，系指实施阴茎－阴道性交（按接触说）之外的任何性行为。成年男性与女童发生阴茎－阴道性交，属于强奸罪（奸淫幼女），不属于猥亵儿童罪；如果已经发生生殖器接触，即使未奸入，亦应定强奸罪（既遂）而非猥亵儿童罪；如果行为人具有奸淫故意，在奸淫之前实施了其他性行为，但因客观原因没有发生生殖器接触，应定强奸罪（未遂）而非猥亵儿童罪。而成年女性对儿童的猥亵，则指实施任何性行为，并不排除阴茎－阴道性交。成年女性与男童发生

---

① 刘子阳：《4 年审结猥亵儿童犯罪案 10782 件》，《法制日报》2017 年 6 月 2 日。

阴茎－阴道性交，属于猥亵儿童罪而非强奸罪。以后，中国《刑法》如果扩大"强奸罪"范围，成年男性与男女儿童发生肛交等非阴茎－阴道性交，成年女性与男童发生阴茎－阴道性交或者肛交等非阴茎－阴道性交，将可能归入强奸罪，但在处罚上是否与"奸淫幼女"看齐，到时仍须斟酌。

成年男性猥亵幼女的犯罪发生较多，研究也比较深入，这里不再展开。同性猥亵犯罪将在第九章进一步分析。下面着重讨论成年女性猥亵男童的问题。

在西方一些国家，成年女性与男童发生性行为构成犯罪，不论强制还是非强制的。美国西雅图曾发生过一个女教师与 12 岁的男孩发生性关系并在后来生育孩子的案件：

[**案例 104**] 1996 年，美国华盛顿州西雅图的肖尔伍德小学 34 岁的女教师玛丽·凯·莱图尔诺（Mary Kay Letourneau，1962 年出生）已经有了一个幸福家庭，而且已是 4 个孩子的母亲，但是她却偏偏爱上了自己的学生——12 岁的六年级男生维利·菲阿尔罗（Vili Fualaau）。两人发生了性关系。1997 年 2 月，莱图尔诺的丈夫发现妻子竟然与小学生私通，实在难压心中怒火，将丑事告诉了家人。后来，事情被捅了出去，莱图尔诺因涉嫌强奸儿童被捕，当时她已怀有菲阿尔罗的孩子。在法庭上，身怀六甲的莱图尔诺对指控供认不讳。法庭认定她犯有两项二级强奸儿童罪（second-degree child rape），判处 6 个月监禁，并且要求她在社区心理咨询处服务 3 年。在等候审判结果期间，1997 年 5 月，莱图尔诺生下她与菲阿尔罗的女儿。莱图尔诺的丈夫与她离婚，带着 4 个年幼的儿女远走他乡。莱图尔诺在大牢里待了 6 个月后，在一次听证会上，她声泪俱下地忏悔："我做了不应该做的事情，无论从法律上还是从道德上讲，我都错了，我很抱歉。"她发誓"这种事情再也不会发生了"。当时，菲阿尔罗也向法官求情，说他根本不觉

得自己是什么"受害者"，相反，他认定自己和莱图尔诺之间就是真爱。于是，法官决定给莱图尔诺一次机会，同意她假释。然而，放出来没多久莱图尔诺又与菲阿尔罗发生性关系，并且又怀上了菲阿尔罗的孩子。虽然她不断申辩一切都因为自己对菲阿尔罗的爱太深、情太切，她还信誓旦旦地说非菲阿尔罗不嫁。但是，法庭没有再宽恕她，判处她7年监禁。1998年10月，莱图尔诺生下她与菲阿尔罗的第二个女儿。2004年8月，莱图尔诺被释放，但作为性罪犯在当地机构登记。当时已经21岁的菲阿尔罗要求法庭撤销两人不能接触的禁令，获得批准。2005年5月，莱图尔诺与菲阿尔罗结婚。2017年5月，菲阿尔罗提交合法分居文件，声请结束与莱图尔诺维持了12年的婚姻。[①]

在中国历史上，罕有妇女与男童发生性行为被处罚的事情。一般群众也不将妇女与男童发生性行为甚至性交视为犯罪。这可能有传统观念的影响。清代采蘅子《虫鸣漫录》记有一婢女与幼童发生性交致幼童暴亡，然后婢女怀孕生子，使宗祀延续之事。该事可能有杜撰、夸张成分（或实为婢女与成年人私通），但述者不以为耻，闻者传为美谈，反映了当时社会对妇女与男童发生性交的宽容态度。

> 宁都曾姓，大族也。有曾叔廉者为武秩，与余善，自言其先有七岁祖者，甚奇怪而问之。盖国初时，抚建两郡大饥，曾遂自南丰迁宁都，家资颇富，而止一子，年七龄，令随婢寝处。婢已十八九，欲念甚炽，苦无所觅。乃日弄子阴，而调以亵辞。久之，渐导以交合之事，子知识略开。婢抱子于怀，搔其阴起，引

---

① 参见张楠《女教师诱奸12岁男童生两女》，《华商报》2002年3月28日；姚凯红综编《美女教师出轨13岁学生判入狱 相守20年后终离婚》，海外网，2017年5月31日，http://news.haiwainet.cn/n/2017/0531/c3541093 - 30941245.html；https://en.wikipedia.org/wiki/Mary_Kay_Letourneau。

入媾合。子幼精未通，无所涉。一夕，婢忽觉子阴中热气直冲入腹，稍为畅适，则子已气脱伏死于身矣。婢大号，父母趋视，婢言子暴亡，哀痛而已。数月后，婢腹渐高，主母以家法素严，三尺童不得入中门，焉有他故，疑而诘之，泣诉其故，疑信参半。十月足举一男，貌酷肖亡子，乃释然。婢遂终身不嫁，抚孤成立。主人后未生子，赖此孙以延宗祀，至今繁衍，称望族焉。①

至民国时期，成年女性与未成年男性发生性交的规制问题才开始受到关注。1932 年，湖北通城县司法委员汪广生通过湖北高等法院院长何奇阳就成年女性诱令未成年男性与其性交如何论处的问题致函最高法院，转请司法院解释。该公函称："女子无强奸男子能力固无待论，但未满十六岁之美男子而被淫妇诱奸者，在当今社会亦决不能谓无。今刑法第二百四十条第二项（奸淫未满十六岁女子，以强奸论——刘注），仅规定奸淫未满十六岁之女子者，以强奸论。设有未满十六岁美男子某甲，发育未充，意志亦弱，竟被淫妇某乙设法诱惑致被奸淫，经甲母依法告诉，则法院究应依男女平等原则及刑法第二百四十一条第二项（依上下文判断，似应为第二百四十条第二项——刘注）、第二百四十三条第三款与第二百四十九等条之立法旨意，适用该第二百四十条第二项处断，抑应依同法第一条认为法无明文不予论罪，似不无疑义。如适用该条项处断，则该条项之被害主体明明规定为女子，谅不容执法者推类妄解。若依同法第一条办理，则男女平等本党早已定为政纲，不独似与党国养成男子健全人格，保护其未来福利之本旨不合，且与上开所引第二百四十一条（依上下文判断，似应为第二百四十条——刘注）之立法意旨亦似未能一贯。此应呈请转请解释。"对公函所提疑义，司法院统一解释法令会议议决："妇女诱

---

① （清）采蘅子：《虫鸣漫录》，何铭校阅，新文化书社，1934，第 25~26 页。

令未满十六岁之男子与其相奸，如该男子并无奸淫之故意，则该女子应当构成第二百四十一条第二项之罪。"①

在当代，根据修正之前的 1997 年《刑法》第 237 条，虽然女性强制猥亵成年男性不构成犯罪，但女性猥亵不满 14 岁男童构成猥亵儿童罪。1997 年《刑法》关于猥亵儿童罪（以及强制猥亵妇女罪）与强奸罪的规定，有一个明显不同，前者没有像强奸罪那样，明示或者暗示作为直接正犯的犯罪主体必须是男性。也就是说，男性猥亵男童或者女童，女性猥亵男童或者女童，都构成猥亵儿童罪。猥亵儿童罪与奸淫幼女的强奸罪也有一个共同之处，该罪的构成并不取决于儿童对性行为的态度，儿童对性行为抵制也罢，接受也罢，抑或主动追求也罢，行为人都构成犯罪。刑法的这个立场，是基于儿童性理解能力或者性自卫能力的薄弱或缺无，是对儿童权益的特别保护。这个原则对女童和男童都适用，也不因行为人的性别而变化。

1997 年《刑法》和当时的司法解释没有明确规定猥亵男童构成犯罪是否应以"明知"男童不满 14 岁为要件。2013 年最高人民法院、最高人民检察院、公安部、司法部《关于依法惩治性侵害未成年人犯罪的意见》只规定了对幼女实施性侵害的"明知"问题。从法理上说，对男童实施性侵害与对幼女实施性侵害，处理"明知"问题的逻辑应当是一样的：对男童实施强制猥亵或者对不满 12 岁男童实施猥亵，不论是否明知，均构成猥亵儿童罪；对 12 岁以上 14 岁以下男童实施猥亵，在男童表示同意或者没有通过语言或者肢体动作表示拒绝的情况下，如果知道或者应当知道男童不满 14 岁，构成猥亵儿童罪；对于已满 12 岁不满 14 岁的被害人，从其身体发育状况、言谈举止、衣着特征、生活作息规律等观察可能是男童，而实施猥亵的，应当认定行为人"明知"

---

① 《司法院训令：院字第七一八号（二十一年四月五日）：解释刑法各疑义训令（附原函）》，《司法院公报》1932 年第 15 号；《司法院解释汇编》（第三册），司法院参事处编纂、发行，1932，第 119 ~ 123 页。

对方是男童。有极个别男童性早熟，在性欲冲动下，或者经他人教唆，强制对妇女实施性行为，该妇女作为被害人，自然不承担刑事责任，而该男童因未达刑事责任年龄，也不受刑事追究。

虽然有发育趋于成熟的男童因为有成年女性与之发生性关系而觉得自己有男子汉气概或者自己的地位得到了提高，[①] 但从许多男性青少年成长的经历来看，童年时代来自女性的猥亵可以对他们产生不良的影响。遭猥亵的男童在长大后，很可能有独特的而不为社会所接受的性观念、性行为，也可能难以与女性建立正常的性关系和婚姻关系。而且，有些男童在受到女性的猥亵后因为害怕受到嘲笑、无人理解而无法向他人诉说，无法释放心理压力，可能因此苦恼焦虑以致在成年后发生精神障碍。

[**案例 105**] 被告人朱某系小学女教师，平时工作认真负责，就是对学生的态度让其他教师感到不解。朱经常抚摸其喜欢的学生尤其是男孩子，从脸到手，到身体其他部位，甚至还把小男孩抱在自己身上，抚摸其生殖器。朱对不解的学生解释道，这是老师喜欢学生的表现。每当学生表现好，老师满意时，就会把他抱在身上抚摸，就好像这是老师的表扬。年幼的学生信以为真，每每因为被老师抚摸而感到得意。有的学生回到家里，也以这种方式要求父母给予同样的表扬，引起了家长们的警觉，遂告到学校。[②]

此案中的男童幼小，不懂事，家长们在报案、制止以及告诫男童的同时，不宜对男童讲述过多的有关道理，那样反而不利于他们的正

---

① 参见〔美〕罗纳德·J. 博格、小马文·D. 弗瑞、帕特里克亚·瑟尔斯《犯罪学导论——犯罪、司法与社会》（第二版），刘仁文、颜九红、张晓艳译，清华大学出版社，2009，第413~415页。

② 韩玉胜主编《刑法各论案例分析》，中国人民大学出版社，2000，第133页。

常成长。但是，有的成年女性引诱开始进入青春期的男童发生性交，或者向他们卖淫，则不可等闲视之，因为这可以极大地扭曲他们正在建立的性意识和性观念。许多凶残的性罪犯都曾经有一个性混乱的青春期。然而，很少有人意识到这样的成年女性已经构成猥亵儿童罪。

还曾有卖淫女向不满 14 岁的男童卖淫的荒唐事：

[**案例 106**] 2006 年 4 月 27 日晚 10 时许，在七里河秀川新村一汽车修理厂打工的黄云（化名），被一名卖淫女"押"到修理厂向老板讨要 100 元钱的服务费，老板李某大吃一惊，因为黄云年仅 13 岁，不可能去找卖淫女干龌龊事，一定是卖淫女故意欺骗，然后敲诈钱财，李某随即拨打 110 报了警。几分钟后，秀川派出所民警赶到修理厂，将卖淫女和黄云带到派出所询问。卖淫女称，是黄云主动将她领到附近一宾馆发生了关系，并答应给她 100 元服务费。而黄云却说，是卖淫女将他带到附近一宾馆，强迫他发生关系的。民警在两人的交代中得知，此案最初是在几名汽车司机的鼓动怂恿下发生的，民警随即到修理厂寻找，但几名汽车司机早已不见踪影。据民警调查，黄云在修理厂打工时，与几名常到此修车的司机十分相熟。事发当晚 8 时许，几名司机在修车时与黄云开玩笑，说要给他找个小姐，黄云应允后，几名司机便打电话叫来了一名卖淫女。在几名司机的怂恿下，黄云和卖淫女一同来到秀川附近的一宾馆发生了性关系。当时几名司机答应完事后，服务费由他们付，但等到卖淫女和黄云走出宾馆后，几名司机却已不知去向。由于双方各执一词，警方目前还在做进一步调查。警方呼吁，对待未成年人青春期教育问题，要正确引导，千万不能怂恿未成年人涉足与其年龄不相符的事，更不能诱导他们走上犯罪之路。①

---

① 唐学仁：《几名司机怂恿 13 岁少年修车工与卖淫女发生关系》，《兰州晨报》2006 年 4 月 29 日。

　　卖淫女的卖淫对象黄云是一个 13 岁的未成年人，即《刑法》所说的"儿童"。在法律上，应当推定他不具有性理解能力或性自卫能力。他也确实有可能不知道嫖娼的后果。他是不是知道如何性交，报道没有说。他可能知道一点，但如果他还是一个"处男"的话，他可能在性交时表现出一定的"不知所措"。他说是卖淫女强迫他发生关系的，大概就是指卖淫女在性活动中比较主动，而他是被她引导的。这不用细究。因为无论他是否熟练、积极，只要他的性行为是经卖淫女同意的，他就是一个法律上的被害人。本案的特别之处，还在于双方存在疑似卖淫嫖娼关系。之所以说"疑似"，是因为发生性关系的双方，并没有直接发生金钱关系。"债务关系"实际上是发生在卖淫女和那几名司机之间。但是，存在卖淫嫖娼关系并不能影响"猥亵儿童罪"的成立。不过，本案的卖淫女只有在两种情况下有可能被认定不构成"猥亵儿童罪"。第一，她不到一般刑事责任年龄，即不满 16周岁。《刑法》第 17 条规定："已满十六周岁的人犯罪，应当负刑事责任。已满十四周岁不满十六周岁的人，犯故意杀人、故意伤害致人重伤或者死亡、抢劫、贩卖毒品、放火、爆炸、投毒罪的，应当负刑事责任。"报道没有说她的年龄，但估计已经成年，并可能已有多年卖淫生涯。报道有一个细节很有意思，卖淫女是把黄云"押"到他所在修理厂向老板讨要 100 元钱服务费的。一个大人、一个小孩的形象非常清晰。第二，她不"明知"黄云不满 14 岁，而且司法机关认为"明知"也适用于"猥亵儿童罪"。报道没有说她是否清楚黄云多大，虽然有迹象表明，她知道黄云不大。卖淫女如果真的被追究刑事责任，她的辩护人最有可能主张的无罪理由就是不"明知"。①

　　2012 年，又有媒体报道一个 13 岁男孩随家人到洗浴广场洗澡，

---

　　①　以上分析曾以"猥亵儿童罪：从卖淫女与 13 岁少年发生关系案谈起"为题于 2006年 5 月 19 日发表于互联网。

结果稀里糊涂地"消费"了由女技师提供的"性服务"：

[**案例 107**] 这个男孩说："到浴场后，我一个人在男部洗。洗完后，换了浴服准备到大厅休息。浴场的一个男服务生过来问我需不需要按摩，我以为这项服务包含在我们的洗浴票里，就"嗯"了一声点了下头。然后，男服务生便把我带到 4 楼的一个房间，房间内有一张大床、电视机等。我在里面坐了会儿，一个女服务生拿了一张单子进来让我签，我签了后感觉不对劲，想回到三楼大厅，却发现四楼通往三楼的铁门推不开。我只得又返回房间。过了两三分钟，一个女的进了我的房间，说了几句话后，她把自己的衣服全都脱了躺在床上，我控制不住，把自己的衣服也脱了，她给我戴了避孕套，并和我发生了性关系。大约 15 分钟后，我下楼回到了休息大厅。她没脱衣服前，问了我的年龄，我说 13 周岁。她听了后，也没说什么，接着就开始脱衣服了。"事后，男孩说："觉得自己的自控能力太差了，不应该，很羞愧，觉得很丢人。"直到第二天早上结账时，男孩的家人被告知，男孩在浴场内消费了由技师提供的"性服务"，要求家人为男孩消费的 198 元买单。在得到浴场女技师确实为男孩提供过"性服务"的答复后，家人非常愤怒，拒绝了浴场提出的减免一半费用的处理，选择了报警。"从警 20 多年，我还是第一次遇到这样的事情。如果调查属实，这应该是一件性质非常恶劣的事件。"一位办案民警说。接到报警后，派出所民警赶到现场对事件进行询问调查，但被指给男孩提供了性服务的女技师，已经不知去向。报道此事的记者就浴场和女技师的责任问题咨询了专家和律师。一位专家说：在我国现行法律中，"强奸"仅针对女性而言，而针对男性而言，并没有对其性侵犯的明文法律规定。根据《治安管理处罚法》，浴场和女技师的行为，是典型的提供色情服务及卖淫行为，应该对此采取相应制裁措施。此案的恶劣影响在于，该男孩是一个没有行为能力和辨别能力的个体，对其

提供性服务，无异于对未成年个体的摧残。对于该男孩而言，因为年龄只有 13 岁，其本身并构不成刑事和行政违法。一位律师说，在此案中，如果提供性服务的"技师"有性病并传播给了男孩，可以传播性病罪追究其刑事责任。①

对于此事，记者、专家、警方以及浴场方面都没有意识到，该女技师向不满 14 岁男童卖淫的行为已经构成猥亵儿童罪。

2017 年 5 月，媒体报道一起女教师与不满 14 岁男童发生性关系被按猥亵儿童罪处罚的案件，因其少见而被广泛关注：

[**案例 108**] 2017 年 5 月 31 日上午，常州市中级人民法院发布保护未成年人合法权益的十大案例。其中一起案例为，常州市金坛区某中学教师与其班上一男学生多次发生性关系，因犯猥亵儿童罪，该女教师被判刑 3 年。据了解，黄某（女），原系金坛区某中学老师，2013 年时担任受害人王某（男，2001 年生）所在初一某班班主任。黄某在明知其学生王某未满十四周岁的情况下，仍于 2014 年 3 月至 8 月间，在家中、宾馆等地多次与王某发生性关系。案发后，黄某被金坛区检察院以涉嫌猥亵儿童罪起诉至法院。常州市金坛区人民法院审理后认为，被告人黄某明知被害人王某系未满十四周岁的儿童，仍多次与其发生性关系，其行为已构成猥亵儿童罪，依法应当从重处罚。其有自首情节，依法可以从轻处罚，另其无前科，庭审中自愿认罪，可酌情从轻处罚。判决：被告人黄某犯猥亵儿童罪，判处有期徒刑三年。

据了解，该起案件中，黄某 30 岁左右年纪，离异。黄某与王某

---

① 冼扬：《"真不敢相信，浴场给 13 岁娃提供性服务"——咸阳孟先生夫妇向警方举报亚龙湾浴场存在色情服务，警方已立案调查》，《华商报》2012 年 8 月 1 日。

多次发生关系后，王某的家人从王某的微信聊天记录中发现有些不正常，结合该段时间孩子成绩下降、经常不回家，甚至夜不归宿，感觉到情况异常，于是反映到学校，由此案发。黄某第一次与王某发生关系，是在黄某帮助王某辅导学习的时候。

针对该案，办案法官表示，黄某目无法纪，多次与儿童发生性行为，其行为已构成猥亵儿童罪，应从重处罚。其身为人民教师，属于对未成年人负有特殊职责的人员，却违背法律和伦理，多次与未满14周岁的初一学生发生性行为，该行为性质恶劣，社会影响极坏，辜负了学生和家长对教师的尊重与信任，给被害人幼小的心灵及其家庭带来心理创伤，人民法院对其依法予以惩处。

黄某为何没有以强奸罪论处？该案办案法官介绍，因为我国相关法律规定，强奸罪，是指违背妇女意志，使用暴力、胁迫或者其他手段，强行与妇女发生性交的行为。该罪侵犯的客体是妇女性的不可侵犯的权利。该起案件中，因此黄某不构成强奸罪，而以猥亵儿童罪论处。猥亵儿童罪，是指以刺激或满足性欲为目的，用性交以外的方法对儿童实施的淫秽行为。不满十四周岁的男童女童都可以作为本罪的受害人或猥亵对象。[1]

报道没有明确说女教师与男学生究竟发生了何种"性关系"、"性行为"。判断起来，应是发生了非强制的阴茎－阴道性交。然而，报道不知以何为根据来进行解释："猥亵儿童罪，是指以刺激或满足性欲为目的，用性交以外的方法对儿童实施的淫秽行为。"将阴茎－阴道性交从猥亵儿童罪中彻底排除。这似乎是说，女教师仅与男学生发

---

[1]　常法宣、刘国庆：《常州一初中女教师与男学生发生性关系，犯猥亵儿童罪获刑3年》，现代快报网，2017年5月31日，http：//news. xdkb. net/2017 -05/31/content_1048613. htm。另参见《常州法院保护未成年人合法权益十大典型案例》，http：//www. jsczfy. gov. cn/fyxw/tpxw/256181. shtml。

生了阴茎－阴道性交之外的性行为，且被害人不是妇女而是男童，故而按猥亵儿童罪而非强奸罪论处。实际上，报道对猥亵儿童罪的解释可以适用于成年男性猥亵女童，而不能完全适用于成年女性猥亵男童。在本案中，女教师即使与男学生发生了阴茎－阴道性交，不论强制抑或非强制，亦应按猥亵儿童罪而非强奸罪论处。如前所述，欲将这种情况按强奸罪论处，尚须《刑法》作出修正。有人评论此事，认为保护儿童的性权利在法律上理应一视同仁，建议将本案这种情况列入强奸罪，并以欧美国家刑法为例。[①] 这也是一知半解。欧美国家虽然将成年女性与男童发生非强制的性行为列为犯罪，但多不纳入"强奸罪"条款。另外，如果以后《刑法》降低刑事责任年龄和性行为同意年龄（例如 12 岁），像本案这样的成年女性与 13 岁男性发生非强制的性行为的情况，双方都不构成犯罪；而如果 13 岁男性是强制与成年女性发生性行为，构成强奸罪的则是他。

三 强制型猥亵的精神病理

强制型猥亵可见于精神障碍者，但不知其发生率大致是多少。司法精神医学的有关统计材料，一般没有将猥亵犯罪作进一步分类。还有，由于强制型猥亵与强奸未遂很相似，以及由于精神障碍者的犯罪目的难以确定，在现实中，精神障碍者发生的强制型猥亵有可能被当作强奸未遂，或者相反。从收集到的案例来看，除人格障碍者外，性变态者和精神发育迟滞者、老年性精神病患者发生强制型猥亵的比较多见，而其他精神障碍者发生强制型猥亵的比较少见。

强制型猥亵在反社会型人格障碍者中是常见的。也有理由怀疑，强制型猥亵的惯犯除罹患其他精神疾病者外，大多具有反社会型人格

[①] 阮子文：《将性侵定为猥亵？男童不该被法律"歧视"》，《新京报》2017 年 6 月 1 日。

障碍。许多人在少年时就有这样的恶行。性的好奇心乃至性欲的萌动和恶劣的品质促使他们这样做。女同学往往是他们最初的侵犯对象。他们中有的人还曾经侵犯过自己的姊妹。

性变态者发生强制型猥亵的，主要是恋童症者和性施虐症者。恋童症者对儿童进行性侵犯，猥亵应比奸淫更多，但被揭发的案件是奸淫多于猥亵。被揭发出来的猥亵，大多是造成严重后果的猥亵。有一些被害儿童不理解猥亵行为的性质，可能把猥亵当成爱抚，没有向大人揭发。关于性施虐症者的猥亵，这里不想再说什么，只是需要指出：性施虐症者在猥亵时所实施的暴力，不是或者不仅仅是强制的手段。

还有，性变态者的猥亵，可能采取常人少见的方式。在美国密苏里州曾经发生一个色狼嘬吮女学生脚趾的猥亵案件。这位被称为"圣刘易斯吮脚趾者"的色狼在 1991 年底到 1992 年 3 月，装扮成跑步者，先后将 7 名 13~19 岁的女学生撞倒，脱掉她们的鞋，猛吮她们的脚趾。[①] 显然，这个色狼是个恋足症者，对女性的脚趾情有独钟。类似事情，国内也有报道：

[案例 109] 2011 年 6 月 3 日晚七点半至八点之间，年轻姑娘小雨（化名）独自回家。小雨住在四楼，一楼没有防护门，人员杂乱。她当时看见了一名背着包的男子在一楼门洞里打电话，楼道里再没有别人，一点儿没引起她的怀疑。男子在 25 岁左右，身材细长，穿着一件黑色外套，留着寸头，背着一个包，手机是蓝色老旧的款式，外貌衣着非常干净整齐。就在小雨上楼梯时，男子突然挂掉电话，三步并两步地跑上前，小雨感觉自己有了危险，吓得拼命向楼上跑，并大喊救命。就在她喊完救命的时候，这男的一下在二楼楼梯间拽倒了小

---

① 旭光：《专吮女学生脚趾　青年被控性骚扰》，《法制日报》1992 年 4 月 11 日。

雨。男子接下来的举动让人匪夷所思——小雨右脚的回力球鞋被强行脱了下来，男子上去一口咬住了她光着的大脚趾和二脚趾，小雨惊慌失措之下拿着手里的塑料雪碧瓶击打男子头部，男子罢手随即逃走。因为脚被咬出了血，担心男子是否有其他问题，小雨到医院进行了检查，验血后，小雨一切正常，并未感染疾病，总算放下了心。据了解，类似事件在武汉曾有发生，一男子抢劫十余名女子之后，都要求对方脱袜并舔脚，该嫌疑犯后被警方抓获。①

[案例110] 2015年5月4日下午5点半，25岁的谢薇（化名）像往常一样下班了，当天她穿着一件无袖白衬衫，配黑色及膝短裙，米黄色平底鞋内搭了一双浅绿色船袜。先到壹加壹超市里去逛了一会。在销售牛奶的区域，一名男子急匆匆从她身边走过，"走得很快，还回头看了我一眼"，谢薇说该男子染了紫色的头发，背着斜挎包。从超市出来，谢薇往家里走。谢薇住的地方孙文东路45号之一靠近中山中院执行局，从主路拐入一条巷子，还要走约100米。"里面是死胡同有点偏，但是想到门口能经常看到法院的车辆，所以觉得应该没问题"。谢薇和另外一名女生一起租了二楼的一套房间。让她完全没想到的是，在超市里碰到的男生一直跟在身后。"我掏钥匙开楼道门时，他突然走到我前面，问这里是不是4栋"，谢薇吓得倒抽一口冷气，不过还是装作平静地回答"不知道"。男子随后说自己有朋友住在楼上，就推门而入。尽管有些害怕，谢薇还是让他先走了。就在谢薇进门之后，"男子突然转身把我推倒在地，我大声叫喊起来"，她以为男子要对她非礼，没想到男子径直脱去她的鞋，开始捏她的脚。"大概有几十秒，接着可能有人要进来，他就迅速打开门跑了"。慌乱中谢薇又踢又叫，回过神来才发现自己的一双袜子不见了，鞋子还

---

① 肖鉴鋆：《女子晚间回家楼道遇"怪异男"　不劫钱不劫物男子专啃脚趾》，《半岛日报》2011年6月6日。

在，随后谢薇报警。"太恐怖了"，现在提起来谢薇还心有余悸，"一米七多，打扮休闲像一名大学生，看起来还算阳光"。有了这一次经历，她说什么也不敢独自回家了。①

这类恋足猥亵行为，一般不构成强制猥亵罪，但可以按强制侮辱妇女罪论处，或者给予治安管理处罚。

躁狂症患者、青春型精神分裂症患者、老年性精神病患者、慢性酒精中毒患者、精神发育迟滞者都有可能强制猥亵妇女。大多是因性欲冲动，但有的精神发育迟滞者猥亵妇女，可能是出于对妇女身体的好奇心。他们做这种事，多是心血来潮，较少预谋。他们也不注意选择场合，有人在大庭广众之中也无所顾忌。在犯罪后往往缺乏自身保护。他们还有可能不辨亲疏，猥亵亲属。这些精神病人大多不能很清楚地认识自己行为的性质以及不能很有效地控制自己的行为，虽然他们常因自己的行为而被人打骂，但总不能接受教训，结果是一犯再犯。

[**案例 111**] 某男，精神发育迟滞者。某晚，他路经某地，看见有一个幼女（8 岁）和另三个儿童过来，他上去骗这个幼女到僻静地，把她放在自己的腿上，用左手抚弄幼女下身约数分钟。事后，他威胁该幼女不许对人说起，还用香烟头烫她额部，说"为了今后认得你，做个记号"，分开时还留下她的衣服作为抵押，约定次日下午，在原地碰头。次日下午，他在原地等该幼女，当场被公安人员抓住。②

[**案例 112**] 某男，32 岁，农民。小时候曾因高烧而发生痉挛，持续至今。因智力低下没上过学。成年后在别人带领下会干些力气

---

① 吕婧:《尾随女子进楼道 推倒后捏脚抢袜》,《南方都市报》2015 年 5 月 12 日。
② 沈政等:《法律精神病学》, 中国政法大学出版社, 1989, 第 221 页。

活，但不能持久，不愿干时就到处乱窜，并且有偷盗行为。近一年来，开始对猪场或附近田地的 5 至 9 岁女孩进行猥亵，曾因被发现而受到斥责，但仍不改。在精神检查时，经讯问承认扒过女孩裤子，称"这样好玩"，并且知道这样做不对，还说："我这小便要不要不吃劲，净出漏子，我想叫人把小便割了。"但不能说明这样做为什么不对。鉴定结论：精神发育迟滞，中度。对犯罪能理解，但判断能力不足。部分刑事责任能力。[①]

精神病人（狭义）猥亵的对象，多见幼女。猥亵幼女是老年精神病患者最为常见的性犯罪。有些老年精神病患者虽然性欲亢进，但性功能减退，只能通过猥亵行为满足性欲，而由于他们年迈体衰或者智能低下，不能制服成年女性，而只好把幼女作为猥亵对象。他们通常采取施与小恩小惠的手法诱骗幼女，较少使用暴力。

[**案例 113**] 沈某，男，71 岁，丧偶，退休工人。近亲有精神病史。2001 年 8 月 2 日，有两个女童（8 岁和 10 岁）到沈某家玩耍，沈某给两个孩子洗脸、洗手，吃完饭后，在午休时间，沈某对两个女孩亲嘴、抚摸，并用手抠她们的阴道。沈某还暴露其生殖器，让两个女孩用剪刀剪其阴毛。事后，两个女孩的母亲发现她们表现异常，追问之下弄明事情真相，拨打"110"电话报警。因其亲属及群众反映沈某既往精神状态反常，检察院委托进行司法精神医学鉴定。鉴定意见：精神分裂症慢性型，部分责任能力。[②]

有意识障碍的精神病人不仅如前面所说罕见有强奸行为，而且发

---

① 李从培主编《司法精神病学》，人民卫生出版社，1992，第 228 页。
② 房明、王新瑞：《慢性精神分裂症涉嫌猥亵儿童》，载于纪术茂、高北陵、张小宁主编《中国精神障碍者刑事责任能力评定案例集》，法律出版社，2011。

生强制猥亵的也不多见。下面两个案例比较特别：

[**案例114**] 吴某，26 岁，已婚，干部。吴幼年发育正常，聪明伶俐，读书时学习成绩优秀。他参加工作后表现认真负责，业务能力比较强。他平时举止稳重，作风踏实，不多言语，好学上进，自尊心比较强。他从未出现不良行为。他 24 岁结婚，妻子漂亮，夫妻感情极好。他既往无外伤感染、中毒等病史，只是在十多岁后睡觉时有"毛楞病"。后来，他又出现在夜间无原因起床行走数分钟或数小时后又回到床上睡觉，翌日说不清楚干什么去了的情况。他被医院诊断为"夜游症"。1990 年 4 月 28 日深夜 1 时许，吴独自由家走出，来到某地刘某家，推门而入，从室内挂在墙上的衣服口袋里掏出 20 元钱。之后吴又用手摸在炕上睡觉的刘家女儿的阴部，刘家女儿被惊醒后呼叫，刘家父子当场将吴抓获，并扭送公安机关。公安人员讯问吴时，吴呈迷惘状态，说不清为何去刘家，否认拿钱和摸刘家女儿阴部的行为。当公安人员指出吴是夜闯民宅、要流氓时，吴感到无地自容，企图跳楼自杀。经精神鉴定，诊断为梦游症。鉴定结论认为吴是在梦游症发作期间作案，无刑事责任能力。[①]

[**案例115**] 周某，男，33 岁，未婚，农民。1991 年 8 月 6 日凌晨 1 时，周翻墙进入邻居程某（女，18 岁）卧室，对程进行猥亵，但无强奸行为。程惊醒后呼喊，而周此时非但不逃跑，反而在他人赶到前，靠在椅子上睡着了。事后，周对作案经过及情节仅能部分回忆，并有梦样体验。据查，1979 年周曾发生严重颅脑外伤，昏迷数小时。近几年性格有明显改变，经常出现发呆、痴笑、站立不稳的情况，持续数分钟自行缓解，事后本人对经过不能回忆。精神检查时，

---

① 郑瞻培主编《司法精神鉴定的疑难问题及案例》，上海医科大学出版社，1996，第271 页。

发现脑电图中度异常，符合癫痫性精神障碍诊断标准。鉴定结论：癫痫样梦样状态，部分刑事责任能力。①

　　人格障碍者、性变态者进行强制型猥亵都应承担完全责任。精神发育迟滞者、老年性精神病患者等精神病人进行强制型猥亵，多有辨认和控制能力的缺损，可能被免于处罚或者被从轻、减轻处罚。对于他们的猥亵行为，了解他们病情的人一般不当作犯罪。人们更多的是责备他们的监护人没有尽到责任。

　　[案例116] 2003年8月25日，16岁的张晴（化名）酒醉后躺在天安门广场国家博物馆门前的草坪上休息，当时张晴男友躺在旁边。13时30分，犯罪嫌疑人张旺骑车经过，看见熟睡中的张晴便起了邪念。张旺悄悄走上去抚摸张晴的阴部。由于酒醉，张晴没有反应。张旺便大着胆子将张晴的裙子掀起来，并脱下张晴的内裤对其非礼。张旺有轻度痴呆，在非礼时将张晴的会阴部撕裂。张晴的惨叫声，惊醒了旁边睡觉的男友和两名男子。三男子起身将张旺当场抓住，张旺要求给每人50元钱"私了"，三人拒绝后报了警。令人意外的是，经过一番折腾和争吵，张晴的酒竟然没有醒。直到第二天早上醒来，张晴也不知道发生了什么事情。2004年1月，检方以强制猥亵妇女罪对张旺提起公诉。东城检察官魏某称，犯罪嫌疑人张旺患有轻度精神发育痴呆，在法律上其属于限制行为能力人，不能逃脱法律的制裁，不过因其在实施违法行为时受智能低下的影响，可能被从轻或减轻处罚。②

　　[案例117] 某日9时许，正在北京阜外天意市场门前等人的关

---

① 吕先荣主编《司法精神医学案例集》，武汉市公安局安康医院印，1992，第106页。
② 马千山、刘祺：《智障男子在天安门广场猥亵醉酒女子　撕裂其下身》，《京华时报》2004年1月12日。

女士被眼前发生的一幕吓了一跳：一名中年男子突然搂住迎面走来的一个女孩亲了起来。关女士说，这名男子看上去有三四十岁，长得挺壮。"这个男的突然抱住那个年轻女孩时，女孩叫了一声，我还以为他们是朋友之间闹着玩。可接下来就不对劲了，因为女孩眼看着就被这个男的压弯了腰，脸上被亲红了一大块儿。"当女孩最终从男子的胳膊里挣脱出来，并大声喊了一句"你有病"时，路人才恍然大悟，原来他们并不认识。女孩随即向附近的治安岗亭求救，这名男子看情况不妙拔腿就跑，跑出 100 多米后，被赶到的民警送到了附近的派出所。有关部门证实这名男子是一名正处于发病期间的精神病患者，女孩在了解到这一情况后，决定不再追究。①

[案例118] 某男，65 岁，退休工人。有高血压史已十余年。近两年，记性不好，讲话变得啰唆。三年多来多次猥亵幼女。有一次，邻家 14 岁女孩到他家里看书，他把她推倒在床上，摸弄胸部和下身，事毕给她一元钱，并要她介绍其他女孩供其玩弄。另有三次也是同样情况，乘女孩到他家玩耍之际，摸弄她们的胸部和下身，还要女孩摸他下身，均未发生性交。案发后承认"我吃吃小姑娘豆腐是有的"。鉴定结论：脑动脉硬化性精神病，无刑事责任能力。②

从案例 118 提供的情况看，行为人进行猥亵时，有一定辨认和控制能力，鉴定为无刑事责任能力是不合适的，应定为部分刑事责任能力。认定为无刑事责任能力，可能是因为顾虑到行为人年高体弱，不便执行刑罚。

有些精神障碍者实施强制猥亵，可能致被害人受伤、死亡，或者

---

① 左颖：《精神病患者当街抱住陌生女孩狂亲被扭送派出所》，《北京晚报》2005 年 3 月 31 日。

② 沈政等：《法律精神病学》，中国政法大学出版社，1989，第 236 页。

在猥亵后将被害人伤害、杀死，就不是或者不只是强制猥亵罪、猥亵儿童罪的问题了。如果经鉴定，他们具有刑事责任能力，应当按照前面"性暴虐"一章所述的原则定罪量刑。

有一精神发育迟滞者，为看女人阴部而将被害人杀死：

[**案例119**] 某男，农民，精神发育迟滞。某日与同队一女社员（24岁，已婚）在一起劳动，突萌生看她下身的念头。等别人收工后，他见四下无人，乘该女社员不备之机，从背后用锄头连续猛击她头部，使其倒地。他见该女社员未死，遂用布带紧勒其颈部。接着将该女社员裤子脱掉，解开月经带，用手摸弄阴部，并将手指伸入阴道。作案后即逃离现场，并将锄头洗净，带回家藏匿。第三天公安人员找他谈话时，他供认了作案经过。对于杀人动机，开始说是为了要强奸被害人，后又改称因双方争吵后让被害人骂得气不过才杀她的，以后一直说是为了要看被害人下身。①

下面一例，精神分裂症患者猥亵杀害女婴，表现得极为凶残。

[**案例120**] 刘某，男，21岁，初中文化，无业。幼时生长、发育无异。适龄入学，成绩较好。1988年就读中学时，骑自行车外出，被卡车撞倒并遭驾驶员斥骂、打耳光，以后出现性格暴躁、冲动、无故毁物、逃学，学习成绩下降，无原因地发笑、唱歌，无故撕书、扯坏书包、剪衣服和不停地剥指甲。经学校及家长多方教育无效，1990年退学。在家也不与家人说话，一旦出口则态度粗暴，讲不是母亲亲生、生母已死。经常自言自语，说有人在讲他坏话，半夜突然大叫，说有人要杀害他以及有个长发女人站在床前等，故每天将头蒙在棉被

---

① 沈政等：《法律精神病学》，中国政法大学出版社，1989，第219页。

里睡觉，大热天亦是如此，有时则钻入床底。生活懒散，不理发、不洗澡、不更衣。无目的外出乱跑，四处流浪，以盗窃、拾垃圾为生，多次被公安机关遣送，但返家不久又离家出走，游荡于社会。1992 年 11 月因盗窃被处以劳动教养 2 年。在劳教所期间生活疏懒，不守监规，不服从管教。自称懂医术，在医务室帮伤者上药时用红、紫药水往伤者脸上乱涂。1993 年 5 月在某精神病院诊断为精神分裂症，住院 4 月余，好转出院。回家后拒服药，行为明显紊乱。家人无奈之下打造手铐两副，脚镣一副，将其锁在家中，并将所有门窗用铁条加固。后带铐脱逃，流浪于社会。1995 年 10 月因盗窃被收审，在监房中说自己曾奸淫、杀害婴儿，让同监犯去检举立功。经查属实，一年前的无头案就此告破。1994 年 8 月某夜，刘潜入某福利院，趁工作人员不备，窃得 2 名约 3 个月的白胖女婴，然后翻出围墙，在墙根下将自己的生殖器掏出，插入婴儿口中进行口交。婴儿发出哭啼声，惊动了福利院工作人员。刘遂将 2 名婴儿抛入附近池搪中，然后逃走。婴儿溺水死亡。

在审讯中，刘对作案供认不讳，还交代说在 1992 年以前有至少三次相类似的行为，在外地流浪时收购婴儿，进行口交，然后将婴儿活埋（司法机关查证后未能确认）。刘自述："从 10 岁起心里好像有堆火，很热很大、受不了，看见小孩就产生一种欲望，受不了，起先（15 岁时）只是搞（指口交），以后就产生了一种杀机，杀了以后非常轻松、愉快。活埋以后坐在上面，非常开心。……如果那天边上不是池塘，我会把她们活埋。……只要听见小孩哭，阴茎就会勃起甚至射精。对大姑娘不感兴趣。这个欲望控制不了，还搞过母狗、母猫。"在提审时偶尔听见小儿哭声，就表现痛苦异常，无法自制，要求政府将其枪毙或是立即送回监房以不再听见哭声。声称："处决我是给我一条生路，放我是放虎归山。"1995 年 11 月在某市精神病院作精神疾病司法鉴定，结论为：恋婴癖，有责任能力。1996 年 11 月做第二次精神鉴定，结论为：精神分裂症，无责任能力。[1]

这一例，第二次鉴定的无责任能力的结论亦似有商榷余地。刘某虽然可能患有精神分裂症，但其作案时有比较完整的辨认和控制自己行为的能力。

第二节　摩擦猥亵和瞬间猥亵

对骚扰型猥亵的分析，从摩擦猥亵开始。

摩擦猥亵是指这样一种情况：在人多拥挤场合，未经同意，隐秘地故意以身体某一部位如生殖器、手、胸部、胳膊，摩擦、挨挤、抓摸陌生异性身体的某一部位如臀部、乳房、大腿、手，以激发或满足性欲。有那么一些人，不是偶尔而是经常性地进行摩擦猥亵，并对此种激发或满足性欲的方式形成依赖。这就是摩擦症（frotteurism，或译"摩擦淫症"、"挨擦症"）。DSM-5 称之为"摩擦障碍"（frotteuristic disorder）。首先将基于性欲的摩擦（frotter）作为精神障碍加以描述和分析的是法国精神病医生瓦伦丁·马格南（Valentin Magnan，1835~1916）。有此癖好者被称为 frotteur（摩擦狂，摩擦症者）。克拉夫特-埃宾在《性精神病态》一书中引用了 frotteur 一词和马格南报告的几个病例。克拉夫特-埃宾认为摩擦症是"性欲过度的人不确定自己对女性身体能够表现出男性雄风，所以就以摩擦作为一种手淫行为。这一点也可以说明攻击的对象不是身体的前面而是后面的动机所在"。[2] 马格南和克拉夫特-埃宾似乎都强调摩擦是通过生殖器进行

---

[1]　汤涛、高保林：《类似"性变态"的流氓性犯罪1例》，《法医学杂志》1995年第1期；高保林主编《精神疾病司法鉴定理论与实践》，中国检察出版社，2001，第60~64页。

[2]　〔德〕克拉夫特-艾宾：《性病态：238个真实档案》，陈苍多译，台北左岸文化出版公司，2005，第528页。

的。这其实是狭义的摩擦症。现在所说摩擦症包括了行为人以身体其他部位进行性欲的接触。CCMD - 3 给摩擦症的定义是：男性病人在拥挤场合或乘对方不备之际，伺机以身体某一部分（常为阴茎）摩擦和触摸女性身体的某一部分，以达到性兴奋目的。

摩擦症者不一定没有正常的排遣性欲的渠道，但他们更偏爱摩擦行为。其中一些人最初是在没有正常的排遣性欲的渠道时如未婚、夫妻分居时，暂时以摩擦行为作为性交的替代，但逐渐地"习惯成自然"，即使婚后夫妻在一起生活时，仍然不能放弃对他人的摩擦行为。有的虽然也有正常的性交，但还是觉得摩擦陌生异性最使他们兴奋。有些人在性生活中，以抚摸对方作为满足自身性欲的主要方式或辅助方式，不属于摩擦症。有的人在人多拥挤的场合，因为非主动的摩擦而发生生理反应，也不属于摩擦症。其实，摩擦行为本身并不异常，肉体的非性交接触是正常的性活动的一部分，摩擦症的摩擦异常之处在于它发生在非私下的拥挤场合，施加于陌生异性，并且成为获得性满足的主要方式。他们不会在拥挤场合摩擦熟人。在仅有双方的场合，即使对方是陌生人，他们也有可能无意进行摩擦接触。

在精神医学临床中，一般仅将有此表现的男性诊断为摩擦症。DSM - 5 认为摩擦行为即对另一个体未经允许的性接触或摩擦可能发生于普通人群中最多30%的成年男性。[1] 虽然也有女性在拥挤场合故意挤挤陌生男性，但多为挑逗，而不是为了激发或满足自身性欲。

摩擦症者并非如人们以为的那样都是赤裸裸的好色之徒。在平时，他们对待异性的态度是有礼貌的，或者是腼腆的。在其他方面，他们也能遵纪守法。所以，他们的丑行暴露后，同事、同学往往都会感到惊讶。有人认为他们平时善于伪装。其实不是这样。他们确实具

---

① 美国精神医学学会编著《精神障碍诊断与统计手册（第五版）》，〔美〕张道龙等译，北京大学出版社、北京大学医学出版社，2015，第 683 页。

有两面性。还应当注意把摩擦症与有摩擦举动的流氓行为区分开。有些没有精神障碍但思想意识不良的单身男性，可能在人多拥挤场合，乘机摩擦、挨挤、抓摸女性，但他们只是偶尔为之，而且没有偏爱此行为的倾向，如果条件允许，他们更愿意通过性交满足性欲，因而不属于摩擦症。

[案例121] 某男，42岁，已婚，大学教师。他性格内倾，为人老实，事业心强，工作认真。在"文革"时，他因错喊一句话被打成"现行反革命"，在受到拘留批斗后出现明显的神经衰弱状态。同时，夫妻分居两地，故他在满足性欲方式上出现异常，经常在人多拥挤的场所，用勃起或不勃起的阴茎摩擦异性臀部，以获得性欲上的满足。夫妻团圆后，因继续实施摩擦行为而使夫妻不和睦，导致夫妻再次分居。夫妻分居又促使摩擦行为频发。后在进行摩擦行为时被抓获，并被送精神病院治疗。[①]

摩擦症者骚扰妇女，行动往往具有计划性，对哪些场所比较人多拥挤事先都有了解，对骚扰对象也有一定选择。为达到目的，他们可能整天在人多的地方转悠，或者反复乘坐拥挤的公共汽车、地铁，或者反复在拥挤中上下车。与在公共场所公然猥亵妇女的那些流氓不同，摩擦症者的骚扰手段大多比较隐蔽，不让第三者知道；或者比较"自然"，甚至被骚扰者也意识不到其行为的含意。总的来说，他们一般不会采取令被骚扰者太过难堪而忍无可忍的举动。他们倾向于选择既可以使他们感到满足，而又使被骚扰者说不出什么的骚扰方式。他们喜欢冒险，但一般不会莽撞行事。如果被骚扰者有反感、厌恶的反应，他们可能中止骚扰，装作一本正经、若无其事的样子。其实，他

---

① 周忠恕：《4例性变态的行为治疗》，《中国神经精神疾病杂志》1985年第5期。

们并不认真看待被骚扰者的反感、厌恶反应，他们总是固执地认为被骚扰者不是真的反感、厌恶他们的举动，甚至以为或者希望对方与其互动。若是被骚扰者比较懦弱，无明显反感、厌恶表现，有些摩擦症者可能会得寸进尺，做出更大胆的猥亵举动，如掏出生殖器顶蹭对方身体直至射精，但也保持一定的隐蔽性，尽量避开第三者的注意。对摩擦症的表现，1994 年诺贝尔文学奖获得者、日本作家大江健三郎在小说《性的人》中作了入木三分的描写。① 下面这个案例也很典型。

[**案例 122**]（美国的案例）某男，45 岁。十年前，他开始在地铁非礼妇女，那时他和妻子已经有十五年的良好的性关系。每次他都是在走向地铁车站时选择对象，跟在她们后面，等候列车进站。为了避免摩擦妇女时射精弄脏裤子，他用塑料袋包住自己的阴茎。当乘客上车时，他便尾随选好的对象。车门关好后，他便用阴茎挨着对方的臀部摩擦，幻想他们正在进行自愿和正常的性交。射精后，他就去上班。如果未射精，当天便作罢或换车另选对象。每次行动之后，他立即感到内疚，但是不久之后又考虑准备下一次行动。他估计十年来每周约有这种行动两次，总共大约非礼了上千名妇女。十年来，他只因此被捕两次。②

摩擦症者的猥亵行为，通常限于摩擦行为，一般不会有亲吻、搂抱等行为，事后也不会纠缠、追逐被骚扰者。如果既有摩擦行为又有后续行为，一般就是通常所说的流氓。如果被骚扰者声张，或者第三者揭发，摩擦症者的丑行有可能暴露。此时，有些摩擦症者趁周围的人还没明白发生了什么事之机逃之夭夭。而没能逃脱的摩

---

① 〔日〕大江健三郎：《性的人》，郑民钦译，光明日报出版社，1995。
② 〔美〕罗伯特·斯彼德等：《美国精神障碍案例集》，庞天鉴译，中国社会科学出版社，2000，第149页。

擦症者往往只是进行自我辩护，强调人多拥挤等客观原因，而很少会"恼羞成怒"、"凶相毕露"，对被骚扰者和干涉者进行威胁或实施暴力。他们的自我辩护，有时也能获得旁观者的谅解，因为有些场所毕竟是太拥挤了，人与人难免有些身体接触。只有那些将生殖器掏出进行摩擦而被当场抓获或者被人用手机拍摄记录的摩擦症者，才无法狡辩。被追究法律责任的摩擦症者，大多都是因实施这种明显的猥亵行为而被当场抓获的。事实上，多数摩擦症者都没有"东窗事发"。他们的摩擦行为比较隐蔽，被骚扰者尽管也很厌恶，但不好说什么。对比较隐蔽的摩擦行为，很多被骚扰者是在她们以为摩擦症者的行为已经被第三者看到了才会声张。而如果被骚扰者不声张，第三者尽管可能有所察觉，也不便于干涉。另一方面，也确实有一些女性过于敏感、紧张，把他人无意之中的接触当作骚扰。有这样一件事：在公共汽车上一女性指控其身后站立的人有流氓行为，引起周围人的义愤，但仔细一看，那个人实际上是一位身材较高的女士。[①]

绝大多数摩擦症者都知道自己的行为是违法的，并且知道心理的病态不能成为他们逃避法律制裁的理由，但他们难以抑制强迫性的摩擦冲动。实际上，违法性虽然使得他们心里紧张，但也刺激或者增加了他们的快感，让他们乐此不疲。有些摩擦症者在被人打骂，或者被公安机关处理之后，不能吸取教训，仍然屡屡进行有关活动。有些摩擦症者也有痛改前非的主观愿望，但心里一冲动就会再犯。还有一些摩擦症者在知道自己的行为属于病态后，主动寻求治疗。许多事例都说明，惩罚和教育对于摩擦症者改邪归正是不可缺少的，但是仅仅靠惩罚和教育还不能使他们改邪归正，还必须找到他们有此恶习的心理原因，并有针对性地进行心理治疗。

[①] 刘燕明主编《性偏离及其防治》，天津科学技术出版社，1990，第256页。

[**案例123**] 某男，1931 年生，已婚，干部。幼年老实、胆小。和母亲一样多次受到父亲和祖父打骂，同情母亲，和母亲感情深。1945 年参加革命，1949 年到某城市机关工作，因工作努力职位曾数次晋升。平时生活作风正派。1952 年结婚，夫妻感情好。1966 年受到冲击，1973 年调另一单位工作。当时母亲已病故。1973 年下半年开始，在人多的场所，如在商店里，每当看到中年妇女背着手而手心向外时，阴茎即勃起，并隔衣与妇女手心挨擦。有一次，曾取出阴茎。挨擦时心里希望对方把阴茎握住。对年轻妇女无此冲动。多次因此行为被批判、处罚。在被处罚后，心情不好，冲动更强烈，因而出门时要妻子陪伴。1979 年 12 月，在妻子催促下到医院治疗。经医生用"认识领悟心理疗法"治疗，三个月后自诉已完全没有挨擦冲动。随访到 1981 年 3 月，情况良好。①

[**案例124**] 某男，43 岁，医生，已婚。患者自幼好强，曾在幼儿园时因与同性和异性儿童之间玩弄生殖器而被保育员处罚，但这种行为并没有因此而改掉。小学时，因爱打架而被同学称为"霸王"，晚上常在寝室里（住校）玩弄女同学的生殖器，未被发现。13 岁首次遗精，因年龄长大而不能玩弄异性生殖器而烦躁不安。15 岁时偶尔在公共汽车上用阴茎隔衣接触女性臀部而感欣快。此后多次在汽车上用阴茎或手接触女性臀部及阴部，有时有射精，数次被抓获而受到学校批评及处分。大学毕业后到医院工作。26 岁结婚，性生活正常，但性欲要求很不强烈。自参加工作以来，因在公共汽车、电影院等拥挤处进行上述行为被抓获数十次，多次受行政处分和拘留，但仍无悔改。患者在临床工作中业务颇过硬，不少病人对他信赖，但害怕他这种行为。由于长期的异常行为，单位和患者自己都认为是流氓作风，一直未能晋升。在妻子的催促下，患者勉强求治。诊断为摩擦癖。

---

① 钟友彬：《挨擦症 1 例报告》，《中国神经精神疾病杂志》1983 年第 2 期。

在交谈过程中，患者对自己的行为是否疾病表示怀疑，勉强接受心理治疗，妻子也愿意配合。但在治疗中，患者不能坚持，症状反复，故疗效不理想。①

有些精神病性障碍患者在本能冲动时也有可能实施摩擦行为，但多不具有摩擦症的隐蔽性和计划性。而且，他们进行摩擦，并不是因为对摩擦有着比性交更偏重的喜好。

[**案例125**]　某男，45 岁，患精神分裂症状已 20 多年。某日，在公共场所突然拥抱一妇女，射精于该妇女臀部，当即被扭送派出所。②

[**案例126**]　某男，52 岁。9 年前他一次上街，突然双目呆视，并出现不能控制的追逐、搂抱异性行为，阴茎勃起，两至三分钟后射精。当即被打并被扭送公安部门。但他对详细情节回忆不清，仅感当时头痛，心慌烦躁，视物模糊，内心有难以自控的性交要求。夜间反复要求与妻子性交，历时三至四天后神志逐渐清醒，除感乏力外，工作和生活如常。他对当时之事悔恨不已。但后来，每月有二至四次同样事情发生。所追逐的异性有素不相识者，亦有邻居和熟人。经常因此被打、被斗。结果被开除公职，并被判处徒刑三年。劳改期间仍有类似行为。后送医院检查，发现脑电图额颞区有发作性放电。进行美解眠诱发试验，他出现临床发作，阴茎有明显活跃抽动，并述说"有性交快感"，约一小时后精液外溢。诊断为癫痫性性发作。给予治疗，半年后显著好转。③

摩擦猥亵比较多见，以至于成为媒体在议论性骚扰问题时经常列

---

① 邓明昱：《性心理障碍临床案例报告》，《中国心理卫生杂志》1987 年第 4 期。
② 骆世勋、宋书功主编《性法医学》，世界图书出版公司，1996，第 435 页。
③ 周树舜等：《癫痫性性发作二例报告》，《中华神经精神科杂志》1985 年第 6 期。

举的现象。其实，作为一种已经发生身体接触的侵犯性的性行为，摩擦猥亵的严重性已经超出严格意义的性骚扰。而且，对于摩擦猥亵的处罚，不像性骚扰那样无法可依。在 1979 年《刑法》施行期间，情节恶劣的摩擦猥亵可以构成流氓罪。所谓情节恶劣，不限于手段卑鄙、多次进行、屡教不改，还看发生在什么场合和时间。

[**案例 127**] 1984 年 11 月 28 日下午，湖北省来凤县人民法院在飞机场公开举行宣判大会，向某（21 岁）乘人多之机，故意挤到女青年谢某身后，解开裤扣，拿出生殖器顶谢臀部，致精液射在谢的衣服上。向见被人发觉，即逃跑。在群众协助下，公安人员将其抓获。对其行为，来凤县人民法院经审理认为：被告竟敢在严厉打击刑事犯罪的宣判大会上进行流氓犯罪活动，情节恶劣，影响极坏，已构成流氓罪。根据《刑法》第 160 条和全国人大常委会《关于严惩严重危害社会治安的犯罪分子的决定》第 1 条第一项之规定，加重判处被告 12 年有期徒刑。[①]

在 1997 年后，一般的摩擦猥亵不构成犯罪。强制猥亵妇女罪（强制猥亵罪）的条款基本不适用于摩擦猥亵，因为摩擦猥亵虽然违背他人意志，但通常没有强制情节。但是，在被害人已经察觉并且有躲避、反抗的情况下，如果继续实施摩擦猥亵，可按强制猥亵妇女罪（强制猥亵罪）论处。摩擦猥亵的对象如果是儿童，情节恶劣的，即使无强制，也可构成猥亵儿童罪。个别情形，如突然抱住他人进行摩擦猥亵，多系精神病人（狭义）所为，一般不负刑事责任，如案例 125。

---

① 华东政法学院《法学》编辑部编印《法律顾问（八）——流氓罪法理探究》，1984，第 249 页。

另外，1994 年《治安管理处罚条例》所说的"侮辱妇女或者进行其他流氓活动"和 2005 年《治安管理处罚法》所说的"猥亵"，应当包括摩擦猥亵。

还有另一种介于强制型猥亵和骚扰型猥亵之间的瞬间猥亵，即出于性欲目的在非私人场所趁人不备地突然且迅速地抓摸不相识异性的乳房、臀部或者生殖器等部位，之后往往逃窜。实施这种行为的，多数是一般的流氓，也有一些人基于病态的心理，但并非摩擦症，而是接触症（toucherism）。

[**案例 128**] 2016 年 7 月 31 日下午 4 时许，在南京市六合区长芦街道玉带滨江村大刘云组滁河大埂上，市民黄女士骑车时突然被一名男子袭胸，致黄女士跌倒摔伤。近日，在六合常有男子尾随骑车女性，趁其不备进行袭胸。此案引起六合分局龙袍派出所的高度重视。据悉，8 月以来，六合区雄州街道、横梁街道新篁、长芦街道玉带等地相继发生多起猥亵妇女案件，犯罪嫌疑人戴头盔、墨镜等加以面部掩饰。由于作案时间短，逃跑速度快，当警方每次接警时，嫌疑人早已逃之夭夭。六合警方根据当事人报案，调取沿途监控比对，成功截获犯罪嫌疑人作案后驾车逃跑照片，经比对，这几起案件系同一人所为。结合作案时间、逃跑路线分析，警方作案者应为六合本地人。经进一步排查确认，家住六合区龙袍街道新城社区的王某（化姓）被确定为本案犯罪嫌疑人。目前，犯罪嫌疑人王某已被刑事拘留。①

关于此案的其他报道：最近几天，南京市六合一乡镇频频发生年轻女性被陌生男子袭胸的事件，高峰时一天就有五起报警。经查，嫌疑男子会骑着摩托车，尾随在年轻女性身后，然后趁其不备伸手

---

① 陆公轩、张彪：《南京一男子对多名女子"袭胸"被警方抓获》，《金陵晚报》2016 年 8 月 16 日。

"撩"一下对方胸部，随后驾车逃跑，整个过程不超过一秒。几天后，嫌疑男子被警方抓获。男子最初不以为然，称摸一下女性胸部也不是什么大事，就是图个"一秒钟的快感"，觉得警方小题大做。实际上，男子对受害女性造成的伤害并不体现在身体层面，而是心理层面，其行为已涉嫌强制猥亵妇女。目前，该男子已被警方刑事拘留。①

[**案例129**] 2017年4月23日傍晚7点左右，南京市玄武门派出所接到市民报警，称有人在中央路南京市口腔医院门口非礼女性，现这名"色狼"已被制服。民警沈伟和同事迅速赶至现场将当事双方带回派出所。受害人小周告诉民警，自己当时是在中央路一路口等红绿灯，突然一名陌生男子走到她跟前问，"南京站怎么走？"正当小周准备告诉对方路线时，这名男子突然伸出手朝她的胸部摸了过来。小周又惊又恼，立即揪住这名男子的衣领不让他走，同时一边大声呼救，并掏出手机拨打110报警。男子见小周报警便企图逃跑，挣脱不开后，竟然张口咬住了小周的手。小周的手被嫌疑男子咬出三个血印，但她依然不松手。这时，两名围观的小伙子上前帮忙将嫌疑男子制服，并帮助报警。经民警调查，嫌疑人姓孙，毕业于某知名大学，而且还是一名法学硕士，目前在南京某集团担任法务相关工作。孙某称，当时他在街上散步见小周长得挺漂亮，身边也没有同伴，于是才心生邪念，借问路的名义向她靠近并用手摸了女孩的胸部。孙某得手后本来打算立即逃跑的，谁知受害人不仅没被自己吓到，还死死揪住他的衣领。孙某交代完事情经过后，居然跟民警背起了法条。他说，他的行为可能触犯了《治安管理处罚法》第四十四条的规定，猥亵他人的，或者在公共场所故意裸露身体，情节恶劣的，处五日以上十日以下拘留。不过，孙某表示，自己只是摸了小周一下，情节轻微，不

---

① 《南京男子为寻求快感 袭胸数名妙龄女》，扬子晚报网，http://www.yangtse.com/gd/2016 - 09 - 19/1025842.html。

应受到处罚。民警见他知法犯法，心存侥幸，图一时之快，还企图逃避法律的惩罚。目前，警方拟对孙某作出行政拘留 7 日的处罚决定。(文中涉案当事人系化姓)①

瞬间猥亵比一般的性骚扰恶劣，至少构成《治安管理处罚法》上的"猥亵"，可给予治安管理处罚，严重的（如多次猥亵或者连续猥亵多人）可按强制猥亵罪或者强制侮辱妇女罪追究刑事责任；针对不满 14 岁未成年人的，构成猥亵儿童罪。

还应区别，躁狂症、精神发育迟滞等精神障碍患者虽然也可能有突然抓摸的举动，但如果未经被害人反抗或者他人制止，一般不会自动住手，且往往不会逃窜。对这些精神障碍患者，由于他们的辨认或者控制自己行为的能力明显薄弱，通常免于处罚，由监护人或者家属看管、治疗。

在中国台湾地区，瞬间猥亵是否构成强制猥亵罪曾经有过争议。在 1999 年以前，台湾地区"刑法"第 224 条关于强制猥亵罪的规定，系沿用 1935 年《中华民国刑法》第 224 条关于强制猥亵罪的规定："对于男女以强暴、胁迫、药剂、催眠术或他法，至使不能抗拒而为猥亵之行为者，处七年以下有期徒刑。对于未满十四岁之男女为猥亵之行为者，亦同。"其中所谓"他法"，依当时规定指类似于强暴、胁迫、药剂、催眠术或与之相当之方法，且具有使被害人不能抗拒的强度。1999 年，该条修正为："对于男女以强暴、胁迫、恐吓、催眠术或其他违反其意愿之方法，而为猥亵之行为者，处六月以上五年以下有期徒刑。"之所以将原条文中的"至使不能抗拒"改为"违反其意愿之方法"，是因为"至使不能抗拒"要件过于严格，容易造成受侵

---

① 杨维斌、陈倩、罗双江：《法学硕士当街猥亵女性 被抓竟背法条称不够处罚》，《扬子晚报》2017 年 4 月 26 日。

害者因为需要"拼命抵抗"而遭受生命或身体方面更大的伤害。但是在司法实践中，对于"强制"以及"违反其意愿之方法"仍有不同理解。一些地方法院以猥亵仅有几秒钟、不足以引起他人性欲或者没有达到"强制"程度等为理由，判决瞬间猥亵不构成强制猥亵罪，有"摸胸 10 秒无罪案"、"舌吻 5 秒无罪案"、"强摸下体两秒无罪案"等。"摸胸 10 秒案"的判决书声称："告诉人 A 女遭被告触摸胸部之际，尚未及感受到性自主决定权遭妨害，侵害行为即已结束，且接触时间甚短，客观上并无足以引起他人之性欲，与刑法强制猥亵罪之行为人出于猥亵之故意，主观上满足自己情欲，客观上足以引起他人性欲之要件尚属有间。""舌吻 5 秒案"的判决书写道："所谓'猥亵'之意义，应指对人之身体有所侵害，使人感到性羞耻，并引起他人之性欲或满足自己之性欲，而对个人性自由之决定权有所妨害，始足当之，若加害者虽系对被害人施予轻微暴行，然于瞬间即已结束，因时间甚为短暂，被害人尚未及时知觉有侵害发生，来不及反应时，该施暴行为即已终了，此时被害人之心理尚未有遭受强制之感受，因认不构成强制猥亵。""强摸下体两秒案"的判决书说："被告于实行触摸行为之历程中，应未对告诉人施以违反其意愿之强制方法。"这些判决助长了一些不法之徒的欲念，并成为他们的狡辩之辞。有一女子在KTV 电梯内遭一名男子偷捏臀部，女子要求道歉，该男子竟理直气壮说道："我只摸你一下，又没超过 5 秒，要告去告啊！反正法院会判无罪。"社会舆论对这些判决异议颇多，妇女团体更是给予严厉批判。有意见指出，1999 年"刑法"修正"妨害性自主"罪章，开始强调身体自主权的概念，所指涉的当然是"妨害"被害人的"性自主"，为何这些法官仍然引用旧时代"妨害风化"罪章的陈腐判例定义，以父权思维想象必须"引起或满足性欲"才可视为"猥亵"行为？这些法官无法正视当事人受侵犯时之不悦感受，与"性欲是否被引起"有何相关？加害人之性欲是否满足，又如何从几秒来判断？难道要确认其性欲已被满足才可视为猥亵行为？这样的法律定义，完全是再次羞辱被害人，并让加害人有借口卸责。这些判决的另一共同问题在于对"强制"的定义太过荒谬，法官再度使用"不能抗拒"的旧法时代概念，而与新时代的个人性自由及身体权大相违背。[①]

在各方压力下，台湾地区"最高法院"2008 年度第五次刑事庭会议对"刑法"第 224 条强制猥亵罪所谓"违反其意愿之方法"问题进行了讨论。讨论的具体事项是，关于"刑法"第 224 条强制猥亵罪所谓"违反其意愿之方法"的理解不尽相同，有甲乙二说，两者以何为当？甲说：刑法第 224 条所谓"违反其意愿之方法"，系指行为人应有与条文列举之所谓强暴、胁迫、恐吓、催眠术等相当之其他强制方法，足以压制被害人性自主决定权，始足当之，而非只要行为人以任何违反被害人意愿之方法而为猥亵行为者，即构成刑法妨害性自主罪章之强制猥亵罪。乙说：刑法第 224 条所谓其他"违反其意愿之方法"，系指除该条所列举之强暴、胁迫、恐吓、催眠术以外之其他一切违反被害人意愿之方法而言，且不以类似于所列举之强暴、胁迫、恐吓、催眠术等方法为必要。会议经表决通过决议，采用乙说并加以修正：第 224 条"所称'其他违反其意愿之方法'，应系指该条所列举之强暴、胁迫、恐吓、催眠术以外，其他一切违反被害人意愿之方法，妨害被害人之意思自由者而言，不以类似于所列举之强暴、胁迫、恐吓、催眠术等相当之其他强制方法，足以压抑被害人之性自主决定权为必要，始符立法本旨。"[②] 根据这一司法解释，几秒钟的袭胸、摸臀等瞬间猥亵行为，虽未使用强暴、胁迫、恐吓、催眠术等强制方法，但因妨害被害人之意思自由和侵犯被害人性自主决定权，也

---

① 参见《谁给法官上上课 袭胸、舌吻、摸臀为何竟无罪？》，台湾"妇女新知基金会"记者会，2008 年 7 月 3 日，http://www.awakening.org.tw/chhtml/topics_dtl.asp? id = 51。

② "最高法院"2008 年度第五次刑事庭会议记录。

构成强制猥亵罪。然而，对此解释又有新的异议，认为这使"性骚扰防治法"① 中的相关刑责规定几无适用空间，可能演变成"情轻法重"的不合理现象。②

第三节　秽语猥亵和网络猥亵

一　秽语猥亵

可以导致秽语猥亵的精神障碍主要有秽语症。秽语症（coprolalomania，亦译"猥谈症"）是指一种通过秽亵语言的刺激获得性兴奋的癖好。所谓秽亵语言，大致是指与性有关的、不文明的语言，包括口头和书面的形式。秽亵语言在特定的场合对于一些人可产生刺激性欲的作用。这种现象并非不正常。但是，如果在可以有正常性关系的情况下，把秽亵语言作为刺激性欲和获得性兴奋的主要或者唯一方式，就是一种病态了。秽语症有主动型和被动型两个基本类型。主动型秽语症通过表达秽亵语言获得性兴奋。被动型秽语症通过接受秽亵语言的刺激获得性兴奋。被动型秽语症可能转变为主动型秽语症。一个人也可能同时兼有被动型和主动型两类秽语症。国外报道过这样一个案例：

[**案例130**] 某女，22 岁。18 岁时，她曾经在自己的住所内接到一陌生男子的色情电话，该男子在电话中详细描述了自己的性器官以及手淫活动，使她感到强烈性刺激，并在挂断电话后进行手淫并发生性高潮。此后数晚，她回想电话内容，连续进行手淫。在第二次接到

---

① 参见本章第六节。
② 王文玲：《架空性骚法 罪罚恐失衡》，《联合报》2008 年 9 月 3 日。

该男子的色情电话时，她出现了性兴奋，并与该男子在电话中进行了性交流。其后类似情况重复了若干次。她对色情电话产生了浓厚的兴趣。而在此期间，她在与异性性伙伴的性活动中则不能出现在电话中所得到的性满足。后来，她主动给一些偶然相识的、她知道对方而对方不熟悉她声音的男子打色情电话，她在打电话的过程中多次出现性高潮。此行为持续了三年，每周进行二至三次，直到她订婚才停止。①

主动型秽语症有可能对他人造成侵犯和伤害。向不愿意接受秽亵语言的人表达秽亵语言，侵犯了他人的人格和性尊严，是一种骚扰型猥亵。属于骚扰型猥亵的主动型秽语症可称为"骚扰型秽语症"。

骚扰型秽语症的主要表现是以获得性兴奋为目的，经常性地向他人表达秽亵语言。在临床上以男性多见。骚扰型秽语症者向异性表达秽亵语言，是为了获得性兴奋，而不是将表达秽亵语言作为引诱他人与其发生性关系的一种手段。通常他们没有进一步侵犯异性的意图。实际上不少骚扰型秽语症者存在性功能障碍。尽管如此，为避免再受骚扰和以防不测，被骚扰者在受到秽亵语言猥亵之后，应当及时举报。骚扰型秽语症者所骚扰的对象，可能是固定的，也可能是随意选择的。对固定的对象进行骚扰，可能有钟情妄想和观念作祟。秽亵语言的内容，主要不是提出性要求，而是对性器官、性行为和性感受进行赤裸裸的描述，多带有幻想成分。他们热衷于描述实际上从未发生的自己与被骚扰者的各种性行为，并竭力夸耀自己具有很强的性能力。这恰恰反映出骚扰型秽语症者性自信心薄弱。

骚扰型秽语症者通常是以非当面的方式表达和向不认识自己的人表达秽亵语言。当面口头表达秽亵语言，在骚扰型秽语症者中十分少见。大多数骚扰型秽语症者的性格都是内倾的，并且有自卑心理，他

①　刘燕明主编《性偏离及其防治》，天津科学技术出版社，1990，第248页。

们在异性面前往往是羞怯不安、不善言辞的。骚扰型秽语症者通常不骚扰认识他的人，如果骚扰相识者也会隐匿自己的身份和特征，不让对方知道自己是谁。

某些精神病患者如躁狂症、老年性精神病患者以及精神发育迟滞者也可能经常性地表达秽亵语言，这实际是他们所患精神障碍的一种症状。他们可能并不理解秽亵语言的意思，也不能很好地控制自己表达秽亵语言的行为。他们往往是在公开场合表达秽亵语言。而且，他们一般不会纠缠一个特定的人。

[**案例 131**] 杨某，男，27 岁，初中文化，技工，已婚。个性好动，要强，自负，急躁。一个多月来，好管闲事，劳动纪律松弛，常走东串西，容易发脾气，经常与人发生争执。对女性无礼，有猥亵性言语，并多次偷窃钱物。被公安机关收容审查。精神检查时发现杨有如下表现：表情欣快，接触主动，情感活跃，行为轻佻，自诉心情舒畅、愉快、乐观，说话滔滔不绝，并多为自赞之词。谈及偷窃、猥亵妇女行为时，极力为自己辩护，还说自己是不拘小节的人。鉴定结论：轻躁狂。①

还有一种多发抽动秽语综合征，患者可能会不由自主地发出秽亵言语，如在说话中间插入骂人的话，或者在平静时突然说话骂人。对这类精神病人，要紧的是治疗和监护，无须处罚。

二 网络猥亵

秽语骚扰的方式随着科技的发展而变化。以前写书信骚扰者较多，故而有"写淫信症"（pornographomania）之说，后来打电话者更

---

① 李从培主编《司法精神病学》，人民卫生出版社，1992，第 255～256 页。

为多见，故而又有"电话秽语症"（obscene telephone calls）之说——有些专业人士认为它是露阴症的一个亚型。[①] 1987 年的 DSM－Ⅲ－R 曾经列入"淫秽电话症"（telephone scatologia）。据报道，1994 年在英国，一名银行职员因在 9 个月的时间里经常打猥亵电话给一名 33 岁的妇女，而被英格兰北部切斯特地方法院裁定有罪，面临最高 5 年的监禁。原告律师说，该职员在长达 9 个月的时间里所打的猥亵电话，给被害人造成了严重的心理创伤，使她从一位正常自信的女人变成一位畏缩和胆怯的女人。[②] 而随着科技的发达，利用计算机、手机及其他高科技通信设备进行骚扰猥亵的情况也增多起来。英国曾经在 1988 年制定了一个《恶意通信法》（Malicious Communications Act 1988）。它规定：向他人发送具有猥亵、极为冒犯、恐吓、虚假等内容的信件或者其他文本（letter or other article），导致他人痛苦或焦虑（distress or anxiety），构成犯罪。到 2001 年，该法得到增订，除继续禁止发送恶意信件外，还增加禁止发送恶意的电子通信。所谓"电子通信"（electronic communication），是指任何借助于电子通信网络的口头或者其他形式的通信，以及任何电子形式的交流。[③]

进入互联网时代，出现了网络性活动（internet sexual activity），在网络上发生虚拟性关系（netsex, cybersex, cybersex relationship），即所谓"网络性爱"或"在线性爱"、"虚拟性爱"。网络虚拟性关系是利用互联网的信息传递功能，借助文字、声音、图像的实时或非实时的交流来模拟现实性爱。网络性关系的虚拟性，与网络游戏的虚拟性略有不同。在网络游戏中，玩家可能感觉到自己就是游戏中的角色，而且他不是与网络另一端的玩家直接交流，而是与对方操纵的角

---

① 参见〔美〕罗伯特·克鲁克斯、卡拉·鲍尔《我们的性》，张拓红等译，华夏出版社，2003，第 555 页。

② 燕妮：《英一男子打猥亵电话被判有罪》，《法制日报》1994 年 5 月 28 日。

③ http://www.legislation.gov.uk/ukpga/1988/27/contents.

色交流。而网络性关系的双方虽然可能彼此匿名，但都是客观存在的人，双方的交流是直接的、真实的。网络虚拟性关系通常是双方互动地描述性行为，唤起彼此的性欲，获得心理的满足，或者同时进行手淫，获得生理上的满足。目前最极端的虚拟性关系，是通过视频进行实时"裸聊"，在交流时互看对方的裸体或者性器官，发生虚拟的性交。相对于现实性爱，网络虚拟性关系发生了偏离，但不应把它与精神障碍必然地联系在一起。有些人发生网络虚拟性关系是为了在离线后进一步追求与对方的现实性爱，网络对于他们来说，只不过是一种比书信、电话更方便、更直接的交流工具而已。也有一些不法之徒利用网络骗取他人信任，然后在网下骗财劫色，或者偷录他人裸聊时的裸体形象进行敲诈勒索。因为好奇和一时的冲动偶尔发生网络虚拟性关系，也不属于异常。在现实中缺乏爱情或没有正常性生活的人，出于感情和生理的需要，在一定时间内热衷于网络虚拟性关系，也没有超出正常的范畴。但是，如果长期沉溺于网络虚拟性关系就是一种病态了。这种病态究竟是一种新型精神障碍——已经有人把对网络的病态依赖称为"网络成瘾症"（internet addictive disorder, internet use disorder），还是属于具有性色彩的冲动控制障碍或者强迫障碍的表现，还可继续研究。但是无疑的，长期沉溺于网络虚拟性关系必有心理上的深层原因。有学者称之为"网络色情成瘾症"（internet sex addiction）或者"在线色情成瘾症"（cybersex addiction）。① 长期沉溺于网络虚拟性关系的人，有一个共同的特点，想象力丰富，易受暗示。他们虽然知道网络性关系是虚拟的，但他们身处其中的时候，却有着十足真实的感觉。他们并不觉得网络的虚拟是令人遗憾的，也许正是这种虚拟吸引了他们。在虚拟的网络中，他们展现另一种人格。

① 〔美〕Jeffey S. Nevid 、Spencer A. Rathus、Beverly A. Greene：《变态心理学：变化世界中的视角》（第六版），吉峰、杨丽、卢国华等译，华东师范大学出版社，2009，第556～558。

他们以新的人格在虚拟世界中追求在现实世界中不敢追求或无法追求到的东西。在现实中严肃、端庄的人在网络上可能表现得放纵不羁。而在网络上表现得放纵不羁的人回到现实世界又可能恢复严肃、端庄。双重人格在网络上下自然转换。也有人发生网络虚拟性关系之后，感到后悔、耻辱，并为此自责、焦虑，但到精神空虚和性躁动时又控制不了上网的冲动。他们在性方面也是有一定问题的。有研究指出，热衷网络虚拟性关系的人多是在现实中缺乏性机会或者现实性爱发生过挫折的人。更令人怀疑的是，他们中间的一些人可能有性心理障碍。有些人可能有异常的甚至变态的性指向，如乱伦、恋童、性受虐施虐，但耻于或者不敢在现实中表现，只是局限于幻想之中，而网络虚拟性关系可以使这些幻想变得更真实一些。还有一些人可能存在心因性的性功能障碍，在现实中的性关系中会发生冷阴、早泄、阳痿，他们也有可能喜欢通过网络聊天激发性幻想，达到性唤起，通过手淫实现性满足，或者在性唤起之后进行实际的性交。

DSM-5 没有列入"网络成瘾障碍"，只是在"需要进一步研究的状况"部分，参照中国学者的研究，非正式列出有争议的"网络游戏障碍"（internet gaming disorder）。[①]

网络虚拟性关系在法律上是一个新问题。两个成年人双方自愿进行点对点的、一对一的、非公开的虚拟性行为，如果不具有牟利性质，至多属于道德问题。但是，如果不经过对方同意，就向对方发送秽亵信息，令对方难堪、厌恶，应当构成猥亵。姑且将这种借助互联网、没有实际身体接触的猥亵称为"网络猥亵"。对网络猥亵基本可以适用针对现实中言语猥亵的法律。这两种猥亵虽然都没有直接侵犯被害人的身体，但都可使被害人真切地感觉到自己的性权利、性尊严

---

① 参见美国精神医学学会编著《精神障碍诊断与统计手册（第五版）》，〔美〕张道龙等译，北京大学出版社、北京大学医学出版社，2015，第 779～782 页。

受到损害。如果是成年人与未成年人发生虚拟性关系，如通过视频单向或双向裸露自己身体或观看对方裸体，不论该未成年人自愿与否，都构成猥亵。据英国媒体在 2004 年底 2005 年初连续报道，苏格兰一男子因为与幼女发生虚拟性关系而被判猥亵罪。31 岁的罗斯居住在苏格兰格拉斯哥，他在网络聊天室认识了一名自称 19 岁的少女，在两人长达 5 个月的虚拟关系期间，罗斯曾透过网络摄影机，看着实际只有 13 岁的少女在他面前脱衣，而罗斯也曾透过网络摄影机，让少女观看他自渎。少女的父母发现两人互传的讯息后向警方报案，警方检查少女的计算机后，逮捕了罗斯。罗斯在法庭上承认自己曾向少女做出猥亵、下流和淫秽的行为和举动，结果被判猥亵罪名成立。罗斯的案件在当地属首见。[①] 美国《纽约时报》2005 年 12 月 19 日报道了一个男孩被成年人引诱通过网络进行色情表演的事情。2000 年的一天下午，当 13 岁的贾斯汀·贝利（Justin Berry）和网友在线聊天时，一名男子突然发来一个消息：如果你能赤裸上身，在摄像头前坐 3 分钟，我就给你 50 美元。那人向他保证说，他会立刻收到这笔钱，而且能在一个在线付费系统中拥有自己的账户。"当时我想，我在泳池边也会脱掉衣服，而且还拿不到一点好处。既然现在能赚钱，那有什么关系呢？"贾斯汀说，因此他就脱去 T 恤衫。那个男子在看过之后，还发来赞美之词。从此，贾斯汀开始了在网络上出卖自己身体图像的秘密生涯。不断有人要求贾斯汀在摄像头前摆出各种姿势，如脱衣、洗澡、手淫、甚至发生性行为。五年来，至少有 1500 人提出要求，贾斯汀获得数十万元报酬。他的学业成绩开始下降。他和家人的关系也受到影响。《纽约时报》记者在对网络色情交易进行调查时，接触到贾斯汀，并说服他结束了自己的生意。记者对 1500 人中的 300 人

---

① "Man pleads guilty cybersex case", http：//www. guardian. co. uk/child/story/0，7369，1362379，00. html；"'Cybersex' man given two years", http：//news. bbc. co. uk/1/hi/scotland/4205497. stm；《虚拟性交英汉猥亵罪成》，《苹果日报》2004 年 12 月 1 日。

进行调查，发现大部分人是医生、律师、商人和教师：他们都处在可以供养和剥削孩子的权力性地位。贾斯汀意识到自己和其他那些被性剥削和性虐待的孩子一样需要帮助。贾斯汀为了使其他孩子不会受到伤害而与司法部门合作，并将他电脑上五年间保留的所有信息都交给一位律师。随后，司法部门开始逮捕和指控贾斯汀指认的那些作为色情文学制作者和商人的成年人。①

在中国，利用电话、手机、互联网进行骚扰猥亵的案件也时有发生。其中一些是精神障碍者如偏执狂、性变态、人格障碍者所为。他们的病态，突出表现为超乎寻常的执着，让人不胜其烦。过去对利用电话进行骚扰猥亵的案件一般根据《治安管理处罚条例》中的"侮辱妇女或者进行其他流氓活动"条款或者"写恐吓信或者用其他方法威胁他人安全或者干扰他人正常生活"条款，给予治安管理处罚。例如：

[**案例132**] 李某，男，33岁，某银行分理处会计。十年前，他因失恋，在感情上受到较深伤害，陷入痛苦之中，逐渐萌生报复之心。自1987年9月开始，他先后随心所欲地在家中拨打电话，逐渐摸索出7个电话号码作为固定的骚扰对象。这7个骚扰对象均为女性，年龄不一，有幼女、少女、少妇，甚至还有一位73岁的老妇。李拨通电话如遇上男子便破口大骂，如遇上女性则不分老幼，进行挑逗、猥亵，进而恶语中伤。李利用女性羞怯心理，得以长期作案而逍遥法外五年之久。1993年6月上旬，一位被骚扰者在痛不欲生的情况下，终于向派出所报案。该派出所民警在电话部门的配合下，经过三

---

① 参见 Kurt Eichenwald, "Through His Webcam, A Boy Joins A Sordid Online World", http://www. nytimes. com/2005/12/19/national/19kids. ready. html？pagewanted；洪燕华《美国少年50美元走上网络卖淫路》，《东方早报》2005年12月20日；〔美〕Gale Holtz Golden《被捆绑的欲望：心理治疗师眼中的性秘密》，梁嘉歆译，华东师范大学出版社，2010，第144~145页。

昼夜的努力，破获了该案。①

[**案例 133**] 2003 年春，周口市某派出所接到报案：从 2002 年 6 月至今，在周口市某公司工作的高女士不断接到一部手机给其发送的下流短信，有时对方还在发送短信后打来电话进行骚扰。接报后，民警立即着手调查。在掌握大量证据的情况下，3 月 19 日上午，民警将长期发黄色短信骚扰他人的黄某抓获，并根据《治安管理处罚条例》有关规定，对其作出了行政拘留 15 天的处罚。黄某 28 岁，重庆人，在周口市某大酒店当厨师。据黄某交代，从去年 6 月份以来，他多次随意拨打移动电话，发现对方是女性时，挂断后即向机主发送下流短信，并署名"郎"约对方见面，有时还拨打该手机讲些不堪入耳的言语。当民警问其为何这样做时，黄某称平时无聊，想找点儿刺激玩儿。②

2005 年《治安管理处罚法》第 42 条则明确规定，对多次发送淫秽、侮辱、恐吓或者其他信息，干扰他人正常生活的，处 5 日以下拘留或者 500 元以下罚款；情节较重的，处 5 日以上 10 日以下拘留，可以并处 500 元以下罚款。

有人通过胁迫等精神强制方法，迫使他人在计算机摄像头或者手机前裸露身体，而供其在互联网另一端观看、录制。这种行为更接近强制猥亵，虽然双方未实际见面，更无身体接触。根据《刑法》关于强制猥亵罪规定及其通行理解，尚不能对这种情况以强制猥亵罪处断。然而，成年男女对不满 14 岁未成年人实施网络猥亵，如果情节严重，例如进行虚拟性交或者使对方裸露身体，以猥亵儿童罪处断则无不当。

---

① 张和平：《电话流氓骚扰长达五年　案犯李××终被擒获》，《法制日报》1993 年 6 月 15 日。
② 于扬：《发短信耍流氓，到头来进班房：周口市一男子发送黄色短信息被行政拘留》，《大河报》2003 年 3 月 20 日。

三　网络传播淫秽信息的刑法对策

如上所述，出于性欲、下流动机，通过互联网等途径，违背他人意志向特定成年人发送淫秽信息，或者向特定的未成年人发送淫秽信息，属于猥亵行为。同时，根据我国《刑法》和有关司法解释，通过互联网等途径向他人发送淫秽信息，如果达到一定的数量或者被一定数量的人看到，还可能构成"传播淫秽物品罪"或者"传播淫秽物品牟利罪"。另外，虽然精神障碍者很少有在精神障碍影响下进行传播淫秽物品罪尤其是传播淫秽物品牟利罪的，但是精神障碍者尤其是性变态者、人格障碍者和精神发育迟滞者可能热衷淫秽信息，并受其影响发生性犯罪，打击传播淫秽信息行为有利于减少精神障碍者的性犯罪。因此，这里对传播淫秽物品或者淫秽信息的犯罪和刑法对策，以及如何使这些对策也可以作用于网络猥亵的防治，作必要的分析和讨论。

（一）中国法律对互联网传播淫秽信息的规制

根据自 2004 年 9 月 6 日起施行的最高人民法院、最高人民检察院《关于办理利用互联网、移动通讯终端、声讯台制作、复制、出版、贩卖、传播淫秽电子信息刑事案件具体应用法律若干问题的解释》（以下简称 2004 年《解释》）①：（1）以牟利为目的，利用互联网、移动通讯终端或者利用聊天室、论坛、即时通信软件、电子邮件等方式传播淫秽电子信息，具有下列情形之一的，依照《刑法》第 363 条第 1 款的规定，以"传播淫秽物品牟利罪"（罪名全称"制作、复制、出版、贩卖、传播淫秽物品牟利罪"）定罪处罚：传播淫秽电影、表演、动画等视频文件二十个以上的；传播淫秽音频文件一百个以上的；传播淫秽电子刊物、图片、文章、短信息等二百件以上的；传播

---

①　这里只摘编其中与传播淫秽信息有关的部分。

的淫秽电子信息，实际被点击数达到一万次以上的；以会员制方式传播淫秽电子信息，注册会员达二百人以上的；传播淫秽电子信息的数量分别达到两项以上标准一半以上的。（2）不以牟利为目的，利用互联网或者移动通讯终端或者利用聊天室、论坛、即时通信软件、电子邮件等方式传播淫秽电子信息，具有下列情形之一的，依照《刑法》第 260 条第 1 款的规定，以"传播淫秽物品罪"定罪处罚：传播淫秽信息数量达到规定标准二倍以上的；传播淫秽信息数量分别达到两项以上标准的；造成严重后果的。该解释还规定，对传播具体描绘不满18 周岁未成年人性行为的淫秽电子信息的、向不满 18 周岁的未成年人贩卖、传播淫秽电子信息和语音信息的，应从重处罚。该解释还对《刑法》所说"淫秽物品"作了补充说明：淫秽物品除包括具体描绘性行为或者露骨宣扬色情的海淫性的书刊、影片、录像带、录音带、图片外，还包括具体描绘性行为或者露骨宣扬色情的海淫性的视频文件、音频文件、电子刊物、图片、文章、短信息等互联网、移动通讯终端电子信息和声讯台语音信息。有关人体生理、医学知识的电子信息和声讯台语音信息不是淫秽物品。包含色情内容的有艺术价值的电子文学、艺术作品不视为淫秽物品。

最高人民法院、最高人民检察院把淫秽电子信息解释为淫秽物品稍嫌勉强。按一般理解，物品属于物体，它由物质组成，并占有一定实际空间。把电子信息解释为物品，是对物品作了过于扩大的解释。这样的解释似乎超出司法机关的权限。根据我国《立法法》① 第 45条，法律的规定需要进一步明确具体含义，或者法律制定后出现新的情况，需要明确适用法律依据的，应由全国人民代表大会常务委员会负责解释。全国人民代表大会常务委员会虽然有一个《关于维护互联

---

① 《中华人民共和国立法法》，2000 年 3 月 15 日第九届全国人民代表大会第三次会议通过，自 2000 年 7 月 1 日起施行；根据 2015 年 3 月 15 日第十二届全国人民代表大会第三次会议《关于修改〈中华人民共和国立法法〉的决定》修正。

网安全的决定》（2000 年 12 月 28 日），但它对于通过互联网传播淫秽物品的问题，只提到"在互联网上建立淫秽网站、网页，提供淫秽站点链接服务，或者传播淫秽书刊、影片、音像、图片"，还不能成为"两高"扩大解释的法律依据。我认为，《刑法》有关条款应当增加"淫秽信息"的概念。同时，应当把"制作、复制、出版、贩卖、传播淫秽物品牟利罪"改称为"制作、复制、出版、贩卖、传播淫秽物品、信息牟利罪"，把"传播淫秽物品罪"改称为"传播淫秽物品、信息罪"。

由于"传播淫秽物品牟利罪"或者"传播淫秽物品罪"本身并不是针对网络猥亵的情况设置的，以"传播淫秽物品牟利罪"或者"传播淫秽物品罪"处罚网络猥亵不够贴切。"传播淫秽物品牟利罪"或者"传播淫秽物品罪"所侵犯的主要是社会管理秩序，而网络猥亵所侵犯的主要是他人的性权利、性尊严。尤其是，根据 2004 年《解释》，传播淫秽信息，构成"传播淫秽物品牟利罪"或者"传播淫秽物品罪"的，对于传播电子文件的数量及其点击数量都有较高的要求，而一般的网络猥亵基本不属于这种情况。

为了使《刑法》关于传播淫秽物品犯罪的规定进一步适用于网络猥亵行为，我在 2009 年提出一个《关于完善惩治传播淫秽电子信息犯罪的法律对策的提案》。[①] 除了建议把"淫秽信息"增入《刑法》外，还提出以下两点建议。

第一，适当提高"传播淫秽物品罪"的法定刑。根据现行《刑法》，"制作、复制、出版、贩卖、传播淫秽物品牟利罪"的法定刑一般是处三年以下有期徒刑、拘役或者管制，并处罚金；情节严重的，处三年以上十年以下有期徒刑，并处罚金；情节特别严重的，处十年

---

① 参见杨傲多《刘白驹委员：修订刑法惩治传播淫秽电子信息行为》，法制网，2009 年 3 月 4 日。

以上有期徒刑或者无期徒刑，并处罚金或者没收财产；而"传播淫秽物品罪"的法定刑是，情节严重的，处二年以下有期徒刑、拘役或者管制。这种以是否牟利为主要标准的法定刑设置，或许适应原来那种传播淫秽"物品"的情况，但很不适应当今传播淫秽电子信息的情况。首先，以牟利为目的传播淫秽电子信息与不以牟利为目的的传播淫秽电子信息，两种情况的行为人在主观恶性上没有截然差别，后者可能用心更为险恶。其次，不以牟利为目的而传播淫秽电子信息，由于免费，可能传播更快、更广，影响更大，危害也可能更大。现有惩罚力度，对于不以牟利为目的而传播淫秽电子信息来说，不足以震慑其行为人，与情节严重的罪行明显不相适应。因此，建议适当提高"传播淫秽物品罪"的法定刑。

第二，根据 2004 年《解释》，以牟利为目的，传播淫秽电子信息，必须达到一定的件数或者达到一定的被点击数，才构成"制作、复制、出版、贩卖、传播淫秽物品牟利罪"。另根据 2004 年《解释》，不以牟利为目的，传播淫秽电子信息构成"传播淫秽物品罪"的，除造成严重后果的，对数量要求更高，一般需达到前述标准二倍以上。这样的数量标准没有反映出传播淫秽电子信息犯罪的特点。首先，由于电子信息传播迅速、传播广泛，淫秽电子信息的影响和危害是以往淫秽物品无法相比的，一个在互联网传播的淫秽视频，可以抵得上很多数量的淫秽录像带。规定传播淫秽视频文件需达到二十个以上或者传播淫秽电子图片需达到二百件以上才构成犯罪，过于宽放，不利于打击这种犯罪。其次，被点击数不是传播淫秽电子信息犯罪的内在特征，也不宜作为定罪标准。传播淫秽电子信息是否构成犯罪，不能根据他人感受、是否"受欢迎"来决定。而且，被点击数的形成因素很多，并且一般不能像盗窃金额那样被传播者自身控制，与传播者主观恶性和淫秽电子信息内容的恶劣程度没有必然联系。如果根据被点击数标准，可能出现这样两种不合情理的情况：在互联网发布一个淫秽视频，即使内容十分恶劣，但如果被互联网管理者及时删除，没有多数人点击，便不构成犯罪；在互联网发布一个一般的淫秽视频，由于互联网管理者的疏忽，没有及时删除，导致上万次点击，便构成犯罪。

从根本上说，传播淫秽电子信息构成犯罪，应以淫秽电子信息内容的恶劣程度为主要定罪标准，同时结合考虑传播范围，包括是否向特定人传播、件数多少、被点击数多少等。关于"传播淫秽物品牟利罪"：（1）以牟利为目的，利用互联网、移动通讯终端传播内容特别恶劣的淫秽电子信息，例如描绘聚众淫乱、变态淫乱（强奸、乱伦、兽奸等）的淫秽视频、图片，涉及儿童的淫秽电子信息，不论件数多少、被点击数多少，不论是否造成严重后果，都应以传播淫秽物品牟利罪论处。件数、被点击数和严重后果作为量刑因素。（2）以牟利为目的，利用互联网、移动通讯终端传播一般的淫秽电子信息，以件数、被点击数和严重后果作为定罪标准及量刑因素。关于"传播淫秽物品罪"：（1）不以牟利为目的，利用互联网、移动通讯终端发布即向不特定人传播内容特别恶劣的淫秽电子信息，不论件数多少、被点击数多少，不论是否造成严重后果，都应以传播淫秽物品罪（或传播淫秽电子信息罪）论处。件数、被点击数和严重后果作为量刑因素。（2）不以牟利为目的，通过通信软件、电子邮件等方式向特定人传播内容特别恶劣的淫秽电子信息，以件数和严重后果作为定罪标准及量刑因素。（3）不以牟利为目的，利用互联网、移动通讯终端传播一般的淫秽电子信息，以件数、被点击数和严重后果作为定罪标准及量刑因素。后两项构成犯罪的件数、被点击数应高于传播淫秽物品牟利罪（传播淫秽电子信息牟利罪）。

在提案中，我建议最高人民法院、最高人民检察院尽快修订2004年《关于办理利用互联网、移动通讯终端、声讯台制作、复制、出版、贩卖、传播淫秽电子信息刑事案件具体应用法律若干问题的解释》，重新规定传播淫秽电子信息构成犯罪的标准，使之更加合理，更加适应打击传播淫秽电子信息犯罪活动的实际需要。

2010 年 2 月，最高人民法院、最高人民检察院发布《关于办理利用互联网、移动通讯终端、声讯台制作、复制、出版、贩卖、传播淫秽电子信息刑事案件具体应用法律若干问题的解释（二）》，对于传播淫秽电子信息等犯罪的法律问题又作了补充说明。这个解释的一个新意是对淫秽电子信息的内容有进一步的考虑，即对于传播内容含有不满 14 岁未成年人的淫秽电子信息的行为，适当降低了构成犯罪的文件、点击数量的要求。

2016 年制定的《网络安全法》① 也强调对传播淫秽信息的禁止。其第 12 条第 2 款规定："任何个人和组织使用网络应当遵守宪法法律，遵守公共秩序，尊重社会公德，不得危害网络安全，不得利用网络从事危害国家安全、荣誉和利益，煽动颠覆国家政权、推翻社会主义制度，煽动分裂国家、破坏国家统一，宣扬恐怖主义、极端主义，宣扬民族仇恨、民族歧视，传播暴力、淫秽色情信息，编造、传播虚假信息扰乱经济秩序和社会秩序，以及侵害他人名誉、隐私、知识产权和其他合法权益等活动。"第 46 条规定："任何个人和组织应当对其使用网络的行为负责，不得设立用于实施诈骗，传授犯罪方法，制作或者销售违禁物品、管制物品等违法犯罪活动的网站、通讯群组，不得利用网络发布涉及实施诈骗，制作或者销售违禁物品、管制物品以及其他违法犯罪活动的信息。"

在实践中，禁止、惩处传播淫秽电子信息的行为还有一个难题，就是如何区分淫秽信息和一般色情信息。根据《刑法》第 367 条关于"本法所称淫秽物品，是指具体描绘性行为或者露骨宣扬色情的海淫

---

① 《中华人民共和国网络安全法》，2016 年 11 月 7 日第十二届全国人民代表大会常务委员会第二十四次会议通过，自 2017 年 6 月 1 日起施行。

性的书刊、影片、录像带、录音带、图片及其他淫秽物品。有关人体生理、医学知识的科学著作不是淫秽物品。包含有色情内容的有艺术价值的文学、艺术作品不视为淫秽物品"的规定和"两高"2004 年《解释》，淫秽信息是指具体描绘性行为或者露骨宣扬色情的诲淫性的信息。这种区分虽然比较抽象，但基本原则是正确的。不应把一般色情信息当作淫秽信息，扩大打击面，也不能以一般色情信息的存在具有一定的合理性作为制作、传播淫秽信息犯罪的辩护理由。另外，某些在成人看来属于一般性的色情信息，如果传播给未成年人，也可能成为诲淫性的淫秽信息。

（二）西方国家的色情、淫秽信息管理制度

有些人在误解或者曲解的基础上介绍西方国家的色情信息管理制度，给人以所有色情信息的制作和传播在这些国家都很自由的假象。确实，在西方国家，对于一般色情物品在成人之间的传播，法律一般不加以干预。但是西方国家法律所说的"色情物品"（pornography）并不等于"淫秽物品"（obscenity），而基本相当于中国《刑法》第367 条所说的"包含有色情内容的有艺术价值的文学、艺术作品"，只不过色情尺度更宽而已。即使在宪法保障言论自由和出版自由的美国，也有反淫秽法（Obscenity law，亦译"反诲淫法"，泛指联邦和各州禁止淫秽物品的法律规定和判例），禁止淫秽的色情物品和儿童色情物品（child pornography）。正如美国联邦上诉法院法官、著名法学家理查德·A. 波斯纳（Richard Allen Posner）曾经指出："销售'硬黄色的'（hard core）色情出版物——主要是用明确的图像来表现真实或很真实的模仿性性行为或直立的阴茎，并且没有什么美学的或科学的目的作掩饰——是非法的，哪怕是这个人在被拍照时是成年人。"①

---

① 〔美〕理查德·A. 波斯纳：《超越法律》，苏力译，中国政法大学出版社，2001，第410 页。

　　关于是否应当禁止色情物品的问题，在美国发生过激烈的争论。在联邦最高法院，讨论的焦点是色情物品的合宪性（constitutionality）即是否属于联邦宪法第一修正案所保障的言论自由或出版自由。联邦最高法院曾经试图给"色情"下个定义，但最终选择的是给"淫秽"下定义。它的基本立场是将淫秽与一般色情加以区别，禁止淫秽而允许不淫秽的色情。1957 年，在 Roth v. United States 案①中，大法官威廉·布伦南（William Joseph Brennan，1906～1997）认为淫秽物品不属于受宪法保护的言论和出版自由，因为"完全不具有可取的社会重要性"（utterly without redeeming social importance）。他把淫秽物品界定为：可以使人产生淫欲（prurient interest）或者具有一种激发淫乱想法的倾向（a tendency to excite lustful thoughts）的作品（material，或译"素材"、"物品"）。进而，他提出判断淫秽的标准："依照当时的社区标准（community standards），整个材料的主题思想（dominant theme）使一个普通人产生淫欲。"1966 年，在 Memoirs v. Massachusetts 案②中，联邦最高法院又明确提出了一项三段论标准。布伦南大法官认为，如果整个作品的主题思想可以引起淫欲；该材料因为违背当时的社区标准来描写或表现（description or representation）性的事物而具有明显的冒犯性（offensive）；以及完全不具有可取的社会价值（redeeming social value），那么该作品即是淫秽的。在 1973 年的 Miller v. California 案③中，联邦最高法院宣布了一个修改了的标准：依照当时的社区标准，整个作品（work）使一个普通人产生淫欲；以明显冒犯性的方式来描绘或描写（depicts or describes）、由法律所明确定义的性行为；而且，就整体而言，缺乏严肃的文学、艺术、政治或科

---

① Roth v. United States, 354 U. S. 476 (1957).
② Memoirs v. Massachusetts, 383 U. S. 413 (1966). ——Memoirs 是指一部叫作《一个快乐女人的回忆录》（*John Cleland's Memoirs of a Woman of Pleasure*）的书。该书在马萨诸塞州被认定"淫秽"。
③ Miller v. California, 413 U. S. 15 (1973).

学价值。首席大法官沃伦·伯格（Warren Earl Burger，1907~1995）认为，淫秽是明显冒犯性地表现或描写终极的性行为（ultimate sexual acts），无论是正常或变态的（normal or perverted），实际的或模拟的（actual or simulated），以及明显冒犯性地表现或描写手淫、排泄功能和淫荡地（lewd）展示生殖器。只有硬核色情即赤裸裸描写性行为的色情才能被认为具有明显冒犯性，不受宪法第一修正案的保护。①

美国法学会（American Law Institute，ALI）1962年通过的《模范刑法典》（Model Penal Code）也有"淫秽"的定义（第251.4条）：从整体上评价，物品的主要吸引力（predominant appeal）在于裸体、性或排泄的迷恋淫欲——可耻（shameful）、病态（morbid）的兴趣，而且其描述、表现此类事项明显地超过了通常所认为的限度时，该物品为淫秽物品。物品的主要吸引力，除从该物品所表现出来的特性，或者针对儿童或者其他特别易受影响的对象进行传播的情况进行判断外，应当以一般成年人的标准进行判断。②

到20世纪80年代，有些女权主义者从主张社会性别平等和反对男性霸权的角度，强烈主张将色情物品从宪法第一修正案的保护范围排除出去。1983年，凯瑟琳·A.麦金农和另一位女权主义者安德里亚·德沃金（Andrea Rita Dworkin，1946~2005）将可以构成侵犯民事权利诉讼理由的"色情物品"定义为：通过图片和/或言词表现女性的从属地位的露骨的性描写，至少包括以下一个或几个方面：（1）女性被非人化地（dehumanized）呈现为性的客体、物、商品；或（2）女性呈现为享受侮辱和痛苦的性的客体；或（3）女性被呈现为

① 参见〔美〕克米特·L.霍尔主编《牛津美国联邦最高法院指南》，许明月、夏登峻等译，北京大学出版社，2009，第653~655页，"淫秽与色情"（Obscenity and Pornography）条目。

② 美国法学会编《美国模范刑法典及其评注》，刘仁文等译，法律出版社，2005，第217~218页。

从强奸、乱伦或其他的性攻击行为中体验快乐的性的客体；或（4）女性被呈现为受捆绑、割伤、毁伤、撞伤或身体伤害的性的客体；或（5）女性被呈现为处于性的屈服、奴性或炫耀的身体姿势或状态的性的客体；或（6）女性的身体部位（包括但不限于阴道、乳房、臀部）被陈示以致女性被降低至这些部位；或（7）女性被呈现为正在遭受物体或动物的插入（penetrate）；或（8）女性被呈现在堕落、羞辱、伤害、折磨的情节中，被表现为肮脏或低劣、流血、瘀伤或在这些条件具有性意味的境况之中受到伤害的形象。在这一定义中，以"男性、儿童和变性人"替代"女性"，同样构成色情物品。① 看得出来，虽然"男性、儿童和变性人"也适用这个定义，并且这个定义把色情物品的范围划得过大，但是，这个定义所指的色情物品，主要是那些描写对女性实施性暴力、性虐待、性奴役而使女性显著非人化的作品，或者说是描写某些性变态行为的作品。1984 年，印第安纳波利斯市通过一项反色情物品的命令，禁止制作、出售、展览或发行色情物品。这项命令采纳了麦金农她们的定义。但是，联邦上诉法院第七巡回法院在 1985 年认定印第安纳波利斯市的命令违反宪法，因为它违背了宪法第一修正案对言论自由和出版自由的保障。1986 年，联邦最高法院拒绝推翻第七巡回法院的判决。

　　实践的挫折并没有使麦金农在思想上退缩。麦金农指出，色情物品是一种强迫的性的形式，是一种性别政治的实践，是一个社会性别不平等的机构（institution）。色情物品是男性霸权的制度化。色情物品中女性就是在现实生活中会真实遭遇这些事情的女性。色情物品把女性变成了可被获取和使用的物。麦金农认为美国的反淫秽法回避了色情物品的现实，没有反映出男性国家保护色情物品的事实。她写

---

① 转引自〔美〕凯瑟琳·A. 麦金农《言词而已》，王笑红译，广西师范大学出版社，2005，第 31 页。对该译文根据原文略作调整。

道：表面上，无论色情物品还是反淫秽法都涉及性，但是，其中女性的地位问题才是最为重要的。① 麦金农特别反对根据宪法第一修正案为色情物品辩护。她认为，色情物品不只是言词，而且也是行为。色情物品是受保护的言论这一理论的起点在于：语词是用以表达，因此被推定为受保护的意涵上的言论。保护色情物品意味着将性虐待作为言论来保护，与此同时，色情物品及其获得的保护剥夺了女性的言论，尤其是反对性虐待的言论。色情物品以话语之名在宪法的保护下向前行进。将色情物品解释为"言论"的关键在于为色情物品的行为——通过性压迫女性——赢得宪法的保护。② 麦金农还批评了为色情物品辩护的持自由主义立场的法学家罗纳德·德沃金（Ronald Dworkin，1931~2013）和持保守主义立场的理查德·波斯纳。当然，罗纳德·德沃金和理查德·波斯纳也批评了她的观点。他们站在捍卫宪法第一修正案所保障的言论自由、出版自由的高度来捍卫色情物品的权利。罗纳德·德沃金说："我们所憎恶的言论与任何其他言论一样具有被保障的权利。"他还说，虽然有些证据表明阅读色情物品会削弱人们抵制性暴力行为的意志，虽然我们认为色情物品确实对一种不同等的经济和社会结构具有推波助澜的作用，我们也没有理由禁止色情物品。理查德·波斯纳针对麦金农关于对色情物品的处理与对工作场所中用言词性骚扰女性的处理不对称的抱怨，指出麦金农忽略了一个明显的差别：性骚扰的言词一般是针对某一个女性的，她是这一词语侵犯的对象，而色情物品的言词指向的是男子，即色情物品的读者。在这场激烈的讨论中，罗纳德·德沃金和理查德·波斯纳既以捍卫宪法第一修正案为核心，又以宪法第一修正案为后盾，似乎略占上

---

① 参见〔美〕凯瑟琳·A. 麦金农《迈向女性主义的国家理论》，曲广娣译，中国政法大学出版社，2007，第11章"色情文艺：关于道德与政治"。

② 参见〔美〕凯瑟琳·A. 麦金农《言词而已》，王笑红译，广西师范大学出版社，2005，第一篇"诽谤与歧视"。

风。但是，他们在指出麦金农的一些观点——譬如说把男性描述为伴随女性一生的性施虐者，再譬如说色情物品是导致性犯罪的重要原因——缺乏根据或者过于煽情的同时，也轻率地作出了一些判断，譬如说以性虐待为主题的色情物品未得到普遍流传，再譬如说几乎所有的男性都像所有的女性一样对性虐待作品感到厌恶。①

除联邦最高法院的判决外，美国联邦法律也有禁止传播淫秽物品的规定。《美国法典》（United States Code）第 18 章第 1460 条（18 U. S. Code §1460）规定：任何人故意销售或者意图销售淫秽视觉读物（visual depiction，包括未完成的电影和录像带，但不包括单纯的文字），处以罚金或者 2 年以下的监禁，或者并处罚金与监禁。第 1465 条（18 U. S. Code §1465）规定，任何人以销售或分发为目的，故意在州际或对外贸易中运输、传送，或者故意利用州际或对外贸易的设备、方法或交互式计算机服务，或影响这种贸易而运输、传送任何淫秽、下流、淫乱或污秽的书籍、小册子、图片、胶片、纸制品、信件、文字作品、印刷品、剪影、绘画、图形、影像、唱片、录音或其他能够产生声音的物品或其他猥亵、不道德的物品，应被处以罚金或 5 年以下监禁，或并处罚金或监禁。

美国绝大多数州都有反淫秽法（阿拉斯加州和新墨西哥州除外），它们对淫秽物品或者物品的定义，基本采用联邦最高法院的标准。例如，加利福尼亚州刑法规定（Cal. Penal Code § 311）：淫秽物品是指，该物品作为一个整体，适用当代全州的标准，对于一般人而言，可以引起淫欲；作为一个整体，使用具有明显冒犯性的方法描绘或描

① 参见〔美〕罗纳德·德沃金《自由的法：对美国宪法的道德解读》，刘丽君译，上海人民出版社，2001；〔美〕理查德·A. 波斯纳《超越法律》，苏力译，中国政法大学出版社，2001，第 17 章"剪不断、理还乱的色情"；〔美〕理查德·A. 波斯纳《法律与文学》，李国庆译，中国政法大学出版社，2002，第 443～459 页。同时参见羽戈《平等与自由的冲撞——有关德沃金与麦金农的论争》，《政法论坛》2006 年第 2 期。

写性行为；并且，作为一个整体，缺乏严肃的文学、艺术、政治和科学价值。爱达荷州法典规定（Idaho Code Ann. § 18 - 4101）：淫秽物品是指，该物品作为一个整体，适用当代社区标准，对于一般人而言，可以引起淫欲，并且以明显冒犯性的陈述和表现方式描绘或描写（a）终极的性行为，正常的或变态的，实际的或模拟的，或（b）手淫、排泄功能，或淫荡地展示生殖器或生殖器部位。

在美国，对于儿童色情物品实行更为严格的规制，且没有那么大的争议。儿童色情物品是指赤裸裸描写儿童参与的性行为或者性场景的作品。某一作品被认定为应当禁止的儿童色情物品，其内容无须达到淫秽的程度，但必须包括对儿童参与性行为的可视描述（visual depiction）。究其原因，就在于摄制儿童进行性行为的图像会对参与这一活动的儿童造成伤害。儿童参与性行为的非可视作品譬如纯粹的文字描述，如果符合淫秽标准，则按淫秽物品处理。与淫秽物品不同，不仅制作、传播儿童色情物品是违法的，而且任何人无权购买、拥有儿童色情物品，即使只把这些作品放在自己家中、用于个人的或私下的用途也不允许。在互联网上，不能故意上传或者下载儿童色情物品。[①] 各州的反淫秽法都有禁止涉及儿童的淫秽物品或者一般儿童色情物品的规定，只不过对"儿童"的年龄上限、刑罚尺度的规定互有区别。例如，亚拉巴马州法典规定（ALA. CODE § 13A - 12 - 191）："任何人故意传播或者公开显示包括 17 岁以下者从事下列任何行为的可视描述的任何淫秽物品，构成 B 级重罪：性施虐受虐、性交、性兴奋、手淫、裸露乳房、裸露生殖器，或者其他性行为。"[②]

其他国家对色情物品的法律规制，也是以禁止传播涉及未成年人

---

① 参见〔美〕爱德华·A. 卡瓦佐、加斐诺·莫林《赛博空间和法律：网上生活的权利和义务》，王月瑞译，江西教育出版社，1999；〔美〕劳拉·昆兰蒂罗《赛博犯罪：如何防范计算机犯罪》，王涌译，江西教育出版社，1999。

② Obscenity Statutes，http：//www. ndaa. org/pdf/Obscenity%20Statutes%206 - 2010. pdf.

的色情物品和禁止向未成年人传播色情物品为重点的。《德国刑法典》第 184 条详细规定了"散发淫秽文书罪"，利用淫秽文书而为一定行为，如"提供、出让给不满 18 岁的人或以其他方法使其获得的"、"在不满 18 岁的人允许进入或看阅的场所陈列、张贴、放映或以其他方法使其获得的"、"以无线电方式传播淫秽文书的"，处 1 年以下自由刑或罚金刑。第 184 条还规定，将含有强奸、对儿童的性滥用或人与动物的性行为为内容的文书散发或以公开陈列、张贴、放映等途径公布于众，如果淫秽文书是以对儿童的性虐待为对象的，处 3 个月以上 5 年以下自由刑。所谓"文书"，根据第 11 条的解释，是指录音、录像、数据储存、图片和用于同样目的之类似物品。①《法国刑法典》第 227－23 条规定："为传播而拍摄、录制或转放未成年人色情性质之形象或表演或者此种表演具有色情性质的，处 3 年监禁并科 45000 欧元罚金。无论以何种手段，转播此种图像或表演，或者进口或出口，或者指使他人进口或出口此种图像或表演的，处同样之刑罚。为了向非特定的公众传播未成年人的此种图像或表演使用电讯网络的，处 5 年监禁并处 75000 欧元罚金。持有此种形象或表演的，处 2 年监禁并处 30000 欧元罚金。"第 227－24 条规定："采用任何手段，通过任何传播依托、制作、传送或传播暴力或色情信息，或可能严重侵犯人之尊严的信息，或者以此种信息做交易行为，如此种信息可能为未成年人所见或所收听，处 3 年监禁并科 75000 欧元罚金。"②《意大利刑法典》第 528 条规定了"淫秽出版和表演罪"：以销售、分发或公开展示为目的，制作、向国家领域引进、购买、持有、进口或者流通淫秽文字、图画、图形或其他任何种类的物品的，处以 3 个月至 3 年有期徒刑和 103 欧元以上罚金。公开进行具有淫秽性质的戏剧表演、

① 《德国刑法典》，徐久生、庄敬华译，中国方正出版社，2004。
② 《法国新刑法典》，罗结珍译，中国法制出版社，2003。

电影放映、音响播放或者朗诵的，处以同样的处罚。第 529 条规定："在刑事法律意义上，根据一般感情标准对性道德构成侵犯的行为和物品被视为猥亵的。但是，艺术作品或者科学作品不被视为淫秽的，除非这类作品被以非学习目的提交买卖、出卖或者提供给不满 18 岁的未成年人"。① 《西班牙刑法典》第 186 条规定："采用任何直接方式向未成年人或者无行为能力人兜售、传播和展示淫秽物品的，处 6 个月以上 1 年以下徒刑或者 6 到 12 个月的罚金。"第 189 条规定："对以下行为处 1 年以上 3 年以下徒刑：A. 使用未成年人或者无行为能力人进行展示裸露身体或者淫秽表演，无论公开或者私下与否，或者利用其制作淫秽物品或者为以上活动提供资金的；B. 生产、贩卖、转移、储存利用未成年人或者无行为能力人制作的淫秽物品，或者为以上行为提供便利的，无论该物品来源于国外还是不知来源。"② 《瑞士刑法典》第 197 条规定了传播色情书刊的犯罪。其中规定：将色情书刊、印象制品、绘画或其他色情物品提供、展示、出让给 16 岁以下儿童、使之获得，或者在 16 岁以下儿童面前进行色情表演，或者在无线电或电视中为色情表演的，处监禁刑或罚金刑；将上述色情制品或表演公开展示或让他人观看，或未经要求而向他人提供的，处罚金刑；制作、输入、储存、出售、称颂、展示、提供、出让或使他人后得上述色情制品、以与儿童或动物的性行为、人类的排泄或暴力为内容的制品的，处监禁刑或罚金刑；购买、以电子手段或其他方法获取或持有上述以描写与儿童或动物的性行为，或以暴力为内容的色情制品的，处 1 年以下监禁刑或罚金刑。③ 《挪威刑法典》第 211 条规定，实施下列行为，处罚金、2 年以下监禁或者并罚：出版、销售、进口或者以其他方法意图传播色情作品、图片、电影、录像节目或者

---

① 《最新意大利刑法典》，黄风译注，法律出版社，2007。
② 《西班牙刑法典》，潘灯译，中国政法大学出版社，2004。
③ 《瑞士联邦刑法典（2003 年修订）》，徐久生、庄敬华译，中国方正出版社，2004。

类似物品；向未满 18 岁的人散步色情作品、图片、电影、录像节目或者类似物品；在持有、进口的图片、电影、录像节目或者类似物品中，发现或者显示未满 16 岁的人以有伤风化或者色情的方式表演的。本条中的有伤风化或者色情描述是指有关性的描述，即以令人作呕的或者其他的方式可能降低人的品格或者引起人的堕落，包括展示儿童、动物、暴力、强迫或者虐待狂的性描述。[①] 《芬兰刑法典》第十七章"妨碍公共秩序罪"第 18 条规定了"传播描述淫秽行为的物品罪"：提供用于销售或者出租、分发，或者为此目的而制造、进口以淫秽的形式描述儿童、暴力或者兽交色情行为的图片或者视像记录的，应当因为传播描述淫秽行为的物品被判处罚金或者最高 2 年有期监禁。第 18a 条规定了"非法向未成年人展示或者散发图示记录罪"，可判处罚金或者最高 6 个月有期监禁。第 19 条规定了"持有儿童淫秽图像罪"，可判处罚金或者最高 6 个月有期监禁。第 20 条规定了"非法销售淫秽物品罪"，其中包括把淫秽物品交给不满 15 岁的人。[②] 《加拿大刑事法典》第 163 条规定，制作、印刷、出版、发行、分发、传递或为出版、发行、分发或传递而持有猥亵印刷品、图画、模型、唱片或其他类似物品为犯罪。第 163 条还对"猥亵"加以解释："以性的不适当暴露为主要特点，或以性与恐怖、残酷及暴力为主题应视为猥亵。"第 163.1 条规定，制作、印刷、出版或为出版而持有儿童色情物者，构成可诉罪，处 10 年以下监禁。所谓"儿童色情物"，是指包含以下内容的照片、影片、录像或其他可视图画，不管其制成系电子方法或机械方法：（1）显示未满 18 岁人或被描述满 18 岁人正在从事或被描绘为正在从事明显的性行为；（2）为奸淫目的以未满 18 岁人的性器官或肛门部位描述为主题；（3）任何宣扬或倡导与未满

---

① 《挪威一般公民刑法典》，马松建译，北京大学出版社，2005。
② 《芬兰刑法典》，于志刚译，中国方正出版社，2005。

18 岁人进行本法规定为犯罪行为的性行为的印刷品或图画。另外，第
168 条规定由邮政传递猥亵、淫秽或不道德或庸俗物品者为犯罪行
为。①

　　众所周知，丹麦是一个对色情十分开放的国家，然而其刑法也有
相关的淫秽禁止。《丹麦刑法典》第 230 条规定："以销售或者传播为
目的，制作淫秽照片、影片或者其他类似有关不满 18 岁少年之淫秽
作品的，应当处以不超过 2 年之监禁，具有减轻处罚情节的，处以罚
金。"第 234 条规定："向不满 16 岁之人销售淫秽图片或者淫秽物品
的，应当处以罚金。"第 235 条第 1 款规定："商业性销售或者传播淫
秽照片、影片以及其他类似的有关儿童之淫秽作品的，应当处以罚
金，或者处以不超过 2 年之监禁。"第 235 条第 2 款规定："持有行为
人进行下列活动之照片、影片或者有关儿童之类似物品，或者为了报
酬而使此类物品被知晓而从事下列活动的，应当处以罚金；具有加重
处罚情节的，处以不超过 6 个月之监禁：（1）行为人进行性交或者进
行正常性交意外之其他性行为；（2）行为人与动物进行性行为；
（3）以粗鄙淫秽之方式使用器物进行性行为。"② 同样开放的荷兰，
其规定也不含糊。《荷兰刑法典》第 240 条规定："明知或有重要理由
怀疑某图像或者物品有伤风化，且实施以下行为的，处 2 个月监禁或
处罚金：（1）在标明是公共活动场所之处公开展示或提供该图像或物
品的；（2）未得到他人的请求，而将该图像或物品送交该人的。"第
240a 条规定："明知或者应有理由怀疑一未成年人不满 16 岁，而仍向
该未成年人供应、提供或出示被认为对不满 16 岁的未成年人有害的
图像或物品的，处 2 个月以下监禁或处二级罚金。"第 240b 条规定：
"散发、公开展示、制造、进口、运输、出口或储存含有明显不满 16

---

① 《加拿大刑事法典》，卞建林等译，中国政法大学出版社，1999。
② 《丹麦刑法典与丹麦刑事执行法》，谢望原译，北京大学出版社，2005。

岁的未成年人之性行为的图像或存有这种图像的数据存储器的，处 4 年以下监禁或处五级罚金。"[1]

欧洲议会和欧盟理事会 2010 年《关于打击儿童性侵犯、儿童性剥削和儿童色情物品的指令》将儿童色情物品定义为：（1）任何形象化地（visually）描写儿童从事的真实或模拟的露骨性行为的材料；（2）任何以性欲为主要目的，描写儿童性器官的材料；（3）任何以性欲为主要目的，形象化地描写任何人展现的看似儿童从事的真实或模拟的露骨性行为，或者描写任何人展示的看似儿童的性器官的材料；（4）以性欲为主要目的，展现儿童从事露骨性行为的逼真形象或者儿童性器官的逼真形象，不论该儿童是否真实存在。该指令规定，获取或者拥有儿童色情物品，应处以至少 1 年的监禁；使用信息和通信技术手段获取儿童色情物品，应处以至少 1 年的监禁期；发行、传播或传送儿童色情物品，应处以至少 2 年的监禁；销售、供应或者提供儿童色情物品，应处以至少 2 年的监禁；生产儿童色情物品，应处以至少 5 年的监禁。

这些规定对于中国进一步完善规制传播色情和淫秽信息的政策提供了借鉴。一般的色情信息对于成年人来说，不会产生什么明显的危害。不能简单地因为个别人看了色情信息而违法、犯罪或者发生性功能障碍，就一概禁止色情信息。区分内容和分级管理，重点打击淫秽信息，似应是基本方略。就中国目前而言，互联网没有完全实行实名制度，分级管理无从谈起。这时，在互联网传播色情信息，是可以让不特定人（包括未成年人）看到的，将其严重者作为犯罪处理并不为过。然而，根据前述"两高"的两次解释，对于传播涉及未成年人特别是不满 14 岁未成年人的淫秽物品或者电子信息，现在仍以文件和点击达到一定数量作为构成犯罪的条件，对未成年人的保护水平和对有关犯罪的打击力度，似低于前述有关国家的水平，尚需调整。

---

[1] 《荷兰刑法典》，颜九红、戈玉和译，北京大学出版社，2008。

第四节　露阴猥亵和淫秽表演

一　露阴猥亵

人类曾经是裸体地到处活动的。那时，裸体既不是罪过，也不是权利，当然也不是淫秽。正如法国思想家乔治·巴塔耶（Georges Bataille，1897~1962）所言："原始时代的裸露不会有特殊的意义。"①但是，不知是从什么时候起，人类发明了衣服。鲁迅曾经概括关于衣服起源的各种观点："人类学家解释衣服的起源有三说：一说是因为男女知道了性的羞耻心，用这来遮羞；一说却以为倒是用这来刺激；② 还有一种是说因为老弱男女，身体衰瘦，露着不好看，盖上一些东西，借此掩掩丑的。"③

美国学者马尔科姆·波茨（Malcolm Potts）等人则从进化论的角度推断，人类最初穿衣服，除了可能为了保护自身、调节体温，还可能为了避免性的嫉妒（这是人类普遍具备的一种"倾向性"）带来的人们的争斗，以及使得性欲保持在适当的程度。④ 他们指出，人类为了不至于永久地处于情欲亢奋状态，演化出不同于其他动物的一套行为模式，即在公共场合成年人把外生殖器掩饰起来，并把性交作为一种私密的事对待，在进行性活动时避开别人的耳目。因为，在一个组织严密的社会里，如果所有成年人都始终对性活动有着浓厚的兴趣，

---

① 〔法〕乔治·巴塔耶：《色情史》，刘晖译，商务印书馆，2003，第115页。
② 另可参见〔英〕霭理士《性与社会》，潘光旦、胡寿文译，商务印书馆，2016，第三章"性教育与裸体"。其中说："毫无疑问，能起到激发性欲的春药的作用的是化妆打扮，半遮半掩，而不是完全裸露，这是众所周知的事实。如果人的一生从小到老就只琢磨克服性欲这件事的话，那么禁止穿衣比禁止裸体或许更加合理。"
③ 鲁迅：《作文秘诀》，载《鲁迅全集》第4卷，人民文学出版社，1957。
④ 参见〔美〕马尔科姆·波茨、〔澳〕罗杰·肖特《自亚当和夏娃以来——人类性行为的进化》，张敦福译，商务印书馆，2006，第34~36页。

同时又嫉妒心极强，那么生活在这样一种氛围里是非常困苦的。如果性伙伴关系都可以为人所见，如果这种伙伴关系发生变化，那么，整个群体的生命历程将不断被打破，无论是男性还是女性都将持久地争斗下去。很多社会都认为青春期之前的孩子赤身裸体是可以接受的，但是一旦青春期来临，即便那些有裸体习俗的社会也会在公共场合遮掩耻部，也会形成一些掩饰裸体的行为模式。

　　我们可能永远不能确定人类发明的衣服最初是为了保护自身、调节体温还是遮掩性器官。但可以明确的是，衣服和其他身体装饰物可以激发人的性欲，同时又不让它过于泛滥。一旦人们懂得把性器官遮盖起来，自然而然地人们也就学会了把性行为限制在隐秘的场合。人们对性的羞怯感，对性的微妙感情，对色情的厌恶，人们表现出的假正经、对性欲的压抑、性洁癖等，都反映出了近代以来生物进化的一种倾向，即男人和女人通过没有生育后果的性交把彼此的距离拉得更近，与此同时又不伤害其他社会成员和社会生活领域的稳定与和平。生物进化的奇迹在于，某个物种为了能够生存延续下去，它会展现出变化多端的聪明智慧。对人类来说，这种聪明智慧使得他们能够把男女两性团结起来，共同生养后代，这个后代还可以生产出他自己的后代。

　　进入文明社会以后，逐渐地，不能随便裸体或不能随便脱衣成为人们必须遵守的禁忌。在西方，对不适当地暴露身体，不同历史时期有不同角度的否定评价：中世纪是"异端"，18世纪是"放荡"，19世纪是"疯狂"，20世纪则是"挑逗"。① 在外人面前，男人、女人除

---

　　① 参见〔法〕让·克洛德·布罗涅《廉耻观的历史》，李玉民译，中信出版社，2005，第54页。

了幼童都必须穿有足够多的衣服——在公共澡堂、公共卫生间、医院、合法的天体浴场、人体画室等特殊场所除外。所谓足够多，并没有固定的尺寸，视不同的场合而定，并且随着人们性观念的变化而变化。最初是不能暴露性器官，但是后来，"遮身衣物的习俗赋予毗邻性器官的部位相同的意义，这些部位与性器官相比，可能具有一种真正的美（比如臀部、大腿和胸脯）"[①]。曾经，人体特别是女性人体被衣服遮掩得严严实实，即使是大腿、胳膊的暴露也被视为淫秽。而现在，合法裸露的底线几乎又恢复到不能暴露性器官。从某种意义上讲，裸体是指暴露性器官即露阴。

一般人都是耻于或者羞于在外人面前露阴的，生怕自己的隐秘之处被人窥见。但也有个别人没有这样的羞耻之心。有的人竟有露阴的癖好。他们喜欢向陌生人露阴，并以此来激发或满足自己的性欲。严重者把露阴作为偏爱的或唯一的激发或满足性欲的方式。这种露阴被精神医学视为性变态，称为露阴症（exhibitionism）。DSM‐5 称之为"露阴障碍"（exhibitionistic disorder）。精神分析学派认为露阴症是由无意识的和强迫性冲动所支配的，旨在削弱内心的挫败感。更多学者认为露阴症是作为缺乏其他的、可以为社会所接受的性表达方式的一种补偿。

像摩擦症一样，在精神医学临床中，诊断为露阴症的也几乎都是男性。不过不能因此就断言女性不会有类似的冲动。女性生殖器比较隐蔽，自然不能如男性那样可以方便地暴露，但是也有女性向陌生异性暴露身体的其他敏感部位如乳房、大腿以及穿着内裤的下体而获得性心理上的满足。与男性不同的是，在当今社会，女性拥有更多的社会允许的暴露身体的机会，她们在一定分寸内暴露身体已经为人们所接受，一些有特别欲望的女性可以在适度的暴露中得到宣泄。即使有过分暴露者，作为目击者的男性们一般也不会作出指控。不能对女性

---

① 〔法〕乔治·巴塔耶：《色情史》，刘晖译，商务印书馆，2003，第128页。

暴露身体和突出身体某一部分的表现都给予露阴症或裸露症的解释。保加利亚学者瓦西列夫指出：在公认的社会礼仪准则范围内突出自己形体的优点，是人类的天经地义的愿望。只要不对异性造成纯色情的、淫乱的刺激，只要遵守当时当地的礼貌和规矩，作为人类和特定性别的一个代表，个人是有权在仪表上进行自我表现的。如果把追求时尚，把这种大众心理现象视为心理反常，视为裸露症，未免流于片面性和简单化。①

分析露阴可以激发或满足露阴症者性欲的原因，可以发现，令露阴症者感到刺激的并不是裸露生殖器行为本身。霭理士认为露阴（裸恋）行为在根本上是一种象征的行为。他说："一个裸恋的男子把他的性器官向相逢的女子卖弄一下，而观察他这种突如其来的行动，对那女子究竟发生甚么一种打击，一种置身无地的怕羞的反应，在他就得到了情绪上的满足，仿佛和正常的交合所给与的满足一样。他觉得在精神上他已经一度破坏了一个女子的贞操。"② 也就是说，只有露阴症者认为被骚扰者看见了他们裸露的生殖器并作出某种反应时，他们才会感到刺激。他们企图从被骚扰者的震动、恐惧、窘迫、厌恶以及羞涩的反应中体会到自己的男性威力。而这种满足是他们在正常的性生活中——露阴症者有相当一部分是已婚的——体会不到的。如果被骚扰者没有看见他们裸露的生殖器，或者虽然看见但没有作出任何反应，他们会非常沮丧。因此，有人说，如果在一个社会中，人们不会因为看见裸体异性而感到害怕、震惊，露阴症就不会存在。③ 还有人说，治疗露阴症的最好方式就是教育公众不要理会

① 〔保〕瓦西列夫：《情爱论》，赵永穆等译，生活·读书·新知三联书店，1984，第369页。
② 〔英〕霭理士：《性心理学》，潘光旦译注，生活·读书·新知三联书店，1987，第229页。
③ 〔美〕J. 莫尼、H. 穆萨弗：《性学总览》，王映桥等译，天津人民出版社，1992，第924页。

露阴行为。① 更有人忠告，"当然，立即使你远离罪犯并尽早向警察和校园保安报告这种行为也是十分重要的。"②

根据人格气质特点，可以把露阴症者分为两类：一类具有抑制气质，他们极力控制性冲动，除露阴外没有其他猥亵言行，有时只暴露疲软的生殖器，事后常有罪恶感；另一类具有攻击性，有的具有反社会型人格障碍的一些特点，通常暴露勃起的生殖器并常伴有手淫和猥亵语言，事后很少有罪恶感。③

露阴症者的行为方式具有明显的特征。（1）作案前可能进行一些准备，选择适合作案的衣着，如穿上既容易暴露也容易遮掩生殖器的大衣、风衣、雨衣。（2）选择适合于逃离的场所作案。有的在僻静处守候，当异性走近时突然暴露生殖器；有的在人不多的路上游荡，见到有异性走来，就将生殖器露出，迎上前去；有的在行驶的车辆上向路边的异性暴露生殖器。露阴症者一般不会在众目睽睽之下无所顾忌地公然露阴。这么做的大多是器质性精神障碍者和精神发育迟滞者。有的露阴症者也在人多的场所露阴，但他们在露阴时仍然比较隐蔽，而不是无所顾忌。（3）选择陌生的女性作案。露阴症者选择陌生女性作案，绝不是因为他们考虑到自身的安全，而是因为只有陌生女性才会对他们裸露生殖器作出他们所期待的反应。有些露阴症者对被骚扰的女性的类型（年龄、体态、装束等方面）也有选择，只向他们偏爱的那一类型的女性露阴。（4）在露阴时，一般不会有危险举动；在被骚扰者作出反应后，往往迅速逃离现场，而不对被骚扰者采取进一步的攻击行为。这也就是本书将露阴症行为归为骚扰型猥亵的主要原

---

① 〔美〕劳伦·B. 阿洛伊等：《变态心理学》，汤震宇等译，上海社会科学院出版社，2005，第558页。

② 〔美〕罗伯特·克鲁克斯、卡拉·鲍尔：《我们的性》，张拓红等译，华夏出版社，2003，第555页。

③ 参见〔英〕Michael Gelder、Paul Harrison、Philip Cowen《牛津精神病学教科书》，刘协和、袁德基主译，四川大学出版社，2004，第601页。

因。不过，有些被骚扰者并不知道这一点，当她们看到露阴症者裸露着生殖器向她们走近时，很可能会认为一场灾难即将来临，否则不至于那么恐惧。可以肯定，报案的被骚扰者中有不少人就是这样认为的。（5）多次作案。露阴症者即使在受到处罚之后，仍然有可能继续作案。露阴症者的露阴冲动也具有强迫性因素，一旦他们处于露阴冲动中，就会寻求解脱，而不考虑露阴行为可能产生的后果。此外，露阴症者每次作案，在时间、地点、方式上都很有规律。根据这个特点，破案并非难事。

露阴症三例：

[**案例 134**] 张某，男，29 岁，某市委党校教师。张自 1985 年夏以来，利用工休或空闲时间，骑车携带装有白大褂的黄书包，到煤场、田间、地头、沟沿、水渠和铁路旁。到达后，张穿上白大褂，见到过路或正在劳动的妇女，就掀开白大褂，露出生殖器，有时还手淫。见成年男人走来，他便骑车逃遁。在近一年的时间里，张作案 30 余次，向 50 余名妇女露阴。1986 年 8 月 19 日，张正在作案时被当场抓获。经查，张患有露阴症。但检察院以流氓罪起诉，法院以同罪作了有罪判决。①

[**案例 135**]（美国的案例）某男，已婚，生活史上曾与女人包括自己的妻子有不愉快关系。在女人面前腼腆、被动。夫妻性生活不正常，总是以阳痿告终。五年来，他经常向过路的女性暴露勃起的阴茎。他不担心会被抓到，常常白天里在他家附近裸露自己，最终被捕入狱，失去职业和家庭生活，但他仍然感到裸露自己的冲动。在裸露时，如果他的"观众"没有目击到他的动作，他便重新定位以确认他

---

① 王运声主编《刑事犯罪案例丛书·流氓罪》，中国检察出版社，1990，第 234～235 页。

确实被看见了。当别人注意他时，他也不跑。但有一次，两名十几岁的少女向他走近时，他逃离了现场。①

[案例 136]　某男，1932 年生，未婚。幼年曾和同龄女孩玩耍，互相摸过会阴部。少年时代有露阴、窥阴、手淫行为。1955 年 23 岁时毕业于某工科学院，任助教。1956 年入党，工作好，恋爱顺利。1957 年在反右运动中被认为有反党言论，思想右倾，取消预备党员资格，女友也因此断交。心情沉闷，痛苦。常常一个人到学校附近散步。1959 年有一天傍晚，在学校附近田边小路散步，远处走来一年轻女子，当即产生向对方显示阴茎的欲望，便将裤扣解开，把阴茎露出一半，装作漫不经心的样子。那年轻女子从他身旁走过，没有正面看。事后感到心里平静、舒服。以后经常有意地寻找机会这样做，作案之后烦闷心情立即得到暂时的缓解。1963 年有一次在公共汽车上解开裤扣，半露阴茎，并用棉大衣半遮住，站在一个中年妇女面前。那位妇女似乎看到了，但没有声张。他第一次感到很大的快感。当天乘车来回多次进行露阴，未被揭露。就此断定"有不少女人愿意看"，而且在看时双方可能有"心照不宣的心理交流"。以后用同样方法干过多次。露阴时，使女方稍能看到时即用书包挡住。认为这样可以使对方也觉得是偶然看到的，既满足她看的愿望，又不致使她感到难堪。有时还用钢笔在阴茎上写上"喜欢"两个字。1964 年因作案被拘留，后受到批判和开除公职留用察看处分。在写检讨书时，回忆事情经过，内心还有满足感。处罚并没有使他改掉这种行为。1965 ~ 1983 年共被拘留十余次。有一次当场被一年轻妇女的丈夫打伤。1973 年曾被劳动教养三年。被释放后不久即照旧行动。在每次受到批判时，都作"深刻"检讨，承认行为不端，下决心改正。把裤子前面的

---

① 〔美〕Z. 拉里亚、M. D. 罗斯：《人类性心理》，张丛元等译，光明日报出版社，1989，第 110 页。

开口缝死，写一自警片放在口袋里，不再乘公共汽车。但只要一有机会，就撕开裤缝露阴。后进行心理治疗。医生指出，他的这种行为实际上是用幼年的取乐方式来解除成年人的烦恼，用幼年表达性欲的方式来满足成年人的性欲。经过治疗之后，表示已经不再出现露阴的欲望和冲动。①

案例 136 颇为典型。患者的露阴历史从 1959 年 27 岁时开始至 1983 年 51 岁时寻求治疗，长达 24 年。其间他屡遭批判、处分，但露阴恶习就是改不了。即使本人有改正的愿望，并采取了措施，也无济于事。这说明露阴症十分顽固。该患者的心理活动也具有普遍性，即认为女性愿意看，而不认为自己的行为是对女性的侵犯。试想在这种心理状态下，单纯的惩罚如何能够令其改邪归正？

易性症者有可能以其所希望的性的身份进入异性浴室、厕所沐浴或方便，但不具有性欲目的，不属于露阴症。易性症者对异性没有性的冲动，对他们来说，异性就是同性，同性才是异性。他们进入异性专用场所，是他们根据自认的性别而作出的一种自然选择。

摩擦症者用露出的生殖器摩擦异性身体的行为，不属于露阴症。

由其他精神疾病引起的露阴，不单独诊断为露阴症。露阴可见于癫痫性精神病、老年性精神病，酒精所致精神障碍等器质性精神障碍和精神发育迟滞、精神分裂症、躁狂症患者，其中不少是女性患者。他们可能有脱衣症（ecdysiasm），不是刻意地露阴。这些精神病人露阴、裸体，或在家中，或在公共场所，有的具有性的含意，有的则没有性的含意，有的是给人看，有的则对他人的反应无动于衷，一般不针对特定人。有些精神病人当众露阴、裸体，完全是无意识的，受本

---

① 钟友彬：《中国心理分析——认识领悟心理疗法》，辽宁人民出版社，1988，第 328～340 页。

能支配。但不能完全归结于性本能，有的更像是原始野性的复归，挣脱衣服的束缚。

经过对方允许的露阴，不是露阴症的表现。露阴症者不会对经过对方允许的露阴感兴趣。如果有人要求或者期待他们露阴，他们可能反倒羞于露阴了。在夫妻、情侣性关系以及卖淫嫖娼关系中，有些人可能以露阴激发对方的性欲，为将要进行的性交做好准备，这也与露阴症不同，露阴症露阴的功能是激发甚至满足自身的性欲。当今有些人沉溺于双方明确同意或者心照不宣的网络裸聊，虽然可能有其他心理障碍，但也不属于露阴症。不过可以肯定，网络露阴症也是存在的。对网络露阴症还没有人进行专门的研究。可以将它描述为：经常在网络视频聊天时，未经陌生的对方的同意而突然露阴，并以这种露阴作为偏爱的或唯一的激发或满足性欲的方式。商业性的露阴表演更不属于露阴症。即使露阴表演者如脱衣舞女曾经从观众对她们的身体的反应中获得某种心理满足，但经常性的演出早已使她们感觉迟钝。还有人坚持裸体主义（nudism，nudomania，gymnosophy），在公开场合随意裸体，也不属于露阴症。

艺术领域的裸体模特展示以及对裸体模特的绘画、雕塑、摄影，当然也不属于露阴症或者窥阴症，虽然其中有个别人因裸体或者观看裸体产生性兴奋或者在此过程逐渐产生感情，继而发生性关系方面的问题。毛泽东曾经对绘画、雕塑使用模特问题作出批示："画男女老少裸体 model 是绘画和雕塑必须的基本功，不要不行。封建思想，加以禁止，是不妥的。即使有些坏事出现，也不要紧。为了艺术学科，不惜小有牺牲。"①

另外，有人露阴是为向对方表示敌意和蔑视。法国作家左拉（Emile Zola，1840～1902）在其长篇小说《萌芽》中叙述了这样一个情节：煤矿罢工后，愤怒的矿工们游行去向资本家请愿，性格泼辣的女推车工穆凯特也在其中，"她慢慢吞吞地走在后面，窥伺着富人的

---

① 《毛泽东文集》第八卷，人民出版社，1999，第419页。

园门和窗口，待等发现他们，不能指鼻子骂，也要向他们投以表示她最大轻蔑的动作。她肯定是看到了一个富人，因为她突然撩起裙子，撅起屁股，光光的大屁股暴露在落日的余晖之中。这样做并没有任何猥亵的意思，也不是要引人发笑，而是要叫人感到可怕"①。有些人举行抗议活动，为吸引眼球而裸体，与露阴症无关。例如，乌克兰女权组织 Femen 就经常举行裸体示威。

　　未经对方同意的露阴或者公然露阴，用法律语言可称之为猥亵性暴露（indecent exposure），不少国家将其列为犯罪。《法国刑法典》第 222 - 32 条规定："在公众可目击之场所，公然对他人露阴者，处 1 年监禁并科 15000 欧元罚金。"②《德国刑法典》第 183 条规定："男人以暴露生殖器行为侵扰他人的，处一年以下自由刑或罚金。本罪告诉乃论，但刑事追诉当局认为此等犯罪依职权进行追诉符合特别的公共利益的，不在此限。如行为人经过较长时间的治疗，可望其不再实施露阴行为的，法院可对自由刑的执行宣告缓刑。"③《西班牙刑法典》第 185 条规定："自行或者要求第三人向未成年人或者无行为能力的人暴露性器官的，处 6 个月以上 1 年以下的徒刑或者处 6 到 12 个月的罚金。"④《瑞士刑法典》第 194 条规定："为露阴行为的，处 6 个月以下监禁或罚金。此罪告诉乃论。行为人接受医治的，可中止刑事诉讼程序。行为人逃避治疗的，刑事诉讼程序重新开始。"⑤《日本轻犯罪法》（昭和二十三年法律第三十九号）规定，"在大庭广众之下，以引起群众恶心的方法妄自暴露臀部、大腿或者身体其他部分的"，应受拘役或罚款的处罚。⑥ 而按《日本刑法典》第 174 条，公

①〔法〕左拉：《萌芽》，黎柯译，人民文学出版社，1982，第 355 页。
②《法国新刑法典》，罗结珍译，中国法制出版社，2003。
③《德国刑法典》，徐久生、庄敬华译，中国方正出版社，2004。
④《西班牙刑法典》，潘灯译，中国政法大学出版社，2004。
⑤《瑞士联邦刑法典（2003 年修订）》，徐久生、庄敬华译，中国方正出版社，2004。
⑥《日本轻犯罪法》，郭布罗润麒译，《法学译丛》1979 年第 6 期。

然地实施露阴等猥亵行为也可能构成公然猥亵罪。① 所谓"公然"，就是不特定或多数人能够看到的状态，但不要求实际上已经被不特定或多数人认识到。在日本，脱衣舞表演如果露阴或者伴随有性交动作，也成立公然猥亵罪，组织者成立本罪的教唆犯或帮助犯。② 美国《模范刑法典》第213.5 条规定了露阴罪："行为人以激起或者满足或者其配偶以外的他人的性欲为目的，在明知其行为会引起他人受辱或者惊恐的情况下露出生殖器，成立轻罪。"第251.1 条规定了公然淫乱罪："行为人明知其行为可能会引起他人关注，并且使他人产生厌恶或者恐慌的情绪，而实施淫乱行为的，成立微罪。"两罪的规定存在竞合，但后者与性欲的满足无关，而仅仅是为了引起他人的震动或干扰。③ 此外，第251.4 条还规定了淫秽罪，其中包括淫秽表演。另据统计，美国有40 个州的法律禁止公开裸体和露阴，有23 个州的法律规定在公开场合进行性接触和性行为是犯罪。④ 在英国，《1824 年流浪罪法》规定，以侮辱妇女为目的，自愿地、公然地、猥亵地、淫秽地暴露自己的身体，应被视为流氓、流浪者，处3 个月监禁；⑤《2003 年性犯罪法》更明确规定，意图让他人看见并引起他人惊恐和烦恼而故意暴露生殖器，构成露阴罪，经简易程序判罪的处不超过6 个月的监禁或处罚金，经公诉程序判罪的处不超过2 年的监禁。《加拿大刑事法典》第173 条第（2）项规定："于任何场所为了性欲目的而对未满18 岁的人暴露生殖器者，构成按简易定罪处罚的犯罪。"第174 条规定，无合法原因于公共场所裸体，或于私有土地上（无论

① 《日本刑法典》，张明楷译，法律出版社，2006。
② 参见〔日〕大谷实《刑法各论》，黎宏译，法律出版社，2003，第369～370 页。
③ 美国法学会编《美国模范刑法典及其评注》，刘仁文等译，法律出版社，2005。
④ 〔美〕珍尼特·S. 海德、约翰·D. 德拉马特：《人类的性存在》，贺岭峰等译，上海社会科学院出版社，2005，第638 页。
⑤ 《英国刑事制定法精要（1351～1997）》，谢望原主译，中国人民公安大学出版社，2003，第170 页。

该地产是否归该人所有）裸露并供公众观赏，构成按简易定罪处罚的犯罪。本条所称裸露是指其人的衣着违反公共行为标准或秩序。[①]

　　为什么要用刑罚惩治没有身体侵犯性的露阴者？除了因为露阴是一种对他人的冒犯行为，令人厌恶甚至恐惧之外，还因为人们担心这种行为可能演变、升级为更严重的性侵害。1939 年，纽约一所监狱负责性罪犯评估的心理学家认为，今天的露阴症者会成为"明天的强奸犯和杀人犯"，他以一个 28 岁的囚犯为例。这个囚犯因 5 次在地铁里裸露生殖器而被捕，他承认他的最大快感"不是来自裸露行为本身，而是来自那些猛然见到他这一举动的女性脸上所呈现的恐惧表情"。那位心理学家写道："可以有把握地说，如果任其发展，那么迟早这种施虐的冲动会不再停留在满足于女性脸上恐惧的表情……而是会转化为更强大更猛烈的施虐冲动，比如说强奸、性侵犯或杀人。"20 世纪 70 年代，英国精神病学家格雷厄姆·鲁斯（Graham Rooth）指出，被判定的有露阴症行为的人中每十人就有一人曾经试图强奸，每五人中就有一人曾经因为使用暴力进行性侵犯而被定罪。[②] 这么说，不是没有根据和道理，但是真正的露阴症者一般不会转向性暴力。不过，在现场，又有谁能够准确地认定一个有露阴行为的人是真正的露阴症者还是另有淫恶企图的性恶徒呢？此时，保持足够的警惕性甚至报警是理智的选择。

　　中国《刑法》没有"露阴罪"或者"公然猥亵罪"的罪名。在 1979 年《刑法》施行期间，情节恶劣的露阴行为一般定为流氓罪，也有定强奸未遂给予重判的。对露阴症者进行露阴是否给予处罚，各地处置不一。有的地方认定行为人有露阴症，但仍判有罪，例如案例 134。有的地方认为露阴症是精神病，行为人无罪。[③] 例如案例 137：

[①] 《加拿大刑事法典》，卞建林等译，中国政法大学出版社，1999。

[②] 转引自〔英〕乔安娜·伯克《性暴力史》，马凡等译，江苏人民出版社，2014，第 268 页。

[③] 参见任福民、高之旭、贾谊诚《性犯罪 338 例调查分析》，《上海精神医学》1984 年第 4 期。

[**案例137**] 被告人任某，男，28岁，中学教员。自1982年以来，先后在市制药厂一带，多次向过路的妇女显露生殖器，并追逐妇女和搞其他下流动作，对社会治安造成很坏的影响。后被公安机关逮捕归案。经司法精神病鉴定认为，任是性变态精神病人。是在丧失理智、失去控制自己能力的情况下实施的流氓行为。不能认为是犯罪，应宣告无罪。①

任某被宣告无罪实在是一种侥幸。法院判定他无罪，竟然依据司法精神病鉴定关于他是"在丧失理智、失去控制自己能力的情况下实施的流氓行为"的荒唐说法，表现出精神医学知识的缺乏和对司法精神医学鉴定的盲从。

在1979年《刑法》施行期间，其他一些公然猥亵行为，例如在公开场合性交，也构成流氓罪。

[**案例138**] 被告高某（男，18岁）于1983年5月，以"谈恋爱"为名，先后两次将一名15岁的少女奸污。同年6月，又结识女流氓刘某，两人先后多次在公共场所流氓鬼混。8月20日上午，高与刘、田某在某公园饭店酗酒，高、刘两人当众丑态百出。之后三人同去公共游览场所。高、刘两人在光天化日之下，不避来往游人，赤身裸体，在草地上搞不正当两性关系，田则在旁观看。济南市中级人民法院审理后认为，被告高某多次在公共场所进行流氓犯罪活动，污染社会风气，情节特别恶劣，危害特别严重，根据《刑法》第160条、全国人大常委会《关于严惩严重危害社会治安的犯罪分子的决定》第1条第一项之规定，判处高某无期徒刑，剥夺政治权利终身。②

---

① 刘蓬主编《中华人民共和国刑法案例大全》，沈阳出版社，1994，第43页。
② 华东政法学院《法学》编辑部编印《法律顾问（八）——流氓罪法理探究》，1984，第68页。

在 1997 年以后，由于流氓罪的取消，一般的露阴行为不构成犯罪，但在逼仄的场所（如电梯间、行使的轿车内）向无法躲避的妇女露阴，或者堵截妇女而向其露阴，可能构成强制猥亵妇女罪（强制猥亵罪）或者强制侮辱妇女罪；面对不满 14 岁未成年人露阴，如果情节恶劣，可定猥亵儿童罪处罚。这不仅适用于"精神正常"的露阴者，也适用于绝大多数露阴症者——他们的辨认能力或者控制能力是比较完整的，但不适用于丧失辨认能力或者控制能力的重性精神病露阴者，因为他们露阴并不是"故意"的。

对情节轻微的露阴行为，过去通常是根据《治安管理处罚条例》的"侮辱妇女或者进行其他流氓活动"条款给予警告、拘留等处罚。而《治安管理处罚法》则明确规定，对在公共场所故意裸露身体，情节恶劣的，处 5 日以上 10 日以下拘留。"公共场所"是指除公共浴室、公共厕所和家庭内部等根据习俗可以自然裸体或者暴露生殖器的隐私场所之外的场所。在"公共场所"露阴，不论是否针对特定人，都违反《治安管理处罚法》。在自家或其他隐私场所的窗口、阳台等他人可以看到的地方故意向场所外的他人露阴，也是违法的。

二 淫秽表演

淫秽表演是指以不道德的、有伤社会风化的方式展示裸体、性器官、性行为的诲淫性表演。根据《刑法》第 365 条 "组织进行淫秽表演的，处三年以下有期徒刑、拘役或者管制，并处罚金；情节严重的，处三年以上十年以下有期徒刑，并处罚金"之规定，组织露阴表演构成组织淫秽表演罪。组织淫秽表演罪的成立不要求所组织的表演露阴，但表演时露阴应视为情节恶劣。是否以牟利为目的，不影响本罪的成立。所组织的淫秽表演可以是在公开场合当众进行，也可以是让特定或不特定的个人私下观看。表演者可以是多人，也可以是一个人。表演应能被观看者实时看到，但表演者和观看者不一定处在同一场所，如观看者可能处在隔着特制的单面镜子的另一房间中。

组织在互联网实时进行即"网络直播"的淫秽表演也构成组织淫秽表演罪。例如，2004 年 1 月，王某开设了名为"DJ 靓女视频"的聊天网站。为了扩大网站知名度，王某组织招募来的人员通过视频聊天的方式在网上进行脱衣舞、性交等淫秽表演。自开始淫秽表演后，该网站的点击率迅速增加，至案发时止，申请加入该网站的 VIP 会员已达到 300 余人，牟利 6 万余元。经审理，法院以组织淫秽表演罪判处王某有期徒刑 3 年，并处罚金 5 万元。① 网络淫秽表演可能是被多数人实时观看的，但也可能是点对点、一对一的。但这种点对点、一对一的淫秽表演与一般的点对点、一对一视频裸聊有所不同：其一，表演是有组织的，点对点、一对一只是形式；其二，组织表演多以牟利为目的。

那么，淫秽表演者是否构成犯罪？《刑法》第 365 条的表述是"组织进行淫秽表演的"构成犯罪，但"进行"的主体和指向比较模糊。一般认为，从立法本意看，《刑法》第 365 条所规定的犯罪的主体仅限于淫秽表演的组织者。② 对淫秽表演者，过去通常是根据《治安管理处罚条例》的"侮辱妇女或者进行其他流氓活动"条款进行处罚。《治安管理处罚法》对此加以明确，该法第 19 条规定，对"进行淫秽表演"的，处 10 日以上 15 日以下拘留，并处 500 元以上 1000 元以下罚款。但是《治安管理处罚法》没有对自愿的和被强迫的淫秽表演作出区分，也是一个缺陷。下面一案中，一对夫妻为了赚钱，自愿进行性表演。他们的行为，已经构成《治安管理处罚法》所说的进行淫秽表演，但是否构成组织淫秽表演罪恐怕人们会有不同看法。

---

① 莫开勤、罗庆东主编《刑事案例诉辩审评——制作传播淫秽物品罪》，中国检察出版社，2006，第 210 页。

② 参见全国人大法工委刑法室徐霞、王倩、王宁编著《中华人民共和国刑法学习纲要》，人民出版社，1997，第 329 页。

[案例139]《南方都市报》2001年4月18日报道了一起发生在粤东某镇的夫妻公开进行性表演的案件：1988年，陈×茂与人发生争执，进而引发斗殴。他的头部挨了几棍，此后，人变得呆呆的，还有点傻。因此，他娶老婆的事给耽搁下来了。家人焦急万分，带着他四处求医。终于在1991年，他痊愈了。第二年，经人介绍，已经32岁的陈×茂与29岁的陈×君结婚。但很快，陈×茂发现平时温柔体贴的陈×君脾气越来越暴躁，动辄出手打人，有时候行为非常怪异，生起气来，还用凳子砸玻璃。陈×茂忍不住跑去问岳父，才得知事情原委。原来，结婚前，陈×君曾跟一个小伙子谈恋爱，两人还偷尝禁果致陈×君怀孕。但父亲坚决反对这门亲事，陈×君作了百般努力也无法说服父亲，后来陈×君流产了，见此状，父亲只好同意。但那个小伙子已经跟别的姑娘结婚了。陈×君经受不起打击，整天疯疯癫癫，还喃喃自语，终日沉浸在回忆之中。陈×茂非常后悔婚前没有了解清楚。1993年，他向法院递交了离婚起诉状。无奈，当时妻子已怀上第一个孩子，离婚之事作罢。但是，陈×君并没有多大改变，发病时还拽着婆婆的头往墙上撞，用开水烫陈×茂的手臂……1995年，陈×茂无法再忍受陈×君暴躁的脾气，决定协商离婚，后来又因种种事情作罢。后来，陈×茂在服装市场开了家小百货店，夫妻俩以经营小百货为生。但生意一直不好。平时的积蓄也逐渐花光。2001年1月上旬的一天，一个朋友在陈×茂家做客时得知其困境，便出价100元，要他们表演闺房之事。两人商量了一下，当即为其表演。夫妻俩一下子赚了100元，顿时感到这是一条致富之路，就决定以家里的大床为舞台，招揽生意。消息传出去后，上门的人也多起来。一次，当地派出所接到线报后直奔其家，将陈×茂夫妇及3名看客抓获。随后，陈×茂夫妇被保释。3月27日10时许，陈×茂接到一个"顾客"的电话，声称有6名"顾客"在当地一家三星级酒店开了房，等他们去表演。陈×茂夫妇立即赶赴该酒店。11时许，两人正在表演之际，派出所的

民警赶到，夫妻俩再次被擒。陈×茂说自己是精神病人，便被放出来，而陈×君被刑事拘留。事后，有记者调查此事。记者问陈×茂："你不觉得这样做很羞耻、很丢人吗?"陈×茂说："我们是精神病人，无所谓了。只要有钱赚，就不丢人，我们是认钱不认人的。"①

　　报道没有说陈×茂和陈×君是否被确认存在精神障碍，但这个案例提示淫秽表演者有可能是精神障碍者。这与淫秽表演的组织者成为对照，组织者一般都没有精神障碍。组织精神障碍者进行淫秽表演的定罪也是一个问题。如果进行淫秽表演的精神障碍者不具有辨认或者控制自己行为的能力，组织他们进行淫秽表演也构成对他们的猥亵，形成组织淫秽表演罪和强制猥亵罪或猥亵儿童罪的想象竞合犯。对此应从一重处断。

　　另外，国务院《营业性演出管理条例》（自 2005 年 9 月 1 日起施行，2008 年 7 月 22 日第一次修订，2013 年 7 月 18 日第二次修订，2016 年 2 月 6 日第三次修订）第 25 条规定，营业性演出不得宣扬淫秽、色情。该条例第 46 条规定："营业性演出有本条例第二十五条禁止情形的，由县级人民政府文化主管部门责令停止演出，没收违法所得，并处违法所得 8 倍以上 10 倍以下的罚款；没有违法所得或者违法所得不足 1 万元的，并处 5 万元以上 10 万元以下的罚款；情节严重的，由原发证机关吊销营业性演出许可证；违反治安管理规定的，由公安部门依法予以处罚；构成犯罪的，依法追究刑事责任。"但是，该规定没有明确说明处罚的对象是淫秽、色情演出的组织者，还是表演者。对照《治安管理处罚法》对"进行淫秽表演"的处罚力度，可以认为《营业性演出管理条例》所说"没收违法所得，并处违法所

---

　　①　罗爱萍：《广州一对夫妻当众表演床笫之事被查处》，《南方都市报》2001 年 4 月 18 日。

得 8 倍以上 10 倍以下的罚款；没有违法所得或者违法所得不足 1 万元的，并处 5 万元以上 10 万元以下的罚款"是针对表演的组织者的。

有人认为组织淫秽表演"网络直播"除构成组织淫秽表演罪外，还构成传播淫秽物品牟利罪或者传播淫秽物品罪，组织淫秽表演罪与传播淫秽物品牟利罪或者传播淫秽物品罪构成想象竞合犯。甚至，还有人认为，在互联网上进行实时淫秽表演的"网络主播"也可能构成传播淫秽物品牟利罪或者传播淫秽物品罪。上述观点有可商榷之处。把一般的电子视频文件解释为物品就已经比较勉强，把实时的网络表演解释为物品就更勉强了。而且，最高人民法院、最高人民检察院 2004 年和 2010 年《关于办理利用互联网、移动通讯终端、声讯台制作、复制、出版、贩卖、传播淫秽电子信息刑事案件具体应用法律若干问题的解释》并没有明确提到实时的网络淫秽表演。如果欲将实时网络淫秽表演作为"传播淫秽物品"来打击，两高至少应当出台一个新的司法解释。

[案例 140]《法制日报》报道：因在网络裸聊，浙江衢州女子方某被龙游县法院以"传播淫秽物品牟利罪"一审判处有期徒刑 6 个月，缓刑 1 年，并处罚金 5000 元。有关方面证实，因网络裸聊而被判刑定罪的，目前国内尚无先例。三十出头的方某失业在家，一次偶然的机会，她看到网络上真人演绎的激情视频后，深受"启发"，觉得这是一条发财的好途径，便脸一抹心一横，买来了摄像头，赤膊上阵了。没想到刚一开张，就顾客盈门，网络那头反应之热烈远远超出了她的想象。于是，方某订立了一套收费标准，不同级别，不同价码，"生意"迅速在全国铺开。法院审理查明，从 2006 年 11 月到 2007 年 5 月案发，方某的裸聊"生意"遍及全国 22 个省、市自治区，仅在电脑上查获聊天记录的就有 300 多名观众，网上银行汇款记录达千余次，计 2.4 万元。方某最后栽在一名"观众"手里，对方看了她

的裸聊之后，遂向公安机关举报。裸聊作为网络新型犯罪，我国在制定刑法时尚未出现。这种行为能否定罪？定何罪？刑法都不明确。龙游县检察院相关人士接受本报记者采访时称，接手本案后，对方某裸聊如何定性，究竟以何种罪名起诉，一开始有过多种不同的认定意见：第一种意见认为裸聊行为应当构成传播淫秽物品罪；第二种意见认为裸聊行为应当构成聚众淫乱罪；第三种意见认为应当构成传播淫秽物品牟利罪；第四种意见认为一对一裸聊纯属个人行为，涉及的是社会风气问题，危害并不足以判刑，给予拘留、罚款等行政处罚即可。"如果她仅仅是利用互联网'裸聊'传播淫秽电子信息，确实很难起诉、很难判。"龙游县检察院有关人士说，但有证据证明，方某上网裸聊是以牟利为目的，网上银行汇款记录达千余次，获利2.4万元。按照我国刑法规定：制作、复制、出版、贩卖、传播淫秽物品，获利五千至一万元以上的，构成"传播淫秽物品牟利罪"。经过多次探讨和研究，龙游县检察院最终决定以"传播淫秽物品牟利罪"起诉。经开庭审理，法院认为方某裸聊以牟利为目的，涉及面广、社会危害大，结合净化网络环境的社会需要，依法以"传播淫秽物品牟利罪"，作出上述判决。①

[案例141] 深圳警方通报称，2016年8月18日，深圳市公安局根据深圳市某直播平台举报线索，抓获一名涉嫌在网络直播平台传播淫秽物品（淫秽表演）网络直播平台女主播，目前该名19岁女子已因涉传播淫秽物品牟利罪被刑事拘留。据悉，18日，深圳市公安局网警支队联合治安巡警支队、南山分局根据深圳市某直播平台举报线索，在南山区一出租屋内抓获涉嫌在网络直播平台传播淫秽物品（淫秽表演）的嫌疑人龙某梅（女），现场查获涉嫌用于网络直播的器材

---

① 陈东升：《浙江出国内裸聊获罪第一人　罪名：传播淫秽物品牟利罪》，《法制日报》2008年4月3日。

iPad 1 部、iPhone6 手机 1 部，情趣内衣一批。经现场审查，龙某梅承认其自今年 7 月份以来，通过多个网络直播平台等网络软件，为他人提供淫秽表演直播，并通过观看者赠送虚拟礼物的方式非法获利近 2 万元人民币。目前，龙某梅因涉嫌传播淫秽物品牟利案已被刑事拘留。犯罪嫌疑人龙某梅，现年 19 岁，初中学历，与男友租住在简陋出租屋。警方透露称，龙某梅来深圳找工作，听说可以在直播平台上通过色情直播赚钱，遂在多个直播平台上注册账号，直播自慰举动。而其男友则未表示反对。据悉，这也是深圳警方首度破获利用直播平台传播淫秽物品牟利案。①

　　而在中国台湾地区，公然露阴和进行淫秽表演包括在互联网进行淫秽表演，构成公然猥亵罪。其"刑法"第 234 条规定："意图供人观览，公然为猥亵之行为者，处一年以下有期徒刑、拘役或三千元以下罚金。意图营利犯前项之罪者，处二年以下有期徒刑、拘役或科或并科一万元以下罚金。"据《东森新闻报》报道，台湾地区警方 2004 年 5 月 31 日侦破台湾地区首宗利用网络视讯公然猥亵案，并依法移送地检署侦办。警方发现，雅虎奇摩网某聊天室主持人 39 岁陈姓妇人与 21 岁杨姓男子两人在网络上互称"网公"、"网婆"，他们先在网络上进行一对一网爱，接着干脆公开让网友观看。

　　前述一些国家关于传播淫秽信息和露阴犯罪的规定，有的包含淫秽表演。还有一些国家有针对淫秽表演或者公然猥亵的专门规定。《德国刑法典》在规定露阴罪的第 183 条之后的第 183a 条规定："公开地实施性行为，故意地或者明知地引起公众厌恶，且第 183 条未规定处罚的，处 1 年以下自由刑或罚金刑。"②《意大利刑法典》第 527

---

① 李亚坤：《深圳 19 岁女孩直播自慰一月获利 2 万 被警方刑拘》，http：//m. mp. oeeee. com/a/BAAFRD000020160819110 40. html。

② 《德国刑法典》，徐久生、庄敬华译，中国方正出版社，2004。

条规定："在公共场所或者向公众开放或展示的场所实施淫秽行为，
处 3 个月至 3 年有期徒刑。如果行为是因过失而发生的，处以 51 至
309 欧元行政罚款。"第 600 - 3 条规定："利用不满 18 岁未成年人进
行色情展示或制作色情材料的，或者引诱不满 18 岁未成年人参加色
情展示的，处以 6 年至 12 年有期徒刑和 25822 至 285228 欧元罚
金。"①《丹麦刑法典》第 232 条规定："以淫秽行为违反公共行为准
则或者冒犯公众的，应当处以不超过 4 年之监禁；具有减轻处罚情节
的，处以罚金。"第 233 条规定："教唆或者引诱他人淫荡，或者展示
很可能令他人反感或冒犯公众之淫荡生活方式的，应当处以不超过 1
年之监禁。"②《挪威刑法典》第 211 条规定，公开进行有伤风化的或
者色情演讲、表演和展览，处罚金、2 年以下监禁或者并罚。③《芬兰
刑法典》第十七章"妨碍公共秩序罪"第 21 条规定："公开表演使
人感到冒犯的淫秽行为，应当因为公开进行淫秽表演被判处罚金或者
最高 6 个月有期监禁，除非该行为的处罚在法律的其他地方另有规
定。"④ 美国《模范刑法典》第 251.4 条规定，表演或者导演淫秽戏
剧、舞蹈、演奏，或者参与其中构成淫秽的部分，成立轻罪。⑤《加拿
大刑事法典》第 168 条规定："（1）戏院负责人、承租人、经理或代
理人提供或实施，或准许提供或实施淫秽或猥亵或色情表演或游戏，
为犯罪行为。（2）参加戏院中淫秽或猥亵或色情表演或游戏或在其中
为演员、表演人或助理者为犯罪行为。"⑥

　　总的来看，中国《刑法》增设一个"公然猥亵罪"，用于惩处情
节严重的公然露阴和淫秽表演行为，还是需要的。

---

① 《最新意大利刑法典》，黄风译注，法律出版社，2007。
② 《丹麦刑法典与丹麦刑事执行法》，谢望原译，北京大学出版社，2005。
③ 《挪威一般公民刑法典》，马松建译，北京大学出版社，2005。
④ 《芬兰刑法典》，于志刚译，中国方正出版社，2005。
⑤ 美国法学会编《美国模范刑法典及其评注》，刘仁文等译，法律出版社，2005。
⑥ 《加拿大刑事法典》，卞建林等译，中国政法大学出版社，1999。

第五节　窥阴猥亵和偷拍

一　窥阴

传说在 11 世纪的英格兰，尊贵的戈黛娃（Godiva）女士为抗议重税而裸体骑马穿行考文垂市。出于敬意，城里每个人都待在关闭了窗户的屋子里。但裁缝汤姆忍不住偷看了，结果他成为瞎子。不知道历史上是否真有裁缝汤姆这个人，但可以肯定，如果他真的变瞎，也不会仅仅因为偷看戈黛娃夫人的裸体。人们传说这个故事，不过是借以表达对偷窥他人隐私这种龌龊行为的揶揄和厌恶。因此，"窥视的汤姆"（Peeping Tom）在英语里成为窥视者的代名词。但公平地说，汤姆的窥视其实是无法和窥阴症（voyeurism, scopophilia, scoptophilia[①]）相比的。汤姆只是偷窥了一下，而窥阴症是经常性地在暗中窥视异性下身、裸体或他人的性活动。2013 年 DSM-5 放弃以前使用的 voyeurism 一词，而以 voyeuristic disorder（窥阴障碍）取而代之，并定义为："通过窥视一个毫不知情的裸体者、脱衣过程或性活动，从而激起个体反复的强烈的性唤起，表现为性幻想、性冲动或性行为。"[②]

窥阴症虽然是一种性变态，但有一定的自然和生理基础或背景。毋庸讳言，对于大多数人尤其是男性来说，看到异性的裸体或性器官，看到他人的性活动，可以引起性的兴奋，只是兴奋的程度不同而已。"裸体并非总是淫秽的，它也能以不让人联想起任何性行为的方式出现。这是可能的，但从普遍法则来看，一个男人面前裸体的女人

---

① 潘光旦译为"性景恋"。
② 美国精神医学学会编著《精神障碍诊断与统计手册（第五版）》，〔美〕张道龙等译，北京大学出版社、北京大学医学出版社，2015，第 676 页。

满足了那个男人最无礼的欲望。"① 即使是可以经常看到异性裸体和性器官的医生也不一定免俗。美国《海蒂性学报告·男人篇》记录了一个男性妇产科医生的话："身为一个妇产科医生，我想我可以写一本书，说说我站在诊疗台前是如何看这个世界的。在我的经验中，有些令人十分愉悦，有些因视觉或嗅觉上的原因而感觉不是很好。虽然有时候我会发现某些阴道本身就具有吸引力和诱惑力，但一般来说，我还是必须先觉得那个人整体的感觉很吸引人，然后我才会觉得她阴部的长相、触感、气味、口感很好。"② 一般认为，男性比女性更容易接受视觉的性刺激，更对对方的身体特别是性器官发生兴趣。不过这种差异随着社会文明程度的提高和女性性观念的变化而有所缩小。美国的一项调查显示，50％的男性和30％的女性认为，观看性伴侣脱光衣服是除阴道性交之外的最有吸引力的性活动。③ 美国联邦调查局报告，男性和女性因"窥视"而被指控的比例是9∶1。④ DSM－5指出，在临床环境中，窥阴障碍在女性中是非常罕见的，而单次窥阴行为的性唤起男女比例可能为3∶1。⑤ 还有，未成年人比成年人更容易被异性的身体特别是性器官所吸引。早期著名性学家、荷兰妇科医生范·德·费尔德（Van de Velde，1873～1937）认为："原始的性特征，即生殖器官对于有修养的成年人只存在很小的视觉诱惑力。当双方的亲密程度已经达到相当的程度时，它才可以提高性欲。"⑥ 多数有窥阴行为的未成年人，在长大成年后，会用正常的性关系替代窥阴，个别的没有发

① 〔法〕乔治·巴塔耶：《色情史》，刘晖译，商务印书馆，2003，第125页。
② 〔美〕海蒂：《海蒂性学报告·男人篇》，林瑞庭等译，海南出版社，2002，第584页。
③ 参见〔英〕Michael Gelder、Paul Harrison、Philip Cowen《牛津精神病学教科书》，刘协和、袁德基主译，四川大学出版社，2004，第580页。
④ 参见〔美〕珍尼特·S. 海德、约翰·D. 德拉马特《人类的性存在》，贺岭峰等译，上海社会科学院出版社，2005，第471页。
⑤ 美国精神医学学会编著《精神障碍诊断与统计手册（第五版）》，〔美〕张道龙等译，北京大学出版社、北京大学医学出版社，2015，第678页。
⑥ 〔荷〕范·德·费尔德：《理想的婚姻》，吴真谛译，民族出版社，1989，第37页。

生这种转变，就成为真正的窥阴症。不过，根据 DSM－5，18 岁以下的窥阴者，不诊断为窥阴障碍，因为区分病态的窥阴与青春期的性好奇（sexual curiosity）是很困难的。

下面两个案例，窥阴行为都比较严重，但是否已经达到窥阴症的程度还不好说，因为他们的习惯还没有受到正常性关系的挑战。

［**案例 142**］杨某，男，22 岁，大学生。自幼性格安静，少动，孤僻。15 岁时看了色情书刊，对女性性器官发生浓厚兴趣，常寻觅女性解剖图像，看后产生强烈性兴奋。以后感到青年女性丧失吸引力，而对在隐蔽场合偷偷窥视女性阴部有强烈渴望。常常寻找机会窥视女厕所和女浴室中的妇女裸体。在窥视时阴茎勃起，有时排精，同时体验到快感。虽然明知这种行为是不道德的，是非法的，但难以控制，以致反复发生。数年中发生数十次窥阴行为。窥阴欲望在闲暇时或心情不愉快时明显增强。在两年前，有一次在厕所墙壁上挖了一个小洞，窥视女厕所中女性排便，当场被抓获。审讯中承认错误，表示坚决痛改前非。学校给予其留校察看处分。此后奋力学习，加强体育锻炼，尽最大努力控制自己，约有一年多未发生上述错误。但毕业考试过后精神松弛下来。一次偶然路过女浴室，听到里面的流水声，以为里面有女性洗澡，就不由自主地到浴室窗户处向里窥视，结果被人发现。随即被学校开除。①

［**案例 143**］某男，1964 年生，大学生。小时候，家中的成年女性在室内小便，不回避他。他很愿意看。那时已经知道这样看不对，故意转过脸去，但内心很想看。在小学期间，曾多次好奇地想进入女厕所，但不敢，知道男生不能进去。约 12 岁时，一次住在亲戚家，与一对刚结婚的夫妻睡在一个大炕上，夜间听到那对夫妻性交时女方

---

① 李从培主编《司法精神病学》，人民卫生出版社，1992，第 344 页。

的呻吟声，心中好奇、激动，不能入睡。在这一时期，喜欢到图书馆和书店翻阅产科学著作，看上面的女性会阴图片。有一次偶然看到邻居家一女青年正在室内换内衣，当时感到很兴奋，阴茎勃起。以后常想看女人洗澡，但没有找到机会。在初中读书期间，每次经过学校的女厕所门口，都想进去看看。有一次祖父患病住院，在探望祖父时，从医院女厕所后窗窥视女人臀部十余次。1980年的一个傍晚，在偷扒女厕所的后窗时被人当场抓到，受到批评。1981年，又一次因扒看女厕所被抓到公安局派出所，检讨后才被释放。1982年，听同学议论有人用反光镜窥看女人会阴部，即购买了一个小镜子，找机会到商店在选看商品的女人旁边蹲下装做看柜内商品，偷偷用小镜子从裙下偷看她们的会阴部。曾有一次被抓到派出所，受到批评和警告。1983年考入大学，但窥阴行为没有停止。1984年因窥阴被拘留7天。表面上检讨，但心中不服，认为自己没有侵犯别人。而且自认为平时瞧不起有些男人对女人动手动脚，从没有想到和女人接吻、性交之事，对那些淫秽书刊更不感兴趣。自诉每次行动时，只想到满足自己的欲望，而没有想到后果。事后想到有被揭露的危险，又后悔不已。①

弗洛伊德在谈到正常人对于观看异性身体的反应与窥阴症的区别时指出，观看的欲望若陷于下列情形，则成为性变态：其一，观看只局限于生殖器官时；其二，当观看欲望超越了常人所应有的厌恶感时；其三，观看不再是正常性目标的准备，而是替代了正常的性目标。② 还有人指出：对某些人来说，视觉的成分具有额外的重要性和意义，使得性或有关性的行为的其他一切方面相形见绌，甚至于全都被无法抗拒的、强烈的窥阴渴望所代替；因此，像其他性变态一样，

---

① 钟友彬：《中国心理分析——认识领悟心理疗法》，辽宁人民出版社，1988，第322～324页。
② 〔奥〕弗洛伊德：《性欲三论》，赵蕾译，国际文化出版公司，2000，第21页。

在窥阴症中，窥阴这种在正常人的性生活中只不过是序幕或先行动作的一部分的行为，在变态者身上却显得比生殖器的接合更重要。[①]

窥阴症者（vogeur）与众不同之处，除表现为对视觉的性刺激有强烈的、不可替代的追求，还表现为倾向于以隐蔽的、被禁止的方式满足这种需求。在安全的环境下观看色情表演、色情电影，在私下观看自己的配偶、情人的身体，或者在裸体营身处裸体人群之中，并不能使窥阴症者产生兴趣、获得满足。英国维多利亚时代有一匿名作者写了一部色情日记《我的秘密生活》，他宣称曾经与1200个女人性交，而且特别热衷看女人的生殖器。他说："有些男人——我也是其中之一——是用不知足的，可以整整一个月目不转睛的看着一个女阴。"[②] 此人显然是一个性变态，但他不是窥阴症者，而是部分体恋症者。窥阴症者只有在不被人发现时观看不允许观看的自然出现的情景，才会感到满足。他们也不满足于利用偶然得到的机会窥阴，而是千方百计、"坚韧不拔"地主动寻找这种机会。有人形象地描写："窥视者是不屈不挠的乐观主义者。他们令人想到热忱的垂钓客，不畏失败，总是满心希望下次会走好运。窥视者就像垂钓客那样，非常耐心地一等就是好几个小时，耐心地等待一位女性做完就寝前的琐碎杂务……"[③]窥阴症者常常出没于异性会暴露身体的地方。有的在夜晚长时间潜伏于他人住房的窗外，等待异性的裸体和他人性活动的出现；有的在厕所或澡堂的墙壁上挖掘小洞进行"洞察"、"管窥"；有的甚至钻入厕所的粪池中偷看异性解手。有的躲在公园的树丛中偷看男女亲热；还有人在自己的家里，借助望远镜观察他人家中的情况。在偷

---

① 〔美〕哈罗德·J. 维特、小杰克·赖特：《犯罪学导论》，徐淑芳等译，知识出版社，1992，第227页。

② 转引自〔美〕彼得·布鲁克斯《身体活：现代叙述中的欲望对象》，朱生坚译，新星出版社，2005，第118页。

③ 转引自〔美〕Z. 拉里亚、M. D. 罗斯《人类性心理》，张丛元等译，光明日报出版社，1989，第113页。

看时，他们尽量避免被窥视对象发觉。当他们期待的场面出现时，他们会注意力高度集中，生怕漏过任何一个细节。此时他们往往忽略自身的安全，容易被第三者发现，从而被当场抓获。

窥阴症者在窥阴时往往表现出自己的偏好。有的喜欢窥视异性身体的某一部位，兼有部分体恋症；有的喜欢窥视异性宽衣的过程或裸体，属于裸体窥视症（gymnoscopic）；有的喜欢窥视他人性交，属于性交窥视症（mixoscopia）；有的喜欢窥视异性排泄，说明他还有欣尿症或欣粪症（coprophilia）。这主要取决于"原初场景"，他们最初看到的并引起性兴奋的是什么。多数曾经在年少时代目睹过异性身体或他人性生活并从中获得性兴奋的人，都会对最初看到的引起性兴奋的场面留下深刻的记忆，这些记忆会在不知不觉中对他们以后的性偏向或者行为方式和习惯产生重要的影响。窥阴症者也是如此，只是他们一直沉醉于最初的体验而不能自拔，并无意识地把最初看到的那种场面与性兴奋牢固地联系在一起，只有在再现当初的场面时才能获得性兴奋。

窥阴的直接效果是引起窥阴症者性的冲动，这种冲动一般不会导致他们做出进一步危险的行为。内倾的性格决定了他们更愿意独自体验快感。有人当场手淫，有人事后在回忆所看到的场面时手淫。有人可能在事后把窥视到的情况和自己的感受详细地记录下来。他们常常沉溺于跟被窥视者发生性关系的想象之中。多数窥阴症者的行为局限于窥视，但也有个别慢性窥阴症者会将其行为升级。美国有数据显示，有10%到20%的偷窥者会强奸他们所偷窥的女性。[①] 约翰·道格拉斯指出，年轻的窥阴症者可能转向恋物而入室盗窃，偷他所窥视的女人的衣服；一旦他感觉入室行窃很舒服并且知道如何逃脱，他就会升级去强奸；如果他意识到他不采取措施防止被害人认出他，那么强

---

① 〔美〕劳伦·B. 阿洛伊等：《变态心理学》，汤震宇等译，上海社会科学院出版社，2005，第559页。

奸就会以谋杀告终；如果他发现杀人能给他带来更大的好处和增加权力感和满足感时，谋杀就会继续。① 因而，有人如果发现被偷窥，应当及时报警，不能掉以轻心。更何况，有些人窥阴原本就不是窥阴症使然，而是在为强奸犯罪物色目标或进行准备，甚至已经"着手"。

两例典型的窥阴症：

[**案例 144**]（美国的案例）某男，25 岁，商业经理。他面目清秀，口齿伶俐，从外表看他不难吸引异性。他经常有约会，每周和不同的异性发生 1~2 次性关系。但是他热衷于窥阴活动。他有一个远程双筒望远镜，用来窥视邻近寓所。后来他跑到楼顶，用双筒望远镜搜寻正在脱衣或进行性活动的妇女。他并不想进入窥视的寓所，也没有强奸的冲动。每当看到妇女脱衣或从事性活动的情景，便随即以手淫达到性高潮，然后回家。虽然他知道这样做有时会遇到危险，但他对整个窥视情况的体验是非常愉快的。他不止一次几乎被大楼的工作人员或警察抓住。他们以为他是窃贼或攻击者。有一次，他在郊区窥视别人的寝室被发现，差点遭到枪击。据他回忆，在 7~10 岁时他便设法找机会窥看母亲和姐姐脱衣。他在 10 岁时在夏令营中和一些男孩一起偷窥女性。他不能解释后来为什么这一特殊刺激使他产生无与伦比的兴趣，而当时与他一起偷窥的其他男孩则随着对性交更感兴趣而对窥视冷淡下来。他 11 岁起在家中利用双筒望远镜搜索色情刺激画面，17 岁起开始外出窥视。他没有为窥视感到内疚和羞愧，但他知道，除非改变自己的性行为，否则有朝一日会入狱，因此主动寻求治疗。②

---

① 〔美〕约翰·道格拉斯、马克·奥尔沙克：《动机剖析——美国联邦调查局侦破大案秘诀》，张向珍等译，海南出版社，2001，第 24 页。
② 〔美〕罗伯特·斯彼德等：《美国精神障碍案例集》，庞天鉴译，中国社会科学出版社，2000，第 159~161 页。

[案例145] 某男，36 岁，已婚。自幼读书用功，学业优良；工作后任厂放映员，常受表扬。平时少语，怕羞，不交际，对女性有礼貌。18 岁开始偷看女性洗浴。当时只是夜间发生，年仅数次，一直未被发觉。婚后 5 年常有心境恶劣，偷看女性裸体和偷看他人夫妻同房日趋增加。甚至白天也钻入女厕所偷窥，多次被抓获。单位给予批评和处分，当时表示悔恨，不久又故态复萌。近几年中，每年 4~8 月窥阴行为频繁发生。常被打得鼻青眼肿，或被公安机关拘留。去年被单位开除，留厂察看。不满 4 个月又不断发生偷窥行为。每次窥阴，如果不达目的，会在短时间数次去原地或呆守不走，被抓获时也无逃跑现象。近 3 年还有几次在暗光下，对不熟悉的女性突然暴露生殖器。夫妻关系尚好，唯性生活次数减少，有时不能射精而终止。后入院治疗。能认识到自己行为异常，有明显悔恨之意。说自己到时候控制不住，每次窥阴时有性快感，并有射精，对夫妻性生活缺乏兴趣。要求治疗，担心这样下去会妻离家散。诊断为性变态混合型，窥阴症和露阴症。给予遥控电击治疗仪治疗。具体方法：电击仪的治疗部置于其头部，指示部由其掌握。可在 50 米内活动，或给予环境（女厕所），或给予异性生殖器模型。当侧视女厕所或注视模型时，自己掀动指示部开关，发生信号，电击治疗部即给予电击。进行 9 次电击治疗后，自诉走近女厕所和看模型时，心里十分恐惧，觉得厌恶。辅以精神治疗，欲念消失。出院后观察 8 个月，未见性变态行为发生。自诉发生过欲念，然而同时产生电击"痛苦"的记忆，欲念瞬间消失，对女厕所等已感到恐惧性厌恶。①

下面一例，患者兼有窥阴症和露阴症，而且性变态的形成与少年时期的性经历和性心理创伤有关：

---

① 雷声：《厌恶疗法治疗性变态 1 例报告》，《中国神经精神疾病杂志》1984 年第 5 期。

[**案例146**] 某男生，24 岁。患者幼小时就有好奇心和窥阴癖之欲望，15 岁起就有手淫。15 岁时被一位中年淫荡妇女诱惑，互相触摸外阴，因阴茎勃起不坚，被骂为蠢猪，致使患者自尊心受到创伤。1982 年在中学读书时，曾多次进入女厕所试图窥视女性外阴。进入高考复习班后，开始产生露阴欲望与窥阴行为。对于自己的这些行为也觉得是极不道德的，曾试图加以克服，但终因意志薄弱，冲动过烈难以纠正。1995 年 9 月进入大学学习。1986 年下半年恶习复发，多次蹲在女厕所后墙，透过墙缝偷窥女外阴；数次企图进女浴室窥视；多次在自修室内乘一位女学生在室内自修，暴露自己的生殖器，将女同学吓跑。但患者仅仅是以此行为来引起自己的性满足与快感，并无用暴力和强制手段同异性发生性接触的企图和行为。其行为使学校正常秩序受到一定影响，经同学们揭发检举、校保卫处调查属实，患者亦供认不讳，后悔莫及。后校方以品行恶劣、流氓行为给予开除学籍、退学回家处分。后经医院与校医务室检查、治疗，认为属于心理障碍，属于病态，不属于流氓行为，于是校方又撤销了对患者的开除学籍的处分。体格检查：无器质性疾病体征，精神、神经系统无异常，性功能正常。经精神神经科住院治疗，以生物反馈、放松治疗和系统脱敏行为矫正患者窥阴、露阴行为，症状有好转出院，出院至今无类似行为发生。①

下面这个案例，行为人虽然也有窥阴行为，但不具有窥阴症的特征。他不过是一个"正常"的流氓而已。

[**案例147**] 陈某，男，22 岁，高中文化，未婚，工人。幼年无殊，适龄入学，学习成绩较差，小学曾留级一次，技校毕业进某单位

---

① 张定箴：《露阴癖与窥阴癖剖析》，《中国学校卫生》1989 年第 3 期。

当工人。工作缺乏责任心，经常出差错。平时喜好谈论女性之事，每谈及此，则满口脏话，粗俗下流，如称其母亲是"老煤饼"（老妓女），他是其母亲的"爸爸"等等。回家时常踢门而人，不听父、兄的劝告，甚至要以刀与其兄相拼。常深夜离家到单位过夜，数天不归。自1992年6月至1994年6月期间，先后闯入10余家单位的女浴室，开始几次仅仅是偷看女性洗澡，看完即离去，后发展为多次抱住单独洗澡的女性，并用手摸弄受害人胸部及阴部，调戏侮辱妇女，若遇反抗、喊叫，则用拳脚或棍棒对受害人施以暴力，致多名女性受到不同程度的损伤。精神检查时，陈某回答作案过程时称："从92年第一次作案以后，胆子越来越大，如果有二、三个人我就不轻易进去，如果一个人我就冲进去调戏她。因为一般女青年不会大叫，也不会裸体跑出来抓我，这样就给了我可乘之机。我作案一般选择晚上6、7点钟，因为这时一般单位洗澡的人很少，多数为一个人。"回答作案动机时称："我只是想看看好玩，平时看黄带看了没劲，黄带是死的，要看真的有刺激。"问其为什么要殴打受害人，他答称："我是怕被别人发现，她叫了我就打她，怕她叫。"鉴定结论：无精神障碍，有完全责任能力。①

　　应当把窥阴症与易性症、异装症的某些行为区别开。如前所述，易性症者视自己为异性的同性，他们出入异性专用场所，并无基于性欲的窥阴企图。异装症者身着异装是为体验异性角色，着异装本身即可满足性兴奋，进入异性专用场所是为了更真实体验异性角色。当然，易性症者、异装症者进入异性专用场所也是违法的，也应制止并适当给予惩戒。过去有将易性症者、异装症者进入异性专用场所按流

---

① 汤涛、高保林：《类似"性变态"的流氓性犯罪1例》，《法医学杂志》1995年第1期；高保林主编《精神疾病司法鉴定理论与实践》，中国检察出版社，2001，第182~186页。

氓罪处理的案例，应当说处罚过重。过去甚至还有见人异装就扭送派出所的事情，则更不妥当。例如：

[**案例 148**] 王某，39 岁，已婚，军队医院外科医师。幼年发育正常。因其姐早夭，自幼被父母按女孩打扮，上学后仍穿花衣裳。性情温柔，像女孩一样。入伍后，因喜欢购买使用花手帕等女用物品受过多次批评。自 19 岁起，出现一种强烈的难以控制的想穿女士服装的欲望。只有穿上以后心情才能平静，同时有明显的性快感，有时伴有手淫。27 岁时结婚，夫妻感情融洽，育一女孩，但仍喜欢穿女士衣裤鞋袜。冬天内穿女性内衣，戴乳罩，外穿军衣，夏天下班后在家里穿女装。和妻子同房时也穿女装。妻子反对、斥责均无用。近些年来，穿女装时还出现对妻子和性生活的厌恶感。对穿女装自感十分羞愧，焦躁不安，觉得对不起妻子。但欲望冲动时，又会穿女装。某日晚 9 时，趁妻子、女儿外出之际，匆匆打扮起来，描黑眉，涂口红，戴上耳环和披肩假发，身穿蓝色旗袍，腿着长筒丝袜，足蹬红色高跟鞋，并在衣内垫上假臀围、假乳房，手戴坤表，挎着女士提包，然后外出。因知道妻子 20 分钟后会回家，急速返回，在途中被行人识破，并被扭送派出所。①

有一种行为与窥阴联系密切，喜欢窃听他人性隐私，即听淫症（encouteur）。有的人喜欢偷听他人的性对话或者性活动，从而获得心理满足。窃听可与窥阴相伴，也可单独实施。窃听成瘾的病理机制与窥阴症大体相同。所不同者，窃听者可能对声音刺激更为敏感，想象力也更为丰富，可以在头脑中将声音加工成画面。例如：

---

① 杨德森主编《中国精神疾病诊断标准与案例》，湖南大学出版社，1989，第 152～155 页。

[**案例 149**] 2003 年 6 月 28 日，哈尔滨市某派出所接到报案，某区拆迁办和某街道办事处社区服务中心的单位电话被人恶意盗打，两家单位的话费从去年 11 月份至今高达 2 万多元。接到报案后，派出所立刻组成专案组，展开调查。6 月 30 日晚，民警们顺着电话线查到：某街一楼雨搭上的电话线被两个夹子掐断，用极细的电话线接进居民家中。民警决定"守株待兔"。1 日 3 时许，一中年男子从楼内走了出来，不慌不忙地收起了夹子和电话线。守候多时的民警立刻上前将之擒获。经审，该男子张某对盗打电话的行为供认不讳。据张交代，他从去年 11 月份开始盗用两家单位的电话拨打声讯台，主要是收听淫秽内容或者和主持小姐聊天，聊的内容也多是赤裸裸的色情内容。张说，他知道这不是一个好习惯，但是已经上了瘾，就像吸毒一样，不拨打声讯台就抓心挠肝一般难受，连觉也睡不着。张说，大约是结婚后的三年多开始形成这个毛病。一天半夜，正在睡觉的张某被楼下吵醒，他仔细听了一会儿，好像是夫妻俩在做爱，女人叫喊的声音很大，于是他就趴在地板上听。从那以后，张就养成了偷听人家夫妻做爱的毛病。1995 年夏天的一个晚上，张发现 6 楼一邻居家两口子正在亲热，他就走了过去趴在门上偷听里面的声音，进而顺着窗户爬了进去，蹑手蹑脚地进入客厅。他发现衣架上挂着的裤子上别着一个传呼机，于是顺手拿下，并"顺"走 800 元现金。就在他要离开时被抓了个现行。此后，张买来助听器改造成窃听器，想偷听谁家，就把窃听器安在谁家的门上，自己则在家中的床上静躺"倾听"。2000 年，妻子终于无法再忍受他，与他离了婚。妻子的离开没使张改掉毛病，反倒让他变本加厉。2002 年的一天晚上，张拨打了某声讯台，声讯台主持小姐挑逗的话语正合他胃口，一些淫秽内容让他兴奋不已。一到晚上就拨打声讯台和主持小姐聊天，一个月后，高额的电话费让张吃惊不已，于是开始琢磨怎样打电话不花钱。想来想去，只有用别人的电话打才能给自己省下

钱，张某就用电话线和夹子制成了盗用电话的工具，开始了疯狂的盗打行为。据派出所民警介绍，目前张已经被刑事拘留，等待张的将是法律的严惩。民警曾经问过张，知道自己有这样的毛病，为什么不去接受治疗？张的回答是：看了也没用，到晚上根本控制不了自己，何况还要花钱。①

在有些国家，为了满足窥阴症者的特殊需要，既让他们满足窥阴欲，又不使他们被处罚，一些色情场所还提供模拟窥阴的"窥视秀"（peep show）服务。表演者在一个房间进行性表演，客人在分隔密室里观看，表演者看不到客人。② 不过，这种"窥视秀"虽然也是一种单向的视觉接触，但毕竟是表演，与自然出现的场景有很大不同，并不符合"资深"的窥阴症者的需求。德国曾经禁止"窥视秀"，法院的理由是它使女性被物化地隔离和被非人化地交易，沦落为看不见的窥阴狂取乐的对象，女性的人格尊严因此被玷污和侵犯。后来这个判决被人强烈地指责为道德判决，最终被撤销。③

除窥阴症者外，在精神障碍者中，精神发育迟滞者也有可能窥阴，但他们窥阴多出于原始的性好奇心，行为也不隐蔽。

对他人特别是名人、熟人的私生活——更不用说性隐私——感兴趣，可以说是人类的通病。对此没有必要从道德的角度给予很严厉的批判。但是，除个别人，例如露阴症者，人类也本能地不愿意或者惧怕自己的私生活特别是性隐私被别人窥知和披露，尽管也有个别人因

---

① 谭立顺：《"性变态"盗打电话2万元》，《生活报》2003年7月4日。
② 这种模拟窥阴的性交表演，在1949年以前的上海也曾存在过。参见〔法〕安克强《上海妓女——19～20世纪中国的卖淫与性》，袁燮铭、夏俊霞译，上海古籍出版社，2004，第157页。
③ 参见〔美〕凯瑟琳·A. 麦金农《言词而已》，王笑红译，广西师范大学出版社，2005，第134页。

性隐私曝光而意外"走红"乃至获益。如果法律不对隐私加以必要的保护，使之成为不可侵犯的权利，进而对侵犯隐私权的行为给予足够的惩罚，每一个人都会面临自己的隐私被窥知、披露的危险。这是隐私权保护的伦理基础和"群众基础"所在。总的来看，比起摩擦、露阴行为，单纯的窥阴行为的危害性要小一些，至少它不像摩擦、露阴行为那样具有明显、强烈的侵犯性或冒犯性。但是，如果被害人知道自己的性隐私正在或者曾经被猥亵的眼睛偷窥，仍会感到自己的性权利、性尊严和生活的安宁受到严重侵犯。正是因此，本书将窥阴归入猥亵。

在许多国家，单纯的窥阴是作为侵犯他人隐私权的行为而受到被害人的民事追究。在美国一些州，单纯的窥阴属于轻罪。在日本，《轻犯罪法》将"无正当理由，偷看他人的居室、浴室、更衣室、厕所或者其他一般不着衣服的场所"列为轻犯罪。[①] 在中国，1979年《刑法》和1997年《刑法》都没有规定窥阴罪。1984年最高人民法院、最高人民检察院在《关于当前办理流氓案件中具体应用法律的若干问题的解答》也没有提到窥阴行为。但是，在1979年《刑法》施行期间，曾经有过进入女浴室偷看妇女洗澡被定为流氓罪的案例。

[案例150] 谢某，男，34岁，工人。1983年10月4日12点左右，谢头戴白色女工帽，身穿女式花衣服，并戴上乳罩，进入益阳县麻纺厂女浴室，在黑暗处蹲了十多分钟，偷看女工洗澡，后被识破，当场就擒。益阳县人民检察院以流氓罪提起公诉。益阳县人民法院经审理认为，谢男扮女装，在公共浴室偷看妇女洗澡，破坏公共秩序，情节恶劣，已构成流氓罪，按《刑法》第160条规定，判处有期徒刑

---

① 《日本轻犯罪法》，郭布罗润麒译，《法学译丛》1979年第6期。

三年。①

本案谢某所为不同于一般的窥阴，他化装进入公共浴室在现场偷看妇女洗澡，情节确实恶劣，在当时按流氓罪处理并不为过。

在 1997 年《刑法》施行以后，对窥阴行为一般是给予行为人批评教育，对情节比较严重的可能给予治安管理处罚。但是，《治安管理处罚条例》并没有明文提到窥阴行为，因而当时人们对是否应当给予窥阴者治安管理处罚有不同意见。好在 2005 年《治安管理处罚法》第 42 条规定："有下列行为之一的，处五日以下拘留或者五百元以下罚款；情节较重的，处五日以上十日以下拘留，可以并处五百元以下罚款：……（六）偷窥、偷拍、窃听、散布他人隐私的。"窥阴症者与摩擦症、露阴症者一样，绝大多数都有完全的辨认和控制能力，自然难逃制裁。

[案例 151] 2004 年 4 月 12 日晚 9 点刚过，在重庆市某处后山，居民小宋出门倒洗脚水时，发现王婆婆家浴室窗户外有一个黑影，正弓着身子往里张望。小宋不动声色退进屋，拨通了王婆婆家的电话。王婆婆的孙子小陈接了电话，两人商定先不惊动黑影，马上电话通知了两三个身强力壮的男邻居，绕到后山实行包抄。5 人在后山树下守候了几分钟就发现目标：黑影已摸索到老邱家的浴室外，正猫着身子往里张望。老邱家突然传出响动，黑影缩身就往山上跑，守候的 5 人顷刻出动，断了黑影去路。众人拿手电筒往他脸上一照，不禁愕然：此人竟是在附近住了几十年的李某！居民们商量一阵，打了 110，派出所的民警随后将李某带到了派出所。据居民们讲，自从去年夏天老

① 华东政法学院《法学》编辑部编印《法律顾问（八）——流氓罪法理探究》，1984，第 83 页。

邱在卧室窗外第一次发现这个偷窥者以来，这里两排平房内的 10 多户居民，已被骚扰了将近一年。王大姐指着浴室窗台告诉记者，从去年夏天开始，她洗澡时，关好的窗户常会莫名其妙地被打开，她当时以为是风吹的，后来才发现是有人在外面偷看。据王大姐讲，偷窥者隔三差五就会来，都在晚上，有时一晚上要来两三次。"你看嘛，这里都走出一条路来了！"记者顺着王手指的方向，果然看见杂草丛生的浴室窗台后，有被人长期踩踏后留下的踪迹。小宋家更惨，卧室的窗帘也被这个偷窥者划了个大口子。小宋说："从去年开始，我和老婆睡觉时常发现有人在窗外晃，我想窗帘太薄，就把它叠成两层重新挂，谁料不久就发现被划破了。"不堪骚扰的居民都想逮住此人，但因为两排平房后直接连着山路，地形非常复杂，多次追击都被他逃掉了。居民们又想出用老鼠夹、设置路障等办法，但都没有成功。无奈，老邱家专门养了条狼狗，只要听见屋后传来动静，狼狗就会狂叫。谁料没过几天，狼狗就被毒死了。抓住了偷窥者，居民们还没高兴几个小时，意想不到的事情又发生了：13 日一大早，有居民看见李某竟没事儿似的，大摇大摆上班去了！有人连忙跑到派出所询问，民警说，李在派出所承认自己心理变态。因其行为不构成犯罪，所以只能进行说服教育。昨日，李的老婆哭着找到逮住李的居民说："丢脸啊，40 多岁的人了，还不如把他打死算了！"而李对自己的行为毫无悔意，还威胁说要报复逮他的人。重庆市某律师事务所的邓律师就此分析说，李某的行为属于侵犯他人隐私权，可以对其进行民事诉讼或者根据《治安管理处罚条例》对其进行处罚。①

　　最后来分析非偷窥的观看淫秽色情事物的行为。有些人喜欢在安

---

① 罗恒、王端：《浴室窗外有双眼　邻里遭窥近一年》，《重庆商报》2004 年 4 月 15 日。

全的环境下观看淫秽色情图片、电影和娱乐性的色情表演如脱衣舞。一般地说，这不属于精神异常。但是有的人对于观看色情事物过度热衷，以这样的行为替代与异性的常规的性关系，或者以这样的行为作为获取性兴奋的主要方式，则表现出明显的病态。他们可能过于内向、自卑，不善交际，难觅知音，也可能对于现实中的异性心存恐惧、敬畏、厌恶，而自闭于一个人的体验之中。这种情况，属于"色情成瘾症"（pornography addiction）。对在安全环境下观看淫秽色情事物成瘾的，可称为观淫症。有学者认为观淫症也属于窥阴症，但我以为还是应当将两者分开。观淫症者与窥阴症者的最大不同在于，他们只在没有危险的或者是合法的环境下如在住所、电影院里观看淫秽色情事物，并且也可以从中获得性快感。这可能是出于自我保护的考虑，而更可能是因为他们无心从冒险中获得刺激。在中国，淫秽图片、电影是非法之物，所以观看淫秽图片、电影通常发生于家中或其他私下场合，具有一定的隐秘性，但这种隐秘性与窥阴症者偷窥的隐秘性不可同日而语。[①]前些年在一些地方，出现了非法的类似于脱衣舞的表演，但水平低俗，估计很难吸引有特殊嗜好的窥阴症者的眼球。

更有甚者，有的人只能在身临其境地观看真实的他人性交（包括兽交）场面才可产生性兴奋。在一些西方国家，有提供性交表演以营利的场所。但是观淫症者未必都对这种程序化的、缺乏真实感受的表演感兴趣。他们更喜欢的是自然出现的场景。有些人因此组织或者参加群交聚会。这种行为根据中国《刑法》可能构成聚众淫乱罪。最病态的观淫，莫过于观看自己的妻子或丈夫与别人性交。他或她可能始终在一旁自慰，也可能在兴奋后参与其中。案例40

---

① 在我国还曾经发生"夫妻在家看黄碟"被查处（最终被纠正）的事情。参见张奕姿《"看黄碟"风波全记录》，《北京青年报》2003年1月3日。

中的颜某、案例98中的韦斯特夫妇和案例100中的龙治民都有这样的毛病。如果妻子是被强迫参与的，丈夫和第三人都构成强奸罪。

二　视频窥阴①

（一）概述

说窥阴的危害性比较小，是就其原始样式而言的。进入信息化和数字化时代之后，在许多国家或者地区，利用高科技设备进行窥阴的事情逐渐多起来，已经成为严重的社会问题。在美国，利用影像设备特别是数字或者电子的影像设备，偷窥或者偷拍②即未经同意而秘密观察或者摄录他人与性有关的隐私行为或者形象，被称为"视频窥阴"（video voyeurism）。影像设备（imaging device）指任何机械的、数字的或者电子的具有记录、存储或者传输视觉影像（visual image）功能的器材，如胶片（机械）照相机、胶片摄影机、磁带摄像机、数字照相机、数字摄像机、航拍无人机以及内置照相或者摄像功能的计算机、移动电话，等等。video在过去多译为"录像磁带"、"磁带录像"、"录像机"、"电视"等，现在一般译为"视频"，既指捕捉、纪

---

① 本书第一版本节的部分内容（增订版已基本全部改写），是根据我在2005年3月提交的《关于增设"侵犯个人秘密罪"，惩治利用现代化设备侵犯他人隐私的行为的提案》修改、补充而成的。在2005年8月，我还在提案基础上，写了一篇短文《偷窥、偷拍的技术升级与法律对策的完善》，发表在互联网上的"学术观察论坛"（2005年8月9日）和我的博客上（2005年8月20日，bokee）。当时为防止被人飘窃，且因非正式发表，我有意没有列出引文注释和参考文献（本书第一版已经补充）。然而，本书出版后，我偶然发现，有人将《偷窥、偷拍的技术升级与法律对策的完善》全文飘窃（包括错字，也没有注释和参考文献），改换题目和个别文字，加了几个段落小标题，以该人名义，作为学术论文，刊登在某刊2006年第一期上，比本书第一版出版时间还早。现在"学术观察论坛"已经不再运行，但幸好我的提案在2005年3月被多家媒体报道，2005年4月被有关部门收录于光盘之中，而且收录《偷窥、偷拍的技术升级与法律对策的完善》一文的博客至今还存在。对于此事，我已无心追究，仅在此说明，以正视听。

② 与"偷拍"同义或者近义的词有"窃照"（《中华人民共和国刑法》使用）、"窃录"（中国台湾地区"刑法"使用）、"窃拍"、"偷录"等。

录、处理、存储、传输影像的各种技术，也指各种影像的存储格式或者载体，或者指动态的影像。video 和 voyeurism 两词组合一起，构成一个新的概念，比较恰当地概括了利用影像设备对他人性隐私进行偷窥偷拍的行为。video 表明了偷窥偷拍的方法和结果形态。voyeurism 表明了偷窥偷拍的对象和偷窥偷拍的经常性、顽固性。但是在 video voyeurism 概念中，voyeurism 并不意味行为人一定患有符合精神病学诊断标准的"窥阴症"或者"窥阴障碍"。美国法律上的 video voyeurism 是指一种行为，而不是指一种精神障碍。

作为一种现代化的越轨行为，视频窥阴是从原始或者传统样式的针对性隐私的偷窥偷拍演进而来的。如前所述，原始样式的偷窥是近距离的肉眼观察，一般通过房屋的门窗、缝隙、孔洞向内窥探，偷窥者不得不时刻提防被人发现。在望远镜出现后，偷窥者可以利用它远距离观察他人，被人发现的风险有所减小。而照相、电影、摄像技术的发明，导致了偷窥的第一次质的升级，新的设备适应了有些不满足于一过性的肉眼观察的偷窥者的需要。他们不仅偷窥，还用当时的影像设备将他人的形象或者活动加以拍照或者摄录，以留下可供其反复重温或者加以利用的影像。从这时起，偷窥与偷拍开始结合，voyeurism 初步成为 video voyeurism。由于条件的限制，旧时的偷窥偷拍者难以每次都能精准捕捉性隐私情形，往往是费尽心力而一无所获，且容易被发觉抓获。

[**案例 152**] 被告人尚某，男，23 岁，农机厂工人。1984 年 3 月中旬的一天，尚某在市政公司某工区院内厕所大便时，不小心将随身携带的钥匙掉在粪坑内。当其到粪池内捞取钥匙时，恰遇女厕有一妇女解手，尚便乘机偷看了这名解手妇女的阴部。此后，尚便多次到此偷看解手妇女的阴部。1984 年 4 月的一天，尚感到光看不能满足其流氓心理要求，便开始潜入粪池内偷拍解手妇女阴部的流氓犯罪活动。

因第一次拍的阴部照片模糊不清。尚特地购买了闪光灯，又 2 次潜入粪池偷拍解手妇女阴部照片。同年 5 月 28 日，尚再次作案时，因闪光灯的光线引起了解手妇女的警觉，便及时报告了有关单位，将尚堵在粪坑内，当场抓获。从尚作案用的照相机内胶卷中，发现已偷拍了 6 张解手妇女阴部照片，从其家中搜出已冲洗的解手妇女阴部照片 26 张。检察院以流氓罪起诉，法院以同罪作了有罪判决。①

原始或者传统样式的偷窥偷拍比较容易防范，通常来说，采取关好门窗、拉紧窗帘等物理性阻隔措施即可。而在当今数字化时代或者电子化时代，视频窥阴令人防不胜防。数字的或者电子的移动影像设备具有适应环境能力比较强、操控简单、容易携藏、即时成像、影像便于存储等特点，让现代的汤姆们格外青睐。他们利用数字照相机、数字摄像机以及平板电脑、手机等移动设备对各种场所的他人性隐私随时进行偷拍，或者尾随目标伺机偷拍——这被称为"视频跟踪"（video stalking）。还有人将微型摄像设备安装在鞋里制作成"偷拍鞋"跟踪偷拍他人隐私部位。

[案例 153] 2003 年 12 月 22 日下午，在某大厦 12 楼上班的小赵姑娘到女厕所如厕。女厕所有三个位置，最靠里的位置门关着，小赵姑娘就选择了中间的位置。蹲下后，她习惯性地朝两边看了看。这一看，顿时头皮发麻，差点把魂都吓掉：透过隔板下的间隙，她看到了一只穿着黑皮鞋的男人大脚！小赵姑娘大气都不敢出，提上裤子，飞也似的逃回了办公室，把这事告诉了两位女同事。"难道有人偷窥？"三位女孩壮起胆子来到了女厕所，其中一位女同事假装上厕所，也进了中间"包厢"，弯腰朝右边蹲位看了看，发现一只男人的手拿着一

---

① 王运声主编《刑事犯罪案例丛书·流氓罪》，中国检察出版社，1990，第 184 页。

面小镜子正朝她这边取镜头。姑娘们连忙叫来了男同事。最里间的蹲位里传出了冲水的声音，随后，一位青年男子打开了蹲位的门。男子神态自若并不慌张，只一句"你们误会了"，便不再言语。男子30岁左右，穿西服打领带，外表文质彬彬，随身还带了一个笔记本电脑，一副白领的样子。小赵姑娘的同事将那个人送到派出所。警方查明，男子姓张，也是这个大厦里的员工，在某IT公司任部门经理。警方在他的笔记本电脑中找到了隐藏的偷拍录像。录像共有五段，从不同角度拍下了五位女孩的如厕画面。拍摄时间均为前天下午的二三点钟之间。从掌握的情况来看，前天下午，他很可能在12层的女厕所内隐藏了三个多小时。先用小镜子照到女孩如厕的画面，然后再用摄像头对着镜子拍，最终把画面传输到随身携带的笔记本电脑中。在派出所，张说："我喜欢偷看女人，我控制不了自己。""我拍下这些东西只是觉得刺激，过瘾"。派出所民警说，根据《治安管理处罚条例》第19条第4项规定：对侮辱妇女或者其他流氓活动的，处以拘留15天以下、罚款200元以下或者警告。现在还没查出他拍的画面是否在网上散布，若在网上散布，警方则将参照制作传播淫秽物品的条款对他另行惩处。①

[案例154] 阿彬（化名）18岁，是市区一所中学的高二学生。为了满足好奇，寻求刺激，性格内向的他做了一件出格的事情：在鞋子上装了个微型摄像机，然后跑到温州书城偷拍女顾客裙底。每次偷拍后，他都会对自己说"这是最后一次"，然而裙底视频就像是妖魔，令他欲罢不能，一次次勾起他强烈的好奇心。2014年7月10日下午，他在书城再一次偷拍时，被人当场识破，被鹿城公安分局中山派出所民警带走调查。警方随后以侵犯他人隐私，对他作出罚款500元的行政处罚。据阿彬向警方交代，他在网上看了一些偷拍的文章，觉得很

---

① 冯云浓等：《IT经理写字楼偷拍女孩如厕被捉牢》，《都市快报》2003年12月24日。

刺激，于是花了300多元从淘宝上买了一个微型摄像机。微型摄像机由四个部件组成：小镜头，长方形的主板，电池，还有一个遥控器。据交代，每次偷拍，阿彬都会穿上黑色的高帮鞋。阿彬说，这双高帮鞋是冬天买的，因为鞋帮高，又是黑色的，方便藏摄像机。偷拍时，阿彬会把摄像机的主板和电池装在鞋子里，小镜头露在鞋面上。手中的遥控器，设有"A、B"按键，"A"键是开关，"B"键是开始摄像，录下的视频会自动存在内存卡上。[1]

还有些人窥阴手段更为科技化，通过在受害人所处空间秘密安装的有线或者无线的微型摄像设备如针孔探头，而在另一空间里进行实时监视、摄录或者定时摄录，然后随时、反复观看摄录的影像。他们被称为"高科技窥阴狂"（high-tech voyeurs）。在中国，这类案件在21世纪初就开始出现。《哈尔滨日报》2002年10月23日报道：哈尔滨市警方根据举报查获了一起在宾馆客房内安装针孔式摄像机的案件。警方人员在某国际商务酒店的一客房的地灯上，发现了针孔式摄像镜头和地下连接摄像镜头的导线。导线另一端穿过墙壁通向另一个房间。警方人员随后打开了隔壁据称是该酒店一负责人的办公室，从其屋内的电视上，可以清楚地看到客房内双人床上的全景。《中国青年报》2003年1月25日报道：厦门某台资企业的女工们惊讶地发现，她们如厕的女厕所里竟暗藏着两台针孔摄像机，而摄像机的线路连到了公司老板的办公室。据该公司女工反映，这两台针孔摄像机分别隐藏在公司办公楼二楼的两个女厕所的电源插座里。某日其中一个位于抽水马桶后墙上的插座脱落，女工们发现里面竟安装了一个专门用于偷拍的针孔摄像机。次日下午，女工们报警。警察顺着摄像机的布线

---

[1]　潘贤群、金智锋：《温州高二男生鞋子藏偷拍神器 书店里偷拍姑娘裙底》，《温州都市报》2014年7月13日。

查到了公司老板梁某的办公室，里头有两台电视机和一台电脑及光盘刻录机。警察打开电脑后，看到里边竟有她们上厕所的镜头。随后，警察继续顺着公司老板办公室的另一条线路，在办公楼三楼的贵宾客房及淋浴室里，又发现了两台类似的摄像机。

也有房东在出租房内安装针孔摄像机的探头，偷窥偷拍异性房客的隐私活动，例如：

[**案例155**] 泉州晚报社 APP－泉州通 2016 年 1 月 15 日讯（记者陈明华 通讯员林隆华）洗澡时偶然在浴室开关板上，看到一个针孔摄像头，租住在泉州市区东霞新村的李小姐大惊失色，急忙穿上衣服向丰泽公安分局丰泽派出所报警。丰泽所民警赶到现场，从李小姐的租房内找出 3 个针孔摄像头，并从房东傅某的电脑中找到，他偷拍的近 20 个 G 视频。15 日上午，傅某涉嫌偷窥他人隐私，被丰泽警方行政拘留。据丰泽派出所民警介绍，一个多月前，今年 25 岁的李小姐向丰泽区东霞新村的傅某租了一间带卫生间的房住。傅某的套房原本是三室一厅的，他将其中一个房间隔开，另外开了一个门当出租房。1 月 14 日下午 5 点多，李小姐在浴室洗澡时，偶然间发现破旧的开关板上有些异样，她靠近仔细查看，发现开关板的破损口内，竟然隐藏着一个针孔摄像头。丰泽派出所民警接到报警后，迅速赶到现场调查。民警撬开浴室的开关板，发现里面暗藏着一个针孔摄像头。随后，民警来到房东傅某的房间，从他卧室的电脑内查出偷拍的近 20 个 G 视频。傅某交代他在租房内安装了 3 个摄像头，其中浴室开关板上一个，洗漱台下放一个，卧室墙角靠近天花板处一个。说起安装偷拍设备的初衷，傅某说因为自己"太好色。"傅某今年已经 63 岁，据他交代，这 3 个摄像头他 2012 年就安装了。他每次都是听到隔壁浴室传来流水声，估计租户在洗澡时就打开放在卧室的电脑开始拍摄。据傅某交代 2012 年以来，他的租房

先后换了 6 任房客。在挑选租客时，傅某更偏向租给年轻女子。在 6 任租客中有 5 任是女的。①

还有人侵入他人家中的计算机，远程控制计算机摄像头，肆无忌惮地偷窥偷拍。例如发生在中国台湾地区的一个事情：

[**案例 156**]"我不敢去想了啦！"家住台中的吴小姐简直欲哭无泪，她在出租套房安装网路监视器（Web-cam），竟被黑客入侵，睡觉、入浴甚至在房间的一举一动都有可能被对方看得清清楚楚。她把监视器放在小冰箱上，镜头直对床铺和浴室，"我这阵子有时候洗完澡，因为比较热，不会立刻穿衣服，可能就是挂一条浴巾就在那边吹头发了。"吴小姐表示，安装网路监视器原本是用来观看饲养小猫的情况，上月底晚间 11 点多准备洗澡，身上只穿内衣裤，监视器突然出现怪声，登入手机监看画面让她吓傻了。"机器本身不会发出那个声音，我本身并没有把我的账号密码给任何人，所以我就赶快拿手机连线看，因为手机监看画面上面会显示观看人数，结果当下观看人数是 2！"登入人数变成两个人，手机画面停在自己下半身，吴小姐闪躲镜头，机器竟然也跟着转，她吓得拔掉电源线。吴小姐与一起团购的 14 名买家联系，发现有 3 人都遭遇类似情形，甚至有人听到监视器对他说"hello"。而监视器的彭姓卖家则宣称，这款机器租用的服务器范围包括欧洲、大陆、东南亚，只会做单纯的 ID 及 IP 转换，使用者的使用习惯数据不会上传储存，也无法追踪 IP 位置，不知道为什么会被黑客入侵。吴小姐说，安装机器后已经更改账号和密码，竟没办法百分百防黑客。对于私密生活不知道已经被多少人看过，吴小

---

① 《色老头装探头偷拍女租户洗澡 4 年拍了近 20G 视频》，http://www.dnkb.com.cn/archive/info/20160115/170129147656681_ 1. shtml。

姐直说太恐怖。其实在国际上，网路黑客入侵摄影机的事情并不少见，2013 年间台湾就有新闻指出，境外黑客论坛有人专门利用远端管理工具（RAT）入侵女网友的电脑，擅自开启视频、麦克风，观察她们的一举一动，甚至窃取电脑里的照片，这对他们来说并非什么高超的技巧。[①]

更有甚者，有些偷拍者或者其他人出于各种目的将偷拍的性隐私影像公布于互联网，使其迅速被无数人点击、下载、转发，或者制作成光盘加以传播，致使受害人蒙受无以复加的精神摧残。还有人利用偷拍的性隐私影像对受害人施以精神强制，进行敲诈勒索等其他犯罪侵犯。最典型的案件是 2001 年发生在中国台湾地区的璩美凤性生活被偷录制成光盘传播案。而在璩美凤案之后，这类事情在中国大陆也时有发生。

[**案例 157**] 2005 年 4 月初，《南方都市报》接到深圳一市民报料称，电子科技大厦某座的女厕所里，有人安针孔摄像头偷拍女白领，并刻成光盘寄给事主，勒索 2000 元到 1 万元不等，声称不给钱就将此段隐私录像发布到网上。报料者说，其一女性朋友在电子科技大厦工作，不久前收到一封快递，里面装有一张光盘和恐吓信。看完光盘后，她非常吃惊，竟然是她上厕所的录像。从录像中可以看出，录像是从下向上拍摄的，恐吓信是打印出来的，落款和银行账号的户名是两个人。至少有四个不同楼层、不同单位的女性向保安提及过此事。据大厦保安员介绍，4 月初，他们已接到当事人报案。目前当地派出所已经进行侦查布控。[②]

---

① 《女子家中智能摄像头遭黑客入侵 入浴画面被直播》，光明网 2015 年 7 月 16 日。
② 任笑一：《厕所里装摄像头偷拍勒索女白领》，《南方都市报》2005 年 4 月 10 日。

传播偷拍、偷录的性隐私影像虽然是窥阴的延展，但与窥阴症或其他精神障碍无关。那些传播他人性隐私影像的人，不能以窥阴症为自己辩护。真正的窥阴症者对窥视对象有独占欲，不会让别人分享自己的机会和快乐。而喜欢看他人偷拍、偷录的性隐私影像的人，与真正的窥阴症者也有区别。真正的窥阴症者对他人制作的成品化的影像也不会有多少兴趣，接触这些东西应当不会替代更具冒险性因而对他们来说也更刺激的窥阴行为。这些东西对于窥阴案的减少，没有多大作用。

（二）美国法律对视频窥阴的规制

偷窥偷拍从原始或者传统样式到数字化、电子化的升级，向人们和法律提出新的挑战。视频窥阴行为人的主观恶性及其行为的危害性远甚于原始或者传统样式的偷窥偷拍。视频窥阴已经构成对公民性隐私和私生活安宁的最严重侵犯，同时也严重侵犯了公民的性权利，并且可能衍生其他犯罪。对这种行为，如果沿袭以往防治原始或者传统样式偷窥偷拍的处罚力度，势必不能收到遏制的效果，而必须给予更为严厉的威慑和制裁。在美国，原有的反偷窥（窥阴）法（Peeping Tom Law，Voyeurism Law，指各州禁止偷窥的法律规定）主要规制的是原始样式的偷窥，不能适用于视频窥阴，需要制定新的对策。美国的反视频窥阴法（Video Voyeurism Law，泛指联邦和各州禁止视频窥阴的法律规定）就是在这种背景下产生的。考察美国规制视频窥阴行为的法理基础和反视频窥阴法的建构路径，或许可以为我国制定有关的防治对策提供一定的参考。

1. 美国规制视频窥阴的隐私权基础

视频窥阴所记录的影像，就其反映的某些情形而言，可能被视为"色情物品"或者"淫秽物品"。不过，美国并没有用规制色情物品或者淫秽物品的法律来规制视频窥阴及其记录。视频窥阴记录不符合美国联邦最高法院关于淫秽物品的定义。视频窥阴记录或许具有十分暴露的性内容，但不能用"淫秽"加以描述或者概括。被偷拍者对被拍摄是不知情或者是非自愿的。他们没有故意向他人"表现"性行为或者性器官，无意引起他人的淫欲，更不具有冒犯性。本身不淫秽的形象或者行为，并不因为被他人偷窥偷拍就成为淫秽的。正如美国刑法学家乔尔·范伯格（Joel Feninberg，1926~2004）在谈到窥阴与淫秽的关系时所言："假定 A 夫妇在家中性交，他们并不知道 B 此时正在窗户偷窥。B 所看到的并非淫秽，但他偷看这一事实是淫秽的。"[1]

视频窥阴记录与一般淫秽物品的根本不同，不在于性暴露的程度上，也不在于性行为是否违背社区标准、正常或变态，更不在于能否引起观看者的淫欲，而在于其记录的是在私人场所以及其他场所之中的人们未曾同意公开的形象或者行为。人们相信，在私人场所表现某种形象或者实施某种行为，在公共场所之中个人衣裙下面的身体私密部位，不会被他人看到，更不会被摄录乃至被公之于众。这种安全感，不仅来自私人场所和衣裙的相对封闭性，更来自法律对公民隐私权的保护。

隐私权的概念和理论首先是由美国学者提出，保护隐私权的法律制度也是首先在美国建立起来的。[2] 1890 年，塞缪尔·沃伦（Samuel D. Warren，1852~1910）和刘易斯·布兰代斯（Louis D. Brandeis，1856~1941，1916 年成为美国联邦最高法院大法官）发表了他们合著的那篇奠基性的和影响深远的《论隐私权》。[3] 该文指出，个人有权保持个体私密以防止被呈现于公众之前，这是隐私权外延中最简单的情形。而现代化的企业和发明创造通过侵犯个人隐私，使其处于精神上的伤痛之中，远甚于单纯的肉体伤害可能造成的折磨。沃伦和布兰

---

[1] 〔美〕乔尔·范伯格：《刑法的道德界限·第 2 卷，对他人的冒犯》，方泉译，商务印书馆，2014，第 139 页。

[2] 张新宝：《隐私权的法律保护（第二版）》，群众出版社，2004，第 28 页。

[3] Samuel D. Warren & Louis D. Brandeis, "The Right to Privacy", 4 Harv. *L REV. 193*（*1890*）.

卷伦和布兰

代斯认为，隐私权不仅使公民有武器对抗政府权威，而且有助于公民防范来自其他方面的无聊下流的侵扰。"普通法一直坚信，一个人的家就是他固若金汤的城堡，即使是他长官的命令也无法攻陷。那么法院会在紧闭前门以对抗政府权威的同时，却打开后门让无聊下流的好奇心乘虚而入吗？"在这篇主要从民事侵权法的角度阐释隐私权的论文中，沃伦和布兰代斯还指出："无疑，个人的隐私权应该获得刑法的额外保护，但是这就要求立法确认。对披露隐私的行为，或许在狭义上引入刑事责任是合宜的，但是，防止侵犯隐私权无疑符合社会利益，这已足够证明引入这一救济的正当性。"①

《论隐私权》发表的年代，影像技术和产业在美国蓬勃发展。早在 19 世纪中期，美国各都市就有众多的银版法（daguerreotype）人像摄影社，甚至在比较偏僻的小城镇，也都可以看见摄影社。1853 年，单单纽约一地，就有 100 多间摄影社。1888 年，纽约州的伊士曼公司发售第一部使用胶卷的柯达牌照相机。作为摄影器材大制造厂商，伊士曼公司为了向摄影家和一般大众推销照相机，曾使用一段优美词句来宣传："只要你买一架柯达牌摄影机，就可拍摄很多清晰美丽的照片，把你目睹眼见的生活史保存下来，其意义和价值必然一天天增高，几年以后回忆起来韵味无穷。"②

沃伦和布兰代斯敏锐地观察到科学技术的发展对人类生活的影响，并且预言摄影设备的广泛应用将会对隐私构成严重的威胁：最新的发明创造和商业手段唤起了对人身权更进一步的保护，以及确保被称为"独处权"（the right to be let alone，亦译"不受打扰的权利"、"宁居权"等）的个人权利。"立拍即现的照相技术（instantaneous

---

① 〔美〕塞缪尔·沃伦、刘易斯·布兰代斯：《论隐私权》，李丹译，载《哈佛法学评论·侵权法学精粹》，徐爱国组织编译，法律出版社，2005。

② 曾恩波编著《世界摄影史》，台北艺术图书公司，1973，第 48 ~ 49 页，第 60 ~ 61 页。

photographs）和报刊业已经侵入了私人和家庭的神圣领地，不可计数的机械装置将使如下预言成为现实："秘密私语（whispered in the closet）在屋顶公开'。"对个人隐私的侵犯，可能来自出版业、摄影师或者"任何拥有改写或复制影像和声音的现代化设备的人（the possessor of any other modern device for rewording or reproducing scenes or sounds）"。沃伦和布兰代斯已经论及偷拍："摄影艺术的最新发展使得秘密拍摄（take pictures surreptitiously）成为可能。"他们还提到一桩发生在公开场合的偷拍案（Marion Manola v. Stevens & Myers）：原告声称她在百老汇演戏穿着紧身衣出场时，被人用照相机借助闪光灯"偷拍"（photographed surreptitiously）。她请求法院禁止被告使用这些照片。①

不过，科学技术对隐私的影响，最先表现突出并且受到重视的问题是政府利用技术设备窃听公民电话或者谈话，而不是民众个人利用技术设备偷窥偷拍其他人的隐私。美国联邦最高法院对有关案件的审理，主要围绕政府对公民的窃听是否符合美国联邦宪法第四修正案②这一核心展开，并且经历了从以保护财产权为重心，采用对个人财产的"物理性侵入"（physical invasion，physical intrusion）作为违反第四修正案的标准，发展到以保护隐私权为重心，采用"隐私的合理期待"（reasonable expectation of privacy）作为认定隐私权的标准的过程。③联邦最高法院的判决或者大法官的意见中关于隐私权的主张，

---

① 〔美〕塞缪尔·沃伦、刘易斯·布兰代斯：《论隐私权》，李丹译，载《哈佛法学评论·侵权法学精粹》，徐爱国组织编译，法律出版社，2005。
② 美国联邦宪法第四修正案（1791年）："人民保护其人身、住所、文件和财产不受无理搜查与扣押的权利不受侵犯，并且不得颁发搜查证或扣押证，但依据经宣誓或郑重声明提出确实理由并且具体指定了被搜查的地点和被扣押的人或物除外。"引自美国国会众议院法律修订咨议局编《美国法典：宪法行政法卷》，《世界各国法律大典》总编译委员会主持编译，中国社会科学出版社，1993，第20页。
③ 参见向燕《从财产到隐私——美国宪法第四修正案保护重心之变迁》，载《北大法律评论》第10卷第1辑，北京大学出版社，2009。

虽然说的是宪法而非民事侵权法上的隐私权，侵权主体是政府而非个人，但是后来也对各州制定民事或刑事的隐私权法案和各州法院审理民事或者刑事的侵犯隐私权案件产生了重要的影响。

美国联邦最高法院在 1928 年判决的 Olmstead v. United States 案①，是其审理的第一个关于政府通过窃听电话获得证据并在联邦法院刑事审判中加以运用，是否侵犯被告依宪法第四修正案所享有的权利这一问题的案件。政府怀疑奥姆斯特德从事酒的非法运输和销售，由于他家中有电话设备，执法人员便在其屋外的电话线上安装窃听器对其通话进行窃听，从而获得证据。奥姆斯特德不服有罪判决，以政府非法窃听电话等为理由，上诉至联邦最高法院。首席大法官威廉·H. 塔夫脱（William H. Taft，1857～1930，曾任美国总统）撰写了判决。他认为，第四修正案不适用于该案。第四修正案规定的"搜查"，针对是有形的事物（the tangible things）或者物质的事物（the substance of things），而在本案中，执法人员没有搜查行为，也没有扣押行为，证据是通过听觉获得的，执法人员也没有进入原告的住所或者办公室，即没有实质性的物理性侵入（actual physical invasion），因而没有侵犯其由第四修正案保护的权利。《论隐私权》的作者之一，这时已经是最高法院大法官的刘易斯·布兰代斯不同意多数大法官的意见。他认为隐私权也是宪法第四修正案保护的权利。他指出，第四修正案以明确的语言提供保障，使一个人神圣不可侵犯的住所和生活隐私免受侵害。时间的变化带来新的情况和目标，政府获得更为精密和广泛的方式可以侵犯隐私。新发现和发明让政府有可能通过比身体的延伸（stretching upon the rack）更有效的方式获知秘密私语。他指出，适用一部宪法，我们不能仅仅考虑已经有什么，还应考虑可能有什么。科学的进步向政府提供的从事侦查（espionage）活动的手段，

---

① Olmstead v. United States, 277 U. S. 438（1928）.

不可能停滞在窃听的水平上。政府的能力将来可能发展到无须移动机密抽屉里的文件，就可以将它们复制在法庭上，也可以将公民家中最为私密的事情展示给陪审团。他认为，第四修正案不只是保护有形的、物质的事物。曾有法院判决，一封已经交付邮政的密封的信件受第四修正案保护，然而，密封的信件与私人电话信息并没有本质的区别。侵犯电话隐私，远远比擅自拆开（tampering）信件更为有害。布兰代斯还写道："第四修正案的保护范围非常广泛。宪法的制定者已经承诺向人们提供有利于追求幸福的条件。他们认识到保护人类的精神本质、情感和理智的重要性。他们知道，人们生活中只有一部分的痛苦、快乐和满足来源于物质的事物（material things）。他们试图保护美国人的信仰、思想、情感和感觉。他们赋予人们不受打扰的权利以对抗政府，这种权利是最全面的权利，也是文明社会的人们最为珍视的权利。为保护这种权利，对于政府对个人隐私的每一个无理的侵犯，不管它使用什么手段，都必须视为违反了第四修正案。"

刘易斯·布兰代斯大法官的预见力令人叹服。如果他可以看到当今的视频窥阴，对于公民家中最为私密的事情会被他人肆意观看甚至公之于众，一定不会感到十分惊讶。他在奥姆斯特德案中的意见无疑有助于促使现代的立法者和法官确认个人实施的视频窥阴行为构成对隐私权的侵犯。

1961 年，在 Silverman v. United States 案①的判决中，联邦最高法院又提出一个新的标准：构成宪法第四修正案规定的"搜查"，警方必须已经"实质性侵入一个宪法保护的区域"（actual intrusion into a constitutionally protected area）。这是对"物理性侵入"标准的发展。在该案中，警方将窃听设备从地下室插入西尔弗曼房间的墙壁，直至暖气管道附近。法院判决该窃听行为违反了第四修正案。

---

① Silverman v. United States, 365 U.S. 505 (1961).

而到 1967 年，美国联邦最高法院对 Katz v. United States 案①的判决，推翻了奥姆斯特德案判决的主要意见，确认隐私是第四修正案一个独立的价值范畴，建立了"隐私的合理期待"标准，并以其取代了西尔弗曼案的"侵入宪法保护的区域"标准。在该案中，卡茨被指控使用电话从洛杉矶到迈阿密和波士顿传递赌博信息。政府的主要证据，是美国联邦调查局（Federal Bureau of Investigation，FBI）人员通过在公用电话亭外部顶端安装的电子窃听装置记录下来的卡茨的电话谈话内容，而联邦调查局人员进行窃听录音没有取得搜查证或者其他法律文件。原审法院采信了窃听录音证据，判决卡茨有罪。卡茨认为，公用电话亭属于宪法保护的区域，联邦调查局的窃听录音侵犯了公用电话亭使用者的隐私权，因而提出上诉。上诉法院驳回了卡茨关于联邦调查局获取录音的方式违反了宪法第四修正案的主张，因为联邦调查局人员当时没有物理性侵入上诉人使用的区域。联邦最高法院审理该案后撤销了原判决，认为政府的窃听行为侵犯了上诉人使用电话亭时无可非议地信赖（justifiably relied）的隐私，故而构成宪法第四修正案所规定的"搜查和扣押"。大法官波特·斯图尔特（Potter Stewart，1915~1985）代表多数法官撰写了判决。他认为讨论公用电话亭是不是"宪法保护的区域"没有多大意义，"第四修正案的问题，正确的解决并不必须依靠'宪法保护的区域'那句短语的推动"。他指出，"第四修正案保护的是人（people），而不是场所（places）。一个人故意暴露给公众的事物，即使在自己的家或办公室内，也不是第四修正案的保护对象。但是，他试图作为秘密保护的事物，即使在向公众开放的区域，也可能受到宪法的保护"。斯图尔特的后一句话，似乎意味着他认为公共场所也可能存在宪法保护的隐私。大法官约翰·M. 哈伦（John M. Harlan，1899~1971）发表了协同意见，并且

---

① Katz v. United States，389 U. S. 347（1967）.

提出"隐私的合理期待"标准。他指出，封闭的电话亭是这样一个区域，像一个住所，而不像一个空场（field），在里面的人有宪法保护隐私的合理期待。电子侵入（electronic intrusion）这个意义上的私人场所，就像物理性侵入一样，可能构成对第四修正案的违反。他认为，认定是否存在应当给予保护的隐私，"有一个双重要件（a twofold requirement），首先，一个人已经表现出对隐私的真实的（主观的）期待，其次，社会愿意认可这种期待是'合理的'"。

卡茨案具有里程碑意义。从卡茨案起，保护隐私不再局限于强行进入法律保护区域的"搜查"，这为个人信息隐私提供了比以前有关电子监听一般对话的判例更为广泛的保护。卡茨案判决不仅扩大了第四修正案的适用范围，而且扩展了第四修正案在法学理论上以权利为本位的历史发展前景，限制政府使用当代的电子监控技术。[①] 尤其是，在30多年后，卡茨案判决提出的隐私合理期待标准，从宪法第四修正案范畴被引入刑法领域，为美国联邦和各州的反视频窥阴法采用。

斯图尔特大法官在卡茨案中所主张的公共场所也可能存在隐私的观点，由于是对宪法隐私权的阐释，在一段时间里未被各州民事侵权法或刑法以及法院普遍接受和适用于民事侵权法或刑法的侵犯隐私权案件的审判之中。在传统隐私权理论领域，一般认为，公共场所不存在合法的隐私利益（Legitimate privacy interests do not exist in public place）。[②] 具有代表性的观点是著名法学家、时任加利福尼亚大学伯克利分校法学院院长的威廉·普洛瑟（William L. Prosser, 1898～1972）在1960年发表的经典文章《论隐私》提出的："在公共街道，或者任何其他公共场所，原告没有不受打扰的权利，别人仅仅跟随他不构成对其隐私的侵入。在这样的场所对其进行拍照也不构成对其隐

---

① 〔美〕阿丽塔·L.艾伦、理查德·C.托克音顿：《美国隐私法：学说、判例与立法》，冯建妹等译，中国民主法制出版社，2004，第63页。
② 参见张新宝《隐私权的法律保护》，群众出版社，2004，第268页。

私的侵入，因为拍照相当于一种记录，这种记录与对某个可以被公众视线自由看见的人所做的完整书面描述（written description）没有本质区别。"普洛瑟将普通法上的隐私侵权分为四类：（1）侵入原告独立于世之居所（seclusion or solitude），或者侵入其私人事务。（2）公开披露令原告尴尬的私人事件。（3）对原告形象加以扭曲地公之于众。（4）为被告私人利益盗用原告的姓名或者肖像。① 这一分类为美国法学会 1965 年《侵权行为法（第二次）重述》（Restatement of the Law，Second，Torts）采纳。《侵权行为法（第二次）重述》的第 652 条 B 和第 652 条 D 与偷窥偷拍私人场所的隐私和将偷窥偷拍的隐私加以公开有关。第 652 条 B 定义了"侵入私域"（Intrusion Upon Seclusion）：一个人故意以物理性方式或其他方式，侵入他人独立于世之居所，或者侵入其私人事务或私人关系，如果一个理智（reasonable）的人认为这种侵入是一种高度冒犯（highly offensive），行为人应当就其侵犯他人的隐私权承担责任。第 652 条 D 定义了"公开宣扬私生活"（Publicity Given to Private Life）：公开关于他人私生活的事项，应当承担侵犯他人隐私权的责任，如果公开的事项属于（1）在一个理智的人看来，构成高度冒犯，和（2）不是公众所合法关注（legitimate concern）的。

对"公共场所无隐私"（no privacy in public）的观点，阿肯色大学法学教授安德烈·麦克鲁格（Andrew Jay McClurg）在 1995 年发表长文《将隐私法带出密室：在公共场所的侵权责任理论》给予了批驳。② 处于 90 年代的麦克鲁格教授比普洛瑟教授更充分地了解科技发展对隐私的影响以及在公共场所利用影像设备侵犯隐私的情况。他指出，在民事侵权法领域，现代隐私法的一个训诫是，如果你期待法律

---

① William L. Prosser, "Privacy", 48（3）*Cal. L. Rev. 383, 389（1960）.*

② Andrew Jay McClurg, "Bringing Privacy Law Out of the Closet: A Tort Theory of Liability for Intrusions in Public Places", *73 N. C. L. REV. 989（1995）.*

保护你的隐私，就应该留在你的已经关闭百叶窗的房屋里。隐私不可能在公共场所遭到侵犯，或者不可能遭受来自公共场所的侵犯，是侵权法固守的规则。然而，在现代技术社会里，它是有缺陷的。公共场所侵犯隐私的实例变得越来越普遍和更无耻。将隐私作为一个"全有或全无"（all-or-nothing）的概念，过于严格死板。隐私是一个程度的问题。虽然人们去公共场所时会放弃许多隐私，但这并不意味着他们自动丧失了所有的隐私，不能因此断定他们彻底失去了合法的隐私期待。麦克鲁格认为："公共场所确实存在隐私，或者至少人们希望它存在，尽管有明显的局限性。"侵权法应当承认和保护"公共场所隐私"（public privacy），还应当承认"公共场所侵入"（public intrusion）在有限的情况下可以成为侵权诉讼的理由。

麦克鲁格指出，在公共场所的"看见"与"密切关注"或者"记录于胶片或录像带"之间是有区别的。在公共场所对隐私的侵犯，通常不会延续很长一段时间。然而，即使是简短的观察，也可能严重侵犯个人隐私信息。一张照片可以创造一个场景的永久性（permanent）记录，并且有可能通过广泛的传播来增加最初侵犯的影响。普洛瑟院长错在将摄影等同于肉眼观察。磁带摄像机（video camcorder）是隐私权的最新威胁，它极大地扩张了侵犯隐私的能力。视频技术已经改变了我们观察周围世界的方式，同时，我们被观察的方式也改变了。照片的永久性和传播性，录像带也都具有，并且得到强化。录像带捕捉的不只是一个人的形象，还有他的人格（personality）。人的所有外在方面可以永久地记录和再现：外貌，面部表情，手势，目光，姿态，甚至言语。反过来，这一切可能会揭示自我的重要的内部方面。摄像机被用来偷录（surreptitious videotaping）隐私的事情已经发生很多。摄像机甚至成为许多人实现性满足的一种新的工具。例如，摇滚乐传奇人物查克·贝瑞（Chuck Berry）被起诉涉嫌在一个朋友的餐馆的卫生间安装摄像机，偷录了超过 250 名使用卫生间的女性，有的只有 6 岁。公共场所侵入的一个关键是使用机械或电子技术记录受害人，不论视觉的还是听觉的。大多数侵犯者会使用某种技术设备（如摄像机、照相机、录音机、望远镜、夜视镜）观察和/或记录受害人。使用摄像机、照相机创造出受害人的永久性记录，可能从三种途径扩大侵犯的危害：（1）可以使侵犯者对部分受害人的观察持续下去；（2）一个永久性影像可以传达出比肉眼观察更多的受害人信息；（3）不论用何种方式创造的一个永久性记录可以通过传播使侵入的影响倍增。使用机械或电子手段记录受害人，是评估侵入行为构成对一个理智的人高度侵害（high degree of attack）的非常重要的因素。

另外，1962 年《模范刑法典》从刑法层面提出了接近"隐私的合理期待"的概念。《模范刑法典》第 250.12 条规定了侵害隐私罪，其第（1）项为"非法的窃听或者监视"（Unlawful Eavesdropping or Surveillance）："除法律许可外，行为人实施下列行为，成立轻罪：（a）以对处于私人场所的他人进行窃听或者监视为目的，非法侵入财产（trespasses on property）；或者（b）未经在私人场所享有隐私权的他人的同意，在该场所安装用于对当场的声音或者事件进行观察、拍摄、录制、放大或者广播的设备，或者使用此类非法安装的设备；或者（c）未经在私人场所享有隐私权的他人的同意，在该场所以外安装或者使用设备，用于收听、录制、放大或者广播通常在场外无法听见或者理解的该场所的声音。"关于"私人场所"，该条款解释：指行为人可以合理期待其不会被偶然或者恶意的侵入、监视所侵害的场所，但不包括公众或者相当数量的公众能进入的场所。① 也就是说，《模范刑法典》认为私人场所存在隐私的合理期待，而并不认为公共

---

① 美国法学会编《美国模范刑法典及其评注》，刘仁文等译，法律出版社，2005，第 212~213 页。

场所也存在隐私的合理期待。这一局限性除了观念上的原因，主要缘于那个年代利用高科技设备在公共场所进行视频窥阴等行为还没有出现或者比较少见，是可以理解的。

2. 美国反视频窥阴刑事立法的建构

20 世纪 90 年代以前，在美国的刑法领域，关于隐私权的学术讨论和法律发展，主要根据宪法第四修正案，集中于对刑事被告人而不是犯罪被害人的保护，非政府行为的侵犯隐私，例如个人的偷窥，仅受到很小的关注。① 美国犯罪心理学家柯特·巴特尔（Court R. Bartol）认为，窥阴只不过是轻微的性犯罪，因为他们不会对社会造成严重的危害，当然他们过分地侵害了他人的隐私，或者被害者的隐私被用于不正常目的。②

美国各州早期刑事性的反偷窥法比较简单，针对的是原始样式的偷窥，而且不单以性隐私为保护对象。例如，加利福尼亚州刑法有这样的规定：一个人没有明显的合法目的，在任何时间游荡、徘徊或漫游于他人私产，从门或窗偷窥任何有人居住的建筑物或结构（structure），即构成犯罪。这种行为被称为"游荡偷窥"（peeking while loitering）。再如，特拉华州刑法处罚的是非法侵入他人私产故意从门或窗进行凝视（peer）或偷窥；佐治亚州刑法处罚的是为了监视和侵犯他人隐私而在他人房屋附近出现，透过门、窗或其他地方进行偷窥或其他类似行为；密歇根州刑法处罚的是"窗口偷窥者"（window peeper）。截至 90 年代后期，美国有 24 个州的刑法规定了偷窥或类似行为，还有几个州的刑法将偷窥归入"扰乱治安行为"（disorderly conduct）等条款而未对偷窥作出具体规定。但是没有几个

---

① See Lance E. Rothenberg, "Re-Thinking Privacy: Peeping Toms, Video Voyeurs, and the Failure of Criminal Law to Recognize Reasonable Expectation of Privacy in the Public Space", 49 AM. U. L. REV. (2000).
② 〔美〕Curt R. Bartol、Anne M. Bartol：《犯罪心理学（第七版）》，杨波、李林等译，中国轻工业出版社，2009，第 319 页。

州规定利用各种设备或工具侵犯隐私的情况。① 在 80～90 年代，有些州的法院不得不援用刑事窃听法来追究利用影像设备偷拍他人性隐私的刑事责任。1983 年，堪萨斯州的一名有偷拍行为的摄影师因违反窃听法而被判有罪。他在摄影室中装设了单向透明玻璃镜，偷偷在镜后拍摄少女模特的更衣情形。他辩称窃听法不适用于他的行为。但法院宣告："我们相信被告不仅伤风败俗，而且违反了窃听法规，被告在堪萨斯州是有罪的。" 1990 年，加利福尼亚州法院也根据该州的禁止秘密录制机密的"通讯"（communication）的窃听法，裁决一名男子有罪，这名男子未经与他发生性关系的数名女子的知道和同意，用藏在衣柜中的摄像机将发生的一切摄录下来。加州并没有法律特别宣告秘密录制性行为是犯罪。被告辩称性行为不是"通讯"，依据这个理由起诉他是不公正的。而法院宣告："被告明知未经其他妇女同意便录制彼此间性行为经过，已经侵犯了对方的隐私。"有一位法官不同意此项裁决，他认为多数法官对窃听法进行了穿凿附会的解释。与此同时，有一些利用影像设备偷拍他人性隐私案是被视为非法侵入，根据民事侵权法获得处理的。②

　　随着信息化、数字化的进一步发展，视频技术和设备不断更新和普及，针对性隐私的偷窥偷拍行为越来越普遍，视频窥阴影像的传播更为迅速和广泛，这使人的尊严和隐私权受到严重威胁，同时也深刻地影响了人们的隐私观念。许多人认识到，视频窥阴虽然显得可笑或者愚蠢，但却是比窃听更具侵犯性的行为。仅仅依靠民事侵权法不足以威慑视频窥阴者。有些受害人试图通过民事诉讼维护权利，而即使获胜也往往难以获得足够的补偿，因为窥阴被告可能没有足够的财富

---

① See Maria Pope, "Technology Arms Peeping Toms with a New and Dangerous Arsenal: A Compelling Need for States to Adopt New Legislation", *17 J. Marshall J. Computer & Info. L. 1167* (1999).

② 参见〔美〕爱伦·艾德曼、卡洛林·肯尼迪《隐私的权利》，吴懿婷译，当代世界出版社，2003，第 262～284 页。

支付赔偿。实现正义的唯一途径，是追究视频窥阴者的刑事责任。从90年代后期开始，一些州针对视频窥阴，陆续制定了新的刑事法案。各州新的反视频窥阴法，主要规制的是利用数字或者电子的影像设备进行偷窥偷拍——既包括对肉眼可以看到的目标的视频偷窥偷拍，也包括对肉眼不能直接看到的处于另一空间的目标的视频偷窥偷拍，并且以视频偷拍为重点，但也列入了利用机械的影像设备进行偷窥偷拍的情况。同时，各州刑法一般也保留了原有的关于原始样式偷窥的规定。其中，比较具有代表性和处罚比较严厉的是纽约州被非正式称为"斯蒂芬妮法"（Stephanie's Law）的反视频窥阴法。

2003年6月23日，由纽约州议会通过的斯蒂芬妮法案，经州长签署，正式成为法律。该法案被编入《纽约州刑法》第250节"侵犯隐私权"（N. Y. PENAL LAW § 250）。在此之前，纽约州的反偷窥法针对的是原始样式的偷窥或者利用照相机等传统设备通过窗口向室内偷拍的行为，不适用于利用数字、电子技术的跨空间视频偷窥偷拍，处罚也比较轻。法案非正式名称中的"斯蒂芬妮"是一位视频窥阴受害人的名字（Stephanie Fuller）。2001年的一天，27岁的斯蒂芬妮·福勒和她的男朋友在她位于纽约长岛的租住房间内发现，烟雾探测器露出一段可疑的电线。原来，她的房东，53岁的威廉·舒尔茨（William Schultz）偷偷地将一个微型摄像头藏在烟雾探测器中，对着她的床。一根视频线通入舒尔茨的房间，他在那里观察和录像。过去的三个月里，斯蒂芬妮在卧室里的一举一动都在舒尔茨的监视之下。斯蒂芬妮报警后，警察在舒尔茨的房间里发现了录像带，舒尔茨被逮捕。然而，由于舒尔茨的偷窥偷拍没有通过窗户，不属于当时纽约州刑法规定的偷窥罪，而且纽约州刑法也没有禁止秘密监视私人住宅的规定，控方只能以非法侵入的罪名指控舒尔茨，他仅被判处1500美元罚金、3年缓刑和280小时的社区服务。斯蒂芬妮觉得舒尔茨还有许多录像带未被查获，她很担心视频被传至互联网。她认为应当有更严厉的法律制止舒尔茨所作的这种行为。为此，她通过新闻界等方面进行呼吁。后来，又有其他房东被发现视频偷窥偷拍他们的房客。人们认识到视频窥阴行为不仅侵犯隐私，而且是一种性犯罪，有些人说是"视觉强奸"（visual rape）或者"视频强奸"（video rape）以及"高科技强奸"（high-tech rape），于是展开活动，游说州议会制定防治利用新型监控技术侵犯性隐私的法律。经过两年的努力，"斯蒂芬妮法案"最终获得通过。

纽约州反视频偷窥法（后经过多次修正）的主旨是禁止"非法监视"（Unlawful Surveillance）。非法监视主要包括：（1）为了自己或其他人的娱乐、消遣、获利，或者为了侮辱、贬损一个人，故意使用或安装，或者允许他人使用或安装影像设备（指任何机械、数字或电子的具有记录、存储或传输视觉影像功能可用于观察一个人的器材，如照相机、摄像机、移动电话等），秘密观察、播放、摄录一个人穿衣或脱衣的过程，或者性部位或其他私密部位（sexual or other intimate parts，指人类男性或女性的生殖器、阴部或臀部，或女性的乳房，包括仅由内衣部分地遮掩的上述部位），而该人在此时此地对隐私有合理期待，且上述行为没有得到该人的理解或同意。（2）为使自己或其他人获得性唤起或性满足，故意使用或安装，或者允许他人使用或安装影像设备，秘密观察、播放、摄录一个人穿衣或脱衣的过程，或者性部位或其他私密部位，而该人在此时此地对隐私有合理期待，且上述行为没有得到该人的理解或同意。（3）无正当目的，故意使用或安装，或者允许他人使用或安装影像设备，秘密观察、播放、摄录在卧室、更衣室、卫生间、浴室等处以及酒店、汽车旅馆指定给客人的房间中的一个人，而没有得到该人的理解或同意。（4）故意使用或安装，或者允许他人使用或安装影像设备，秘密观察、播放、摄录一个人的衣裙下面，或者性部位或其他私密部位，而没有得到该人的理解或同意。实施上述行为，构成E级重罪，判处2~7年监禁。一旦被判刑，犯罪人在释放之后还必须向纽约州的性罪犯登记处（State's Sex Offender Registry）登记。纽约州反视频偷窥法还规定，故意传播通过非法监视获得的性部位或者其他私密部位的影像也构成犯罪。上述规定不适用于执法人员履行经授权的职责，也不适用于以安全为目的的视频监控系统（video surveillance system）——应有文字提示并安装在显而易见的位置。

当时，华盛顿、田纳西、威斯康星、弗吉尼亚、加利福尼亚、伊利诺伊等州已经出台了反视频窥阴法。这些州和纽约州在立法过程中，都遇到一个难题：是否应当追究在公共场所偷拍性隐私如"裙底窥阴"（upskirt voyeurism）这种行为的刑事责任。[1] 这个问题主要针对一种现象：在公共场所如商场、饭店、地铁，或者其他拥挤的地方，有人利用便携的影像设备隐蔽地从下向上偷拍女性裙底即"裙底偷拍"（upskirting），还有人从上向下偷拍女性衬衫下的乳房即"女衫偷拍"（downblousing）。[2] 但是，许多法官坚持认为公共场所不存在隐私。在华盛顿州，曾发生在商店用小型照相机隐蔽偷拍女性裙底的案件，而法院认为：公共场所不构成一个人可以合理期待避免遭受偶然或者恶意的侵入或者监视的地方，偷拍行为的确令人恶心和应当受到谴责，但是华盛顿州的反窥阴法规（voyeurism statute）并不能适用于商店这样的纯粹（purely）公共场所，因此不能禁止他们拍照裙底。[3] 还有人说，仅凭拍摄了别人的内裤就将一个人送进监狱是荒唐的，何况有些照片没有显示被拍摄者的脸，偷拍裙底毕竟不是身体攻

---

[1]　See Harry A. Valetk, "Keeping Tom From Peeping: New Law Will Not Protect All Victims of High-Tech Voyeurs", *New York Law Journal*, August 5, 2003.

[2]　See Valerie Bell, Craig Hemmens, & Benjamin Steiner, "Up Skirts and Down Blouses: A Statutory Analysis of Legislative Responses to Video Voyeurism", *Criminal Justice Studies*, Vol. 19, No. 3, September 2006.

[3]　State v. Glas, 147 Wash. 2d 410 (2002).

击（physical assault）。①

然而，越来越多的人接受前述斯图尔特大法官的意见和麦克鲁格教授的观点，认为公共场所也存在隐私的合理期待。例如，2000 年《美国大学法律评论》上一篇题为《反思隐私：偷窥狂，视频窥阴狂，而刑法不承认公共场所的隐私合理期待》的文章认为，应当反思传统隐私理论和隐私法，尤其是刑法必须在保护隐私问题上抛弃对私人场所和公共场所的形式主义区分，公共场所也存在隐私的合理期待；必须禁止对隐私公然实施不合理侵犯，不论隐私在何处。该文指出，在西方社会，最基本和最普遍的隐私期待，是控制自己身体的暴露。而刑法不承认公共场所也存在隐私的合理期待，致使公共场所视频窥阴者逍遥法外，受害人不能获得刑法救济，显然是不公正的。法律不能仅仅关注身体从私人空间到公共空间的移动，而必须承认，身体表面（surface of the body）本身就是一个私人空间。身体是我们对隐私给予最强大期待之所在。确定在何时，以何种程度，向何人，以及在什么情况下暴露身体，是隐私权最基本的方面，并且深系于人类尊严的理念。因此，针对视频窥阴犯罪，法律应当拒绝那种对隐私过于紧缩和不足的普遍理解，而必须承认，根据个人的意愿控制私密行为或身体私密部位的暴露，不论其所在环境，是一个有限但根本上合理的隐私期待。②

加利福尼亚州的反偷窥法（CAL. PENAL CODE § 647）以前也没有涉及在公共场所视频窥阴和偷拍裙底的问题，后来在 1999 年增加规定：任何人以唤起、激发、满足自己的欲望、激情或性欲为目的，为观察他人身体或穿着内衣的身体，未经同意或理解，使用隐蔽

① http：//www. notbored. org/stephanie. html.
② Lance E. Rothenberg, "Re-Thinking Privacy：Peeping Toms, Video Voyeurs, and the Failure of Criminal Law to Recognize Reasonable Expectation of Privacy in the Public Space", *49 AM. U. L REV.* (*2000*).

的摄像机、摄影机、照相机等影像设备，秘密对一个可识别（identifiable）的人，从衣裙下或透过衣裙，进行拍照、摄录或用电子方式记录，而该人处于对隐私有合理期待的环境，构成对其隐私的侵犯。但是，加州的规定有两个漏洞：第一，受害人必须是可识别的，而很少有裙底偷拍者将镜头对着受害人的面孔；第二，偷拍必须是以唤起、激发、满足自己的欲望、激情或性欲为目的，这实际上将商业网站或其他娱乐企业的员工为商业、娱乐目的进行偷拍排除在外。[①]不同的是，伊利诺伊州没有设置加州那样的条件，当时它的反视频窥阴法（720 ILL. COMP. STAT. ANN. 5/26－4）规定，任何人以观察人体或穿着内衣的人体为目的，使用隐蔽的摄像机或照相机等设备，故意和秘密地对他人从衣裙下或透过衣裙进行拍照、摄录或用电子方式记录，只要未经该人同意，是非法的。[②]

在一些州出台反视频窥阴刑事法案之后，联邦的立法也加快进行。2004年12月23日，美国总统签署了国会通过（众议院9月21日通过，参议院12月7日修订通过）的《视频窥阴预防法》（Video Voyeurism Prevention Act of 2004）。该法案被编入《美国法典》（United States Code）第18编"犯罪和刑事诉讼"的第一部分"犯罪"的第88章"隐私"之中，即第1801条（18 U. S. Code § 1801）。它规定：任何人未经他人同意，在个人对隐私有合理期待的环境，故意获取个人私密部位的影像，处以罚金或者1年以下监禁，或者并处罚金和监禁，但是不禁止任何合法的执法、矫正或者情报行动。"获取"（capture）是指通过录像、摄影、电影等任何方式记录或者播放影像。"播放"（broadcast）是指为一个人或者一些人观看而以电子方式传输

[①] See Harry A. Valetk, "Keeping Tom from peeping: New Law Will Not Protect All Victims of High-Tech Voyeurs", *New York Law Journal*, August 5, 2003.

[②] 该条款后来修改为：任何人以观察人体或者穿着内衣的人体为目的，故意对他人从衣裙下或者透过衣裙进行视频记录（video record）或传输实时视频（transmit live video），只要未经该人同意，是非法的。

一个视觉影像。"个人私密部位"（private area of the individual）是指个人的裸露的或者穿着内衣的生殖器、阴部、臀部、女性的乳房。"在个人对隐私有合理期待的环境"（under circumstances in which that individual has a reasonable expectation of privacy）是指：（1）一个理智的人相信，在这种环境中，他或者她可以隐秘地脱衣，不必担心私密部位的影像被他人获取，或者（2）一个理智的人相信，在这种环境中，个人的私密部位不会被公众看见，不论其处于公共场所还是私人场所。《视频窥阴预防法》确认在公共场所也存在隐私的合理期待，是从联邦立法上对传统隐私理论和隐私法的一个重要突破。

截至 2008 年，美国所有的州都已经将视频窥阴或类似行为列为犯罪，且多采取隐私的合理期待标准，但具体罪名、刑罚尺度有所不同。[1]

（三）其他西方国家的刑法对策

在美国的影响下，英国和加拿大也适用隐私的合理期待标准，制定了视频窥阴刑事对策。英国《2003 年性犯罪法》第 67 条规定了"窥阴罪"（Voyeurism）。该罪包括四种情况：（1）为获得性满足，观察另一个人进行私密行为（private act，指一个人在某一对隐私有合理期待的地方，裸露其生殖器、臀部、乳房或仅由内衣遮掩；或使用卫生间；或正在进行性行为，而该种性行为通常不会在公共场所进行），而他知道被偷窥者不会同意自己被他人为获得性满足而观察；（2）经营设备促成另一个人为获得性满足观察第三人的私密行为，而他知道被偷窥者不会同意他为前述目的而经营设备；（3）记录他人进行私密行为，其目的是使自己或者第三人通过观看记录的影像获得性满足，

---

[1] See Valerie Bell, Craig Hemmens & Benjamin Steiner, "Up Skirts and Down Blouses: A Statutory Analysis of Legislative Responses to Video Voyeurism", *Criminal Justice Studies*, Vol. 19, No. 3, September 2006. ——该文仅述及 47 个州的情况，经查，另外三个州即内华达州、新墨西哥州、佛蒙特州是在 2007 年通过法案增列视频窥阴犯罪的。

而他知道被偷窥者不会同意他为前述目的而记录；（4）为使自己或其他人实现由（1）规定的犯罪目的而安装设备，或者建设或改造一个结构（包括帐篷、车、船或其他临时或可移动的结构）或结构的一部分。犯窥阴罪，经简易程序判罪的处不超过 6 个月的监禁或处罚金，经公诉程序判罪的处不超过 2 年的监禁。在英国，即使是丈夫偷窥自己的妻子也可能构成犯罪。2005 年 4 月 28 日英国《每日电讯报》报道了一个奇特的窥阴案判决，一位 55 岁的丈夫因为背着妻子在浴室安装闭路电视摄像头，偷窥偷拍妻子洗澡而被处罚。①

2005 年 7 月，《加拿大刑事法典》在修正时增加了关于"窥阴罪"的第 162 条规定，针对视频窥阴和传播视频窥阴记录：（1）任何人暗中观察——包括利用机械或电子手段——或者制作处在隐私有合理期待的环境中的一个人的视觉记录（visual recording，包括任何方法制作的摄影、电影或视频记录），如果针对下列情形，构成犯罪：（a）处于在任何人对隐私有合理期待的地方的一个人的裸体或暴露的生殖器或肛区（anal region）或女性的乳房或从事直露（explicit）的性活动；（b）一个人是裸体的，暴露着生殖器或肛区或女性的乳房，或从事直露的性活动，而观察或记录的目的就是观察或记录一个人处于这样的状态或活动；或者（c）观察或记录是基于性欲目的。（2）任何人明知窥阴记录（voyeuristic recordings）是非法获取的，而实施下列行为，构成犯罪：印制、复制、出版、发行、流通、销售、做广告或提供窥阴记录，或者为了印制、复制、出版、发行、流通、销售、做广告或可用的目的而接受窥阴记录。上述两种构成可诉罪，处 5 年以下监禁，或者构成按简易程序定罪的罪行。

对利用高科技设备进行偷窥偷拍，大陆法系国家的刑法也作出反

---

① "Man secretly filmed wife in the bath"，http：//www. telegraph. co. uk/news/main. jhtml？xml＝/news/2005/04/28/nbath28. xml.

应，但有关规定多是综合性的，保护的对象不限于性隐私，禁止的行为一般还包括窃听。例如，《法国刑法典》第 226 - 1 条规定：未经本人同意，监听、录制或者转播私人性质的谈话或者在私人场所的形象，构成"侵犯私生活罪"，处 1 年监禁并科 45000 欧元罚金。①《意大利刑法典》第 615 条 - 2 规定：使用录影或录音工具非法获取在住宅进行的私人生活有关的消息或图像，以及通过任何报道手段将上述消息或者图像向公众泄露或者传播，构成"非法干涉私生活罪"，处 6 个月至 4 年有期徒刑。②《西班牙刑法典》在第 197 条第 1 项中规定：为发现他人隐私或者秘密，未经他人允许，使用技术窃听、传达、录制或者复制他人声音、形象及其他通讯信号的，构成"发现及泄露别人隐私罪"，处 1 年以上 4 年以下有期徒刑，并处 12 个月至 24 个月罚金。③《葡萄牙刑法典》第 192 条规定了"侵入私人生活罪"："出于侵入他人私人生活尤其是家庭生活或者性生活隐私的目的，在未经同意的情况下实施下列行为的，（a）截取、录音、记录、使用、传达、泄露谈话内容、电话通讯、电子邮件或者详细的费用结算记录；（b）获取、以相机摄取、拍摄、记录、泄露他人的肖像或者属于隐私的物品、空间的图像；（c）对处于私人空间的人进行偷窥或者偷听其说话；或者（d）泄露有关他人私人生活或者严重疾病的事实；处不超过 1 年监禁或者不超过 240 日罚金。"④《芬兰刑法典》第 24 章第 5 条规定使用技术设备非法收听或者记录他人关于私生活的讨论、谈话或者其他声音，构成"窃听罪"，判处罚金或者最高 1 年的监禁；第 6 条规定使用技术设备，非法监视或者监控非开放场所的他人隐私构成"非法监视罪"，判处罚金或者最高 1 年的监禁。⑤《瑞士刑法典》第

---

① 《法国新刑法典》，罗结珍译，中国法制出版社，2003。
② 《最新意大利刑法典》，黄风译注，法律出版社，2007。
③ 《西班牙刑法典》，潘灯译，中国政法大学出版社，2004。
④ 《葡萄牙刑法典》，陈志军译，中国人民公安大学出版社，2010。
⑤ 《芬兰刑法典》，于志刚译，中国方正出版社，2005。

179 条除规定未经参与者允许，用窃听、录制他人谈话，以及将谈话内容和录音加以利用、传播构成犯罪外，还明确规定：未经本人同意，对他人隐私方面的事实或私生活方面的并非每个人都可知晓的事实，用摄像机进行观察或录制的，以及将该事实和录像加以利用、传播也构成犯罪，处监禁刑或罚金刑。① 《德国刑法典》在 2004 年 8 月 6 日进行修正，增加了第 201a 条 （ § 201a Verletzung des höchstpersönlichen Lebensbereichs durch Bildaufnahmen），对利用影像设备在非公共场所（住宅或受到特别保护的房间）偷拍、传输他人隐私情形的犯罪作出规定，并且设置了比较严厉的刑罚 （最初为 1 年以下自由刑或罚金刑，后来提高到 2 年以下自由刑或罚金刑）。② 与英美法系不同，欧洲大陆国家的刑法并没有规定"隐私合理期待"原则，并且忽略了公共场所个人隐私的保护问题。

（四）中国台湾地区的有关规定

中国台湾地区的"刑法"比较及时地加强了对利用高科技设备进行窥视、窃听、窃录的防控。1999 年，"刑法"第二十八章"妨害秘密罪"增设了"窥视窃听窃录罪"（此罪须告诉乃论）。第 315 - 1 条规定："有左列行为之一者，处三年以下有期徒刑、拘役或三万元以下罚金：一、无故利用工具或设备窥视、窃听他人非公开之活动、言论或谈话者。二、无故以录音、照相、录像或电磁纪录窃录他人非公开之活动、言论或谈话者。"增订理由："目前社会使用照相、录音、录影、望远镜及各种电子、光学设备已甚普遍。惟以之为工具，用以窥视、窃听、窃录他人隐私活动、言论或谈话者，已危害社会善良风气及个人隐私，实有处罚之必要，爰增列本条，明文处罚之。至于未透过工具之窥视或窃听，则依社会秩序维护法之规定，以秩序罚处罚

---

① 《瑞士联邦刑法典 （2003 年修订）》，徐久生、庄敬华译，中国方正出版社，2004。
② http：//www. gesetze-im-internet. de/stgb/_ _ 201a. html.

之。"另外，第315－2条规定了"便利窥视窃听窃录及散布窃录内容罪"："意图营利供给场所、工具或设备，便利他人为前条之行为者，处五年以下有期徒刑、拘役或科或并科五万元以下罚金。意图散布、播送、贩卖而有前条第二款之行为者，亦同。明知为前二项或前条第二款窃录之内容而制造、散布，播送或贩卖者，依第一项之规定处断。前三项之未遂犯罚之。"

2005年2月，上述条款又有部分修正。首先是将窥视、窃录身体隐私部位明确列为犯罪。修正条款虽未明示窥视、窃录身体隐私部位的地点，但显然包括私人场所和公共场所以及其他场所。修正理由："未得他人同意而任意以工具偷窥或偷录他人隐私部位，已侵害个人隐私权，如有制造或散布之行为，影响尤为严重，应有处罚必要，为避免争议，于各款之行为客体增订'身体隐私部位'以杜争议。"第315－1条修正为："有下列行为之一者，处三年以下有期徒刑、拘役或三万元以下罚金：一、无故利用工具或设备窥视、窃听他人非公开之活动、言论、谈话或身体隐私部位者。二、无故以录音、照相、录像或电磁纪录窃录他人非公开之活动、言论、谈话或身体隐私部位者。"

其次，加大对制造、散布、播送或贩卖偷拍影像的打击力度，根据新规定，制造、散布、播送或贩卖偷拍影像之构成犯罪并不以"明知"影像内容为前提。修正理由："'明知'之要件系规范行为人对特定客体之认识，并非行为本身，而制造、散布、播送等行为仅须具未必故意即具有可罚性。"第315－2条修正为："意图营利供给场所、工具或设备，便利他人为前条第一项之行为者，处五年以下有期徒刑、拘役或科或并科五万元以下罚金。意图散布、播送、贩卖而有前条第二款之行为者，亦同。制造、散布、播送或贩卖前二项或前条第二款窃录之内容者，依第一项之规定处断。前三项之未遂犯罚之。"①

---

① 参见许玉秀主编《新学林分科六法·刑法》，台北新学林出版股份有限公司，2006。

（五）中国大陆法律对视频偷窥偷拍的防治及其完善

相形之下，中国大陆法律的有关对策就显得有些滞后和薄弱了。对隐私的保护程度，是衡量一个国家或者社会文明、法治程度的一把尺子。1986 年《民法通则》① 没有规定隐私权。在一段时期内，根据最高人民法院 1988 年《关于贯彻执行〈中华人民共和国民法通则〉若干问题的意见（试行）》和 1993 年《关于审理名誉权案件若干问题的解答》，在民事司法领域，是将隐私权依托于名誉权予以保护的。2001 年，最高人民法院公布《关于确定民事侵权精神损害赔偿责任若干问题的解释》，将隐私纳入人格利益予以保护："违反社会公共利益、社会公德侵害他人隐私或者其他人格利益，受害人以侵权为由向人民法院起诉请求赔偿精神损害的，人民法院应当依法予以受理。"2005 年《妇女权益保障法》第 42 条规定："妇女的名誉权、荣誉权、隐私权、肖像权等人格权受法律保护。"这是中国第一个明确规定隐私权的法律条款，但是它只惠及妇女，并且缺乏有力保障。2009 年《侵权责任法》② 第 2 条规定："侵害民事权益，应当依照本法承担侵权责任。本法所称民事利益，包括生命权、健康权、姓名权、名誉权、荣誉权、肖像权、隐私权……等人身、财产权益。"至此，确立了隐私权的民事法律地位。2017 年，新制定的中国民法典的总则编即《民法总则》③ 第 110 条更明确规定：自然人享有隐私权。

上述涉及隐私权的我国法律和司法解释，都没有具体提到偷窥偷拍他人隐私。偷窥偷拍的受害者可以根据《民法总则》和《侵权责任法》的有关规定，以隐私权被侵犯为由，向法院起诉，要求偷窥偷拍

---

① 《中华人民共和国民法通则》，1986 年 4 月 12 日第六届全国人民代表大会第四次会议通过，自 1987 年 1 月 1 日起施行。
② 《中华人民共和国侵权责任法》，2009 年 12 月 26 日第十一届全国人民代表大会常务委员会第十二次会议通过，自 2010 年 7 月 1 日起施行。
③ 《中华人民共和国民法总则》，2017 年 3 月 15 日第十二届全国人民代表大会第五次会议通过，自 2017 年 10 月 1 日起施行。

者承担侵权责任。不过，对于普通百姓而言，民事诉讼难度太大，令
人生畏，何况精神损害赔偿数额很低。我国第一部明文规定处罚偷窥
偷拍他人隐私的行为的法律是 2005 年《治安管理处罚法》。[①] 但是，
该法第 42 条所确定的行政处罚力度，针对的实际是一般的偷窥偷拍，
对于阻吓和惩治更为严重的利用高科技影像设备对性隐私进行偷窥偷
拍的行为，则是远远不够的。

[**案例 158**] 2017 年 26 日上午 9 时许，在荆门市东宝区牌楼镇某
小区入住的赵女士（化名）报警，合租男子李某偷装微型摄像头，侵
犯女性隐私。牌楼派出所民警赶到现场，在小区一楼的复式住房内，
3 名年轻女性怒气冲冲，正与男子李某交涉，住室二楼洗手间的一角
放置有洗衣机，洗衣机右下角装有一只微型摄像头。小赵称，当天上
洗手间时意外发现这个黑乎乎小玩意儿，喊来其他女室友分析，很快
就明白是咋回事，"又叫来一起租住的男子李某，他承认自己安这个
摄像头"。经查，42 岁的李某是武汉人，与小赵等 3 名女性在一家公
司上班，并担任部门经理。2 月初，公司出资安排员工租房，李某选
中这个复式房，并安排 2 名男下属住楼下，他和 3 名女下属住楼上。
李某称，微型摄像头是从网上买的，偷偷安放在洗手间内，电量耗尽
后就取回冲电，"陆陆续续拍了一些东西，就是存进自己电脑内观看
欣赏"。警方对李某在电脑内涉及的偷拍女性隐私全部取证，判断其
并未用于网上传播或进行敲诈。警方认定李某的偷拍行为已严重侵犯
个人隐私，对其处以行政拘留 10 天，所偷拍的材料全部销毁。[②]

---

① 2003 年，我曾经建议修订《治安管理处罚条例》，列入偷窥、偷拍他人隐私的行为。
参见万学忠《偷拍他人隐私应受治安处罚，刘白驹委员建议修改治安处罚条例》，
《法制日报》2003 年 3 月 10 日。

② 张明泉、阳阳、楼轩：《男上司与 3 名女下属合租 在洗手间里装了针孔摄像头》，
《楚天都市报》2017 年 5 月 28 日。

我国《刑法》在公民隐私的保护方面，原先仅有保护通信自由的规定，① 后来增加了保护个人信息的规定。② 第 253 条之一规定的"侵犯公民个人信息罪"，主要包括两种情况，其一是向他人出售或者提供公民个人信息，其二是窃取或者以其他方法非法获取公民个人信息，并不包括偷窥偷拍他人性隐私。《网络安全法》解释："个人信息，是指以电子或者其他方式记录的能够单独或者与其他信息结合识别自然人个人身份的各种信息，包括但不限于自然人的姓名、出生日期、身份证件号码、个人生物识别信息、住址、电话号码等。"对于偷窥偷拍他人性隐私以及将偷拍的他人性隐私影像予以传播的行为，《刑法》分则第六章"妨害社会管理秩序罪"的一些条款有所涉及，但缺乏专门的针对性，内容也显陈旧。

有一部分偷拍行为，属于《刑法》第 284 条规定的"非法使用窃听、窃照专用器材罪"："非法使用窃听、窃照专用器材，造成严重后果的，处二年以下有期徒刑、拘役或者管制。"但是，该条款限定于非法使用"窃听、窃照专用器材"，并没有把使用非"专用器材"偷拍公民隐私这种行为包括在内。况且在当今，可以用于窃听、窃照的器材，专用与非专用的界线是非常模糊的。

偷拍他人性隐私影像以及加以复制、出版、贩卖、传播，如果以牟利为目的，可能被认定为《刑法》第 363 条规定的"制作、复制、出版、贩卖、传播淫秽物品牟利罪"；如果不以牟利为目的而加以传播，则可能被认定为第 364 条规定的"传播淫秽物品罪"。这两条规定不可谓不严厉，但用它们来规制偷窥偷拍他人性隐私或者传播偷拍

① 《刑法》第 252 条规定了"侵犯通信自由罪"，第 253 条规定了"私自开拆、隐匿、毁弃邮件、电报罪"。
② 2009 年《刑案修正案（七）》增加第 253 条之一，设立"出售、非法提供公民个人信息罪"和"非法获取公民个人信息罪"。2015 年《刑法修正案（九）》对第 253 条之一作出修正，"出售、非法提供公民个人信息罪"和"非法获取公民个人信息罪"为"侵犯公民个人信息罪"取代。

的性隐私影像的行为，不够准确、合宜。

第一，《刑法》第 363 条、第 364 条禁止的是"淫秽物品"，而从根本上说，偷拍的性隐私影像虽然可能对一些人产生海淫性效果，但性隐私本身并不是淫秽的。不应将被偷拍者与色情淫秽表演者混为一谈，也不应根据观看者的感受或者反应来定性偷拍的影像。将偷拍的性隐私影像称为"淫秽物品"是对被偷拍者的二次伤害。

第二，《刑法》第 363 条所规定的"制作"行为之构成犯罪，须以"牟利"为目的，而偷拍他人性隐私不一定以牟利为目的。

第三，立法机关规定这两种犯罪，主要目的在于维护社会管理秩序，防止人们特别是未成年人受到淫秽物品的不良影响，没有考虑到对公民隐私权和性权利的保护，因而司法机关自然也不会从保护被偷拍者合法权益的角度设置犯罪构成的具体条件。按照最高人民法院1998 年《关于审理非法出版物刑事案件具体应用法律若干问题的解释》和最高人民法院、最高人民检察院 2004 年《关于办理利用互联网、移动通讯终端、声讯台制作、复制、出版、贩卖、传播淫秽电子信息刑事案件具体应用法律若干问题的解释》、2010 年《关于办理利用互联网、移动通讯终端、声讯台制作、复制、出版、贩卖、传播淫秽电子信息刑事案件具体应用法律若干问题的解释（二）》，认定制作、传播淫秽物品（含淫秽电子信息）的行为是否构成犯罪，以及衡量行为人罪行的大小，主要是根据制作传播淫秽物品的数量、观看者的数量或者牟利数额。这样的数量标准，对于处理制作、传播淫秽物品犯罪是需要的，但难以适用于处理利用影像设备偷拍他人性隐私以及予以传播的行为。如果将偷拍的性隐私影像视为淫秽物品，受害人需要等到性隐私视频被大量点击或者广泛扩散之后才有可能获得刑法救济。

第四，《刑法》第 363 条、第 364 条以及《刑法》其他条款都没有禁止对性隐私的偷窥，这应当是因为在立法时将偷窥理解为肉眼观察，认为危害不大，无须刑事处罚。然而，现在如果继续持此认识，则是极大地低估了利用高科技影像设备偷窥他人性隐私的危害严重性。

另外，2015 年《刑法修正案（九）》增加第 287 条之一，设立"非法利用信息网络罪"，其中也提到"淫秽物品"。根据该条规定，利用信息网络发布有关制作或者销售淫秽物品等违法犯罪信息，情节严重的，处三年以下有期徒刑或者拘役，并处或者单处罚金。但是如前所述的原因，这条规定对于防治利用影像设备偷拍他人性隐私以及予以传播的行为，也是力有不逮。

2017 年 6 月 18 日有媒体报道，有人在 QQ 群中兜售远程控制家庭摄像头的破解软件，并有大量人员非法购买后利用摄像头进行偷窥，严重侵犯了公民个人隐私。针对这一情况，北京市公安局高度重视，迅速成立专案组，开展案件调查工作。7 月 13 日，北京警方通报，全国首例网上传播家庭摄像头破解软件犯罪案成功破获，历时 19 天，抓获涉案人员 24 名。出售破解软件人员党某某，因涉嫌非法获取计算机信息系统数据罪被刑事拘留；购买人员赵某某，因涉嫌非法控制计算机信息系统罪被刑事拘留。据北京警方相关负责人介绍，该案为新型网络黑客犯罪，目前尚无司法案例可参照办理。①

北京警方的行动值得肯定。以"非法控制计算机信息系统罪"（《刑法》第 285 条第 2 款②）追究利用破解软件控制他人家中摄像头以偷窥隐私的行为，也是基本可行的。但是，此罪不能覆盖通过其他现代化手段偷窥偷拍他人隐私的情况。

为了进一步保障公民隐私权、性权利和私生活的安宁，维护社会

---

① 王昊男：《北京警方 19 天破获入侵家庭摄像头案》，《人民日报》2017 年 7 月 14 日。

② 《刑法》第 285 条第 1 款规定："违反国家规定，侵入国家事务、国防建设、尖端科学技术领域的计算机信息系统的，处三年以下有期徒刑或者拘役。"第 2 款规定："违反国家规定，侵入前款规定以外的计算机信息系统或者采用其他技术手段，获取该计算机信息系统中存储、处理或者传输的数据，或者对该计算机信息系统实施非法控制，情节严重的，处三年以下有期徒刑或者拘役，并处或者单处罚金；情节特别严重的，处三年以上七年以下有期徒刑，并处罚金。"

秩序和善良风气，应当更有力有效地治理利用影像设备特别是数字或者电子的影像设备偷窥偷拍他人性隐私和传播偷拍的性隐私影像的行为。根据我国实际情况，并且借鉴其他国家或者地区关于视频窥阴的刑事立法，建议我国刑法增设"利用影像设备偷窥偷拍性隐私罪"和"传播他人性隐私影像罪"。①

"利用影像设备偷窥偷拍性隐私罪"条款，在表述上不必明确列出偷窥偷拍隐私的场所。而在法理上，对于偷窥偷拍性隐私构成犯罪的场所，可以借鉴"隐私的合理期待"标准，解释或者理解为一般人对性隐私的全部或者部分有合理期待的地方。公共场所的性隐私，主要是指衣裙之下的或者仅由内衣遮掩的身体私密部位，但在可以进行适当裸露肢体的活动如游泳、日光浴、模特秀、体操、舞蹈、健身等的公共场所，人们的肉眼可以自由看到的情形除外。

"利用影像设备偷窥偷拍性隐私罪"所指行为是：未经他人同意，故意利用具有记录、存储或者传输影像功能的设备，秘密观察或者摄录他人非公开的性行为、裸体、身体私密部位等情形。"未经他人同意"是指未经当事人理智的知情同意，丧失辨认能力的精神病人和不满14岁未成年人的"同意"不具有法律效力。"秘密观察或者摄录"是指不使或者企图不使当事人知道而进行观察、摄录。"非公开"是指当事人未将依据社会标准应当或者可以不公之于众的事项公之于众，其对非公开事项作为隐私的期待是合理的，或者说，非公开事项不属于公众"合法关注"的范围。故意利用具有记录、存储或者传输影像功能的设备观察他人性隐私，即使没有加以摄录，也构成此罪；仅仅是肉眼偷窥或者利用不具有记录、存储或者传输影像功能的设备如普

---

① 2005年，我曾经建议设立"侵犯个人秘密罪"或"侵犯隐私罪"，将情节严重的利用高科技设备偷窥偷拍他人隐私和将偷拍的他人隐私予以传播的行为以及其他情节严重的侵犯个人信息、秘密的行为列入其中。参见张耀宇《全国政协委员刘白驹提出提案，建议增设侵犯个人秘密罪》，《人民警察报》2005年3月11日。

通望远镜进行偷窥，不构成此罪，应依据治安管理处罚法给予处罚。

"传播他人性隐私影像罪"所指行为是：未经他人同意，故意将记录他人非公开的性行为、裸体、身体私密部位等情形的影像予以公开、传播。所谓"影像"，包括各种形式的静态或者动态影像。不论是偷拍的他人性隐私影像，还是经他人同意拍摄的性隐私影像，或者是第三人拍摄的性隐私影像，只要未得到被拍摄者对公开、传播的同意而故意予以公开、传播，均构成此罪。

这两种犯罪，侵犯的客体是公民隐私权和性权利，应当列在刑法分则第四章"侵犯公民人身权利、民主权利罪"之中。两罪均应为告诉的才处理，但当事人没有能力告诉，或者因受到强制、威吓无法告诉的除外。未有当事人告诉的制作、传播具有性内容影像的行为，符合《刑法》第363条或者第364条规定的，按"制作、复制、出版、贩卖、传播淫秽物品牟利罪"或者"传播淫秽物品罪"论处。对他人实施强制之后，观察、摄录其性行为、裸体、身体私密部位等情形，应按"强制猥亵罪"论处。对丧失辨认能力的精神病人，经其"同意"而观察、摄录其性行为、裸体、身体私密部位等情形，亦应按"强制猥亵罪"论处。对不满14岁未成年人实施强制，或是经其"同意"，而观察、摄录其裸体、身体私密部位等情形，应按"猥亵儿童罪"论处。

至于使用照相机、手机等设备在公共场合未经允许对他人整体形象或者非隐私部位进行拍照，虽然也是一种"偷拍"——现在这种现象盛行，以致出现一个新词：stealthie（偷拍照）[1]，属于不礼貌、不尊重他人的表现，但如果不公开发表或传播，一般不构成法律问题。如果公开发表或传播，则可能产生肖像权等民事法律方面的问题。

有一种情况，有人在不情愿地与配偶、情侣等离婚、分手后，为报复、侮辱对方，将以前在对方同意或者默认下拍摄或者以其他方式

---

① 参见王宇丹《试说新语：Stealthie 偷拍照》，《参考消息》2015 年 5 月 27 日。

获得的性隐私影像公开发表或传播——这样的影像被称为"复仇艳照"（revenge porn）①。实施这种行为的人，心胸狭隘，品格低下，其中一些存在比较严重的人格障碍。对这种行为，当然不应按"偷拍"论，但侵犯对方隐私权、性权利，在西方国家一般按侵犯隐私的犯罪制裁。在中国，《刑法》尚无具体规定。下面一案，在《刑法》未设"传播他人性隐私影像罪"的情况下，司法机关面对有关犯罪不得不建议被害人自诉以"侮辱罪"追究行为人的刑事责任：

[**案例159**]　因与女友发生矛盾，男子王某强行拍摄对方不雅照片后，在女友微信朋友圈发布，并施以侮辱言语。近日，朝阳区检察院依法审查了王某涉嫌强制侮辱案，并建议由被害人直接向法院提起诉讼并要求赔偿。王某与小丽（化名）系男女朋友关系。去年10月，二人因琐事发生纠纷，王某一气之下强行对小丽拍摄七张不雅照片。之后，小丽虽然对照片进行了删除，但王某在手机网络云盘中进行了备份。因两人矛盾无法调和，小丽与王某断绝一切联系。王某试图联系小丽重归于好，但遭到拒绝。想到小丽的微信是用自己手机号注册的，王某便登录小丽微信，在她朋友圈发布其七张不雅照片，并用不良言语对其进行侮辱报复。小丽通过朋友得知后报警，民警将王某抓获。朝阳区检察院经审查认为，王某的行为符合侮辱罪的构成要件，应转为自诉案件，根据我国关于自诉案件的法律规定，建议由被害人直接向法院提起诉讼并要求赔偿。②

根据报道，此案先后涉及两个罪名。最初，公安机关将此案定性为"强制侮辱"。不知其所谓"强制"是指强行拍摄不雅照的行为，还是指擅自发布不雅照的行为。检察院在对公安机关移送的案件进行

---

①　参见《新词迭出折射世界变化快》（美国《洛杉矶时报》网站报道），《参考消息》2015年5月8日；https://en.wikipedia.org/wiki/Revenge_porn。

②　颜斐：《男子朋友圈发前女友不雅照》，《北京晨报》2016年2月19日。

审查之后认为，王某行为不构成公诉的"强制侮辱罪"，而构成自诉的"侮辱罪"，因而建议被害人自行直接向法院提起刑事诉讼。分析起来，检察院之所以没有认同"强制侮辱"的定性，可能是因为认为"强行"拍摄行为未达到"强制"程度，而擅自发布不雅照虽然违背女友意愿，但也构不成"强制"。比较而言，检察院将此案定性为"侮辱罪"还是恰当的，既回避了"强制"问题，又将拍摄不雅照和发布不雅照的整个过程包括在指控的罪行当中。但是，假如不雅照是王某经女友同意拍摄的，擅自发布时也没有侮辱言语，检察院依然定为"侮辱罪"就比较牵强。检察院也不能将此案定性为"传播淫秽物品罪"，因为照片内容、数量和点击观看数量没有达到法定标准。

对于"复仇艳照"，德国有一种预防性措施。2015 年 12 月 21 日，德国联邦最高法院就一起案件作出判决，宣布情侣分手后有权要求对方删除交往时拍下的亲密照片及影片，所有权随着关系结束而中止。这个案件始于一名女子要求身为专业摄影师的前男友，在恋情关系结束后删除为她拍摄的所有照片。原告女子曾自己拍摄私密照传给男友作为生活情趣，该名摄影师也曾拍下许多女友的私密照片，包括"性行为当下及之后的裸照"。法院判决认为，持有这些照片就表示该名摄影师仍对前女友具有一定的控制权，可能会在未来进行威胁恐吓等行为。即使摄影师无意公开散播这些照片，他仍然无权保有这些相片及影片。不过需要删除的照片仅限于裸露、只着内衣以及性交前后的画面，一般衣衫完整的出游照及合照等则不在此限，因为这些照片不涉及名誉损害。联邦最高法院还指出，必须删除相片的判决并未侵犯男子作为摄影师的艺术自由及专业自由，因为拍下这些照片的背景是其私人的关系，且艺术自由并不是毫无边界的。①

---

① 《德法院严打"复仇色情"：情侣分手后需删光所有裸照》，参考消息网 2015 年 12 月 25 日，http://www.cankaoxiaoxi.com/world/20151225/1036700.shtml。

第六节　性骚扰

简单地说，性骚扰（sexual harassment）是指具有性内容、性色彩的不受欢迎的言行，多发生在工作或教学关系之中。性骚扰不仅构成对被害人人格的侮辱，而且制造了一种敌意的环境，使受害人无法正常工作和学习。由于性骚扰多是由雇主、上级或者教师利用职务而对下级或者学生实施的，因而性骚扰被认为是通过性行为滥用权力。[①]而且，因为性骚扰多由男性对女性实施，反映了男女的不平等，所以性骚扰也被视为一种性别歧视（sex discrimination）。

不能将性骚扰与猥亵混为一谈。性骚扰问题在被人们认识并重视之前，在整体上未有法律对策。而猥亵行为，包括强制型猥亵和骚扰型性猥亵——虽然其内容并不稳定，大多早已被法律所禁止，在中国是由《刑法》和《治安管理处罚法》及其前身《治安管理处罚条例》所禁止，在整体上超出了性骚扰的范畴。国内媒体在讨论性骚扰问题时，往往混淆性骚扰和猥亵，针对性不够明确。

在全球范围内，性骚扰都是一个不能回避的社会问题。1981年，美国有关机构公布了一项对24000名政府雇员的随机调查的结果。在作出回答的20000人中，有42%的女性和15%的男性在过去24个月里曾遭遇过性骚扰，其中62%的受害者经历了严重的性骚扰（当时还没有使用"性骚扰"这个词来概括有关的行为）。[②]美国大学协会1986年的调查结果表明，哈佛大学有32%的住校及46%的不住校工作人员遭受过性骚扰，40%的在校女生和28%的毕业女生也曾遭受过

---

① 参见谭兢嫦、信春鹰编《英汉妇女与法律词汇释义》，中国对外翻译出版公司、联合国教育科学及文化组织，1995，第281页。
② 杨权：《性骚扰》，《国外医学·精神病学分册》1995年第4期。

性骚扰。[1] 在美国军队中性骚扰问题也十分严重。据报道，1991年美国海军曾发生"鱼尾钩"事件。有几位漂亮的女军官在出席海军飞行师于拉斯维加斯一家酒店举行的庆祝会时，遭到醉酒的男军官们的调戏，他们的指挥官尽管看到，但没有制止。事后，整个海军系统共查出1404起性骚扰事件。据美国一军方研究机构的调查显示，1995年，在美军90000名女兵中，有近10%遭到性骚扰。[2] 在英国，伦敦《星期日泰晤士报》对政界、艺术界、商界有成就的妇女和做秘书及一般文书工作的妇女各100人进行了一次调查，发现前一类近半数、后一类的1/3遭受过上司或同事不同形式的性骚扰，其中6%经常受到性骚扰。[3] 新西兰人权委员会在一项研究中审查了1995~2000年向该委员会提交的284起性骚扰投诉，其中9/10发生于工作场所，90%是男性骚扰女性，6%是男性骚扰男性，2%是女性骚扰女性，还有2%是女性骚扰男性。[4]

性骚扰问题成为法律关注的问题，最早是在美国，其背景是女权主义运动的高涨。1975年，美国康奈尔大学（Cornell University）一位物理学家博伊斯·麦克丹尼尔（Boyce McDaniel，1917~2002）的女秘书卡米塔·伍德（Carmita Wood）因为不能忍受物理学家不断向她提出性要求而辞职，并要求赔偿。这个事件引起康奈尔大学的教师林·法利（Lin Farley）的关注。法利当时教授的课程正在讨论女雇员为躲避老板非分的性要求而不得不辞职的现象。法利和她的同事将这种现象称为"性骚扰"。同年，纽约人权委员会就女雇员的问题举行了一系列听证会，法利被要求作证。8月19日，《纽约时报》刊登了记者伊尼德·尼梅（Enid Nemy）撰写的一篇题为《妇女开始公开反

① 肖遥：《美国性骚扰情况严重》，《法制日报》1991年11月4日。
② 张帆：《美军难禁性骚扰》，《法制日报》1997年2月4日。
③ 彭惕强：《性骚扰——英国职业妇女生活中的严酷现实》，《光明日报》1991年12月12日。
④ 国际劳工局编《拒绝骚扰——亚太地区反对工作场所性骚扰行动》，唐灿等译，湖南大学出版社，2003，第35页。

对工作场所的性骚扰》（Women Begin to Speak Out Against Sexual Harassment at Work）的文章，报道这次听证会。此后，"性骚扰"一词传播开来，并被编入词典。法利也在 1978 年发表《性敲诈：对工作妇女的性骚扰》（*Sexual Shakedown: the Sexual Harassment of Women on the Job*）一书。首先把"性骚扰"作为法学意义上的概念加以定义的是凯瑟琳·麦金农。1979 年，凯瑟琳·麦金农发表《对工作妇女的性骚扰：一个性别歧视的案例》（*The Sexual Harassment of Working Women: A Case of Sex Discrimination*）一书。她将性骚扰定义为，在不平等权力关系中，对他人施加违背意愿的性要求。性骚扰实质上是某一社会阶层利用权力获取另一社会阶层的利益或使其遭受损害。她认为性骚扰是一种性别歧视，因为妇女在社会上附属于男性，当其受到性骚扰时，事实上是因性别而受到歧视。她还区分了两类性骚扰，一是"交换利益性"（quid pro quo，亦译"补偿性"、"对价性"）的性骚扰，即以性服从作为交换或者被建议交换而获取一个就业机会；二是构成一种持续的工作条件的性骚扰。凯瑟琳·麦金农的这些观点后来在美国得到普遍承认，并产生国际性影响。不过，性骚扰问题在世界范围内受到重视，是由美国的托马斯性丑闻引起的。1991 年，美国总统提名卡拉伦斯·托马斯（Clarence Thomas）为最高法院大法官。俄克拉荷马州大学法学院法学教授安尼塔·希尔（Anita Hill）指控托马斯在与她共事时，曾对她进行性骚扰。同年 10 月 8 日，美国参议院就希尔指控托马斯对她进行性骚扰举行听证会。虽然希尔的指控因"证据不足"而被推翻，但性骚扰问题因此而受到广泛关注。

美国人之所以把性骚扰归结为性别歧视，有一个现实的动机，即为了解决禁止性骚扰的法律依据问题。这个法律依据就是 1964 年《民权法》（Civil Rights Act of 1964）。1964 年《民权法》第 7 章第 703 条（a）规定，雇主如果有下列行为，是非法的：（1）因为个人的种族、肤色、宗教、性别或者民族而不雇佣或者拒绝解雇，或者拒绝雇佣或者解雇某个个人，或在有关于赔偿金、期限、条件或者雇佣权利方面歧视某个个人。（2）因为个人的种族、肤色、宗教、性别或者民族，以某种剥夺或者倾向于剥夺于个人的工作机会或者影响其作为雇员的地位的方式，限制、隔离或者将他的雇员或者应聘者分等。① 第 703 条的（b）项和（c）项规定，职业介绍所（employment agency）和劳工组织（labor organization）有类似行为也是非法的。实际上，1964 年《民权法》只是规定了禁止性别歧视的基本原则，而没有说清哪些行为构成性别歧视。1980 年，根据 1964 年《民权法》创设的就业机会平等委员会（Equal Employment Opportunity Commission, EEOC）发布修正的"关于性别歧视的指导方针"（EEOC's Guidelines on Discrimination Because of Sex），该文件确认基于性的骚扰违反 1964 年《民权法》，构成性别歧视。EEOC 定义的性骚扰是："不受欢迎的性表示（sexual advances）、性好处要求（requests for sexual favors），以及其他的性性质的言辞或肢体行为（physical conduct），如果它们是在下述情形中发生的：（1）明示或者暗示接受这种行为是个人雇用的期限或条件；（2）个人接受或拒绝这种行为被用作影响雇用该人决定的基础；（3）这种行为的意图或效果在于不合理地干预个人工作表现或制造一种威胁性的（intimidating）、敌意的或冒犯性的工作环境。前两种情形属于"利益交换性性骚扰"，第三种情形属于"敌意工作环境性骚扰"（hostile work environment sexual harassment）。1986 年，美国联邦最高法院在裁决 Meritor Savings Bank v. Vinson 一案时，将性骚扰纳入性别歧视范畴，确认敌意环境性骚扰是一种可诉性（actionable）的性别歧视，并且认为雇主应当对工作场所的性骚扰行为承担法律责

---

① 译文摘自〔美〕凯思琳·内维尔《内幕：职场权力滥用与性骚扰》，董煜韬译，中央编译出版社，2004，附录。

任。[1] 1993 年，最高法院在 Harris v. Forklift Systems，Inc. 一案裁决中认为，可诉性的恶劣（abusive）环境性骚扰无须以原告心理健康受到严重影响（seriously affect psychological wellbeing）或者导致原告受到损害（suffer injury）为条件；确认一个客观的敌意或者恶劣环境的标准是，一个"理性的个人"（reasonable person）可以发觉敌意或者恶劣，以及受害人主观感受到环境是恶劣的。[2] 1994 年 9 月，旧金山的一个法院审理一位妇女指控她原先所在的公司未能制止其同事对她实施性骚扰一案，法官判该公司向这位妇女支付 710 万美元的惩罚性赔偿。[3] 1996 年 4 月，美国公平就业机会委员会状告日本三菱公司设在美国伊利诺伊州的一家工厂纵容性骚扰，要求公司向被害人予以赔偿。1998 年 6 月，三菱公司同意赔偿 3400 万美元，约有 350 名女雇员将获得赔偿。不过有关法律专家指出，三菱公司所付出的巨额赔偿并不会促使其他公司采取强有力的措施以消除其内部存在的性骚扰现象。[4] 1998 年 12 月 30 日，在明尼苏达州，一起长达 14 年的性骚扰集团诉讼结束，洛伊斯·约翰逊（Lois Jenson）等 15 位女工共获得埃弗莱斯铁矿公司 350 万美元的赔偿。这是美国第一例性骚扰集团诉讼。[5]

在 20 世纪 90 年代，性骚扰成为国际人权法关注的问题。在国际人权法中，性骚扰既是性别歧视问题，也是性暴力问题。1992 年，联合国消除对妇女歧视委员会发布关于《消除对妇女一切形式歧视公约》（The Convention on the Elimination of All Forms of Discrimination

---

[1] Meritor Savings Bank v. Vinson，477 U. S. 57（1986）；https：//supreme. justia. com/cases/federal/us/477/57/case. html.

[2] Harris v. Forklift Systems Inc.，510 U. S. 17（1993）；https：//supreme. justia. com/cases/federal/us/510/17/.

[3] 宋平：《从一起法人赔偿官司看——美法院日渐重视性骚扰案审理》，《法制日报》1994 年 9 月 21 日。

[4] 孟新：《三菱性骚扰案终有结果》，《法制日报》1998 年 6 月 13 日。

[5] 参见〔美〕克拉拉·宾厄姆、劳拉·利迪·甘斯勒《洛伊斯的故事：一个改变美国性骚扰立法的里程碑案件》，纪建文译，法律出版社，2004。

against Women，CEDAW）中对妇女暴力行为问题的第 19 号一般性建议，把性骚扰纳入性别歧视和对妇女的暴力之中。该建议指出，如果妇女遭受基于性别的暴力，例如在工作单位遭受性骚扰时，就业平等权利也会严重减损。该建议认为，性骚扰包括不受欢迎的具有性动机的行为，如身体接触和求爱动作，带黄色的字眼，出示淫秽书画和提出性要求，不论是以词语还是用行动来表示。这类行为可以是侮辱人的，构成健康和安全的问题。如果妇女有合理理由相信，如她拒绝便在工作包括征聘或升级方面对她很不利或者会造成不友善的工作环境，则这类行为就是歧视性的。该建议要求，缔约国应采取一切必要的法律及其他措施，有效地保护妇女不受基于性别的暴力，这种措施除其他外，包括：有效的法律措施，包括刑事处罚、民事补救和赔偿措施，以保护妇女不受各种暴力、其中包括家庭暴力和虐待、工作单位的性攻击和性骚扰；预防措施，包括新闻和教育方案，以改变人们对男女角色和地位的观念；保护措施，包括为身为暴力受害者或易遭受暴力的妇女提供收容所、咨询、康复和支助服务。[①] 1993 年 12 月 20 日联合国大会通过的《消除对妇女的暴力行为宣言》（Declaration on the Elimination of Violence Against Women）更明确指出，对妇女的暴力不仅包括在家庭内发生的身心方面和性方面的暴力行为，还包括在社会上发生的身心方面和性方面的暴力行为，包括强奸、性凌虐（sexual abuse），在工作场所、教育机构和其他场所的性骚扰和恫吓、贩卖妇女和强迫卖淫。[②]

各国（地区）在开始重视性骚扰问题之后，所采取的对策并不一致。这固然与各国（地区）的法律传统的差异有关，但也说明各国对性骚扰性质的认识有所不同。各国（地区）所采取的对策，或者是单

---

① 《国际人权文书第二卷·各人权条约机构通过的一般性意见和一般性建议汇编》，2008 年联合国官方中文本，第 328 ~ 334 页。

② 联合国官方中文本。

一的，或者是偏重某一法律，或者是综合的。在一些国家和地区，像美国那样，性骚扰问题是由人权法如反对性别歧视法、平等就业机会法和劳动法来规定的。日本就是主要通过《男女雇用机会均等法》（雇用の分野における男女の均等な機会及び待遇の確保等に関する法律，昭和四十七年法律第百十三号）处置性骚扰（性的嫌がらせ）问题的。该法第 11 条规定了雇主（事业主）处置职场性骚扰的责任。还有一些国家或地区制定了专门的反性骚扰法，如菲律宾、乌拉圭和中国台湾地区。《菲律宾反性骚扰法》（1995）规定，工作、教育、培训中的性骚扰是由雇主、雇员、经理、主管、代理人、教师、辅导员、教授、教练、培训师或其他在工作、培训或教育中相对另一方拥有权威、影响或心理优势的人实施的，是以命令、要求或以其他方法谋求来自另一方的性给付的行为，该要求性顺从的命令、要求或谋求是否为本法对象接受在所不论。①

在中国台湾地区，对一般性骚扰的防治，依据"性骚扰防治法"（2005 公布，2006 年修正，2009 年 1 月 23 日最新修正）。除此之外，更早制定的"性别工作平等法"（原名称"两性工作平等法"。2002 公布，多次修正，2014 年 12 月 11 日最新修正）和"性别平等教育法"（2004 公布，多次修正，2013 年 12 月 11 日最新修正）也有防治性骚扰的内容。这三部法律对性骚扰的定义并不相同，反映了不同领域性骚扰及其防治的不同情况。"两性工作平等法"所称性骚扰，"谓下列二款情形之一：一、受雇者于执行职务时，任何人以性要求、具有性意味或性别歧视之言词或行为，对其造成敌意性、胁迫性或冒犯性之工作环境，致侵犯或干扰其人格尊严、人身自由或影响其工作表现。二、雇主对受雇者或求职者为明示或暗示之性要求、具有性意味

---

① 参见国际劳工局编《拒绝骚扰——亚太地区反对工作场所性骚扰行动》，唐灿等译，湖南大学出版社，2003，第 56 页。

或性别歧视之言词或行为，作为劳务契约成立、存续、变更或分发、配置、报酬、考绩、升迁、降调、奖惩等之交换条件。前项性骚扰之认定，应就个案审酌事件发生之背景、工作环境、当事人之关系、行为人之言词、行为及相对人之认知等具体事实为之。"[1] "性别平等教育法"中的性骚扰，"指符合下列情形之一，且未达性侵害之程度者：（一）以明示或暗示之方式，从事不受欢迎且具有性意味或性别歧视之言词或行为，致影响他人之人格尊严、学习、或工作之机会或表现者。（二）以性或性别有关之行为，作为自己或他人获得、丧失或减损其学习或工作有关权益之条件者。""性骚扰防治法"将性骚扰定义为："性侵害犯罪以外，对他人实施违反其意愿而与性或性别有关之行为，且有下列情形之一者：一、以该他人顺服或拒绝该行为，作为其获得、丧失或减损与工作、教育、训练、服务、计划、活动有关权益之条件。二、以展示或播送文字、图画、声音、影像或其他物品之方式，或以歧视、侮辱之言行，或以他法，而有损害他人人格尊严，或造成使人心生畏怖、感受敌意或冒犯之情境，或不当影响其工作、教育、训练、服务、计划、活动或正常生活之进行。"该法第 25 条还对"刑法"作了补充，将一些性质恶劣的性骚扰行为列为犯罪——称"强制触摸罪"，给予刑罚："意图性骚扰，乘人不及抗拒而为亲吻、拥抱或触摸其臀部、胸部或其他身体隐私处之行为者，处二年以下有期徒刑、拘役或科或并科新台币十万元以下罚金。前项之罪，须告诉乃论。"该法还规定："有关性骚扰之定义及性骚扰事件之处理及防治，依本法之规定，本法未规定者，适用其他法律。"另外，台湾地区"劳动部"制定有"工作场所性骚扰防治措施申诉及惩戒办法订定准则"（2002 年发布，2015 年 5 月 14 日最新修正）、"教育部"制定有"校园性侵害性骚扰或性霸凌防治准则"（2005 年发布，2012 年 5

月 24 日最新修正)。

有一些国家设立了性骚扰罪,以刑罚惩治性骚扰行为,如法国、西班牙、瑞士、葡萄牙、墨西哥、斯里兰卡等。1994 年《法国刑法典》第 222 - 33 条规定:"为获取两性性质之方便,滥用职务赋予的权势,采取命令、威胁或强制手段骚扰他人的,处 1 年监禁并科15000 欧元罚金。"后来,《法国刑法典》关于性骚扰问题的规定发生一些变化。根据 2002 年 1 月 17 日第 2002—73 号法律,第 222 - 33 条中的"滥用职务赋予的权势,采取命令、威胁或强制手段"一句话被废止删除。同时,增设第 222 - 33 - 2 条,设立"精神骚扰罪",规定:"反复采取行动,以损害他人工作条件为目的或者效果,可能损害他人的权利与尊严,损害他人身体健康或精神健康,或者可能危害他人的职业前途的行为,处 1 年监禁并处 15000 欧元罚金。"另外,根据 2001 年 6 月 12 日第 2001—504 号法律,增设第 222 - 33 - 1 条,规定对性骚扰的发生负有责任的法人也构成性骚扰罪。[1] 由于对性骚扰罪定义模糊和处罚过轻,《法国刑法典》的性骚扰罪条款一直饱受批评。据官方数据,法国每年登记的性骚扰案件有 1000 件之多,只有少数能通过法律得到解决。从 2005 年到 2010 年的 5 年间,只有 80例性骚扰案件宣判。2012 年,《法国刑法典》的性骚扰罪条款又有新的修正。[2] 根据 2012 年 8 月 6 日第 2012—954 号关于性骚扰的法律,[3]《法国刑法典》对性骚扰罪作出新的定义:其一,以带性含意的言语或动作反复施加于他人,使其人格尊严受到损害侮辱,或者制造一种令其恐惧的敌意或冒犯性的环境;其二,以真实和明显的为自己或第三人谋得性行为的意图,向他人施加任何形式的严重压力,即使不是

---

① 《法国刑法典》,罗结珍译,中国人民公安大学出版社,1995;《法国新刑法典》,罗结珍译,中国法制出版社,2003。

② 参见《法国"性骚扰"修订案国会通过 定义更明确》,法国在线 2012 年 8 月 2 日;张慧《法国:政坛性丑闻催生新性骚扰法》,《青年参考》2012 年 8 月 8 日。

③ LOI n°2012 - 954 du 6 août 2012 relative au harcèlement sexuel.

反复进行的。《法国刑法典》对于性骚扰罪的处罚，修正后的条款规定：有上述情况判处 2 年监禁并科 3 万欧元罚金；属于下列情形的，判处 3 年监禁并科 4.5 万欧元罚金：（1）滥用职责赋予的权力；（2）实施于 15 岁以下的未成年人；（3）实施于对行为人来说明知（connue）的或者明显的因年龄、疾病、体弱、身体或精神残疾、怀孕而特别易受伤害（vulnérabilité）的人；（4）实施于对行为人来说明知的或者明显的因不稳定的经济、社会处境而特别易受伤害或者具有从属性（dépendance，或译"依赖性"）的人；（5）由多人作为正犯（auteur）或者共犯（complice）实施的。《法国刑法典》性骚扰罪条款的最近一次修正，是根据 2014 年 8 月 4 日第 2014—873 号法律作出的。[①]

再看其他几个国家的情况。《西班牙刑法典》第 184 条规定："第一项：利用劳动、教育和服务关系，持续或者惯常地为自己或者第三人提出性方面的要求，用挑逗性行为将被害人置于某种境地，对被害人进行恫吓、敌视或者侮辱，构成性骚扰罪的，处 6 至 12 个周末监禁，或者 3 个月至 6 个月罚金。第二项：利用上级、教师或者有利的地位，明示或者暗示被害人为取得某利益而与其发生性关系的，处 12 至 24 个周末监禁，或者处 6 个月至 12 个月罚金。第三项：受害者属于因其年龄、疾病状况等极易受伤的，则对本条第一项所列罪犯，处 12 至 24 个周末监禁或者处 6 个月至 12 个月罚金；对本条第二项所列罪犯，处 6 个月以上 1 年以下徒刑。"[②]《瑞士刑法典》第 198 条规定："为下列行为之一的，处拘役或罚金刑：未经他人同意在其面前为性行为，因而引起该人愤怒的；对他人动手动脚或以粗俗的语言对他人进行调戏的。本罪告诉乃论。"[③]《葡萄牙刑法典》第 170 条规定：

[①] LOI n°2014 – 873 du 4 août 2014 pour l'égalité réelle entre les femmes et les hommes.

[②]《西班牙刑法典》，潘灯译，中国政法大学出版社，2004。

[③]《瑞士联邦刑法典（2003 年修订）》，徐久生、庄敬华译，中国方正出版社，2004。

"在他人面前实施性方面的暴露行为或者强迫他人进行性方面的接触行为骚扰他人，如不构成法律规定的处罚更重的其他犯罪的，处不超过 1 年监禁或者不超过 120 日罚金。"① 《墨西哥刑法典》第 259 条 A 规定："出于猥亵目的，利用由于劳动关系、教育关系、家庭关系、其他蕴涵着隶属关系所形成的从属地位，反复地困扰任何性别的他人的，处不超过 40 日罚金。如果骚扰者是公务员利用职务所提供的手段或者条件实施的，撤销其职务。只有造成伤害或者损害的，才能对性骚扰行为追究刑事责任。只有受害者提出请求时，才对骚扰者进行追诉。"② 《斯里兰卡刑法典》规定，以侵害或采取犯罪手段，或以语言或行为使他人受到性骚扰，导致该人遭受性烦扰或骚扰的，构成性骚扰罪。上级在工作场所或其他地方以言语或行为作出的不受欢迎的性表示，也应构成性骚扰罪。③

有些学者不很支持用刑法反对性骚扰。美国学者罗宾·菲利普斯（Robin Philips）认为，将性骚扰刑事化可能产生某些预料不到的消极后果。因为一般来说，要证明犯罪行为之罪，需要较高的证据标准。这样一来，即使性骚扰行为是严重的，妇女也可能得不到有效的支持，因为她不能满足这一较高的证据标准。性骚扰案件即使采用较低的民事案件的证据标准也难以证明。而且，潜在的刑事处罚可能成为又一个阻碍妇女揭发性骚扰的因素。许多妇女在是否揭发性骚扰一事上犹豫不决，因为她们并不想使骚扰者丢掉工作，只是想骚扰行为不再发生。刑事处罚的威胁给妇女揭发性骚扰的意愿增加了障碍。罗宾·菲利普斯还指出，根据刑法，只有被指控的骚扰者自己会因其构成性骚扰的行为而被起诉。通常，雇主不对被诉骚扰者的犯罪行为负责。

---

① 《葡萄牙刑法典》，陈志军译，中国人民公安大学出版社，2010。
② 《墨西哥联邦刑法典》，陈志军译，中国人民公安大学出版社，2010。
③ 国际劳工局编《拒绝骚扰——亚太地区反对工作场所性骚扰行动》，唐灿等译，湖南大学出版社，2003，第 55 页。

因此，性骚扰的受害者所遭受的伤害可能得不到金钱上的补偿。[①]

在中国，性骚扰问题在二十多年前也开始受到关注。1995 年一项调查显示，有 42% 的被调查者遭遇过性骚扰，性骚扰的方式主要是挑逗性语言、动手动脚、要求发生性关系。[②] 从全国妇联反映的情况看，妇女受性骚扰正呈上升趋势。性骚扰现象不同程度地存在于机关、事业单位和企业中，在女性从业人员较多的医疗卫生、饭店、服务行业及文艺界尤为突出，外资和私营企业老板对雇员、上司对下属的性骚扰也屡见不鲜。针对这种情况，1999 年 3 月在全国人大九届二次会议上，全国人大常委会委员陈癸尊领衔提出代表议案，建议制定《反性骚扰法》。[③] 2005 年 8 月 28 日第十届全国人民代表大会常务委员会第十七次会议对《妇女权益保障法》进行修正。修正后的《妇女权益保障法》第 40 条规定："禁止对妇女实施性骚扰。受害妇女有权向单位和有关机关投诉。"这是中国法律首次规定"性骚扰"问题。此外，该法第 57 条和第 58 条还分别规定："违反本法规定，对侵害妇女权益的申诉、控告、检举，推诿、拖延、压制不予查处，或者对提出申诉、控告、检举的人进行打击报复的，由其所在单位、主管部门或者上级机关责令改正，并依法对直接负责的主管人员和其他直接责任人员给予行政处分。国家机关及其工作人员未依法履行职责，对侵害妇女权益的行为未及时制止或者未给予受害妇女必要帮助，造成严重后果的，由其所在单位或者上级机关依法对直接负责的主管人员和其他直接责任人员给予行政处分。违反本法规定，侵害妇女文化教育权益、劳动和社会保障权益、人身和财产权益以及婚姻家庭权益的，由

---

① 〔美〕罗宾·菲利普斯：《工作场所的暴力：性骚扰》，载〔美〕凯利·D. 阿斯金、多萝安·M. 科尼格编《妇女与国际人权法·第 1 卷·妇女的人权问题概述》，黄列、朱晓青译，生活·读书·新知三联书店，2007。
② 陆峥等：《性骚扰问题的初步研究——附 42 例资料分析》，《中国心理卫生杂志》1995 年第 2 期。
③ 查庆九：《陈癸尊代表建议立法惩治性骚扰》，《法制日报》1999 年 3 月 4 日。

其所在单位、主管部门或者上级机关责令改正,直接负责的主管人员和其他直接责任人员属于国家工作人员的,由其所在单位或者上级机关依法给予行政处分。""违反本法规定,对妇女实施性骚扰或者家庭暴力,构成违反治安管理行为的,受害人可以提请公安机关对违法行为人依法给予行政处罚,也可以依法向人民法院提起民事诉讼。违反本法规定,对妇女实施性骚扰或者家庭暴力,构成违反治安管理行为的,受害人可以提请公安机关对违法行为人依法给予行政处罚,也可以依法向人民法院提起民事诉讼。"但是,该法没有界定什么是性骚扰。而且由于该法的宗旨是保护妇女权益,它没有涉及女性对男性、男性对男性进行性骚扰的问题。特别是,《妇女权益保障法》不是调整劳动关系的专门法律,不便于具体规定用人单位在防治性骚扰方面的义务与责任,妇女组织对用人单位防治性骚扰工作也缺乏有效的监督手段。

工作场所或职场是性骚扰的高发区。职场性骚扰,不仅侵犯劳动者的性尊严、性权利,而且侵犯了劳动者的劳动权、就业平等权等权利,应是性骚扰防治工作的重点。2008 年"两会"期间,根据一些学者的建议,并吸收中国法学会反对家庭暴力网络、中国社会科学院法学研究所性别与法律研究中心和相关专家的研究成果,我提出了《建议修订〈劳动法〉,明确规定用人单位防治职场性骚扰责任的提案》。[1] 我认为,防治职场性骚扰,也是对劳动关系的规范,劳动法责无旁贷。我国《劳动法》[2] 是调整劳动关系的基本法。由于时代的局限,《劳动法》没有规定防治性骚扰问题。然而,防治职场性骚扰,保护劳动者不遭受性骚扰,是符合《劳动法》关于劳动者享有平等就业、获得劳动安全卫生保护的权利,以及对女职工实行特殊保护等基

---

① 参见徐春柳《"职场性骚扰单位应负连带责任","防止性骚扰"司法解释建议稿将提交两会讨论》,《新京报》2008 年 3 月 2 日。

② 《中华人民共和国劳动法》,1994 年 7 月 5 日第八届全国人民代表大会常务委员会第八次会议通过,自 1995 年 1 月 1 日起施行。

本原则的，是《劳动法》应有之义。《劳动法》应当与时俱进，明确规定用人单位在防治性骚扰的义务与责任。防治性骚扰虽然会给用人单位带来一定的负担，但用人单位采取防治性骚扰措施的成本，要远远小于性骚扰发生后给用人单位带来的经济损失和声望损失。如果用人单位依法采取了防治性骚扰措施，就可不对本单位个人实施的性骚扰行为承担责任。因此，规定用人单位防治性骚扰的义务与责任，不仅是为了维护劳动者的权益，而且也符合用人单位的根本利益。另外，规定用人单位防治性骚扰的责任，实际上也是建立一种性骚扰纠纷的非诉讼解决机制，可以使一些性骚扰纠纷在单位内部获得解决，有助于减少诉讼，降低性骚扰的救济成本。建议在修订《劳动法》时增加以下内容：第一，职场性骚扰的定义。性骚扰是指违背他人意愿，以肢体行为、语言、文字、音像、电子信息等方式实施的与性有关的侵权行为。有下列情形之一的为职场性骚扰：（1）雇主或者上级等对劳动者、求职者实施性骚扰，并以此作为劳动关系成立、存续、变更、岗位分配、报酬、考核、晋升、降职、调动、奖惩等条件的；（2）在单位中，任何人在劳动者执行职务时，对其实施性骚扰，造成敌意性工作环境的。第二，用人单位预防性骚扰的责任，主要是：（1）制定性骚扰防治对策、投诉处理办法，并在工作场所公示；（2）设立专门机构或人员，负责性骚扰的投诉与处理；（3）开展预防和制止性骚扰政策的宣传和教育培训。第三，用人单位处理性骚扰的责任，主要是：（1）用人单位在接到性骚扰投诉后，应当及时调查，不得对投诉设置任何障碍；（2）经调查证实确有性骚扰事件发生的，用人单位应当对加害人予以惩处。（3）受害人因拒绝性骚扰被调岗、调换工作地点、降低待遇、降级、撤职等的，用人单位应该予以纠正。因拒绝性骚扰而被解雇、开除、辞退或被迫辞职的，受害人要求复职的，用人单位应予以复职。

在没有刑事立法或其他立法惩处性骚扰的情况下，对性骚扰行为，可以侵犯人格权为由，通过民事诉讼追究行为人的民事责任。现实中已经出现性骚扰侵权民事诉讼，并且有原告胜诉的案例。

[**案例160**] 2003 年 6 月 9 日，武汉市女教师何某诉上司"性骚扰"案有了结果。武汉市江汉区人民法院一审认定被告侵扰原告事实成立，被告侵犯了原告的人格权利，判决被告向原告赔礼道歉，并赔偿精神损失费 2000 元。原告何某是武汉市某商业学校中外语言教研室老师，因不堪原教研室副主任盛某的性骚扰行为，于 2002 年 7 月向法院提起诉讼。原告诉称，自 2000 年下半年始，被告利用工作之便对原告进行性诱惑，被拒绝后仍不死心，在同事面前大肆张扬喜欢原告。2001 年，学校组织教师外出春游，被告当晚 11 点多尾随至原告房间，对原告隐私部位抚摸，强行亲吻。此后，只要办公室没有别人，便肆无忌惮地对原告实施"骚扰行为"，并给原告发黄色短信息。原告认为，被告对原告进行言语挑逗、行为骚扰，进而发展为性侵害，不仅影响了其正常工作生活，而且对身心健康造成了极大伤害，精神几乎崩溃。被告的行为侵犯了她的身体权、人格尊严权和名誉权。被告辩称，与原告是普通的同事关系，从未有过非礼行为。反而曾被原告的丈夫勒索 1 万元，并在其胁迫下"保证"今后与何某是正常的同事关系，对以前所做的事向刘先生表示歉意。原告丈夫没拿到钱，就在学校吵闹，被告不堪压力，辞去了教研室副主任职务。法院审理查明，在学校组织春游期间，被告在原告房间仅原告一人的情况下逗留了一段时间。其后，被告在与原告打扑克、抢手机的过程中，分别吻过原告一次。学校在同意被告辞职的文件中称其"行为举止不当，有损教师职业形象"。审理中，被告未就"保证"系受胁迫所写举证。①

---

① 侯方峰、黎昌政：《全国首例"性骚扰"胜诉案：武汉女教师告赢上司》，新华网湖北频道 2003 年 6 月 10 日。

还有法院审理了非工作关系中的"性骚扰"案件。例如：

[**案例161**] 齐某，男，出租车司机。2004年3月11日，他因给同事的妻子阎某发了9条黄色短信，被判构成性骚扰，赔偿阎某1000元精神抚慰金。据悉，此案是北京市法院系统受理的首例短信性骚扰案。在法庭上，阎说，去年12月，齐不是打她手机，就是发短信骚扰她。齐给她发了9条短信，其内容由开始时的赔礼道歉，发展到后来的低级下流语言。阎觉得齐的行为侮辱了她的人格，造成精神上极大的压力，丈夫也与自己产生隔阂。齐承认发过上述短信，但他认为由于与阎的丈夫是同事，当时两家人还是邻居，与阎的关系很好，因此常互开黄色玩笑。他认为当时发的这些短信也就是开玩笑，只是这次"玩笑开大了"，因此，同意赔礼道歉，但不同意赔钱。朝阳区人民法院认为，齐对阎出于性意识的故意，在违背阎主观意愿的情况下，以发送淫秽性和威胁性手机短信的方式，引起了阎的心理反感，侵扰了阎保持自己与性有关的精神状态愉悦的性权利，因此认定齐的行为构成了性骚扰，并非齐辩称的玩笑过火行为。因此，法院判决齐停止对阎利用通讯工具进行性骚扰侵害的行为，向阎赔礼道歉，并赔偿阎精神抚慰金1000元。法院在判决书中写道，性骚扰是指违背对方意愿，故意侵扰对方性权利的某种作为或不作为，可以从四方面界定：第一，被骚扰者的心理抵触、反感等；第二，骚扰者的主观状态，是处于一种带有性意识的故意，即骚扰者明知自己带有性意识的行为违背被骚扰者的主观意愿，且希望或者放任这种结果发生；第三，骚扰者的客观行为，骚扰行为可以表现为作为，即积极主动的言语、身体、眼神或某种行为、环境暗示等，也可以表现为不作为，即利用某种不平等的权利关系使被骚扰者按照其意愿行为；第四，侵犯的客体，性骚扰行为直接侵犯的权利客体是被骚扰者的性权利，实质上是公民人

格尊严权的一种。①

2009 年 12 月，安徽池州市发生一起某"变态男"在公共场所通过强拉女学生看色情图片，对女学生进行性骚扰的事情：

[**案例162**] 据反映，在一些场所，有一个中年男子经常在学生上学、放学时间段，专找单个行走的女学生，强行拽住胳膊给她们看一些色情图片，被骚扰的以初中女学生为多。警方接报后决定在有关地段进行布控和守候。12 月 22 日 13 时 30 分许，在池州市区兴济桥附近守候的民警发现，兴济桥头有一名中年男子一直盯着上学路经此桥的女学生，形迹十分可疑。13 时 37 分许，守候的民警看到该中年男子突然上前拉住一名骑自行车的初中女学生并掏出口袋中的纸张让该女生看，该女生在看到纸张的内容后惊慌失措，马上挣扎逃脱并推车逃跑。随后，该男子又拉住一名背书包的女学生，准备掏出口袋中的纸张给该女学生看。见此情景，民警果断出击，将该男子当场抓获，并当场缴获两张黑白色情图片。经突审，该违法嫌疑人陈某交代，他用色情图片大白天专找女学生进行骚扰，是因为当他看到女学生在看到色情图片后惊慌失措的样子，会有一种快感。陈某被行政拘留。②

本案行为人的行为不是普通的恶作剧，其作案动机和一些露阴症者是相似的。他拿色情图片强拉女学生看，可以说是一种变相的露阴，而且他可以从女学生惊慌失措的表现中获得快感。他的性骚扰行为属于《治安管理处罚法》禁止的"猥亵"，应当受到行政处罚。

经常实施公认属于性骚扰行为的人，精神一定是不健康的，但是

---

① 郭志霞：《首例"短信性骚扰案"宣判 发黄色短信赔偿一千元》，《北京娱乐信报》2004 年 3 月 12 日。

② 纪良发：《大白天强拉女娃看黄图只因爱看慌乱的脸》，《现代快报》2009 年 12 月 30 日。

否达到变态的程度，每个人的情况可能不一样。有些利用职权骚扰女性的男人，表面上霸气十足，其实是在女性面前自卑的人，支配他们行动的是知道单凭自己的素质不能得到女性欢心的潜意识。有些性骚扰者，对女性的侵犯停留于骚扰本身，其中有的是因为尚能自律，而有的则是性无能，没有本事再有进一步举动，有的则是秽语症，只对语言骚扰感兴趣。有些性骚扰者无疑是色情狂，权力给予他们获取猎物的最大便利。偏执型人格障碍和钟情妄想也可导致性骚扰。这类性骚扰者的言行未必很恶劣，但其执着的纠缠会令被骚扰者陷于难以名状的困扰。由于性骚扰者大多是有一定地位的人，他们在工作中也表现出一定的能力，因而在他们中间，病情严重的精神病人是少见的。

第七节　跟踪骚扰

还有一种骚扰行为也应当给予重视，即跟踪骚扰。这种行为在美国被称为 stalking，直译"跟踪"，但意译为"跟踪骚扰"更为贴切。有 stalking 行为的人被称为 stalker，可译为"跟踪狂"。stalking 并不是一般意义上的紧紧追逐，而是通过监视、尾随等方法掌握对方的行踪，并且不断地用写信、打电话、发送电子邮件、送礼物、面谈等方式向对方发出不受欢迎的信息，令对方处于为自身或其近亲属安全担忧的境地，迫使对方接受自己非分的要求。互联网发达之后，还出现网络跟踪（cyberstalking），利用互联网或者在互联网上跟踪骚扰他人。跟踪骚扰多系一人所为，但也有合伙跟踪（stalking by groups, gang stalking）。跟踪者和被跟踪者的关系主要有三类：（1）曾经有或者目前有夫妻、性伴侣关系；（2）一般认识，如同事、师生、同学、邻居等；（3）互相不认识。其中第三类关系的被跟踪者大多数是名人，如政客、歌星、球星。跟踪的动机各种各样，有好有坏，如示爱、求爱、求职、维权、索赔、辩论是非、发泄不满、侮辱他人、复仇、敲诈勒索等。跟踪活动中的具体行为，有的违法或犯罪，更多的并不违法或犯罪。但不论是出于什么动机，以及采取何种方式，跟踪都会形成骚扰，使人厌烦、恐惧。而且，跟踪本身虽然不会造成对他人的身体伤害，但可能发展为暴力，如殴打、强奸、绑架、谋杀。

最常见、最执着的是爱情式跟踪者。他们往往先是含蓄地暗示，接着是彬彬有礼但明确地请求，过后是可怜分分地哀求，如果还不成功，就会加以恐吓，甚至将恐吓的内容实施。跟踪的形成也许有双方的因素，例如曾经恋爱，但很多是跟踪者一方的原因。一个无意的微笑，就可以使他们产生无限遐想，从而开始跟踪之旅。有位女士无奈地说："我对他很亲切，但也没有亲切到不寻常的地步。不过，他却显然觉得那是什么了不得的大事。他把我的亲切当成了一种爱的表示。我猜，就算是只有一小口的美食，看在一个饿坏了的人眼里，就会像是一场大餐。"①

[**案例163**] 劳拉·布莱克（Laura Black）是加利福尼亚州一家公司的工程师，美丽动人。1984 年，22 岁的布莱克在一次午餐上认识了一个同事，他叫法利（Richard Farley）。就是从这顿午餐开始，法利"不可抑止地爱上了她"。他开始频繁地出现在布莱克面前，邀请她一起去听音乐和看电影。布莱克对此毫无兴趣。在认识一个月后，法利索要布莱克的家庭住址和私人电话，也遭到拒绝。布莱克甚至告诉法利，即便他是世界上最后一个男人，她也不会选择他。但法利变得更加固执。在布莱克周末或者晚上加班时，他会出现在她的办公室。法利还千方百计地搜集布莱克的隐私并用来控制布莱克。他跟踪她，如去她健身的体育馆，拍摄她运动的照片。在无奈的情况下，布莱克求助于公司，于是法利被告知：如果他还想要自己的工作，就

---

① 〔美〕加文·德·贝克尔：《危机预兆》，梁永安译，光明日报出版社，1998，第227页。

必须远离布莱克。但这却让法利采取更加激烈的行动。法利告诉布莱克，他正在收集枪械。他写信给她："失业的压力会让我变成杀人狂，然后用我自己的方式毁灭一切……包括你、你的那个男伴，我会毁了你们，你知道，我会说话算数。"两年后，法利因工作业绩拙劣被解雇。但是他继续跟踪布莱克，经常出现在她的房舍周围。布莱克只好搬家，但法利又找到她。经受几年的折磨之后，布莱克终于选择用法律来保护自己。1988 年 2 月 2 日，布莱克向司法系统求助，声称自己濒于崩溃。她获得了一个临时禁制令。法利被禁止在布莱克周围 300 英尺内的地方出现。2 月 17 日将举行一个听证会，以确定她是否可以获得一张这样的永久禁制令。但是就在举行听证会的前一天，法利携带 7 件武器包括猎枪、左轮手枪、半自动步枪、来福枪，进入布莱克工作的大楼，打死打伤几名无辜者。他见到布莱克就开火，打中布莱克的肩膀，把布莱克打倒在地。布莱克起来后，见自己流了很多血，大声尖叫，努力关上办公室的门来阻止法利进入，然后打 911 电话报警。在与警方对峙时，法利宣称他"根本不想伤害布莱克，她应当做的就是跟我走"。五个小时后，法利向警方投降，他说："告诉布莱克，我这么做是为了她。"1991 年 10 月 21 日，陪审团作出判决，法利 7 项一级谋杀罪名成立。①

　　跟踪骚扰在美国构成严重的社会问题。据美国国家司法协会（National Institute of Justice，NIJ）和疾病控制与预防中心（Centers for Disease Control and Prevention，CDC）赞助的一项抽样调查，在美国，8% 的女人和 2% 的男人曾被跟踪，按美国 1995 年人口计算，每 12 个女人中有 1 个、每 45 个男人中有 1 个曾被跟踪，总共有 820 万个女

---

① 摘编自〔美〕约翰·道格拉斯、马克·奥尔沙克《变态杀手——恶性犯罪深层心理探究》，岳盼盼、白爱莲译，海南出版社，2001，第 219～232 页。

人，200 万个男人曾被跟踪。[①] 跟踪骚扰不仅对被害人的生活和安全造成重大威胁，而且对他们的心理健康也造成严重的损害。美国有学者曾对 246 名跟踪骚扰者至少一个月的跟踪骚扰行为对被害人的影响进行了研究，结果表明：在所有案例中，被害人都表现出负性反应，其反应超过一般人群的反应，他们的精神状况与精神病门诊病人样本相比，比一般人群有更多的一致性。另一项研究显示，在 100 名跟踪骚扰被害人中，53% 换了工作或停止工作，39% 搬了家，83% 有焦虑水平的增加，55% 有干扰性的回忆。[②]

　　1990 年以前，在美国，对付跟踪骚扰的法律对策只有像布莱克一样向法院申请临时或者永久的禁制令（restraining orders，亦译"限制令"），禁止跟踪者接近被跟踪者。禁制令是一种民事强制措施，违者将受到处罚。但是禁制令的效果并不理想，它只是禁止接近而没有禁止跟踪，从而无法不使跟踪者跟踪、接近。另外，申请禁制令可能激怒跟踪者，促使其使用暴力，同时，被跟踪者也可能因此而放松警惕，疏于防范。1989 年，好莱坞女演员丽贝卡·谢弗（Rebecca Schaeffer）被一个跟踪她两年的人杀害，社会反响强烈。此案和先前发生的法利凶杀案促使加利福尼亚州在 1990 年制定了美国第一部反跟踪法（Anti-Stalking Law），将跟踪列为犯罪。该法案被编入加州刑法（California Penal Code §646.9）。[③] 它规定，任何人故意且敌意地反复跟随他人，和故意且敌意地骚扰他人，对他人造成一种确实的威胁，使其对自己及其近亲属的安全产生合理的担忧，构成跟踪犯罪，处以不超过一年的监禁，或者不超过 1000 美元的罚金，或者并处监禁和罚金。随后其他州也陆续制定了反跟踪法（名称有所不同）。各州给跟踪下的定

---

① "Stalking and Domestic Violence"，http：//www. ojp. usdoj. gov/ocpa/94Guides/Domviol.
② 〔美〕布伦特·E. 特维：《犯罪心理画像——行为证据分析入门》，李玫瑾等译，中国人民公安大学出版社，2005，第 510 页。
③ 1999 年，加利福尼亚州又制定了美国首部反网络跟踪法（Cyberstalking Law），补入加州刑法第 646.9 节之中。

义自有特点，但多参考了国家犯罪审判协会（National Criminal Justice Association，NCJA）和国家司法协会以及其他组织合作制定的标准。该标准将跟踪者定义为：其行为令他人陷入为自身安全担忧的境地，同时其主观上正是为了让受害人陷入此类担忧。^① 各州对跟踪罪的处罚也不一致。一般将跟踪分为轻罪和重罪。轻罪可判 1 年监禁，重罪可判 3～5 年监禁。^② 1996 年，美国联邦出台《州际间跟踪惩治与预防法案》（Interstate Stalking Punishment and Prevention Act of 1996，被编入《美国法典》，为 18 编 2261A），防治跨州进行的跟踪骚扰犯罪。它规定，跨州或者在美国联邦有管辖权的特殊海域或者土地上故意损害或者骚扰他人，并且在这一过程中，使他人处于明显的对自己及其近亲属死亡或者严重身体伤害的恐惧之中，将受到处罚。但是，反跟踪法的效果似乎并不理想。在 1996 年，一篇报道指出，虽然美国 50 个州都制定了反跟踪法，但"这些法律条款经常起不到作用"。在康涅狄格州，一个人跟踪一位妇女，在 6 年里曾多次被捕，但他"连一个晚上都没在监狱呆过"，因为有关法律要求"提供证据以证明该男子有威吓、胁迫该妇女的动机"，而这样的证据几乎是没办法提供的。^③

英国在 1997 年通过《防止骚扰法》（Protection from Harassment Act 1997，后多次修正）。^④ 它规定了"骚扰罪"和"跟踪罪"。（1）骚扰罪（offence of harassment）。一个人骚扰他人，同时符合下述情况构成犯罪：知道或者应当知道自己的行为对他人造成骚扰；对两个人或更多的人进行骚扰；试图使他人不做其有权利去做或必须去做的事情，

① 参见〔美〕约翰·道格拉斯、马克·奥尔沙克《变态杀手——恶性犯罪深层心理探究》，岳盼盼、白爱莲译，海南出版社，2001，第 203 页。
② "Domestic Violence, Stalking, and Antistalking Legislation", http://www.ojp.usdoj.gov/94Guides/Domviol.
③ 参见〔美〕温迪·夏丽特《寻找贞操》，杨荣鑫译，南海出版公司，2001，第 40 页。
④ http://www.legislation.gov.uk/ukpga/1997/40/contents.

或者去做其无任何义务去做的事情。对构成犯罪的，可处不超过 6 个月的监禁，或者 5 级标准的罚金，或者并处监禁与罚金。（2）跟踪罪（offence of stalking）。一个人对他人实施前述的骚扰，并且出于前述使他人作为或不作为的目的进行跟踪，实施下列行为构成犯罪，包括：跟随他人，使用任何方法接触他人或者试图与其建立联系，发布自己与他人具有特殊关系的声明或材料，使用互联网、电子邮件或其他形式的电子通讯手段对他人进行监控，在有关场所游荡，侵犯他人的财产，观看或者监视他人。对构成犯罪的，可处不超过 51 周的监禁，或者 5 级标准的罚金，或者并处监禁与罚金。

欧洲大陆国家的刑法多设有"强制罪"（或译"强迫罪"）、"胁迫罪"（或译"威胁罪"），可以制裁某些情节严重的跟踪骚扰。例如，《德国刑法典》第 240 条规定"强制罪"："非法用暴力或以明显的恶行相威胁，强制他人为一定行为、容忍或不为一定行为的，处 3 年以下自由刑或罚金刑。"第 241 条规定"胁迫罪"："以对被害人本人或与其亲近者犯重罪相威胁的，处 1 年以下自由刑或罚金刑。"①《意大利刑法典》第 610 条规定"私人强暴罪"："采用暴力或者威胁的方式，强迫他人做、容忍或者不做某事的，处以 4 年以下有期徒刑。"第 612 条规定"威胁罪"："对他人以非法损害相威胁的，经被害人告诉，处 10 万里拉以下罚金。"②《西班牙刑法典》第 169 条规定："对他人、其家人或者其他密切联系之人威胁进行杀害、伤害、堕胎、侵犯自由或者虐待，或者威胁将对其精神、贞操、心理、荣誉、财产和社会经济地位造成损害，构成威胁罪"，如果威胁时附带条件的，处 1 年以上 5 年以下徒刑；没有附带条件的，处 6 个月以上 2 年以下徒刑。第 172 条规定了"强制罪"："非法使用暴力强制他人

---

① 《德国刑法典（2002 年修订）》，徐久生、庄敬华译，中国方正出版社，2004。
② 《最新意大利刑法典》，黄风译注，法律出版社，2007。

从事非法律所禁止的行为，违背他人意愿强迫他人协同实施合法或者
不法行为，视强制的严重性和事实及方法，处 6 个月以上 3 年以下监
禁或者 6 至 24 个月罚金。"① 《奥地利刑法典》第 105 条和第 106 条规
定："以暴力或危险的威胁，强制他人为一定行为、容忍一定行为或
不为一定行为的，处 1 年以下自由刑。"实施强制造成严重后果的，
处 6 个月以上 5 年以下自由刑。② 《芬兰刑法典》第 25 章"侵犯人身
自由罪"第 8 条规定："使用暴力或者威胁手段，非法强迫他人做、
容忍或者不做某事，应当因为强迫被判处罚金或者最高 2 年有期监
禁，除非法律的其他地方对该行为规定了更为严厉的刑罚。"③ 不过，
无论是"强制罪"，还是"胁迫罪"，和跟踪骚扰还是有区别的。"强
制罪"和"胁迫罪"侵犯的主要是他人的意思自由或人身自由，都有
加害的意思表示，而跟踪骚扰行为本身侵犯的主要是他人私生活和精
神的安宁，其典型表现是骚扰、纠缠，不一定表示加害意思，也并不
一定要求受害人作为或者不作为。可以说，跟踪骚扰行为本身一般不
构成"强制罪"或者"胁迫罪"。

　　近十几年来，欧洲大陆一些国家对跟踪骚扰问题给予进一步的重
视，将跟踪骚扰列入刑法，或者制定反跟踪骚扰法案。2002 年《丹
麦刑法典》第 265 条规定："受到警察之警告，仍以侵扰、信件、追
逐或者其他令人烦恼之方式破坏他人宁静生活的，应当处以罚金，或
者处以不超过 6 个月之监禁。"④ 2007 年，德国制定《固执跟踪犯罪
法》（Das Gesetz zur Strafbarkeit beharrlicher Nachstellungen），将反复
持久的跟踪列为犯罪，并规定对刑法典和刑事诉讼法典作出相应修
正。修正后的《德国刑法典》在第 238 条规定了"跟踪罪"，其内容

① 《西班牙刑法典》，潘灯译，中国政法大学出版社，2004。
② 《奥地利联邦共和国刑法典（2002 年修订）》，徐久生译，中国方正出版社，2004。
③ 《芬兰刑法典》，于志刚译，中国方正出版社，2005。
④ 《丹麦刑法典与丹麦刑事执行法》，谢望原译，北京大学出版社，2005。

是："（一）凡未经同意固执地跟踪他人：（1）在他人置身场所附近窥探；（2）利用电信或其他通讯手段，或通过第三人与他人建立联系；（3）滥用他人订购商品或者接受服务或者与第三人接触的个人数据而与其建立联系；（4）威胁伤害一个人或者其亲近之人的生命、身体、健康或自由；（5）实施其他类似行为，从而严重侵害他人的生活方式，处3年以下自由刑或罚金刑。（二）如果行为人造成被害人本人、家人或其他亲近之人生命危险或严重损害危险，处3个月以上5年以下自由刑。（三）如果行为人造成被害人本人、家人或其他亲近之人死亡，处1年以上10年以下自由刑。（四）第（一）项所列行为告诉乃论，除非刑事追诉机关认为，基于特殊的公共利益有必要起诉。"①

日本应对跟踪骚扰，除原有的刑法规定外，也制定了专门法律。《日本刑法典》第222条规定了"胁迫罪"："以足以加害于生命、身体、自由、名誉或财产之事胁迫他人的，处二年以下惩役或三十万日元以下罚金。"第223条规定了"强迫罪"："以足以加害于生命、身体、自由、名誉或财产之事相胁迫，或用强暴的手段，使他人实行无义务实行之事，或妨害其行使应行使的权利的，处三年以下惩役。"②在2000年，日本国会通过《跟踪行为等规制法》（ストーカー行为等の规制等に关する法律，平成十二年五月二十四日法律第八十一号），规定对纠缠、跟踪等行为给予惩罚，以防止对个人生命、自由及名誉造成危害，确保国民生活的安全与平稳。所谓"纠缠"（つきまとい），是指对特定人的恋爱感情或其他好感未得到满足，出于发泄怨恨的目的，对该特定人或其配偶、直系或同居亲属，或与该特定人在社会生活上有密切关系的人，作出以下行为：（1）纠缠，隐蔽等候，阻拦去路，在住所、工作地、学校等通常所在场所附近守望监视，或

---

① http://www.gesetze-im-internet.de/stgb/__238.html.
② 《日本刑法典》，张明楷译，法律出版社，2006。

闯入其住所；（2）告诉对方其行为正在受到监视，或使其得知；
（3）要求对方作与自己见面、交往等非义务行为；（4）明显的粗野、
无礼的言行；（5）打通电话却不说话，或不顾对方拒绝不断打电话，
或用传真设备联络，或发送电子邮件；（6）寄送污物、动物尸体等其
他能明显引起对方不快情绪的物品，或使其得知；（7）告诉对方损害
其名誉的事情，或使其得知；（8）告诉对方伤害其性羞耻感的事情，
或寄送伤害其性羞耻感的文字、图画或其他物品，或使其得知。所谓
"跟踪"（ストーカー，即 stalker），是指对同一人，反复做出纠缠等
（前述第 1 至第 4 项所示行为，即指伤害人身安全、住所平稳，损害
名誉，或其他通过影响对方行动自由而引起不安的方法采取的行动）
行为。该法规定，对有纠缠、跟踪行为者，由警察等部门采取警告、
禁止命令、暂时命令（仮の命令）等措施；对受害人，警方和国家、
地方自治团体、相关事业者等应给予援助。该法还规定了刑事处罚：
（1）对跟踪者处以 6 个月以下惩役或 50 万日元以下的罚金。此罪，
如无控告则不能提起公诉。（2）对违反禁止命令等的跟踪者，处以 1
年以下惩役或 100 万日元以下的罚金。①

　　跟踪骚扰在中国也不少见。我们的法律对策，主要是《刑法》第
293 条。在 2011 年之前，根据该条规定，"追逐、拦截、辱骂他人，
情节恶劣的"，构成"寻衅滋事罪"。但是，寻衅滋事只是跟踪骚扰的
一种形式。特别是，在跟踪骚扰活动中常见的恐吓行为在当时没有被
列为犯罪。在中国刑法学界，过去有许多学者认为恐吓属于犯意表
示，不构成犯罪。即使在骚扰中进行了暴力恐吓，而只要恐吓内容没
有实施，行为人也是逍遥法外。当时，对恐吓行为，只能给予治安管
理处罚。1994 年《治安管理处罚条例》第 22 条规定，对"写恐吓信
或者用其他方法威胁他人安全或者干扰他人正常生活"的，处 15 日

---

① http：//law. e-gov. go. jp/htmldata/H12/H12HO081. html.

以下拘留、200 元以下罚款或者警告。2005 年《治安管理处罚法》的有关规定得到加强。该法第 42 条规定，对于"写恐吓信或者其他方法威胁他人人身安全的"或者"多次发送淫秽、侮辱、恐吓或者其他信息，干扰他人正常生活的"，处 5 日以下拘留或者 500 元以下罚款；情节较重的，处 5 日以上 10 日以下拘留，可以并处 500 元以下罚款。另外，《治安管理处罚法》第 26 条规定，对于"追逐、拦截他人的"，处 5 日以上 10 日以下拘留，可以并处 500 元以下罚款；情节较重的，处 10 日以上 15 日以下拘留，可以并处 1000 元以下罚款。然而，这种打击力度不足以震慑跟踪骚扰者，跟踪骚扰难以得到有效的制止。受害人要么忍气吞声，要么委曲求全，如果不顺从，很可能蒙受更大的伤害。这时行为人可能因其杀人、伤害、强奸被追究刑事责任，但为时已晚，危害结果已经产生了。

[**案例 164**] 汪某，男，37 岁。汪于 1966 年支边到建设兵团，1972 年在当地结婚，生有一女一男，1982 年回城，1985 年离婚。1982 年 10 月，汪认识了女青年宋某。汪向宋谎称自己未婚，并向宋求爱。宋接受了汪的求爱。两人建立恋爱关系，并以未婚夫妻身份到对方家中拜访。后宋知道汪有妻子儿女，向汪提出断绝恋爱关系。汪坚决不同意，威胁宋如不与他结婚，将同归于尽。以后，汪经常到宋的单位和宋下班回家的路上守候，对宋纠缠。如果宋拒绝，汪就对宋拳打脚踢，先后两次将宋打伤。为此，当地派出所多次对汪进行批评教育，直至拘留。但汪毫无悔改之意。1985 年 5 月，宋经人介绍与别人恋爱，并于 1986 年 5 月登记结婚。汪知道后冲进宋家大吵大闹，扬言杀人。宋被迫离婚。此后，汪更是缠着宋不放。1987 年 2 月 17 日下午 5 时许，汪在马路上守候到宋，逼迫宋陪他上饭馆、看电影，直至深夜 12 点才佯装送宋回家。当行至某地时，汪将宋推至黑暗处，逼宋答应与他结婚，并拿出生殖器要与宋发生性关系。宋坚决不从，并打汪一个耳光。

汪恼羞成怒，用双手卡住宋的头颈往墙上撞。当宋的舌头被压迫伸出时，汪将宋的舌头前部三分之一咬下逃跑。汪被判故意伤害罪。

1989 年，我曾撰文建议将单纯的恐吓增设为"恐吓罪"。① 本书第一版也提出增设"恐吓罪"或者"跟踪骚扰罪"，同时还建议民法增加"禁制令"那样的强制措施。1997 年之前，全国人大常委会法工委在研究修改 1979 年《刑法》的过程中，曾经多次提出设立"恐吓罪"的意见，② 但后来未被 1997 年《刑法》采纳。③ 直到 2011 年，《刑法修正案（八）》（2011 年 2 月 25 日第十一届全国人民代表大会常务委员会第十九次会议通过）将"恐吓"入刑。然而，"恐吓"并非单独立罪，而是列入第 293 条规定的寻衅滋事罪之中，即把第 293 条规定中的"追逐、拦截、辱骂他人，情节恶劣的"修改为"追逐、拦截、辱骂、恐吓他人，情节恶劣的"。这种结果与曾经拟议的"恐吓罪"有不小的差距。将"恐吓"以及/或者"跟踪骚扰"专门列为犯罪，无疑是更佳的刑事对策。否则，像下述案例 165 的情况仍难以处理。《刑法修正案（八）》还增设了一种类似于禁制令的强制措施。《刑法》第 38 条中增加一款作为第 2 款："判处管制，可以根据犯罪情况，同时禁止犯罪分子在执行期间从事特定活动，进入特定区域、

① 刘白驹：《关于处理恐吓行为的立法建议》，《法律学习与研究》1989 年第 4 期。我从总体上将全部恐吓行为分成"单纯的恐吓"和"作为强制他人之方法的恐吓"两大类，并分别针对不同的恐吓行为提出立法建议。关于单纯的恐吓行为，建议增设"恐吓罪"。关于作为强制他人之方法的恐吓行为，则细分为三类：《刑法》已作规定的作为犯罪方法的恐吓行为按照已有立法规定处理，对于强迫他人犯罪之方法的恐吓行为应增设"强迫他人犯罪罪"，而将作为实现非犯罪性目的的方法的恐吓行为以增设"强迫罪"的方式予以定罪处罚。
② 拟列入分则第四章"侵犯公民人身权利、民主权利"，条文草案为："写恐吓信或者以其他恐吓方法，威胁他人人身、财产安全，严重危害他人身心健康，影响生产、工作、生活正常进行的，处三年以下有期徒刑、拘役或者管制。"
③ 参见韩炳勋《单纯恐吓行为的刑法规制错位与再定位——以〈刑法修正案（八）〉为视角》，《政治与法律》2015 年第 4 期。

场所，接触特定的人。"同时，在第 72 条中增加一款作为第 2 款："宣告缓刑，可以根据犯罪情况，同时禁止犯罪分子在缓刑考验期限内从事特定活动，进入特定区域、场所，接触特定的人。"这些规定可以适用于被刑事处罚的跟踪骚扰者。

[**案例 165**] 从 30 岁到 37 岁，黎梓（化名）离婚又再婚，先后三次更换工作单位，可骚扰如影随形。据黎称，1996 年夏，她调到成都某事业单位，和丈夫住在某厂家属区，紧邻的该厂老干部活动中心在围墙下挖洞排污，一下雨黎家就很潮湿。一天中午，黎找上门去解决此事。一名约 60 岁的瘦小男子主动上前招呼她："有什么事？直接给我说。"黎反映了情况后，此人爽快地说："我们都是邻居，理应好好相处。我给他们说一下，找人把洞堵了！"因为觉得这位"老领导""很和善、好说话"，黎也就不设防，如实说了自己的工作单位，不料，她从此便陷入了无休止的电话骚扰中，甚至为此付出了家庭破碎的代价。两天后，黎家的门把手上出现了一张没有落款的小纸条，上书："小黎，今晚约你到东风电影院看电影。"当晚，恩爱夫妻第一次吵得天昏地暗。黎百口难辩，更想不出会是谁做的。直到次日发现"老领导"在门外鬼鬼祟祟地偷看，她才猜到是他干的好事。黎的丈夫到老干部活动中心找到此人。面对质问，老头承认纸条出自他手，还一脸无辜地说："我约她看一下电影有啥嘛！"黎的丈夫当场就给了他一拳，旁人赶紧拉开他们，并告诉黎此人叫易宗平（化名），根本不是什么领导，只是经常在这里玩的一名退休高级工程师。挨打后，易老实了一阵。但没过多久，易又开始在黎家门外"打望"，还趁她丈夫不在时跑到黎家窗外，跳起来往里看。小两口为此经常吵，终于在 1996 年 12 月 25 日，黎 30 岁生日那天，他们离婚了。1997 年开始，黎所在单位老是接到一名老年男子找她的电话，此人打电话有个规律，只要是黎接电话，他就一声不吭地将电话挂掉，如果是黎的同

事接电话，他会彬彬有礼地询问单位情况，甚至冒充上级单位的人打听到黎的领导的电话号码，打过去自报家门："我是黎梓的老乡兼朋友，和她相处过一段时间，感情很不错……"很快，整个单位都知道了离婚不久的黎在丈夫之外还有个"老相好"。黎推断这人肯定是易，但又拿他没办法，便到该厂退休干部处反映，易当面道歉后，但总是过段时间又打去骚扰电话。"我都形成条件反射了，一听到办公室电话响心里就紧张。"说这话时，黎的眼里还流露出一股莫名的恐惧。2001年，不堪其扰的黎调到了青白江分公司，但是很快，易的骚扰电话也接踵而至。易得到黎的新领导的电话号码后，三番五次打去找黎，弄得领导很不高兴。不光如此，易还把她上班的时间弄得清清楚楚，专挑她轮休时打去。无奈，2001年11月，黎再次找到该厂退休干部办公室，他们找来易，易也承认那些骚扰电话是自己打的，并当场立字为证："我经常打电话找小黎是我的不对，今后再打电话，天诛地灭……如再犯，认罚3000元。"

然而，2002年，再婚的黎重返成都公司后，发现阴魂不散的骚扰电话仍然尾随着她，她气愤不已，再次找上门去，撕掉了易的电话号码本。今年春节，她又调到十陵分公司，办公室里的电话平静了一段时间。可前不久，和黎一起调到十陵的旧同事称，易又打电话来了，她当时正在倒车，头"嗡"地一下大了，结果把才买的不到一个月的新车挂花了。事隔不久的本月22日上午10点过，黎开车行驶在成渝高速公路上时又接到同事电话，称易又打电话到她单位了，"我简直快疯了！不晓得咋个就把小灵通的挂绳缠到方向盘上了，又勾住了雨刮器，方向盘一下子转不动了，我六神无主，直接在主车道上就踩了刹车，后面的车差点撞了上来……"想到曾经的教训和来之不易的新的幸福家庭，那一刻，黎下定决心要解决这件事。"七年了，易宗平的电话如附骨之蛆，我无法摆脱，为此，我与前夫离了婚，现在我重组了家庭，都不知该如何向丈夫解释此事。7年中，我换了无数电话号码，调了三次工作岗位，他都能找到我。难道真的就没有人能治得了他吗？"①

另外，2015 年制定的《反家庭暴力法》②规定了"人身安全保护令"，可适用于家庭成员间的跟踪骚扰。该法规定，当事人因遭受家庭暴力或者面临家庭暴力的现实危险，向人民法院申请人身安全保护令的，人民法院应当受理。当事人是无民事行为能力人、限制民事行为能力人，或者因受到强制、威吓等原因无法申请人身安全保护令的，其近亲属、公安机关、妇女联合会、居民委员会、村民委员会、救助管理机构可以代为申请。人身安全保护令由人民法院以裁定形式作出。人民法院受理申请后，应当在 72 小时内作出人身安全保护令或者驳回申请；情况紧急的，应当在 24 小时内作出。人身安全保护令可以包括下列措施：（1）禁止被申请人实施家庭暴力；（2）禁止被申请人骚扰、跟踪、接触申请人及其相关近亲属；（3）责令被申请人迁出申请人住所；（4）保护申请人人身安全的其他措施。被申请人违反人身安全保护令，构成犯罪的，依法追究刑事责任；尚不构成犯罪的，人民法院应当给予训诫，可以根据情节轻重处以 1000 元以下罚款、15 日以下拘留。

有一些跟踪骚扰者包括网络跟踪骚扰者无疑是精神障碍者。精神分裂症患者、偏执性精神病患者可能在钟情妄想、嫉妒妄想、被害妄想等病理因素的影响下纠缠、骚扰他人。偏执型人格障碍者、反社会型人格障碍者以及性变态者也会有这种行为。而与精神正常者相比，精神障碍者的跟踪骚扰往往更固执、更持久，他们也更有可能在跟踪骚扰过程中行为失控，需要特别警惕。

[**案例 166**]《华商报》2016 年 9 月 23 日报道：30 岁的小玉（化

---

① 王飞：《老头骚扰 7 年，少妇躲得好辛苦》，《华西都市报》2003 年 5 月 26 日。
② 《中华人民共和国反家庭暴力法》，2015 年 12 月 27 日第十二届全国人民代表大会常务委员会第十八次会议通过，自 2016 年 3 月 1 日起施行。

名）住在电子城一小区，她和丈夫是同乡，如今她已经有一个9岁的儿子。但最近一年，一个陌生男子严重干扰了她的生活。小玉说，记不清被那个人跟踪多少次，但有几次印象特深。比如，第一次大约是去年秋冬季，"当时是早上，我带着孩子去小区路口停车场，准备送娃上学，突然就过来一个男的，瘦瘦高高的，对我喊着别人的名字。我说你认错人了，但他还强拉我要吻我……"小玉说，自己当时被吓坏了，儿子还在跟前，也吓得不轻。她赶紧求助停车场的保安，保安和附近路人合伙制服了男子。"我当时想这就是认错人了，也就没当回事。"小玉说。但让她没想到的是，这才是恶梦的开始。自从那次被错认后，过了没几天，在一次接儿子放学的路上，小玉无意中发现上次认错自己的那个男的一直跟在自己后面，吓了一跳。"我赶紧有意往一些商店里走，没想到他还跟着，一直跟到我快到学校。我有时回头看他一眼，他还直冲我笑……"小玉说，自己赶紧报警。电子城派出所民警出了警。"民警询问了我们，发现他口中所说的女朋友王某某并不是我。民警随后叫来了他的家人，男子现场还写了保证书，保证不再找我。"小玉说。几天后的一个清晨，男子的骚扰变本加厉。"大早上的，全小区的人都能听见他在楼下喊，你说他能找到我们楼下，那还不是跟踪我了吗？"小玉说，当时男子嘴里还是喊着王某某，"后来他改口了，喊的是我的名字，我还纳闷他咋知道我名字呢？后来一想，在派出所里民警告诉他我不是王某某，并说了我的名字。他可能就记住了。"小玉的老公郑先生下楼制止，对方还喊，郑先生气得动了手，并报了警。对此，小区保安黄师傅记忆犹新。他说，当时还以为是哪个业主在楼下喊娃上学呢，后来电子城派出所民警来了，将喊叫的男子送回家。黄师傅说，得知情况后，他们也会注意，不让此人进入小区。这事还没完。他竟然找到了小玉的汽车，还抄下了挪车电话，小玉说，自己随后接到各种短信，都是那男的发来的，"问我过得好不好，儿子吃得饱不饱？有时候还发很恶心的话，我都删了。"这名男子甚至隔三差五往小玉的车上挂东西。停车场收费员白师傅证实了此事，他告诉华商报记者，这事发生在前半年，每次都是自己上完夜班早晨下班时看到的。那男的瘦瘦高高的，头上几乎没有头发，给小玉车上挂过大枣、毛栗子，还挂过小米。你只要朝他那方向走，他就跑，压根不给你说他的机会。白师傅还记得小玉和孩子曾向自己求助的事：一次是早上上学，小玉来找他，说一个男的在后面跟踪，"我问小玉我能做什么？她说你跟我走一段路就可以。"白师傅就照做了，那男的看他在就走了。第二次是在小玉孩子学校附近，"我当时去上班，孩子跑过来叫爷爷，说后面有个叔叔跟着他。"白师傅说，孩子当时肯定很害怕，他就把孩子一直送到学校里才离开。让小玉和郑先生更生气的是，此人还骚扰自己上四年级的孩子。郑先生说，9月初，他突然接到托管班老师的电话，说有陌生男子在学校门口拉孩子。华商报记者询问了托管班陈老师，陈老师说，今年9月开学至今，此人来学校拦截孩子已经有好几次了，"他对孩子说'你跟我走，搬回去跟我住……'什么的。"陈老师说，因为她也不认识这个人，就上前把孩子搂在怀里。但这名男子就骂人，还准备打人。托管班另外一个小朋友说了句"叔叔，你别再来找了"，他就要打小朋友。郑先生说，几天前，他曾和小玉去过那个男的住的地方，住址是在派出所查到的。"去就是想谈谈，开导他，但走到男子家门口，转念又一想，他现在这样子，万一拿刀砍我们，真是得不偿失了。"

这名男子为何一直纠缠小玉，是否真的有精神疾病？郑先生说，"起初，我是把他当正常人来看的。因为他的逻辑思维挺好，你说他都能去停车场、到我老婆车前找挪车电话，后来保安不让他进小区，他还知道在小区外守着，像是精神有问题的人吗？但后来想想，从他行为看，真不像是正常人。"东仪路派出所民警也表示，从男子的行为来看，确实不正常。派出所调查过，应该是情感上受过刺激。男子还曾有吸毒史，被强制戒毒过。家里有一个70多岁的老母亲。"但老母亲听见这儿子的名字就害怕，因为他也打他妈。上次来派出所领人他妈都没来，是他表妹来的。"但没有鉴定结果，无法确认。近一年来，小玉说她报了很多次警，每次之后对方还照旧。让小玉情绪失控是在 9 月 21 日晚间，"我接到他的电话，他说，让我和孩子收拾东西，搬回来住，还说和我再结一次婚，我说我真的不是你的女朋友，他就急了，说如果再敢胡说他就拿刀捅了我……"小玉随后前往东仪路派出所再次报警。"民警说这事他们也管不了，说毕竟人家没有采取实际的行动……"小玉和民警吵了起来。昨日下午，在华商报记者的陪伴下，小玉再一次来到东仪路派出所，处理过此事的警官说，上一次纠缠小玉的事情已经处理完，对方也没有再进行实质性伤害，目前这种情况（预防伤害），法律上还没有相关的约束性规定，他们也没法去管。但若要精神鉴定，主要得看对方家人的意见，家人如果不同意，那谁也没办法了。该民警建议小玉去找找社区和街办。可华商报记者曾陪小玉去过对方居住地所在的长延堡街道办青松路社区。工作人员说，对于精神不正常的人，警察作为执法人员都管不了，他们就更管不了，"这事还得找警察。"随后，小玉又找到了东仪路派出所的所长。所长说，目前这种情况，法律上确实没规定。他们也没什么好的办法。他说，主要是对方监护人监护不力，会让民警去给予警告，建议家属对其进行精神鉴定。家属如果有治疗费用方面的考虑，可以向社区和街办打材料，看能否申请强治医疗。可有民警说，即便申请成功，仅做精神鉴定就是个问题，他的家人谁会陪他去做鉴定呢？这名民警还很善意地提醒小玉，外出还是要小心，小玉说她带着电警棍，民警建议带上防狼喷雾效果更佳。"可是这不是解决问题的根本办法啊……"小玉说，不知道那个人什么时候会从什么地方会蹦出来，然后做什么……她压力很大。①

该男子的跟踪骚扰行为已经触犯《治安管理处罚法》第 26 条、

---

① 畲晖：《被错认为前女友 她被骚扰近一年》，《华商报》2016 年 9 月 23 日。

第 42 条关于寻衅滋事、干扰他人正常生活的规定，甚至涉嫌构成《刑法》第 237 条规定的强制侮辱妇女罪或者第 293 条规定的寻衅滋事罪，可以根据上述法律追究其法律责任。不过，从报道看，该男子很有可能罹患某种精神障碍（如精神分裂症、偏执型精神障碍、毒品所致精神障碍），其行为疑与妄想或许还有幻觉有关。虽然他已有行为的危害程度还够不上《刑事诉讼法》[①]第 284 条规定的强制医疗的条件，即"实施暴力行为，危害公共安全或者严重危害公民人身安全"，但已经明显表现出发生严重危害行为的危险性，例如有跟踪、强吻、拦截孩子、威胁拿刀捅人等行为，至少符合《精神卫生法》第 30 条第 2 款第 2 项规定的保安性非自愿住院治疗条件："已经发生危害他人安全的行为，或者有危害他人安全的危险的"。其近亲属或者所在单位或者当地公安机关，其中任何一方，都有权利或者义务根据《精神卫生法》第 28 条第 2 款"疑似精神障碍患者发生伤害自身、危害他人安全的行为，或者有伤害自身、危害他人安全的危险的，其近亲属、所在单位、当地公安机关应当立即采取措施予以制止，并将其送往医疗机构进行精神障碍诊断"的规定将其送诊，由精神病院根据诊断或者鉴定结论决定是否对其实施非自愿住院治疗。从报道看，有关的民警可能不了解、掌握《精神卫生法》的主要内容，故而没有积极地按照《精神卫生法》采取必要措施。此事如果发展下去，该男子行为失去控制，导致危害后果的发生，有关的民警应被问责，承担不作为的责任。

从整体上来说，跟踪骚扰是侵犯他人私生活安宁和意思自由的行为，不属于本书所说的性犯罪的范畴，但是其发生可能与性有关，或者可能演变为性侵害，故而做以上介绍和讨论。

---

① 《中华人民共和国刑事诉讼法》，1979 年 7 月 1 日第五届全国人民代表大会第二次会议通过；根据 1996 年 3 月 17 日第八届全国人民代表大会第四次会议《关于修改〈中华人民共和国刑事诉讼法〉的决定》第一次修正；根据 2012 年 3 月 14 日第十一届全国人民代表大会第五次会议《关于修改〈中华人民共和国刑事诉讼法〉的决定》第二次修正。

性犯罪

精神病理与控制

（增订版·下）

SEXUAL OFFENCES

Psychopathology and Control

Volume II

刘白驹 ◎ 著

社会科学文献出版社
SOCIAL SCIENCES ACADEMIC PRESS (CHINA)

目　录

上　册

下　册

Contents

Volume I

Volume Ⅱ

第七章

淫　乱

　　所谓"淫乱",《现代汉语词典》将其解释为"性行为违反道德准则"。① 按照这个解释,淫乱的内容相当广泛,除婚姻关系中的符合自然的、双方自愿的性行为之外的各种性行为都属于淫乱,包括强奸、猥亵、反自然性交以及卖淫、嫖娼、通奸、乱伦等。其内容也可能随着社会性道德准则的变化而变化,譬如,未婚者同居、丧偶者同居、异父异母兄妹结婚等现在已经不被视为淫乱。本书不想按照《现代汉语词典》的解释使用"淫乱"一词。在本书中,淫乱主要是指这样的情况:未婚者或已婚者在合法的婚姻关系之外,不违背他人意志地与他人发生性关系,并且在选择性交对象时表现出明显的随意性或者违反伦常。有些精神障碍者,在精神障碍的控制和影响下,不能或者不知道遵守有关的伦理道德和善良风俗,放纵性欲,导致性关系混乱。比较突出的问题是乱交、卖淫嫖娼和乱伦。

---

　　① 中国社会科学院语言研究所词典编辑室编《现代汉语词典》(修订本),商务印书馆,1996,第1503页。

第一节　乱交

一　乱交的精神病理

乱交（promiscuity，亦译"滥交"）的突出特点是基于性欲随意地但不违背他人意志地与多人性交。与多人性交也许不是乱交者的刻意追求，但是他们在性问题上的随便态度决定他们在具备条件的情况下必然与多人发生性交。乱交者一般不选择性交对象，或者虽然有所选择，但缺乏理智与情感的因素。从根本上说，支配他们与性交对象发生关系的原动力是性欲。而且他们从不想与性交对象建立稳固的性关系。乱交包括两种情况，一是在不同地点、不同时间先后与多人性交，一是在同一地点、同一段时间与多人性交。后一种情况在西方称为群淫（group sex），在中国称为聚众淫乱。常见的群淫是三人淫（troilism），即一男两女或者一女两男同时或者轮流性交。登峰造极的乱交是交换配偶在同一场合性交。20 世纪 60 ~ 70 年代，在"性革命"的浪潮中，交换配偶甚至成为西方嬉皮士的风尚。[①] 在现在的西方国家，由于互联网的普及，比以往任何时候、任何场所都容易找到交换性的夫妻。在几乎所有的换妻伙伴中，都是丈夫首倡交换的主意，并通常遭到妻子反对。丈夫通过高压手段，巧妙地强迫或者说服妻子。[②] 近十几年来，交换性伴侣现象在中国一些地区也多了起来，并且有被按聚众淫乱罪处罚的案例。至于交换配偶但分开性交——就像美国著名作家约翰·厄普代克（John Hoyer Updike，1932 ~ 2009）

[①] 参见〔美〕詹姆士·克利夫德《从嬉皮到雅皮——昔日性革命亲历者自述》，李二仕等译，陕西师范大学出版社，1999。

[②] 参见〔美〕亚历克斯·梯尔《越轨社会学》，王海霞、范文明、马翠兰、嵇雷译，中国人民大学出版社，2011，第 130 ~ 131 页。

在其长篇小说《夫妇们》（*Couples*，1968）里所描述的那样，[①] 属于通奸的一种特殊情况，不在本书定义的乱交中。

卖淫嫖娼也是一种乱交。这种乱交以钱物为媒介，是一种性交易。通常的情况是，嫖娼者以满足性欲为目的，卖淫者以得到钱物为目的。鉴于卖淫嫖娼的特殊性，本书另作专题研究。本节只讲双方基于性欲并且没有钱物媒介的乱交。

发生乱交并不意味着存在精神障碍，但精神障碍可以导致或者促发乱交。乱交可发生于多种类型的精神障碍者，如某些器质性精神障碍患者、青春型精神分裂症患者、躁狂症患者、精神发育迟滞者、人格障碍者、性心理障碍者。器质性精神障碍患者、青春型精神分裂症患者、躁狂症患者和精神发育迟滞者的乱交原因比较相似。这些患者性欲亢进，并且不能通过正当途径满足性欲，也不能接受或者理解有关的伦理和善良风俗，因而遇到机会，可能不加以选择地与异性性交。反社会型人格障碍者情感冷漠，缺乏责任感，藐视社会规范，难以或者不愿意长久维持两性关系，经常更换性对象。其他类型人格障碍者也可能因控制力薄弱而发生乱交。性心理障碍者发生乱交的也不少见，其中既有性功能亢进者，也有性功能低下者。有些性功能低下者性欲并无减退，只是性唤起困难，因而寻求强烈的性刺激，于是频繁更换性对象，或者热衷同时与多人进行性活动。

典型的精神障碍乱交者是色情狂。他们的性功能未必强大，但性欲连续不断。虽然通常可以从性交过程中获得快感，但是他们始终觉得不完美，期盼下一次性交可以带来真正的满足。他们还会认为换一个性伴侣效果会更好。于是，他们不仅沉溺于性交，而且不断追求新的性伴侣。他们对性伴侣是挑剔的，但并不投入感情，因为性伴侣对他们来说只是一个工具。他们对性交的方式有自己的偏好，在性交时

---

① 〔美〕约翰·厄普代克：《夫妇们》，苏福忠译，上海译文出版社，2011。

掌控一切，其过程像一个仪式，缺少激情。他们不尊重性道德和性规则，并且可以为了性欲牺牲家庭、朋友、金钱、事业、安全和健康。实际上，催动他们乱交的并不是性欲，而是他们可能意识不到的内心的焦虑和紧张。乱交不过是减轻焦虑和紧张的一种心理防御机制。可以说，他们的乱交是强迫性的。这种情况被称为性强迫症（sexual compulsion）。美国学者帕特里克·卡恩斯（Patrick Carnes）在其著作《性成瘾》（*Sexual Addiction*，1983）[①] 提出一个后来相当流行的概念："性成瘾"（sexual addiction，亦译"性瘾"、"性沉溺症"、"性纵欲"）。他认为性行为如同酒精和其他药物成瘾一样也是成瘾行为，性成瘾可以导致一些性犯罪。有人认为美国前总统克林顿（William Jefferson Clinton，Bill Clinton）就是"性成瘾"的典型个案，并称为"克林顿综合征"（Clinton syndrome）。据说克林顿年轻时的性生活就很混乱，在担任阿肯色州的州长期间曾经与超过100名的年轻女性私下会晤，担任美国总统后也是性丑闻持续不断。[②] DSM-5认为"性成瘾"是"行为成瘾"（behavioral addictions）的一个亚型，但没有将其正式列入分类，因为目前缺乏足够的证据来建立诊断标准和病程描述。[③] 其实，民国时期学者周光琦在1936年就提出或者运用一个类似概念"性的酩酊"。他说："在人类的一切享乐中，如吸饮鸦片与酒类，会起昏迷恍惚的酩酊状态，这个酩酊状态，即与犯罪有深切的关系。然性的昏迷，即性的耽溺与沉醉，亦和吸饮鸦片与酒类，会起酩酊的状态。因此，性的盲目，换言之即'性的酩酊'，实与犯罪有极

---

① 该书第二版改名为《走出阴影：了解性成瘾》（*Out of the Shadows：Understanding Sexual Addiction*，1992）。

② 参见〔美〕杰罗姆·D. 莱文《克林顿综合症：总统和自我毁灭的性纵欲》，王秋海等译，世界知识出版社，2000；〔美〕罗伯特·迈耶《变态行为案例故事》，张黎黎、高隽译，世界图书出版公司，2007，第146~150页。

③ 美国精神医学学会编著《精神障碍诊断与统计手册（第五版）》，〔美〕张道龙等译，北京大学出版社、北京大学医学出版社，2015，第473页。

深的关系。"①

性强迫症中有一种特殊的男子性欲亢进情况，某些男子专门勾引已婚妇女和处女。此谓"唐璜②综合征"（Don Juanism）。"唐璜"们以勾引为目的，猎物一旦得手就予以抛弃。他们认为妇女不可能保持贞洁，并通过勾引妇女来强化自己的观点。③

精神障碍者乱交，绝大多数是有意识进行的。例外的情况是有意识障碍症状的癔症患者。集团性癔症甚至有可能发生群淫。例如：

[**案例167**] 薛女，22岁，未婚；薛兄，24岁；薛嫂，22岁；薛姐夫，29岁。薛女的母亲平素迷信鬼神，常做与陌生男子发生性交的梦，并将此事讲给薛女听。薛女听后也梦见与姐夫性交。某夜薛女见流星逝过，好似落在自己头上，觉得大祸临头，为此焦虑失眠，食欲减退，随之出现扭扭搭搭、唱唱咧咧的表现，并自称狐仙附体。薛姐夫为人正派，但迷信至深，自称有四千年虎仙附体。薛嫂也说自己有神仙附体。某日，薛姐夫应邀到薛家为小孩治病，与薛女、薛嫂相聚，三人谈仙比道至深夜。在各自显示自己道法和仙灵史期间，薛女的姐夫与薛女、薛嫂分别发生了性交，薛兄当时在场。至凌晨薛女的姐夫又要与薛女和薛嫂性交时，薛女和薛兄、薛嫂认为姐夫是妖邪，于是三人将姐夫的头、四肢和阴茎砍断，掏出心肝，然后提着心肝去自首。在初审时，薛女不知羞耻，乱喊乱唱，不久之后安静下来，说自己似乎在梦中，对案情经过多不能回忆，提醒其杀了人时才痛哭不止。薛嫂、薛兄情况雷同。鉴定结论：薛女、薛嫂为癔症附体，薛兄

---

① 周光琦编著《性与犯罪》，正中书局，1936年初版，1942年再版，第4页。
② 唐璜是西班牙传说中的一个专门引诱良家妇女的淫荡贵族。欧洲的许多诗歌、戏剧都以他为主角。最著名的是英国诗人拜伦的长诗《唐璜》。但在拜伦笔下，唐璜是一个善良的热血青年。
③ 参见陶林《强迫性性行为》，《国外医学·精神病学分册》2000年第2期。

为精神发育迟滞（轻度）。①

精神病人（狭义）发生乱交的，以女性为多。这是因为男性精神病人虽然可能有乱交的动机和欲望，但自愿接受他们的女性却寥寥无几。男性精神病人与多人发生强制性性交，属于强奸，不属于本节所说的乱交。现实中所见乱交的男性精神障碍者，多是人格障碍者和性心理障碍者。这些人在其他方面不存在精神障碍，可以比较容易地与女性接触。女性对他们，不会像对其他精神障碍者那样总是心怀恐惧和厌恶。即使这样，一个男人乱交也并非容易，除非利用权、钱或者迷信、邪教。

而女性精神障碍者则不同，如果她们主动追求男性，会有不少人响应。女性青春型精神分裂症患者、躁狂症患者和精神发育迟滞者由于辨认能力和控制能力缺损，如果性欲亢进，会不知羞耻地积极主动地追求男性，发生乱交。有些女性可发生心因性的性欲亢进，她们为获得超常的性满足，也可能主动乱交。

[案例168] 薛某，21岁，未婚。性格孤僻，内向少语。自1983年高考落选后，常常白天睡觉，不理睬家人，认为父亲没本事。曾将敌敌畏倒入父亲饭碗中，幸被其母发现而未造成意外。1984年，首次在某精神病院治疗，诊断为精神分裂症。以后病情加重，发展到自言自语，独自发笑，冲动毁物，辱骂尊长，疑人诽谤。1985年，曾数次服农药自杀未遂。给高中同学王某写信，表述爱意，并频频到王家纠缠。在家乡主动同一40岁麻脸男子同居，并要成亲。有时不知羞耻，裸体外跑。1987年9月21日晚，在某码头江防堤上主动与陌生男性冉某接近，后两人发生性关系。精神检查所见：面容污秽，不修边

---

① 张向峰：《六组32例癔症性附体案例分析》，《中国心理卫生杂志》1992年第4期。

幅，接触被动，思维散漫，有被控制感，情感不协调，自知力丧失。她自述在白天黑夜可听到有男性讲如何爱她，想与她结婚，还说一夜可与几个男人同宿。①

[案例169] 某女，37岁，农民，文盲。三天内连续到同村三户人家，不顾羞耻，裸体上床，要求男人与她性交。并让其丈夫也"交换妻子"，"在别人的女人身上快活快活"。问她为何有此想法，她说少女时被人害了，已不是处女，深觉对不起丈夫，只有这样才能赎罪。经治疗后，自觉此举羞耻难当。②

[案例170] 某女，36岁，离异，在职干部。患偏执型精神分裂症。在多次病情反复发作期间，出现性欲亢进，突出表现为爱纠缠男性。见到老少男性就上前抱住不放，连7岁小孩也不放过，当众脱裤子，主动提出要和男人发生两性关系，述说自己阴道流水，痒的难受，伴淫言秽语，不知羞耻。③

因生理特点所决定，女性精神障碍者所发生的性欲亢进，往往是周期性的。一旦发生性欲亢进，就难以自控，理智尚存者也容易失去理智。有些女性精神障碍者性欲亢进时，性欲极端强烈，不是一般的性交所能满足的。有人通过反复进行手淫满足自己，甚至不惜自伤自残。还有一些人通过连续与多人性交满足性欲。相比之下，由于女性可以在短时间内多次获得性高潮，性欲亢进的女性精神障碍者发生同时与多人连续性交的情况比男性多见。

[案例171] 某女，患慢性青春型精神分裂症。在发病期间，她

---

① 吕先荣主编《司法精神医学案例集》，武汉市公安局安康医院印，1992，第154页。
② 骆世勋、宋书功主编《性法医学》，世界图书出版公司，1996，第429页。
③ 侯爱国：《黄体酮治疗精神分裂症性欲亢进1例》，《临床精神医学杂志》2001年第6期。

几乎每晚都浓妆艳饰地到马路上拉男青年到家中性交，有时甚至数人一起共宿。前后主动勾引了近30名男青年发生性交。在审查时，她说男青年都是她"请来的"，还说"如无男人伴宿则通宵难眠，头脑混乱"，"虽知这种做法很错误，但难以控制"。①

二　乱交的法律规制

人类社会存在过男女杂交的阶段，但随着婚姻家庭的出现和发展（从血婚制、伙婚制、偶婚制、父权制到专偶制）②，人类逐渐形成了以一夫一妻制为基础的性道德。乱交虽然是双方自愿的，而且不会对对方造成损害，但是任何文明社会的主流道德都对乱交持否定的态度。

在现代中国，对乱交的否定不仅来自于道德，而且也来自于法律。1979年《刑法》施行期间，根据最高人民法院、最高人民检察院《关于当前办理流氓案件中具体应用法律的若干问题的解答》，进行乱交属于下列三种情况的，构成流氓罪：（1）聚众进行淫乱活动（包括聚集奸宿）危害严重的主犯、教唆犯和其他流氓成性、屡教不改者；（2）以玩弄女性为目的，采取诱骗等手段奸淫妇女多人，或者虽奸淫妇女人数较少，但造成严重后果的；（3）勾引男性青少年多人，或者勾引外国人，与之搞两性关系，在社会上影响很坏或造成严重后果的。1997年《刑法》关于乱交问题，仅在第301条做了规定："聚众进行淫乱活动的，对首要分子或者多次参加的，处五年以下有期徒刑、拘役或者管制。引诱未成年人参加聚众淫乱活动的，依照前款的规定从重处罚。"也就是说，根据1997年《刑法》，只有对聚众

---

① 贾谊诚主编《实用司法精神病学》，安徽人民出版社，1988，第87页。
② 参见〔美〕摩尔根《古代社会》，杨东莼等译，商务印书馆，1977。

进行淫乱活动的首要分子和多次参加者，以及引诱未成年人参加聚众淫乱活动者，才应当以聚众淫乱罪论处；而上述（2）、（3）所列行为，一般已不构成犯罪。非聚众性地与多人发生性关系，如系双方自愿，且没有其他违法情节，属于道德调整的范畴，无须法律的干涉。

[**案例172**] 某女，姓罗，无业，26岁，生有一女，和丈夫长期两地分居。1999年秋天某日下午，罗接女儿回家。在路上，一辆汽车在罗女身边停下。罗定神一看，车上6位男人，其中有曾和自己发生过"情况"的高某、李某。接下来，高某下车，拉拉扯扯地把罗拽上了车。后来，车开到了驾车的林某家。再后来，在林家的阁楼上，6个男人中，高、孙、林先后和罗发生了"关系"。这时，见天色不早，罗下楼，把女儿送回了家中，然后转身又和6位男人会合了。这群人，嘻嘻哈哈地酒足饭饱之后，到林的租借房。接下去，他们将3张床推拢到一处，然后6男1女集体"就寝"。就这样，6男分别与罗有了"淫乱"的事端。"东窗事发"以后，检察官询问罗如何会发生如此状况，罗回答的倒也直率："生理需要。"既然罗是出于自愿，检察机关也就排除了6男的"涉嫌轮奸"。不过，《刑法》第301条规定："聚众进行淫乱活动的，对首要分子或者多次参加的，处五年以下有期徒刑、拘役或者管制，引诱未成年人参加聚众淫乱活动的，依照前款规定从重处罚。"因而，浦口区人民检察院以聚众淫乱罪对上面所说"事件"中提供淫乱场所的林提起了公诉。罗以及此事中的其他人等，有关方面也会依法给予相应的"说法"的。①

报道提到，对不构成犯罪的罗女等人，有关方面会依法给予相应的"说法"。此"说法"应当是给予治安管理处罚。一般认为，《治

---

① 《六男一女的荒唐闹剧》，《扬子晚报》2001年4月12日。

安管理处罚条例》所列"侮辱妇女或者进行其他流氓活动"包括尚不构成犯罪的聚众淫乱。《治安管理处罚法》则明确规定，对参与聚众淫乱活动的，或明知他人从事前述活动，为其提供条件的，可以处 10 日以上 15 日以下拘留，并处 500 元以上 1000 元以下罚款。

更为复杂的问题是如何从法律上确定女性精神障碍者乱交行为的性质以及与女性精神障碍者发生性交的男性的责任。对此，人们有不同的意见。在司法实践中有一种流行的观点认为，女性精神障碍者与男性发生乱交，不构成犯罪，但与之发生性交的男性，构成强奸罪。应当这样吗？

为了有效地保护女性精神障碍者的性不可侵犯权，最高人民法院、最高人民检察院、公安部联合发布的《关于当前办理强奸案件中具体应用法律的若干问题的解答》明确指出："明知妇女是精神病患者或者痴呆者（程度严重的）而与其发生性行为的，不管犯罪分子采取什么手段，都应以强奸罪论处。"这一原则无疑是正确的。女性精神障碍者在精神障碍的影响下，完全有可能对性行为及其后果无实质性理解能力。而对性行为及其后果无实质性理解能力，也就不能对他人的性交要求作出理智的反应。与对性行为及其后果无实质性理解能力的女性精神障碍者发生性交，即使她们没有表示反对，也不能说发生性交是符合她们意志的。有些无耻之徒利用了女性精神障碍者可能不具有认识性行为及其后果性质的能力这一弱点，主动与女性精神障碍者发生性交，企图既发泄性欲又不承担法律责任。为保护女性精神障碍者的性不可侵犯权，应当推定利用女性精神障碍者可能不具有认识性行为及其后果性质的能力这一弱点，而与之发生双方"自愿"的性交，是违背她们意志的，并应按强奸罪论处。也就是说，当有人明知妇女是精神障碍者而主动与之发生性交时，只要能够证明该妇女不具有认识性行为及其后果性质的能力，就应当将该行为人以强奸罪论处。如此，与女性精神障碍者发生双方"自愿"的性交行为构成强奸罪，至少有如下两个前提。

第一，行为人明知妇女是精神障碍者而与之性交。这里强调的是"明知"。精神病不是任何一个人一看就可以看得出来的，精神病患者被当成正常人的情况屡见不鲜，即使是精神医学专家也有失误的时候。痴呆虽然表现比较明显，但如果不严重也不是一下子就可看出来。不知道妇女是精神障碍者，而主动与其性交，对于行为人来说，与和精神正常的妇女性交并无不同。不知道妇女是精神障碍者，而与其性交，如果该妇女没有表示反对，行为人虽然可能构成其他犯罪，但不构成强奸罪。例如：

[**案例 173**] 一女性精神病患者因发病出走，经过某村一农户窗前，窥见一男青年身着短裤在床上午睡。该女患者性欲冲动，越窗而入，脱光衣服上床卧在男青年身旁。男青年突然惊醒，不知所措，企图避开。女患者将其阻拦，并声称："你若不从，我就喊人。"男青年未觉察到她有精神病，无奈与之发生性交。①

[**案例 174**] 张某，女，27 岁，患有严重青春型精神病②。某日夜晚，她挣脱家人的拦阻，在发病期间，来到大街上，袒胸露怀，不断向来往男人抛媚眼。在行至一小巷时，主动靠在男青年王某的身上，并用手抚摸他的脸部。王遂与张来到附近某建筑工地，两人发生了两性关系。后被巡逻民警发现。司法机关认为，王在不知张有精神病的前提下，受勾引与其发生性交，不构成强奸罪。③

第二，女性精神障碍者对性行为及其后果的实质性理解能力是不

---

① 王辉等：《性侵犯案例司法精神医学鉴定中的几个问题》，《临床精神医学杂志》1995 年第 2 期。
② 原文如此，疑是青春型精神分裂症。
③ 刘蓬主编《中华人民共和国刑法案例大全》，沈阳出版社，1994，第 423 页。

存在的，或者是受到严重损害的，使其不能理智地处理性问题。所以，鉴定女性精神障碍者对性行为及其后果有无实质性理解能力是至关重要的。这种鉴定在司法精神医学中被称为"性自卫能力鉴定"。最高人民法院、最高人民检察院、公安部、司法部、卫生部联合发布的《精神疾病司法鉴定暂行规定》（1989 年 7 月 11 日）第 22 条第 2 项专门规定："被鉴定人是女性，经鉴定患有精神疾病，在她的性不可侵犯权遭到侵害时，对自身所受的侵害或严重后果缺乏实质性理解能力的，为无自我防卫能力。"

但是，明知妇女是精神障碍者，而与之发生双方"自愿"的性交，如果该妇女无性自卫能力，就一定构成强奸罪吗？具体问题还是要具体分析。明知妇女是精神障碍者，而主动与其性交，只要该妇女无性自卫能力，不管行为人采取什么手段，也不管妇女是否表示反对，理应以强奸罪论处，但如果是女性精神障碍者主动要求性交则应另当别论。

[案例 175] 某女，躁狂症患者。该女在躁狂症复发后，对给她治病的一位青年男医生发生钟情妄想，并且计划诱骗他到她家。一日，当父母上班后，她打发保姆带小弟出门看戏，然后给男医生打电话，谎称服用他开的药后昏厥数次，请他来家诊视。男医生由于经验不足，未偕同女护士就匆忙独自前往。当他入室后，该女患者将房门锁牢，要求他与她结婚，拉他上床发生性关系，并迅速将衣服脱光，声称他如不肯，就控告他"上门强奸"。男医生面对强烈的性诱惑而未动摇，在情急之下，破窗自二楼跃下（手脚受伤），然后报告当地派出所，通知其父母，再将她送精神病院进行治疗。①

---

① 贾谊诚主编《实用司法精神病学》，安徽人民出版社，1988，第 86～87 页。

　　要求所有男人都像这位医生那样在女人主动提出的性要求面前必须保持冷静——即使他明知她是精神障碍者，未免过于苛刻。如果抵御住了诱惑，就是品行高尚的正人君子，而一旦抵御不住诱惑，便成为强奸犯，命运就在一瞬间被决定了。实际上，让每一个男人都成为坐怀不乱的柳下惠，根本就不是法律的任务。对女性精神障碍者主动提出的性要求予以迎合的人，固然不是正人君子，但他们与那些卑鄙地利用女性精神障碍者的弱点发泄性欲的无耻之徒还是有很大区别的，他们的过错毕竟事出有因，并且具有一定的偶然性。将他们以强奸罪论处是不公平的，也是没有必要的。贾谊诚透露，1983 年，南通市发生了一起所谓的"集体强奸、轮奸女精神病患者"的大案。但事实却是一位患精神分裂症的妇女，由于性欲亢进及自我控制能力严重受损，主动勾引和追求男性发生性关系，前后涉及二三十人。案发后，当地司法部门将他们全部逮捕，以强奸、轮奸女精神病患者的罪名将其中几个判处死刑，其余的人分别判处死缓、无期徒刑及长期徒刑。这致使众多家属、亲友、知情群众和律师的强烈不满，纷纷抗议并赴京上告、上诉，从而引起中央领导同志的重视，要求司法部门今后对此类案件必须慎重处理。① 司法精神医学界的一些人士也建议司法机关在处理与女性精神障碍者发生性交的案件时，注意区分女性精神障碍者是主动的还是被动的。他们认为，如果是女性精神障碍者主动，男方就不构成强奸。② 这个意见值得重视。

　　当然，对女性精神障碍者的"主动"也要具体分析。通过挑逗、

---

① 贾谊诚：《对性欲亢进的女性精神病患者的正确处理及性自卫能力鉴定的问题》，《中华精神科杂志》2000 年第 1 期。

② 参见贾谊诚《对精神发育迟滞的司法精神鉴定探讨》，《临床精神医学杂志》1995 年第 2 期；王辉等《性侵犯案例司法精神医学鉴定中的几个问题》，《临床精神医学杂志》1995 年第 2 期；靳跃等《关于部分性防卫能力问题的探讨》，《临床精神医学杂志》1996 年第 6 期；马世民主编《精神疾病的司法鉴定》，上海医科大学出版社，1998，第 234 页。

调戏等手段，诱使无性自卫能力的女性精神障碍者主动要求性交的，对行为人仍应按强奸罪论处。无性自卫能力的女性精神障碍者在被动地与一男性发生性交之后，又主动与同一男性再次发生性交，该男性仍然构成强奸罪。但是，如果无性自卫能力的女性精神障碍者在被动地与一男性发生性交后，主动与其他男性发生性交，其他男性不构成强奸罪。

在下面几个案例中，男方都不构成强奸：

[**案例 176**] 吴某，女，25 岁，未婚，农民。吴既往有精神分裂症史 6 年，曾四次住精神病专科医院治疗，诊断为青春型精神分裂症。吴在住院期间曾多次挑逗男性医务工作者。盛夏某日下午，吴在本村外的山路上拦住一过路的陌生男青年，要求对方骑自行车带她一段路，男青年应允。男青年系一外乡卖菜的农民，18 岁，因天气炎热，仅身着一条运动短裤，其他衣物均放在自行车后架旁的大筐内。在行进途中，吴趁男青年不备，将他的一件背心和一条长裤扔掉，多次抚摸男青年的身体，并将手伸进男青年的短裤内，但均被男青年制止。吴在下车时，手持一把小刀把男青年推向路边的小树林中，主动将男青年的短裤脱下，进行性交，当场被人抓获。事后对吴的精神状态进行鉴定时，吴说："我看他那么壮，我就喜欢。""我已经这样了，谁还要我。""我跟我喜欢的人搞，有什么不可以。""那天我高兴极了，真痛快。""你们纯粹是多管闲事。"①

[**案例 177**] 某女，精神发育迟滞。她在工厂做简单工作。她看到其他小姐妹都前后结婚生了小孩，心里十分羡慕，曾向母亲、工会小组长提出要找朋友，要结婚生小孩。但大家因她太傻太呆而不能满足她的愿望。一位从郊区乡下来的邻居老保姆很同情她，有一次表示可以在农村给她找一个男朋友，以后又给她带来该男青年的照片。她

---

① 孙东东：《精神病人的法律能力》，现代出版社，1992，第 56~57 页。

一见十分欢喜，瞒着厂方与母亲，随老保姆到了乡下，未经登记就与该男青年同居了。其母和厂方因她失踪，十分担心，除登报寻人外，还委托公安部门查找，最后找到了她。当地公安局即按强奸罪将男青年拘留，并委托有关部门对该女进行司法精神医学鉴定。经鉴定，该女智商只有32，属于重度精神发育迟滞。但是她能明确提出："为什么人家都能结婚、生孩子而我不能呢？他们都不要我，我只有自己到乡下找男人了。"她还说："他不嫌我，对我很好，我要跟他一辈子，连厂里也不愿意回去。"她苦苦要求释放她的男人。鉴定者鉴于上述情况，在鉴定书中强调她对性行为有一定程度的认识，是她主动到农村追求该男青年，并与之同居的。当地公安局研究后，释放了男青年，并责令他们进行结婚登记。后来，他们一直生活得较好，生有一子，智能发育正常。①

那么，女性精神障碍者主动与他人性交，如果触犯了刑律，如聚众淫乱、与未成年人性交，是否构成犯罪？在司法精神医学鉴定和司法审判实践中存在着一种错误的偏向，有些人认为女性精神障碍者只可能成为性犯罪的被害人，而不可能成为性犯罪的犯罪人。他们不问女性精神障碍者与男性发生性交的缘由，就认定她们是被害人。他们只考察她们的性自卫能力，而不考察她们的刑事责任能力。有些女性精神障碍者即使是主动与男性发生性交，并且在发生性交之前和过程中保持比较完好的辨认能力和控制能力，也被认为无性自卫能力。有些司法精神医学工作者甚至认为，对于发生性交的女性精神障碍者，司法鉴定的任务只是评定其性自卫能力。② 这种认识是违背法律规定

---

① 贾谊诚：《对精神发育迟滞的司法精神鉴定探讨》，《临床精神医学杂志》1995年第2期。

② 参见郑瞻培主编《司法精神鉴定的疑难问题及案例》，上海医科大学出版社，1996，第19、51页；郑瞻培《第四届全国司法精神病学会议报道》，《临床精神医学杂志》1995年第1期。

的。《精神疾病司法鉴定暂行规定》第 22 条第 1 项规定说得很清楚，对女性精神障碍者的性自卫能力进行鉴定，是以女性精神障碍者受到性侵害为前提的。女性精神障碍者如果不是受到性侵害，而是对他人施以性侵害，或者进行其他性犯罪，根本就不存在"性自卫能力"的问题。从根本上说，一个人可否成为犯罪人，不取决于他或者她的性别，而取决于他或者她是否实施了《刑法》所禁止的行为。同样地实施性行为，不能因为行为人是女性或者男性，就作出不同的认定，女性必定是被害人，男性必定是犯罪人。根据《刑法》的有关规定（1979 年《刑法》第 15 条，1997 年《刑法》第 18 条），不论是男性精神障碍者还是女性精神障碍者，实施了刑法所禁止的行为，并且造成危害结果的，只要具有辨认能力和控制能力，就要承担刑事责任。在这个法律规定面前，所有男性的和女性的精神障碍者都是平等的。对实施了性犯罪的女性精神障碍者来说，应当鉴定的不是其是否具有"性自卫能力"，而是其是否具有刑事责任能力。对于实施性犯罪的女性精神障碍者，固然有必要鉴定其对性行为及其后果有无实质性理解的能力，但决不能将这种鉴定称为"性自卫能力鉴定"。将这种鉴定称为"性理解能力鉴定"似乎更为可取。同时，也不能把这种鉴定完全等同于刑事责任能力的鉴定，因为对性行为及其后果的实质性理解能力的鉴定只是辨认能力鉴定的一部分。有这样一个案例：

[案例 178] 某女，初中一年级时因精神失常辍学。病前任性倔强，做事不拘小节，与伙伴合群。1991 年始精神失常，有时表现叹气多愁、事事都不顺心、怕见人、不出门、厌世，有时表现少眠、话多、吹牛、爱管闲事、浓妆艳饰、对镜欣赏、外出乱跑、举止轻浮，多次交替发作。1992～1993 年间 4 次住精神病医院，均诊断为双相情感性精神障碍。1996 年末至 1997 年 5 月 2 日，与多人多次发生两性关系，涉案总人数 36 人。地点、时间、人数随机。其中 1997 年 1 月

某日内 3 次与 9 名男性发生十多次两性关系。同年 4 月，该女在行政拘留所被关押期间与某男性被行拘人发生 3 次两性关系。解除行拘的当日往返留宿于流氓团伙成员家中。5 月 1 日下午，与 7 名男性聚集在一起，多次发生两性关系。5 月 2 日下午，该女与 3 名男性发生 4 次两性关系。当晚，再次与 15 名男性聚集之时，被公安机关查获。鉴定时精神状态：意识清晰，情感低落，情绪不稳，痛哭流涕，感到对不起所有的人，自责自罪，愿意认罪服法、接受政府的处理。回忆作案时称："那时疯了，睡眠少，好说好讲，心跳快，不愿在家，光想跑。对父亲的捆打管理对抗心理强，对任何事都感觉无所谓，什么也不怕，当众赤身裸体和脱抓男的裤子也不知羞耻，只感觉好玩，有刺激，不知道考虑性质和后果。"性行为"有自己的主动，也有男的主动，没有要钱要东西，也没有得到什么利"。对聚众淫乱时变化姿势及动作解释为"那时认为是自己独特的一套动作"。智能正常，体检及神经系统检查未见异常。结论：被鉴定人患双相型情感性精神障碍，作案时是在躁狂发作期，无责任能力。①

在本案中，对该乱交女是应当进行"性自卫能力"鉴定，还是应当进行"刑事责任能力"鉴定？恐怕还是应当进行包括"性理解能力"在内的"刑事责任能力"鉴定比较恰当。

女性精神障碍者在对性行为及其后果有实质性理解能力时，主动与他人性交，如果触犯了《刑法》，就应当对她们的刑事责任能力进行鉴定。当然，对性行为及其后果有实质性理解能力，并不就意味着行为人具有完全刑事责任能力，一来对性行为及其后果的实质性理解能力可能是受到削弱的，二来对其他问题的辨认能力可能是受到削弱

---

① 张浩英等：《情感性精神障碍患者参与聚众淫乱 1 例》，《法医学杂志》2000 年第 1 期。

的，三来即使对性行为及其后果的实质性理解能力是完全的，但还可能存在控制能力的缺损。关于女性精神障碍者主动与他人性交是否构成犯罪的问题，有四点需要把握。其一，女性精神障碍者在没有丧失辨认能力或者控制能力的情况下，勾引不满 14 岁未成年人与之性交，情节严重的，可定猥亵儿童罪。其二，女性精神障碍者在没有丧失辨认能力或者控制能力的情况下，主动参加聚众淫乱，并符合《刑法》第 301 条规定的（首要分子或者多次参加），应定聚众淫乱罪。其三，女性精神障碍者在没有丧失辨认能力或者控制能力的情况下，主动与人性交，如果不存在前述情节，就不具有社会危害性，因而不构成犯罪。其四，女性精神障碍者在丧失辨认能力或者控制能力的情况下，主动与人性交，即使性关系混乱，也不构成犯罪。在前两种情况下，女性精神障碍者都具有刑事责任能力，但究竟是具有完全刑事责任能力，还是具有部分刑事责任能力，需根据具体情况而定。在后三种情况下，与女性精神障碍者发生性交的男性是否构成犯罪，以及构成何罪，也需根据具体情况而定。

第二节　卖淫与嫖娼

一　卖淫嫖娼的定义

1995 年，公安部《关于对以营利为目的的手淫、口淫等行为定性处理问题的批复》（公复字〔1995〕6 号，1995 年 8 月 10 日）对卖淫嫖娼有一个综合的但不包括同性卖淫嫖娼的定义："卖淫嫖娼是指不特定的男女之间以金钱、财物为媒介发生不正当性关系的行为。卖淫嫖娼行为指的是一个过程，在这一过程中卖淫妇女与嫖客之间的相互勾引、结识、讲价、支付、发生手淫、口淫、性交行为及与此有关的行为都是卖淫嫖娼行为的组成部分，应按卖淫嫖娼查处，处罚轻重可根据情节不同而有所区别。"① 2001 年，公安部《关于对同性之间以钱财为媒介的性行为定性处理问题的批复》（公复字〔2001〕4 号，2001 年 2 月 18 日）对上述定义进行了修订，将同性卖淫嫖娼加了进去："根据《中华人民共和国治安管理处罚条例》和全国人大常委会《关于严禁卖淫嫖娼的决定》的规定，不特定的异性之间或者同性之间以金钱、财物为媒介发生不正当性关系的行为，包括口淫、手淫、鸡奸等行为，都属于卖淫嫖娼行为，对行为人应当依法处理。"2003 年，公安部在《关于以钱财为媒介尚未发生性行为或发生性行为尚未给付钱财如何定性问题的批复》（公复字〔2003〕5 号，2003 年 9 月 24 日）进一步解释："卖淫嫖娼是指不特定的异性之间或同性之间以金钱、财物为媒介发生性关系的行为。行为主体之间主观上已经就卖淫嫖娼达成一致，已经谈好价格或者已经给付金钱、财物，并且已经着手实施，但由于其本人主观意志以外的原因，尚未发生性关系的；或者已经发生性关系，但尚未给付金钱、财物的，都可以按卖淫嫖娼行为依法处理。对前一种行为，应当从轻处罚。"②

　　公安部对卖淫嫖娼下的定义还不够严谨。什么是"不特定的"，是不固定的，还是不认识的？"不特定"隐含着多数和不加选择的意思。那么，第一次"以金钱、财物为媒介"与他人发生性关系，是否构成卖淫或者嫖娼？只与一个人"以金钱、财物为媒介"发生婚外性关系，是否构成卖淫或者嫖娼？而且，如果不明知对方曾经与"不特定的人""以金钱、财物为媒介"发生过性关系，而与之"以金钱、财物为媒介"发生性关系，是否构成卖淫或者嫖娼？还有，两个人如果长期保持钱性交易关系，双方是否构成卖淫或者嫖娼？或

---

① 全国人大常委会法制工作委员会研究室编审《中华人民共和国法律法规及司法解释分类汇编·行政法（三）》，中国民主法制出版社，2000，第 1449 页。
② 公安部法制局编《治安管理处罚法律法规汇编》，中国长安出版社，2005，第 328 ～ 329 页。

者，每次要钱给钱是卖淫或者嫖娼，总的要或者给一大笔钱以后各次不谈钱就不是卖淫或者嫖娼？实际上，公安部的卖淫嫖娼定义只适用于一部分卖淫者，而基本不适用于嫖娼者。向"不特定的"人卖淫，这是职业性或者半职业性娼妓即妓女的职业特点。这类卖淫者大多是以卖淫作为主要谋生手段，并且被雇佣或者组织。她们身不由己，不能或者无心选择嫖客，只要对方可以支付报酬，一般来者不拒。而现在许多为钱而与他人发生性关系者并不是这样的。她们拥有合法职业或者工作，利用夜间和周末以及节假日，为获得报酬而与他人发生性关系。她们自己掌握活动时间，自己掌握交易收入。她们往往从年龄、外貌、职业、收入情况、是否可靠等多个方面对交易对象加以严格的选择，没有找到合适的对象就不做，甚至可能只与固定的几个人发生性关系。而买方具有完全的行为自由，他们可以根据自己的喜好挑选交易对象。对他们来说，交易对象都是特定的。根据公安部的卖淫嫖娼定义，应当说，第一次"以金钱、财物为媒介"与他人发生性关系，或者只与一个人"以金钱、财物为媒介"发生性关系，如明末的侯方域与李香君，不构成卖淫或者嫖娼。但现实中对卖淫嫖娼的处罚不是这样。不管是第几次，也不管是否和一人，只要"以金钱、财物为媒介"发生或者企图发生性关系，公安机关就可认定为卖淫嫖娼。

公安部关于卖淫嫖娼的定义，对法院、检察院处理组织、强迫、引诱、容留、介绍卖淫犯罪案件是否有约束力，司法中存在争议。本书第一版中也提出过疑问："《刑法》虽有涉及卖淫、嫖娼的罪名，但是立法机关和司法机关都没有对什么是刑法上的卖淫、嫖娼作出解释。难道在刑事审判中应当适用公安部对卖淫、嫖娼的解释？"① 这只是提出问题，然而几年之后，公安部的定义真的在刑事审判中遭到一

---

① 本书第一版，2006，第265页。

些法院的排斥——广东的法院以提供手淫等非性交类性服务不属于卖淫为由，认定组织提供非性交类性服务不属于犯罪。

[**案例179**]《南方都市报》2013年6月26日报道：2011年7月，广东佛山南海警方查获一理发店里多名男子涉嫌卖淫嫖娼。据调查，该店雇请多名按摩女子为客人提供色情按摩。随后，警方以涉嫌组织卖淫对这家店的老板李某和两名管理人员刑事拘留并立案调查。案件侦结完毕移送检方后，检察院以同样的罪名向法院提起公诉。2011年底，李某等三人被一审法院以组织卖淫罪判处有期徒刑5年不等。但一审开庭期间，李某等人的辩护律师对检方指控的罪名并无异议，并当庭表示认罪希望从轻判决。一审判决后，李某却突然提出了上诉，其新代表律师提出起诉书指控的行为不构成犯罪，3被告人均无罪。检方经过两次补充侦查后，2012年初以"不应当追究被告人刑事责任"为由，撤回起诉，3被告人无罪释放。记者了解到，被告上诉后，佛山市中院组成合议庭审查，认为一审判决认定事实不清，适用法律不当，决定发回重审，并对此案争议的焦点作出答复。答复称，该案中被告人及证人证言等证据涉案场所只提供"打飞机"、"洗飞机"、"波推"三种色情服务。根据刑法学理论，卖淫是指以营利为目的，与不特定的对方发生性交和实施类似性交的行为，不包括单纯为异性手淫和女性用乳房摩擦男性生殖器的行为。根据广东省高级人民法院2007年有关介绍、容留妇女卖淫案适用法律问题的批复称，介绍、容留妇女为他人提供手淫服务的行为，不属于刑法明文规定的犯罪行为。故该三种色情服务不属于《刑法》第六章第八节中组织、强迫、引诱、容留卖淫之"卖淫行为"。同类案件国内其他法院认定和判决不一。2004年福州福清法院审理的汤某等涉嫌按摩店手淫服务案，被告人行为构成容留卖淫罪；2008年重庆市黔江法院审理的庞某涉嫌会所色情按摩案协助组织卖淫罪未获认定。但在江门法院最近认

定一宗组织卖淫罪，则认定手淫服务属于卖淫行为。①

《南方都市报》2013 年 8 月 9 日报道：昨日上午，李某武、黄某亮和李某文等三男在佛山南海法院拿到了该院作出的《国家赔偿决定书》，三人共获赔偿约 17 万元。三男在 2011 年 7 月因为提供"波推"、"打飞机"等色情按摩服务被拘一年，一审被分别判处有期徒刑后又被宣告无罪释放。赔偿请求人李某武因涉嫌组织卖淫罪，黄某亮、李某文因涉嫌协助组织卖淫罪被提起公诉，佛山南海法院一审判决上述三人有罪，经佛山中院裁定发回重审后，南海检察院撤回起诉并决定不起诉。2013 年 6 月 13 日，赔偿请求人李某武、黄某亮、李某文向法院递交书面申请，请求赔偿被羁押的赔偿金。南海法院审查认为，根据《国家赔偿法》第 21 条第 4 款中"二审改判无罪，以及二审发回重审后作无罪处理的，作出一审有罪判决的人民法院为赔偿义务机关"的规定，应对三名赔偿请求人予以国家赔偿。南海法院依照《国家赔偿法》第 23 条相关规定，经与李某武、黄某亮、李某文协商后，决定分别赔偿李某武等三人被羁押的国家赔偿金人民币62054 元、62054 元、50000 元。②

有关报道引起关于非性交类性服务是否属于卖淫的争论。2013 年6 月 26 日晚，广东高级人民法院官方微博作出回应称："提供手淫服务（'打飞机'）的行为，现行刑法及相关司法解释均未明确规定为犯罪行为。按照罪刑法定原则，此类行为不认定为犯罪。但是，此类行为明显妨害了社会管理秩序，具有一定的社会危害性，应由有关机关依法查处。此类行为是否作为犯罪及如何处理，应由立法机关和司

---

① 门君诚、张在欢：《组织按摩女"波推"竟未获刑》，《南方都市报》2013 年 6 月 26日。

② 南法宣：《因提供"波推""打飞机"服务被拘一年 三男子终被判无罪 共获国家赔偿 17 万》，《南方都市报》2013 年 8 月 9 日。

法解释部门予以明确。"① 这个观点似是而非，表述也很不严谨。现行刑法及相关司法解释不仅未明确规定提供手淫服务为犯罪行为，甚至也未明确规定提供性交服务为犯罪行为。在中国，根据《刑法》，卖淫以及嫖娼本身不构成犯罪，组织、强迫、引诱、容留、介绍卖淫才可能构成犯罪。这何须立法机关和司法解释部门再予以明确？广东高院难道不知道，卖淫本身和卖淫者本身——不论是有偿提供性交服务，还是有偿提供肛交、口交、手淫服务——不构成犯罪吗？而且，按广东高院的逻辑，组织、强迫、引诱、容留、介绍肛交、口淫服务也不构成犯罪，因为刑法及相关司法解释也未明确规定提供肛交、口交服务是卖淫，甚至未明确规定什么是性交。广东高院故意模糊概念，将"组织"他人"提供手淫服务"简化为"提供手淫服务"，企图误导舆论，而且也的确在社会上造成提供手淫服务不属于卖淫的印象——其中有媒体、网民的误读，也有一些媒体、学者的故意曲解。广东高院的矛头实际上针对的是公安部关于卖淫嫖娼的定义。它认为公安部的定义不是立法解释或者司法解释，在刑事审判中可以不予理睬，而只可在行政审判中予以考虑。它当然不敢明确说提供手淫服务不属于卖淫，而是刻意强调刑法意义上的"卖淫"与治安管理处罚法意义上的"卖淫"不是一回事。其用意在于缩小《刑法》关于组织、强迫、引诱、容留、介绍卖淫罪规定的打击面，使得非性交类性服务的组织者免于刑罚，而并不是为了宽待非性交类性服务的双方。但是，仅靠治安管理处罚，能否扼制组织非性交类性服务的活动在一省之内的泛滥，是很可怀疑的。在这种背景下，组织、强迫、引诱、容留、介绍卖淫犯罪的猖獗也是可想而知的。于是，2014 年初的东莞以及其他地方的"扫黄风暴"之迅猛，以及重在打击幕后"保护伞"，

---

① 董柳：《发廊"打飞机"算不算犯罪？广东高院表示，提供手淫服务不属犯罪但应查处，网友就此展开热议》，《羊城晚报》2013 年 6 月 28 日。

并不令人惊讶。

在中国，禁止和处罚卖淫嫖娼行为本身的基本法律是《治安管理处罚法》（前身为《治安管理处罚条例》）。先有公安机关对卖淫的认定，在发现有组织、强迫、引诱、容留、介绍卖淫的情形后，经检察院的起诉，才有法院对组织、强迫、引诱、容留、介绍卖淫犯罪案件的审理。治安管理处罚包括对卖淫嫖娼行为的治安管理处罚——在没有发生行政诉讼的情况下，不是司法范畴的活动。因此，对《治安管理处罚条例》或者《治安管理处罚法》及其关于卖淫嫖娼的规定，不可能有司法解释。但是，根据迄今仍为有效的《全国人民代表大会常务委员会关于加强法律解释工作的决议》（1981 年 6 月 10 日第五届全国人民代表大会常务委员会第十九次会议通过）第三项关于"不属于审判和检察工作中的其他法律、法令如何具体应用的问题，由国务院及主管部门进行解释"之规定，国务院以及公安部有权对《治安管理处罚法》或者《治安管理处罚条例》进行解释，包括对什么是卖淫嫖娼作出解释，其解释具有法律效力。这种解释可以说是一种"准司法解释"。国务院以及公安部关于卖淫嫖娼的解释，虽然可能有缺点，可以在学术上给予批评，但如果未经全国人大或其常委会认定其违法，司法机关就没有理由在审理组织、强迫、引诱、容留、介绍卖淫犯罪案件时予以抵制，甚至完全不加以参考。另外，2003年 5 月，国务院法制办公室对浙江省人民政府法制办公室《关于转送审查处理公安部公复字〔2001〕4 号批复的请示》的复函（2003年 5 月 22 日，国法函〔2003〕155 号）指出："我们征求了全国人大常委会法工委意见，他们认为，公安部对卖淫嫖娼的含义进行解释符合法律规定的权限，公安部公复字〔2001〕4 号批复的内容与法律的规定是一致的，卖淫嫖娼是指通过金钱交易一方向另一方提供性服务，以满足对方性欲的行为，至于具体性行为采用什么方式，不影响对卖淫嫖娼行为的认定。据此，公安部公复字〔2001〕4 号批复的规定是合法的。"① 全国人大常委会法工委是国家立法工作机关，其意见虽然不是严格的立法解释，但在一定程度上代表了立法机关的意志，广东高院更不应视而不见。更重要的是，《全国人民代表大会常务委员会关于严禁卖淫嫖娼的决定》（1991 年 9 月 4 日第七届全国人民代表大会常务委员会第二十一次会议通过）没有区分"组织、强迫、引诱、容留、介绍卖淫罪"中的卖淫和《治安管理处罚条例》上的卖淫，它在规定严惩组织、强迫、引诱、容留、介绍卖淫犯罪的同时，还专门规定："卖淫、嫖娼的，依照治安管理处罚条例第三十条的规定处罚。"在讨论中，有些刑法学者认为，刑法和治安管理处罚法对于卖淫嫖娼的把握尺度不一样，治安管理处罚法规定的卖淫嫖娼要求比较低，刑法因为是对犯罪的处罚，限定要更严格。② 不知这些学者的观点有何法律依据以及立法解释、司法解释的依据？何况刑法是对组织卖淫等犯罪的处罚，而不是对卖淫嫖娼行为的处罚，不能偷换概念。退一步说，广东高院对于刑法规定之组织、强迫、引诱、容留、介绍卖淫罪中的卖淫究竟是指什么，如果把握不准，或者不同意公安部的解释，完全可以通过规范渠道向最高人民法院请示，由最高人民法院作出司法解释，或者由最高人民法院根据《立法法》的有关规定向全国人大常委会提出法律解释的要求，而不应通过媒体、微博呼吁立法机关和司法机关作出解释，更不应自己妄加解释，并根据自己的解释审判案件。这不是依法独立行使审判权，而是司法擅断，取国家立法机关和最高司法机关而代之。

当然，组织、强迫、引诱、容留、介绍卖淫行为，毕竟由《刑法》规定为犯罪，如果全国人大常委会或者最高人民法院、最高人民检察院对什么是卖淫嫖娼作出解释，则更为权威和符合法治原则。

---

① 《法律法规询问与答复》，中国法制出版社，2006，第 158 页。
② 燕磊：《手淫服务是否属卖淫引争议 专家解释并非法律漏洞》，中国新闻网 2013 年 6 月 28 日。

广东高院还说，据刑法学理论，卖淫是指以营利为目的，与不特定的对方发生性交和实施类似性交的行为，不包括单纯为异性手淫和女性用乳房摩擦男性生殖器的行为。而这种所谓的刑法学理论，还是将性行为限定为一种"生殖器插入"行为，是过时的观念，反映了中国刑法学理论一部分的落后。它用于解释现行刑法的"强奸罪"和已经被废除的"嫖宿幼女罪"中的性行为尚可（有所扩张，包括了肛交和插入性口交），但用于解释"卖淫"中的性行为则不准确和不符合实际。就性的层面而言，卖淫就是为获取经济利益或者其他利益而向他人提供性服务或者说与他人发生性关系，包括一切可以满足性欲的行为或活动；嫖娼就是以给予或者承诺给予经济利益或者其他利益为条件，换取他人提供性服务或者发生性关系，包括一切可以满足性欲的行为或活动。在卖淫嫖娼关系中，不发生性交、肛交、口交等性接触，而只发生双方同意的鞭打、捆绑等施虐受虐行为也是不罕见的。似乎没有国家在法律上将卖淫中的性行为限定于"生殖器插入"的行为。而从惩处或者规制卖淫行为的角度而言，如前所述，最大的难题在于是否应当以及如何区分职业性的卖淫和普通的、偶发的卖淫。

随着互联网的出现和发达，还出现所谓虚拟卖淫嫖娼。有人以牟利为目的，自己或者组织他人通过网络与他人进行实时的虚拟性行为。对虚拟卖淫嫖娼的防治是否可以适用针对现实卖淫的法律？我认为，已有的禁止卖淫嫖娼的法律是针对现实的卖淫嫖娼制定的，显然不适用于虚拟卖淫嫖娼。从根本上说，虚拟卖淫嫖娼与现实卖淫嫖娼完全是两回事。虚拟卖淫属于网络淫秽表演，对其组织者应定组织淫秽表演罪处罚，对表演者则可以给予治安管理处罚。对虚拟"嫖宿"幼女的，可以定猥亵儿童罪处罚。

卖淫、嫖娼及其法律对策是十分复杂的问题。下文主要分析精神障碍与卖淫、嫖娼的关系，并且探讨对精神障碍者卖淫、嫖娼的处理。

二 卖淫

（一）卖淫的原因

虽然也有男性向女性或者男性卖淫，但绝大多数卖淫者是女性。也有女性向女性卖淫，但这极为少见，尤其在中国。张北川等曾报告一例女同性恋者卖淫。她主要向男性卖淫，但也多次接待过女性，并与一同性伴侣共同生活。她在接待男性嫖客的过程中从未体验过性高潮。[1] 台湾学者陈美华也曾报告一例女同性恋者卖淫。这位性工作者说，从事性交易"没什么大不了的，因为我对男人完全没感觉！"但当她的客人是女性时，她则表示自己变得"超害羞的"。她只接待过两位女客人，而且后来都成为她的女朋友。[2] 下面着重分析女性向男性卖淫（prostitution）的情况。

旧时对卖淫的稍文雅叫法是"卖春"，现在日本还在使用（壳春）。以性交易（sex-trade）这个角度看，卖淫就是以性服务换取金钱（the exchange of sexual services for money）。以卖淫收入为主要经济来源的女性卖淫者一般被称为妓女、娼妓以及"应召女郎"（call girl）、"三陪女"（female escort）等，中国南方俗称为"鸡"。西方一些主张卖淫合法化的团体将其称为"性工作者"（sex worker）。国内也出现一种不带贬义的称呼："性从业人员"。还有人主张将卖淫女性称为"失足妇女"，但未得到普遍认同。在卖淫者和买淫者之间可能存在中介人，通常被称为皮条客，中国南方俗称为"鸡头"。中介活动则被称为拉皮条或淫媒。妓女的雇佣者或者管理者，多为女性，称为鸨母、假母或妈咪。

妇女走上卖淫之路可分非自愿和自愿两种情况。非自愿卖淫是受

---

① 张北川等：《危险的职业，脆弱的人群》，载邱仁宗主编《她们在黑暗中——中国大陆若干城市艾滋病与卖淫初步调查》，中国社会科学出版社，2001。
② 陈美华：《公开的劳务、私人的性与身体》，《台湾社会学》2006 年第 11 期。

到他人包括黑恶势力强迫所致。自愿卖淫的原因则十分复杂，摆脱贫困、追求高收入等经济因素似乎是主要的，但性观念、性经历、早期家庭环境、婚姻不幸、不愿意辛苦工作等方面因素的作用也不能忽视。而男女不平等恐怕是卖淫现象的更深层次的原因。

不能从整体上把妇女卖淫视为淫乱。虽然有不少卖淫妇女能够或者希望在卖淫时获得性快感，但对她们中间的多数人来说，获取经济收入仍然是主要目的。[①] 刘新会等在 1997 年对武汉市妇女收容教育所收容的 259 名卖淫女进行了抽样调查，取得 57 人的样本量，其中 38 人回答了卖淫性交体验的问题：18% 经常达到性高潮，31% 有时会产生性高潮，54% 从未有过性高潮；同时调查显示，在回答卖淫原因问题的 46 人中，30% 为满足基本生活水平，39% 为赚更多的钱享受，4% 为偿还债务，2% 为一时之需，24% 为其他原因（其中 1 人是一半为钱，一半为找乐子；1 人为感恩；2 人是因为超生；1 人做生意亏本）。[②] 张北川等对某城市被收容卖淫女进行调查，得到有效问卷 42 份，其中 28.6% 认为商业性活动有一定刺激性与乐趣，2.4% 认为有相当大刺激性和乐趣；卖淫性交时，83.3% 偶尔达到性高潮，14.3% 经常达到性高潮，2.4% 从未达到性高潮；关于开始卖淫的主要原因，59.5% 为经济困难，21.4% 为报复男性伤害，19% 为被逼迫，7.2% 出于好奇心（个别人填写 2 项答案），无人认为因卖淫能带来很大肉体快乐而参与。[③] 而那些失去人身自由被强迫卖淫或者长期从事卖淫活动的妇女，几乎都存在性冷淡和对男人的厌恶。

以追求性刺激为主要目的而卖淫的仅仅是个别的。而这些个别的

---

① 威廉·马斯特斯在调查中发现，妓女的第二位动机是性渴望。参见〔美〕W. 马斯特斯、V. 约翰逊《人类性反应》，马晓年等译，知识出版社，1989，"译者的话"。

② 刘新会等：《卖淫社会动力学探讨》，载邱仁宗主编《她们在黑暗中——中国大陆若干城市艾滋病与卖淫初步调查》，中国社会科学出版社，2001。

③ 张北川等：《危险的职业，脆弱的人群》，载邱仁宗主编《她们在黑暗中——中国大陆若干城市艾滋病与卖淫初步调查》，中国社会科学出版社，2001。

人可能是精神障碍者。女性青春型精神分裂症患者、躁狂症患者和精神发育迟滞者在他人的诱骗、教唆下可能卖淫。她们卖淫可能更关注自身感受，而不在乎钱多钱少。对她们进行教育也难以收到实效。

[案例180]　朱某，女，31岁，文盲。因流窜卖淫被劳教。朱供述："我从小就有一个毛病，隔一段时间，不往外跑，就烦躁得要死。老往外跑，啥都不怕，治了多年也没治好。到劳教所后，每天夜里一躺在床上，就看见很多男人到了跟前，这时阴道就一阵阵奇痒，小肚子疼，心里烦躁，不知咋弄才好。"朱还说："关我两年会把我急病的。"①

精神障碍与卖淫的关系不只是这一个方面。有些报告指出，多数卖淫女的人格是偏离正常的，多以本能需要作为行为动机，情绪易激动，人际关系敏感，自控力差，强迫，偏执，抑郁，敌对。② 但是，这些报告没有能够提供人格障碍是卖淫的原因还是卖淫的结果的答案。根据另一些关于妇女卖淫原因的调查报告分析，卖淫女早年经历中的许多情况，如父母离异、家庭教育方式和内容不当、曾遭受性侵害、早恋"失身"，确实对人格障碍的形成有推动作用。当然也不能否认卖淫生活对人格的消极影响，尤其是对那些在未成年时就开始卖淫的妇女来说。精神分析学派则提出另一种解释。有学者认为，尽管经济因素重要到可助长卖淫的行为，但心理和病理上的因素对造成卖淫也是重要的。卖淫者为了报复不幸福的或受损伤的

---

① 河南省法学会编印《青少年犯罪研究文集》，1986，第57页。
② 参见张伟等《卖淫青少年妇女 MMPI 测试结果的聚类分析》，《中国心理卫生杂志》1993年第3期；张仁川等《卖淫者人格特征初探——附120例 MMPI 测查结果》，《中国心理卫生杂志》1993年第3期；赵振环等《494例青少年女性性罪错的 EPQ 测定》，《中国神经精神疾病杂志》1993年第4期；曾天德等《卖淫妇女心理卫生状况调查》，《中国心理卫生杂志》2001年第5期；高春霓等《女性青年性罪错相关问题对照研究》，《中国心理卫生杂志》2002年第4期。

孩童时代而感到有一种贬低男人或父亲之类的人物的需要，要把男人变成猪狗。这种压低性对象的欲望并不被认为是妇女们独有的。男人也有贬低妇女或母亲之类人物的欲望，娼妓正好适合这个目的。结果制造出一种象征性的关系，在这其中，娼妓和主顾的病理性的需求都得到满足。①

卖淫妇女中有一些是吸毒者。有些人是为换取毒资而卖淫，有些人是为使自己对卖淫的痛苦感到麻木而吸毒，还有一些人是被控制她们的人强制吸毒。有些毒品贩子也把卖淫妇女作为目标，因为她们可以经常通过卖淫获得经济收入。如果说，妇女还可以通过自己的毅力和努力自拔于卖淫，而一旦吸毒，就走上了卖淫的不归路。卖淫收入用来购买毒品，没有毒资后继续卖淫，周而复始，恶性循环。"当卖淫没有什么理由存在时，毒品就成了从事卖淫的理由。"② 对于卖淫和吸毒的互动关系，德国纪实文学作品《我是妓女吸毒者》一书有所揭示。12 岁的少女克丽斯蒂娜因无法忍受父母离异后家里的生活加入了一个少年团伙，受别人影响开始吸白面和服用迷幻药，在 13 岁时又开始服用海洛因，紧接着又开始注射海洛因。为了维持海洛因的开销，克丽斯蒂娜在 14 岁时和她的男朋友不得不卖淫，她向男性卖淫，她的男朋友也向男性卖淫。克丽斯蒂娜说："每天拉客——不可能去干别的——由于我总是急需钱，所以我不再能够在我的顾客面前拿架子，也无法再由我来给他们定条件。"值得庆幸的是，克丽斯蒂娜在 15 岁时被强制戒了毒，但她又发现："我梦求的戒毒后的新生活完全是荒谬的。其他人并没有以现在的我来看待我，还是以过去的我来判断我"，"我很清楚，我的档案到了哪里都会先入为主"。她中学毕业后找不到正式的工作，政府有关部门鉴于有法律规定禁止年轻失业者

---

① 参见〔英〕卡罗尔《犯罪的女性》，季晓磊等编译，警官教育出版社，1993，第 76 页。

② 〔美〕凯瑟琳·巴里：《被奴役的性》，晓征译，江苏人民出版社，2000，第 39 页。

流落街头，给了她一个临时工作。①

（二）卖淫的规制模式

国家应当如何对待卖淫，自古就是一个难题。

> 在西方的历史上，卖淫对政府、教会和大多数民众来说始终是必须消灭的恶魔；只是人们从来不知道应该如何恰当地进行斗争。虽然这个职业过去（现在仍然）在社会上不受欢迎，但消灭它显然不是那么简单的事情。在这里，政府——像对待酗酒和吸毒等相似的社会问题那样——在禁止和整顿之间进行着选择。然而这是一种在两个坏事之间的选择。在禁止的时候，政府对外保留了一双干净的手。但卖淫并没有从图画的表面消失，卖淫潜入地下并与刑事犯罪结合在一起。政府失去了对卖淫的了解和监控的可能。在整顿的时候，政府有了监控的可能性，但也意味着公开地承认卖淫的存在权并使政府招致批评。②

目前各国对卖淫的法律对策差异颇大，主要有四种模式。

第一，卖淫犯罪化（criminalization of prostitution）。这种模式认为卖淫以及所有与卖淫有关的活动构成犯罪，曾经存在于社会主义时期的罗马尼亚、匈牙利、捷克斯洛伐克。例如，原《罗马尼亚刑法典》第328条规定："对为自己获取生活资料或者主要生活资料而与各种人进行性交的行为，将处以3个月至3年的监禁。"③ 美国各州（内华达州除外）也采取这种模式。另外，令人想不到的是，奥地利和丹麦

---

① 〔德〕F. 克丽斯蒂娜述，凯·赫尔曼、霍斯特·里克整理《我是妓女吸毒者》，戴明沛等译，大众文艺出版社，1998。
② 〔荷〕洛蒂·范·珀尔：《市民与妓女：近代初期阿姆斯特丹的不道德职业》，李士勋译，人民文学出版社，2009，第87页。
③ 转引自〔苏联〕A. H. 依格纳托夫等《卖淫和与其相关的违法行为的责任——比较法学的分析》，陈维新译，《法学译丛》1991年第2期。

在历史上曾经对女性卖淫和男性同性卖淫区别对待，女性卖淫不构成犯罪，而男性向同性卖淫却构成犯罪。例如，《奥地利刑法典》第210条曾规定"职业性的同性淫乱"构成犯罪，这项规定直到1989年才被废除。①

第二，卖淫合法化（legalization of prostitution）。德国、法国、奥地利、丹麦、荷兰、芬兰等国和美国内华达州的大部分地区采取这种模式。这种模式从最初由法国实施的对妓女进行强制性传染病检查的制度发展而来。所谓卖淫的"合法化"，并不等于所有卖淫都不违法，而是指国家承认和规范、管理卖淫业。妓女必须登记注册，卖淫收入要纳税，要定期进行健康检查。妓女只能在特定时间和在城市的固定地区活动。在卖淫合法化的国家，不接受管理的卖淫以及强迫妇女卖淫、诱骗幼女卖淫、向未成年人卖淫、向未成年人买春（向未达到性行为同意年龄者买春，一般按强奸罪或者"对儿童的性滥用罪"论处）、拉皮条、靠妓女为生等行为都构成犯罪。

对这种制度，恩格斯曾给予批评。1892年12月22日，恩格斯在致奥古斯特·倍倍尔的信中，赞同倍倍尔（当时为德国国会议员）在德国国会审议涉及卖淫问题的海因茨法案时的演说："我很喜欢你关于海因茨法律的发言。在卖淫现象不能完全消灭以前，我认为我们最首要的义务是使妓女摆脱一切特殊法律的束缚。""我认为，在探讨这个问题时，我们首先要考虑的是作为现存社会制度牺牲品的妓女本身的利益，并尽可能地使她们不致遭受贫困，至少不要象在整个大陆（指欧洲大陆——刘注）上那样，利用强制的手段，通过法律和警察的卑鄙行径而使她们完全堕落。""应该要求完全停止对卖淫进行追究并使妓女不受剥削。"② 海因茨是一个靠妓女为生的德

---

① 《奥地利联邦共和国刑法典（2002年修订）》，徐久生译，中国方正出版社，2004。
② 《马克思恩格斯全集》第三十八卷，人民出版社，1972，第550~551页。

国人，犯有谋杀和盗窃罪。该案成为制定禁止卖淫法律的借口。海因茨法案对介绍奸淫、靠妓女为生、传播淫秽刊物作出禁止规定或加重处罚。该法案于 1891 年提交国会，经过长期讨论后，在 1900 年 6 月 25 日获得通过。根据该法，1871 年《德国刑法典》① 第 180 条、第 181 条、第 184 条作了修改，增加了第 181 条 a、第 184 条 a、第 184 条 b。② 增加的几条规定，后来都有变化。现行《德国刑法典》第 181 条 a 规定了对剥削他人卖淫所得、为财产利益监控他人卖淫、介绍卖淫的处罚。第 184 条 a 和第 184 条 b 规定了对屡次违背禁止在特定地点或特定时间从事卖淫活动，或者以在道德上危害青少年的方式卖淫例如在学校附近和不满 18 岁的人可以光顾的场所附近从事卖淫活动的处罚。③

其他一些国家也有类似规定。例如：《法国刑法典》第 R625 – 8 条规定，采用任何手段公开向他人进行拉客活动，以图挑动与其发生性关系的，构成违警罪系列的拉客卖淫罪。④《奥地利刑法典》的第 213 条至第 216 条，分别规定了"拉皮条罪"、"为牟利而帮助他人淫乱罪"、"帮助他人为职业性行为罪"、"介绍娼妓罪"。⑤《丹麦刑法典》第 228 条和第 229 条，将引诱卖淫、开设妓院、教唆或者帮助不满 21 岁者从事不道德性行为职业、以淫媒行为促成不道德性行为、在旅馆饭店提供经营卖淫，规定为犯罪。⑥《荷兰刑法典》第 250.3 条规定，强迫某人或者致使未成年人沦为男妓或娼妓构成犯罪，处 6 年

---

① 《德国刑法典》(1871)，载萧榕主编《世界著名法典选编·刑法卷》，中国民主法制出版社，1998。
② 参见〔德〕弗兰茨·冯·李斯特《德国刑法教科书》(〔德〕埃贝哈德·施密特修订)，徐久生译，法律出版社，2000，第 78 页。
③ 《德国刑法典》，徐久生、庄敬华译，中国方正出版社，2004。
④ 《法国新刑法典》，罗结珍译，中国法制出版社，2003。
⑤ 《奥地利联邦共和国刑法典（2002 年修订）》，徐久生译，中国方正出版社，2004。
⑥ 《丹麦刑法典与丹麦刑事执行法》，谢望原译，北京大学出版社，2005。

以下监禁，或处五级罚金。① 《芬兰刑法典》第 20 章第 8 条和第 9 条
规定，向未成年人买春、淫媒构成犯罪。② 在卖淫合法化国家（地
区），卖淫业被视为一种特殊产业。有人将其比于烟酒业。但卖淫业
显然更为特殊。一个明显的标志是，妓女不能享受失业和社会保障。
近年来在一些欧洲国家，卖淫合法化发展又有新的趋势，或者说卖淫
合法化被赋予新的内涵，即承认卖淫为正当职业。妓女们享有劳动法
或者劳工法保护，与其他职业者一样享有社会保障，包括领取失业救
济金、退休金和享有有薪病假等。妓女们与嫖客签订的交易合同受法
律保护。妓女和妓院可以进行自我宣传。不要因为看到媒体报道法
国、德国等国要实行卖淫合法化的新闻③，就以为以前在这些国家所
有卖淫一直是违法的。

　　第三，卖淫非罪化（decriminalization of prostitution，亦译"卖淫
除罪化"）。这种模式的特征是不禁止卖淫，但也不实行卖淫合法化，
其实质是对普通的卖淫或者说卖淫行为本身不加干涉。它对卖淫持一
种自由主义立场，其理论基础起源于 19 世纪由英国女权主义者约瑟
芬·巴特勒（Josephine Butler，1828～1906）领导的反对国家管理卖
淫的废除主义（abolitionist）运动。废除主义所要废除的是国家对卖
淫的管理，而废除国家对卖淫的管理的根本目的是让卖淫者摆脱卖
淫。它认为国家对卖淫进行管理会保护对卖淫者的剥削，导致警察的
腐败和鼓励人口买卖。废除主义认为，国家不要干涉——认可、管理
或者禁止——普通的卖淫，但是国家应当立法严厉禁止办妓院、拉皮
条、做淫媒和买卖妇女，严惩强迫妇女卖淫的行为。废除主义运动具
体针对的是英国当时实施的《传染病法案》（Contagious Disease Acts，

---

① 《荷兰刑法典》，颜九红、戈玉和译，北京大学出版社，2008。
② 《芬兰刑法典》，于志刚译，中国方正出版社，2005。
③ 例如，《德国拟立法确定卖淫合法化，妓女可领失业退休金》，《新快报》2001 年 5
　　月 10 日；子午《妓院能否合法化？法国知识女性大碰撞》，《新快报》2002 年 8 月 4
　　日。

简称 CD 法案，1864 年制定）。根据该法，被警察视为妓女的任何一名妇女必须进行外科检查以确定有无性病等传染病，没有传染病的，可以在官方注册并得到一张健康证明。经过废除主义运动的斗争，CD 法案在 1883 年被悬置，在 1886 年被废除。因而在英国，长期以来既不禁止卖淫，也没有使卖淫合法化。但是，卖淫也并非没有限制。根据 1839 年《大都市警察法》（Metropolitan Police Act 1839）第 54 节第 11 条规定，"每一个娼妓或街头妓女凡以卖淫或拉客为目的在街道或公共场所游荡或出现，扰乱居民或行人者"，处以 40 先令罚金。① 对英国废除禁止卖淫法律，恩格斯给予了一定的肯定。在前述致倍倍尔的信中，他说：在英国这里，妓女已经摆脱特殊法律的束缚，"至少大体上是这样。……这种相对的不受警察侮辱性束缚的自由，使妓女大体上能够保持一定程度的独立和自尊心，而这在大陆上几乎是不可能的。……决不应该损害她们的人格，也不应该损害她们的尊严"。他还认为以前的卫生检查"完全是无稽之谈"："哪里搞这种检查，哪里的梅毒和淋病就多起来。我确信，警察局医生们使用的医疗器具在性病的蔓延上起了很大作用，他们未必会花费时间和劳力为这些器具进行消毒。"

霭理士也认为，既然还不能消除卖淫，就应当宽容对待妓女：

> 下定决心培植和提升男人对女人的，以及女人对女人的良好关系，改善我们对两性关系的种种观念，在有关妇道以及有关女人和男人各自应负的责任方面，提倡更加健全更加真诚的观念，努力提高人在社会生活以及经济生活方面的生活水平——只有靠诸如此类的一些方法我们才能顺理成章地盼到娼妓之祸和它带来的痛苦有所减弱和缓和。在我们还无能为力去实现这种种方略的

---

① http：//www.legislation.gov.uk/ukpga/1839/47/pdfs/ukpga_ 18390047_ en.pdf.

时候，我们就应该听天由命甘心于娼妓的存在，学会用慈悲的心肠和尊重的态度去对待她们，这是我们的文明的积重难返的失误造成的，她们有权利得到这份怜悯和体面。①

有些人认为这样的对策不能应付卖淫现象，不断呼吁将卖淫列为犯罪加以禁止。1954 年 8 月，针对社会上的争论，英国设立了一个以约翰·沃尔芬登爵士（Sir John Wolfenden, 1906~1985）为主席的委员会（Committee on Homosexual Offences and Prostitution）来考虑卖淫以及同性恋的法律对策问题。1957 年，沃尔芬登委员会提出了报告（Report of the Committee on Homosexual Offences and Prostitution）。在卖淫问题上，沃尔芬登报告指出：

> 我们相信，在道德家、社会学家和大多数人看来，卖淫是个令人哀叹的社会问题。但卖淫经过许多世纪、许多文明时代依然存在。作出各种努力通过压制性法律彻底消灭卖淫未能达到目的。这说明通过刑法不能消除卖淫。如果没有需要，妓女就不再会存在下去，这是个事实。正是因为男人离不开妓女，卖淫这个行业才能兴旺不衰。有些妇女并不是出于经济需要才选择妓女的生活方式，这也是个事实。只要这些仍然符合实际情况，卖淫就会存在，无论制订多少法律来根除卖淫，都不能达到目的。②

之后，英国没有选择卖淫的犯罪化，但强化了对妓女在街道或公共场所游荡和拉客的管理。1959 年《街道犯罪法》（Street Offences

① 〔英〕霭理士：《性与社会》，潘光旦、胡寿文译，商务印书馆，2016，第 421 页。
② 转引自〔美〕贺兰特·凯查杜瑞安《人类性学基础》，李洪宽等译，农村读物出版社，1989，第 679 页。

Act 1959）规定，普通妓女以卖淫为目的而在街道或公共场所游荡或拉客构成犯罪，警察有权无逮捕令而逮捕他在道路或公共场所发现并有合理根据怀疑正在实施本条规定的犯罪的任何人。① 这条用以修正1839 年《大都市警察法》第 54 节第 11 条的规定，与以前的规定相比，废除了"扰乱居民或行人"的规定，降低了处罚的门槛。② 进入21 世纪以来，英国的卖淫对策又向另一个方向发展。英国政府和国会开始转向支持卖淫的合法化。英国政府在 2004 年 7 月推出一份咨询文件，就是否让妓院合法经营，征求公众意见。而在此之前，一些地区已经默许妓院的存在。③

日本对卖淫采取了与以前英国类似的对策。日本 1956 年《卖淫防止法》（壳春防止法，昭和三十一年法律第百十八号）虽然禁止卖淫，但只规定对在公共场所拉客、介绍卖淫、诱骗他人卖淫、帮助卖淫、经营卖淫业等行为给予刑事处分，而不处罚普通的或者单纯的卖淫，即不处罚卖淫行为本身。处罚卖淫行为本身，被认为有介入他人私生活、侵害他人人权之嫌。《卖淫防止法》第 4 条明确规定："适用本法律时，须注意不得侵犯国民的合法权利。"④《卖淫防止法》没有禁止与儿童发生性交易，直到 1999 年日本才制定《儿童买春、儿童色情禁止法》（児童买春、児童ポルノに系る行为等の规制及び処罚并びに児童の保护等に关する法律，⑤ 平成十一年五月二十六日法律

① 《英国刑事制定法精要（1351～1997）》，谢望原主译，中国人民公安大学出版社，2003，第 175 页。
② 《英国刑事制定法精要（1351～1997）》，谢望原主译，中国人民公安大学出版社，2003，第 175 页。
③ 欣闻：《卖淫在英国趋于合法》，《江南时报》2001 年 1 月 2 日；章田：《英国对卖淫法律进行检查，妓女将在控制地带从业》，中国新闻网 2004 年 6 月 8 日。
④ 参见〔日〕中山研一《卖淫防止法的现实意义与课题》，毕英达等译，《国外法学》1988 年第 1 期；《日本卖淫防止法》，陈明侠译，《法学译丛》1990 年第 3 期；张萍编著《日本卖淫问题与对策》，群众出版社，1992。
⑤ 2014 年改名为"児童买春、児童ポルノに系る行为等の処罚及び児童の保护等に关する法律"。

第五十二号）。为防止利用互联网介绍、引诱未成年人卖淫，日本在2003年又制定了《关于规制利用互联网介绍异性业务引诱儿童的法律》（インターネット異性紹介事業を利用して児童を誘引する行為の規制等に関する法律，平成十五年法律第八十三号）。

卖淫非罪化的意大利则和英国一样，也在考虑使卖淫合法化。①

荷兰在1999年从卖淫非罪化转变到卖淫合法化。但是在卖淫合法化之后，妓女们却不领情。有些妓女不想在当局登记，公开她们的身份，也不想向当局交付税金。有些妓女转到地下。妓院的业主们抱怨说，政府的革新目前的意义就是一张张纳税单。②

第四，卖淫违法但不构成犯罪，由行政机关给予行政处罚。世界上采取这种模式的国家极少。什么原因？这种模式主要是通过行政机关根据行政法对卖淫行为加以处罚，以达到禁止卖淫的目的。而要达到禁止卖淫的目的，对卖淫的处罚就不能太轻。在大多数法治国家，行政机关的处罚权多被限制在很小的范围内。对这些国家来说，行政处罚不是禁止卖淫的理想手段。这种模式看似对卖淫者持一种人道、宽容的态度，但使得对卖淫者的处罚脱离了司法的轨道，证据合法性要求低，执法缺乏有效监督，当事人难以获得救济，容易被滥用，并滋生腐败。不能把这种模式与卖淫非罪化混为一谈。在大多数法治国家，卖淫非罪化就意味着卖淫行为本身不被禁止，不会受到任何处罚。

在国际上，由于意见分歧很大，对卖淫问题并没有统一的规制。1985年，非政府的"妓权国际委员会"（International Committee for Prostitutes'Rights，ICPR）推出一个《世界妓权宪章》（World Charter For Prostitutes'Rights），提出一系列主张，例如：成人依个人决定所从

---

① 国关：《"意大利应将妓院合法化"总理语惊四座，妓女欢呼雀跃》，《江南时报》2002年1月7日。

② 李新：《卖淫合法化对荷兰妓女毫无帮助》，中国日报网2001年8月14日。

事之各种性交易皆须除罪；执法单位应当加强打击本地和跨国的欺诈、胁迫、暴力、儿童性虐待、压榨童工、强暴、种族歧视等问题；娼妓应拥有选择自己工作和居住地点的自由，以便在全权自主决定的劳动条件下提供服务；由于医疗检验长期被用来管制和污名化娼妓，而事实上成年娼妓大都比一般人更注重生理健康，所以，除非所有的性行为活跃者都强制受检，否则娼妓不应接受强制性的医疗检查；娼妓或卖淫事业不应被课征特殊税目；嫖客也和娼妓一样，不应在道德上被谴责或罪犯化。①

　　与上述立场不同，有些人主张制定从禁止性剥削这一角度反对卖淫的国际公约。20 世纪 90 年代初，美国学者凯瑟琳·巴里（Kathleen Barry）博士与联合国教科文组织的人员合作，组织了一个工作小组，研究通过国际人权法应对卖淫业中剥削妇女的现象。他们认为卖淫是一种性剥削。包括卖淫在内的性剥削，剥夺妇女由国际人权公约所保护的权利，并使妇女成为次等群体，因此侵犯了人的尊严和平等权。多数卖淫是通过暴力和身体胁迫维持的，而更常见的是，卖淫是施于受害人的早期的性暴力与心理暴力、经济劣势、操纵和欺骗的结果。因此，卖淫是强奸、性暴力和殴打的延续形式。大多数卖淫妇女在成为或继续做妓女的问题上不能作出理性的选择。虽然也许有少数妓女选择进入卖淫业，但她们的选择往往是环境所迫，并非她们最初的选择；如果环境有所改变，她们大概不会再作出这样的选择。1994 年，凯瑟琳·巴里等人提出了一个旨在"根除卖淫"的《禁止性剥削公约草案》（Proposed Cconvention Against Sexual Exploitation）。② 草案曾经分发到许多国家征求非政府组织的意见，也曾多次试图提交给联合国会议。尽管这个草案未被联合国接受成为正式议题，但在国际上有广

---

① 《世界妓权宪章》，张玉芬译，载何春蕤主编《性工作：妓权观点》，台北巨流图书公司，2001。

② http：//kathleenbarry. net/files/CASE-KathleenBarry-r1. pdf.

泛的影响。《禁止性剥削公约草案》的基本立场是既反对卖淫的合法化，又反对对妓女的任何形式的处罚，但认为嫖娼是犯罪，主张惩罚嫖客。根据《禁止性剥削公约草案》，"性剥削是指某人侵犯他人的性，剥夺该人的尊严、平等、自治和身心福利的人权而获得性满足或经济利益的行为。"关于对妇女的性剥削的任何情形在性剥削中均适用于男性和男童。卖淫是指"利用妇女身体作为可买卖、交换的商品，并非总是为了金钱，同时包括偶然卖淫、街头卖淫、社会－文化支持的卖淫、妓院、随军卖淫、发展卖淫业、色情、性旅游和邮购新娘市场"。《禁止性剥削公约草案》要求各缔约国，处罚性剥削的犯罪人，纠正、弥补受害人所受的伤害；废除任何使卖淫合法化、规制卖淫业的法律和政策；规定嫖娼为犯罪，承认嫖客为触犯刑律的犯罪人，同时拒绝任何形式的将妓女犯罪化的处理；追究色情生产商、销售商和批发商的责任，承认色情业扩大对色情的需求、刺激且积极介入性剥削。[①]

美国社会学家盖尔·彼德森（Gail Pheterson）综合分析世界各国反卖淫法律和制度，归纳出 14 类与卖淫有关的违法行为：（1）用文字或透过广告提供或寻求以金钱交还性服务（积极的拉客）；（2）站在街上摆出看来好像可以性交易的样子（消极的拉客）；（3）将房间出租他人以从事营利的性行为（开妓院）；（4）和两个以上妓女集体工作（经营妓院）；（5）管理卖淫（拉皮条）；（6）建议她人以性换取金钱（诱人为娼）；（7）没有为非法的收入付税——非法的收入是指拉皮条、出租房子让人进行卖淫、从事卖淫以及鼓励卖淫所得收入（逃税）；（8）将从事卖淫所得的金钱带到别州（美国的情况）；

---

① 参见〔美〕凯瑟琳·巴里《被奴役的性》，晓征译，江苏人民出版社，2000；〔美〕伊丽莎白·F. 戴菲斯《禁止性剥削公约草案》，载〔美〕凯利·D. 阿斯金、多萝安·M. 科尼格编《妇女与国际人权法·第 2 卷·妇女权利的国际和区域视角》，黄列、朱晓青译，生活·读书·新知三联书店，2009。

（9）接受妓女的金钱或礼物，即使收受者是她的配偶、孩子、父母、经纪人或朋友（依靠性交易、拉皮条为生）；（10）在有卖淫活动的环境抚养小孩（不适合当父母）；（11）从事卖淫而未向警方登记；（12）从事卖淫而没有定期接受性病健康检查；（13）曾为职业妓女而现在替色情杂志（如《花花公子》）工作，或是为某些合法的伴游公司工作（这是为了维护那些行业的形象或是为了保证企业能继续招收无经验的年轻女性而订出的规定）；（14）以从事卖淫为唯一的收入来源。[①]

（三）中国对卖淫及有关活动的规制

在中国，卖淫被禁止。卖淫本身属于违法行为，而不构成犯罪。但是，有特别情节的卖淫也可能构成犯罪。在 1979 年《刑法》施行期间，根据 1984 年最高人民法院、最高人民检察院在《关于当前办理流氓案件中具体应用法律的若干问题的解答》，卖淫并属于下列两种情况的构成流氓罪：（1）聚众进行淫乱活动（包括聚集奸宿）危害严重的主犯、教唆犯和其他流氓成性、屡教不改者；（2）勾引男性青少年多人，或者勾引外国人，与之搞两性关系，在社会上影响很坏或造成严重后果的。1997 年后，根据新《刑法》，卖淫在四种情况下构成犯罪：（1）聚众淫乱活动的首要分子和多次参加者，构成聚众淫乱罪；（2）引诱未成年人参加聚众淫乱活动，构成引诱未成年人参加聚众淫乱罪；（3）明知自己患有梅毒、淋病等严重性病而卖淫，构成传播性病罪；（4）如前所述，明知他人为不满 14 周岁未成年人而向其卖淫的，构成猥亵儿童罪。精神障碍卖淫者作为聚众淫乱的主犯或者引诱未成年人参加聚众淫乱、故意向儿童卖淫、故意传播性病的，极为少见。如果她们确有上述行为，应根据其刑事责任能力给予不同

[①]　参见〔美〕Gail Pheterson《"婊子"污名：女性的卑贱和男性的下流》，金宜蓁、张玉芬译，载何春蕤主编《性工作：妓权观点》，台北巨流图书公司，2001。

处理。

绝大多数情况下的卖淫是治安管理处罚的对象。1994 年《治安管理处罚条例》第 30 条规定，对卖淫者可处 15 日拘留、警告、责令具结悔过或者依照规定实行劳动教养，可以并处 5000 元以下罚款。2005 年《治安管理处罚法》第 66 条规定，卖淫的，处 10 日以上 15 日以下拘留，可以并处 5000 元以下罚款；情节较轻的，处 5 日以下拘留或者 500 元以下罚款；在公共场所拉客招嫖的，处 5 日以下拘留或者 500 元以下罚款。

对精神障碍卖淫者给予治安管理处罚，也应根据其责任能力。精神障碍者如果是在没有丧失辨认能力或者控制能力的状态下进行卖淫，应给予处罚；如果是在丧失辨认能力或者控制能力的状况下进行卖淫，不予处罚，但应责令其监护人严加看管和治疗。

另外，根据 1991 年《全国人民代表大会常务委员会关于严禁卖淫嫖娼的决定》中关于"对卖淫、嫖娼的，可以由公安机关会同有关部门强制集中进行法律、道德教育和生产劳动，使之改掉恶习。期限为 6 个月至 2 年。具体办法由国务院规定"之条文和国务院在 1993 年发布的《卖淫嫖娼人员收容教育办法》，对卖淫者可以实施收容教育。[①] 收容教育是一种将卖淫和嫖娼人员收容起来进行法律教育和道德教育、组织参加生产劳动以及进行性病检查、治疗的行政强制教育措施。《卖淫嫖娼人员收容教育办法》没有规定对卖淫的精神障碍患者是否也适用收容教育。我认为，对病情严重的精神障碍卖淫者不应给予收容教育。理由如下：其一，病情严重的精神障碍卖淫者难以接受法律教育、道德教育，也没有能力参加生产劳动；其二，给予病情严重的精神障碍卖淫者收容教育，会耽误其精神障碍的治疗甚至使其病情恶化；其三，病情严重的精神障碍卖淫者可能会危害其他被收容

---

① 2005 年《治安管理处罚法》没有规定对卖淫嫖娼者可以实行劳动教养或收容教育。

教育者的安全。建议《卖淫嫖娼人员收容教育办法》应明确将病情严重的精神障碍卖淫者排除。对于病情较重的精神障碍卖淫者应当强制收入精神病院治疗，或者令其监护人承担看管和治疗的责任。对于病情较轻的精神障碍卖淫者，虽然可以收容教育，但应当在收容教育期间给予必要的治疗。不能指望通过法律教育、道德教育和生产劳动，就使有精神障碍的卖淫者改邪归正。

虽然卖淫本身不是犯罪，但是根据 1997 年《刑法》分则第六章第八节的规定，组织、强迫、引诱、容留、介绍他人卖淫构成犯罪。这些行为被确定为犯罪是有一个过程的。1979 年《刑法》只规定了强迫妇女卖淫罪和引诱、容留妇女卖淫罪，而且，"以营利为目的"是后者的法定构成要件。《全国人民代表大会常务委员会关于严禁卖淫嫖娼的决定》对 1979 年《刑法》关于卖淫的规定进行了修改。其一，把组织、协助组织、介绍他人（不再限定为妇女，这也是一处重要修改）卖淫也列为犯罪。其二，"以营利为目的"不再是犯罪构成要件。其三，规定对引诱不满 14 岁的幼女卖淫的应按强迫不满 14 岁的幼女卖淫处罚。到 1997 年，新《刑法》明确规定了组织卖淫罪，强迫卖淫罪、协助组织卖淫罪和引诱、容留、介绍卖淫罪以及引诱幼女卖淫罪。

精神障碍者进行卖淫，有许多是被引诱或者被强迫的。因此需要解决一个问题，对引诱、强迫精神障碍者卖淫应当如何定罪？在讨论这个问题之前，有必要对普通的引诱卖淫罪和强迫卖淫罪作简单的分析。

引诱卖淫罪是指通过劝说、利诱和欺骗等手段促使他人自愿卖淫的行为。引诱卖淫罪主体，是指从卖淫者卖淫活动中获取经济利益的那些人，如老板、鸨母和皮条客等，不是指嫖娼者。嫖娼者利用钱物诱使他人与自己发生性关系，不构成引诱卖淫罪。

强迫卖淫罪是指通过暴力、虐待、胁迫等手段逼使他人"同意"

卖淫的行为。强迫卖淫罪主体，也是指从卖淫者卖淫活动中获取经济利益的那些人。只有强迫他人与第三人发生性关系以换取钱物才构成此罪。被强迫的卖淫者虽然不愿意卖淫，但最终还是在威逼之下"同意"卖淫。这个"同意"是形式上的、表面的，是说在卖淫和受迫害之间，她无奈地选择了卖淫，而不意味着她心甘情愿卖淫。她知道自己与嫖娼者发生性关系将会换取钱物，也知道卖淫将会避免进一步的迫害。她的卖淫行为本身，可以说是故意的。她的人身自由可能受到一定的限制，但是她在卖淫即与嫖娼者发生性关系的过程中，没有受到强迫者直接的强制。她还可能在嫖娼者面前表现出一定程度的具有"职业"特点的主动，如有拉客、讲价、收取钱物、顺应嫖客性要求等行为。对于嫖娼者来说，他与她发生性关系，是得到她同意的。因此，嫖娼者与她们发生性关系，一般不构成强奸罪，即使他知道她是被强迫卖淫的，除非被强迫卖淫的是幼女，——根据 2013 年最高人民法院、最高人民检察院、公安部、司法部《关于依法惩治性侵害未成年人犯罪的意见》第 20 条规定，知道或者应当知道幼女被他人强迫卖淫而仍与其发生性关系的，以强奸罪论处。而被强迫卖淫的人，实际是强迫卖淫罪的被害人，不应给予治安管理处罚。处罚被强迫卖淫的人，不利于强迫卖淫罪的揭露和处置。同理，有的人在嫖娼后发现卖淫者是被强迫卖淫的，进而举报，使被强迫卖淫者获得解救，也没有必要给予治安管理处罚，至少应当从轻处罚。

还有另一种情况：被强迫者始终坚决不同意卖淫或者同意后反悔，强迫者如老板、鸨母、皮条客等直接对其实施暴力约束其肢体，帮助嫖娼者强行对其奸淫。在这时候，嫖娼者的行为构成强奸罪，而强迫者行为的性质也从强迫卖淫变化为帮助强奸，对强迫者应当定强迫卖淫罪（指先前实施的强迫卖淫的行为）和强奸罪（指帮助强奸）并罚。如果强迫卖淫和帮助强奸是一并实施的，属于强迫卖淫罪和强奸罪的想象竞合犯，从一重处断。

[**案例 181**] 2002 年 5 月 8 日凌晨零时 30 分, 一女子卞某慌慌张张地跑进深圳某派出所报案, 称其被一伙人控制并强迫卖淫。当天她被带到某地"做生意", 趁团伙成员疏忽之时逃脱虎口。该派出所立即出动警力将涉嫌强迫妇女卖淫的张某、甘某抓获。当天上午 11 时, 派出所迅速出击, 将犯罪嫌疑人蒋某、吴某两人抓获。据审查, 4 月 10 日, 张等人以帮助找工作为名, 将 20 岁左右的卞某、刘某等从东莞骗到深圳。来深后, 这个团伙将这些女子带到一些条件非常差的制衣厂找工作, 等被骗女子看到工作环境恶劣、待遇低流露出退缩情绪时, 张等就趁机强迫无奈的女子坐台卖淫。事先张等团伙成员将卞和刘带到医院检查, 发现两人均是处女, 于是欣喜若狂, 准备借此大赚一笔。为保住处女身, 卞和刘对恶团伙的强迫卖淫宁死不从。开始张等在卞喝的水中下安眠药, 被拒绝饮用后他们就使出损招, 用尖刀威胁卞脱光衣服, 然后张自己也脱光衣服, 让同伙拍下他与卞的裸体合影照, 再以把照片寄回卞老家使其出丑为由威逼卞屈服。4 月 23 日, 深圳一家知名会计师事务所的注册会计师邢某以 5000 元的"价格"与一个强迫妇女卖淫团伙达成交易, 要嫖处女。这笔"交易"是邢与团伙头目达成的, 邢所出的 5000 元"嫖资"直接交给了这个团伙头目。那天晚上, 卞被一个团伙头目"带"到邢所住的酒店房间。卞告诉邢自己是被迫卖淫的。邢问卞要不要报警。卞没有表示要报警, 自己先脱去了衣服。卞被邢夺走处女身。邢的行为到底算不算强奸, 让警方头痛。警方说, 邢明知卞被人强迫, 还与她发生性关系, 确实有违卞本人意愿。这一情节使得邢的行为有别于双方都愿意的"卖淫嫖娼"。但对此, 目前并没有明确的法律规定。最后, 警方只好将邢送去劳教。①

---

① 摘编自李诚等《逼良为娼! 深圳福田恶团伙拍裸照威逼妇女卖淫》,《深圳商报》2002 年 5 月 11 日; 魏海波等《卖淫女领妹妹入淫窝, 一强迫妇女卖淫团伙落网》, 南方网 2002 年 5 月 11 日; 魏海波《明知少女被逼卖淫还要嫖, 究竟是不是强奸?》,《南方都市报》2002 年 5 月 19 日。

此案，邢某虽然知道卞某是被强迫卖淫的，但没有参与强迫，并且问过卞某是否报警，因而他与卞某发生性关系不构成强奸罪，只属于嫖娼。

处理引诱、强迫精神障碍者卖淫的定罪问题，还必须考虑到精神障碍者的精神状态。对卖淫行为的性质，精神障碍者有的能够理解，有的不能理解。不能理解卖淫行为性质的精神障碍者，在他人引诱、强迫以及指教之下，可能会进行卖淫，并有拉客、讲价、收取钱物、顺应嫖客性要求等表现。但是，她们卖淫不是出于理智的选择。这种卖淫只是形式上的卖淫。是否具有形式上的卖淫行为，对于认定嫖娼者性行为的性质至关重要。还有一些不能理解卖淫行为性质的精神障碍者，没有行为能力，在性关系中完全消极、被动。这样的精神障碍者可能被当作性欲工具出卖，任人蹂躏。但实际上，她们不是在卖淫，而是被奸淫。

基本结论应当是：（1）引诱虽患精神障碍但有辨认或者控制自己行为能力的人卖淫，构成引诱卖淫罪。（2）明知某人为精神病患者或者严重痴呆者，而使其"同意"卖淫，如其没有辨认或者控制自己行为能力，不论行为人是进行强迫还是引诱，构成强迫卖淫罪。嫖娼者如果不明知卖淫者为精神病患者或者严重痴呆者，属于一般嫖娼，不构成强奸罪。事实上，因卖淫者有卖淫表现，嫖娼者一般也不知道其为精神病患者或者严重痴呆者。（3）明知某人为精神病患者或者严重痴呆者，为得到钱物让第三人对其进行奸淫，而第三人明知其为精神病患者或者严重痴呆者而奸淫之，如其没有辨认或者控制自己行为的能力，第三人和强迫者都构成强奸罪。

下面分析一个相关的案例：

[**案例 182**] 管某，男，35 岁。1984 年 10 月管与痴呆妇女王某结婚。1985 年 7 月某日，工人黄某到管家玩。管主动提出，如果黄出钱

就让黄与王在家里奸淫。黄表示同意，并付给嫖款。之后，管扒下王的裤子，让黄奸淫。到1986年2月8日止，王先后被黄奸淫7次，管向黄共索得现金20元。1985年11月26日，管招张某到其家奸淫王，索得一条黄色马裤。1986年2月，管两次招沈某到其家奸淫王，索款4元。案发后，办案人员对如何给管的行为定罪有不同意见。一种意见认为，管未使用任何强制手段，应定引诱妇女卖淫罪。另一种意见认为，王痴呆程度比较严重，管让其卖淫违背其意愿，管的行为应定强迫妇女卖淫罪。最后，检察院以强迫妇女卖淫罪起诉，法院以同罪对管作出有罪判决。①

根据最高人民法院、最高人民检察院、公安部作出的《关于当前办理强奸案件中具体应用法律的若干问题的解答》关于"明知妇女是精神病患者或者痴呆者（程度严重的）而与其发生性行为的，不管犯罪分子采取什么手段，都应以强奸罪论处"的解释，本案应当定强奸罪。确认王是否卖淫是一个关键。王是否进行了卖淫，不能由他人说了算，应根据其本人的意志和行为来判断。在本案中，王卖淫的意志和行为都不存在。王没有对黄、张、沈三人表示卖淫的意思，因为她没有这个能力。王也没有实施实质上和形式上的卖淫行为。她没有反对黄、张、沈三人奸淫，但这不意味着她同意卖淫。即使她同意，在法律上也应推定为不同意，这是法律对精神病患者和痴呆者的特殊保护。案例没有明确说黄、张、沈三人是否明知王系痴呆者，但显示王的痴呆程度比较严重，是比较容易察觉的，可以认定黄、张、沈三人明知王系痴呆者。因而，黄、张、沈三人故意奸淫王，构成强奸罪。虽然他们奸淫王，得到管的同意，并给了管好处，但管的同意不能代

---

① 王运声主编《刑事犯罪案例丛书·妨害社会风尚的犯罪》，中国检察出版社，1991，第146~148页。

替王的同意，他们奸淫王依然是违背了王的意志。而管虽然扮演了皮条客的角色，但实际上是他教唆、帮助黄、张、沈三人强奸了自己的妻子，是这起强奸案的主犯。有人也许会认为，司法机关把本案错误地断为强迫妇女卖淫罪，可能是因为它们只注意到王不曾反对奸淫而忽略了王痴呆。但其实不这样简单。可怕的事实是，某些司法机关在处理丈夫让别人奸淫妻子的案件时，根本不考虑妻子在其中的态度。下面这个案例，更能说明问题。

[**案例 183**] 蔡某，男，37 岁，小商贩。1981 年 6 月某日，蔡招来嫖客（原文如此）陈某，让他与自己妻子叶某奸宿（原文如此——刘注），陈同意先付给蔡 5 元钱。然后蔡让陈进入叶的卧室。当叶知道蔡的肮脏交易后，十分气愤，严词拒绝与陈发生性关系。陈退出房后对蔡说："你妻子不肯。"蔡即领陈一道进卧室，强令叶与陈发生性关系。叶仍不从，蔡将叶抓住，按倒在床上，剥光衣裤，并将叶的双腿压住，让陈进行奸淫。此后，蔡以同样方法多次强迫叶向陈卖淫（原文如此——刘注）。同年 7 月的一天，蔡收取嫖客李某的钱后，安排李睡在叶的床上，让李等叶回来后进行奸淫。当叶外出回来发现陌生人睡在自己床上，即行退出，拒绝与李奸宿。次日，李向蔡索回嫖款，蔡不愿退款，劝李不要着急，然后进房猥亵叶，并在场监视，让李奸淫了叶。①

处理该案的司法机关以及案例的编辑者都将此案断为强迫妇女卖淫罪而不是强奸罪。这显然是个错误。首先，在本案中，陈明知叶不愿意让他奸淫，而在蔡强行控制叶使叶不能反抗时奸淫叶，完

---

① 王运声主编《刑事犯罪案例丛书·妨害社会风尚的犯罪》，中国检察出版社，1991，第 148~150 页。

全符合强奸罪的构成。陈奸淫叶之前，虽然给了蔡钱，得到蔡的同意，但没有得到叶的同意。叶还明确表示了拒绝。因此完全可以认定陈知道奸淫叶是违背叶的意志的，具有强奸的故意。陈虽然没有对叶使用暴力、胁迫等手段，但是他买通蔡并借蔡之手使叶不能反抗。在团伙强奸案中，有的罪犯特别是头目，自己并不对被害人进行暴力强制，而是在同伙压住被害人四肢使其不能反抗后加以奸淫。虽然如此，这个人的奸淫行为仍然构成强奸。所以，陈没有使用暴力、胁迫等手段不影响强奸罪的成立。其次，蔡的同意并不能改变陈的行为的性质。按照编辑者的逻辑，在丈夫让他人奸淫自己的妻子而妻子反对的案件中，妻子究竟是被强奸还是在卖淫，完全取决于丈夫的意志以及他是否收钱。丈夫同意并且收钱了，妻子就是卖淫。在这里，妻子的权利哪里去了？难道强行奸淫一个女人，只要经过她丈夫的同意并且给她丈夫一点钱，就可以不算强奸吗？是不是应当修改强奸罪的定义，把违背丈夫的意志作为强奸罪的构成要件？呜呼！那些可怜的妻子，不仅被强奸，而且还要背负起卖淫的罪名。该案假使是这样的情况，蔡强迫叶卖淫是在陈到来之前，而且叶被迫同意卖淫，叶在陈面前也没有拒绝发生性关系，案件的性质才属于强迫妇女卖淫。

接下来讨论引诱精神障碍幼女如痴呆幼女卖淫该当何罪的问题。关于引诱幼女卖淫问题，1979 年《刑法》没有明确规定。1991 年《全国人民代表大会常务委员会关于严禁卖淫嫖娼的决定》规定："引诱不满十四岁的幼女卖淫的，依照本决定第二条关于强迫不满十四岁的幼女卖淫的规定处罚。"这个规定合情合理。但是1997 年《刑法》第 359 条却将引诱不满 14 岁的幼女卖淫的行为列为一个独立的新罪——引诱幼女卖淫罪，并且为之规定了比强迫幼女卖淫轻的刑罚（前者为 5 年以上有期徒刑，并处罚金；后者为 10 年以上有期徒刑或者无期徒刑，并处罚金或者没收财产）。这是一个错误的决定。首先，它完全没有考虑到幼女的认识能力特别是性理解能力问题。引诱和选择是联系在一起的。接受引诱而上当受骗，固然值得同情，但自己也要承担一定的责任，因为这毕竟是他的选择，没有人强迫他接受引诱。如果认为不满 14 岁的幼女能够被引诱去卖淫，就等于承认她对性问题有一定的理解能力并在此基础上选择自己的行为。但是，为什么在处理奸淫幼女案时可以无视幼女的选择，而在处理幼女卖淫案就应当承认幼女的选择呢？为什么引诱不满 14 岁的幼女发生性关系按强迫处理，而引诱不满 14 岁的幼女卖淫就不按强迫处理呢？1997 年《刑法》关于引诱幼女卖淫罪的规定，另一粗陋之处是没有规定幼女年龄的下限。如果说，十几岁的幼女由于耳濡目染或许对性有一定了解，她们进行卖淫可能是受到他人引诱，但总不能说八九岁或者更小的幼女"卖淫"也是被引诱的吧？我认为，对引诱幼女卖淫的行为还是应当按强迫幼女卖淫论处。至少是，对引诱精神障碍幼女卖淫的应当按强迫幼女卖淫论处。

三　嫖娼

（一）嫖娼的动机和嫖娼者的类型

嫖娼就是与卖淫者发生性关系，即"买淫"。嫖娼在旧时也称"买春"。国外还有另一说法，"购买性服务"（buying sexual services）。嫖娼者一般称为"嫖客"，绝大多数是与女性卖淫者发生性关系的男性。因此，下面只谈男性的异性嫖娼。

嫖娼的目的比较单纯，主要是为了发泄性欲。但如果仔细考察则会发现，每个嫖娼者去嫖娼的动机——意识的或者无意识的——可能有很大不同，有些人嫖娼具有明显的精神障碍基础。可以说，与卖淫者相比，嫖娼者中有更多的人存在精神障碍问题。一些调查提示，仅就普通嫖娼者人群而言，其人格特征与普通人群相比具有明显差异。①

根据嫖娼的动机和其他方面的特点，可以大致将嫖娼者分为七类。

第一，替代型嫖娼者。有的人单身（未婚或离婚、丧偶），也没有性伴侣，性欲问题不能通过正常方式解决，便去嫖娼以图释放。有的人虽然有妻子或者性伴侣，但由于客观的原因，如夫妻两地、夫妻关系不和睦、妻子怀孕等等，不能与她们做爱，也可能会以卖淫女作为临时的替代。他们对嫖娼没有特别的兴趣。如果让他们选择，他们更愿意和自己所爱的人做爱。

第二，一次型嫖娼者。有些人因为意志薄弱，出于好奇或者因被挑唆、受诱惑而一时兴起，尝试性地去嫖娼，但事后决定不再嫖娼。这种人在有嫖娼经历者中占有相当比例。金西曾经指出，大多数有嫖娼经历的上层男性都不再第二次嫖娼。② 有的人对自己的体验大失所望，认为卖淫女商业色彩浓厚、性交程序化、性反应虚假，令人兴味索然。有的平时谨小慎微而因一时冲动去嫖娼的人，担心自己的行为被单位、同事及亲属等知道而身败名裂或者家庭破裂，不敢再犯。有的人则对自己的失足悔恨交加，觉得愧对妻儿。还有人发生强迫性的性病恐惧，害怕自己得上性病，惶惶不可终日。其中，有的人发展为疑病症，真的以为自己得了性病。这样的人也有可能在以后发生性功能障碍。

[案例184] 在上海某高校攻读国际贸易硕士学位的林峰（化名），精通三国语言，学习成绩优异。在山东实习期间的某一天，林到一家发廊洗头，独在异乡的他经不住发廊妹的引诱，干了出格的

---

① 参见杨师等《嫖娼人员人格因素的调查》，《中国心理卫生杂志》2001 年第 4 期；左群等《133 名商业性服务男性受供者的 16PF 分析》，《中国心理卫生杂志》2002 年第 1 期。

② 〔美〕金西：《人类男性性行为》，潘绥铭译，光明日报出版社，1989，第 198 页。

事。这一次经历，给一向老实本分的林留下了深深的烙印，他一直都无法原谅自己的过错。不久后，林感到下身不适，联想到自己的所为，他非常害怕被染上性病，遂前往当地一家广告做得很火的性病治疗机构诊治，一位专家为其"精心"检查后告知，他的支原体、衣原体均受到感染，得了非淋菌尿道炎。专家"语重心长"地说，这种病非常严重，必须抓紧治疗，如治疗不当，不但断不了根，还会影响以后的生育。在专家的"忠告"下，林坚持治疗，但是几次检查下来，这一顽疾还是未见好转。无奈的林回到了上海，找了一家正规大医院治疗，但医生检查后，发现林此时根本没有性病。长期受性病困扰的林怎么也不相信这一事实，便又找了几家声望较高的医院检查，结果还是如此。前不久，林又来到了江苏省疾病控制中心皮肤病门诊部检查，当医生把支原体、衣原体为阴性这一结果告诉他时，他疑惑地问，这么难治的病怎么可能治好呢？医生对他看病的前因后果详细了解后发现，此时林心理上已经出现了问题。为此，该门诊部负责心理咨询的医生耐心地开导他，希望他能相信科学的诊断。但是，几次开导下来，林还是未能走出性病的困扰，反而受其影响而精神萎靡。最终，无法自拔的林被家人送进了南京脑科医院，医生诊断他患了强迫症。对此，江苏省疾控中心皮肤病门诊部主任称，林如果第一次找了规范的医院诊治，且医生实事求是地告诉其病情，则根本不会出现这样的后果。该主任告诉记者，这种由于医务人员的行为，造成病人精神方面疾患的病例在他所在的门诊部并不鲜见。因此，他提醒广大患者，性病首诊至关重要，一定要到正规医疗机构，切莫轻信广告，尤其是一些医疗机构所谓的免费检查，以免对自己造成无法弥补的伤害。而且，目前除了艾滋病，其他任何性病都是可治愈的，性病患者不要受不正规医疗机构的蒙骗，掉进性病治不好的"泥沼"，不能自拔。①

---

① 华琳月：《"性病专家"把他害惨了》，《江南时报》2001 年 4 月 12 日。

第三，情感型嫖娼者。这样的嫖娼者很有可能是婚姻和情场的失意者，想在卖淫女那里得到安慰和寄托。他试图与卖淫女建立一种具有情感的性关系。性交只是他们关系中的一个内容而不是全部内容。卖淫女也可能对他有一定好感，但逢场作戏的成分可能更大，并以此手段将他套牢。还有一些情感型嫖娼者，人格发育不成熟，交际困难，缺乏关爱。他们遇到可以给予他们些许温暖和抚慰的卖淫女，可能保持一定的"专一"。潘绥铭分析过这种嫖娼者："对于'专一'的嫖客来说，小姐就是他们童年的梦，是心理医生，是临时保姆，甚至是妈妈。这样的嫖客，按照传统标准来衡量，多半也不会是心理上和人格上的'男子汉大丈夫'。"①

第四，刺激型嫖娼者。有些人厌倦了夫妻间的死板单调或者循规蹈矩的性生活，企图在卖淫女那里获得新鲜的刺激，他们往往偏爱用妻子不愿意接受的方式如肛交、口交与卖淫女发生性关系。其中一些人可能存在器质性的或者非器质性的性功能障碍，只有通过让卖淫女口淫、手淫才能勃起、射精。有的人与妻子做爱容易紧张、拘束，软弱无力，但可以和卖淫女坦然性交。也有人完全没有能力勃起，只能通过手插卖淫女阴道、舔吻卖淫女外阴等方式排解自己的性欲。刘新会等报告，26%的被调查卖淫女说她们曾遇到过有性功能障碍的嫖客。② 张北川等调查的卖淫女，54.8%曾遇到嫖客阳痿，64.3%曾遇到嫖客早泄。③

第五，淫乱型嫖娼者。这些人多是人格障碍者或者性变态者，具有淫乱心态，沉湎于与尽量多的卖淫女的乱交，或者喜欢和多个卖淫

① 潘绥铭：《生存与体验——对一个地下"红灯区"的追踪考察》，中国社会科学出版社，2000，第240页。
② 刘新会等：《卖淫社会动力学探讨》，载邱仁宗主编《她们在黑暗中——中国大陆若干城市艾滋病与卖淫初步调查》，中国社会科学出版社，2001。
③ 张北川等：《危险的职业，脆弱的人群》，载邱仁宗主编《她们在黑暗中——中国大陆若干城市艾滋病与卖淫初步调查》，中国社会科学出版社，2001。

女同时淫戏。他们可能写嫖娼日记或者心得，自摄嫖娼场景，收藏卖淫女的阴毛等物作为纪念。海南省贪官李庆普就是这样的人。

[案例185] 李庆普，56岁，大学文化程度，已婚，曾任海南省纺织工业局副局长、省纺织工业总公司副总经理。2002年4月27日，李因犯贪污罪、巨额财产来源不明罪、嫖宿幼女罪，被判处有期徒刑20年，剥夺政治权利5年，并处罚金2万元。据报道，在李贪污行为暴露后，海口市检察院反贪局的侦查人员依法对他的住宅进行了搜查。李的住宅的储物室内摆放着四个大铁柜，双面双开门，所有门都有密码锁。打开一看，里面的东西出人意料：满满的两抽屉日记本共有95本，日记本里每隔几页都有用纸包卷着东西。侦查人员审查笔记本内容时，发现上面记录的都是李与暗娼淫乱时的详细过程及其心得体会。用纸包卷的竟是与李发生性关系的卖淫女的毛发。每个纸包为一个卖淫女的，李庆普在上面仔细贴上卖淫女的名字，与他发生关系的时间等字样。李搜集的女性毛发多达236份。同时被侦查人员搜出的还有李与卖淫女淫乱的自拍照片213张，自拍录像带、光盘6盒。铁皮柜里恶臭阵阵。里面还有带血迹的女人内裤，用过和没用过的卫生巾等物品。此外，还发现492本淫秽图书。这些淫秽图书是李借公务考察之便，从香港、美国、欧洲等地买来的。侦查人员就搜查发现讯问李，李回答说这是男人的正常生理需要。后来，主办案件审查起诉的检察官对侦查到的事实感到十分不解，对李的精神及行为能力提出怀疑。为了正确处理案件，检察院从北京请来北京市精神病鉴定委员会的专家为李进行精神病鉴定。鉴定结果却是李意识清晰，精神正常。据了解，李所找女人90%以上为卖淫女，而且大都是他在工作时间，开着公务车在街头找到后就在公务车上发生的。法院对李嫖宿幼女一案查实，2000年6月17日下午，李驾驶着公务配车到一城镇嫖娼，后在一美容店将不满14岁的

暗娼唐某叫上车，带到偏僻路段，在汽车后座上与唐某发生了性关系。事毕，他支付 100 多元钱给唐。同年 7 月 23 日上午，李再次到该美容店，将唐带到同一地点，在汽车后座上再次与唐发生性关系。令人发指的是，这次他竟用随身携带的小型摄像机自拍了嫖娼全过程。在李的铁柜里，唐的编号是第 181 号。法院查实李的荒淫证据和事实还有：购买淫秽书刊支出港币 11594.05 元，折合人民币 12173.60 元，嫖娼支出 2 万元。①

报道说，经精神医学鉴定，李庆普"精神正常"。我认为这是指他未患可以影响刑事责任能力的精神病，而不是说他"精神健康"。断定李庆普是一个兼有恋物症、观淫症的色情狂，应当没有什么疑问。

第六，恋童型嫖娼者。这类嫖娼者专嫖幼女。有些人对处女怀有更大的冲动，他们不惜出重金让皮条客为他们寻找令他们满意的幼女。关于"嫖宿幼女"问题，后面有进一步讨论。

第七，虐待型嫖娼者。虐待型嫖娼者包括受虐型嫖娼者和施虐型嫖娼者。受虐型嫖娼者主要通过让卖淫女对他的身体进行折磨而获得性兴奋，典型的情况是扮演性奴隶，让卖淫女把他捆锁起来，用鞭子抽打他。施虐型嫖娼者与卖淫女的关系则相反。一般地说，施虐型嫖娼者的暴力是象征性的，不至于对卖淫女造成她所不能承受的痛苦。但也有不少施虐型嫖娼者的暴力超出约定的程度，或者事先就没有经卖淫女同意。还有一些虐待卖淫女的嫖娼者，并没有严格意义上的性施虐症，他们对卖淫女使用暴力只是出于炫耀男性的统治力和为了表达对卖淫女的侮辱。

---

① 摘编自朱和春《贪污公款嫖宿幼女李庆普被判 20 年》，《南国都市报》2002 年 5 月 16 日；朱和春等《李庆普贪欲兽欲玩完人生》，《南国都市报》2002 年 5 月 18 日；《李庆普，溃烂的"毒瘤"》，《海南日报》2002 年 6 月 10 日。

[**案例186**] 据检察机关指控，2004 年 10 月 2 日凌晨，被告人宁某将被害人范某（女，45 岁）带至合肥光明新村某楼一室进行嫖宿。在该室内，两人脱去衣服，范跪在地板的草席上，上身趴在床边，宁用范脱下的棉毛裤套在范的脖子上，一边往后拽，一边从背后与其发生性关系，其间宁发现范突然趴在床上不动了，遂将其仰面平放在地板的草席上，喊了几声，不见范应声，宁将衣服给范穿上后，用棉毛裤套在范的脖子上将其从卧室拖至阳台，又将范推至一楼的自建房房顶，宁也翻过阳台，将躺在自建房房顶的范推到一楼地面。经法医鉴定，范系勒颈窒息死亡（他杀）。公诉机关认为，被告人非法剥夺他人生命，其行为已构成故意杀人罪。①

（二）嫖娼者对卖淫者的虐杀

更有甚者，卖淫女可能被嫖娼者折磨致死或者被嫖娼者故意杀害。故意杀害卖淫女的凶手中无疑有一些是专杀卖淫女的性施虐杀人狂。有的性施虐杀人狂把他对母亲、妻子或者其他女性的仇恨发泄到卖淫女身上，视卖淫女为淫荡、邪恶的象征。也有性施虐杀人狂曾经与某个卖淫女发生过让他刻骨铭心的矛盾，继而把对一个卖淫女的敌意扩大到其他卖淫女。

在西方国家，卖淫女特别是街头妓女被嫖娼者殴打和虐待的事情普遍存在。美国一项调查显示，80% 外出服务的妓女报告自己曾经被客人脚踢、掴掌或殴打，室内服务的妓女则有 48% 报告此类经历。②妓女被杀害也时有发生。凯瑟琳·巴里说："顾客的暴力——殴打和虐待已经成为卖淫交易中理所当然的部分，另外还有性奴役。"巴里

---

① 田熏菁、雷强：《卖淫女丧命变态男，恶男今日过堂受审》，《安徽市场报》2005 年 2 月 25 日报道。
② 〔美〕珍尼特·S. 海德、约翰·D. 德拉马特：《人类的性存在》，贺岭峰等译，上海社会科学院出版社，2005，第 519 页。

透露："1975 年仅仅在纽约一个城市，警察的统计数字就表明发生了 71 起谋杀妓女案，其中至少有 54 起是皮条客或嫖客所为。而这个数字无疑是保守的。"巴里还指出，由于妓女脱离了过去的朋友、家人和"正统"社会，这使她们成了匿名的、不被看见和知道的人，要估算妓女被杀害的人数是相当困难的。[①] 英国学者戴维·坎特指出："妓女是生活在法律边缘的一群非常容易遭受侵害的人群，因此，与她们交往的其他犯罪人，都是很危险的。这些犯罪人显然把妓女当作有生命的物体，而不是当作有感情和思想的人。从性对象到暴力行为的对象，并不是很大的一步。"[②] 在 1975~1981 年，英国北部约克郡又出现一个比以前的"开膛手杰克"更为凶残的杀人狂，人称"约克郡开膛手"：

[**案例 187**] 1975 年 10 月 30 日，28 岁的妓女威尔玛·麦克开恩离开她的家去喝酒。第二天早上，她的尸体在一个冷清的娱乐场被人发现。她仰面躺在地，罩衫敞开着，胸罩被扯掉，裤子被拉到膝盖以下。她头上被一个像榔头的工具极凶狠地重击了两次，头骨碎裂，头发乱蓬蓬地沾着血，身上还有 14 处死后遭受的刀刺伤口。1976 年 1 月 20 日，凶手再次作案。次日，42 岁的临时妓女艾米莉·杰克逊被发现仰躺在地上，胸部暴露着。她被一个外形像榔头的东西击中头后部两次，然后被狂暴地用刀刺了 50 次。1976 年 5 月 9 日，一个叫玛赛拉·克莱克斯顿的妓女被袭击，受重伤。1977 年 2 月 5 日，妓女艾琳·理查德森被杀害和肢解。这时约克郡的报界，认为上述凶杀为一人所为，并将凶手与"开膛手杰克"相提并论，

---

① 〔美〕凯瑟琳·巴里：《被奴役的性》，晓征译，江苏人民出版社，2000，第 32~44 页。

② 〔英〕David Center：《犯罪的影子：系列杀人犯的心理特征剖析》，吴宗宪等译，中国轻工业出版社，2002，第 223 页。

称之为"约克郡开膛手"。1977年4月23日，苗条标致的32岁的妓女帕持里夏·艾金森在公寓遇害。她赤裸着，衣服被从身上扯下去，头骨粉碎。1977年6月25日，16岁的售货员杰恩·麦克唐娜被杀。虽然她不是妓女，但警方认为凶手是"约克郡开膛手"。1977年10月1日，21岁的妓女珍妮·乔丹的脑袋被砸成血糊糊的肉浆。在1977年12月，"约克郡开膛手"再次试图杀人。他袭击了妓女玛莉琳·莫尔，挥动榔头打她，她尖叫起来，他只得跑掉了。莫尔小姐缝了56针，但她活下来了，并帮着设计出一张凶手模拟像。在1978年和1979年以及1981年1月，又有4名妓女和2名普通妇女被杀，据判断都是"约克郡开膛手"所为。1981年1月，在最后一次杀人不久，"约克郡开膛手"被抓获。他是一个叫彼得·萨特克里夫（Peter Sutcliffe）的相貌英俊的货运汽车司机。聪明的但没受高等教育的他在15岁时离开学校找了份掘墓人的活儿。彼得·萨特克里夫看来确实不正常，但很难判定他是一个真正的最终表现为精神病凶杀的怪人，还是与周围环境格格不入。1969年彼得·萨特克里夫发现了他母亲与邻居的暧昧关系，这似乎对他造成了很深的影响。对于杀人的原因，彼得·萨持克里夫有两种说法。第一个说法是他曾被一个妓女羞辱过，就开始行凶作为报复。另一个说法是他听到上帝的声音指令他去杀妓女和所有行为不检的女人。1981年5月5日，陪审团以10比2的裁决判定彼得·萨特克里夫有罪——并且头脑清楚。他被送去终身监禁。彼得·萨特克里夫被带到帕克哈斯特监狱，在那儿被关在一个最高保安的侧楼里。1984年3月，他被送入专门收治精神病囚犯的布罗德莫尔医院。他的精神状态戏剧性地恶化了。①

---

① 摘编自〔英〕保罗·贝格、马丁·费多《二十世纪西方大案纪实》，李亦坚译，群众出版社，1998，第283～295页。

在中国，卖淫女受嫖娼者虐待甚至残杀的情况也不容忽视。夏国美报告，在 153 名受访卖淫女中，0.6% 经常被强奸，13% 偶尔被强奸，5.2% 偶尔被殴打，0.6% 经常被辱骂，6.5% 偶尔被辱骂，0.6% 经常受性虐待，7.1% 偶尔受性虐待。① 张北川等报告，42 名卖淫女中，23.8% 偶尔遭受性虐待（掐挤、啮咬、乳房和外阴等处至出现明显疼痛）。② 这份报告同时提到，16.7% 的卖淫女偶尔应要求向嫖客实施性虐待。潘绥铭《生存与体验——对一个地下"红灯区"的追踪考察》一书也记录了卖淫女被嫖娼者残害的事情。潘绥铭评论说："小姐的被摧残，不能仅仅看作是某些烂仔、鸡头和嫖客的野蛮。从根本上说，这是小姐的社会地位太低下。甚至根本就被认为不是人。尽管从理论上说，小姐受到残害也同样可以报案，治安当局也同样应该替她们伸冤；但是，治安当局在替她们伸冤的同时，也完全可以因为她们是小姐而处罚她们。这在理论上也是必然的。如此这般，有几个小姐能够真的去报案呢？"③

[案例 188] 刘某，男，22 岁。幼年生长发育正常，自小任性、自私、专横。入小学后经常打架、逃学、说谎，学习成绩较差，常受老师批评但不思悔改。13 岁左右，和一女孩第一次发生性行为。在遭到对方哥哥责骂时，拔刀相向，将其砍伤。此后数年里，与多名女性发生性交往。由于性经验不足并急于求成，常出现短暂性阳痿、早泄或不能使对方满足，因而常遭性经验丰富的女性的嘲弄。刘对此常感愤恨。自 16 岁起，常在性交前让对方用针刺、皮带抽、拳头打等方

---

① 夏国美：《当代卖淫：堕落女性的自我选择?》，载邱仁宗主编《她们在黑暗中——中国大陆若干城市艾滋病与卖淫初步调查》，中国社会科学出版社，2001。
② 张北川等：《危险的职业，脆弱的人群》，载邱仁宗主编《她们在黑暗中——中国大陆若干城市艾滋病与卖淫初步调查》，中国社会科学出版社，2001。
③ 潘绥铭：《生存与体验——对一个地下"红灯区"的追踪考察》，中国社会科学出版社，2000，第 176 页。

式激发他的性欲。自 17 岁起，开始与妓女交往，要求对方对其施行性虐待，而他则用更残忍的方式虐待对方，如拳打，捆绑，咬乳头、生殖器，针刺，小刀割，让对方学狗爬、狗叫，电击，将拳头塞入对方阴道，自称曾由此导致多名妓女死亡。19 岁以后，只杀死对方而不再进行性交，杀死对方后即感到满足。自称在两年内杀死了三四十个妓女。1991 年 4 月在某大城市，刘搭识一女性，在以金钱引诱欲行性交时，突然抽出随身携带的匕首猛刺对方颈部，在对方大声呼救下，刘逃离现场。潜入另一城市后，刘搭识一女性未果，杀死一男性。当晚，刘再次勾引一女青年并将对方刺伤。以后被捕归案。刘还供述，除以上犯罪外，他还曾有想与母亲、姐姐以及同性发生性行为的欲望，但没有实施。①

[**案例 189**] 从 2000 年 9 月以来，北京朝阳区东半部、北半部垃圾场、玉米地、水渠备用井等处连续发现多具无名女尸。2001 年 4 月 12 日，一位 73 岁老人在东坝乡单店七棵树垃圾场干沟内发现一具无名女尸，头部被砸烂，脖子上勒着铁丝；同年 7 月 11 日，这一天警方接连出了两个现场：在平房乡某公司墙外一土堆内，发现一具高度腐败女尸，口鼻被透明胶带缠绕，口腔内堵有卫生纸；而在东坝乡驹子房村一苗圃水井内，竟发现 3 具女尸！但也就是在这一天，警方锁定杀人疑凶，华瑞苗被抓获。

华瑞苗，2001 年 28 岁，自小在黑龙江长大，1989 年来京打工，1993 年接爷爷的班到建筑公司工作。他开一辆韩国三星白色搅拌车，这种车的驾驶室司机座椅后有一张小单人床。1994 年，华交了一个女朋友，交往七八个月后，他发现她是个卖淫女。华如今已记不得她的名字了，但是按他的说法，他从此"就对干这个的有种仇恨心理，而且越来越强烈"。警察多次问他"为什么杀人"。华答："我觉得那些

① 骆世勋、宋书功主编《性法医学》，世界图书出版公司，1996，第 455～456 页。

卖淫女太脏。不是什么好东西，就该杀。"他还说过："卖淫女没有一个是好人，杀一个少一个，我要为民除害，不让她们再伤害别的男人。"对于具体作案时间，因为"年头长，干得又太多"，华说"实在想不起来了"。他只记得第一起案件大概是在 1998 年七八月间，因为作案后三四个月他就结婚了。其犯罪手段通常是这样：华在夜里一两点钟，路过燕莎桥附近，先与站街女谈妥价钱（一般是 200 元），然后"她们就很顺从地上车跟我走了"。与卖淫女发生性关系后，华用手掐、用铁丝勒、用砖头砸等等非常残忍的手段把她们弄死。他回忆说："我杀这 14 个女人的过程中好像就没受过伤。"差不多每一次，他都是在作案后接着又开车送水泥。这些惨死在他魔爪下的女人，在他的记忆中只留下了这样的印象："第八个女人的头发最长。第十一个女人的头发最短。第九个女人的个子最高。最胖的那个汉语说得不好，像个俄罗斯人……"他把第八个女人的索尼手机带回家给媳妇用。2001 年 6 月初的一天晚上，华把车开到滚石酒吧前面马路，看见一个女人在马路边上走。华说："当时我想这么晚了还在外面，估计是卖淫的。我就按了下喇叭，她回头冲我笑，我就停车让她上车了。"那天因为已是三四点钟了，华只是让她留了个手机号。四五天后，他在滚石门口接她上了车。华交代："让她上车之前我就想弄死她。"除了这第 13 起案件，其余卖淫女都是在燕莎桥附近找的。梁娟是最后一名受害人。华说："作案那天晚上我开车有点烦，想找个人聊聊。开始时杀她的想法并不特别强烈，后来在她住处我们俩发生性关系后，她说她有性病，我听后才下决心杀了她。"华 1998 年作案 1 起，1999 年 1 起，2000 年 4 起，而 2001 年从 4 月 11 日到 6 月 22 日，他接连干了 8 起。除死在自己住处的 22 岁的齐齐哈尔女青年王娟和 32 岁的梁娟有名有姓外，其余惨死在野外的 12 人，只有尸检后留下的大致年龄和身高，至今无法查证她们的具体身份。作案中，华非常会"保护"自己：两起室内杀人案，他都伪装入室抢劫现场；怕惊动作案现场附近的值班人员，他开车绕小道走；他事先想好抛尸地点，为杀人后抱着尸体少走点路；本来是想选择石各庄垃圾场，远远看见有灯光，怕有卸垃圾的车，就另选了个地儿；每次往苗圃水井扔尸体，井盖挺沉的，井盖和井洞之间挤着一根 50 厘米长的木头，他就把木头挤在井盖和井洞中间，这样放井盖时一点声音也没有。因为怕警察从梁娟 BP 机里查出他的信息，他便把梁的 BP 机带走扔掉。2001 年 12 月 7 日，北京市第二中级人民法院以故意杀人罪判处华瑞苗死刑。2002 年 1 月 31 日，华瑞苗被处决。①

（三）嫖娼的规制

在多数的卖淫不违法的国家，一般性的嫖娼也不违法。但是，许多反对卖淫嫖娼的人认为，没有客人就没有卖淫（there would be no prostitution without clients），因而主张单方面惩罚嫖娼者。在有些国家，卖淫嫖娼违法，但只处罚嫖娼者，如瑞典、挪威、冰岛。近十年，法国的一些人试图在不改变卖淫合法化制度的情况下，通过立法对嫖娼给予罚款处罚。2013 年 12 月，法国国民议会通过一项法案，规定对嫖娼者可以给予至少 1500 欧元的罚款。这一法案引起巨大争议，遭到一些持卖淫合法化立场的政界人士、知识分子和女权主义者的反对。2014 年 7 月，法国参议院将其否决。

在一些国家，与成年人发生性交易不违法，但与未成年人发生性交易构成犯罪。

在中国，一般性的嫖娼不是犯罪但违法，给予治安管理处罚。但根据 1997 年《刑法》和有关司法解释，嫖娼在下列情况下可能构成犯罪：（1）嫖娼者是聚众进行淫乱活动的首要分子和多次参加者，构

---

① 摘编自王宁江、冯新卉《杀人狂魔华瑞苗今日受审》，北京晚报 2001 年 11 月 27 日；鲍高等《恋爱失败后杀害 14 名妇女的北京司机被处决》，中国新闻网 2002 年 1 月 31 日。

成聚众淫乱罪。（2）在 2015 年《刑法修正案（九）》之前，"嫖宿"不满 14 岁的幼女的，构成嫖宿幼女罪。此罪的构成要求行为人明知嫖宿对象是不满 14 岁的幼女。在 2001 年，最高人民检察院作出《关于构成嫖宿幼女罪主观上是否需要具备明知要件的解释》："行为人知道被害人是或者可能是不满十四周岁幼女而嫖宿的，适用《刑法》第三百六十条第二款的规定，以嫖宿幼女罪追究刑事责任。"现在根据《刑法修正案（九）》，这种情况构成强奸罪（奸淫幼女）。（3）根据 2013 年最高人民法院、最高人民检察院、公安部、司法部《关于依法惩治性侵害未成年人犯罪的意见》，以金钱财物等方式引诱幼女与自己发生性关系的；知道或者应当知道幼女被他人强迫卖淫而仍与其发生性关系的，均以强奸罪论处。（4）明知自己患有梅毒、淋病等严重性病而嫖娼的，构成传播性病罪。

对于在嫖娼时故意伤害卖淫者（包括伤害致卖淫者死亡）、过失致卖淫者重伤、过失致卖淫者死亡和在嫖娼之后将卖淫者杀害的，应当分别按故意伤害罪、过失致人重伤罪、过失致人死亡和故意杀人罪处理。

在性交易之外，违背卖淫女意志，以暴力、胁迫以及其他手段将其奸淫或者猥亵的，构成强奸罪或者强制猥亵罪。这种情况从根本上说与卖淫无关。这时的卖淫女并无卖淫女的身份。她们的性权利应与其他妇女一样受到法律的保护。在这个问题上必须消除对卖淫女的偏见和歧视。

在处罚嫖娼者时，考察他们的精神状态没有多大意义。虽然有一些嫖娼者存在精神障碍，而且精神障碍可能影响乃至决定他们嫖娼的动机和行为方式，但是他们在嫖娼时的辨认能力和控制能力一般是完整的，应当受到与其他嫖娼者一样的处罚。另一方面，对于存在精神障碍的嫖娼者，如果想使他们戒除嫖娼的癖好，仅仅给予处罚也是不够的，还应当给予心理和行为矫治。

四　有关法律的完善

对于卖淫嫖娼问题的治理，重点应当是打击组织、强迫、引诱未成年人卖淫的犯罪和与未成年人发生性交易的犯罪。然而，1997年《刑法》在这方面存在诸多缺陷。

（一）关于取消"嫖宿幼女罪"建议的提出

"嫖宿幼女罪"的罪名是1997年《刑法》设立的，1979年《刑法》没有此罪名。在1979年《刑法》施行期间，根据1991年《全国人民代表大会常务委员会关于严禁卖淫嫖娼的决定》，对嫖宿幼女的行为应当依照《刑法》关于强奸罪（奸淫幼女）的规定处罚。1996年，在国家立法工作机构研究修订《刑法》时，考虑到嫖宿幼女活动中的幼女有卖淫行为，与强奸罪中的受害者相比，二者有一定区别，对嫖宿幼女行为单独定罪并规定独立的法定刑比较妥当，故在1997年《刑法》中设立了嫖宿幼女罪，即第360条第2款："嫖宿不满十四周岁的幼女的，处五年以上有期徒刑，并处罚金。"①

《刑法》和有关机构没有对"嫖宿幼女罪"中的"嫖宿"究竟是指何种性行为作出解释。根据《全国人民代表大会常务委员会关于严禁卖淫嫖娼的决定》关于对嫖宿幼女的行为应当依照《刑法》关于强奸罪的规定处罚的原则以及最高人民法院、最高人民检察院和公安部《关于当前办理强奸案件中具体应用法律的若干问题的解答》来看，"嫖宿幼女"中的"嫖宿"应当是指以金钱、财物为媒介与幼女发生非强制的生殖器性交或者生殖器接触。在此，不能适用公安部对于卖淫嫖娼的定义。也就是说，根据1997年《刑法》，与幼女发生非强制的生殖器性交或者生殖器接触，以金钱、财物为媒介的，构成嫖宿幼

---

① 参见高铭暄《中华人民共和国刑法的孕育诞生和发展完善》，北京大学出版社，2012，第584页。

女罪；不以金钱、财物为媒介的，构成强奸罪（奸淫幼女）。而以金钱、财物为媒介与幼女发生其他非强制的性行为，如肛交、口交，既不构成嫖宿幼女罪，也不构成强奸罪（奸淫幼女），而构成猥亵儿童罪。

对设立嫖宿幼女罪，不应全盘否定。将《刑法》第 360 条第 2 款称为"恶法"更是无稽之谈。但是，设立嫖宿幼女罪确实带来一些问题。我的意见，最初见于 2005 年 8 月我在互联网某学术论坛上发表的一篇评论中，针对的是一个发生在四川仁寿县的案件。

[案例 190] 新华网成都 2005 年 8 月 11 日电（任硌、刘忠俊）：记者从四川仁寿县法院获悉，在当地造成恶劣影响的原仁寿县传染病医院院长杨文才嫖宿幼女一案，经过审理，犯罪嫌疑人杨文才被仁寿县人民法院一审判处有期徒刑 6 年，嫖宿介绍人邓建国被以介绍、容留卖淫罪，判处有期徒刑 5 年 6 个月，并处罚金 1 万元。法院审理查明：2005 年 4 月，小梦、小英（已被收容教养）商量决定找处女去卖淫而获取钱财。两人将仁寿某中学的小花（案发时未满 14 周岁）骗到县城邓建国管理的蓝宝石按摩院叫邓介绍卖处，随后邓叫来杨文才并讲好价钱，事后杨文才给了 2000 元处女费，小花得到了 500 元。同月 13 日，小梦、小英又到学校找到小雅，以诱骗等方式将其带到县城清源旅社，邓建国随即打电话叫来杨文才，经杨文才检查小雅确系处女后，杨将小雅带到绿岛山庄与其发生性关系，并造成小雅身体大出血。事后杨文才拿了 2000 元给邓建国，并叫其给小雅买消炎止血药，邓建国在扣除 400 元后，将 1600 元交给小雅时，被小梦全部拿走。法院审理认为，被告人杨文才嫖宿不满 14 周岁的幼女，其行为构成嫖宿幼女罪，检察机关指控的罪名成立。指控其犯强奸罪，被告人虽有强行与被害人小雅发生性关系的一些行为，但没有证据证实被告人杨文才实施了暴力、胁迫或其他方法强行与被害人发生性关系

的行为，被告人杨文才只有嫖宿的目的，没有强行奸淫的目的，缺乏构成强奸罪的主客观要件。被告人邓建国为幼女卖淫牵线撮合，介绍嫖客杨文才，并将其管理的蓝宝石按摩院提供给被告人杨文才进行嫖宿，从中讲价还价，获取利益，其行为构成介绍、容留卖淫罪，且介绍、容留不满十四周岁的幼女卖淫，情节严重。（文中女孩全部为化名）

结合这一案例，我认为设立嫖宿幼女罪弊大于利：

第一，"嫖宿"意味着对方是卖淫女。这等于在法律上承认幼女有"卖淫"的行为能力。而从根本上说，刑法是将不满14岁者推定为不具有性理解能力者。她们对发生性行为的同意不被法律所承认，不能成为免除与她们发生性关系之人刑事责任的根据。与她们发生性关系，即使她们不反对，甚或主动，在刑法上也应视为强制的。所以，从法理上说，将明知对方为不满14岁幼女而进行嫖宿定性为强奸更为准确。如果要特别惩罚嫖娼，嫖宿只是应当作为奸淫幼女的强奸罪的一个从重情节。

第二，如果对嫖宿幼女的行为以强奸论处，幼女的身份是被害人，而把嫖宿幼女从强奸罪中分离出来单独立罪，幼女的主要身份是卖淫女。虽然也可以笼统地把她们称为被害人，但这种被害人不可和强奸罪的被害人同日而语。其实她们是一样的，与人发生性关系都不是出于法律认可的自由意志，都不具有可谴责性。让她们戴上"卖淫"的帽子，无疑会妨碍对她们权益的保护。《刑法》把嫖宿幼女罪放在"妨害社会管理秩序罪"一章，也说明其保护的重点不是幼女的权益。实际上，立法者并不在意哪个幼女被奸淫，而只是关心谁在进行卖淫嫖娼。

第三，把嫖宿幼女从强奸罪中分离出来单独立罪，造成法条竞合，不必要地制造了混乱。对法条竞合，通说主张选择特别法、重法定一罪处罚。但这毕竟是理论，要得到实施，还需有明确的司法解释。

第四，刑法规定的处罚，嫖宿幼女罪比一般情况的双方"自愿"的奸淫幼女的强奸罪重。一般情况的奸淫幼女处 3 年以上 10 年以下有期徒刑，嫖宿幼女处 5 年以上有期徒刑，前者的最低刑和最高刑都比后者轻。但是为什么给了钱就要比不给钱的刑罚重？在这个问题上，被奸淫者的同意，不论有无条件，在法律上应当是不予考虑的，主要应看犯罪人的主观和客观的恶性。让一个幼女心甘情愿、不要代价地奉献身体，其恶性能比明明白白地用钱买幼女的身体好到哪里去？窃以为，欺骗和诱惑的恶性更大。

第五，虽然嫖宿幼女罪的刑罚比一般情况的双方"自愿"的奸淫幼女的强奸罪重，但是从道德的谴责角度说，嫖宿幼女这个罪名远不如强奸这个罪名严厉。多数奸淫幼女者可能更喜欢"嫖宿幼女"这个帽子。

第六，虽然定嫖宿幼女罪也可以使犯罪人受到比较严厉的处罚，但嫖宿幼女罪的最高刑低于奸淫幼女的强奸罪，与那些情节恶劣、后果严重的"嫖宿"幼女行为不相适应，也缺乏足够的威慑力。例如，根据强奸罪条款，奸淫幼女多人的可处死刑，而根据嫖宿幼女罪条款，即使嫖宿幼女多人，最重也只能处 15 年有期徒刑。

第七，从条文上看，嫖宿幼女罪的构成并不需要明知对方不满 14岁。但是在 2001 年，最高人民检察院有一个《关于构成嫖宿幼女罪主观上是否需要具备明知要件的解释》，明确说："行为人知道被害人是或者可能是不满十四周岁幼女而嫖宿的，适用刑法第三百六十条第二款的规定，以嫖宿幼女罪追究刑事责任。"不知道最高人民检察院的这个解释对法院是否有约束力。我认为，嫖宿幼女罪的"明知"比奸淫幼女的强奸罪的"明知"更难认定。如果嫖宿幼女罪需要明知，很可能很少有人构成嫖宿幼女罪。有性经验的幼女往往表现出超出实际年龄的成熟。双方以前也不认识，接触的时间又短，嫖娼者难以知道对方实际年龄。本案是否明知，报道没有说。有三种可能。一是已经认定明知，二是检察院忽略这个问题了，三是检察院和法院认为不需要明知。

具体到本案，有一个关键性问题还需进一步考察，小花是否进行了"卖淫"？通俗地说，卖淫的是自己把自己的肉体出卖了。卖淫者都应当知道自己将与人发生性关系，并因此得到钱物。小花是否认识到这一点？我认为，根据她不满 14 岁而且还是处女这个事实看，她难以认识到这一点。报道也说，小花是被小梦、小英二人"骗"到按摩院的。这意味着她并不清楚她将要和他人发生性关系。她甚至都有可能不知道性关系是怎么一回事。虽然事后邓建国给了她 500 元，但这 500 元是事先讲好的吗？小花知道这是她"卖淫"的报酬吗？对这 500 元，完全可以解释为掩口费。根据报道，我认为小花并没有同意卖淫。她没有卖自己，是小梦、小英和邓建国把她卖了。讲价钱不是发生在小花和杨文才之间，而是发生在邓建国和杨文才之间。而小花没有被邓建国雇佣，也没有委托邓建国帮助她拉皮条，邓建国无权代表她和他人进行交易。她是否进行了卖淫，不能由他人说了算，而应根据其本人的意志和行为来判断。她可能没有反抗杨文才的奸淫，但这不意味着她同意卖淫。退一步说，即使她同意，由于她是幼女，在法律上也应推定为没有同意。所以，对她和杨文才的性关系，不能认定为双方自愿的嫖娼卖淫，而只能认定为被害人没有同意的强奸。对杨文才奸淫小花的行为，应当按被害人没有同意的强奸论处，从重处罚。由于强奸罪的一般刑罚比嫖宿幼女罪轻一些，如果按强奸论处，对杨文才的处罚不一定比嫖宿幼女罪重——这是刑罚设计的不合理。但是定强奸罪比定嫖宿幼女罪更符合事实的性质。进而，对邓建国也应按强奸罪的共犯处罚。

2005 年，我在本书第一版的写作中，将上述意见摘录，形成一段文字，加入书中。① 2008 年，有感于贵州省发生中小学教师赵庆梅、驰垚等人强迫、组织 20 多名中小学女生"卖淫"的恶劣事件，我又将上述意见加以整理，在全国政协会议上提交了《关于修订刑法，将"嫖宿幼女"按强奸罪论处的提案》。这个提案，中国政协网当时予以全文刊载，② 后在 2009 年因为贵州省习水县"公职人员嫖宿幼女"案的审理和讨论而受到社会关注。③ 之后几年，又有全国人大代表、全国政协委员提出类似的议案、提案。社会上废除"嫖宿幼女罪"的呼声多年不绝。最高人民法院在 2013 年 7 月明确表示完全赞成废除嫖宿幼女罪。④ 与此同时，刑法学界也进行了比较深入的讨论，论辩各方都有高水平的文章。

（二）其他国家的有关立法情况

在讨论中，不少学者以外国立法为例说明自己的观点。中国有自己的国情和法制传统，如何立法不能以外国立法为凭。但是，考察一下外国立法，至少对于学术讨论还是有益的。

有些学者认为，法国等国也有类似"嫖宿幼女罪"的罪名。不错，《法国刑法典》是有一个"利用未成年人卖淫罪"（recours à la prostitution de mineurs）。第 225 – 12 – 1 条和第 225 – 12 – 2 条规定：以给予报酬或者许诺给予报酬作为交换，要求、接受或获得与从事卖淫的未成年人发生性性质的关系，其中包括偶然为之，处 3 年监禁并科 4.5 万欧元罚金；对未满 15 岁的未成年人实行本罪的，监禁刑加至 7 年，罚金加至 10 万欧元。⑤ 但是，"利用未成年人卖淫罪"的设置原因、性质内容与中国 1997 年《刑法》"嫖宿幼女罪"有很大不同。

---

① 本书第一版，第 281 页。
② 刘白驹：《关于修订刑法，将"嫖宿幼女"按强奸罪论处的提案》，中国政协网，2008 年 3 月 21 日；李中印主编《建言中国》，国际文化出版公司，2009，第 257 页。
③ 田璇：《政协委员呼吁将嫖宿幼女罪纳入强奸罪》，中国新闻网 2009 年 4 月 20 日。
④ 邱伟：《最高法表态：赞成废除嫖宿幼女罪》，《北京晚报》2013 年 12 月 8 日。
⑤ 《法国新刑法典》，罗结珍译，中国法制出版社，2003。

"利用未成年人卖淫罪"是根据 2002 年 3 月 4 日第 2002—305 号法律，增设于《法国刑法典》第五章"侵犯人之尊严罪"之中的。在此之前，《法国刑法典》并无类似条款。[①] 根据 1994 年《法国刑法典》，首先，与卖淫的达到性行为同意年龄的未成年人发生性关系不构成犯罪。在法国，未成年人是指未满 18 岁之人，性行为同意年龄为已满 15 岁。在第 2002—305 号法律之前，与 15 岁以上之人，包括已满 15 岁未满 18 岁的未成年人，发生双方同意的性关系不构成犯罪，不论未成年人是否属于卖淫的。但是根据第 2002—305 号法律，在《法国刑法典》修正之后，成年人之间发生双方同意的性关系——即使是卖淫的性关系，与已满 15 岁的未成年人发生双方同意的性关系——只要不是卖淫的性关系，仍然不构成犯罪，只是，与已满 15 岁未满 18 岁未成年人发生卖淫的性关系就构成犯罪了。后一种情况如果放在中国，不构成犯罪包括"强奸罪"、"嫖宿幼女罪"，只能作为一般的卖淫嫖娼，给予治安管理处罚，而且双方都要受到治安管理处罚。

其次，在第 2002—305 号法律之前，与未满 15 岁的未成年人发生性关系，如果是卖淫的性关系，也不构成犯罪。法国刑法对于性行为的规制，向来另类和比较宽松，在此有所体现。1994 年《法国刑法典》在第二章"伤害人之身体或精神罪"第三节规定了"性侵犯罪"。"性侵犯罪"是一个类罪名，是指"以暴力、强制、猥亵或趁人不备，施以性侵害"，其中包括强奸、其他性侵犯和性骚扰这三种具体犯罪。第 222 - 23 条规定的强奸罪，是以暴力、强制、威胁或趁人不备，对他人施以任何"性进入"行为。第 222 - 24 条还规定，强奸 15 岁以下未成年人，处 20 年徒刑。与未满 15 岁的未成年人发生对方同意的性关系当然不属于强奸罪。第 222 - 27 条等几个条款规定了

---

① 《法国刑法典》，罗结珍译，中国人民公安大学出版社，1995。

"其他性侵犯罪"。其中第 222 - 29 条规定，对于针对 15 岁以下未成
年人实施其他性侵犯行为的，处 20 年徒刑。根据有关条款判断，"其
他性侵犯罪"包括两种基本情况：（1）以暴力、强制、威胁或趁人不
备，与他人发生"性进入"之外的性行为，即一般所说"强制猥
亵"；（2）没有暴力、强制、威胁或趁人不备的情节，但利用亲属、
监护等权力和职务赋予的权势，即通过精神强制，与他人发生对方未
予反对的性行为包括"性进入"。在这两种情况下发生性关系，都违背
了对方的自由意志，所以《法国刑法典》称之为"性侵犯"（法文
agressions sexuelles），而性行为对象被称为"受害人"（法文 victime）。
与未满 15 岁未成年人发生卖淫的性关系，由于不存在强制或者精神
强制，不属于上述两种情况，因而不构成"其他性侵犯罪"。另外，
1994 年《法国刑法典》第七章"伤害未成年人罪与危害家庭罪"第
五节"置未成年人于危险罪"之第 227 - 22 条规定："促成或图谋促
成未成年人堕落的处 5 年监禁并科 50 万法郎罚金。所涉及之未成年
人年龄在 15 岁以下，所受刑罚加至 7 年监禁并科 70 万法郎罚金。由
成年人组织、聚集多人淫乱，有未成年人在场或参加淫乱之行为，尤
其适用前款相同之刑罚。"第 227 - 25 条规定："成年人对未成年人施以
猥亵行为未使用暴力、强制、威胁或突然袭击等手段的，处 2 年监禁并
科 20 万法郎罚金。"但这两条说的未成年人并不是卖淫的未成年人，且
后一条不是指发生性交。

　　总之，1994 年《法国刑法典》没有将与卖淫的未成年人——即
使他们未满 15 岁——发生性关系规定为犯罪。至少说，在司法中以
及在社会上，普遍认为与卖淫的未满 15 岁未成年人发生性关系不构
成"性侵犯罪"。第 2002—305 号法律改变了这种状况。它的出台，
是为回应欧盟提出的加强对未成年人的保护和加强对未成年人性剥削
的惩罚的要求，以及法国社会加强对嫖娼和嫖客处罚的日益高涨的呼
声。它将与卖淫的未成年人发生性关系明确列为犯罪，特别是将与卖

淫的已满 15 岁未满 18 岁未成年人发生性关系规定为犯罪，是对 1994 年《法国刑法典》空白的弥补。然而，它把与卖淫的未满 15 岁未成年人发生性关系列入“利用未成年人卖淫罪”而不是“其他性侵犯罪”，虽然也弥补了以前的缺陷，但从法理上来说不够严谨，因为违背了性行为同意年龄为已满 15 岁的基本原则，将未满 15 岁未成年人进行卖淫视为有效的对性行为的同意。不过，尤应注意，修正后的《法国刑法典》对于与卖淫的未满 15 岁未成年人发生性关系的情况和“其他性侵犯罪”中与未满 15 岁发生性关系的情况，尽管规定在不同章节，但两者的刑罚完全相同，都是监禁 7 年，罚金 10 万欧元。这似乎透露出，法国的立法者实际上认为，与卖淫的未满 15 岁未成年人发生性关系相当于或者就是对未满 15 岁的未成年人实施“其他性侵犯”。

对比之下，中国 1997 年《刑法》的嫖宿幼女罪是另一种情况。1979 年《刑法》关于强奸罪的规定，不论从条文上还是法理上说，都是包括“嫖宿幼女”之情形的。“嫖宿幼女”实质上属于奸淫幼女，“虽和同强”，应按强奸罪论处。1997 年《刑法》在强奸罪（含奸淫幼女）之外设立“嫖宿幼女罪”，是节外生枝，造成法条竞合或冲突。1997 年《刑法》将强奸罪中的奸淫幼女和“嫖宿幼女罪”分别规定在性质区别很大的章节，前者属于“侵犯公民人身权利、民主权利罪”，重在保护个人权利，后者属于“妨害社会管理秩序罪”，重在维护社会管理秩序；并且规定了不一样的刑罚，后者的起点刑高于前者、最高刑低于前者。其本意可能是强化对嫖娼和嫖客的打击，却造成未曾预料的宽待“嫖宿幼女”这种实为奸淫幼女的罪行的社会印象。

日本法律关于“儿童买春”的规定，虽然也接近中国 1997 年《刑法》的嫖宿幼女罪，但也不是一回事。《日本刑法典》没有将卖淫嫖娼本身列为犯罪，只是规定劝诱卖淫构成劝诱淫行罪（淫行勧诱）。《日本刑法典》所规定的强奸罪，包括强奸妇女和奸淫幼女两种情况。该法第 177 条规定：“以暴力或者胁迫手段奸淫十三岁以上的女子的，是强奸罪，处三年以上有期惩役；奸淫未满十三岁的女子的，亦同。"① 但是，根据该法第 180 条，强奸罪是亲告罪（2017 年废除），当事人告诉的才能提起公诉。在此情况下，对于嫖宿儿童即向儿童买春的行为一般不能按强奸罪处罚，因为涉事儿童通常不会告诉。为了弥补《刑法》的这一缺陷，日本在 1999 年制定了《儿童买春、儿童色情禁止法》。该法中的"儿童"是指未满 18 岁的人，未限定性别。根据该法第 2 条第 2 款的定义，"儿童买春"是指给儿童本人、儿童性交斡旋者、儿童监护人或儿童支配人提供报酬，或者是约定提供报酬，与该儿童进行性交等行为。"性交等行为"包括性交、性交类似行为，或为了满足自己的性好奇心，触摸儿童的性器等（包括性器、肛门以及乳头等）或让儿童触摸自己的性器等的行为。该法第 4 条规定，向儿童买春的，处 5 年以下惩役或者 300 万日元以下罚金。该法第 9 条规定不能以不知道儿童的年龄为由逃避法律责任。该法还规定，为向儿童买春提供斡旋的，处 5 年以下有期徒刑，单处或并处 500 万日元以下罚金，以此为业的，处 7 年以下有期徒刑，并处 1000 万日元以下罚金；以斡旋儿童买春为目的，劝诱他人向儿童买春的，处 5 年以下有期徒刑单处或并处 500 万日元以下罚金，以此为业的，处 7 年以下有期徒刑，并处 1000 万日元以下罚金。日本《儿童买春、儿童色情禁止法》关于儿童买春罪的规定，确有值得借鉴之处。但是，显然不能将日本《儿童买春、儿童色情禁止法》的儿童买春罪与中国《刑法》的嫖宿幼女罪相提并论。《儿童买春、儿童色情禁止法》列出儿童买春罪，主要是因为《日本刑法典》的强奸罪以前是亲告罪，难以包括向儿童买春的情况。而中国《刑法》的强奸罪并非亲告罪，将"嫖宿幼女"——不论是否告诉——按强奸罪论处没有障碍，另设一罪是多余的。

还有一些国家也将与卖淫未成年人发生性关系规定为犯罪，但既

---

① 《日本刑法典》，张明楷译，法律出版社，2006。

不同于法国的利用未成年人卖淫罪或者日本的儿童买春罪，也不同于中国的嫖宿幼女罪，而是专指与已达到性行为同意年龄而又未达到成年年龄的未成年人发生卖淫的性关系。例如意大利。2011 年 2 月，有国内媒体报道：意大利米兰的检察官要求立即对总理贝卢斯科尼（Silvio Berlusconi）启动快速审判，罪名是滥用权力和嫖雏妓。意大利检方称，贝卢斯科尼曾与出生在摩洛哥的脱衣舞女卡米娜（艺名"露比"）进行性交易，当时她年仅 17 岁。按照意大利法律，同 18 岁以下的女子发生性关系属于犯罪，最高可判处 3 年徒刑。① 这个报道的一些说法不准确。意大利刑法并没有嫖雏妓的罪名。也不能说，根据意大利刑法，同 18 岁以下的女子发生性关系一概属于犯罪。在意大利，未成年人是指未满 18 岁之人，性行为同意年龄为已满 14 岁。与已满 18 岁者发生双方同意的性关系不构成任何犯罪。对于与未成年人发生性关系是否构成犯罪，意大利刑法区分了几种情况。1968 年《意大利刑法典》第 519 条规定，以强暴胁迫强制他人性交的构成强奸罪，处 3 年以上 10 年以下徒刑；与未满 14 岁人相奸，或者与未满 16 岁人相奸而行为人为其尊亲属或监护人或其他被委托养育、训育、监视或监护该未成年人者，亦按强奸罪处理。② 1996 年，根据 1996 年 2 月 15 日第 66 号法律，《意大利刑法典》中关于强奸等性犯罪的条款，从第九章"侵犯公共道德和善良风俗罪"转入第十二章"侵犯人身罪"，并作了较大修正。③ 后来，《意大利刑法典》关于性犯罪的条款又有多次修正。④ 2006 年《意大利刑法典》关于与未成年人发生性关系，主要有以下规定：第一，对于不满 14 岁的未成年人，采用暴力

---

① 《意检方要求以滥权和嫖雏妓罪对总理启动快速审判》，中国新闻网 2011 年 2 月 9 日。
② 《意大利刑法典》（1968 年修订），载萧榕主编《世界著名法典选编·刑法卷》，中国民主法制出版社，1998。
③ 《意大利刑法典》，黄风译，中国政法大学出版社，1998。
④ 《最新意大利刑法典》，黄风译注，法律出版社，2007。

或威胁手段，或者通过滥用权力，强制发生性行为的，根据第 609 – 3
条，属于"性暴力罪"的加重处罚情节，处以 6 年至 12 年有期徒刑；
如果是对不满 10 岁的人实施的，处以 7 年至 12 年有期徒刑。第二，
与未成年人发生非暴力强制的性行为，根据第 609 – 4 条，按被害人
的年龄，分别构成"与未成年人实施性行为罪"的三种情况，给予不
同处罚：其一，与不满 14 岁的未成年人实施非暴力强制的性行为，
或者利用亲属、监护、照顾、教育等关系与不满 16 岁的未成年人实
施非暴力强制的性行为，处以与第 609 – 2 条"性暴力罪"同样的刑
罚，即 5 年至 10 年有期徒刑；其二、利用亲属、监护、照顾、教育
等关系与已满 16 岁的未成年人实施非暴力强制的性行为，处以 3 年
至 6 年有期徒刑；其三，如果是针对不满 10 岁的人实施非暴力强制
的性行为，处以 7 年至 12 年有期徒刑。这一条款规定的"与未成年
人实施性行为罪"，相当于中国《刑法》规定的强奸罪中非暴力强制
的"奸淫幼女"的情况，但情节划分更为细致，被害人年龄范围更
广。第三，在意大利，成年人之间的卖淫嫖娼不构成犯罪。但是，在
1998 年以后，与已满 16 岁不满 18 岁的未成年人发生嫖娼性质的性关
系构成犯罪，属于"侵犯个人人格犯罪"的范畴。根据第 600 – 2 条
（本条由 1998 年 8 月 3 日第 269 号法律第 2 条增加）的第 2 款规定：
"除行为构成更为严重的犯罪外，与未成年人包括已满 14 岁不满 18
岁的人员发生性行为，以给付钱或其他经济利益为交换的，处以 6 个
月至 3 年有期徒刑和 5164 欧元以上罚金。"贝卢斯科尼的嫖娼行为所
触犯的就是这一条款。为什么与已满 14 岁不满 18 岁的人员发生双方
自愿的性行为，不以给付钱或其他经济利益为交换的，不构成犯罪
（有特殊关系的除外），而以给付钱或其他经济利益为交换的，就构成
犯罪？其中的逻辑，应当是为了避免助长未成年人卖淫，促使他们尽
早脱离卖淫。如果在中国，贝卢斯科尼不构成犯罪，因为与其发生性
交易的那个妓女已经 17 岁，不是幼女。《意大利刑法典》没有给出这

一犯罪的具体罪名。将这个罪概括为"嫖雏妓罪"并不合适，称之为"与未成年人性交易罪"则比较贴切，但它没有反映出这个罪涉及的只是已满 14 岁不满 18 岁的未成年人，而不是所有的未成年人。如果通俗一些，或许可以勉强称之为"嫖宿少年罪"。

《芬兰刑法典》规定了"向未成年人买春罪"（芬兰文 seksuaalipalvelujen ostaminen nuorelta，英文 purchase of sexual services from a young person）。在芬兰，性行为同意年龄为已满 16 岁。《芬兰刑法典》第 20 章"性犯罪"在第 6 条规定了"对儿童的性滥用罪"（芬兰文 lapsen seksuaalinen hyväksikäyttö，英文 sexual abuse of a child）：任何人与不满 16 岁儿童性交或以其他方式进行性行为，判处最高 4 年的有期监禁。这个罪不同于《法国刑法典》的"其他性侵犯罪"，其构成不以强制或者精神强制为条件。《芬兰刑法典》第 20 章第 8 条（根据 1998 年 563 号法令修正）规定了"向未成年人买春罪"：通过许诺或者给予报酬，使不满 18 岁的人性交或进行其他性行为，应当因为向未成年买春被判处罚金或者最高 6 个月有期监禁。[①] 从条文推断，"向未成年人买春罪"的未成年人是指已满 16 岁不满 18 岁的未成年人。与已满 16 岁人发生对方同意的性关系，一般不构成犯罪，但向已满 16 岁未满 18 岁者"买春"，构成"向未成年人买春罪"。而向未满 16 岁儿童买春，应当按第 6 条"对儿童的性滥用罪"而不是第 8 条"向未成年人买春罪"处罚。这与《意大利刑法典》相似。即使第 6 条与第 8 条存在竞合，如果芬兰刑事司法和刑法学采用从一重处断的原则，向未满 16 岁儿童买春也应按"对儿童性滥用罪"论处。

《加拿大刑事法典》也曾经规定了与"少年卖淫"相关的犯罪，即第 212 条第（4）项："有偿在任何处所得到或企图得到未满 18 岁

---

① 《芬兰刑法典》，于志刚译，中国方正出版社，2005。

人性服务者，构成可诉罪，处 5 年以下监禁。"但是，这部法典在第 153 条将"少年"定义为"已满 14 岁未满 18 岁的人"。[1] 而根据最新的《加拿大刑事法典》，第 212 条已经在 2014 年废止。而第 151.1 条将性行为同意年龄从 14 岁修改提高到 16 岁，第 153 条的"少年"定义也修改为"已满 16 岁未满 18 岁的人"。[2]

比较起来，如果不论刑罚的轻重，在性犯罪问题上，许多国家刑法对未成年人的保护力度和范围高于中国刑法。有些欧洲国家，刑法所规定的性行为同意年龄高于 14 岁（法国 15 岁，希腊 15 岁但鸡奸 17 岁，俄罗斯、奥地利、瑞士、荷兰、芬兰 16 岁），或者区分不满 14 岁、不满 16 岁、不满 18 岁等年龄情况。前一种情况，例如《俄罗斯联邦刑法典》第 134 条规定："年满 18 岁的人与明知未满 16 岁的人实行性交、同性性交的，处 3 年以下的限制自由或处 4 年以下的剥夺自由。"[3] 后一种立法例有意大利、德国、葡萄牙、挪威、保加利亚等国刑法。例如，《德国刑法典》将对不满 14 岁的儿童实施性行为或让其与自己实施性行为，列为"对儿童的性滥用罪"；将对不满 16 岁的被保护人（受自己教育、培训或监护）实施性行为或让其与自己实施性行为，列为"对被保护人的性滥用罪"；将怂恿不满 16 岁的人对第三人或在第三人面前实施性行为，列为"促使未成年人为性行为罪"；将利用不满 16 岁的人的窘境或者有偿地与之实施性行为或让其与自己实施性行为等，列为"对少年的性滥用罪"。[4] 再如，《葡萄牙刑法典》将与不满 14 岁的人实施发泄性欲行为，列为"对儿童进行性侵犯罪"；将利用教育、扶助关系对 14 岁至 18 岁的未成年人实施发泄性欲行为，列为"对从属未成年人实施性侵犯罪"；将成年人利

---

[1] 《加拿大刑事法典》，卞建林等译，中国政法大学出版社，1999。

[2] 参见 http://laws-lois.justice.gc.ca/eng/acts/C-46/page-111.html#h-70；http://laws-lois.justice.gc.ca/eng/acts/C-46/page-74.html#docCont。

[3] 《俄罗斯联邦刑法典（2003 年修订）》，黄道秀译，中国法制出版社，2004。

[4] 《德国刑法典》，徐久生、庄敬华译，中国方正出版社，2004。

用 14 岁至 16 岁的未成年人经验缺乏而实施发泄性欲行为，列为"与未成年人实施泄欲行为罪"；将成年人以支付金钱或者其他报酬为对价，与 14 岁至 18 岁的未成年人实施发泄性欲行为，列为"引诱未成年人卖淫罪"。① 也就是说，后一类国家的刑法所规定的性行为同意年龄，虽然是已满 14 岁，但仅适用于双方完全自愿的一般的性关系，而不适用于双方有特殊保护关系而发生性行为的情况，也不适用于卖淫嫖娼关系。西班牙刑法规定的性行为同意年龄为 13 岁，但它也区分了不满 13 岁和不满 16 岁、不满 18 岁几种情况。②

（三）中国刑法和司法解释有关规定的修正

可以认为，1997 年《刑法》在惩治组织、强迫、引诱未成年人卖淫的犯罪方面，对未成年人保护不够有力，有些规定不够合理。

第一，《刑法》关于组织、强迫、引诱未成年人卖淫的犯罪的规定，在对未成年人的特别保护方面，把未成年人限定为不满 14 岁的幼女，而没有对严重存在的组织、强迫、引诱已满 14 岁不满 18 岁未成年人卖淫的问题给予足够的重视，不利于对未成年人的保护和对组织、强迫、引诱卖淫的犯罪的打击。③ 联合国《儿童权利公约》将"儿童"界定为"18 岁以下的任何人"。《未成年人保护法》也规定，

---

① 《葡萄牙刑法典》，陈志军译，中国人民公安大学出版社，2010。
② 《西班牙刑法典》，潘灯译，中国政法大学出版社，2004。
③ 1997 年《刑法》第 358 条规定："组织他人卖淫或者强迫他人卖淫的，处五年以上十年以下有期徒刑，并处罚金；有下列情形之一的，处十年以上有期徒刑或者无期徒刑，并处罚金或者没收财产：（一）组织他人卖淫，情节严重的；（二）强迫不满十四周岁的幼女卖淫的；（三）强迫多人卖淫或者多次强迫他人卖淫的；（四）强奸后迫使卖淫的；（五）造成被强迫卖淫的人重伤、死亡或者其他严重后果的。""有前款所列情形之一，情节特别严重的，处无期徒刑或者死刑，并处没收财产。""协助组织他人卖淫的，处五年以下有期徒刑，并处罚金；情节严重的，处五年以上十年以下有期徒刑，并处罚金。"根据《刑法修正案（八）》（全国人民代表大会常务委员会第十九次会议于 2011 年 2 月 25 日通过，自 2011 年 5 月 1 日起施行），上述第三款修正为："为组织卖淫的人招募、运送人员或者有其他协助组织他人卖淫行为的，处五年以下有期徒刑，并处罚金；情节严重的，处五年以上十年以下有期徒刑，并处罚金。"

未成年人是指"未满十八周岁的公民"。根据《刑法》第 358 条规定，强迫不满 14 岁的幼女卖淫的，是组织、强迫卖淫罪的从重处罚情形之一，处 10 年以上有期徒刑或者无期徒刑；情节特别严重的，可以判处死刑。但如果强迫已满 14 岁不满 18 岁未成年人卖淫，只是处 5 年以上 10 年以下有期徒刑，并处罚金。另外，根据《刑法》第 359 条第 2 款规定，引诱不满 14 岁的幼女卖淫的，构成引诱幼女卖淫罪，处五年以上有期徒刑，并处罚金。但如果引诱已满 14 岁不满 18 岁的未成年人卖淫，一般处五年以下有期徒刑、拘役或者管制，并处罚金；只有情节严重的，方可处五年以上有期徒刑，并处罚金。这样的打击力度，或者说，这样的成本，与引诱已满 14 岁不满 18 岁的未成年人卖淫这种行为可以获得的利润和可以产生的危害性，远不相称。应当说，《刑法》对不满 14 岁的幼女给予特别保护是正确的，但忽视已满 14 岁不满 18 岁这个年龄段的未成年人的特殊性，则是不妥的。应当修订《刑法》，使《刑法》关于组织、强迫、引诱不满 14 岁的幼女卖淫犯罪的规定，适用于所有未成年人。这样做，不仅有利于打击组织、强迫、引诱卖淫的犯罪，而且有利于进一步确定未成年人在有关犯罪中的受害人地位，使教育挽救工作更有效进行，从而使他们的权益得到保护。

第二，《刑法》关于"引诱幼女卖淫罪"的规定是不合理的。1979 年《刑法》没有规定这个罪。1991 年全国人民代表大会常务委员会《关于严禁卖淫嫖娼的决定》规定，对引诱不满 14 岁的幼女卖淫的，应依照强迫不满 14 岁的幼女卖淫论处。但是，1997 年《刑法》却将引诱不满 14 岁的幼女卖淫的行为列为一个独立的新罪——"引诱幼女卖淫罪"，并且为之规定了比强迫幼女卖淫轻的刑罚，5 年以上有期徒刑，并处罚金。这是一个不当的决定。它完全没有考虑到幼女的性理解能力问题。引诱和选择是联系在一起的。如果认为不满 14 岁幼女能够被引诱去卖淫，就几乎等于承认她对卖淫等性行为有理性上的认识，并有能力去选择性行为。而《刑法》关于奸淫幼女犯罪的规定，是将不满 14 岁者推定为不具有性理解能力者。她们对发生性行为的同意不被刑法所承认。幼女被"引诱"卖淫，在刑法上应当被视为强迫。因而，对引诱幼女卖淫应当按强迫幼女卖淫论处。

第三，为防治组织、强迫、引诱未成年男性卖淫，《刑法》关于组织、强迫、引诱未成人卖淫的犯罪的规定，应取消未成年人的性别限制，即用"未成年人"代替"幼女"。

第四，还有一个相关问题，即"嫖宿"未成年人的问题。除"嫖宿幼女"问题外，现实中还存在着嫖宿已满 14 岁不满 18 岁的未成年人的情况。根据现行《刑法》，嫖宿已满 14 岁不满 18 岁的未成年人，不构成犯罪，而只可给予治安管理处罚，打击力度不够，对未成年人的保护也不够。因而，应当在废除"嫖宿幼女罪"的同时，将嫖宿已满 14 岁不满 18 岁的未成年人这种情况，增设为"嫖宿未成年人罪"。"嫖宿未成年人罪"的"嫖宿"，包括发生性交和其他性行为。

2011 年 3 月，我提出《关于修订刑法，加大对组织、强迫、引诱未成年人卖淫等犯罪惩处力度的提案》。该提案除了再次建议取消现有的"嫖宿幼女罪"，应将"嫖宿"不满 14 岁幼女的，按强奸罪（奸淫幼女）论处外，还建议：（1）单独设立"强迫未成年人卖淫罪"，即强迫不满 18 岁的未成年人卖淫的。并且将强迫不满 14 岁的未成年人卖淫的，规定为此罪的从重处罚情节。（2）取消现有的"引诱幼女卖淫罪"，将引诱不满 14 岁的幼女卖淫的，按强迫不满 14 岁的未成年人卖淫论处。（3）增设"引诱未成年人卖淫罪"，即引诱已满 14 岁不满 18 岁的未成年人卖淫的。（4）增设"嫖宿未成年人罪"，即嫖宿已满 14 岁不满 18 岁的未成年人的。①

① 徐日丹：《全国政协委员刘白驹建议对强迫引诱未成年人卖淫加大惩处 有效保护未成年人权益》，《检察日报》2011 年 3 月 5 日。

如前所述，2013 年最高人民法院、最高人民检察院、公安部、司法部《关于依法惩治性侵害未成年人犯罪的意见》第 20 条规定，知道或者应当知道幼女被他人强迫卖淫而仍与其发生性关系的，均以强奸罪论处。这是对《刑法》"嫖宿幼女罪"条款的某种意义上的"修正"。另外，《关于依法惩治性侵害未成年人犯罪的意见》第 26 条强调："组织、强迫、引诱、容留、介绍未成年人卖淫构成犯罪的，应当从重处罚。""对未成年人负有特殊职责的人员、与未成年人有共同家庭生活关系的人员、国家工作人员，实施组织、强迫、引诱、容留、介绍未成年人卖淫等性侵害犯罪的，更要依法从严惩处。"这一规定，与《刑法》第 358 条比较，一个突出的不同是在表述上用"未成年人"替代了"不满十四周岁的幼女"。

更重要的改变，是 2015 年《刑法修正案（九）》作出的。对于《刑法》分则第六章第八节"组织、强迫、引诱、容留、介绍卖淫罪"，《刑法修正案（九）》作出两处重要修正。

第一，将《刑法》第 358 条修订为："组织、强迫他人卖淫的，处五年以上十年以下有期徒刑，并处罚金；情节严重的，处十年以上有期徒刑或者无期徒刑，并处罚金或者没收财产。""组织、强迫未成年人卖淫的，依照前款的规定从重处罚。""犯前两款罪，并有杀害、伤害、强奸、绑架等犯罪行为的，依照数罪并罚的规定处罚。""为组织卖淫的人招募、运送人员或者有其他协助组织他人卖淫行为的，处五年以下有期徒刑，并处罚金；情节严重的，处五年以上十年以下有期徒刑，并处罚金。"其中第 2 款"组织、强迫未成年人卖淫的，依照前款的规定从重处罚"替代的是原条文规定的从重处罚情形之一"强迫不满十四周岁的幼女卖淫的"。这项修正一是取消了被组织、强迫者的性别限制，二是将被组织、强迫者的年龄提高到未满 18 周岁，扩大了保护范围。

第二，删去《刑法》第 360 条第 2 款，即取消"嫖宿幼女罪"。《刑法修正案（九）》草案一审稿和二审稿并无如此规定，是草案三审稿增加的。全国人民代表大会法律委员会表示："一些常委会组成人员提出取消嫖宿幼女罪。对这一问题，法律委员会、法制工作委员会一直在进行深入调查研究，召开座谈会，广泛听取有关部门、专家学者和社会各方面的意见。这一罪名是 1997 年修订刑法时增加的有针对性保护幼女的规定。考虑到近年来这方面的违法犯罪出现了一些新的情况，执法环节也存在一些问题，法律委员会经研究，建议取消刑法第三百六十条第二款规定的嫖宿幼女罪，对这类行为可以适用刑法第二百三十六条关于奸淫幼女的以强奸论、从重处罚的规定，不再作出专门规定。"① 立法工作机关的态度变化比较突然。在此之前，它们对"嫖宿幼女罪"存废问题进行调研的结论是"大多数法学专家赞成保留嫖宿幼女罪"。②

另外，2008 年"两会"期间，我还曾提出一项《关于修订刑法，调整"传播性病罪"规定，扩大其犯罪主体的提案》。其针对的是《刑法》第 360 条第 1 款规定："明知自己患有梅毒、淋病等严重性病卖淫、嫖娼的，处五年以下有期徒刑、拘役或者管制，并处罚金。"我认为，性病的传播并不会局限于卖淫嫖娼关系内。卖淫者和嫖娼者都有各自的社会关系，在卖淫嫖娼关系之外，他们还可能与其他人如配偶、情人发生性关系。相比之下，有嫖娼行为的人更有可能把性病传染给配偶或者其他与他们有性关系的非卖淫者。他们的性对象因为不知道他们曾经嫖娼并已经患有性病，可能不拒绝他们的性要求和采取防护措施，很容易被传染，并可能进而传染胎儿（例如胎传梅毒）。

① 全国人大法律委员会主任委员乔晓阳：《全国人民代表大会法律委员会关于〈中华人民共和国刑法修正案（九）（草案）〉审议结果的报告——2015 年 8 月 24 日在第十二届全国人民代表大会常务委员会第十六次会议上》，《全国人民代表大会常务委员会公报》2015 年第 5 期。
② 参见全国人大常委会法制工作委员会刑法室编，臧铁伟、李寿伟主编《〈中华人民共和国刑法修正案（九）〉条文说明、立法理由及相关规定》，北京大学出版社，2016，第 324～329 页。

这些没有卖淫嫖娼行为的人，被传染性病是无辜的。他们比卖淫嫖娼者更羞于去治疗性病（因此也难以进入国家性病疫情监测统计，成为性病"黑数"），会遭受更大的躯体和精神痛苦。但是，曾经嫖娼的人在与配偶或者其他非卖淫者发生性关系时不具有嫖娼者的身份，被害人不能以传播性病罪追究他们的刑事责任。因此，我建议取消传播性病罪犯罪主体的卖淫嫖娼者的身份限定，任何人明知自己患有性病而与人发生性交，都应按传播性病罪论处。同时，我建议明确将艾滋病列入第360条第1款，对传播艾滋病的，从重处罚。修改后的第360条第1款为"明知自己患有艾滋病或者梅毒、淋病等严重性病与他人发生性关系的……"。修改后的"传染艾滋病、性病罪"或者"传染性病罪"主要保护的是公民人身权利，其条款应当从刑法分则第六章"妨害社会管理秩序罪"第八节"组织、强迫、引诱、容留、介绍卖淫罪"，调整到第四章"侵犯公民人身权利、民主权利罪"。我还建议，对故意以其他方式传染艾滋病、性病，伤害他人的，应当定故意伤害罪。

时至今日，传播性病罪扩大犯罪主体范围的问题仍然未获得解决，这显然不利于遏制艾滋病、性病的传播。不过，有关部门已经重新审视第360条的问题，并在现行法律框架下加以弥补。2017年7月21日，最高人民法院、最高人民检察院公布《关于办理组织、强迫、引诱、容留、介绍卖淫刑事案件适用法律若干问题的解释》（法释〔2017〕13号，自2017年7月25日起施行）。其第11条第1款规定："具有下列情形之一的，应当认定为刑法第三百六十条规定的'明知'：（一）有证据证明曾到医院或者其他医疗机构就医或者检查，被诊断为患有严重性病的；（二）根据本人的知识和经验，能够知道自己患有严重性病的；（三）通过其他方法能够证明行为人是'明知'的。"第2款规定："传播性病行为是否实际造成他人患上严重性病的后果，不影响本罪的成立。"第3款规定："刑法第三百六十条规定所称的'严重性病'，包括梅毒、淋病等。其它性病是否认定为'严重性病'，应当根据《中华人民共和国传染病防治法》《性病防治管理办法》的规定，在国家卫生与计划生育委员会规定实行性病监测的性病范围内，依照其危害、特点与梅毒、淋病相当的原则，从严掌握。"第 12 条第 1 款规定："明知自己患有艾滋病或者感染艾滋病病毒而卖淫、嫖娼的，依照刑法第三百六十条的规定，以传播性病罪定罪，从重处罚。"第 2 款规定："具有下列情形之一，致使他人感染艾滋病病毒的，认定为刑法第九十五条第三项'其他对于人身健康有重大伤害'所指的'重伤'，依照刑法第二百三十四条第二款的规定，以故意伤害罪定罪处罚：（一）明知自己感染艾滋病病毒而卖淫、嫖娼的；（二）明知自己感染艾滋病病毒，故意不采取防范措施而与他人发生性关系的。"

第三节　乱伦

一　乱伦的性质

乱伦（incest）是指配偶之外的近亲属之间发生性关系。这里所说的性关系，不完全等同于发生性交，但也不完全等同于身体接触。近亲属之间特别是父母与子女之间、兄弟与姐妹之间的身体接触在一定的时期和一定场合是不可避免甚至是必不可少和健康有益的。乱伦的性关系，是说近亲属之间出现了单向的或者互动的可以刺激性欲、满足性欲的行为。

人类社会曾经历过允许乱伦的"杂乱的性交关系时期"。① 恩格

---

① 也有一些学者否认人类性生活曾经历乱交阶段，其代表人物有恩格斯在《家庭、私有制和国家的起源》中提到过的芬兰著名人类学家爱德华·亚历山大·韦斯特马克（Edward Alexander Westermarck, 1862~1939）。他认为，婚姻根植于本能，人类社会从一开始就是实行一夫一妻制。没有任何可靠的证据证明某个民族曾经盛行乱交。即使曾经有某个民族生活于乱交状态，也不能断言乱交状态是原始时代的普遍现象。参见〔芬〕韦斯特马克《人类婚姻史》第 1 卷，李彬等译，商务印书馆，2002。

斯指出："不仅兄弟和姊妹起初曾经是夫妇，而且父母和子女之间的性交关系在许多民族中也还是允许的。班克罗夫特在《北美太平洋沿岸各州的土著民族》（1875 年版第 1 卷）中证明，白令海峡沿岸的加惟基人、阿拉斯加附近的科迪亚克岛上的人、英属北美内地的提纳人，都有这种关系；勒土尔诺也提出了关于印第安赤北韦人、智利的库库人、加勒比人、印度支那半岛的克伦人的同样事实的报告；至于古希腊人和古罗马人关于帕提亚人、波斯人、斯基台人、匈奴人等的故事，在这里就不必说了。"① 孟德斯鸠也曾指出，在古代，鞑靼人可以娶自己的女儿、亚述人和波斯人可以娶自己的母亲。② 人类社会的乱伦禁忌（incest taboo）是随着家庭的出现和发展而形成和完善的。摩尔根（Lewis Henry Morgan，1818 ~ 1881）在《古代社会》、恩格斯在《家庭、私有制和国家的起源》中描述和分析了这个过程。血缘家庭是家庭的第一阶段，在这一阶段，祖先和子孙之间、双亲和子女之间不能互为夫妻和发生性关系，但兄弟姊妹之间一概互为夫妻。马克思所说"在原始时代，姊妹曾经是妻子，而这是合乎道德的"就是讲的这个阶段的事情。③ 到了普那路亚家庭阶段，一列兄弟与若干女子共同结婚，但姊妹和兄弟之间的性交关系也被排除了。这一进步是逐渐实现的，大概先从排除同胞兄弟和姊妹之间的性交关系开始，最后发展到禁止旁系兄弟和姊妹之间的结婚。在后来的与野蛮时代对应的对偶家庭阶段，乱伦禁忌进一步巩固。在与文明时代对应的一夫一妻制家庭阶段，乱伦禁忌上升为法律。

在几乎所有已知的文明中都存在乱伦禁忌。虽然在某些文明中，

---

① 恩格斯：《家庭、私有制和国家的起源》，《马克思恩格斯选集》第四卷，人民出版社，1972，第30 ~ 31 页。

② 参见〔法〕孟德斯鸠《论法的精神》下册，张雁深译，商务印书馆，1982，第186 ~ 187 页。

③ 恩格斯：《家庭、私有制和国家的起源》，《马克思恩格斯选集》第四卷，人民出版社，1972，第32 页。

某些近亲属的乱伦是被允许的，但被视为特例。据说古埃及贵族就允许兄弟姐妹的婚配。埃及女王克娄巴特拉就是兄妹婚配的后代，而且她本人也曾在不同时期与她的两个弟弟结婚。在历史上，某些统治者荒淫无道，肆意乱伦，也是特别的现象，没有得到社会的肯定。例如古罗马皇帝卡利古拉（Caligula）。卡利古拉患有癫痫，经常感到头脑错乱，失去理性。他与姊妹们乱伦。在一次盛大宴会上，他与她们轮流发生肉体关系，而其妻就在他身旁。他还是孩子时就对他妹妹德鲁西拉施暴，曾被祖母当场抓获过。在德鲁西拉嫁人后，他还是把她夺了过来，公开当作自己的合法妻子。[①]

《圣经》也强烈反对乱伦，但对与女儿乱伦的态度有些暧昧。《旧约·利未记》禁止与母亲、继母、姐妹、孙女、外孙女、姑母、姨母、伯叔母、儿媳、兄弟之妻、妻之姐妹等亲属发生性关系，还禁止在和一个女人发生性关系后又与她的女儿、孙女、外孙女发生性关系，并且规定双方都要治罪，但唯独没有提到女儿。[②]《旧约·创世记》中有罗得的两个女儿为家族延续而和罗得乱伦的故事：

> 在所多玛城被毁灭和妻子死亡之后，罗得为避难和两个女儿住在一个山洞里。大女儿对小女儿说："我们的父亲老了，地上又无人按着世上的常规进到我们这里。我们可以叫父亲喝酒，与他同寝。这样，我们好从他存留后裔。"于是那夜，她们叫父亲喝酒，大女儿就进去和她父亲同寝。她几时躺下，几时起来，父亲都不知道。第二天，大女儿对小女儿说："我昨夜与父亲同寝，今夜我们再叫他喝酒，你可以进去与他同寝。这样，我们好从父亲存留后裔。"于是那夜，她们又叫父亲喝酒，小女儿起来与他

---

① 参见〔古罗马〕苏维托尼乌斯《罗马十二帝王传》，张竹明等译，商务印书馆，1996，"盖乌斯·卡里古拉传"。
② 《旧约·申命记》还提到与岳母行淫必受诅咒。

同寝。她几时躺下，几时起来，父亲都不知道。这样，罗得的两个女儿都从父亲怀了孕。大女儿生了儿子，给他起名摩押，就是现今摩押人的始祖；小女儿也生了儿子，给他起名叫便亚米，就是现今亚扪人的始祖。[①]

　　为什么普遍存在乱伦禁忌？这是一个令人类学家十分感兴趣但始终未提出公认的结论的问题。最简单的说法是，人类有某种本能的乱伦嫌恶感。动物行为研究表明，在那些比较大型、寿命长、成熟慢、智力高的动物种属中，都存在避免近亲交配的倾向。然而这种最简单的说法还需要进一步证实。与这种说法有一定联系，有人认为从早期童年起就在一起长大的人相互之间没有性吸引力。这种说法即使有道理，也还不能解释为什么普遍禁止父母与子女婚配。还有人认为，乱伦禁忌的价值在于保持家庭的稳定性，因为家庭成员之间的性竞争会产生许多竞争对手和紧张情绪，从而使家庭无法作为一个有效单位发挥其作用。但事实上，在那些例外的允许乱伦的社会中，允许乱伦恰恰是因为它可以保持家庭的稳定。还有人认为，禁止乱伦而实行外婚制既可以消除家庭内部的猜疑与敌意，而又可以促进家庭群体之间的合作，使得共享文化成为可能。在乱伦禁忌这个问题上，弗洛伊德也有自己的观点。他认为乱伦禁忌是对无意识的乱伦欲望的反动。他认为，儿子和女儿分别爱恋母亲和父亲，结果便对父母产生嫉妒和敌意，但是他们知道这种感情无法持续，因为这可能导致父母对他或她进行报复，所以必须把这种欲望压制下去。弗洛伊德的说法即使成立，也只是解释了子女对乱伦的反感，而没有解释社会为什么需要乱伦禁忌。目前关于乱伦禁忌形成原因的最通行的说法是，因为人类认识到近亲繁殖的危害性，所以禁止乱伦。例如，中国春秋时期经典

　　[①]　摘编自《圣经》中文版。

《左传》就有"男女同姓，其生不蕃"之说。①近亲繁殖的危害性已经被现代遗传学所证明。遗传学研究发现，近亲之间往往带有相同的基因，如果两人都是某种致病基因的携带者，他们结婚生育，子女虽然不是必然得遗传病，但得遗传病的可能性比一般人大。②但是，根据摩尔根、恩格斯讲述给我们的婚姻家庭的起源和功能来看，禁止乱伦在很大程度上是为了防止"内乱"，避免家庭成员发生冲突，从而维护家庭关系的稳固和保证家庭财富的不断积累。人类形成这种认识，不一定迟于认识到近亲繁殖的危害。

虽然乱伦禁忌普遍存在，但是各个社会乱伦禁忌所涉及的亲属范围是不同的。亲属包括配偶、血亲、姻亲。凡是有血缘关系的亲属都是血亲。血亲包括自然血亲和法律拟制的血亲。有直接血缘关系的亲属是直系血亲，有间接血缘关系的亲属是旁系血亲。姻亲是指由婚姻关系而产生的亲属，分为血亲的配偶、配偶的血亲、配偶的血亲的配偶三类。姻亲也有直系姻亲和旁系姻亲之分。亲属又可分为尊亲属和卑亲属。尊亲属是辈分高出自己的亲属，卑亲属是辈分低于自己的亲属。亲属的关系有亲有疏，其计算单位是亲等。亲等的计算方法有许多种，中国现行法律对血亲关系的亲疏是用世代来表示的，故有"三代以内"、"五代以内"之说。各国法律都禁止直系血亲结婚，但对旁系血亲和姻亲之间禁止结婚的规定则宽严不一。1804年《法国民法

---

① （清）洪亮吉撰《春秋左传诂》，中华书局，1987，第312页。
② 关于乱伦禁忌的原因，可以参见〔芬〕韦斯特马克《人类婚姻史》第2卷，李彬等译，商务印书馆，2002；〔奥〕弗洛伊德《图腾与禁忌》，杨庸一译，台北志文出版社，1975，第151~158页；〔法〕爱弥尔·涂尔干《乱伦禁忌及其起源》，汲喆等译，上海人民出版社，2003；〔日〕穗积陈重《法律进化论》，黄尊三等译，王健校勘，中国政法大学出版社，1997，第348~389页；〔美〕威廉·A.哈维兰《当代人类学》，王铭铭等译，上海人民出版社，1987，第367~370页；〔美〕C.恩伯、M.恩伯《文化的变异——现代文化人类学通论》，杜彬彬译，辽宁人民出版社，1988，第294~302页；〔美〕罗伯特·F.墨菲《文化与社会人类学》，王卓君等译，商务印书馆，1991，第83~89页；费孝通《生育制度》，天津人民出版社，1981，第43~45页。

典》除禁止直系血亲结婚外，还禁止以下亲属结婚：直系姻亲，兄弟
姐妹，与兄弟姐妹同亲等的旁系姻亲，伯叔与侄女，舅父与外甥女，
姑母与内侄，伯母、叔母与侄，姨母与姨甥，舅母与外甥。① 中国自
西周以来就禁止同姓（主要是指同宗的）结婚。民国时期的《民法》
第983条禁止下列亲属结婚：（1）直系血亲及直系姻亲；（2）旁系
血亲及旁系血亲之辈分不等者，但旁系血亲在八亲等之外，旁系姻亲
在五亲等之外者，不在此限；（3）旁系血亲之辈分相同而在八亲等以
内者，但表兄弟姐妹不在此限。同时规定，关于姻亲结婚之限制，于
姻亲关系消灭后亦适用。② 旧中国虽然对亲属结婚有严格限制，但却
将有较近血缘关系的表兄弟姐妹视为例外，这有文化历史的背景。中
国现行《婚姻法》明确规定禁止直系血亲和三代以内旁系血亲结婚，
但没有禁止关系密切的直系姻亲结婚。

二　乱伦的法律规制

由于法律禁止乱伦，凡是根据法律不能结婚的人是难以结婚的，
他们如果发生性关系只能在婚姻之外。从最一般的意义上说，凡是根
据法律不能结婚的人发生性关系都属于乱伦。乱伦包括双方自愿的和
非自愿的。强迫的乱伦和与儿童乱伦，有些国家按强奸罪论，也有国
家按乱伦罪论，从重处罚。《法国刑法典》第222-31-2条规定了与
未成年人乱伦罪（根据2016年3月14日第2016—297号关于儿童保
护的法律增设）：当对未成年人享有亲权的人，对未成年人实施强奸
或性侵犯时，除按相关条款追究刑事责任外，审判法院还应当依据
《民法典》有关规定，宣告全部或部分撤销此人享有的亲权。③ 对于
成年近亲属之间自愿发生性关系，许多国家定为乱伦罪，对双方都予

---

① 《法国民法典（拿破仑法典）》，李浩培等译，商务印书馆，1979。
② 《民法第四编 亲属》，《立法专刊》第四辑，1931。
③ 《最新法国刑法典》，朱琳译，法律出版社，2016。

以惩处。例如，《意大利刑法典》关于乱伦罪的第564条规定：与直系卑亲属、尊亲属、直系姻亲或者兄弟姐妹发生淫乱，以致造成公共丑闻的，处以1年至5年有期徒刑。在保持乱伦关系的情况下，处以2年至8年有期徒刑。如果乱伦是由成年人与不满18岁的未成年人实施的，刑罚予以加重。对父母宣告的处罚意味着丧失父母权。[①]《德国刑法典》关于亲属相奸罪的第173条规定，与有血缘关系的直系卑亲属性交，处3年以下自由刑或罚金刑；与有血缘关系的直系尊亲属发生性交，处2年以下自由刑或罚金刑；有血缘关系的兄弟姐妹之间发生性交，处2年以下自由刑或罚金刑。上述情况属于妨害家庭犯罪的范畴。对于与未成年子女（包括亲生子女和养子女）的乱伦，根据《德国刑法典》关于妨害性自决权的第13章第174条规定，属于对被保护人的性滥用，处5年以下自由刑或罚金刑。[②]《挪威刑法典》第207条规定，与晚辈血亲实施有伤风化行为的，处5年以上8年以下监禁；与兄弟姊妹性交的，处2年以下监禁。共谋的，亦同。[③]《芬兰刑法典》第17章"妨碍公共秩序罪"第22条规定，与自己的子女或其他卑亲，或者与自己的父母或其他直系尊亲，或者与自己的同胞兄弟姐妹性交的，应当因为乱伦被判处罚金或者最高2年的有期监禁。未满18岁时与其父母或者其他直系尊亲性交，或者被强迫或非法诱惑而性交的，不得依照乱伦处罚。根据《芬兰刑法典》第20章"性犯罪"第6条规定，与不满16岁的儿童（包括子女）性交，应当因为对儿童的性滥用被判处最高4年的有期徒刑；与已满16岁不满18岁的儿童实施性交，如果罪犯是该儿童的父母或者与该儿童居住在同一家庭的人，或者地位类似于其父母的人，同样应当按照对儿童的性

① 《最新意大利刑法典》，黄风译注，法律出版社，2007。
② 《德国刑法典》，徐久生、庄敬华译，中国方正出版社，2004。
③ 《挪威一般公民刑法典》，马松建译，北京大学出版社，2005。

滥用处罚。① 英国《2003 年性犯罪法》规定，明知对方是自己的父母、祖父或祖母、子女、孙子女、兄弟、姊妹、异父（母）兄弟、异父（母）姊妹、叔（舅）父、伯（姨）母、侄子（外甥）或侄女（外甥女）发生性交构成乱伦罪。在加拿大，明知对方为有血缘关系的父母、子女、兄弟、姐妹、祖父母或孙子女，而仍与之奸淫者构成乱伦罪，其中兄弟、姐妹包括同父异母或同母异父的兄弟、姐妹。② 美国《模范刑法典》第 230.2 条规定："行为人明知地与其直系尊亲属、直系卑亲属、全血缘或半血缘关系的兄弟姐妹（或者全血缘关系的伯父、叔叔、舅舅、姑妈、姨妈、侄子、侄女、外甥、外甥女）结婚、同居或者性交的，构成属于三级重罪的乱伦。"③ 美国许多州也有类似规定。例如在伊利诺伊州，兄弟与姐妹发生性交构成普通乱伦罪，按三级重罪处罚；父女之间或者母子之间发生性交构成加重乱伦罪，按二级重罪处罚。在欧洲历史上，乱伦曾经是死罪。例如，1571～1721 年，在纽伦堡有 17 人因为乱伦而被处死，其中 12 人是妇女；1587～1694 年，在法兰克福记录了 20 起乱伦案件，其中 9 例被处死刑。④ 而现在西方有的学者主张对双方自愿并且不涉及未成年人的乱伦持一种宽容的态度。他们认为对这种乱伦进行公开指责和惩罚，可能会产生比乱伦本身更为严重的危害后果。

在古代中国，视乱伦特别是不同辈分的亲属的乱伦为大逆不道，定有极重的处罚。在汉代，乱伦被称为"禽兽行"。据《汉书》卷三十五"燕王刘泽传"记：刘泽子康王嘉死，子定国嗣位，定国与其父康王姬奸，生子男一人。又夺弟妻为姬，与子女三人奸。后有人上书

---

① 《芬兰刑法典》，于志刚译，中国方正出版社，2005。
② 《加拿大刑事法典》，卞建林等译，中国政法大学出版社，1999，第 155 条。
③ 美国法学会编《美国模范刑法典及其评注》，刘仁文等译，北京：法律出版社，2005。
④ 〔德〕里夏德·范迪尔门：《欧洲近代生活：村庄与城市》，王亚平译，东方出版社，2004，第 301 页。

告定国，武帝命令公卿大臣议论其罪，皆议曰："定国禽兽行，乱人伦，逆天道，当诛。"武帝许之，定国自杀。① 而至隋唐，近亲乱伦被称为"内乱"，列为"十恶"之一。宋、元、明、清刑律都有内乱罪或者亲属相奸罪。历代对乱伦根据亲属关系性质和远近，给予不同的处罚，近亲和奸者死刑，或绞或斩。对此，瞿同祖先生在《中国法律与中国社会》中有比较详细的叙述。②

《元典章》记有一"欲奸亲女未成"案，夫妻合谋，令丈夫奸亲女未遂，理应严惩，但却发生轻判的错误：

> 至元八年二月十二日，尚书省：近据来呈："备河北河南道提刑按察司申：'刷出真定路脱里察总管府文卷一宗，为医人张楫状招：不合信从妻阿白诱说，于至元五年八月初三日，节次将女季春引问，意欲奸要。九月初二日一更前后，披着袄子，前去季春房里，于季春被儿里并头宿卧，欲行奸要。被妻插合房门，叫人惊觉，不曾成奸。张阿白状招：不合与夫张楫共议，令奸亲女情罪。本管官司将张楫断讫一百七下，张阿白断讫五十七下。此系重刑违错。'"移准中书省咨该："张楫所犯，欲奸亲女，虽不成奸，其伤风败化，情理深重。既已杖断，责在本管官司，若为追问，缘系格前。今后，随投下人户，但犯奸盗重罪等事，并从有司约会本管官司，一同理问定断，毋得看徇，别致违错。除已札付刑部，遍行随路，依上施行。"③

《刑案汇览》卷五十二载嘉庆二十二年（1817）山西子与继母通奸案："李张氏于夫故孀居多年，适听邻近有娶亲之家，顿萌淫念，随勾引伊夫前妻之子李明则通奸，李明则幼为该氏抚养，因被勾引，

---

① 参见（汉）班固撰、（唐）颜师古注《汉书》，中华书局，1962，第1903页。
② 参见瞿同祖《中国法律与中国社会》，中华书局，1981，第49~52页。
③ 《元典章》，陈高华等点校，天津古籍出版社、中华书局，2011，第1421页

亦即罔顾继母名分，均属淫乱蔑伦，惟例无子与继母通奸作何治罪明文，将李张氏、李明则均比照奸伯叔母律各斩立决。"①

何维楷辑《新增刑案汇览》卷十三载光绪三年（1877）湖北同胞兄妹通奸并杀死未婚妹夫案："阙春生因与胞妹阙五英通奸，虑恐奸情败露，起意商通阙五英将未婚夫陈海生谋勒毙命，弃尸灭迹，实属渎乱伦常，淫恶已极。查阙五英系陈海生童养未婚妻，自应各按律例分别问拟。阙五英除与胞兄阙春生通奸及与未婚夫私自奸宿，并弃尸不失各轻罪不议外，合依妻因奸同谋杀死亲夫者凌迟处死律，凌迟处死。阙春生与胞妹通奸，律应斩决，复因奸起意，商同将本夫谋死，按例亦应斩决，二罪相等，从一科断。阙春生除弃尸不失轻罪不议外，合依亲属相奸，将本夫商同谋死者奸夫拟斩立决例，拟斩立决。该犯两犯斩决，照例加拟枭示，先行刺字。"②

清人笔记也有乱伦案例。朱梅叔撰《埋忧集》记嘉庆戊寅（1818年）一件父亲企图奸淫女儿，案发处死案：

> 按《医经》：舌为心苗。故断其舌则死，然亦有不死者。直隶吴直诠素无行（《笔记小说大观》版作"无素行"——刘注），好渔色，不避亲族。一日将奸其女，女伪许之。从入卧内，裙腰甫解，先索其舌。吴狂喜，伸舌舐之，女一口啮断其大半。呼救命，家人咸集，执而诉于官，以乱伦论死。是其人初不死也。③

吴炽昌《续客窗闲话》记有一例母主动与子乱伦案例，乱伦母子和

---

① （清）祝庆祺、鲍书芸、潘文舫、何维楷编《刑案汇览三编》（三），北京古籍出版社，2004，第1974页。

② （清）祝庆祺、鲍书芸、潘文舫、何维楷编《刑案汇览三编》（四），北京古籍出版社，2004，第703页。

③ （清）朱梅叔：《埋忧集》，熊治祁标点，岳麓书社，1985，第218页；《笔记小说大观》第二十一册，江苏广陵古籍刻印社，1984，第319页。

他们所生的两个儿子均被缚入狱，绝其食而亡，焚尸于野，投骨于河：

　　燕赵有乡农，中年续娶，妇年十五，性好淫。其夫，酒徒也，日在醉乡，不能满其愿。妇逾年举一子，其夫外出佣工，时往时还。更历十六年，子已长成，贫无二室，母子同卧起。其母不顾名义，强与子奸而交。恶其夫醉而毙之，分其尸埋炕内，虽无人知，皆心惊不自安。值秋涝，母子随流民出关，至沈阳，为人佣。阅三四年，以勤俭积车钱百十贯。适市有杂货肆，主西人，欲贱售还乡，子得之，仍携其母同居，竟称夫妇，连举二子。又阅五六年，业自隆盛。俾奸生子附学读书。其年又值内歉外丰，妇之胞兄亦逃出口，适至此求宿，有老人指令投乡亲，引至肆，母子相见愕然。其兄以遇妹与甥，喜出望外，问妹夫何在，则支离其词。未几，见二子自塾归，母其妹而父其甥，虽不懈其故，亦虑不及此也。妇不能不留兄宿，惧泄机关。明日赠千钱遣之，曰："此地官不准留外人，毋累我也。"其兄不肯行，则挥逐之。复遇前老人曰："既遇至亲，何不多留几日？"其兄以妹母子无情告。老人曰："是夫妇也，街坊咸知。生子时，我妻为之收产，何得谓母子？"其兄惊悟，报官拘讯得实，曰："光天化日之下，岂可容此恶兽？"然无律可援，亦不敢上污圣聪。缚母子四人入狱，绝其食。毙之。焚尸于野，投骨于河，以家业断给其兄作奖赏完结。

　　或曰："若使上谳，母子金拟凌迟，罪所应得。其二子杀之乎？放之乎？穷于拟议矣。"予曰："应请比照叛逆案内犯该凌迟者，其子孙解交内务府阉割，发塞外给官兵为奴，既不戕无知之命，又不留悖逆之裔，老法家以为然否？"[1]

---

　　[1] （清）吴炽昌：《客窗闲话 续客窗闲话》，王宏钧、苑育新校注，文化艺术出版社，1988，第461页。

但令人奇怪的是，中国古代对于直系姻亲中的男性长辈与女性晚辈发生性关系的态度并不特别严厉。直系姻亲乱伦虽也属于应杀之罪，但逍遥法外者大有人在。有宋代的三份公媳乱伦案判决书可以为证。南宋时有一位官员名叫胡石壁，他有三份公媳乱伦案的判决书被作为范例收入《名公书判清明集》。①

第一案，"妇以恶名加其舅以图免罪"："阿张为人子妇，不能奉尊长，首尾不及一年，厥舅两以不孝讼之。据其所供，丑不可道，事涉暧昧。虚实虽未可知，然妇之于舅姑，犹子之事父母，孝子扬父母之美，不扬父母之恶。使蒋八果有河上之要，阿张拒之则可，彰彰然以告之于人，则非为尊长讳之义矣。况蒋八墓木已拱，血气既衰，岂复有不肖之念？阿张乃一过犯妇人，若果见要于其舅，亦非能以礼自守而不受侵凌者，此不过欲侥幸以免罪，故以恶名加之耳。礼曰：子甚宜其妻，父母不悦，则出之。今蒋九因阿张之故，遂至弃父养，出外别居。不顾父母至养，不孝孰大，其子当断，其妇当逐，然后理阿张决十五，押下，射充军妻。本厢追上蒋九，杖六十，押归供侍，不许再有违犯。如蒋八再有词，定当坐以不孝之罪。"本篇判词提出一个原则，儿媳如果遭遇公公调戏逼奸，拒之则可，断不应告之于人。因为，为尊长讳事大，妇人贞节事小。

第二案，"子妄以奸事诬父"："父有不慈，子不可以不孝。黄十为黄乙之子，纵使果有新台之事，在黄十亦只当为父隐恶，遣逐其妻足矣，岂可播扬在外，况事属暧昧乎？符同厥妻之言，兴成妇翁之讼，惟恐不胜其父，而遂以天下大恶加之，天理人伦灭绝尽矣，此风岂可长乎？决脊黥配，要不为过，且以愚蠢无知，从轻杖一百，勒归本宗。阿李悖慢舅姑，亦不可恕，杖六十。余人并放。"公公奸淫儿

① （宋）《名公书判清明集》，中国社会科学院历史研究所宋辽金元史研究室点校，中华书局，1987。

媳，儿媳不能告之于人，对自己的丈夫也不要说。而做儿子的即便知道自己的父亲与自己的老婆确实做下"天下大恶"，也应当"为父隐恶"，否则即是"天理人伦灭绝尽矣"。也就是说，不孝事大，自己的老婆被自己的父亲奸淫事小。

第三案，"既有暧昧之讼合勒听离"："新台之事，委属暧昧，阿黄陈词于外，则以为有，供对于狱，则以为无。若但据其先后之词，而遂以为有无之决，是非鲜有不失实者。当职今亲至院，逐一唤问，耳听其辞，目察其色。阿黄应对之间，颇多羞涩，似若有怀而不敢言；李起宗争辩之际，颇觉嗫嚅，似若有愧而不能言。当职今固未敢决然以为无也。如必欲究竟虚实，则捶楚之下，一懦弱妇人岂能如一强男子之足以对狱吏哉，终于诬服而已矣！况此等丑恶之事，只当委屈掩覆，亦不宜扬播，以贻乡党之羞。又尊卑之间反且如此，纵无此事，亦难复合。子甚宜其妻，父母不说，出，此礼经之所以垂训万世者也。阿黄之不见说于舅必矣，其夫妇虽欲偕老，其可得乎？合勒听离，黄九二将女别行改嫁，李起宗免根究。"在三篇判词中，此篇最有人情味，然而是非未断，却逼女改嫁，把人家夫妻拆散。新台之事委属暧昧是一回事，想不想搞清楚是另一回事，"此等丑恶之事，只当委屈掩覆，亦不宜扬播，以贻乡党之羞"才是真话。

这三个判例说明，儿媳告赢公公是很难的。但是，还是有不少儿媳控告她们的公公。然而，即使告赢，也未必有好的结果。《元典章》记"强奸男妇"二例，其一为"强奸男妇未成"：

泰安州申："归问得军户孟德状招：'不合为男瘦儿见在军前当役，于至元三年十月初三日夜，带酒走去男妇胥都嫌房内，将胥都嫌按住，舒舌头于本妇口内，欲要通奸，被胥都嫌将德舌头咬伤，告发到官罪犯。'"法司拟："即系强奸未成事理，依旧例，合行处死，胥都嫌与夫家离异。"部拟："终是不曾成奸，量情杖决一百七下，仍离异。"省札准拟，行下断讫。①

此案证据确凿，故能认定，但对公公以强奸未遂为由，从轻处罚。另有一例"强奸男妇已成"，证据同样确凿，公公被处死，但儿媳亦因被视为通奸，也受到处罚，甚至差一点被判绞刑：

> 顺天路申："祁州深泽县解到魏忠招伏：'至元五年三月内，将男妇张瘦姑通奸了一度。四月十八日，又通奸了一度。五月十六日，又通奸了一度。又于当年五月二十日通奸，有瘦姑道：'你剪了阴毛着。'忠依随剪了，致被告发到官。'取到奸妇瘦姑状招，相同。"魏忠，法司拟："旧例：'奸子孙之妇者，绞。'其魏忠合行处死。"部准拟，呈讫，省准讫。张瘦姑，法司拟："旧例：'和奸，本条无夫妇人罪名者，与男子同。'准上合得绞罪。又虽因本妇人告首到官，旧例：'若越度关及奸，并不在自首之例。'张瘦姑亦合处死。"部拟："本妇既是在先曾向伊夫学说，及今日自首到官，量情拟杖七十七下，从妇归宗。"呈省，准讫。②

也是在元代，刑律增设了一个"诬执翁奸"的罪名：男妇虚执翁奸已成，有司已加翁拷掠，男妇招虚者，处死；男妇虚执翁奸未成，已加翁拷掠，男妇招虚者，杖一百七，发付夫家从其妇卖。③《元典章》记"男妇执谋翁奸"一例：

---

① 《元典章》，陈高华等点校，天津古籍出版社、中华书局，2011，第 1418~1419 页。
② 《元典章》，陈高华等点校，天津古籍出版社、中华书局，2011，第 1419 页。
③ 参见（清）薛允升《唐明清三律汇编》，田涛、马志冰点校，为杨一凡、田涛主编《中国珍稀法律典籍续编》第八册，黑龙江人民出版社，2002，第 632 页。

右三部呈："上都路申：'杜秀哥执谋袁用昌强行奸污事。奸妇杜秀哥状招：见年一十九岁，无疾孕。招伏不合于至元三年八月内，自行说合，与史文秀节次通奸。又招：至元三年四月内，与叔伯兄杜郑家儿两次通奸。又招：不合于至元四年正月十二日，与张三驴通奸。又招：于至元四年正月二十八日，于翁袁用昌胸前挝破，虚指翁袁用昌曾行强奸。合得逐节罪犯，招伏是实。'法司拟：'杜秀哥所招，除与史文秀、张三驴、杜郑家儿节次通奸罪犯，系有夫妇人犯奸，合得徒二年，系轻罪。并招伏于翁袁用昌胸前挝破情罪，照得来解，验得袁用昌胸前，别无挝破伤损，兼袁用昌身死，别无对证，难拟定罪。止据杜秀哥执谋翁袁用昌曾行奸要罪犯，旧例，即系强奸男妇未成者，绞。今杜秀哥诬告翁行奸，旧例：诬告人者，各反坐。至死而应合决者，减一等。其杜秀哥合徒五年，决徒年杖一百。因奸所犯，去衣受刑。'部拟一百七下。"省准拟，断讫。①

明、清刑律保留"诬执翁奸"罪，另将弟妇诬执夫兄欺奸补充在内："凡男妇诬执亲翁，及弟妇诬执夫兄欺奸者，斩。"（明律为绞决；清律改斩，后改斩监候）。②《大清律例》"刑律犯奸·诬执翁奸"律文后还有三条顺治三年添入、雍正三年修改的小注：强奸子妇未成，而妇自尽，照亲属强奸未成例科断；义子诬执义父欺奸，依雇工人诬家长；嫂诬执夫弟及缌麻以上亲诬执者，俱依诬告。③设立"诬执翁

---

① 《元典章》，陈高华等点校，天津古籍出版社、中华书局，2011，第1527～1528页。
② 参见（清）薛允升《唐明清三律汇编》，田涛、马志冰点校，为杨一凡、田涛主编《中国珍稀法律典籍续编》第八册，黑龙江人民出版社，2002，第632页。
③ （清）薛允升：《读例存疑》，见胡星桥、邓又天主编《读例存疑点注》，中国人民公安大学出版社，1994，第663页。顺治三年添加的第一条小注的原文是："强奸子妇未成，而妇自尽，依未成奸论，加凡人一等。"参见《顺治三年奏定律》，王宏治、李建渝点校，为杨一凡、田涛主编《中国珍稀法律典籍续编》第五册，黑龙江人民出版社，2002，第384页。

奸"罪看似为防止和惩罚儿媳诬陷，但其真正意图显然是吓阻蒙受淫辱的儿媳妇控告公公。公公奸淫儿媳，不论和奸、刁奸或者强奸，都难有充分证据，而仅有一人之言，则控告必被认定为诬陷。

翻看《刑案汇览》，虽然也有一些案件涉及公公淫乱，但事由却是杀人或者伤害，主要有三类情况。

一类是公公图奸而将儿媳杀死、打伤。此类案件情形恶劣，但处罚曾有从轻倾向。有一起陕西李懿青向儿媳曹氏调戏图奸遭拒将曹氏踢伤致死案，陕西巡抚将罪犯照强奸子妇未成而妇自尽例加等拟军。好在道光皇帝明察："该犯衅起图奸，翁媳之义已绝，自应比照凡人斗杀拟以缳首（绞刑——刘注）。该抚率将李懿青照强奸子妇未成而妇自尽例加等拟军，是仅科以图奸之罪，而置拒殴毙命于不问，罪名出人攸关。着该抚查照部驳情罪详加研鞫，另行妥拟具题，到日再交该部核议钦此。"不久又发生一起江西伍济瀛图奸儿媳彭氏不遂将彭氏掐死案：一日，乘其子并不家，"伍济瀛见彭氏在前进寡居弟妇大欧阳氏房内闲谈，伍济瀛即萌淫念，潜入彭氏房中，躲在帐内。嗣彭氏回房睡歇，揭开帐子上床。伍济瀛用手摸其两乳，彭氏即骂伍济瀛无耻，并称有何面目见伊儿子，揪住伍济瀛欲同赴伍济瀛之母老刘氏房中告诉。伍济瀛下床拉住彭氏之手，彭氏挣脱坐在地板上，喊叫祖婆决来。伍济瀛用手按住其口，彭氏仍喊叫不休。伍济瀛恐被伊母听闻，即将彭氏按倒地上，用右手搭住咽喉，冀箝其住口，讵手势过重，旋即气闭殒命。"这次江西巡抚干脆，认为伍济瀛案比李懿青更严重，遂将伍济瀛依强奸未成将本妇立时杀死例拟斩立决，并加拟枭示。道光皇帝予以肯定和批准，并指示"通行各省画一办理"。①

---

① （清）祝庆祺、鲍书芸、潘文舫、何维楷编《刑案汇览三编》（三），北京古籍出版社，2004，第 1993 ~ 1995 页。

一类是儿媳拒奸将公公杀死、打伤。此类案件事出有因，情有可原，但处罚却曾十分严厉，一般照妻殴夫之父母成例斩决。直到嘉庆十七年（1812）才开始变化。嘉庆十七年，伊犁将军晋昌（1759～1828）奏审邢杰强奸子妇邢吴氏未成，被邢吴氏咬落唇皮一案，将邢吴氏拟以斩决。嘉庆皇帝谕："此案邢杰蔑伦行强，翁媳之义已绝。邢吴氏系属妇女，猝遭强暴，情急咬落伊翁唇皮，其情节断非装点，与无故干犯尊长者迥别。邢吴氏应照律勿论，免其治罪。邢杰调发乌什、叶尔羌等处为奴。"① 后来《大清律例》"刑律斗殴·殴祖父母父母"律文下增加"子妇拒奸殴伤伊翁案奏请定夺改斩监候"条例："子妇拒奸殴伤伊翁之案，审明实系猝遭强暴，情急势危，仓猝捍拒，或伊翁到官供认不讳，或亲串邻佑指出素日淫恶实迹，或同室之人确有见闻证据，毫无疑义者，仍依殴夫之父母律定拟，刑部核复时，恭录邢杰案内谕旨，将应否免罪释放之处，奏请定夺。倘系有心干犯，事后装点掩饰，并无确切证据，或设计诱陷伊翁，因而致伤者，仍照本律定拟，不得滥引此例。"②

前一条例，仅适用于儿媳拒奸打伤公公，儿媳拒奸打死公公又当如何处理？道光十年（1830），又形成"子妇拒奸致毙伊翁案奏请定夺改斩监候"条例："子妇拒奸殴毙伊翁之案，如果实系猝遭强暴，情急势危，仓猝捍拒，确有证据，毫无疑义者，仍照殴夫之父母本律定拟。刑部核覆时，援引林谢氏成案，将可否改为斩监候之处，奏请定夺。若系有心干犯，事后装点捏饰，并无确切证据，或设计诱陷伊翁因而致死，及事后殴毙，并非仓猝捍拒致死者，仍照本律定拟，不

---

① （清）祝庆祺、鲍书芸、潘文舫、何维楷编《刑案汇览三编》（三），北京古籍出版社，2004，第1983页。另参见（清）薛允升：《唐明清三律汇编》，田涛、马志冰点校，为杨一凡、田涛主编《中国珍稀法律典籍续编》第八册，黑龙江人民出版社，2002，第538页。
② 《大清律例》（以道光六年本为底本），张荣铮、刘勇强、金懋初点校，天津古籍出版社，1995，第498页。

· 648 ·

得滥引此例。"① 此条例系根据时任安徽巡抚的邓廷桢（1776～1846）的奏请拟定。邓廷桢称："查律载妻妾殴夫之父母者斩，杀者凌迟处死等语。诚以媳之于翁名分綦严，故有犯与子孙同科。若为之翁者罔顾纲常强奸其媳，乱伦伤化，行同禽兽，猝然被媳拒伤，实系孽由自作。"他指出，子妇拒奸殴伤伊翁之案，已有嘉庆十七年定例，但是，"子妇拒奸致死伊翁之案作何定罪，例无明文。推原其故，盖此等败伦伤化之事，非但圣世（亦作'主'——刘注）所不恒见，亦为人类所不忍闻，故例无治罪专条，然戾气所钟，难免良莠错出。"他对从近日从邸抄（清朝抄录谕旨及题本、奏折的报纸）上看到的陕西巡抚鄂山所奏民妇林谢氏拒奸致死伊翁案的定罪处罚发表评论和建议：

　　　　林谢氏之案，因被其翁林帼亨搂住项颈，拉开自己下衣露出茎物，声称总欲奸成，此时谢氏欲避不能，欲从不可，情势迫于俄顷，污辱在于须史，当此无可奈何之际，适有剃刀在旁，因取刀割其茎物，只欲苟全名节无暇计及死生，此实廉耻之心之所激成，而贞烈之气之所勃发也。假令谢氏拒之不急受其强暴，则失身内乱，既于名节有亏，并陷其翁以斩决之罪。令幸不致被污，又以捍拒毙翁，干犯名分，身罹重辟，是以名分、名节既难两全，而被奸、拒奸总有一失，人生不幸，莫此为甚。若谓其既能摸刀，尽可自刭明志，此则责备贤者之词，而非乡曲愚妇仓猝之际所能计及。况妇女拒奸，登时杀死凡人，律得勿论。今因死系其翁，仍拟重罪，原以伦纪所关，不容竟置不议。然其露体求奸之际，天理、人心渐灭已尽，此系翁之自灭伦常，并非妇之轻于

① 　参见（清）薛允升《读例存疑》，见胡星桥、邓又天主编《读例存疑点注》，中国人民公安大学出版社，1994，第663页。另参见（清）薛允升《唐明清三律汇编》，田涛、马志冰点校，为杨一凡、田涛主编《中国珍稀法律典籍续编》第八册，黑龙江人民出版社，2002，第538页。天津古籍出版社《大清律例》，因以道光六年本为底本，未录此条例。

干犯。……臣愚昧之见，应请旨勒下刑部酌定例文，嗣后子妇拒
奸殴毙伊翁之案，如果实系猝遭强暴情急势危，仓猝捍拒毫无疑
义者，仍照本殴夫之父母本律定拟。刑部核覆时，援引林谢氏成
案，将可否改为斩候之处奏请定夺，如蒙恩旨改为缓决，缓决一
次之后，准其减等收赎离异归宗，庶翁媳之义分愈严，而穷蹙贞
烈之妇得以渥邀宽典。倘系事后装点，并无切证据，或设计诱陷
伊翁因而殴死者，仍不得滥以此例。[①]

还有一类是公公图奸而被儿媳亲族杀死、打伤。对此类案件的处
罚，比一般杀人、斗殴略轻。有一个道光二年（1822）的案例比较特
殊，"翁媳通奸因夫被杀将翁谋毙"：姜三妹之妻袁氏被其公公姜起顺
逼胁成奸，后又续奸一次。翁媳在房中说笑时，被姜三妹撞见。姜三
妹殴打袁氏，袁氏即悔过。再遇姜起顺至家，袁氏避而不见。姜起顺
因子碍眼，起意将姜三妹捏首忤逆，叫人把姜三妹捉去送官，致姜三
妹被殴毙。姜起顺捏系被不识姓名人殴死，报验详缉。后姜起顺复图
续奸，袁氏不允。迨袁氏询悉丈夫身死情由，忿激将姜起顺谋杀。对
此案的判罚，刑部颇费思量："查姜袁氏因奸致夫被殴身死，比照子
孙因奸致祖父母、父母被杀，罪应绞决，其与伊翁通奸，例应斩决，
致谋杀伊翁身死，则罪应凌迟。……案关伦纪，臣部为执法衙门，应
将姜袁氏依照谋杀夫之父母已杀律凌迟处死。惟此等渎伦伤化、行同
禽兽之翁，若将该犯妇拟以寸磔，诚如所奏，与谋杀无辜尊长者无所
区别。……此案姜袁氏先既为翁逼胁成奸，后因夫被杀谋死复图续奸
之翁，可否即由凌迟量减为斩决之处，恭候钦定。"道光皇帝同意刑

---

① （清）薛允升：《唐明清三律汇编》，田涛、马志冰点校，为杨一凡、田涛主编《中
国珍稀法律典籍续编》第八册，黑龙江人民出版社，2002，第 542～544 页。另参见
（清）祝庆祺、鲍书芸、何维楷编《刑案汇览三编》，北京古籍出版社，2004，第
1978～1983 页。

部所议。①

综上所述，在古代中国，维护父权才是家庭伦理的第一要义。对乱伦的防卫与追究，与对父权的维护是一对矛盾。一般情况下，对乱伦的防卫与追究应服从对父权的维护。只有当家长的淫乱行为太过分，已经无法掩盖，达到破坏社会秩序的时候，国法才会干涉。

中国当代刑法没有规定乱伦罪。在讨论 1979 年《刑法》修订之时，不少刑法学者建议增设乱伦罪。但是，对不同亲属的乱伦予以区别对待可能更为合适。《刑法》应当只将直系血亲、兄弟姐妹之间自愿发生性交的情况规定为乱伦罪。然而，修订后的 1997 年《刑法》并没有规定乱伦罪，这是令人遗憾的。现行《刑法》没有对性关系作出乱伦和非乱伦的区分，乱伦的性关系是否构成犯罪，取决于是否强制（包括准强制）。《刑法》实际上是将与儿童乱伦和强制乱伦纳入强奸罪、强制猥亵罪、猥亵儿童罪之中。成年男性与幼女亲属性交，或者强制与妇女亲属性交，构成强奸罪。成年男性猥亵男女儿童亲属，构成猥亵儿童罪。成年女性与男童亲属性交，或者进行猥亵，构成猥亵儿童罪。成年女性猥亵幼女亲属，也构成猥亵儿童罪。成年男性或女性强制猥亵成年男性或女性亲属，构成强制猥亵罪。在量刑上，有人认为亲属关系是从轻、减轻因素，这于法无据，并且有悖中国法制、伦理传统。至少，对父亲奸淫、猥亵未成年女儿之行为的处罚量刑，应当比一般奸淫、猥亵幼女更重。美国学者理查德·波斯纳也有类似主张："我们希望惩罚乱伦更严厉，因为有证据表明，除了有近亲交配的危险外，这种行为要比非亲属性虐待造成的伤害更大。"②

---

① （清）祝庆祺、鲍书芸、何维楷编《刑案汇览三编》，北京古籍出版社，2004，第 1977～1978 页。

② 〔美〕理查德·A. 波斯纳：《性与理性》，苏力译，中国政法大学出版社，2002，第 538 页。

非强制的乱伦虽然不构成犯罪，但制作传播具体描绘乱伦的图书、音像等物品，构成制作传播淫秽物品罪。根据《刑法》第367条的解释，所谓"淫秽物品"，是指具体描绘性行为或者露骨宣扬色情的诲淫性的书刊、影片、录像带、录音带、图片及其他淫秽物品。1988年国家新闻出版署《关于认定淫秽及色情出版物的暂行规定》将"淫秽出版物"界定为：在整体上宣扬淫秽行为，挑动人们的性欲，足以导致普通人腐化堕落，而又没有艺术价值或者科学价值的出版物。该暂行规定特别指出：具体描写乱伦的手段、过程或者细节，足以诱发犯罪的，属于淫秽。它似乎是当代中国唯——部提到乱伦的法规。

三　乱伦的种类及精神病理

乱伦行为是否属于性变态？多数人认为乱伦本身不属于精神障碍。各种精神障碍的分类如ICD、DSM、CCMD都没有列入乱伦。这种认识是有其理由的。其一，乱伦禁忌虽然普遍存在，但是在不同社会以及在同一社会的不同时期，乱伦禁忌的具体内容是不同的，往往决定于所处的文化、习俗、道德和法律环境。其二，异性间的乱伦通常采取生殖器交接的性交模式，本身并无异常。在讨论这个问题时应当将父母和亲生子女之间的乱伦与其他亲属之间的乱伦区分开。在文明社会，父母和亲生子女之间的乱伦不论在哪里都是被禁止的，这个禁忌具有极为强大的力量，非一般人所能违背。父母与亲生子女之间有性交的欲望，并且这种欲望排斥了与其他人性交的欲望，必然有深层次的心理原因，说明他们的心理存在一定的障碍。另外，针对幼年亲属的乱伦，也有可能是恋童症的表现。

弗洛伊德从另一个角度论证了乱伦与精神障碍的关系，他认为乱伦欲望是神经症的症结所在。他的说法虽然以偏概全，但也不无道理。他指出："精神分析已明示我们，男孩最早的爱嗜对象是乱伦的，她们总是他的母亲或姊妹。我们也知道，在其成长过程中，他必须逐渐消除这些乱伦倾向。一个精神病者，相反地，总表现着相当程度的精神幼稚性。他或是不能解除童年时期充盈于心里的性心理情况，或再回复到此状况来——这两种可能性可以简称之为'发展阻碍'及'退化'。如此原欲被定置于乱伦阶段，发挥（或者开始发挥）其对潜意识生活的影响力。我们已了然于怀，小孩与父母的关系，尤其是乱伦的欲望，乃是神经病态的症结所在。"①

乱伦禁忌自古就有，但乱伦行为一直未绝。而乱伦禁忌之普遍存在，也正说明有乱伦欲望的人绝非罕见。因为对一件谁也不想做的事情，根本是不需要费力禁止的。那么，发生乱伦的究竟是哪些人？

（一）男性主动的乱伦

按照弗洛伊德的学说，那些在幼年时存在俄狄浦斯情结或厄拉克特拉情结，但性心理在后来没有发展成熟的人，可能仍然将其幼年所爱恋的异性父母作为性的对象。事实上，这样的人尽管有乱伦的欲望，但由于乱伦禁忌的存在，一般不会把乱伦欲望变成行动。他们的乱伦欲望更多的是表现在情感上。如果他们没有丧失良知，很可能会在乱伦欲望与乱伦禁忌的冲突中发生焦虑，罹患神经症。如果他们与外人结婚，夫妻关系很可能是冷淡的、敷衍的。实际发生乱伦的，不少人具有反社会型人格障碍的心理特征，道德沦丧，厚颜无耻，不负责任。可以把他们称为悖德型乱伦者。有外国学者在 1972 年报告，在 26 例父女乱伦中的父亲中多数有人格障碍。② 但是也有相反的意见。美国有报告称，典型的有乱伦行为的父亲并不是对性对象不加区分、选择的人。他们将自己的婚外性关系限制在自己的一个或几个女儿身上。这样的父亲根本不是不讲道德的，相反他们道德感很强，并

---

① 〔奥〕弗洛伊德：《图腾与禁忌》，杨庸一译，台北志文出版社，1975，第 29~31 页。
② 参见〔美〕本杰明·萨多克等《性科学大观》，李梅彬等译，四川科学技术出版社，1994，第 672 页。

且虔诚地遵循正统的基督教教义。①

人格障碍乱伦者发生乱伦固然有其自身的原因，但其家庭环境也产生了一定的作用。在一些父女乱伦的家庭中，妻子的地位是低下的，她们在经济上和精神上过分依赖自己的丈夫。她们甚至不敢干涉丈夫的乱伦行为。而在另一些父女乱伦的家庭中，父亲在各方面都是次要的角色。这种父亲不能与妻子建立平等、和谐的关系，逐渐移情于女儿身上。此外，在一个没有母亲（死亡、离婚或者分居）的家庭中，父亲与女儿的关系比较密切，父亲希望女儿充当妻子的角色，乱伦的可能性更大。在兄弟奸淫姐妹、儿子奸淫母亲的家庭，父母对儿子的管理通常是软弱的，任儿子胡作非为。许多案例也提示，父母与子女混居和与已进入少年的不同性别的孩子同睡在一个房间里可能导致不良的后果。

最为多见的是父亲对女儿的乱伦。美国有研究发现：女性人口中，有相当高的比例（可能多达 20%），曾遭受乱伦侵害。其中 12% 发生在 14 岁以前，16% 发生在 18 岁以前。大概 5% 的女性曾被父亲虐待过。② 父亲与女儿的乱伦关系可以从女儿幼年开始，并可以持续几年，直至女儿长大与人恋爱、结婚。导致女儿怀孕不得不堕胎的事情也有发生。最初，父亲可能是采取欺骗的手段达到目的，但随着女儿的长大和觉醒，不得不更多地采取强制手段。如果乱伦者的家庭有多个女儿，那么乱伦的父亲可能依次奸淫所有的女儿。可以肯定地说，乱伦的父亲中有一部分是恋童症者。恋童症虽然不是导致其乱伦的主要原因，但起了推波助澜的作用。

比较而言，兄弟与姐妹、儿子与母亲的乱伦关系一般不会持续太

---

① 参见〔美〕劳伦·B. 阿洛伊等《变态心理学》，汤震宇等译，上海社会科学院出版社，2005，第 563 页。

② 参见〔美〕Christine A. Courtois《治疗乱伦之痛——成年幸存者的治疗》，蔡秀玲、王淑娟译，台北五南图书出版股份有限公司，2001，第 11 页。

久。兄弟与姐妹发生、维持乱伦关系的手段有诱骗，也有强制。但儿子与母亲乱伦，多数情况是强制进行的。

[案例191]　邢某，男，38岁，农民。自1982年4月至1983年9月，邢多次强奸自己的两个分别为17岁、16岁的女儿。最为恶劣的是，1983年8月的一天下午，邢与其大女儿一起到山上砍柴。到半山腰时，邢要其女儿把裤子脱掉给他"弄几下"，女儿不肯。邢即将女儿摔倒在地，拿出一条事先准备好的棉纱裤带，将女儿双手捆在一起，吊在旁边的一棵松树上，脱掉裤子，又拿出一条绳子把女儿的两只脚分别捆在两棵松树上，然后进行奸淫。①

[案例192]　李某，男，21岁，无业。1981年4月以来，李在自己家和其舅父家，多次深夜闯入生母住室，以下流语言调戏其母，企图行奸，遭母严厉斥责。1987年10月下旬的一天深夜，李手持匕首闯入其母住室，威胁说："你叫不叫我弄？不叫弄我就捅死你。"说罢将其母强奸。其母被强奸后，羞辱悲愤，次日早晨到丈夫坟前哭诉后欲自杀，被邻居劝回。此外，李还有奸淫幼女的行为。后李被法院以强奸罪、奸淫幼女罪判处死刑。②

[案例193]　李某，男，30岁，农场工人。李于1980年3月至5月，多次与胞妹（16岁）发生性关系。同年5月29日，李听其胞妹说已经一个多月未来月经，即感到问题严重。加之李知道其妻已发现其与胞妹的不正当关系，并怀疑其父母也已察觉此事，故自感绝望，产生杀害全家人（分三处居住）的恶念。6月1日14时许，李将胞妹骗出到大渠渠堤处，乘胞妹不备，用双手掐住脖子按倒在地，猛击

---

①　路安仁等主编《刑事犯罪案例丛书·强奸罪、奸淫幼女罪》，中国检察出版社，1992，第33页。
②　路安仁等主编《刑事犯罪案例丛书·强奸罪、奸淫幼女罪》，中国检察出版社，1992，第62页。

太阳穴，致胞妹昏迷不醒。接着将胞妹衣服脱光，实施奸淫，然后将其推入大渠中淹死。当晚 7 时许，李到其妻住处，将妻子杀害。6 月 2 日晚 7 时许，李在其父住处，将父亲杀害。6 月 3 日凌晨，李回到农场的住处，将其母和两个亲生女儿杀害。①

上述三例未作司法精神医学鉴定，但根据他们的一贯表现和乱伦行为，以及其他犯罪行为，可以断定他们有人格障碍。这么说，不是为了给他们作出减损的刑事责任能力的认定——他们虽然有人格障碍，但仍具有完全的刑事责任能力，而只是为了说明他们乱伦的心理原因和主观恶性。下面两例乱伦杀人，都进行了司法精神医学鉴定，都有人格障碍等精神障碍，但也都有完全刑事责任能力：

[**案例 194**] 唐某，男，20 岁，未婚，无业。自幼受家人宠爱。唐入小学后欺侮小同学，不遵守课堂秩序，曾因在教室抓摸男老师下身被斥责。长大后在外肇事，在家横行霸道。家人对其教育无效。1988 年发展至用菜刀砍父，用镰刀伤母。曾被捆送精神病院。出院后记恨在心，动辄殴打父母和妹妹。后曾住院三次，虽经治疗但未收到效果。父母在绝望情况下，产生"杀死逆子"的念头，1993 年曾骗其到某城市并雇佣杀手拟加以杀害，但未成功。唐对妹妹协助父母捆绑他耿耿于怀，1994 年 8 月 21 日乘父母外出之机。在家中手持菜刀，欲强奸其妹。妹祈求无效，进行抗拒。唐连砍数刀致妹休克。之后脱妹下身衣服欲行奸淫，但因生理不能，强奸未遂。又砍妹数刀而后逃跑，后被抓获。司法精神医学评定为反社会型人格障碍，有刑事责任能力。②

---

① 丁慕英主编《刑事犯罪案例丛书·杀人罪》，中国检察出版社，1992，第 69 页。
② 翟书涛等主编《人格形成与人格障碍》，湖南科学技术出版社，1998，第 305 页。

[**案例195**]　李某，1972 年出生。同胞兄弟四人，李某最小，颇受娇惯。自幼发育良好，适龄入学，学习成绩一般，后因家庭贫困退学，参加劳动。1991 年 19 岁时结婚。结婚不久，李某在吃饭时突然出现头晕，随之手中饭碗脱落摔到地上，过后恢复常态。后来因涉嫌盗窃枪支被审查，之后出现明显的发作性跌倒、全身抽搐、口吐白沫等症状，每次持续五六分钟。过后不能回忆发作经过。李某的性格变得越来越粗野，不顾道德，不通人情世故。1995 年离婚。办理离婚时对财产分割不满，持刀砍伤岳母。虽然在当地治疗，但没有明显后果。离婚后回家与父母同居一室，睡在一个床上，不久即强行与生母发生乱伦行为，长达五六年。逼得其母有时无法在家居住。因此被家人斥责，几个哥哥都打过他。但他不思悔改。2001 年 10 月 8 日晚，李某欲与其母发生性关系，被其父责骂，不允许他与其母再居一室。李某想到以后不能再与其母发生性关系，并难以忍受其父的责骂，顿时恼羞成怒，持斧在其父母头上乱砍，致其父死亡，又持斧窜至其二哥家将二哥砍伤、二哥之子砍死。之后，李某又窜至其大哥家，将大哥砍死。作案后，李某潜逃，但被抓获、逮捕。因其既往精神状态曾有"反常"，当地公安机关委托进行司法精神医学鉴定。鉴定意见：（1）李某既往患有器质性人格障碍（癫痫性人格改变，癫痫大发作和精神运动性癫痫）；（2）李某杀人时处于生理激情状态，辨认和控制能力在正常范围，评定为完全责任能力。①

下面这个案例更具有变态性，当然这种变态性只能说明行为人的邪恶，而不能免除和减轻其刑事责任。

---

① 柳振清、李永志：《癫痫所致器质性人格改变涉嫌乱伦杀人》，载纪术茂、高北陵、张小宁主编《中国精神障碍者刑事责任能力评定案例集》，法律出版社，2011。

[**案例196**] 孟某，1960 年出生。在鞍山市一个效益不错的单位上班。1990 年，孟与妻子离婚，时年 3 岁的女儿小雪被判与其一起生活。孟的家是一个套间，孟的父母住南屋，孟和女儿住北屋。屋中仅有一张大床，供父女二人居住。1997 年 10 月的一个晚上，孟兽性大发，将正在睡梦之中的 10 岁的小雪强行奸污。在这之后的五年时间里，孟共强奸小雪 100 多次，即使在小雪来月经期间也不放过。小雪在公安机关回忆说，这些年来，父亲经常在夜间按住她进行蹂躏，她稍有反抗就动手打她，每天她都以泪洗面。孟不仅以强奸亲生女儿为乐，还有一个特殊嗜好，就是每次强奸女儿后都要在小本上记录下整个过程，不仅记录时间，还记录女儿和自己的生理现象及反应，像吃一些补药什么的都一一记录下来。到案发时孟已记了整整两本。2002 年初，饱受蹂躏的小雪不幸怀了孕，可就是这样，孟仍没有放弃对她的蹂躏，也没有采取任何堕胎措施。10 月 20 日凌晨 1 时许，不知所措的小雪在家中临盆，而孟却漠然旁观。孟说，当时他正在睡觉，听到小雪痛苦的呻吟，才发现小雪快生了，"看到婴儿的头出来了一半"。小雪生下婴儿后，孟才在女儿的恳求下递上一把没有经过消毒的普通剪子，可怜的小雪自己一个人剪断了脐带，生下一男婴。10 月 22 日，小雪的姑姑到孟家，突然听到哥哥孟住的屋里有婴儿啼哭声。她感到十分奇怪，到对面屋里一看，侄女小雪躺在肮脏的床上，身边还有一个刚出生不久的小男孩。她问侄女孩子是谁的，侄女哭着说父亲从五年前就开始强奸她，这个孩子就是她和亲生父亲生的。大吃一惊的小雪姑姑回家与爱人商量后，决定报警。

警方迅速出动，在孟家中将孟抓获。当警察问孟知不知道是什么事把他抓来时，孟满不在乎地说："知道，就是那事（指强奸女儿）。"由于该案十分罕见，警方非常慎重，向省精神卫生中心申请对孟进行刑事医学技术鉴定，经司法鉴定，孟精神正常，具有完全行为能力，应负法律责任。2002 年 11 月 8 日，检察机关对孟批准逮捕。

2003 年 1 月 9 日，检察机关以孟涉嫌强奸罪提起公诉。2 月 17 日，法院依法不公开审理了此案。公诉机关在公诉书中称，孟有悖人伦，强奸女儿 100 余次，手段恶劣，应依法严惩。庭审中，孟对公诉机关指控无异议。2 月 21 日，法院审理后认为，被告人孟目无国法，以暴力和胁迫手段相威胁，强奸未成年的亲生女儿多年，造成其女儿生下一男婴的后果，其行为构成强奸罪，应依法惩处。期间，被告人孟奸淫不满 14 周岁幼女近四年之久，属情节恶劣行为。最终法院以强奸罪对孟一审判处有期徒刑 15 年。孟在法定期间没有提出上诉。当记者问他怎么能做出强奸自己女儿这种禽兽不如的事时，孟的回答让记者不寒而栗："就是玩玩呗。"记者问他为什么要记这个"变态日记"，孟只是说"好玩"。孟还说他想"让女儿做自己的媳妇"。①

人格障碍乱伦者是难以悔改的，不能指望他们自行终止强迫性的乱伦行为，必须将他们绳之以法——他们具有完整的刑事责任能力，而这通常取决于受害者的告发。但是，一般来说，乱伦受害者不愿意或者不敢于告发。她们害怕家庭失去支柱，害怕家庭破裂，害怕自己受到更为残酷的折磨，害怕影响到自己未来的婚姻生活。知情的家庭成员一般也不愿意告发，他们不想让"家丑"外扬。在忍无可忍的情况下，受害者也可能走向另一个极端，将乱伦者杀死以彻底摆脱厄运。

[案例 197] 王某，男，25 岁，农民。王在 1986 年 10 月至 1987 年 6 月间，先后四次强奸其生母。1987 年 4 月的一天晚上，王当着家人的面，将 16 岁的妹妹强奸。1987 年 7 月的一天，王与母亲因琐事发生争执，王持刀威胁说："先杀了你，再杀全家人。"吓得其母只好

---

① 王昕等：《"兽行日记"揭掉恶父"人皮"》，《北方晨报》2003 年 3 月 3 日。

到邻居家借宿。7 月 4 日上午，王酒后在家中睡觉，其母返家做饭时见此情况，即产生杀死王，为全家除害的念头，便用一烙铁猛击王头部，致王当场死亡。①

[**案例 198**] 2004 年 3 月 4 日早上 8 点 40 分左右，江苏省泰兴市 110 接到报警，称某村河面上，突然浮上来一具手脚被捆绑的男尸。公安机关很快就破了案，死者是该村 23 岁的无业游民伏继祥，而凶手竟然是他的亲生父母。面对公安干警的审问，这对夫妇毫无隐瞒，并且声称决不后悔。据了解，死者的父亲叫伏余良，母亲叫丁玉兰，都是 45 岁。这对老实巴交的农村夫妇为何能够下狠心杀死自己的儿子呢？丁玉兰说，2 月 15 日晚 10 点多钟，伏继祥从外面回家，他们夫妇当时已经睡了。回来后，伏继祥自己炒了盘花生米，喝了半斤白酒。喝完后摸到她的房间，想上来非礼。丈夫伏余良连忙把她推到前面的偏房里，并且告诉伏继祥，如再乱来就打电话报警。伏余良说，过了一会儿，他到前面偏房去看妻子，推开门发现，伏继祥骑在丁玉兰身上，手上拿着把菜刀。他立即冲上去夺下菜刀，夫妻联手把伏继祥摁倒在地，又取来一段电线，把他的手脚捆住。夫妻俩抱头痛哭，凌晨 1 点多钟，商量决定除掉这个逆子。夫妻两人把伏继祥抬上三轮车，到了桥上，犹豫了半个多小时。但伏继祥的一句"放了我一定杀死你们"，让夫妻俩下了决心并将其扔到河中。

据了解，伏余良家庭条件很差，但从来不肯让伏继祥受一点委屈，儿子是要什么给什么。家里有些好吃的，都是伏继祥单独享受，即便当时吃不完，宁可坏掉，两口子也不碰一下。1987 年，伏继祥被确诊为脑肿瘤，从此，家里人更是对他百依百顺。伏继祥从 16 岁开始对自己的母亲非礼，伏余良夫妇一直严守秘密。直到杀死儿子后，伏余良夫妇才在几个亲人面前吐露了这些年来的遭遇。伏余良说，7

---

① 丁慕英主编《刑事犯罪案例丛书·杀人罪》，中国检察出版社，1992，第 108 页。

年来，他们两口子吃不好，睡不好。自己不在家，妻子连澡都不敢洗。伏继祥已几次强奸过他的母亲。7年前，丈夫在外打工的时候，丁玉兰就曾经在亲戚面前透露过，自己的儿子已经发育成人，每天晚上都说做噩梦，要搂着妈妈一起睡。没有办法，母子俩只能睡在了一头。村上的人也劝过她，要尽快地告诉派出所。但是丁玉兰总是说，自己的儿子怎么办呢？家丑不可外扬。为了给伏继祥治病，伏家花去16万多元，现在还欠着5万多元的外债。伏继祥有钓鱼的爱好，每次钓来的鱼都要认真给他做好，父母吃一点，他就要父母给钱。有一次，他钓了很多的鱼，烧了鱼汤，将鱼吃了以后，把泻药放在鱼汤里，逼着他的父母喝。父亲没有喝，母亲喝了几口，没有走到田头，就腹泻不止，为此在家躺了好几天。伏继祥的三叔说，尽管家里很穷，但伏继祥每天要两瓶白酒和一包香烟，满足不了就拿父母撒气，打骂是家常便饭。伏余良两口子靠打工、拾荒，一直在尽力满足他。平时他想吃什么都要满足，否则他就扬言要杀人。伏继祥还把村里一个废弃仓库的围墙扒出一个大洞，晚上经常躲在里面拦截下夜班的妇女，周围村的妇女都不敢单独走夜路。伏继祥的爷爷和奶奶今年都已经76岁了，他们说自己家里已没有一件像样的家具，不是被他卖了，就是被他发酒疯时打烂了。孙子一有不顺心，就放火烧房子，还将爷爷的腿打伤两个月不能下地。谈到现在家里发生的事情，他们更多的是气愤。他们说孙子活在世上23年，他们就受了23年的苦。村里谁家有了红白喜事，伏继祥都到场要吃要喝，不能如愿就大吵大闹，甚至拿刀拿斧头吓人。2003年，伏继祥要买VCD影碟机，他的父母就借钱买了一台。从此，伏继祥经常借三级片看。据了解，伏家曾把伏继祥送往精神病院，但医生检查后说不是精神病人，拒绝接收。回家以后，伏继祥就对当初陪他们去的邻居怀恨在心。不仅多次放火烧别人家的草堆，而且还拿着刀到人家的门上去杀人。伏继祥平时还经常伸手向父母要钱，去路边找小姐。村上的村民得知伏余良夫妇杀子的

消息后，无不拍手称快，都说这对夫妇为村民除了害，并表示将集体
请愿请求对他们从轻处理。①

报道说，伏家曾把伏继祥送往精神病院，医生检查后说不是精神
病人，拒绝接收。但是，伏继祥明显具有人格障碍，而他的人格障碍
的形成既与早年的不当教育有关，更与他小时候罹患脑肿瘤有关。当
然，即使伏继祥有人格障碍，他也是死有余辜的。

（二）女性主动的乱伦

女性主动与男性近亲属进行乱伦的事情记载不多。原因当然主要
是确实发生较少。另有两个因素也需要考虑，一是这类乱伦的关系双
方一般都不会告发，二是这类乱伦被揭露后，虽然女性可能是侵害者
或主动者，但罪责往往由男性承担。

[**案例199**] 某职工家庭，有子女4人，3女1男，男儿最小。自
男儿3岁起，其母就玩弄其生殖器。男儿5岁后，母子互相玩弄生殖
器。男儿7岁后，在其母教唆下与其母进行游戏式性交。该男13岁
时与其两个姐姐发生性行为。该男15岁时强行与其三姐发生性行为
被其父亲发现报案，后送劳动教养。②

女性主动乱伦的，往往有功利性目的。有些历史学家认为，古罗
马皇帝尼禄（Nero）和母亲阿格里皮娜乱伦，是阿格里皮娜主动的，
她想通过这种办法让儿子俯首帖耳。③ 还有女性与母亲发生矛盾，便
以性作为诱饵把与其也有矛盾的父亲或者兄弟拉到自己一边。这里可

---

① 黄苏娟等：《村民集体请愿：法外施恩》，《江南时报》2004年3月17日。
② 骆世勋、宋书功主编《性法医学》，世界图书出版公司，1996，第423页。
③ 参见〔古罗马〕苏维托尼乌斯《罗马十二帝王传》，张竹明等译，"尼禄传"，商务
  印书馆，1996；〔德〕奥托·基弗《古罗马风化史》，姜瑞美译，辽宁教育出版社，
  2000。

能有厄勒克特拉情结在起作用。厄勒克特拉是希腊神话中的人物。她是密刻奈国王阿伽门农和克吕泰涅斯特拉的女儿。在克吕泰涅斯特拉与其奸夫埃癸斯托斯谋杀了从特洛亚凯旋的阿伽门农后，厄勒克特拉心中充满对母亲的仇恨，盼望幼小的弟弟俄瑞斯忒斯快点长大为父亲报仇。她怕俄瑞斯忒斯被杀，就将他托付给他人秘密抚养。俄瑞斯忒斯成人后，厄勒克特拉找到了他，并鼓动他将克吕泰涅斯特拉和埃癸斯托斯杀死。[①]一些现代文学作品也讲了类似的故事。美国戏剧家尤金·奥尼尔（Eugene O'Neill，1888~1953）的《悲悼三部曲》的情节与厄勒克特拉故事的相像。美国内战结束后，准将艾斯拉·孟南从战场上归来，被他的与人私通的妻子克利斯丁谋害。孟南的女儿莱维尼亚深爱父亲，她鼓动爱着她的弟弟奥林杀死了母亲的情夫，又逼母亲自杀。[②]在澳大利亚作家帕特里克·怀特（Patrick Victor Martindale White，1912~1990）的长篇小说《风暴眼》里，亨利太太的女儿多萝茜具有多重人格，她在母亲病重时，为了夺取更多遗产，与弟弟巴兹尔既钩心斗角，又沆瀣一气，乃至在双亲的卧榻上发生乱伦关系。[③]下面是一实例：

[**案例200**]（美国的案例）杰克是一名45岁的男人，有三个孩子。当长女9岁时，他的妻子定期地参加教堂的晚弥撒，她不让孩子们离开家，杰克只好陪孩子们呆在家里。妻子在沉湎于宗教兴趣时拒绝与他发生性关系，于是，他开始怀疑妻子有外遇。当妻子不在家时，杰克以饮酒打发时间。他开始注意到女儿已经长大。这时，女儿开始和母亲不和。当杰克等待妻子归来时，女儿躺在床上作出各种姿

---

① 参见〔德〕斯威布《希腊的神话与传说》，楚图南译，人民文学出版社，1958，第595~616页。
② 〔美〕《奥尼尔剧作选》，荒芜译，上海文艺出版社，1982。
③ 〔澳〕怀特：《风暴眼》，朱炯强等译，漓江出版社，1986。

式，有时她回自己房间睡觉前吻别父亲道晚安。后来接触频繁起来，女儿开始偎在他怀里吻他。在与女儿发生几次阴茎－阴道性交后，杰克想断绝这种关系，但女儿怂恿他继续这样做下去，并以向母亲告状来要挟他。①

如何处理女性主动而男性不自愿的乱伦？这在一些国家可能构成强奸罪。如果女性为成年人，男性为未成年人，在有些国家可构成猥亵儿童罪。在中国，根据1997年《刑法》这种情况似也可构成猥亵儿童罪。

（三）同性乱伦

传统意义上的乱伦是指异性亲属发生性关系，但在现代西方国家，同性亲属发生性关系（广义的性交）也被视为乱伦。男性同性乱伦和女性同性乱伦都存在。1978年美国一份报告记载了199个父子乱伦事件。还有研究显示，母女乱伦的案例多于母子乱伦的案例。②1978年，有美国学者在旧金山对930名妇女进行了调查，发现有近5%曾受到母亲、姐姐的性侵犯。③意大利著名作家莫拉维亚（Alberto Moravia，1907~1990）的长篇小说《内心生活》（La vita interiore，1978）也涉及了女性亲属的乱伦。德西黛丽亚与其养母薇奥拉的关系十分复杂，她们之间既有母女之爱，也有乱伦之爱，并有共同的情人。④同性乱伦的父亲除有同性恋外，还可能有恋童症。同性乱伦的母亲多有心理问题。

---

① 〔美〕本杰明·萨多克等：《性科学大观》，李梅彬等译，四川科学技术出版社，1994，第691页。
② 〔美〕Christine A. Courtois：《治疗乱伦之痛——成年幸存者的治疗》，蔡秀玲、王淑娟译，台北五南图书出版股份有限公司，2001，第81、87页。
③ 〔美〕黛安娜·拉塞尔：《家庭内的性骚扰》，载《中美妇女问题研讨会论文集》，中国妇女出版社，1991。
④ 〔意〕莫拉维亚：《内心生活》，陈兆阳译，中国文联出版公司，1995。

国内报道过一例罕见的母女乱伦：

[**案例201**] A 女，57 岁，小学文化，退休工人，20 岁结婚，20 岁以前曾做妓女，性格暴躁。B 女，A 的女儿，36 岁，未婚，教师，中专文化。A 自丈夫死后的 17 年里，与 B 相依为命。母女同榻而眠。A 经常吻 B，触摸 B 乳房、阴道，有时用舌头伸入 B 阴道。A 不允许 B 与异性接触，平时也不允许 B 外出。A 经常在 B 上班时叫 B 回家，进行性活动。B 如果不服从，A 就打骂。邻居和 B 的同事多次看见母女拥抱、接吻。在 B 住院期间，A 坚决要求陪护。母女每天都有多次性活动。鉴定结论：A 为性变态，年轻时做过妓女，遭受过性折磨，因而痛恨异性，在丈夫死后，把性爱转移到女儿身上，以同性乱伦来满足性欲；B 精神活动正常，因顺从母亲而陷入同性乱伦。①

（四）精神病人的乱伦

精神病人（狭义）发生乱伦的比较少见。一些存在智能障碍的男性精神病人，由于不能接受法律、伦理的约束，没有亲属观念，在性欲亢进时，可能发生乱伦。他们进行乱伦，显然不是因为对亲属有特别的关注，而只是因为与亲属日常接触密切罢了。对他们来说，亲属与其他女性并无本质的不同。他们主要采取强制手段达到目的。乱伦关系也难维持。

[**案例202**] 王某，男，24 岁，农民。王于某日晚 6 时许，乘其父领其弟、妹外出看电影，只有其母一人在家之机，手持三角刮刀闯入其母住室，对其母脖子、腹部等部位连扎数刀，致其母死亡。之后王将其母裤子扒下，对尸体进行奸淫。案后将其母尸体装入筐

---

① 张云、胡学政：《母女同性恋》，《临床精神医学杂志》2001 年第 2 期。

内，用家中手推车推到村外，坠石投入井中。次日晨，被其父发现报案。在审讯中，王供述所答非所问，词不达意，杀母动机不清。县检察院对王个人生活史、家庭史及案情与精神状态的关系作了全面调查，并将王及案卷材料带至某精神病防治院鉴定组进行精神鉴定。鉴定结论为精神发育不全（鲁钝）。县检察院同志对此案如何处理有不同意见，又请示市检察院。市检察院批复：王系精神病，故不捕。县检察院下达不予批捕书后，王的父亲及其所在公社、大队均不同意此处理。①

[**案例 203**] 车某，男，19 岁，未婚，文盲，农民。车自幼发育不良，3~4 岁才长出牙，6 岁才会走路，7 岁上学，由于智力低下退学，11 岁才能辨明家庭成员的相互关系，记事后只能做些简单劳动。10 岁时，曾高烧、呕吐、痉挛大发作、尿失禁，此后常有癫痫发作，呆傻很明显。16 岁时，曾有一次企图强奸一女孩，女孩呼叫，周围有人赶来，强奸未遂。还有一次，曾无辜剪掉一女青年的辫子。平时喜欢与女青年逗闹。看到青年人谈恋爱、结婚，车表示羡慕。车于某日上午，见家中只有母亲一人，猛扑向母亲，将她按倒在炕上，强行扒裤子。其母反抗，并呼喊救命。车用手掐母亲脖子、捂嘴、打嘴巴，致使其母昏迷，车即进行了强奸。次日，其母服盐卤自杀身死。精神检查所见：神志清楚，衣着整齐，说话口齿不清，言语贫乏，接触被动，面容欣快。知道自己的名字，是属兔的。但对多大年龄回答不上来。当问及强奸事件时，车答称："在舅舅家干完活喝酒后，晕晕乎乎回到家，突然想要祸害她。"知道这是流氓行为，并说"坏事了"。表示后悔。还说："我把她祸害了，她见不起人了，才喝盐卤死的，我不是人了，我和她一起死。"检查表明，车计算能力差，对简单的

---

① 中国人民大学法律系刑法教研组、资料室编印《中华人民共和国刑法案例选编（一）》，1980，第 10 页。该书未说明最终处理结果。

个位加法也不会，不知道一年有几个季节、一周有几日。测定智商为43，属于中度精神发育迟滞。考虑为限定责任能力。①

国内还有报告，发生于家庭中的集团性癔症，患者之间在意识障碍下可发生乱伦。这样的乱伦看起来是双方自愿的，实则双方都不能以理智支配自己的行为。例如：

[**案例204**] 胡某，女，36 岁，已婚，家居农村。胡曾与其姘夫（36 岁，农民）密议杀死胡之丈夫（47 岁，农民）。某日，胡与丈夫、儿子（17 岁）、姘夫及姘夫之妻一起搞迷信活动，谈神弄鬼，气氛紧张。众人都静坐不食，只吃黄豆。其间胡令其丈夫扳她的肩膀，其丈夫表示不满。胡则说自己是仙，声称要打死丈夫。于是胡把丈夫从炕上拽下，拳打脚踢一阵之后，胡的姘夫用斧头将胡的丈夫砍死。接着，包括姘夫之妻在内一家人认亲。第二天晚上，胡裸体围着儿子转，说姘夫的妻子附体了，说要治治姘夫的妻子，接着胡与儿子发生了性关系。事后对胡等进行了精神检查，胡与姘夫之妻被诊断为癔症附体。胡的丈夫与儿子被诊断为精神发育迟滞（轻度），姘夫精神正常。②

[**案例205**] 某女，31 岁，已婚，农民。该女在 19 岁和 26 岁时曾有两次癔症发作，经巫婆"治疗"恢复正常。在生第二个孩子时，出现失眠、烦躁，心情不好。后来丈夫陪同她回娘家，当晚，她感到害怕，似睡非睡时听到"偷生鬼"说要把她的两个孩子搞去。第二天，她自称是观音老母、马氏娘娘，能给人治病，用剪刀在大弟弟左足跖部挖了一个核桃大的洞。第四天，她令全家一起唱歌、乱跳，让

---

① 李从培：《司法精神病学鉴定的实践与理论》，北京医科大学出版社，2000，第 151 ~ 152 页。

② 张向峰：《六组 32 例癔症性附体案例分析》，《中国心理卫生杂志》1992 年第 4 期。

全家人赤身裸体。她与丈夫，大弟弟与其母亲，二弟弟与大弟媳搂抱性交。接着她咬丈夫的阴茎，大弟媳咬二弟弟的阴茎。全家人都按她的指令办。如此昼夜不分，不吃不喝长达五天。第六天，她的母亲疲劳昏倒，她与丈夫用手卡在母亲脖子上"赶气"，看到母亲呼吸停止，就把母亲的左眼珠挖出来，她让丈夫吃下去。第七天，她又说丈夫鼻子中有鬼，用筷子挖，直到两鼻孔鲜血直流。后二弟弟清醒过来，向村干部作了报告。①

其他类型精神病人因精神病性障碍发生乱伦的更为少见。类似于前述黄杏梅等报道的偏执状态患者强奸自己女儿的案例，未见其他。该患者认为前生已经注定女儿是自己的"贵夫人"，因而他与女儿发生性关系是合法的。

精神病人乱伦，如果确实是在精神障碍支配下进行的，不负刑事责任。但是应当将他们送入精神病院强制治疗，而不能把他们留在家里。

乱伦受害者中也有精神病人。有些精神病人缺乏必要的性知识，不能理解乱伦行为给她造成的危害，她们可能长期遭受蹂躏而不知拒绝、反抗和揭发乱伦侵害。

（五）"巧合"的乱伦

有许多神话故事、文学作品描写了巧合的乱伦。分离的父女、母子、兄弟姐妹偶然相遇后，即感到相互的吸引，遂产生感情，进而发生性关系或者结婚。俄狄浦斯就是如此。俄狄浦斯是忒拜国王拉伊俄斯与贵族之女伊俄卡斯忒的儿子。在他出生前，拉伊俄斯请求阿波罗的神谕，得到的答复是他的儿子将会杀死他。于是，在俄狄浦斯出生后，拉伊俄斯就将其弃于山野。一牧人将俄狄浦斯救活，并送给科任托斯国王波吕玻斯收养。后来，俄狄浦斯听说自己不是波吕玻斯的儿

---

① 胡学政等：《癔症集体发作一组报告》，《临床精神疾病杂志》1996 年第 5 期。

子。他祈求阿波罗的神谕，希望太阳神证明他所听到的话是假的。神谕没有直接回答他的询问，只是告诉他说，他将杀害自己的父亲，娶自己的生母为妻，并将生下可恶的子孙。在震恐之中，为避免悲剧的发生，俄狄浦斯离开了科任托斯国。在路上，他遇到生父拉伊俄斯，双方发生争执，他将自己不认识的生父杀死。在忒拜，俄狄浦斯猜破了斯芬克斯的谜语。忒拜国的国王克瑞翁（俄狄浦斯的弟弟）为感谢俄狄浦斯，将王位让给了他，并将自己的母亲（也是俄狄浦斯的母亲）伊俄卡斯忒给他为妻。俄狄浦斯与伊俄卡斯忒生了两男两女四个孩子。这四个孩子实际上也是他的弟弟和妹妹。后来，俄狄浦斯和伊俄卡斯忒都知道了真相。伊俄卡斯忒自杀。俄狄浦斯极度悲愤，戳瞎了自己的眼睛，在大女儿的陪伴下离开王宫，出走流浪。[①] 在俄狄浦斯的故事里，悲剧是命中注定的。弗洛伊德就是受这个故事的启发，将恋母情结命名为俄狄浦斯情结。

文学作品中的巧合乱伦的故事，也都充满宿命论的味道。在瑞士当代作家马克斯·弗里施（Max Frisch）的小说《能干的法贝尔》中，工程师法贝尔年轻时曾同一个半犹太血统的姑娘汉娜相爱，当他们正要结婚时，德国纳粹开始排犹，两人不得不分手，分手时汉娜已经怀孕。21年后，法贝尔由美国到法国出差，在轮船上遇见一个叫伊丽莎白的年轻姑娘。法贝尔觉得她有点像汉娜，产生好感。到巴黎后，两人又相遇，两人决定一起去意大利。途中，两个人由爱慕发展到热恋。后来，伊丽莎白在海滨被毒蛇咬伤，不幸身亡。她的母亲汉娜闻讯赶来，法贝尔才知道伊丽莎白是自己的女儿。[②]

巧合的乱伦在现实中也有发生。据报道，在美国马萨诸塞州，有一对分别于20年前被他人收养的姐弟在相遇后相爱，并于1979年5

---

① 参见〔德〕斯威布《希腊的神话与传说》，楚图南译，人民文学出版社，1958，第218~227页。

② 〔瑞士〕马克斯·弗里施：《能干的法贝尔》，江南译，外国文学出版社，1983。

月 25 日结婚。这对姐弟在决定结婚时实际上已经意识到他们是姐弟。因为他们在分别寻找自己的母亲时，发现自己的母亲是同一人。获悉此事的警方指控他们犯了乱伦罪，并将他们逮捕。在这个案件中，这对姐弟如果不知道他们之间的关系，是不构成乱伦罪的，但他们的婚姻将自动失效。①

（六）虚妄的乱伦

有些精神障碍者指控他人对她实施乱伦侵害，未必有事实根据，而可能是妄想、幻觉使她以为有乱伦事情的存在。国外报道过这样一个病例：

[**案例 206**] 某女，20 岁，未婚。该女之父笃信宗教，在她进入青春期后，即限制她与社会接触，特别是不让她交男朋友，要求她汇报每日的活动，使她大为不满。之后行为失常，有突然袭击其父之行为。她说其父在一年前曾迫使她与他性交，在她入睡时，觉得有手抚摸其全身和阴部，而实际并无此事。她还认为她的母亲是继母装扮成的。入医院后，发现有情感迟钝、思维障碍和幻听，自知力缺乏。药物治疗九天后幻觉消失，自知力有所改善，但仍坚持认为其父对她有性行为，其母并非其亲母。治疗三周后，症状消失，完全否认其父对她有性行为，也不怀疑其母身份的真实性。②

20 世纪 80 年代在美国等西方国家出现了一场"记忆恢复治疗"（recovered memory therapy）运动，即通过心理治疗技术帮助那些在儿童时期遭受乱伦等性侵害的成年人回忆起被性侵害的经历，这一记忆

① 〔美〕J. 罗斯·埃什尔曼：《家庭导论》，潘允康等译，中国社会科学出版社，1991，第 426~427 页。
② Pande：《梦交综合征与替身综合征并存》，杨津广摘译，《国外医学·精神病学分册》1982 年第 3 期。

被认为是被压抑在内心深处。在这个问题上，存在极大化主义（maximalist）即和极小化主义（minimalist）两种立场的争论。极大化主义者认为，成千上万的人回忆起儿童时期遭受性侵害只是冰山一角，而许多儿童性侵害的被害人不幸地将永远意识不到痛苦的真正来源，而只能因情感上的痛苦终生责备自己。极小化主义者则怀疑，心理学是否已经发生突破，形成恢复性侵害记忆的新技术。他们认为，所谓挖掘被埋藏的遭受性侵害的记忆，实际是制造"错误记忆"（pseudomemories），这种错误记忆是在心理医生不断误导下产生的幻觉。他们将这种表现称为"虚妄记忆综合症"（false memory syndrome）。[①] 双方的立场显然分别受到弗洛伊德不同时期有关童年性侵害问题的论述的影响。[②] 英国学者汤姆·伯恩斯（Tom Burns）评论道："长期以来，儿童遭受家庭成员性虐待的程度在精神病学中一直富有争议。钟摆来回要把于两个极端，一端认为童年期性虐待是常见创伤，能够导致神经症，另一端则认为这种情况十分罕见，大多数报告都是源于当前痛苦和困惑的'虚假记忆'。目前的推断倾向于相信诉说儿童时期性虐待经历的成人。这种情况导致在一些广为报道的案例中，当'恢复的记忆'被挖掘出来之后，家庭出现了分裂。这一论点的正反双方都有精神科医生站队，一方强调被潜抑多年的虐待的破坏性作用，另一方则相反，强调过度热情的治疗对病人的暗示作用。"[③]

不能否认，有些心理医生水平不高，容易先入为主，或者别有用心，可能会暗示诱导本来就心智恍惚的病人顺其思路编造乱伦故事，使得父母受到追诉。在美国曾经有这样一件事：17 岁的少女唐娜曾因

① 参见〔美〕安德鲁·卡曼《犯罪被害人学导论（第六版）》，李伟等译，北京大学出版社，2010，第 241~244 页。
② 参见本书第一章第五节，并参见〔英〕菲尔·莫伦《弗洛伊德与虚假记忆综合症》，申雷海译，北京大学出版社，2005。
③ 〔英〕Tom Burns：《浅论精神病学》，田成华、李会谱译，外语教学与研究出版社，2013，第 263 页。

吃饭不规律而住过两次医院，并曾看过 11 位心理医生。她遇到的第 12 个心理医生梅尔斯，是个治疗儿童虐待心理问题的专家。这个医生发现唐娜的人格分裂了，有多达 65 种人格。因此，唐娜被收入精神病院。住院期间，唐娜不能与家人接触，并经常接受催眠治疗。在治疗 18 个月后，医生认为，唐娜的一些"人格"声称她曾被她的父亲奸淫和虐待过。梅尔斯医生将这一情况向警方报告。警方逮捕了她的父亲。在法庭上，唐娜绘声绘色地陈述，指控自己的父亲对她实施性虐待。但是，没有其他证据可以证明他的父亲有那样的罪行。唐娜小时候的周记也没有任何有关的记载或者暗示。出庭的其他精神病专家指出，对于某个已经接受过 11 个心理专家治疗的人，被第 12 个心理专家挖出一段严重的性虐待的记忆，是很不可能的。他们认为唐娜的记忆是假想的产物。最后，陪审团判定唐娜的父亲无罪。同时，陪审团认为唐娜的指控不构成诬告陷害。后来，唐娜自己也认为，她的记忆是"被人灌输"的。她再也不相信所谓"恢复的记忆"。唐娜的父亲为给女儿治病花费了 20 万美金，为了打官司又用去 10 万美金。他对那些给女儿治病的心理医生表示愤怒。他说，那些医生从来没有听他们家庭一方的陈述。① 在美国，还有心理医生因为让病人恢复所谓"被压抑的记忆"而成为被告并向病人及其家属支付巨额赔偿。居住在匹兹堡的一位女士，被心理医生告知，她在少女时代曾生下三个孩子，并且在一家拥挤的餐馆里被人强奸过。医生还鼓励她勇敢地承认她父亲曾对她进行过性骚扰的"事实"。而实际上，这些事情纯系子虚乌有。当地法院责令那位心理医生及其所在医院向该女士及其父母赔偿 27 万美元的精神和名誉损失费。人们指出，许多好端端的家庭都葬送在心理医生手里。②

---

① 〔美〕约翰·泰勒：《唐娜与心理警察》，彭坡编译，《法制日报》1994 年 12 月 3～8 日连载。

② 宋平：《美国抵制心理疗法潮起》，《法制日报》1995 年 3 月 7 日。

第八章

反自然性交

第一节　概述

　　对什么是性交（sexual intercourse，coitus），有多种解释。第一种解释认为，性交是指男女之间发生的生殖器接合（penis to vulva），即阴茎－阴道性交（penile－vaginal sex）。这种性交具有生殖功能，故也称"生殖行为"。这是最根本的一种解释。在一般时候，人们都是在这种意义上使用性交一词。第二种解释认为，所谓性交，除包括男女之间发生的生殖器接合这种基本形式外，还包括男女之间或者男性之间发生的阴茎进入肛门（penis to anus）的形式，即阴茎－肛门性交（penile－anal sex），是广义肛交（anal intercourse）的一种。肛交俗称"鸡奸"（buggery①），具有贬义，或可用于指强制肛交（anal rape）或者对儿童肛交。对成年的异性或者同性之间自愿发生的肛交，不应称为"鸡奸"。第三种解释认为，性交还包括男性之间发生

―――――――――

　　①　此词还包含兽奸之意。

的和男女之间发生的阴茎进入口腔（mouth to penis）的形式，即阴茎
－口腔性交（penetrative oral sex，oral genital sex）。①这种形式是广义
口交（buccal intercourse，oral intercourse，oral sex）的一种，亦被称
为含阳（fellatio，男性含阳者是 fellator，女性含阳者是 fellatrice）。以
上各种解释，都以阴茎进入性对象有粘膜的器官孔道为标准，可称之为
阴茎进入式性交（penile penetrative intercourse）。英国 2003 年性犯罪
法、西班牙刑法规定的强奸罪，日本刑法 2017 年修正的"强制性交等
罪"就采用这一标准。第四种解释认为，性交还包括以生殖器之外的身
体部位进入对方生殖器或肛门，主要有拳指阴道性交（vaginal fisting）
和拳指肛门性交（anal fisting）。拳指阴道性交是男与女或女与女，拳指
肛门性交则有男与女、女与男、男女同性之间——都属于广义的肛交。
第五种解释认为，性交还包括以器物进入对方生殖器或肛门。以上各种
解释，都有生殖或肛门的进入或被进入。葡萄牙刑法、挪威刑法以及
中国台湾地区"刑法"就在这种程度上规定了"性交"的定义。

　　最广义的性交是指一切形式的可以激发或满足自身或他人性欲的
涉及生殖器或肛门的身体接触，不限于性进入，还包括非进入的性接
触（non－penetrative sexual contact，non-penetrative sex）即体外性交
（outercourse）。除上述各种性交形式外，还有无上述进入情形的男性
与女性或女性之间的口－女阴接触（mouth to vulva）即舔/吻阴
（cunnilinction）——属于广义的口交，男性之间生殖器接触（penis to
penis）、女性之间生殖器接触（vulva to vulva，tribadism），男性生殖
器与女性乳房接触（penis to breast）即乳交（mammary intercourse），
男性生殖器在同性或异性股/腿间接触即股间性交或腿间性交（inter

---

① 关于美国前总统克林顿在其与前白宫实习生莫尼卡·莱温斯基（Monica Lewinsky）
关系上是否作伪证一事，就涉及性交的定义问题。克林顿认为性关系（sexual
relations）必须有性交时方能成立，而接受口交（receiving oral sex）不是性交，他坚
持说自己与莱温斯基没有发生性交因而也就不存在性关系。

femora coitus），男性生殖器与同性或异性会阴部位接触即会阴性交（perineal coitus），以及异性之间或者同性之间的手－生殖器接触（hand to genital）——包括交互手淫（mutual masturbation）、手－肛门接触（hand to anus）、口－肛门接触（mouth to anus）即舔/吻肛（anilingus）等；另外，还有以各种方式对人的尸体和动物进行的性交。

在性交之外，人们还使用性行为（sexual acts）和性关系（sexual relations）的概念。性行为包括两性行为和自身性行为，各种可以激发或满足自身或他人性欲的行为都在其中。性关系发生在两个以及两个以上人之间。发生性关系，通常意味着双方发生了可以激发或满足自身或他人性欲的身体接触。说"通常"，也就是说还有特别，主要指非接触性的性互动（noncontact sexual interaction）。例如，两人在一起观看对方裸体而自慰，也属于发生性关系的一种。而在电子信息时代，性关系还可以是虚拟的，只有即时互动的文字、声音、图像的交流。我国一些关于性犯罪的司法解释，习惯使用"性行为"或者"性关系"概念，不够严谨，宜予修改。

对于人类来说，性交的最本质的自然功能是生殖即繁衍后代，只有男女之间发生的生殖器接合才具备这种功能，而其他形式的性交在根本上都不具备这种功能。不具备繁衍功能的各种形式性交，在西方国家被视为"反自然"（unnatural）的，称之为反自然性交（sodomy，此一词原来专指男性间的肛交，后来还包括兽奸、口交等）。"反自然"的说法至迟可以追溯到古希腊的柏拉图（Plato，公元前427～公元前347）。他认为性行为只能是为了它的自然目的——生儿育女。[1]进入基督教时期之后，反自然性交受到严厉的排斥。正如福柯所描述："一切没有被纳入生育和繁衍活动的性活动都是毫无立足之地的，也是

---

[1] 参见〔古希腊〕柏拉图《法律篇》，张智仁、何勤华译，上海人民出版社，2001，第17、267页。

不能说出来的。对此，大家要斥责、否认和默不作声。它不仅不存在，而且也不应当存在，一旦它在言行中稍有表现，大家就要根除它。"①

虽然长期受到排斥，但直到 19 世纪，随着精神医学对反自然性交的关注，各种反自然性交才被视为病态的。这种态度到 20 世纪下半叶才发生一些改变。现代精神医学在反自然性交是否属于性变态这个问题上，是将一般的肛交、口交与奸尸、兽奸加以区别的。现在通常认为，肛交、口交如果自愿地发生在男女之间，并且不替代生殖器性交，不属于性变态。人们已经认识到，仅仅为追求生理上的快感而不是为了繁衍后代而性交，对于人类来说是正常的，符合性本能，不违反自然规律。而且这是人类与低级动物的一个重要区别。

> 从某种意义上说，在人类性的进化中所发生的种种变化却使得男女两性之间可以发生那些不会导致生育结果的性行为，正是这类性行为使得男女两性团结起来，共同完成抚育孩子长大成人的艰巨任务。人类能够做到以性事为乐，而不仅仅是为了繁衍后代才发生性关系，这一点使得人类成为最好色的哺乳动物之一。……根据世界卫生组织的估算，全世界每天发生大约一亿次男女两性间的性行为，但其中只有不到 100 万次可以导致怀孕。也就是说，99% 的性交是不会导致生育结果的。生物进化为了把男女两性结合得更加紧密，就必须发生某些解剖结构或生理进程方面的变化。女性必须把排卵活动掩饰起来，在月经周期的间隔，她必须随时准备好接受男性的性要求。有趣的是，人类利用频繁的性交来加深男女之间的感情，使他们在抚养孩子的艰苦劳动中不至于过于枯燥……②

① 〔法〕米歇尔·福柯：《性经验史》，佘碧平译，上海人民出版社，2000，第 4 页。
② 〔美〕马尔科姆·波茨、〔澳〕罗杰·肖特：《自亚当和夏娃以来——人类性行为的进化》，张敦福译，商务印书馆，2006，第 31~32 页。

既然可以仅仅追求生理上的快感，那么采取什么方式追求这种快感就不是一个特别大的问题了，继续将肛交、口交视为"反自然"的、"变态"的，是不合适的。就通常情况而言，进行异性间肛交的男性并不存在心理障碍，只是性交对象有可能对肛交感到厌恶并产生焦虑，尤其是在她们不得已接受肛交的情况下。但也有女性不厌恶肛交，有的还可以感到异样的性满足。金西曾经指出："能接受这种性交的男女们常常说，深深插入肛门所带来的满足，在许多方面不亚于深深插入阴道。"① 当然，肛交毕竟不是一种适当的性交方式。经常性的肛交会造成肛门括约肌松弛扩张，可能导致大便失禁。关于口交，据金西和后来的学者调查，有相当多的男性、女性在性生活中相互用手或口刺激对方的生殖器，有的作为性交前的爱抚，有的作为满足性欲的方式。美国学者 1994 年曾就人们对各种性交方式的态度进行了一个综合的调查，发现：性活动中最有吸引力的是阴道性交，占 80%；68% 的女性曾经向对方提供口交，73% 的女性曾经接受口交；73% 的男性和 87% 的女性认为肛交是不受欢迎的。② 中国学者的一项调查表明，在 104 名平均 36.8 岁的已婚女性中，有 26.9% 曾进行过口交。③

至于其他形式的性行为，如拳指性交，虽然也没有生育功能，但一般不被认为是反自然的。只不过有些人可能不喜欢，而有些人可能偏爱，甚至依赖。这种相反的情形如果发生在夫妻、性伴侣之间，可能影响关系和谐或产生其他困扰。

[**案例 207**] 张某，女，35 岁，已婚 12 年，初中文化，工人。1989 年 9 月，其丈夫因夫妻性生活不协调，影响正常生活和工作，将

① 〔美〕金西：《女性性行为》，潘绥铭译，团结出版社，1990，第 253 页。
② 转引自〔英〕Michael Gelder、Paul Harrison、Philip Cowen《牛津精神病学教科书》，刘协和、袁德基主译，四川大学出版社，2004，第 580 页。
③ 何展鹏等：《104 名已婚女性性心理和性行为调查》，《中国心理卫生杂志》1991 年第 3 期。

其带到心理卫生门诊就医。张某 15 岁时与现丈夫相爱，他们是同班同学，又是邻居，经常晚间外出嬉戏，双方渐渐产生性交要求。为避免怀孕，他们采取互摸生殖器的方式来获得性满足。男方将手指放入女方阴道反复刺激，每次女方均能获得性快感。每周约为二至三次，长达九年之多。婚后女方在正常性生活时不能获得快感，产生了淡漠。每次性交结束后均要求男方将手指放在其阴道进行反复刺激，才能达到性高潮，否则兴奋躁动，哭闹不依，不让男方入眠。现已结婚 12 年，仍是如此。张某认为自己的这种行为是一种习惯，明知不好，但不能控制，对此事未有痛苦感。对丈夫没有不满之处，但在性交时非用手指不行，对正常性交不感兴趣。如果丈夫不满足，就去离婚，但她知道丈夫是爱她的。没有治疗愿望。否认该行为是病态。①

不同社会、不同时期的法律对异性肛交、口交的态度也有所不同。西方国家在基督教的支配下，曾经普遍将反自然性交视为犯罪，其罪名就是"反自然性交罪"。人们认为这种犯罪十分邪恶，是对上帝的挑战和犯罪，有"可恶的犯罪"（abominable crime）之说。男人之间的肛交、口交，男人对女人的肛交，不论双方是否自愿，都被视为犯罪，双方都要负刑事责任。在英国，根据《1956 年性犯罪法》（Sexual Offences Act 1956）②，即使夫妻之间发生肛交（buggery），双方也构成反自然犯罪（unnatural offences）。在实践中也有夫妻反自然犯罪的判例。这种情况在 20 世纪 60 年代后发生了变化。这种变化主要表现为许多国家对两个成年人自愿在私下进行的肛交、口交采取了非犯罪化的态度。例如《加拿大刑事法典》159 条规定，肛交者构成可诉罪，处 10 年以下的监禁，或构成按简易定罪处罚的犯罪，但夫

---

① 骆世勋、宋书功主编《性法医学》，世界图书出版公司，1996，第 454 页。
② http：//www. legislation. gov. uk/ukpga/1956/69/pdfs/ukpga_ 19560069_ en. pdf.

妻间或者 18 岁以上两人间双方同意的秘密行为不构成犯罪。而既然两个成年男性自愿在私下进行的肛交、口交已不构成犯罪，两个成年男女在私下进行的肛交、口交就更无须被追究了。

在中国古代，似乎没有把异性肛交、口交看得特别邪恶。两个被允许发生性关系的人，究竟采取什么方式性交，法律一般不加干涉。但是，肛交、口交如果发生在不能发生性关系的异性之间，则可能构成犯罪。清代曾有未婚青年男女自愿肛交而被按通奸罪处理的案例。张祖翼（坐观老人）《清代野记》：

> 潘文勤公长刑部时，有妇人诉其夫强奸者。文勤曰："是必有奸夫教之，欲以法死其夫也。"盖清律载，夫与妇为非法交，两相情愿以和奸论，若妇不肯而夫用强，则照强奸论。然有律而无案。诚以闺闱之中，事属暧昧，孰知之而孰发之哉。故文勤一见即知有唆使之人，严鞫果然，遂并唆者而治罪焉。此吴江范瑞轩比部为予言，潘文勤门生也。因忆道光中叶，桐城方宝庆掌刑部秋审处，有告室女与表弟通奸者，验之处女也。然形迹实可疑。堂上将释之矣，方命承审官曰："可验其后庭。"验之非完璧，乃以非法淫定奸夫罪，而判女折赎罚锾。合署称神明焉。女归自缢死，男闻亦自尽于狱。盖此女极爱其表弟，而幼已字人，表弟亦订婚，不得偕婚媾，遂于无可联合之中，而相爱焉。又不忍以破甑贻夫羞，此亦可谓发乎情止于乎礼义矣。若我为刑官，即明知而故昧可也，何必逞此精明而伤人命哉！方后授福建漳州知府，以墨败，三子皆流落以死，无后，妻于咸丰季年亦饿死。人以为溪刻之报。光穆甫侍御云。①

---

① 坐观老人：《清代野记》，巴蜀书社，1988，第114页。

此篇记两事。前一事"妻控夫强奸"，语焉不详，令人费解。联系后文，可判断所谓"强奸"是指强行肛交。"夫与妇为非法交，两相情愿以和奸论，若妇不肯而夫用强，则照强奸论"，查《大清律例》未见。可能清律曾有夫妇"非法交"条例，但后来由于"有律而无案"而废弃了。更有可能是指清初沿用的明代"将肾茎放入人粪门内淫戏，比依秽物灌入人口律，杖一百"的规定。明代这条规定没有限定"将肾茎放入人粪门内淫戏"是发生在男男同性之间还是男女之间。[1] 该篇是说，有奸夫唆使奸妇指控她的丈夫与她肛交，以图其丈夫获罪。潘文勤（即潘祖荫，谥文勤，1830~1890，曾任刑部尚书）认为以肛交指控丈夫，非一般妇女所能为，必有奸夫唆使，遂将奸夫奸妇治罪。

后一事，某女与表弟各与他人有婚约，但两人相爱，而为保持女方处女身份和避免因被认定通奸受罚，不得不肛交。有人觉察两人关系暧昧而举报他们通奸。初查，发现女方为处女。而刑部官员方宝庆经验老到，命令勘验女方肛门，发现肛交迹象，将他们按"非法淫"处罚，导致双方自杀。所谓"非法淫"，不是清律的规范罪名。清代曾经沿用明代的一项规定："男女订婚未曾过门，私下通奸，比依子孙违反教令律，杖一百。"《大清律》和《大清律例》最初版本曾经收录。[2] 但此事男女双方之间并未订婚，他们通奸不能适用上述规定。对照《大清律例》，他们应是被认定为"亲属和奸"。叙者对此事处罚颇不以为然，认为对未婚男女——即使是表亲——自愿肛交应当网开一面。这个见识，在当时来说，很是开明。

在清末和民国时期，成年男性之间或者成年男性与成年女性发生自愿肛交不构成犯罪，但成年男性之间或者成年男性与成年女性发生

---

① 详见本书第九章第三节。

② 参见《大清律附》，载杨一凡、田涛主编《中国珍稀法律典籍续编》第五册，黑龙江人民出版社，2002；《大清律例》（乾隆五年本），田涛、郑秦点校，法律出版社，1999。

强制肛交，或者成年男女与儿童发生肛交，构成强制猥亵罪。而且，如前所述，根据国民政府司法院解释，丈夫强行鸡奸妻子亦可构成强制猥亵罪。

现代中国刑法没有把异性肛交、口交本身视为犯罪。有些犯罪虽然可能涉及肛交、口交，但这些犯罪的成立基础并不是肛交、口交"反自然"，而是因为行为人通过实施肛交、口交侵犯了他人的性权利或者妨害了社会管理秩序。对于两个成年男女自愿在私下进行的肛交、口交，如果不属于卖淫嫖娼，刑法以及其他法律没有作出任何禁止性规定。

考虑到上述原因，肛交、口交未列为本节所要讨论的问题。对于作为一种犯罪手段的肛交、口交，已经在"猥亵"等节作过讨论。对于同性之间发生的肛交、口交问题，将在"同性性侵犯"一章进行分析。

奸尸、兽奸比起肛交、口交，反自然的性质更为突出。人们认为，如果一个人经常发生奸尸、兽奸行为，并在一定程度上替代了正常的性行为，则属于性变态。而且，奸尸、兽奸行为本身就具有一定的违法性，甚至有可能构成犯罪。因而，有必要对奸尸、兽奸行为以及相关法律问题加以专门的研究。

第二节　奸尸

一　奸尸的精神病理

奸尸主要是指男人与女人尸体进行性交。

奸尸虽然不为常人所理解，却自古有之，而且并非罕见。据说，在古埃及，王公贵族特别是那些年轻女子的坟墓旁边往往有特殊的警卫，其职责一是防止盗墓，二是保护女尸不被人奸污。[①] 古希腊学者

---

① 参见刘刚等编译《性科学知识荟萃（下）》，中国人民大学出版社，1989，第264页。

希罗多德（Herodorus，约公元前 484~前 425）记述，有个尸体防腐员被告发说强奸了一具让其做防腐处理的漂亮女子的尸体，自此以后，一些极具姿色或极为尊贵的女子往往在死后三四天才被送去做防腐处理。① 中国文献也有记载。晋代干宝《搜神记》："汉桓帝冯贵人病亡。灵帝时，有盗贼发冢，七十余年，颜色如故，但肉小冷。群贼共奸通之，至斗争相杀，然后事觉。"② 宋代周密《齐东野语》记赵某掘一美女之坟，"启而视之，颜貌如玉，装饰衣衾略不少损，真国色也。赵见，为之惘然心醉，舁至密室，加以茵籍。而四肢亦和柔，非寻常僵尸可比，于是每夕与之接焉"。③ 清代俞樾（1821~1907，俞平伯先生的曾祖父）《右台仙馆笔记》也记一事：

奚呆子，鄂人也，以樵苏为业，贫未娶妻。然性喜淫，每负薪入市，遇妇女问价，辄贱售之，不与论所直，故市人呼曰："奚呆子"。市有某翁者，生女及笄，有姿首。奚见而艳之，每日来薪，卖之其门。俄而翁女死，奚知其瘗处，乘夜发冢负尸，归与之媾焉。翼日键户出采薪，而遗火于室，烟出自笓。邻人排闼入，扑灭之，顾见床上有卧者，笑曰："喧呶如此，尚未寤欤！此伊谁也？"发其衾，则一裸妇。迫而视之，死人也，乃大惊。有识者曰："此某翁女也。"翁闻奔赴，验之信，闻于官，论如律。异哉！天下竟有好色如此人者。④

---

① 参见〔德〕利奇德《古希腊风化史》，杜之、常鸣译，辽宁教育出版社，2000，第541页。

② （晋）干宝：《搜神记》，汪绍楹校注，中华书局，1979，第187页。

③ （宋）周密：《齐东野语》，张茂鹏点校，中华书局，1983，第327页。

④ （清）俞樾：《右台仙馆笔记》，徐明霞点校，上海古籍出版社，1986，第90页。清代羊朱翁《耳邮》卷四也记有此事，文字相同。据前人考证，羊朱翁即俞樾，《耳邮》系其早年之作。

　　不知为什么，在不少国家都有在活人与死人性交之后，死人复活的传说、故事。明代冯梦龙《醒世恒言》第十四卷"闹樊楼多情周胜仙"说了这样一个在北宋开封发生的故事：少女周胜仙爱上范二郎，想嫁给他，但她的父亲不同意，她气倒在地，死了过去。父母将她下葬，并把她的细软放在棺材里。有一泼皮朱真听说有财物下葬，便去盗墓。朱真在拿了金珠首饰后，又想要死者衣服，便将尸体衣服脱光。朱真见身体白净，淫心顿起，按捺不住，将尸体奸淫。不想，"死不多日"的周胜仙"得了阳和之气"，竟又活过来。周胜仙求朱真带她去见范二郎。朱真为继续占有她，假装答应，把她背回家关起来。一日，周胜仙借机逃跑，去找范二郎。范二郎见到她，以为她是鬼，竟失手把她打死。最终，朱真因劫坟被斩，而范二郎将人当作鬼打，与杀人不同，事属怪异，无罪释放。①

　　许多人小时候可能都读过德国格林兄弟编写的童话《睡美人》。从前有一个公主，在她出生的时候，被一个坏仙女所诅咒，说她在她满15岁时，会被纺织针扎中而死。但另一位仙女说公主不会死，只是要昏睡一百年。果然，在15岁那天，公主在城堡的古塔里被纺织针扎中而昏睡过去，同时城堡里的所有生灵和可以动的东西也都睡着了。这件奇怪的事传到了邻近的许多国家，人们都知道，城堡中沉睡着一位美丽的公主，所以大家都称她为"睡美人"。有许多国家的王子，都想进入城堡中，解救沉睡的公主，但却都被荆棘缠住，而无法进入。在公主沉睡满一百年的那一天，一个勇敢的王子进入了城堡，他在古塔里发现了公主。王子望着沉睡中的公主，竟忍不住地亲了公主一下；就在那时候，公主竟睁开了她的大眼睛。公主醒后不久，城堡中的人也都相继的醒来了。后来，公主和王子结婚了，过着幸福快乐的日子。在这

---

　　① （明）冯梦龙编著《醒世恒言》，顾学颉校注，人民文学出版社，1956，第264~276页。

个童话里，公主并没有死，而是在沉睡，王子也知道这一点，因而他的一吻完全可以让人理解。而且，即使没有王子的吻，公主也会醒来。但是，在格林兄弟的《睡美人》之前，意大利也曾经流传一个睡美人的故事，情节有许多不同。1638 年意大利版本的睡美人故事讲的是：一个美丽的小姑娘塔丽亚因手指接触到有毒的亚麻而死去。她的父亲十分伤心，他把她的尸体放在一个用天鹅绒制成的座椅上，安置在林中的一间小屋里。有一天一个国王来到林中打猎，发现了小屋和里面的塔丽亚的尸体。国王以为，她不过是在椅子上打瞌睡而已，可是不管他用多大声音叫喊，她就是不回答。这时，国王被她的美貌所打动，就把她抱到床上……之后，国王就走了，在很长时间里忘了这件事。9 个月后，塔丽亚生了一对双胞胎，一个男孩，一个女孩。因为找不到她的乳头，一个孩子就开始吮她的手指。因为吮的很急，一下子就把手指里面的毒吸了出来。于是，塔丽亚苏醒过来。在塔丽亚带着孩子在森林中生活期间，国王突然想起他与睡美人的奇遇，因而又到林中打猎。他发现了塔丽亚和两个孩子，并对她讲了事情的经过。后来国王把塔丽亚和孩子们接到皇宫。嫉妒的王后想害死塔丽亚和她的孩子，但没有成功。在处死王后之后，国王娶了塔丽亚。①

在 18 世纪，法国曾发生一件颇具戏剧性的事情：一天，一位受家庭环境所迫而遁入空门的贵族青年来到一个乡村旅店。他发现店主正沉浸在年轻貌美的独生女夭折的悲痛之中。由于女儿的尸体只能在第二天下葬，店主请求这位年轻的僧侣为女儿的尸体守夜。他遵命行事。夜里，有关该美丽少女的传言撩拨起他的好奇心，他揭开了裹尸布，发现尸体的容貌依然栩栩如生，楚楚动人。他丧失了所有控制能力，与死者性交。由于对自己的行为感到羞愧，第二天清早，他不等葬礼开

---

① 〔美〕理查德·扎克斯：《西方文明的另类历史》，李斯译，海南出版社，2002，第 3～6 页。

始就匆匆离去。在葬礼中，当棺材被徐徐放入土中时，有人感觉棺材里面有动静。人们打开棺材，发现少女苏醒过来。父母对女儿死而复生欣喜若狂。但是，后来他们发现女儿怀有身孕，却又找不出令人满意的原因，因而受到沉重的打击。一俟婴儿出生，父母就将女儿送进修道院。不久，那位青年又因事来到这里，这时他已经还俗，并且继承了家业。他发现店主处于不安之中，询问之后他很快明白是自己造成了他们新的不幸。他匆忙赶到修道院，寻到更为漂亮的自己性行为的对象。他向她求婚。婚姻的圣礼使他们的孩子有了合法的身份。[①]

这些故事究竟有多少真实的成分，这里不去考证。只需说的是，死而复活只能说明人并没有死，因而这些故事与本节所要分析的奸尸行为还是有很大的不同，虽然这些故事也反映了一些人对尸体的态度。现实中的奸尸没有一丝的浪漫，有的只是邪恶。

"禁忌的自然领域不仅是性欲和污秽的领域，也是死亡的领域。关系到死亡的禁忌有两个特征：一个禁止谋杀，另一个限制与尸体的接触。"[②] 人类对尸体有一种本能的恐惧和厌恶。能像法国诗人波德莱尔（Charles Baudelaire，1821～1867）为腐尸做诗并从腐尸上发现"艺术美"的人不多。他在《腐尸》一诗中，对路边的尸体做如此写实的描写：[③]

> 天空对着这壮丽的尸体凝望，
>
> 好像一朵开放的花苞，
>
> 臭气是那样强烈，你在草地之上
>
> 好像被熏得快要昏倒。

---

① 〔美〕托马斯·拉克尔：《身体与性属——从古希腊到弗洛伊德的性制作》，赵万鹏译，春风文艺出版社，1999，第3～4页。

② 〔法〕乔治·巴塔耶：《色情史》，刘晖译，商务印书馆，2003，第64页。

③ 〔法〕波德莱尔：《恶之花·巴黎的忧郁》，钱春绮译，人民文学出版社，1991。

> 苍蝇嗡嗡地聚在腐败的肚子上，
>
> 黑压压的一大群蛆虫
>
> 从肚子里钻出来，沿着臭皮囊，
>
> 像粘稠的脓一样流动。

而刚死不久的人的尸体，如果是赤裸的异性的，倒有可能让人产生不仅仅是恐惧，而是更复杂的感觉。瑞典电影大师英格玛·伯格曼（Ernst Ingmar Bergman，1918~2007）曾经在自传里描述他小时候一次在停尸间的真实经历。一具刚送进停尸间的年轻女性的裸露尸体，给他带来恐惧和迷惑，并对他的心理和后来的电影创作造成影响：

　　10岁的时候，我有一次被关在索菲亚医院的停尸间里。停尸间有个管理员叫做阿格特。他专门负责运送尸体，平常喜欢谈死亡、死人以及与死有关的剧痛和焦虑。停尸房有两个房间，外面有一个小礼拜堂，是给死者家属向死者祷告告别用的，里面的房间是停放验过尸清理后的尸体。冬末的一个阳光灿烂的日子，阿格特引我进入停放尸体的内间。他掀开被单把一具刚送进来的尸体给我看。那是一个年轻的女人，黑色的头发、饱满的嘴唇和圆圆的下巴。阿格特在忙别的事情时，我长时间注视着那个年轻的女人。突然我听到一声碰撞声，外面的门砰地一声关上了，我被关在停尸房，面对一具漂亮女人的尸体以及其他五六具尸体，他们沿着墙壁停放着，几乎没有覆盖带黄色斑点的被单。我跑去敲门，不断叫着阿格特的名字，但无人应声。我一个人处在这些死人或者还有一丝生命迹象的尸体中间，回头看着那些尸体，顿感毛骨悚然，似乎他们随时有可能突然站起来抓住我。阳光从我头顶上的毛玻璃窗中透射进来，四周一片寂静，圆屋顶延伸苍穹。我能听到自己的心脏咚咚跳动。呼吸顿感困难，接着全身里里外外都觉得发凉。我坐在小礼拜堂的凳子上，闭上双眼，这更使我感到恐怖。我必须时时回头张望，看看是否可能发生什么事。……这时，有一些人从小礼拜堂外面走过，我能听见他们的说话声，透过毛玻璃窗正好能看见他们。使我吃惊的是，我没有大声叫喊，只是默默地坐着，一动不动。他们渐渐走远了，声音也消逝了。我突然爆发一种强烈的兴奋和冲动，我站了起来，不由自主地向停放尸体的房间走去。那个年轻女人刚刚被停放在地板中间的一张桌子上。我拉下了她的盖布。她几乎是全裸的……我移动了一下，以便能看见她的性器官，我想用手碰一下，但还是不敢。随后，我似乎感到她正微张双眼看着我。我完全迷惑了，时间好像凝固了，房间的光线变得越来越亮。阿格特曾告诉我，他的同事有一次与一位年轻的护士开玩笑。他把一只死人身上断下的手放在那位护士的被褥里。第二天早上那位护士没有来参加早祷，他们去她的房间找她，发现她赤身裸体坐在床上，正在咀嚼着那只死人的手。她还撕下大拇指插进她的阴户中。我现在简直同那护士一样快要疯了。我猛冲向门口，门居然开了。……我曾经企图把这段插曲在《狼的时刻》中加以描绘，但没有成功，后来就剪掉了。在《假面》的片头序幕中又表现了一次，最终反映在《喊叫与耳语》中，死了的人不死，还去干扰活人。①

一般而言，对死去不久的亲朋的尸体，人们能够保留一些情感，但也不能维持很久。有的人对亲朋的尸体留恋不舍，长期厮守，必然有特殊的近乎病态的心理原因。诺贝尔文学奖获得者、美国作家威廉·福克纳（William Faulkner，1897~1962）的短篇小说《纪念爱米

---

① 〔瑞典〕英格玛·伯格曼：《魔灯——伯格曼自传》，张红军译，中国电影出版社，1993，第184~186页。

丽的一朵玫瑰花》（*A Rose for Emily*，1930）就讲了一个女人长期眷恋情人尸体的故事。30 多岁的爱米丽小姐在家中用砒霜将一个男人毒死，之后她不再出门。没有人知道发生在她家的事情。直到她 74 岁去世时，人们才在楼上一间布置得像"新房"但同时又"笼罩着墓室一般的阴惨惨的氛围"的屋子里发现了那个男人的尸体。男人的尸体躺在床上，显出"一度是拥抱的姿势"，"他所遗留下来的肉体已在破烂的睡衣下腐烂，跟他躺着的木床粘在一起"。人们注意到，在尸体旁边的那只枕头上有人头压过的痕迹。[①] 类似事例国内也有报道。

[**案例 208**] 生于 1934 年的宋某是河北理工学院的教授。1988 年上半年，宋因脑溢血住院治疗，半年后仍能继续工作。1995 年前后，她的身体开始变弱，以后就不能下床。到 1995 年底，人们就看不到宋教授了，8 年里大家也都有过猜测，估计宋教授已经死亡了。可是，宋的丈夫、同在河北理工学院任教的谢某一直对外宣称她在养病。学校和有关部门也都多次上门求见，但都被谢拒绝了。谢也曾数次拒绝当地公安机关的查询。"最后一次见到母亲是在 1995 年 8 月，"宋的大儿子说，"此后，父亲一直拒绝我们与母亲会面。"2003 年 10 月末，在接到河北省委政法委领导对一篇《女教授 8 年生死之谜》报道的批示后，唐山警方开始行动。在谢家里的一间封闭很严的房屋里，警察在床上发现一具干尸。尸体头发仍在，脚摸上去还有些弹性。一位刑侦专家分析说，尸体能保存 8 年不朽，主要有这样几点原因：其一，由于宋去世前身体很虚弱，十几天不能进食，所以排空了肠胃里的大部分食物。这样细菌相对减少，而细菌是导致尸体腐烂的因素。其二，宋去世是在 10 月末，此时北方的气温较低，宋居住的房间又

---

① 《世界文学》编辑部选编《福克纳中短篇小说选》，中国文联出版公司，1985，第 99~112 页。

被封闭，阴凉的自然条件会让尸体晾干。其三，当有体液渗出时，谢及时擦干，防止了尸体进一步腐化。其四，谢经常点熏蚊草药，杀灭了屋里的飞虫和部分细菌。案破当天，唐山警方带走了谢，理由是：在宋去世后，谢从 1995～2000 年持续 5 年冒领她的工资近 10 万元。谢否认诈骗："如果我不去领宋老师的工资，你们就都明白她去世了，会带走她的尸体。这些钱我一分都没有用，包括儿子买房的时候。"对于藏尸 8 年的动机，谢始终认定是"为了科学研究"。但他承认，"保藏她的遗体，最初确实带着感情的色彩。"他说："在宋老师刚去世的时候，我难以接受这个现实。每天早晨摸到她的脚的时候，我的眼泪就止不住流下来。"一位熟悉谢的人认为，"他是练气功走火入魔了。大约 10 年前，谢就开始接触各种气功。他希望以'发功'来保持尸体不朽。"[①]

在精神医学上，病态地对异性或者同性的尸体发生兴趣，怀有爱的眷恋或者性的冲动，被称为恋尸症（nekrophlie，necrophilia，necrophilism，necromania）。ICD - 10 列出了恋尸症，但没有给出定义。根据恋尸症的具体表现，可以将恋尸症进一步分为伴尸症、奸尸症和前面曾经提到的虐尸症、食尸症等。奸尸多为发生阴茎 - 阴道性交，但也有肛交、口交。

女性恋尸症者多为伴尸症。她们与尸体的关系主要体现在情感上。女性恋尸症者多具有极为强烈的占有欲，总是希望完全占有她们心爱的男人。在她们心爱的男人死去之后，她们把对活人的情感和占有欲延续到尸体上，把尸体安放于她们的私生活场景中，终日与之相伴。女性恋尸症者虽然不能与男人的尸体发生性交，但有可能猥亵男

---

① 摘编自刘冰、张剑英《唐山一退休教师真怪异，妻子尸首竟藏家中 8 年》，《燕赵都市报》2003 年 11 月 6 日；吴晨光、杨云苏《与爱妻遗体共枕八年》，《南方周末》2003 年 12 月 11 日。

人的尸体。1982 年在美国，一个 23 岁的女尸体防腐实习员由于对一个 33 岁的男人尸体进行性玩弄而被判刑。她承认曾和 40 具以上的男人尸体有过性接触。她还给尸体留下一封信："我写这封信是为了安慰我那破碎的心。如果你读了这封信后，请不要恨我。我曾爱过你，我笑，我爱。我有错，我把一切都告诉了你。请你记住过去的我，而不是现在的我。"① 而在男性恋尸症者中，有不少是奸尸症者。奸尸症者对与尸体性交有持久的冲动，这种冲动压倒甚至完全排斥了与活人性交的冲动。在性交对象这个问题上，他们严格区分了死人和活人，并且选择了死人。

还有一种象征性恋尸症（symbolische nekrophlie），即令活着的女性装扮尸体，如让女性身着尸服仰卧棺中，或者将房间设置成太平间的环境，然后发生性交。虽然没那么邪恶，但也足够变态。

奸尸症的原因没有定论。下面几种观点都有一定道理，但都不足以说明所有奸尸症的原因。

第一种观点认为，奸尸症者通常性欲旺盛而智力低下，难与异性进行正常的性接触，不得不借助尸体发泄性欲。这种观点恐怕只适用于一部分奸尸症者，因为多数奸尸症者奸尸并不存在明显的智力障碍或其他精神病性障碍。有些奸尸症者虽然智力不及常人，但没有低下到不辨活人与死人的程度。多数奸尸症者的奸尸行为都具有预谋性、连续性、隐蔽性的特点，反映了一定的智力水平。严格地说，智力低下者的奸尸并不符合奸尸症的特征。在 19 世纪中叶，一位法国医生马夏尔（Marchal）比较了两起与尸体发生性关系的事例，并指出两者的不同。一个低能者，被关在一家医院，做一点杂役，能够进入太平间。在太平间，他在他能找到的女尸上满足其性欲。马夏尔医生认

---

① 〔美〕贺兰特·凯查杜瑞安：《人类性学基础》，李洪宽等译，农村读物出版社，1989，第 466 页。

为这个低能者是一个有性要求的人，他无法在医院中的活人身上得到满足，没有人愿意帮助他。可以使他获得满足的只有尸体。是利益自然地而且可以说是理性的机制促使他很自然地奸淫尸体。另一个事例是，士兵贝尔特朗被一种欲望所控制，他不时地，定期或者不定期地挖开坟墓，把尸体从棺材里面取出来，用刺刀把尸体切开，把它们的肠子和器官挖出来，然后把它们散放在各处，把它们挂在十字架上和树枝上，把它们做成一个大花环。他亵渎的主要是女性的尸体，特别是年轻女人的尸体。人们发现有对这些尸体的剩余部分试图进行性行为的蛛丝马迹。贝尔特朗年轻，身材端正，还有钱，为什么他不正常地找一个姑娘满足其性的需要呢？马夏尔医生认为，贝尔特朗具有"破坏偏执"和"色情偏执"，破坏偏执促使他摧毁尸体，色情偏执导致他利用这些尸体或者这些尸体的残余，在它上面获得性的享受。①

第二种观点认为，经常与尸体接触而无条件与活着的异性接触的人，如看尸人、守墓人，可逐渐形成奸尸症。这种观点根据不足，而且不能概括那些不经常接触尸体的奸尸症者。相反，倒有一些案例提示，一些具有恋尸症或者奸尸症倾向的人，主动寻求做经常与尸体接触的工作。

[案例209]（美国的案例）D，男，21岁，陈尸所看守员。在18岁的时候，他爱上一个女孩。但女孩患肺结核，身体虚弱，所以他只和她有过一次性关系。后来她死了。当D看到她穿着白寿衣躺在那里，他情绪极为激动，痛哭失声，极不情愿地被人家从棺材旁边挽开。在这个时候，他很想跳进棺材里，跟他的爱人一起埋藏。后来他

---

① 参见〔法〕米歇尔·福柯《不正常的人》，钱翰译，上海人民出版社，2003，第321～322页。

明白，那是一次激情的发作，他由于看到死者的身体，而产生强烈的性渴望。那时他刚刚完成高中学业，想劝服他母亲，让他进医学院，但由于缺少资金而作罢。不过由于他的建议，他母亲让他进入殡仪学校。在殡仪学校，D很用功，他发现他终于找到一个乐得其所的职业。在敷香料药物室，他总是对女性尸体有强烈的兴趣，有好多次他强烈地想同她们性交。他知道这是不对的，许多次都同这种欲望搏斗。直到有一天，当他接近完成学业的时候，他独自在一个屋子里同一个少女的尸体相伴，他的欲望如此强烈，而环境对自己又如此有利，他便让自己去做。他用阴茎去碰她的大腿，这时他极其兴奋。他失去对自己的控制，跳到尸体上，用嘴亲吻死者的私处。这使他产生极大的性兴奋，以致射精。然后他感到极为懊恼和恐惧，怕被人发现。这件事之后不久，他从学校毕业，在一个城市里找到一个陈尸所看守员的工作。他经常有机会独自和尸体相处。在他留在陈尸所的两年中，他奸淫了几十个女性尸体，对她们做出种种性变态的行为，而女性的年龄从婴儿到年长的妇人都有。他通常以吸吮乳房开始，到亲吻她们的私处，然后跟她们性交。这种情况他每星期有四五次，视女性尸体停放陈尸所的数量而定。有一次，一个15岁少女的尸体使他非常激动。在她死去的第一个晚上，当他跟她独自留在陈尸所的时候，他喝了她的一些血。这使他起了很大的性兴奋，以至于他把一跟橡皮管插入尸体的尿道里，用嘴吸她膀胱的尿。这时他觉得越来越想更进一步，感到如果他能把她吞下去是多么好，而即使能咬她身上的一块肉，对他都会是至大的满足。他无法抗拒这种欲望，于是把尸体翻过身来，在她臀部接近肛门的地方咬了一口。然后，他爬到尸体上，对她做邪僻的行为。①

---

① 〔美〕E. 弗洛姆：《人类的破坏性剖析》，孟禅森译，中央民族大学出版社，2001，第559~561页。

第三种观点认为,奸尸症者有一种支配其性交对象的强烈欲望,这种欲望的满足在其性满足中占据十分重要的地位,而只有尸体可以使他们满足这种欲望。其实按照这种观点,行为人可以选择昏迷不醒的异性,而不必选择尸体。

第四种观点认为,奸尸症者厌恶活着的异性,不愿意与活着的异性性交,而只能坦然地与尸体性交。这种观点没有解释奸尸症者对异性的惧怕或厌恶,是怎样压倒常人所有的对没有特殊关系的人的尸体的惧怕或厌恶。

还有人指出,奸尸症者大多性格内向、孤僻,不能建立正常的人际关系,对与异性接触心存恐惧。显然,此说也只能解释一部分奸尸症。下面的案例,符合此说:

[**案例 210**] (苏联的案例)某男,40 岁。被指控有奸尸行为而被追究刑事责任。此人小时是个拘谨、胆怯、腼腆的孩子。当他的父亲喝醉酒殴打他的母亲,并且当着他的面对他母亲实施性行为时,他感到十分痛苦。他躲避同龄人,受不了别人对他开玩笑,认为那是对他的嘲笑。在工作中,他是一个认真和守纪律的人。有时对女人产生强烈的性欲,但克服不了自己的孤僻和拘谨,他说:"我不能走到女人跟前,对她说明,我需要什么。"有一次,他在咖啡馆里偶然听到这样的话:"就是把她从地下挖出来,我也要搞到手。"他把这句话记在心里,产生这样的想法:"既然和活的女人没缘,那么就去找死的女人。"于是,在很长的一段时间里,他挖坟墓,与尸体发生性行为。他解释自己的行动是出于"孤独"。他选择这样的对象,是由于他企图完全排除交际行为这一动机所决定的。①

---

① 〔苏联〕B. H. 库德里亚采夫主编《犯罪的动机》,刘兆祺译,群众出版社,1992,第 208 页。

作为一种精神障碍，奸尸症是少见的。而且，奸尸也不都是奸尸症者所为。下面将分析各类型的奸尸及其法律责任。

二　奸尸症的奸尸

（一）不杀人奸尸

这类奸尸者不会为奸尸而杀人，他们所奸淫的对象在被他们发现之前就已经死了。尸体对于他们来说，具有极大的诱惑力。其中一些人尽管也与女性保持正常的性关系，但更愿意与尸体性交，在尸体身上他们可以获得异乎寻常的快感。他们常常潜入停放尸体的场所作案，并十分乐意从事人们通常不愿意从事的某些经常接触尸体的特殊工作。在不能通过其他方法得到尸体时，他们就丧尽天良地挖坟掘墓。他们到处打听有没有女人死亡，何时下葬，以及葬在何处。有的尸体已经腐烂，散发恶臭，但仍然遭到他们的凌辱。

[案例211]　陈某，男，40岁，农民；向某，男，59岁，农民。陈于1981年购置了一套锣鼓，在农村进行打围鼓活动（在死人丧葬时进行吹打）。1983年7月9日，15岁少女田某病死，后埋葬。陈于12日深夜与向一起到坟地，找到田的坟墓。二人用手刨开坟墓上的泥土，用木棍撬开棺材，拖出田的尸体，放在地面上，将裤子脱下，先后奸淫，然后再将尸体放回棺材，将坟墓复原。1983年8月23日，青年妇女龚某病死，其亲属请陈为死者送葬打围鼓。26日龚被埋葬，当天深夜，陈、向二人窜至坟地，用上述同样方法，奸淫了龚的尸体。1983年10月6日，16岁的少女何某病死。8日陈在打围鼓时知道了尸体埋葬的地点。当晚，陈独自一人将坟扒开，打开棺木，拖出尸体，进行了奸淫。在将尸体放进棺材时，陈把棺内陪葬的一件棉衣和红花被面、白花垫布等物取出，丢弃于一个岩洞内。检察院以流氓

罪起诉，法院以同罪作了有罪判决。[①]

[**案例212**] 张某，男，27 岁，农民，未婚。1984 年 4 月因奸尸被逮捕。他幼年营养欠佳，发育较迟缓。平素少言，性格固执。1974 年以来，张与一有夫之妇长期非法同居，曾多次遭谴责和殴打。1981 年 4 月某日，张在一次偶然机会中听说某女（31 岁）死亡，两天后，趁机溜入停尸房，触摸尸体的乳房和阴部，获得性快感。在该女被埋葬当日（死后第四天），他又掘墓奸尸。此后三年中，他先后掘墓 7 处。他日入而作，日出而息，钻入墓穴或移尸于地面，实施奸淫。被凌辱者多系青年女性，未婚 2 人，已婚 5 人；年龄最小者 18 岁，最大者 34 岁，平均 25.86 岁。奸尸距死亡时间最短 3.5 天，最长冬季达 35 天，平均 13.07 天；距埋葬时间最短 1 天，最长 8.5 天。在此期间，张与情妇仍然有密切往来，但性行为次数明显减少（每月不及 1 次）。张在掘墓奸尸后，偶有盗窃随葬物品行为，并将盗得的死者裤带送给情妇。案发后，在其情妇处取得物证。其情妇因羞愧自缢而亡。精神检查时，张精神状况正常，对所犯罪行追悔莫及。在谈到奸尸感受时，张说："死尸只不过是不说话，不动弹就是了。""尸体虽然冰冷，有的已有腐败现象，但性交时照样能射精。""有的比活人还好。"他说，19 岁时曾听人讲过一个"奸尸还阳"的故事，始知世上还有这等事。他认为奸尸不犯法。[②]

不杀人奸尸，虽然没有杀人，但破坏了公共秩序和社会安宁，在许多国家都构成犯罪。英国《2003 年性犯罪法》规定，一个人基于性欲用身体的一部分或者其他物体插入尸体，构成奸尸罪，经简易程

---

① 王运声主编《刑事犯罪案例丛书·流氓罪》，中国检察出版社，1990，第 179 ~ 180 页。

② 杨德森主编《中国精神疾病诊断标准与案例》，湖南大学出版社，1989，第 138 ~ 140 页。

序判罪的处不超过 6 个月的监禁或处罚金，经公诉程序判罪的处不超过 2 年的监禁。《法国刑法典》列有"侵害对死者应有之尊敬罪"，规定对以任何手段侵害人之尸体的，处 1 年监禁并科 15000 欧元罚金。[①]《瑞士刑法典》列有"扰乱死者安宁罪"，规定对以粗暴的方式侮辱死者坟墓，侮辱或公开辱骂尸体，违背权利人意志运走死者尸体、尸体一部分等行为，处监禁或罚金。[②]《丹麦刑法典》规定对侵犯墓地之神圣，或者非礼处置尸体的，应当处以罚金，或者处以不超过 6 个月之监禁。[③]《挪威刑法典》规定对虐待尸体、非法占有他人监护的尸体、未经同意挖掘或者移动埋葬的身体的，处 2 年以下监禁。《俄罗斯联邦刑法典》列有"亵渎死者遗体罪"。[④]《日本刑法典》列有"挖掘坟墓"、"损坏遗弃尸体"等罪，但奸尸本身不构成犯罪。[⑤] 美国《模范刑法典》列有"亵渎尸体罪"，规定除法律上所准许者外，明知其方法会刺激通常遗族之感情而犹以此方法处理尸体者，即犯轻罪。[⑥] 但在美国不是所有的州都有类似规定。2004 年，美国加利福尼亚州颁布一道法令，规定与尸体发生性关系的行为非法，从而为该州执法人员在处理屡屡发生的奸尸案时终于可以做到有法可依。据路透社报道，为了从法律上解决奸尸非法这一难题，加州司法界人士前后为此酝酿讨论了 2 年时间。美国圣克拉拉大学法学院教授、对加州数起奸尸案有过深入研究的泰勒·奥乔亚表示："没有人清楚这一问题的严重程度，但过去 10 年间的几起案例足以引起人们对奸尸案的重视。检察官们除了指控这些奸尸者强行入侵他人住宅或

① 《法国新刑法典》，罗结珍译，中国法制出版社，2003。
② 《瑞士联邦刑法典（2003 年修订）》，徐久生、庄敬华译，中国方正出版社，2004。
③ 《丹麦刑法典与丹麦刑事执行法》，谢望原译，北京大学出版社，2005。
④ 《俄罗斯联邦刑法典（2003 年修订）》，黄道秀译，中国法制出版社，2004，第 244 条。
⑤ 《日本刑法典》，张明楷译，法律出版社，2006；并参见〔日〕大谷实《刑法各论》，黎宏译，法律出版社，2003，第 385 页。
⑥ 美国法学会编《美国模范刑法典及其评注》，刘仁文等译，法律出版社，2005。

公共场合外，再没有任何罪名往他们头上加。如果奸尸案发生在停尸房，检察官连强行入侵他人住宅罪都不能加给他们了。"新的加州法律规定，犯有奸尸罪的涉案人员，最多可被判处 8 年监禁。①

中国 1979 年《刑法》没有对不杀人奸尸作出专门规定。有人主张适用类推，以强奸定罪。但奸尸与强奸相差太大，类推以强奸定罪是不妥当的。强奸罪所侵犯的主要是他人的性权利，而性权利只有有生命的人才享有，死人不享有。奸尸行为侵犯的主要是社会管理秩序和社会风化，根据 1979 年《刑法》和当时有关司法解释的精神，包含于流氓罪之中，无须适用类推。案例 211 就是这样处理的，检察院以流氓罪起诉，法院以同罪作了有罪判决。曾经有人建议《刑法》增设凌辱尸体罪，将奸尸以及用其他方式凌辱尸体的行为规定为犯罪，还有人建议《刑法》增设挖掘坟墓罪，这些意见都有道理。1997 年《刑法》考虑到这些意见，在"妨害社会管理秩序罪"一章中规定了"盗窃、侮辱尸体罪"（第 302 条）："盗窃、侮辱尸体的，处三年以下有期徒刑、拘役或者管制。"②"盗窃、侮辱尸体罪"是一个选择性罪名。只有盗窃尸体行为的，定盗窃尸体罪。只有侮辱尸体行为的，定侮辱尸体罪。那么应当如何处理既有盗窃尸体行为又有侮辱尸体行为的情况？一般认为，盗窃尸体的行为与侮辱尸体行为系牵连关系，盗窃尸体的行为服务于侮辱尸体行为，因而这种情况应按侮辱尸体罪定罪，从重处罚。在《精神障碍与犯罪》一书中，我认为对盗窃并奸淫尸体的应数罪并罚。③ 在本书第一版，我放弃原先的观点。下面一

① 春风：《变态奸尸案屡现美国加州　施瓦辛格签署禁止令》，中国新闻网 2004 年 9 月 12 日。
② 2015 年《刑法修正案（九）》将该条修正为："盗窃、侮辱、故意毁坏尸体、尸骨、骨灰的，处三年以下有期徒刑、拘役或者管制。"此前，最高人民检察院研究室曾经在《关于盗窃骨灰行为如何处理问题的答复》（〔2002〕高检研第 14 号）中解释："'骨灰'不属于刑法第三百零二条规定的'尸体'。对于盗窃骨灰的行为不能以刑法第三百零二条的规定追究刑事责任。"
③ 刘白驹：《精神障碍与犯罪》，社会科学文献出版社，2000，第 547 页。

案就是这样处理的：

[**案例 213**] 被告人邓某，男，35 岁，农民。邓性格内向。1997 年 10 月 20 日下午，同村一 16 岁女学生因患不治之症身亡，其家悲痛欲绝，停尸于其西厢房。21 日凌晨 3 时，邓趁该女生家人熟睡之机，将女尸携至一偏僻无人处，进行奸淫。21 日早晨，该女生家人发现尸体失踪，遂到处寻找，后在一偏僻处发现。亡女的母亲见女儿尸体遭人"强暴"，精神受到强烈刺激，致使精神失常。10 月 25 日，公安机关破获此案。①

有些奸尸者还进行毁尸，开膛破肚，切割肢解。有的是肢解尸体之后奸淫被切割下来的性器官。有的是在奸尸之后肢解尸体，将尸体的某部分保存起来，反复玩弄。导致奸尸者毁尸的病理原因，可能是虐尸症，也可能是部分体恋症，或者兼而有之。

[**案例 214**]（克拉夫特 – 埃宾记录的案例）Sergeant Bertrand 是一个心理本质很敏感、性格又怪异的男人。他的祖先患有精神病。他从小孩时代就很沉默寡言，喜欢孤独，有时表现出破坏性的冲动，破坏手边所有的东西。童年时期，在没人教导的情况下，他学会了手淫。9 岁时，他开始喜欢异性。13 岁时，性交的冲动在心中强有力地显示出来。这个时候，他有过度手淫的现象。当他这样做时，他的幻想总会创造出一个充满女人的房间。他会想象自己与她们性交，然后杀死她们。接着他会想到她们是尸体，他如何污损她们。在这种情况中，有时他会想到跟男性尸体进行类似的动作，但总是伴随嫌恶的感觉。以后，他感觉到冲动，想要与真正的尸体进行这种行为。由于找

---

① 韩玉胜主编《刑法各论案例分析》，中国人民大学出版社，1999，第 214 页。

不到人类的尸体，他就去找动物的尸体。他会割开动物的肚子，扯出内脏，并在其间手淫。1846 年，这些动物的身体不再能够满足他。此时他杀害狗，跟以前一样行事。1846 年末，他第一次感觉到想要使用人类的身体。1847 年，他偶然走进一处墓地，看到一座新埋了尸体的坟墓。此时，冲动变得很强烈，所以虽然附近有人，可能被发现，他还是挖起尸体。由于没有方便的器具来割切身体，他就用一根铲子劈开尸体。在 1847 年以及 1848 年，有两个星期的时间，他那种想要在尸体上犯下残暴罪行的冲动，伴随以激烈的头痛，开始促使他采取行动。在非常困难与危险的情况下，他满足这种冲动大约 15 次之多。他用双手挖起尸体。一旦他获得尸体，就用剑和小刀切割它们，扯出内脏，然后手淫。他并不介意尸体的性别，但他挖掘的女性尸体比男性尸体多。他宣称，在作出这种事情时，自己处在无法描述的性兴奋状态中。在切割尸体后，他重新埋葬它们。1848 年 7 月，他偶然遇见一个 16 岁女孩的尸体，第一次经验到想要在尸体上性交的欲望。"我不断吻它，狂野地把它抱在我心脏地方。一个人在有生命的女人身上所能享受到的一切，比起我此时所经验到快感，简直不算什么。在大约享受一刻钟后，我就跟平常一样开始切割身体，扯出内脏。然后，我又把尸体埋起来"。此后，他在三具尸体上这样做。①

[**案例 215**] 陈某，28 岁，汽车司机。已婚，并有一子，但夫妻生活冷淡。性格内向，被认为忠厚老实。行车 13 万公里无事故，多次受到领导表扬。自 1984 年 3 月至 1985 年 3 月，扒女坟四处，误扒男坟一处。在扒男坟时被抓获。1984 年 3 月，某村有一年轻姑娘，长得很漂亮，因与恋爱对象断绝关系而被男方杀害，已经下葬。陈听说后随即驾车到该村寻找该姑娘的坟墓，待记准地点后返回。然后带上

---

① 〔德〕克拉夫特－艾宾：《性病态：238 个真实档案》，陈苍多译，台北左岸文化出版，2005，第 119～121 页。

作案工具，骑自行车到墓地。先用带钩的铁杆子捅下去再拔出来，看到钩子上有红布丝，断定是姑娘的坟，即用铁锹将尸体扒出。当他看到穿着红色服装的尸体时，感到强烈的性兴奋。但尸体已经腐烂，不能奸淫，便撕拔下尸体的头发和阴毛装在衣服口袋里。接着锯下尸体的两条小腿和上肢，连同尸体的衣物装在大提包里。然后回单位，把毛发、肢体存放起来。几天后又将小腿上的肉用刀刮掉，骨头保存在车库内，以备想女人时通过观看衣服、骨头同时进行幻想达到性的满足。以后两次扒坟，均因尸体腐烂而未奸成，但都将尸体肢解，带走脚、阴毛等。第四次扒坟，看到尸体面部色泽正常，无臭味，随即兽性发作，脱下尸体衣裤，进行了奸淫。接着锯下上肢和下肢，拔了阴毛，剪下一撮头发。然后掩埋残尸，带上衣物和四肢返回。将四肢的肉刮掉，留下骨头放在车库内，把阴毛装在塑料袋里放在车后，后来又将手指骨刮净后放在家中，随时取出观看。陈被捕后在供述时说，在扒过第一具尸体获得性体验之后，越扒越有瘾。还说他随时把尸体的阴毛、骨头、衣物拿出观看，通过幻想，可以感到最大的满足。破案后在车库内和其家中，共发现尸体衣物 40 余件，人骨 100 余块。①

恋尸症者可能只毁损、猥亵尸体而不奸尸。他们可能是虐尸症者。例如：

[**案例216**] 陆某，男，29 岁，已婚。幼时生长发育良好，学习成绩尚可。17 岁参加工作，因工作踏实、助人为乐曾获"小黄牛"、"活雷锋"称号。陆在 1982 年结婚以前，曾经与一姓吕的女性恋爱。但是后来陆在母亲的安排下与另一女性结婚。此事对陆的打击很大。

---

① 庞兴华：《论性虐待狂的异常心理与暴力侵犯行为》，《犯罪与改造研究》1991 年第 5 期；庞兴华：《施虐、恋物、恋尸癖一例报告》，《中国心理卫生杂志》1992 年第 3 期。

当他知道吕与别人相爱时痛苦至极。结婚后，陆与妻子关系和睦，生有一子，但陆不愿意与妻子发生性关系。陆一直惦念吕，关心她的健康情况。有一次陆见到吕时，身材瘦小的吕身穿红色衣服，陆觉得她非常漂亮。陆睡眠不好，常在梦中遇见吕，白天精神疲惫，暗自流泪。1984 年 3 月某天，陆听说一年轻女性因恋爱之事自杀，感到十分可惜，整日闷闷不乐。在女尸安葬后 20 多天的一个晚上，陆带着手电筒、钢锯、铁锹、剪刀等工具，骑车去女尸坟地，挖开棺木，取下已经腐烂的女尸的头发、阴毛，锯下女尸的四肢，装进随身所带的塑料袋内，带回工作场处，刮掉肌肉后安放在工具箱内。1985 年 3 月，陆听说一年轻女性因煤气中毒身亡。在女尸安葬数日后，陆又进行扒尸。女尸完整，身着蓝色衣服。陆觉得女尸面带微笑，毫无气味。陆将女尸衣服解开，取下前臂和小腿，并抚摸尸体头部和阴部，再取阴毛。1985 年 5 月，陆又进行扒尸，但发现尸体为矮小干瘪老人，未进行任何切割。在第四次作案时，陆被人发觉并被扭送公安机关。陆后来承认，当他心情不愉快时或想到不幸者时，就拿出尸骨看看或抚摸。他还承认，在扒尸和抚摸尸体时，曾多次出现射精。①

国内还报道过挖掘尸体继而食之的案例：

[**案例 217**] 某男，36 岁，未婚。自 14 岁起持续存在想杀人吃人肉的冲动。1970 年 3 月某日从高处推倒一男孩，造成男孩受伤。1979 年 8 月某日挖出一具小女孩尸体，切割一腿煮而吃之。1983 年 4 月某日企图卡死一姑娘而吃其肉，被制止。1986 年 4 月又先后挖出两具少女尸体，并将一女尸的乳房、心、肾等部位割下煮熟而吃，未吃完的

---

① 郑瞻培主编《司法精神鉴定的疑难问题及案例》，上海医科大学出版社，1996，第 211～214 页。

尸肉则拿到乡政府示威。1987年以后，同数名妇女鬼混，而且凌辱她们。同时还存在偷窃、威吓、闹事等行为。1990年9月12日第三次入院治疗。知道自己有病，要求治疗。说自己的心像老虎一样总想杀人吃人，在见到漂亮姑娘时更冲动，若实现了即使被枪毙也甘心。在挖墓吃人肉时心里很兴奋，有一种特殊的快感，同时阴茎勃起，偶有精液流出，但并不想奸尸。在梦见行凶杀人时遗精，但平时性交无射精。深知这种想法、做法不对，但无法消除。①

这个案例，在1994年由罗伯确医生在《中国神经精神疾病杂志》上报告，本书第一版摘引了罗伯确文章的上述内容。当年这个人是吃人尸的肉，曾有一次想杀人吃肉而未遂。但是，显然他并没有因为当时的治疗而正常起来，以后也没有得到有效的治疗，更没有得到法律处理。终于在十几年后，他为吃人肉而杀人，这次是将一个女孩杀死。

[**案例217续**] 事情发生在2005年10月3日晚上。据该人（这时他已经53岁）交代：他与人喝酒之后，回家躺在床上没有多久，就听见同村李某的老婆大声骂人。"我起床并看见李某的老婆站在自家大门口正在大声地骂人，就想搞死李某的老婆来吃人肉，于是拿起铁尖准备去杀死李某的老婆。当经过李某的房屋门口时，看见其女儿正睡在床上，当时就动了邪念，其女儿的皮肤白些、肉嫩，想杀死其女儿来吃她的肉，我就从李某的大门走进其女儿的睡房，拿起手中的铁尖朝其女儿的右脸部猛打一下。当时心里很兴奋，恨不得马上打死并割她的肉来吃，于是将她抱到自家的厕所里，因见她哼了两声，又拿起铁尖朝她的脸部打了两三下，她就没哼了，然后又用菜刀朝她的喉咙用力地砍了两刀。正准备用菜刀割她的臀部肉来吃时，听见厕所

---

① 罗伯确：《性虐待兼吃人肉癖1例报告》，《中国神经精神疾病杂志》1994年第1期。

外面的人讲：'这地上有血'，于是我就用菜刀打开厕所的门急忙逃走。"对其进行司法精神医学鉴定的检查时，他自述心中经常有吃人肉的想法和冲动："天天都有这种想法，看见白和嫩的妹子就想杀了吃。"他还说："八九岁时就有想吃人肉的想法。当时村里一个十七八岁的青年与我一起看枣子时，骗了我并强奸了我的肛门，当时很疼。从这件事后，就有想吃人肉的想法，对肥胖的人特别感兴趣，尤其是女性，男性是次要的。主要对肥胖女人的屁股感兴趣，对阴部不感兴趣。"当问其是对杀人还是对吃人感兴趣时，他说："对吃人肉感兴趣，对杀死人不感兴趣。有时想起吃人肉时，心里就会特别兴奋，甚至有性的冲动。"问其为何不结婚，则答："交往过几个女朋友，不想与她们发生性关系，即使勉强进行，阴茎也不能勃起。曾用手掐她们脖子看到她们脸色变红难受时，阴茎才有一点反应。她们忍受不了就离开了。"鉴定意见：习惯与冲动控制障碍，具有完全责任能力。①

这个跨世纪的案例提示，不杀人奸尸、食尸者，如果留给他们充足的时间，有可能发展成为杀人奸尸者。因而，除了极个别的，如严重的精神发育迟滞者，不杀人奸尸、猥亵尸体者虽然很变态，但都应受到法律的处罚。如果确实因严重精神障碍而经法定程序认定无刑事责任能力，被免于刑罚，那也必须将他们送入精神病院终身治疗。

（二）为奸尸而杀人

典型的杀人奸尸狂只奸淫自己杀死的人，而不会对因其他原因死亡的人发生任何兴趣。他们的杀人奸尸与一般杀人强奸案中的奸尸相比，突出的特征是为了奸尸而杀人，实施奸淫时明知被害人已经死亡。他们还可能将尸体保存一定时间，继续进行奸淫。

---

① 郭光全、贾福军：《习惯与冲动控制障碍者凶杀》，载纪术茂、高北陵、张小宁主编《中国精神障碍者刑事责任能力评定案例集》，法律出版社，2011。

[**案例 218**]（美国的案例）P，25 岁，住阿肯色州。他 4 岁时，邻居一成年男子和他相互口淫。12～14 岁时，曾和两名同龄男孩有同性恋活动。虽然他从 16 岁起有一正式的女朋友，但亦嫖娼及经常手淫。手淫时有和妇女肛交的幻想。18 岁时，他对女性内衣和性用具如橡皮阴茎、橡皮阴道和充气娃娃感兴趣。他用这些物品进行各种方式的性交。他还吸吮狗的阴茎，训练狗将阴茎插入他的肛门。他对美貌妇女的粪、尿感兴趣。后来有了和女性尸体发生性行为的想法，每次手淫时都出现和尸体发生性行为的幻想。随着时间的推移，他的恋尸幻想变得更加明确，幻想涉及淹死一名妇女，将尸体移到房子的地窖，脱去她的衣服，然后进行各种肢解。他还幻想"吃她的粪、饮她的尿、肛门性交、咬耳"和"用指甲搔她的后背"。他也想过"开腹"并将手放进去，取出子宫，幻想吃乳房、鼻、舌、阴蒂、阴唇。最使他兴奋的是尸体的肛门，他想将手放入肛门及生吃或熟吃肛门。某日，在女友离开后，他在门廊坐着。有几个小孩向他要求看他的宠物大蜘蛛。他只让其中的一个 8 岁女孩进屋。在女孩离开时，他突然拦腰夹住女孩，带到浴室，将女孩的头往浴缸的水里按，接着把女孩拉到地窖中，用砖头砸死，然后用塑料布将尸体盖住。第二天上午，在女友上班以后，他进入地窖，在尸体的肛门内涂上凡士林后将阴茎插入，同时用手指伸入尸体的阴道，由于恐惧以致阴茎只能半勃起，但有射精。之后，他将尸体用塑料布包好。他希望能再和尸体性交。第三天，警察发现了地窖里的尸体。①

为奸尸而故意杀人，行凶后明知被害人已死亡而奸淫的，应定故意杀人罪和侮辱尸体罪两罪并罚。难以处理的情况是，为奸尸而故意

---

① 〔美〕罗伯特·斯彼德等：《美国精神障碍案例集》，庞天鉴译，中国社会科学出版社，2000，第 273～278 页。

杀人，被害人未死亡，但以为被害人死亡而奸淫的，是定故意杀人罪（未遂）和侮辱尸体罪（未遂）两罪并罚，还是定故意杀人罪（未遂）和强奸罪两罪并罚？后者无疑量刑更重。

有一些人在实施针对生者的强奸犯罪时，为了制服被害人而将其杀死随即奸尸，在此刺激下继发对尸体的性欲，之后再次甚至多次对该尸体进行奸淫；或者，已经强奸既遂但为灭口而将被害人杀死，之后不久，淫欲再起，对尸体进行奸淫甚至多次奸淫。他们的变态程度虽然不如上面所说的典型杀人奸尸狂，但是已经明显异常于一般的强奸杀人犯。他们不像后者那样通常在尸体面前止步，放弃奸淫。通过这样一次犯罪，他们的奸尸症的潜质被释放出来。以后如果还有机会作案，他们很可能会直接为奸尸而杀人。

[**案例219**] 2003年2月9日中午12时30分许，天津市北辰区某村周某5岁的女儿周小菲（化名）失踪。2月18日下午，周小菲的尸体在本村一还未建成的空房内被人发现。经尸检发现，幼女尸体被破棉被包裹，下身赤裸，肛门内留有大量精液，系被他人扼颈窒息死亡，确定被强奸杀害无疑。4月11日凌晨6时许，根据群众报告，专案组民警迅速出击，将犯罪嫌疑人韩某（男，25岁）抓获。经突审，韩供认：2月9日中午2时50分许，他在双口一村内闲逛，发现被害幼女周小菲独自一人行走，顿生歹意，将周小菲挟持到暂住处院内的一空房内，掐死后实施奸淫，后又连续三天潜入空房内对尸体进行奸淫。为掩盖罪行，2月18日早晨，他准备将尸体转移他处掩埋时，看到远处有人过来，便慌忙将尸体抛进附近一还未建成的房屋内，后仓皇潜逃。①

[**案例220**] 张双立，36岁，初中二年级文化程度，农民，河北省定州某驻京工程队木工。张于1990年经人介绍与家乡一女工结婚，

---

① 赵荣君等：《打工仔奸杀5岁幼女》，《天津日报》2003年5月9日。

并生有一子。婚后，他用从各种渠道听来的各种各样的方式方法向他妻子发泄，以获得变态的性满足。来京打工后，由于工作悠闲，远离家人，精神生活比较孤寂，与工友们聊得最多的就是男女之间的事，渐渐地使他如醉如痴，随之又发展对那些淫秽色情书刊、音像入迷，性欲要求极为强烈。2002 年 8 月 17 日 23 时许，张携带斧子等凶器，将一女子骗至北京市朝阳区北京鸿华绿苑高尔夫球场会馆规划用地西北侧草丛内，用斧子等凶器反复打击该女子头部及颈部，致其颅脑损伤合并失血性休克死亡，后对该女子奸污。2003 年 3 月 7 日上午 10 时许，张在北京经济开发区金地格林小镇建筑工地生活区附近寻找妇女，并以卖铁卡子为名，将偶遇捡废品的邢某骗至荒草地中，在要求与之发生性关系遭到拒绝后，趁其不备，用砖块猛砸邢某的头部数下，致邢某颅脑损伤死亡。然后张将尸体奸污，并于数日后再次来到杀人现场奸尸。2003 年 8 月 2 日 20 时许，张在北京经济开发区金地格林小镇建筑工地生活区附近，以卖铁卡子为名，将付某骗至树林中，仍用上述方法将付某杀死后奸尸。2003 年 9 月 16 日 8 时许，张在北京经济开发区金地格林小镇建筑工地生活区附近，以卖铁卡子为名，将刘某骗至荒草地中，用砖块猛砸其的头部数下，致刘某颅脑损伤死亡后奸尸。他在交代中说："我不知道为什么，看了录像上的画面，我老想占有，老想征服。我的欲望特强，老婆在老家，我没有办法满足自己的性欲，就想着到外面发泄，这事让我兴奋，我控制不住了就壮着胆试了试，后来见没人报案，我的胆子就大了。女的反抗我就砸她，后来我感觉在那种情况下特刺激……我也想再杀几个就不再干了，可我像着了魔上了瘾一样……"2004 年 10 月 14 日，张双立被北京市第一中级人民法院一审判处死刑。①

---

① 伊剑啸：《变态木匠的末路之旅——京城张双立色情杀人狂案追击》，《人民公安》2004 年第 19 期。

有的罪犯强奸杀人后，将尸体肢解后进行奸淫。下面一案，兼有强奸、杀人、虐尸、奸尸，极为变态。如果发生在 1997 年以后，应定强奸罪、故意杀人罪、侮辱尸体罪数罪并罚。

[案例 221] 孙某，男，34 岁，已婚，工人。家住黑龙江省明水县。曾因与有夫之妇乱搞两性关系和调戏妇女等流氓行为被开除团籍。1973 年 11 月 2 日午后 2 时许，孙以看病为名离开单位，在街上将卖葵花子的 18 岁女学生姜某骗到家中，先以金钱引诱奸污未遂，后用毒打威胁等手段强奸。孙为灭口，用大铁剪子把姜打昏，剪断喉咙致死。把姜尸体藏在柴草垛里后，孙又返回单位上班。当晚，在其老婆睡下后，孙以解手为名出来奸尸一次。在尸体掩藏近一个月时，11 月 29 日，孙乘老婆回娘家之机，在夜间用斧子把尸体剁成四节，分别装在两条麻袋里，继续在草垛中掩藏，把臀部一节尸体拿到屋内奸污一次，继而将阴部用刀割下奸污一次。12 月 4 日，孙将残尸抛至荒野。①

有的人则是杀人毁尸而不奸尸，可称为杀人虐尸症。例如：

[案例 222] 1957 年 11 月的一天，在美国威斯康星州的普兰菲尔德，人们在寻找失踪了的女店主伯尼斯·沃顿太太时，发现她的无头、被掏空了内脏的尸体竟倒挂在 51 岁的农夫爱德华·盖恩的柴房的天花板下，尸体从阴道到胸部被切开。而此后的发现，更令警察惊诧。在爱德华的肮脏的小屋里，沃顿太太的心脏放在炉子上的平底锅里，她的头颅装在一个粗麻布口袋里，她的其他器官装在一只盒子

---

① 摘编自中国人民大学法律系刑事侦查学教研组编印《刑事侦查学参考资料（一）》，1980，第 27~34 页；中国人民大学法律系刑法教研组、资料室编印《中华人民共和国刑法案例选编（一）》，1980，第 209 页。

里。爱德华的收藏还有：人皮包坐垫的椅子，人皮做的灯罩，四个头盖骨，一袋保存在盐中的女人的鼻子，一袋保存在盐中的女阴，一串女人的乳头，女人脸皮做成的面具。爱德华承认他曾盗墓 3 次，窃走 15 具女尸。除谋杀了沃登太太外，他还在 1954 年杀害了酒吧店主玛丽·霍根太太。爱德华被认为有严重精神病。在杀害沃顿太太之后一个星期内，爱德华被送入州立中心医院，关在专门为犯罪性精神病人而设的病室里。1968 年，中心医院的精神病医生宣布爱德华已经完全神志清楚可以出庭参加审判。在听证了所有证据后，法官宣布爱德华因精神错乱而无罪。审判之后，爱德华又被送回医院，于 1984 年自然死去。爱德华后来成为小说和电影《沉默的羔羊》中人物的原型之一。①

三　强奸杀人奸尸

没有恋尸或者奸尸癖好的人也有可能发生奸尸。常见的是强奸杀人案中的奸尸，可称"强奸杀人奸尸"。有些兽性十足的罪犯欲图强奸，在遇到被害人反抗时，将被害人杀死，随后立即奸尸；或者担心被害人反抗，先将被害人杀死，随后立即奸尸。他们所奸淫的人，都是刚刚死去的，与昏迷不醒的人并无多少差别。他们可能没有很清楚地意识到自己是在与死人性交，或者还以为被害人仍然活着，或者在性欲冲动下不在意对方是死是活。从精神医学角度看，这些罪犯的奸尸行为不属于性变态。如果可以选择，他们一定更愿意奸淫活人。杨新海系列杀人强奸案最为典型。

　　[案例 223] 杨新海（1970 年出生）在 1999 年 11 月至 2003 年 8

---

　　① 摘编自〔美〕约翰·道格拉斯、马克·奥尔沙克《变态杀手——恶性犯罪深层心理探究》，岳盼盼、白爱莲译，海南出版社，2001，第 274~279 页；〔美〕马丁·费多《西方犯罪 200 年》，王守林等译，群众出版社，1998，第 649~650 页。

月期间作案 26 起，杀死 67 人，性侵 20 多人，2004 年 2 月 1 日被河南省漯河市中级人民法院以抢劫罪、故意杀人罪、强奸罪、故意伤害罪数罪并罚判处死刑，同年 2 月 13 日河南省高级人民法院核准漯河市中级人民法院的判决，2 月 14 日杨新海被执行死刑。① 看更详细的案情介绍，杨新海最初强奸作案是暴力强奸，但后来作案多是先用铁锤等工具将被害人一家杀害，然后再对其中的年轻或者年幼女性尸体实施奸淫，一次例外是只有被强奸妇女一人在家。面对警方他为什么要杀死那么多人的提问，杨新海供述说："主要是为了强奸，也弄些钱。我恨女人，尤其是漂亮女人，她们看不起我，我要报复她们。只要我觉得这一家人有钱就杀人抢劫，多数是先杀人，再抢劫，最后奸尸。"河南省高级人民法院最终认定杨新海强奸妇女 6 人，奸淫尸体 19 具，但没有认定其构成侮辱尸体罪（承办检察官曾经认为杨新海涉嫌"盗窃、侮辱尸体罪"，但检察院正式起诉罪名中没有此罪）。②

之所以未认定侮辱尸体罪，可能是因为检察院和法院认为"盗窃、侮辱尸体罪"是单一罪名，只有盗窃尸体并加以侮辱的才构成此罪；还可能是因为觉得难以认定杨新海存在奸尸故意即在实施奸淫侵犯时明知被害人已经死亡，以及认定侮辱尸体罪对量刑没有多大影响。然而，杨新海在多起作案过程中，应当判断出被害人已经死亡或者正在死亡，以他杀人经验和行凶力道，被害人在遭受重击后难有生存可能，他是故意（包括间接故意）奸淫尸体。不过，他奸淫尸体没有一丝一毫的"恋尸"因素，而既是发泄其对女性的仇恨，更是为了避免实施强奸遭遇被害人反抗，自己难以得逞、脱身，或者为避免让被害人看见自己的面貌。

---

① 参见新浪网"杨新海流窜 4 省抢劫强奸杀害 65 人专题"，http://news.sina.com.cn/temp/z/yxhsr/index.shtml。
② 参见李厚健《终结狰狞：连环杀手杨新海落网纪实》，中国检察出版社，2004。

强奸杀人奸尸的定罪问题也不简单。

[**案例 224**] 被告人陈某，某日晚 8 时许，去邻居张家串门，见张家人等均去外村探亲，只留 15 岁少女看家，便生歹意，动手搂抱，强行亲嘴，并拉熄电灯，要少女脱掉裤子。少女不从，他即拿菜刀对准其颈项威胁说："不脱裤子，就要你的命。"少女毫不畏惧，奋力反抗，陈气急败坏，用菜刀猛砍，致少女当即倒地，断气死亡。陈扒下少女裤子，奸尸后逃走。①

此案在 1979 年《刑法》施行期间，应当定故意杀人罪和强奸罪（未遂）两罪并罚。提供案例的著作认为此案只能定故意杀人罪，而不能同时定强奸罪，其理由是被害人已死，不存在侵犯妇女性权利的问题。我的意见是，此案定故意杀人罪没有问题，但如果说只能定故意杀人一罪而不能同时定强奸罪则是完全忽略了行为人具有强奸故意，并且在被害人生前已经着手强奸的基本事实，是不妥的。此案同时符合故意杀人罪和强奸罪构成，应定两罪并罚。当然，此案的强奸不是既遂，而是未遂，因为行为人尽管完成了奸淫活动，但插入的对象是尸体，而奸尸本身不构成刑法意义的强奸罪。

最高人民检察院所编检察业务系列教材资料之《刑事犯罪案例丛书·杀人罪》一书所载《杀人罪综述》一文也认为，犯罪人企图强奸妇女，将进行反抗的被害人杀死，然后奸尸的情况，只能定故意杀人罪，强奸罪不能成立，因为奸尸行为不符合强奸犯罪的构成特征。但是该书却收入两个行为人杀人奸尸定故意杀人罪和强奸罪（未遂）两罪的案例作为范例。这显示出编者在如何处理杀人奸尸案问题上的矛

① 刘蓬主编《中华人民共和国刑法案例大全》，沈阳出版社，1994，第 431 页。

盾态度和模糊认识。①

在 1997 年《刑法》增设侮辱尸体罪之后，对杀人后奸尸的情况，是否应定故意杀人罪、强奸罪（未遂）和侮辱尸体罪三罪并罚？应当区别具体情况。有强奸故意，并已着手强奸，在为制服被害人行凶后，并不知道被害人死亡，没有奸尸故意而奸淫的，应定故意杀人罪和强奸罪（未遂）两罪并罚，不应整体视为《刑法》第 236 条第 3 款规定的强奸罪结果加重犯。先有强奸故意，并已着手强奸，在为制服被害人行凶后，明知被害人死亡而奸淫的，应定故意杀人罪、强奸罪（未遂）和侮辱尸体罪三罪并罚。有奸淫故意而不在乎强奸还是奸尸，在故意杀人后不明知被害人是否死亡而奸淫的，定罪分两种情况：如果被害人已死亡，应定故意杀人罪和强奸罪（未遂）两罪并罚；如果被害人未死亡，应定故意杀人罪（未遂）和强奸罪两罪并罚。

还有一种杀人奸尸，行为人事先既无强奸故意亦无奸尸故意，在为其他目的故意杀人后，明知被害人已经死亡，基于性欲临时起意奸尸，或者为侮辱死者等目的而故意奸尸，应定故意杀人罪和侮辱尸体罪两罪并罚。

[案例 225] 郑某，男，23 岁，河北人，2000 年毕业于河北某学院，大专文化。2001 年 3 月，毕业不到 1 年的郑从家乡来广州闯世界。后应聘到一家台资经营推销儿童英语教材的公司，负责到各地招生和推销教材。工作中，郑结识了课长小方，一个来自江西，与他同岁的女孩。两人互有好感，很快进入热恋并发生性关系。但公司明令禁止员工之间谈恋爱，尤其是上下级之间，为此，公司经理曾在员工大会上点名批评过两人。2002 年 3 月，公司把郑调到北海，他的业绩一落千丈，4 月他就回广州向公司辞了职。方对他的态度在春节后也

---

① 参见丁慕英主编《刑事犯罪案例丛书·杀人罪》，中国检察出版社，1992。

发生了变化，为此两人开始争吵。这令郑万分绝望，萌生了杀人的念
头。6 月 15 日傍晚 5 时许，郑手持水果刀来到方的住处，伺机作案。
当晚 10 时许，郑乘方从浴室出来不备之机，持水果刀朝方的颈部连
捅 7 刀，致其因大失血休克死亡。随后，郑冲洗了案发现场和两人身
上的血迹，并与方的尸体发生了性关系。6 月 16 日凌晨，郑将女友尸
体装进编织袋，用行李车将其搬离案发现场，先去了天河区车陂村某
酒店开房入住，至当日早晨 8 时许，再将尸体转移至车陂村某出租
屋，其间用汽油焚烧方的尸体未果，当他买回电锯企图肢解方的尸体
时，被房东发现。被抓获后，郑说他与女友尸体发生性关系，出于一
种爱恋而不是侮辱。①

　　另有一种很少见的情况，行为人奸淫因其他原因已经死亡而他还
以为活着的人。美国有一案例，某男与女同事一起跳舞，女同事突然
晕倒在该男怀里，该男把她抱进自己的汽车，以为她因醉酒昏了过
去，乘机与她性交。其实女同事已死于突发心脏病，该男实际上是奸
尸。该男子有强奸故意，而无奸尸故意，故而构成强奸未遂。② 这种
情况与将死人误当为活人而企图加以杀害的情形相似，在法理上属于
"对象不能犯未遂"③ 或者 "对不适当对象的未遂"④。

　　有些罪犯杀人之后，有毁辱尸体行为，但无奸尸行为。例如杨树
明系列杀人案。⑤ 从 1992 年 3 月起到 2004 年 11 月间，杨树明以妇女

① 黄珊：《爱上女上司　情变施毒手》，《信息时报》2003 年 6 月 25 日。
② 参见储槐植《美国刑法》（第二版），北京大学出版社，1996，第 100 页。
③ 参见〔德〕汉斯·海因里希·耶赛克、托马斯·魏根特《德国刑法教科书（总
　论）》，徐久生译，中国法制出版社，2001，第 634 页。
④ 参见〔德〕克劳斯·罗克辛《德国刑法学总论·第 2 卷·犯罪行为的特别表现形
　式》，王世洲主译，法律出版社，2013，第 337 页。
⑤ 何玉梅：《"好男人" 14 年内杀死 9 人》，《三晋都市报》2006 年 4 月 19 日；李玫瑾：
　《双重人格犯罪的心理解析——山西阳泉系列变态杀人案主犯的犯罪心理分析》，
　《公安学刊》2007 年第 2 期。

为侵害目标疯狂作案，杀死 9 人，重伤 3 人。其作案手段都是"从背后卡住脖子、胸部、腹部，然后用利刃连捅数次置人死地"。他没有在被害人生前实施性侵害，也没有在杀人后奸尸，不属于典型的系列性施虐杀人狂。但是，在两起案件中，杨树明有残害生殖器官等虐尸行为。这暴露了他杀人动机中的性因素。不过，性欲不足以解释其杀人动机，他似乎难以通过性行为获得心理满足，因而追求杀人这种更大的刺激。同时，他在犯罪中发泄由于各种原因无法实现自己欲望而产生的愤怒，以及对女性的憎恨。

有些罪犯杀人之后，没有实施奸尸等性侵害，但吃尸体的肉或器官。沈长银、沈长平兄弟二人多年流窜五省疯狂作案，抢劫杀害 11 名妇女（其中 10 名卖淫女）。他们用各种方法处理被害人尸体，硫酸融化，绞肉机绞碎，放在锅中炼油。为体会人肾的味道和滋补身体，沈氏兄弟和先是他们的劫杀对象，后被他们以威逼参与杀人的方法胁迫入伙的卖淫女李春玲，将被害人肾脏烹食。① 另有崔宝来案。崔宝来伙同王某强行与某年轻妇女发生性关系，事后该女向他们索要 400 元钱，二人十分气愤。第二天，崔宝来将该女领到自己的住处时，该女声言要其房子，否则就告发他。崔宝来从厨房取来菜刀将其砍死。当天晚上，在外喝了一天酒的崔宝来回家后开始对该女进行分尸。崔宝来还将尸体的一部分吃下。② 再如那凤麟和王静案。那凤麟和其女友王静，合谋将一个 15 岁女孩绑架。在勒索不成后，那凤麟将女孩强奸。随后，两人残忍地将女孩杀死，继而将尸体分解，并将部分尸

---

① 参见张女燕等《兄弟食人魔杀死 10 名坐台女炒食器官被判死刑》，《兰州晚报》2005 年 9 月 1 日；王鹏《两兄弟流窜五省专杀卖淫女 自认杀她们没有人管》，《南方都市报》2005 年 9 月 3 日；张嬿《劫财杀人 毁尸灭迹"魔鬼"兄弟终被执行死刑》，《兰州日报》2006 年 4 月 28 日。
② 赵威等：《辽宁恶魔奸污杀害女子 作案后将其尸体吃下》，《华商晨报》2004 年 5 月 10 日、

体烹煮食用。① 这几案，罪犯毁尸、食尸，都无性欲因素，不属于性侵害或者性侵害的延续。他们的犯罪标签与其说是变态，不如说是残忍，呈现人性的灭绝和极度的兽性。

第三节　兽奸

一　恋兽症与兽奸症

兽奸（bestiality），亦称奸兽、兽交，是指人与非人类的动物（non-human animal）如家畜、家禽等进行性交。人也是动物，但人与其他动物不属于同一物种。人与其他动物跨物种进行性交，不可能繁衍后代，因而违背了自然规律。传说中的人与动物接合生育的故事显系杜撰，可能是将怪胎之事作了演绎。如晋代陶潜《搜神后记》说："晋太元中，丁零王翟昭后宫养一猕猴，在妓女房前。前后妓女同时妊娠，各产子三头，出便跳跃。昭方知是猴所为，乃杀猴及子。"② 具有讽刺意味的是，人与动物性交，并不能归结为"兽性"发作，因为其他动物一般不会在自然环境中进行跨种性交。动物经人调教而发生跨种性交，或者被关禁的两种动物因为没有同种动物可以性交而发生跨种性交，则另当别论。恰恰因为人是高级动物，具有意识，方有可能不顺从自然规律。

人类与动物的关系是复杂的。在人类社会早期，许多民族都以为自己是某种动物的后代。神话故事、民间传说和文学艺术作品中不乏人与动物发生爱情、结合并生育子女的故事。在中国的神话故事、民间传说中，与人发生爱情的动物都化身为人。例如，白蛇是以人间女子白素贞的身份出现的，实际上说的还是人和人的爱情。而阿拉伯民

---

① 常钦：《辽宁两名食人恶魔伏法内幕　刑场如同科研实验室》，《辽沈晚报》2005 年 6 月 13 日。
② （晋）陶潜：《搜神后记》，汪绍楹校注，中华书局，1981，第 58 页。

间神话故事集《一千零一夜》中有一个爱熊女郎的故事，则讲到人与动物的"爱情"：有一屠夫发现一女郎每天前来买羊肉，他心中生疑。一天他跟踪女郎，来到一个大石洞。只见那里面有一只大熊。女郎将食物奉送给大熊享受，自己也自斟自饮，同时用酒灌醉大熊。然后女郎脱光衣服仰躺在地，大熊过来与她交媾。如此反复 10 次，直到女郎和大熊都精疲力竭，昏死过去。屠夫见状，既惊讶又气愤，便操刀将酣睡的大熊杀死。女郎惊觉，见大熊已死，痛不欲生。她对屠夫说："这石洞里有金银财宝，你可以拿走，但条件是你把我杀死。"屠夫恳请女郎做他的妻子，用这些金银财宝安度岁月。女郎不从，屠夫只得将她杀死，拿走了财宝。①

人与动物性交并不十分罕见。明代谢肇淛（字在杭）《文海披沙》"人与物交"说："盘瓠之妻与狗交。汉广川王裸宫人与羝羊交。灵帝于西园弄狗以配人。宁州真宁县人与羊交，生羊有手抱胸，手有人指甲，行乞于市，主簿尹良臣识之。沛县磨妇与驴交。杜修妻薛氏与犬交。利州人子妇与虎交。宜黄袁氏女子与蛇交。临海鳏寡与鱼交。章安郡史悝女与鹅交。突厥先人与狼交。卫罗国女配瑛与凤交。宇宙之中，何所不有？"② 其中一些事系传说或有夸张，但一些事亦有所本。而且，在文明不发达的历史、文化背景下，发生人与动物性交的事情，并非特别的不正常，尤其是这种事情发生在偏远的地方。"兽奸是一种很普遍的罪行，在农村社会里几乎成为日常生活的一个部分。"③ 霭理士分析了农村地区兽奸比较普遍的原因。他指出，原始与朴质无文的社会对于生命的概念与文明的社会不同，它并不承认人类与其他动物，特别是高等一些的动物之间，有什么很大的区别；农

---

① 郅溥浩：《神话与现实——〈一千零一夜〉论》，社会科学文献出版社，1997，第 210~211 页。
② （明）谢在杭：《文海披沙》，沈世荣标点，大达图书供应社，1935，第 20 页。
③ 〔德〕里夏德·范迪尔门：《欧洲近代生活：村庄与城市》，王亚平译，东方出版社，2004，第 302 页。

民与动物之间，关系比较密切，感情比较深厚，再加上接触不到妇
女，家庭生活不容易建立，这种关系和感情自然不免更加发展；传说
和迷信无形中也有推挽的作用。霭理士举了一个例子，一个德国的农
民在法官面前解释自己的行为："我的老婆好久不在家了，没有办法，
我就找我的母猪去了。"他认为这个解释，出自一个不懂法律、不识
宗教教条的农民之口，是很自然的，而且也无须再有什么别的辩护。
他还认为，人和动物性交，与人通过手淫以及其他临时方式满足性欲
没有多大分别，都是不得已的权宜办法。① 金西认为兽奸的发生与观
看过动物交媾有关。他发现，在看到动物交媾时，32%的男人和16%
的女人会出现性唤起。一些人就是由此诱发与动物的性关系。②

现代精神医学在人与动物性交是否属于性变态这个问题上，持严
格的态度，不认为境遇性、一过性的兽奸行为属于性变态。它强调，
只有在兽奸行为排斥或替代了正常的性交时，才属于性变态。

在现代精神医学中，有多种概念涉及人与动物的性关系。最常见的
是"恋兽症"（zoophilia，zoomania）。恋兽症是指人对动物怀有一贯的
具有性成分的亲密感情。多数人都喜爱动物，可以和一些性情温顺的动
物建立密切的关系，这没有什么不正常的。但是有一些人不仅仅是一般
地喜爱动物，而是还有性兴趣。他们把动物作为自己的性爱对象，与人
等同，甚至完全排斥了人。这就成为恋兽症了。有的恋兽症者对动物是
"发乎情止于礼"，有的恋兽症者则与动物性交。经常与动物性交的恋
兽症，被称为"兽奸症"（zooerastia）。这里必须强调两点：其一，恋
兽症并不一定是兽奸症，在恋兽症者中兽奸症者并不占多数；其二，兽
奸症是恋兽症的一个类型，不是恋兽症而多次与动物性交的，不属于兽
奸症，在多次与动物性交的人当中，兽奸症者也不占多数。现在在精神

---

① 〔英〕霭理士：《性心理学》，潘光旦译注，生活·读书·新知三联书店，1987，第
218页。

② 〔美〕金西：《女性性行为》，潘绥铭译，团结出版社，1990，第211、306页。

医学界之外，兽奸症一词已经被滥用，凡是多次与动物性交的，不论其原因，都被称为兽奸症。面对这种情况，严谨的学者在无奈之中，只得将恋兽症者中的兽奸症者称为"真性兽奸症者"，而把恋兽症者之外的那些多次与动物性交的人，称为"假性兽奸症者"或"假性恋兽症者"。当然也不能说，兽奸症者之外的经常与动物性交的人都是完全正常的。与精神健康、依赖正常的性交解决性欲的人相比，曾经与动物性交的人，在心理上都是不健康的。特别是，一些存在智力障碍的人，在性欲冲动时，如果找不到人性交，可能与动物性交。"真性兽奸症者"与"假性兽奸症者"的主要区别在于，如果可以在人与动物之间作出选择，前者会选择动物，后者会选择人。清纪昀《阅微草堂笔记》记有一人不亲女色而专喜母猪，反映了兽奸症的特点：

> 乌鲁木齐多狭斜（有版本作"狎邪"——刘注），小楼深巷，方响时闻。自谯鼓初鸣，至寺钟欲动，灯火恒荧荧也。冶荡者惟所欲为，官弗禁，亦弗能禁。有宁夏布商何某，年少美风姿，资累千金，亦不甚吝，而不喜北里游。惟畜牝豕十馀，饲极肥，濯极洁，日闭门而沓淫之。豕亦相摩相倚，如昵其雄。仆隶恒窃窥之，何弗觉也。忽其友乘醉戏诘，乃愧而投井死，迪化厅同知木金泰曰："非我亲鞫是狱，虽司马温公以告我，我弗信也。"余作是地杂诗，有曰："石破天惊事有无，后来好色胜登徒。何郎甘为风情死，才信刘郎爱媚猪。"即咏是事。人之性癖，有至于如此者！乃知以理断天下事，不尽其变。即以情断天下事，亦不尽其变也。①

克拉夫特-埃宾也曾记录一例典型的兽奸症：有一个农民与禽兽性交成症，先与母鸡和鸭子性交，后与马和母牛性交，不曾手淫，对女人和

---

① （清）纪昀：《阅微草堂笔记》，上海古籍出版社，1980，第263页。

男人均无兴趣。他仅有一次与女人性交，却表现得性无能。他在女人面前很害羞，他认为与女人性交是一种罪。他被送到一家医院，证明没有生病，也没有生理变质的征象。[①] 不过，真性兽奸症的案例确实罕见。

[**案例226**]（美国的案例）某男，35 岁，白人。他出身于农村中下层家庭，父母受过初中教育。母亲对男女关系一本正经，以性病的传闻和手淫的可怕后果恐吓儿子。她要儿子铭记所有性活动都是下流的，男人都是有兽性的。由于母亲的影响，他对异性爱的冲动和青春期前的异性爱游戏感到有罪。他从 12 岁青春发动时停止一切异性爱活动。青春发动前一年他开始手淫，由于母亲的告诫，于两年后停止。他在少年期虽然有接近女性的欲望，但对于女性怕羞。他常常由于种马和雌马交配的情景引起性兴奋，有时在手淫时幻想与动物性交。他从同龄人那里听到与动物性交的事情，便在 13 岁到 18 岁这段期间几乎每天与母牛性交以代替手淫，并对母牛出现了一些亲爱成分。但是他从未发现与动物发生性行为的意念引起的兴奋比得上与女孩发生性行为的意念。他 18 岁时当地家畜流行一种疾病，他将此事与性病联系起来，感到十分恐惧，不敢再与动物性交。他便回复到少年期前模式，试图与青春期前女孩发生性关系，结果因猥亵青春期前的女孩而被捕。[②]

在案例 226 中，兽奸显然是一种次要的选择，是一种替代，行为人并不是真性兽奸症。

[**案例227**]某男，20 岁，农民，未婚。他从小性格内向、孤僻，

---

① 〔德〕克拉夫特-艾宾：《性病态：238 个真实档案》，陈苍多译，台北左岸文化出版，2005，第 564 页。
② 〔美〕罗伯特·斯彼德等：《美国精神障碍案例集》，庞天鉴译，中国社会科学出版社，2000，第 228 页。

自七八岁开始，经常与小伙伴裸体互相玩弄生殖器，感到很愉快。12岁，他开始手淫，并有射精，逐渐成为习惯，约每周一次。16岁时，他感到单是手淫还不够，但又不敢找女孩，因而想找替代物以便发泄。他最初找母狗，但狗不从，于是找母鸡。他一旦性冲动，就将生殖器插入母鸡肛门，产生快感并射精。他以后时常找母鸡来发泄，已有四年。①

在案例227中，行为人长期与母鸡性交，并已经成为习惯。但是由于他比较年轻，并且未婚，还不存在性行为对象的指向问题，因而还不能断定他是否属于真性兽奸症。

相比之下，下面这个案例的病态程度比较严重。

[**案例228**] 某男，48岁，汽车司机，文盲。他个性沉默不语，胆小怕事，为人老实，工作认真负责，曾多次被评为省级模范司机。现妻为续弦，感情不和，分居两年多，他常思念前妻。后他寄情于自家饲养的小羊羔身上，每天给它洗澡、梳毛，精心饲养。他开始在性冲动时与小羊羔接吻，在小羊羔发育成熟后就与之发生交媾行为。他被人发现并告发，受到拘留。他被拘留后出现精神异常，表现为焦虑、紧张、失眠、头昏、头痛。入院检查后被诊断为恋兽症。②

各种类型的兽奸，都以男性为多见。男性与动物性交的形式，主要有生殖器性交和肛交两种。女性与动物性交虽然很少见，但比人们通常估计的要多。金西的调查（1953年）显示，美国约有3.6%的成年女性曾与动物有过性行为，约3.0%的女性因此产生过性唤起，

---

① 黄铎香等：《心理咨询中几种少见性变态类型的探讨》，《中国神经精神疾病杂志》1997年第3期。
② 周忠恕：《4例性变态的行为疗法》，《中国神经精神疾病杂志》1985年第5期。

1.2％的女性曾与动物从事过生殖器接触、口与生殖器接触或生殖器接合。① 在同一调查中，金西还发现，与动物发生性行为的女性，多以家养的狗为对象。其实这并不奇怪。狗性情顺从，多为主人所宠爱，如加以训练可为主人做许多事。西方国家有人专门训练"淫狗"，提供给女性恋兽症者。一些色情场所，还有女人与狗性交的表演。美国俄亥俄州曾经审理一起狗"强奸"妇女的奇异案件。一位20岁的女职员晚上很晚回家，当她走到家门口的台阶上时，一条狗突然从草丛中窜出来，把她扑倒在地，欲行"不轨"。邻居们听到喊叫纷纷赶来，才使女职员免遭"不幸"。原来，此狗是当地马戏团驯兽师的。他排练了一个名为"狗妓馆"的节目，训练狗做过强奸的动作。② 中国，唐代李隐《潇湘录》中也记有一桩狗主动与女人性交的事情：一个叫杜修己的人，家里养了条白犬，甚得宠爱。某日，杜修己外出，"其犬突入室内，欲啮修己妻薛氏，仍似有奸私之心。薛氏因怪而问之曰：'尔欲私我耶？若然，则勿啮我。'犬即摇尾登其床，薛氏惧而私焉，其犬略不异于人尔。而后每修己出，必奸淫无度。"③ 明代陆粲《庚巳编》中也有类似记载（卷第九"犬精"）。④ 看起来，这些故事总有些根据。不论男女，绝大多数兽奸者的兽奸行为都是在私下进行，很少为他人所知。兽奸者的暴露往往都是偶然的因素造成的。例如，外国有一女病人找医生看病，诉头晕、头重脚轻等表现，医生诊断为对精液的变态反应。病人承认在20分钟前刚与其豢养的德国牧羊犬性交。⑤

　　有的恋兽症者兼具性施虐动物症（zoosadism）。他们如果兽奸，

---

① 〔美〕金西：《女性性行为》，潘绥铭译，团结出版社，1990，第211～212页。

② 丁永明：《猛犬不轨　姑娘上告》，《法制日报》1993年7月18日。

③ 参见（明）陆楫等辑《古今说海》，巴蜀书社，1988，第496页。

④ （明）陆粲、顾起元：《庚巳编 客座赘语》，谭棣华、陈稼禾点校，中华书局，1987，第103页。

⑤ 转引自杨德森主编《行为医学》，湖南师范大学出版社，1990，第122页。

往往伴有虐待行为。有的并无兽奸，仅通过虐待动物即可获得性满足。据报道，2003 年 8 月美国伊利诺伊州格林县法庭开始审理一桩案件，该县一名 43 岁的男子被指控非法闯入他人农场中对多匹母马进行"性虐待"，并导致其中一匹母马窒息死亡，而粗略估算他在过去 20 多年的时间里对当地 30 多匹母马进行了"惨无人道"的"性虐待"。① 国内也有性施虐动物症报告：

[**案例 229**] 被鉴定人男性，20 岁，农民，小学文化，未婚。1993 年 9 月某日凌晨 1 时许，被鉴定人潜入当地村民猪舍，砍杀猪时惊动主人，被当场抓获，以破坏公私财物罪收审。审询时供述：自 1990 年以来，类似作案 20 余起，杀死小猪 11 头，重伤 5 头，杀死山羊 2 头，重伤耕牛 1 头。其中 2 头猪和 1 头羊被剖开胸腹，掏出内脏弃在现场，将另一头羊的头颅割下，埋于地下。在审理过程中，发现被鉴定人既非经济目的盗杀，又非矛盾纠纷的破坏性报复，其作案动机无法理解，因而作司法精神医学鉴定。调查材料：父母健在，非近亲结婚，两系三代无神经精神疾病史。系第一胎，足月顺产，其母怀孕期间无特殊病史，幼年生长发育正常，6 岁时出现高热昏迷，在县医院诊断"脑膜炎"，治愈后无后遗症。8 岁入学，成绩中上，在校表现良好，13 岁时因要帮助其父亲干农活而辍学。劳动好，做事认真，性格内向，不善社交。无异性朋友，不嗜烟酒，无特殊爱好，无违纪犯罪劣迹。鉴定时检查：体检及脑电图等有关辅助检查皆正常。韦氏智力测验总智商 90 分。意识清楚，检查合作，情感适切。对自己的作案次数、过程叙述清楚。自述从 1990 年上半年开始，对杀猪宰羊特感兴趣，听说某家在杀猪宰羊都要到现场观看，同年底出现早醒，醒后难以再入睡，心烦意乱，有难以克制的杀猪宰羊的欲望，因

---

① 麦吉尔：《美变态男竟"性虐待"母马》，《江南时报》2003 年 8 月 10 日。

此从午夜 12 时至凌晨 2 时左右携带刀具作案工具潜入同村或邻村农户猪舍、羊圈或牛棚宰杀牲畜。猪畜嚎叫、流血、挣扎死亡感到非常舒服。承认有性快感，当剖开胸腹、掏出内脏、割下头颅时可获最大性满足感。否认性行为，否认射精。自称对异性缺乏兴趣，未发现精神病性症状。本案例是以家畜猪、羊、牛为性活动对象，其性行为的方式是以残忍宰杀它们，使其嚎叫、流血、挣扎死亡，而达到性满足。既往无精神病、癫痫史，智力正常，行为过程意识清晰，检查时无精神病性症状，符合性变态的概念和诊断标准。被鉴定人在行为时并无丧失实质性的辨认能力和控制能力，因此评定为有责任能力。①

二 兽奸的法律规制

各社会对兽奸行为一直持否定的态度，但是否给予法律惩罚并非一成不变。柏拉图认为兽奸与乱伦、男性鸡奸一样，是愚昧无耻的坏事。② 在古罗马曾经有女人被展开四肢缚于床上让各种动物"强奸"的表演，而这种事情是作为统治者的丑恶而被记载的。在接受基督教后，欧洲国家把兽奸视为与同性肛交一样严重的罪孽，兽奸者被视为异教徒和基督教的敌人。《圣经》主张处死兽奸的人和被奸的动物。《旧约·利未记》说："不可与兽淫合，玷污自己。女人也不可站在兽前，与它淫合，这本是逆性的事。""人若与兽淫合，总要治死他，也要杀那兽。女人若与兽亲近，与它淫合，你要杀那女人和那兽，总要把他们治死，罪要归到他们身上。"人们还认为，兽奸不仅把一个男人的地位降低到牲畜的水平，而且把人的一些东西留在动物体内。吃一种被人奸污过的动物就有同类相食的危险。同动物交媾是玷污自

---

① 顾瑞成：《恋兽癖合并性施虐癖一例报告》，《四川精神卫生》1997 年第 4 期。
② 〔古希腊〕柏拉图：《理想国》，郭斌和、张竹明译，商务印书馆，1986，第 353 页。

己。当时，兽奸者要被烧死，而无须适用刑法。在宗教改革后，世俗
刑法也把兽奸列为死罪。法国就有女人因与狗性交而被处死的记载。
1601 年，一个 16 岁的法国女孩克劳蒂娜·德·库拉姆被指控与狗有
不正当关系，她极力否认。法庭提出用一个新方法来发现真相。克劳
蒂娜和狗被带到法庭隔壁的房间，女孩被命令脱光衣服，狗立刻跳了
上来，想和她交媾，"如果没有被阻止，它极可能成功"。克劳蒂娜和
狗都被绞死，尸体被焚烧，灰烬"被风吹散"，不让他们或他们的罪
孽留下任何痕迹。① 在瑞士，1641～1791 年间的 127 个死刑案件中有
78 例是因为兽奸。② 在殖民地时期的北美，虽然曾经有妇女因和狗发
生性行为而被绞死的事情（1679 年），但因为对兽奸的起诉要求有生
殖器插入的情节，所以兽奸被视为是一种男人的罪过，而女人与动物
发生性行为被视为淫乱而不是反自然性交罪。1641 年 12 月，在马萨
诸塞，地方议会判处一名年轻仆佣威廉·哈切特绞刑，因他被一名妇
女揭发在礼拜天奸淫一头母牛。1642 年 9 月 8 日，在普利茅斯，有兽
奸行为的托马斯·格兰杰被绞死。在审讯期间，这个十六七岁的男孩
供认曾经同一匹母马、一头母牛、两只山羊、五只绵羊、两头小牛和
一只火鸡有过性关系。在他被绞死之前，所有被他玷污的动物也被当
着他的面宰杀，然后抛入一个专门为它们挖的大坑。1662 年，在纽黑
文，60 岁的威廉·波特在奸淫他们家的一头母猪时被他十几岁的儿子
看见，儿子把他的母亲找来确认父亲正在干的事。母亲和儿子报告了
地方官员。面对两个证人，波特招认了。他承认，他大约十岁时就开
始这种一生都喜好的行为。几年前他妻子就曾撞见他和自己的母狗交
媾。他说服她不向当局报告，然后吊死了那只母狗。波特被判处死

---

① 参见〔美〕埃里克·伯科威茨《性审判史：一部人类文明史》，王一多、朱洪涛译，
南京大学出版社，2015，第 173 页。
② 参见〔德〕里夏德·范迪尔门《欧洲近代生活：村庄与城市》，王亚平译，东方出
版社，2004，第 302 页。

刑。在处决那天，和他一起死的还有一头母牛、两头未生育过的小母牛、三只羊和两头母猪。1800 年 1 月，在康涅狄格州，吉迪恩·沃什伯恩因奸淫家畜被执行绞刑。他被认为是美国历史上最后一个因兽奸罪被判处死刑的人。①

近现代，鉴于兽奸一般不具有直接的社会危害性，有些西方国家倾向于以宽容的态度对待兽奸。法国从 1791 年起就不惩罚兽奸行为了。德国刑法虽曾有惩罚兽奸行为的条款，但后来也取消了。在奥地利，个人兽奸不构成犯罪，但以公开方式招徕他人与动物淫乱构成犯罪。但英美等国还有兽奸罪。在美国的一些州，兽奸属于反自然性交罪的一种。加拿大则单独设立了兽奸罪（第 160 条）。② 在英国，《1956 年性犯罪法》将兽奸列入反自然犯罪之中③，而《2003 年性犯罪法》则单独设立了兽奸罪，将阴茎插入动物阴道或者肛门都构成此罪，经简易程序判罪的处不超过 6 个月的监禁或处罚金，经公诉程序判罪的处不超过 2 年的监禁。在规定有虐待动物罪的国家，对兽奸者在兽奸时虐待动物的，可因其虐待动物治罪。例如，《俄罗斯联邦刑法典》所列虐待动物罪，就包括出于流氓动机虐待动物的情况。④

在中国古代，兽奸行为被视为丑恶之事，但没有法律禁止。明代小说《皇明诸司公案》有一个"王尹辨猴淫寡妇"的故事：一寡妇柴氏性甚风淫，与家养大猴有奸，还曾怀孕，诞育时即埋于后园。但是家人不知。忽经十载，柴氏不出闺门，孤房独守，人皆传名。其公公托里老保举他儿妇贞节。王太尹准其呈，随行旌表，仍自备羊酒去贺。王太尹请节妇见礼。他见柴氏面有春容，殊无滞郁气色，心下疑

---

① 参见〔美〕伊丽莎白·赖斯编《美国性史》，杨德等译，东方出版社，2004。
② 《加拿大刑事法典》，卞建林等译，中国政法大学出版社，1999。
③ 《英国刑事制定法精要（1351~1997）》，谢望原主译，中国人民公安大学出版社，2003，第 204 页。
④ 《俄罗斯联邦刑法典（2003 年修订）》，黄道秀译，中国法制出版社，2004，第 245 条。

曰：“凡寡妇枯阴郁气，非容鬓憔悴，则气色沉滞，自有一段柳郁黯淡之像。今此妇春光满面，红润快爽，必有私情。”归衙后王太尹问里老是否有人出入柴氏家，里老说不见有人出入，但听说她家后院畜一老猴。王太尹心明，乃命里老曰：“既伊家有猴，可锁来我衙养之。”过了一月，故先奉帖去说王夫人要请柴氏及其婆婆。请到后，放出猴来。那猴锁别已久，见主母来，即嘻嘻作声，近前解其裙带，露出阳物，紧抱行奸。柴氏脚蹴手打，不能得脱。此时方露出丑情，人方知此妇与猴有奸，羞死无地也。王太尹令手下将猴扯开，遂斥柴氏曰：“似你无耻，真羞死人类。我不加刑，你可去自尽。”柴氏即自出缢死。王太尹判曰：“审得柴氏人面兽心，盗名秽行。本以淫荡之性，不耐空房；何不明白以言，仍行改嫁。乃深情厚貌，外玷节妇之名，竟匿垢藏污。内受异类之辱，言之则污口舌，书之则羞简编。古今未有之奸情，于今创见；幽暗无限之恶德，从此洗清。万口谁不生憎，一死云何足赎。”① 此事当系杜撰，但反映了当时人们对兽奸的鄙视。不过，王太尹逼死人命，也太狠了。这个故事没有交代王太尹判令柴氏自尽依据何种法条，不能说明兽奸曾经被明令禁止。

　　还有一些笔记小说虽然有女人与狗性交而被治罪的故事，但在这些故事中，女人被治罪的起因是狗咬死了女人的丈夫。明代小说《百家公案》第十七回“伸黄仁冤斩白犬”②、清代蒲松龄《聊斋志异》中的“犬奸”③、程麟《此中人语》中的“江北女”说的都是这样的故事。前两个故事知者较多，只录“江北女”于下：

　　　江北某氏女，貌秀丽，性轻荡。畜一犬，与之共寝，遂与交媾。迨女嫁，犬亦随往，每乘其夫不在，暗叙旧情，晚亦睡于床

① （明）余象斗编《皇明诸司公案》，上海古籍出版社，1990。
② （明）安遇时编《百家公案》，中国文史出版社，2003。
③ （清）蒲松龄：《聊斋志异》，朱其铠等校注，人民文学出版社，1989，第50页。

下。一夕犬偶出外，夫妇闭门而卧，犬归不能入，在户外乱叫。两人俱不之理。犬逡巡一夜，至天晓。其夫先起，甫启门，犬猛然一口将其夫阴囊咬脱，夫遂毙。翁姑疑心难释，遽讼于官，且言女与犬有奸，乞赐明察。官询女，女不认。官令其翁姑牵犬而至，犬见女摇头拽尾，若不胜欢。官遂以麦饼二枚掷地下，犬食其一，而以一饼置女前。官令女脱衣细验，则见女肩下有犬爪痕，是必有奸无疑矣。乃杀犬，并置女于法。[①]

在民国时期，兽奸不构成犯罪，但强迫他人兽奸或者使未成年人接受兽奸，构成强制猥亵罪或者准强制猥亵罪。1932 年在上海，河南人陈新斋与其姘妇陈陆氏将所畜之黑狗及 5～11 岁养女四人时常带往各大旅社表演人狗相交，藉以渔利，被查获。将四女孩送往医院经医生验明下部均有痕迹。陈新斋、陈陆氏因"对于未满十六岁之女为猥亵之行为"、"意图营利收藏被诱人"等罪，数罪并罚，被判处 10 年有期徒刑。[②]

在现代中国，兽奸本身也不构成犯罪，也未被法律明文禁止。前述案例 228 发生在 1965 年 10 月之前，行为人曾被拘留，但案例未说明何种罪名。我曾经从文献中看到过一个案例，好像是在"文化大革命"时期或之前，有一兽奸者被以破坏生产的罪名处罚。可惜忘记这个案例出自哪里。在兽奸是否构成犯罪这个问题上，我认为：（1）对私下进行的兽奸行为不予追究。（2）在公开的场合进行兽奸，以及向他人传授兽奸方法，败坏了社会风气，并可诱发其他性犯罪，应当制止，但目前于法无据。中国台湾地区曾发生一事：一名 47 岁的男子，在光天化日下，抓起路上的小狗在车上性交，有民众听到车内传出小

---

① （清）程趾祥：《此中人语》卷一，上海进步书局印行，1915。
② 《人狗相交判决 陈新斋与姘妇各处重刑》，《申报》1932 年 10 月 20 日。

狗哀叫声后上前察看，赫然发现这名男子的"兽行"，并报警处理，但这起罕见的性侵害案件也让警方伤透脑筋。司法人员指出，刑法主要规范对象是人际间互动产生的纠葛，至于人对其他动物的性侵害、伤害，并不在规范之内，所以此案并无妨害性自主或伤害罪之适用。不过，由于当事人于侵害小狗之际被人发现，或许可以成立公然猥亵罪。[①]（3）强迫他人与动物性交或者接受动物性交，应视被害人身份和具体情节，分别按强制猥亵罪、强制侮辱妇女罪、猥亵儿童罪、侮辱罪以及虐待罪处罚，不构成犯罪的，给予治安管理处罚。

[**案例 230**] 陈某，男，17 岁，农民。陈淫乱思想严重，并有偷盗恶习。1973 年某日，陈将半哑幼女张某诱至村东，强行奸污。同年某日，陈带着家狗，又把张诱至村外，指使家狗奸张肛门，造成张肛门破裂，惨不忍睹。后被张的姐姐发现，陈逃跑。后被以强奸、摧残幼女罪名依法严惩。[②]

此案判罚时还没有正式的《刑法》，因而罪名不规范。如果依据 1979 年《刑法》，应定强奸罪和流氓罪并罚。如果依据 1997 年《刑法》，应定强奸罪和猥亵儿童罪并罚。

下面两例也十分恶劣，丈夫强迫妻子与动物性交：

[**案例 231**] 任某，男，36 岁，工人。任自 1973 年以来，经常辱骂殴打其妻，威逼她找男人或将男人领至家中发生性关系。其妻不从，任便进行毒打，让其妻赤身裸体下跪。致使其妻头部被多次打破，肋骨骨折。此外，任还强迫其妻与动物性交，进行惨无人道的性

---

① 廖志晃：《人猥亵狗送法办》，《中国时报》2004 年 5 月 27 日。
② 中国人民大学法律系刑法教研组、资料室编印《中华人民共和国刑法案例选编（一）》，1980，第 242 页。

摧残。其妻无法忍受，只得出逃。案发。检察院以流氓罪起诉，法院以同罪作了有罪判决。①

[**案例232**] 罗某，男，36岁，初中文化，农民，智力正常。其妻石某因患病全身肌肉萎缩，四肢活动困难，日常生活不能自理。罗经常对石实施性虐待，强迫石为其口淫，或者强迫进行鸡奸，甚至在把辣椒放入石的阴道后进行性交。某日，罗当着石的面奸淫一只母鸡，之后又与石性交。又一日，罗抱来一只15公斤的公猪，使公猪生殖器勃起后，再握住公猪的生殖器，不顾石的反对，对不能动弹的石进行奸淫。公猪射精后，罗又与石性交。如此连续进行了7个晚上。后罗被以流氓罪判处10年徒刑。②

强迫妻子与动物性交的行为如果发生在取消流氓罪的1997年以后，应当如何定罪？有两种选择。其一，在《刑法修正案（九）》之前，可定强制猥亵妇女罪或者强制侮辱妇女罪。在《刑法修正案（九）》之后，则可定强制猥亵罪或者强制侮辱妇女罪。但是，与强奸罪的问题相同，一般认为，强制猥亵罪或者强制猥亵妇女罪，以及强制侮辱妇女罪，不包括丈夫强制猥亵、侮辱妻子的情况。其二，虐待罪。虐待罪是成立的。但是，根据1997年《刑法》第260条第3款，没有引起被害人重伤或者死亡的虐待罪属于亲告罪，而受虐妻子慑于丈夫残暴未必敢去告诉。《刑法修正案（九）》解决了这个问题，它将《刑法》第260条第3款修改为："第一款罪，告诉的才处理，但被害人没有能力告诉，或者因受到强制、威吓无法告诉的除外。"不过，虐待罪的刑罚力度似乎不够。

兽奸是很见不得人的事情。如果有人偶然看见他人私下兽奸，最

---

① 王运声主编《刑事犯罪案例丛书·流氓罪》，中国检察出版社，1990，第187～189页。

② 骆世勋、宋书功主编《性法医学》，世界图书出版公司，1996，第200页。

好不要声张。医生对于寻求治疗的恋兽症者、兽奸症患者，也要为其保密。揭露他人兽奸的隐私，会使兽奸者极为难堪，搞不好兽奸者会恼羞成怒，作出不理智的举动。在下面这个案例中，兽奸者以为自己的行为被他人看见，竟然杀人灭口：

[**案例 233**] 刘甲，男，21 岁，农民。1985 年 11 月 6 日，刘甲赶着一匹骡骡运木料，行至一水井旁，见四周无人便与骡骡实施了奸淫。适逢同村农民刘乙朝水井走来，刘甲怀疑自己的丑行被刘乙看见，遂起杀人灭口之念。刘甲以去看蝙蝠洞为名约刘乙一同上山，途中又骗取了刘乙的镰刀。当两人走到洞口时，刘甲乘刘乙不备，用镰刀猛砍刘乙头部，致刘乙当即死亡。①

---

①　丁慕英主编《刑事犯罪案例丛书·杀人罪》，中国检察出版社，1992，第 124 页。

第九章
同性性侵犯

在我们这个世界上，绝大多数人的性行为是针对异性的，但也有一部分人把同性作为性行为的对象。同性之间发生的性行为，包括了除同性由于生理构造的限制而不能进行的性行为以外的各种性行为。

谈到同性性行为（same-sex sexual behavior, homosexual behavior），不论男性同性性行为或称男男性行为（men who have sex with men, MSM），还是女性同性性行为或称女女性行为（women who have sex with women, WSW），不能回避同性恋（homosexuality）这个问题，虽然实施同性性行为不等于就是同性恋，同性恋者也不必然实施同性性行为。

近几十年，同性恋和同性性行为问题的发展，主要有四条几乎并行且时而交织的进路：同性恋和同性性行为的非医学化（demedicalization）；同性恋和成年人自愿发生同性性行为的非罪化（decriminalization）；同性婚姻的合法化（legalization）；强制同性性行为即同性性侵犯刑事处罚的严格化（severization）。目前在多数国家包括中国，两个成年男性同性恋者之间自愿发生性行为（uranism，男性互恋），以及两个成年女性同性恋者之间自愿发生性行为（tribadism，女性互恋），不构成犯罪。但是，如同异性恋者可能实施针对异性的强奸、猥亵等性侵犯，同性恋者也可能实施针对同性的强奸（主要指强制肛交）、猥亵等性侵犯。本书第四章第一节已述，许多国家都进行了刑法强奸罪和强制猥亵罪规定的改造，将同性性侵犯与异性性侵犯同等看待，对同性强制肛交给予与强奸妇女一样的处罚。

然而，同性性侵犯与同性恋没有必然联系，同性性侵犯不一定是同性恋者所为。同性性侵犯的行为人，可能是同性恋者，也可能是异性恋者。同性性侵犯的被害人，既有同性恋者，也有异性恋者。同性性侵犯可能发生在同性恋者之间，也可能发生在同性恋者和异性恋者之间——异性恋者可能遭受同性的同性恋者的性侵犯，同性恋者也可能遭受同性的异性恋者的性侵犯；甚至，可能发生在同性的异性恋者之间。

为避免导致同性性侵犯就是同性恋者实施的性侵犯或者同性恋者之间的性侵犯的误解，本章标题的英译选定 Same-Sex Sexual Assault 而非 Homosexual Assault。

第一节　同性恋与同性性行为

一　同性恋的概念

根据 CCMD - 2 - R，同性恋是指这样一种情况：在正常生活条件下对同性持续表现性爱倾向，包括思想、感情和性爱行为，而对异性缺乏或减弱性爱倾向。这是一个严格的同性恋定义。根据这个定义，处于缺乏异性的境遇如监狱、军队、寺院、远洋轮船等，而以同性性行为替代异性性行为，但变换境遇后可恢复异性性行为的情况，以及在偶然的因素作用下偶然发生同性性行为的情况，不属于同性恋。由于同性恋一词在社会上已经被滥用，为区别真正的同性恋与其他有同性性行为的情况，严肃的学者将前者称为"素质性同性恋"或者"真性同性恋"，将后者称为"境遇性同性恋"或者"假性同性恋"。除具有暂时性、可恢复性特点外，男性境遇性同性恋者在性关系中往往扮演插入的男性角色，并且更喜欢男孩以及具有脂粉气的成年男子。

有些学者对同性恋的界定持更为严格的态度。金西认为同性恋的更根本的标志是同性双方发生具体的实际的性行为。在他看来，一个人若无此种行为，无论在司法实践中还是在社会学、心理学、伦理学的意义上，就不能被称为同性恋者。[1] homosexuality 一般是指无性行为的同性恋，有性行为的同性恋是 homogenitality。金西的这种界定有其实际意义，但把纯感情的同性恋排除出去，毕竟不很妥当。

一些学者认为只有那种完全不能适应异性性生活的才属于同性恋。这样的同性恋确实存在，但事实上许多在心理上对异性缺乏性爱倾向甚至对异性性爱十分厌恶的人，尤其是女性同性恋者，也有可能迫于社会和家庭的压力而与异性结婚，乃至生育。当然，我也赞同将既可完全适应异性性爱，也可完全适应同性性爱的所谓"双性恋"从同性恋中排除。"双性恋"是不同于异性恋和同性恋的另一类。

还有一些人认为，在同性性关系中采取主动的一方是同性恋者，而被动的一方不是同性恋者。确实，发生同性性关系的双方不一定都是同性恋者，有些参与同性性关系的人是被动的、权宜的，他们很可

---

[1] 〔美〕金西：《人类男性性行为》，潘绥铭译，光明日报出版社，1989，第200页。

能会在适当时候脱离这种关系。这是同性性关系难以长久的一个重要原因。但是，随着社会对同性恋的进一步宽容，同性恋者有更多的机会找到情投意合的伴侣。另外，不能把在同性性关系上的主动与同性性行为方式上的主动相提并论，不能说在同性性关系中实施性行为的一方就是同性恋者，而承受性行为的一方就不是同性恋者。就男性而言，实施肛门插入的一方不一定就是同性恋者，而肛门被插入的一方，如果他是自愿的，往往是同性恋者。

但是，也不能根据是否可以从肛门被插入的过程中获得性快感来判断同性恋（男性）。过去有种说法，认为那些主动在同性性关系中作为被插入者的男性，存在感觉神经异位，原来分布于阴茎的感觉神经移位到直肠，情欲区也随之移位。[1] 但较新的一种说法是，大多数男人，不管是同性恋还是异性恋，都有可能喜欢肛门被插入的感觉，因为刺激位于肛门开口内部的前列腺可以给男人带来性快感。[2] 国内有不少报告，男人为获得性快感（他们可能解释为减轻肛门搔痒）而向肛门内塞入瓶子、木棍、自慰器之类的异物，结果不能自行取出，不得不求助于医院。[3]

[案例234] 2004 年 1 月 12 日下午，广州市海珠区一名 34 岁男子将一条两斤多重的黄鳝塞进自己体内，不料牙齿锋利的黄鳝咬穿

---

[1] 参见上海第一医院等单位主编《临床精神医学》，湖南科学技术出版社，1984，第 543 页。

[2] 参见〔美〕海蒂《海蒂性学报告·男人篇》，林瑞庭等译，海南出版社，2002，第 436 页；〔美〕珍妮特·S. 海德、约翰·D. 德拉马特《人类的性存在》，贺岭峰等译，上海社会科学院出版社，2005，第 277 页。

[3] 例如秦国平等《肛门自恋性心理变态五例报告》，《中华神经精神科杂志》1992 年第 2 期；王顺和等《成人性自慰致直肠异物》，《中国男科学》2000 年第 3 期；孙备等《成人性自慰器致直肠异物二例》，《临床外科杂志》2005 年第 6 期；邱永丰等《成年男性自置直结肠异物 2 例诊治分析》，《中国性科学》2007 年第 9 期；李溪等《肛门异物致乙状结肠穿孔 1 例报告》，《中国医疗前沿》2010 年第 15 期。

其乙状结肠后钻进其腹腔。广医二院为该男子动手术取出黄鳝。据该院知情医护人员透露，前天下午 3 时左右，一名男子被送到急诊科，称一条大黄鳝钻进了他的体内。医生询问该男子究竟是怎么回事时，他支支吾吾半天，说是吞下去的。当医生拿胃镜探测时，该男子承认是自己从肛门塞进去的。有医生告诉记者，手术后才知道黄鳝咬穿了该男子的乙状结肠，然后钻进其腹腔。黄鳝长 40 厘米，重 1 公斤多，取出后已死亡。该男子的妻子说，自己 5 年前患了妇科病，至今不能与丈夫行房，丈夫性格内向，不喜欢和外人尤其是其他女性交往，但没有想到他会用黄鳝做那事。她感到非常意外，非常吃惊。对此有医生指出，当夫妻双方中的一方因病常年不能过正常夫妻生活时，另一方完全可以通过其他合法健康的方式或辅助工具来宣泄，以避免身心健康受到极大伤害，陷入性压抑的苦闷之中。①

顺便说，鲜见女性发生肛门自慰而异物不能取出的报告，② 这让人对前述金西关于某些女性也喜欢肛交的说法产生一点怀疑。某些女性接受男性肛交可能仅是为了取悦男性或者为了避孕，而非因为也可以产生性快感而真心愿意。还可推断，女性同性恋者之间借助器具进行肛交的情况也一定比较少见。比较而言，女性借助器具进行阴道或尿道自慰而使器具留置阴道、尿道的报告比较

---

① 《黄鳝塞入体，结肠被咬穿》，《南方都市报》2004 年 1 月 14 日。

② 曾见一例报告：女，47 岁，农民。因肛门异物 48 小时就诊。于 48 小时前自用 1 枚温度计塞入肛门摩擦取悦，不慎滑入直肠，自行无法取出。参见彭翼：《成人性自慰致玻璃类直肠异物四例诊治体会》，《山西医药杂志》2011 年 4 月第 4 期。另见女性肛门性幻觉一例：女性，61 岁，再婚。因肛门性交样感觉一年而入院。一年前患者因家中双方子女打闹产生恐惧，焦虑不安，渐出现肛门异物性交样感觉，有轻微的性乐体验。三个月后性乐感消失，肛交样感觉加重，每日数十次，有明显的烧灼感，整日坐立不安，痛苦万分，食欲下降，感觉自卑、生不如死。参见张惠《老年期抑郁症肛门性幻觉一例》，《中国民政精神医学第四届学术会议论文集》，1996。

多见。①

以是否经常发生同性性行为作为鉴定同性恋的主要标准，也有片面性。首先，同性恋者面对社会的压力不同，对自身性爱倾向的认识也不同，因而他们对同性性行为会有不同的态度。意志薄弱的可能放纵自己的情欲，自律严格的可能尽力控制自己的情欲。其次，必须将行为人的同性性行为发生率与异性性行为发生率加以比较。有的人经常发生同性性行为，但比较起来，发生异性性行为的比例更大。对这样的情况，就不能轻易地下结论。比较稳妥的是，如果有可能，应当全面了解行为人对同性性行为和异性性行为的感受，然后确定其基本性取向。

还有一些学者特别强调感情因素，他们认为没有建立感情的而只有性行为的同性性关系，不属于同性恋。这种看法也过于绝对。同性恋的最基本要件是以同性为性欲的对象，至于性欲是以感情为基础或者单纯表现为感情，还是完全出于本能，并不重要。还有人受到性伦理观念的影响，认为经常变换同性性对象的人不是同性恋者。实际上，就像异性恋者中存在淫乱者一样，同性恋者中也存在淫乱者。甚至，同性恋者中还有发生乱伦的。

有些人尝试从体征、性格、行为方式和性别意识等方面分辨同性恋者。他们认为同性恋者在体征、性格、行为方式上都具有异性的特点，并且有异性的性别意识，即男子女性化（effemination）和女子男性化（androphany）。譬如，早期性学家、奥地利学者奥托·魏宁格（Otto Weininger，1880～1903）说："一切性倒错者（指同性恋者——刘注）身上都完全有可能发现异性的种种解剖特征。根本就不存在真正的'心理性别上的雌雄同体'。对男人具有性吸引力

---

① 参见周正猷《略谈与肛门尿道有关的性行为及早期性教育》，《中国性科学》2003年第3期；彭广钧：《阴道异物29例临床分析》，《中国煤炭工业医学杂志》2005年第5期。

的男人，都具有女人素质的外在标志；同样，对女人具有性吸引力的女人，也都会呈现出男性的特点。"① 但实际上，同性恋不同于易性症，大多数同性恋者都具有符合本性的体征、性格、行为方式和性别意识。法国作家西蒙娜·德·波伏娃（Simone de Beauvoir，1908～1986）在谈到女性同性恋者时指出："……把同性恋者与'男性化'女人这样混为一谈，是绝大的错误。在后宫的妃妾婢女和妓女当中，在极想'女性化'的女人当中，其实有许多同性恋者，相反，大多数'男性化'的女人却是异性恋者。"② 米歇尔·福柯在谈到男同性恋者时说："有男子气概的男人与女性化的男人之间的分界线并不与异性恋和同性恋的对立相一致；也不归结为主动和被动的同性恋之间的对立。"③

二　同性恋的原因

同性恋的原因可以说是一个经过深入研究的问题。可惜的是，尽管人们作出了种种努力，但迄今为止，没有一种解释被公认是这个问题的答案。可以粗略地把有关同性恋原因的理论分为两大类，一类是社会－心理学派，一类是生物学派。

社会－心理学派认为早期的性经历、亲子关系、家庭环境、性角色的培养与同性恋的形成有密切关系。弗洛伊德认为新生儿具有双性恋的特性，他们在性心理正常地经过一系列发展阶段后，才可成熟为异性恋者。如果他们不能顺利经过恋母或者恋父阶段，就有可能成为同性恋者。男性同性恋是恋母情结所导致的对父亲所代表的男性性角色的抵制和对母亲所代表的女性性角色的同一化。女性同性

---

① 〔奥〕奥托·魏宁格：《性与性格》，肖聿译，中国社会科学出版社，2006，第45页。

② 〔法〕西蒙娜·德·波伏娃：《第二性》，陶铁柱译，中国书籍出版社，1998，第462页。

③ 〔法〕米歇尔·福柯：《性经验史》，余碧平译，上海人民出版社，2000，第189页。

恋与之相反。有一些心理分析家考察了男性同性恋者早期与父母的关系，发现男性同性恋者多与母亲关系密切，有被母亲过分溺爱的背景或受母亲诱惑的经历；而多与父亲关系不好，甚至对父亲怀有敌意。坚持条件反射学说的学者认为同性恋是通过条件反射形成的。就男性来说，如果他的第一次性体验是同另一个男性进行的，那么这个男性就有可能成为性唤起的一种指示和暗示；如果他的第一次性体验是和一个品行很坏的女性发生的，就会使这个男性厌恶女性，今后很有可能转向用男性来替代。还有一些学者更重视早期的性角色的培养。他们用大量事例说明，从小被当作异性抚养或者在异性中生活的儿童，在长大后往往有同性恋趋向或成为同性恋者。他们说同性恋者都有"假小子"或者"假姑娘"的痕迹。反对这种观点的人指出，"假小子"或者"假姑娘"成为异性恋者的人数要比成为同性恋者人数多得多。

有些案例提示，早年经常遭受同性性侵犯有可能对成年后的性取向发生影响。保存至今的法国 13 世纪宗教裁判所档案记载着一个同性恋案例：

[案例 235] 阿尔诺·德·韦尼奥尔是一个修士。他在幼年时受到一个学长的同性恋启蒙。当时他有 10～12 岁。他在一位先生家里学习语法，他和几位同学住在一个房间里。有一位同学叫阿尔诺·奥里奥尔，已经开始刮胡子了。韦尼奥尔回忆说："我和阿尔诺·奥里奥尔在同一张床上睡了 6 个星期。在我们睡在一起的第 4 或第 6 天夜里，阿尔诺·奥里奥尔认为我睡着了，便开始把我搂在怀里，并插入我的两腿之间……他在里面蠕动，就像我是一个女人似的。后来，他每天夜里都继续这种罪孽。我当时还是个孩子，对这种事很厌恶。但由于感到羞耻，我没有向任何人透露这一罪孽。"后来，学校搬到别处，韦尼奥尔又有了新的同床。混杂的睡觉方式使他养成

了潜在的倾向。再后来，韦尼奥尔到大城市图卢兹学习了一段时间。在此期间，他的同性恋倾向逐渐确定下来。其原因与一次意外事件有关。韦尼奥尔说："在麻风患者被处以火刑的时期，我正在图卢兹。一天，我和一个妓女'干了那种事'。可是，在犯下这一罪行后，我的脸开始肿胀起来。我当时吓坏了，认为自己得了麻风病。因此，我发誓再也不和女人上床了。为了遵守这一诺言，我开始玩弄年幼的男孩。"韦尼奥尔的身心经过这两次刺激后，便彻底背离了女人。作为一个主动鸡奸者，他经常勾引 16～18 岁的少年或青年人。有时，他们在乡间小屋里，穿着长内衣，在鸡奸之前先进行摔跤或跳舞，有时也完全脱光衣服。在做爱和亲吻之后，韦尼奥尔和他的朋友对着四部福音、历书或修道院饭厅里的圣经发誓，绝不把他们之间的事告诉任何人。后来，韦尼奥尔因非法从事圣职被告密，他的同性恋行为也被发现。①

还有人指出，长期遭受强迫的同性性行为，也会形成习惯，导致对异性情欲的缺失和在异性性行为上的无能。在加拿大作家阿瑟·黑利（Arthur Hailey）的长篇小说《钱商》中，因贪污入狱的银行职员迈尔斯·伊斯汀在监狱中先是被其他犯人轮奸，后又被迫当了一狱霸的"女友"，结果积重难返，逐渐适应了同性性行为，以至于出狱后和女友约会时大煞风景，几经周折之后才恢复男子汉气概。②

实际上，在人们企图科学地解析同性恋的原因之前，就有人认为同性恋是习得的。纪昀在《阅微草堂笔记》中写道：

> 凡女子淫佚，发乎情欲之自然。娈童则本无是心，皆幼而

---

① 〔法〕埃马纽埃尔·勒华拉杜里：《蒙塔尤：1294～1324 奥克西尼的一个山村》，许明龙等译，商务印书馆，1997，第 205～208 页。
② 〔加拿大〕阿瑟·黑利：《钱商》，陆谷孙等译，上海译文出版社，1981。

受给，或势劫利饵言。相传某巨室喜狎狡童，而患其或愧拒，乃多买端丽小儿未过十岁者；与诸童媟时，使执烛侍侧。种种淫状，久而见贯，视若当然，过三数年，稍长可御，皆顺流之舟矣。[①]

与社会－心理学派的观点不同，生物学派认为同性恋是天生的，并试图发现同性恋的生物学基础。早期的性学家赫什菲尔德、布洛赫、霭理士等都认为同性恋是生来固有的，并认为后天的同性恋不是真正的同性恋。本身是同性恋者的赫什菲尔德认为同性恋不是一种疾病，而是自然界多样化的一种表现。这样的观点被认为是反对迫害同性恋的一种政治武器。因为既然同性恋是天生的，也就无须和不能治疗和根除。[②] 现代学者则对遗传、激素等因素在同性恋形成中的作用进行了研究，提出了一系列假说。1952 年，德国医生卡尔曼声称单卵双生男性的同性恋一致率为 100%。但他的研究对象都是生活在一起的，不能排除同样生活环境的影响。[③] 后又有人对分开抚养的单卵双生子的同性恋问题进行了研究。例如，艾克莱特（Ecrert）在 55 对单卵双生子中发现 6 对同性恋，其中男性 2 对，女性 4 对。经过分析后，艾克莱特认为在男性同性恋的原因中遗传因素有一定的作用，而在女性同性恋的形成环境因素的作用更大。[④] 还有科学家发现男性的同性恋者和异性恋者在下丘脑中的一个核团或区域中存在差别，这些差别或表现在细胞数目上，或表现在细胞大小上，或表现为

---

① （清）纪昀：《阅微草堂笔记》，上海古籍出版社，1980，第 275 页。
② 参见〔法〕米歇尔・波拉克《男性同性恋》，载〔法〕菲利普・阿里耶斯等主编《西方人的性》，李龙海等译，上海人民出版社，2003。
③ 参见〔美〕J. 莫尼・H. 穆萨弗弗编著《性学总览》，王映桥等译，天津人民出版社，1992，第 1068 页。
④ Ecrert：《分开抚养的单卵双生子同性恋问题》，《国外医学・精神病学分册》1987 年第 1 期。

两者兼而有之。也有一些研究不很确定地提示，在同性恋男性和非同性恋男性之间存在激素差异。① 中国学者近年也有这样的研究。许毅等采用放射免疫测定法对男性被动型（被插入者）同性恋组 60 名、男性主动型（插入者）同性恋组 32 名和异性恋男性和女性对照组各 30 名的血清中垂体性腺激素进行测定和比较，发现被动型组的血清激素水平以及雄激素与雌激素的比值均显著低于主动型组和异性恋男性对照组，但高于女性对照组。② 许毅等在另一项研究中，比较男性同性恋组 60 名和异性恋男性和女性对照组各 30 名的智力结构的性别倾向，发现男性同性恋者的智力结构与男性对照组有非常显著的差异，而和女性对照组明显相似。③

上述各种观点虽然差异比较大，但都承认真正的同性恋并不是个人的主观选择。与之不同，在西方国家的同性恋者权利运动中，一些人士却认为，同性恋或者异性恋是人的一种选择，一个人可以选择同性恋，也可以选择异性恋。身为同性恋者和"虐恋"者并最终死于艾滋病的米歇尔·福柯就曾说过："我认为我们不应该追求性行为的自由。但是，在性选择的自由的问题上，我们绝对不应该妥协，包括对这种选择的表达的自由。"④

西蒙娜·德·波伏娃对同性恋的原因作了一个比较全面的解释：

　　　　实际上，同性恋既不是一种厄运，也不是被有意纵情享受的一种变态，它是在特定环境下被选择的一种态度，就是说，它既

---

① 参见〔美〕约翰·蒙尼《人体的性缺陷》，周炼红译，广西师范大学出版社，2003，第 61～68 页。

② 许毅等：《男性同性恋者垂体性腺激素的研究》，《中华精神科杂志》1999 年第 3 期。

③ 许毅等：《男性同性恋者智力结构的性别倾向分析》，《中华精神科杂志》1999 年第 3 期。

④ 〔法〕米歇尔·福柯：《权力的眼睛——福柯访谈录》，严锋译，上海人民出版社，1997，第 123 页。

是被激发的，又是自由采纳的。使主体与这一选择有关的各种因素——生理状况、心理背景与社会环境，没有一种决定性的，尽管这些因素对解释它都有帮助。[①]

一般所说的同性恋者群体恐怕并不是由具有相同特质的人组成的，他们作为同性恋者，有的是先天因素决定的，有的是后天因素决定的，有的是先天因素和后天因素兼而有之。自我和谐同性恋和自我不和谐同性恋的形成原因就可能有很大不同，自我和谐同性恋更有可能是由先天因素决定的。另外，仅就男性同性恋者而言，单纯的同性恋者和双性恋者、单相被插入者和单相插入者以及双项者也可能有很大不同，应当有不同的因素在决定或者影响着他们。

三　同性恋的发生率

比较精确的同性恋发生率，很难获得。这是因为，有相当多的同性恋者还不愿意公开自己的性取向，根本无法进行普查。各方的数据多是通过临床、访谈、抽样统计而形成的判断，且因对同性恋的理解不同而存在比较大的差距。

金西所做的美国白人男性同性性行为调查（1948 年）提供了大量数据，其中几组数据尤为引人注意。调查显示，37% 的男性在青春期开始以后，至少有过一次达到性高潮的同性性行为经历；50% 到 35 岁仍是单身的男性在青春期开始之后，有过达到性高潮的同性性行为经历；所有男性中 13% 的人在青春期开始之后，对其他男性产生过性欲上的反应，但从来没有过肉体的同性性接触。调查还显示，在 16～55 岁的所有男性中，30% 在至少三年中至少有过偶发的同性性行为经历或对同

---

① 〔法〕西蒙娜·德·波伏娃：《第二性》，陶铁柱译，中国书籍出版社，1998，第 196 页。

性产生过性欲上的反应，25%在至少三年中有过比偶发更多一些的同性性行为经历或反应，18%在至少三年中有过至少与异性性行为同样多的同性性行为，13%在至少三年中的同性性行为多于异性性行为，10%在至少三年中近乎只有同性性行为，8%在至少三年中只有同性性行为，4%终生只有同性性行为。① 关于女性同性恋的发生率，一般认为显著低于男性。金西所做的美国女性同性性行为调查（1953 年）显示，女性同性性行为的累计发生率为28%，由同性性行为达到性高潮的女性有13%，只有同性性行为的女性是类似男性的一半到1/3。关于女性同性恋发生率低的原因，金西认为与教育、宗教等因素有很大关系。②

　　在美国，也有不少学者对金西的数据表示不同程度的怀疑。他们认为金西调查在取样、计算方法等方面存在欠缺。1992 年，芝加哥大学在全美范围内，运用随机抽样方法，进行了一项"全国健康与社会生活调查"。它所发现的美国同性恋情况与金西的结论有明显不同。调查显示：大约6%的男性说自己曾被同性吸引，约2%的男性说自己在过去一年里与同性有过性行为，约5%的男性说他们 18 岁以后至少有过一次同性性行为，9%的男性说自己从青春期开始以来至少有过一次同性性行为，大约 2.8%的男性认为自己是同性恋者或者双性恋者；大约 5.5%的女性说她们有过与同性发生性行为的念头，大约4%的女性说她们在性方面被某个同性所吸引，少于 2%的女性说她们在过去一年里曾与同性发生过性行为，大约4%的女性说她们自从 18 岁以来曾与同性发生过性行为，大约 1.4%的女性认为自己是同性恋者或者双性恋者。③

　　在中国，同性恋自古就有，且不寡见，在某些朝代如明清甚至成

---

① 〔美〕金西：《人类男性性行为》，潘绥铭译，光明日报出版社，1989，第 212～213 页。
② 〔美〕金西：《女性性行为》，潘绥铭译，团结出版社，1990，第 225 页。
③ 参见〔美〕罗伯特·迈克尔等《美国人的性生活》，潘绥铭等译，陕西人民出版社，1996，第 241～262 页。

为一种社会风气。王书奴的《中国娼妓史》中"男色"部分对此有所叙述，潘光旦在《中国文献中同性恋举例》一文中对中国历史上的同性恋事例也有细致的搜罗，均可以参阅。① 2000 年出版的吴存存所著《明清社会性爱风气》专题研究分析了明清社会男性同性恋风气。2001 年出版的张在舟所著《暧昧的历程——中国古代同性恋史》一书则对中国古代同性恋情况作了更全面的描述。现阶段的同性恋发生率，从一些调查报告中可见一斑。刘达临等 1989 年对上海、北京等 9 个地区的 24 所大专院校的大学生进行了"性文明"调查，其中涉及同性恋问题。根据 3360 例调查对象的自我报告，与同性有搂抱行为的有 251 人，占全部调查对象的 7.5%；与同性有接吻行为的有 82 人，占 2.4%；抚摸同性生殖器的有 68 人，占 2%；与同性发生过生殖器—肛门接触的有 20 人，占 0.6%；与同性发生过生殖器 - 口接触的有 13 人，占 0.4%。若以搂抱为标准，被调查对象中有同性恋倾向的占 7.5%，其中男生占全部男生的 7%，女生占全部女生的 8.4%。② 李银河、王小波所作的中国男性同性恋调查（1989~1991），样本虽然不多（49 例），但他们认为："调查结果表明，我国同性恋群体无论规模还是活跃程度都超出我们的预料。"③ 2004 年，中国官方首次公布有关男性同性恋人数。据报道，中国卫生部门调查表明，处于性活跃期的中国男性同性恋者，约占性活跃期男性大众人群的 2%～4%，按此估算，中国有 500 万至 1000 万男性同性恋者。④

① 参见王书奴《中国娼妓史》，上海书店，1992；潘光旦《中国文献中同性恋举例》，附于其所译霭理士《性心理学》一书。
② 刘达临主编《中国当代性文化——中国两万例"性文明"调查报告》（精华本），上海三联书店，1995，第 113 页。
③ 参见李银河、王小波《他们的世界——中国男性同性恋群落透视》，山西人民出版社，1992，第 155 页。在李银河独著的作为前者增补本的《同性恋亚文化》中，样本增加到 120 人（1989~1997）。参见李银河《同性恋亚文化》，今日中国出版社，1998，第 24 页。
④ 吕福明：《中国首次公布男同性恋人数》，新华网 2004 年 12 月 1 日。

四 同性恋者基本情况

鲁龙光等人的报告《同性恋 1000 例临床分析》提供了比较多的信息。[①] 南京某医院心理卫生研究中心 1981～1991 年共接受 1832 名同性恋者（广义的）咨询或者治疗，其中有 1000 人基本属于素质性同性恋者。这 1000 人的基本情况如下：

第一，一般资料。男性 956 人，女性 44 人；年龄最大者 53 岁，年龄最小者 17 岁，平均年龄 26.7 岁；大学文化程度者 42.8%，高中文化者 50.2%，初中文化者 6.3%，小学文化者 0.2%；工作学习与社会适应能力强者 98%，能力差者 2%。

第二，类型和性行为方式。意向型者（仅有同性恋意向而从未与同性发生性行为）9.3%，性乐型者（与同性发生性行为无感情色彩）43.5%，感情型者（既有同性性行为又有比较强烈的感情基础）40.9%，复合型者（完全不能适应异性性爱）6.3%。女性均属于意向型和感情型。性乐型均为男性，其中有相互手淫和口交行为者 43.9%，有相互手淫和肛交行为者 9.7%，有相互手淫、口交、肛交行为者 46.4%。可见相互手淫是最常见的同性性行为方式，而凡是有口交行为的也就有肛交行为。

第三，婚姻和异性性生活适应状况。未婚者 73%，已婚者 27%（其中婚后有纠纷者 91%，已离婚者 37.4%）；对异性性生活能适应者 6.5%，不良者 26.7%，厌恶者 49%，恐惧者 17.8%。

第四，幼年家庭教育。当作异性抚养者 20.6%，在阴盛阳衰并以女性为主的家庭中成长者 16.8%，长期在异性环境中生活者

---

① 鲁龙光等：《同性恋 1000 例临床分析》，《中国心理卫生杂志》1992 年第 3 期。

62.6%，回忆不起幼年有异常情况者7.5%。提示幼年时长期在异性环境中生活，对于同性恋形成的影响最大。

第五，同性恋出现的自发与诱发。同性恋自发出现者63.8%，诱发出现者17%，自发与诱发并存者17.6%，不详者1.6%。

第六，平时情绪及对治疗的态度。焦虑者53.1%，孤独感者21.6%，忧郁者18.3%，无经常负性情绪者7%。其中有自杀企图者40.5%。主动求治者79.8%，被动求治者（家人劝其治疗）22.2%。

北京回龙观医院刘华清等1996～1998年所作的"同性恋的心理状况及其形成的影响因素"的调查也提供了一些情况。[①] 该调查研究对象来自北京市民和外地来京打工者，包括：在社会上已经公开和半公开同性恋倾向并且和谐接受者；向心理咨询机构求治的同性恋者；未公开活动的同性恋者。共51人，其中男34人，女17人。年龄20～41岁，平均29±5岁。职业：编辑、医生、艺术工作者、学生、工人、个体户等。文化程度：接受教育时间平均为13.9±2.6年，其中博士、硕士和高中及其以上文化程度者50人（98%），初中及其以下文化程度者1人。婚姻：未婚44人，在婚4人，离婚3人。

第一，家庭环境及家族史。在51人中，41人（80%）的父母地位绝对不平等，26人（51%）在儿童期长期生活在异性环境中，22人（43%）在幼年时家庭教育不良（包括父母溺爱、

---

① 刘华清等：《同性恋者的心理状况及其形成的影响因素》，《中华精神科杂志》1999年第4期。

父母关系不和引起家庭情感表达过于冷漠），15 人（29%）由祖父母辈等亲属抚养，10 人（20%）的父亲长期酗酒，6 人（12%）有或可疑有精神障碍史，3 人（6%）的父亲/母亲/一级亲属有同性恋行为。

第二，遗精史及月经史。男性同性恋者第一次遗精年龄平均为 12±0.9 岁（一般为 14～16 岁），女性同性恋者月经初潮年龄平均为 11±0.8 岁（一般为 13～15 岁）。提示同性恋者比异性恋者有性早熟的倾向。

第三，早年性心理体验。第一次与同性发生性体验者的最小年龄为 6 岁，最大为 19 岁，平均年龄为 12±3 岁。同性恋行为自发者 39 人，诱发者 1 人，自发与诱发并存者 11 人。

第四，儿童时期的行为特点。在 34 名男性同性恋者中有 26 人（76%）自幼体弱、胆小，持续喜欢女性游戏、活动，较喜欢与性格文静的女性在一起。在女性同性恋者中有 3 人（18%）有明显的男孩行为。

第五，同性恋情况。从自我不和谐性同性恋到自我和谐性同性恋的时间因人而异。在不和谐性同性恋阶段，44 人（86%）曾寻求过心理学家或其他方面的帮助，以求改变自己的同性恋性倾向，但未能成功；26 人（60%）未婚同性恋者在结婚年龄（25～35 岁）企图通过寻找异性结婚的方法纠正同性恋倾向亦未能奏效。在本次研究中 6 人有求治或咨询要求，多为年龄较小（17～20 岁）的同性恋者，他们对自己是同性恋者感到困惑和苦恼。

第六，自杀行为史。17 人（33%）既往有过自杀行为，均为男性。自杀时的年龄为 16～20 岁，且文化程度相对较低（9 人为初中及其以下）。其中 15 人来自农村和偏远的小城市。6 人有过 2 次自杀行为。

许毅等用明尼苏达多项人格调查表（MMPI）对男性同性恋者进行测试，并与常模数据进行对照，分析男性同性恋者心理特征。测试对象为来医院就诊的或者自愿参加测试以及部分在押的触犯法律的男性同性恋者，共60人。年龄：19～56岁，平均28±6岁。职业：工人15人、学生9人、干部和研究人员各8人、技术人员6人、农民4人、军人3人、个体户2人、教师和待业者各1人、其他人员3人。学历：大学及其以上19人、高中26人、初中15人。婚姻状况：已婚20人，未婚40人。将测试结果与中国常模比较，在10个临床量表分中，男性同性恋组在抑郁、癔病、精神人格、男女性化、妄想、精神衰弱和社会内向的分数显著高于中国常模。①

需要指出，上述三个调查都不是随机抽样，还不能代表全部同性恋者人群。

下面看几个同性恋实例：

[**案例236**] 王某，男，25岁，未婚，大学文化，中学教师。王家中有三个姐姐，无兄弟。王从小与姐姐关系很好，喜欢模仿姐姐的一举一动，甚至经常模仿姐姐的妆饰打扮和穿戴。后来三个姐姐先后结婚，王既羡慕，又感到悲伤和反感。王入大学后学习努力，成绩优良，性格温柔，喜爱打扮，过分讲究服饰。不与女同学交往，但对男同学很热情，尤其对男同学马某更加倾慕，经常与马互相按摩，感到很舒服。王大学毕业后又与马分到同一个中学当教师。不久，王由家长撮合与一女大学毕业生相识。女方对他很好。他们在家长授意下置办了家具准备结婚。就在登记结婚的前夕，王突然对女方说："很对不起，这件婚事完全是父母撮合的，我培养不出对你的感情。老实告

① 许毅等：《男性同性恋明尼苏达多项人格调查表测试结果分析》，《中国心理卫生杂志》2000年第4期。

诉你，我对所有的女性都讨厌，根本不感兴趣。"虽经女方百般柔情劝说，王始终无动于衷，最终两人分手。之后，王、马设法调到同一寝室，形影不离，并有肛交行为，双方都不结婚。①

[案例237] 某男，49岁，已婚，干部。自幼由兄嫂抚养。初中毕业后参加工作，能力强，精通业务，踏实肯干，但性格孤僻，敏感多疑。19岁时，即与一比他大10岁的男性发生肛交，自己充当被动一方。27岁结婚，婚后与妻子感情欠佳。其妻说他一贯对女性不感兴趣。婚后生育二子。36岁起常让男性肛交。曾因此停职反省，下放劳动。但习性不改。在42～45岁期间，与一男同事同居达一年之久。47岁时在外地参加学习时又让人肛交，被揭露。48岁时，因屡教不改被收容审查。精神鉴定检查时，自称从17岁起即对男性感兴趣，喜触摸男性生殖器，与人肛交时自己处于被动位置，并从中获得性的满足。②

[案例238] 某女，33岁，已婚，育一子。该女心直口快，做事干净利落，为人直爽大度，易激动。结婚已11年，但长期以来夫妻生活不和谐，不能从性生活中体验到快感和满足。逐步对男性产生厌恶、疏远，而同时伴有对女性尤其是软弱、内向的女性的好感和亲近，希望自己成为男子汉来保护她们。半年前单位有一女同事因家庭发生矛盾，寄宿她家。该女借机接近，白天几乎形影不离，晚上同床共寝。起初双方相互拥抱、接吻和抚摸，逐步发展为相互手淫等性行为，并达到性高潮。性行为每周3～5次。在性生活中，该女作主动者，并有强烈的占有欲。几个月后，女同事家庭矛盾缓和，重新回到丈夫身边。女同事走后，该女心情烦躁、压抑，情绪波动和易激惹，迫切希望女同事回到自己身边，并有强烈的性冲动意识。由于不能遂

---

① 田寿彰主编《司法精神病学》，法律出版社，1990，第77页。
② 杨德森主编《行为医学》，湖南师范大学出版社，1990，第119页。

愿，痛不欲生，产生杀死女同事、同归于尽等念头。①

[**案例 239**]《羊城晚报》2002 年 3 月 30 日报道：一位结婚两年、孩子已有几个月大的少妇，打电话给羊城晚报新闻热线求助，向记者诉说自己恋上了小姑，不知该怎么办。这位陈姓少妇 25 岁，十年前从肇庆到广州打工。由于年少离家，且性格内向，她以往只与女性朋友接触多。五年前，她与一位同龄女性工友过往甚密，已为亲朋所不容，后来她与那位女性工友告别。三年前，经人介绍，她认识了现在这位丈夫。"我对丈夫感情一般，但我认识他以后，也认识了现在的小姑。后来我发现，自己对丈夫的感情还比不上对小姑好。"这位陈姓少妇对记者说，恋上了丈夫的妹子，最令自己为难。由于一家人住在一起，每天的接触比以往更密，她对小姑的依恋性更大。更糟糕的是，同住一屋，纸再密也包不住火。事情一传开，夫家的人非常厌恶她。所幸的是丈夫对她还好，经常劝她改。但少妇说："由于这种习惯已有近十年，一下子很难改过来。"家人为了帮助这位少妇，已为小姑介绍了几位男朋友。最近，小姑成功地与东莞一位男青年相识，上周已动身去东莞打工并准备长住东莞。陈姓少妇为此陷入感情困境，一度想轻生。昨天，陈姓少妇希望社会上的热心人士或心理医生伸出友爱之手，帮她摆脱精神困扰，令她重新恢复正常人的心态和生活。②

五　同性恋的精神医学评价

在西方国家，同性性行为被视为反自然的行为，已经有两千年的历史，被视为犯罪的历史也很悠久，但就在法律减轻对同性性行为处

---

① 季建林等：《认知行为疗法治疗同性恋》，《中国心理卫生杂志》1994 年第 1 期。

② 饶新一：《"恋上小姑我该怎么办？"少妇陷入感情困惑》，《羊城晚报》2002 年 3 月 30 日。

罚的时候，在 19 世纪，同性恋开始被视为精神障碍。用米歇尔·福柯的话来说，同性恋"渐渐地在疯狂的层次分布中占有一席之地"。福柯对同性恋的精神病学化有尖锐批判。他指出，在此之前，人们对鸡奸和同性恋是加以区别的，鸡奸被禁止，而同性恋是自由的。而同性恋被视为病态之后，人们才开始对同性恋感情产生反感。过去一直保持分离的两种体验，现在被混在一起：一是反对鸡奸的神圣禁忌，另一个则是同性恋中暧昧的情感。从此以后，同性恋进入受禁制的领域，继承鸡奸过去受到的古老谴责。这也导致对个人的重新分类。鸡奸者只是个别的异端，而同性恋者现在则成为一个种类。①

　　直到 20 世纪上半叶，精神医学界的主流意见是认为同性恋属于精神障碍。同时也有一些人否认同性恋是精神障碍。首先，他们认为同性恋有自然的基础。他们指出，同性性行为在哺乳类动物特别是灵长类动物中是很普遍的。其次，他们认为有相当多的社会都认可同性恋，在这些社会里同性恋是很平常的事情。20 世纪 50 年代以后，一些精神医学家开始对同性恋者的心理状况进行研究。美国加州大学洛杉矶分校的艾佛伦·胡克（Evelyn Hooker，1907 ~ 1996）最早进行了这种研究，并在 1957 年发表了研究报告。根据当时使用的最好的心理量表，并请到了出色的量表说明师，胡克对 30 个同性恋男人进行了研究，并对照了 30 个同样年龄、智商和教育情况的异性恋男人。这些男人中没有人在研究之前接受过心理治疗。结果是，量表的专业解释者不能把同性恋者和与其对照的异性恋者进行区别，而且专家给这些男人心理健康打的分数在同性恋者和异性恋者之间没有区别。因此，这一研究说明，同性恋并不作为一个疾病单元而存在，不能用心理测验进行区别，在心理健康的测量中同性恋并不显著。随后的许多

---

① 参见〔法〕米歇尔·福柯《古典时代疯狂史》，林志明译，生活·读书·新知三联书店，2005，第 136 ~ 139 页；〔法〕米歇尔·福柯《性经验史》，佘碧平译，上海人民出版社，2000，第 32 页。

经验性研究支持这一结论，性取向与心理病理方面没有关系。

在美国，自1973年12月15日起，一般的同性恋不再被视为精神障碍。这一天，美国精神病学会理事会经过激烈的辩论，以58%赞成、38%反对、4%弃权的投票表决结果通过决议，将自我和谐的同性恋从DSM－Ⅱ中删除。该学会声明："同性恋本身并不意味着判断力、稳定性、可信赖性或一般社会或职业能力的损害。"作出这样的决断，虽然有上述医学上的考虑，但也是政治压力和文化准则变化的结果。修订后的DSM－Ⅲ以"自我不和谐的同性恋"（ego-dystonic homosexuality）替代"同性恋"。也就是说，只有因自己的同性恋行为而感到苦恼、紧张的人，才被作为精神障碍者对待。但是，这一做法仍然被视为一种偏见。因而到DSM－Ⅲ－R出台时，"自我不和谐的同性恋"也消失了。

美国人对同性恋的称谓也发生了变化。英文homosexual（同性恋者）一词一直被美国同性恋者认为是一个带有污蔑性质的词。他们很少这样称呼自己以及同性间的性行为。后来，gay这个隐讳语开始流行起来，并受到男性同性恋者的认同，成为称呼同性恋的一个更得体的称呼。英文单词gay，本意指"感觉快乐的"、"使人高兴的"。到了20世纪60～70年代，美国同性恋群体强烈要求各个媒体在报道和播放涉及同性恋消息时用gay取代homosexual，在美国精神病学会将同性恋从DSM－2里删除之后，gay这个词汇开始逐渐被媒体接受和使用。女性同性恋者则称lesbian。

ICD以前对同性恋的立场比较模糊。ICD－9列入了同性恋，代码302.0，且注明："排他或者主要以同性的人为性的对象，有或没有肉体关系。不论是否被视为一种精神障碍，同性恋都使用这个代码。"[①]ICD－10将同性恋从疾病类别中删除，认为单纯的性取向问题不能被

---

① 原文：Exclusive or predominant sexual attraction for persons of the same sex with or without physical relationship. Code homosexuality here whether or not it is considered as a mental disorder。

视为一种障碍（仅提到同性恋、双性恋在个体可能成为问题），但明确规定"自我不和谐的性取向"（ego – dystonic sexual orientation，代码 F66.1）是精神障碍。

在中国，CCMD – 2 和 CCMD – 2 – R 都把同性恋视为精神障碍，并且指出不论个体对同性性爱倾向和谐接受或厌恶烦恼，均属于同性恋。如果坚持历史唯物主义的态度，应当说，把同性恋列为精神障碍，在中国和其他一些国家曾经是一个进步。虽然米歇尔·福柯批判了同性恋的医学化，并认为同性恋是一种选择，但也有一些学者如美国性学家贺兰特·凯查杜瑞安认为，将同性恋看成一种疾病比将其作为犯罪对待似乎是一种人道的选择。① 美国法学家劳伦斯·弗里德曼也指出，反对性行为越轨的人们如传教士都一直潜在承认性取向存在选择的因素，否则谴责鸡奸、通奸等为弥天大罪就没有理由。然而，"上帝不会让那些不能控制自己行为的人永世下地狱。没有人会严厉谴责麻风病人、矮个子和红头发的人。心理学家和精神病专家认为将同性恋界定为一种疾病或者发育缺陷是一种进步。疾病当然不是一项选择，而且被束缚的发展也不是选择的结果。"② 还有一种观点可能更为公允：在 19 世纪晚期，"由于同性恋已被视为一种完全意义上的精神疾病，相关法律也相应减轻了处罚。不过，尽管在法律上男性之间发生性关系已不再像以往那么危险，但从社会角度来说，同性恋的社会接受度可能更低了。"③ 在中国社会中长期存在简单地把同性恋归结为道德品质问题的倾向，同性恋者一概被视为"流氓"，甚至在有时把同性性行为一概视为犯罪。把同性恋列为精神障碍后，人们对同性

---

① 参见〔美〕贺兰特·凯查杜瑞安《人类性学基础》，李洪宽等译，农村读物出版社，1989，第 435 页。
② 〔美〕弗里德曼：《选择的共和国：法律、权威与文化》，高鸿钧等译，清华大学出版社，2005，第 183 页。
③ 〔美〕埃里克·伯科威茨：《性审判史：一部人类文明史》，王一多、朱洪涛译，南京大学出版社，2015，第 306 页。

恋多了一些理解和同情，认识到同性恋并不是同性恋者的主观选择，因而不属于道德品质问题。1979 年《精神疾病分类（试行草案）》正式列入包括同性恋在内的"性欲变态"。而同年颁布的《刑法》没有把成年男性私下自愿进行的同性性行为列为犯罪。这恐怕不是巧合。对同性恋从罪行化到医学化的转变，应当给予充分肯定。

从 20 世纪 80 年代末期开始，受世界趋势的影响，中国许多学者、医生呼吁 CCMD 取消同性恋。当然也有许多学者对此持反对态度。[①] 2001 年，CCMD－3 的态度发生了重要变化。这个变化并非如一些媒体讹传的那样——不再列入"同性恋"，而实际上只是将"自我和谐的同性恋"剔除，在疾病名单上仍然保留"同性恋"的名称，并且新增加了"双性恋"。对此，CCMD－3 有一个解释："起源于各种性发育和性定向的障碍，从性爱本身来说不一定异常。但某些人的性发育和性定向可伴发心理障碍，如个人不希望如此或犹豫不决，为此感到焦虑、抑郁及内心痛苦，有的试图寻求治疗加以改变。这是 CCMD－3 纳入同性恋和双性恋的主要原因。"

前述鲁龙光、刘华清等、许毅等的三份报告都印证了 CCMD－3 关于同性恋可能伴发心理障碍的说法。不过那三份报告都是反映 CCMD－3 出台之前的情况。那时由于 CCMD－2－R 以及社会一般人都认为同性恋是精神障碍，有些同性恋者心理冲突激烈，面对社会压力较大，故可能产生焦虑、抑郁及内心痛苦。那么在 CCMD－3 之后，情况有无变化呢？郑迎军等以在 2004 年 2 月间进入某市 3 家同性恋酒吧的有同性性行为的男性为对象，进行焦虑和抑郁自评问卷调查，共有 193 人接受调查，结果是：焦虑症状检出率为 45.5%，抑郁症状检出率为 57.5%；已婚者中焦虑和抑郁症状均高于未婚者，非同性恋者的焦虑和抑郁症状均高于同性恋者，患过性病的人焦虑和抑郁症状均

---

① 参见贾谊诚《如何看待同性恋问题》，《临床精神医学杂志》1998 年第 1 期。

高于没有患过性病的人，受教育程度为高中及以下的人抑郁症状高于大专及以上的人，以上差异均有统计学意义。调查还发现，多性伴的人的焦虑和抑郁症状检出率也比较高。[①] 王毅等为了解男男性行为者（MSM）人格特征、自尊及社会支持的关系，在 2012 年 9 月至 2013 年 3 月，运用滚雪球抽样法在某市城区选取过去 12 个月内有男男性行为（口交和/或肛交）者 402 名，在固定场所进行自填式匿名现场调查。本调查结果显示，MSM 的人格特征各维度分值均高于全国常模，说明 MSM 心理素质较差，对各种事情的变更容易产生过激的反应；其个性倾向外向；同时情绪倾向不稳定，常常焦虑、担忧，易受外界因素影响产生强烈的情绪，个性有一定的"掩饰"倾向性。结果还显示 MSM 的自尊水平总体较低，更倾向于孤独、压抑、焦虑和消极沉沦，无法合理地接纳自己，人际关系较敏感，表现出消极的行为模式，对其健康带来影响。[②] 另外，有些调查显示艾滋病检测阳性的 MSM 者发生心理问题的比例更高。陈芳等 2012 年 12 月至 2013 年 5 月在三个城市对 HIV 阳性男男性行为者的抑郁焦虑状况进行调查。在 HIV 阳性 MSM 中采用滚雪球的方法，共招募 HIV 阳性 MSM 600 人，采用电子调查问卷进行调查，获有效问卷 541 份。本研究结果表明，HIV 阳性 MSM 人群抑郁、焦虑症状检出率分别为 44.7% 和 25.1%，高于既往在一般 MSM 人群中的抑郁调查结果。本研究还发现 HIV 阳性 MSM 中焦虑症状检出率随着确诊 HIV 感染时间增加而增加，确诊 HIV 感染 2 年及以上者的焦虑症状检出率最高。[③] 这些研究提示，同性恋以及同性性行为所引起的心理问题——当然还应进一

① 郑迎军等：《男男性接触者焦虑、抑郁与艾滋病高危性行为的关系》，《中国心理卫生杂志》2005 年第 10 期。

② 王毅等：《男男性行为者的人格特征、自尊及社会支持的关系》，《中国心理卫生杂志》2015 年第 6 期。

③ 陈芳等：《HIV 阳性男男性行为者的抑郁焦虑状况》，《中国心理卫生杂志》2015 年第 6 期。

步分析发生心理问题的具体原因，并不是随着同性恋的非精神病化就可消失的。

CCMD-3 的基本立场值得肯定。承认"自我不和谐的同性恋"可能所伴发心理障碍，并且可能需要治疗，不仅有助于继续克服社会上那种依然强大的把同性恋归结为道德品质问题的倾向，而且适应了一部分同性恋者如案例 239 中的少妇和下面这个案例中少女求医的需要。

[**案例 240**] 女，18 岁。她从小喜欢与男孩玩。她在五年前开始喜欢与女孩拥抱、接吻，要求与邻居一女孩同床睡觉，经常露宿在外，理短发，被人称为"坏小子"。她体检无特殊。精神检查：情感活跃，言语下流，并做下流动作。诊断同性恋。抗精神病药治疗无效，加用性激素（乙底酚）治疗，症状迅速控制，病情戏剧性恢复。随访四年，效果良好，并结婚。①

同时不能回避一个疑问，如果以是否自我和谐为标准确定精神障碍，许多性变态乃至许多其他异常行为是否也应从精神障碍名单中剔除？因为许多有异常行为的人是"自我和谐"的，没有因自己的行为异常感到"焦虑、抑郁和内心痛苦"，也不"试图寻求治疗加以改变"。2013 年的 DSM-5 解决了这个问题。如前所述，它认为性欲倒错只有施加于未征得同意的人，或者引起自身有临床意义的痛苦，或者导致自身社交、职业或其他重要功能方面的损害，才属于精神障碍。

六 非同性恋者的同性性行为

同性恋者不一定会有同性性行为，他们可能保持柏拉图式的爱；

---

① 扶春福：《性激素治疗同性恋 2 例报告》，《临床精神医学杂志》2000 年第 5 期。

有同性性行为的人也不一定是同性恋者。尤其是，强制实施同性性行为的，往往不是同性恋者。有国外学者指出，强奸其他男性的男人大多数是异性恋者。[①] 实施同性性行为也可能是其他精神障碍所致。除同性恋者外，某些精神障碍者如精神分裂症患者、精神发育迟滞者、人格障碍者也有可能进行同性性行为。一项调查发现，在 66 例（男 34 例，女 32 例）长期住院的精神分裂症患者中，有同性性行为者 9 例，其中男 6 例，女 3 例。他们长期住院，形影相随，难舍难分，互相玩弄生殖器或互相手淫。[②]

[**案例 241**] 陆某，男，27 岁，未婚。陆自幼发育正常。他 8 岁上学，因经常逃学、离家出走，影响学习，于 11 岁辍学。1968 年，他患脑炎，经治疗痊愈。以后他人变得呆板、怪僻，喜欢独自外出流浪。他每次外出少则几天，多则几个月。他常露宿在车站、码头或街头巷尾，人弄得污垢满面，衣衫破烂，浑身发臭。父母劝说、制止无济于事。在流浪中，陆曾经被男人玩弄和鸡奸。1986 年 6～7 月间，陆结识一约 10 岁的男孩，在一起混了半个月。某日，在一列货车上，陆要玩弄该男孩，男孩不肯，陆于是把裤带套在男孩头上，狠命勒紧，再用一把电工刀戳男孩的胸部、心脏和生殖器部位，男孩当场死去。1987 年 6～8 月间，陆在某地讨饭，又结识一位十四五岁男孩。某日，同样是在一列货车上，陆提出玩弄该男孩，男孩不同意，陆用带子勒男孩颈部，使男孩不动，然后进行鸡奸。1988 年 9 月，陆在某地火车站碰到一 15 岁左右男孩，在一起混了一个月，每天晚上两人相互玩弄生殖。某日，两人爬上一列货车，上车后即玩弄生殖器。约 1 小时后，陆用塑料包装袋套在男孩头上紧勒，并用拳头砸男孩的

---

① 〔英〕乔安娜·伯克：《性暴力史》，马凡等译，江苏人民出版社，2014，第 254 页。
② 林辉等：《精神分裂症长期住院患者的性行为分析》，《临床精神医学杂志》2000 年第 5 期。

生殖器，致男孩死亡。1989 年 9 月 12 日，在一列货车上，陆将一结识不久的 10 岁男孩勒死，然后实施鸡奸。他欲第二次鸡奸时，男孩身体已经发硬，于是陆将男孩生殖器割下。同年 10 月 6 日，陆被抓获，对上述犯罪事实供认不讳。①

本案例中的陆某，年少时被他人鸡奸，后来他又鸡奸他人，但难以判断他就是一个同性恋者。他的犯罪更像是一个反社会型人格障碍者所为。

易性症者也有可能被人当作同性恋者。对易性症的特征，本书前面已有说明。需要重申的是，易性症者虽然也以同性作为性爱对象，但他们认为自己是异性恋者。在别人看来他们的性行为是同性性行为，而他们自己是当作异性性行为来实施的。他们也不像同性恋者那样可以满足自己与"同性"的性爱，他们还强烈地希望在生理上改变自己的性别。

有一些精神障碍者进行同性性行为，有可能是仅具有性行为的形式，而不具有性欲目的。例如，嗜精症者为别人含阳吸精，是为了延年益寿、壮阳补精，而不是为了发泄对同性的性欲。

[案例 242] 某男，42 岁，已婚，大学文化程度，教师。嗜精液 13 年。患者性格内向，婚后常有遗精，偶有早泄。婚后第二年其妻分娩一畸形死胎，患者认为与自己遗精多、精不足有关，精神负担很重。后来，他出现睾丸隐痛，精神更为紧张，萎靡不振，性欲减退，十分苦恼，于是四处求医。一次在中药店听两位老人说精液不足、性欲减退，最好吃精补精。患者极为相信，决心一试。患者先舔食自己

---

① 摘编自郑瞻培主编《司法精神鉴定疑难问题及案例》，上海医科大学出版社，1996，第 174～193 页。

所遗精液，感觉并不难吃，以后便舔食别人精液。食后精神振奋，性欲恢复（其妻后生二子），睾丸隐痛也逐渐消失。① 开始时，向一青年要精液吃，以后便夜间偷入青工集体宿舍，趁人熟睡之时用口吮吸阴茎。十年前因此被抓送公安局，并以流氓罪拘留三个月。事后，他虽悔恨不已、决心改正，但经常重犯。1987年，他两次在公园以介绍虚构的女人诱骗男青年，以图获取精液吃，被男青年及公安人员送回单位并转送医院就诊。②

[**案例243**] 陈某，男，79岁。他迷信吸食童精可养生祛病，竟以令人发指的手段诱惑、胁迫村里男孩供其疯狂猥亵、吸精近5年之久，受害男孩至少13人。这是汕头市区月浦街道湖头村近日爆出的一则骇人听闻的事件。2003年7月25日上午，6名神情悲愤的家长通过媒体举报，称自己的孩子在村里被一老汉猥亵摧残，时间长达四五年。最先揭发此事的小奕父亲含泪向记者讲述起那令人毛骨悚然的事情。据其介绍，小奕今年刚刚小学毕业，年已14岁的他却显得瘦弱矮小。放暑假以来，他频频在晚间外出，引起了父母的关注。7月12日晚9时多，小奕再次拖着疲惫的身子回家。察觉异常的父母再三追问，小奕终于哭诉出令父母惊骇不已的事情：自读二年级时，他便被同学小金带到陈家里，第一次被陈用嘴猥亵，吸食童精，完事后，给了他一两元钱零花。陈还称，这么做是在帮助他"长大"，同时也可医治老人拐脚的毛病。天真的小奕当时真以为是在做一件利人的好事，此后便听从陈的安排，准时上门报到，最频繁时一周去了5次。后来，他隐约感觉这件事并不对劲，去的次数就少了，却没想到老汉竟不放过他。有一次，陈守在他放学的路上，将他拉回罪恶之窝，给他灌下半杯酒，强行猥亵。听闻孩子长期备受蹂躏，小奕的父亲如雷

---

① 我认为，此人的生理变化应主要是心理暗示所致。
② 郭仲武：《嗜精癖1例报告》，《中国神经精神疾病杂志》1989年第2期。

轰顶，心急如焚地向孩子好友小德的家长打听情况。经多番询问，小德也承认陈对他做了同样的事。两位家长顿时心如刀绞，愤然上门质问陈，此事马上在村里炸开了锅。惊悉传闻的许多家长纷纷询问自己的孩子，由此牵出一串令人吃惊的结果：小迪，小俊……受侵害男孩竟达 13 人之多。悲愤交加的家长们还向记者揭露，陈不单每次以糖果、饼干和 1 至 2 元钱引诱孩子们上门供其猥亵，还让孩子沾染吸烟、喝酒等恶习。更可恨的是，竟以每介绍来一人便"奖励"一包烟的"报酬"，唆使孩子为其"拉客"，致使越来越多的男童受到侵害。陈已被警方传讯审问。村里老老少少都在谴责陈的肮脏行径，同时也在发问：恶魔该受到法律怎样的惩罚？①

对所谓"境遇性同性恋"也需要进一步研究。处于缺少异性的环境中的人，如果必须发泄性欲，本来也可以通过在对异性的幻想或者联想中的自慰来解决，却为什么选择了肛交等同性性行为？是否仅仅因为插入肛门与插入阴道的相似性？是否存在一定病理基础或者病态的人格基础？是否与他们在以前形成的性行为特点和性观念有关？是否可以归结于道德品质问题？是否可以说，同性恋者的同性性行为（素质性的同性性行为）是正常的，而异性恋者的同性性行为（境遇性的同性性行为）是变态的？

第二节　同性性行为与犯罪：外国的法律

首先应当指出，虽然曾经有许多国家都禁止同性性行为特别是男子同性肛交，但各国立法都没有明确将同性恋本身视为犯罪。在这些国家，同性性行为作为一种犯罪，其主体并不区分同性恋者还是异性

---

① 《月浦街道湖头村 79 岁老汉疯狂吸食童精》，《汕头都市报》2003 年 7 月 28 日。

恋者，异性恋男子因境遇原因或其他原因发生同性性行为而被处罚的并不少见。在有些国家或地区，异性肛交甚至夫妻肛交也构成犯罪。但是，因为有过同性性行为或者同性肛交的人大多数是同性恋者，所以同性恋者以及其他一些人认为法律制裁同性性行为或者肛交，主要是针对同性恋者的，于是乎他们习惯地把制裁同性性行为的法律称为反同性恋法。但是从法律角度看，同性恋与同性性行为或者同性肛交毕竟不是一回事。还需要指出，在西方国家法律中，sodomy 一词可能专指肛交，也可能指包括肛交、兽奸、口交等行为在内的反自然性交。作为一个罪名，sodomy 一般应当翻译为"反自然性交罪"。同样，sodomy law 不一定只规定同性肛交有罪，也可能还规定异性肛交和兽奸有罪，一概翻译成"反鸡奸法"是不妥当的，翻译成"反同性恋法"更不妥当，而翻译成"反自然性交法"则不会引起误解。而且，sodomy law 并不一定是一部专门法律，而也许是一部法律中的条款。需要说明，本书在介绍西方国家法律对同性性行为的态度时，也可能用"反鸡奸法"的概念，但其仅指 sodomy law 中反同性肛交的内容。

在西方国家，同性性行为是否构成犯罪，是一个人们的认识发生过重大变化的问题。在古希腊，同性恋甚至是男性生活中所希求的一部分，是婚姻的一种补充，并且得到国家的承认。[①] 古希腊女诗人萨福（Sappho，公元前 7 世纪～前 6 世纪）在 Lesbos 岛建立了由具有仁爱精神的妇女组成的领地。在这个领地，妇女之间的肉体之爱得到肯定。西文中的女性同性恋一词 lesbianism 就起源于此。在当时，也有人反对同性性行为或同性性关系。柏拉图在《法律篇》中说："当男女为了生孩子结合在一起时，他们经历的快乐都像是完全自然地产生的。但男子的同性关系和女子的同性关系显然是第一等反自然的犯罪，这种罪是因为男人和女人控制不了他（她）们对快乐的追求。"

---

① 参见〔德〕利奇德《古希腊风化史》，杜之等译，辽宁教育出版社，2000。

他认为同性性关系是"蓄意谋杀人种"。因而，他主张查禁"鸡奸"。[①] 不过，柏拉图的主张并没有为当时的法律所采纳。米歇尔·福柯认为，柏拉图反对同性性关系，并非因为他认为同性性关系是某种病态或某种异常欲望的结果，而是基于反对过度放纵。[②] 另一法国学者保罗·韦纳（Paul Veyne）也认为，在柏拉图看来，禁止同性性行为的理由，同禁止和一个不是自己妻子的妇女通奸是一样的。[③]

同性性行为者的厄运是在基督教成为罗马帝国国教之后开始的。虽然存在争议，但多数宗教学家认为《圣经》是反对同性性行为的。《旧约·利未记》说："不可与男人苟合，像与女人一样，这本是可憎恶的。""人若与男人苟合，像与女人一样，他们二人行了可憎的事，总要把他们治死，罪要归到他们身上"。《旧约·创世记》所述的所多玛城（Sodomy）毁灭的故事也被认为是同性性行为应受惩罚的一个根据：

耶和华听闻所多玛和蛾摩拉罪恶深重，差遣两个天使到那里去查看。两个天使到达所多玛时，罗得正坐在所多玛城门口。他看见他们，就起来迎接，脸伏于地下拜，说："我主啊，请你们到仆人家里洗洗脚，住一夜，清早起来再走。"可是天使却说："不，我们要在街上过夜。"但是罗得还是很恳切地请他们，他们才进到他的屋里。罗得为他们预备筵席，烤无酵饼。他们就吃了，吃完之后，他们还没有躺下，所多玛城里各处的人，连老带少，都来围住那房子，对罗得呼叫说："今日晚上到你这里来的人在哪里呢？把他们带出来，任我们所为。"罗得出来，把门关

---

① 〔古希腊〕柏拉图：《法律篇》，张智仁、何勤华译，上海人民出版社，2001，第17页，第265～268页。另参见《柏拉图全集》第三卷，王晓朝译，人民出版社，2003，"法篇"。两者译文差异颇大。

② 〔法〕米歇尔·福柯：《性经验史》，佘碧平译，上海人民出版社，2000，第151页。

③ 〔法〕保罗·韦纳：《古罗马的同性恋》，载〔法〕菲利浦·阿里耶斯、安德烈·贝金主编《西方人的性》，李海龙等译，上海人民出版社，2003。

上，到众人那里，说："众兄弟，请你们不要作这恶事。我有两个女儿，还是处女，容我领出来任凭你们的心愿而行，只是这两个人既然来到我舍下，不要向他们做什么。"众人说："退去吧！这个人来寄居，还想做官哪！现在我要害你比害他们更甚。"众人就向前拥挤罗得，要攻破房门。那两天使将罗得拉进屋去，把门关上，并且使门外的人眼都昏迷，他们摸来摸去，总是寻不到房门。后来那两个天使叫罗得带家人和城中一切属于他的人逃出所多玛。他们要毁灭所多玛，因为耶和华知道所多玛的罪恶。罗得就去告诉他的女婿们，可是他的女婿却以为是戏言。天亮的时候，天使催促罗得快点逃走，可是罗得一直迟延不走。最后天使是强拉罗得和他的妻子、女儿逃到城外，叫他们不要回头，也不要在平原上站住，要往山上逃，免得他们被毁灭。罗得却怕逃到山上，他认为如果逃到山上，这个灾祸还是会波及他们。后来天使准许他们逃到一个叫琐珥的小城，而且不让灾祸波及到那里。当罗得逃到琐珥时，耶和华就将硫磺与火，从天上降与所多玛和蛾摩拉，把那些城和全平原，以及城里所有的居民，连地上生长的都毁灭了。①

后来《新约·犹大书》又重提此事："又如所多玛，蛾摩拉，和周围城邑的人，也照他们一味的行淫，随从逆性的情欲，就受永火的刑罚，作为鉴戒。"

在公元538年，东罗马拜占庭帝国皇帝查士丁尼（Flavius Anicius Justinianus，公元483～565）把基督教对同性性行为的敌意变成了法

---

① 摘编自《圣经》中文版。有些人认为这个故事与同性恋无关：第一，天使是不是男性，没有讲清楚。第二，其中"任我们所为"，希伯来文叫作 yadha，有两个意思，一指认识，二指性行为。还有人认为，这个故事即使涉及同性性行为，也是指强迫的而不是双方自愿的。

令。根据他的法令，同性性行为者将受到剑的惩罚。他说，如果不这样，城市和国家就会受到损害。541 年，君士坦丁堡开始流行瘟疫，在三年内有三分之一的居民染上了瘟疫。这被视为上帝对同性性行为的惩罚。在中世纪的欧洲，对男性之间发生肛交，不论是自愿的还是强制性的，都给予严惩，直至判处死刑，而且被强奸者也会受到处罚，即使他是儿童。同性肛交首先被认为是道德犯罪，是对神的法则的亵渎，而并不是一种侵犯他人的犯罪，因而认定这种犯罪，无须区分自愿与强制、主动者与被动者，也无须考察行为人是否使用暴力。①有学者认为，犹太－基督教徒们对同性恋以及手淫的反对，是出于一个面临生存困境的小团体维持繁衍的需要，因而才禁止任何违背生殖的性行为。②

　　18 世纪初，在法国，对鸡奸者仍然处以火刑。1726 年 3 月 24 日，巴黎警察总长艾洛公布一项判决："爱蒂安·班贾明·戴修福正式宣判有罪，并经证实确实犯下起诉书所提鸡奸罪。为惩此罪，并及它罪，判处上述戴修福于沙地广场火焚而死，其后骨灰抛散风中，其财产没收，交王室所有。"此人的行刑即日办理。这是法国的因鸡奸处死的最后数个案例之一。③在 18 世纪 80 年代，巴黎警察部门专门成立了一个昼伏夜出的"鸡奸巡逻队"，发现数万名涉嫌鸡奸的人员，总数目与巴黎的卖淫女相当。④随着资产阶级人权思想的传播，越来越多的人提出异议。孟德斯鸠在肯定反自然性交罪（男色罪）是一种"宗教、道德和政治同样不断谴责"的、"丑秽"的犯罪同时，就指

---

① 参见〔法〕乔治·维加莱洛《性侵犯的历史》，张森宽译，湖南文艺出版社，2000，第 47～53 页。
② 〔美〕迈克尔·赫·斯通：《剖析恶魔》，晏向阳译，译林出版社，2011，第 209 页。
③ 参见〔法〕米歇尔·福柯《古典时代疯狂史》，林志明译，生活·读书·新知三联书店，2005，第 137 页。
④ 参见〔美〕埃里克·伯科威茨《性审判史：一部人类文明史》，王一多、朱洪涛译，南京大学出版社，2015，第 240 页。

出要"反对由于滥用人们对于这种犯罪应有的憎恶而产生的横暴"。
他认为将同性性行为者都处以火刑是"咄咄怪事"。① 在法国大革命
的过程中，1791 年法国制宪议会制定了法国的第一部刑法典。这部被
后人认为是对犯罪"过分宽大"的刑法典，完全没有提及同性性行为
问题。也许是矫枉必须过正，在这个刑法典里面，甚至连强制的肛交
也不构成犯罪。"制宪委员会的专家们不讨论这个问题，他们的著作、
文章中提都不提这事，连句暗示也没有。"很显然，制宪议会在解放
同性恋者的同时，完全忽略了那些强制肛交的男性受害人。直到 1804
年在对刑法典修订草案进行辩论时，才有法院提出这个问题，并设计
了一段条文以供讨论："犯强奸罪者，或任何试图通过武力对同性或
异性进行非自然的侵犯者均应判处徒刑，并处以五百至两千法郎的罚
款。"② 几年之后，1810 年颁布的《法国刑法典》基本采纳了这种意
见。该法第 331 条规定："公然为猥亵行为者，处 3 个月至 1 年拘役
和 16 法郎至 200 法郎罚金。"这一条规定所说"猥亵行为"是否包
括同性性行为是不明确的。第 331 条规定："强奸或以暴行对男性或
女性为其他猥亵行为既遂或未遂者，处轻惩役。"其中包括强制肛
交。第 332 条规定："对未满 15 岁的男女儿童犯前条的重罪者，处有
期重惩役。"即对强制与未满 15 岁的男女儿童进行肛交从重处罚。
另外，第 334 条规定："惯常勾引、诱惑或便利 21 岁以下的男女为淫
荡或堕落生活以败风俗者，处 6 个月至 2 年拘役和 50 法郎至 500 法
郎罚金"。③ 1942 年，根据当年 8 月 6 日颁布的法律，④《法国刑法典》
增加两款规定："对于未满 15 岁之男女，以非暴力行为，为或试图为

---

① 〔法〕孟德斯鸠：《论法的精神》上册，张雁深译，商务印书馆，1982，第 193 页。
② 参见〔法〕乔治·维加莱洛《性侵犯的历史》，张森宽译，湖南文艺出版社，2000，第 131 页。
③ 《法国刑法典》（1810 年），载萧榕主编《世界著名法典选编·刑法卷》，中国民主法制出版社，1998。
④ 参见 https://en.wikipedia.org/wiki/LGBT_rights_in_French_Guiana。

猥亵之行为，处5年以上10年以下有期惩役。""与同性别之未成年人为猥亵之行为或违反自然之行为者，处6月以上3年以下拘禁，及6000法郎以上15000法郎以下罚金。"① 前一款规定针对异性间的猥亵行为，后一款规定针对同性间的猥亵行为。当时，《法国民法典》规定的"未成年人"是指不满21岁者。② 上述两款规定意味着，异性性行为的同意年龄是已满15岁，同性性行为的同意年龄是已满21岁。与异性发生双方同意的猥亵行为，只要对方已满15岁就不构成犯罪；与同性发生双方同意的猥亵行为，对方必须已满21岁，才不构成犯罪。这两款规定最初列在第334条，1945年5月2日转为第331条。在70年代，这个问题在讨论刑法改革时成为一个热点。福柯等人对刑法有关同性性行为的条款进行了尖锐的批评，敦促确定统一的性行为同意年龄。③ 存在主义哲学家让-保罗·萨特（Jean-Paul Sartre，1905~1980）曾对同性恋持反对态度——他认为二战时期，希特勒的高官和法国的附敌分子有一些就是同性恋者或有同性恋倾向的人，这时也加入了同性恋合法化运动。他说："同性恋是有生活权利的，他们同所有人一样，权利应该受到尊重。"④

1974年，根据同年7月5日第74—631号法律，《法国民法典》的"未成年人"定义修订为不满18岁者。⑤ 即是说，这时，同性性行为的同意年龄降低为已满18岁，但其与异性性行为的同意年龄仍不一致。到1982年，根据同年8月4日第82—638号法律，《法国刑法

---

① 《法国刑法典》（1975年修正），苏朝荣译，载《各国刑法汇编》（下册），台北司法通讯社，1980。另参见同书所载王泰铨译《法国刑法典》。
② 《法国民法典（拿破仑法典）》，李浩培、吴传颐、孙鸣岗译，商务印书馆，1979，第50页。
③ 参见〔美〕詹姆斯·米勒《福柯的生死爱欲》，高毅译，上海人民出版社，2003，第353页。
④ 参见〔法〕让·勒比图《不该被遗忘的人们——"二战"时期欧洲的同性恋者》，邵济源译，中国人民大学出版社，2007。
⑤ 《法国民法典》，罗结珍译，中国法制出版社，1999，第137页。

典》第 331 条第 2 款专门针对同性猥亵的规定被废止。从此，同性性行为的同意年龄与异性性行为的同意年龄统一，都是已满 15 岁。在此之前，根据 1980 年 12 月 23 日第 80—1041 号法律，第 331 条第 1 款规定修订为："对未满 15 岁（含 15 岁）之未成年人实施猥亵或猥亵未遂的，虽未使用暴力、强制或突然袭击手段，处 3 年以上、5 年以下监禁并处 6000 法郎至 6 万法郎罚金，或者仅二罚其一。"① 另外，法国在 60~70 年代还曾经对同性恋者在公共场所进行同性性活动予以惩处，这是以在 1960 年根据同年 11 月 25 日第 1245 号法律增入《法国刑法典》的关于公然猥亵罪的第 330 条第 2 款规定为依据的："公然之猥亵，系以违反自然之同性间行为而构成者，处 6 月以上 3 年以下拘禁，及 1000 法郎以上 15000 法郎以下罚金。"而该条第 1 款关于针对异性的公然猥亵的规定是："公然为猥亵之行为者，处 3 月以上 2 年以下拘禁，及 500 法郎以上 4500 法郎以下罚金。"② 两者处罚轻重差异明显。直到 1980 年，根据同年 12 月 23 日第 80—1041 号法律，第 330 条第 2 款才被废止。1994 年法国颁布了新的刑法。1994年《法国刑法典》继续了对自愿的成年同性性行为的宽容态度，但对强制同性性行为的规定更为明确。该法将强制同性肛交、强制异性肛交与传统意义上的强奸妇女一并列为强奸罪。该法第 222 - 23 条规定："以暴力、强制、威胁或趁人不备，对他人施以任何性进入行为，无论其为何种性质，均为强奸罪。强奸罪，处 15 年徒刑。"与不满 15 岁未成年人发生肛交属于强奸罪的加重处罚情节，处 20 年徒刑。同时，它还对强奸之外的同性性侵犯罪做了规定。③

受 1810 年《法国刑法典》影响，欧洲大陆国家如意大利、比利

---

① 《法国旧刑法典》，载于罗结珍译《法国刑法典刑事诉讼法典》，国际文化出版公司，1997。
② 《法国刑法典》（1975 年修正），苏朝荣译，载于《各国刑法汇编》（下册），台北司法通讯社，1980。另参见同书所载王泰铨译《法国刑法典》。
③ 《法国刑法典》，罗结珍译，中国人民公安大学出版社，1995。

时、荷兰等，也只将强制性的或者针对未成年人的或者妨害社会风化的同性性行为列为犯罪。

突出的例外是普鲁士以及后来的德国。1532 年，《加罗林纳刑法典》（亦称《查理五世刑事法院条例》）第 116 条规定对鸡奸处以火刑。1794 年《普鲁士刑法典》惩罚"鸡奸以及其他反常性交，因其丑恶在此不能列举"，处以苦役并加以笞刑。在法国实施拿破仑法典以后，德国的一些州开始修改刑法，对同性性行为的惩罚有所缓解。1871 年统一的德意志帝国建立。非常保守的普鲁士刑法成为德国刑法的基础。[①] 1871 年《德国刑法典》第 175 条规定："发生在同性之间或是人与动物之间的性行为，处轻惩役、剥夺公民权或罚金。"[②] 但在很长一段时间里，这一条款处于休眠状态，没有得到实施。在这种情况下，也有人反对第 175 条。性学家卡尔·亨利希·乌尔利克斯（Karl Heinrich Ulrichs，1825～1895）较早公开发表反对言论。他具有同性恋倾向，在 1864～1879 年间出版了 12 本关于同性恋的著作。针对第 175 条，他从法律的角度阐述说，同性恋作为自然人性的一部分，既不是病，也不是"反自然行为"，而所谓的犯法只适用于非自愿性同性恋行为，如强奸和与未成年者发生性关系等。他指出："科学界反对我的人多数是精神病医生……他们在疯人院里观察同性恋者，从来没见过健康正常的同性恋者，而这些疯人院医生的观点却被其他人所接受。"[③] 在 19 世纪末和 20 世纪初，德国同性恋运动的最著名代表人物是赫什菲尔德。1897 年赫什菲尔德发起成立了科学人道主义委员会，并确立了三个工作目标：（1）废除惩罚同性性行为的第

---

① 参见〔德〕汉斯·海因里希·耶赛克、托马斯·魏根特《德国刑法教科书（总论）》，中国法制出版社，第 116～121 页；〔法〕弗洛朗斯·塔玛涅《欧洲同性恋史》，周莽译，商务印书馆，2009，第 411～413 页。

② 《德国刑法典（1871）》（包括希特勒统治时期的修改），载萧榕主编《世界著名法典选编·刑法卷》，中国民主法制出版社，1998。

③ 转引自二言《乌尔利克斯和第三性》，《桃红满天下》第 21 期（1998 年 6 月 7 日）。

性犯罪：精神病理与控制（下）

175 条；（2）教育大众正确地看待同性恋与同性恋者；（3）鼓励同性恋者争取自己的权益。委员会起草了要求废除第 175 条的请愿书，并且征集到包括列夫·托尔斯泰（1828~1910）、埃米尔·左拉、克拉夫特－埃宾、爱德华·伯恩斯坦（1850~1932）、卡尔·考茨基（1854~1938）、托马斯·曼（1875~1955）、赫尔曼·黑塞（1877~1962）、阿尔伯特·爱因斯坦（1879~1955）、斯蒂芬·茨威格（1881~1942）、卡尔·雅斯贝斯（1883~1969）等德国和其他国家各界人士在内的 5000 多人的支持签名。虽然国会拒绝了这项请愿，但当时的反对党社会民主党领袖奥古斯特·倍倍尔在国会上为同性恋作了辩护。第一次世界大战后的魏玛共和国时期，德国成为世界同性恋运动的中心。在柏林和汉堡等城市，同性恋生活方式开始形成，许多夜总会和酒吧出现了同性恋群体，还出版了一些同性恋的报纸和杂志。这一时期被称为"同性恋运动的黄金时代"。① 1933 年，纳粹上台后，情况发生了变化。希特勒对同性恋者的镇压开始了。一切有关同性恋的东西都被禁止。1935 年 6 月 18 日，对《德国刑法典》第 175 条进行了修改，并且增加了第 175 条之一和第 175 条之二。第 175 条是关于同性肛交的基本规定："（1）男子与其他男子为奸淫行为，或听从其他男子对其为奸淫行为者，处轻惩役；（2）犯罪的一方在行为时未满 21 岁者，法院认为情节特别轻微时，得不予处罚。"第 175 条之一是关于从重处罚情节的规定："有下列情形之一者，处 10 年以下重惩役；有减轻的情形时，处 3 个月以上轻惩役：（1）男子以暴力，或以现在加害生命或身体的胁迫，强迫其他男子对其为奸淫行为，或强其听从为奸淫行为者；（2）男子对于因公务、雇佣或监督关系服从自己的其他男子，利用权势引诱其对自己为奸淫行为或听从为奸淫行为

---

① 参见〔法〕弗洛朗斯·塔玛涅《欧洲同性恋史》，周莽译，商务印书馆，2009，第二章"解放征程：同性恋运动的黄金时代"。

者；（3）21 岁以上的男子引诱未满 21 岁的其他男子与其为奸淫行为或听从为奸淫行为者；（4）男子以与其他男子为奸淫行为为营业，或听从其他男子对其为奸淫行为，或自愿与其他男子为奸淫行为者。"第 175 条之二是对兽奸的规定："人与兽类为违反自然的奸淫行为者，处以轻惩役，并剥夺公民权。"① 在 1933～1945 年纳粹统治时期，有超过 10 万名的同性恋者被关进集中营。他们被强迫穿一种上面缝着粉红色三角形标志的号服，以示他们的同性恋者身份。这些同性恋者在监狱中的地位几乎是最低的，仅仅高于犹太人。犹太同性恋者的命运更为悲惨。他们被阉割，服苦役直到死去。8 年间，6 万同性恋者被迫害致死。② 具有讽刺意味的是，纳粹头子阿道夫·希特勒很有可能是个同性恋者。2001 年，德国历史学家洛萨·马克坦（Lothar Machtan）在专著《希特勒的秘密：一个独裁者的双重生活》（德文版 *Hitlers Geheimnis：Das Doppelleben eines Diktators*，英文版 *Hitler's Secret：The double life of a dictator*）中提供了有关证据。③

令人不解的是，第二次世界大战结束之后，第 175 条还原样保留了很长时间。1956 年，联邦德国政府拒绝给那些在纳粹时期被关押的同性恋者提供赔偿金。直到 1969 年 6 月 25 日，联邦德国《第 1 部刑法改革法》宣布废除了对成年男子间自愿性行为的处罚。当时所谓的成年，在同意性行为这个事情上，为年满 21 岁。1973 年又放宽到 18 岁。1975 年《德国刑法典》第 175 条规定，年满 18 岁的男子与不满 18 岁的男子肛交，或者让其与自己肛交，构成犯罪；但有下列情形之一的，法院可免除刑罚：（1）行为人在行为时尚不满 21 岁的；（2）斟酌被害人的态

---

① 《德国刑法典（1871）》（包括希特勒统治时期的修改），载萧榕主编《世界著名法典选编·刑法卷》，中国民主法制出版社，1998。

② 参见〔法〕让·勒比图《不该被遗忘的人们——"二战"时期欧洲的同性恋者》，邵济源译，中国人民大学出版社，2007；南迪《纳粹迫害同性恋历史走出尘封》，《青年参考》2002 年 12 月 4 日。

③ 参见徐欣《希特勒性取向大揭秘》，《生活时报》2001 年 10 月 23 日。

度，认为犯罪行为情节轻微的。[1] 1990 年，德国议会向那些在纳粹时期被关押的同性恋者道歉，并且允许他们之中剩下的为数不多的同性恋者申请赔偿。到 1994 年，根据《第 29 部刑法修改法》，历史悠久而恶名昭著的第 175 条被废除。[2] 根据修订后的刑法条款，合法同性性行为年龄男女是一样的，都是年满 14 岁。强制对他人实施肛交和其他性行为，对未成年人实施肛交和其他性行为，分别构成强奸罪、强制猥亵罪、奸淫猥亵儿童罪。2000 年德国联邦议会通过决议谴责政府战后继续实施刑法第 175 条。2016 年 5 月，德国政府宣布，将向战后至 1994 年因身为同性恋者而获罪的人提供赔偿，并清除他们的犯罪记录。[3]

在属于普通法系的英国，同性性行为者也有痛苦的遭遇。英格兰教会在 8 世纪末形成一套严格的性道德规范，同性性行为是在忏悔和赎罪时应检查的罪过。坎特伯雷主教西奥多（Theodore，668~690）的苦行赎罪手册规定："凡常与男性或兽类行秽事之男子应苦修 10 年"，"凡年满 20 之男子，若与另一男子行自污之事，应苦修 15 年"，"犯有与男子奸淫之罪之男子，应苦修 10 年"，"鸡奸者应苦修 7 年，被奸之男子与淫妇同。"[4] 1533 年，亨利八世为剥夺教会法庭审理鸡奸案的司法权，立法禁止与人和动物肛交。但一般地说，在当时，同性性行为只有在掺入了兽奸、巫术或异端邪说等因素才会被判处死刑。18 世纪英国法学家威廉·布莱克斯通（Sir William Blackstone，1723~1780）研究了所多玛、蛾摩拉的传说，指出"这违背自然的恶行"是极其令人作呕的"可耻行径"，"不应在基督徒中提及"，应处

---

① 《德意志联邦共和国刑法典》，徐久生译，中国政法大学出版社，1991。
② 参见〔德〕汉斯·海因里希·耶赛克、托马斯·魏根特《德国刑法教科书（总论）》，中国法制出版社，第 129~130 页。
③ 《西媒：德国政府将向因同性恋获罪的人提供赔偿》，参考消息网 2016 年 5 月 13 日。
④ 转引自〔美〕贺兰特·凯查杜瑞安《人类性学基础》，李洪宽等译，农村读物出版社，1989，第 616~617 页。

以死刑，正如上帝"降天火毁灭了这两城"以示其厌恶之情。① 1806
年，在英国，因肛交而被处死的人超过了因谋杀而被处死的人。从
1810 年至 1835 年，有 46 名男子因为同性肛交而被判处死刑。数以千
计的人则被拉出去示众，或者被投入监狱。② 当时英国的法律是把同
性肛交作为反自然性交的一种加以禁止的，同时被禁止的还有异性肛
交和兽奸，同性恋者的其他性活动并没有被禁止。准确地说，当时法
律禁止的是反自然性交，而不是同性恋。恩格斯曾经批判 19 世纪英
国刑法的残酷："刑法中仍然原封不动地保留了大量野蛮的和卑劣的
酷刑。处死刑的有七种罪（杀人、叛国、强奸、兽奸鸡奸、破门入
盗、暴力行劫、纵火杀人）；而以前应用范围广泛得多的死刑，也只
是到 1837 年才限制在这几个方面。"③ 1861 年，对肛交者处以死刑的
法律被废除。但这不说明同性恋者得到了自由。根据《1885 年刑法
修正案》（Criminal Law Amendment Act 1885）中的一个规定，除了肛
交以外，男子之间的一切性活动都被宣布为"有伤风化的"（outrages
on decency）和"严重猥亵"（gross indecency）行为，均构成犯罪，
最高可被处以两年监禁。④ 这几乎等于是宣布同性恋本身构成犯罪。
同年，著名作家奥斯卡·王尔德（Oscar Wild，1854～1900）被认定
与男人发生"有伤风化的"行为，受到两年监禁的处罚。在监狱中，
精神濒临崩溃的王尔德，为了能尽快出狱，给内政大臣写了一封信，

① 参见〔美〕埃里克·伯科威茨《性审判史：一部人类文明史》，王一多、朱洪涛译，南京大学出版社，2015，第 43 页。
② 参见〔英〕法拉梅兹·达伯霍瓦拉《性的起源：第一次性革命的历史》，杨朗译，译林出版社，2015，第 340 页。
③ 恩格斯：《英国状况 英国宪法》，《马克思恩格斯全集》第一卷，人民出版社，1956。
④ 原文：Outrages on decency：Any male person who, in public or private, commits, or is a party to the commission of, or procures or attempts to procure the commission by any male person of, any act of gross indecency with another male person, shall be guilty of a misdemeanor, and being convicted thereof shall be liable at the discretion of the court to be imprisoned for any term not exceeding two years。

从精神医学的角度为自己辩护。他说他犯的罪是一种性错乱病，"而这种病不但已为现代病理学所承认，而且已得到许多现代法律的认可，特别是在法国、澳大利亚和意大利。在这些地方，专门针对这些轻微犯罪行为而制定的法律已被取消，取消的理由是：这些所谓的罪行都是能由外科医生治愈的疾病，而不是应由陪审团惩办的犯罪行为。"当然，王尔德并非真的认为同性恋是一种病态。出狱后，他在一封信中说："我坚持认为同性恋是高贵的——比其他方式的爱都要高贵。"① 妻子是同性恋者的霭理士在谈到他所进行的同性恋问题研究时，对英国反鸡奸法提出了批评："我独自被这项研究所吸引，一方面是因为意识到这种现象非常普遍，另一方面是因为意识到（与其他国家相比）这个国家的法律严厉得令人难以忍受，轻而易举地就能够惩罚完美无缺的性倒错形式。我们希望获得人们对性倒错的同情和承认，以消除许多粗俗的错误。如果可能的话，为修改法律开路。"他认为，在同性恋问题上，法律只应当关注防止暴力，保护年轻人和维护公共秩序。"超出这些范围之外的任何法律都应当交由个人道德家和社会舆论来制订。"② 罗素也曾指出："凡是不厌其烦地研究过这一课题的人都知道这条法律是野蛮无知的迷信的产物，我们提不出任何赞同这一法律的正当理由。"③ 直到 20 世纪 50 年代，相关法律的变革才被提到议程。1952 年，英国著名科学家、计算机科学奠基人艾伦·图灵（Alan Mathison Turing，1912～1954）因与他人发生自愿的同性性行为而被指控犯有严重猥亵罪，他无奈地选择接受化学去势治疗以避免监禁。1954 年 6 月 8 日，图灵服用氰化钾自杀。同一年，沃尔芬登委员会在开始研究卖淫问题的同时，也开始研究考虑"有关同性性

---

① 参见孙宜学编译《奥斯卡·王尔德自传》，广西师范大学出版社，2005。

② 转引自〔英〕杰佛瑞·威克斯《20 世纪的性理论和性观念》，宋文伟等译，江苏人民出版社，2002，第 37、46 页。

③ 〔英〕罗素：《为什么我不是基督教徒》，沈海康译，商务印书馆，1982，第 204 页。

犯罪的法律和行为以及对法院判决犯有此种罪行的人的处理”问题。在该委员会工作期间，英国社会对同性恋和同性性行为的非罪化问题展开了热烈的讨论。反对者提出了各种理由，诸如“同性恋行为表明道德败坏和文明衰退”、“男性同性性行为对家庭生活造成破坏性影响”、“成年同性恋者可能侵害儿童”等。但是赞成者也很多，甚至宗教界人士也有主张非罪化的。一个由僧俗组成的天主教事务委员会在1956年曾向内政部建议，不应当把成年男性同性恋者间私下进行的两相情愿的性行为当作犯罪。该委员会说，“用监禁来改造有同性恋癖好的人是多半无效而且通常会对身心产生不良后果的。圆满解决这一问题的方法不是在一般监禁同性恋者的拘留所。”1957年，沃尔芬登委员会提出了报告。该报告建议不应再把成年人私下两愿的同性性行为当作犯罪。

　　我们概括了各种反对修改法律的论点，承认这些论点的重要意义。然而，我们相信，提出的反面论点已经驳斥了这些论点。还有一个反面论点具有决定意义，即社会和法律尊重个人在私人道德问题有选择和行为的自由。除非社会作出特别努力，通过法律采取措施，对犯罪和违反情理一视同仁，否则就必须保留一块个人道德和不道德的属地。简单而直截了当地说，这与法律没有关系。这样说并不是纵容或鼓励个人不道德行为，相反，强调道德与不道德行为的人身和私人性质，就是强调个人对自己行为承担人身和个人责任。可以合理地期待，成年人在没有法律惩罚威胁的情况下会承担起这种责任。①

---

① 转引自〔美〕贺兰特·凯查杜瑞安《人类性学基础》，李洪宽等译，农村读物出版社，1989，第664~666页；〔美〕Z. 拉里亚、M. D. 罗斯《人类性心理》，张丛元等译，光明日报出版社，1989，第181页。

尽管沃尔芬登报告的建议在公众讨论中受到很多人赞同，但政府认为改革的时机还不成熟，拒绝对它采取任何行动。在这期间实施的《1956 年性犯罪法》仍然规定一个人对另一人实施肛交和男子之间猥亵构成犯罪。1956 年，英国发生这种犯罪 907 起，569 人被监禁。[1]10 年之后问题才开始发生改变。《1967 年性犯罪法》（Sexual Offences Act 1967）[2] 规定，年满 21 岁的人之间自愿在私下发生肛交不构成犯罪，但发生在两人以上参加的场合或发生在公众可以进入的厕所，不视为"私下"。[3]《1994 年刑事审判和公共秩序法》把同性性行为合法年龄（age at which homosexual acts are lawful）即同性性行为同意年龄降至年满 18 岁，与当时的异性性行为合法年龄相同。《2000 年性犯罪（修正）法》（Sexual Offences〔Amendment〕Act 2000）[4] 又将同性性行为合法年龄降至年满 16 岁，并且将《1967 年性犯罪法》中的"同性恋行为"（a homosexual act）替换为"任何人的同性恋行为"（a homosexual act by any person），这是英国第一次在性犯罪法中明确将女性同性恋行为包含于同性恋行为之中。而《2003 年性犯罪法》则彻底废止 Buggery（鸡奸、兽奸）这个罪名，没有对阴道性交、肛门性交以及口腔性交等阴茎进入身体孔道的行为加以区别而给予不同的处置，都列入强奸罪。同时规定，与 16 岁以下男女儿童（包括不合理地认为是 16 岁以上的儿童）发生性活动或者当着他们的面发生性活动或者导致他们观看性活动均构成犯罪，不论他们是否同意。对 13 岁以下儿童实施性侵害构成严重犯罪，使用暴力强奸

① 参见〔英〕赫尔曼·曼海《战后英国刑法的发展》，魏家驹译，载中国科学院法学研究所编《法学研究资料》1962 年第 6 辑。
② http：//www. legislation. gov. uk/ukpga/1967/60/pdfs/ukpga_ 19670060_ en. pdf.
③ 谢望原主译《英国刑事制定法精要（1351 ~ 1997）》（中国人民公安大学出版社，2003）一书收有《1967 年性犯罪法》系经过 1994 年修正的，因而其中的合法同性性行为年龄为 18 岁。见该书第 220 页。
④ http：//www. legislation. gov. uk/ukpga/2000/44/contents.

的处以终身监禁，实施其他性伤害的处以 14 年以下监禁，引诱儿童发生性交的处以终身监禁。

在欧洲，同性恋者还受到欧洲人权法院（European Court of Human Rights）的保护。欧洲人权法院承认，禁止同性恋行为的那些法律构成了对尊重私人生活权利的一种干涉。同性恋关系归属于私人生活的范围之内。① 欧洲人权法院指出："对于那些认为同性恋不道德的人们而言，同性恋行为可能会令他们反感、震惊或不安，但这不意味着就准许对那些自愿的成年的同性恋者科以刑罚。"②

而且，在欧洲许多国家，同性婚姻或者同性同居关系已经得到法律的承认和保护。

美国的情况比较复杂。美国的反鸡奸法来源于英国亨利八世的法令。虽然美国自 17 世纪起就不曾有人因肛交被处死，但许多州直到 19 世纪法律还允许对肛交者处以死刑。在一些州，同性肛交和异性肛交包括夫妻肛交都构成犯罪。而有一些州则只禁止同性肛交。还有一些州不干涉夫妻之间私下肛交。有一些州不仅禁止同性肛交，也禁止同性口交。20 世纪 50 年代初期，麦卡锡主义的矛头不仅指向共产主义者，而且还指向被同样认为是政治危险人物的同性恋者。政府中的同性恋者和共产主义者被清洗。联邦调查局开始系统地监视和骚扰同性恋者。而正是在这种高压政策下，同性恋者权利运动方兴未艾。医学界、社会福利界和法学界的许多团体要求放宽对同性性行为的限制。50 年代末，正在起草《模范刑法典》的美国法学会认为，成年男性之间出于自愿在私下进行包括肛交在内的性行为，不构成犯罪。1961 年，伊利诺伊州采纳了美国法学会的建议，成为

① 参见〔英〕克莱尔·奥维、罗宾·怀特《欧洲人权法原则与判例》（第三版），何志鹏、孙璐译，北京大学出版社，2006，第 330 页。
② 转引自〔法〕米海依尔·戴尔玛斯－马蒂《刑事政策的主要体系》，卢建平译，法律出版社，2000，第 257 页。

美国各州中将成年男性之间出于自愿在私下进行性行为非犯罪化的第一个州。但是在同性恋不合法的州，对同性恋者的迫害却愈演愈烈。1969 年 6 月 27 日傍晚，纽约市警方袭击了格林尼治村同性恋者聚集的石墙旅馆（Stonewall Inn）。同性恋者在受到殴打和虐待后，奋起自卫，连续反击三日。这一事件史称"石墙骚乱"。石墙骚乱引发了全美范围的同性恋者解放运动。① 经过同性恋者的努力，更多的州放弃了对成年男性自愿私下进行的同性性行为的惩罚。但在这个问题上，美国联邦最高法院的立场曾经是保守的。它在 1986 年宣布惩罚肛交行为的法律符合宪法。此裁决是对 Michael J. Bowers V. Michael Hardwick 案作出的。1982 年，佐治亚州的男子哈德威克因为在自己家中与一成年男子肛交而被控有罪。根据佐治亚州的反鸡奸法，如果某人实行或服从于口交或肛交行为，就是鸡奸，属于违法，可处以 20 年徒刑。哈德威克在被保释后，接受美国公民自由协会佐治亚州分会的建议，向联邦地区法院起诉，提出佐治亚州的反鸡奸法侵犯公民隐私权，违反宪法。地区法院判定撤销对哈德威克的追究，指出成年人之间私下进行的同性恋行为是一种隐私，应该免受惩处。之后，佐治亚州上诉到联邦最高法院。最高法院以 5∶4 通过裁决，宣布佐治亚州反鸡奸法有效。最高法院指出，同性恋者的个人行为必须服从于国家干预，这个思想贯穿了整个西方文明，对同性恋行为的谴责深深根植于犹太 - 基督教的道德和伦理标准。如果认为同性恋者的肛交行为是一种基本的权利，这等于抛弃了千年的道德教诲。四位持异议的大法官也发表了反对意见，他们认为最高法院的裁决实际上是拒绝承认所有个体自由选择和他人发生隐秘关系的权利。当时，美国有一杂志刊登了一项全国性的民意调查，表明 57% 的人反对最高法院

---

① Stonewall Riots of 1969. http://humanists.net/wasm/stonewall.htm.

的裁决。[1] 但是，判定肛交行为包括同性恋者的肛交行为是否构成犯罪属州的法律事务，联邦最高法院的上述判决并没有阻挡住各州改变自己的态度。到理查德·波斯纳撰写他的《性与理性》（*Sex and Reason*，1992）时，已经有半数州废除了反鸡奸法，而剩下的那一半的州，也已经不再严格执法了，受到追究的主要是有强迫、有伤公共风化、虐待未成年人或其他从重情节的同性性行为。[2] 而到 2003 年 6 月，联邦最高法院对于一件类似于 Bowers v. Hardwick 案的 Lawrence v. Texas 上诉案，作出了与 17 年前截然相反的判决。6 月 26 日，联邦最高法院以 6 : 3 通过裁决，推翻了得克萨斯州的反鸡奸法。裁决指出，美国人有权让自己的私生活受到尊重，得克萨斯州旨在控制私人性行为的法律贬损了同性恋者的存在价值。最高法院判决的这件案子，涉及两名发生性行为的得克萨斯州男子。1998 年 9 月某日晚，在休斯敦，当成年男子劳伦斯和另一个成年男人加纳在家里发生性行为时，警察突然闯入。警察来此本是根据举报搜查违法武器，但见他们发生性行为，就将他们逮捕。根据得克萨斯州的反鸡奸法，他们被控犯了轻罪，判处两百美元的罚金。他们随后对那部法律是否违背宪法进行挑战，案子一直上诉到联邦最高法院。此时，包括得克萨斯州在内，只有 13 个州还禁止成年人自愿发生同性性行为，其中 4 个州的禁止只针对男性。在过去 30 年中，许多州的反鸡奸法不是被州议会废止，就是被州法院宣布无效。[3]

不过，与欧洲国家相比，同性婚姻的合法化进程在美国更为艰

---

① 参见〔美〕彼得·伊龙斯《为权益而战》，周敦仁等译，上海译文出版社，1997，第 433～446 页；邓冰、苏益群编译《大法官的智慧·美国联邦法院经典案例选》，法律出版社，2004，第 17～22 页。

② 〔美〕理查德·A. 波斯纳：《性与理性》，苏力译，中国政法大学出版社，2002，第 462 页。

③ http：//supct. law. cornell. edu/supct/html/02－102. ZS. html。并参见《美国最高法院推翻德克萨斯州同性恋性行为禁令》、《鸡奸有理？美国最高法院推翻一项同性恋禁令》，中新网 2003 年 6 月 27 日。

难。1996 年 7 月美国国会两院通过《婚姻保护法》（Defense of Marriage Act，DOMA），制定了法律上的婚姻概念："一个男人和一个女人作为丈夫和妻子在法律上的结合"（the word 'marriage' means only a legal union between one man and one woman as husband and wife）。该法禁止联邦政府承认同性恋婚姻，给予各州不承认其他州发放的同性恋结婚证书的权力，不承认同性恋婚姻的相关利益。当时的总统克林顿签署了该法令。美国的 38 个州随后制定了同样的法律。2000 年，佛蒙特州通过新的法律，允许同性恋情侣在本州岛通过婚姻获得相关的权利、责任和利益，成为美国第一个允许同性恋婚姻的州。2003 年 5 月，联邦众议院通过《联邦婚姻修正案》（Federal Marriage Amendment，FMA）决议，要求修改宪法以明确"婚姻在美国只能是一个男人和一个女人的结合"（marriage in the United States as a union only between a man and a woman）。2003 年 8 月进行的一项民意调查显示，有 66% 的美国人推崇传统婚姻，拒绝接受同性恋婚姻，另有 27% 的人认为应允许同性恋婚姻。58% 的受访者同意美国总统布什"美国人应该以欢迎和尊重的方式善待同性恋者，但必须反对同性恋婚姻"的观点。69% 的年龄超过 65 岁的受访者同意这一观点。在年龄低于 30 岁的受访者中只有 42% 的人支持这一观点。2003 年 11 月，马萨诸塞州最高法院裁定，禁止同性恋婚姻违反了该州的法律。2004 年 2 月，旧金山市批准了同性恋者结婚。但在同年 3 月 11 日，加利福尼亚州高等法院下令旧金山立即停止同性恋结婚。在 2004 年总统大选前，布什对同性恋婚姻的态度更为强硬。2 月 24 日，布什明确宣布，他支持禁止同性婚姻的宪法修正案。布什指责一些法官和地方政府允许同性婚姻是试图改变文明社会的基本制度，在这个问题上制造了混乱。如果再不采取行动，就会造成更多的不确定因素。布什的决定甫出，即遭到民主党人、同性恋人权组织甚至一些共和党人的批评。民主党总统候选人克里和爱德华兹在表态不赞成同性婚姻的同

时，都反对通过修宪禁止同性婚姻。民主党人还指责布什将反对同性
婚姻作为其竞选策略的一部分；同性恋人权组织则反对把歧视性条款
写进宪法。不久，布什在一次全国性电视讲话中将同性恋婚姻称作
"反恐战争的新前线"，并呼吁全球民主社会团结起来，继续与"逐渐
加大的同性恋婚姻的威胁"做斗争。布什指出，不能任由同性恋婚姻
对自由和民主构成危害，同性恋婚姻是站不住脚的。他还将同性恋婚
姻称为"日益厚颜无耻的婚姻形式"。但是，在 2004 年 7 月 14 日，
有关禁止同性恋婚姻的宪法修正草案在联邦参议院被否决。① 直到
2015 年 6 月 26 日，美国联邦最高法院作出一项历史性裁决，9 名大法
官以 5∶4 的结果裁定同性婚姻合法，宣称根据美国联邦宪法第十四修
正案，婚姻是所有人享有的平等权利，同性婚姻和异性婚姻一样受到
法律保护。这意味着同性伴侣今后可在全美 50 个州注册结婚。至此，
美国成为全世界第 21 个在全国范围内允许同性伴侣结婚的国家。目
前，全美约有 100 万对同性伴侣，其中 39 万对同性伴侣已登记结
婚。②

20 世纪以来，俄国（包括苏联和俄罗斯）对同性恋的立场变动
反复。十月革命后，苏维埃政权废除了沙皇时代对同性性行为给予长
期监禁处罚的法律。1922 年制定的第一部《苏俄刑法典》也没有把
自愿的同性性行为列为犯罪。这可能是故意的选择，也可能是因为当
时刑法主要用于镇压敌对分子，而无暇顾及同性性行为这样并不太重

---

① 参见《民调：多数美国人推崇传统婚姻，拒绝同性恋合法》，中新网 2003 年 8 月 7
日；《布什对同性婚姻感到困惑，保守派称其将立法禁止》，中新网 2004 年 2 月 19
日；《布什支持修宪禁止同性婚姻，分析指其为拉选票》，中新网 2004 年 2 月 25 日；
《美国加州高等法院下令旧金山停止批准同性恋结婚》，中新网 2004 年 3 月 12 日；
《布什"粉红风暴"：同性恋婚姻成反恐战争新前线》，中新网 2004 年 3 月 25 日；
《参院否决同性恋婚姻宪法修正案，布什如意算盘落空》，中国日报网 2004 年 7 月 16
日。
② 信达：《美最高法院裁定同性婚姻合法 奥巴马盛赞"美国的胜利"》，中国日报网
2015 年 6 月 27 日。

要的问题。不论是否出于国家的倡导，在 20 世纪 20 年代，俄国人的婚姻、性行为确实是相当自由的。这种状况在当时的一些文学作品如革拉特珂夫的《土敏土》①、潘菲洛夫的《磨刀石农庄》②、奥斯特洛夫斯基的《钢铁是怎样炼成的》③ 中有所反映。在 20 年代访问过苏联的威廉·赖希对苏联的"性革命"给予了高度的称赞，并认为苏联政府将同性恋非罪化的举动"极大地鼓舞了西欧北美的性政治运动"④。后人也有类似的评论，认为当时苏联"事实上进行了完全废除家庭和性行为常规道德的试验"⑤。因为走得太远，以至于列宁不得不表态，对当时的"新的性生活"、"在性生活上的普遍亢进"和"一杯水主义"提出严厉的批评。⑥ 但是，只是到了 30 年代，随着政治气候日益紧张，对性自由的限制才又严格起来。霭理士旁观这一演变："在帝俄时代，在表面上，习俗对于性活动的限制是很多而很严的，在底子里，纵欲腐败的行为也正复不少，这两种相反的倾向自各有其反应。革命以后，性活动是解放了，而此种解放大部分趋于纵欲一途。目前（1933）离开革命已快二十年，但这种放纵的趋势还很有人感觉得需要，特别是那些把节制看作资产阶级的陈腐的德操的人。但主要的趋

---

① 〔苏联〕革拉特珂夫：《土敏土》，董秋斯译，新文艺出版社，1955。革拉特珂夫的这部长篇小说，后来在中国还有被译为《水泥》的译本，其所依据的原著版本是经过原作者较多删改的。

② 〔苏联〕潘菲洛夫：《磨刀石农庄》（共四部），金人译，人民文学出版社，1955 ~ 1960 年陆续出版。

③ 〔苏联〕尼·奥斯特洛夫斯基：《钢铁是怎样炼成的》（全译本），黄树南等译，漓江出版社，1994。

④ 参见〔奥〕威廉·赖希《性革命——走向自我调节的性格结构》，陈学明、李国海、乔长森译，东方出版社，2010，下篇"苏联争取'新生活'的斗争"。

⑤ 〔美〕理查德·A. 波斯纳：《性与理性》，苏力译，北京：中国政法大学出版社，2002，第 79 页。有关评论还可参见：〔美〕凯特·米利特《性的政治》，钟明良译，社会科学文献出版社，1999；〔法〕让·杜歇《第一性》，周征凌、范倍思译，海天出版社，2001。

⑥ 参见〔德〕克拉拉·蔡特金《列宁印象记》，马清槐译，生活·读书·新知三联书店，1979。

势总是对于纵欲的反动。因此，共产党员因私人性行为不检而被开除党籍的，近年也不在少数。"① 特别是，同性恋者的境遇发生了变化。苏联解体后，俄罗斯历史学家发现了国家政治保安总局副局长亨里希·亚戈达写给斯大林的一份落款日期是 1933 年 12 月 13 日的报告："为了在近期内取缔莫斯科和列宁格勒的同性恋者团体，国家政治保安总局已查明了举行同性恋聚会的各种场所。……同性恋者把完全健康的青年、红军战士、红海军战士和某些大学生拉下了水，使他们变得道德败坏。……我们没有可作为依据来打击同性恋者的刑法。……我认为，必须颁布关于搞同性恋应负刑事责任的相应法律。"根据 1934 年 4 月 1 日的法令，苏联刑法增加第 154 - 1 条，规定："男子与男子为性交行为者（鸡奸），处剥夺自由 3 年以上 5 年以下。使用暴力或利用被害者立于其从属地位而为鸡奸行为者，处剥夺自由 5 年以上至 8 年以下。"② 1934 年春天，肃反人员在外交人民委员部发现了同性恋者，并于 4 月份逮捕了外交人民委员部礼宾处处长德米特里·弗洛林斯基。国家政治保安总局副局长雅科夫·绍洛维奇·阿格拉诺夫于 7 月 3 日向斯大林报告："国家政治保安总局在莫斯科清除同性恋者的窝点时发现，外交人民委员部礼宾处处长弗洛林斯基是个同性恋者。被我们叫来的弗洛林斯基承认自己是同性恋者，交代了自己的同性恋行为。到最近为止他一直与年轻人保持同性恋关系，其中大部分人是在弗洛林斯基的引诱下第一次涉足这种关系。与此同时，弗洛林斯基向国家政治保安总局全体负责人递交了一份声明。他在声明中说，他在 1918 年是领薪水的德国间谍，在德国驻斯德哥尔摩大使馆当被招募的秘书。"外交人民委员格奥尔基·瓦西里耶维奇·奇切林本人和国家政治保安总局局长维亚切斯拉夫·鲁道福维奇·缅任斯基也曾被

---

① 〔英〕霭理士：《性心理学》，潘光旦译注，生活·读书·新知三联书店，1987，第 393 页。
② 《苏俄刑法》，中央人民政府法制委员会编，陈汉章译，新华书店，1950，第 111 页。

怀疑搞同性恋。不过，在收拾他们之前，他们就去世了。1940 年"因背叛祖国，搞破坏活动和间谍活动，策划实施恐怖主义行动，组织杀害不喜欢的人"被处决的前内务人民委员尼古拉·伊万诺维奇·叶若夫，也被指控使用暴力或利用受害人的依从状态实施同性肛交。叶若夫本人承认自己"道德上和生活上腐化"。他说："这指的是我早就有的恶习——鸡奸。"据他讲，从年轻时候起他就开始有了"双方都积极的关系"。① 1960 年《苏俄刑法典》延续了对自愿的同性性行为的处罚态度。该法第 121 条规定："男子和男子性交（鸡奸）的，处 5 年以下的剥夺自由。使用暴力、威胁实施鸡奸的，或对未成年人实施鸡奸，或利用被害人的从属地位而实施鸡奸的，处 8 年以下的剥夺自由。"② 在苏联时期，曾经有数千名同性恋男子被投进监狱。

苏联解体后，俄罗斯在 1996 年正式宣布取消对自愿的同性性行为的处罚。1996 年《俄罗斯联邦刑法典》没有将自愿的同性性行为规定为犯罪。它在针对妇女的生殖器接合的强奸罪之外，将强制猥亵分为"性暴力行为"和"强迫进行性行为"两类，并将同性的暴力性猥亵和强迫性猥亵，分别纳入其中。"性暴力行为"是指"对男或女受害人，或其他人使用暴力或以暴力相威胁，或利用男或女受害人孤立无援的状态而与之进行同性性交或其他性行为"。"强迫进行性行为"是指"采取恫吓，或以毁灭、损坏或没收财产相威胁，或利用男或女受害人在物质上或其他方面处于从属地位而强迫其进行性交、同性性交或其他性行为"。③ 据报道，在 2002 年，俄罗斯杜马（议会下院）的一些议员企图将自愿同性性行为重新刑事化。他们提出刑法修正案，要求将男子之间的自愿肛交定罪五年，并称此举将提高俄罗斯

---

① 参见〔俄〕列昂尼德·姆列钦《历届克格勃主席的命运》，李惠生等译，新华出版社，2001。
② 《苏俄刑法典（一九七八年修订版）》，北京政法学院刑法教研室，1980。
③ 《俄罗斯联邦刑法典》，黄道秀等译，中国法制出版社，1996。

的道德水准。他们认为，同性恋受到惩罚的理由有三个：一是传播艾滋病，二是破坏道德，三是有悖于俄罗斯主流宗教的教义。然而政治主流派别对该提案持强烈批判态度。俄罗斯人权调查官员奥莱格·米洛诺夫说："既然心理学家和医生肯定人们存在不同的性倾向，我们就必须保护他们的权利。"地区议员奥莱格·默洛佐夫表示："该提案只会在欧洲引起嘲笑。即使一些人想和同性恋作斗争，监狱也不是一种合适的手段，因为这是一种野蛮行径。"联邦安全委员会主席维克多·奥泽罗夫责问："杜马议员难道没有比同性恋更需要关注的议题吗？这不过是又一次作秀而已。"① 近年，俄罗斯官方对同性恋宣传等问题的立场趋于严厉。2013 年 6 月 26 日，俄罗斯联邦委员会（议会上院）审议通过了两项同性恋限制法案：禁止在未成年人中传播非传统性关系的信息；禁止外国同性伴侣或同性恋合法化国家的单身人士收养俄罗斯儿童。当日通过的禁止同性恋宣传的行政法案规定，凡通过大众传媒、互联网及病毒广告等各种方式传播同性恋内容者，对个人可处 4000 ~ 5000 卢布罚金，对机构可处 40000 ~ 50000 卢布罚金，而对法人则可处以 80 万 ~ 100 万卢布罚金，法人传播者还可能被停止营运三个月。俄联邦委员会当日审议通过的还有联邦《家庭法典》第127 条的修正案，根据修正案，俄罗斯将不仅禁止本国同性伴侣收养儿童，还将同时禁止外国同性伴侣及同性恋合法化国家的单身人士收养俄罗斯儿童。②

在西方国家的同性恋合法化过程中，有些人主张将非强制的同性恋童行为即所谓"跨代性活动"（intergenerational sex）同样合法化。③

---

① 满江：《俄罗斯杜马议员企图将同性恋重新刑事化》（摘译自 2002 年 4 月 25 日《莫斯科时报》），《桃红满天下》第 123 期（2002 年 5 月 17 日）。
② 贾靖峰：《俄联邦委员会通过限制同性恋传播及收养系列法案》，中新社 2013 年 6 月 26 日；《俄总统普京签署关于禁止向儿童宣传同性恋法律》，中新社 2013 年 7 月 1 日。
③ 有关讨论，参见〔英〕J. 韦克斯《性，不只是性爱》，齐人译，光明日报出版社，1989，第 342 ~ 354 页。

因同性恋而没有孩子的米歇尔·福柯在阐述"在任何情况下，性都不该服从任何形式的立法"的立场时，除了提出强奸罪的去性化，还提出与儿童发生性行为的合法化。他说："强奸还是能相当容易抵挡住，只要不同意且拒绝近身。相反，男孩和女孩都面对的整个问题——因为对于男孩，法律上并不存在强奸——是引诱孩子的问题，或孩子开始引诱你。是否可能对立法的人建议说，可以和一个同意的孩子、一个不拒绝的孩子发生任何关系，而这不属于任何法律？""有些 10 岁的孩子扑向一个成年人——那又怎么办？有些孩子是欣然同意的。""我真想说，在孩子不拒绝时，没有任何理由去惩罚任何事。"① 不过，法国或者其他国家的立法者并没有听信其言。正如欧洲议会和欧盟理事会《关于打击儿童性虐待、儿童性剥削和儿童色情物品的指令》规定的那样，目前，西方各国对与未达到性行为同意年龄的儿童（不论是女童还是男童）发生同性性关系，仍然是给予严厉惩罚的。

对于女性同性恋，各国一直持比较宽容的态度。在西方国家历史上，宗教法和传统刑法禁止的反自然性行为主要是指男性之间和男女之间的肛交以及兽奸，而女性之间当然不可能发生真正的肛交。但是，女性借助捆绑式假阳具与其他女性发生有插入的性关系，曾经被视为反自然性交罪。1477 年，在德国的施派尔（Speyerer），一个女人凯瑟琳纳·海兹尔多夫被判处死刑，罪名是她用她的"男人意志"控制别的女人，和别的女人在一起时"举止行为完全像个男人"，她将"一段木棍放在两腿之间"模仿阴茎。在 16 世纪的西班牙，有两个修女使用人造阳具互相插入并且装扮成男人，被处以火刑。1721 年，德国的一位女人凯瑟琳纳·林克因为假冒男人并且使用假阳具与女人发生关系，甚至与女人结婚，而被以火刑处死，她的妻子凯瑟琳纳·穆尔

---

① 〔法〕米歇尔·福柯：《囚禁，精神病学，监狱》，万美君译，载杜小真选编《福柯集》，上海远东出版社，1998。

汉因为知道她使用假阳具而被判处监禁和流放。被判处死刑前，凯瑟琳纳·林克的律师为她辩护，说《圣经》只是禁止女性和动物之间不正常的行为，而且没有精液算不上鸡奸。但法官们认为，女人的这种行为与男人的鸡奸"所包含的邪恶本质是一样的"，都将招致神的怨怒，哪怕涉及的女性只是"像野兽一样淫荡地蹭擦下体"，不论是按照教义还是世俗的法律，均应施以死刑。① 在英国，1921 年，议会否决了一项将女性同性恋入刑的提案，部分原因在于大家觉得没有必要让此种"极少数"女性的行为引起大部分"对此从未耳闻之人"的注意。② 然而，1991 年，英国有一个 18 岁的女同性恋者詹尼弗·桑德斯，因引诱两个 17 岁的女人而被判处 6 年徒刑，罪名是猥亵。桑德斯被控告与其中一个女人发生性关系，一周数次，使用一种腰围式人工阴茎。③ 这一判决的法律依据并不充分。《1967 年性犯罪法》虽然规定同性之间自愿私下发生性行为，须双方年满 21 岁方不构成犯罪，但是它明确指出它所说的同性性行为是发生在男性之间的："本条所说'同性恋'（查原文是 homosexual act，应译为'同性恋行为'或者'同性性行为'——刘注），是指：当且仅当一个男子和另一个男子鸡奸或者严重猥亵，或者参与他人的前述行为时，该人被视为实施同性恋行为。"④

虽然同性恋已经不再被视为精神障碍，但是同性恋者和异性恋者一样，也可能罹患各种精神障碍，例如性变态、人格障碍、精神分裂症等。虽然同性恋本身不再构成犯罪，但是同性恋者和异性恋者一

① 参见〔美〕埃里克·伯科威茨《性审判史：一部人类文明史》，王一多、朱洪涛译，南京大学出版社，2015，第 133、227~232 页。
② 参见〔英〕法拉梅兹·达伯霍瓦拉《性的起源：第一次性革命的历史》，杨朗译，译林出版社，2015，第 341 页。
③ 参见〔美〕葛尔·罗宾等《酷儿理论——西方 90 年代性思潮》，李银河译，时事出版社，2000，第 176~177 页。
④ 《英国刑事制定法精要（1351~1997）》，谢望原主译，中国人民公安大学出版社，2003，第 220 页。

样，也可能在精神障碍支配、影响下实施性侵犯犯罪，包括针对同性的强奸、奸童、性施虐杀人、性施虐伤害、奸尸虐尸、强制猥亵等。各国没有因为同性恋的非罪化而宽宥同性恋者或者并不一定是同性恋者的人实施的同性性侵犯。美国的杰弗瑞·达默（Jeffrey Lionel Dahmer）便是一个臭名昭著的有多种精神障碍的针对同性的杀人狂：

[**案例244**] 杰弗瑞·达默出生于1960年。他的父亲是一位成功的研究型药剂师。在达默案发后，这位药剂师把他儿子的异常行为归咎于达默母亲怀孕时服用的药物。达默的母亲对他说过，在他出生后她患了严重的产后抑郁症和神经崩溃，因此，达默后来对自己的出生感到内疚。在童年时期，达默尽管没有受到躯体虐待或性虐待，但家庭中因为父母的斗争充满了紧张气氛。小时候，达默对昆虫和动物的尸体有强烈的爱好，收集被车撞死的动物，砍掉它们的脑袋，放在树枝上。他还剥去动物的皮并晒干。达默十多岁时最喜爱的活动之一是寻找野狗，并用车撞死它们。他在八年级的时候就每天手淫，并幻想与同龄的男孩进行性行为。他的第一次性经历发生在九年级，他与一个邻居男孩裸体躺在一起，亲吻和抚摸他。他参加过正式舞会，但他不与女伴跳舞也不接吻。1978年，有一天达默喝酒之后开车回家，路上顺便捎带了一个搭便车的人——斯蒂文·希克斯。他们一起到达默父母的家中喝啤酒、吸大麻。当斯蒂文要离开的时候，达默试图挽留他，两人扭打起来。达默用杠铃打倒斯蒂文，然后扼死了他。在杀死斯蒂文后，达默脱掉尸体的衣服，站在尸体上手淫、射精。黄昏时分，达默把尸体拖到父母房子下面的地下室，并且把尸体肢解成块，放在塑料袋中。起初，达默把尸体碎块带到他的车里，后来还是返回把它们藏到父母房子后面的小树林里。后来，他曾经在俄亥俄大学混迹数月，在军队服役两年。在第一次杀人之后的九年里，达默没有杀人。当达默退役后，他找回第一名受害者的尸体碎块，粉碎成末洒在

小树林中。他经常到同性恋浴室或者同性恋酒吧，把药品投入他遇到的男子的饮料中，然后把男子带到旅馆，乘男子处于恍惚状态时进行肛交，之后立刻离开。他曾获悉一个青年男子死了，他就到殡仪馆去看尸体。达默还设想把尸体挖掘出来，从而可以享受性交的快感，并且不用杀人。在另一些时候，达默从商店偷出服装人形模特并与之性交。1986 年，达默因为在两个 12 岁男孩面前手淫而被捕。在随后接受的心理治疗中，达默表现合作，并且表示愿意改变。1989 年，达默因为杀死 3 名男子而被判刑。在假释、接受心理治疗和等待宣判的时候，达默杀死第五个人。达默被判处年 5 年监禁，缓期 5 年执行，并被指令接受治疗。达默被释放后，并没有接受治疗。1990 年夏天，达默因为旷工被解雇。到下一年的夏天为止，他又杀死 12 个人。随着时间的推移，达默的情况越来越恶化，或许已经体验到精神病和分离症状。1991 年 7 月 22 日，当一个受害者逃跑的时候，达默并没有离家出逃。警察赶到并进入达默的卧室，那里摆放着几具尸体的碎块。警察还在冰箱里发现几个人头。被捕后，达默爽快地供认罪行，并且向警察描述了犯罪的细节。他被起诉犯了两起谋杀和 13 起一级谋杀。达默辩解自己的精神有问题，但也承认自己罪应至死。达默被判处 957 年监禁。1994 年 11 月 28 日，在清洁监狱职员更衣室的时候，达默被另外一名罪犯打死。达默的尸检报告提到，法医在进行尸体解剖的整个过程中，一直给达默戴着脚镣。"这是出于对这个人的恐惧"，一位病理学家如是说。根据精神病学家分析，达默至少有如下的精神障碍：恋童症、恋尸症、边缘性人格障碍、施虐性人格障碍、反社会性人格障碍、酒精依赖、大麻成瘾、混合型人格障碍。①

---

① 摘编自〔美〕罗伯特·迈耶《变态行为案例故事》，张黎黎、高隽译，世界图书出版公司，2007，第 151~154 页；https：//en. wikipedia. org/wiki/Jeffrey_ Dahmer。

第三节　同性性行为与犯罪：中国的法律

一　古代和近代法律上的同性性行为

相比于西方，中国传统文化对同性恋和同性性行为"比较宽大"①。中国古代法律对同性性行为的态度，也区别于古代的西方国家。在相当长的时间里，没有法律干涉同性性行为。据考证，中国有关对同性性行为实施处罚的明确记载最早出现于宋代。但是，处罚针对的实际是"男子为娼"而不是男性的同性性行为。宋代朱彧《萍洲可谈》云："书传载弥子瑕②、闳、籍孺③以色媚世，至今京师与郡邑无赖男子，用以图衣食。旧未尝正名禁止。政和间始立法告捕，男子为娼，杖一百，告者赏钱五十贯。"④ 宋代周密《癸辛杂识》也说：

---

① 潘光旦：《中国文献中同性恋举例》，附于其所译霭理士《性心理学》一书。
② 弥子瑕为春秋卫灵公嬖臣。《韩非子·说难》：昔者弥子瑕有宠于卫君，卫之法：窃驾君车者罪刖。弥子瑕母病，人闻，有夜告弥子，弥子矫驾君车以出。君闻而贤之，曰："孝哉！为母之故，忘其犯刖罪。"异日，与君游于果园，食桃而甘，不尽，以其半啖君。君曰："爱我哉！忘其口味以啖寡人。"及弥子色衰爱弛，得罪于君，君曰："是固尝矫驾吾车，又尝啖我以余桃。"参见梁启雄《韩子浅解》，中华书局，1960，第96页。
③ 籍孺为汉高祖嬖臣，闳孺为汉孝惠帝嬖臣。《汉书》卷九十三佞幸传第六十三：汉兴，佞幸宠臣，高祖时则有籍孺，孝惠有闳孺。此两人非有材能，但以婉媚贵幸，与上卧起，公卿皆因关说。故孝惠时，郎侍中皆冠鵔鸃，贝带，傅脂粉，化闳、籍之属也。两人徙家安陵。其后宠臣，孝文时士人则邓通、宦者则赵谈、北宫伯子；孝武时士人则韩嫣，宦者则李延年；孝元时宦者则弘恭、石显；孝成时士人则张放、淳于长；孝哀时则有董贤。参见（汉）班固撰、（唐）颜师古注《汉书》，中华书局，1962，第3721页。
④ （宋）朱彧：《萍洲可谈》，李伟国点校，中华书局，2007，第169页。此条亦为王书奴《中国娼妓史》（上海书店，1992，第226页）所引，但所引书名为《萍州可谈》，且略去起始一句。

书传所载龙阳君①、弥子瑕之事甚丑，至汉则有籍孺、闳孺、邓通、韩嫣、董贤之徒，至于傅脂粉以为媚。史臣赞之曰："柔曼之倾国，非独女德。"盖亦有男色焉。闻东都盛时，无赖男子亦用此以图衣食。政和中，始立法告捕，男子为娼者杖一百，赏钱五十贯。吴俗此风尤盛，新门外乃其巢穴。皆傅脂粉，盛装饰，善针指，呼谓亦如妇人，以之求食。其为首者号师巫行头。凡官府有不男之讼，则呼使验之。败坏风俗，莫甚于此，然未见有举旧条以禁止之者，岂以其言之丑故耶？②

明代曾有处罚肛交的规定："将肾茎放入人粪门内淫戏，比依秽物灌入人口律，杖一百。"其所定具体年代不详，最早见于明嘉靖五年（1526）刻本《大明律直引》（未署撰人）所录比附律条，列在"斗殴"律文之后。③ 这一规定适用时间不长。明万历三十八年（1610）刊印《大明律集解附例》的编者，在叙该书未将比附律条收录的理由时指出："条例申明颁布之后，一切旧刻事例未经今次载入，如比附律条等项，悉行停寝。凡问刑衙门敢有恣任喜怒，妄行引拟或移情就例，故入人罪苛刻显著者，各依故失出入律坐罪。其因而致死

---

① 龙阳君为战国时期魏国第六个国君魏安厘王魏圉的男宠。《战国策》卷二十五魏四：魏王与龙阳君共船而钓，龙阳君得十余鱼而涕下。王曰："有所不安乎？如是，何不相告也？"对曰："臣无敢不安也。"王曰："然则何为涕出？"曰："臣为王之所得鱼也。"王曰："何谓也？"对曰："臣之始得鱼也，臣甚喜，后得又益大，今臣直欲弃臣前之所得矣。今以臣凶恶，而得为王拂枕席。今臣爵至人君，走人于庭，辟人于途。四海之内美人亦甚多矣，闻臣之得幸于王也，必褰裳而趋王。臣亦犹曩臣之前所得鱼也，臣亦将弃矣，臣安能无涕出乎？"魏王曰："误！有是心也，何不相告也？"于是布令于四境之内曰："有敢言美人者族。"参见（西汉）刘向集录《战国策》，上海古籍出版社，1985，第917页。
② （宋）周密：《癸辛杂识》，吴企明点校，中华书局，1988，第109页。
③ 《大明律直引所附问刑条例和比附律条》，宋国范、贾永中点校，载刘海年、杨一凡总主编，杨一凡、曲英杰分册主编《中国珍稀法律典籍集成》（乙编第二册·明代条例），科学出版社，1994。台湾学者黄彰健编著《明代律例汇编》亦录入此条，参见该书（"中央研究院"历史语言研究所专刊之七十五，1979）第827页。

人命者，除律应抵死外，其余俱发为民。"① 但是，清初法律却对该规定加以沿用，见于顺治二年（1646）奏定《大清律附》的《比附律条》。编录者注曰："比附各条，革久不用，今亦存留备考"。② 清初不仅禁止同性强制肛交（鸡奸），而且对自愿的同性肛交也予以惩罚。曾有"陈六、孔珍鸡奸王十学，陈六、孔珍应照秽物灌入人口律，杖一百"成案。③ 之后，对强制同性鸡奸处罚更为严厉。据康熙五十八年（1719）刻《定例成案合镌》和乾隆间吴坛撰《大清律例通考》，康熙十八年（1679）议准："凡不肖恶徒伙众，将良人子弟抢去强行鸡奸，为首者立斩。为从者，俱拟绞监候，秋后处决。如和同鸡奸事发者，照律拟罪。"④ 这一规定后被收入《现行则例》。⑤ 后《现行则例》被汇入《大清律集解附例》。雍正十二年（1734），又经刑部议准安徽巡抚徐本条奏，详订例款。乾隆五年（1740），《大清律集解附例》经修订并改名为《大清律例》。该条例列在《大清律例》之"刑律犯奸·犯奸"律文后：

> 恶徒伙众，将良人子弟抢去强行鸡奸者，无论曾否杀人，仍照光棍例，为首者，拟斩立决；为从，若同奸者，俱拟绞监候；余犯，问拟发遣。其虽未伙众，因奸将良人子弟杀死，及将未至

---

① 《大明律集解附例》卷三十，明万历三十八年刊印，清光绪三十四年修订法律馆重刊。日本早稻田大学图书馆影印本。
② 《大清律附》，载杨一凡、田涛主编《中国珍稀法律典籍续编》第五册，黑龙江人民出版社，2002。但是，乾隆五年版的《大清律例》将该条从其所附"比引律条"中删除。参见《大清律例》（乾隆五年本），田涛、郑秦点校，法律出版社，1999。
③ （清）孙纶辑《定例成案合镌》卷二十五，清康熙五十八年刊本。日本东京大学东洋文化研究所影印本。
④ 此为《定例成案合镌》康熙五十八年刊本所录版本。吴坛《大清律例通考》所录版本与之在文字上略有不同："凡恶徒伙众，将良人子弟抢去，强行鸡奸者，为首者，拟斩立决。为从者，俱拟绞监候。若系和同者，照律治罪。"参见（清）吴坛《大清律例通考》，马建石、杨育裳等校注，中国政法大学出版社，1992，第951页。
⑤ 《定例成案合镌》康熙五十八年刊本"刑部·犯奸"已录此"现行则例"。

十岁之幼童诱去强行鸡奸者，亦照光棍为首例斩决。如强奸十二岁以下十岁以上幼童者，拟斩监候；和奸者，照奸幼女，虽和，同强论律，拟绞监候。若止一人强行鸡奸，并未伤人，拟绞监候；如伤人未死，拟斩监候。其强奸未成者，杖一百，流三千里。如和同鸡奸者，照军民相奸例，枷号一个月，杖一百。倘有指称鸡奸诬害等弊，审实，依所诬之罪反坐，至死减一等；罪至斩决者，照恶徒生事行凶例发遣。①

《大清律例》将恶徒伙众强行鸡奸、个人强行鸡奸并杀死被害人和个人强行鸡奸幼童列入"犯奸"，但处罚比照"光棍例"。之所以将恶徒伙众强行鸡奸等比照光棍例处罚，是因为光棍例量刑比一般的强奸重，光棍例为首者斩立决，未致死的强奸是绞监候。清采蘅子《虫鸣漫录》曾记鸡奸男童致残一例："屠贾某，诱邻童甫十一岁者，登楼狎之。同伴中但闻楼板蟋蟀声，如相拥而行者。少顷寂然。登楼视之，邻童已瘫于板上，不能起立。盖屠故伟男，童不能容，被创行避，屠拥而迫之，免尽其具，蹂躏不已。遂致童两跨骨解而散，遂成废人。邻欲讼之，贿以金，方罢。"②此事如经审判，当比照光棍例判斩立决。

其他情形的鸡奸，处罚不比照光棍例。《刑案汇览》卷三十五载嘉庆二十一年（1816）"图奸男子不遂殴伤越日致死"案："张均隆因向宋克勤求奸扑殴，该犯用刀将其戳伤，越二日身死。将张均隆比

---

① 《大清律例》（乾隆五年本），田涛、郑秦点校，法律出版社，1999，第522页。该条例在嘉庆二十四年修改，咸丰二年改定。其中"余犯，问拟发遣"一句，先后改为"余犯改发云、贵、两广烟瘴地方充军"和"余犯发遣黑龙江给披甲人为奴"。最后一句"照恶徒生事行凶例发遣"改为"照恶徒生事行凶例，发极边足四千里充军"。参见（清）薛允升《读例存疑》，见胡星桥、邓又天主编《读例存疑点注》，中国人民公安大学出版社，1994，第742页；《大清律例》（以道光六年本为底本），张荣铮、刘勇强、金懋初点校，天津古籍出版社，1995，第554页。
② （清）采蘅子：《虫鸣漫录》，何铭校阅，新文化书社，1934，第25页。

照强奸未成，将本妇殴伤，越数日身死例拟斩监候。"① 卷五十二载嘉庆二十四年（1819）"轮奸十二岁幼童已成"案："张汶通因见年甫十二之赵淘气儿面貌青白，商同石进财将其轮奸已成。将张汶通比照轮奸良人妇女已成为首，拟斩立决。石进财照为从同奸，拟绞监候。"② 卷五十二载道光三年（1823）"强奸男子捆殴致伤未经成奸"案："李雪些用强鸡奸王岳保子未成，辄用柴块殴伤其两臂膊，并绳缚其两手，未经成奸，将李雪些比照强奸妇女伤非金刃未成奸例拟军。"清代潘文舫等编《续增刑案汇览》卷九载道光九年（1829）案："杨聚得因见高得青年轻，起意强奸，令李金斗帮同捆按，将其强行鸡奸，以致高得青羞忿自缢身死。将杨聚得比照强奸已成，本妇羞忿自尽例，拟斩监候。"③

根据前述条例，成年男性和奸，一般不受处罚，除非有特殊情节。如果一方因奸情败露，羞愧自尽，对另一方应照《大清律例》"刑律人命·威逼人致死"律文后附条例"凡和奸之案，奸妇因奸情败露，羞愧自尽者，奸夫杖一百，徒三年"惩罚。④《刑案汇览》卷三十六载道光三年（1823）案："李万年与徐生旺鸡奸败露，徐生旺羞愧自尽。将李万年比照和奸之案奸妇因奸败露羞愧自尽例，拟以满徒。"⑤《续增刑案汇览》卷九载道光十一年（1831）案："宋普儿与彭太平商换鸡奸，彭太平还奸未遂斥骂，经雇主将宋普儿逐出，宋普

---

① （清）祝庆祺、鲍书芸、潘文舫、何维楷编《刑案汇览三编》（二），北京古籍出版社，2004，第 1275 页。
② （清）祝庆祺、鲍书芸、潘文舫、何维楷编《刑案汇览三编》（三），北京古籍出版社，2004，第 1944 页。
③ （清）祝庆祺、鲍书芸、潘文舫、何维楷编《刑案汇览三编》（四），北京古籍出版社，2004，第 282 页。
④ 《大清律例》（以道光六年本为底本），张荣铮、刘勇强、金懋初点校，天津古籍出版社，1995，第 467 页。
⑤ （清）祝庆祺、鲍书芸、潘文舫、何维楷编《刑案汇览三编》（二），北京古籍出版社，2004，第 1322 页。

儿被逐不甘，在外扬言，以致彭太平自戕身死。若仅照寻常妇女和奸败露，羞愧自尽，奸夫满徒之例问拟，殊觉轻纵，例无专条，将宋普儿比照和奸之案，奸妇因奸情败露，羞愧自尽，奸夫满徒例酌加一等，杖一百，流二千里。"[1]

塾师引诱学生和同鸡奸也构成犯罪，双方都受罚。《刑部比照加减成案》卷二十八载嘉庆二十三年（1818）一师生和同鸡奸案："卢嘉会身为儒师，罔顾名义，诱令从习儒业年甫十四岁之卢莲舫和同鸡奸，情节较重。……本部查儒师之为人师表，与本管官之为民父母相同。本管官奸所部民妻子，律加凡奸二等，则儒师鸡奸弟子，似亦可比引此律，加凡人鸡奸二等科断。该犯卢嘉会系举人，诱奸习儒弟子，已属无耻。复因其另行从师，籍端呈控其父，异姓乱宗，希图挟制，仍与奸好，情同恶棍。卢嘉会应照'棍徒扰害例'拟军。卢莲舫照'和同鸡奸例'枷号一个月，杖一百，年未及岁，照律收赎。"[2]

对纵容或者容留男性卖淫比照窝顿流娼给予处罚。《刑案汇览》卷五十三载嘉庆二十四年（1819）案："李常开设剃头铺，雇李顺儿作伙。嗣李顺儿被人鸡奸，将所得钱文分给。李常即图利纵容卖奸。将李常比照窝顿流娼，月日经久例，杖一百，徒三年。"[3] 同卷载嘉庆二十五年（1820）案："黄七儿等开张客店，容留剃头人在店卖奸，即与窝顿无异，应比照窝顿流娼，系偶然存留例，枷号三个月，杖一百。"[4]

---

① （清）祝庆祺、鲍书芸、潘文舫、何维楷编《刑案汇览三编》（四），北京古籍出版社，2004，第282页。

② （清）许梿、熊莪纂辑《刑部比照加减成案》，何勤华、沈天水等点校，法律出版社，2009，第302页。

③ （清）祝庆祺、鲍书芸、潘文舫、何维楷编《刑案汇览三编》（三），北京古籍出版社，2004，第2011页。

④ （清）祝庆祺、鲍书芸、潘文舫、何维楷编《刑案汇览三编》（三），北京古籍出版社，2004，第2011页。

另外，与妇女拒奸杀人可从轻处罚类似，男子拒奸杀人也可从轻处罚。道光间有人论证："男妇虽有不同，而守身殊无二致，当其猝遇强暴，终身名节判于俄顷，在妇女图全节操，自宜奋力相拒，而男子稍有人心亦断不能甘心顺受，其男子被人调奸之案，并非事在急迫，尚可脱身走避，原不必辄事殴打，若被搂抱按捺强欲奸污，则确有不得不拒之势，或年岁尚属幼稚，不得已而拒奸毙命，其情尤觉可原。……惟男子究力强于妇女，且群萃而处，本无远嫌之别，即偶尔戏谑亦事所常有，自应较妇女抗奸之案稍为从严以昭平允。"① 还有人提出，对于先有和奸后拒绝逼奸而杀人的，也可从轻处罚。② 这些意见被采纳。《大清律例》"刑律人命·杀死奸夫"律文后增纂一条例（此例原系二条，一为乾隆四十二年刑部奏准定例，四十八年修改；一为乾隆六十年刑部增纂之例，嘉庆六年修改，道光四年修并）：

> 男子拒奸杀人，如死者年长凶犯十岁以外，而又当场供证确凿，及死者生供足据，或尸亲供认，可凭三项具备，无论谋、故斗杀，凶犯在十五岁以下，杀系登时者，勿论。非登时而杀，杖一百，照律收赎。年在十六岁以上，登时杀死者，杖一百，徒三年。非登时而杀，杖一百，流三千里。至死者虽无生供，而年长凶犯十岁以外，确系拒奸起衅，别无他故，或年长凶犯虽不及十岁，而拒奸供证确凿，及死者生供足据，或尸亲供认，可凭三项中有一于此。凶犯年在十五岁以下，登时杀死者，杖一百，徒一年。非登时而杀，杖一百，流三千里，俱依律收赎。年在十六岁以上，无论登时与否，均照擅杀罪人律拟绞监候。如死者与凶犯

① （清）祝庆祺、鲍书芸、潘文舫、何维楷编《刑案汇览三编》（二），北京古籍出版社，2004，第988~989页。
② （清）祝庆祺、鲍书芸、潘文舫、何维楷编《刑案汇览三编》（二），北京古籍出版社，2004，第990~991页。

年岁相当，或仅大三五岁，审系因他故致毙人命，捏供拒奸狡饰者，仍分别谋、故斗杀，各照本律定拟，秋审实缓，亦照常办理。若供系拒奸并无佐证，及死者生供审无起衅别情，仍按谋、故斗杀各律定拟，秋审俱入于缓决。至先被鸡奸，后经悔过拒绝，确有证据，复被逼奸，将奸匪杀死者，无论谋、故斗杀，不问凶犯与死者年岁若干，悉照擅杀罪人律拟绞监候。其因他故致毙者，仍依谋、故斗杀各本律问拟。①

对此条例，清末法律学家、官至刑部尚书的薛允升（1820～1901）有一评论，他不很赞同将男性之间的自愿鸡奸和强制鸡奸以及男性拒奸杀人与男女和奸、强奸妇女、妇女拒奸杀人相提并论：

> 男子拒奸杀人之案，条分缕晰颇极详细。惟并未分别强奸、图奸，自应不论强奸与否，一体科断矣。男子与妇女大相悬殊，本不得以奸情论，是以律无鸡奸治罪明文。即有犯者，科以不应可耳。比引例载，将肾茎放入人粪门内淫戏，比依秽物灌入人口律，杖一百。康熙年间，旧案有照以秽物灌入口鼻定拟，亦有照他物置人孔窍定拟者，并不以奸情论。自定有拒奸杀人之例，遂与妇女同科，而犯奸门内亦有和同鸡奸，照军民相奸问拟之成例，科条多而案牍益烦，是又多一擅杀名目矣。康熙年间，定有秋审成例，凡命案内情节可原者，均酌量入于缓决，此等拒奸杀命之案，官可照办，纂为定例，殊嫌节外生枝。②

---

① 《大清律例》（以道光六年本为底本），张荣铮、刘勇强、金懋初点校，天津古籍出版社，1995，第447页。
② （清）薛允升：《读例存疑》，见胡星桥、邓又天主编《读例存疑点注》，中国人民公安大学出版社，1994，第566页。

薛允升所说"科以不应可耳"之"不应"，是刑律名，一般称
"不应为律"或"不应律"，指"不应为"罪。《大清律例》"刑律杂
犯·不应为"律文："凡不应得为而为之者，笞四十；事理重者，杖
八十。"律文后有小注："律无罪名，所犯事有轻重，各量情而坐
之。"① 此律文未明列所禁止之行为，而以"不应得为而为之"概括。
依不应重律处罚，杖八十；依不应轻律处罚，笞四十。不应为罪系轻
罪，类似于当今《治安管理处罚法》所列某些行为。在清代，一些不
构成强奸、亲属和奸等罪的性行为，可依不应律予以处罚。例如前述
"急淫自缢"中的某兵妻，就被按不应重律，杖八十。

太平天国也禁止同性性行为，而且处罚几乎不分强奸与和奸。
《太平刑律》中规定："凡奸老弟，如十三岁以上皆斩，十三岁以下，
专斩行奸者，如系和奸皆斩。"②

另外，在中国的一些外国租界，对中国成年男性和奸，可能根据外
国法律予以惩罚。《申报》1905 年 4 月 13 日有一"鸡奸结案"报道：

> 僧人方则良与徐金生有鸡奸情事，经捕房解经屠司马提讯，
> 着押候查明再核。昨日捕头又将方、徐送案，禀称方在捕房供认
> 有鸡奸之事，且经西探验明无误，务请严惩。襄理谳员孙明府以
> 该僧屡犯不端、无耻已极，判责五百板、押六月，徐金生责五百
> 板开释；栈主妇不应容留歹人，戒责手心五十下，栈伙赵秀康责
> 二百板完案。

该报道未说事发于何国租界——上海有公共租界（英美租界）和
法租界，但从"屡犯不端、无耻已极"一语判断，案件应在上海公共

① 《大清律例》（以道光六年本为底本），张荣铮、刘勇强、金懋初点校，天津古籍出
版社，1995，第 570 页。
② 罗尔纲：《太平天国史》第二册，中华书局，1991，第 1171 页。

租界发生和审理，且适用英国《1885 年刑法修正案》"有伤风化"、"严重猥亵"之规定。《申报》还有多则关于中国人在英国租界与外国人鸡奸（可能是同性卖淫）而被处罚的报道。例如，1910 年 7 月 27 日《申报》"英租界"专栏中有一则消息："无耻之尤。安徽人丁云来前晚在黄浦滩引诱西人鸡奸，被六百十八号华捕查见，将丁拘入捕房，昨解公堂讯实，判押三礼拜，期满逐出租界。"1910 年 8 月 6 日"英租界"专栏又有消息："无耻已极。无赖叶金生深夜在黄浦滩诱令西人鸡奸，被捕查获，昨解公堂讯实，判押三月，期满逐出租界。"

到清末法律改革时，对同性性行为的对策发生了改变，这先是体现在《钦定大清现行刑律》。① 《大清现行刑律》是对《大清律例》进行删改而成，1910 年 5 月 15 日（宣统二年四月初七日）颁行。该法删除了《大清律例》关于成年人强制同性鸡奸的条例和男子拒奸杀人的条例，同时在"犯奸"门新增一条"恶徒鸡奸十二岁以下幼童者，酌量情形，比依强奸幼女、轮奸妇女各本例分别治罪"。② 为何如此？奉旨编修《大清现行刑律》的修订法律大臣沈家本（1840～1913）等人在《核订现行刑律》（宣统元年）中解释："唐律奸罪各条皆指对于妇女言之，并未牵及男子。良以男子与妇女不同，不成为奸也。……如谓淫恶之徒每有攫取幼童，肆行背于人道之行为，理宜重罚，不妨另纂一例。即以情节大致相类，非单纯数语所能赅载。以简驭繁，比依妇女则可，与妇女并举则不可。总之科拟虽同，名义要自有别也。……查各国刑律，将幼童为猥亵行为俱以十二岁为断，……盖因过此年龄，虽未达成年，体力渐壮，足以自行保卫，可免强暴之污辱。拟请将良家子弟改为十二岁以下幼童，析出作为通例。则非幼

---

① 关于清代有关同性性犯罪的法律规定的演变，尤其是《大清现行刑律》《大清新刑律》对同性犯罪规定的立法过程，国家图书馆分馆张杰先生曾惠寄大作《清代有关同性性犯罪的法律规定及对当前相关立法的启示》供我参考。

② 《钦定大清现行刑律》（宣统二年），故宫博物院编，海南出版社，2000。

童即不得援引，庶可杜诬陷之风。"① 按此解释，不将成年人强行同性鸡奸列为犯罪的理由有二：其一，成年男性的同性性行为不属于犯奸；其二，成年人体力强壮，有能力自行防卫，不能被强行肛交。第一个理由是说同性性行为和异性性行为虽然在形式上相似，但性质不同。这一理由固然有唐律为根据，但也借鉴了 20 世纪初西方国家的刑法。沈家本等当时不会预料到，在 20 世纪末，西方国家刑法竟将成年人强行同性鸡奸列入强奸罪。第二个理由则以偏概全，没有考虑到体力悬殊、精神强制、使用药物和合伙作案等情况。未将使用胁迫和其他非暴力手段而行鸡奸列为犯罪，倒是和对一般强奸罪的要求一致。《大清律例》所列强奸，和当今刑法上的强奸有一个明显不同，即限于以暴力为手段而行奸淫，"凡问强奸，须有强暴之状，妇人不能挣脱之情，亦须有人知闻，及损伤肤体，毁裂衣服之属"，而排除胁迫和其他手段。

更重要的变化体现于新法《大清新刑律》。《大清新刑律》对同性性行为的规制有四个特点。②

其一，没有将成年人之间自愿发生同性性行为列为犯罪。这是在西方法律影响下的观念变化使然，也与《大清新刑律》没有将"无夫无妇和奸"即未婚、无婚男女自愿发生性交，以及"无夫奸"即无夫女与男人自愿发生性交列为犯罪（近亲属通奸和重婚除外）相适应。对于"无夫无妇奸"，杨荫杭（1875～1945）在 1911 年指出："无夫无妇之和奸不治罪，不独欧美之法然也，即中国古法亦有之。"对这种行为可给予"社会之制裁而非法律之制裁"。③ 对于"无夫奸"是否应加入刑律，《修正刑律草案》第 289 条（和奸）按语曰："国家

① （清）沈家本等编订《钦定大清现行新律例》（《大清现行刑律按语》《核订现行刑律》合刊）卷四十四，修订法律馆，宣统元年。
② 有关条文详见本书前列强奸、强制猥亵章节。
③ 杨荫杭：《和奸罪》，《法学会杂志》第 1 卷第 3 期，1911 年。

立法期于令行禁止，有法而不能行，转使民玩法而肆无忌惮。和奸之事，几于禁之无可禁，诛之不胜诛，即刑章俱在，亦只为具文。必教育普及，家庭严正，舆论之力盛，廉耻之心生，然后淫靡之风可少衰。"几经争论，条文终定为"和奸有夫之妇者，处四等以下有期徒刑或拘役。其相奸者，亦同。"但"须本夫告诉乃论"。① 与有夫奸入刑相比，成年人自愿同性性关系的待遇可说无可挑剔，因为即使他们有妻或有夫，也不被刑事制裁。

其二，将强制同性性行为列为强制猥亵，而不以强奸论。对此，《大清刑律草案》的按语和《核订现行刑律》的按语差不多：与强奸、有夫女和奸不同，"至鸡奸一项，自唐迄明均无明文。即搜诸泰西各国刑法，虽有其例，亦不认为奸罪。故本案采用其意，赅于猥亵行为之内，而不与妇女并论。"② 这个观点当时遭到一些部院督抚的反对。学部签注："现行律例于鸡奸一项科罪至重，今草案赅于猥亵行为之内，且申明猥亵行为指未成奸者而言。是犯此罪者，虽系行强仍以未成奸论，有是理乎？"两广总督反对删除"鸡奸"等规定，签注曰："今乃悉行删去，谓非刑罚所能为力，则不独廉耻道丧，闾巷多歌行露之诗，且恐禽兽其行朋淫于家者，亦以为法令之所不加而罔知畏忌，其有害于人心风俗者实大，似非更订不可。"两广总督还在奏折中批评了刑律草案在表述风格上的日本化倾向："戊戌以前，日本之文理名词，概不多见，自时厥后日渐漫衍，始而报章用之，继而学堂用之，又继而公牍用之，不为议立。一代之宪章，乃全袭他人之文法，似非政体所宜。"江西巡抚签注："强行鸡奸良人子弟，定例科罪亦与妇女相等，盖情形凶暴，不以男子而宽其罚。今强行鸡奸已成者，作为未成奸论，赅于秽亵行为，似未允协，应行酌改。"督察院

---

① 参见高汉成主编《〈大清新刑律〉立法资料汇编》，社会科学文献出版社，2013。
② 《修订法律大臣沈家本等奏进呈刑律分则草案折并单》，载上海商务印书馆编译所编纂《大清新法令（1901～1911）点校本》第一卷，商务印书馆，2010。

签注："礼义廉耻之防无男女一也。今注意谓鸡奸一项自唐迄明约无明文，泰西各国亦不认为奸罪。本案采用其意，赅于猥亵行为之内，而不与妇女同论，是以女之失节可惜，男被强奸为无伤，中国无此风俗也，似鸡奸一项亦应补入。"湖南巡抚签注："猥亵行为指未成奸以前之行为，照鸡奸一项既赅其内，则对男子已成奸之行为亦赅在内，是猥亵行为不仅如现行例之调奸、图奸矣，且'猥亵'二字，字义太泛，似不如调奸、图奸之易晓，应请再加厘订。"① 应当说，这些异议是有一定道理的，但刑律制定者没有采纳。《修正刑律草案》第 283 条的按语一言以蔽之："学部及两湖、两广签注谓鸡奸应与奸淫同罚，然刑律所谓奸淫以男女之间为限，故草案不认为奸罪，分别按本条或第二百八十四条处罚。"②

其三，女性可以成为强制猥亵主体。女性强制猥亵女性、女性强制猥亵男性，与男性强制猥亵男性、男性强制猥亵女性，同罪亦同罚。

其四，同性猥亵儿童——即"未满十二岁之男女"，不论是否强制，均构成犯罪。同性性行为同意年龄与异性性行为同意年龄没有差异，均为 12 岁。

《大清新刑律》虽然没有正式施行，但其对强制同性性行为的规制方式，大体被民国时期刑法所沿用。③ 1928 年《中华民国刑法》将同性性行为同意年龄从 12 岁提高到 16 岁。④ 1935 年《中华民国刑法》的同性性行为同意年龄降为 14 岁。非强制猥亵未满 14 岁男女，处罚与强制猥亵相同。但对非强制猥亵 14 岁以上未满 16 岁男女（已婚者除外），也给予处罚。⑤

---

① 参见高汉成主编《〈大清新刑律〉立法资料汇编》，社会科学文献出版社，2013。
② 高汉成主编《〈大清新刑律〉立法资料汇编》，社会科学文献出版社，2013，第 552 页。
③ 具体条文已列于本书第六章第一节。
④ 《中华民国刑法（十七年三月十日公布）》，《最高法院公报》创刊号，1928。
⑤ 《中华民国刑法（二十四年一月一日公布）》，《立法院公报》第 66 期，1935。

二　1979年《刑法》"流氓罪"中的同性性行为

1949年以后，同性性行为是否构成犯罪，法律和司法实践发生过变化。

1979年之前，在司法实践中，对采用暴力、胁迫或欺骗、引诱等手段对同性进行鸡奸和鸡奸未成年人的行为都视为犯罪给予惩罚。而对成年人双方自愿发生同性性行为是否构成犯罪，有关刑事政策却不明朗。1957年3月19日，黑龙江省高级人民法院就男子与男子自愿性交的行为双方应否负刑事责任的问题向最高人民法院提出请示："接我省牡丹江地区中级人民法院请示，该院所属虎林县发生男劳改犯李××与李××双方自愿进行性交行为（鸡奸），是否构成犯罪和应否负刑事责任问题。该院有两种意见：一种认为自愿鸡奸的行为，是严重地违反社会道德规范何况又在劳改期间，对劳改犯人影响很坏，因此，双方均应负刑事责任。另一种意见认为，这种男子与男子自愿性交行为，虽影响不好，亦属道德规范，应给行政处分，不应负刑事责任。经我们研究认为，这是一种败坏道德，有害于社会风化，违反人体的生理和机能的行为。因此，对采取强制的方法鸡奸他人者应予处刑。但两人自愿互为，是否构成刑事犯罪，中央对此尚无规定；而苏俄刑法典第154条又规定男子与男子实施性交行为的判三年以上五年以下的剥夺自由，对本条应如何理解才属正确？如果双方自愿也应给予刑罚应如何认识等，我们感到无认识的根据和把握，特请示最高人民法院批示。"对此请示，1957年4月29日最高人民法院作出《关于成年人间自愿鸡奸是否犯罪问题的批复》（法研字第7929号文）："关于成年人自愿鸡奸是否犯罪，有待立法解决；在法律尚无明文规定前，你院所提情况我们认为以不办罪为宜。"但是，最高人民法院的这一意见在后来（1979年以前）并没有阻止某些地方法院将"成年人间自愿鸡奸"作为犯罪惩罚。

1979 年《刑法》并没有如最高人民法院所期待的，对同性性行为是否构成犯罪作出明确规定。在该法施行期间，司法实践一般将成年人强制肛交或者与儿童发生肛交视为犯罪，但对这种行为构成何种罪曾经存在争议。某地曾经发生这样一起案件：

[案例 245] 傅某自 1979 年 6 月至 12 月，以引诱手段先后对 5 名幼童和少年多次进行鸡奸。对此案，某县人民法院比照《刑法》第 139 条第 2 款（即关于奸淫幼女的规定），以强奸定罪，判处傅有期徒刑七年。傅不服，提起上诉。而地区中级人民法院认为原审判决类推以强奸定罪不当，撤销了原判决，比照《刑法》第 160 条类推以流氓定罪，判处傅有期徒刑三年。但是省高级法院同意县法院的判决，于是将此案报请最高人民法院核准。最高人民法院认为：被告人的行为，严重损害了幼童和少年的身心健康，已构成犯罪。一审判决比照《刑法》第 139 条第 2 款的规定，适用法律类推，以强奸定罪，判处有期徒刑七年，并无不妥。二审判决比照《刑法》第 160 条，类推以流氓定罪，判决被告人有期徒刑三年是不适当的。因此，撤销二审判决，核准一审判决。①

最高人民法院后来意识到把同性鸡奸幼童类推为以侵犯妇女性权利为主要特征的强奸罪是不妥的。1984 年，最高人民法院、最高人民检察院在《关于当前办理流氓案件中具体应用法律的若干问题的解答》中明确规定，"鸡奸幼童的；强行鸡奸少年的；或者以暴力、胁迫等手段，多次鸡奸，情节严重的"，构成流氓罪。下面这两个案例就适用了《解答》的规定。

---

① 中国人民大学法律系刑法研究室、资料室编印《中华人民共和国刑法案例选编（二）》，1980，第 55 页。

[**案例246**] 蒋某，男，17岁，农民。1986年1月16日下午，蒋在田里捕到两条鲤鱼，然后把鱼带到本生产作业组电机房休息，见一4岁幼童正在该处玩耍，便以送鱼为诱饵，将幼童哄骗到机房后山上。他趁四周无人，鸡奸了幼童，致幼童肛门破裂出血。检察院以流氓罪起诉，法院以同罪作了有罪判决。

[**案例247**] 李某，男，28岁，无业。1984年9月9日晚，李顺路搭乘熟人辛某（男）驾驶的小轿车。当时，还有一位女人同乘。辛与那个女人谈笑风生。李下车时，让辛下班后到李家去一趟，有事相商。晚上，辛到李家，李以辛与那个女人乱搞两性关系为借口，对辛进行毒打，并强迫辛写出"供认书"。当辛把"供认书"交给李后，李便以此为把柄，用暴力鸡奸了辛。之后，李经常要挟辛，对辛多次鸡奸。辛稍有不从，即遭李毒打。李还逼迫辛含其生殖器，吞咽其精液，喝其尿。李还用针管抽辛的血。辛不堪忍受李的折磨，撞头自杀（未遂）。经查，李从1977年起，先后以交朋友为手段，对另4名男子多次实施鸡奸。检察院以流氓罪起诉，法院以同罪作了有罪判决。①

在1979年《刑法》施行期间，对强制吸食他人精液的行为，一般也按流氓罪处理。1988年11月22日，公安部法规局致最高人民法院研究室的《关于吸食他人精液的行为应如何定性问题的函》称：

> 浙江省公安厅电话反映：该省德清县一名五十多岁的理发员，自1963年起就有吸食男子精液的行为；经查实，仅1984年以来即达20多次，其吸精对象为青少年，其中20岁左右的青年9名，少年1名，严重损害青少年的身心健康。德清县公安局认

---

① 以上两案例载于王运声主编《刑事犯罪案例丛书·流氓罪》，中国检察出版社，1990，第177、179页。

为该行为属于流氓罪中的"其他流氓活动"，即以流氓罪将此案移送县检察院起诉。但德清县和湖州市检察院认为该行为在刑法中没有明确规定，不能以流氓罪论处。

浙江省公安厅、检察院、法院一致认为，此行为应以流氓罪论处，而且以往也是作这样认定的，但刑法确无明文规定，故省公安厅请示我局答复。我们的倾向意见是，此案应以流氓罪论处。妥否？请你们提出意见，并函告我局。

最高人民法院研究室 1988 年 11 月 24 日《关于吸食他人精液的行为应如何定性问题的复函》称：

　　　　浙江省公安厅电话反映的案件（一成人吸食多名青少年精液），现无明确的法律规定或司法解释。我们认为，该行为可以属于流氓活动。但在确定其行为构成犯罪时，还应查清一些主要情况和情节，比如，其行为造成的具体后果、行为人对被吸食精液者的强迫程度等。以上意见供参考。

至于成年男性双方出于自愿在私下发生肛交，是否构成犯罪，仍然存在分歧意见。有一种意见认为，男性之间只要有"实质性"的性行为（指肛交），就构成流氓罪。[①] 我认为此说与《解答》"暴力、胁迫"的规定不相符合。分析《解答》之意，成年男性之间发生肛交构成流氓罪的，应当不包括双方自愿且私下进行的。虽然最高人民检察院《关于严厉打击刑事犯罪斗争中具体应用法律的若干问题的答复》(1984 年 1 月 9 日）规定：对罪犯和劳教人员在服刑和劳动教养期间

---

　　① 参见贾谊诚主编《实用司法精神病学》，安徽人民出版社，1988，第481页；胡冬舫等《两性交往的法律规制》，重庆出版社，1991，第91~92页。

"鸡奸、通奸的，情节恶劣，后果严重，屡教不改的，可按流氓罪提起公诉"，包括双方自愿发生同性性行为，但只针对罪犯和劳教人员。

另外，那种男性之间只要有"实质性"的性行为就构成流氓罪的意见没有说清楚，是肛交双方都构成犯罪，还是只有插入者构成犯罪。据李银河、王小波介绍，在过去曾有人因"鸡奸罪"被处罚，但后经医院证明他是同性恋者，并在同性关系中只取被动角色（被插入）之后，处罚便被撤销了。[①]

经查阅一些在1979年《刑法》施行期间出版的刑法学案例书籍，没有发现成年男性因在私下进行双方自愿的同性性行为并且不存在其他违法情节而被判刑的案例。如果当时有人因在私下进行双方自愿的同性性行为而受到处罚，可能是公安机关根据《治安管理处罚条例》做出的。有些研究同性恋问题的著作，在论及1979年《刑法》施行期间的同性性犯罪问题时，说中国有"鸡奸罪"，而事实上，虽然在1979年以前有些地方法院自创"鸡奸罪"等包含"鸡奸"字样的罪名，但1979年《刑法》以及1979年《刑法》施行期间的有关司法解释都没有"鸡奸罪"这个罪名。否则，在当时也不会有学者建议增设"鸡奸罪"。[②]

下面一例，一个具有同性恋或者易性倾向的人，因有同性性行为（被插入）被警方以"流氓罪"拘留。但案例报告者没有提到审判结果，可能是因为有关方面认为同性恋是精神病，可以不负刑事责任，而没有起诉，或者该人因自缢而死亡：

[**案例248**] 某男，54岁，未婚，无业。该人自幼喜欢和女孩一

---

① 李银河、王小波：《他们的世界——中国男同性恋群落透视》，山西人民出版社，1992，第109、179页。

② 参见欧阳涛主编《性犯罪》，河南人民出版社，1989，第九章。该书所建议增设的"鸡奸罪"，既包括男人之间自愿和强制的肛交，也包括男人对女人的肛交。

块玩耍，模仿她们的动作声调，10 岁时因家境不济，随父从河北逃荒迁移内蒙古，18 岁参加一地方戏班，扮演旦角；后被某矿务局招收为炊事工，1960 年自动离职，从此搞起同性恋。由于几经迁移居住地区，他的真实姓名、性别一般人都不知晓，人称"王大娘"。该人擅长做针线手工和裱糊、纸扎。长期与一工人（佯称表哥）同居搞鸡奸，他扮演妻子角色，为主动型被奸者，还有含阳（吸精）行为。一身女性扮相和装束，除有四季女性服装外，女性常备品他都有，如头巾、发带、发卡、香粉、胭脂、口红、指甲油、乳罩、卫生带、卫生纸等。曾多次给家写信，附寄照片称他已做了手术，变成了女性。同时厌恶女性，平时很少与女性交往，在集体场合也不愿进入女人圈，在影剧院如果邻座是女性，总是找茬、寻衅闹事把女方赶走换成男性方可罢休。公安机关以流氓罪将其拘留，在拘审期间用裤带自缢，在抢救治疗过程中方被发现为一完整男性。一般性变态者通常以单项存在较多，此例同时存在同性恋、恋物、易性、异装、含阳等多项者较少见。①

总体而言，1979 年《刑法》对同性恋和非强制同性性行为的态度还是适当的。对成年男性私下自愿发生肛交或其他"实质性"同性性行为的——如果不存在其他违法情节，法律不应制裁。需要强调，这里的立场是主张同性恋的"非罪化"，而不涉及同性恋的"合法化"。同性恋"合法化"的核心，是使同性恋者的"婚姻"关系得到法律的承认和保护，与"非罪化"不是一回事，那不是我在这里所关心的。

在 1979 年《刑法》施行期间，对于成年女性自愿发生同性性行为，法律更是不予干涉。国内曾发生过这样一件事情，一女性同性恋者的家长要制止自己女儿的同性恋行为，并要求司法机关严惩自己女

---

① 高佩兰、孙岩辉：《性变态二例》，《山西医药杂志》1991 年第 3 期。

儿及其性伴侣，但最终未果：

[**案例 249**] 1991 年 8 月 6 日，安徽省无为县公安局接到某乡李某的来信，来信称："1989 年春，我的长女在某镇学缝纫，却被王某盯上了。姓王的这个人是女人身体，男人打扮，男人的生活习惯。此人一贯流氓成性，在这以前，她曾玩弄过几个女孩。1990 年，我的女儿暂住在男友家中，而王多次教唆。夜晚投信、爬窗，勾引我女儿一同出去鬼混，这桩婚事就这样被拆散了。而后，我女儿去南京帮工，王又连去书信叫她回来。从此她俩就开始长期同居了。为了阻止她俩的同性相恋，我们想尽了一切办法……上述情况，显而易见是同性恋，是流氓行为，是社会主义制度下不能容忍的丑恶现象，也是社会的不稳定因素……对其如不及时绳之以法，将后患无穷。在社会舆论和家庭关系的日益破裂的影响下，将迫使我不顾一切后果与这两个流氓拼下去的，其后果小民确无法担当得起，故备文上级领导，请求千万不要等闲视之，迫切要求从快从严处理，方解民愤。"经查，李的女儿与王同性恋属实。但无为县公安局感到处理此案于法无据，遂通过地区公安处向省公安厅请示。省公安厅于 1991 年 11 月 6 日通过电话正式答复："关于你们报的无为县同性恋案件，我们已报公安部，并给予答复如下：什么是同性恋以及同性恋的责任问题，在目前我国法律没有明文规定的情况下，你们所反映的问题，原则上可不予受理，也不宜以流氓行为给予治安处罚。本案具体如何处理，可与地方检察院、法院等有关部门研究解决。"①

　　在同性性行为问题上，1979 年《刑法》的主要不足，是没有明

---

① 张觉先：《中国大陆首例同性恋办案手记》，《社会》1992 年第 11 期。此事详细经过和当事人后来的情况，可参见陈礼勇《共和国同性恋第一案》，新浪网读书频道。

确对强制同性性行为即同性性侵犯作出规定。同性性侵犯仅仅是依据司法解释才被纳入"流氓罪"之中。

三　1997年《刑法》的有关规定

1997年《刑法》没有对成年人之间的同性性行为问题作出规定。由于"流氓罪"的取消，根据罪刑法定原则，不再适用类推，可以明确地说，成人之间在私下自愿发生的同性性行为，如果没有其他犯罪情节，不构成刑法上的犯罪。但是，在1997年《刑法》之下，也并非如一些人所说或者所愿，一切同性性行为都不构成犯罪。分析1997年《刑法》，同性性行为——包括男性和女性同性性行为——在以下八种情况下构成犯罪。有关规定在2015年《刑法修正案（九）》之后依然有效。

第一，对同性实施性暴力侵犯（包括性虐待），如果造成被害人受伤、死亡的，分别按故意伤害罪、故意杀人罪处理。例如：

[**案例250**] 陈某，男，34岁，小学文化，农民。平时性格内向，话少，不善交际，但身体健康，调查中无人反映他有精神异常表现。从2005年3月25日至2005年6月10日先后拐骗男童6名，杀死其中4人。2005年3月25日8点30分左右，陈某在路上看见11岁男孩吴某，两人闲聊了1个小时，吴某靠在他怀里睡了半小时，醒后要走并哭闹起来，陈某劝阻不听，遂用刀片割他的颈部致死，把他抱到江边，脱光衣服，把尸体投入江中。2005年3月29日18点，陈某碰到一个骑自行车的10岁男孩邱某，陈某骑车载邱某穿过树林，邱某睡了一会，醒来要回去，陈某不愿意他走，带他在坡下坐了1小时，邱某又说要回家，陈某劝说挽留，邱某执意要走，陈某用水果刀割伤其颈部致死后，脱光他的衣服，剖开腹部，掏出内脏并灌水进去，沉尸江中。2005年4月15日20点，陈某碰到10岁男孩毕某，与其玩耍和聊天，1小时后毕某提出要回家，陈某劝说挽留，毕某决意要走，

陈某用布带把他勒死，脱掉衣服，埋入沙中。2005 年 4 月 22 日 17 点学校放学后，带 9 岁男孩吴某出去玩了三天。偷自行车时被人发现，吴某就跑掉了，未被害。2005 年 6 月 5 日中午，陈某遇见 8 岁男孩黄某，与其聊天，买零食给他吃，两人随后就在江边过了一夜。黄某醒后哭闹要回去，陈某就杀了他，脱光他的衣服并剖腹灌水。2005 年 6 月 11 日 12 点，陈某遇见 10 岁男孩周某，带他玩了 15 个小时，第二天早上被周某的亲戚发现，陈某被周围的群众打昏，报警就擒。调查中家属反映：陈某幼年生长发育尚好，7 岁上学，读到小学 2～3 年级因家贫辍学。性格忠厚、老实。1991 年之前谈一女友，在陈家住了 1 年，感情很好。1991 年陈某因偷钱被判刑 7 年，在坐牢期间女友与他断绝关系。第一次坐牢回来后曾给他介绍过几个女孩，他都不同意。2001 年陈某拐骗别人的小孩带回家玩一周，给小孩买吃的、买衣服穿，把小孩送回家后，因小孩家长报警说他拐骗儿童，又坐牢 4 年半，提前半年释放。坐牢回来后，人际关系好，帮助做事，也干农活，对父亲孝敬，很喜欢小孩，一直没有再与其他成年女性有来往。陈某被捕后交代：1991 年到 1997 年坐牢回来后，决定要好好过生活，家里给他找女朋友，他不同意，忘不了第一个女朋友，与后来的女孩接触无感觉。虽不想结婚，但看别人都结婚三口之家，心想有个小孩该多好啊。自诉："对男孩开始有一种说不出的很喜欢的感觉，想把他们一直带在身边。与小孩讲话有亲近的感觉，很喜欢小孩，想与他们玩，与小孩一起很高兴，产生与平时有点不相似的感觉，小孩一旦要走，我舍不得他们走，想叫他们多陪我一下，他们一哭闹起来了，我当时心里有点躁动，像失去了理智一样，我尽力劝他们，越劝他们越哭，有那种舍不得的心理，他们越说要走，我躁动的心理越强，我控制不住自己，就要杀了他们。"①

---

① 郭伶俐等：《1 例恋童癖系列杀人案的司法精神病鉴定》，《中国神经精神疾病杂志》2006 年第 6 期。

本案例的鉴定报告认为陈某有恋童症，不够全面，似还有性施虐症。陈某系列杀人，手段之残暴，仅以"舍不得他们走"的躁动无法解释，疑有性欲动机。陈某对男童极可能还实施了同性侵害行为，只是刑事勘验不细，未获相关证据。

第二，根据第 237 条第 1 款，强迫妇女之间发生同性性行为，构成强制猥亵妇女罪（现为强制猥亵罪）。以后《刑法》强奸罪条款如果修正为不限制行为人和被害人性别，强迫妇女之间发生生殖器或者肛门的插入（手或工具），属于强奸罪。

第三，根据第 237 条第 1 款，妇女以暴力、胁迫或者其他方法强制猥亵其他妇女，构成强制猥亵妇女罪（现为强制猥亵罪）。通常，对妇女之间发生的在客观表现上类似于男性对女性实施的"猥亵"如扒光衣服、拍摄裸照等行为，一般按强制侮辱妇女罪或者侮辱罪定罪。这主要是因为不能或者难以认定作为行为人的妇女之行为具有性欲目的。这种情况多见于已婚妇女与丈夫的情人之间和校园内发生矛盾的女生之间。例如：

[**案例 251**] 2005 年 4 月 25 日 22 时许，位于武汉市江夏区的某职业学校学生江某、钟某二人，因小事与 16 岁的女生章某发生纠纷，两人竟将章叫到一间寝室，分别对其拳打脚踢，致使章的脸、嘴多处受伤。两人还不解恨，又弄来一盆凉水泼透其全身。随后，两人不顾章大哭，强行将其上衣扯下予以侮辱，又将其推进卫生间，令其脱光衣裤躺在洗手池里，轮流用冷水浇泼，后强令其喝光洗脚水后才放其回到寝室，足足折磨其两个小时。2005 年 11 月 6 日，湖北省武汉市江夏区法院一审以强制侮辱妇女罪判处江某、钟某有期徒刑各 1 年，两人均表示不上诉。①

---

① 胡勇等：《两女生竟逼师妹喝洗脚水，构成侮辱妇女罪被判刑 1 年》，《楚天都市报》2005 年 11 月 6 日。

但是，确实有女性同性恋者或者具有同性恋倾向的妇女强制猥亵其他妇女的事情发生。对这类事情按强制侮辱妇女罪或者侮辱罪以及其他罪处理是不准确的。例如：

[**案例 252**] 29 岁的王丽是北京某事业单位的一名普通员工，她与对桌的女同事小华是好朋友。小华比她小 4 岁，喜欢穿男装，性格外向活泼。2010 年 8 月 23 日晚上，小华突然给王丽打电话，说自己很烦，想去王丽的住处找她，独自居住的王丽答应了。就在王丽家的沙发上，小华翻身将王丽按住，用手指对王丽进行了"强奸"。事后，王丽向小华讨说法，对方发短信说："我跟你上床完全是因为你岁数大没男朋友。"让王丽没想到的是，小华还有个固定的女友，而后者听说这件事后醋意大发，曾找到单位骂大街。王丽也曾向警方寻求帮助，但警方没有对此进行立案。警方解释，类似王丽遇到的案件比较罕见。由于刑法中明确规定了强奸者只能为男性，而被强奸的对象只能是女性，因此也只能以故意伤害等罪名追究行为人的责任。警方相关负责人称，如果按照故意伤害立案，该案件中的受害人就要进行验伤，并且出具至少轻微伤以上的伤情鉴定。事件发生后当事人没有立即报案，验伤验出比较严重后果的可能性也不大，这种情况通常只会对当事人进行批评教育。①

在《刑法》没有修改强奸罪条款，将妇女纳入其主体范围之前，对行为人小华的确不能按强奸罪论处，但是如果按强制猥亵妇女罪（现为强制猥亵罪）论处则完全够格。警方没有以强制猥亵妇女罪立案处理，显然是因为误以为强制猥亵妇女罪的主体只能是男性。

第四，根据第 237 条第 3 款，成年男性与男童、成年女性与女童

---

① 刘砥砺：《遭女同事性侵犯 女子欲自诉维权》，《北京青年报》2010 年 11 月 4 日。

发生同性性行为（包括乱伦），可构成猥亵儿童罪。这一条款所说的"猥亵儿童"显然包括男童在内，否则说"猥亵幼女"即可。

[**案例253**] 叶某，男，56岁，海丰县海城镇某小学教师。他因强奸两名13岁少年，2004年3月31日被推上法院被告席。庭审中，叶交代了自己引诱两名男学生在其家中实施鸡奸的犯罪事实。2003年11月的一天下午3点半左右，叶以"作业不认真要重写"为由，让该校两名五年级男生到其房间补做作业。到房间后，叶先对两少年训斥了一番，声称要罚打屁股。涉世未深的两名男孩出于对老师的敬畏，只好乖乖地脱下裤子，叶一见顿起歹念。于是，叶连吓带诱对两名少年在椅子和床上先后实施了"鸡奸"，两少年只能忍着泪任其摆布。事后，叶竟若无其事地要两名学生做完作业才允许回家，并威胁两少年不能告诉任何人。一名受害的学生回家后直嚷屁股痛，在父母的追问下，才战战兢兢地讲出事发经过。大惊失色的家长赶忙通知另一少年的家人，当即报警。当地警方接警后立刻展开调查，经法医鉴定，两名受害少年中有一人肛门有红色伤痕。经突击审讯，叶对其犯罪事实供认不讳，海丰县人民检察院对叶实施逮捕并于近日提起公诉。据了解，叶已从教多年，在学校与同事相处时，总喜欢不经意地拍打别人的臀部，有人还为此和他红过脸。①

根据《刑法》第237条第2款和第3款，成年男性猥亵男童如果发生在公共场所，从重处罚。

[**案例254**] 2016年8月某日，陈某在南京武定门公交车站看到未满14岁的男孩王某（化名）后，上前和王某搭话。陈某说王某穿

---

① 王漫琪、刘建国：《男老师强奸二男生》，《羊城晚报》2004年3月31日。

的鞋子不错，并自称是健身教练，要给王某量腰围，随后从后面将王某双手抱住，不让王某逃脱，将手伸入王某内裤中，对王某下体抠摸三次，并导致王某生殖器被抓伤。王某因畏惧未剧烈挣扎。当时，公交车站周围一直有人员走动，但均未发现陈某的行为。后王某趁乘车之际逃离，回家后打电话报警。公安机关通过分析王某的描述及查询公交车站监控，发现陈某在一个月前曾因为在公交车上摸另一男孩，被公安机关调查过，故前往陈某家中将其抓获。经查，陈某是一名吸毒人员，曾因抢劫、贩毒被判处有期徒刑，出狱后的时间也大部分在戒毒所度过。陈某被以猥亵儿童罪提起公诉。南京秦淮法院合议庭评议认为，被告人陈某在公共场所当众猥亵儿童，且造成受害儿童身体受伤，属于情节恶劣，应从重处罚，遂判处陈某有期徒刑六年。①

由于成年男性强行与男童进行肛交容易造成男童身体受伤，2013年最高人民法院、最高人民检察院、公安部、司法部《关于依法惩治性侵害未成年人犯罪的意见》专门规定："对已满十四周岁的未成年男性实施猥亵，造成被害人轻伤以上后果，符合刑法第二百三十四条或者第二百三十二条规定的，以故意伤害罪或者故意杀人罪定罪处罚。"

《刑法》第 237 条第 3 款没有限定犯罪主体的性别，因此可以说成年女性猥亵幼女也构成猥亵儿童罪。这种情况罕见，仅举中国台湾地区 2007 年的一个案例：

[**案例 255**] 新竹县竹北市 62 岁的泰籍林姓妇人，利用当保姆之便，性侵泰籍友人仍在包尿布的 4 岁女童，经女童告知母亲讨厌林

---

① 秦言、罗双江：《公交站猥亵男孩，"瘾君子"被从重判刑 6 年》，《扬子晚报》2016 年 12 月 20 日。

妇，案情才曝光。林妇在侦讯时供称"因为小孩子大便很硬，才用脚趾头去抠女童便便"，当时检方鉴定她虽无精神异常却有恋童倾向，新竹地方法院依妨害性自主罪，判处她3年6个月徒刑。女童母亲6年前嫁来台湾，一年后丈夫无故失踪，她带着女童在桃园一家泰式餐厅帮厨，认识林妇。今年6月，女童母亲经林妇介绍，前往竹北市一家理容院工作，每月花八千元请林妇当保姆，下午至翌日凌晨到家里照顾女童，并让女童喊她奶奶。判决书指出，从今年6月30日至7月2日，林妇利用帮女童洗澡机会，分别以手指和脚趾侵入女童阴道及肛门，事后还恐吓女童房间有鬼，禁止女童把事情说出去。林妇更利用晚上睡觉时间，把女童衣服和尿布脱掉，自己也脱光衣服，压在女童身上，并用舌头舔女童下体，再连续以手指性侵得逞，造成女童私处红肿及破皮。7月3日女童告知母亲，拒绝让林妇照顾，"讨厌奶奶对我不好"，并告知洗澡时下体会痛，母亲将她带往医院检查，证实阴道近日内被外力入侵，导致处女膜破裂，女童母亲随即向竹市警方报案。①

该报道所说"妨害性自主罪"，是中国台湾地区"刑法"第十六章的名称，不是具体罪名。按台湾地区"刑法"对"性交"的定义，该妇人有手指、脚趾插入女童阴道、肛门行为，属于"性交"，而非一般的猥亵，所触犯的具体罪名应是"与幼童性交罪"。此案如在大陆地区审判，则定"猥亵儿童罪"。

第五，根据第246条，当众对他人（成年人）实施强制性同性性行为，或者强迫他人与第三人当众发生同性性行为，可构成侮辱罪。这一条款为侮辱罪设置的客观要件是"以暴力或者其他方法公然侮辱"。我认为，当众对他人实施强制性同性性行为，强迫他人与第三

---

① 贾宝楠：《62岁阿婆性侵友人4岁女儿》，《联合报》2007年11月30日。

人当众发生同性性行为，都属于"以暴力或者其他方法公然侮辱"。在《刑法修正案（九）》之后，这种情况按强制猥亵罪论处更为得当。

第六，根据第 301 条，聚众进行同性淫乱活动，或者引诱未成年人参加聚众同性淫乱活动，组织者或多次参加者，构成聚众淫乱罪。我认为，这一条款所说的"聚众淫乱"，可以理解为包括聚众进行同性性行为在内。

第七，根据第 302 条，猥亵同性尸体，可构成侮辱尸体罪。这一条款既没有限定犯罪主体的性别，也没有限定尸体的性别，因而可以推断猥亵同性尸体也构成侮辱尸体罪。

第八，根据第 360 条，明知自己患有梅毒、淋病等严重性病而向同性卖淫或者嫖娼，可构成故意传播性病罪。这一条款既没有限定犯罪主体的性别，也没有限定卖淫、嫖娼对象的性别。

以上八种犯罪情形，除成年同性聚众淫乱，都属于同性性侵犯。认定这些同性性侵犯行为构成犯罪，并不属于类推，而是因为它们符合相关各罪的构成。还要强调，以上各罪条款并不是针对同性恋者特设的，在这些法律条文面前，同性恋者与异性恋者是平等的。行为人或者受害人是否为同性恋者也不影响各罪的成立和量刑。

另外，分析《刑法》，还有如下三种犯罪可能涉及同性性行为。

第一，根据第 358 条和第 359 条，组织、强迫、引诱、容留、介绍他人向同性卖淫，可构成组织、强迫、引诱、容留、介绍卖淫罪。1979 年《刑法》虽然规定的是强迫妇女卖淫罪和引诱、容留妇女卖淫罪，但是 1991 年 9 月 4 日《全国人民代表大会常务委员会关于严禁卖淫嫖娼的决定》对 1979 年《刑法》的有关规定进行了修改。它在规定组织、强迫、引诱、容留、介绍卖淫犯罪时，用"他人"取代了"妇女"。1992 年 12 月 11 日，最高人民法院、最高人民检察院《关于执行〈全国人民代表大会常务委员会关于严禁卖淫嫖娼的决定〉

的若干问题的解答》指出，《全国人民代表大会常务委员会关于严禁卖淫嫖娼的决定》所说的组织、协助组织、强迫、引诱、容留、介绍他人卖淫中的"他人"，"主要是指女人，也包括男人"。1997 年《刑法》第 358 条和第 359 条基本延续了《全国人民代表大会常务委员会关于严禁卖淫嫖娼的决定》的提法，既没有限定卖淫者的性别，也没有限定卖淫对象的性别。我理解，《刑法》所说的"卖淫"，既包括女人或者男人向异性卖淫，也包括女人或者男人向同性卖淫。因而，我在 2000 年出版的《精神障碍与犯罪》一书中指出，组织、强迫、引诱、容留、介绍同性"卖淫"，构成组织、强迫、引诱、容留、介绍卖淫罪。[①] 2001 年公安部《关于对同性之间以钱财为媒介的性行为定性处理问题的批复》更明确说明："不特定的异性之间或者同性之间以金钱、财物为媒介发生不正当性关系的行为，包括口淫、手淫、鸡奸等行为，都属于卖淫嫖娼行为。"我不曾想到，在几年之后，组织同性卖淫是否构成组织卖淫罪，竟然在司法界和法律界成为一个争议的问题。

[**案例 256**] 2003 年 8 月 17 日，南京市公安治安支队、秦淮公安分局接到举报，反映在中山南路上，有一名为"正麒"的演艺吧里有同性恋卖淫。随后，警方一举捣毁了这个罕见的涉嫌组织男青年向同性恋者卖淫的团伙，抓获涉案人员 11 人。经调查，正麒吧的老板是李某和其妻子沈某，身为同性恋者的李还包养了一个"小白脸"。从 1992 年起，这对夫妇就开始创办同性恋者酒吧，为了招揽生意，李甚至在报纸上登招聘"男公关"的广告。2003 年初，酒吧的生意开始有明显的好转。在李手下纠集了大批 20 岁出头的"男公关"。每笔生意的价格大约在 200 元左右。短短几个月时间，李从中获利

---

① 刘白驹：《精神障碍与犯罪》，社会科学文献出版社，2000，第 578 页。

12.47 万元。警方根据李等人的口供以及掌握的其他证据，以涉嫌组织卖淫罪、协助组织卖淫罪，将李等人刑事拘留，随后向检察机关提请批捕。检察机关经过再三研究，最终认定《刑法》对组织同性卖淫行为没有明确界定，按照"法无明文规定不为罪"的刑事法律原则，李等人的行为并不构成"组织卖淫罪"。李等人应当"无罪释放"。随后警方将李等人释放，同时向检方申请复议。复议的最终结果是，检方维持原来的意见。鉴于这起案件的特殊性，检方、警方将案件向上级部门做了汇报。在省政法委的协调下，省级政法部门召开了案件研讨会，会议决定立刻由省高级法院向最高人民法院请示。最高人民法院接到请示后随即向全国人大常委会做了汇报。10 月下旬，全国人大常委会下属专业委员会做出口头答复：组织男青年向同性卖淫，比照组织卖淫罪定罪量刑，对李等 2 名组织同性恋卖淫者，立即采取刑事强制措施。南京警方接到指示后立刻展开抓捕行动，李再次落入法网，而另一名组织者却已经潜逃。2004 年 2 月，南京市秦淮区人民法院一审以组织卖淫罪判处李有期徒刑 8 年，罚金人民币 6 万元，同时对于李违法所得 1500 元予以追缴。一审宣判后，李不服，以"组织同性卖淫不构成犯罪及一审量刑过重"为由，向南京市中级人民法院提出上诉。2004 年 5 月，南京市中级人民法院二审维持原判。[1]

不过，需要指出，报道所说的全国人大常委会下属专业委员会（可能是法工委）所做"口头答复"的一些表述不很恰切。[2] 认定"组织男青年向同性卖淫"构成组织卖淫罪，并不是"比照"的结

---

[1]　吕蔚：《"正麒吧"竟组织男青年卖淫》，《金陵晚报》2003 年 12 月 23 日；市法等：《"鸭吧"卖淫案尘埃落定》，《现代快报》2004 年 5 月 11 日。

[2]　全国人大常委会有关部门的答复还有另一个版本："对李×等两名组织同性卖淫者，立即采取刑事强制措施。"参见蒋德《南京"同性卖淫"案引起各方关注》，《法制日报》2004 年 2 月 11 日。

果，而就是以《刑法》的明文规定为依据。"比照"之说有"类推"之嫌。有人提出批评，怀疑"类推定罪"借此机会"复活"，[①] 也是可以理解的。

第二，根据第 363 条和第 364 条，制作传播对同性性行为进行诲淫性描写的淫秽出版物，可构成制作传播淫秽物品罪。《刑法》对"淫秽物品"的解释，没有提及同性性行为。但国家新闻出版署《关于认定淫秽及色情出版物的暂行规定》特别指出，"淫亵性地具体描写同性恋的性行为或者其他性变态行为"属于淫秽。现在看该暂行规定的有关内容，有三点不妥。其一，关于"同性恋的性行为"的表述是欠妥的，改为"同性性行为"方符合其本意。其二，同性性行为也属于性行为，"淫亵性地具体描写"性行为，都属于"淫秽"，不必把同性性行为特别提出。其三，不应把同性恋列为性变态。

第三，根据第 365 条，组织同性淫秽表演的，可构成组织淫秽表演罪。

以上三种犯罪，除强迫他人卖淫，都无具体的被害人，属于妨害社会管理秩序的犯罪。

还有一点值得注意，不论是男性同性恋者，还是女性同性恋者，在他们的性伴侣要终止与他们的性关系时，都有可能产生激烈的反应，甚至导致凶杀。女性同性恋者所建立的同性性关系，往往更具有感情色彩，因而她们对性伴侣"背叛"的反应可能更为激烈。

[**案例 257**] 徐某，女，20 岁，已婚，农民。在结婚前，从 1980 年 1 月开始，徐主动与女友陈某（26 岁，离婚）发生同性关系。结婚后，徐与丈夫毫无感情，一直不让丈夫与她发生性关系。而徐与陈

---

① 王北京：《"类推定罪"借同性卖淫案"复活"?》，《南方周末》2004 年 2 月 26 日。

关系十分密切，两人经常在一起。无论是在陈家里，还是在徐家里或者在亲戚朋友家里，两人总是千方百计地睡在一张床上，拥抱，亲吻，并通过相互口淫、手淫获得快感和满足。她们还互相写信、赠诗，语言淫秽。后陈又有对象，不愿再与徐保持关系，徐遂起杀意。1981 年 7 月 5 日，徐将陈骗出，在离村 500 米左右，徐从挎包中取出铁棒猛击陈后脑，陈转身与徐搏斗，两人同时跌倒在地。徐又先后从地上拿起石头、铁棒打击陈的头部。陈挣脱后跑了 500 米左右扑倒在地，徐追上举起铁棒毒打陈的头部，直至陈死亡。之后，徐将陈的尸体推入水沟。被拘捕后，徐交代："她太吸引我了。她的容貌、性格、脾气等我太喜欢了。我们二人到了不能分开的程度，但她不答应我和她生活在一起。""陈嘴里吐出来的东西让我吃，我都无所谓，而自己的丈夫洗过脸的水让我洗脚，我都嫌脏。""我与丈夫没感情。陈要嫁人了，她又不要我跟她一起去。我因为不能和她生活在一起，对自己的生活失去了希望，我自己宁可死去，但也不愿让她活着，就这样，下了狠心。"①

[**案例 258**]　贺某，女，21 岁，初中文化，农民。其父性情粗暴专横，经常虐待妻子。贺从小萌生一种"我要像男人一样生活"的愿望，并穿男性衣着，模仿男性举止，喜欢关怀体贴同龄女性弱者。虽自知是女性，但心理上逐渐自我感觉为男性。自第二性征发育后，先后与 6 名同龄女性有同性恋交往。1987 年上初中时，与同班女生刘甲相好。两人同宿一室，同睡一床，同盖一被，后发展到拥抱、接吻、互相抚摸乳房、阴部，直至互相摩擦阴部。初中毕业后，贺常在刘家与刘甲同宿。贺为表示"炽热的爱"，在自己左臂上刺下刘甲的名字。1990 年初，刘甲与人订婚，为回避贺而外出做工。贺又与刘甲的妹妹刘乙重演与刘甲的关系，并阻止刘乙与男性接触。两人曾多次以生命

---

① 公安部预审局编《预审案例选编（一）》，群众出版社，1983，第 74~82 页。

发誓互不背叛。刘甲知道后，坚决阻挠，并托人给刘乙介绍对象。对此，贺十分恼怒，怀恨在心。1993 年 9 月 10 日晚，贺将刘甲骗到野外，威胁说："你再干扰我与刘乙的感情，我就杀了你。"刘甲不示弱。贺用尖刀朝刘甲连刺 17 刀，致刘甲肺破裂而死。①

但是显然，这两起凶杀案不能归咎于行为人的性取向，失恋导致的凶杀在异性恋者中更为多见。

另外，对于为了抗拒同性性侵犯而将行为人杀死、伤害，根据具体情况，可以从轻处罚。

[**案例 259**] 2005 年 12 月 20 日，15 岁的小俊（化名）因犯杀人罪，被判处有期徒刑 5 年。小俊初中只上了一年便辍学了。2005 年 7 月 17 日，小俊从母亲那里偷了 20 多元钱，一个人跑出家门在城市里瞎逛。7 月 19 日晚上 8 点多，身无分文的小俊饥肠辘辘，便在火车南站附近的垃圾桶里捡桃子吃。这时，一个 30 多岁的男人走过来，对小俊说："跟我走吧，我给你买东西吃。"这男人买了饮料、面包给小俊吃，并让小俊和他乘出租车来到自己位于江东某住宅小区家中。洗完澡后，这男人叫小俊先去睡觉，他自己玩了会电脑后，也睡到了小俊身边。夜里，这男人仗着人高马大，对小俊进行了性侵犯。看着这男人呼呼睡去，小俊委屈到了极点：他哪里受过如此奇耻大辱，愤恨之情油然而生。他趁那男人熟睡之际，从厨房里拿来水果刀和菜刀，藏在毯子和枕头底下。本想立即对那男人下手，不想，那男人突然醒了过来，小俊吓得缩回了手。第二天早晨 6 点左右，小俊把刀藏在背后去卫生间洗漱，当他走出卫生间时，那男人走上来想和小俊来个亲密拥抱。此时，小俊猛地抽出刀向那男人刺去。男人慌忙后退，摔倒

---

① 骆世勋、宋书功主编《性法医学》，世界图书出版公司，1996，第 405～406 页。

在地，拿起地上的一个酒瓶砸向小俊。这一砸，彻底点燃了小俊的复仇怒火，他不顾一切地冲向那男人，往那男人身上刺了 28 刀。这名被刺死的男子身份很快被查明，他是宁波一家单位的职工。据该单位一些员工证实，此人 30 多岁了一直未成家，是个同性恋者。案发前不久，他刚与相处了 1 年的"男朋友"分手。很快，小俊就被抓住了。考虑到被害人也有重大过错，小俊出于义愤将被害人杀死，再加上他作案时未满 15 周岁，案发后认罪态度也比较好，法院依法从轻判决。①

四　刑法空白与《刑法修正案（九）》的弥补

1997 年《刑法》在正确地取消"流氓罪"的同时，犯了一个与 1791 年《法国刑法典》同样的错误——当然，也许是疏忽，即没有对同性性侵犯作出规定。因此，在 2015 年《刑法修正案（九）》通过之前的 1997 年《刑法》施行期间，根据罪刑法定原则，成年人对成年人强制实施同性性行为，如果没有其他被刑法禁止的情节，与成年人自愿发生同性性行为一样，也不构成刑法上的犯罪。

[案例 260] 李某，男，20 岁，未婚，湖北仙桃市人，目前在宜昌市经营个体装潢。1998 年 5 月 2 日到当地派出所报案，称前一日下午被周某（男，31 岁，已婚，宜昌市某市场工商管理干部）诱骗到家喝酒、吃饭，被用麻醉药晕倒，趁其朦胧丧失抵抗力之际，脱去衣裤，实施鸡奸。当时法医检查，见李某神志仍似恍惚，肛门周围皮肤充血发红，肛周粘膜 3 处撕裂，但无血迹。用无菌纱布擦拭肛门及直

---

① 姜恒、张振鹏：《被一个男人欺辱了，他愤恨难忍》，《宁波晚报》2005 年 12 月 21 日。

肠后，送做法医物证检查，报告检出人精液，且精斑血型与嫌疑人周某血型相同，均为 A 型。传讯周某，周对李所述事实供认不讳，但否认曾对李使用过麻醉药。随之派出所经批准后对周实行了刑事拘留，后因找不到适用的法律条款，而不得不将周释放。①

当时，有的公安机关对实施同性性侵犯的人，根据《治安管理处罚条例》的有关规定（"进行其他流氓活动"）给予行政处罚。

[案例 261] 2004 年 8 月 21 日凌晨，16 岁男孩马克（化名）在睡梦中被自己打工酒店的 38 岁老板强暴。马克叙述，事情发生在马克在这家酒店打工的第三天晚上。"那天天挺闷的，晚上客人不多，10 点多我就睡了。经理和打更师傅以及两个不认识的人在门外打扑克。"12 点左右，打更师傅玩完扑克进来拿东西，把马克吵醒了。正在这时，经理进来了。"比我还招蚊子的啊，那你就上楼上来吧。"看见他身上被蚊子咬的一块一块的，经理把马克叫上了楼。到楼上包间，经理打开沙发，让他躺下后，又找了块桌布给他盖在身上。"那几天太累了，我躺下很快就睡着了。迷迷糊糊的好像看见经理找出张碟在看，声音放得挺小的。"睡了一会儿，马克觉得有人把他抱了起来。"想睁眼可怎么也睁不开"，然后身体后面一阵剧烈的疼痛，突然就完全醒了，大声喊来人，快来人。这时马克才发现经理重重压在自己身上，"他用一只手捂住我的嘴，另一只手用力掐住我的脖子，然后恶狠狠地说'再喊我就掐死你'。"马克想把经理从身上弄下来，但经理力气很大，很快把他按住，10 多分钟后，经理放开了他。虽然是农村孩子，但经理做的事他多少知道一点，肯定不是好事，男孩让人这样太丢人，再加上后面火辣辣的，他一宿没睡。直到第 2 天早晨 7

---

① 江永祥：《从一例鸡奸案引起的法律问题》，《法律与医学杂志》1999 年第 1 期。

点多，经理像没事一样什么也没说就走了，他才起来。到楼下卫生间，马克觉得后面仍疼得厉害，用纸一擦全是血。拿着纸，他冒雨跑到妈妈住的地方。当天下午 1 点多，妈妈带马克到派出所报了案。民警让孩子到医院做诊断，到医院她才注意到孩子脖子青了，后面伤得更厉害。大夫边检查边骂，对孩子干这种事，简直是畜生。8 月 24 日，大连市公安局中山分局下发了《公安行政处罚决定书》，上面显示，根据该经理本人供述、马克的陈述以及医疗诊断，查明今年 8 月 21 日凌晨，该经理在酒楼 2 楼包间内将马克强暴。因此，根据《治安管理处罚条例》的规定，决定对其给予行政拘留 15 日的处罚。马克妈妈说："我觉得警察对这事挺重视的，案子办的特别快。他们挺同情我们的，不过他们说没有办法，咱国家法律规定这不算犯罪，管不了这事。"①

　　然而实际上，《治安管理处罚条例》关于"进行其他流氓活动"的规定是否包括同性性侵犯，也是不明确的，因而各地执法不一。鉴于这种状况，我在 2003 年建议修改《治安管理处罚条例》，明确规定对强制实施同性性行为给予处罚。② 2005 年 8 月 28 日第十届全国人民代表大会常务委员会通过《治安管理处罚法》，它虽然没有明确提到"同性性行为"，但它实际是把强制实施同性性行为归入"猥亵他人"之中，规定处 5 日以上 10 日以下拘留；严重情节的，处 10 日以上 15 日以下拘留。

　　对于同性性侵犯，有的被害人不得不通过民事诉讼维护自身权益，追究同性猥亵者的民事责任。

---

① 隋冠卓：《饭店经理强暴 16 岁男孩，法无定罪只被拘留 15 天》，《沈阳今报》2004 年 10 月 13 日。
② 傅剑锋：《政协委员刘白驹提案：修改〈治安管理处罚条例〉》，《南方都市报》2003 年 3 月 7 日。

[**案例262**] 2001年12月29日，海南省首例同性猥亵案经公开审理，海口市新华区人民法院日前作出一审判决：被告王某对他人构成人身侵权，必须向受害人吴某、赵某和杨某公开赔礼道歉，并赔偿他们精神损失费各1元。据了解，这三名原告都是从湖北来海南打工的年轻小伙子。据他们介绍，68岁的老汉王某，是他们打工公司的人事顾问，与他们是老乡且还有一点亲戚关系。赵称，2001年2月22日晚上8点，王叫他下军棋，下完棋已11点多，王挽留他在其住处过夜，夜里四、五次对他猥亵。由于要保住工作，不敢反抗，每次他都用力拨开被告的手。回去后的几个星期里，他睡不好，吃不香，总觉得身体受到了玷污，人格尊严受了侮辱，每每想起就恶心头疼。而杨、吴也称他们也遭到与赵相类似的猥亵。三名原告中，已婚的吴受到的伤害最深，其已怀孕的妻子因此事对他产生了误解，提出要离婚并表示要把孩子打掉。2001年3月1日，三人在闲聊中无意吐出了相同的遭遇，大家都很气愤。经商量，他们决定一起辞去工作，同时商定请同乡出面为他们与王交涉，要求王道歉并赔偿一定的精神损失。但王不但没有向他们道歉，反而对他们进行恐吓。3月20日，王派其外甥到三原告住的招待所，丢下一把刀和若干人民币，威胁他们几个人在二天内必须离开海口，否则后果自负。三位受害者在忍无可忍的情况下，经过律师咨询，走进了法院的大门。恳请法院判令王停止侵犯他们的人身权益，公开向他们赔礼道歉并赔偿有关的损失。在案件审理过程中，被告王某经法院传唤，未出庭应诉。经法庭举证，法院认定被告对三原告的猥亵行为确实存在，其行为损害了三原告的人格尊严，已构成对三原告人身权利的侵害。法院判决后，三原告均已领取了判决书，但被告仍避而不见。三名原告当庭对法院一审判决表示满意。据了解，法院受理这样的同性猥亵案件并作出判决在海南省尚属首次，在国内也属罕见。①

---

① 王英诚：《海南首例同性猥亵案，68岁老汉被判人身侵权》，新华网2001年12月29日。

　　但是，强制实施某些同性性行为，例如强制肛交，严重侵犯他人的人身权利和性权利，有比较大的社会危害性，仅仅作为一般猥亵行为给予治安管理处罚，打击力度显然不够。而由被害人自己追究同性性侵犯行为人的民事责任，也无法充分彰显社会公平正义。《刑法》理应将严重的同性性侵犯行为列为犯罪。2005年"两会"期间，我又提交了《关于修改〈刑法〉将同性性侵犯行为列为犯罪的提案》。①我认为，将严重的同性性侵犯列为犯罪，有两种方案可供选择：其一，修改1997年《刑法》"强奸罪"（第236条）和"强制猥亵妇女罪"（第237条第1款）条款，取消对两罪被害人性别的限制，后者罪名改为"强制猥亵罪"，把强行与同性发生性交归入强奸罪，把强制猥亵同性归入"强制猥亵罪"。其二，不修改"强奸罪"条款，而只修改"强制猥亵妇女罪"条款，取消该罪对被害人性别的限制，罪名改为"强制猥亵罪"，把强行与同性发生性交和其他严重的同性性侵犯行为归入其中。

　　毋庸置疑，"强奸罪方案"更符合当今世界刑法发展趋势。我之所以还提出"强制猥亵罪方案"，是因为此方案有清末和民国时期刑法的先例，可能让立法者和社会更容易接受，改起来也比较省事。同样的立法例尚有《日本刑法典》（2017年6月修正之前的）。②把强制同性肛交列入强奸罪，会引起连锁反应。既然强制同性肛交列入强奸罪，那么强制异性肛交也要从强制猥亵妇女罪转移到强奸罪中。而在量刑上，强制同性肛交是与强制与妇女发生生殖器性交相当，还是与强制与妇女肛交相当？而且，如果强制肛交列入强奸罪，强制口交、强制指交、强制物交和强制指肛插入是不是也要列入？我认为，强奸

① 李明霞：《刘白驹委员建议：将同性性侵犯行为列为犯罪》，《法制日报》2005年3月8日。
② 参见〔日〕西田典之《日本刑法各论》，刘明祥、王昭武译，武汉大学出版社，2005，第64页。

罪如果改，就必须大改，否则意义不大。同性或者异性之间的强制口交、强制指交、强制物交、强制指肛插入以及女人强奸男人、女人强奸女人、丈夫强奸妻子、妻子强奸丈夫等也应列入，但现在条件还不成熟。另外，改变性交定义对破坏军婚罪也有影响。原来与军人配偶同居构成犯罪的，只是异性，但改变性交定义后，同性也可构成此罪。综合考虑，我认为在现阶段"强制猥亵罪方案"似更为稳妥。

之所以应当将严重的同性性侵犯列为犯罪，并非基于对同性恋者的特别保护或者某种歧视，不是因为这种犯罪是可能是同性恋者所为，也不是因为这种犯罪的被害人可能是同性恋者，而是为了保护所有人的人格、尊严、人身权利和性权利免受来自同性之人的严重侵犯。具体的同性性侵犯行为构成犯罪，不取决于行为人或者被害人的性取向，可以不论行为人或者被害人是否为同性恋者。不能因为行为人是同性恋者，就予以重判——这是对同性恋者的歧视；也不能因为行为人是同性恋者，就予以轻判——即使行为人是同性恋者，由于自我和谐的同性恋不再被视为精神障碍，而且由于同性恋并不削弱辨认能力和控制能力，同性恋不能成为轻判甚至无罪的理由。同样，不能因为被害人是同性恋者，就对实施同性性侵犯的行为人予以轻判——对同性恋者的性权利应给予与异性恋者同等的保护；也不能因为被害人不是同性恋者，就对实施同性性侵犯的行为人予以重判——这仍然是对同性恋者的歧视，尽管是间接的。

如我所建议或者预料的，国家立法机关采取了"强制猥亵罪方案"。2015 年《刑法修正案（九）》将第 337 条第 1 款修正为："以暴力、胁迫或者其他方法强制猥亵他人或者侮辱妇女的，处五年以下有期徒刑或者拘役。"如此，"强制猥亵妇女罪"成为"强制猥亵罪"，取消了被害人的性别限制。成年男性之间、成年女性之间发生强制的严重性侵犯行为，均构成强制猥亵罪。但是，这样的处理，显然是过渡性的。可以预见，现在被归入"强制猥亵罪"的一些性侵犯行为，例如同性或者异性之间的强制肛交、强制口交，最终还是会被归入"强奸罪"（或者新的罪名）之中的——至少像《日本刑法典》在2017年6月的修正。

[**案例263**] 2017年5月31日下午，新京报记者独家从河北景县警方获悉，因涉嫌在景县一家酒店强制猥亵一名21岁男子并导致其跳楼自杀，武邑县一名正科级纪检干部孟某某已被刑事拘留。武邑县纪委确认，孟某某系武邑县纪委第五纪工委书记。5月29日起，自称被害人家属的网友发帖称，5月9日，21岁的武邑籍退伍复员人员高某某，被武邑县纪检干部孟某某以谈事为名带至景县一家酒店吃饭。当晚，高某某曾通过微信告诉家人，自己被孟某某留下住宿，并称孟"是个同性恋"。家人赶到景县时，发现高某某已经坠楼死亡。事发后，警方即控制了孟某某。孟某某今年54岁，武邑县人。经查，高某某系跳楼自杀，生前曾遭受孟某某猥亵。警方以涉嫌强制猥亵并导致严重后果，将孟某某刑事拘留。①

另外，在现行《刑法》有关规定之下，参照前述最高人民法院研究室1988年11月24日《关于吸食他人精液的行为应如何定性问题的复函》，无论男女，如以激发、满足性欲为目的，吸食未满14岁者精液，构成猥亵儿童罪；强制吸食已满14岁者精液，构成强制猥亵罪。

如果制定反性骚扰法，同性性骚扰也应包括在内。这个问题在美国曾经发生争论，见于 Oncale v. Sundowner Offshore Services, Inc. 一案。②由于美国将性骚扰视为一种性别歧视，而性骚扰如果发生在同性之间

---

① 王煜：《河北武邑一纪检干部涉嫌强制猥亵男子被刑拘》，新京报网2017年5月31日。

② Oncale v. Sundowner Offshore Services, Inc., 523 U.S. 75（1998），https：//www. law. cornell. edu/supct/html/96 – 568. ZO. html.

似乎与性别歧视关系不大。约瑟夫·翁卡尔（Joseph Oncale，亦译"约瑟夫·奥克勒"）是一个近海石油装配工，他与 7 名男性船员一起工作。他的两名男性上司向他提出性方面的要求，并以强奸相威胁。他们抓住他的生殖器，其中一人还把自己的生殖器放到他的头上。还有一次，他们将一块肥皂塞进他的肛门中。他曾经两次向资方代表报告了这些事情，但资方代表没有采取任何措施。于是，他向法院控告他们。而法院认为，翁卡尔作为一个男人，他受到男性同事的骚扰，不构成根据 1964 年《民权法》第 7 章进行起诉的原因（Mr. Oncale, a male, has no cause of action under Title VII for harassment by male co-workers）。他只得向联邦最高法院提起诉讼。联邦最高法院在 1997 年 12 月进行了口头辩论，最后一致通过裁决：不能仅仅因为原告人和被告人性别相同就排除这种诉讼请求。遭遇来自同性的性骚扰以及男性遭遇性骚扰，也同样可以依据 1964 年《民权法》第 7 章提起诉讼。①

不仅恶意的同性性表达可以构成性骚扰，行为人自以为是爱意的同性性表达也可以构成性骚扰。

[**案例 264**] 因长期忍受室友的性骚扰，20 岁的大学生小蒙竟患上了分离性焦虑综合征。正读大二的小蒙和室友殊敏都是独生女，从进入大学后两人就读同一个班级、住同一间寝室。刚开始的时候，性格外向的殊敏由于比小蒙大一岁，在生活中处处都对性格内向的小蒙十分关照，因而，小蒙也一直都把殊敏当作姐姐。在老师和同学眼里，两人关系亲如姐妹。随着时间的流逝，殊敏对小蒙的热情日益升温。到了大一下学期，小蒙上下课、外出逛街，殊敏都寸步不离，特别是到了晚上睡觉时，殊敏都要主动与小蒙挤一张床。直到有一天夜

---

① 参见〔美〕Lawrence S. Wrightsman《司法心理学》，吴宗宪等译，中国轻工业出版社，2004，第 326 页；〔美〕凯思琳·内维尔《内幕：职场权力滥用与性骚扰》，董煜韬译，中央编译出版社，2004，第 210 页。

里，小蒙忽然感觉有人在吻自己，从睡梦中惊醒的她打开灯发现，原来是殊敏在吻自己。小蒙顿感五雷轰顶，马上意识到殊敏是个同性恋。由于晚上突然开灯，寝室里的室友也都知道了殊敏与小蒙之间的事。此后，在周围人的眼里，小蒙和殊敏成了另类，人们总是用怪怪的眼光看她们。小蒙为了逃脱殊敏对自己的骚扰，便向学校和老师提出了换班、换寝室的请求。学校同意了小蒙的请求，将两人的距离拉开。但是，小蒙并没有彻底摆脱殊敏的骚扰。不时收到她送来的礼物要求与她和好，并保证不会再对她有亲密的动作。为了能彻底摆脱这件事给她带来的烦恼，小蒙毅然拒绝了殊敏要求与她和好的要求。但殊敏却不罢休，不仅仅常常打电话、发短消息、写信骚扰小蒙，还将原来她生日时小蒙送她的布娃娃剪得七零八落送还给小蒙。更让人意想不到的是，有一天傍晚，殊敏还跑到寝室的楼顶上，一边向小蒙表白自己的心意，一边以跳楼自杀相威胁，要小蒙答应与她和好。最后是老师和同学的劝说，才将殊敏从死亡的边缘救了下来。小蒙也想通过退学以远离殊敏的骚扰。但是十年寒窗，好不容易考上大学成为天之骄子，不上学该如何面对自己的将来。走投无路的她只好来到医院寻求心理咨询专家的帮助，找回生活的信心。医院确诊她患上了分离性焦虑综合征。在经过医生近两个月的心理辅导治疗以后，小蒙已经能够坦然地面对身边的老师、同学了，通过融入集体生活之中，小蒙已渐渐淡忘了殊敏曾给她带来的烦恼，生活恢复了往日的平静。①

这个案例提示，任何人——不论他/她是不是同性恋者——在非恶意地向同性表达自己的情感和希望时，都应当考虑对方的感受，尊重对方的权利。

---

① 李静等：《室友性骚扰，大二女生患上分离性焦虑综合症》，《重庆晚报》2002年10月10日。

第十章

精神障碍者性犯罪的控制

精神障碍者性犯罪的控制，最根本的工作是精神障碍的预防和治疗。但是，精神障碍的预防、治疗与法律和法学关系不大，限于篇幅，本书不作介绍。下面着重讨论如何防止精神障碍者发生性犯罪，以及在他们发生性犯罪之后如何处置。

第一节　精神障碍患者的管理与监护

有些实施性犯罪的精神障碍者，在实施犯罪之前，人们并不知道他们存在精神障碍，正是由于实施了性犯罪，他们的精神障碍才被人们发现。但是，也有一些性犯罪是由已知的精神障碍者如精神发育迟滞、精神分裂症、躁狂症患者所为，其中一些人在犯罪前已经表现出将要犯罪的迹象。这是不应该发生的，说明对精神障碍患者的管理以及相关的精神卫生工作存在疏漏。

根据中国国情，并借鉴外国经验，为预防精神障碍患者犯罪，应当建立、完善一种以社区为基础，以精神病院为重点，司法、公安机关与精神障碍防治机构、专业力量与社会力量相结合的精神障碍患者管理模式。

一 精神卫生法与非自愿住院治疗

社区精神卫生工作的一个重点，就是防止精神障碍患者发生危害行为。社区管理主要适用于已知的病情缓解或者比较稳定的精神障碍患者。而突然发病的精神障碍患者或者病情比较严重、家庭护理不能奏效的精神障碍患者，一般都需要送精神障碍医疗机构治疗和管理。但是，精神障碍患者对治疗和住院的态度是不一样的。有些精神障碍患者愿意治疗，并且愿意住院；有些精神障碍患者虽然愿意治疗，但不愿意住院；有些精神障碍患者原先不愿意，经劝说后同意治疗、住院；而有些精神障碍患者则无论如何也不愿意治疗和住院。

几十年来，国家对精神卫生工作的重视程度和投入不断加强，严重精神障碍患者的管理治疗工作取得很大进步，但是整体管理水平还有待提高。据 2014 年统计，在全国 4297363 例在册严重精神障碍患者中，在管患者 3168556 例，规范管理 1537125 例，管理率为 73.73%（3168556/4297363），规范管理率为 35.77%（1537125/4297363），48.51%（1537125/3168556）的在管患者接受了规范管理；在管患者中 1505635 例服药，其中规律服药 770192 例，服药率为 47.52%（1505635/3168556），规律服药率为 24.31%（770192/3168556），服药患者中仅有 51.15%（770192/1505635）的患者能够规律服药；在管患者中 2143054 例病情持续稳定，稳定率为 67.64%（2143054/3168556），危险性评估 ≥3 级的患者 41821 例，占 1.32%（41821/3168556）。[①]

---

① 参见王勋、马宁、王立英等《2014 年全国严重精神障碍患者管理信息分析》，《中华精神科杂志》2016 年第 3 期。

2012 年，卫生部出台《重性精神疾病管理治疗工作规范（2012
年版)》。该文件要求对所有重性精神疾病患者进行危险性评估，对患
者应分为病情稳定、基本稳定和不稳定三大类进行分类干预，并且实
行个案管理。它将重性精神疾病危险性分为 6 级。0 级：无符合以下
1~5 级中的任何行为。1 级：口头威胁，喊叫，但没有打砸行为。2
级：打砸行为，局限在家里，针对财物。能被劝说制止。3 级：明显
打砸行为，不分场合，针对财物。不能接受劝说而停止。4 级：持续
的打砸行为，不分场合，针对财物或人，不能接受劝说而停止。包括
自伤、自杀。5 级：持械针对人的任何暴力行为，或者纵火、爆炸等
行为。无论在家里还是公共场合。这个文件关于危险性的规定有明显
不足。其所规定的危险性评估，是以患者发生危害行为作为根据，并
不是对患者发生危害行为的可能性进行预测，实际上是一种滞后的评
估，对于预防患者发生危害行为作用有限。而且，评估的根据局限于
打人毁物等暴力行为，忽略了与性有关的危害行为。

在中国，以前在很长时间里，对无触犯刑法行为的精神障碍患
者，在他们不愿意住院的情况下，是否可以实施强制的或者非自愿的
住院，在国家层面，没有法律法规加以规定。在这种背景下，存在两
种情况：其一，有些很有可能实施危害行为的精神障碍患者，由于没
有得到必要的治疗和管束，造成危害后果；其二，有些根本没有精神
障碍因而也不存在因精神障碍发生危害行为危险的正常人，因为与家
人、单位等发生矛盾纠纷等原因，被强制住院治疗，合法权益遭到侵
害。后一种情况，媒体称之为"被精神病"。《精神卫生法》的制定
和实施，有助于解决这些问题。

《精神卫生法》第 30 条规定了自愿住院和非自愿住院的一般原
则。该条有两款。第 1 款："精神障碍的住院治疗实行自愿原则。"这
是住院治疗的基本原则，适用于大多数精神障碍患者。自愿是指知情
同意。第 2 款："诊断结论、病情评估表明，就诊者为严重精神障碍

患者并有下列情形之一的，应当对其实施住院治疗：（一）已经发生伤害自身的行为，或者有伤害自身的危险的；（二）已经发生危害他人安全的行为，或者有危害他人安全的危险的。"这是基本原则的例外情况，相对于知情同意的自愿住院即为非自愿住院。

在其他一些国家，根据危险性标准实施的非自愿住院，其决定者，一般没有因为伤害自身和危害他人的不同而不同。但是我国《精神卫生法》将伤害自身和危害他人区别对待——有伤害自身行为或者危险的精神障碍患者的非自愿住院须经监护人同意，有危害他人安全行为或者危险的精神障碍患者的非自愿住院由医疗机构决定，并规定了不同的决定程序。因此，我将前者归入"救护性非自愿住院"，将后者定性为"保安性非自愿住院"。[1] 保安性非自愿住院是指对已经发生危害他人安全行为或者有危害他人安全危险的严重精神障碍患者实施的、未经其本人同意亦无须经其监护人同意的住院。如果精神障碍患者有发生危害他人安全行为包括继续、再次发生危害他人安全行为的可能，并且这种危险性确为严重精神障碍所导致，即符合保安性非自愿住院的基本条件。

预防精神障碍患者发生触犯刑法的严重危害他人安全的行为，包括严重性侵害行为，是保安性非自愿住院的主要功能。有些性侵犯行为，例如瞬间猥亵、摩擦猥亵、网络猥亵、露阴猥亵、窥阴猥亵、性骚扰、跟踪骚扰等，在发生时一般不构成刑法上的犯罪，但已经危害他人安全或者有可能发展为更严重的危害，行为人如果确系严重精神障碍患者，例如精神分裂症、躁狂症、精神发育迟滞患者，都应当施予保安性非自愿住院。

根据《精神卫生法》有关规定，精神障碍患者或者疑似精神障碍

---

① 参见刘白驹《非自愿住院的规制：精神卫生法与刑法》，社会科学文献出版社，2015。

患者发生危害他人安全行为或者有危害他人安全危险的，其近亲属、监护人、所在单位、当地公安机关应当立即采取措施予以制止，并将其送往医疗机构进行诊断评估，确认患有严重精神障碍并具有危险性的，应当实施住院治疗。监护人阻碍实施住院治疗的，可以由公安机关协助医疗机构采取措施对患者实施住院治疗。患者监护人不办理住院手续的，由患者所在单位、村民委员会或者居民委员会办理住院手续。患者或者其监护人对需要住院治疗的诊断结论有异议，不同意对患者实施住院治疗的，可以要求再次诊断和鉴定。

制止精神障碍患者或者疑似精神障碍患者发生危害他人安全行为包括严重性侵害行为，所采取的措施可能对他们造成不同程度的损害。这种制止措施属于正当防卫，制止者一般既不承担刑事责任，也不承担民事责任。《刑法》第 20 条规定了正当防卫不负刑事责任的原则。第 1 款："为了使国家、公共利益、本人或者他人的人身、财产和其他权利免受正在进行的不法侵害，而采取的制止不法侵害的行为，对不法侵害人造成损害的，属于正当防卫，不负刑事责任。"第 2 款："正当防卫明显超过必要限度造成重大损害的，应当负刑事责任，但是应当减轻或者免除处罚。"第 3 款："对正在进行行凶、杀人、抢劫、强奸、绑架以及其他严重危及人身安全的暴力犯罪，采取防卫行为，造成不法侵害人伤亡的，不属于防卫过当，不负刑事责任。"《民法总则》第 181 条第 1 款："因正当防卫造成损害的，不承担民事责任。"第 2 款："正当防卫超过必要的限度，造成不应有的损害的，正当防卫人应当承担适当的民事责任。"（《民法通则》第 128 条）。《侵权责任法》也有相同规定（第 30 条）。

从施行几年的情况看，保安性非自愿住院制度预防精神障碍患者发生危害行为的功能没有充分体现，精神障碍患者肇事肇祸事件仍然时有发生。其中有些患者在案发前已经呈现明显的危险性，如果能够依照《精神卫生法》及时将他们送诊住院，实施必要的治疗，本可避免他们的行为失去控制，造成严重危害后果。存在的主要问题是，由于《精神卫生法》没有规定保安性非自愿住院治疗的费用由政府承担，对于危险性精神障碍患者的送诊，其近亲属、监护人、所在单位、当地公安机关各方往往互相推诿，不能尽职尽责。有些患者的近亲属、监护人无力或者不愿意承担住院治疗费用，不将他们送诊或者不同意住院治疗。有些公安机关认为精神障碍患者危险性不易认定，担心引起"被精神病"纠纷，避免介入保安性非自愿住院实施过程，只对实际发生肇事肇祸行为的患者采取强制措施。在近亲属、监护人不办理住院手续时，患者所在单位、村民委员会或者居民委员会对办理住院手续也往往态度消极。事实上，患者近亲属、监护人如果不同意患者住院治疗或者不办理住院手续，保安性非自愿住院便难以实施。

为确保严重精神障碍患者不因疏于管理而危害他人，除应继续做好《精神卫生法》的普及和执行工作，使之落实落地，还需要进一步完善保安性非自愿住院制度。第一，实施保安性非自愿住院治疗，患者家庭支付住院治疗费用确有困难的，应当减免住院治疗费用，由当地政府补贴保障。第二，强化公安机关在保安性非自愿住院实施中的作用。发现或者知道严重精神障碍患者发生危害他人安全行为或者有危害他人安全危险，公安机关应当送诊而没有送诊，患者发生严重危害行为的，应当追究直接负责的主管人员和其他直接责任人员的责任。

二　非自愿住院患者出院制度的完善

另一方面，对于经过住院治疗，病情和危险性已经缓解、消除的患者，应当同意他们出院，回归社会。《精神卫生法》施行后，曾经饱受诟病的"被精神病"现象不再成为舆论热点，取而代之的是非自愿住院患者的"出院难"问题。典型事例是被媒体称为"精神卫生法第一案"的徐立新（媒体报道时化名"徐为"）诉上海青春精神病康复院案。徐认为自己经过十余年住院治疗，已经康复，没有危险性，要求出院，但精神病康复院以下列理由，不准徐出院：徐系因为患有精神分裂症、有殴打父亲等表现而被实施非自愿住院，目前尚未痊愈，如果出院须由其监护人办理出院手续，而监护人拒绝办理出院手续。该案经过 2013 年一审、2015 年二审、2016 年再审，徐败诉。[①]直到 2017 年 7 月，在司法部司法鉴定中心作出"患有精神分裂症，目前病情缓解，应评定为具有完全民事行为能力"的鉴定后，徐立新方被准许自行办理出院手续。[②]

《精神卫生法》没有明确禁止但实际上不允许保安性非自愿住院患者自己决定出院，现实中基本采取"谁送治谁接走"的习惯做法，监护人是实际的决定者。《精神卫生法》没有规定保安性非自愿住院患者出院的实质性条件，而只是在第44条中规定："医疗机构认为患者可以出院的，应当立即告知患者及其监护人。"《精神卫生法（草案）》三次审议稿曾以"无危害他人安全危险"作为保安性非自愿住院患者出院的条件，但最终没有纳入。确认无危害他人安全危险的难度和责任，对医疗机构而言，几近不能承受之重。医疗机构的顾虑是可以理解的，但也是过度的。医疗机构如果是严格依照法定标准和程序对患者作出评估，认为患者符合法定出院条件，同意其出院，但其出院后发生了危害行为，医疗机构理应不承担法律责任。没有这种具有合法性前提的免责，医疗机构便不会准许非自愿住院患者不经监护人同意出院。美国精神病学会 1982 年制定的《成年人精神科住院立法指南》（Guidelines for Legislation on the Psychiatric Hospitalization of

---

[①] 参见《徐立新诉上海青春精神病康复院等人身自由权纠纷一案二审民事判决书》、《徐立新与上海青春精神病康复院、徐灿兴人身自由权纠纷审判监督民事裁定书》，中国裁判文书网。

[②] 谢煜楠、王景烁：《"精神卫生法第一案"当事人获准自行办理出院手续》，《中国青年报》2017 年 8 月 8 日。

Adults）就设有责任豁免（immunities）条款。[1] 其第18. A条规定：（1）如果不存在故意或重大过失，官员、主管、职员或治疗机构的雇员无须对职责范围内并依照本法实施的入院、评估、护理、拒绝入院（nonadmission）、转院、解除约束、准许出院等方面的行为或不作为（omission）承担责任。（2）其他人在善意和合理的基础上参与本法规定的任何程序，也不应承担责任。（3）除本法另有规定，警察、官员、主管、职员或治疗机构的雇员，或其他实际执行本法的人，不对患者从治疗机构经准许出院或擅自出院之后的行为承担责任。（4）任何人实施根据本法有义务实施的行为，如通知、告知、警告拒绝入院、转院、解除约束或准许出院等，都不应承担责任。[2] 我国《精神卫生法》没有责任豁免条款，而是以一种"转嫁危机"的方式不使医疗机构对患者出院以后的行为承担法律责任。

《精神卫生法》第45条规定：精神障碍患者出院，本人没有能力办理出院手续的，监护人应当为其办理出院手续。这一规定也不够严谨合理。第一，《精神卫生法》没有列出办理出院手续能力的认定标准和程序，难以克服认定的随意性。第二，患者能否出院最终取决于监护人是否愿意为其办理出院手续。这可能导致医疗机构认为可以出院的患者由于监护人不办理出院手续而不能出院的情况，使得患者正常生活的权利受到损害。另一方面，期待所有严重精神障碍患者都可以经过住院治疗达到康复是不现实的。多数严重精神障碍患者在出院以后还需要根据医嘱按时按量服药，否则可能病情复发，甚至趋于恶化，发生危害自身或者他人的行为，监护人的照护和看管并非没有意义。《精神卫生法》所要改进的，不是取消监护人，而是对监护人的

---

[1] http：//citeseerx. ist. psu. edu/viewdoc/download？doi = 10. 1. 1. 173. 2921&rep = rep1&type = pdf.

[2] 参见刘白驹《非自愿住院的规制：精神卫生法与刑法》，社会科学文献出版社，2015，第270页。

权利给予必要的制约，并且使患者可以获得有效的救济。

对《精神卫生法》第 45 条的含义还可以理解为：患者如果有能力办理出院手续，就可以自行办理手续出院。这实际上只能适用于自愿住院患者和部分救护性非自愿住院患者。对于保安性非自愿住院患者而言，允许其自行办理手续出院，除有因缺乏监护发生危害行为之虞外，在程序上存在另一方面的不妥。保安性非自愿住院患者的送诊者，可能是近亲属或者监护人，也可能是其所在单位、当地公安机关；办理住院手续的可能是患者近亲属或者监护人，也可能是其所在单位、村民委员会或者居民委员会。患者的出院，与送诊者和办理住院手续者都有关系，医疗机构不能置之不理，而应分别告知，使各方面做好准备，负起相应责任。如果医疗机构认定患者已经痊愈，无危害他人安全危险，可以同意他们出院并自行办理出院手续，但应当通知曾经办理住院手续的患者所在单位、村民委员会或者居民委员会和监护人。对于无危害他人危险但尚未痊愈和没有能力办理出院手续的患者，如果监护人可以履行监护职责，医疗机构也可以同意出院，出院手续一般由监护人办理，但医疗机构应当通知曾经办理住院手续的患者所在单位、村民委员会或者居民委员会。曾经发生危害他人安全行为并且由当地公安机关送诊的患者出院时，医疗机构还应当通知当地公安机关。另外，曾经被保安性非自愿住院患者侵犯、威胁的人，对于患者的出院，也应有知情的权利。

那么，对于无危害他人危险但没有能力办理出院手续的患者，医疗机构认为可以出院，而应当办理出院手续的监护人拒不办理出院手续，造成患者长期留滞医疗机构，应当如何处理？为可以出院的患者办理出院手续并对出院的患者给予必要的监护，是监护人的职责。监护人拒不办理出院手续，说明其不能履行监护职责。患者可以向法院申请撤销其监护人资格和变更监护人。患者的其他近亲属、朋友、所在单位、村民委员会或者居民委员会以及民政部门等，根据患者的意愿，也可以提出这种申请。患者还可以追究监护人的责任。

日本也曾面对类似的问题。在日本，措置入院患者的出院由都道府县知事决定，条件是确认患者即使不继续住院其精神障碍也不会有自伤或者伤及他人之虞。都道府县知事应事前听取使其住院之精神科病院或者指定医院管理者的意见。对于确认患者即使不继续住院其精神障碍也不会有自伤或者伤及他人之虞，必须以诊察结果为依据。日本《精神保健福祉法》（精神保健及び精神障害者福祉に関する法律，昭和二十五年法律第百二十三号）在 2006 年修正时，增加了一条关于保护人（包括监护人、配偶等）对符合规定的出院患者的领回义务（保護者の引取義務）的规定（第 41 条）。① 根据该规定，保护人必须领回未经都道府县知事批准的不符合措置入院条件的患者和符合出院条件并经都道府县知事决定出院的患者，以及假出院的患者，同时对于假出院的患者的保护，必须遵从该精神科病院或指定病院管理者的指示。不过，这条规定在 2013 年随着保护人制度的废止而被删除。②

我国《精神卫生法》缺少一种使曾经被诊断患有严重精神障碍因而被限制权利、施以监护的人恢复正常权利的机制。1986 年《民法通则》设有宣告被监护人恢复民事行为能力的制度，第 19 条：被法院宣告为无民事行为能力人或者限制民事行为能力人的，根据他健康恢复的状况，经本人或者利害关系人申请，法院可以宣告他为限制民事行为能力人或者完全民事行为能力人。然而，《精神卫生法》上的"监护人"不等同于民法上的"监护人"。《精神卫生法》上的监护人，其产生不以患者经法院宣告为无民事行为能力人或者限制民事行为能力人为前提条件，监护自就诊者被诊断患有严重精神障碍之时开

---

① 《精神病院の用語の整理等のための関係法律の一部を改正する法律一条による改正》（平成十八年六月二十三日号外法律第九十四号）。

② 《精神保健及び精神障害者福祉に関する法律の一部を改正する法律》（平成二十五年六月十九日号外法律第四十七号）。

始。而对监护的终止，《精神卫生法》没有作出任何规定。因此，一个人一旦被诊断患有严重精神障碍，就有可能陷入终身无法摘掉"精神障碍患者"的帽子和摆脱"监护人"管控的"绝境"。欲改变这一状况，《精神卫生法》和民法都应当修改完善，合理规制精神障碍患者的监护和监护人问题。

还应探索构建新型的精神障碍患者管护模式，用以部分地替代非自愿住院治疗。针对尚未痊愈但已经出院的患者，有必要根据中国实际并借鉴美国的院外强制治疗（outpatient commitment，亦译"强制院外收容"、"强制院外关禁"、"强制门诊收容"）①、中国台湾地区的"强制社区治疗"以及日本的"临时出院"（仮退院，亦译"假出院"）做法，在《精神卫生法》中设立非自愿社区治疗制度。当非自愿住院患者出院时，医疗机构经本机构伦理委员会批准，可以决定在一定期间内对出院患者实施非自愿社区治疗：在社区居住的患者应当定期门诊治疗，根据医嘱按时按量服药；监护人应当协助出院患者接受门诊治疗，并对患者加以必要的照护和看管。对于不能按要求门诊治疗和服药的患者，医疗机构经本机构伦理委员会批准，可以实施临时住院观察。曾经发生危害他人安全行为的出院患者再次发生危害他人安全行为的，医疗机构可以根据简化程序对他们再次实施非自愿住院治疗。

三 精神障碍患者监护制度的完善

2017 年 3 月 15 日，第十二届全国人民代表大会第五次会议通过了中国民法典的总则编《民法总则》。与原《民法通则》相比，《民法总则》完善了成年人监护制度。它以家庭监护为基础，社会监护为

---

① 从精神卫生服务的角度，院外强制治疗称为辅助门诊治疗（Assisted Outpatient Treatment，AOT）。

补充，国家监护为兜底，并就监护人的确定、监护职责的履行、撤销监护等制度作出明确规定。对《民法总则》所确定的成年人监护制度的基本原则，应当予以充分肯定。但是，其中也有个别具体规定似值得商榷。

《民法总则》第 24 条第 1 款规定："不能辨认或者不能完全辨认自己行为的成年人，其利害关系人或者有关组织，可以向人民法院申请认定该成年人为无民事行为能力人或者限制民事行为能力人。"其中的"或者有关组织"原《民法通则》没有，草案一至三审稿也没有，是提交大会审议的草案增加的（草案第 25 条）。认定不能辨认或者不能完全辨认自己行为的成年人为无民事行为能力人或者限制民事行为能力人，是为他们确定监护人的前提。不能辨认或者不能完全辨认自己行为的成年人主要是精神障碍患者和生理、心理机能衰退者。对他们实施监护，主要是使他们获得必要的照护，但也使他们的民事权利受到限制，并可能使他们被实施非自愿住院治疗，导致自由受到限制。因之，有关规定应当公正、合理、严谨。

根据原《民法通则》和民法总则草案一至三审稿，只有成年人的近亲属或其他利害关系人（均为自然人）可以作为申请主体，有权向人民法院申请认定该成年人为无民事行为能力人或者限制民事行为能力人。这是自然人之间的一个民事法律关系问题。《民法总则》第 24 条第 1 款规定有关组织也可以向法院提出申请认定成年人的民事行为能力，本意是出于避免以下问题：当成年人发生不能辨认或者不能完全辨认自己行为的情况，其近亲属或其他利害关系人没有提出申请认定该成年人为无民事行为能力人或者限制民事行为能力人，而使该成年人的监护人不能确定，处于无监护状态。根据《民法总则》第 24 条第 1 款，如果近亲属或其他利害关系人没有提出认定申请，居民委员会、村民委员会、学校、医疗机构、妇女联合会、残疾人联合会、依法设立的老年人组织、民政部门等有关组织可以绕开近亲属或其他利害关系人提出认定申请。这样的设置虽然有一定积极意义，但法理根据不足，并且有可能被误用、滥用，造成侵害该成年人合法权益的后果。

第一，居民委员会、村民委员会、学校、医疗机构、妇女联合会、残疾人联合会、依法设立的老年人组织、民政部门等有关组织，其中有政府机构、公立机构，或者具有一定官方背景的机构、组织。而公权力直接介入民事法律关系，成为一方，并不利于公平公正处理有关民事法律关系。当发生认定民事行为能力的诉讼时，该成年人面对的不再是有利害关系的自然人，而是具有公权力的有关组织，双方不是平等主体。这种关系实际上具有行政色彩。法院对该成年人的民事行为能力进行认定，可能受到公权力的影响，难以公正作出裁决。

第二，成年人可能在平时工作中或者治疗中，由居民委员会、村民委员会、学校、医疗机构管理，双方可能存在各种利益矛盾和冲突。居民委员会、村民委员会、学校、医疗机构向法院申请认定该成年人为无民事行为能力人或者限制民事行为能力人，可能不是为了维护该成年人的权利，而是为了谋取不当利益。

第三，法院在认定民事行为能力时，一般根据医疗机构提供的该成年人的精神状态的鉴定意见，而如果该医疗机构也可以作为认定民事行为能力的申请者，其鉴定意见的公正性几乎丧失。

第四，根据《民法总则》第31条第3款规定，有关组织可以成为临时监护人。第32条更是规定，没有依法具有监护资格的人的，监护人由民政部门担任，也可以由具备条件的被监护人住所地的居民委员会、村民委员会担任。也就是说，民政部门、居民委员会、村民委员会可能同时兼具认定成年人民事行为能力的申请者和成年人监护人这两种身份。不能排除，民政部门、居民委员会、村民委员会的某些个人为谋取私利，以单位的名义申请认定成年人为无民事行为能力人或者限制民事行为能力人，进而成为其监护人。

第五，《民法总则》第 24 条第 3 款规定的有关组织仅是列举，后面的"等"字内涵其没有限制，可以是任何公权力组织或者机构。

总之，《民法总则》第 24 条第 1 款的"有关组织"，增加虽有道理，但有漏洞，可导致一系列问题，应当在司法解释中加以进一步规范。如果认为个别组织（例如民政部门）可以申请，[①] 必须对在什么情况下可以提出申请作出严格限定。而且，可能有利益冲突或者可以从中获益的组织不能成为申请者。申请者也不能成为监护人。

2017 年 3 月"两会"期间，在全国人大会议审议民法总则草案的同时，全国政协会议也对民法总则草案进行了讨论。我在 3 月 9 日小组会议上，提出了上述意见。[②] 经请教和征求全国人大代表、民法学专家、中国社会科学院法学研究所孙宪忠研究员的意见，第二天我还通过住地政协办事组经全国政协机关向全国人大有关机构转报了我的书面意见，但对立法没有产生作用。不过，有关方面似乎也注意到这个问题。由全国人大常委会法制工作委员会主任李适时主编的《中华人民共和国民法总则释义》在阐释第 24 条第 1 款申请主体中的"有关组织"时指出：民法总则草案一审稿、二审稿以及三审稿中，均只是在第 2 款的申请主体中规定了"有关组织"，第 1

---

① 中国台湾地区"民法总则"第 14 条原为："对于心神丧失或精神耗弱致不能处理自己事务者，法院得因本人、配偶或最近亲属二人之声请，宣告禁治产。"在 2008 年修正为："对于因精神障碍或其他心智缺陷，致不能为意思表示或受意思表示，或不能辨识其意思表示之效果者，法院得因本人、配偶、四亲等内之亲属、最近一年有同居事实之其他亲属、检察官、主管机关或社会福利机构之声请，为监护之宣告。"

② 参见赵琳等《委员建言民法总则草案第 25 条——要考虑"被精神病"这种可能》，《大众日报》2017 年 3 月 10 日；杨芳等《10 岁下调至 6 岁，是不是快了点？》，《山东商报》2017 年 3 月 10 日；王磊、赵洪栋《要防"被精神病"，民法总则草案中"有关组织"引委员担忧》，大众网 2017 年 3 月 9 日，http://2017lh. dzwww. com/lhsd/201703/t20170310_ 15646590. htm。

款的申请主体没有规定"有关组织"，仍然限于利害关系人。对此，有的意见提出，在现实生活中，有些老人、有精神疾病的人可能没有利害关系人，这就有可能产生因没有人提出民事行为能力认定申请而造成这部分人员虽然已经处于无民事行为能力或者限制民事行为能力的状态，但不能依法设立监护、确定监护人的情况，建议在第 1 款的申请主体中也增加"有关组织"。本条规定吸收了该意见，在第 1 款的申请主体中增加了"有关组织"。但应当注意的是，认定成年人为无民事行为能力或者限制民事行为能力，对成年人的行为自由影响重大，原则上应当由利害关系人提出，对于"有关组织"向法院提出申请宜作严格掌握，必须是基于保护该成年人合法权益的迫切需要。①

第二节　精神障碍者性犯罪的
刑事责任和民事责任

一　刑事责任和刑事责任能力

刑事责任是指行为人因实施犯罪行为而承担的接受刑事处分的义务。刑事责任能力是指行为人所具有的承担刑事责任所必需的辨认和控制自己行为的能力。刑事责任能力状况说明行为人在实施刑法禁止的行为时，是否具有主观恶性，是否应当对其行为承担刑事责任。在实施刑法禁止的行为时如果具有辨认和控制自己行为的能力，即为有刑事责任能力，行为人应当承担刑事责任；相反，如果不具有辨认或者控制自己行为的能力，则为无刑事责任能力，行为人不承担刑事责任。

---

① 李适时主编《中华人民共和国民法总则释义》，法律出版社，2017，第 72～73 页。

影响刑事责任能力的因素，主要是心理成熟程度（一般以年龄为标志）和精神状态。精神障碍可以严重破坏人对自己行为的辨认和控制。精神医学已经说明，感知、思维、情感、意志、意识等方面的障碍可以损害精神障碍者辨认和控制自己行为的能力，使得他们不能像精神正常者那样符合实际地辨认和有效地控制自己的行为。他们可能不知道自己行为的性质和意义，或者对自己行为的性质和意义给予与众不同的解释，甚至可能不知道自己曾经有何行为。有些精神障碍者可能虽然知道某种行为的性质和意义，但无法按照自己的意志实施这种行为或者不实施这种行为。精神障碍者实施刑法禁止的危害行为，可能是在精神障碍使他们的辨认和控制自己行为能力丧失的情况下发生的，既不是出于故意，也不是出于过失，是没有犯意的。如果精神障碍者实施危害行为，是受精神障碍所驱使，并且在行为时丧失辨认和控制自己行为的能力，属于无刑事责任能力，就不应承担刑事责任。从根本上说，法律之所以应当免除在精神障碍支配下实施刑法禁止行为的精神障碍者的刑事责任，有两个相互联系着的理由：其一，罹患精神障碍的过程是无意识的，精神障碍者对于自己罹患精神障碍，既不能预见，也不能抗拒，不应让他对自己罹患精神障碍承担责任；其二，在患病之后，精神障碍者虽然可能积极寻求治疗，使病情缓解，但他不能完全控制精神障碍的发作及其影响，不应让他对精神障碍的后果承担责任。

精神障碍有轻重之分，因而精神障碍对刑事责任能力的影响，不仅区分了有刑事责任能力和无刑事责任能力两种状态，还决定了有刑事责任能力状态存在不同的幅度。据此，在理论上至少可以把有刑事责任能力相对地划分为完全刑事责任能力和部分刑事责任能力（又称限制刑事责任能力、限定刑事责任能力或减轻刑事责任能力）两个层次。从整体上看，可以把刑事责任能力分为三个等级，即完全刑事责任能力、部分刑事责任能力、无刑事责任能力。

对精神障碍者刑事责任能力等级的划分，世界上多数国家都采取"三分法"。在中国，1979 年《刑法》和 1997 年《刑法》的规定不完全相同。1979 年《刑法》第 15 条第 1 款规定，"精神病人在不能辨认或者不能控制自己行为的时候造成危害结果的，不负刑事责任"。1997 年《刑法》第 18 条第 1 款延续了前述规定，又增加第 3 款："尚未完全丧失辨认或者控制自己行为能力的精神病人犯罪的，应当负刑事责任，但是可以从轻或者减轻处罚。"前者为"二分法"，后者为"三分法"。应当说，"三分法"更为可取。[①] 各种类型的精神障碍对人的精神活动的影响，在程度上是不同的，有的严重一些，有的轻缓一些。同样一种精神障碍，对于不同的患者，影响也不完全相同。而且作为疾病，精神障碍（精神发育迟滞除外）在其患者身上，通常都有从产生到严重的发展过程。精神障碍者如果经过治疗，其病情也有可能缓解。这样，不同类型的精神障碍者，甚至同一类型的精神障碍者，以及同一精神障碍者在不同时间，其行为辨认能力和行为控制能力，在程度上自然会有所不同。有些人具有与一般人相同的行为辨认能力和行为控制能力，有些人完全没有行为辨认能力和行为控制能力，有些人虽然有行为辨认能力和行为控制能力，但与一般人相比是不完整的。如果他们实施刑法禁止的行为，理应给予不同的对待。对于其中的行为辨认能力或者行为控制能力不完整者，当然不应给予相同于完全没有行为辨认能力或者行为控制能力者的对待，让他们逍遥法外，因为他们实施刑法禁止的行为，既有病理原因，也有现实原因；更不能将他们与精神正常者混为一谈，因为他们实施刑法禁止的行为，虽然有现实原因，但也有病理原因。认定他们具有部分刑事责任能力，并根据罪刑相适应原则，给予从轻或者减轻处罚，可能是唯一正确的

---

① 参见刘白驹《论精神疾病患者的刑事责任能力》，《法学研究》1990 年第 4 期。

选择。

确认部分刑事责任能力这一等级，对于判定实施了性犯罪的精神障碍者的刑事责任具有特别的意义，因为他们中的许多人既不是无刑事责任能力的，也不是有完全刑事责任能力的，而是有部分刑事责任能力的。如果依据"二分法"他们将承担完全的刑事责任，或者不承担刑事责任，有失公正；而如果依据"三分法"，他们可能会被从轻或减轻处罚，罪刑相互适应。

二　刑事责任能力的认定标准

精神障碍者的刑事责任能力是刑法上的问题，因而精神障碍者刑事责任能力的认定标准是由刑法来规定的。综观世界各国近现代刑法，先后实行或者提出的精神障碍者刑事责任能力的认定标准，有三种基本类型。（1）医学－生物学标准。医学－生物学标准从单纯的医学－生物学角度出发，仅以罹患精神障碍作为认定刑事责任能力的唯一标准。根据这种标准，只要确认行为人在行为时是否处于刑法规定的精神障碍状态，即可认定其是否具有刑事责任能力。1810 年《法国刑法典》是这一标准的始作俑者："精神错乱中的所为之犯罪行为，不构成重罪或轻罪。"（2）法学－心理学标准。这种标准虽然使用心理学方法，但性质是法学的。它以行为人在行为时是否具有自由意志为认定刑事责任能力的唯一标准。《意大利刑法典》采用这个标准："如果某人在实施行为时不具有意识和意志，不得因被法律规定为犯罪的作为或者不作为受到处罚。"（3）医学－法学标准。医学－法学标准是医学－生物学标准与法学－心理学标准的结合，亦称混合标准、折中标准。医学－法学标准兼有医学－生物学标准和法学－心理学标准所长，而无其所短。它把精神障碍与危害行为纳入因果关系之中来考察，既考虑行为人在发生危害行为时是否处于精神障碍状态，又考虑精神障碍是否对行为人在发生危害行为时的辨认能力和控制能力发生影响，为尽可能准确地认定刑事责任能力设置了双重保险——医学要件和法学要件。当今世界，多数国家都采用医学－法学标准。中国也是如此。1997 年《刑法》第 18 条规定："精神病人在不能辨认或者不能控制自己行为的时候造成危害结果，经法定程序鉴定确认的，不负刑事责任，但是应当责令他的家属或者监护人严加看管和医疗；在必要的时候，由政府强制医疗。"

医学－法学标准包括医学和法学两个要件。医学要件要求行为人必须存在刑法规定的精神障碍。由于精神医学背景和法律传统的差异，各国刑法所规定的医学要件在形式和具体内容上不尽相同。存在两种立法方式。一种为概括式，即对精神障碍只作高度概括性的规定，而不说明其具体内容或范围，通常的用语为"精神病"、"精神疾病"、"精神障碍"等。另一种立法方式是列举式，即非穷尽地列举出若干种重要的精神障碍。有些列举式立法例也区别了无刑事责任能力和部分刑事责任能力的医学要件。

中国 1979 年《刑法》第 15 条和 1997 年《刑法》第 18 条对刑事责任能力认定标准的医学要件，是采取概括方式规定的，使用的是"精神病（人）"一词。1997 年《刑法》虽然新增了部分刑事责任能力的内容，但没有重新规定医学要件。有学者认为"精神病"过于概括，难以掌握，因而建议将主要的精神病类型列举出来。其实，列举式未必优于概括式。列举式只是择重列举，不能穷尽，效果与概括差不多。如果列举不当，反而形成误导。关键是"精神病"的概念是否明确，以及用这一概念作为认定精神障碍者刑事责任能力认定标准的医学要件是否得当。前面曾经提到，在中国精神医学中，"精神病"概念有广、狭两义。那么，刑法上的"精神病"究竟指的是什么？在 1979 年《刑法》施行期间，刑法学界和司法精神医学界对此问题曾经进行讨论。一种观点认为，它是指狭义的精神病，仅包括各类重性精神疾病或精神病性障碍。① 另一种观点认为，它是指广义的精神病，与精神疾病或精神障碍是同一语。② 我即持此种观点。③ 广义论者建议在修改 1979 年《刑法》时，使用"精神疾病"或者"精神障碍"的概念，以"精神疾病患者"或者"精神障碍者"的说法取代"精神病人"的说法。可是不知道什么原因，国家立法机关修改《刑法》时没有采纳这种意见。在 1997 年《刑法》第 18 条中，"精神病"依然故我，唯一的变化是它不仅适用于无刑事责任能力的情况，而且也适用于部分刑事责任能力的情况。不过在此时，一些原来的狭义论者开始对"精神病"一词作广义的解释了，因为他们知道，在《刑法》正式承认部分刑事责任能力的情况下，再坚持狭义的"精神病"概念已经说不通了。④

争议较大的一个问题是，人格障碍和性变态是否可以成为医学要件。在中国，不少学者认为即使应当对《刑法》中的"精神病"作广义的理解，其中也不包括人格障碍和性变态。他们认为人格障碍者和性变态者都具有完整的刑事责任能力。有些学者以美国《模范刑法典》为依据来论证自己的观点。1962 年，美国法学会在《模范刑法典》中制定了一个判断精神障碍者刑事责任能力的规则（ALI 规则）：（1）如果一个人的犯罪行为是由于有精神疾病或精神缺陷，使其在辨认自身行为的犯罪性（非法性），或使其行为符合法律要求方面缺乏实质性能力，那么他对其行为不负刑事责任。（2）"精神疾病或精神

---

① 参见贾谊诚《关于司法精神病学的若干基本概念》，《中国神经精神疾病杂志》1983年第 2 期；赵秉志《犯罪主体论》，中国人民大学出版社，1989，第 180 页。贾谊诚认为"精神病"不包括"非精神病性精神（心理）障碍"。赵秉志虽然认为应对"精神病"做广义的理解，但其所说"广义的精神病"只包括"多种多样的慢性和急性的严重精神障碍"。他还强调不能把"精神病"与"精神障碍"等同。实际上，他对"精神病"持狭义的理解。

② 持此种观点的人很多，恕不一一列举。

③ 参见刘白驹《论精神疾病患者的刑事责任能力》，《法学研究》1990 年第 4 期。

④ 参见赵秉志主编《新刑法典的创制》，法律出版社，1997，第 50 页。

缺陷"不包括仅由反复实施犯罪行为或者其他反社会行为所表明的变态人格。① 但是，这些学者可能没有注意到 ALI 规则这里规定的是排除刑事责任能力的问题。它实际上只是说"仅由反复实施犯罪行为或者其他反社会行为所表明的变态人格"是有刑事责任能力的，而没有说"变态人格"不能削弱刑事责任能力。而且据美国法学会的解释，"变态人格"如果是由反复实施反社会行为以外的间接证据所表明，是可以归入"精神疾病或精神缺陷"的。②

对刑事责任能力实行"三分法"的国家，一般认为某些人格障碍和某些性变态可以削弱刑事责任能力。例如德国，1975 年以前，认为人格障碍者、性变态者一般具有完全刑事责任能力。法院判决指出，精神障碍虽然不仅包括精神病，还包括所有形式的理智行为的障碍，以及意志生活、情感生活和性生活障碍，这些障碍会损害一个普通的、精神发育正常的人应该具有的正常的认知和感觉，从而影响意志的形成，然而，只有在少数情况下，视其严重程度，它们才被视为类同于精神病，有了"疾病的特质"。③ 但是，1975 年《德国刑法典》第 20 条关于无责任能力的规定明确列出了"其他严重的精神病态"，而"其他严重的精神病态"被认为包括人格障碍、性变态和神经症。虽然有学者主张把"其他严重的精神病态"从第 20 条中清除，但许多人认为人格障碍、性变态可以减弱刑事责任能力。德国精神病学家托勒指出："按照今天的观点，较严重的神经症和人格障碍可考虑责

---

① 原文：(1) A person is not responsible for criminal conduct if at the time of such conduct as a result of mental disease or defect he lacks substantial capacity either to appreciate the criminality [wrongfulness] of his conduct or to conform his conduct to the requirements of law. (2) As used in this Article, the terms "mental disease or defect" do not include an abnormality manifested only by repeated criminal or otherwise antisocial conduct.

② 参见美国法学会编《美国模范刑法典及其评注》，刘仁文等译，法律出版社，2005，第 65 页。

③ 参见〔德〕冈特·施特拉腾韦特、洛塔尔·库伦《刑法总论 I——犯罪论》，杨萌译，法律出版社，2006，第 213 页。

任能力受损（减轻，很少为废除）。"他还认为对露阴症者也可减轻处罚。① 我也认为，对人格障碍者和性变态者的刑事责任能力不能一概而论。冲动型人格障碍、偏执型人格障碍、冲动控制障碍和恋物症、露阴症、窥阴症、摩擦症等都有控制能力薄弱的表现，如果行为人犯罪确实与控制能力薄弱有特定关系，可以认定为部分刑事责任能力。对反社会型人格障碍、性施虐症、恋童症、奸尸症等则应认定为完全刑事责任能力。在中国司法精神医学鉴定实践中，对人格障碍刑事责任能力的评定比较严格，只有极少数被评定为部分刑事责任能力。例如，应福兴报告的 15 例人格障碍中，只有 2 例被评定为部分刑事责任能力。② 同时，性变态被评定为部分刑事责任能力则比较多见。例如，于庆波等报告某医院 1984～1993 年鉴定的性变态案共 50 例（包括恋物症、露阴症、窥阴症、摩擦症、异装症、同性恋），均评定为部分刑事责任能力。③ 韩臣柏等报告某医院鉴定性变态案共 23 例，其中完全刑事责任能力 16 例，即性施虐症 6 例、露阴症 3 例、恋物症 3 例、同性恋 2 例、窥阴症 1 例、恋童症 1 例；部分刑事责任能力 7 例，即露阴症 3 例、恋物症 2 例、窥阴症 2 例。④ 黄云等报告 1979～1998 年某医院共受理性变态鉴定 40 例，计有同性恋 3 例、恋童症 2 例、施虐症 5 例、恋物症 11 例、露阴症 6 例、窥阴症 4 例、多种性变态 9 例，鉴定为完全责任能力 24 例，部分刑事责任能力 16 例。⑤ 总之，不应从整体上将性变态、人格障碍从《刑法》所说的"精神病"中排除。

　　医学－法学标准的另一个要件是法学要件。法学要件关注的是行

---

① 〔德〕R. Tölle：《实用精神病学（第 10 版）》，王希林译，人民卫生出版社，1997，第 120 页，第 130 页。

② 应福兴：《人格障碍 15 例司法鉴定分析》，《临床精神医学杂志》1996 年第 4 期。

③ 于庆波等：《性心理障碍鉴定 50 例分析》，《临床精神医学杂志》1995 年第 2 期。

④ 韩臣柏等：《性心理障碍司法鉴定 23 例分析》，《临床精神医学杂志》1995 年第 6 期。

⑤ 黄云等：《40 例性变态司法鉴定》，《临床精神医学杂志》1999 年第 6 期。

为人的自由意志能力，它要求在认定精神障碍者的刑事责任能力时，必须考察其在犯罪时的自由意志能力即辨认和控制自己行为的能力是否受到精神障碍的损害，以及这种损害对其犯罪行为有何影响。辨认自己行为的能力是指对行为性质的认识能力，包括：（1）对行为物理性质的认识能力；（2）对行为社会危害性的认识能力；（3）对行为必要性的认识能力。控制自己行为的能力是指按照自己的意志实施行为的能力。对行为的控制，是以对行为的辨认为前提的。没有辨认行为能力，也就没有控制行为能力。另一方面，有些精神障碍者尚存辨认能力，但没有控制能力，不能按照自己的意志作为或者不作为，在无外力制约的情况下，不能做他们想做的事情，或者不得不做他们本不想做的事情。人们曾经把这种情况的原因归结于神秘力量。而近现代精神医学证实这种情况也是精神障碍所致。如果精神障碍者不存在严重的意识、思维、智能等方面的障碍，但存在严重的情感、意志等方面的障碍，就会出现辨认能力尚存，而控制能力丧失的情况。多数国家包括中国的刑法都把无控制能力作为免除刑事责任的一个独立的理由。

具体到精神障碍性犯罪人，大体上说，器质性精神障碍、精神分裂症、癔症等重性精神障碍的患者在实施性犯罪时辨认能力和控制能力的缺损都比较明显，有的是辨认能力缺损比较突出，有的是控制能力缺损比较突出，但完全丧失辨认能力和控制能力的比较少见；而性变态者、人格障碍者在实施性犯罪时具有完整的辨认能力，其中一些人只是在控制能力方面可能有一定程度的削弱。

三　刑事责任能力的精神医学鉴定与司法判定

判断疑似精神病人的犯罪人（犯罪嫌疑人、被告人）的刑事责任能力，必须借助精神医学。犯罪人的精神状态应由精神医学专家鉴定。认定精神障碍者的刑事责任能力，只确认他有精神障碍是不够的，还必须确认精神障碍与其危害行为有直接的关系。在实施危害行为时，他的辨认或者控制能力如果因为精神障碍的作用而丧失或者减弱，才能认定他无刑事责任能力或者部分刑事责任能力。

精神医学鉴定意见只是一种证据材料，和其他证据材料一样，它必须经过法院查证属实，方可作为定案的根据。法院在采信鉴定意见之后，再根据鉴定意见和其他证据以及相关法律对刑事责任能力进行认定。1979 年《刑事诉讼法》第 31 条和 1996 年《刑事诉讼法》第 42 条将鉴定结果称为"鉴定结论"，使之具有终结性意味，而 2012 年《刑事诉讼法》第 48 条修改为"鉴定意见"，恢复其原本性质。

法院应当尊重精神医学专家关于疑似精神病人的犯罪人精神状态、精神障碍与犯罪行为关系的鉴定意见，但对于辨认和控制能力还应有自己的判断。辨认和控制能力的程度是刑事责任能力的法学标准，其认定属于法院的权力范畴。法院不能完全听信鉴定人的意见，否则就等于由鉴定人进行审判了。迄今为止，精神医学以及司法精神医学在一定程度上还是经验性的科学，而且在精神医学中还存在各种流派，因而对刑事责任能力的精神医学鉴定意见应当慎重对待，更何况鉴定人也有可能故意地不公正。尤其是在几个鉴定意见截然不同的情况下，法院必须有自己的立场。然而，现实中的法官们有可能缺乏相应的专业知识。一些法官过于依赖鉴定意见，甚至达到"迷信"程度。这种状态，实际上把鉴定人及其鉴定意见推上了在很大程度上可以决定审判结果的地位。

同样的问题也存在于当事人。根据《全国人民代表大会常务委员会关于司法鉴定管理问题的决定》（2005 年 2 月 28 日通过，2005 年 10 月 1 日起施行），在诉讼中，当事人对鉴定意见有异议的，经法院依法通知，鉴定人应当出庭作证。但是，当事人一般都有知识的欠缺，他们究竟可以对鉴定人提出什么像样的问题是值得怀疑的。也许他们可以从法律的角度对鉴定程序和鉴定人的资格提出意见，但对鉴定书的内容，他们难以提出实质性意见。

针对上述状况，本书第一版建议，借鉴民事诉讼的有关做法①，在刑事诉讼中建立专家证人制度。不论鉴定是由哪一方提出或者委托的，控辩双方都可以向法院申请由若干具有专门知识的人员出庭就案件的专门性问题进行说明和向鉴定人发问。这样做，有利于维持控辩双方地位的平衡，有利于避免对鉴定结论的调查和辩论成为形式和过场，有利于保护被告人的合法权益，有利于法官作出公正的判决。2012 年，《刑事诉讼法》修正时，在第 192 条（原第 159 条）中增加两款规定：公诉人、当事人和辩护人、诉讼代理人可以申请法庭通知有专门知识的人出庭，就鉴定人作出的鉴定意见提出意见；有专门知识的人出庭，适用鉴定人的有关规定。

在保留死刑但同时也限制或者减少死刑适用的国家，精神错乱和无刑事责任能力往往成为无罪或者减轻责任的辩护理由，控辩双方会发生激烈、复杂甚至是持久的博弈。这对法庭是一个考验。

[**案例 265**] 宫崎勤（宫﨑勤），男，1962 年 8 月 21 日生，印刷工人。患有先天性桡尺骨愈合症。小学时代被人称为"怪兽博士"。沉迷动漫。1988 年 8 月至 1989 年 6 月，宫崎勤在东京都和埼玉县连续绑架杀害了 4 名幼女：今野真理，4 岁，1988 年 8 月 22 日在埼玉县遇害；吉泽正美，7 岁，1988 年 10 月 3 日在埼玉县遇害；难波绘梨香，4 岁，1988 年 12 月 9 日在埼玉县遇害；野本绫子，5 岁，1989 年 6 月 6 日在东京都遇害。宫崎勤焚烧今野真理的尸体，并且吞食了一部分骨灰，并把另一部分骨灰邮寄给今野真理的父母。他还以假名字

---

① 最高人民法院《关于民事诉讼证据的若干规定》（2003 年 1 月 9 日）第 61 条规定："当事人可以向人民法院申请由一至二名具有专门知识的人员出庭就案件的专门性问题进行说明。人民法院准许其申请的，有关费用由提出申请的当事人负担。审判人员和当事人可以对出庭的具有专门知识的人员进行询问。经人民法院准许，可以由当事人各自申请的具有专门知识的人员就案件中的问题进行对质。具有专门知识的人员可以对鉴定人进行询问。"

向今野真理的父母和媒体发出"坦白"书，并奚落警察无能。他肢解了野本绫子的尸体，并将断肢吃掉。他还对其作案过程拍照录影。1989年7月23日，宫崎勤在给一名6岁幼女拍裸照时被该幼女父亲发现报警，随后被捕。警方在他位于埼玉县的家中搜出6000盒恐怖、色情录像带和大量色情漫画。宫崎勤陆续供认了杀害4名幼女的罪行。他说："我感到这好像是一场噩梦。我在梦中杀了人，犯了罪。"1989年8月，东京地方检察厅总务部诊察室委托德井达司医师对宫崎勤进行了"简易精神鉴定"，认定宫崎勤有人格障碍，同时认为不能否定精神分裂症的可能性。1990年3月，东京地方法院对宫崎勤杀人案进行第一次审理。辩护律师铃木淳二、岩仓哲二主张宫崎勤是在精神不正常的状态下犯罪的，不应负刑事责任。根据辩护律师的请求，1990年12月，东京地方法院委托日本庆应大学教授保崎秀夫等6名专家对宫崎勤犯罪时的精神状态进行鉴定。1992年3月，经过4个月的观察分析，专家提出精神鉴定书，得出的结论是宫崎勤虽然有人格障碍、性变态、收集癖等精神障碍，但作案时"有判断事物善恶的能力"。辩护律师以观察时间太短、鉴定不完全为由，坚持要求法院再次对宫崎勤进行鉴定。1992年11月，东京地方法院又委托日本帝京大学和东京大学的内沼幸雄、关根义夫和中安信夫3名专家对宫崎勤进行鉴定。在观察两年之后，1994年11月30日，这3名专家提出鉴定书。他们都认为宫崎勤作案时辨认和控制行为能力减弱，属于限定责任能力，但他们的医学诊断不完全一致。内沼幸雄、关根义夫的诊断是"以多重人格为主体的反应性精神病"，中安信夫的诊断是"精神分裂症"。就在几天之前，1994年11月21日，宫崎勤的父亲因也不能忍受逆子的罪恶行径给他带来的精神折磨，投河自杀。1996年12月，东京地方法院再次审理宫崎勤案。辩护律师根据第二次鉴定结论，要求法官将宫崎勤无罪释放或者减轻处罚。1997年4月14日，东京地方法院作出一审判决，认定宫崎勤在犯罪时具有完全责任能力，故判处死刑。辩护方不服判决，即日控诉至东京高等法院。1998
年 12 月，宫崎勤写的书《在梦中》（梦のなか – 连续幼女杀害事件
被告の告白）出版。2001 年 6 月 28 日，东京高等法院维持一审判决。
7 月 10 日，辩护方上告至日本最高法院。2006 年 1 月 17 日，日本最
高法院驳回上告。裁判长藤田宙靖认为，由于被告在作案当时具有完
全行为能力，因此不采纳在一二审中所提出的被告精神状况鉴定报
告。1 月 26 日，辩护方提出判决订正。2 月 1 日，日本最高法院驳回
订正，确定死刑。2006 年 2 月，宫崎勤的新书《现在也在梦中》（梦
のなか、いまも – 连续幼女杀害事件元被告の告白）出版。2008 年
6 月 17 日，宫崎勤被执行死刑，死时 45 岁。①

　　我从 1997 年就开始关注宫崎勤一案。拙作《精神障碍与犯罪》和
本书第一版都介绍了该案，当时宫崎勤尚未被执行死刑。宫崎勤无疑是
一个精神障碍者，具有人格障碍、性施虐症、恋童症、恋物症，甚至可
能有多重人格、精神分裂症。在宫崎勤案中，日本的法院并没有像中国
某法院在审理邱兴华杀人案那样拒绝为邱兴华做精神鉴定，也没有像中
国有些法院那样盲目采信无刑事责任能力的鉴定结论。在宫崎勤案中，
面对不同的鉴定意见，东京地方法院、高等法院和日本最高法院作出了
自己的抉择，认为宫崎勤在一系列犯罪中表现出完全的辨认或者控制能
力，具有完全刑事责任能力，因而判决他承担完全的刑事责任。
　　再如美国的阿利（Sedley Alley）杀人案：

　　[案例 266] 阿利在 1985 年 7 月 11 日晚上，在一个海军基地附
近，残酷虐杀了一位正在慢跑的海军陆战队女队员，19 岁的美丽姑娘

---

① 参见高寒青《日本：一恶魔残害幼女被判极刑》，《法制日报》1997 年 4 月 15 日；
陈志江《延迟八年的死刑判决》，《光明日报》1997 年 5 月 20 日；http://www.
alpha-net.ne.jp/knight9/miyazaki.htm。

苏珊娜·柯林斯（Suzanne Marie Collins，1966～1985）。他把一根又粗又长的树枝插入苏珊娜的阴道，31英寸长的树枝只有8英寸的部分露在体外。在法庭上，阿利自辩说精神失常，并得到两位医生专家的证明。两位医生声称阿利患有多重人格症。但控方指出，凶手作案时并没有失去理智，他在犯罪时是正常的人格支配着他。控方对陪审团说："到目前为止你们观察被告有两周了，可能已经看出他完全有能力控制自己的行为。现在已经到我们推倒种种托词，让被告为他的所作所为付出代价的时候了。"辩方也试图说服陪审团：这起案件一定是"狂人所为"，罪行如此恐怖，只有"精神错乱者才干得出来"。1987年3月18日，陪审团经过6小时的讨论，裁定阿利犯有一级谋杀罪、恶性劫持罪和恶性强奸罪，建议电刑处决。行刑日期定于9月11日。后来阿利上诉，被田纳西州最高法院驳回。后又上诉至联邦最高法院，也被驳回，死刑预定于1990年5月2日执行。但辩护律师利用法律上的每一种可能，使死刑的执行期一拖再拖。此事受到美国维护犯罪受害者运动的关注，苏珊娜的父母也加入其中，进行抗争。人们认为死刑的拖延与田纳西州最高法院女法官彭妮·怀特有关。怀特法官主张取消死刑。她对原告怠慢无礼，却让被告娓娓陈词。她的许多判决，都让人感到她存心跟受害者过不去。1996年8月1日，田纳西州通过公决方式，罢免了彭妮·怀特。①

直到2006年6月28日，该案才最终了结，这天凌晨阿利被实施注射死刑。② 此时，离苏珊娜遇害，已经过去20年。这段时间比苏珊娜的一生还长！

对恶性的性侵害犯罪的行为人，除确因受严重精神障碍影响而明

---

① 参见〔美〕约翰·道格拉斯、马克·奥尔沙克尔《闯入黑社会》，李龙泉等译，昆仑出版社，1998，第185～285页。

② https：//en. wikipedia. org/wiki/Suzanne_ Marie_ Collins？oldid = 488074028.

显缺失辨认或者控制自己行为能力的，一般不应从轻、减轻处罚或者适用缓刑。2013年最高人民法院、最高人民检察院、公安部、司法部《关于依法惩治性侵害未成年人犯罪的意见》第28项规定：对于强奸未成年人的成年犯罪分子判处刑罚时，一般不适用缓刑。对于性侵害未成年人的犯罪分子确定是否适用缓刑，人民法院、人民检察院可以委托犯罪分子居住地的社区矫正机构，就对其宣告缓刑对所居住社区是否有重大不良影响进行调查。受委托的社区矫正机构应当及时组织调查，在规定的期限内将调查评估意见提交委托机关。对于判处刑罚同时宣告缓刑的，可以根据犯罪情况，同时宣告禁止令，禁止犯罪分子在缓刑考验期内从事与未成年人有关的工作、活动，禁止其进入中小学校区、幼儿园园区及其他未成年人集中的场所，确因本人就学、居住等原因，经执行机关批准的除外。

以促进被害人与犯罪人通过犯罪人的赔偿达到和解为主要目的的恢复性司法（restorative justice）[1] 的理念和制度不能完全适用于情节恶劣、后果严重的性侵害犯罪，包括审判和审判后的处遇，尤其是性变态者、人格障碍者实施的暴力的性侵害犯罪和性侵害未成年人的犯罪。近十几年，在我国存在着一些性侵害犯罪案件因犯罪人的赔偿等原因而被不当轻判的情况。常见刑事判决书有这样的说辞：被告人对被害人或者被害人家属进行了赔偿，"取得了谅解"，故对其从轻处罚。甚至，一些严重性侵害刑事案件的判决书也有这种说辞。例如"男子酒后遇单身女子见色起意 遭反抗将其砸死"案[2]，法院认为，

---

① 参见〔英〕詹姆斯·迪南《解读被害人与恢复性司法》，刘仁文、林俊辉等译，中国人民公安大学出版社，2009；〔英〕格里·约翰斯通《恢复性司法：理念、价值与争议》，郝方昉译，中国人民公安大学出版社，2011；〔英〕格里·约翰斯通、〔美〕丹尼尔·W. 范内斯主编《恢复性司法手册》，王平等译，中国人民公安大学出版社，2012。

② 曾炳光：《酒后遇单身女子见色起意 遭反抗将其砸死获死缓》，《海峡都市报》2012年1月17日。

被告人违背妇女意志，欲奸淫妇女，遭反抗后采用暴力手段致人死亡，已构成强奸罪。强奸并致人死亡，论罪应予严惩，但鉴于被告人积极赔偿被害人损失取得谅解，且当庭认罪，依法可从轻处罚，故判处其死刑，缓期 2 年执行，剥夺政治权利终身。又如"打工仔奸杀女中学生被判死缓"案①，法院审理认为，被告人采取暴力手段奸淫妇女，其行为构成强奸罪，且后果严重，依法应予严惩。鉴于刘某归案后认罪态度较好，其亲属积极向被害人赔偿了经济损失，获得黄某某父母的真诚谅解，故对被告人刘某判处死刑，可不立即执行。又如"19 岁男子强奸朋友 12 岁女友"案②，法院认为被告人自愿认罪，有悔罪意识，主动赔偿了被害方经济损失并取得了谅解，对其从轻处理，判处有期徒刑 3 年。另外，还出现过没有赔偿也获得"谅解"的刑事判决。例如"浙江南浔两协警强奸醉酒女子获刑三年"案（即所谓"临时性强奸案"，后来重审改判加刑）③，法院根据犯罪事实，考虑到两人属临时性的即意犯罪，事前并无商谋，且事后主动自首（实际上无自首情节），并取得被害人谅解，给予酌情从轻处罚，分别判处两被告人 3 年有期徒刑。又如"强奸朋友妻被判三年 醉酒丈夫在旁竟毫无反应"案④，法院经审理查明，被告人的行为确已构成强奸罪，但归案后能如实供述自己的罪行，又获得张某妻子（被害人）的谅解，判处有期徒刑 3 年。

根据《现代汉语词典》，"谅解"是指"了解实情后原谅或消除

---

① 饶健平、梁敏：《江西：打工仔奸杀女中学生被判死缓》，中国法院网 2006 年 10 月 24 日。
② 何杰、焦伟：《19 岁男子强奸朋友 12 岁女友》，《华商报》2011 年 12 月 13 日。
③ 袁爽、沈晓婷：《浙江南浔两协警强奸醉酒女子获刑三年》，中国新闻网 2009 年 10 月 29 日；陈洋根：《南浔协警"临时性强奸案"重审加刑》，《今日早报》2010 年 1 月 1 日。
④ 张帅、沈丽、李建华：《强奸朋友妻被判三年 醉酒丈夫在旁竟毫无反应》，《苏州日报》2012 年 2 月 23 日。

意见"，①常用于误解、矛盾解除之后。在民事诉讼、行政诉讼中，经调解、协商，原被告双方有可能达成和解协议。在无严重后果的过失犯罪和情节轻微的故意犯罪案件中，被害人也可能根据被告人悔罪、赔偿表现，给予被告人一定程度的"谅解"。在这几类案件中，判决书使用"谅解"之辞，虽不是很贴切，但只要"谅解"是原告或者被害人的真实意思表示，一般是没有问题的。在情节、后果不轻微但还不够严重程度的犯罪案件中，被告人的悔罪和赔偿，也可能促使被害人或其家属仁慈为怀，同意或者建议法院从轻处罚被告人。但是，被害人或其家属的这种心理和态度，实际上是一种有条件的、一定程度的"宽宥（宽恕、饶恕）"，而不是"了解实情后原谅或消除意见"意义上的"谅解"。

遭受损失的被害人或其家属向被告人索偿，是正当的要求。赔偿被害人或其家属的损失，是被告人必须承担的法律责任。判处被告人赔偿被害人或其家属的损失，是法院判决的应有之义。在情节、后果不轻微但还不够严重程度的犯罪案件中，根据宽严相济刑事政策，对于赔偿被害人或其家属损失的被告人，法院当然应当将他们与没有悔罪、拒绝赔偿的被告人加以区别，并可根据他们的整体认罪、悔罪表现，同时考虑被害人或其家属的意见，在处罚上予以一定程度的从轻。法官以合法、适当的方式帮助被害人或其家属索偿损失，或者促使被告人或其家属赔偿损失，也是好事。但是，判决书把被害人或其家属对被告人的一定程度的"宽宥"说成"谅解"，则颇为不当。

从根本上说，被告人如果赔偿可以从轻处罚的刑事政策——学界称之为"被害人谅解制度"，一般不能适用于情节恶劣、后果严重的严重刑事案件，更不能适用于情节十分恶劣、后果十分严重、民愤极

① 中国社会科学院语言研究所词典编辑室编《现代汉语词典》（修订本），商务印书馆，1996，第792页。

大的重大刑事案件。近十年来，我国刑事审判提倡恢复性司法，贯彻宽严相济刑事政策，这是正确的。但在实践中，由于认识、立场等多方面的原因，出现了一些刑事案件处罚偏宽的问题。刑罚之目的，当然主要在于预防犯罪，包括一般预防和特殊预防，但是，使死亡被害人的家人，未死亡的被害人及其家人，以及感同身受的民众的被伤害之心得到抚慰，体会到法律和司法的正义，坚定对法治的信心，也是其应有的功能。恢复性司法和被害人谅解制度更应以此为己任，注重社会效果。如果感受不到刑事判决的公正，被害人及其家人乃至民众对法治的信心必将减弱，"自行执法"意识就会增强，实施报复的事情难免发生；对罪犯的仇恨和对判决的失望也可能转化为对法律、司法和国家、政府的不满。

针对这一情况，2010年2月8日，最高人民法院下发了《关于贯彻宽严相济刑事政策的若干意见》（下简称《意见》）。《意见》比较全面、准确地阐述和规定了宽严相济刑事政策，对刑事审判工作具有重要、积极的指导意义。其中规定了"被害人谅解"问题。根据《意见》，"谅解"以及在其基础上的从轻处罚，只能适用于因婚姻家庭等民间纠纷激化引发的犯罪案件、犯罪情节轻微的案件和刑事自诉案件。前述几个案件的判决书都明显违反了《意见》的规定。如果排除徇私枉法等原因，这些案件以及其他类似案件的判决说明，基层法院（不限于基层法院）普遍需要端正、提高对《意见》的理解、认识，以利于准确贯彻执行《意见》。

另外需要指出，《意见》第41项关于"要尽可能把握一切有利于附带民事诉讼调解结案的积极因素，多做促进当事人双方和解的辩法析理工作，以更好地落实宽严相济刑事政策……尽可能通过调解达成民事赔偿协议并以此取得被害人及其家属对被告人的谅解，化解矛盾，促进社会和谐"的规定，由于没有限定刑事主案的性质，可能造成了基层法院理解上的偏差，认为所有附带民事诉讼的刑事案件都有

"通过调解达成民事赔偿协议并以此取得被害人及其家属对被告人的谅解"的问题。

2012 年 3 月，我在全国政协会议上提出《关于进一步严格限定"被害人谅解制度"适用，禁止严重刑事案件判决书使用被告人取得被害人或其家属"谅解"之辞的提案》，并在小组讨论"两高"报告时就此问题发言。我建议最高人民法院尽快下发通知，进一步严格限定"被害人谅解制度"的适用；禁止在严重刑事案件的判决书中使用被告人取得被害人或其家属"谅解"之辞。还应规定，其他刑事案件判决书也应慎用被告人取得被害人或其家属"谅解"之辞，或者用"被害人（或其家属）有所宽宥"的说法替代"取得被害人（或其家属）谅解"的说法。①

2014 年，为进一步规范刑罚裁量权，落实宽严相济刑事政策，最高人民法院发布《关于常见犯罪的量刑指导意见》，在全国中级、初级人民法院正式实施。该文件明确了量刑的指导原则、基本方法，确定了常见量刑情节的适用及其调节比例。2017 年，最高人民法院将《关于常见犯罪的量刑指导意见》加以修订，再行印发。其中规定："对于积极赔偿被害人经济损失并取得谅解的，综合考虑犯罪性质、赔偿数额、赔偿能力以及认罪、悔罪程度等情况，可以减少基准刑的40% 以下；积极赔偿但没有取得谅解的，可以减少基准刑的30% 以

---

① 《检察日报》正义网络传媒研究院 2012 年 3 月 13 日"舆情观察"综述：3 月 13 日，在"两高"报告讨论会上，政协委员刘白驹"慎用'谅解'"的观点，被多家媒体进行了报道。如《京华时报》刊文《委员建议严重刑案判决书禁用被告取得谅解之辞》，《南方都市报》刊文《政协委员刘白驹："谅解不适用于严重刑事案"》，《山东商报》刊文《委员谈"刑事和解制度"：无异于花钱买刑》，《齐鲁晚报》刊文《刘白驹：刑事判决书慎用"谅解"》等。其中《京华时报》的报道当日共被转载39 次，其他媒体的报道被转载较少。新浪微博以"你是否支持严重刑案判决禁用被告获谅解之辞"为主题所做的网络调查显示，有 73.2% 的网友表示支持，16.1% 表示反对，10.7% 的网友表示说不清。http：//www. jcrb. com/zhuanti/szzt/2012qglh/yqgc/201203/t20120313_ 824748. html.

下；尽管没有赔偿，但取得谅解的，可以减少基准刑的20%以下。其中抢劫、强奸等严重危害社会治安犯罪的应从严掌握。"强奸等严重危害社会治安犯罪仍然列入谅解制度的适用范围，只不过从严掌握，但没有明确从严掌握的尺度。这让人的担忧难以消除。

四 性侵犯行为的民事责任

性侵犯行为损害的法益如人身自由、人格尊严以及生命权、身体权、健康权、名誉权、隐私权等权利，也受到民事法律的保护。实施性侵犯行为可能承担民事责任。《民法总则》第109条规定："自然人的人身自由、人格尊严受法律保护。"第110条规定："自然人享有生命权、身体权、健康权、姓名权、肖像权、名誉权、荣誉权、隐私权、婚姻自主权等权利。"《侵权责任法》第2条规定："侵害民事权益，应当依照本法承担侵权责任。本法所称民事权益，包括生命权、健康权、姓名权、名誉权、荣誉权、肖像权、隐私权、婚姻自主权……等人身、财产权益。"

精神障碍者实施性侵犯行为，构成民事侵权的，一般应由自己承担侵权责任。但是有两种例外情况。第一，精神障碍者如果是经法院认定的无民事行为能力人或者限制民事行为能力人，并且是在他人教唆、帮助下实施性侵犯行为，由教唆、帮助者承担侵权责任，监护人承担相应的责任。《侵权责任法》第9条第2款规定："教唆、帮助无民事行为能力人、限制民事行为能力人实施侵权行为的，应当承担侵权责任；该无民事行为能力人、限制民事行为能力人的监护人未尽到监护责任的，应当承担相应的责任。"第二，精神障碍者如果是经法院认定的无民事行为能力人或者限制民事行为能力人，自行实施性侵害行为，由监护人承担侵权责任。《侵权责任法》第32条规定："无民事行为能力人、限制民事行为能力人造成他人损害的，由监护人承担侵权责任。监护人尽到监护责任的，可以减轻其侵权责任。"

《民法总则》第 179 条规定："承担民事责任的方式主要有：（一）停止侵害；（二）排除妨碍；（三）消除危险；（四）返还财产；（五）恢复原状；（六）修理、重作、更换；（七）继续履行；（八）赔偿损失；（九）支付违约金；（十）消除影响、恢复名誉；（十一）赔礼道歉。法律规定惩罚性赔偿的，依照其规定。本条规定的承担民事责任的方式，可以单独适用，也可以合并适用。"其中停止侵害、赔偿损失、消除影响、恢复名誉、赔礼道歉可用于性侵害民事案件。

追究性侵犯行为的民事责任，主要有两种诉讼途径。第一，刑事附带民事诉讼。性侵害行为构成犯罪的，由公安机关、司法机关通过刑事公诉追究刑事责任，也可以由被害人通过刑事自诉追究刑事责任。根据《刑事诉讼法》，被害人由于被告人的犯罪行为而遭受物质损失的，在刑事诉讼过程中，有权提起附带民事诉讼。被害人死亡或者丧失行为能力的，被害人的法定代理人、近亲属有权提起附带民事诉讼。人民法院审理附带民事诉讼案件，可以进行调解，或者根据物质损失情况作出判决、裁定。第二，民事诉讼。性侵犯行为不构成犯罪或者司法机关不认为构成犯罪的，例如情节不很严重的瞬间猥亵、露阴猥亵、窥阴猥亵、网络猥亵、性骚扰、跟踪骚扰等，被害人可以通过民事诉讼追究民事责任。民事责任追究与刑事责任追究相比，对被害人而言，有不足也有优势。民事追究的不足之处主要是须由被害人提出和进行，承担举证责任，民事责任对行为人的惩罚不够严厉，而刑事追究一般由国家机关主动提出和进行，刑事责任强而有力。民事追究也具有一个优势，可以获得损害赔偿。在刑事诉讼中，被害人虽然可以通过附带民事诉讼提出损害赔偿，但只能对其遭受的物质损失要求被告人赔偿，而不能要求被告人对精神损害进行赔偿。最高人民法院《关于刑事附带民事诉讼范围问题的规定》（2000 年 12 月 4 日最高人民法院审判委员会第 1148 次会议通过，法释〔2000〕47 号）第 1 条第 1 款规定："因人身权利受到犯罪侵犯而遭受物质损失或者财物被犯罪分子毁坏而遭受物质损失的，可以提起附带民事诉讼。"第 2 款规定："对于被害人因犯罪行为遭受精神损失而提起附带民事诉讼的，人民法院不予受理。"而民事诉讼没有这一不合理限制。《侵权责任法》第 22 条规定："侵害他人人身权益，造成他人严重精神损害的，被侵权人可以请求精神损害赔偿。"

有些性侵犯行为，既构成民事侵权，也构成刑事犯罪。《民法总则》第 187 条规定："民事主体因同一行为应当承担民事责任、行政责任和刑事责任的，承担行政责任或者刑事责任不影响承担民事责任；民事主体的财产不足以支付的，优先用于承担民事责任。"

民事诉讼也存在时效问题。《民法总则》第 188 条第 1 款规定："向人民法院请求保护民事权利的诉讼时效期间为三年。法律另有规定的，依照其规定。"第 2 款规定："诉讼时效期间自权利人知道或者应当知道权利受到损害以及义务人之日起计算。法律另有规定的，依照其规定。但是自权利受到损害之日起超过二十年的，人民法院不予保护；有特殊情况的，人民法院可以根据权利人的申请决定延长。"尤应肯定的是，《民法总则》第 191 条对性侵害未成年人案件损害赔偿请求权的诉讼时效期间起算规则问题作出特殊规定："未成年人遭受性侵害的损害赔偿请求权的诉讼时效期间，自受害人年满十八周岁之日起计算。"也就是说，未成年人遭受性侵害的损害赔偿请求权的三年诉讼时效期间，不适用《民法总则》第 188 条第 2 款"自权利人知道或者应当知道权利受到损害以及义务人之日起计算"之规定，而自受害人年满 18 岁之日起计算。这是因为，未成年人在遭受性侵害之后，虽然"知道"自己遭受了某种行为，但可能由于不理解该行为的性侵害性质而没有能够及时向其监护人（如父母）即法定代理人诉说；未成年人的法定代理人在知道未成年人遭受性侵害之后，也可能因为顾及家庭的名誉和未成年人的名誉、以后结婚等因素或者受到性侵害人恐吓，不愿或者不敢通过民事诉讼追究性侵害人的法律责任。

待到受害人成年有完全行为能力以后，自主决定追究性侵害人的民事责任之时，可能已经超过三年诉讼时效期间，连"迟来的正义"也无法在民法上实现，这不利于对受害人权益的保护和对性侵害人的惩罚。因而，《民法总则》第191条具有积极意义，虽然在立法过程中存在不同意见。《德国民法典》也有类似规定。该法第208条规定："到债权人满21岁时为止，因侵害性的自主决定（sexuellen Selbstbestimmung）而发生的请求权的消灭时效（Verjährung）停止。"① 意即基于性的自主决定遭受侵害的请求权，在性侵害受害人年满21岁之前，时效不开始进行。同时，《民法总则》第191条并不妨碍未成年人的法定代理人，在未成年人遭受性侵害之后年满18岁之前，代为行使损害赔偿请求权。受害人在年满18岁之后，对以前的处理结果不满意，可以根据《民事诉讼法》② 等法律的规定，要求再次处理。③

第三节　精神障碍性犯罪人的处遇

犯罪人的处遇（treatment），即对犯罪人的处置和待遇。犯罪人处遇的理念和制度产生于19世纪，它从预防犯罪和保障人权的目的出发，强调对犯罪人应当进行教育、改造、矫正，而不是单纯地施以惩罚。精神障碍犯罪人处遇在犯罪人处遇的理论与实践中是一个特殊问题。首先，精神障碍犯罪人都有不同程度的精神障碍，其中一些还是严格意义上的病人。对这些犯罪人，应当给予医疗。这样做，一方

---

① 《德国民法典》（第3版），陈卫佐译，法律出版社，2010，第74页。
② 《中华人民共和国民事诉讼法》，1991年4月9日第七届全国人民代表大会第四次会议通过，根据2007年10月28日第十届全国人民代表大会常务委员会第三十次会议《关于修改〈中华人民共和国民事诉讼法〉的决定》第一次修正，根据2012年8月31日第十一届全国人民代表大会常务委员会第二十八次会议《关于修改〈中华人民共和国民事诉讼法〉的决定》第二次修正。
③ 参见李适时主编《中华人民共和国民法总则释义》，法律出版社，2017，第603页。

面是人道主义的要求；另一方面，对其中在精神障碍支配下犯罪的犯罪人，只有给予医疗，才能从根本上消除他们犯罪的原因。于是就产生了执行刑罚与医疗的关系问题。其次，精神障碍犯罪人中包括那些虽然实施了触犯刑法即刑法禁止的行为，但因在行为时无刑事责任能力而被免除刑事责任，在刑法上不认为是罪犯的犯罪人。如何处置这些人，不论在理论上，还是在实践中，历来都是一个难题。而且，精神障碍性犯罪人的处遇更是一个难题。

一　无刑事责任能力者的处遇——强制医疗

在精神错乱没有被承认为免除刑事责任理由的时期，除个别的例外，在刑罚的执行上，触刑精神障碍者没有受到优待。在中世纪的欧洲大陆，精神障碍者即使不犯罪，也被视为有罪的人，而成为宗教迫害的对象。当时，通行的做法是将触刑精神障碍者投入监狱，与普通犯罪人关押在一起。在 18 世纪，有些国家注意到犯罪人的不同类型，建立了不同的监禁机构。触刑精神障碍者与其他精神障碍者一起被关押在专门的精神病人收容所。开始对触刑精神障碍者给予医疗和人道的待遇，是在 18 世纪末法国医生菲力普·皮内尔（Phlipe Pinel，1745～1826）等精神医学先驱对精神病院的管理实行人道主义改革之后。在 19 世纪，一些国家建立犯罪（司法）精神病院，由司法机关强制性地收容无刑事责任能力的触刑精神障碍者。对无刑事责任能力的触刑精神障碍者的强制收容成为保安处分制度的重要内容。在 20 世纪下半叶，随着精神医学的发展，在无刑事责任能力的触刑精神障碍者的处遇中，更强调对精神障碍的治疗和医学控制。在一些国家的保安处分制度中，强制收容的概念已经被强制医疗这个更具有人道主义色彩的概念所取代。

中国 1979 年《刑法》第 15 条第 1 款规定："精神病人在不能辨认或者不能控制自己行为的时候造成危害结果的，不负刑事责任；但是应当责令他的家属或者监护人严加看管和医疗。"显然，在无刑事责任能力的触刑精神障碍者的处遇问题上，1979 年《刑法》采取了与西方国家刑法不同的制度。其一，对无刑事责任能力的触刑精神障碍者的看管和治疗，不是由司法机关或者政府负责，而是由其家属或者监护人负责。其二，对无刑事责任能力的触刑精神障碍者的看管和治疗虽然也是强制性的，但是这种强制性是间接的，是通过犯罪人的家属或者监护人实现的。其三，没有设置专门收容触刑精神障碍者的精神病院。

"家属或者监护人严加看管和医疗"的施行效果很不理想。看管，主要指在家监护。医疗，包括门诊治疗和住院治疗。无刑事责任能力的触刑精神障碍者，一般病情都比较严重，缺乏精神医学知识和必要手段的家属或者监护人很难加以有效的管理。有些家属或者监护人对精神病人心存恐惧，避之唯恐不及，哪还敢"严加看管"。处于被"看管"之中的无刑事责任能力触刑精神障碍者攻击家属或者监护人的事情并不少见。由于精力和财力的限制，有些家属或者监护人也不愿意长期承担看管无刑事责任能力的触刑精神障碍者或者送其住院医疗的责任。而且，也没有法律明确规定家属或者监护人不履行看管和医疗的义务应承担什么法律责任。这样，便有许多无刑事责任能力的触刑精神障碍者无人看管，也没有得到医疗，长年累月地游荡于社会之中，成为不安定的因素。有些无刑事责任能力的触刑精神障碍者虽然被送入精神病院治疗，但是因为普通精神病院缺乏相应的条件，也不好管理。

［**案例 267**］1993 年 11 月 20 日《法制日报》以"一个少女的噩梦"为题发表了一位强奸案被害人的来信，并以"噩梦，还可能发生！"为题发表了记者的调查附记。被害人在信中说：1992 年 10 月 25 日，她在学校遭到柴某的袭击，柴把她从寝室掳劫到女厕所内，剥

下内裤，企图强奸。她先是哀求，后是顽强反抗。柴恼羞成怒，将她投入粪坑，掐住她的喉咙，并把布塞入她的嘴巴，但她仍然挣扎反抗，最终也未让柴得逞，柴仓皇离去。她的身心受到极大伤害。但是，事后柴并没有被追究刑事责任，因为某医院鉴定柴为无刑事责任能力。对此，她很不理解。她说："现在，袭击、侵害我的坏蛋照样做他的事、挣他的钱，而我却要时常忍受头痛、头晕的折磨，还要承受人们风言风语的压力。老天爷，你为什么对我如此不公?!"记者的调查附记介绍：柴是因"狂躁、抑郁症（原文如此）"而被鉴定为无刑事责任能力的。当地公安局表示，医院的鉴定书具有法律效力，他们无法追究柴的刑事责任。但是被害人对鉴定结论有疑问，指出柴在案发前后都能正常上班，平时的言行不像一个"意志失去控制"的人，作案是有预谋、有计划的。被害人告诉记者，有一次，在街上她又遇到那个"坏蛋"，他眼睛死死地盯着她看。记者还了解到，柴曾多次在车间、路上搂抱女性。在调查附记的最后，记者这样问道："柴××目前仍然流于社会，××经历的噩梦还有可能在其他女性身上发生，而法律对此是否仍是'无能为力'?!"

显然，1979年《刑法》第15条不能满足防治精神病人发生危害行为的实际需求。因此，1988年《全国公安机关第一次精神病管治工作会议纪要》突破《刑法》第15条，明确提出，对严重危害社会治安的精神病人，应当强制收治，治愈后应当准予出院。对下列精神病人应当由公安机关管理的精神病管治院——随后统一称"安康医院"——予以收治：（1）有杀人、放火、强奸、爆炸行为的；（2）严重扰乱党政军机关办公秩序和企事业单位生产、工作秩序的；（3）严重扰乱公共秩序、交通秩序，危害公共安全的；（4）当众出丑，有伤风化的；（5）影响社会安定，造成严重后果的。公安机关管理的精神病管治院收治上述精神病人，都应经精神病司法医学鉴定。上述五类情形，既有违反刑事法律的行为，也有违反治安管理法律的行为。《纪要》没有提到法院和司法程序。也就是说，对违法犯罪的人，只要是经精神病司法医学鉴定，确认为精神病人（不必须无责任能力），不论是否经过审判，不论家属、监护人是否同意，公安机关都可以强行收治。对发生危害行为的精神病人，公安部门称为"肇事肇祸精神病人"。"肇事"是指实施治安管理法律禁止的危害社会治安的行为，"肇祸"是指实施刑事法律禁止的危害社会治安的行为。[①] 肇祸精神病人由安康医院收治。而肇事精神病人，主要由安康医院收治，也可以由公安机关委托其他精神病院收治。实际上，当时我国建立起一种混合型的行政性肇事肇祸精神病人强制住院治疗的制度。"混合型"是说，强制住院治疗的对象既包括违反刑法的精神病人，也包括违反治安管理的精神病人。"行政性"是说，强制住院治疗由行政机关即公安机关决定。对于这个制度，在国家层次，只有政策，而没有法律予以整体、系统规范，具体办法由地方制定。这一制度，尽管产生了防治精神病人发生危害行为的积极作用，但是存在明显缺点：（1）有一定法律依据，但远不充分；（2）法律属性不明，刑法、行政法混淆；（3）由行政机关决定，缺乏规范程序和司法监督；（4）由于国家没有颁布关于肇事肇祸精神病人强制住院治疗的基本法律，各地方的有关法规在概念、标准、程序等方面差异比较大，造成不同地区公民权利的不平等，不符合国家法治统一原则。

在1979年《刑法》施行期间，刑法学界和司法精神医学界不断有人提议正式建立对无责任能力的触刑精神障碍者实行强制医疗的制度。直到1997年，修正后的《刑法》第18条第1款才规定："精神病人在不能辨认或者不能控制自己行为的时候造成危害结果，经法定

---

① 参见张湖《精神病人监护医院——安康医院的地位和作用》，载林准主编《精神疾病患者刑事责任能力和医疗监护措施》，人民法院出版社，1996。

程序鉴定确认的，不负刑事责任，但是应当责令他的家属或者监护人严加看管和医疗；在必要的时候，由政府强制医疗。"自此，在我国，"强制医疗"一词有了特定含义——对经法定程序鉴定确认的，无刑事责任能力，不负刑事责任的触刑精神障碍者的非自愿住院治疗，这使其区别于其他非自愿住院治疗。这也就是刑事性非自愿住院。这一规定虽然标志着对无刑事责任能力触刑精神障碍者的强制医疗制度在中国的正式建立，但具有很大的局限性。它把家属或者监护人的看管和医疗作为主要措施，政府只是在"必要的时候"实施强制医疗。而什么是"必要的时候"，并无明确标准。

[**案例 268**] 2003 年 12 月 16 日中午，云南会泽县迤车镇的张家村小学一年级学生 7 岁的小莉（化名）来到学校的女厕所解手，刚进去 2 分钟不到，就看到一个 30 岁左右的男子突然闯了进来。当时女厕所里只有小莉一个人，看到一个男人走进来，她心里害怕极了，本能地穿好裤子站起来准备跑出去，可是还没走到门口，就被那个男子拉住，他一把将她扛在了肩上，她当时就被吓晕了。醒来后的小莉喊道："把我放下来，放下来"，可这个男人并没有松手。更可恶的是，男子用手使劲地掐小莉的下身，小莉疼得拼命地哭喊起来。之后这个男子把小莉丢到厕所地上后逃离了现场。5 分钟后，浑身疼得钻心的小莉从厕所里慢慢爬了出来，一个路过的小女孩看到趴在地上的小莉后把她扶起。小莉一步一步挪着走回教室，一路流着的血浸出一条线。老师知道后将小莉送到镇卫生院抢救。经过诊断，医生说，小莉的会阴、阴道穹隆裂伤，并伴有休克和失血性中度贫血，这次伤害有可能会影响到小莉成年后的生育能力。当日下午，镇派出所接到学校报案后，迅速前往。嫌犯的父亲称，他的儿子精神有问题，现在不知道跑到哪里去了。3 天后，警方将嫌犯甘某抓捕归案。经调查，甘某确系精神病人，几年前就曾用锄头将自己的母亲杀害，但因患精神

病，没有被检察机关起诉。①

[**案例269**]《南京晨报》2005 年 8 月 20 日消息：在村民眼中，1961 年出生的孙某一直是个勤劳肯干的人，但是从 2000 年开始，他精神出现异常，经常拿着菜刀、稻杈在村里四处伤人，骚扰妇女。2003 年 9 月 19 日，孙某被南京市脑科医院鉴定为精神分裂症。然而，其家人一直没有经济能力将他送到精神病院治疗，对他也没采取必要的防范措施。起初孙某殴打村民时，受害人都可怜他是个精神病患者，又是同村乡亲，在赔偿上没有太多计较，也没人向派出所报警。然而孙某自 2004 年 5 月以后，开始骚扰全村妇女，骚扰对象下至少女，上至老太，开始引起村民公愤。有村民向记者介绍，村民大部分妇女都被孙某骚扰过，今年 1 月份的时候，村里张家一个小媳妇在回家的路上，孙某突然冲出来，一开始强行搂抱，接着开始野蛮动粗，又是撕衣服又是乱动手，小媳妇大声叫唤，几个男村民赶来，将孙某奋力拉走才救下了人；上个月，村里一户人家男人在田地干活，妻子在家休息，孙某就冲进家门去野蛮骚扰，妻子哭着打着连膀子都受伤了；前不久，一个 60 多岁的老太太路过孙某家，他也冲出来搂抱，然后动手动脚地予以调戏……渐渐地，村里的男村民不肯外出打工，原因就是放心不下家里的媳妇。村民们忍受不了村里有这么一个精神病人，多次向派出所、镇政府反映要求将其送至精神病院治疗。昨天，溧水县公安局接到报警，称孙某又在村中闹事，民警立即赶到现场，用辣椒水将孙某制服。随后，民警将孙某送至精神病医院予以治疗。尽管孙某屡有恶行，但村民们都表示不会记恨，而是希望医院早日治好孙某的病。"他是神经病，大家都能理解，村里人都想他早点治好病回来。"村民们说。②

---

① 杨勇：《精神病男子性侵犯如厕女生　曾将母亲杀害》，《都市时报》2005 年 8 月 12 日。
② 《精神病男子骚扰全村妇女 多次挥舞刀具威胁村民》，《南京晨报》2005 年 8 月 20 日。

2007 年，在全国政协会议上，我提交了《关于对有严重危害行为的无刑事责任能力精神病人应一律由政府强制治疗的提案》和《关于完善〈刑事诉讼法〉有关精神病犯罪嫌疑人、被告人问题规定的提案》。[1] 前者建议将《刑法》第 18 条第 1 款规定修订为："精神病人在不能辨认或者不能控制自己行为的时候造成危害结果，经法定程序鉴定确认的，不负刑事责任，但是应当责令他的家属或者监护人严加看管和医疗；对有杀人、伤害、强奸、放火等严重危害行为的精神病人，一律由政府强制医疗。"后者建议《刑事诉讼法》增加规定：公安机关和人民检察院经鉴定认为犯罪嫌疑人患有精神病，不负刑事责任，应当撤销案件，或者不起诉，责令他的家属或者监护人严加看管和医疗；对有杀人、伤害、强奸、放火等严重危害行为的精神病人，应当提起实施强制医疗的申请，由人民法院裁定。

2012 年 3 月 14 日第十一届全国人民代表大会第五次会议通过《关于修改〈中华人民共和国刑事诉讼法〉的决定》（2013 年 1 月 1 日起施行）。其中一个重要修正，是增设了"依法不负刑事责任的精神病人的强制医疗程序"一章。这一章在《刑法》第 18 条第 1 款规定的基础上，进一步明确了强制医疗的适用标准，规定了强制医疗应由检察院申请、法院决定的基本程序，并对强制医疗的解除程序和检察院的监督等作出设置。依法不负刑事责任的精神病人的强制医疗程序的建立，是完善强制医疗制度，使之切实司法化、具有正当性的有力举措，对于保障公众安全、维护社会和谐有序，保障涉案精神障碍患者的合法权益，具有重要的意义。

新《刑事诉讼法》第 284 条规定："实施暴力行为，危害公共安全或者严重危害公民人身安全，经法定程序鉴定依法不负刑事责任的

---

[1] 参见张立《刘白驹委员呼吁修改刑法和刑诉法　加强对涉案精神病人管理》，《检察日报》2007 年 3 月 4 日。

精神病人，有继续危害社会可能的，可以予以强制医疗。"根据本条规定，强制医疗的适用必须同时符合以下条件：

第一，行为人实施了《刑法》禁止的暴力行为，危害公共安全或者严重危害公民人身安全。这是强制医疗适用的客观要件。"暴力行为"是指借助于身体力量或枪支、刀具、爆炸物、有害物质等工具、物品，实施的具有强制性、破坏性，直接危及人的生命健康、财产安全及公共安全的行为，包括杀人、伤害、强奸、强制猥亵、抢劫、绑架、放火、爆炸、投毒等行为。"危害公共安全"是指危害不特定人的生命健康和公私财产的安全，造成多人死伤或使公私财产遭受重大损失。"严重危害公民人身安全"是指剥夺公民生命和严重损害公民身体健康。精神病人实施暴力行为，如果没有达到危害公共安全或者严重危害公民人身安全的程度，譬如家庭中的一般虐待，可以不适用强制医疗。精神病人如果实施非暴力的危害行为如非强制奸淫幼女、猥亵儿童以及《刑法》未规定为犯罪的危害行为如露阴、窥阴等，不适用强制医疗。

第二，行为人属于经法定程序鉴定依法不负刑事责任的精神病人。这是强制医疗适用的主体要件。首先，行为人必须是精神病人。《刑事诉讼法》中的"精神病人"与《刑法》中的"精神病人"在内涵外延上应当是一致的，即"精神障碍患者"。其次，行为人是不是精神病人，是不是在不能辨认或者不能控制自己行为的时候造成危害结果的，应经法定程序鉴定。这里的"经法定程序鉴定"，是指根据2012年《刑事诉讼法》、2005年《全国人民代表大会常务委员会关于司法鉴定管理问题的有关规定》等法律，以及1989年最高人民法院、最高人民检察院、公安部、司法部制定的《精神疾病司法鉴定暂行规定》、2007年司法部制定的《司法鉴定程序通则》等规范性文件规定的司法精神医学鉴定程序和要求进行鉴定。最后，行为人依法不负刑事责任。"经法定程序鉴定依法不负刑事责任"的表述不够严谨。不负刑事责任，不是鉴定的直接结果，而应是一个司法判定，最终应由法院作出。

第三，行为人有继续危害社会的可能。继续危害社会，是指行为人继续实施其曾经实施的符合该条规定的犯罪或者其他符合该条规定的犯罪，对社会继续造成危害。继续犯罪的可能亦称"再犯可能性"。这是强制医疗适用的危险性要件。继续犯罪包括持续犯罪和再度犯罪。是否存在继续犯罪的可能，是一种判断。这种判断，应当在已经发生的犯罪事实和行为人犯罪时以及目前的精神状态的基础上作出。因而，司法精神医学鉴定除了应当对行为人的刑事责任能力提出分析意见外，还应对其继续犯罪的可能性提出分析意见——这对鉴定人提出更高的要求，他们的责任比以前更大。之后，公安机关、检察院继而法院在综合分析鉴定意见和其他证据的基础上，作出行为人有无继续犯罪可能的判断。

对实施暴力行为，危害公共安全或者严重危害公民人身安全，经法定程序鉴定依法不负刑事责任，有继续危害社会可能的精神病人，予以强制医疗，由法院决定。在法院作出最终决定之前，强制医疗程序可通过三种路径启动和运行：（1）公安机关发现精神病人符合强制医疗条件的，应当写出强制医疗意见，移送检察院，检察院认为精神病人符合强制医疗条件的，向法院提出强制医疗的申请。（2）检察院直接向法院提出强制医疗申请。检察院在审查起诉中，犯罪嫌疑人经鉴定系依法不负刑事责任的精神病人的，人民检察院应当作出不起诉决定。认为符合强制医疗条件的，应当向人民法院提出强制医疗的申请。（3）法院在审理未有检察院提出强制医疗申请的案件过程中发现被告人符合强制医疗条件的，可以作出强制医疗的决定。

法院受理强制医疗的申请后，应当组成合议庭进行审理。法院审理强制医疗案件，应当通知被申请人或者被告人的法定代理人到场。被申请人或者被告人没有委托诉讼代理人的，人民法院应当通知法律援助机构指派律师为其提供法律帮助。法院经审理，对于被申请人或者被告人符合强制医疗条件的，应当在一个月以内作出强制医疗的决定。被决定强制医疗的人、被害人及其法定代理人、近亲属对强制医疗决定不服的，可以向上一级人民法院申请复议。强制医疗机构应当定期对被强制医疗的人进行诊断评估。对于已不具有人身危险性，不需要继续强制医疗的，应当及时提出解除意见，报决定强制医疗的人民法院批准。被强制医疗的人及其近亲属有权申请解除强制医疗。检察院对强制医疗的决定和执行实行监督。

在依法不负刑事责任的精神病人的处遇方面，我国《精神卫生法》与刑事法律的衔接不够紧密，存在管理的空白。《精神卫生法》第53条规定，精神障碍患者触犯刑法的，依照有关法律的规定处理。但是，《刑法》和《刑事诉讼法》并没有对触刑精神障碍患者的处遇问题给予兜底性解决。根据《刑事诉讼法》，精神障碍患者在无刑事责任能力状态下发生的触刑行为，如果不属于危害公共安全或者严重危害公民人身安全的暴力行为，而是其他触刑行为，即使这些行为具有比较严重的危害性，而且他们有继续实施类似行为的可能，亦不能对其强制医疗。那么，应当如何处置既不负刑事责任也不适用强制医疗的触刑精神障碍患者？《刑法》所规定关于应当责令他们的家属或者监护人严加看管和医疗的规定，是否包括非自愿送诊和住院治疗？《刑法》、《刑事诉讼法》和《精神卫生法》均无相应说明。

这样，在精神卫生法范畴，就形成了尚未触刑而仅有触刑可能的精神障碍患者被实施非自愿住院，而已经触刑并造成危害后果的精神障碍患者未被实施非自愿住院的失衡局面。为解决这个问题，《精神卫生法》应当增加规定：对于不负刑事责任也不适用强制医疗、但由司法机关或者公安机关责令家属或者监护人严加看管和医疗的触刑精神障碍患者，家属或者监护人应当将其送往医疗机构，进行住院治疗必要性的评估；评估结果表明符合非自愿住院治疗条件的，应当实施住院治疗；家属或者监护人拒不同意将患者送往医疗机构和办理住院手续的，以及没有家属或者监护人的，由患者所在单位或者公安机关将患者送往医疗机构，患者所在单位、村民委员会或者居民委员会办理住院手续；患者或者其监护人对需要住院治疗的评估结果有异议，不同意住院治疗的，可以要求再次评估和鉴定。

二　有刑事责任能力者的处遇——刑罚的监内外执行和刑中治疗

有刑事责任能力的犯罪人包括以下几类：在精神正常的时候犯罪，应当负刑事责任的间歇性精神障碍罪犯；有精神障碍但因精神障碍轻微或者与犯罪无关而被判定具有完全刑事责任能力的罪犯；在尚未完全丧失辨认能力或者控制自己行为能力时候犯罪，被从轻或者减轻处罚的精神障碍罪犯；在诉讼期间或者服刑期间罹患精神障碍的罪犯。

这些精神障碍罪犯都因为具有刑事责任能力，而应当对其犯罪行为承担相应的刑事责任，并受到相应的刑罚。但是，精神障碍虽然没有使他们被免除刑罚，但很可能削弱他们的服刑能力。他们具有怎样的服刑能力，直接影响到刑罚效果。实际上，在讨论这些犯罪人的处遇问题时，刑事责任能力已经不是关键问题，而服刑能力才是至关重要的。

对被判处有期徒刑、无期徒刑的罪犯，理应送监狱执行刑罚。但是，如果他们无服刑能力，便不能如此处置。将无服刑能力的精神障碍罪犯送监狱服刑，既不符合人道主义精神，也不能使刑罚产生应有的作用，而且还会给监狱的管理带来难以克服的困难。因此，对无服刑能力的精神障碍罪犯应当先进行治疗，待恢复服刑能力后再送监执行刑罚。

毒品依赖罪犯和酒精依赖罪犯也有一部分无服刑能力。他们服刑的前提，是戒除毒瘾和酒瘾。由于毒瘾和酒瘾十分顽固，且瘾君子们多意志薄弱，通常只有通过强制的方式予以戒除。在建有瘾癖戒除机构的国家，通常将毒品依赖罪犯和酒精依赖罪犯送入瘾癖戒除机构，实行强制戒除。

实施性犯罪的精神障碍者多数具有服刑能力，如人格障碍者、性变态者、轻度精神发育迟滞者以及其他轻性精神障碍者。对这些罪犯，应当收监执行刑罚。而且，他们大多主观恶性顽固，往往从心底对教育、改造抱有消极、抵触的态度，但表面上伪装得老实。对他们，应当严格限制减刑和假释。由于他们犯罪与精神障碍有不同程度的关系，如果不加以矫正，他们在刑满释放后很有可能再度犯罪。因此，在让他们服刑改造的同时，应当对精神障碍给予矫正和治疗。这种处遇方式，既落实了刑罚，又没有放弃治疗。而且刑罚对于治疗也产生着配合的作用，有助于罪犯控制其变态的欲望和行为。正如美国新行为主义心理学家斯金纳（Burrhus Frederick Skinner，1904～1990）所说："个体可能会在他曾受到惩罚的情景中产生一种犯罪感。我们可以针对这种作用，引用刺激来达到对行为的控制。"①

对服刑的精神障碍罪犯来说，得到人道和适当的治疗，也是他们所享有的权利。联合国《保护精神病患者和改善精神保健的原则》（The Protection of Persons with Mental Illness and the Improvement of Mental Health Care，联合国大会 1991 年 12 月 17 日第 46/119 号决议通过）规定："本《原则》适用因刑事犯罪服刑或在对其进行刑事诉讼或调查期间被拘留的、并被确认患有精神病或被认为可能患有此种疾病的人。"它还规定，所有此类人士应得到《原则》规定的最佳可得护理。本《原则》应尽可能完全适用此类人士，仅在必要的情况下可有有限的修改和例外，此种修改和例外不得妨害此类人士根据《世

---

① 〔美〕B. F. 斯金纳：《科学与人类行为》，谭力海等译，华夏出版社，1989，第 176 页。

界人权宣言》、《经济、社会、文化权利国际公约》、《公民权利和政治权利国际公约》以及《残疾人权利宣言》和《保护所有遭受任何形式拘留或监禁的人的原则》等文书享有的权利。

联合国《囚犯待遇最低限度标准规则》（Standard Minimum Rules for the Treatment of Prisoners，SMR）也有相关规定。[①] 主要有：每一监所最少应有一位合格医官，他应有若干精神病学知识。医务室应与社区或国家的一般卫生行政部门建立密切关系。其中应有精神病部门，以便诊断精神失常状况，适当时并予以治疗。医务人员应于囚犯入狱后，尽快会晤并予以检查，以后于必要时，亦应会晤和检查，目的特别在于发现有没有肉体的或精神的疾病，并采取一切必要的措施；将疑有传染病状的囚犯隔离；注意有没有可以阻碍培训的身体或精神缺陷，并断定每一囚犯从事体力劳动的能力。医官应当负责照顾囚犯身体和精神的健康，应当每天诊看所有患病的囚犯、自称染病的囚犯、和请他特别照顾的任何囚犯。医官如认为继续予以监禁或监禁的任何条件已经或将会危害某一囚犯的身体或精神健康时，应当向主任提出报告。囚犯死亡、病重、重伤或移送一个机构接受精神治疗时，主任应立即通知其配偶（如果囚犯已婚），或其最近亲属，在任何情况下，应通知囚犯事先指定的其他任何人。管理人员中应该尽可能设有足够人数的精神病医生、心理学家、社会工作人员、教员、手艺教员等专家。监狱的医务室应该诊疗可能妨碍囚犯恢复正常生活的身心疾病或缺陷。为此应提供一切必要医药、外科手术、和精神病学上的服务。对刑期相当长的囚犯，主任应于囚犯入狱后，尽早取得关于上款所述一切事项的详细报告，其中应包括医官，可能时为在精神病学方面合格的医官，对囚犯身心状况的报告。

---

① 刑法改革国际编《〈联合国囚犯待遇最低限度标准规则〉详解》，于南译，法律出版社，1998。

《囚犯待遇最低限度标准规则》还针对"精神错乱和精神失常的囚犯"（insane and mentally abnormal prisoners）作出两条专门规定。即第82条："（1）经认定精神错乱的人不应拘留在监狱之中，而应作出安排，尽快将他们迁往精神病院。（2）患有其他精神病或精神失常的囚犯，应在由医务人员管理的专门院所中加以观察和治疗。（3）这类囚犯在监狱拘留期间，应置于医官特别监督之下。（4）监所的医务室或精神病服务处应向需要此种治疗的其他一切囚犯提供精神治疗。"第83条："应该同适当机构设法采取步骤，以确保必要时在囚犯出狱后继续精神病治疗，并确保社会和精神治疗方面的善后照顾。"

在美国，一般是根据法院的判决，把性罪犯和精神障碍罪犯送入"特殊犯"监狱，施以无限期的矫正和医疗。这种监狱实际上是专门用于罪犯矫正的特殊医院。[1] 而对在普通监狱服刑的精神障碍不严重的罪犯，是在监狱内给予治疗、矫正。如果把普通监狱中的犯罪人非自愿地移送精神病医院，不能由监狱管理者决定，而需要经过正当的诉讼程序。[2] 但事实上，在美国的监狱中，有相当多的精神障碍犯罪人并没有得到应有的治疗。有美国学者指出，在根据"有罪但精神错乱"的裁决入监服刑的犯罪人中，有75%没有得到治疗。[3]

德国曾经规定将人格障碍罪犯和性罪犯送入专门的机构进行矫正。1975年《德国刑法典》第65条规定，行为人具有下列情形之一的，法院可命令将其收容于社会矫治机构：行为人具有重大人格障碍，因故意犯罪被判处两年以上自由刑，并且在犯新罪之前曾两次故意犯罪，且每次都被判处一年以上自由刑，或新罪前所犯一罪或数罪

① 参见〔美〕克莱门斯·巴特勒斯《罪犯矫正概述》，龙学群译，群众出版社，1987，第181页。
② 参见〔美〕理查德·霍金斯、杰弗里·P. 阿尔珀特《美国监狱制度——刑罚与正义》，孙晓雳等译，中国人民公安大学出版社，1991，第468页。
③ 参见〔美〕爱伦·豪切斯泰勒·斯黛丽、南希·弗兰克《美国刑事法院诉讼程序》，陈卫东等译，中国人民大学出版社，2002，第471页。

所处刑罚已执行至少一年的，或曾被判处剥夺自由的矫正与保安处分，并且有继续实施违法行为危险的；行为人因性欲冲动故意实施犯罪，被判处一年以上自由刑，并且有因性欲冲动而继续实施严重违法行为危险的；行为人在年满 27 岁以前因故意犯罪被判处一年以上有期自由刑，有发展成为瘾癖性罪犯危险的。不过，这一条款在 1984 年被废除。被废除的主要原因有两个：一是立法者认为，收容于社会矫治机构应当以服刑人的自由意愿为基础，而第 65 条的收容是强制性的，不符合宪法上保障人性尊严的精神；二是基于经费的考虑，因为应当强制收容的人数相当可观，所用经费国家无力负担。虽然第 65 条被废除，但社会矫治机构继续存在。根据 1984 年《德国刑罚执行法》第 9 条规定，将服刑人移送于社会矫治机构，应经服刑人和社会矫治机构负责人同意。[1] 但是近年，为了有效地与性违法犯罪作斗争，加强使用社会矫治方法的要求又经常被人提出来。[2]

从 20 世纪 80 年代开始，在美国，随着刑罚观念的改变以及监狱过分拥挤的压力越来越大，非监禁刑罚制度得到发展，许多重罪案件和大多数轻罪案件的罪犯被允许留在社区内，接受家庭监禁（home confinement）、电子监控（electronic monitoring）等约束。[3] 对于危险的性罪犯的电子监控，是在他们的脚踝或者手腕套上电子信息发射器，发射器有规律地向监控中心的接收器发射信号。如果这些人进入规定不许去的禁区，或者将发射器从脚踝上拿掉，监控中心就会立即得到警报。目前美国已经采用 GPS（Global Positioning System，卫星全

---

① 参见〔德〕汉斯·海因里希·耶赛克、托马斯·魏根特《德国刑法教科书（总论）》，徐久生译，中国法制出版社，2001，第 979 页；张丽卿《司法精神医学：刑事法学与精神医学之整合》，中国政法大学出版社，2003，第 167～170 页。

② 〔德〕克劳斯·罗克辛：《德国刑法学总论·第 1 卷·犯罪原理的基础构造》，王世洲译，法律出版社，2005，第 73 页。

③ 参见〔美〕罗纳德·J. 博格、小马文·D. 弗瑞、帕特里克亚·瑟尔斯《犯罪学导论——犯罪、司法与社会》（第二版），刘仁文、颜九红、张晓艳译，清华大学出版社，2009，第 587 页。

球定位系统）装置对性犯罪人进行电子跟踪监控。率先使用电子监控的是佛罗里达州。2005 年 2 月 24 日，家在佛罗里达州的 9 岁女孩杰西卡·伦斯福德（Jessica Marie Lunsford）被一个 46 岁的有性犯罪前科的邻居约翰·库埃（John Evander Couey，1958～2009。他因杀害杰西卡被判处死刑，但在执行前死于疾病）强奸后活埋杀害。在公众要求政府加强对性犯罪人管理的压力下，佛罗里达州通过《杰西卡法》（Jessica's Law，Jessica Lunsford Act），规定对性侵害未满 12 岁者应判处至少 25 年的监禁，并且进一步严格性侵害犯罪人假释或者缓刑的条件，对保释或者缓刑以及刑满出狱的性侵害犯罪人强制施以有期或者终身的电子监控。[①] 电子监控在使用的 18 个月后效果显著，累犯率下降了 12 个百分点，降至 3%，于是这项技术被迅速推广到其他各州。[②]

英国在经过十年的实验之后，从 1999 年开始在整个英格兰和威尔士对监外服刑的性罪犯实行电子跟踪监控[③]，并从 2004 年开始为性罪犯安装 GPS 装置。然而，一份在 2005 年 7 月被泄露的内政部秘密报告指出，这种装置存在着严重技术问题。"如果目标位于高建筑物之间，峡谷作用将影响卫星确定他们确切位置的能力。""树叶和云团也会对信号造成干扰。如果目标在飞机上，城市间的火车上或是在地下，卫星都无法监测到他们的位置。不仅如此，当目标进入大楼时，卫星也往往无法对他们进行追踪。"报告显示，有 178 名性罪犯带过这一电子装置，但效果并不理想。其中，83 人被重新投入监狱；66 人仍被监控，尚待观察；只有 29 人因表现良好而无须再受监控。[④]

在中国，精神障碍罪犯在服刑过程中的治疗一般是非自愿的，但

---

① https://www.congress.gov/bill/109th-congress/house-bill/1505/text.

② 徐征：《美国田纳西州为假释性侵犯者脚踝套上 GPS 系统》，中国新闻网 2004 年 6 月 4 日。

③ 参见《英国 2003 年〈刑事审判法〉及其释义》，孙长永等译，法律出版社，2005，第 626 页。

④ 忆涵：《英国卫星跟踪性罪犯，技术不过关效果不理想》，新华网 2005 年 8 月 31 日。

其合法性已经或者应当通过一般诉讼程序，或者在有罪判决时获得，不适用《刑事诉讼法》之"依法不负刑事责任的精神病人的强制医疗程序"。为避免概念混乱，对这些罪犯的非自愿治疗，不宜称为"强制医疗"，而可称为"刑中治疗"。刑中治疗包括刑罚机构内治疗和刑罚机构外治疗。

精神障碍罪犯的刑罚机构内治疗包括两种情况，精神障碍不严重的罪犯一般在监狱内治疗，虽然精神障碍严重但有社会危险性即有严重暴力行为或倾向的罪犯一般在公安机关管理的安康医院治疗。关于在刑罚机构内对精神障碍罪犯实施治疗，《刑事诉讼法》没有具体规定。《监狱法》[①] 只在第54条规定："监狱应当设立医疗机构和生活、卫生设施，建立罪犯生活、卫生制度。罪犯的医疗保健列入监狱所在地区的卫生、防疫计划。"另外，《精神卫生法》第18条规定："监狱、看守所、拘留所、强制隔离戒毒所等场所，应当对服刑人员，被依法拘留、逮捕、强制隔离戒毒的人员等，开展精神卫生知识宣传，关注其心理健康状况，必要时提供心理咨询和心理辅导。"第52条规定："监狱、强制隔离戒毒所等场所应当采取措施，保证患有精神障碍的服刑人员、强制隔离戒毒人员等获得治疗。"安康医院既是精神病专科医疗机构，也是监管场所。[②] 安康医院主要收治发生严重触犯刑法行为但无刑事责任能力、被依法决定强制医疗的精神病人，但也收治既有严重精神障碍亦有刑事责任能力、被判处监禁刑的精神病罪犯，也向社会提供精神卫生服务，适当收治普通精神障碍患者。尚无

---

① 《中华人民共和国监狱法》，1994年12月29日第八届全国人民代表大会常务委员会第十一次会议通过；根据2012年10月26日第十一届全国人民代表大会常务委员会第二十九次会议通过的《全国人民代表大会常务委员会关于修改〈中华人民共和国监狱法〉的决定》修正。

② 参见公安部监所管理局编《公安监所管理》，中国人民公安大学出版社，2005，第317~319页；《公安部监所管理局就安康医院工作答新华网记者问》，新华网2010年5月28日，http://news.xinhuanet.com/legal/2010-05/28/c_12154943.htm。

法律对安康医院的职能与管理作出规定。

刑罚机构外治疗属于刑罚的"监外执行"。罪犯在社会上的医疗机构治疗（包括住院治疗、门诊治疗）或者根据医嘱在家中服药治疗。《刑事诉讼法》第 254 条规定，对被判处有期徒刑或者拘役的罪犯，有下列情形之一的，可以暂予监外执行：（一）有严重疾病需要保外就医的；（二）怀孕或者正在哺乳自己婴儿的妇女；（三）生活不能自理，适用暂予监外执行不致危害社会的。对被判处无期徒刑的罪犯，有前款第二项规定情形的，可以暂予监外执行。对适用保外就医可能有社会危险性的罪犯，或者自伤自残的罪犯，不得保外就医。对罪犯确有严重疾病，必须保外就医的，由省级人民政府指定的医院诊断并开具证明文件。在交付执行前，暂予监外执行由交付执行的人民法院决定；在交付执行后，暂予监外执行由监狱或者看守所提出书面意见，报省级以上监狱管理机关或者设区的市一级以上公安机关批准。《监狱法》第三章第三节规定，对于被判处无期徒刑、有期徒刑在监内服刑的罪犯，符合刑事诉讼法规定的监外执行条件的，可以暂予监外执行。暂予监外执行，由监狱提出书面意见，报省、自治区、直辖市监狱管理机关批准。最高人民法院、最高人民检察院、公安部、司法部、国家卫生计生委发布的《暂予监外执行规定》（司发通〔2014〕112 号）对暂予监外执行的实施有进一步要求。该暂行规定有一个附件《保外就医严重疾病范围》，明确列出："反复发作的，无服刑能力的各种精神病，如脑器质性精神障碍、精神分裂症、心境障碍、偏执性精神障碍等，但有严重暴力行为或倾向，对社会安全构成潜在威胁的除外。"

2011 年《刑法修正案（八）》和 2012 年《全国人民代表大会关于修改〈中华人民共和国刑事诉讼法〉的决定》以及《全国人民代表大会常务委员会关于修改〈中华人民共和国监狱法〉的决定》正式建立了非监禁性社区矫正的刑罚制度。根据《刑事诉讼法》第 258 条，对被判处管制、宣告缓刑、假释或者暂予监外执行的罪犯，依法实行社区矫正，由社区矫正机构负责执行。关于社区矫正人员的管理，最高人民法院、最高人民检察院、公安部、司法部还发布了《社区矫正实施办法》（2012 年 1 月 10 日）。

患有精神分裂症的猥亵儿童罪犯被假释并实行社区矫正一例：

[**案例 270**] 罪犯罗骏，男，1989 年 1 月 19 日出生，汉族，高中文化，贵州省桐梓县人。现在贵州省忠庄监狱四监区服刑。贵州省遵义市中级人民法院于 2014 年 2 月 21 日作出刑事判决，认定罪犯罗骏犯猥亵儿童罪，判处有期徒刑四年。判决发生法律效力后交付执行。刑期自 2013 年 3 月 28 日起至 2017 年 3 月 27 日止。执行机关以该犯服刑以来，认罪服法，遵规守纪，积极追求改造，于 2016 年 1 月 20 日提出假释建议，报送遵义市中级人民法院审理。遵义市中级人民法院经审理查明，罪犯罗骏自服刑以来，认真遵守监规，积极追求改造，2014 年 6 月至 2015 年 10 月考核周期累计积分 152.31 分，兑现 145 分，获评改造积极分子一次；另查明，该犯系精神分裂症患者，系限定刑事责任能力人。执行机关报送该犯的改造表现，有提请假释建议书、假释审核表、考核积分手册、评审鉴定表、奖励审批表、鉴定结论及罪犯原所在社区矫正机构意见等证据相互印证，形成锁链，予以确认。遵义市中级人民法院认为，罪犯罗骏执行原判刑期已过二分之一，在服刑期间，认真遵守监规，接受教育改造，确有悔改表现，且其系精神分裂症患者，系限定刑事责任能力人，司法行政机关同意将其纳入社区矫正，符合假释条件。2016 年 2 月 1 日，遵义市中级人民法院裁定：对罪犯罗骏予以假释（假释考验期限，自假释之日起至 2017 年 3 月 27 日止）。①

但是，也有一些性罪犯被假释，刑事裁定书没有显示实行社区矫

---

① 摘编自《罗骏假释裁定书》，中国裁判文书网。

正，可见各地执法不一。

[**案例271**] 罪犯牛辉田，男，1953 年 11 月 22 日出生于山东省
定陶县，汉族，小学文化。现在山东省菏泽监狱服刑。2007 年 9 月 5
日，山东省定陶县人民法院作出刑事判决，以牛辉田犯强奸罪，判处
有期徒刑七年；犯猥亵儿童罪，判处有期徒刑三年，决定执行有期徒
刑九年。宣判后，被告人服判不上诉。判决发生法律效力后交付执
行。2012 年 2 月 29 日，经菏泽市中级人民法院裁定减去有期徒刑一
年的刑罚执行。执行机关菏泽监狱于 2014 年 1 月 8 日提出假释建议
书，报送菏泽市中级人民法院审理。执行机关菏泽监狱以罪犯牛辉田
在菏泽监狱服刑期间能认罪悔罪；认真遵守法律法规及监规，接受教
育改造；积极参加思想、文化、职业技术教育；积极参加劳动，努力
完成劳动任务，确有悔改表现等为由，提出予以假释建议。并附罪犯
牛辉田在服刑期间的表现、奖励记录等书证。菏泽市中级人民法院经
审理认为，罪犯牛辉田在服刑期间确有悔改表现，符合假释条件。裁
定如下：对罪犯牛辉田予以假释，假释考验期自 2014 年 1 月 23 日起
至 2015 年 3 月 10 日止。①

应当继续完善社区矫正的方式。本书第一版在介绍美国、英国对
监外服刑罪犯的 GPS 电子跟踪监控办法时，曾经预言这一措施在中国
实施的发展前景。《社区矫正实施办法》虽然没有明确列出 GPS 电子
跟踪监控，但近几年在一些地区的社区矫正工作中已经开始运用并逐
步推行这一措施，即要求重点社区矫正人员佩戴具有定位功能的电子
腕带（腕表）。电子腕带具有实时定位、行动轨迹再现、电子围栏设
定和越界报警功能，并且采用防脱卸、防拆卸等措施，能有效杜绝人

---

① 摘编自《牛辉田强奸罪、猥亵儿童罪假释刑事裁定书》，中国裁判文书网。

机分离等情况发生，增强信息监管的有效性和可靠性。[1]

有刑事责任能力的精神障碍犯罪人，如果罪行严重，多被判处有期徒刑或者无期徒刑，而较少被判处管制或者宣告缓刑，且由于存在再犯危险，在服刑期间也难以得到假释或者暂予监外执行，因而基本上不存在社区矫正的问题。有些病情较轻和/或罪行较轻的精神障碍罪犯，可能得到社区矫正的处遇。对他们实行社区矫正，仅有一般的监管是不够的。有些轻性精神障碍罪犯，在审判时或者在监狱中没有显露明显的再犯危险，但在监狱外，因受环境的刺激，可能病情复发，实施危害行为。电子腕带——尽管它有一个形象但不恰当的俗称"电子手铐"——只能显示他们的行踪，而不能遏制他们再犯。应当责令他们的家属或者监护人监督他们进行必要的治疗或者心理矫正。对因患有严重精神障碍而保外就医的罪犯，家属或者监护人更应确保他们得到住院治疗。

另外，对于不符合《刑事诉讼法》强制医疗条件的由司法机关责令家属或者监护人看管和监护的无刑事责任能力触刑精神障碍者，也应纳入社区矫正的范围，并由有关机构实施电子跟踪监控。《社区矫正法》正在制定，国务院法制办公室已经提出征求意见稿。建议《社区矫正法》将由司法机关责令家属或者监护人看管和监护的无刑事责任能力触刑精神障碍者列为社区矫正对象。

第四节　精神障碍性犯罪人重新
犯罪的刑后预防

随着停止或者进一步控制适用死刑，监禁刑的适用将会增多。除了被判处终身监禁或者无期徒刑并得到严格执行的，判处监禁刑的罪

---

[1]　参见彭继友、施文斌《安徽省社区矫正监管用上"电子腕带"》，《江淮晨报》2015年6月30日；赵福播、黄海滨《靖西社区矫正"电子手铐"全面启用》，人民网－广西频道2016年9月14日。

犯绝大多数将会回到社会。而在回到社会后，有些罪犯——准确地说是"前罪犯"或者"前犯罪人"，很可能重新犯罪（repeatanoffense，再犯）。有的人在监狱中是模范囚犯，甚至得到减刑，但在被释放出来之后就原形毕露。在前罪犯（former criminal）中，前性犯罪人的再犯危险（recidivism）和再犯率（crecidivism rate）更高。在英国进行的对前性犯罪人所做的一个长时间追踪研究发现，有 1/4 性犯罪人重新犯罪。在挪威，一项对前性犯罪人 9 ~ 13 年的追踪研究发现，有 1/5 的人又有进一步的犯罪。[①] 据美国司法部的一项研究（1987，1989），未治疗的性侵害犯罪人，在出狱后 3 年的追踪，其累犯率约为 60%；经过特殊治疗的，累犯率为 15% ~ 20%。[②] 而有许多资料表明，在重新犯罪的前性犯罪人中精神障碍者尤其是人格障碍者、性变态者占有突出的比例。这并不奇怪。可以导致性犯罪的精神障碍如人格障碍、性变态是很难根治的。有些精神障碍性犯罪人在服刑期间曾经得到适当的矫治，但病根未除，导致他们犯罪的精神障碍在出狱后仍然存在，并继续产生影响。还有一些精神障碍性犯罪人在服刑期间根本就没有得到矫治，不可能让人指望他们在重返社会后安分守己。监禁约束了他们的身体，但不能约束他们的头脑和欲望。他们可能经常重温以往的犯罪情节，幻想着出狱之后如何再干一场，并且蓄积着新的冲动。

如何防止监禁刑期结束的精神障碍性犯罪人重新犯罪，即再犯预防（relapse prevention），是刑罚和监狱留给社会的难题。

[**案例 272**] 2002 年 3 月在抚顺发生一起猥亵残害幼女案，犯罪

---

① 〔英〕Ronald Blackburn：《犯罪行为心理学——理论、研究和实践》，吴宗宪等译，中国轻工业出版社，2000，第 242 页。

② 参见周煌智、文荣光主编《性侵害犯罪防治学——理论与临床实务应用》，台北五南图书出版股份有限公司，2006，第 65 页。

人祁军就是一个性变态的刑满释放人员。2002 年 3 月 12 日 18 时许，祁军酒后携带刀锯行至抚顺市某街，将骑自行车路过的被害人小兰（化名）拽倒在地，用锯抽打，并扼其颈，强行将小兰的裤子扒下，对小兰进行猥亵，撕咬小兰的下身，又将手插入小兰的下身进行撕扯。小兰的直肠、尿道等部分损坏、残缺，肛门也被撕裂。由于被群众发现，祁军逃离现场。后祁军被判处死刑。此案并非祁军第一次作案。1990 年 4 月 16 日，祁军去一邻居家帮助料理后事，喝了半斤多白酒。酒后他到抚顺电池厂边上的公厕小便时，看到一个 20 岁左右的女青年走进厕所，便跟了进去，对她进行猥亵，后被劳动教养 2 年。1992 年 6 月 20 日，祁军酒后窜至抚顺西露天矿附近的女厕所内，对一女学生进行猥亵。后跑到校外，但是在校外仍进行对女厕所进行窥视。后对另一女学生进行流氓活动，当其呼喊时，将其推放便池内，经鉴定为轻伤害。祁军被处 3 年有期徒刑。1997 年 7 月 25 日，祁军到抚顺五老街的一个公厕内，尾随一女青年进行流氓活动，女青年不停呼喊，祁军逃走。同年 8 月 1 日，祁军再次窜到该公厕，又恰遇同一被害人，在进行流氓活动时被抓获。此次祁军被处 3 年劳动教养。①

当时在回答《北京青年报》记者就祁军案提出的如何防止刑满释放的性变态犯罪人重新犯罪的问题时，我说："因为根治性变态的难度比较大，所以在性变态罪犯服刑期满后，不能简单地将他们一放了之。首先，应当使他们继续得到必要的矫治，减缓乃至消除精神障碍对他们的影响。其次，应当对他们加以必要的管理，不让他们处于失控状态。"② 虽然上述意见是针对性变态犯罪人而言的，但也适用于所

---

① 郑东鸿：《变态罪犯祁军的"前科"》，新华网沈阳 2002 年 4 月 16 日电。
② 谢沂：《"恶魔"狱中忏悔——我该死》，《北京青年报》2002 年 4 月 5 日。

有精神障碍性犯罪人。

对于曾经犯罪但监禁刑期结束的精神障碍者的管理，应当比尚未犯罪但很可能犯罪因而需要实施保安性非自愿住院治疗的精神障碍者更为严厉，因为他们的危险性已经被他们的犯罪行为证明。实施严重性犯罪的人格障碍者、性变态者，主观恶性太大，犯罪惯性太强，在监禁刑期结束，应当予以无限期监控，直至其丧失犯罪能力。

一 性侵害犯罪人的刑后强制治疗

以往，在精神障碍性犯罪人结束监禁回到社区之后，对其进行治疗或者矫正，是建立在其自愿基础上的，而许多精神障碍性犯罪人在出狱后不愿意接受治疗矫正，劝说、警告也无济于事。20 世纪 90 年代以后，有些国家或地区，把对再犯危险较高的精神障碍性犯罪人的强制治疗延续到监禁刑满之后，即刑后强制住院治疗。美国一些州通过民事监禁（civil confinement）法案，规定对某些性侵害犯罪人，为防止他们再犯，在他们监禁刑期结束之后实施一种期限不定的预防性监禁（preventive detention），给予治疗和矫正。这类性犯罪人被称为"性侵害者"（sexual predator，亦译"性捕食者"、"性猎食者"、"性掠夺者"），他们曾经多次用暴力手段对他人实施性侵害，或者对儿童实施性侵害，通常有精神障碍（主要是反社会型人格障碍和性变态），但亦有刑事责任能力。与精神卫生法范畴的非自愿住院（在美国称之为"民事收容"，civil commitment）适用于犯罪前或者刑事追诉前的危险性精神障碍者不同，① 民事监禁适用于刑期结束后的某些精神障碍犯罪人。各州的民事监禁法名称不同，一般称为"性侵害者法"（sexual predator law）或者"性暴力侵害者法"（sexually violent predator

---

① 参见刘白驹《非自愿住院的规制：精神卫生法与刑法》，社会科学文献出版社，2015，第 254 页。

law）。华盛顿州在 1990 年率先通过《性暴力侵害者法》。

　　堪萨斯州的《性暴力侵害者法》在 1997 年 Kansas v. Hendricks 一案中得到联邦最高法院的支持。该法案允许对任何因"精神变态"（mental abnormality）和人格障碍（personality disorder）可能进行性暴力侵害行为的人实施非自愿的无限期民事监禁。亨德里克斯有长期性侵害儿童的历史。在刑期结束即将出狱时，有关当局依据《性暴力侵害者法》将其转为民事监禁。亨德里克斯不服。法院拒绝其对该法案合宪性（constitutionality）的挑战，但同意陪审团审理其案。在审理中，亨德里克斯承认自己患有恋童症且未治愈，当他有压力时，仍然对儿童怀有性欲。陪审团认定他是一个标准的性暴力侵害者，因为恋童癖就是一种精神变态。法院决定将他民事监禁。他提出上诉。州最高法院审理后认为，非自愿民事收容（involuntary civil commitment）必须基于"精神疾病"（mental illness），而《性暴力侵害者法》规定的预先收容（precommitment）的"精神异常"条件不能满足"实质性"正当程序（"substantive" due process）的要求，因而决定废止《性暴力侵害者法》。州最高法院还认为，在亨德里克斯刑满释放后，再将其监禁，违背刑法不得"溯及既往"（ex post facto，亦译"执行事后法律"）和"一罪二罚"（double jeopardy，亦译"双重危险"、"重复处罚"）的原则。联邦最高法院调卷审理该案，推翻了堪萨斯州最高法院的意见。其理由是：首先，堪萨斯州《性暴力侵害者法》定义的"精神异常"满足"实质性"正当程序的要求。一个人受宪法保护的免受身体约束的自由利益（liberty interest）也可能在民法领域被推翻。本院一贯支持非自愿收容的法规，允许拘禁那些无法控制自己行为从而对公众健康和安全构成危险的人，只要这种收容是根据适当程序和证据标准进行的。本院从未要求各州非自愿民事收容法规采用任何特定的具有法律意义的医学用语。立法机关不必使用特定的"精神疾病"用语，而可以使用类似用语。其次，堪萨斯州《性暴力侵害者法》未设立刑事程序，非自愿监禁不属于刑罚，虽然它紧随刑期。该法属于民法性质，其监禁程序不构成再次起诉。因此，该法并无"溯及既往"和"一罪二罚"的问题。①

在明尼苏达州，民事监禁法针对两种人。第一种，罪犯被认定为性心理变态人格（sexually psychopathic personality，SPP）。其证据是：一个人在性方面从事一系列的习惯性的不法行为，而且在性冲动方面极端缺乏控制能力，因此对于其他人来说是危险的。第二种，罪犯被认定为性危险人物（sexually dangerous person，SDP）。其证据是：一个人从事一系列的有害的性行为，表现出强烈的性欲，有相关人格问题或其他精神障碍，因此有可能作出有害的性行为。②

中国台湾地区也建立了性侵害犯罪人刑后强制治疗制度。2005年，台湾地区"刑法"第 91 条之一（系 1999 年增加③）得到修正，将性侵害犯罪人强制治疗的实施从刑前改为刑后：犯强制性交、强制猥亵、乘机性交猥亵、与幼童性交猥亵、利用权势性交猥亵、血亲性交、公然猥亵、诈术性交、强盗强制性交、海盗强制性交、掳人勒赎强制性交等罪，"而有下列情形之一者，得令入相当处所，施以强制治疗：一、徒刑执行期满前，于接受辅导或治疗后，经鉴定、评估，认有再犯之危险者。二、依其他法律规定，于接受身心治疗或辅导教育后，经鉴定、评估，认有再犯之危险者。前项处分期间至其再犯危险显著降低为止，执行期间应每年鉴定、评估有无停止治疗之必要。"第一项系指对在监服刑且接受辅导或治疗（刑中治疗）的犯罪人，在

① Kansas v. Hendricks, 521 U.S. 346 (1997), https://supreme.justia.com/cases/federal/us/521/346/case.html.

② 参见〔美〕布伦特·E.特维《犯罪心理画像——行为证据分析入门》，李玫瑾等译，中国人民公安大学出版社，2005，第 431~432 页。

③ 第 91 条之一原文为："犯……之罪者，于裁判前应经鉴定有无施以治疗之必要。有施以治疗之必要者，得令入相当处所，施以治疗。前项处分于刑之执行前为之，其期间至治愈为止。但最长不得逾三年。前项治疗处分之日数，以一日抵有期徒刑或拘役一日或第四十二条第四项裁判所定之罚金额数。"

刑满出狱前经评估仍有再犯危险者，给予强制治疗；第二项系指对已经返回社区的犯罪人，在依据"性侵害犯罪防治法"① 接受辅导或治疗之后，经评估仍有再犯危险者，给予强制治疗。关于刑后强制治疗的性质，有些学者认为属于刑事的保安处分，亦有学者认为属于民事处分的监禁而非刑事的监禁。第 91 条之一的修正是台湾地区性侵害防治委员会及妇女团体推动的，但其草案曾受到刑法学界的批评，认为"再犯危险显著降低"鉴定困难，医师不敢认定受刑人再犯危险已显著降低，将导致受刑人一直接受强制治疗，形同不定期刑，被永远剥夺自由。后来经过研讨，条文增加了执行期间应每年鉴定、评估有无停止治疗必要的内容。还有学者认为，强制治疗只应以具有攻击性的性侵害犯罪为对象，不应适用于利用权势性交猥亵、血亲性交、公然猥亵、诈术性交等犯罪，强制治疗也不应是无期限的。②

　　我们也应当构建性侵害犯罪人刑后强制治疗制度。刑后强制治疗不同于对"实施暴力行为，危害公共安全或者严重危害公民人身安全"、"经法定程序鉴定"无刑事责任能力、"依法不负刑事责任"、"有继续危害社会可能"的精神病人实施的"强制医疗"，其决定和实施不适用"依法不负刑事责任的精神病人的强制医疗程序"；也不同于对被判处监禁刑的精神障碍罪犯在监禁刑执行期间的治疗、矫正。对于侵害犯罪人刑后强制治疗制度，需要以创新精神进行设计，突破固有思维和规定，并且兼顾预防犯罪和保障人权两个方面，既发

---

① 中国台湾地区"性侵害犯罪防治法"第 20 条规定：有期徒刑或保安处分执行完毕以及被决定假释、缓刑、免刑、缓起诉处分的性侵害犯罪之加害人，经评估认有施以治疗辅导之必要者，市、县主管机关应命其接受身心治疗或辅导教育；第 22 条规定：接受身心治疗或辅导教育的性侵害犯罪之加害人，经鉴定、评估其自我控制再犯预防仍无成效者，市、县主管机关得检具相关评估报告，送请该管地方法院检察署检察官、军事检察署检察官依法声请强制治疗。

② 参见台湾刑事法学会编《二○○五年刑法总则修正之介绍与评析》，台北元照出版有限公司，2005；台湾刑事法学会编《刑法总则修正重点之理论与实务》，台北元照出版有限公司，2005。

挥其防止性侵害犯罪人重新犯罪的作用，又避免这种措施被滥用，造成对公民合法权益的侵犯。（1）刑后强制治疗是非刑罚的强制措施，这是其基本定位。（2）刑后强制治疗构成对适用对象权利和自由的限制，须依法律规定的程序实施，应由司法行政机关申请、人民法院决定、人民检察院监督。（3）对刑后强制治疗的适用标准、决定机关、决定程序、执行、复查、终止等基本问题，应由《刑法》、《刑事诉讼法》和《监狱法》以及《精神卫生法》根据自身性质，各有侧重，分别加以规定。（4）刑后强制治疗只应适用于实施性侵害（即强奸、强制猥亵和对儿童实施奸淫、猥亵）的犯罪人。（5）刑后强制治疗只应适用于有精神障碍（非指狭义的精神病）的性侵害犯罪人。（6）刑后强制治疗只应适用于监禁刑执行完毕但有再犯危险的性侵害犯罪人。

刑后强制治疗不必拘泥于住院治疗一种形式。可以借鉴社区矫正和一些国家、地区精神卫生法上的强制社区治疗做法，建立刑后强制社区治疗机制。

二　性侵害犯罪人信息登记与公告

对刑满释放的性侵害犯罪人，除实施强制治疗之外，还应当如何加强管理呢？

在美国，1994 年《联邦暴力犯罪控制与法律执行法》（Federal Violent Crime Control and Law Enforcement Act of 1994）第 17 部分之 A《雅各布·威特灵侵害儿童和性暴力罪犯登记法》（Jacob Wetterling Crimes Against Children and Sexually Violent Offender Registration Act）要求各州对判过刑的强奸犯进行登记，在其释放后 10 年内进行追踪；当他们住在某地时，要提醒当地执法机关注意。罪犯登记法案名称中的雅各布·威特灵是一个 11 岁男孩的名字，他于 1989 年 10 月22 日被一个男人劫持后失踪，据判断是被性侵杀害了。直到 2015年 10 月，一个叫丹尼杰·海因里希（Danny James Heinrich）的男人因藏有儿童色情物品而被逮捕，他承认杀害了雅各布，并引领警方来到埋葬雅各布尸体的地方，遗体经确认就是雅各布。海因里希描述，他绑架了雅各布，并在实施猥亵后用枪打死。经查，海因里希实施了多起性侵害。由于与警方有辩诉交易（plea bargain），海因里希被指控的罪行中不包括谋杀雅各布。他被判处有期徒刑20年。虽然在理论上海因里希将在17年后被释放，但法官对他说：那是不可能的，因为你的罪行是如此令人发指、残忍和可怕，社会是不会让你自由的。①

但是仅有几个州自行制定或者根据联邦《威特灵法》制定了自己的性罪犯登记法，且作用并不明显。1994年7月29日，在新泽西州，一个7岁的小姑娘梅根·坎卡（Megan Nicole Kanka）被一个邻居强奸后杀害。奸杀梅根的凶手杰西·蒂门德奎斯（Jesse Timmerndequas）②是个被释放的罪犯，曾因强奸罪被判刑，并在监狱中接受过心理治疗。当梅根家人和附近的居民得知他有强奸前科时，感到极为愤怒，强烈抗议当局没有把蒂门德奎斯的情况告知居民。为了保护社区成员的安全，防止此类悲剧的再次发生，在公众的推动下，在梅根失踪后的89天后，新泽西州通过一项包括两个部分的法案，除了规定性犯罪人在释放后应向有关机构登记，还规定有关机构在危险性性侵害者释放后应将其信息告知其所在社区，即"社区告知"（community notification）。这个关于性犯罪人登记和信息告知的法案（Registration and Community Notification Laws）通常被称为《梅根法》（Megan's Law），在1994年10月31日经签署纳入新泽西州刑法的性侵害法（N. J. S. A. 2C：7-1~2C：7-11）。1996年5月17日，美国总统克林顿签署的国会制定的联邦《梅根法》增入《威特灵

---

① https：//en. wikipedia. org/wiki/Jacob_ Wetterling.
② 杰西·蒂门德奎斯因谋杀梅根被判处死刑，但他作为死囚一直熬过新泽西州在2007年12月17日废除死刑，被改判终身监禁不得假释。

法》。① 它要求各州政府在性侵害者释放后将其登记的信息进行公告（public notification）。联邦《梅根法》并不是像新泽西州那样的积极告知（active notification），而是需要公众自行查看。联邦《梅根法》警告，如果某个州不能遵守联邦规定的最低信息公告标准，将有可能失去联邦政府对该州打击犯罪拨款的 10%。2006 年 7 月，鉴于性犯罪人利用各州有关法律的差异在州间移动以规避制裁，美国国会又制定了《亚当·沃尔什儿童保护和安全法》（Adam Walsh Child Protection and Safety Act），进一步强化性犯罪人登记和公告制度。② 该法的名称是为纪念 6 岁男孩亚当·沃尔什，他在 1981 年 7 月被一个连环杀手奥蒂斯·图勒（Ottis Toole）绑架杀害。2016 年 2 月 8 日，美国总统奥巴马签署一项新的梅根法——《防止非法儿童性交易需求的国际梅根法》（International Megan's Law to Prevent Demand for Child Sex Trafficking），③ 规定当注册的性犯罪人出国旅行时，应告知有关国家，具体的方法是在护照上注明识别标志。

各州《梅根法》的具体名称各异，有些也是以被害人的名字命名的。最早制定的新泽西州的《梅根法》要求有关机关对所有出狱的或被释放的性侵害者（包括在该法通过前实施性侵害行为的人）进行登记。该法将性侵害者根据他们的再犯危险划分为三类，设置不同的通知要求：第一类是危险程度比较低的人。应当将这类人的情况告知当地的执法机构。第二类是危险程度相对大一些的人。不但要向当地执法机构告知这些人的情况，还要向当地的学校和社区组织告知这些人的情况。第三类是危险程度最大的人。应当将这些人的情况告知整个社区，以便于社区的其他成员提高警惕。一般来说，应当告知的信息

---

① 参见〔美〕约翰·道格拉斯、马克·奥尔沙克尔《闯入黑社会》，李龙泉等译，昆仑出版社，1998，第 160~163 页；https://www.parentsformeganslaw.org/；https://en.wikipedia.org/wiki/Murder_of_Megan_Kanka。
② https://www.gpo.gov/fdsys/pkg/PLAW-109publ248/html/PLAW-109publ248.htm.
③ https://www.congress.gov/bill/113th-congress/house-bill/4573.

包括这些人以前犯罪的情况和他们的姓名、住址和生意场所。对这些信息，新泽西州要求执法机关主动行使登记和告知行为，这是强制性义务。也有例外，对未成年的性侵害者可以进行登记和公告，但不是强制性的。纽约州的《梅根法》并不要求执法机构主动进行登记和告知行为，但对于高度危险的性侵害者，一般应当告知一定的组织，而这些组织有可能公告于公众。①

但是，有些人反对公告性犯罪人信息。有学者评论：此举是基于一系列假设，包括性罪犯必然会再次犯罪，而且他们的犯罪行为会升级，如果各家各户知道有性犯罪者居住在他们中间，他们就可以采取措施，保护自己的孩子不受伤害。反对者认为，公告性犯罪人信息与古代在死刑犯的脸上刻上"死囚"标志的行为没有任何区别，带来的后果是使犯罪人受到严重的社会排斥，这将使他们对社会绝望从而带来更多的社会问题，甚至可能使其重新走上犯罪之路。一些学者还认为，公告这些人的犯罪记录实际上是对他们的双重惩罚，与宪法的原则相违背。还有的学者担心，公告性犯罪人信息有可能引来社区居民对犯罪人进行报复、攻击，甚至采取私刑，扩大了仇恨犯罪。在美国，甚至有性犯罪人提出上诉，要求联邦最高法院推翻《梅根法》。他们认为自己已经因所犯的罪服了刑，如今《梅根法》再让他们在公众面前曝光，这样做彻底毁掉了他们的生活。② 2003 年，美国联邦最高法院在一项关于康涅狄格州《梅根法》合法性的判决中，支持该州要求性犯罪人进行登记、在互联网公告其信息的做法。康涅狄格州

① 参见 http：//www. state. nj. us/njsp/spoff/megans_ law. html；〔美〕阿丽塔·艾伦、理查德·托克音顿《美国的隐私法：学说、判例与立法》，冯建妹等编译，中国民主法制出版社，2004，第 105~108 页；冯焱《英美两国居民争论：应否保护性攻击儿童者隐私?》，《法制日报》1996 年 8 月 13 日。
② 参见〔英〕乔安娜·伯克《性暴力史》，马凡等译，江苏人民出版社，2014，第 416~419 页；蒋建平《该不该让性犯罪者曝光?"梅根法"在美国高院受到挑战》，《中国妇女报》2002 年 11 月 18 日。

《梅根法》适用于所有被宣判犯有攻击未成年人、暴力或非暴力的性犯罪以及为了性的目的而实施重罪的人。它要求已被定罪的性犯罪人在释放进入社区时，要向州公共安全局（Connecticut Department of Public Safety）登记，提供姓名、住址、照片等信息和 DNA 样品，公共安全局应将性犯罪人所登记之信息发布于网站供公众在某些州政府机构查阅。性犯罪人及其代表起诉声称该法违背美国联邦宪法第十四修正案所保障之正当程序。联邦地方法院判决性犯罪人胜诉，永久性禁止公开性犯罪人信息的法律。联邦上诉法院第二巡回法院给予了肯定，认为公开已登记的性犯罪人信息侵犯了性犯罪人的自由利益，而且有关机构没有向性犯罪人提供一个在登记之前确认他们有无"当前危险"（currently dangerous）的听证，违背了联邦宪法第十四修正案正当程序条款。之后，联邦最高法院调卷审理认为，性犯罪人是国家的严重威胁，他们回归社会后比其他类型的罪犯更有可能再度犯罪，进行强奸和其他性侵害。康涅狄格州《梅根法》要求的登记是基于前科的事实，而不是目前危险的事实。实际上，登记公告制度明确表明官方没有确定任何登记者目前是危险的。仅仅对于名誉造成损害，甚或诽谤，也不构成剥夺自由利益。正当程序条款并未要求认定在州的成文法中不具重要性之事实，应给予听证之机会。即使认定性犯罪人被剥夺自由利益属实，正当程序并未赋予其经由听证程序以认定其并不存在危险之事实。联邦最高法院因此推翻联邦上诉法院第二巡回法院的判决，发回重审。①

还有人从隐私权的角度反对登记和公告性犯罪人信息的制度。但是，主流观点认为，犯罪信息属于公共记录，政府出于公共安全的需

---

① Connecticut Department of Public Safety, et al., Petitioners v. John Doe, individually and on behalf of all others similarly situated, 538 U. S. 1 (2003); https: //supreme. justia. com/cases/federal/us/538/1/case. html; https: //www. law. cornell. edu/supct/html/01 – 1231. ZC1. html.

要有权公开这些信息，个人也可以查询这些信息。根据利益平衡理论，为了让社区成员提高警惕，保护社区成员的安全，公告性侵害犯罪人的信息是必要的，此时社会的公共利益大于个人的隐私利益。而且，有些性犯罪案件是公开审理的，犯罪人的信息已经没有任何隐私可言。例如，1995 年，新泽西州最高法院在 Doe v. Poritz 一案的判决中指出，根据登记法所披露的性犯罪人信息不存在隐私的合理期待，而根据告知法所告知的信息只是提醒公众防范性犯罪人的释放所带来的风险所必要的。向公众告知性犯罪人的犯罪历史，是向公众警示该人可能的危险，同时提供足够的信息，以使公众确认该人。因而，根据州和联邦宪法，不论是登记法，还是告知法，都没有侵犯隐私权。①

有一些媒体未经官方授权，公开报道性犯罪人信息，引起更大的争议。2004 年 2 月 15 日，美国印第安纳州《星报》（The Indianapolis Star）在头版登载了 63 名有过性犯罪的人的照片。其中的一个人叫罗伯特·伊诺克斯。罗伯特·伊诺克斯的生活在 2003 年秋天才有好转，他交了女朋友，而且和女朋友订了婚。他还找到了一份驾驶牵引卡车的工作。然而，没过多久，《星报》载了他的照片，他便倒了大霉。照片见报几天后，连续不断的骚扰电话就向伊诺克斯袭来，33 岁的他为此还失去了工作。虽然他的未婚妻并没有因此离开他，但过去曾有过猥亵儿童前科的他再次发现自己成为为社会所不容的"异类"。他说："当我在报上看到自己的照片时，我感到非常烦恼和沮丧。"十多年前，他曾因猥亵一名亲戚而蹲过两年班房。"过去发生的事就让它留在过去吧，不要把它带到现在来。"伊诺克斯说。被曝光的曼西地区 63 名男女中，已经至少有 5 人丢了饭碗。据当地行政长官助理史蒂夫·凯斯说，这是因为这些人对他们的雇主隐瞒了自己过去的这段

---

① Doe v. Poritz, 662 A. 2d 367（N. J. 1995）；http：//www. courtlistener. com/nj/8y3r/doe-v-poritz/.

历史。该报的这种做法已经使曼西这座有 66000 人口的工业城市出现了分歧，并且在新闻界引发了争议。美国的其他报刊也曾登载过性罪错者的照片，但都没有像《星报》那样过火。该报用了头版的一半篇幅刊登了这 63 个人的头像，并且列出了每人所犯的罪行和家庭地址。这 60 名男子和 3 名妇女的个人资料来源于印第安纳州 1994 年设立的"性犯罪人员登记处"。该机构的宗旨是让人们了解自己周围的邻居和常接触的人当中，有没有被释放的强奸犯和恋童症者，以便加强自我保护和防范。该登记处拥有该州任何地方十多年来的性犯罪记录。一名赞同《星报》做法的读者来信说："我希望贵报能够至少每月一次在头版登载这样的信息。"另一名读者来信表扬说："你们干得好。"其他一些人则对该报的做法感到愤慨。一些人把这些照片比作"刺在犯人脸上的金印"。还有些人警告说，公告这 63 人的家庭地址，会使他们更容易受到别人的报复。有一封读者来信这样写道："你们把原来只有轻罪的人打上了重罪的烙印，使他们一生都洗刷不掉耻辱。你们削弱了人与人之间的关系，破坏了人与人之间的信任，你们毁掉了许多人整个一生。"而《星报》的执行编辑埃文·米勒却说，他们也知道被曝光的 63 人当中有些人可能受到伤害，但是，"我们公布这些有价值的资料是因为这样做是利大于弊的"。①

性犯罪人信息登记和公告制度在美国实行已经 20 年。该制度虽然受到公众支持，但是否达到减少性犯罪人再犯的效果，尚无公认的结论。② 不过，这一制度在世界范围内产生了影响。

在英国，1997 年 8 月，国会通过《性犯罪人法》（Sex Offenders Act 1997）③，其第一部分是关于性犯罪人向警方登记的要求（Notification

---

① 参见朱大川编译《性罪错者照片被公开曝光引发风波》，《民主与法制时报》2004 年 4 月 6 日。

② 参见法思齐《性侵害犯罪加害人登记与公告制度之比较研究》，《台北大学法学论丛》第 85 期，2013 年。

③ http://www.legislation.gov.uk/ukpga/1997/51/contents.

requirements for sex offenders)。它适用于被审判认定犯有性犯罪的人和实施性犯罪但因精神错乱或者残疾而被判无罪的人。根据规定，性犯罪人必须在释放后的 14 天内向警察机关登记其姓名、出生日期和住址，以后若有变更亦必须在 14 天内通知警察机关。但是这项法律不适用于1997 年以前被判刑的性犯罪人。2000 年 7 月，英国发生一起奸杀女童案。8 岁小女孩萨拉·佩恩（Sarah Payne）被一名叫罗伊·怀廷（Roy Whiting）的性犯罪惯犯奸杀。2001 年 12 月，罗伊·怀廷被判处终身监禁。对此，许多人包括萨拉的父母并不满意，他们要求制定一个像美国《梅根法》那样的《萨拉法》（Sarah's Law），公告性侵害者的黑名单。萨拉的父母说："如果知道怀廷这样的人就住在附近，我们绝不会让孩子一个人到外面去玩……萨拉虽然死了，但有些事情需要改变。"①

在萨拉被奸杀案发生不久，2000 年 7 月 24 日，英国《世界新闻报》（News of the World）公布了一批恋童癖犯罪人的信息，包括他们的照片、家庭住址、年龄、性犯罪简况和目前的职业。该报编者按指出："我们推出此专栏，是得益于不久前本报做的一次针对萨拉遇害事件的民意调查结果。结果显示，88% 的父母希望知道他们所住地区到底有哪些人是恋童癖者，哪些是性罪犯。基于此，《世界新闻报》决定揭出这些人的老底，让全英国甚至全世界的人都知道这些人的丑行，引起人们的警惕。"报道引起轰动。受害者的父母们对《世界新闻报》的做法表示坚决支持。但英国警方和一些组织却坚决反对《世界新闻报》的做法，认为报纸这样做，只会逼得那些被曝光的恋童癖者搬离他们原来的住地，四处躲藏，使警方更难掌握他们的动向，这对孩子们的威胁就更大了。全国犯罪前科者关怀与改造协会的发言人说："我们希望能说服《世界新闻报》收回他们现在的做法，他们那么干绝对弊大于

① 参见萨拉问题网站 http：//www.forsaeah.com；笠萍《奸杀女童案在英引发轩然大波》，《江淮晨报》2001 年 12 月 14 日；史宗星《萨拉之死的警示》，《人民日报》2002 年 1 月 29 日。

利。"这位发言人同样坚决反对英国设立类似《梅根法》的法律，因为它们只会"起反作用"，增加警方对犯罪前科者的监视难度。看管警协会的发言人则认为，《世界新闻报》"点名羞辱"恋童癖者的做法，无异于把那些有前科者往绝路上推，许多人将不得不搬离他们的住所，改名换姓，并且不再与监督机构联系，此外，这也会对其家人造成无法弥补的伤害。英国警察局长协会给《世界新闻报》和英国的报界自律委员会写了措辞恳切的公开信，认为《世界新闻报》这么干"是好心办了件大坏事"，这种做法实际上也伤害了犯罪分子的亲朋好友，甚至可能激发更多的暴力。一位警官忧心忡忡地说："那些有犯罪前科的人的妻子、母亲开始担心她们和她们孩子的安全，因为许多家庭成员本身就是这些恋童癖者的受害者，所以媒体曝光无疑会对他们造成更大的心理重创。"英国警方担忧地说，《世界新闻报》的这种做法还殃及许多无辜者，已经发生的数起暴力事件就是最好的例证：2000 年 7 月 27 日，曼彻斯特一名男子无端遭到左邻右舍的污辱，事后证明他的邻居们是误把他当成报纸上公布的恋童癖者了。2000 年 7 月 29 日，60 多名普利茅斯居民挥舞着标语，高呼口号突然包围了一幢房子，除了用羞辱性语言攻击房主外，还向这幢房子掷油漆。普利茅斯警方证实说，这些民众误把无辜的房主当成报纸上公布的恋童癖者了。英国政府高层官员也纷纷对《世界新闻报》的做法提出质疑。英国内政部长保罗·斯特劳表示，现行英国法律就规定，如果犯罪分子造成某种潜在威胁，那么就应该通报该地区的学校、地方当局和父母，所以《世界新闻报》是多此一举；英国文化大臣克里斯·史密斯也对《世界新闻报》的做法提出质疑："让公众更多地讨论恋童癖犯罪问题和更好地保护儿童的动机是好的，但我觉得这种方式恐怕不大对头。《世界新闻报》聪明的做法就是听听警察们是怎么建议的。"[①]

---

① 参见冰川《曝光羞辱性罪犯该不该》，《青年参考》2000 年 8 月 3 日。

由于存在争议，特别是担心性犯罪人在信息公开后隐匿、失踪，从而给儿童带来更大的危险，英国没有出台关于必须公告性犯罪人信息的《萨拉法》，而是在 2007 年决定从 2008 年开始试点实行一个"儿童性侵罪犯披露计划"（The Child Sex Offender Disclosure Scheme）。① 该计划旨在通过加强公众与警方的联系，让公众更多参与儿童保护，形成儿童安全保护网络。当市民认为与自己有一定关系的儿童有遭受某人性侵害的危险时，可以根据程序向主管机构申请了解该人的情况。如果该人曾因儿童性侵害被定罪，或者该人虽未曾因儿童性侵害被定罪，但经评估分析存在实施儿童性侵害的危险，主管机构应向申请人或者儿童的父母、照顾者、监护人告知有关信息。如果发现存在立即或迫在眉睫的侵害儿童的危险而需要采取紧急行动，主管机构则必须立即采取行动，并应遵守现有的保护儿童程序。申请人不得故意或者恶意提供关于自己和儿童等方面的虚假信息。申请人必须签署承诺，保证对获得的信息保密。这项计划自 2010 年 8 月 1 日起在英格兰和威尔士扩大实施。

亚洲的韩国在 2000 年通过《青少年性保护法》，规定对未成年人实施性侵害的犯罪人在出狱后应向有关机构登记信息，有关机构可以公布这些犯罪人的信息。2001 年 8 月，韩国政府在官方网站上公布了169 名强奸罪犯及恋童症者的姓名、出生日期、职业、籍贯。这 169 名性罪犯中，有 38.5% 犯有强奸罪，28% 犯有性暴力罪，16% 与未成年人发生性行为。该资料将在网上放 6 个月。②

中国在国家层面没有像《梅根法》那样的制度。没有建立这种制度，主要不是为了保护性侵害犯罪人的隐私，而是基于人的思想、品德是可以转变的理念和"惩前毖后，治病救人"的原则，给予犯罪人

---

① https：//www.gov.uk/government/publications/child-sex-offender-disclosure-scheme-guidance.
② 《韩国政府网上曝光性罪犯资料》，ChinaByte 网站 2001 年 8 月 31 日。

充分的重新做人的机会。由于没有这样的制度以及疏于管理，一再发生祁军猥亵残害幼女案那样的由刑满释放人员实施的性犯罪，并不令人多么震惊。

应当在加强、完善对刑满释放的性侵害犯罪人的常规管理和强制治疗的同时，建立符合中国国情的性犯罪人信息公告制度。性犯罪人信息公告应当只适用于实施强奸、强制猥亵、奸淫和猥亵儿童等性侵害的犯罪人。[①] 犯罪人信息在公安机关管理的网站公告。所公告的信息，包括犯罪人的姓名、年龄、住址、工作场所、近照和犯罪记录（须保护被害人隐私）。信息公告的时间一般为 5 年。在 5 年内没有重新犯罪的，不再公布信息。对于严重性侵害的犯罪人，还应当实行社区告知。这一切，都需要制定《性侵害犯罪人信息公开法》加以规范。

建立性侵害犯罪人信息公告制度具有现实的积极意义。首先，有利于预防和打击性犯罪，建立长治久安的和谐社会，符合社会治安综合治理的战略要求。其次，有利于促使公民提高防范意识和能力，避免受到性犯罪的侵害。在城市，流动人口数量大，房屋出租普遍，社区人员复杂，邻里往来不多，人们难以了解前科人员情况。广大居民祈望有一个安全的生活环境，要求有关机构告诉他们，邻居中是否有前性侵害犯罪人，以便自行加强必要的防范，这个要求并不过分。再次，对刑满释放的性侵害犯罪人来说，公告他们的信息和犯罪记录并不是再次惩罚他们，而是为了让他们不再犯罪，避免再次受到惩罚。这是符合其根本利益的。而这一做法，对那些潜在的犯罪人也是一个警示，让他们知道犯罪的代价是很大的。

毋庸讳言，性侵害犯罪人信息公告制度不可避免地会对刑满释放

---

① 本书第一版此处认为，公开性侵害犯罪人信息，应当将初次犯罪者（初犯）和多次犯罪者（连续犯、再犯、累犯、惯犯）区别对待。现予修改。

的性侵害犯罪人造成一定的损害。他们可能受到报复和歧视。虽然在很大程度上这应当归咎于他们自身，但政府和其他有关机构也应当采取措施加以避免。对无端报复刑满释放的前性犯罪人的，应当依法惩处。其实，性侵害犯罪人信息公告制度的副作用主要不是表现在刑满释放者身上，而是表现在他们的无辜的家人身上。在韩国，一些反对政府将性侵害犯罪人信息公布于互联网的人士特别指出，韩国民众思想比较传统，这样做会在一定程度上对性罪犯的家庭成员构成舆论伤害。在中国何尝不是如此？但这是无可奈何的事情。根本的责任只能由犯罪人承担。

对刑满释放的性侵害犯罪人的隐私权问题也应有正确的认识。在中国，法院对性犯罪案件的审理虽然可能不公开，但宣判都必须公开进行。有些案件还被媒体实名报道。所以，一个人曾经犯罪的信息并不属于隐私。而公民也享有对法院审判结果的知情权。性侵害犯罪人信息公告制度实际是把公民对法院审判结果的知情权转化为国家、政府有关机关的义务。这个制度的要害不在于公告谁曾经犯罪，而在于公告这个人的住址。这可能会对他有一定消极影响，但也就这么多。另一方面，建立性侵害犯罪人信息公开制度，明确哪些人的哪些个人信息可以公布，在客观上亦可形成对性侵害犯罪人的其他隐私的保护。在性侵害犯罪人信息公开制度下，任何个人和组织、机构不得擅自披露性侵害犯罪人的隐私。

为贯彻落实审判公开原则，保障公众知情权和监督权，促进司法公正，最高人民法院在 2010 年 11 月 8 日制定了《关于人民法院在互联网公布裁判文书的规定》（法发〔2010〕48 号），对人民法院在互联网公布裁判文书的原则、范围、程序等作出具体规定。2013 年 11 月 21 日，最高人民法院发布新的《关于人民法院在互联网公布裁判文书的规定》（法释〔2013〕26 号）。从 2014 年 1 月 1 日起，各级人民法院都须上网公布裁判文书。为此，最高人民法院建立了规范、统一的裁判文书网——"中国裁判文书网"。根据 2013 年《规定》，涉及"个人隐私"的裁判文书不予公布；法院在互联网公布裁判文书时，应当保留当事人的姓名或者名称等真实信息，但必须采取符号替代方式对刑事案件中被害人、被判处三年有期徒刑以下刑罚以及免予刑事处罚，且不属于累犯或者惯犯的被告人等当事人的姓名进行匿名处理；应当删除自然人的家庭住址、通讯方式、身份证号码、银行账号、健康状况等个人信息和未成年人的相关信息等信息。2016 年，最高人民法院又对《关于人民法院在互联网公布裁判文书的规定》作了修订，并于 2016 年 8 月 29 日发布（法释〔2016〕19 号，自 2016 年 10 月 1 日起施行）。与 2013 年版相比，2016 年《规定》的变化主要有：取消了关于涉及"个人隐私"的裁判文书不予公布的限制；"匿名处理"改为"隐名"处理（保留姓氏，名字以"某"替代）；被判处三年有期徒刑以下刑罚以及免予刑事处罚，且不属于累犯或者惯犯的被告人不予隐名；除根据规定进行隐名处理的以外，当事人是自然人的，保留姓名、出生日期、性别、住所地所属县、区。另外，2013 年 10 月 23 日发布的最高人民法院、最高人民检察院、公安部、司法部《关于依法惩治性侵害未成年人犯罪的意见》第 30 条规定："对于判决已生效的强奸、猥亵未成年人犯罪案件，人民法院在依法保护被害人隐私的前提下，可以在互联网公布相关裁判文书，未成年人犯罪的除外。"

性犯罪案件裁判文书的公布，有利于公众对性犯罪案件的了解，但不能完全取代需要建立的性侵害犯罪人信息公告制度。这些文书散见于全部裁判文书中，不便于查阅，而且虽然有犯罪人姓名但没有近期照片和住址，警示性还不够强。

在 2006 年本书第一版主张建立性侵害犯罪人信息公开制度之时，国内学界对这个问题尚未给予重视。十年来，有越来越多的人主张建立这一制度。2016 年 6 月，浙江省慈溪市检察院牵头法院、公安、司法出台《性侵害未成年人犯罪人员信息公开实施办法》。《办法》规定，对符合条件的实施严重性侵害未成年人行为的犯罪人员，在其刑满释放后或者假释、缓刑期间，通过发文各单位的门户网站、微信公众号、微博等渠道对其个人信息进行公开，方便公众随时查询，警示犯罪，预防未成年人受到性侵害。同时，《办法》对性侵害未成年人犯罪人员信息应当公开的情形和例外条件、公开期限、公开内容、公开途径、公开程序均作了明确规定，旨在有效遏制性侵害案件多发势头，保障未成年人健康成长。① 此事引起争议和讨论。我原则上支持慈溪市的做法，但同时认为，先由国家制定有关基本法律再由地方制定具体实施办法可能更为妥当。如果是有关方面安排慈溪市先行试验，然后再总结分析，看看是否可行、有效，也未尝不可。

三　关于制定《性侵害未成年人犯罪防治法》的建议

2017 年 3 月"两会"期间，我提交了三个提案，即《关于完善精神卫生法非自愿住院制度的提案》、《关于加强防治未成年人违法犯罪，完善触刑未成年人收容教养制度的提案》和《关于制定〈性侵害未成年人犯罪防治法〉的提案》。《关于完善精神卫生法非自愿住院制度的提案》的主要内容已经纳入本章第一节和第三节，不再赘述。《关于加强防治未成年人违法犯罪，完善触刑未成年人收容教养制度的提案》针对未成年人发生严重危害行为特别是不满十四周岁未成年人发生触犯刑法严重危害行为如杀人、伤害、强奸、抢劫，但因未达刑事责任年龄而不负刑事责任的问题，主张修改《刑法》、《刑事诉讼法》以及《未成年人保护法》、《预防未成年人犯罪法》有关规定，完善触刑未成年人收容教养（宜改称"未成年人收容矫治"）制度，

---

① 参见屠春技、岑瑾《公开性侵害未成年人犯罪人员信息》，2016 年 6 月 13 日；姚建龙、刘昊《"梅根法案"的中国实践：争议与法理——以慈溪市〈性侵害未成年人犯罪人员信息公开实施办法〉为分析视角》，《青少年犯罪问题》2017 年第 2 期。

确认其非刑罚的刑事强制矫治措施的性质，并且通过司法程序决定实施；同时，加强未成年人收容教养专门机构的建设和管理。提案建议将《刑法》第 17 条第 4 款修改为："已满十二周岁的人发生严重危害行为因不满十四周岁不负刑事责任的，已满十四周岁的人犯罪因不满十六周岁不予刑事处罚的，责令其家长或者监护人加以管教；家长或者监护人不能有效管教，有继续发生严重危害行为可能的，可以予以六个月以上三年以下收容教养。"

《关于制定〈性侵害未成年人犯罪防治法〉的提案》① 所称性侵害犯罪主要是指强奸罪（含奸淫幼女）、强制猥亵罪、猥亵儿童罪等。性侵害犯罪严重侵犯他人人身权利和性权利，破坏社会秩序和社会风化。成年人针对未成年人特别是未满十四岁儿童实施的性侵害犯罪的危害性尤其严重，不仅残害未成年人生命或身心健康，毁坏他们未来的生活，对他们的父母和家庭造成沉重打击，而且引发群众的恐慌情绪和对有关部门的强烈意见，极大降低社会安全感和治安满意度。性侵害未成年人犯罪的加害人人格低下、心理变态、道德败坏，犯罪的主观恶性大且难以改变，犯罪手段卑鄙恶劣且后果严重，往往多次或者连续作案，刑满释放后重新犯罪率很高。有些加害人是对未成年人负有特殊职责的人员，如长辈、监护人、教师等，利用其优势地位或者被害人孤立无援的境地，迫使未成年被害人就范，实施性侵害，虽未使用暴力，但悖逆人伦和师德，亦不容恕。法律应当保护所有人免受性犯罪的侵害。对施加于任何人的性侵害犯罪都应当严密预防和坚决予以打击。而未成年人群体是弱势群体，必须加以着重保护。对性侵害未成年人犯罪的防治，应当采取更加严厉、更加严密的特殊对策。

---

① 参见乔虹《"不仅在于惩治，更重要的是预防"》，《中国妇女报》2017 年 3 月 10 日；《政协委员呼吁制定"性侵害未成年人犯罪防治法"》，人民网 2017 年 3 月 10 日，http://fj.people.com.cn/n2/2017/0310/c372371-29833778.html。

在我国，性侵害未成年人犯罪及其防治问题虽然受到高度重视，但是，我国的有关规定侧重于性侵害未成年人犯罪的定罪量刑和刑罚执行的法律适用问题，而在性侵害未成年人犯罪的事前预防、性侵害未成年人犯罪加害人的矫正和刑满释放后的管理等方面存在薄弱、空白之处。为更有效防治性侵害未成年人犯罪，切实保护未成年人合法权益，建议在《刑法》、《未成年人保护法》和《关于依法惩治性侵害未成年人犯罪的意见》的基础上，制定《性侵害未成年人犯罪防治法》，创新性侵害未成年人犯罪防治机制，重点加强性侵害未成年人犯罪的预防、加害人的刑中矫治和刑后管理的措施。

关于《性侵害未成年人犯罪防治法》的基本内容，提案除主张将散见于现有各种法律、司法解释中的有关条文加以吸收，集中规定外，还提出以下建议：公安机关、人民检察院、人民法院办理未成年人遭受性侵害的刑事案件，不适用当事人和解（被害人谅解）程序。对有性心理障碍或其他精神障碍的被判处监禁刑的性侵害未成年人犯罪加害人，应在服刑期间实行治疗和矫正。被判处监禁刑的性侵害未成年人犯罪加害人，一般不得假释和暂予监外执行。[①] 确因患严重疾病而保外就医的，依法实行社区矫正，并进行电子跟踪，同时可以禁止其从事特定活动、进入特定区域、接触特定的人。建立性侵害未成年人犯罪加害人登记报告制度。性侵害未成年人犯罪加害人在刑满释放后，应向居住地公安机关登记；在迁居时，应向公安机关报告。建立性侵害未成年人犯罪加害人信息社区通告制度。性侵害未成年人犯罪加害人刑满释放后，居住地公安机关应向加害人所在社区村民委员会、居民委员会通告加害人的犯罪情况和姓名、居住地址等信息；加

[①] 查阅中国裁判文书网，可以看到许多性侵害未成年人的罪犯被减刑、假释的刑事裁判书。

害人所在社区的居民需要了解性侵害未成年人犯罪加害人信息的，在提出申请后，村民委员会、居民委员会应当根据公安机关的通告予以告知。完善性侵害未成年人犯罪加害人非刑事强制治疗制度。性侵害未成年人犯罪加害人有严重精神障碍，依据《刑法》、《刑事诉讼法》不负刑事责任但也未予以"强制医疗"的；或者有性心理障碍或其他精神障碍，负刑事责任，在刑满后释放的，应由居住地公安机关根据《精神卫生法》送往医疗机构诊断，实施非自愿住院治疗，或者在公安机关监督下实施非自愿社区治疗。在《性侵害未成年人犯罪防治法》作出上述规定后，《精神卫生法》应当作出相应修改补充。对未成年人实施性侵害的人被判处刑罚的，终身不得从事可能与未成年人频繁接触的职业。

第五节　精神障碍性犯罪人强制治疗的医学方法与限制

对精神障碍性犯罪人（包括被判刑者和依法不负刑事责任者两类）的强制治疗，针对的是导致他们性犯罪或者对他们的性犯罪发生一定影响的各种精神障碍，包括器质性精神障碍、精神病性精神障碍、性心理障碍、人格障碍等。对器质性精神障碍的治疗，相对成熟一些。对精神病性精神障碍、性心理障碍、人格障碍等非器质性精神障碍的治疗，目前主要有药物治疗、躯体治疗、心理治疗等方法，效果不尽如人意。对性变态的治疗更是难题。但是，还是有一些研究显示，接受治疗的性犯罪人，其累犯率低于未治疗的。[1]

对精神障碍犯罪人尤其是被判刑的精神障碍罪犯实施强制治疗

---

[1]　参见〔美〕Robert E. Hales、Stuart C. Yudofsky、Glen O. Gabbard 主编《精神病学教科书》（第5版），张明园、肖泽萍主译，人民卫生出版社，2010，第497～500页。

是否意味着可以用任何医学方法进行治疗？回答是否定的。除了被强制这一点外，精神障碍犯罪人所得到的医疗待遇和一般精神障碍者应当是一样的。对精神障碍罪犯的治疗问题，我国《精神卫生法》仅在第52条规定："监狱、强制隔离戒毒所等场所应当采取措施，保证患有精神障碍的服刑人员、强制隔离戒毒人员等获得治疗。"没有列出允许或者禁止实行的医学方法。根据联合国《保护精神病患者和改善精神保健的原则》，对精神障碍犯罪人的治疗，应遵守以下基本原则：首先，精神障碍犯罪人有权在最少限制的环境中接受治疗，并且得到最少限制性或侵扰性而符合其健康需要和保护他人人身安全需要的治疗。不得将治疗和约束作为惩罚精神障碍犯罪人的方法。其次，不得对精神障碍犯罪人实施精神外科及其他侵扰性和不可逆转的治疗。未经精神障碍犯罪人的知情同意，不得对其实施临床试验或试验性治疗。再次，不得对精神障碍罪犯实施绝育手术。

在历史上，有些国家对精神障碍性罪犯实施去势手术（castration，asexualization，切除睾丸），以消除其性犯罪的生理基础，防止他们继续犯罪。美国弗吉尼亚州在18世纪末以及20世纪初阉割了十多个犯了强奸罪的黑人。1864年，得克萨斯州的一个陪审团认为一名黑人强奸罪名成立，法官判处他"遭受阉割的惩罚"。1899年《耶鲁法律杂志》大声疾呼应阉割黑人强奸犯，称性侵对南方女性来说是"每天的梦魇"，并使她们的"北方姐妹们"也"感到不安"。① 在19世纪末和20世纪初，睾丸切除术被输精管切除术（vasectomy）代替。1899年10月，美国印第安纳州的一位监狱医生哈里·夏普（Harry Clay Sharp）成为世界上第一位实施非自愿输精管切除术的人。他对一位

---

① 参见〔美〕埃里克·伯科威茨《性审判史：一部人类文明史》，王一多、朱洪涛译，南京大学出版社，2015，第290~292页。

有强迫性手淫的囚犯克劳森（Clawson）实施了输精管切除术。在接下来的几年里，截至 1906 年底，夏普非法实施了 200 多起输精管切除术。夏普认为，绝育有两个好处，一是可以阻止退化行为，使那些原本需要待在监狱或者精神病院的人变得安全，二是可以防止那些人将劣等的基因传给后代。[1]夏普实施非自愿绝育手术是非法的，但没有受到法律追究，他强烈希望这项手术合法化。他宣传说：绝育手术是唯一的"消除我们中间最危险和最有害的种类的理性手段……激进的方法是必要的"。在此之前其他州曾经有过三次未成功的立法努力。最早的是在 1849 年，一位来自得克萨斯州的生物学家和医生戈登·林瑟肯（Gordon Lincecum）在威斯康星州提出一项对弱智者进行绝育的法案，虽然该法案没有被交付表决，但代表了美国强制绝育立法的第一次尝试。1897 年，曾有人在密歇根州提出制定强制绝育法，但在议会没有获得足够的票数。1905 年，宾夕法尼亚州议会通过了强制绝育法，但被州长否决。1907 年 3 月，印第安纳州颁布了世界第一部优生法（eugenics law）。它允许监狱和收容院经两名医生对精神状况进行检查，由一个专家委员会批准之后，对惯犯（confirmed criminals）、白痴（idiots）、低能者（imbeciles）和强奸犯（rapists）实施强制绝育，所以也被称为强制绝育法（compulsory sterilization law）。到 1930 年，有 27 个州有强制绝育法。[2]在欧洲，1892 年首次出现对强奸犯实施绝育手术。欧洲第一个强制绝育法，是瑞士的沃州（Vaud）在 1928 年制定的。德国在 1933 年颁布强制绝育法即《防止具有遗传性疾病后代法》（Gesetz zur Verhütung erbkranken Nachwuchses）。该法所说的遗传性疾病，包括先天低能、精神分裂症、躁狂抑郁症、癫痫、严重酗酒以及遗传性失明、耳聋、身体畸形等。各国的强制绝育法以

---

① 参见〔美〕詹姆斯·沃森、安德鲁·贝瑞《DNA：生命的秘密》，陈雅云译，上海世纪出版集团·上海人民出版社，2010，第 23 页。

② http://www.uvm.edu/~lkaelber/eugenics/.

种族主义和优生学中的非科学理论为基础，不仅施用于精神障碍罪犯，而且施用于普通精神障碍患者，实际上是对精神障碍患者和其他残疾人的清洗和迫害。第二次世界大战结束后，随着德国法西斯迫害犹太人和精神障碍患者以及其他残疾人的罪行被揭露，各国陆续废除了强制绝育法。应当指出，20世纪上半叶的强制绝育法所规定绝育方法是切除输精管而不是切除睾丸，因而强制绝育法并不是强制去势法。切除输精管的功能是阻止某些所谓"不宜生育"的人繁衍后代，并不具有当初预想的彻底消除罪犯性冲动和性能力的作用。

但是，在一些国家，自愿去势作为监禁刑罚的替代却持续了较长时间。1998年11月，在美国阿肯色州，一个名叫斯坦利的恋童症者因强奸一位9岁男孩而被判处30年徒刑，他向法庭表示愿意作外科手术切除睾丸，以减去10年徒刑，法庭同意了他的请求。此举引起一场激烈争论。美国公民自由权利协会表示强烈反对。它担心这一判例可能会给那些强迫其他性罪犯作去势手术的人打开方便之门。它认为美国刑事审判制度不允许对强奸犯施行去势手术，因为那太残酷、太不人道，不符合宪法精神。而斯坦利的律师说，斯坦利要求治疗自己的疾病，惩罚自己犯下的罪行，是宪法赋予他的自由权利和追求幸福的权利。① 另据报道，俄克拉荷马州州长基廷在2002年6月以违宪为由否决一项法案。根据该法案，法官可以判处对某些强奸犯进行手术去势或"药物去势"，强迫他们服药，压制他们的性欲；而对第二次犯罪的罪犯，法官可判处接受手术，切除睾丸。基廷在否决法案时表示，他已签署了一项法案，规定应当对一再性犯罪的人判处终身监禁，不得假释。他认为这样会比去势更合理。②

去势对防止性犯罪的作用也并非完全如人们所想象的那样。在低

---

① 康尼：《外科手术能"治"性罪犯》，《检察日报》电子网络版1999年1月17日。
② 《阉割强奸犯？美地方州长人道否决》，大洋网2002年6月7日。

级动物身上进行的阉割实验证实，激素水平降低的确可以导致性驱力
降低，有效消除性行为。然而人类去势的结果没有这么明显，因为人
类不像其他物种一样依靠激素。确凿的案例表明，有的被去势的男子
可以继续性交，并且长达数年。而且，睾丸激素可以通过人工方式生
产，被去势的罪犯可以通过秘密的方式补充睾丸激素。① 还有专家认
为，对于愤怒型的强奸犯，如果违背其意志割掉他的睾丸，会使他非
常愤怒，在出狱后他们可能发生其他暴力犯罪。② "如果一个男人出于
羞辱或制造伤害的目的而强奸一个女人的话，那么阉割术就不能阻止
他执行这项'任务'。事实上，这还可能鼓励他利用甚至比阴茎更厉
害的武器。"③

在去势手术受到批评而很少被使用的同时，一种化学去势疗法
（chemical castration）应运而生。化学去势疗法就是激素疗法（hormonal
treatment）。

在美国的一些州，如加利福尼亚州、佛罗里达州、俄勒冈州，允
许通过注射合成雌性激素使强奸儿童的罪犯失去性功能。注射从罪犯
出狱开始，一直持续到政府权威部门认为没有必要时为止。

在 2004 年 1 月，新西兰司法部长菲尔·戈夫透露，新西兰正在
考虑对恋童症罪犯实行化学药物去势疗法。监狱中的恋童症罪犯将被
施以药物来消除性欲望，断绝他们出狱后再有性侵害儿童的念头。戈
夫说，在目前阶段，还有很多研究工作需要做。在实施化学药物去势
疗法前还需要大量的科学依据，尤其是药物的适应性和杜绝复发的可
靠性。"但是，我的立场是我们必须保护社会最脆弱成员——孩子们
的权利。"内阁成员对这一主张有不同看法。内阁成员的分歧主要是

① 参见〔美〕珍尼特·S. 海德、约翰·D. 德拉马特《人类的性存在》，贺岭峰等译，上海社会科学院出版社，2005，第 261 页。
② 参见〔美〕约翰·道格拉斯、马克·奥尔沙克《变态杀手——恶性犯罪深层心理探究》，岳盼盼、白爱莲译，海南出版社，2001，第 104 页。
③ 〔英〕乔安娜·伯克《性暴力史》，马凡等译，江苏人民出版社，2014，第 171 页。

担心实施这一疗法是否违背《权利和自由法案》以及医疗道德。然而，戈夫已经责成司法部官员对美国俄勒冈州4年前就开始实行的这一做法进行研究。他说："我们将敞开这个研究大门，因为这与公众安全息息相关。"他还指出："目前还有一些研究待厘清，但我觉得，保护儿童比罪犯的人权更重要。"据报道，在新西兰，对化学药物去势疗法，司法界、学校和家长多半同意，但人权团体和一些精神病学专家则持反对态度。反对实施化学药物去势疗法的人士说，这一疗法未必能解决根本问题。没有性欲望的罪犯，还是可以通过其他方式性侵害儿童的。对恋童症实行强制性疗法不能保证他们不重犯。也有人担心，以药物消除性欲望，如果将来出现副作用，罪犯可能利用药物的副作用要挟政府，要求巨额赔偿。不过新西兰政府强调，政府要用一切可行办法保护下一代。[1]

挪威也开始对自愿的性罪犯实施化学去势。生性凶残的哈斯塔德是挪威"家喻户晓"的变态强奸犯，他在吸食大麻和观看色情电影之后残忍地强奸了他的继女，并丧心病狂地杀人灭口。他因此被判入狱21年。经过"面壁思过"后，哈斯塔德似乎幡然悔悟，他声泪俱下地在法庭上表示，自己愿意接受化学去势以"治疗"自己过强的性欲。哈斯塔德与另3名强奸犯进行了6个月的集体治疗。该试验计划的组织者吉姆·诺斯泰德医生说，这4名罪犯的"治疗"要采取两个步骤，首先让他们清楚"治疗"的方式，然后让他们服用可以减少分泌睾丸激素的药物。诺斯泰德医生说，化学去势的效果比较令人满意，他们强烈的犯罪欲望已经得到有效控制，但如果停止治疗，这些人的性欲会重新恢复。不过，如果他们愿意，出狱后还可以继续接受荷尔蒙治疗。[2]

---

[1] 李景卫：《新西兰正在考虑对恋童癖实行化学药物阉割疗法》，人民网2004年1月11日；《纽西兰拟用药物"阉割"变童癖罪犯》，凤凰网2004年1月12日。

[2] 火冰：《为"铲除后患"挪威"化学阉割"强奸犯》，《新快报》2004年6月9日。

法国治疗性罪犯主要使用具有抗雄性激素作用的药物，例如甲孕、环丙孕酮和类 LH-RH（黄体生成素释放激素）药物。甲孕在使用 3~4 周后见效，疗效达 80%，使有异常性行为者逐渐减少性幻想、勃起和性欲，手淫次数减少。这种药物的效果在露阴症者、恋童症者和强奸犯身上得到了证明。环丙孕酮的疗效为 90%，但疗效短，必须每天服用。类 LH-RH 药物的疗效也达到 90%。这些药物的副作用都比较轻微。①

对性罪犯施行外科去势手术与把小偷的手砍掉一样，都是不人道的。在中国不应该施行这种外科手术，不论这种手术是否经过本人同意，是施行于精神障碍性罪犯，还是施行于普通性罪犯。同时，应当研究化学或者药物治疗控制不良性行为的可行性。如果可以发现或者研制可以治疗、控制不良性行为而又没有多大副作用的药物，对于性犯罪的控制无疑将有重大的支持。

---

① 参见〔法〕让·贝拉依什、安娜·德·凯尔瓦杜埃《男人问题》，李鸿飞等译，中国社会科学出版社，2001，第 798~800 页。

主要参考文献[*]

(以出版时间为顺序)

1. 《大明律集解附例》，明万历三十八年刊印，清光绪三十四年修订法律馆重刊。日本早稻田大学图书馆影印本。

2. （清）孙纶辑《定例成案合镌》，清康熙五十八年刊本。日本东京大学东洋文化研究所影印本。

3. 《新律綱領 改定律例》，日本司法省，明治六年（1873）刻。

4. 《佛蘭西法律書·刑法》，〔日〕箕作麟祥译，日本文部省，明治八年（1875）。

5. 《日本刑法草案》，明治十年（1877），日本司法省，写本。

6. 《各國刑法類纂》（中卷），日本司法省，明治十二年（1879）。

7. 《皇國佛國刑法對比合卷》，〔日〕小山景止编纂，冈岛真七出版，明治十三年（1880）。

8. 《新舊刑法對照》，〔日〕山野金臧编辑，有斐阁书房，明治四十一年（1908）。

---

* 限于篇幅，本目录未列入引用的古籍经典、文人笔记、文学作品和部分仅提及而无直接引用的文献，以及大量的期刊论文、媒体报道，但均在文中或页下注明。

9. （清）沈家本等编订《钦定大清现行新律例》（《大清现行刑律按语》《核订现行刑律》合刊），修订法律馆，清宣统元年（1909）。影印本。

10. 陈承泽：《中华民国暂行刑律释义（分则）》，上海：商务印书馆，1913。

11. 邵义：《刑律释义》，上海：中华书局，1917。

12. 〔日〕泽田顺次郎：《性欲犯罪》，东京：近代の結婚社，1923。

13. 〔日〕田中祐吉：《近世法医学》，上官悟尘编译，上海：商务印书馆，1926。

14. 《朝阳大学法律科讲义：刑法分则》，夏勤述，胡长清疏，北京：朝阳大学，1927。

15. 《中华民国刑法详解》，王守约编辑，上海：大通书局，1928。

16. 《大理院判例解释新刑律集解》，周东白编辑，上海：世界书局，1928。

17. 《暂行新刑律汇解》，朱鸿达编辑，杭州：浙江书局，1931。

18. 《司法院解释汇编》（第三册），司法院参事处编纂、发行，1932。

19. 《中华民国刑法释例汇纂》，黄荣昌编纂，上海法政学社，1933。

20. 《国民政府统一解释法令续编》，俞钟骆、吴学鹏编辑，上海律师公会，1933。

21. 《中华民国六法理由判解汇编·第3册：刑法》，郭卫编，上海法学编译社、会文堂新记书局，1934。

22. 《司法院解释汇编》（第五册），司法院参事处编纂，司法院秘书处发行，1935。

23. 《司法院解释汇编》（第六册），司法院参事处编纂、发行，1936。

24. 《最高法院裁判要旨》，张煮编辑，上海：会文堂新记书局，1936。

25. 国立编译馆编定《精神病理学名词》，上海：商务印书馆，1936。

26. 〔美〕柏替：《法律心理学》，王书林译，上海：商务印书馆，1939。

27. 周光琦编著《性与犯罪》（南京正中书局 1936 年初版），重庆：正中书局，1942。

28. Havelock Ellis, Studies in the Psychology of Sex, Random House. New York. 1942.

29. 《刑事法规集》（第一卷），〔日〕小野清一郎编，东京：日本评论社，1944。

30. 郭卫：《刑法学各论》，上海法学编译社，1946。

31. 俞承修：《刑法分则释义》，上海法学编译社，1946。

32. 《司法院解释要旨分类汇编》，刘蔚凌编纂，上海：大东书局，1946。

33. 〔德〕倍倍尔：《妇女与社会主义》，沈端先译，北京：生活·读书·新知三联书店，1955。

34. Havelock Ellis, Psychology of Sex：a Manual for Students, Garden City. New York. 1954.

35. 〔苏〕A. H. 布涅耶夫主编《司法精神病学》，王之相译，北京：法律出版社，1957。

36. 〔德〕斯威布：《希腊的神话与传说》，楚图南译，北京：人民文学出版社，1958。

37. 翦伯赞主编《中外历史年表》，北京：中华书局，1961。

38. 〔奥〕弗洛伊德：《图腾与禁忌》，杨庸一译，台北：志文出版社，1975。

39. 〔美〕摩尔根：《古代社会》，杨东莼等译，北京：商务印书馆，1977。

40. 陈朴生编著《刑法各论》，台北：正中书局，1978。

41. 《法国民法典（拿破仑法典）》，李浩培等译，北京：商务印书馆，1979。

42. 蔡墩铭：《犯罪心理学》，台北：黎明文化事业股份有限公司，

1979。

43. 黄彰健编著《明代律例汇编》，"中央研究院"历史语言研究所专刊之七十五，1979。

44. 中国人民大学法律系刑法教研组、资料室编印《中华人民共和国刑法案例选编（一）》，1980。

45. 郭景元主编《实用法医学》，上海科学技术出版社，1980。

46. 北京医学院主编《精神病学》，北京：人民卫生出版社，1980。

47. 中国人民大学法律系刑事侦查学教研组编印《刑事侦查学参考资料（一）》，1980。

48. 林宪：《文化与精神病理》，台北：水牛出版社，1980。

49. 《各国刑法汇编》，台北：司法通讯社，1980。

50. 瞿同祖：《中国法律与中国社会》，北京：中华书局，1981。

51. 朱光潜：《变态心理学》，载《朱光潜美学文集》第 1 卷，上海文艺出版社，1981。

52. 费孝通：《生育制度》，天津人民出版社，1981。

53. 湖南医学院主编《精神医学基础》（精神医学丛书第一卷），长沙：湖南科学技术出版社，1981。

54. 夏镇夷主编《英汉精神病学词汇》，北京：人民卫生出版社，1981。

55. 《日本刑法·日本刑事诉讼法·日本律师法》，中国社会科学院法学研究所译，北京：中国社会科学出版社，1981。

56. 夏镇夷主编《中国医学大百科全书·精神病学》，上海科学技术出版社，1982。

57. 段淑贞编《精神病学简明词典》，北京：知识出版社，1982。

58. 杨伟宏编《最高法院民刑庭总会决议司法院大法官会议解释》，台北：豪峰出版社，1982。

59. 《中华民国刑法判解释义全书》，新陆书局编辑部编，台北：新陆书局，1982。

60. 〔法〕孟德斯鸠：《论法的精神》，张雁深译，北京：商务印书馆，1982。

61. 〔英〕罗素：《为什么我不是基督教徒》，沈海康译，北京：商务印书馆，1982。

62. 中国人民大学法律系刑法教研室、资料室编印《中华人民共和国刑法案例选编（二）》，1983。

63. 吴阶平等编译《性医学》，北京：科学技术文献出版社，1983。

64. 段绍禋编《最新六法判解汇编》，台北：三民书局，1983。

65. 上海第一医院等单位主编《临床精神医学》（精神医学丛书第二卷），长沙：湖南科学技术出版社，1984。

66. 纪术茂：《精神疾病与法律》，北京：法律出版社，1984。

67. 〔保〕瓦西列夫：《情爱论》，赵永穆等译，北京：生活·读书·新知三联书店，1984。

68. 〔美〕汉斯·托奇主编《司法和犯罪心理学》，周嘉桂译，北京：群众出版社，1986。

69. 张伯源、陈仲庚编著《变态心理学》，北京科学技术出版社，1986。

70. 沈政主编《法律心理学》，北京大学出版社，1986。

71. 北京医科大学主编《精神医学与相关问题》（精神医学丛书第三卷），长沙：湖南科学技术出版社，1986。

72. 〔美〕珍尼特·希伯雷·海登、B. G. 罗森伯格：《妇女心理学》，周志强等译，昆明：云南人民出版社，1986。

73. 〔奥〕弗洛伊德：《精神分析学引论》，高觉敷译，北京：商务印书馆，1986。

74. （宋）《名公书判清明集》，中国社会科学院历史研究所宋辽金元史研究室点校，北京：中华书局，1987。

75. 〔奥〕弗洛伊德：《精神分析学引论新编》，高觉敷译，北京：商务印书馆，1987。

76. 〔奥〕弗洛伊德：《弗洛伊德自传》，顾闻译，上海人民出版社，1987。

77. 〔美〕克莱门斯·巴特勒斯：《罪犯矫正概述》，龙学群译，北京：群众出版社，1987。

78. 〔英〕霭理士：《性心理学》，潘光旦译注，北京：生活·读书·新知三联书店，1987。

79. 〔美〕J. A. 谢尔曼、F. L. 登马克主编《妇女心理学》，高佳、高地译，北京：中国妇女出版社，1987。

80. 〔美〕罗洛·梅：《爱与意志》，冯川译，北京：国际文化出版公司，1987。

81. 〔美〕露丝·本尼迪克特：《文化模式》，何锡章、黄欢译，北京：华夏出版社，1987。

82. 日本法务省综合研究所编《日本犯罪白皮书·1984 年版》，李虔译，北京：中国政法大学出版社，1987。

83. 贾谊诚主编《实用司法精神病学》，合肥：安徽人民出版社，1988。

84. 钟友彬：《中国心理分析——认识领悟心理疗法》，沈阳：辽宁人民出版社，1988。

85. 〔英〕戴维·M. 沃克：《牛津法律大辞典》，北京社会与科技发展研究所组织翻译，北京：光明日报出版社，1988。

86. 〔英〕蕾伊·唐娜希尔：《人类性爱史话》，李意马译，北京：中国文联出版公司，1988。

87. 〔英〕伯特兰·罗素：《婚姻革命》，靳建国译，北京：东方出版社，1988。

88. 〔美〕罗伯特·G. 迈耶、保罗·萨门：《变态心理学》，丁煌等译，沈阳：辽宁人民出版社，1988。

89. 欧阳涛主编《性犯罪》，郑州：河南人民出版社，1989。

90. 沈政等：《法律精神病学》，北京：中国政法大学出版社，1989。

91. 李从培：《司法精神病学》，北京：中国人民大学出版社，1989。

92. 杨德森主编《中国精神疾病诊断标准与案例》，长沙：湖南大学出版社，1989。

93. 何家弘等编译《性科学知识荟萃（上)》，北京：中国人民大学出版社，1989。

94. 刘刚等编译《性科学知识荟萃（下)》，北京：中国人民大学出版社，1989。

95. 〔英〕罗素：《婚姻与道德》，李惟远译，上海文艺出版社，1989。

96. 〔英〕J. 韦克斯：《性，不只是性爱》，齐人译，北京：光明日报出版社，1989。

97. 〔美〕贺兰特·凯查杜瑞安：《人类性学基础》，李洪宽等译，北京：农村读物出版社，1989。

98. 〔美〕金西：《金西报告——人类男性性行为》，潘绥铭编译，北京：光明日报出版社，1989。

99. 〔美〕Z. 拉里亚、M. D. 罗斯：《人类性心理》，张丛元等译，北京：光明日报出版社，1989。

100. 〔美〕W. 马斯特斯、V. 约翰逊：《人类性反应》，马晓年等译，北京：知识出版社，1989。

101. 〔荷〕范·德·费尔德：《理想的婚姻》，吴真谛译，北京：民族出版社，1989。

102. 夏镇夷等主编《实用精神医学》，上海科学技术出版社，1990。

103. 杨德森主编《行为医学》，长沙：湖南师范大学出版社，1990。

104. 田寿彰主编《司法精神病学》，北京：法律出版社，1990。

105. 刘燕明主编《性偏离及其防治》，天津科学技术出版社，1990。

106. 王运声主编《刑事犯罪案例丛书·流氓罪》，北京：中国检察出版社，1990。

107. 〔德〕汉斯·约阿希姆·施奈德：《犯罪学》，吴鑫涛等译，北京：

中国人民公安大学出版社、国际文化出版公司，1990。

108. 〔美〕特里萨·S. 弗利等：《救救受害者》，高琛等译，北京：警官教育出版社，1990。

109. 〔美〕金西：《女性性行为》，潘绥铭译，北京：团结出版社，1990。

110. 〔英〕路易丝·爱森堡、苏希·奥巴赫：《了解女性》，北京：光明日报出版社，1990。

111. 罗尔纲：《太平天国史》，北京：中华书局，1991。

112. 王运声主编《刑事犯罪案例丛书·妨害社会风尚的犯罪》，北京：中国检察出版社，1991。

113. 《德意志联邦共和国刑法典》，徐久生译，北京：中国政法大学出版社，1991。

114. 〔美〕D. P. 萨库索、R. M. 卡普兰：《临床心理学》，黄蘅玉译，北京：科学技术文献出版社，1991。

115. 〔英〕鲁珀特·克罗斯、菲利普·A. 琼斯：《英国刑法导论》，赵秉志等译，北京：中国人民大学出版社，1991。

116. 〔美〕J. 罗斯·埃什尔曼：《家庭导论》，潘允康等译，北京：中国社会科学出版社，1991。

117. 〔美〕理查德·霍金斯、杰弗里·P. 阿尔珀特：《美国监狱制度——刑罚与正义》，孙晓雳等译，北京：中国人民公安大学出版社，1991。

118. 〔美〕罗伯特·F. 墨非：《文化与社会人类学》，王卓君等译，北京：商务印书馆，1991。

119. 〔日〕木村龟二主编《刑法学词典》，顾肖荣、郑树周等译校，上海翻译出版公司，1991。

120. （清）吴坛：《大清律例通考》，马建石、杨育裳等校注，北京：中国政法大学出版社，1992。

121. 沈渔邨主编《精神病学（第二版)》，北京：人民卫生出版社，1992。

122. 李从培主编《司法精神病学》，北京：人民卫生出版社，1992。

123. 李银河、王小波：《他们的世界——中国男同性恋群落透视》，太原：山西人民出版社，1992。

124. 王书奴：《中国娼妓史》，上海书店，1992。

125. 吕先荣主编《司法精神医学案例集》，武汉市公安局安康医院印，1992 年。

126. 孙东东：《精神病人的法律能力》，北京：现代出版社，1992。

127. 路安仁等主编《刑事犯罪案例丛书·强奸罪、奸淫幼女罪》，北京：中国检察出版社，1992。

128. 丁慕英主编《刑事犯罪案例丛书·杀人罪》，北京：中国检察出版社，1992。

129. 〔苏〕B. H. 库德里亚夫采夫主编《犯罪的动机》，刘兆祺译，北京：群众出版社，1992。

130. 〔美〕安·沃尔勃特等：《强奸案调查》，于春富等译，北京：群众出版社，1992。

131. 〔美〕J. 莫尼、H. 穆萨弗：《性学总览》，王映桥等译，天津人民出版社，1992。

132. 〔美〕哈罗德·J. 维特、小杰克·赖特：《犯罪学导论》，徐淑芳等译，北京：知识出版社，1992。

133. 许又新：《精神病理学——精神症状的分析》，长沙：湖南科学技术出版，1993。

134. 世界卫生组织：《ICD－10 精神与行为障碍分类：临床描述与诊断要点》，范肖冬等译，北京：人民卫生出版社，1993。

135. 〔英〕卡罗尔：《犯罪的女性》，季晓磊等编译，北京：警官教育出版社，1993。

136. （清）薛允升：《读例存疑》，胡星桥、邓又天等点注，北京：中国人民公安大学出版社，1994。

137. 杨德森主编《基础精神医学》，长沙：湖南科学技术出版社，1994。

138. 刘海年、杨一凡总主编《中国珍稀法律典籍集成》（乙编第二册明代条例），北京：科学出版社，1994。

139. 〔美〕本杰明·萨多克等：《性科学大观》，李梅彬等译，成都：四川科学技术出版社，1994。

140. 〔日〕森下忠：《犯罪者处遇》，白绿铉等译，北京：中国纺织出版社，1994。

141. 《大清律例》（以道光六年本为底本），张荣铮、刘勇强、金懋初点校，天津古籍出版社，1995。

142. 中华医学会精神科学会、南京医科大学脑科医院编《CCMD－2－R·中国精神疾病分类方案与诊断标准》，南京：东南大学出版社，1995。

143. 刘达临主编《中国当代性文化——中国两万例"性文明"调查报告》（精华本），上海三联书店，1995。

144. 《法国刑法典》，罗结珍译，北京：中国人民公安大学出版社，1995。

145. 邱仁宗主编《对医学的本质和价值的探索》，北京：知识出版社，1986。

146. 骆世勋、宋书功主编《性法医学》，北京：世界图书出版公司，1996。

147. 林准主编《精神疾病患者刑事责任能力和医疗监护措施》，北京：人民法院出版社，1996。

148. 储槐植：《美国刑法（第二版）》，北京大学出版社，1996。

149. 《俄罗斯联邦刑法典》，黄道秀等译，北京：中国法制出版社，

1996。

150. 《美国联邦刑事诉讼规则和证据规则》，卞建林译，北京：中国政法大学出版社，1996。

151. 〔美〕罗伯特·迈克尔等：《美国人的性生活》，潘绥铭等译，西安：陕西人民出版社，1996。

152. 〔日〕中田修：《犯罪心理学》，台北：水牛出版社，1996。

153. 全国人大常委会法工委刑法室徐霞、王倩、王宁编著《中华人民共和国刑法学习纲要》，北京：人民出版社，1997。

154. 吴宗宪：《西方犯罪学史》，北京：警官教育出版社，1997。

155. 〔德〕R. Tölle：《实用精神病学》，王希林译，北京：人民卫生出版社，1997。

156. 〔法〕埃马纽埃尔·勒华拉杜里：《蒙塔尤：1294~1324奥克西尼的一个山村》，许明龙等译，北京：商务印书馆，1997。

157. 〔美〕彼得·伊龙斯：《为权益而战》，周敦仁等译，上海译文出版社，1997。

158. 〔美〕亚当·朱克思：《扭曲的心灵》，吴庶任译，呼和浩特：内蒙古人民出版社，1997。

159. 〔日〕穗积陈重：《法律进化论》，黄尊三等译，王健校勘，北京：中国政法大学出版社，1997。

160. 《权力的眼睛——福柯访谈录》，严锋译，上海人民出版社，1997。

161. 《法国刑法典刑事诉讼法典》，罗结珍译，北京：国际文化出版公司，1997。

162. 〔法〕西蒙娜·德·波伏娃：《第二性》，陶铁柱译，北京：中国书籍出版社，1998。

163. 萧榕主编《世界著名法典选编·刑法卷》，北京：中国民主法制出版社，1998。

164. 杨德森主编《行为医学》，长沙：湖南科学技术出版社，1998。

165. 李银河：《虐恋亚文化》，北京：今日中国出版社，1998。

166. 李银河：《同性恋亚文化》，北京：今日中国出版社，1998。

167. 马世民主编《精神疾病的司法鉴定》，上海医科大学出版社，1998。

168. 翟书涛等主编《人格形成与人格障碍》，长沙：湖南科学技术出版社，1998。

169. 《弗洛伊德文集》第 2 卷，车文博主编，长春出版社，1998。

170. 《圣经》，中国基督教协会，1998。

171. 〔美〕罗伯·K. 雷斯勒、汤姆·沙其曼：《疑嫌画像——FBI 心理分析官对异常杀人者调查手记之一》，李璞良译，北京：法律出版社，1998。

172. 〔美〕罗伯·K. 雷斯勒、安·W. 伯吉丝、约翰·道格拉斯：《变异画像——FBI 心理分析官对异常杀人者调查手记之二》，李璞良译，北京：法律出版社，1998。

173. 〔美〕约翰·道格拉斯、马克·奥尔沙克尔：《闯入黑社会》，李龙泉等译，北京：昆仑出版社，1998。

174. 〔英〕马丁·费多：《西方犯罪 200 年》，王守林等译，北京：群众出版社，1998。

175. 〔英〕保罗·贝格、马丁·费多：《二十世纪西方大案纪实》，李亦坚译，北京：群众出版社，1998。

176. 〔美〕加文·德·贝克尔：《危机预兆》，梁永安译，北京：光明日报出版社，1998。

177. 《福柯集》，杜小真选编，上海远东出版社，1998。

178. 《意大利刑法典》，黄风译，北京：中国政法大学出版社，1998。

179. 《大明律》，怀效锋点校，北京：法律出版社，1999。

180. 《大清律例》（乾隆五年本），田涛、郑秦点校，北京：法律出版社，1999。

181. 杨德森主编《中国精神疾病案例集》，长沙：湖南科学技术出版社，1999。

182. 最高人民法院研究室编《最新刑事法律及司法解释手册》，北京：法律出版社，1999。

183. 庞兴华：《性变态犯罪及其对策》，北京：警官教育出版社，1999。

184. 〔美〕爱德华·A. 卡瓦佐、加斐诺·莫林：《赛博空间和法律：网上生活的权利和义务》，王月瑞译，南昌：江西教育出版社，1999。

185. 〔美〕劳拉·昆兰蒂罗：《赛博犯罪：如何防范计算机犯罪》，王涌译，南昌：江西教育出版社，1999。

186. 《加拿大刑事法典》，卞建林等译，北京：中国政法大学出版社，1999。

187. 《瑞士联邦刑法典（1996年修订）》，徐久生译，北京：中国法制出版社，1999。

188. 〔美〕凯特·米利特：《性的政治》，钟明良译，北京：社会科学文献出版社，1999。

189. 〔美〕托马斯·拉克尔：《身体与性属——从古希腊到弗洛伊德的性制作》，赵万鹏译，沈阳：春风文艺出版社，1999。

190. 《钦定大清现行刑律》（宣统二年），故宫博物院编，海口：海南出版社，2000。

191. 李从培：《司法精神病学鉴定的实践与理论》，北京医科大学出版社，2000。

192. 郑瞻培主编《精神科疑难病例鉴析》，上海医科大学出版社，2000。

193. 吴存存：《明清社会性爱风气》，北京：人民文学出版社，2000。

194. 潘绥铭：《生存与体验——对一个地下"红灯区"的追踪考察》，北京：中国社会科学出版社，2000。

195. 刘白驹：《精神障碍与犯罪》，北京：社会科学文献出版社，2000。

196. 韩玉胜主编《刑法各论案例分析》，北京：中国人民大学出版社，2000。

197. 全国人大常委会法制工作委员会研究室编审《中华人民共和国法律法规及司法解释分类汇编·行政法（三）》，北京：中国民主法制出版社，2000。

198. 〔俄〕斯库拉托夫、列别捷夫主编《俄罗斯联邦刑法典释义》，黄道秀译，北京：中国政法大学出版社，2000。

199. 〔法〕米歇尔·福柯：《性经验史》，佘碧平译，上海人民出版社，2000。

200. 〔意〕切萨雷·龙勃罗梭：《犯罪人论》，黄风译，北京：中国法制出版社，2000。

201. 〔美〕罗伯特·斯彼德：《美国精神障碍案例集》，庞天鉴译，北京：中国社会科学出版社，2000。

202. 〔英〕J. C. 史密斯、B. 霍根：《英国刑法》，马清升等译，北京：法律出版社，2000。

203. 〔法〕米海依尔·戴尔玛斯－马蒂：《刑事政策的主要体系》，卢建平译，北京：法律出版社，2000。

204. 〔美〕葛尔·罗宾等：《酷儿理论——西方90年代性思潮》，李银河编译，北京：时事出版社，2000。

205. 〔英〕Ronald Blackburn：《犯罪行为心理学——理论、研究和实践》，吴宗宪等译，北京：中国轻工业出版社，2000。

206. 〔法〕乔治·维加莱洛：《性侵犯的历史》，张森宽译，长沙：湖南文艺出版社，2000。

207. 〔奥〕弗洛伊德：《性欲三论》，赵蕾译，北京：国际文化出版公司，2000。

208. 〔德〕弗兰茨·冯·李斯特：《德国刑法教科书》（〔德〕埃贝哈

德·施密特修订），徐久生译，北京：法律出版社，2000。

209. 〔德〕利奇德：《古希腊风化史》，杜之等译，沈阳：辽宁教育出版社，2000。

210. 〔德〕奥托·基弗：《古罗马风化史》，姜瑞美译，沈阳：辽宁教育出版社，2000。

211. 〔德〕爱德华·傅克斯：《欧洲风化史·文艺复兴时代》，侯焕闳译，沈阳：辽宁教育出版社，2000。

212. 〔德〕爱德华·傅克斯：《欧洲风化史·资产阶级时代》，赵永穆、许宏治译，沈阳：辽宁教育出版社，2000。

213. 中华医学会精神科分会编《CCMD - 3·中国精神障碍分类与诊断标准（第三版)》，济南：山东科学技术出版社，2001。

214. 陈彦方主编《CCMD - 3·相关精神障碍的治疗与护理》，济南：山东科学技术出版社，2001。

215. 张在舟：《暧昧的历程——中国古代同性恋史》，郑州：中州古籍出版社，2001。

216. 高保林主编《精神疾病司法鉴定理论与实践》，北京：中国检察出版社，2001。

217. 邱仁宗主编《她们在黑暗中——中国大陆若干城市艾滋病与卖淫初步调查》，北京：中国社会科学出版社，2001。

218. 何春蕤主编《性工作：妓权观点》，台北：巨流图书公司，2001。

219. 〔美〕Christine A. Courtois：《治疗乱伦之痛——成年幸存者的治疗》，蔡秀玲、王淑娟译，台北：五南图书出版股份有限公司，2001。

220. 〔英〕保罗·布里顿：《辨读凶手——一位犯罪心理学大师现场推理实录》，李斯译，海口：海南出版社，2001。

221. 〔美〕约翰·道格拉斯、马克·奥尔沙克：《顶级悬案——犯罪史上八宗惊世疑案新探》，邓海平译，海口：海南出版社，2001。

222. 〔美〕约翰·道格拉斯、马克·奥尔沙克：《变态杀手——恶性犯罪深层心理探究》，岳盼盼、白爱莲译，海口：海南出版社，2001。

223. 〔美〕约翰·道格拉斯、马克·奥尔沙克：《动机剖析——美国联邦调查局侦破大案秘诀》，张向珍等译，海口：海南出版社，2001。

224. 〔美〕理查德·A. 波斯纳：《超越法律》，苏力译，北京：中国政法大学出版社，2001。

225. 〔德〕汉斯·海因里希·耶赛克、托马斯·魏根特：《德国刑法教科书（总论）》，徐久生译，北京：中国法制出版社，2001。

226. 〔日〕野村稔：《刑法总论》，全理其、何力译，北京：法律出版社，2001。

227. 〔美〕David A. Tomb：《精神病学》，天津科技翻译出版公司，2001。

228. 〔美〕温迪·夏丽特：《寻找贞操》，杨荣鑫译，海口：南海出版公司，2001。

229. 〔英〕安东尼·吉登斯：《亲密关系的变革——现代社会中的性、爱和爱欲》，陈永国、汪民安译，北京：社会科学文献出版社，2001。

230. 〔法〕安娜·德·凯尔瓦杜埃：《女人问题》，吴裕容等译，北京：中国社会科学出版社，2001。

231. 〔法〕让·贝拉依什、安娜·德·凯尔瓦杜埃：《男人问题》，李鸿飞等译，北京：中国社会科学出版社，2001。

232. 〔美〕罗纳德·德沃金：《自由的法：对美国宪法的道德解读》，刘丽君译，上海人民出版社，2001。

233. （清）薛允升：《唐明清三律汇编》，田涛、马志冰点校，为杨一凡、田涛主编《中国珍稀法律典籍续编》第八册，哈尔滨：黑龙江人民出版社，2002。

234. 杨士隆：《犯罪心理学》，北京：教育科学出版社，2002。

235. 〔美〕Michael H. Ebert 等主编《现代精神疾病诊断与治疗》，孙学礼主译，北京：人民卫生出版社，2002。

236. 〔美〕理查德·A. 波斯纳：《法律与文学》，李国庆译，北京：中国政法大学出版社，2002。

237. 〔芬〕韦斯特马克：《人类婚姻史》，李彬等译，北京：商务印书馆，2002。

238. 〔美〕理查德·A. 波斯纳：《性与理性》，苏力译，北京：中国政法大学出版社，2002。

239. 〔英〕David Center：《犯罪的影子：系列杀人犯的心理特征剖析》，吴宗宪等译，北京：中国轻工业出版社，2002。

240. 〔美〕爱伦·豪切斯泰勒·斯黛丽、南希·弗兰克：《美国刑事法院诉讼程序》，陈卫东等译，北京：中国人民大学出版社，2002。

241. 〔英〕杰佛瑞·威克斯：《20 世纪的性理论和性观念》，宋文伟等译，南京：江苏人民出版社，2002。

242. 张丽卿：《司法精神医学：刑事法学与精神医学之整合》，北京：中国政法大学出版社，2003。

243. 国际劳工局编《拒绝骚扰——亚太地区反对工作场所性骚扰行动》，唐灿等译，长沙：湖南大学出版社，2003。

244. 孔繁钟、孔繁锦编译《DSM－Ⅳ精神疾病诊断准则手册》，台北：合记图书出版社，2003。

245. 《英国刑事制定法精要（1351～1997）》，谢望原等编译，北京：中国人民公安大学出版社，2003。

246. 《法国新刑法典》，罗结珍译，北京：中国法制出版社，2003。

247. 〔法〕菲利浦·阿里耶斯、安德烈·贝金主编《西方人的性》，李海龙等译，上海人民出版社，2003。

248. 〔法〕爱弥尔·涂尔干：《乱伦禁忌及其起源》，汲喆等译，上海人民出版社，2003。

249. 〔法〕米歇尔·福柯：《不正常的人》，钱翰译，上海人民出版社，2003。

250. 〔法〕乔治·巴塔耶：《色情史》，刘晖译，北京：商务印书馆，2003。

251. 〔美〕约翰·蒙尼：《人体的性缺陷》，周炼红译，桂林：广西师范大学出版社，2003。

252. 〔美〕爱伦·艾德曼、卡洛林·肯尼迪：《隐私的权利》，吴懿婷译，北京：当代世界出版社，2003。

253. 〔美〕罗伯特·克鲁克斯、卡拉·鲍尔：《我们的性》，张拓红等译，北京：华夏出版社，2003。

254. 〔美〕詹姆斯·米勒：《福柯的生死爱欲》，高毅译，上海人民出版社，2003。

255. 〔日〕牧野英一：《日本刑法通义》，陈承泽译，李克非点校，中国政法大学出版社，2003。

256. 〔日〕大谷实：《刑法总论》，黎宏译，北京：法律出版社，2003。

257. 〔日〕大谷实：《刑法各论》，黎宏译，北京：法律出版社，2003。

258. 〔日〕大塚仁：《刑法概说（总论)》，冯军译，北京：中国人民大学出版社，2003。

259. 〔日〕大塚仁：《刑法概说（各论)》，冯军译，北京：中国人民大学出版社，2003。

260. （清）祝庆祺、鲍书芸、潘文舫、何维楷编《刑案汇览三编》，北京古籍出版社，2004。

261. 张新宝：《隐私权的法律保护（第二版)》，北京：群众出版社，2004。

262. 吴宗宪编著《国外罪犯心理矫治》，北京：中国轻工业出版社，

2004。

263. 李厚健：《终结狰狞：连环杀手杨新海落网纪实》，北京：中国检察出版社，2004。

264. 林明杰、沈胜昂主编《法律犯罪心理学》，台北：双叶书廊有限公司，2004。

265. 〔日〕森本益之等：《刑事政策学》，戴波等译，北京：中国人民公安大学出版社，2004。

266. 〔英〕Michael Gelder、Paul Harrison、Philip Cowen：《牛津精神病学教科书》，刘协和、袁德基主译，成都：四川大学出版社，2004。

267. 〔美〕伊丽莎白·赖斯编《美国性史》，杨德等译，北京：东方出版社，2004。

268. 〔美〕凯思琳·内维尔：《内幕：职场权力滥用与性骚扰》，董煜韬译，北京：中央编译出版社，2004。

269. 〔美〕霍华德·弗里德曼主编《心理健康百科全书·心理病理卷》，李维、张诗忠主译，上海教育出版社，2004。

270. 〔美〕霍华德·弗里德曼主编《心理健康百科全书·障碍疾病卷》，李维、张诗忠主译，上海教育出版社，2004。

271. 〔美〕克拉拉·宾厄姆、劳拉·利迪·甘斯勒：《洛伊斯的故事：一个改变美国性骚扰立法的里程碑案件》，纪建文译，北京：法律出版社，2004。

272. 〔美〕D. Richard Laws 主编《性侵害再犯之防治》，王家骏等译，台北：五南图书出版公司，2004。

273. 〔美〕阿丽塔·艾伦、理查德·托克音顿：《美国的隐私法：学说、判例与立法》，冯建妹等编译，北京：中国民主法制出版社，2004。

274. 〔德〕里夏德·范迪尔门：《欧洲近代生活：村庄与城市》，王亚平译，北京：东方出版社，2004。

275. 《奥地利联邦共和国刑法典》，徐久生译，北京：中国方正出版社，2004。

276. 《瑞士联邦刑法典（2003 年修订）》，徐久生、庄敬华译，北京：中国方正出版社，2004。

277. 《德国刑法典（2002 年修订）》，徐久生、庄敬华译，北京：中国方正出版社，2004。

278. 《西班牙刑法典》，潘灯译，北京：中国政法大学出版社，2004。

279. 《俄罗斯联邦刑法典（2003 年修订）》，黄道秀译，北京：中国法制出版社，2004。

280. 〔美〕Lawrence S. Wrightsman：《司法心理学》，吴宗宪等译，北京：中国轻工业出版社，2004。

281. 〔法〕洛尔·缪拉：《白朗希大夫疯人院》，马振骋译，郑州：河南人民出版社，2004。

282. 《大法官的智慧——美国联邦法院经典案例选》，邓冰、苏益群编译，北京：法律出版社，2004。

283. 公安部法制局编《治安管理处罚法律法规汇编》，北京：中国长安出版社，2005。

284. 王溢嘉编著《变态心理揭秘》，北京：国际文化出版公司，2005。

285. 黎宏主编《刑事案例诉辩审评——强奸罪、拐卖妇女儿童罪》，北京：中国检察出版社，2005。

286. 陈明侠等主编《家庭暴力防治法基础性建构研究》，北京：中国社会科学出版社，2005。

287. 高凤仙：《性暴力防治法规——性侵害、性骚扰及性交易相关问题》，台北：新学林出版股份有限公司，2005。

288. 台湾刑事法学会编《二〇〇五年刑法总则修正之介绍与评析》，台北：元照出版有限公司，2005。

289. 台湾刑事法学会编《刑法总则修正重点之理论与实务》，台北：元照出版有限公司，2005。

290. 《哈佛法学评论·侵权法学精粹》，徐爱国组织编译，北京：法律出版社，2005。

291. 《哈佛法律评论·刑法学精粹》，刘仁文等译，北京：法律出版社，2005。

292. 《奥斯卡·王尔德自传》，孙宜学编译，桂林：广西师范大学出版社，2005。

293. 〔美〕弗里德曼：《选择的共和国：法律、权威与文化》，高鸿钧等译，北京：清华大学出版社，2005。

294. 〔美〕安娜·莎特：《猎食者：恋童癖、强暴犯及其他性犯罪者》，郑雅方译，台北：张老师文化事业股份有限公司，2005。

295. 〔美〕V. Mark Durand、David H. Barlow：《异常心理学基础》，张宁等译，西安：陕西师范大学出版社，2005。

296. 〔法〕米歇尔·福柯：《古典时代疯狂史》，林志明译，北京：生活·读书·新知三联书店，2005。

297. 〔美〕劳伦·B. 阿洛伊等：《变态心理学》，汤震宇等译，上海社会科学院出版社，2005。

298. 〔美〕珍尼特·S. 海德、约翰·D. 德拉马特：《人类的性存在》，贺岭峰等译，上海社会科学院出版社，2005。

299. 〔美〕布伦特·E. 特维：《犯罪心理画像——行为证据分析入门》，李玫瑾等译，北京：中国人民公安大学出版社，2005。

300. 〔美〕彼得·布鲁克斯：《身体活：现代叙述中的欲望对象》，朱生坚译，北京：新星出版社，2005。

301. 〔美〕德博拉·海登：《天才、狂人的梅毒之谜》，李振昌译，世纪出版集团、上海人民出版社，2005。

302. 〔英〕菲尔·莫伦：《弗洛伊德与虚假记忆综合症》，申雷海译，北京大学出版社，2005。

303. 〔德〕马格努斯·赫希菲尔德：《男男女女：一位性学家的环球旅行记》，杨柳、焦晓菊译，呼和浩特：内蒙古人民出版社，2005。

304. 〔日〕西田典之：《日本刑法各论》，刘明祥、王昭武译，武汉大学出版社，2005。

305. 《丹麦刑法典与丹麦刑事执行法》，谢望原译，北京大学出版社，2005。

306. 《挪威一般公民刑法典》，马松建译，北京大学出版社，2005。

307. 《芬兰刑法典》，于志刚译，北京：中国方正出版社，2005。

308. 《英国2003年〈刑事审判法〉及其释义》，孙长永等译，北京：法律出版社，2005。

309. 〔法〕让·克洛德·布罗涅：《廉耻观的历史》，李玉民译，北京：中信出版社，2005。

310. 美国法学会编《美国模范刑法典及其评注》，刘仁文等译，北京：法律出版社，2005。

311. 〔德〕克拉夫特－艾宾：《性病态：238 个真实案例》，陈苍多译，台北：左岸文化出版，2005。

312. 〔美〕派翠西亚·康薇尔：《开膛手杰克结案报告》，王瑞晖译，北京：作家出版社，2005。

313. 〔美〕凯瑟琳·A. 麦金农：《言词而已》，王笑红译，桂林：广西师范大学出版社，2005。

314. 〔德〕克劳斯·罗克辛：《德国刑法学总论·第1卷·犯罪原理的基础构造》，王世洲译，北京：法律出版社，2005。

315. 莫开勤、罗庆东主编《刑事案例诉辩审评——制作传播淫秽物品罪》，北京：中国检察出版社，2006。

316. 《中华民国刑法》（王宠惠属稿，1928 年初版），郭元觉校勘，李秀清点校，北京：中国方正出版社，2006。

317. 许玉秀主编《新学林分科六法·刑法》，台北：新学林出版股份有限公司，2006。

318. 高点法学研究室主编《学习式六法》，台北：高点文化事业有限公司，2006。

319. 周煌智、文荣光主编《性侵害犯罪防治学——理论与临床实务应用》，台北：五南图书出版股份有限公司，2006。

320. 《日本刑法典》（第2版），张明楷译，北京：法律出版社，2006。

321. 〔英〕乔治·弗兰克尔：《性革命的失败》，宏梅译，北京：国际文化出版公司，2006。

322. 〔德〕冈特·施特拉腾韦特、洛塔尔·库伦：《刑法总论 I ——犯罪论》，杨萌译，北京：法律出版社，2006。

323. 〔加拿大〕威廉·A. 夏巴斯：《国际刑事法院导论》，黄芳译，北京：中国人民公安大学出版社，2006。

324. 〔美〕马尔科姆·波茨、〔澳〕罗杰·肖特：《自亚当和夏娃以来——人类性行为的进化》，张敦福译，北京：商务印书馆，2006。

325. 〔奥〕奥托·魏宁格：《性与性格》，肖聿译，北京：中国社会科学出版社，2006。

326. 〔英〕克莱尔·奥维、罗宾·怀特：《欧洲人权法原则与判例》（第三版），何志鹏、孙璐译，北京大学出版社，2006。

327. 〔英〕David Semple 等：《牛津临床精神病学手册》，唐宏宇、郭延庆主译，北京：人民卫生出版社，2006。

328. 〔法〕让·勒比图：《不该被遗忘的人们——"二战"时期欧洲的同性恋者》，邵济源译，北京：中国人民大学出版社，2007。

329. 〔美〕肯尼思·E. 基普尔主编《剑桥世界人类疾病史》，张大庆主译，上海科技教育出版社，2007。

330. 〔美〕罗伯特·迈耶：《变态行为案例故事》，张黎黎、高隽译，北京：世界图书出版公司，2007。

331. 〔美〕凯利·D. 阿斯金、多萝安·M. 科尼格编《妇女与国际人权法·第1卷·妇女的人权问题概述》，黄列、朱晓青译，北京：生活·读书·新知三联书店，2007。

332. 《最新意大利刑法典》，黄风译注，北京：法律出版社，2007。

333. 〔美〕凯瑟琳·A. 麦金农：《迈向女性主义的国家理论》，曲广娣译，北京：中国政法大学出版社，2007。

334. 〔美〕琼·C. 克莱斯勒、卡拉·高尔顿、帕特丽夏·D. 罗泽编《女性心理学》（第3版），汤震宇、杨茜译，上海社会科学院出版社，2007。

335. 世界卫生组织《疾病和有关健康问题的国际统计分类·第十次修订本·第一卷类目表》（第二版），董景五主译，北京：人民卫生出版社，2008。

336. 〔美〕R. Paul Olson 主编《四国精神卫生服务体系比较——英国、挪威、加拿大和美国》，石光、栗克清主译，北京：人民卫生出版社，2008。

337. 〔美〕哈伯特·L. 帕克：《刑事制裁的界限》，梁根林等译，北京：法律出版社，2008。

338. 〔英〕Neil Frude：《变态心理学》，李虹等译，北京：清华大学出版社，2008。

339. 〔德〕约翰内斯·韦塞尔斯：《德国刑法总论》，李昌珂译，北京：法律出版社，2008。

340. 〔日〕中田修等：《司法精神医学：精神病鉴定与刑事责任能力》，林秉贤等译，天津科学技术出版社，2008。

341. 《荷兰刑法典》，颜九红、戈玉和译，北京大学出版社，2008。

342. （清）许梿、熊莪纂辑《刑部比照加减成案》，何勤华、沈天水等点校，北京：法律出版社，2009。

343. 〔法〕弗洛朗斯·塔玛涅：《欧洲同性恋史》，周莽译，北京：商务印书馆，2009。

344. 〔英〕萨达卡特·卡德里：《审判的历史：从苏格拉底到辛普森》，杨雄译，北京：当代中国出版社，2009。

345. 〔英〕詹姆斯·迪南：《解读被害人与恢复性司法》，刘仁文、林俊辉等译，北京：中国人民公安大学出版社，2009。

346. 〔美〕克米特·L.霍尔主编《牛津美国联邦最高法院指南》，许明月、夏登峻等译，北京大学出版社，2009。

347. 〔美〕James Morrison：《精神科临床诊断》，李欢欢、石川译，北京：中国轻工业出版社，2009。

348. 〔美〕罗纳德·J.博格、小马文·D.弗瑞、帕特里克亚·瑟尔斯：《犯罪学导论——犯罪、司法与社会》（第二版），刘仁文、颜九红、张晓艳译，北京：清华大学出版社，2009。

349. 〔美〕凯利·D.阿斯金、多萝安·M.科尼格编《妇女与国际人权法·第2卷·妇女权利的国际和区域视角》，黄列、朱晓青译，北京：生活·读书·新知三联书店，2009。

350. 〔美〕Jeffey S. Nevid、Spencer A. Rathus、Beverly A. Greene：《变态心理学：变化世界中的视角》（第六版），吉峰、杨丽、卢国华等译，上海：华东师范大学出版社，2009。

351. 〔美〕Curt R. Bartol、Anne M. Bartol：《犯罪心理学（第七版）》，杨波、李林等译，北京：中国轻工业出版社，2009。

352. 〔荷〕洛蒂·范·珀尔：《市民与妓女：近代初期阿姆斯特丹的不道德职业》，李士勋译，北京：人民文学出版社，2009。

353. 上海商务印书馆编译所编纂《大清新法令（1901～1911）点校本》第一卷，北京：商务印书馆，2010。

354. 〔德〕费尔巴哈：《德国刑法教科书》（第十四版），徐久生译，北京：中国方正出版社，2010。

355. 〔奥〕威廉·赖希：《性革命——走向自我调节的性格结构》，陈学明、李国海、乔长森译，北京：东方出版社，2010。

356. 〔美〕Robert E. Hales、Stuart C. Yudofsky、Glen O. Gabbard 主编《精神病学教科书（第 5 版）》，张明园、肖泽萍主译，北京：人民卫生出版社，2010。

357. 〔美〕安德鲁·卡曼：《犯罪被害人学导论（第六版）》，李伟等译，北京大学出版社，2010。

358. 〔英〕Michael Gelder、Paul Harrison、Philip Cowen：《牛津精神病学教科书》（第五版），刘协和、李涛主译，成都：四川大学出版社，2010。

359. 《德国民法典》（第 3 版），陈卫佐译，北京：法律出版社，2010。

360. 《葡萄牙刑法典》，陈志军译，北京：中国人民公安大学出版社，2010。

361. 《墨西哥联邦刑法典》，陈志军译，北京：中国人民公安大学出版社，2010。

362. 《元典章》，陈高华等点校，天津古籍出版社、中华书局，2011。

363. 纪术茂、高北陵、张小宁主编《中国精神障碍者刑事责任能力评定案例集》，北京：法律出版社，2011。

364. 〔美〕斯蒂芬·E. 巴坎：《犯罪学：社会学的理解》（第四版），秦晨等译，上海人民出版社，2011。

365. 〔美〕亚历克斯·梯尔：《越轨社会学》，王海霞、范文明、马翠兰、嵇雷译，北京：中国人民大学出版社，2011。

366. 〔美〕迈克尔·赫·斯通：《剖析恶魔》，晏向阳译，南京：译林出版社，2011。

367. 〔英〕格里·约翰斯通：《恢复性司法：理念、价值与争议》，郝方昉译，北京：中国人民公安大学出版社，2011。

368. 〔英〕格里·约翰斯通、〔美〕丹尼尔·W. 范内斯主编《恢复性司法手册》，王平等译，北京：中国人民公安大学出版社，

2012。

369. 〔荷〕杜威·德拉埃斯马：《心灵之忧：精神疾病小史》，张真译，上海：东方出版中心，2012。

370. 高铭暄：《中华人民共和国刑法的孕育诞生和发展完善》，北京大学出版社，2012。

371. 最高人民法院刑事审判一至五庭主编《中国刑事审判指导案例·3，侵犯公民人身权利、民主权利罪》，北京：法律出版社，2012。

372. 全国人大常委会法制工作委员会刑法室编著《〈中华人民共和国刑事诉讼法〉释义及实用指南》，北京：中国民主法制出版社，2012。

373. 全国人民代表大会常务委员会法制工作委员会编《中华人民共和国法律（2013 年版)》，北京：人民出版社，2013 年。

374. 最高人民法院研究室编《刑事诉讼法及公检法等配套规定》，北京：人民法院出版社，2013。

375. 高汉成主编《〈大清新刑律〉立法资料汇编》，北京：社会科学文献出版社，2013。

376. 《朝阳法科讲义·第6卷》，陈新宇点校，上海人民出版社，2013。

377. 《日本六法全书》，商务印书馆编译所编译，陈承泽校订，黄琴唐点校，上海人民出版社，2013。

378. 〔德〕克劳斯·罗克辛：《德国刑法学总论·第2卷·犯罪行为的特别表现形式》，王世洲主译，北京：法律出版社，2013。

379. 〔英〕Tom Burns：《浅论精神病学》，田成华、李会谱译，北京：外语教学与研究出版社，2013。

380. 〔英〕Jennifer M. Brown、Elizabeth A. Campbell 主编《剑桥司法心理学手册》，马皑、刘建波等译，北京：中国政法大学出版社，2013。

381. 〔美〕乔尔·范伯格：《刑法的道德界限·第2卷，对他人的冒犯》，方泉译，北京：商务印书馆，2014。

382. 〔英〕乔安娜·伯克：《性暴力史》，马凡等译，南京：江苏人民出版社，2014。

383. 刘白驹：《非自愿住院的规制：精神卫生法与刑法》，北京：社会科学文献出版社，2015。

384. 全国人民代表大会常务委员会法制工作委员会刑法室编审《中华人民共和国刑法（2015 年编审版）》，北京：中国民主法制出版社，2015。

385. 美国精神医学学会编著《精神障碍诊断与统计手册（第五版）》，〔美〕张道龙等译，北京大学出版社、北京大学医学出版社，2015。

386. 〔美〕埃里克·伯科威茨：《性审判史：一部人类文明史》，王一多、朱洪涛译，南京大学出版社，2015。

387. 〔美〕伊莱恩·卡塞尔、道格拉斯·A. 伯恩斯坦：《犯罪行为与心理（第二版）》，马皑、卢雅琦主译，北京：中国政法大学出版社，2015。

388. 〔英〕法拉梅兹·达伯霍瓦拉：《性的起源：第一次性革命的历史》，杨朗译，南京：译林出版社，2015。

389. 〔奥〕弗洛伊德：《狼人：孩童期精神官能症案例的病史》，陈嘉新译，北京：社会科学文献出版社，2015。

390. 全国人大常委会法工委刑法室臧铁伟、李寿伟主编《〈中华人民共和国刑法修正案（九）〉条文说明、立法理由及相关规定》，北京大学出版社，2016。

391. 赵秉志主编《〈中华人民共和国刑法修正案（九）〉理解与适用》，北京：中国法制出版社，2016。

392. 赵秉志、陈志军编《中国近代刑法立法文献汇编》，北京：法律出版社，2016。

393. 〔英〕霭理士:《性与社会》,潘光旦、胡寿文译,北京:商务印书馆,2016。

394. 《最新法国刑法典》,朱琳译,北京:法律出版社,2016。

395. 李适时主编《中华人民共和国民法总则释义》,北京:法律出版社,2017。

396. 〔美〕David H. Barlow、V. Mark Durand:《变态心理学:整合之道》(第七版),黄峥、高隽、张婧华等译,北京:中国轻工业出版社,2017。

397. 〔美〕西奥多·斯坦恩等主编《麻省总医院精神科手册》(第6版),许毅主译,北京:人民卫生出版社,2017。

第一版后记

　　本书脱胎于拙著《精神障碍与犯罪》的第七章"精神障碍者的性欲型犯罪"和其他有关章节。但两者的区别是明显的。

　　从《精神障碍与犯罪》出版到现在，六年已经过去了。在这六年里，精神医学、心理学、犯罪学和刑法学继续发展，而我也在继续关注和研究精神障碍者的犯罪问题。与此同时，很自然地，我对《精神障碍与犯罪》的不满意度也在增加。所以，我有了增订《精神障碍与犯罪》的想法。但是《精神障碍与犯罪》涉及问题太多，如果全面增订，工作过于复杂，以我现在的积累和精力恐难完成。后来，根据我的研究进展和一些朋友的建议，我决定只对《精神障碍与犯罪》中研究精神障碍者性犯罪问题的部分进行增订，并且抽出来单独成书。

　　在《精神障碍与犯罪》一书里，性犯罪只是我要讨论的四类犯罪之一，不可能给予太多的篇幅，只有 10 万字。其中，有些问题只是点到为止，有些问题则没有提及，很是遗憾。而且，当时要思考的事情有许多，难以把性犯罪问题想得很细致和周全，有修正或补充的必要。而在《精神障碍与犯罪》出版后，在我继续跟踪研究的诸多问题中，性犯罪是一个重点，并不断有或大或小的新收获。因此，对我来说，在《精神障碍与犯罪》有关章节基础上就精神障碍者性犯罪问题写出一本新的专著来，虽然有许多困难要克服，但并不勉强。这样就有了《性犯罪：精神病理与控制》一书。

概括地说，在新书里，我从犯罪学和刑法学两个角度系统地研究了精神障碍者的性犯罪问题，包括性与精神障碍的关系、性心理障碍、其他精神障碍的性表现、精神障碍与性犯罪的关系、精神障碍者性犯罪的形式和特点、精神障碍者性犯罪的预防、精神障碍者性犯罪的刑事责任、精神障碍性犯罪人处遇、相关法律的完善等问题。

在新书的形成过程中，以进一步研究为基础，我主要做了两项工作。

第一，增补。一是增加新专题。例如，卖淫嫖娼那部分就是新写的。在《精神障碍与犯罪》中，对卖淫嫖娼问题，我放在"乱交"一节中一语带过。这次我把它单独列为一节，比较详细地讨论了卖淫嫖娼的精神病理和相关法律问题。除此之外，我还增加了偷拍、性骚扰、跟踪骚扰等专题，对网络性犯罪也进行了分析。二是丰富、深化原有专题的论述。这在性与精神障碍的关系、同性性侵犯、精神障碍者性犯罪的控制等问题上表现最明显。三是补充了100多个犯罪和精神医学案例。

第二，修订。对取于《精神障碍与犯罪》的部分，我不是原样不动地拿来，而是做了大幅度的删改。原有的一些错谬之处，我认识到的，已经做了更正。在个别问题上，以前的观点未必错，但现在我调整了立场。另外，我在写作《精神障碍与犯罪》时，中国精神医学界使用的精神疾病分类法是《中国精神疾病分类方案与诊断标准》第2版的修订本，这个分类法在2001年被《中国精神疾病分类方案与诊断标准》第3版所取代。我在新书中也随之作出相应的调整。

这是我在社会科学文献出版社出版的第三本书了。对社会科学文献出版社，对谢寿光社长和有关编辑同志，我深表谢意。

同时，我非常感谢对我的研究写作给予理解或支持的同事们和曾经对《精神障碍与犯罪》提出意见的朋友们。

刘白驹

2006 年 4 月 15 日

增订版后记

　　《性犯罪：精神病理与控制》第一版出版十年来，性犯罪发生不少变化，呈现一些新的特点和动向，应当从犯罪学和精神病理学等角度给予进一步分析，探讨制定更有针对性的控制措施。《刑法》《刑事诉讼法》等法律的修正，《精神卫生法》《民法总则》等法律的制定，为性犯罪的防治提供了新的法律对策，有一系列法律适用问题需要解决。精神医学、心理学对性心理障碍和其他可能导致性犯罪的精神障碍的研究也在发展，尤其是在国际上具有重要影响的美国《精神障碍诊断与统计手册》第五版（DSM－5）于2013年发布，有值得注意和吸取的新意。这一切，是增订《性犯罪：精神病理与控制》的基本原因。

　　在《性犯罪：精神病理与控制》第一版出版之后，我没有终止而是继续进行对性犯罪及其治理对策和有关精神障碍的研究，以及有关资料的收集，不断取得收获。有些对策建议写进全国政协提案。继在2003年提出《关于修改〈中华人民共和国治安管理处罚条例〉的提案》，2004年提出《关于制定〈性病防治法〉的建议》，2005年提出

《关于设立"侵犯个人秘密罪"，惩治利用现代化设备侵犯他人隐私的行为的建议》，《关于修改〈刑法〉将同性性侵犯行为列为犯罪的建议》等全国政协提案之后，2007 年以来，又提出《关于对有严重危害行为的无刑事责任能力精神病人应一律由政府强制医疗的提案》（2007），《关于完善〈刑事诉讼法〉有关精神病犯罪嫌疑人、被告人问题规定的提案》（2007），《关于修订〈刑法〉，将"嫖宿幼女"按强奸罪论处的提案》（2008），《关于修订〈刑法〉，调整"传播性病罪"规定的提案》（2008），《关于修订〈劳动法〉，明确规定用人单位防治职场性骚扰的责任的提案》（2008），《关于建议国务院制定〈公共安全图像信息系统管理条例〉的提案》（2008），《关于完善看守所管理制度，制定〈看守所法〉的提案》（2009），《关于完善罪犯保外就医法律制度的提案》（2009），《关于完善惩治传播淫秽信息犯罪的法律对策的提案》（2009），《关于修订〈刑法〉，加大对收买妇女、儿童犯罪的处罚力度的提案》（2010），《关于修订〈刑法〉，加大对强迫、引诱、组织未成年人卖淫等犯罪惩处力度的提案》（2011），《关于进一步完善精神病犯罪人强制医疗刑事诉讼程序的提案》（2012），《关于建议国务院尽快制定〈强制医疗管理条例〉的提案》（2012），《关于进一步严格限定"被害人谅解制度"适用，禁止严重刑事案件的判决书使用被告人取得被害人或其家属"谅解"之辞的提案》（2012），《关于修订〈刑法〉虐待罪条款，扩大虐待罪主体，限制"告诉的才处理"适用的提案》（2013），《关于制定〈精神障碍鉴定法（条例）〉的提案》（2013），《关于建议修改〈中华人民共和国治安管理处罚法〉的提案》（2014），《关于完善城市流浪乞讨精神障碍患者救助制度，制定〈城市流浪乞讨精神障碍患者救助管理细则〉的提案》（2014），《关于建议制定〈中华人民共和国刑事执行法〉的提案》（2015），《关于完善精神卫生法非自愿住院制度的提案》（2017），《关于加强防治未成年人违法犯罪，完善触刑未成年人收容教养制度的提案》（2017），《关于制定〈性侵害未成年人犯罪防治法〉的提案》（2017）等。一些意见，至少在全国"两会"范围内，是我首先提出的。其中有些建议，被立法、司法解释所采纳，或者"不谋而合"。

在这一期间，还就有关性犯罪与精神障碍的法律、司法问题和案例，写了一些评论发表在互联网，例如《猥亵儿童罪：从卖淫女与13岁少年发生关系案谈起》（2006年5月17日），《奸淫幼女犯罪散论："自愿"与"明知"》（2006年7月4日~7月28日），《评重庆将规定同性性交易以卖淫嫖娼论》（2006年8月1日），《精神病院为什么要开"偷窥癖"证明？》（2007年7月6日），《对"女童遭猥亵，家长状告公安局"案的评论》（2007年11月15日），《外国刑法对传播淫秽物品的规制》（2011年1月8日），《贝卢斯科尼嫖娼犯了何罪？》（2011年2月10日），《男男强奸与刑法"强奸罪"的改造》（2011年2月11日），《西方大陆法系国家有"嫖宿幼女罪"吗？》（2012年7月7日）等。

自2006年开始，我的研究重点放在精神障碍患者非自愿住院的历史、法律问题上，主要精力投入撰写《非自愿住院的规制：精神卫生法与刑法》。该书与性犯罪及其防治并非毫无关系。在该书中，刑事性非自愿住院即精神病犯罪人强制医疗制度和保安性非自愿住院制度的发展与完善是重要专题。在该书写作过程中，我还收集到一些可以纳入本书的史料，例如1934年"国民政府西南政务委员会"颁布的《惩治疯人妨害风化暂行条例》。令人惊讶的是，这个已经被人遗忘的"暂行条例"曾经规定对女子强奸男子应与男子强奸女子同等处罚。再如搜罗到的1930年代一些主张"婚内强奸"入刑、强制鸡奸应纳入强奸罪、丈夫强行鸡奸妻子构成强制猥亵罪、妇女诱令男童相奸构成猥亵罪的文章（后两者当时还有司法解释），今天来看也无违和感。

在 2014 年底完成《非自愿住院的规制：精神卫生法与刑法》后，我即着手《性犯罪：精神病理与控制》的修改，初期进展顺利。然而，在 2015 年 8 月 27 日，因久坐成疾，我住院作了全麻的外科手术。两天后的 8 月 29 日，全国人大常委会通过《刑法修正案（九）》，有几位记者就废除"嫖宿幼女罪"的问题打电话采访我，而算是"始作俑者"的我当时正在病榻之上动弹不得，无力多言。唯可欣慰的是，我通过全国政协提案建议的并在本书第一版有所阐述的将"嫖宿幼女"按强奸罪论处、将同性性侵犯列为犯罪等意见，终于在《刑法修正案（九）》中实现。出院疗养将近一年之后，我才重新启动修改工作。虽然身体、精神状态已不如从前，但是经过近二年的努力，全书增订终于完成。

新版《性犯罪：精神病理与控制》在第一版构建的性犯罪精神病理学或者精神障碍性犯罪学研究框架的基础上，进一步充实其内容，并有所更新。新版增加了近 30 万字（对原版也有必要的删减）。新的篇幅主要用于拓展、深化一些新的或者第一版重视不够的问题的研究，包括前瞻性研究，例如性侵害未成年人犯罪及其防治、女性对男性实施性侵犯、婚内性侵犯、瞬间猥亵、视频窥阴、互联网传播淫秽色情信息、利用他人性受虐或性自虐进行谋杀、奴役型性侵害、精神障碍患者的监护、性侵犯行为的民事责任、性侵害犯罪人刑后强制治疗等，提出新的对策建议。同时，加强了对有关问题（如奸淫幼女罪、强制猥亵罪、同性性侵犯等）的演进历史的梳理和考察；跟踪外国法律的文本变化（如日本刑法性犯罪条款在 2017 年 6 月的最新改正）；对外国学术成果也有更多的借鉴；还补充了一些典型或者新的性犯罪和精神障碍案例。全书的修改也是大面积的，一是根据国内外有关法律的制定和修正，调整和加强对防治性犯罪法律适用的分析；二是参考 DSM – 5 等精神医学文献，重新梳理性心理障碍和其他精神障碍的内容；三是充实、完善原有的一些论证；四是订正原版的个别观点、表述上的偏差以及文字错误。大致可以说，第一版的内容原样保留下来的，在新版中不到二分之一。

本书的增订是我承担的中国社会科学院基础研究学者资助项目《社会发展与精神障碍法律的完善》的组成部分。中国社会科学院实施的"哲学社会科学创新工程"要求科研人员不断作出新的成果。我以为，在某个程度上，"更新"或"升级"也是一种"创新"吧。

自1996年出版《社会科学领域的著作权问题》，二十多年来，社会科学文献出版社对我的研究工作一直给予大力支持，关怀有加。端赖谢寿光社长和杨群总编辑，本书得以再版。编审刘骁军女士，亦是一如既往，精心运筹。在此深表谢忱！

刘白驹

2017 年 9 月 15 日

图书在版编目（CIP）数据

性犯罪：精神病理与控制：全2册/刘白驹著.--
增订版.--北京：社会科学文献出版社，2017.12（2024.9重印）
ISBN 978-7-5201-1655-8

Ⅰ.①性… Ⅱ.①刘… Ⅲ.①性犯罪-研究 Ⅳ.
①D914.34

中国版本图书馆CIP数据核字（2017）第260788号

性犯罪：精神病理与控制（上、下）（增订版）

著　　者／刘白驹

出　版　人／冀祥德
项目统筹／刘骁军
责任编辑／关晶焱　赵瑞红
责任印制／王京美

出　　　版／社会科学文献出版社·法治分社（010）59367161
　　　　　　地址：北京市北三环中路甲29号院华龙大厦　邮编：100029
　　　　　　网址：www. ssap. com. cn
发　　　行／社会科学文献出版社（010）59367028
印　　　装／三河市龙林印务有限公司

规　　　格／开　本：787mm×1092mm　1/16
　　　　　　印　张：61.75　字　数：829千字
版　　　次／2017年12月第1版　2024年9月第4次印刷
书　　　号／ISBN 978-7-5201-1655-8
定　　　价／168.00元（上、下）

读者服务电话：4008918866